U0523954

〔明〕朱之蕃《东坡笠屐图》(局部)

# 苏东坡 行迹图

## 凤翔（今陕西宝鸡）
### 1061—1065　24—28岁

改革"衙前役"，减轻赋税。
创作《凤翔八观（并叙）》、书法《宝月帖》等。

人生到处知何似，应似飞鸿踏雪泥。
——《和子由渑池怀旧》

凌虚台

## 杭州
### 1071—1074　34—37岁

灭蝗赈灾，疏浚钱塘六井。创作《饮湖上初晴后雨二首》等。

欲把西湖比西子，淡妆浓抹总相宜。
——《饮湖上初晴后雨》（其二）

西湖

## 密州（今山东诸城）
### 1074—1077　37—40岁

灭蝗救灾，救助弃婴。
创作《水调歌头·明月几时有》
《江城子·密州出猎》《超然台记》等。

但愿人长久，千里共婵娟。
——《水调歌头·明月几时有》

超然台

## 黄州（今湖北黄冈）
### 1080—1084　43—47岁

因"乌台诗案"被贬至黄州，开垦东坡，建筑雪堂，自称"东坡居士"，发明东坡肉。
创作《念奴娇·赤壁怀古》《定风波·莫听穿林打叶声》《题西林壁》《赤壁赋》，书法《寒食帖》等。

竹杖芒鞋轻胜马，谁怕？一蓑烟雨任平生。
——《定风波·莫听穿林打叶声》

赤壁

## 常州
**1101** 64岁

再次回到常州,终老于此。
创作《自题金山画像》《乞致仕状》等。

心似已灰之木,身如不系之舟。
问汝平生功业,黄州惠州儋州。
——《自题金山画像》

舣舟亭

## 儋州
**1097—1100** 60—63岁

教化百姓,移风易俗,治病授医,发展生产,建桄榔庵。
创作《和陶归去来兮辞(并引)》《书海南风土》《纵笔三首》等。

我本儋耳人,寄生西蜀州。
忽然跨海去,譬如事远游。
——《别海南黎民表》

桄榔庵

## 惠州
**1094—1097** 57—60岁

修筑东新桥、西新桥,推广秧马,修缮广州城。
创作《惠州一绝》《荔枝叹》《游惠山(并序)》《记游松风亭》等。

罗浮山下四时春,卢橘杨梅次第新。
日啖荔枝三百颗,不辞长作岭南人。
——《惠州一绝》

惠州西湖

## 杭州
**1089—1091** 52—54岁

治理水患,疏浚西湖,建苏公堤、三塔。
创作《点绛唇·闲倚胡床》《临江仙·送钱穆父》《八声甘州·寄参寥子》等。

人生如逆旅,我亦是行人。
——《临江仙·送钱穆父》

三潭印月

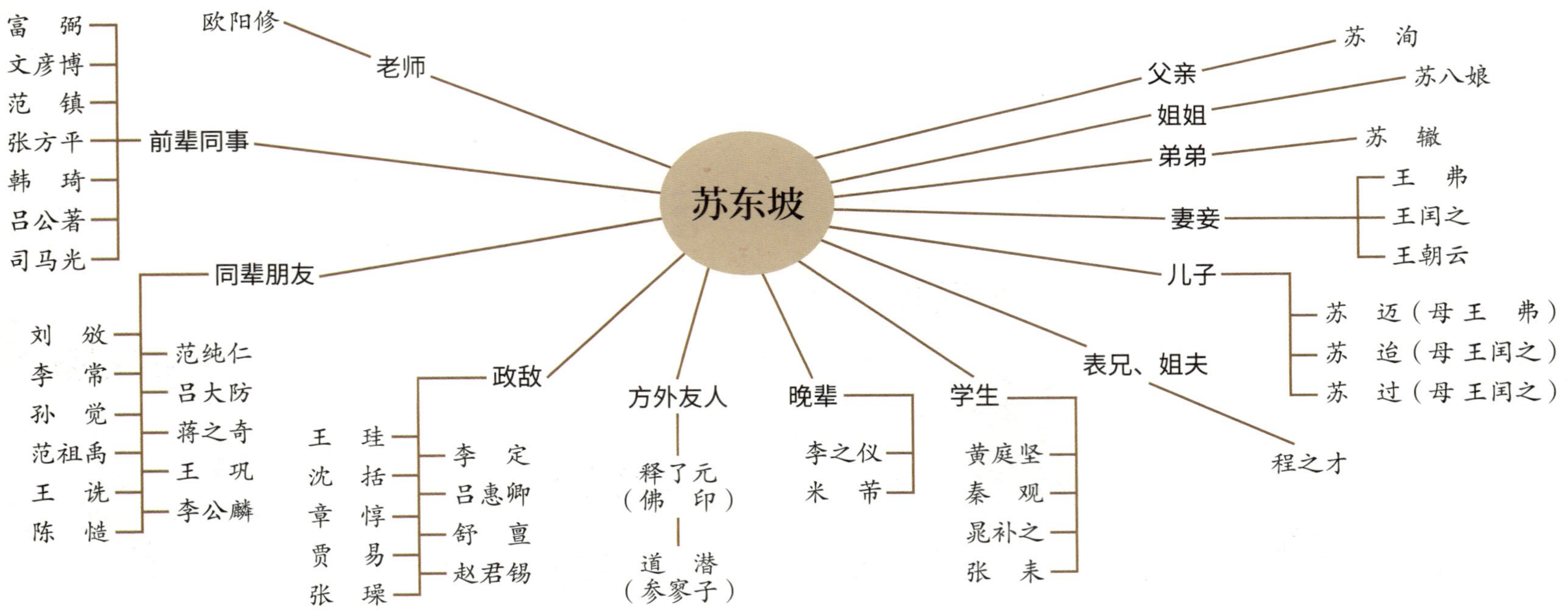

# 苏东坡人物关系图

**苏东坡**

- **父亲**：苏洵
- **姐姐**：苏八娘
- **弟弟**：苏辙
- **妻妾**：
  - 王弗
  - 王闰之
  - 王朝云
- **儿子**：
  - 苏迈（母王弗）
  - 苏迨（母王闰之）
  - 苏过（母王闰之）
- **表兄、姐夫**：程之才
- **学生**：黄庭坚、秦观、晁补之、张耒
- **晚辈**：李之仪、米芾
- **方外友人**：
  - 释了元（佛印）
  - 道潜（参寥子）
- **政敌**：李定、吕惠卿、舒亶、赵君锡、王珪、沈括、章惇、贾易、张璪
- **老师**：欧阳修
- **前辈同事**：富弼、文彦博、范镇、张方平、韩琦、吕公著、司马光
- **同辈朋友**：范纯仁、吕大防、蒋之奇、王巩、李公麟、刘攽、李常、孙觉、范祖禹、王洗、陈慥

《苏东坡》重要人物关系图
（注：仅展示部分主要历史人物。）

《雨竹图》

绢本水墨，纵 28.8 厘米，横 42.48 厘米。现藏于中国台北故宫博物院

  目前关于该画的传世资料甚少，只可见画上苏东坡自题跋："元丰三年（公元 1080 年）六月轼为子明秘校。"秦观题跋："叶密雨偏重，枝垂雾不消。会看晴日后，依旧拂云霄。"

**《潇湘竹石图》(传)(局部)**

绢本水墨,全本纵 28 厘米,横 105.6 厘米。现藏于中国美术馆

此画描绘了湖南省零陵县西潇、湘二水合流处连接洞庭湖的人间胜境。历史学家邓拓称赞:"千秋何幸留遗墨,画卷潇湘竹石奇。"

## 《枯木怪石图》

纸本水墨，纵 27 厘米，横 50.5 厘米。私人收藏

又名《木石图》。元丰七年（公元 1084 年），苏东坡任徐州太守时在朋友家乘兴创作的一幅纸本水墨画。米芾《画史》说："子瞻作枯木，枝干虬屈无端，石皴硬，亦怪怪奇奇无端，如其胸中盘郁也。"

**《墨竹图》（传）**

纸本水墨，纵 54.3 厘米，横 33 厘米。现藏于美国大都会艺术博物馆

题识："东坡居士，绍圣元年（公元 1094 年）三月作。"由此可知，本图作于 1094 年，苏东坡时年 57 岁。

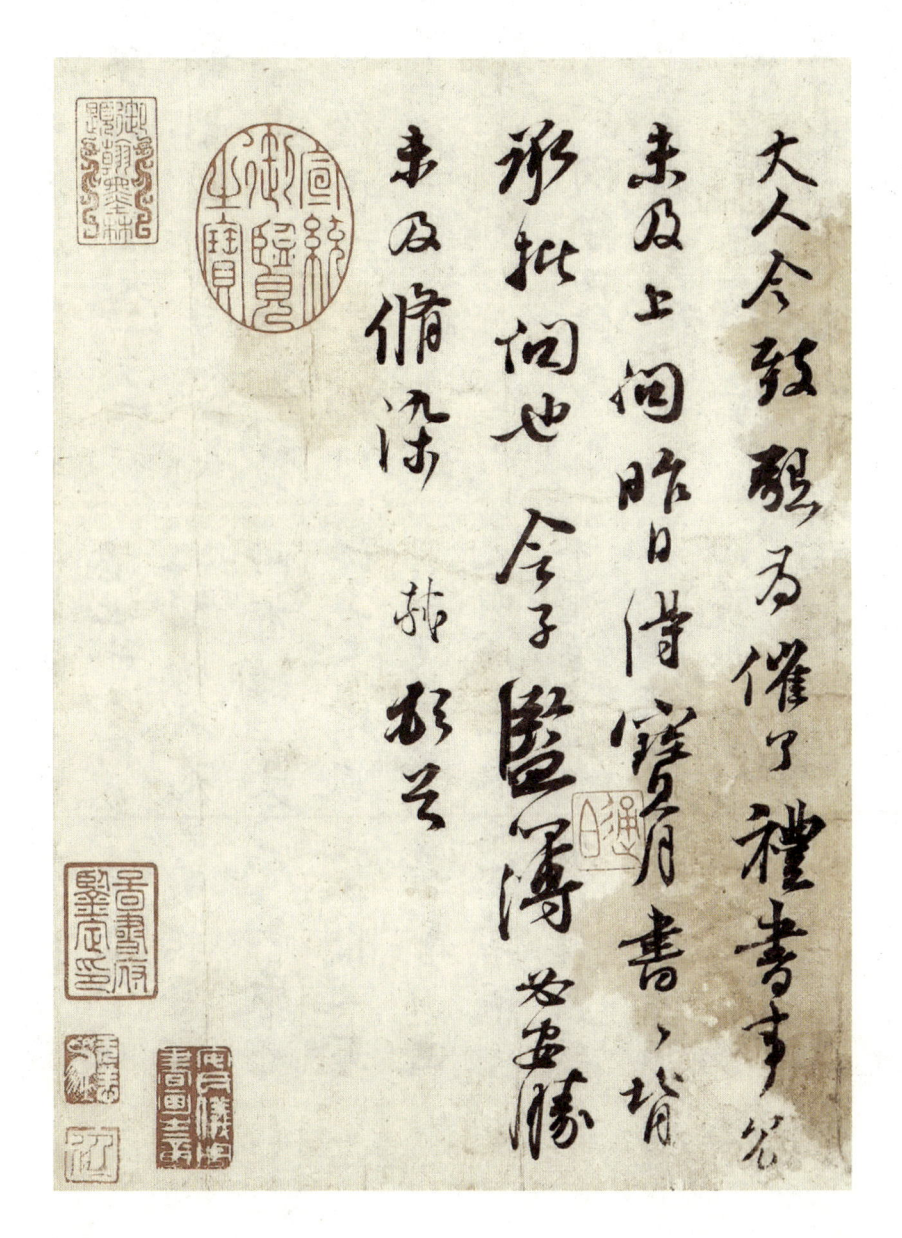

**《宝月帖》**

纸本行书,纵 23 厘米,横 17.7 厘米。现藏于中国台北故宫博物院

  又名《致杜氏五札之一》,全文共 4 行,42 字,苏东坡创作于宋英宗治平二年(公元 1065 年)。此帖是苏东坡早年所书,也是其现存于世的最早的作品。

歌之歌曰桂棹兮蘭槳
擊空明兮泝流光渺渺兮
余懷望美人兮天一方客有
吹洞簫者倚歌而和之其
聲嗚嗚然如怨如慕如
泣如訴餘音嫋嫋不絕如
縷舞幽壑之潛蛟泣孤
舟之嫠婦蘇子愀然正
襟危坐而問客曰何為其
然也客曰月明星稀烏鵲
南飛此非曹孟德之詩乎
西望夏口東望武昌山川
相繆鬱乎蒼蒼此非孟德
之困於周郎者乎方其破

曾不能以一瞬自其不變
者而觀之則物與我皆無
盡也而又何羨乎且夫天地
之間物各有主苟非吾之
所有雖一毫而莫取惟
江上之清風與山間之明
月耳得之而為聲目遇
之而成色取之無禁用之
不竭是造物者之無盡藏
也而吾與子之所共食客喜
而笑洗盞更酌肴核
既盡杯盤狼籍相與枕
藉乎舟中不知東方之既
白

宋神宗元丰二年（公元 1079 年），苏东坡因"乌台诗案"被贬黄州，元丰五年（公元 1082 年）七月十六日，苏东坡与友人乘舟游览黄州城外赤鼻矶，遥想八百多年前三国时代，孙权破曹军的赤壁之战，写下《赤壁赋》，抒发对无穷宇宙、山川风物、有限人生的慨叹。此文是中国文学史上的名篇杰作，对之后的赋、散文、诗词创作产生了重大影响。

赤壁賦

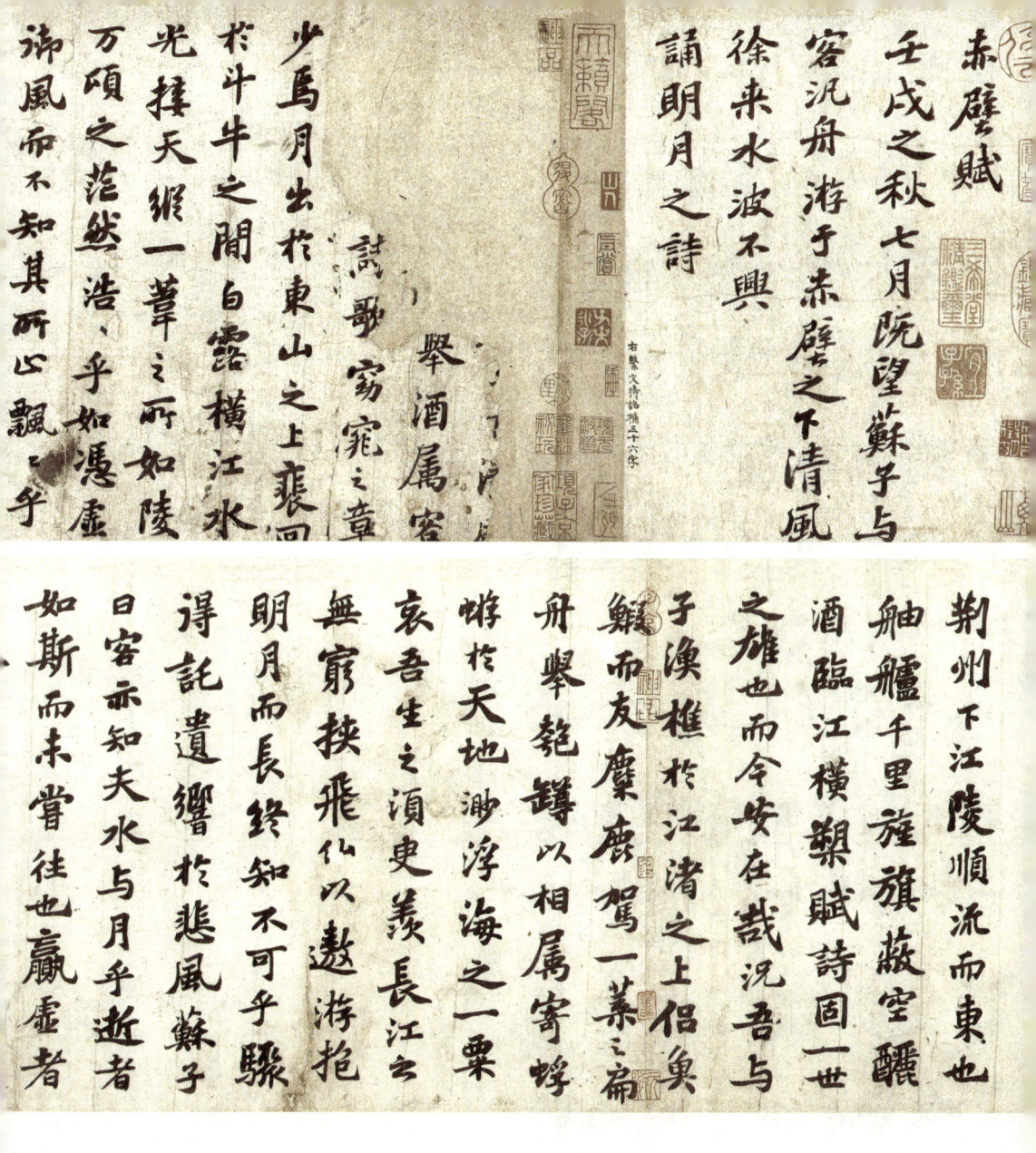

壬戌之秋七月既望蘇子與客泛舟遊於赤壁之下清風徐來水波不興誦明月之詩歌窈窕之章少焉月出於東山之上徘徊於斗牛之間白露橫江水光接天縱一葦之所如凌萬頃之茫然浩浩乎如馮虛御風而不知其所止飄飄乎

如遺世獨立羽化而登仙於是飲酒樂甚扣舷而歌之歌曰桂棹兮蘭槳擊空明兮泝流光渺渺兮予懷望美人兮天一方客有吹洞簫者倚歌而和之其聲嗚嗚然如怨如慕如泣如訴餘音嫋嫋不絕如縷舞幽壑之潛蛟泣孤舟之嫠婦蘇子愀然正襟危坐而問客曰何為其然也客曰月明星稀烏鵲南飛此非曹孟德之詩乎西望夏口東望武昌山川相繆鬱乎蒼蒼此非孟德之困於周郎者乎方其破荊州下江陵順流而東也舳艫千里旌旗蔽空釃酒臨江橫槊賦詩固一世之雄也而今安在哉況吾與子漁樵於江渚之上侶魚蝦而友麋鹿駕一葉之扁舟舉匏樽以相屬寄蜉蝣於天地渺浮海之一粟哀吾生之須臾羨長江之無窮挾飛仙以遨遊抱明月而長終知不可乎驟得託遺響於悲風蘇子曰客亦知夫水與月乎逝者如斯而未嘗往也盈虛者

《赤壁賦》

纸本行书，纵 23.9 厘米，横 258 厘米。现藏于中国台北故宫博物院

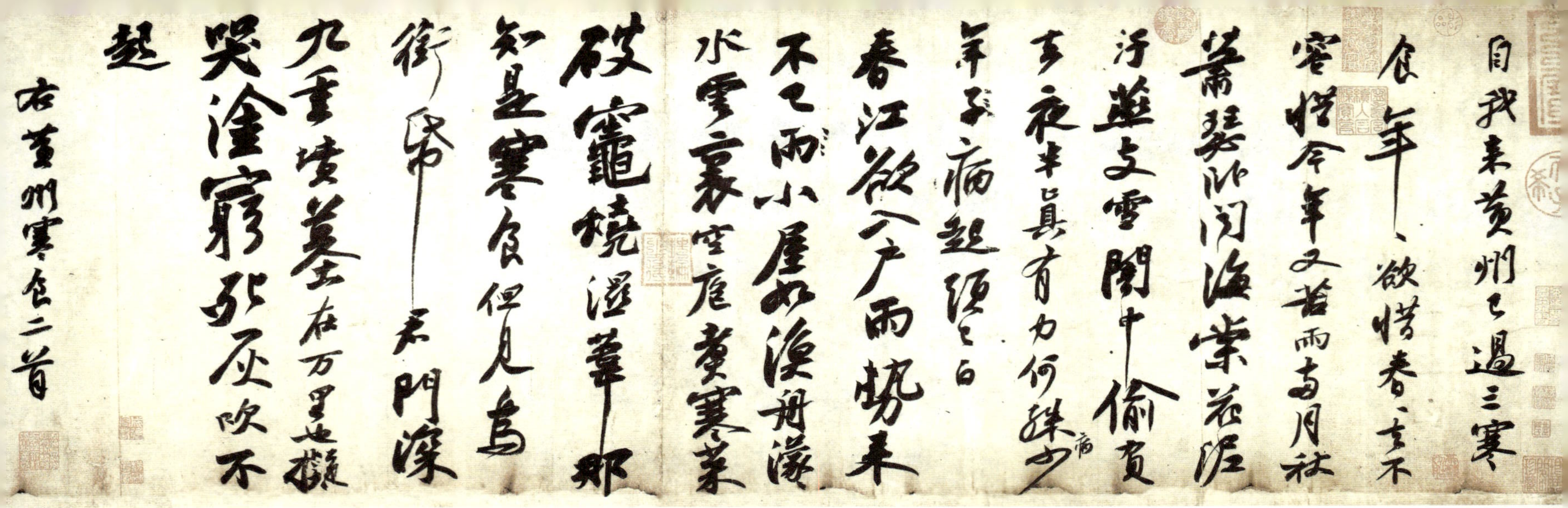

## 《黄州寒食诗帖》

纸本行书,纵34.5厘米,横199.5厘米。现藏于中国台北故宫博物院

元丰五年,谪居黄州第三年的苏东坡于寒食节作五言诗《在黄州寒食二首》(又名《寒食雨二首》)。此诗帖是苏东坡行书的代表作,在书法史上影响很大,被称为"天下第三行书",也是苏东坡书法中的上乘之作。黄庭坚在诗帖后题跋:"此书兼颜鲁公(颜真卿)、杨少师(杨凝式)、李西台(李建中)笔意,试使东坡复为之,未必及此。"

《在黄州寒食二首》(其一):自我来黄州,已过三寒食。年年欲惜春,春去不容惜。今年又苦雨,两月秋萧瑟。卧闻海棠花,泥污燕支雪。暗中偷负去,夜半真有力。何殊病少年,病起头已白。

《在黄州寒食二首》(其二):春江欲入户,雨势来不已。小屋如渔舟,濛濛水云里。空庖煮寒菜,破灶烧湿苇。那知是寒食,但见乌衔纸。君门深九重,坟墓在万里。也拟哭途穷,死灰吹不起。

# 词

## 水调歌头·明月几时有

丙辰中秋，欢饮达旦，大醉，作此篇，兼怀子由。

明月几时有？把酒问青天。不知天上宫阙，今夕是何年。我欲乘风归去，又恐琼楼玉宇，高处不胜寒。起舞弄清影，何似在人间。　转朱阁，低绮户，照无眠。不应有恨，何事长向别时圆？人有悲欢离合，月有阴晴圆缺，此事古难全。但愿人长久，千里共婵娟。

## 念奴娇·赤壁怀古

大江东去，浪淘尽，千古风流人物。故垒西边，人道是，三国周郎赤壁。乱石穿空，惊涛拍岸，卷起千堆雪。江山如画，一时多少豪杰。　遥想公瑾当年，小乔初嫁了，雄姿英发。羽扇纶巾，谈笑间，樯橹灰飞烟灭。故国神游，多情应笑我，早生华发。人生如梦，一尊还酹江月。

## 江城子·乙卯正月二十日夜记梦

十年生死两茫茫，不思量，自难忘。千里孤坟，无处话凄凉。纵使相逢应不识，尘满面，鬓如霜。　夜来幽梦忽还乡，小轩窗，正梳妆。相顾无言，惟有泪千行。料得年年肠断处，明月夜，短松冈。

## 定风波·莫听穿林打叶声

三月七日,沙湖道中遇雨,雨具先去,同行皆狼狈,余独不觉。已而遂晴,故作此。

莫听穿林打叶声,何妨吟啸且徐行。竹杖芒鞋轻胜马,谁怕?一蓑烟雨任平生。　料峭春风吹酒醒,微冷,山头斜照却相迎。回首向来萧瑟处,归去,也无风雨也无晴。

## 江城子·密州出猎

老夫聊发少年狂,左牵黄,右擎苍,锦帽貂裘,千骑卷平冈。为报倾城随太守,亲射虎,看孙郎。　酒酣胸胆尚开张。鬓微霜,又何妨!持节云中,何日遣冯唐?会挽雕弓如满月,西北望,射天狼。

# 诗

## 题西林壁

横看成岭侧成峰,远近高低各不同。不识庐山真面目,只缘身在此山中。

## 赠刘景文

荷尽已无擎雨盖,菊残犹有傲霜枝。一年好景君须记,最是橙黄橘绿时。

## 春宵

春宵一刻值千金，花有清香月有阴。歌管楼台声细细，秋千院落夜沉沉。

## 海棠

东风袅袅泛崇光，香雾空蒙月转廊。只恐夜深花睡去，故烧高烛照红妆。

## 东栏梨花

梨花淡白柳深青，柳絮飞时花满城。惆怅东栏一株雪，人生看得几清明。

## 惠崇春江晚景

竹外桃花三两枝，春江水暖鸭先知。蒌蒿满地芦芽短，正是河豚欲上时。

## 文

## 记承天寺夜游

元丰六年十月十二日夜，解衣欲睡，月色入户，欣然起行。念无与为乐者，遂至承天寺寻张怀民。怀民亦未寝，相与步于中庭。庭下如积水空明，水中藻、荇交横，盖竹柏影也。何夜无月？何处无竹柏？但少闲人如吾两人者耳。

# 前赤壁赋

　　壬戌之秋，七月既望，苏子与客泛舟游于赤壁之下。清风徐来，水波不兴。举酒属客，诵明月之诗，歌窈窕之章。少焉，月出于东山之上，徘徊于斗牛之间。白露横江，水光接天。纵一苇之所如，凌万顷之茫然。浩浩乎如冯虚御风，而不知其所止；飘飘乎如遗世独立，羽化而登仙。

　　于是饮酒乐甚，扣舷而歌之。歌曰："桂棹兮兰桨，击空明兮溯流光。渺渺兮予怀，望美人兮天一方。"客有吹洞箫者，倚歌而和之。其声呜呜然，如怨如慕，如泣如诉；余音袅袅，不绝如缕。舞幽壑之潜蛟，泣孤舟之嫠妇。

　　苏子愀然，正襟危坐而问客曰："何为其然也？"客曰："'月明星稀，乌鹊南飞'，此非曹孟德之诗乎？西望夏口，东望武昌，山川相缪，郁乎苍苍，此非孟德之困于周郎者乎？方其破荆州，下江陵，顺流而东也，舳舻千里，旌旗蔽空，酾酒临江，横槊赋诗，固一世之雄也，而今安在哉？况吾与子渔樵于江渚之上，侣鱼虾而友麋鹿，驾一叶之扁舟，举匏樽以相属。寄蜉蝣于天地，渺沧海之一粟。哀吾生之须臾，羡长江之无穷。挟飞仙以遨游，抱明月而长终。知不可乎骤得，托遗响于悲风。"

　　苏子曰："客亦知夫水与月乎？逝者如斯，而未尝往也；盈虚者如彼，而卒莫消长也。盖将自其变者而观之，则天地曾不能以一瞬；自其不变者而观之，则物与我皆无尽也，而又何羡乎！且夫天地之间，物各有主，苟非吾之所有，虽一毫而莫取。惟江上之清风，与山间之明月，耳得之而为声，目遇之而成色，取之无禁，用之不竭。是造物者之无尽藏也，而吾与子之所共食。"

　　客喜而笑，洗盏更酌。肴核既尽，杯盘狼籍。相与枕藉乎舟中，不知东方之既白。

冷成金 著

# 苏东坡

上册

陕西师范大学出版总社 西安

图书代号　WX24N1982

**图书在版编目（CIP）数据**

苏东坡：全三册 / 冷成金著．— 西安：陕西师范大学出版总社有限公司，2025.2
　ISBN 978-7-5695-3639-3

　Ⅰ.①苏…　Ⅱ.①冷…　Ⅲ.①苏东坡（1036-1101）—传记 Ⅳ.① K825.6

中国国家版本馆 CIP 数据核字（2023）第 091867 号

## 苏东坡：全三册
SUDONGPO：QUAN SAN CE

冷成金　著

| | |
|---|---|
| 出 版 人 | 刘东风 |
| 特约编辑 | 罗文娟 |
| 责任编辑 | 高　歌　邢美芳 |
| 责任校对 | 陈君明 |
| 封面设计 | 吴黛君 |
| 出版发行 | 陕西师范大学出版总社 |
| | （西安市长安南路 199 号　邮编 710062） |
| 网　　址 | http://www.snupg.com |
| 印　　刷 | 三河市兴博印务有限公司 |
| 开　　本 | 787 mm×1092 mm　1/16 |
| 印　　张 | 55 |
| 插　　页 | 9 |
| 字　　数 | 904 千 |
| 版　　次 | 2025 年 2 月第 1 版 |
| 印　　次 | 2025 年 2 月第 1 次印刷 |
| 书　　号 | ISBN 978-7-5695-3639-3 |
| 定　　价 | 198.00 元（全三册） |

# 目录

| | |
|---|---|
| 一　新婚 | 001 |
| 二　离蜀 | 011 |
| 三　文争 | 017 |
| 四　青蘋之末 | 027 |
| 五　朝堂激辩 | 037 |
| 六　殿试风波 | 045 |
| 七　母丧丁忧 | 058 |
| 八　济民 | 069 |
| 九　绝交碑 | 077 |
| 十　家事国事 | 087 |
| 十一　初放凤翔 | 102 |
| 十二　为民 | 113 |

# 目录

| | | |
|---|---|---|
| 十三 | 太守 | 127 |
| 十四 | 小莲妹妹 | 139 |
| 十五 | 敕建官户村 | 151 |
| 十六 | 求雨 | 161 |
| 十七 | 凤翔八观 | 175 |
| 十八 | 刺义勇 | 187 |
| 十九 | 离任赴京 | 197 |
| 二十 | 痛失爱侣 | 206 |
| 二十一 | 续弦 | 220 |
| 二十二 | 万言书 | 231 |
| 二十三 | 王闰之 | 243 |
| 二十四 | 王安石 | 256 |
| 二十五 | 疾风暴雨 | 271 |

## 一　　新　婚

岷江犹如一股富有诗意的思绪，自北向南，缓缓地流过眉州；在眉山这个地方，仿佛怕惊扰了两岸如黛的青山，轻轻地打了一个弯，然后静静地注入长江。

当年，唐朝诗人李白就是从这里"仗剑出峡"的。那时候，李白留下了这样一句诗："东风动百物，草木尽欲言。"

自李白离去后，三百多年过去了，转眼已是北宋仁宗至和年间。这一天，春风骀荡，草木暗长，眉山纱縠行大街上苏家大院张灯结彩，街道两旁挤满了看热闹的人，他们在兴奋地议论着什么。三百年前李白的诗，好像就是为今天写的。

很快，远处两支送亲的队伍吹吹打打，从两个方向朝纱縠行大街走来。人们一下子兴奋地迎上去。

这个时候，自然是孩子们的节日，他们跟在送亲的队伍后面，不停地拍手，欢唱着儿歌："大苏郎，小苏郎，兄弟同日入洞房。入洞房，辞爹娘，明日双双登朝堂！"

在那个年代，人们是很重视儿歌的。它可以是一种吉祥的预言，也可以是一种不祥的谶语；可以是一种祝福，也可以是一种诅咒。儿歌表达的，往往就是当时人的心声。听到这样的儿歌，两支迎亲队伍的鼓乐奏得更响了，看热闹的人们也笑得更欢了。两边的轿子里，新娘子王弗和史云也不禁露出了羞涩、幸福的微笑。

在看热闹的人群中，有一个十分英武精悍的青年，显得格外兴奋。他叫巢谷，曾是苏轼、苏辙兄弟的同窗好友。他父亲服兵役客死他乡，母亲不久也去世，剩下他一个人，苏家出资葬了他的父母，将巢谷留在苏家生活。平时他帮苏家干一些杂活，闲来苏轼兄弟也教他读书。苏家从来没有拿他当仆人看待，在不知情的外人看来，巢谷就是苏轼、苏辙的亲兄弟。有一天，苏洵的至交好友吴复古来访，见巢谷聪颖可爱，就收他做了徒弟，教他练习武功。巢谷有伯父苏洵和师父的疼爱，有苏轼兄弟的友情，并不觉得孤独。

今天，巢谷确实应该感到高兴，不仅因为苏轼、苏辙兄弟同日娶亲，也是因为自己的师父赶回来为苏轼兄弟主持婚礼，师徒久别，今日得以重见。

巢谷像只松鼠在人群中跑来跑去，仔细地观看了两边送亲的队伍，情不自禁地拍手大笑，然后飞快地跑回苏家大院。

这时，苏家大门里走出了吴复古、苏洵、苏辙。巢谷迎面跑去，对苏洵和吴复古一揖道："伯父、师父，送亲的都到了！"

吴复古是当世高人，不仅学识渊博，更难得的是对世事人生都有独到之见。他好云游，又交游极广，不仅在僧、道两界大有名望，就是贤士大夫，也莫不仰慕其名。此人既出世，又入世，既洒脱佻挞，又沉稳深邃。他性情率真，与苏轼兄弟脾气相投，极有缘分。这次来替苏轼兄弟主婚，既是应苏洵之邀，也是出于对苏轼兄弟的喜爱。

吴复古半嗔半笑地对苏洵说："明允兄，我这方外之人，四处云游不定，历来不问世事。今天竟请我来为二位公子主婚，也不怕坏了我的清修？呵呵！"苏洵历来通达不羁，对吴复古一揖道："哎呀，道长的道行高深，哪里还分什么方内方外！吃饭睡觉是修行，为犬子主婚，自然也是修行。"

吴复古听了，十分高兴，指着苏洵对周围的人说："呵呵，谁说明允公不会讨好人！这话就是太上老君听了，也定会高兴。不过，道士以为，明允公这般解释修道，却不纯正！"苏洵故作惊讶地问："哦？如何不纯？"吴复古说："这明明是以禅解道嘛！"苏洵知道，越是与他缠夹不清，他就越是高兴，便说："释、道本来就是一家。"吴复古听了，果然提起了兴致："好久没有人跟我斗嘴了，今日……"

苏洵的夫人程氏在一旁看见，怕他们耽误了正事，急忙制止道："道长，新郎都没看见，你主的什么婚啊！"吴复古急忙打住嘴，四下一看，果然不见苏轼，着急道："哎，怎么不见子瞻贤侄啊？"

此时喜乐声愈发地近了，苏洵却不见苏轼的身影，急忙对苏辙说："辙儿，你哥哥呢？"苏辙茫然地摇摇头，转身问采莲："表姑，你看见哥哥了吗？"

采莲觉得很不好意思，这些本来是该她想到的。她是苏轼、苏辙的表姑，也是他们的乳母。丈夫去世后，她就留在苏家，苏洵夫妇对她以礼相待，从来不把她当作仆人看待，采莲也把苏家当作了自己的家。今天这大喜的日子不见了新郎，她却并不着急，她知道苏轼的脾气，便对巢谷说："你去轼儿的书房看看。"巢谷一拍脑袋："是啊，表姑，我怎么没想到啊，子瞻兄一定在书房！"采莲笑笑说："你啊，别人娶媳妇，你先乐晕了头！"

这时，鼓乐停止了，似乎隐隐传来了争吵声。吴复古对苏洵说："明允公静候，贫道先去看看。"说着，对身后苏家迎亲的众人说："跟贫道走吧！"

两支送亲的队伍吹吹打打，都向纱縠行大街走来，在路口相遇，两边的吹鼓手互不相让。史云虽是弟媳，但送亲队伍先到片刻，想要走在前边。王弗的送亲队伍中有人急忙跑到前面，不让先走，两方吹鼓手争吵起来。

王弗这边有一个吹鼓手大声说："哎，这兄弟俩娶媳妇，得讲个长幼有序吧！"史云那边也有人立即站出来说："是啊，是啊，但总得有个先来后到吧。"双方吵吵嚷嚷，街上的人都围过来津津有味地看着热闹。

王弗听到争吵声，挑开轿帘，小声问丫鬟："什么事啊？"丫鬟回答说："你弟妹那边的人要先过去。"王弗未加思索，很自然地说："那就让他们先过去嘛！"

丫鬟听了，觉得小姐好不晓事，着急地说："哎呀呀，小姐，那怎么行！这可不是小事。你没听说吗，送亲要是占了上风，一辈子占上风。路上就是碰到一头牛，也要走上首道；要不，就一辈子落下风了。"王弗微笑道："好啦好啦，哪天你出嫁的时候，不要走正门进婆家，从屋顶上打个洞，跳下去，你就一辈子占你丈夫、公婆的上风了。"丫鬟知道小姐是个非常聪明的人，自己是说不过她的，只好嗔怪道："小姐，大家都是为了你好！"王弗笑笑，小声说："知道知道，快，让妹妹的嫁妆先走。"丫鬟无可奈何地应道："是。"

史云也听到了争吵声，问丫鬟道："什么事啊？"丫鬟说："你嫂子的嫁妆要先过去。"史云说："那是自然。"丫鬟十分着急："小姐，那可不行。我们路远，起了个大早，图的就是抢先一步，要是让她先过去了，以后还不得一辈子受嫂子的气？"史云大方地说："我听说嫂子可是个过目不忘的才女，大家闺秀，品行又好，怎会欺负我！快去，不可无礼，让嫂子先过去。"丫鬟不情愿地说："好吧。"

吹鼓手们还在争吵。王弗的丫鬟走过来说："别吵了，别吵了，小姐让他们先走！"众人颇感意外地"啊"了一声。王弗的丫鬟没好气地说："啊什么，你们难道不知道小姐的脾气？！"就在这时，史云的丫鬟也走过来，厉声说："小姐让嫂子先过去。"领头的吹鼓手一时不明白什么意思，愣头愣脑地说："不行不行。"史云的丫鬟有些气恼，拧住了领头的吹鼓手的耳朵："行还是不行？"那位吹鼓手被拧疼了，叫道："哎哟，小姑奶奶，再不放手，你出嫁时没人给你吹唢呐了。"众人听了，大笑起来。

于是情形倒转过来，刚才的相争，忽然变成了两方相互谦让。就在这时，吴复古带着吹鼓手、轿夫走过来。两方的司仪急忙向前。王家司仪对史家司仪说："接亲的来了，客随主便，对吧？"史家司仪急忙说："正是。苏家闻名遐迩，司仪必有道理。"两个司仪迎了上去，向吴复古施礼道："请问先生，谁该先行？"

吴复古淡淡一笑："呵呵，兄弟如手足，岂有先后！大道如砥，安分左右。何不兄弟同行。"众人大悟："啊，是啊，是啊。"吴复古高喊道："接亲了——"众人将两方的轿夫、担夫换下。两支队伍在大街上并排而行，鼓乐也奏得更加高亢动听。

巢谷匆匆来到苏轼的书房，果然，苏轼正在作诗，一脸兴奋。巢谷看见他的样子，哭笑不得："子瞻，原来你在这儿，让我们这番好找！你知道吗，你的新娘子正在门外落轿，你还有闲心在这里吟诗作赋，伯父已经大发雷霆了！"

苏轼却不以为意，还在写着未完的诗句："巢谷兄，我偶得妙语一二句，要全把它写下来，怕日后忘了……"巢谷已顾不上许多，抓起苏轼的胳膊就走，边走边说："快点走吧，要不新娘子就叫人抢去了！"苏轼还想挣扎，怎奈巢谷实在力大，苏轼一个失手，新袍染上了一道墨迹。

苏家大院门口,新娘子已经到了。吴复古正在高喊:"高卷珠帘挂玉钩,香车宝马到门头。花红利市多多赏,富贵荣华过百秋。"

按照当时的风俗,接下来就是新人下轿了,下轿之后,便是新郎以红绸带领着新娘,往正堂拜天地。可到了此时还看不见苏轼的踪影,连一向沉稳的程氏也急了。她看看采莲,采莲也有些发慌。正在这时,巢谷拉着苏轼,急急跑了过来,一边跑,还一边喊着:"来了,来了!"

采莲等人赶忙帮苏轼整理衣服,看到新衣上的墨迹,采莲向苏轼嗔怪地一笑。在她的心里,早已把苏轼、苏辙当作了自己的亲生儿子。

这时,吴复古终于放心地高喊:"下轿,新人开口接饭!"

当两位新娘子下轿之际,孩子们的欢呼声骤然高起来,看热闹的乡亲也往前挤了上来,无不啧啧赞叹。苏家在当地人缘极好,很受乡亲们爱戴,苏轼、苏辙又是有名的才子,父母们教育孩子,往往拿苏家兄弟作榜样。今日他们兄弟同日成婚,更是在乡里传为佳话。

新娘子象征性地吃了一口司仪递过的米饭,苏轼兄弟各自用红绸领着新娘,走向正堂。

那位年老的司仪似乎从来没有这样高兴过,抖擞精神,朗声道:"一拜天地。二拜高堂。夫妻对拜。新人挪步过高堂,神女仙郎入洞房。花红利市多多赏,五方撒帐盛阴阳。"

在一群孩子的簇拥下,苏轼兄弟各自将新娘子领入洞房。接下来是撒帐,那是孩子们最盼望的时刻,因为不仅可以听歌儿一般的撒帐辞,还可以捡拾撒下的各色红枣、花生、栗子等。

一中年妇人高声道:"新人坐床。"

撒帐啰——
撒帐东,画堂日日是春风。
撒帐西,嫦娥画眉桂带枝。
撒帐南,好合情怀乐且耽。
撒帐北,芙蓉帐暖春宵美。

撒帐上，交颈鸳鸯成两两。

撒帐中，神女红云下巫峰。

撒帐下，来岁生男定声价。

撒帐前，文箫今遇彩鸾仙。

撒帐后，夫妇和谐长保守。

撒帐啰——

苏家后院，高朋满座。眉州知州吴同升携夫人前来赴宴，苏轼兄弟敬罢酒，吴同升问道："明允兄，小弟有一事不明，不知可否相问？"苏洵谦逊地说："大人有话请讲，在下自当知无不言。"吴同升急忙摆摆手："明允兄万不要这样客气，我这个官，说不定哪天还要你二位公子照顾！小弟不明白的是，二位公子都是大才，此次大比定然高中，为何要公子成婚后再进京赶考？若是能招赘在帝王将相之家，岂不美哉！莫非明允公另有高见？"苏洵微微一笑，道："高见不敢，只是在下常常留意这朝廷之事。如今朝廷清议成风，党争将成，若真是招赘入达官贵人家，必会成为清议的对象，若想为国效力，怕是难了。"吴同升站起一揖，道："小弟佩服！佩服！古人说，爱子孙，要为之计深远。明允兄不仅为子孙计深远，更为我大宋计深远！有这样的父亲，方能教出这样的儿子。真我大宋之福也。来，愚弟敬你一杯！"

苏轼兄弟已有些醉意，他们要各归洞房。苏轼好酒，但其量甚浅，终生未有长进，实乃一大憾事。巢谷搀扶着苏轼来到洞房外，巢谷说："新娘一定很漂亮！"苏轼醉醺醺地说："巢谷兄，我俩车马衣服皆可共之，唯妻子不可！"巢谷仍是坚持："我就是看看而已。"苏轼说："看也不许。"巢谷诡秘地一笑。

来到门前，苏轼推门欲入，丫鬟伸手拦住："新郎留步。新娘说了，要想进洞房，先对出新娘的对联。"苏轼一惊，酒有些醒了，诧异地问："这么多规矩？"巢谷抿嘴偷乐："子瞻，今天晚上我可长见识了。"

丫鬟道："听着，'月圆花好红灯照'。"巢谷说："此时此刻，出这样的对联，足见嫂子学识不凡。"苏轼微一思忖，道："有了！'风扁竹长紫气飘'。"巢谷拍手道："好！月圆花好，说的是新婚之夜良辰美景；风扁竹长，说的是轻风入竹林，如琴瑟相和，夫妻相得。好，真好！"

苏轼笑了，推门欲进。丫鬟再次伸手拦住道："别急，还有第二联。听好了，'水仙子持碧玉簪，风前吹出声声慢'。"巢谷"哟"了一声，说："新郎官，水仙子、碧玉簪、声声慢，嫂子连出了三个词牌名组成上联。你呀，必须用三个词牌名才能答出下联。看来嫂子是要难为一下你了。"苏轼笑着说道："这一联比上一联容易。听着：'虞美人穿红绣鞋，月下引来步步娇'。怎么样？"说着就要进洞房。

丫鬟急忙阻止："哎，等等，还有第三联！"说着，进入房中，关上房门。苏轼无奈地说："还有第三联？看来我今夜，只能独眠了！"

新房内，丫鬟对王弗说："小姐，莫把姑爷给真的难倒了！"王弗遮着红盖头，淡淡一笑，说："看他是不是徒有虚名，快去出第三联。"丫鬟只好打开房门，说："先生听着，最后的一联是'天作棋盘星作子，日月争光'。"苏轼、巢谷听罢，都为之一惊。

巢谷一拍手，说："好联，大有男子气概。你夫妻要如日月争光了。"说着，调皮地看着苏轼："只是不知你夫妻二人谁是棋盘，谁是棋子！"苏轼踱步，喃喃自语道："呵呵，这本不难对，可要对出夫妻情味来，却是有些难了。"苏轼在门外徘徊，而王弗也在屋里焦急地期盼，生怕丈夫对不出来。

巢谷看着苏轼，有些着急地说："你们哪是新婚之夜，倒像是夫妻打架！"苏轼一怔，恍然道："打架！对，就是打架。我对'雷为战鼓电为旗，风云际会'。"巢谷高兴地跳了起来："真乃绝对也！"

另一边，苏辙兴冲冲地走到门外，刚要开门，发现门被两只锁形的东西锁着。略一摆弄，见锁鼻长而弯曲，构成了一个连环套，明明有缺口，可就是难以将两只锁鼻脱开。丫鬟在一旁看着，偷偷地笑。苏辙思索着，踱着步，自言自语道："奇怪啊。"丫鬟说："我家小姐说了，打开这把锁，方能入洞房。"苏辙憨憨地问："要是打不开呢？"丫鬟说："那……就休想入洞房。"苏辙说："没有钥匙啊！"丫鬟扑哧一笑："用钥匙开锁，不算能耐！"苏辙不解地问："娘子为何要出这题目考我啊？"丫鬟思忖了片刻，说："我猜是要用锁把先生锁住吧！"苏辙摆弄了半天，终于将锁鼻构成的连环套解开，丫鬟"啊"地惊叹一声。

苏辙推门而入，史云刚要站起躲避，苏辙迅速用连环套把门锁上："夫人，你这可是锁住你自己了！"史云嘤嘤而语："夫君，是锁住了我们俩！"苏辙一惊，"哦"了一声，觉得有佳语成兆之象。果真，后来二人白头偕老。

这边，王弗在屋内听到苏轼对上了下联，心中大喜，忙双手合十祷告。苏轼昂首进入，巢谷紧随其后，丫鬟惊呼道："哎，哎，你怎么也进来了！"说着，把他推出门去。巢谷装作不介意地说："真小气。"

苏轼有些醉态，来到桌前，望着桌子上的如意秤，迟疑了一下，然后抓起，来到新娘床前："娘子，为夫可要挑盖头了？"王弗没有吱声。苏轼微微一笑，道："巫山一片云，云遮是何人？"王弗嘤嘤而对："楚国万里路，路逢乃仙君。"听了王弗的下联，苏轼想起了与王弗的两次相逢。

去年的上元节，灯市如昼，苏轼兄弟也去赏灯。各色灯谜吸引了不少游人，这时，只听一个丫鬟模样的女子说："小姐，你看这个，是打一个词牌的。"那位小姐打扮的女子慢慢地说："'春色满园关不住'，啊，我知道了，是出墙花。"丫鬟说："小姐的学问真好。"那女子笑道："小丫头，学会讨好人了。"丫鬟嘟嘟囔囔地说："小姐冤枉人，谁不知道你是才女。"女子羞涩地说："什么才女，好不羞人。"这位才女正是王弗。

苏轼兄弟本无心听她们多说，却听那丫鬟说："小姐你看，这个怕是难猜。"苏轼兄弟转过身来，想看看是什么灯谜，只听王弗轻声说："'若要占天时，须得有人和。'孟子曰，'天时不如地利，地利不如人和'……"苏辙听了，觉得难猜，对苏轼说："'若要占天时，须得有人和'，哥哥，这谜底是什么？"苏轼用手一比画，当即猜出了谜底，说："是二。"

王弗听到了苏轼的话，但又不解，用手指在空中比画着，她猛然醒悟，说："'二''人'相和，正是'天'字啊！"这时，苏辙也已明白，拍手叫好。王弗抬起头，正看见苏轼兄弟，有些不好意思，急忙扭头对丫鬟说："咱们走吧。"

苏轼兄弟都觉得王弗不仅美貌多才，而且大有温婉之致。苏轼不禁向二人的背影看去，点着头说："以圣贤之语入灯谜，实在难得！"苏辙似乎看穿了哥哥的心思，调皮地说："呵呵，岂止难得，更是天赐良缘啊！哥哥你说，这'二人相和'是什么意思？"苏轼反问："你说是什么？"苏辙说："是夫妻之道。哥哥今日为小姐猜得这灯谜，日后定能与她结为夫妻。"苏轼没有想到一向敦厚的弟弟竟会说出此等话来，一时竟有些呆住了。

另一次与王弗相逢，是在眉州青神中岩寺。这座寺庙背靠青山，西临岷江，景致十分清幽，苏轼兄弟曾在这里读书。

这一天，王弗的父亲、进士王方带着家眷从中岩寺出来，一老僧相陪。王弗说："父亲，这次游览中岩寺，一定要给那池子取个好名字，那些鱼儿只要听到人拍手就游过来，太可爱了。"苏轼、苏辙闲来游春，正往中岩寺走，迎面路过，恰好听见王弗的话。苏轼与王弗四目相对，都吃了一惊。王弗羞涩地避开苏轼的目光。苏轼、苏辙随王方一行人来到鱼池旁，见那里挤满了围观的青年人。

王方向周围一揖："诸位，这池子在我家的田亩之中，池中的鱼儿只要听到有人拍手就游过来，甚是灵异。但这池子历来无名，诸位风雅，不知可否赐名？"

一个长相俊雅的书生摇头晃脑地说："听说王家小姐是位才女，何不让小姐取名？"另一书生趁机起哄："莫不是要题名招亲吧！"依宋时的风俗，这类言语倒也不算无礼。王弗也大方，只是羞涩地一笑。王方说："在下是真的想为这池子题名。"

最先说话的书生率尔应道："我说呢，不如题作'叫鱼池'。"众人听了，哄然大笑。那个起哄的书生说："哎，兄台不雅，依小弟看，不如叫作'看鱼池'！"又一书生出来打趣说："既然一拍手这鱼儿就过来，不如就叫'拍鱼池'。"众人哄笑，另一个书生走上前，笑道："依在下看，不如叫作'戏鱼池'。"王方似有赞许之意。

这时苏轼站了出来，朗声道："何不叫作'唤鱼池'！"王弗一惊，偷偷向苏轼看去。众人也恍然大悟，低声议论称是。王方大喜，认为此题甚好，上前请教苏轼姓名。苏轼一揖，说："不敢，学生苏轼，还请前辈指教。"王方稍一迟疑，问道："啊，那阁下是否认识苏洵苏明允啊？"苏轼说："正是家父。您认识家父？"王方笑道："曾经同年赶考。怪不得呢。苏公子能否一并题名？"苏轼说:"那小侄就唐突了。"老僧吩咐小和尚送上笔墨,苏轼在岩石上题写了"唤鱼池"三个大字。

想到这里,苏轼把盖头全部挑开。十六岁的王弗光彩照人,一副大家闺秀的气派。苏轼弯腰细观,王弗羞红了脸,低下了头。苏轼仍凝神端看王弗。

王弗羞涩地说:"相公如此看人,羞煞人了。"苏轼笑道:"人云:'楼上观山,城头观雪,灯前观月,舟中观霞,月下观美人,是为会观。'殊不知红烛之下观新娘别是一番情景。"王弗笑道:"青春易老,花容易褪,不知那时,夫君又当如何?"苏轼道:"所谓'十年修得同船渡,百年修得共枕眠',姻缘前定,岂是人力可为!"苏轼本是无心之语,但王弗一愣,觉得新婚之夜自己不该引丈夫说这些没来由的话,心中隐隐感到不安。

王弗德、才、貌俱全,或许是天妒红颜,王弗后来早逝,终未能与苏轼白头偕老,此似为谶语。

王弗眼睛里掠过一丝惶恐,苏轼没有察觉。王弗缓缓倚在苏轼身边,任丈夫轻轻取冠……

苏轼问:"弗儿,为夫有一事不明。"王弗说:"夫君如此聪明,还有何事不明?"苏轼道:"岳父大人第一次来我家时,是倒骑毛驴的。不知岳父大人为何喜欢倒骑毛驴?"王弗微微一笑:"向后看,因为只有发生过的事情才是真的。"苏轼笑道:"妙哉,妙哉。不过那头驴,定非泛泛之物,必是驴中之精。"王弗笑道:"我父亲到你家提亲时,那头驴不用鞭策,自己就径直而来。"苏轼大笑:"如此说来,我们也该为那头驴子记一功了!"

这时,不知何时躲进屋的巢谷实在憋不住了,哈哈大笑起来,从床底爬出,把苏轼夫妇吓了一跳。

"哎呀!"王弗羞得双手捂脸。苏轼哭笑不得:"巢谷兄,你何时钻到我床下的?"巢谷大笑着朝外走去。苏轼不放心,又弯腰向床下看去。巢谷回头笑道:"放心,床底下没人了。"苏轼这才有些后怕,惊道:"天哪!要不是说驴的事,他还在床下呢!"

王弗和史云卧房灯光相继熄灭。眉山的月,今夜似乎格外明亮。

## 二　　离　　蜀

嘉祐二年（公元 1057 年），汴京皇宫文德殿内，仁宗临朝，专门讨论此次大比的主考官问题。平心而论，仁宗不是个坏皇帝，只是大宋积贫积弱已久，想中兴大宋，谈何容易！早在庆历年间，仁宗就曾实行"庆历新政"，怎奈触犯了权贵的利益，再加上他的性格也过于宽仁，那些新政条款就难以落实，最终新政无疾而终。后来，仁宗体弱多病，年老无子，终于放弃了改革的打算。但他知道，冗兵、冗官不改革，大宋就不能振兴。因此，他还是要做一些力所能及的事，比如改革文风，比如为后继者选才……

仁宗扫了一眼殿下，见韩琦、欧阳修等大臣都在。仁宗问道："韩卿家，春闱大比将近，主考官的人选因何迟迟未能呈报上来？"韩琦是宰相，为人忠直，令人敬畏，但有时又偏于保守，往往循规蹈矩。对于这些，仁宗知道得很清楚，但又有什么办法呢？皇帝就能事事遂心吗？

韩琦缓缓奏道："回禀陛下。这次的主考官人选，臣思量再三，在欧阳修和王珪二人之中实难以取舍，故不敢贸然举荐。"

这样的回答是仁宗早就料到的。仁宗说："能选出此二人，倒也难为你了。王珪是历届会试的主考，欧阳修则堪称我朝文宗。欧阳修，王珪，你们自己说说，朕该让谁担此重任？"

欧阳修是个率性之人，首先站出来说："回禀陛下。古人云，'谦谦君子，卑以自牧也'。主考官一事臣该当谦卑自守，礼让他人才是。只因韩琦大人说出王珪来，臣才不得不毛遂自荐。"仁宗有些乐了，笑道："听你这话的意思，你是让给谁，也不会让给王珪了？"欧阳修说："正是！陛下，王珪大人主持往年科考，太学生几乎占尽皇榜。礼部会试已俨然成为太学院的会试，而非天下士子的会试。"仁宗微微吃惊："哦，有这等事？"

王珪的性格不易琢磨，他似乎没有什么固定的主张，总是相机而动，态度也往往是不卑不亢。他不慌不忙地出班奏道："回禀陛下。太学院所教授的太学体，乃御制应试文体，因而太学生在科举中容易夺魁，也是有的。"欧阳修直言反驳道："陛下，天下之学者非一家，其为道虽同，言语文章，未尝相似。又何必拘泥于太学体，而使得天下之才不能尽收于陛下囊中。"仁宗说："王珪，果然如此，你就误了朕的选才大典。"王珪这次有些着急："陛下明察，微臣也是遵循祖制，不敢动辄改弦易张，恐怕动摇了国之根本。"遵循祖制，这是王珪常常拿来自卫的法宝，也是朝廷中很多大臣的法宝。

仁宗对此却不以为然："可祖制也说不得以出身论短长，不能因出身有所偏废。你遵循了吗？"王珪发现皇上并不站在自己这边了，赶忙改口说："臣惶恐！臣知罪！"

仁宗思忖了片刻，似乎下了决心，说："今年礼部会试，朕准欧阳修知贡举，王珪、范镇同为考官。文备众体，才取八方。欧阳修，朕盼着本朝文风从此焕然一新。"在一片"吾皇万岁，万岁，万万岁"的祝愿声中，仁宗退朝。

就在朝廷筹备科考大事的时候，四川眉山的苏家也在做着准备。

苏轼兄弟新婚的第二天清晨，采莲表姑来到苏辙房外，轻轻地敲着门："二少爷、二少奶奶，快起来拜见公婆了。"苏辙夫妇慌忙穿好衣服。采莲刚要离去，史云追了出来，鞠躬说："表姑，以后千万不要叫什么少奶奶，你是我们的表姑，我们是晚辈。"对于这些，采莲早已习惯了，她轻轻一笑："家有家规，该怎么叫，我自己心里有数。你赶快洗漱吧。"史云看着采莲离去的身影，第一次体会到了苏家人的"执拗"。

在苏家的走廊里，苏轼和王弗正站在厅外等着苏辙、史云。苏辙牵着史云的手，慌张地走来。苏辙说："见过嫂嫂。让哥哥嫂嫂久等了。"史云红着脸，好像见了哥哥嫂嫂害羞似的。苏辙倒颇为放达，对她说："哎，人生之快，莫过于洞房花烛。有什么可羞的呢？"史云嗔怪地看了苏辙一眼。王弗上前，拉着不好意思的史云说："妹妹，我们还是赶快去拜望公婆吧，莫再耽搁了。"

苏家正堂，父亲苏洵和母亲程氏端坐堂前，吴复古坐在一旁。苏轼四人一齐跪下："拜见父亲、母亲、道长。"苏洵高兴地笑道："好啦，都起来吧。"苏轼等站起身。史云毕竟年龄小，有些手足无措。程氏看了，笑了笑，赶紧解围说："弗儿、云儿，你们父亲有话要对他们兄弟说，你们随我到后堂去吧。"王弗招呼史云搀起婆母，向后堂走去。

苏洵让苏轼、苏辙坐下，兄弟二人眼神交会，似有觉察。苏洵正色说："朝廷就要大比了，为父想带你们进京赶考，各自回去准备一下，明日启程。"苏洵满以为兄弟二人会欢天喜地的，不料他们二人听了，竟然默不作声。苏辙着急地看看苏轼，苏轼不言语，也没有什么表情。

苏辙仗着自己年幼，父亲疼爱自己，先站起身来说："父亲，孩儿恐怕才疏学浅，有负父亲的期望。还是再苦读三年，等下次再说吧。"苏洵一惊，但他没有说话，只是咳嗽了一声，并喝了一口茶。苏辙不顾苏洵不悦，接着说："父亲，孩儿以为，凭您的才学都屡屡不中，做儿子的怎敢造次。不如这次父亲去好了，等父亲高中之后，我跟哥哥才敢一试啊。"

苏洵脸上有些挂不住了。他虽屡试不中，但生性豁达，自己本也没有当回事。但这次好友吴复古在旁，儿子竟然直言不讳地说出来，他还是有点不太高兴。他看看两个儿子，稍有不快地说："哎呀，难得你们一片孝心，竟考虑到为父的脸面，真是没白读这圣贤书，给咱们苏家的列祖列宗长脸啊。"苏轼仍不说话。

苏辙又说："父亲，我与哥哥真的是怕名落孙山，自己倒没什么，却怕给父亲丢人。"苏洵忽然脸色一沉，怒道："哼！整天待在家里饱食终日、不思进取，就不怕给我丢人吗？！"苏辙慌忙跪下道："孩儿向来谨记父亲教诲，不敢有丝毫懈怠，父亲如此说，叫孩儿不敢承受。"苏洵真是觉得又好气又好笑，但还是板起面孔喝道："胡说！"到了此时，苏轼不跪也不行了，只是依旧沉默不语。

苏洵装作生气地瞧着苏轼，有些讥讽地说："轼儿，平日你大言滔滔，真是口吐珠玑啊，此时为何一言不发啊？"苏轼装得一本正经，却透出几分机智可爱，说："父亲正在教诲孩儿，孩儿洗耳恭听便是，不敢造次说话。"

苏洵觉得自己居然说不过他们，气得站起来说："住口！看看你们，成什么样子，一个说什么才疏学浅，搬作借口！一个倒成了闷葫芦，说什么不敢造次！舍不得你们的燕尔新婚才是真！你们平时的志向都到哪里去了？为父先前就是这样教诲你们的吗？！"苏轼兄弟见父亲真的动怒，都吓得噤声不语。吴复古颔首微笑，咳嗽了一声。

苏洵一怔，道："啊，道长，犬子让你见笑了。唉，老夫一生想报效国家，可是科场屡屡失意，如今只能寄望于两犬子，却想不到他二人如此不成器……让道长看家丑了。道长，你还是帮我劝劝吧！"

吴复古诡秘地一笑："这世上岂有这样的道理，要我这方外之人来管你的儿子。你既然管不了，当初就不该生他们！呵呵，看我，一身的清静！"苏洵深知他的脾气，执拗地说："你也算方外之人？"谁知吴复古这次没有和他纠缠，十分干脆地笑道："不和你斗嘴了，你这事我可不管，贫道这就又要云游去了。"说罢，起身要走。苏洵嗔怪地说："你——"苏轼、苏辙也起身齐呼："道长——"吴复古仰视天空，微笑不语，然后拂尘一挥，飘然而去。

夜晚来临，苏洵夫妇回到卧房。苏洵虽然没有把早上的事情当真，但也还是要想个办法，免得让儿子笑话自己。他不免叹气："这两个臭小子，真是气死我了。"说着，不断地在房内踱步。程氏早已猜到了苏洵的心意，道："老爷，别着急，我有办法。"

对于夫人，苏洵向来是十分佩服的。苏洵未婚时并未刻苦读书，而是喜好交游。程氏进门后，相夫教子，苏洵这才闭门谢客，折节读书。苏洵能有今日的文名，儿子能有这样的人品学识，程氏确实功不可没。对夫人的聪明和见识，苏洵向来自叹不如。苏洵好奇地问："夫人知道我怎么了？就有办法了？"

程氏笑道："为妻佩服你为儿子的前程着想，先让他们成婚，再去赶考。但为妻早就算到你有'一失'。你想想，年轻人燕尔新婚，你就要拆散他们，他们自然不会愿意，这也是人之常情嘛。"

苏洵恍然大悟地说："是了是了，为夫自然没有你心细。只想到将来不要让我们的儿子尚公主、郡主，也不娶达官贵人之女，免得陷入党争，就没想到这温柔乡原是英雄冢。这可如何是好？我本来并未当真，经你这一说，我真有些着急了。他们若是真的等三年再去科考，那如何是好？我，我真是自作聪明，真的有些后悔了！"程氏淡淡地一笑："我说了，我已替你想好办法了……"

次日，程夫人将王弗与史云叫到堂前，淡淡地说："为娘有一事要同你们商量。"

史云很吃惊，但王弗似乎知道什么，镇静地说："母亲，我们是一家人，孩儿有什么不懂的地方还请母亲教诲。"史云附和道："是啊，母亲。"程氏望着两个儿媳，说："好，就知道你们是懂事的孩子。如今，轼儿、辙儿不愿进京科考，你们知道该怎么办？"王弗很痛快地答应说："是，孩儿知道。"史云一脸茫然，王弗拉起史云，对程氏说："母亲，孩儿回去了。"

程氏望着两个儿媳的背影，目光落到王弗身上。良久，程氏回过神来，轻轻地叹了口气。

晚上，苏轼微醺回房，待要推门进去，不想门却被反锁了。苏轼刚要叫门，听见王弗在房中说："夫君，莫怪我无情，好男儿哪有不去博取功名的。不进京赶考，从此莫进我的房门。为妻的脾气，夫君想必早就听说过。"

苏轼推门不开，叹了口气："娘子，你我二人新婚方才一二日，怎可以单居独处？就算你有意劝我赶考，又何必如此呢？"王弗不为所动："夫君，我要歇息了，你也早去睡吧。"屋内的灯光熄灭了。

苏轼着急地说："哎——娘子，你怎么知道我不愿进京赶考呢？"屋内仍无动静。苏轼欲言又止，只好离开。

苏轼来到苏洵房前，不想竟遇到了苏辙，原来他也被史云挡在门外。苏辙说："哥哥，你也被赶出来了？"苏轼说："哪里哪里，是你嫂子她不舒服。怎么，难道你是被弟妹赶出来的？"苏辙涨红了脸。兄弟俩"同是天涯沦落人"，相对片刻，忽然放声大笑。

苏辙笑道："哥哥，你说是父亲有办法还是母亲有办法？"苏轼说："嗯，父亲有学问，母亲有办法。"苏辙说："要是父母联起手来呢？"苏轼说："那我们兄弟俩就斗不过了。既然如此……"兄弟俩同时说："那就去赶考吧！"说毕，二人笑了起来。

第二天，苏家正堂。兄弟二人进来，同时跪下说："孩儿拜见父母大人。"苏洵将头转向一边，程氏让两人起身，一脸严肃地说："轼儿、辙儿，知道你父亲为什么非要你们进京赶考不可吗？"苏辙摇摇头，苏轼并不回答，但似已了然于心。

程氏叹了口气，说："唉，为娘哪有不疼儿的，娘怎忍心拆散你们两对鸳鸾。若是以往，再过几年去也不迟，但是这次不同。"苏辙不解地看着母亲，苏轼则瞅了一眼父亲。

程氏继续说："此次科考，皇上钦点欧阳修大人知贡举。据你父亲判断，其用意是要废止太学体，改革文风，为我朝选择一批栋梁之材，实乃我大宋读书人的一大幸事。倘若不能抓住这次机会，将来万一文风不振，那你们就只能像父亲那样为太学所排斥，终生报国无门啊。"

苏辙突然跪倒："母亲，你不要再说了，孩儿明日就随父亲启程。"苏轼也赶紧跪下。程氏关切地看着苏轼，问道："轼儿，你是怎么想的，为何不说话？"

苏轼终于将真心话和盘托出："父亲、母亲，其实孩儿早已猜到父亲的一片苦心，为使我兄弟二人不被朝廷官员招赘，故于完婚之后再进京赶考，实在是为我兄弟二人作深远计！孩儿怎会不理解父亲的良苦用意，又怎能不感激父母的忧爱啊？"苏洵激动地眼含泪光："轼儿，你……"

苏轼接着说："所以孩儿早就打定主意，成婚后即与弟弟一同进京赶考，但功名是功名，夫妻是夫妻。孩儿也没料到，前日与弗儿成婚之后，心中却生出一种从未有过的牵绊，一想到她新婚才一日，就要独守空房，于心不忍，便犹豫不决起来。孩儿不孝，所以惹得父亲怪罪。"

程氏叹了口气。苏洵站起来看着苏轼，欣慰地点了点头："轼儿啊，世事不能两全，但求无愧本心，总有一日你会明白的。"

眉州郊外长亭，程氏带着两个儿媳为苏洵父子三人送行，采莲和丫鬟摆设酒席。

程氏对苏洵道："老爷，两个儿子我就托付给你了，一路保重，早点回来。"苏洵道："夫人放心吧。"

王弗强压住内心的不舍，对苏轼说："夫君，到了京城，莫挂念家里，我会照顾好母亲的。"苏轼点点头，说："母亲近来身体有恙，照顾好她，家里也交给你了。"另一旁，史云娇羞地对苏辙说："出门在外，自己照顾好自己。"苏辙道："嗯，我知道了，你放心吧。"

酒过三巡，苏洵对苏轼、苏辙道："好了，时候不早了，我们上路吧。"转身对程氏关切地说："夫人请回吧。"苏轼、苏辙对程氏作揖道："母亲保重。"

程氏在王弗和史云的搀扶下，望着苏洵父子三人渐渐远去。

## 三　文　争

大道上,"三苏"并马而行,巢谷从后面追来,边追边喊道:"伯父,等等我。""三苏"停了下来,巢谷很快就追上了:"伯父,带我一起去吧。"苏洵说:"你是背着师父来的吧!"巢谷嘴硬,说:"没有没有,师父答应我了。"苏洵笑着说:"你啊,从小就不会说谎话,说了也不像。我知道你是瞒着吴道长偷偷跑出来的。你是吴道长的徒弟,既未禀过师父,老夫怎敢私自带你!"

巢谷虽然学问不及大小苏,但机智却毫不逊色。一来是他天生聪明,二来是他自小和苏轼兄弟厮闹在一起,也学了不少应变之方。他知道苏洵的弱点,机智地说:"我以为伯父无所畏惧,原来怕我师父!"苏洵果然中计,道:"什么?谁说我怕那牛鼻子老道了?"巢谷一脸无奈地说:"哎,刚才伯父明明说'怎敢私自带你',岂不是怕了吗?"

苏洵虽是文章大家,但机智却未必赶得上年轻人。不过,他生性洒脱,也有一套应付的办法。他一拍脑袋,道:"我说了吗?好,老不和少争,就算我说了。那日那牛鼻子不帮我劝说轼儿、辙儿,反倒拂尘一扬,云游去了。哼,我就偏偏带走他的徒儿,这叫一报还一报。"

巢谷跳了起来,喜道:"太好了,太好了!我又可和二位哥哥在一起了。要是伯父路上遇着劫道的强人,我也好替伯父打发了他们。"苏洵说:"嗯,好。说不定你也考个武状元回来,你那牛鼻子师父怕是要气疯了。"众人大笑起来。

经过月余的跋涉,苏洵四人从陆路来到汴京,暂时寄居在兴国寺。

仁宗嘉祐二年秋天,汴京贡举院的大门缓缓打开。随着沉闷的吱吱呀呀的声音，贡举院内外的古树上，众鸟受惊，呼啦啦地飞走了。

宋代礼部考试，有锁院、誊抄等繁复的制度。就说誊抄吧，举子的亲笔试卷都必须经过抄手的抄写，再编号上送，以免考官认出了考生的笔迹，内外联通作弊。此时的贡举院里，一群带刀侍卫紧盯着长案前的两排抄手。这些抄手一个个鸠形鹄面，多是屡试不第的书生。他们在进来时都换上了统一的衣服，等出去时再换上自己的。抄手后面立着带刀士兵，神色肃穆。抄手们一边疾书，一边还惊恐地看着身后的军士。他们虽是读书人，但此刻形同囚徒。

终于，抄写编号完毕，一军官大声喝道："誊抄完毕，起立！"抄手们齐刷刷地站起。军官又说："封卷。"于是，士兵们向前将各自面前的原卷和抄写卷封好，并贴上封条，军官收起放入箱中。抄手离场后，军官指挥士兵，将装有试卷的大箱子抬向阅卷处。

此时，刚刚考完的考生们也鱼贯而出，很多人都惊魂未定，脸色还没有缓过来。但以刘几为首的一群太学生走在前面，他们的表情与众人不同，多数扬扬自得，面有骄矜之色，仿佛已经高中了。

随后又出来了一群年轻人，他们大多二十岁左右的年纪，面色平和，谈笑自如。其中一位精干的青年向其他人抱拳，客气地说道："诸位兄台，一定都考得不错吧！"他叫章惇，字子厚，出身汴京富家，性格果毅，为人朴实，与纨绔子弟大不相同。本来，大家都没有直接谈及考试的事，既然章惇率先开口，曾巩就不能不先接下来，因为他是欧阳修的学生，年龄较大，在举子中文名最盛。曾巩客气地说："哪里，哪里，在下意迟笔拙，定然不及子厚兄。"章惇开朗地笑道："兄长客气了，谁不知你的大名，即便不中魁首，也……"曾巩好像十分敏感，急忙用手势打住了章惇的话头。章惇立即会意，就转向了旁边的苏轼："子瞻兄，素闻你才华卓异，想是方才已作了一篇好文章吧。"苏轼当然也十分客气："呵呵，西蜀鄙人，怎可与子厚兄相比！"章惇一笑，又转向旁边的苏辙，说："子瞻兄竟如此自谦。子由一表人才，想来也不会落于乃兄之后！"苏辙急忙说："惭愧，惭愧，苏辙哪里敢与众位才俊相比。"

这时，刘几等一众太学生在前面喧哗起来。他们与章惇、苏轼等人虽然不熟，但都有耳闻，尤其对曾巩，太学生们更是熟悉。他们见曾巩等人走在后面，好像故意找碴似的，大嚷起来。刘几高声说："哎，终于是考完了，就等着发榜之日了。以我十年太学精深造诣，欧阳修虽然是知贡举，又能奈我何？"一个太学生立即迎合说："以刘兄才学，定为此次大考魁首。"众人急忙唯唯称是。刘几故作自谦地说："不过欧阳修如今得势，却也不可轻视。"另一位太学生附和道："刘兄无须多虑，还是先到哪里一聚吧，我等早已等不及了。"刘几说："好哇，所谓饮酒之醉，美色之欢。这种时候，当然是去西池了。"说着，刘几向一个太学生使了个眼色。

那个太学生随即转身，拦住了后面苏轼一行人的去路，傲慢地说："我等这就去西池摆庆功宴，倒想听听，你等秀才会去哪里呀？"章惇秉性峻急，并不相让，反唇相讥："啧啧，好大的排场，出手真是阔绰啊！尔等不愧是纨绔子弟，岂是我们这些穷酸书生所能比，可以坐吃老子山空呀！"那位太学生涨红了脸，指着章惇说："你，你，你敢侮辱我等斯文……"

刘几走上前来，用手拦住他，说："哎，不要着急，我等的一言一行都要给太学院增光，我们讲的是以文会友，莫要学这些市井小民，出口粗俗，学那欧阳修的什么新文体，失了读书人的体面。"太学生们一听，立即齐刷刷地站到刘几身后，摆出一副一本正经的样子。

曾巩虽然为人沉静，但他再也不能沉默了，大家都知道他是欧阳修的学生。他走上前，厉声说："哼，体面！久闻太学生不学无术，以堆砌华丽辞藻为能事，故而吃饭也要找个华而不实的地方！"曾巩的话虽不多，但每个字都指向了刘几的痛处。刘几有些恼羞成怒了，吼道："曾子固，不要以为你那老师欧阳修做了知贡举，今年你就能中榜。依我看，你就是那屡试不中的命！你若不归太学，我料你今年仍是不中。"众太学生觉得挽回了面子，哈哈大笑起来。曾巩毕竟是老实人，气得两手发抖，说不出话来。

章惇却是口齿便给之人，当即反讽道："哈哈，刘兄，依我看，此次该是太学的招牌挂不下去了。刘兄如今该自悔当初错投师门，只可惜大比已过，想要临时抱佛脚，却为时晚矣。"张璪一直跟在章惇的后面，没有说话，他听了这话，也呵呵一乐。这一乐，更加激怒了刘几。

刘几说："哼，我太学精深，岂是尔等井底之蛙所能窥见？区区一个欧阳修，就能撼动我太学百年基业？真是螳臂当车，可笑不自量。曾子固，我告诉你，不要以为你是欧阳修的得意门生我等就会服了你，有本事我们各施才华，一决高下，看看究竟是你们欧阳体厉害，还是我们太学体高深！"

曾巩说："哦，怎个比法？"刘几说："汴京城内有一汴河酒楼，专以对楹联为趣，如能过三关，不仅酒肉自便，还有美女相伴。今日你我就去那里一决高下，你敢不敢？"章惇是个好事的人，他倒是有些乐了："什么敢不敢，难道怕你不成，谁输谁请客！"刘几道："好，一言为定！"

苏轼站在人后，正欲随曾巩、章惇等人离去，却被苏辙拉住。苏辙说："哥哥，别忘了父亲叮嘱过的话。"苏轼遗憾地说："也罢，那就回兴国寺去吧。"

苏轼与苏辙走过龙津桥，离开了众人，方显得意气风发。苏辙问苏轼说："哥哥，今日考的这篇《刑赏忠厚之至论》，是如何写的，快说给我听听。"苏轼神秘地一笑："父亲不是说我们回去之后，即刻将文章抄写给他观阅吗？子由，你那时再看不迟！"苏辙觉得苏轼表情有些奇怪，狐疑地望了望苏轼，正待追问，巢谷却突然从旁边闪了出来。巢谷拍手叫道："等你二人许久了，这时候才来！"

东京的御街上，苏轼、苏辙和巢谷三人兴致勃勃地走着，说说笑笑，左顾右盼。他们来汴京后，一直在准备考试，还没有心思好好看看汴京的风物。

苏辙说："巢谷兄，你陪我们赶考，这一路上，见了甚多景物风情，我看都比不上这汴京的繁华景致。我从来没见过这么多人，这么多的街道店铺，车马行船，好不热闹！"巢谷说："是啊，子瞻、子由，今日咱们该找个地方好好大吃一顿！成日吃这兴国寺的斋饭，我这嘴巴都淡出鸟来了！"苏辙摇头说："不行，不行，父亲还在兴国寺等我兄弟二人，须得赶紧回去。"巢谷不悦地一撇嘴，瞅瞅苏轼，苏轼笑而不语。

此时一书贩当街叫卖："卖文章了，卖文章了，苏洵苏明允的大作《六国论》，历陈六国覆灭之根本，针砭时弊，十文一篇，快来买啊。"苏轼、苏辙、巢谷听了，自然走了过去。苏轼问："店家，这《六国论》卖得好吗？"店家说："不瞒你说，前两天供不应求，可这两天总有人捣乱。这不，刚才有几位公子想买，又来了一群太学生偏不让他们买，双方争执不下，听说是到汴河酒楼比对联去了。"

苏辙气愤地说："哥哥，一定是曾巩、章惇与太学生刘几他们。"苏轼微一思忖，对巢谷说："哈哈，巢谷兄，听说这汴河酒楼专以对楹联为生，如能对上，还能免费吃饭。"苏轼知道巢谷是个极实在又极好事的人，才这样逗他。巢谷说："这可难办，巢谷会看对联，却不会对。"苏轼毫不介意地说："巢谷兄，今日自有我来管你吃个痛快。那些人如此霸道，不让别人买父亲的文章，岂能不去问个究竟？走，我等三人去汴河酒楼吃酒去！"

三人走了不久，来到汴河酒楼门前。门楣之上，首先映入眼帘的一副对联是：常对能对妙对引来八方才士，八折五折零折送尽四海美味。横批：凤鸣京华。

此时，汴河酒楼里，众太学生趾高气扬，显然已占了上风。曾巩、章惇、张璪、曾布等人则心有不甘。刘几说："怎么样，尔等可输得心服口服？这楹联一事，最见真实功夫，来不得半点花言巧语。"张璪辩解道："你们太学生专攻楹联，以己之长，对人之短，赢了又能如何！"刘几说："哼，赢就是赢，输就是输。一个小小的对联都对不上，还有什么资格'登堂入仕'，趁早回家去吧。"众太学生放声大笑。曾巩、章惇等人脸上无光，但又无可奈何。

酒家门口，几个太学生拦住了苏轼三人。一位太学生上下打量着他们说："今日这汴河酒家被我们包了，你等吃得起吗？"巢谷说："岂有此理，你们这些太学生，偏这么霸道，不让卖书，也不让人吃饭，这汴京是你们家的吗？我偏要进去，看你能把我怎么样！"说罢便要往里闯。苏轼急忙制止："巢谷兄，不要乱来。"一位太学生将苏轼打量一番，轻蔑地说："看样子你是个读书人，该是学那欧阳体的穷书生吧。你进去可以，要先过了我等这一关。"苏轼淡淡地说："哦？请出题吧！"

这位太学生摇头晃脑地说："数点梅花和靖笑。"苏轼微笑，正要答对，苏辙拦住说："哥哥，这些太学生太过狂悖无礼，真是是可忍孰不可忍。杀鸡焉用宰牛刀，让我来。你听着，'三分明月阮郎归'。"太学生听苏辙轻易就对了上来，不免吃了一惊，又出上联道："三更灯火五更鸡，催我十年寒窗成滋味。"苏辙更不作难，脱口而出："二月杏花八月桂，动人千载伟业树功名。"那太学生有些急了，口吃起来："大……大小多少，上……上下来去，天地之间人最大。"苏辙知道这都是熟对,一笑说:"前后左右,四面八方,古今内外礼当先。"这时,门口看热闹的人越聚越多,不时传来叫好声。

那位太学生已是满头大汗,结结巴巴地说:"杨……杨玉环失意,赵……赵飞燕得宠,避重就轻皆美女。"苏辙还是脱口而出:"'太子丹图穷,燕荆轲藏剑,趋利赴义乃英雄'。就这些?还有吗?"众太学生瞠目结舌。巢谷推开太学生,闯了进去。

汴河酒楼二楼包房内,一个房间的窗户微微启开,微服私访的宋仁宗正摇着折扇,似乎在看着外面的街景。屋内乔装的守卫们很是紧张,一侍卫不小心碰了桌上的茶杯,惊慌地说:"陛下……"仁宗以手示意他不要发出声响,继续凝神听着隔壁的喧哗声。

苏轼、苏辙和巢谷大步来到席间,众人的目光齐刷刷地落在他们身上。曾巩、章惇等人正处境尴尬,苏轼等人的出现,令他们登时为之一振。

门口的那位太学生急匆匆跑来,向刘几耳语一番。刘几上下打量着苏轼,朗声道:"听好了,'求荐孟尝门,寄食田家,非田家也'。"苏辙看一眼苏轼,苏轼点头示意。苏辙上前一步:"飞投南国树,暂宿杜鹃,岂杜鹃乎?"人群中爆发出喝彩声:"好!"

章惇兴奋地说:"南方既有杜鹃鸟,也有杜鹃树,此杜鹃非彼杜鹃也。怎样,刘兄?"刘几冷笑道:"有点能耐,再听这联——'十岁为神童,二十为才子,五十为名臣,六十为神仙,可谓全人矣'。"人群中一阵骚动。

苏辙沉思,曾布摇摇头,小声地对曾巩说:"这一联难对。全是数字,且是人生悟道之语。"刘几得意地说:"我早说过,太学无敌!"众太学生纷纷摇头晃脑,摇动折扇,一派腐儒的样子,他们七嘴八舌地说道:"学问之道,对联为本,既对不出,岂不见学问浅薄乎?""是啊,既对不出,那就是对不起诗书也!""岂止对不起诗书,更乃对不起祖宗哉!"你唱我和,气焰嚣张。

苏辙、章惇、巢谷等人看着他们的样子,互相对视微哂。苏辙小声地说:"大宋若是用这等人为官,焉能振兴!"章惇等人点头称是。

这时苏轼朗声说道:"这有何难?'春朝成云苗,夏月成秀干,秋日成栋梁,冬时成云骨,岂非嘉树哉'!"一语既出,满堂惊视。

刘几冲苏轼道："兄台好文采。还未请教三位尊姓大名，师从何人？"巢谷在一旁咬着鸡腿，站起身来轻蔑地看着刘几，说："刘几，你们这些太学生，十分霸道，不叫我好好吃饭倒也罢了，我大人有大量，不跟你计较。但可气的是你不让人卖我伯父的文章，我伯父是谁？是名满天下的苏洵老学士！爷爷我叫巢谷，这两位就是苏洵老学士的公子，苏轼和苏辙，人称大苏、小苏先生。"

刘几轻蔑地一笑："我道是谁呢，怪不得打二位一进来，就有股茅厕味。"巢谷大怒："你说什么！"苏轼制止巢谷，爽朗一笑道："刘兄，此话怎讲？"

刘几装出一脸无辜的样子，说："苏兄错怪刘某了，不是我不让人卖乃父的《六国论》，而是今日御街书铺里的《六国论》已被我等太学生纷纷解囊抢购一空，你可知有何用处？"苏轼便问何用。刘几笑着说："以作厕纸之用，故而今日汴京的茅厕皆是书香弥漫呀！"一边说一边做着手势，众太学生听了，摇扇狂笑。一个太学生笑得前仰后合，差点背过气去。

曾巩及苏辙等人气得脸色铁青。巢谷起身，就欲上前出手，却被苏轼拉住了。巢谷有些不解，却见苏轼摇头叹息道："刘兄，可惜，可惜呀。"刘几疑惑地问："可惜什么？"苏轼说："可惜刘兄平日所读的太学，险怪诡涩，迂腐无用，使人糊涂。而家父所著的《六国论》，则论道经邦，使人明白事理。刘兄用脑袋来读那太学，却用屁股来读家父的《六国论》。你可知这样会是何等结果？"众太学生齐声问道："能有何等结果？"

苏轼笑道："那就是头脑越来越糊涂，屁股越来越明白！长此以往，只怕有朝一日诸位的屁股倒要比脑袋更明白了啊！"曾巩、章惇等人捧腹大笑。

众太学生你看看我，我看看你，张口结舌。刘几气急败坏地说："你……你……"可就是说不出道理来。

这时，苏轼上前一步，朗声道："这作楹联原本不是坏事，但若一味追求用典使事，对仗押韵，专用生僻辞藻，甚至当作学问之本，那便入了魔道了。"隔壁的包间中，仁宗手拿折扇，听了苏轼这话，也不由自主地点点头。

气氛一时凝滞下来，还是刘几出来反问说："以你说，这楹联就作不得了？"苏轼说："那就看如何作了！"刘几紧追着问道："如何作？"苏轼答道："比如，本朝范仲淹为天下鞠躬尽瘁，德行学问人所共仰，楹联出在这等人身上，方不辱没了祖宗制联作对的美意!"

一太学生尚不死心,结结巴巴地说:"如……如何出?你出一联我看看!"苏轼当即应道:"太学诸生听好这一联——'范文正写《岳阳楼记》,先天下之忧而忧,后天下之乐而乐'。"隔壁房间里的仁宗听了,有些激动地站立起来,轻声说:"好!"苏辙、章惇、曾巩等人也齐声惊呼:"好,好,真乃绝对!"众太学生都作惯了楹联,明白这真是绝对,不由得面面相觑,神情沮丧。

这时,楼梯口传来一位老者的声音:"出得好!"只见两个太学生扶着一位老者颤巍巍地走上楼来,太学生们纷纷向他施礼。这位老者正是太学先生,他走到苏轼近前,老眼昏花地瞧着他说:"我太学三千门徒,能对上此联者恐无一人。不过适才大苏先生说太学如何如何,老夫以为欠妥。"他将了捋胡须,悠然背诵道:"'去年元夜时,花市灯如昼。月上柳梢头,人约黄昏后。今年元夜时,月与灯依旧。不见去年人,泪满春衫袖。'不知大苏先生可否知道这首词是何人所作?"苏轼不假思索地说:"自然是我朝当今的文学泰斗欧阳永叔大人。"太学老者以为苏轼中了圈套,摇头晃脑地说:"嗯,欧阳大人立志摒除太学体,那大苏先生认为欧阳大人写的这些词却是什么体?宫体,艳体,还是花间体?只怕这欧阳体还不如太学体。哈哈!"众太学生一听,觉得有理,纷纷点头称是,有的人还幸灾乐祸地说:"正是,看你如何解释!"

苏轼正色道:"老先生之言,晚生不敢苟同。欧阳大人曾说:'坐读文章,卧读小说,入厕才读小词。'欧阳大人偶尔戏作小词,怎么能和改革文风扯在一起?老先生应该读过欧阳大人的政论文章吧,依晚辈看来,与欧阳大人的文章相比,太学体的文章是一味粉饰太平,堆砌辞藻,在故纸堆里讨饭吃,于时事毫无补益。试问不改革如何得了?"

太学老者没有想到苏轼会如此反驳,一时有些乱了方寸,只好硬着头皮狡辩道:"什么粉饰太平,什么于时事无补益,不过是朝廷用来排斥太学,党同伐异的借口罢了。难道说,欧阳体就对时事有益了?欧阳体就能使大宋消除边疆隐患吗?老夫看来,尔等习欧阳体之辈,不乏专务取巧投机之人,这个体那个体的只不过是你们用来升官发财的阶梯罢了!"太学生们觉得先生义正词严，哄然叫好。

苏轼不卑不亢地回答："泥沙俱下，鱼龙混杂，害群之马，难免有之，但并不是改变太学体之过。老先生大概在汴京待久了，只知党派之争，却不闻民间疾苦，故而一说变革就归为党同伐异。晚辈自眉州来京，一路所见所闻，触目惊心。老先生你看不见的是，我大宋光鲜外表下积贫积弱所致的祸端，若不变革，岌岌可危！而要变革，则必从文风改起，文风不改，选出的官员必是太学体的官员。这样的官员只知涂抹辞藻，吟风弄月，以这样的官员来管理大宋政务，则大宋富国强兵断然无望！"隔壁房间里的仁宗脸色沉重，一边踱步，一边激动地点头。

太学老者有些恼怒，连声反问道："苏轼狂生！老夫问你，你说改革太学就改吗？改成什么？难道是改成令尊的《六国论》吗？"说着还拿出一本书，指着说："老朽刚刚拜读了令尊的《六国论》，其中全是纵横家之辞，出语无据，发言荒唐，与祖宗之制相悖，与大宋百年文风不合。这样下去，大宋读书人就会心无存主，读书人一乱，大宋岂有不乱的道理，更遑论改革了！《六国论》乃倡乱的祸首，应付之一炬。至于你，老夫看你亦有所长，劝你入我太学门，少走弯路，也算为国选才！"

苏轼轻蔑地说："老先生，文章优劣，不是你，也不是晚辈所能决定的，而是人心所决定的。人心是什么？人心就是御街的书铺，家父的《六国论》日日在卖，而你等太学文章却在柜台上落满尘埃。"

太学老者好像忽然抓住了什么把柄，理直气壮地说："大胆，皇上所向才是人心所向，你方才讲的是欺君之言！"隔壁房间内，仁宗默默地沉思着。

苏辙觉得哥哥不该再往下说了，伸手抓住他的胳膊。但苏轼用力甩开苏辙，说："呵呵，道理讲不过就来陷人于罪！若皇上在此，苏轼也要这般进言。太学已朽，新学正兴。入你太学，无异自投坟墓。棺材中人，何谈为国选才！"太学老者听了，急火攻心，摔倒在地。

众太学生忙上前扶起太学老者。张璪见老者晕了，转喜为忧，对章惇嘀咕说："子瞻兄这么说有些过了吧，该见好就收啊。"章惇却豪爽地说："怕什么！不怕！"

这时刘几冲上来，指着苏轼说："苏轼！你放肆！"几个太学生也上来围住苏轼。章惇等人冲上前护住苏轼，章惇说："不是有言在先以文会友吗？难道说刘兄愿赌不服输？久闻纨绔子弟霸道专横，今日一见，果然如此。"刘几气急败坏地说："哼，苏轼无礼在先，将我先生气成这样……"章惇理直气壮，说："当其子而辱其父，罪莫大焉，是你们先侮辱人家父亲，失礼在先！岂能怨得别人！"刘几听了，有些气馁，但还是不依不饶："哼，反正你将我先生气倒，若不赔罪……"苏轼问："那便怎样？"

刘几看看四周，见自己人多，忽然说："哼，那今天你们一个也别想跑！来呀，关门！"众太学生纷纷抄起家伙堵住去路。这时张璪胆怯缩在后面，对年长的曾巩说："他们人多势众，如之奈何？这苏子瞻也太爱出风头了，这不是惹是生非嘛！"

忽然，巢谷一个鹞子翻身，跳上桌子，哈哈一笑："这两天我拳脚生疏，正愁无处发泄。你等文弱书生不务正业，学人打架，这文风看来是不改不行了。上来吧！"几个太学生一拥而上，巢谷三拳两脚，将他们打得东倒西歪，余者胆怯地纷纷后退。巢谷说："哎呀，原来读书不行，打架也不行。刘先生，要不你来试试？"刘几虽不甘心，但也无可奈何，冲着苏轼咬牙切齿地说："苏轼，咱们发榜之日再说！"苏轼笑笑："苏某奉陪！"

章惇朝着刘几等人离去的方向说："哎，刘兄，今天这顿饭可是要你请了，小二，上菜！"说着，众人大笑起来。

苏轼自然不知，汴河酒楼里发生的这一切都被仁宗听在了耳里。仁宗知道今天是士子考试的最后一天，按照老习惯，这些士子会聚到汴河酒楼，好好吃上一顿。于是他微服出行，在汴河酒楼的二楼订了一间房，他想从这群高谈阔论的士子中，看到几个真正能为大宋朝所用的社稷之才。今天发生的这场争论出乎仁宗的意料，但从争论中，他也确乎看到了平时温顺的太学生在贫寒士子面前趾高气扬的丑态，看到太学所培养出来的学生确乎难为朝廷所用。而更重要的是，他记住了一个名字——苏轼。

## 四　　青蘋之末

礼部阅卷处，众人正在紧张阅卷。欧阳修小声地念道："'天地轧，万物茁，圣人发。'险怪诡涩，狗屁不通，定是太学生所为。"说着，以红笔狠狠地打了一个叉号。旁边的王珪倒显得悠闲自在，他指着欧阳修对范镇说："呵呵，范公，听听，我等苦，欧阳公更苦。'泪眼问花花不语，乱红飞过秋千去。'能写出如此凄艳之词者，岂能耐得住这数十日的寂寞啊！"

范镇并不领情，倒是有些揶揄地对王珪说："禹玉老弟啊，老夫看你数十日以来，一直一副气定神闲的样子，倒真想请教，你等太学有什么妙法心得，能消除这寂寞啊？"王珪说："范公玩笑了，我的意思是，欧阳公的文章举子能读，小词歌女能唱，男女老少、三教九流无不喜欢！有天下人为知音，欧阳公又怎会真正寂寞呀？"范镇气哼哼地说："哎呀，禹玉，你就别穿凿附会了。我说呀，这一个多月吃住在院里倒也罢了，外面还有兵丁把守，这哪里是阅卷，简直是坐牢！"欧阳修倒是并不计较王珪刚才的话，说："若是能阅得好文章，倒也值得。"范镇是个火暴脾气，有名的大嗓门，说："什么好文章，净是太学的狗屁！"王珪一愣，似有不快，但是瞬间又和颜悦色起来，堆起一脸慈祥，嘟嘟囔囔道："太学文章也不都坏。"范镇有些嘲讽地说："是不都坏，岂不闻人将太学文章分为三等！"王珪马上附和说："就是啊，凡事都有个三六九等。"范镇说："唯独太学文章的三等不同。"王珪不解地瞪起迷惘的眼睛说："如何不同？"范镇怒气冲冲地说："有何不同？那太学文章是'放狗屁''狗放屁''放屁狗'三等。"这一下，连正在阅卷的欧阳修也不解了，认真地问道："范兄，这三等如何不同？"范镇说："哼，'放狗屁'，说的是人在放狗屁，不过毕竟还是人;'狗放屁'那就不是人了,是狗,但狗还可以不放屁,做些有用的事;'放屁狗'则是说那狗只会放屁,不会做别的。你还不明白?"欧阳修似乎刚刚从阅卷中转过思路来,笑着说:"言过其实,言过其实,太学文章还不致如此。"王珪则涨红了脸,连说:"市井之言,市井之言。"

这时,欧阳修好像发现了什么宝贝似的,兴奋地说:"这一典故出自何处嘛,回头再说。在老夫看来,这篇《刑赏忠厚之至论》,堪称我大宋开国以来最好的应试文章,居然没有沾染一点太学的恶习,真是可喜可贺。"说着,他瞟了王珪一眼,见王珪在微笑着,就接着说:"此次大比能为皇上发现此文,就算大功告成!"

范镇抢过试卷,端详了一会儿,也十分高兴地说:"恭喜欧阳公,我看也没有比这更好的文章了。尤其是用典,不落俗套。"王珪惯会见风使舵,但又有些深不可测地说:"欧阳公,看来魁首非此文作者莫属了。"欧阳修听见这话,脸色忽然一变,陷入了沉思。

范镇说:"欧阳公,难道还有什么疑问吗?"欧阳修沉吟了片刻,说:"我确实有个疑问。不瞒诸公,看此文格调,我怕这文章是我的学生曾巩所写!"范镇呵呵一笑,道:"哎呀,欧阳公,我看你是多虑了。大宋数十万读书人,未必就没有人超过曾巩。"

欧阳修仍放心不下,担心若判自己的学生为第一,会有徇私之嫌,便询问范镇的意见:"范公,如果你是我,你会怎么选?"范镇说:"问心无愧,何畏人言!"欧阳修说:"好个何畏人言,可是范公此言差矣。"范镇惊异地说:"差矣,差在哪里?"欧阳修看看王珪,似乎是对他宣告一般:"范公难道就不想一想,这次我若是一个太学生都不选,而偏偏选了我的门生做了第一,这汴京不大乱才怪!"范镇惊问道:"那……那该怎么办?"

欧阳修沉吟半晌,十分干脆地说:"我说判此文为第二,就这么定了!""只怕若不是曾巩,可就委屈了此人!"范镇说着,转脸问王珪:"你说呢?禹玉兄?"王珪支吾了几声,起身说:"蜀公,我忽告内急,须先如厕。"说完就出去了。欧阳修鄙夷地看着王珪的背影,对范镇说:"若是委屈了他一个,也许天下读书人就都不委屈了!"

兴国寺中，苏洵再次欣赏地阅读苏轼的《刑赏忠厚之至论》，这是苏轼专门默写下来给他看的。苏洵边看边点头。

苏洵踱着步，小声说："轼儿的这篇应试文章，只怕已然超过老朽了。"他转过身来，慢慢地品味，道："在上古尧之时，皋陶为大法官，一个人犯了死罪，皋陶三次要杀他，而尧三次赦免了他。这典故用得好，好……"忽然，苏洵愣住，沉思了一会儿，自语道："这……这典故出自何处呀？"

苏洵坐下来重新阅看，"啊"一声站起，脸色大变。

清晨，礼部大门边。这天是放榜的日子，张榜处早已是人山人海。士兵将人们推开，留出了一块空地，把守在一旁。

这一榜，在中国科举史上都大大地有名，因为这一榜上不仅有几对兄弟一同高中，更出了不少历史上有名的人物。

榜上的名字逐次映入人们的眼帘。

第一名　曾巩

第二名　苏轼

第三名　章惇

第四名　程颐

第五名　苏辙

第六名　程颢

第七名　曾布

第八名　蔡确

第九名　张璪

第十名　陈凤

…………

有人欣喜，有人号啕大哭，有人疯疯癫癫，有人大喊："我十年太学，竟然不中，天理何在？！"场面一团混乱。一太学生咬牙切齿地说："欧阳修欺人太甚！我堂堂太学，竟无一人得中，没那么容易！"另一太学生向周围的同窗说："对！我等这就去找欧阳修理论，讨还公道，何以要将我等太学生赶尽杀绝！"

刘几呆若木鸡地立在榜前，完全不相信眼前的事实。虽然他从欧阳修知贡举之日就知道此科会试定有大变，尤其太学体文章定会大受打压，但凭着自己的文名和后台，从未想过自己竟会落榜，更不相信太学生竟会全军覆没。他尽可能地控制自己的情绪，因为只有采取行动向欧阳修施压，才有可能扭转当前不利的局面。想到此，他咬咬牙，拂袖转身，带领大批太学生大步离去。

曾巩、章惇、曾布、张璪站在人后。章惇冷冷地说："哼，迂腐可笑，不中活该！"张璪恭维道："恭喜子固兄高中魁首！"曾巩一点都高兴不起来："唉，我中第一……中第一，恩师会受人口舌的。"章惇劝慰说："子固兄不必自责，考官非欧阳公一人。再说了，考生的卷子皆为抄书公所抄，考官们也见不到我等的笔迹。"曾巩摇摇头，叹口气道："人心叵测啊。自古欲加之罪，何患无辞。"

确实，这两天，太学生到处散发谣言，说知贡举欧阳修徇私舞弊，内定自己的弟子曾巩为状元，并且党同伐异，对朝内异己的攻击殃及此科会试所有的太学生。尤其是有一位老太学生因多年不中，看到太学体被废，自己以后更无希望，竟绝望地投河自尽。这更是成了太学生们讨伐欧阳修的利器，使得欧阳修压力越来越大。

现在，欧阳修有门难出。当天，阴云笼罩，众太学生在刘几的带领下身着黑色服饰，神情严肃，抬着刚自杀的老太学生的棺材，沿街示威。很快，众太学生行至欧阳修府，将棺材置于府门前面，把府门团团围住。

刘几高声喊道："欧阳修，说我们的文章不好，拿出凭据来。身为知贡举，对代表当朝文统的太学如此绝情，致使太学生自杀，你如何面对天下斯文？"众太学生纷纷大声附和。一太学生喊道："为何废除太学体，我们学的就是太学体，不会写别的文章……"刘几将其打断："考太学体是祖制，擅改祖制就是欺师灭祖！""对，是欺师灭祖——"众太学生高声附和道。

刘几见呼喊得差不多了，举手示意众人："大家静一静。大家都知晓了吧，此次大比的榜首竟是欧阳修的门人曾巩，无私也有弊呀！"人群立即像炸了锅一般，纷纷喊道："圣人的脸面丢尽啦！我等要为天下读书人讨回公道！考官们为所欲为，还有王法吗？文风突变，目无文章正统，天下必乱啊！"众太学生高声嚷道："出来！欧阳修出来——"

此时，府门轻轻启开一条缝，一家仆开门而出，欧阳修牵白马走出府门。众太学生没想到欧阳修真敢出门，惊愕得几乎停止了呼叫，但随即就围了上来，七嘴八舌地呼喊着。欧阳修翻身上马，笑劝众人："众举子落榜，老夫也很同情，读书人进取功名不易呀。但不可能人人都中，请回去继续努力吧。"

一太学生质问道："曾巩高中第一，就因为是你的门人吗？"欧阳修知道京城的谣言就是这些人捏造的，怒喝道："难道诸位怀疑老夫有私不成！"众人被欧阳修的盛怒震慑，声浪渐小，刘几却高声辩道："那你解释为何要违背祖制，废除太学体？"欧阳修认识刘几，从容说道："太学体迂腐不合世用，难道让老夫取一些古书里的蠹鱼来做大宋的官员吗？"听到此言，太学生们一片哗然，怒言骤起，纷纷挤上前来，越挤越紧。

"岂有此理！"

"这岂是文坛领袖该说的话！"

"不让他上朝！"

"和他辩论三日！"

…………

见此状，欧阳府的家仆们忙过来拦住众太学生，把欧阳修护至府内。

苏轼、曾巩、章惇等听说太学生们围攻欧阳修府第，纷纷赶来。章惇远远大喝一声："大胆！学识浅薄，非但不思己过，反来威胁考官，这也是你们太学的传统吗？"曾巩也压抑不住怒火，大声呵斥："你们好大的胆子！"

刘几听到曾巩的声音，指着他冷笑道："来得正好，曾巩，你这个年年落第的穷酸秀才，今年靠巴结欧阳修才乞得榜首！"又一太学生叫道："如此营私舞弊，算什么圣人的门生？我等宁愿落第，也不走你们这种卑劣小人的途径！"

苏轼见太学生不知反省，反而颠倒黑白，摇头叹道："你们要是把这等心思和气节放在大宋的社稷之上，就不会有今日的下场了。"刘几听出苏轼的弦外之音，怒道："苏轼你不要在这里口出狂言，惺惺作态。"苏辙拉一拉苏轼的衣袖，示意要低调行事，苏轼遂不说话。

　　章惇抢上前去，笑道："看来刘兄不服气？那是要比对子还是写文章？手下败将，还敢语出不恭。呵呵！"刘几见他提起汴河酒楼之事，脸色铁青，气得发抖，又不知如何作答，怒道："你，你……"回头招呼那帮太学生："我们上！"巢谷走上前，拦住刘几，不屑地笑道："打架，也还是手下败将！"

　　正在此时，禁军跑来，原来传达圣谕的正是欧阳修的门生，知太学生围攻之事，遂带手下禁军来保护。禁军来至府门前，立即将众太学生与苏轼等隔成两端。禁军首领进府保护欧阳修出门上马。欧阳修对苏轼等人拱一拱手，策马而去。

　　刘几看着欧阳修远去，转过头来对苏轼等人怒目而视："不要以为这就完了，这才刚刚开始。"章惇回道："我等奉陪。"

　　欧阳修赶到文德殿门外时，见王珪亦在殿外等候仁宗宣入。王珪早知欧阳修因被太学生围在府前，故而现在才到，但仍微笑道："欧阳公，今日的天气不错呀。"欧阳修听出了王珪话里的意思，也笑道："是啊，就是有点风，若没有风则更舒服了。"

　　王珪当然知道这风是什么，仍不动声色："与欧阳公有所不同，我倒是喜欢有点风，吹在身上更觉神清气爽。"欧阳修故作怜惜之色，说道："禹玉可不能吹多了，小心染上风寒。"王珪笑着谢道："多谢欧阳公体念。欧阳公日理万机，案牍劳累，更要保重身体才是呀。"

　　欧阳修认真地说道："这百病始于气，于是我就每天劝诫自己不要生气，要知足常乐，足而生乐，乐而生喜，就一定不会生病。禹玉，老夫说得对吗？"王珪仍是一脸笑容："欧阳公所言极是。"

　　这时，张茂则走出殿外，向二位大人行礼，说道："欧阳公，皇上宣你进殿。"欧阳修向王珪点头示意，跨进大殿。张茂则对王珪说道："王大人，皇上说今天无甚大事，请您先回吧。"王珪一愣，但迅速堆出一脸笑，向张茂则施礼告别，走出殿外。

　　进得文德殿内，欧阳修行礼毕，见仁宗坐在龙椅之上，正在阅读苏轼的《刑赏忠厚之至论》，频频点头微笑。欧阳修见此亦十分高兴。仁宗读罢，抬头对欧阳修说道:"好,好!苏轼这篇《刑赏忠厚之至论》,朕以为极好,仿佛说到朕心里去了。但文中有一处典故,朕却不知道,要问问欧阳卿家。"

欧阳修探寻着问道:"陛下,是不是皋陶为士那一段?"仁宗道:"对,此典出自何处?"欧阳修低头说道:"臣万分惭愧,臣也不知典出何处。"仁宗惊异地停了一会儿,问道:"哦?欧阳卿家是本朝文宗,居然还有你不知道的典故。这苏轼果真奇人也。"

此时的兴国寺中,苏洵正在与苏轼兄弟交谈。苏洵问:"轼儿,你倒是说啊,此典出自何处呀?"苏轼平静地说:"父亲,此典乃孩儿杜撰出来的。"苏洵大惊道:"轼儿,真是你杜撰的?"苏轼道:"是的。"苏洵着急地在房内走来走去。苏辙脸色凝重,苏轼仍然十分镇静,谦恭地面对着父亲。

苏洵着急地对苏轼说:"轼儿,你居然自造典故,你知道这可是欺君之罪,会授人以柄的!"苏辙听了,也脸色大变:"哥哥,你当真不是开玩笑?"苏轼居然若无其事地说:"父亲,孩儿当日坐在考场之中,忽然间浑然忘我,于是行笔如飞,兴之所至,决定杜撰一则典故以佐证文中道理,却忘了还有什么规矩定理!"

苏洵一边拍着手,一边焦急地说:"吾儿,你好糊涂呀。为父了解你,你与为父是一般禀性,故而一路来叮嘱于你,要你克己忍性,谨言慎行。你说你在哪儿兴之所至不好,偏偏在皇上的考场里兴之所至。轼儿,你会为此丢了性命的!"

苏辙也惶急起来。苏轼倒是为父亲担心:"父亲切莫为孩儿急坏了身子,孩儿自己做的事自己担当。"苏洵说:"轼儿,我怎能不急呀?!你可别忘了那些太学生,还有他们的老子们,正愁抓不到把柄呢。你若连累欧阳大人,这次文风改革,恐怕都要毁于你手!"

苏洵忽然想到了什么,急忙起身整好衣衫,一边向门外疾走,一边对苏辙说:"我这就出去。辙儿,你看着你哥哥,等我回来,哪儿都不能去。"苏洵夺门而去。兄弟俩互看了一眼,苏辙神色忧虑,苏轼倒泰然自若。巢谷是个不知忧愁的家伙,他悄悄溜进来,向苏轼做了个鬼脸。

苏洵找到方丈觉新大师,说明来意,二人来到院子中,在石凳上坐下。觉新不断地摆弄筮草,得出一卦。苏洵一看,大惊道:"讼卦?"觉新说:"明允公,你方才未说是为何起卦,老衲想该是为公子科考一事吧。"苏洵说:"万事瞒不过大师。"觉新略一沉吟,说:"讼卦固非吉卦,但也要看落在哪一爻。"苏洵一指:"九五爻。"觉新说:"嗯,九五为上卦的乾体中爻,居位得当,卦辞云'利见大人',爻辞云'元吉'。明允公,不必担心,定有贵人相助。"苏洵沉吟道:"既是讼卦,终归麻烦。但托方丈吉言吧。"寺内钟声响起,群鸟惊飞。苏洵独自忧虑。

此时,刘几正跪在王珪的面前,泣不成声地说:"舅舅,请舅舅为学生们做主啊!"王珪坐在椅子上,静静地品着茶,对刘几的抱怨不搭不理,眼观鼻鼻观心,翻看着手中的古籍。刘几跪在地上偷瞄着王珪,王珪眼睛都不抬地说:"唉,早知道是这样,当初你们应该拜到欧阳修门下,跟他学欧阳体,是我连累了你们呀!"

刘几立刻露出慷慨赴死的表情:"舅舅,有外甥在,你就放心吧。我们不会坐视欧阳老贼只手遮天,我们要跟他闹到皇上那里去。"王珪假装没听见,说:"好茶。"然后起身走到屏风后面。刘几喊道:"舅舅,舅舅……"王珪向他瞅了两眼,咳嗽了两声,便不再理会。刘几恍然,起身快步离去。

第二天,登闻鼓院,巨鼓高悬,军士守卫们不怒自威。众太学生故作谦让地互相推诿,不肯击鼓。

刘几指着身边的一个太学生说:"你,你去!"那太学生立刻现出十分可怜的样子:"若击此鼓,无论有理没理,都要羁押上两个月。我上有六十岁老母,下有五岁孩童,万一我出了差池,他们可如何是好呀?"众太学生忽然哭了起来:"这可如何是好,如何是好哇!苍天在上,苍天在上……"

刘几不耐烦地看了他们一眼:"废物,就知道哭!你们不击,我来击!"说着,刘几走上前去击鼓,鼓声咚咚。众太学生见状,不由得都后退了几步。随着鼓声响起,士兵迅速拥出,将刘几拿走,羁押了起来。

崇政殿内,仁宗临朝理事。韩琦和欧阳修等重臣班前抱笏板分两班而立。仁宗说:"朕闻登闻鼓院有人击鼓,不知何事?"知谏院吕诲奏道:"陛下,臣为此事有本启奏。欧阳修以个人好恶取士，引起众怒，致使落榜太学举子聚众闹事，登闻鼓院击鼓，不仅辱没斯文，且损圣上求贤之德，应当追究其失职之责。"此话一出，立即引得全堂哗然。欧阳修却泰然而立，不动声色。

范镇出班奏道："陛下，臣也有本要奏。文章优劣，非欧阳修一人一言能定，我等都有评判之权。科场失意，不责自己学识浅薄，而迁怒于考官个人好恶，就像落齿之人说肉不烂。"仁宗听了，微微点头。吕诲缩回，瞭了身后的王珪一眼。王珪给御史胡宿使了一个眼色。

胡宿出班奏道："陛下，欧阳修若能奉圣意取贤能之士，当然为我朝之幸也。但是，榜首乃是欧阳修之门人曾巩，曾巩的胞弟曾布也得中榜。曾巩数次科考，皆名落孙山，此次独占鳌头，不能不使人生疑。据悉，考官们在未进贡院之前，曾氏兄弟就私下拜谒过欧阳修大人。故太学举子们闹事，并非空穴来风。"

欧阳修说："陛下，御史胡大人所言不差。但微臣心如明月，无愧于心。"范镇对胡宿之言感到十分气愤，大声奏道："陛下，此次中榜者曾巩、曾布还有苏轼等人早有文章流布天下，中榜并非偶然，怎能说就是舞弊。且判卷之时欧阳大人怕苏轼的文章是曾巩所写，为避嫌特将苏轼的文章定为第二，故而曾巩就阴差阳错地成了第一。这不正说明举子名实相符，考官心正眼准吗？"欧阳修说："范大人所言属实。"范镇看看王珪，王珪低头不语。

仁宗点头微笑说："也就是说，苏轼该是此次科考的第一名。哈哈，这倒是一件趣事。多疑善虑，乃御史之本分，诸位考官不必太在意。"既然皇上这样说了，欧阳修、范镇也只好收场，齐声说："谢陛下教诲。"

但吕诲仍然不依不饶："陛下，欧阳修以个人所好取士，一太学生抗议不公而投河自尽，臣想陛下也许不知道吧。"仁宗听了，惊问道："什么？欧阳修，有这等事吗？"欧阳修说："陛下，确有此事。但臣取士不敢不秉公持正。"吕诲说："陛下，太学生每日都在汴京街头闹事，而欧阳大人竟不闻不问，也不予安抚，此等行事作风不顾大局，实不可取。臣恐长此以往，太学生们怨怒日深，绝不利于我大宋长治久安。"范镇反驳道："陛下，太学生闹事，竟以死要挟朝廷，居心不正，朝廷不能长此风气，当……"

胡宿出班，厉声打断了范镇的话："陛下，太学生联名上书，并击登闻鼓，为我朝所未有，此事非同小可。防民之口，甚于防川。凡事疏导为上，堵塞为下，即使废除太学体，也不可骤然而行。依臣之见，如今只有允执其中，废除此榜，重新评定试卷，择优录取太学生，另行发榜，方能平息太学生的怨气！"

大臣们开始议论纷纷。有人认为大宋从无此种先例，恐引发大乱，也有人认为大乱才能大治。

吕诲继续说："陛下，君子和而不同，太学源于祖制，应有其一席之地，不可废黜呀！"仁宗站起，来回踱步，神色犹豫。欧阳修和范镇感到压力很大，紧张地注视着仁宗。仁宗看一眼欧阳修，又看一眼议论纷纷的群臣，仍犹豫不决。吕诲、胡宿等众臣齐声道："请陛下明断！"

仁宗又看一眼欧阳修，欧阳修满面凛然。仁宗终于决断地说："韩琦，你是当朝宰相，朕命你与御史胡宿、知谏院吕诲共同处理太学生申冤之事。彻查科考是否舞弊，退朝！"仁宗拂袖而去。王珪、吕诲和胡宿相互对视，暗有得意之色。

## 五　　朝堂激辩

王珪府上，王珪正捧着一本厚厚的典籍翻看，不时掩卷沉思。王府管家领着几位老态龙钟、步履蹒跚的老举子前来拜见。太学老者说："王大人，刘几击了登闻鼓，已被羁押，以自由之身终换得我等冤屈到达圣听。王大人，你一定要为我等做主啊！"

王珪平静地说："我人微言轻，能做得什么主呀？如今大势所趋，你等还不明白吗？你等若是立即改弦易辙去学欧阳体，我看仍是大有前途的。"太学老者愣住，随后抽泣。王珪将老举子们打发了去，继续翻看典籍，忽然心生一计。

兴国寺庭院，黄昏时分，曾巩、章惇、曾布、张璪围着苏轼和苏辙，七嘴八舌地讨论废榜一事。苏辙一直不言语，只顾看着苏轼。苏轼说："我看废除此榜也不是大事，我等至多不求功名。可文风改革的大业，也就前功尽弃了！此事非一榜进士之事，而是关乎国体运脉。"章惇赞道："子瞻兄高瞻远瞩，令人钦佩。还请指示办法。"苏轼沉吟不决。

曾巩说："我以为我们要联名上奏皇上，痛陈太学体之弊端，彰明文风改革之必要，并将奏章散布天下。道理既明，太学体必倒！"众人哄然叫好。张璪心思细致，说："这奏章易写，但如何才能送到皇上手里？"众人一愣，一时无话。

张璪说："我等没有上奏章的资格。"曾巩突然想道："既然太学生可以，我等也可以去击登闻鼓呀！"章惇爽快地说："好，我们来个以其人之道，还治其人之身。"对于这一做法，众人点头称许。曾巩说："可是谁去击鼓呢？"说到此事，众人面面相觑，皆默默无语。张璪叹道："击鼓者要被羁押坐牢，若无人击鼓，可如何是好呢？"苏轼眼神一动，似乎想到了什么。

就在此时，巢谷突然从一棵大树后跳出来，大喝一声，吓了众人一跳。巢谷说："我去，我去击鼓。"苏辙笑道："巢谷，不要在这里说笑。"巢谷说："谁说笑了。我不会写奏章，你们来写；你们不敢击鼓，我敢。我来击鼓，我若击鼓，半个汴京城都听得见。"曾巩说："巢谷兄，你确定不是说笑吗？击登闻鼓者是要坐牢的。"苏辙欲拦巢谷，巢谷不理他，说："谁跟你说笑了，我巢谷不怕坐牢。不过你们须答应我一件事。"

曾巩忙问："何事啊？"巢谷说："我帮了你们的忙，你们以后写书立传，一定要给我单写一篇，要夸我巢谷是个旷世大英雄，击鼓的声响半个汴京城都听得见。如何？"章惇赞道："巢谷兄真壮士也！我等答应你。"张璪轻声地说："太好了，这一来我等功名无忧了。"巢谷说："那好，君子一言，四个巢谷都追不到。明天我就帮你们去击鼓。"众人哈哈大笑。苏辙知道巢谷的脾气，犯难起来，看看苏轼。苏轼嘴角微露笑容，却不说话。

兴国寺苏洵的寓所，传来咚咚的敲门声。苏洵应声开门，几个门童鱼贯而入，手里拿着盛有饭菜的大食盒，不等苏洵说话就把各式精致的菜肴放于桌上。苏洵说："你们这是……谁让你们送来的？"几个门童并不回答，放置完后即鞠躬出门。苏洵正一脸纳闷，猜想是谁。这时，王珪满脸堆笑地出现在门前，向苏洵拱手。王珪道："久闻明允公大名，当朝参知政事王珪特来拜会。"苏洵感到十分惊异，急忙施礼说："哎呀，这如何敢当。王大人屈尊来此，这可折煞小民也。"王珪客气地说："哎呀，明允公，不必客气，近闻你身体不适，我前来看望，赶快坐下吧。"

苏洵说："多谢王大人关怀，我已经好多了。"王珪谦和地说："明允公不必多礼。哎，为何不见明允公的二位进士公子呀？"苏洵说："两个犬子不才，在寺院与觉新大师谈论佛典，要不让他们和觉新大师一同来拜见大人？"王珪说："哎，不必了，明允公，下次再见他二人不迟。"

对坐间，王珪说道："明允公，非我谬赞你，公虽未及第，但文名早已声震四海。过去老夫虽主持贡试，却更要聆听圣意，明允公不会怪罪我吧！"苏洵忙称："不敢。"王珪继续说道："明允公鸿儒身份，岂会怪罪我呢。我不仅佩服明允公，对二位公子的才华也是欣赏有加啊，这次贡试我也力主二位公子及第。特别是贵公子苏轼的那篇《刑赏忠厚之至论》，我已读了不知多少遍，仍是爱不释手。"苏洵沉稳地说："不提这个，不提这个。犬子劣作，哪当得大人的谬奖。"王珪说："明允公过谦啦，此文皇上都已看过了，也夸好，还说用典不俗呢！"

苏洵学问虽好，但为人却没有机心，不禁担忧地问："皇上这么说吗？"王珪故作真诚而又急切地说："怎么，明允公不知道吗？"苏洵说："苏某不知。犬子苏轼虽有几分学问，却生性狂放，藐视成规……"王珪凝神听着，当听到"藐视成规"，脸上忽然闪过了一丝惊异的表情。苏洵毕竟是聪明人，他似乎觉察到了什么，便突然转移话题："这应试之文，本是看不出真学问的，犬子有多少斤两，我这父亲能不清楚嘛……"二人相对一笑。王珪觉察到不对，眼神一转，却并不继续追问，只捻须沉思，体味着苏洵的话。

王珪走后，苏洵携苏轼兄弟拜望欧阳修。在当时，主考官录取了的考生，习惯上便被看作是考官的学生，及第后拜望考官，在当时也是一种风俗。更兼苏洵与欧阳修有交往，所以父子一同前去，也表示对欧阳修的敬重。

苏轼、苏辙见到欧阳修，一躬到底："恩师在上，学生苏轼、苏辙拜见恩师。"欧阳修扶起兄弟二人，将苏氏父子请进屋，分宾主落座。

欧阳修欣赏地看着苏轼，对苏洵说："明允兄，我真是羡慕你啊。你生得好儿子。取读子瞻之文，不觉汗出，快哉快哉！老夫当避路，放他出一头地也。呵呵！"苏洵谦恭地一揖，说："全靠欧阳大人栽培！"欧阳修对他们三人说："哪里哪里。子瞻，好啊，老夫这次的文风改革最大的发现就是你。当然，子由也不错。明允兄，真乃苏门鼎盛啊。"苏洵谦恭地说："欧阳公，我来拜见，只为一事，今日王珪大人来访老夫，席间谈话顾左右而言他，老夫甚为担心。有一事不敢不说，犬子自作聪明，于科考文章中私造典故，恐给大人带来祸端！"

欧阳修看看桌上的典籍，说："明允兄，造典之事老夫早已知道。子瞻年少气盛呀，本没什么大不了的。可皇上已看了子瞻的文章，曾问过我此典出自何处，我当时搪塞了过去。但皇上若再继续追究，却是极难再遮掩的。明允兄放心，老夫也正在想应对之策。"苏洵起身施礼："欧阳公，当受苏洵一拜！"欧阳修急忙还礼："明允兄也学会这凡俗之礼了，快快请起！唉，只怕此事被人利用，借子瞻来敲山震虎，直指我等的文风改革大业。不过老夫一把年纪，已无所谓了，若是子瞻有个三长两短，那可……"苏洵和苏辙万般忧虑，皆看着苏轼。苏轼陷入沉思。

明月当空，兴国寺的庭院里树影稀疏。苏轼与苏辙在院中散步，苏轼说："子由啊，你看这天上的明月，是不是想起眉州老家了？"苏辙忧虑地说："哥哥，你怎么忽然说起家乡来？"苏轼眼里闪着泪花，动情地吟道："'露从今夜白，月是故乡明。'子由，不知如今母亲的身体怎样了，我好生牵挂她。也不知你我新婚的妻子怎样了，也许那洞房里的花烛已将泪流干，她们也垂泪到天明。"苏辙说："哥哥，你说的这些话，竟使我感伤起来。"苏轼说："记得赶考路上，父亲总嘱咐我要谨言慎行。如今我却闯下这个大祸，让父亲担心，我真是个不孝之子。子由，如果我真出了什么事，你要好好照顾父亲。"苏辙有些不解，低头不说话。苏轼神情落寞，久久地仰望夜空……

崇政殿内，韩琦奏道："启奏陛下，臣奉旨同吕诲、胡宿二位大人监察此次科考放榜一事，现已查实，主考并未舞弊，对死去的太学生也已安抚。"仁宗点点头，显然早已知道这一结果。吕诲出班奏道："陛下，知贡举欧阳修虽未舞弊，却至今不能使闹事举子平息……"仁宗皱起了眉头。

此时，皇宫外的登闻鼓院，一帮太学生正张开手阻挡苏轼、苏辙、巢谷、曾巩、章惇、曾布、张璪等人。一太学生说："早就料到你们也要来击鼓。不准过去，要过去，从我等身上踩过去！"巢谷懒得与他们争辩，揪起两个太学生就扔了出去。几个太学生见状死命抱住巢谷的大腿，巢谷一时不能动。曾巩等人拉巢谷助他解围，场面一片混乱。

苏轼站在一边，始终很镇定。他手拿奏章，趁众人不注意，走到巨鼓前，抄起鼓槌，猛击大鼓，鼓声大作。众人忽然停止了扯打，章惇、苏辙等人目瞪口呆。巢谷喊道："子瞻，你疯了！"就要冲过去。但军士将苏轼和巢谷隔开。苏轼双手高举奏章，军士将苏轼带进登闻鼓院，羁押起来。

崇政殿内，一内侍急匆匆地手捧奏折对仁宗耳语着。仁宗看完奏折，忽然眼睛一亮，说："新科进士苏轼击了登闻鼓。进士们正在登闻鼓院，等候朝廷裁决。他们上的这份奏章说，太学生以鲁莽之行泄一己之怨，有损士子之体。"众大臣听说新科进士也击了登闻鼓院，既感到新鲜，又十分震惊，议论纷纷，莫衷一是。吕诲和胡宿也是一惊，他们看了王珪一眼。王珪不动声色。欧阳修和范镇则面有喜色。

仁宗看看众臣，胸有成竹地说："参知政事、知贡举欧阳修。"欧阳修急忙出班应道："臣在。"仁宗和蔼地说："朕看了苏轼的科考文章，颇觉独树一帜，其中'皋陶为士'的典故朕不知出于何处，你是我大宋当今的文坛领袖，现在能告诉朕此典出自何处吗？"欧阳修一脸惭愧，无奈地说："蒙圣上错爱，微臣仍然不知。"仁宗微微一笑，目光转向范镇，说："范卿家，你可是史学大家呀，你可知此典出自何处？"范镇嗓门很大，立即回答道："微臣只觉好，但不知！"他的话引得众人一片笑声。范镇略一思索，对仁宗说："皇上，何不把苏轼叫来，当面问个清楚啊？"

吕诲听了，大惊失色，急忙奏道："皇上，万万不可，苏轼不过是新科进士，尚未授官，本朝从无此先例，只怕此例一开，礼法大乱。请皇上三思。"范镇说："所谓'知之为知之，不知为不知'，吕大人博闻强识，就请吕大人为陛下指点此典故。"吕诲自然也不会知道，支支吾吾地说不上来，只是怒目圆睁地看着范镇和欧阳修，而仁宗脸上却掠过一丝神秘的微笑。

王珪最善察言观色，此时上前奏道："皇上真是求贤若渴，依臣之见，苏轼人才难得，该当让苏轼上朝来问个究竟。所谓礼法，确乎不必过于拘泥。"吕诲和胡宿都是一惊，惊讶地看着王珪。欧阳修也是一惊，暗叫不好。但只听仁宗顺水推舟地说："好吧，那就宣苏轼入殿。"内侍高声宣道："宣新科进士苏轼进殿。"声音回响，久久不散。

内侍带着苏轼匆匆进来。苏轼进殿叩拜道："新科进士苏轼叩见圣上。吾皇万岁，万岁，万万岁！"仁宗从心底里对苏轼赏爱有加，和蔼地说："苏轼平身。听说你击了登闻鼓，你可知朕宣你入朝所为何事？"苏轼躬身答道："回皇上，学生不知!"仁宗说:"朕宣你入殿共论太学体利弊。以进士上殿论事,国朝以来你是第一人。你可知无不言。"苏轼再次跪下,谢皇上隆恩。其实仁宗已差不多猜出苏轼文章中的典故是杜撰的,还是微笑着问道:"新科进士苏轼,朕读你文章,感觉甚好,你文章中所用'皋陶为士'的典故出自何处啊?"苏轼毫不犹豫地回答:"回陛下,苏轼所用典故乃自己杜撰。"此语一出,朝堂之上一片哗然。无论是仁宗还是众大臣,都没有想到苏轼竟回答得如此干脆。

此时的仁宗,几乎面无表情,他观察着众臣的反应。吕诲终于忍不住了,愤怒地出班喝道:"苏轼大胆,竟敢欺君诬圣。"胡宿见吕诲先出了头,也激昂地出班奏道:"陛下,苏轼竟敢欺君污圣,实属大逆不道,理应处死!"

殿内的气氛霎时紧张起来,众人都紧盯着苏轼。苏轼却镇定自若,这让很多大臣都颇感意外。

这时,范镇跨出一步,声如洪钟:"陛下,圣朝从无杀上书言事的士大夫的先例,更无治士子之罪一说;即便是苏轼杜撰典故,也无非是为文而撰,谈不上欺君;至于诬蔑圣人先贤,更是子虚乌有,因为苏轼的典故实是美化了尧舜先王。"但仁宗并不说话,只是居高临下地观望着。吕诲出班反驳说:"陛下,此风不可长。如不惩处,杜撰之风必然泛滥,士风必然大坏。"

这时,欧阳修突然出班,奏道:"陛下,苏轼杜撰典故,非但无过,还应有功!"众人大惊。仁宗也微微一愣,饶有兴趣地说:"哦,为何有功?奏来!"

欧阳修中气十足地说:"微臣言出有据,苏轼所谓的杜撰典故并非真正的杜撰。为什么?因为苏轼说的是'传曰',何谓'传'?'传'与'经'相对,也就是说,'传'是对经典的解释,不是经典本身。因此,这个典故是苏轼对《经》作的传,是苏轼对上古圣贤的理解,而不是说一定实有其事,因此也就不是杜撰典故。所谓'言必有典',乃太学体的作文之道,苏轼自出机杼,应有革新文风之功!故微臣以为,苏轼非但无过,还应有功!"欧阳修的这番评论,确实难得。众人明知欧阳修是袒护苏轼,却也不能不佩服他的学问才华。众臣中有人感叹:"哎呀,欧阳修不愧是当朝文宗啊!""是啊!"范镇像个老小孩一样,可爱地擦了擦额头上的汗,露出放心的微笑。

苏轼向前跨了一步,奏道:"新科进士苏轼禀报皇上。"仁宗换了一个坐姿,以为苏轼有什么高论,充满期待地对苏轼说:"嗯,苏轼奏来。"所有人都将目光投向苏轼,不知道他要说些什么。

苏轼说:"陛下,苏轼确确实实是杜撰了典故!"欧阳修大惊,众人大惊,连王珪这种喜怒不形于色的人也露出了惊异的表情。唯独仁宗不动声色,嘴角上似乎有一丝满意的笑意,但又马上隐去。

这时,王珪笏板忽然失落在地。王珪素来谨行礼法,当朝失落笏板,是有失朝仪的,胡宿奇怪地看了看王珪,王珪趁机向他使了个眼色。胡宿会意,当即将官帽摘下,放在当地,跪下哭泣,厉声道:"陛下,连苏轼自己都已承认了杜撰无疑,实在罪莫大焉!如不杀苏轼,就请陛下杀了微臣!"朝臣都为之一震,仁宗却颇不耐烦。

虽然苏轼年轻气盛,但初次见到这种场面,多少也还是有些惊慌。他环顾左右,见欧阳修、范镇也一时失语,就说:"请问陛下,苏轼的这篇文章合乎仁厚否?"众人又很吃惊。朝堂之上,不要说苏轼尚是个没有授官的进士,就是首辅,也不敢"请问"陛下。

但仁宗并不生气,反而平和地说:"可称仁厚之至!"苏轼接着说:"陛下,文章之本,在于宣讲仁厚之正理、天地之大道。此典确为苏轼自造,但苏轼造典却非为造典而造典,乃是为理而造,为仁而设。反观太学体,却为用典而用典,搜索枯肠,如秉烛而钻鼠洞,以致失文章之根本,迷天地之大义。苏轼造典,却大合仁厚之论;太学从不造典,却为求淫巧雄辩而失仁厚。孰是孰非,唯陛下圣断。"苏轼的话确是义正词严。众人皆被苏轼的话震慑住了,一时发愣。

仁宗忽然打破沉寂,高兴地拍手说:"好,好,苏轼,朕想听的正是你这番说辞,倒还真没让朕失望。好,既有一颗仁厚之心,又何须问那造典的是是非非!科举就是求言,焉能加罪于进言之人。苏轼,朕赦你无罪,下去吧。"苏轼跪道:"谢陛下。"

此时范镇回过神来,对胡宿大吼道:"好个大胆胡宿,还不起来,你竟敢要挟皇上,难道你要陷皇上于不义吗?"胡宿"啊"了一声,仍不起来。韩琦一贯老成持重,他面无表情地说:"陛下,谏官进言,应谏之有道。卖直取忠，陷圣上于两难之地，并非为臣的正道！"众臣见风向已转，大多附和称是，这令胡宿惊慌不已。

仁宗对胡宿和蔼地说："起来吧，进言原是谏官的职责，朕不怪你。"胡宿抬头看看四周，见无人理他。王珪给他使眼色，胡宿才擦擦眼泪，慢慢地爬起："谢陛下！"

仁宗说："不过，落第举子闹事，还须再作安抚。朕想把殿试提前，定在下月初五，由朕亲自主持，让他们当堂陈述治国之策，然后排定名次。另外，将两次击登闻鼓的人尽快释放，不得杖责。"韩琦领旨。

苏轼大步流星地向宫门外走去。其实他早已打定主意，要由自己来击鼓，无论将面临怎样险恶的局面，他都决心一闯。因为他相信自己，相信皇上，更相信天地永存之正道。如今，他不但有惊无险，还得以直抒胸中之块垒，年轻的他感到从未有过的激动和痛快。

## 六　　殿试风波

御街上，书肆中都摆上了苏轼的《刑赏忠厚之至论》，也有人沿街叫卖。一摊主叫卖道："苏轼苏子瞻写《刑赏忠厚之至论》，状元之文，屈居榜眼；杜撰典故，推陈出新；国朝文风，为之一变。十文一篇了！"另一摊主叫卖道："苏文熟，吃羊肉；苏文生，吃菜羹。十文一篇了。想考状元吗？就买一份吧！"

吴复古沿街慢行，并买文章阅读，他古异的相貌和道士的打扮引得行人驻足观看。一书肆贴上一副对联，众人围观，一书生念道："苏子瞻论刑赏本自忠厚，欧阳公分典传原合圣心。横批：文风之变。"众人齐声叫道："好，好！"士子们争买书肆的苏轼、苏洵文章。吴复古见此情景，捻须微笑。

章惇、曾巩等一行人到兴国寺内拜望苏洵。章惇施礼道："久仰苏伯父大名，只恨无缘相见，今日一见，实乃三生有幸。如若不弃，惇愿拜苏伯父为师。"苏洵蔼然长者，十分客气地对章惇说："岂敢岂敢，折煞老夫也。贤侄之才，不可斗量，老夫何德何能，怎可妄为人师？"曾巩说："哎，苏伯父过谦了，尊伯父为文坛泰斗也不为过。"苏洵急忙说："岂敢！岂敢！夫子曰'后生可畏'，国朝文章，还要靠你们。"

章惇见苏洵的旁边站着一位相貌不俗的青年，便向苏洵询问："这位是？"那位青年施礼回答说："小弟陈凤。"曾巩惊讶道："莫不是新科第十名的陈凤？"陈凤说："正是在下。"曾布说："哎呀，这兴国寺真是藏龙卧虎啊，竟住了本科前十名的三位进士。"陈凤赶忙说："我哪算什么龙虎啊，要不是苏伯父和子瞻、子由二兄相救，我早就暴尸街头了。"章惇问："这是何故？"陈凤说："那日我因交不起店钱被店家赶了出来，又身患重病，走投无路，正遇苏伯父和子瞻、子由兄弟将我救起，带到这兴国寺。大恩大德，永生难忘。"苏轼说："区区小事，何足挂齿，诸位同道中人，谁没有三灾四难的时候。"苏辙也说："这是我兄弟与陈凤兄有缘啊！"章惇等人都说："苏家真是好一副侠义心肠！"

苏洵说："蒙诸位来访，暂寓之地，无以相待，请到市上酒楼一坐。"章惇说："伯父不要客气。您是士子的榜样，读书人的楷模，哪能让您破费！今天我们来一是要拜见您，以后请您多多斧正我们的文章，二是要给子瞻兄压惊，三是庆贺鼎革文风初战告捷，这四嘛——"张璪趁机说："子厚，要给子瞻兄压惊，可不是说说而已。"章惇知道张璪的意思，笑道："别急，这第四就是我章惇要请大家到那汴京第一楼——汴河酒楼上来个一醉方休！"

苏洵道："这如何使得！"张璪说："苏伯父不要替他节俭，我们不吃，他的银子怕是会跑到酒楼歌伎的怀里去了。"众人大笑说："就是，就是。"苏洵含笑道："既是如此，老夫也不便拂了你们的雅兴，你们年轻人就去放任一回，我也就不去碍手碍眼了。哈哈！"章惇一揖："苏伯父果然雅量高致，令我等后辈感佩！"众人一笑，都说："拜别苏伯父！"

汴京，州桥街上，小贩摇着拨浪鼓，响声一片。商店、酒楼、瓦肆鳞次栉比，摊铺林立，布摊、小吃摊、杂货摊挤在一起，游人如织，叫卖声、讨价还价声此起彼伏。一派繁盛的景象。

一行人边走边看，章惇对东京最为熟悉，他向众人介绍说："这就是东京的御街。说到这汴梁城，就要先从这御街说起。自宣德楼一直南去，约阔二百余步，两边乃御廊，市人买卖于其间，各安立黑漆杈子，路心又安朱漆杈子两行，中心御道，不得人马行往，行人皆在廊下朱杈子之外。"苏轼兴奋地看着街道，说："子厚兄真是汴京通。"

张璪插进嘴来："唐人考中要'一日看尽长安花'，我们不去采花，喝喝酒总可以吧！"曾巩笑话他说："没学问，看花的'花'不是采花的'花'，这'花'指的是秦楼楚馆的声色之伎！"张璪说："当然当然。您是当今文坛泰斗欧阳修的得意弟子，谁敢和您比学问呀！哎——我倒要请教一下，唐人可以'看花'，我们宋人怎么不看？"曾布笑道："哥哥，你上了邃明的当了！你以为他真的不懂？"曾巩一愣，笑道："呵呵，原来邃明兄是此道中人。那今日我们就开宋人之先河，看尽汴京的名花如何？"众人大笑。

汴河酒楼一楼内，五十岁左右的著名说话艺人张山人带着徒弟王任辩正在做场。宋时说话设施较为简单，一般一人独说，有些著名说话人也有徒弟用锣、鼓配合。台上设椅一张，说话时，张山人随着节奏，不时站立、坐下。徒弟王任辩抱一鼓立在左后方，和着师父说话的节奏，不时用鼓槌敲击着。刘几等几个太学生坐在酒楼内喝闷酒。

张山人说道："各位客官，在下张山人。说完了韩信，再说一段公案，以答谢众位的盛意。（咚咚）不知可好？"客人皆称好。张山人笑道："此公案与以往公案不同，（咚咚）以往公案，说的是冤各有头，债各有主，有冤的申冤，欠债的还钱，总是有个了局。（咚咚）这番公案，却是死了白死，冤了白冤，上到九重阙，下到阎王殿，却是无人理睬！你道说什么来着！（咚咚）说怪也不怪。只因朝廷取士，废了太学体，太学生中，无一人上榜，故有老太学生投河自尽一事。（咚咚）诸位说说，非人所逼，非人所迫，如此投河，岂不枉了自己的性命！（咚咚）"

刘几听见这话，怒拍桌子。一太学生站起，怒道："岂能白死，迟早要找欧阳修算账！"众人侧目。

张山人不知发怒的人即是太学生，笑道："客官休要恼怒。想当年，在下自禹州来京城赶考，颇为自负，未曾想名落孙山，流寓京城，只好做起了说话人。（咚咚）时也，命也，怨得谁来！（咚咚）"刘几站起，蹿上台去，伸手就打："你个臭说书的也敢在这里含沙射影，若不是只取欧阳体，我等岂能不中！"众人大惊，喊道："怎能打人！"

张山人整整衣服，继续说道："想必阁下就是太学生了。那太学只有六品以上的官员子弟才能进入，来欺负我一个说话人，自是伸手就打啊，算不得本领！（咚咚）若是真有本领，就写出一两篇经世济时的文章来。若论起写此文章，只怕还不如我张山人吧！（咚咚）"刘几怒道："混账！你个肮脏破落户，也敢诋毁我太学！"伸手又要打。

巢谷忽然蹿上台去，将刘几推倒在台下，笑道："刘几，你为何又不务正业,学人打架呢?"刘几一看是巢谷,顿时没了气焰,指着巢谷,哆哆嗦嗦地说:"你,光天化日之下,你……你竟敢出手伤人!"众人朝太学生喊道:"滚出去,滚出去!"刘几等太学生灰溜溜地离开了酒楼。

张山人向众人一拱手,道:"这位客官,我张山人在这汴河酒楼带着徒弟做场已有年头了,从来都是靠着客官捧场,不敢有半分的失言,所以日子也算过得平安。(咚咚)今天多谢壮士出手相救。"巢谷嬉皮笑脸地说:"哎呀,区区小事,谢什么。山人,我武艺十分高强,山人以后说书,能否也把我说一说?"张山人向巢谷道:"壮士古道热肠,英雄了得,我张山人一定为你说话。"

巢谷答礼,又滑稽又一本正经地说:"那好,不要忘了啊,我名叫巢谷,鸟巢的巢,山谷的谷,我这名字好听吗……"张山人微笑,转头说道:"好听,好听!(咚咚)"然后对听众说:"话说巢山先生,上山打猎……"巢谷一愣,道:"哎——山人,是鸟巢的巢,山谷的谷——"张山人听了一笑,说:"话说鸟谷先生,上山打猎……(咚咚)"张山人继续做场,巢谷无奈地摇头离开。

汴河酒楼三楼,伙计殷勤地将章惇等人请入雅座。章惇问道:"子瞻兄,想吃点什么?"苏轼说:"皆可。我对汴京不熟,你介绍介绍吧。"章惇爽快地说:"那我就不客气了。夏月麻腐鸡皮、麻饮细粉、素签砂糖、冰雪冷元子、水晶皂儿、生腌水木瓜、药木瓜、鸡头穰砂糖、甘草冰雪凉水……"

苏轼笑道:"哈哈,子厚兄,你哪是什么新榜进士啊,乃是一个御膳房的厨子。"众人大笑。一会儿,菜陆续上来,小二报菜名,众人推杯换盏。

苏轼道:"诸位,鼎革文风虽有圣上首肯,但殿试尚未举行,太学生也未必肯善罢甘休。大家还是及早回去准备,希望能毕其功于一役。"众人都说言之有理。张璪说:"你慌什么,你如今名满京城,不久就要蜚声海内。就要举行殿试了,皇上还不得把你取为第一!"众人听他这么说,都皱起了眉头。章惇睥睨地说:"就你满脑子功名利禄。"张璪作出恍然大悟的样子:"小弟失言,小弟失言,小弟自罚三杯……哎呀,我怎么越抹越黑。"

崇政殿内,宋仁宗亲自主持殿试。众举子下笔无声,苏轼与苏辙皆在其中。时辰到了,主考官喊:"时辰到,收卷。"

翰林院里，王珪正在阅读苏轼殿试时所写的制策副本。他小声地念道："……无事则不忧，有事则大惧，宫中贵姬以千数，歌舞饮酒，欢乐失节……"他倒吸了一口冷气，慢慢地站了起来，片刻，脸上又露出阴险狡诈的笑容。王珪拿起试卷，似乎决定了什么，夺门而出，前往御史台……

胡宿急送王珪出门，说："我这就去拿人。禹玉公，你快去忙你的，你要办的事更多。"王珪说："那好，胡大人，我就先告辞了。"

兴国寺内，苏轼兄弟二人正争论着往里面走。苏辙一脸焦急之色，对苏轼说道："哥哥，你的策论写得太过尖锐了！"苏轼激昂地说："子由，为国进言，但求无愧于心！忠言不逆耳，怎利于行！既不利行，又何谓为忠？"苏辙说："哥哥句句是肺腑之言，足见哥哥对朝廷的一片赤胆忠心。但言语锋芒太露，恐遭心怀叵测之人的陷害啊！"

二人进屋后，仍然争论不止。苏轼说："子由，难道你不明白，我露锋芒，奸佞之徒必会来陷害，若我小心翼翼不露锋芒，你以为他们就不来陷害吗？所以横竖是陷害，倒不如挺身而出，先发制人，不与他们委曲求全！"苏辙反驳道："哥哥，我等刚中进士，应韬光养晦，图谋日后，切不可操之过急。前次哥哥私撰典故，弟至今想起，仍心有余悸。若非皇上圣明，哥哥恐怕早已凶多吉少。"说着，苏辙拿起桌上的策论，说："如今哥哥这呈给御览的治策，言辞之大胆，比那撰典有过之而无不及，哥哥不能不顾安危呀。"

苏轼拍案而起，说："子由，怎能为一己安危而不顾国家社稷？那你我为何出来做官，倒不如在眉山老家安分守己，太太平平，安度此生！"苏辙说："弟弟深知哥哥乃忠奸分明之人，但话虽如此，也要学会变通才是啊。几天前的事虽然暂告段落，但太学生岂肯善罢甘休！他们的背后，可是大宋朝数以千计的朝中重臣和封疆大吏，如今正虎视眈眈，伺机对我等进士发难泄恨，正愁无隙可乘。哥哥这样做，岂非正合其意？恐会招来杀身之祸！"

苏轼慷慨激昂地说："杀身之祸何惧！只要所言，是为圣上计，为天下苍生计，又有何惧?！子由，我以为，这风口浪尖时候才是我等进言的最好时机，断不可贻误。我问你，文风改革改什么？"苏辙说："当然是改革文风。"苏轼摇头道："非也。子由，表面是改革文风，其实是改革吏治。若你我言不敢进，行不能正，只顾一己私利，与太学生这般酸腐文人又有何异？那文风改革何用之有，吏治改革何时能成！"苏辙从来没有这样想过，听哥哥这样说，一时愣住了。

说到这里，苏轼愈发慷慨激昂："子由，我心中有些话埋藏已久，今日不吐不快。我苏轼虽为眉山乡野之民，却有致君尧舜之志，先天下之忧而忧，后天下之乐而乐，日后当为王佐宰辅，上不负明主，下造福苍生！"苏辙被哥哥的激情感染了，激动地说："哥哥，弟弟没有想到，你竟有这等青云之志！我听你的，只是——怕爹爹为我们担心。"

这时，苏洵走了进来，激动地说："辙儿，父亲不担心。轼儿，时至今日，父亲才知吾儿是何等人物！你的胸怀，却是为父所不能及也。你且一往直前，义无反顾，父亲为你殿后便是！"

御街上，几个衙役拿着锁枷，气势汹汹地向兴国寺奔去。来到兴国寺苏轼的寓所外，衙役打门高喊："苏轼开门！开门！"巢谷、陈凤迎出来问道："谁在打门？"衙役问："谁是苏轼？"苏轼从后面走出来，说："我！"衙役亮出御史台公文。苏轼问："我犯了何罪？"衙役说："去跟御史们说吧！"说着就要上前拿人。巢谷护住苏轼，一边喊着"谁敢拿人"，一边顺手推倒了两个衙役。

苏洵闻声急步走过来，阻止道："巢谷不要乱动，免得罪上加罪！"巢谷听了，才慢慢缩手。苏辙看过公文，对苏洵说："父亲，是御史台的公文，并非朝廷所下，也未说明具体罪状，只说言辞狂悖、忤逆圣上，想来是制策惹了麻烦。"苏轼说："我早就知道，制策上的话会惹怒一些人的。"转身对苏洵说："孩儿给父亲惹麻烦了。"苏洵没有责怪苏轼，而是坚定地点点头。苏轼跟衙役走出。巢谷急得手足无措，直在原地打转。苏洵望着儿子离去的方向，叹道："为父早已料到，却没想到这么快……"

范镇府外，欧阳修从轿中走下，风风火火地敲门。仆人打开大门，欧阳修疾行而进，范镇前来迎接。范镇惊异地说："欧阳公，何事如此紧急？"欧阳修说："范公，出大事了。苏轼因制策言论过激，已被御史台抓去了。"范镇吃惊地"啊"了一声。欧阳修说："范公，文风改革正值紧要关头，牵一发而动全身。他们这么急着抓苏轼，其实是冲我而来。刚刚平静了几日，太学生又要兴风作浪了。"范镇点头道："定是如此。欧阳公，苏轼依律该当何罪？"欧阳修说："说有罪则罪为大逆，杀头亦不为过；可是——若论皇帝求言，士子上书谏言，则又无罪。"范镇叹道："唉，你说这个苏轼，上次的事余波未平，如今一波又起。实在太过冒失了。"欧阳修说："不管怎样，被御史台抓去，今夜苏轼非皮开肉绽不可。"范镇说："你提醒得是。我这就去御史台按住他们，你赶紧去见皇上。我二人兵分两路，赶快走吧！"

御史台监牢，黑夜沉沉，羁押房内，刑具陈列。一高一矮两个衙役正在威逼苏轼。高个儿衙役对苏轼说："此门进来容易，出去却难！"苏轼说："我未犯王法，如何不能出去！"矮个儿衙役说："就算你明日出去，今日也须掉层人皮。"苏轼笑道："哈哈，今日我虎落平阳，你就来欺负我！"高个儿衙役说："就是摆明了欺负你！"举棍要打，想了想，似乎没有理由，抬起的手又放下了。

矮个儿衙役忽然说："哥哥，他骂你。"高个儿衙役脑筋似乎不灵，疑惑地说："他没骂我呀，他怎敢骂我？"矮个儿衙役说："他骂你是狗。"高个儿衙役怒道："你才是狗！我长着耳朵呢，他骂我，我会听不见？滚！"矮个儿衙役急得抓耳挠腮，说不出话来。高个儿衙役对苏轼说："苏轼，听说你是个才子，可我这里只认钱财，不认文才。"举手欲打。

这时，范镇大步进来，"啪"地将一包银子扔到地上："你不是只认钱财吗？看看这些够不够。"两个衙役一惊，急忙跪下说："小的给范大人磕头！小的哪敢收大人的钱！"范镇说："啰唆什么，叫你收你就收。"两个衙役连声称是。范镇厉声对他们说："你们给我看好了苏轼，若是少一根毫毛，我让你二人不得好死。"苏轼说："恩师何必助长牢狱的索贿之风！"范镇说："姑且保全了，其余日后再说。明日朝堂我会据理力争，保你出来。"

颐心殿中，仁宗正在翻阅殿试的制策，内侍张茂则递上苏轼的制策，仁宗高兴地阅读着，口里还称赞着"苏轼乃进士中第一才子"。当读到"无事则不忧，有事则大惧，宫中贵姬以千数，歌舞饮酒，欢乐失节"，仁宗转喜为怒，轻轻拍了一下龙案，站起身来。张茂则吃了一惊。

迩英殿外，王珪和欧阳修正在等候。张茂则来到殿外，向二位大人行礼。张茂则说："王大人，皇上宣你进殿。"王珪向欧阳修点头示意，跨进大殿。欧阳修也欲入殿。张茂则为难地说："欧阳公，皇上没说要见您。"欧阳修一惊。

迩英殿内，仁宗高坐。王珪奏道："陛下，御史台因苏轼所呈制策中有狂悖言辞，并忤逆圣上，现已将苏轼羁押牢中。"仁宗仔细观察着王珪，做出愠怒的样子，说："羁押得好！朕以为他该被羁押。"王珪听了，十分高兴，从袖中掏出百官联名书，向仁宗禀报："陛下，这是百官联名签署的奏章，称苏轼一再诬贤欺圣，目无君主，罪为大逆，该当处死。"

张茂则将长长的奏章呈给仁宗。仁宗细看奏章，暗暗吃惊。王珪察言观色，急忙对仁宗说："陛下息怒。苏轼年轻无知，陛下也不必与之计较。但据臣所知，联名百官已群情激愤，都说苏轼狂悖无道，上次撰典之事已得陛下宽恕，却不知悔改，如今竟藐视起圣上来了。百官还说，若再纵容苏轼，则引天下读书人效仿，视教条规范如无物，风气败坏，朝纲大乱。陛下，微臣虽然试图劝服，但百官之愤慨不平非臣过往之所见。"王珪以为仁宗会大怒，但仁宗却并不表态，只是说："朕知道了，此事明日上朝再议。"

第二天上朝前，众臣站在崇政殿外等候，纷纷窃窃私语。有人说："太过分了！如此狂生，从未见过！不杀不足以正朝纲！"王珪沿台阶而上，微笑着对大家说："诸公好。"众臣说："王大人好。"欧阳修和范镇走上台阶，却无人理会。范镇对欧阳修说："欧阳公，今日上朝，我二人要为苏轼辩护，无论如何要说服皇上。"欧阳修沉重地点头。一会儿，张茂则从殿门里走出来说："皇上有旨，今日不朝。"

众官哗然道："这苏轼实在大逆不道，定是他使得龙颜震怒，皇上连朝都不上了！皇上还从未缺过早朝，这都是苏轼所致。苏轼沽名钓誉，狂悖无理，目无人主，罪该处死！"王珪并不说话，悠闲得意地从群臣之旁走过。欧阳修和范镇呆立在那里。

御街上，刘几率众太学生走来，黑压压的一片，他们穿着统一服饰，其状悲愤，正游街抗议。引得行人纷纷驻足观望。行人议论纷纷："新科进士苏轼制策直言犯君，太学生们不容，要皇上处决苏轼！"刘几振臂高呼："苏轼诬蔑圣上，罪该处死，以正视听！"众太学生齐声应和。

御史台监牢里，地上一只小蚂蚁在推一块饭团，推而不动。苏轼凝神观察。欧阳修疾步走入，苏轼急忙起身施礼："恩师，您来了。"欧阳修着急地说:"唉,子瞻,怎么样,没受苦吧?"苏轼回答:"恩师,苏轼无事。"欧阳修说:"唉,你也太冒失了,何必如此呢?文风改革尚未告成,太学者正环伺左右,此时最忌急于求成。他们一旦抓住这个机会,就会置你于死地。"苏轼却坦然地说:"恩师,学生若能以一己之躯,促成文风改革之变,倒也死得其所。"欧阳修眼眶湿润了,动情地说:"子瞻啊,你若有个不测,老夫如何向你父亲,向天下读书人交代呀!你放心,老夫当会据理力争,尽力保你出来的。唉,可是这次终究不像上次啊!"苏轼躬身施礼说:"无论如何,苏轼都终身铭记恩师的大德!"

汴河酒楼,夜色沉沉,餐桌上空无一物。曾巩、章惇等人都没有胃口,曾巩叹道:"皇上连欧阳恩师都不见,子瞻兄这次恐怕难逃大劫了。"章惇说:"苏轼实乃我等进士中的楷模!试问我等之中,有谁敢像他这般正言直谏,不计个人得失,而以国家社稷为己任!我等须再为子瞻写道奏章,劝说皇上。"张璪却颇不以为然:"皇上连欧阳恩师都不见,更别说我等了。唉,这个苏子瞻,太过惹是生非,矫饰虚名,连我等功名都陪他一块葬送了。"章惇生气地说:"邃明,子瞻连命都快丢了,你还在这儿计较功名。"张璪低头不语,曾巩等人沉着脸,焦急而无奈。

迩英殿外,范镇欲举步入殿,被张茂则拦住。张茂则说:"范公,别进去了。"说着指指里面:"皇上从来没发过这么大脾气,摔了许多东西,谁也劝不了。我劝你还是别进去为好。"范镇想一想,又待硬闯,还是被张茂则拦住。范镇说:"张公公,那你跟我说,皇上究竟要对苏轼如何?"张茂则沉吟良久,说:"要么杀,要么不杀。"范镇急了:"你……你这不是废话嘛!"

深夜,仁宗于龙床上酣睡,鼾声大作,睡得十分香甜。

御史台监牢内,苏洵、苏辙与苏轼隔着牢中栅栏相对而坐。苏轼明显消瘦憔悴了许多,但精神仍饱满。苏洵和苏辙神色悲怆,不知该说些什么好。苏轼平静地对他们说:"父亲,子由,我听衙役说,百官已联名上书皇上,要问我的死罪,太学生们也在御街示威。"苏辙不答,苏洵却忽然豪气冲天地说:"轼儿,莫忘了你立下的鸿鹄之志。你跟为父不一样,你是干大事的人,就要经得起大风浪。轼儿,你若死了,老夫也为有你这个儿子而感到荣耀,老夫要在汴京亲自为你送葬！"苏轼激动地叫了一声"父亲"，父子俩的手隔着栅栏紧紧相握。

范镇府上，范镇和欧阳修正在对弈。范镇拿着棋子默默地思考，却久久不落子。忽然，范镇将棋子丢在棋盘内，棋盘大乱。他站起来，生气地说："唉，不下了，不下了。永叔，你说下棋能静心，对老夫却一点用也没有，现在心头仍是一团乱麻。皇上就是不见你我二人，我等又能怎么办？满肚子的话都无处说去。"欧阳修仍坐着，也十分忧虑地叹道："树欲静而风不止，难呀！只怕因为此事导致文风改革失败，我等前功尽弃。我是上愧对皇上，下有负新进们呀。"范镇吼道："你说，皇上到底什么意思？杀就杀，不杀就不杀，干脆说个痛快话，为何要避而不见呢？"

这时，房外一声长吟，远远传来："我欲寻你无躲处，你觅我时无处寻。"范镇听到吟声，知道是老乡吴复古来了，一拍脑袋，惊喜地对欧阳修说："高人来了，高人来了，子瞻有救了。"范镇赶紧向外迎去，尚未出房门，已见吴复古一身道袍，手执拂尘，立于院中。范镇急忙施礼道："吴道长，想煞我也，快里面请。"吴复古也不答礼，直向房中走去。范镇对吴复古说："吴道长，这是欧阳修大人。"吴复古对欧阳修倒是蛮有礼数，客气地说："欧阳大人，久闻盛名，贫道有礼了。"欧阳修起身施礼道："道长多礼了。"吴复古悠然坐下。范镇忍不住问道："道长是闲云野鹤，从不轻涉俗世，猝然来访，不知有何见教？"

吴复古微微一笑，也不说话，从袖中掏出一只小木盒，轻轻放在桌上。范镇和欧阳修将目光集中于木盒之上。吴复古转眼飘然而去。范镇再抬起头，却只见院中吴复古远去的背影，急忙喊道："吴道长，请留步——"只听远远传来吴复古的声音："送得宝盒金銮殿，抵得二公千万言。"二人看看桌上古朴而神秘的木盒，对视了一眼，点了点头。

颐心殿中，仁宗手拿木盒，缓缓打开，内有一张纸，仁宗展纸阅览，小声读道："群雀聒噪尘嚣上，风来谁可负青天。圣君当朝士有语，戒碑犹立岂无言。"

仁宗一惊，对张茂则道："'戒碑犹立岂无言'？张茂则，当日朕登基之时，独自入密殿读戒碑立誓，戒碑上书'不得杀士大夫及上书言事人'，此句当是讲的这个意思。"看着张茂则迷惘的神情，仁宗十分纳闷地自言自语："可是奇怪啊，戒碑上的话，别人都不知道啊。为何……为何……难道世上真有神仙？"

这原是宋太祖赵匡胤为子孙立下的戒碑，新皇登基时，须一个人前往拜谒发誓，遵守戒碑上的规定。据说戒碑说的是不杀上书言事的士大夫，柴家子孙即使犯了大逆之罪也不得弃市等。当时就有这样的传说，直到后来金人破了东京汴梁，才真的发现了这个戒碑。内侍张茂则在一旁，讪讪地说："陛下，微臣鲁钝，不知道。"仁宗好像忽然顿悟，微笑道："时机已到。好，张茂则，宣旨下去，明日朕要上朝。"

第二天，崇政殿内，仁宗高坐，韩琦、欧阳修、范镇、王珪、胡宿、吕诲等人分班左右。仁宗装病，以手支颐，以热手巾敷住额头，说："这几日来，朕称病未朝，众卿的奏章都快堆满朕的御书房了。今日朕精神略有转安，众卿对新科进士苏轼的殿试策论有何看法，都据实说来吧。"韩琦道："陛下，万请保重龙体。至于苏轼，评官以为苏轼专攻人主，为大不敬！"欧阳修缓步出班，慷慨奏道："陛下，臣有话要讲。"仁宗佯装咳嗽了一声，有气无力地说："准。"

欧阳修说："谢陛下。微臣不敢苟同韩琦之论。臣以为，苏轼制策，指正朝廷得失，无所顾虑，持论至公。虽语涉皇上，实乃循天地之正道，遵人臣之大礼，为国朝以来第一人，应列入殿试的最高等。"胡宿环视周围，出班奏道："陛下，苏轼在制策中，抨击陛下，狂妄至极，闻所未闻，是可忍孰不可忍也！"仁宗说："嗯，继续讲。"胡宿说："陛下，似这等举子，当治大不敬之罪，必当严惩！"

崇政殿中，大臣们继续辩论。范镇说："陛下，胡宿之言谬矣！苏轼直言朝政，乃我朝之幸也！有善纳直言之君，才有直言之臣。过去唐太宗善纳直言，才有贞观之治；我主乃善纳直言之君，才有而今祥和之气。皇祐三年（公元1051年），包拯弹劾外戚张尧佐，朝堂之上，唾沫乱飞，竟至我主龙面。但陛下仍能听谏言，维持正义，接纳弹劾，成为美谈。微臣以为，苏轼虽有激切之言，但出于忠君爱民之心，并无私意，岂能杀之。请陛下明察。"吕诲反驳道:"陛下,苏轼目无人主,当杀。"多数大臣跪地齐呼:"陛下,苏轼当杀!"只有欧阳修和范镇站着。

欧阳修高声道:"陛下,不可!制策求直言,而直言者被杀,此为失信天下之举,参政之言不可取。"很多大臣愤怒地看着欧阳修。

仁宗调整了姿势,慢慢坐起来,说:"众卿,朕若不杀苏轼,又当如何?"王珪一愣,警觉起来,立即调整策略,决定静观其变。吕诲说:"陛下,苏轼杀也要杀,不杀也要杀!"众臣听吕诲这么说,有的一愣,有的响应。

仁宗忽然暴起,将热手巾掷于地上,病态全无,声如洪钟:"够了!你等都是朝中大臣,言称孔孟之道,对一个少年进士,岂能说杀就杀!此一来,何谈我朝仁政!苏轼直言了朕几句话,朕就杀他,朕是何等胸怀!岂能叫后人耻笑唾骂!朕虽只见过苏轼两次,但已深知苏轼文章治才、德行操守俱佳。现在国家吏治不振,亟须新锐之才。朕告诉你们,朕不仅不杀他,不黜他,朕还要让他越级受官,让苏轼到翰林学士院供职!"

吕诲等人大惊。吕诲大声道:"陛下,不可。即使状元,初次授官也不过六品、七品,翰林学士乃三品朝官,如何能授给一个榜眼!"胡宿附和:"按照祖制,吕诲所言不差。况且苏轼多有狂悖之语,也不能说德行操守上乘。"殿内气氛越来越紧张。王珪仍不说话。

宰相韩琦忽然说:"若是授苏轼翰林学士,不知陛下是否要将这宰相之位授给状元曾巩!"

仁宗拍案而起:"大胆!开口祖制,闭口章法,只有循规蹈矩,你们才觉得舒心安宁,唯独不见大宋陈陈相因,积弱不振。朕每办一件事你们都要横加阻拦,说得冠冕堂皇,实是满口空话。今天竟然敢当面责问朕,若是曾巩有宰相之才,你当朕不敢授他宰相之位吗?"韩琦急忙跪下:"微臣只是一时着急,微臣失言,微臣知罪!"

仁宗厉声喝道:"你一时着急,你为大宋着急了吗?"韩琦一时犹豫:"这——"仁宗说:"朕即位以来,每遇大事,必招群臣共议之,但行之收效甚少,每每适得其反,致使国力日削月弱。朕有时都怕,怕百年之后无颜面对列祖列宗!"众臣慌忙道:"陛下,臣等知罪。"

仁宗怒气未消，斥道："知罪！知罪！你们整天就知道知罪！今天，列祖列宗在上，朕要独断朝纲一回！今日朕要宣布两件事，其一，殿试放榜，名次与礼部试相同，特授苏轼翰林学士之职，殿试制策三等。翰林院拟旨吧！"范镇、欧阳修跪下，齐声道："陛下圣明。"

仁宗大手一挥，继续说："其二，太学体百无一用，国朝文风之坏，多源于此。当下朝廷需要的是干练的治才，太学体中如何出得国家栋梁！从即日起，废黜旧太学，提举新学，昭告天下！"此言一落，众臣皆惊。欧阳修和范镇惊喜万分，而王珪似乎要瘫软在地。

宫外，刘几他们还在振臂高呼："杀苏轼，杀苏轼！"在殿外听候的大臣悄悄跑出来，向他们招手示意停下。刘几等人见状停止呼喊，莫名其妙地左顾右盼。

## 七　　母丧丁忧

御史台外，苏辙、章惇、张璪、曾巩、巢谷、陈凤等人迎接苏轼。看到苏轼出来，众人一拥而上，将苏轼围在中心，问这问那。苏轼谦逊地说："苏某怎敢有劳诸位！"章惇说："你礼部试自撰典故，殿试制策又专攻人主，两次以身试法，两次赦免死罪！乃我大宋奇人！我们来迎接你，还不应该啊！"众人齐声迎合道："是啊，是啊！你乃我大宋奇人！"苏轼诙谐地说："事不过三，也许还有第三次，到时诸兄再来接我不迟！"章惇哈哈大笑，曾巩摇摇头苦笑，张璪则不屑地撇撇嘴。

巢谷带着两个轿夫走来："苏大人，快上轿吧！"转头对两个轿夫说："快叫苏大人！"轿夫躬身施礼："苏大人！"苏轼惊讶地笑道："苏大人？我什么时候成了大人？巢谷兄，为何要坐轿子？"巢谷故意拿腔拿调地说："你还不知道吧，皇上已让你当了翰林学士，你已是苏大人了。苏大人不能走路，苏大人得坐轿子。"一边还做着鬼脸，不由分说将苏轼抱上轿子。众人哄笑起来。轿夫们抬着轿子，一颠一颠地离开御史台。

苏轼与众人回到寓所，看见吴复古正与苏洵谈话。苏轼惊喜地说："是吴仙长，你怎么来了？仙长好！"吴复古打趣道："我欲寻你无躲处，你觅我时无处寻。过去叫道长，现在怎么成了仙长？"苏轼说："听说你已得道成仙，岂不应该称仙长！"吴复古道："听谁说的？我去问问！"苏轼说："世人谁不知你是陈抟老祖转世？"吴复古说："呵呵，你这是咒我啊！那陈抟老祖是汉末人，见天下即将大乱，不忍目睹，就到华山上睡觉。没想到一睡就是八百年，醒来后骑驴在华山脚下游荡，正遇到了我朝太祖，他端详了一番，大笑道：'天下太平就应在此人身上了，吾无忧矣！'说完从驴背上倒了下来，就没有气了。如今天下将乱，你不是要咒我死吗？至少也是让我睡觉吧！"苏轼笑道："我是要给仙长拍马，怎敢咒你？无心之过，无心之过。"

苏洵见他俩斗嘴，就打断他们的话："这一老一少，一见面就纠缠不清。快说正经的！"吴复古立即转了话头："好，说正经的。我问你俩，我那徒儿巢谷现在哪里？"苏洵故作严肃地说："巢谷不是一直跟着你吗？怎么反问起我来了？没有巢谷，你可要赔我的侄儿！"吴复古说："我徒儿生性顽劣，不知是否又与人比武去了。既然你们不知，怕是他的脖子已被人打断，我替徒儿寻仇去！"起身要走。众人看他滑稽天真的样子，哈哈大笑。旁边的陈凤也粲然开颜。

这时，巢谷从外面跑进来，跪道："弟子叩见师父。"吴复古异常惊喜，一把抓住巢谷说："让我先看看你的脖子是否被人给打断。你怎知我来了？"巢谷顽皮地伸长脖子，亲热地说："师父已来汴京好几日了，让徒儿好找，今日终于在此等到师父。"吴复古点头说："嗯，还没忘了为师。"苏洵招呼吴复古和众人："道长屋里请，大家屋里请。"

这时，门外忽然传来宣旨声："懿旨到——苏轼接旨。"大家一惊，吴复古却笑着说："招女婿的来了！"

原来，仁宗在朝堂上一吐胸中郁闷，退朝后兴致不减，兴冲冲地走进后宫。曹皇后急忙迎上来，问道："官家今天怎么这么高兴？"仁宗满脸是笑："能不高兴吗？朕一日之间就为子孙选了两个太平宰相！"曹皇后也笑着说："官家，是哪两个呀？"仁宗说："是新科进士苏轼、苏辙兄弟，文采道德，都是近年少见，经一番历练之后，定是国家的柱石。"曹皇后喜道："大比之年能选到治世良才，可喜可贺呀！"仁宗说："是啊是啊，千里马常有，但伯乐不常有。选人才乃天下最难之事。"曹皇后感佩仁宗知人善任，说话间忽然想到了什么，略一沉吟，问道："臣妾想问官家，苏轼今年青春几何？不知是否成婚？"仁宗略一沉吟，说："苏轼年岁约在二十，至于是否成婚，却是不知。"曹皇后思忖了片刻，决定叫苏轼来一问。

皇宫内宫，曹皇后端坐帘内，身后站着一位公主，娇羞地看着帘外的苏轼。苏轼跪拜道："参见圣人娘娘。"曹皇后缓缓地说："外边可是新科进士苏轼?"苏轼说:"启禀圣人娘娘,正是小民。"曹皇后说:"你已是进士了,不要这样谦卑了。这里不是朝堂,随意一些。赐座。"苏轼拜谢后坐下。

曹皇后仿佛迟疑了一下,问道:"听说你本该取为榜首,因避嫌将你取为第二,你受委屈了。"苏轼朗声说:"启禀圣人娘娘,朝廷一片至公,在下并无委屈。"

曹皇后听了,语气很是舒缓地说:"人生哪能无委屈。你能这样想很好。"苏轼说:"谢圣人娘娘教诲。"里面的公主有些不耐烦了,轻轻推拉母后的胳膊,小声地催道:"快问,快问啊!"曹皇后对公主笑了笑,又转头问道:"不知新科进士今年多大岁数?"苏轼答道:"二十二岁。"曹皇后又问道:"父母可安康?"苏轼说:"托圣上、圣人娘娘洪福,父母均安康。"

曹皇后稍做沉吟后问道:"不知婚配否?"苏轼对此问早有准备,不假思索地答道:"微臣兄弟二人均已婚配。父母之命,不得不尔。"公主有些吃惊,她大概没有想到苏轼回答得这样利索,颇感失落。曹皇后沉吟道:"哦……听说蜀地女子貌美多才,以你兄弟大才,夫人也必不同寻常。"苏轼说:"圣人娘娘抬爱微臣了。微臣幼有报国之志,聘妻不敢求貌美多才,只求夫妻如梁鸿、孟光,可使微臣无后顾之忧,方不辜负了君父的教诲。"

直到此时,曹皇后才明白皇上说的"为子孙选了两个宰相"是什么意思。她不仅没有为招婿不成气恼,反而高兴地说:"明白了。嗯,好一个新科进士,好一个'无后顾之忧'。愿你不要忘了君父的教诲,将来好好为国出力,为君分忧!"苏轼叩首道:"谢圣人娘娘教诲。微臣铭记在心,永志不忘。"

公主毕竟年轻,不懂母后为什么还这么称赞苏轼,不满地从帘后走了。

翰林院中,王珪坐在椅子上,眼睛盯着桌上的诏书,迟迟不动笔。张茂则走近王珪身边,宣旨道:"参知政事翰林院学士王珪接旨。皇上口谕:'苏轼是朕钦定的翰林院学士,官居三品,为何翰林院迟迟未下诏书?难道想抗旨吗?'钦此。"

王珪说:"臣,遵旨。"张茂则轻声对王珪说:"王大人,依在下看,还是赶快遵命吧。皇上爱才如渴,苏轼如今已被皇上视作未来宰相。王大人,你是这次大比的主考官之一,也是苏学士的恩师,可谓功不可没,得到皇上的恩赐指日可待。王大人还是赶快拟诏吧。"王珪说:"是!多谢公公提醒,这就拟诏！"张茂则走了以后，王珪走到桌前，铺开诏书，提起笔架上的毛笔，无奈地摇摇头，深吸一口气，不情愿地拟写诏书。

兴国寺内，"三苏"、巢谷、陈凤、吴复古等人在屋内闲谈，吴复古对苏洵说："明允兄，你知道，我是不能在一个地方待上数十日的，这次到汴京，都是受劣徒巢谷所累。"大家听了，看看巢谷，笑了起来。苏洵说："哎，要不是巢谷，我们如何能够相聚。"吴复古点头道："是啊是啊，十年未到汴京，也该来看看了。"说着，忽然转向苏轼说："但这次贫道在汴京看得最多的却是子瞻贤侄的文章。依贫道看来，我大宋开国以来的举子只怕无人能比，就是他欧阳老家伙，将来也要服我贤侄。我听说，欧阳老家伙也说三十年后，读书人只知道我这贤侄，而不知道他欧阳老家伙了。"苏轼说："道长千万不要谬奖。"吴复古正色道："贫道几时奖过人，更不要说谬奖了。"众人一怔，哈哈大笑。

吴复古向苏辙端详了一会儿："子由虽文才不及哥哥，但为人谨厚，将来的磨难会少一些。"又转向苏轼审视一番："子瞻文才盖世，治才盖世，但心地纯白，生性至善，怕是少不了牢狱之灾。"苏洵一惊，忙问道："道长有无破解之法？"苏轼却打断了父亲的话："若能为国为民尽绵薄之力，死尚不惧，牢狱之灾算得了什么！"众人一时不知说什么好，吴复古却敬佩地说："嗯，好，这就是最好的破解之法！"说完，他转向巢谷："徒儿，看来你一时还难消尽俗缘，以后还要多助苏氏兄弟，也算你替师父出力。"巢谷说："是，师父。苏伯父对我家恩德深重，我已孤身一人，苏家就是我家，子瞻、子由便是我的亲兄弟。"

站在一边的陈凤施礼说："道长学究天人，难得遇上道长预言休咎的机缘，请道长为晚辈指点迷津。"吴复古审视了一会儿陈凤，转过身去，叹了一口气，说："寂寥不参哪得破，科举终是镜中花。"苏轼一惊："啊……可是道长，陈兄已中进士了啊？"吴复古笑道："我自说自话，关人甚事！"

吴复古突然向众人一揖，说："就此别过。"苏洵心知留他不住，答礼问道："将来到何处找你？"吴复古爽然笑道："我想来时何须请，你想找时无处寻。"说罢，飘然而去。"三苏"、巢谷望着吴复古的背影，眼睛渐渐湿润了。

放榜日，清晨，礼部大门外。前来看榜的举子和围观者人山人海，守榜的士兵也在门前排成了两行。榜终于张出来了，榜上的名字逐次映入人们眼帘。

## 嘉祐二年殿试榜

第一名　曾巩

第二名　苏轼

第三名　章惇

第四名　程颐

第五名　苏辙

第六名　程颢

第七名　曾布

第八名　蔡确

第九名　张璪

第十名

…………

苏轼、章惇、蔡确、曾布、张璪、巢谷、陈凤等人都在看榜。苏轼吃惊地问："怎么第十名上的陈凤兄没有了?！"陈凤的脸色唰地变白了。苏轼问："掌榜官，第十名怎么是空的?"掌榜官翻看了记录后，说："陈凤家拖欠官税今已查出，依律黜落。"章惇问："陈凤兄，是这样吗?"陈凤说："听老人说，我父母病死时是拖欠了官家的税收。父母死后，田产归了伯父，我靠伯父养大，如今过去了十几年，官家也没有追缴，我哪里知道?"曾巩说："原来是这样。我们大伙再想想办法，看看能不能挽回。"张璪说："怎么能这样，一生的功名就这样完了?"曾布也愤愤不平地说："岂有此理。"巢谷倒是爽快，说："陈凤兄，这鸟官不做也罢，子瞻兄还没做官就被抓两次，若真做了官非把命都搭进去。"陈凤淡淡一笑，说道："巢谷兄说得是。"众人从人群中离去。

陈凤走在路上，望着高远的天空，眼神茫然，淡然地喃喃自语："寂寥不参哪得破，科举终是镜中花。……"

兴国寺大雄宝殿内，经声佛号响成一片。庄严的剃度仪式正在进行，形貌古异的觉新手持雪亮的剃刀，正欲为披头散发的陈凤剃发，苏轼与苏辙闯了进来:"慢！大师，请让我等与陈凤说一句话。"觉新默然点头。

苏轼紧抓着陈凤的双臂，焦急地说:"陈凤，能不能听我说最后一句话?"陈凤双手合十，闭目昂头，无动于衷:"子瞻兄，这里只有参寥，没有陈凤。"苏轼说:"参寥?"陈凤说:"寂寥不参哪得破，科举终是镜中花。"苏轼急了:"吴道长疯疯癫癫，随口一说，哪能当真?"觉新大师应道:"疯疯癫癫?当世第一才子，竟不识当世第一真人!"声调沉郁而威严。

苏轼微惊，稍一定神，说:"觉新大师，不要把陈凤兄拉入空门!"觉新的剃刀悬在陈凤头上。觉新眼望苏轼，目光宁静而深沉，慢慢地占出一偈来:"顽铁铸成身外累，晨钟敲醒梦中官。烟波毕竟抽帆易，春水桃花一钓竿。"说毕，面无表情地望着苏轼。

苏轼失望无助地看了子由一眼，苏辙无奈摇头。苏轼只好慢慢地松开了手。

经声佛号再度响起，觉新的剃刀落下。一缕缕青发飘然落地……

苏氏兄弟眼含泪水，沮丧地走出大殿，正遇在松荫下徘徊的苏洵。苏洵驻足抬头，打量着两个爱子，明白了一切，叹道:"可惜，可惜，一个可造之才皈依佛门了。"苏轼说:"父亲，孩儿有一事不明。人入佛门，能解脱自己的烦恼吗?"苏洵说:"大隐隐于朝，中隐隐于市，小隐隐于野。为什么把隐于朝和隐于市摆在前面呢?出淤泥而不染，才有荷花的圣洁;尽人子之道，救天下之苍生，那才是真正的佛。"苏轼似乎明白了。苏辙有话要说，但到嘴边又咽了回去。苏洵问:"辙儿有话要问吗?"

苏辙拱手施礼说:"父亲，照此说来，那佛门道观不就毫无意义了吗?"苏洵说:"不能这么说。佛是一门学问，佛是一方净土，无奈无助厌世者，不归佛门，又归哪里?"苏辙说:"孩儿明白了。那儒、释、道之性又有什么不同呢?"苏洵解释说:"儒性在圣，佛性在心，道性在自然。佛家有云:'救人一命，胜造七级浮屠。'我们读书之人，若为官能救一方百姓，若在朝能致君尧舜，使天下承平，生齿富足，无饥饿，无战乱，无灾疫，其德其量又如何计算呢?那就是儒，是佛，也是道。"苏氏兄弟拱手齐道:"孩儿明白了。"苏洵赞许地点点头。

就在此时，御街上，一身孝服的仆人快马加鞭，直奔兴国寺而来。

兴国寺内，苏洵父子三人向寓所走去。苏轼兄弟二人毕竟心中不豫，表情有些黯然。他们忽然看见院内站立着内宫的两位近侍，不由得一惊。一位近侍问道："前面的可是苏轼？"苏轼急忙回答："正是在下。"内侍说："苏轼接旨。"苏轼急忙跪下，只听内侍宣旨道："敕。新科进士苏轼，朕甚爱汝材，今特授汝翰林院学士之职。钦此。"苏轼谢恩后，站起身来，从近侍手中接过圣旨。苏洵欣慰地笑了笑。

突然，外面传来一凄惨的叫声："老爷！""三苏"向外望去。仆人福安由觉新领了进来，见到苏洵，扑通跪倒，大哭："老爷——"苏洵惊慌地问道："福安，你怎么来了，何事啊？"苏轼、苏辙兄弟也紧张不安地望着福安。福安哽咽着说："老爷，夫人……夫人她已于二十日前去世了。"苏洵怔了片刻，慢慢地软倒。苏轼、苏辙急忙扶住，连喊："父亲！父亲！"

王珪府上，王珪躺在椅子上，摇晃着腿，品着茶。王府管家进来，对王珪轻声说："老爷！老爷！听说苏轼的母亲病逝了！"王珪一怔，问道："当真？"管家讨好地说："这哪能有假，都准备启程回蜀了。"王珪悠悠地说："嗯，按大宋礼制，苏轼要回西蜀守制二十七个月，来回要三年。嘿嘿！"王珪疑思的脸上露出了微妙的笑容。管家凑上去说："老爷，三年以后，皇上怕连苏轼是谁都已忘了。"王珪看了管家一眼，站起身，悠闲地吟道："自古才命不相当啊，不相当啊……"

汴河码头上，章惇、张璪等人相伴前来送行，不一会儿，欧阳修、范镇也到了。苏洵说："多劳诸位相送！"苏轼、苏辙一身孝服，跪地向诸位致谢："不敢有劳恩师及诸位相送。"范镇安慰苏洵说："苏老先生，夫人遽然仙逝，令人悲恸。然先生还须善自珍重，教导孩儿，将来为国出力。"苏洵说："谢范公了。"

欧阳修则是一脸忧虑："三年之中，朝局难测，只怕子瞻、子由的授职又有变化。"苏洵说："但尽人事，莫问天意。"欧阳修说："也是。明允公能这样想就好了。"范镇对苏轼、苏辙嘱咐说："丁忧守制，乃人子之礼，期间要多读《孝经》《礼记》，多受圣贤教诲，也是孝中的应有之义。"苏轼、苏辙连忙说："谨受教。"欧阳修也对苏轼叮嘱："丁忧期间，也可留意民情吏治。"苏轼点头领教。

苏轼转身对章惇等人说："一场大比，与诸位仿佛结成了生死兄弟，祝各位前程远大！"章惇对苏轼说："我们的任职尚未下来，一旦得知，我们会报知于你。"

正在说着，皇宫内侍来到："圣旨到——苏轼、苏辙接旨。"苏氏兄弟急忙跪下说："臣，苏轼、苏辙接旨。"内侍宣旨道："敕。朕悉汝母病逝，准回西蜀故里丁忧守制。汝母有孟母之德，育才有功，追赠汝母成国太夫人。可。"苏氏兄弟齐呼："陛下万岁，万岁，万万岁！"

"三苏"、巢谷等拜别众人上路。参寥身着佛衣，站在远处，望着苏轼等人远去的帆船，双手合十。

嘉祐二年四月初八，苏轼母亲病逝，苏轼、苏辙回乡丁忧二十七个月。

眉州城内纱縠行街上挤满了人，其中不乏穿孝服者。众人指点、羡慕、叹息。苏洵骑马，苏轼、苏辙、巢谷皆牵马而行。将进家门，苏轼兄弟扑向母亲的灵堂，伏地号啕大哭起来。

少顷，苏洵从后面疾步进来，众人见他摇摇晃晃，急忙架住他。谁知苏洵甩开众人，在妻子的灵堂前扑通跪倒，大哭起来，众人大惊。司礼手拿簿本，命人搀起苏洵，苏洵哭着推开。司礼着急地说："苏老先生，按礼夫不跪妻！"苏洵大哭说："古礼夫不跪妻，但夫人于我有大恩，我跪的是恩人！古礼岂能制我！"众人听了，无不哽咽。

苏洵跪着哭诉道："夫人啊，进我苏家，夙兴夜寐，相夫教子，一日不闲。无夫人，便无苏洵的今日，无夫人，轼儿、辙儿也不能中举。为夫曾与你相约，要白头到老，为何要中道相弃啊！即便不怜为夫，难道儿子也忍弃置不顾？今后遇事，让我向谁求正？我的好夫人，我的大恩人啊！"这时，苏轼的姐姐苏八娘哭昏过去，采莲、王弗和史云等人急忙将她救醒。

司礼领苏轼、苏辙看过母亲遗体，高喊："合棺——"众人哭声大作，苏轼、苏辙和苏八娘痛苦地拍打着母亲的棺木。

送葬队伍缓缓穿过街道、小桥、田野。随着棺材抬过，众人跪拜。送葬的人渐渐散去了，苏洵、苏轼、苏辙、苏八娘、王弗、史云、采莲、巢谷等人仍不愿离去，他们或坐或站地围在程氏墓碑之前。苏轼泪流满面，想起小时候母亲教导自己和弟弟读书的情景……

九岁的苏轼与六岁的苏辙正在听母亲授课："范滂是谁呢？据说是当今推行

庆历新政的范仲淹大人的祖先。在东汉末年，阉人乱政，大诛'党人'。范滂当时任太尉，也在逮捕之列。在和母亲诀别的时候，他说：'娘啊，儿舍生取义，死得其所，只是不放心母亲。儿死以后，娘千万不要有更多的悲痛，倘若把身子哭坏了，儿在九泉之下也不会瞑目的。'他母亲从容镇定地说：'儿啊，你现在就义，与"党人"的领袖李膺、杜密齐名了。既得了美名，又要不死，哪有如此两全其美的事？放心地去吧。不悲伤是不可能的，你是娘身上掉下的肉。但是娘为你骄傲，身为大丈夫，还有比忠君爱民爱国更重要的事吗？'"苏轼问："范滂在狱中又如何呢？"程氏说："桓帝派中常侍王甫去问他，范滂仰天长叹：'古人修善，自求多福；今日修善，反陷大戮；身死以后，愿将尸首埋葬首阳山侧，上不负皇天，下不愧夷齐！'王甫听了这话，也感慨动容，命人给他解去桎梏。"

苏轼偎到母亲的怀里，天真地说："母亲，我长大如果想做范滂，你愿不愿意？"程氏高兴地说："你有志能做范滂，娘为什么不能做范母呢？"苏轼坚定地说："母亲，我会让你心满意足的，弟弟也会。"

程氏紧紧地拥抱着两个儿子，脸上露出欣慰的笑容："我有子矣！"

苏洵仍呆呆地凝望着程氏的墓碑，采莲用衣襟擦去眼角的泪水，对他说："老爷，不要过度悲伤。夫人临终前有话，只要两位公子金榜题名，她就可以含笑九泉了。"苏洵悲伤地点点头，站起身道："话虽如此，夫人相夫教子，呕心沥血，积劳成疾，如今二子荣登皇榜，可她却……"群山静默，有风轻轻拂过苏洵斑白的鬓角，盘旋而过……

礼制规定，守制期间，夫妻不能同房，甚至共同相处的时间都很少。这时，苏轼、苏辙的姐姐苏八娘就成了王弗、史云的好伙伴。她来到王弗、史云居住的房内，两人正在灯下做针线活计。苏八娘说："这么晚了，妹妹还不休息啊。"王弗二人急忙起身让座。苏八娘拿起二人正在做的一件衣服，问道："这是……"王弗说："听说公公不日就要远行，我和史云妹妹正商量着为公公赶制几套夏衣。"苏八娘点点头道："难为你们了，其实爹爹的衣服本不少，倒是子瞻、子由两个你们要多上点心。近日我发现他们兄弟二人的鞋面俱已破损，料想他们男人家在京里只顾读书，穿戴是不讲究的。"王弗听后，羞红了脸低头不语。

史云年纪尚小，脱口而出："姐姐说的何尝不是。但我们婚后不久，他就上京赶考，哪里知道尺寸，眼下怕人说闲话，又不便多问。"说完后才发觉不妥，也羞得涨红了脸，轻揉着衣服下襟。苏八娘见状，笑着点点头："这倒是了。明日我去给你们要个尺寸，你们照着做就是了。"王弗还未开口，史云抢着答道："谢谢姐姐。"苏八娘心疼两个妹妹，硬是接过了未缝完的衣裳，让王弗与史云早些休息。

夜深人静，王弗、史云沉沉睡去，苏八娘坐在灯下，用针拨了拨灯芯，对着手中的衣服细细端详一番，继续缝制起来……

第二天中午，苏轼、苏辙正在房内静心读书，苏八娘提一食盒走进来。苏轼、苏辙看姐姐来了，都高兴地站起来。苏八娘说："歇息一下吧，该吃饭了。"说完打开食盒，端出两碗面来。苏辙惊喜地说："热汤面，姐姐亲手做的？"苏八娘说："呵呵，还能有谁？"苏轼笑道："太好了，小时候最喜欢吃的就是姐姐做的热汤面。哎，弟弟，说来奇怪，当初在汴梁，章惇兄带着咱们吃了那么多南北美味，竟不及姐姐这碗面的半分香。""哥哥说得对。"苏辙说着，趁苏轼没留神，从苏轼的碗中偷偷夹了一筷子。苏轼发现后，不依不饶。一个追，一个躲，兄弟俩围着桌子和苏八娘转来转去。

苏八娘笑笑："你看看你们俩，还像小孩子一样顽皮，哪像是新科进士，若传出去了，岂不让人笑话？"苏辙说："怕什么，这是在姐姐面前，又不是在朝堂之上与那些士大夫辩论国策。"苏轼忽然有些伤感："唉，自从母亲过世之后，好久没有这么开心了。"三人一时沉默。

苏辙说："姐姐、哥哥，咱们不如到以前经常钓鱼的那个小池塘看看吧。"苏轼说："好啊。记得那时候姐姐经常带我们去玩，现在故地重游，寻找一下当年的感觉。姐姐，好吗？"苏八娘说："要去你们去便是了，何苦让我去呢。"苏辙上前拽着苏八娘的手说："这有什么，好姐姐，去吧。"

"什么事这么开心啊？"苏洵说着走进来。苏辙说："父亲，我们正商量着去钓鱼呢。"苏洵一听，也颇感兴趣："噢？好啊，为父也算一个。"苏轼有些喜出望外："父亲也和我们一起去？"苏洵笑道："有何不可？难道还怕别人说我为老不尊不成？"苏八娘说："既然父亲也有此意，我去叫上王弗、史云她们。"苏洵说："嗯，如此甚好。"

正在此时，巢谷进来说："伯父，程家来人了，说……要接小姐回去。"大家一惊，刚才的高兴劲儿一下子烟消云散。苏八娘怔了片刻，略带忧伤地向父亲说："父亲，女儿要回夫家去了。母亲不在了，您要好好照顾自己。女儿不孝，夫家催逼得紧，不能侍候您了。"转向苏轼、苏辙说："两位弟弟也要多尽心。"说着，哭出声来。

苏轼说："我去跟程家说，留姐姐多住几日。"苏辙说："我也去。"苏八娘急忙拦道："二位弟弟不必。在家这几日，难得跟父亲、弟弟们团聚，我已经很知足了。"

苏洵动情地说："我的好女儿，委屈你了。当初你母亲将你嫁给她的娘家侄子，原是想让你管教他。可是那程之才冥顽不化，仗着家里有权有势，终日不务正业，反倒日日虐待你。为父想起来就如万箭穿心，可也帮不了你啊！唉，你母亲啊，一生明白，一生刚强，就是心肠太好，这才——"苏八娘跪下："父亲，女儿谁都不怨，只怨女儿命不好！"

苏洵气愤地扶起女儿："哼，命！命！男人三妻四妾，女人就要从一而终，这是谁定的命！"采莲进来，拉起苏八娘的手："可怜大小姐，一个如花似玉的人儿，自从嫁到那程家，就变成了这等模样。那程家公子真是畜生不如，四邻八乡说起来，谁不叹息！真不知老夫人当初怎么舍得女儿……"

苏八娘默默地向外走，苏轼、苏辙说："姐姐，我们送送你。"苏八娘回过头来，含着泪水摇了摇头，转身走出去。

苏家大门外，有轿子在等候，苏八娘满面泪痕地走向轿子，苏洵领着全家人来门外相送。苏八娘一步一回头，不愿离开苏家，更不愿踏上轿子。苏洵脸色凝重地说："女儿，你既已嫁给程家，终归是要回去的。"苏轼不悦地说："父亲，姐姐就不能再住几日吗？"采莲也说："是啊，老爷，就让小姐再住几日吧。"苏洵叹了口气，嘱咐苏八娘道："唉，程家不对是他们的事，你身正心清便是，还是尽早回去吧。"

苏八娘坐入轿中，掀开轿帘，探头看了一眼父亲与兄弟，悲从中来："唉，不知能否再见到父亲、弟弟们，还请多加珍重！我去了。"轿子远去，众人神色凝重，采莲偷偷拭泪。

## 八　济　民

三个月后，家中丧事已毕，苏洵因事前往成都。自苏洵走后，苏轼兄弟按照父亲的指示，每日除祭拜母亲外，都安心在南轩苦读。守制期间，要夫妻分居，且应尽量避免见面，所以每日王弗、史云做好饭后，就由采莲到南轩叫他们吃饭。采莲虽为两人的表姑，但还是称苏轼兄弟为少爷。苏轼屡次说道："表姑，您老人家以后叫我们轼儿、辙儿就行，千万不要客套。"采莲说："这如何使得，如今你们都中了进士，我怎么还好那样叫。"苏辙也说："就是当了宰相，您也是我们的表姑，我们也是吃您的奶长大的。"采莲拭泪道："你一说表姑，我又想起你们的母亲来了。"苏轼安慰道："好了，表姑，以后我们就叫您表姑，您就叫我们子瞻、子由吧！"采莲破涕为笑，说道："好，这样听着近乎。"

苏轼、苏辙穿廊过院，来到正堂。王弗、史云见到苏轼、苏辙，忙躲进厨房。采莲见此情景，笑着叹了口气。王弗、史云要等丈夫吃完后，才能进正堂吃饭。而两兄弟也很疼爱妻子，总是舍不得吃太多，尽快将温热的饭菜留给妻子。这让王弗、史云过意不去，但两人又不好意思当面劝他们。

史云远远地看着正在低头吃饭的苏辙，心疼地说："嫂嫂，你看，本就是粗茶淡饭，他们兄弟俩又日夜用功，眼见越来越瘦，又吃得这么少，如何是好啊！"王弗明白丈夫的良苦用心，却还是不禁为难地咬了咬下唇，道："他二人知道家中用度紧张，故将饭菜留给我们。可我也不知该怎么劝才是。"史云拉着王弗的衣袖，说："咱们干着急也不是办法啊。嫂嫂，你现在去劝劝他们吧！"王弗羞红了脸，说："我？这可是守制期啊。我不行，妹妹比我会说话，还是妹妹去吧。"两人你推我我推你，谁也不肯过去。

很快，苏轼、苏辙吃完饭，菜还剩下一大半。两人刚要走，却听得厨房里传来一阵娇羞的声音："相公。"兄弟二人不约而同地转过脸，眼睛里有一丝迷惘，但更多的似乎是期待。王弗、史云也都没想到对方会喊，这时又都不好意思地低下头，不吭声。

看着苏轼兄弟探寻的目光，王弗声音压得很低："吃饱了吗？"史云也抢着说："嫂嫂不知饭菜合不合你们的胃口。"王弗拉了拉史云的手，示意她不要这么说。苏轼笑着说："哦，味道不错。"史云挣脱王弗的手，继续说道："那也应该多吃点才是啊，不要辜负了嫂嫂的一片心意。"苏轼、苏辙突然明白过来这话中的意思，兄弟俩复又回到饭桌前，狼吞虎咽地吃起来。

吃完饭后，两兄弟回南轩读书就寝。王弗、史云也回房休息。

回到卧房，关上门，史云笑道："嫂嫂你瞧，刚才他们俩吃得多香啊，想想就好笑。"王弗心里高兴着，却脸色严肃地说："谁是他，他是谁？我不知道。"史云笑道："嫂嫂你坏，就爱取笑我。"看到史云可爱的样子，王弗忍不住点着史云的额头，笑道："你还好意思说，我真没想到你有这么多心眼，明明是自己想说，却偏偏加在我头上，没羞。"史云低下头，撒娇地说："好姐姐，饶我这一遭吧。再也不敢了。"说完站起来，心不在焉地收拾床铺。

史云也在一旁帮着收拾屋子，看到王弗若有所思的样子，笑道："嫂子向来手脚麻利，今日这么慢，是不是想哥哥了？"王弗佯装生气，嗔怪道："别胡说，睡觉吧。"

苏轼兄弟未忘记离京时恩师欧阳修的嘱托，读书之余，二人经常在眉州附近考察吏治民情。

这天，苏轼、苏辙祭拜过母亲灵位之后，就往城郊探访民情。此时正值盛夏，蜀地已许久未雨。街市上行人稀稀拉拉，大多面黄肌瘦。一位与苏家相熟的老汉迎面走来，身上背着破旧单薄的行囊，看似要远行。老汉见到苏轼兄弟，行礼道："两位公子好。"苏轼、苏辙忙回礼道："老伯好。老伯这是要外出啊？家里都还有吃的吧？"老汉黯然，垂头道："连着两年大旱，哪里还有吃的，要出去讨饭喽！"苏轼忧虑地说："可要是去了外乡，这秋粮谁来种啊！"老汉道："顾不上那么多了。"说完，整整行囊，施礼作别。

兄弟二人来到城外，只见烈日炎炎，田地龟裂，禾苗枯萎，一片萧条枯槁之象。苏轼蹲下身来，抓起一把干巴巴的土壤，摇摇头，叹了口气。苏辙指着远处向苏轼说道："哥哥，你看。"苏轼向着苏辙手指的地方望去，只见一口井旁，等着打水的乡民排着长长的队伍。苏轼边走边道："走，过去看看。"

二人来到古井旁，看到这些等待打水的人，大半是年过半百的老人。一位老汉吃力地摇着辘轳，半天工夫，仅打上半桶黄泥浆。老汉无奈地叹着气，将黄泥浆倒进木桶里。

见此情景，苏轼疑惑地问道："老伯，为什么不让年轻人来打？"老汉叹道："唉，公子，家里边能出去逃荒的都走了，就剩下我们这些走不了的，没法子，总不能眼睁睁地在家里饿死不是？"不少人听老汉这么一说，也都擦着眼泪叹息。苏轼看看苏辙，无奈地说道："我们回家吧。"

回到家中，苏轼心中久久不能平静。心想苏氏乃当地望族，往年若逢旱涝，父亲皆能建议官府开仓放粮，救济百姓，甚至母亲有时也能施舍家中余粮以缓眼前之危。可如今母亲过世，父亲游历在外，自己虽暂时主理家务，但毕竟不敢擅作主张。于是苏轼召集家人一同商议此事。

苏轼向众人讲述了事情的来龙去脉，面露忧色地说："若是一家两家出去讨饭，或许还能得到别人的施舍，但这么多人一起出去，哪里会有人家敢给？"巢谷也说："是啊，再这样下去，秋粮就无人种了。到了秋天，岂不更没有收成？"苏辙略微沉吟了一下，抬头对苏轼说："哥哥，不如我们将此事上报朝廷，请朝廷赈灾。"苏轼不假思索地说："可是远水解不了近渴啊，如果可行的话，眉州知州早就上奏折了。"苏辙领会："那哥哥是否已经有了主张？"苏轼点头道："我这两天正在考虑此事。家里还有不少存粮，若借给街坊，应该可以救燃眉之急。"采莲听苏轼这么说，急忙说道："事关重大，要不要先通知老爷？"苏轼道："事不宜迟，父亲若怪罪下来，一切责任由我承担。你们意下如何？"苏辙、巢谷皆点头称是。苏轼遂斩钉截铁地说："今日我就替父亲做一回主。告诉街坊，明日开仓借粮。"

采莲见此情状，十分惊慌，结结巴巴地说："这……使不得，万万使不得。"苏轼不解地说:"表姑,为什么?"采莲说:"这些粮食的用处我最清楚,这是老夫人经营多年积攒下来的,为的是让你兄弟俩到汴京购置房产。现在若借出去,还拿什么买房产?总不能再住在寺院里吧!"

苏轼听此,释然道:"明年他们不就还回来了吗?"采莲忙说:"子瞻好糊涂。俗话说,放债看人家。如今赋税沉重,家家丰年仅够口粮,荒年糠菜相伴。能还得起的不用借,借了的可就还不起啊!"

众人都知采莲表姑说的是实情,正厅之中一片沉默。

还是苏轼打破了沉寂,他有些激动地对采莲说:"那难道就看着街坊逃荒、饿死?"采莲一时语塞。苏轼平静下来,从容而坚定地说:"表姑,就算是母亲在,也会这么做的。至于能不能还回来,管不了那么多了。"转头又对巢谷说:"巢谷兄,你今天晚上贴出告示,明天一早借粮,一人一斗,空仓为止。"巢谷看着采莲,迟疑道:"这——"

苏轼知道巢谷的忧虑,坚决地说:"巢谷兄!莫看乡民们眼下平安无事,一旦把他们逼上绝路,他们就会撕破脸,四处去偷去抢。往昔那么多乡民暴乱是为什么?就是为了眼前的这一口粮食!我虽然在守制期内,但也是朝廷官员,不能眼看着那种事情发生。"巢谷知道苏轼已下定决心,于是说:"那好吧,我去就是。"

次日,众多乡民来到苏家门口,拿着布袋、碗盆领取粮食。苏轼、苏辙领着众人将粮食发给乡民,巢谷坐在一旁记录,借过粮的乡民纷纷画押。乡民们领完后叩首道谢,都感叹苏家二位公子的仁爱之心。可是人多粮少,不到半日,仓中粮食已尽。

晚上,忙了一天的苏轼和苏辙疲惫地回屋,准备宽衣洗澡。

苏轼叹道:"子由,今日粮食是开仓放完了,但也只是杯水车薪,仅够百姓眼前这一口粮。你说我若是眉州知州,该如何应对这大旱,又如何救济饥民呢?"苏辙笑道:"哥哥是位居三品的翰林学士,做个知州,岂不是杀鸡用牛刀?"苏轼严肃地说道:"子由,不是我语出惊人,我看就算朝廷翰林院的大人到了眉州,没了权谋之术的用武之地,也必定无计可施,徒呼奈何。"苏辙收起笑意,安慰道:"哥哥,别多虑了。哥哥明年就回京做官,眉州地小,终不能与天下相提并论,哥哥日后才要做真正的大事。"苏轼摇头道:"子由,不要忘了，天下不过是千百个眉州而已。流民泛滥，固然是天灾凶猛所致，但地方官员举措不力，施政无能，也是难辞其咎。就以眉州而论，还须由我们家来开仓济民。"说罢转眼遥望窗外，叹道："唉，可惜身在庙堂之高，是看不见这些景象的。"苏辙略一思索，点头道："细想哥哥的话，似蕴涵着大道理。来，哥哥，洗个热水澡吧。"

苏轼朝对面偏房的方向望了望，想着大旱之际，还是把热水留给妻子吧，遂说道："不必了，子由，以冷水冲身，更觉畅快。"子由会意，点了点头。

苏轼此次以家中余粮赈济乡民，很快就传到眉州知州吴同升的耳中。吴知州一面赞叹苏轼的仁爱心肠，一面感慨道："苏轼守制期间尚能如此关怀国事民生，我堂堂知州也自叹不如，果真是我大宋将来的宰辅之才啊！"很快，吴知州也开仓放粮，并上书朝廷，请求援助。不久，眉州的灾情得到缓解。在上呈朝廷的奏章中，吴同升自然提到了苏轼在此次旱灾中的仁义之举。

这日，仁宗在颐心殿中看到吴同升的奏章，对身边的宰相韩琦说道："好一个苏轼，这件事办得好！"把奏章递给韩琦。韩琦看过，说道："陛下慧眼识人，苏轼的确是个人才。"仁宗喜道："哦？韩卿家不对苏轼抱有偏见了？"韩琦诚恳地说："圣上英明，微臣以前确实对苏轼抱有偏见，总以为像苏轼这种初出茅庐的学生不足以担当重任。"仁宗笑道："恐怕朝中许多大臣都与卿有一样的想法吧。"韩琦肯定道："陛下，朝中大臣大多以为像苏轼这种初出茅庐的学生还眼高手低，难当大用，要在地方多加历练。"

仁宗锐利的目光射向韩琦，继而嘴角一笑，话锋一转，说道："嗯。苏轼回乡多久了？"韩琦回道："回陛下，已一年有余。"仁宗若有所思地说："时间过得真快，转眼竟已经一年了。"仁宗爱才若渴，一直把苏轼放在心中，并不曾忘记，王珪试图以苏轼远离朝廷而使仁宗淡忘苏轼，现在看来是打错了算盘。

半年过去了，苏洵游历归来。苏轼、苏辙至城郊迎接父亲。到家后，苏洵兴奋地说："这次出游，见闻颇广，尤其在长安张方平的行辕里，看到他励精图治，我是从心底里高兴啊！"苏轼略微迟疑道："父亲，我没经您的同意，就擅自将粮食借给饱受旱灾之苦的乡亲了。"苏洵点头道："我已知道了。你做得对，你母亲如果在世也定会这么做。"

巢谷快步进门，上前说道："伯父，眉州知州吴同升来访。"苏洵道："快请！"

吴同升笑嘻嘻地进来，苏轼、苏辙上前行礼。吴同升笑着扶起他们："哎呀，不敢。两位可是大宋未来的宰辅，老夫将来还要靠你们提携呢。"苏洵笑道："吴大人说笑了。"

主客落座，吴同升递过一封信，说道："明允公，朝廷刚刚送来官递，是宰相韩琦韩大人给你的信。"苏洵接过信，拆开阅读，眉间掠过一丝不屑的神情。吴同升忙问何事。

苏洵将信随意地放于桌上，面无表情，说道："是让我到朝廷应试舍人院。"吴同升笑道："哎呀，那可是大好事呀！如果进入舍人院，就是给皇上写起居注，虽说官位不高，可是近水楼台。再说，几年后就可以进入翰林院，这可是多少人一生都梦寐以求的呀！我这里先给明允公道喜了。"

苏洵摆摆手，摇头道："不可啊！"吴同升惊道："有何不可？"苏洵正色道："老夫年已五旬开外，也算薄有文名，进个舍人院还要考试。朝廷口口声声选贤任能，却处处设下陈规陋俗。即便朝廷丢得起这个人，我苏洵也丢不起啊！"

吴同升频频点头道："明允公说得极是。不过……"苏洵接着说道："还有一件事，去年朝廷就要授轼儿翰林学士之职，为父的怎能在其后呀！"吴同升转头看着苏轼道："哎呀，我倒把这个给忘了。"

听到父亲口出此言，苏轼不安地说："是孩儿妨碍了父亲。"苏洵摆手道："轼儿，这与你无关。自见你兄弟二人是可造之才，为父就打消了入仕的念头。只要你兄弟二人能够报国，我苏洵夫复何憾！"吴同升笑着附和道："好个苏明允，怪不得能教出这样两个儿子！"

入夜，苏洵正在看书，采莲端水进来，道："天色不早了，老爷该休息了。"苏洵点头道："你先去睡吧！"

苏洵放下书，走出房间。看看苏轼兄弟所住的南轩，还是灯火通明；转头看王弗、史云住的屋子，已是漆黑。苏洵一怔，屈指一算，若有所思。半晌，向南轩走去。

进得南轩，看到苏轼、苏辙正在自己的书桌前埋头苦读，竟不知有人进来。苏洵满意地点点头，但又面露忧色，轻叹了一声。

听到声响，两兄弟看到父亲，遂急忙站起，说道："父亲，这么晚了您还没有休息？"苏洵坐下，说："为父想考考你们《周易》研读得怎样了。"苏轼、苏辙对望了一眼，不安地说："孩儿只怕要让父亲失望。"苏洵道："失不失望，考完再说。轼儿，《周易》第五十四卦是什么？"苏轼不假思索地答道："是归妹卦。"苏洵点头道："归妹卦怎么说？"苏轼道："兑下震上。征凶，无攸利。《象》曰：'归妹，天地之大义也。天地不交而万物不兴。归妹，人之终始也。说以动，所归妹也。'"苏洵点头道："象辞为谁所写？"苏轼道："传说为孔子所写。"苏洵道："何意？"苏轼看看苏辙，摇头道："不知。"苏洵笑道："听为父讲来。归妹一卦，讲的乃是人之大伦。子曰：'天地不交而万物不兴。归妹，人之终始也。'归妹，就是送女至夫家，女至夫家，才使人有人伦之始，人伦之终。如今三年丁忧，夫妻分居，乃不合人伦，更不合圣人之教。"

苏辙看看苏轼，迟疑地向苏洵说道："父亲，可三年之丧也是孔子制定的礼仪啊！"苏洵道："迂腐，孔子何曾说过这话。丁忧之事出自《晋书》，也叫丁艰，其意是说，丧了父母，男丁陷入了艰难忧愁的境地。但晋人刘毅在丁忧期间曾穿孝服作战，没有不吃荤腥，也不曾夫妻分居。都是后世腐儒，曲解圣人之意，戕害人之本性。"苏轼笑道："父亲如此解《易》，还是第一次听到。"苏辙问道："父亲之意是？"苏洵道："不孝有三，无后为大。这句古训倒是大有道理。你母亲在世时就曾盼着抱个孙儿，如今你母亲去世两年，也没有孙儿，何谈孝心，更莫说人伦大道了。"

苏轼已知父亲之意，但仍犹豫道："父亲，可是——"苏洵坚定地说道："无须迟疑，今晚你们就各自回房去睡，若有人言，我一身承担。"苏轼、苏辙感动地说道："是，父亲！"

苏洵跟采莲说了这番意思，让采莲去告诉王弗、史云。采莲来到王弗卧房外，敲门道："弗儿、云儿，开门。"两人听出声音，穿好衣服，开了门。采莲进门来，二话不说，就拾掇起史云的铺盖，王弗、史云十分惊愕。史云娇嗔地说："表姑，你干什么呀！"采莲笑道："到你自己的房里睡去！"史云焦急道："哎哎，嫂子不要我了吗？我一个人睡害怕！"采莲笑道："有人陪你睡！"史云不解道："谁陪我睡？"采莲露出神秘的笑容，抱起铺盖，走出门去。史云追出,焦急地嚷道:"哎,哎……表姑!"看着采莲表姑的背影,王弗突然明白了,顿时羞红了脸颊。

采莲抱着史云的铺盖来到床前,就铺开了。史云紧随其后,一边嚷道:"表姑,我一个人睡害怕。"采莲从衣柜里取出另一个枕头,帮史云整理好床铺,将两个枕头放在一块,笑道:"谁说让你一个人睡了?"说完便出门而去。史云默默地望着一对枕头,忽然明白,低下头,用手捂住羞红的脸。

卧室内,王弗用手挑着油灯,脸上泛着红晕……

不一会儿,苏轼抱着铺盖,轻声地推门而入。王弗脸也不回,含羞道:"夫君,你为何来了?"苏轼略一思索,支吾着说:"我——我来看看你。"王弗听他这样说,有些失落,略转头说道:"这么晚了,我要睡了。"苏轼假装欲走,不舍地说:"那,你睡吧,我走了。"王弗看着苏轼,着急地说:"你,你去哪儿?"说完低下绯红的脸。苏轼从容笑道:"娘子,刚才问我为何而来,是给天下第一才子出了个天下第一难题。我才疏学浅,答不出来,与其在这里无地自容,倒不如走为上策。"王弗低声嗔道:"你呀,真是一个书呆子,你就不能说几句暖人心的话?"苏轼笑着走上前,将王弗揽在怀里,在她耳旁低语了几句。王弗笑了笑,脸越发羞红,轻轻捶了一下苏轼。

王弗和史云卧房灯光相继熄灭,窗外明月高悬……

第二日一早,苏轼与王弗走向正堂,看到苏辙与史云从另一个方向走来。苏轼、苏辙两兄弟容光焕发,王弗与史云两人却羞红了脸,谁也不敢看对方。见此情景,两兄弟会心地一笑。史云更加害羞,放开苏辙,要往回走。苏辙一把拉住她,笑道:"云儿,不要害羞,哥哥、嫂嫂又不是外人。"苏轼与王弗也笑了笑。

一家人吃完早饭,福安从门外急急奔来,脸上露出悲痛的神情。福安来到苏洵身前,略带哭声地说道:"老爷,老爷,不好了。"苏洵一惊,似已知不祥之事,忙问道:"怎么了?"福安号啕大哭,断断续续地说道:"刚才程家来人……说,说……"苏洵一把抓住福安,焦急地问道:"说什么?"福安回道:"说大小姐前天寻了短见了!"众人猛地站起,叫道:"什么!"苏洵一个趔趄,倒在了桌子上。

## 九　　绝交碑

　　听到苏八娘自尽的噩耗，苏洵倒在椅中，一时竟说不出话，转瞬便号啕大哭起来。众人亦站着痛哭拭泪。巢谷愤怒不已，飞身冲到家门外的街道，一把抓住送信人，不由分说，提拳便打。苏轼忙追出，哭着制止道："巢谷兄住手，不关他的事！"送信人拼命挣脱着，颤抖地说："壮士……莫打，这……这是少夫人生前托我送的信！"巢谷甩开送信人，接过信，一看更是伤心不已，连声叫"大姐啊大姐"，亦大哭起来。众人赶上来，听说消息后都大怒，围住送信人就要动手。苏轼制止住众人，和巢谷走进屋中。送信人趁机跌跌撞撞地跑了。

　　屋内一片哭声。苏洵倒在椅中，捶胸顿足，哭着说："女儿啊，都怪父亲啊，这么快就随你母亲去了。我后悔啊，当初你不愿走，是我非要将你送走！如今白发人送黑发人，老天爷啊，你不公啊！"采莲站在一旁，边哭边劝道："老夫人多次要把大姐接回来，可程家不让。这怨不得老爷和老夫人。"

　　巢谷走上前，将信递给苏洵，擦干眼泪，说："老爷，这是程家送来的，是大姐临终前写的信。大姐生不能回来，死了也不做程家的人，要和伯母葬在一起。"苏洵匆匆接过信，看罢又大哭起来。

　　巢谷收泪道："哭有何用？杀人偿命，欠债还钱，他们程家逼死了人，我这就要他们偿命来！"说完转身就走。苏洵叫住巢谷，冷静下来，说："且慢，不得惹事。你姐姐若说是被逼死，也是礼法所逼。说程家逼死她，哪里有证据？"巢谷抢道："难道就这么算了不成！"苏轼也收住眼泪，对苏洵说："即使不要程家偿命，也要把姐姐迎回来，和母亲安葬在一起。"众人点头称是。

　　苏洵摇摇头，叹了口气，说："轼儿，这样做于礼不合，程家的人岂会愿意?"苏轼心中不平,说:"父亲不是历来蔑视俗礼吗?再说,程家失大礼于先,我家不循小礼于后,怎能怪我?"苏洵摆摆手,厉声道:"轼儿、辙儿不可去!"苏轼、苏辙一齐问道:"如何不可去?"苏洵沉吟片刻,低头说:"此事将来传到朝廷,恐怕不利于你兄弟……"苏轼正色道:"父亲,情理之事,礼法不能禁,就是传到朝廷,我也敢冒这天下之大不韪!"

巢谷实在压抑不住心中的怒火,抢上前道:"伯父,不烦子瞻和子由出面,由我带人去把大姐抢回来。"说完,转身就走。苏轼、苏辙不由分说,也喊着追上去。苏洵见此状,自知不能勉强,遂大声叫道:"巢谷,不要用强!"

巢谷急匆匆地走出大门,门外围了许多街坊邻居。巢谷愤怒地对众人说:"天杀的程家,逼死了苏大小姐,我们今天去迎苏大小姐回家,有愿意去的,跟我来!"众人听此,纷纷附和道:"我们都去。那程家是恶霸,十里八乡,谁不知道。要程家偿命!为苏大小姐报仇!"大家拿上棍棒、镐铲,气势汹汹地朝城外程家村奔去。

苏轼和苏辙跑出大门,看着远去的人流,着急地大喊:"巢谷兄不要莽撞!"说完也追着人群跑去。

巢谷领众人来到程家村,只见庄园内并未挂孝,巢谷更加生气,想到程家连死去的人都不能给一点尊重,真是太过霸道了。程家家丁见来人气色不对,慌忙关上大门。巢谷以拳砸门,大声叫"开门",听不到应答,便纵身一跃,跳过院墙,从里面将门打开,随行众人便一拥而进。

此刻,众家丁拥着程之才来到院中。这程之才即是苏轼的姐夫,也是苏轼母亲的侄儿,但仰仗着程家财大势大,异常顽劣,连苏家也不放在眼里,在眉州名声极坏。当年苏八娘因母亲的缘故,嫁入程家后,一直受到公婆和丈夫的虐待,以致今日含恨自尽。

程之才素来骄横成性,看到巢谷竟越墙进得院中,不禁大怒道:"青天白日,谁敢越墙抢劫!"巢谷亦怒道:"今天就是要抢回苏家小姐,还要你偿命!"程之才不屑地"哼"了一声,转即正色命令家丁:"谁敢进屋,乱棒打出!"说完,看都不看巢谷一眼,转身就走。众家丁得了命令,气势大增,哄然应道:"是!少爷!"便举起棍棒,围成一圈。

巢谷见状更加愤怒：眉州区区一个乡绅纨绔居然如此嚣张！想到此，也顾不得苏洵的嘱咐，不由分说，一阵拳脚，将众家丁打得东倒西歪，很快来到程之才面前，提拳要打。忽听得门外传来苏轼的声音："巢谷兄，不要伤人，赶走即可！"巢谷这才松手。程之才踉跄着退了几步，看到苏轼兄弟来了，亦无言以对。

苏轼、苏辙来到院中，看也不看程之才一眼，冲到棺材前，跪着哭道："姐姐啊，弟弟今日迎你回家，再也不必到程家来了。姐姐！"听到此，随行众人皆忍不住落泪。苏轼很快收住泪水，一声吩咐，众人便将苏八娘的棺材抬出程家，留下程之才和被打伤的众家丁在院中不知所措。院门外一帮村民也恨恨地指点着程家，议论中夹杂着骂语。

苏轼兄弟把姐姐的灵柩运回家，家中又是一阵哭声。苏洵虽知这样做于礼法不合，但天生耿介的性格与丧女之痛压倒了理智，最终同意将八娘的灵柩停放家中，等大殓后葬于苏家墓地。

当然，程家很快就把苏轼抢回苏八娘灵柩之事告到知州衙门。知州吴同升也听说过程家仗势欺人的种种传闻，何况他和苏家关系不错，又素闻当朝皇上说苏轼兄弟皆有宰辅之才，因此，这件事虽然是苏家做得不对，但他在堂上也仅仅对程家人搪塞了一下，然后亲自来到苏家商量处理办法。

苏洵把吴同升让到正堂，分宾主落座。吴同升把程家告苏家打人抢尸之事说与苏洵。苏洵早知程家会恶人先告状，但又不好为难好意的吴同升，就说："那知州大人按律治罪好了。"吴同升忙笑道："那哪成，你家两位公子都是未来的宰辅，谁人不知！"苏洵忙说："听吴大人的意思是我苏家以势欺人喽？要论势，我们父子三个，一对半书生，我们可没有程家的势大啊！"吴同升笑道："哪里，哪里，听我说完。我的意思是此事不能张扬，若是将来传到朝廷，对两位公子都多少有些不便。"苏洵听完，起身作揖道："多谢知州照顾周全。"吴同升起身回礼道："应该的，应该的。"两人坐下，吴同升接着说："嗯，我对程家说，两边闹起来都没有好处。程家老先生官居知府，背上个虐杀儿媳的罪名，也不好听。我做个和事佬，你这边不告程家逼死人命，程家不告你打人抢尸，就此息事宁人，你女儿还是安葬在苏家祖坟。如何？"苏洵深知此是万全之策，只是想到女儿，沉吟一会儿，低头说："唉，只是委屈了女儿。"

见苏洵已答应,吴同升便说:"那好,待写好判词,两边便可画押告结。只是……"苏洵说:"只是什么?"吴同升面露难色,说:"巢谷将程家的几个家丁打成伤残,恐怕不免要追究!但与两位公子无关。"苏洵愤怒地站起,说:"程家家丁作恶多端,人人恨不得食肉寝皮,没有打死就算他们运气了。"吴同升点头叹道:"明允公,要不这样,你先让巢谷出去避避风头,我胡乱发个告示,虚张声势一番就算了。巢谷只要出了眉州,就一切无碍了。"苏洵缓缓坐下,支吾半晌。吴同升见状,说:"明允公,不要太为难下官。"苏洵略为沉吟,说:"也好,巢谷本来就该找他师父去了。"

夜晚,苏洵把巢谷找来,把吴知州的想法告诉了他,不忍地说:"巢谷贤侄,只能委屈你暂避风头。"巢谷正气凛然地说:"伯父哪里话,这有什么委屈,就是赴汤蹈火,又有何惧。要不是子瞻哥哥在后面喊得紧,说不定连那程之才也被我打死了,打死了他,再寻他老子一并打死,也好为大姐解气!"

苏洵摇头道:"贤侄,你错了。"巢谷忙问为什么。苏洵说:"你就是把程家的人都打死,你大姐也解不了气。"巢谷一惊,脸上露出不解的神情。苏洵接着说:"程家是不对,但你却没有想过,你大姐为何不能离开那个家?错在礼法,这是你、我乃至天下人都不能违抗的啊!你大姐最后是想一死解脱啊。"巢谷似懂非懂地点了点头。

苏洵转头对采莲说:"给巢谷多准备些盘缠,将我那匹马送给巢谷。"采莲答应着出门,巢谷行礼告别道:"伯父,多保重,侄儿走了。"

大殓已过,苏八娘的灵柩下葬了。苏家在新坟前化纸、哭泣。苏洵召集本族数十位长者立于苏家祖坟一端,哀戚的神色中夹杂着愤怒。在祖坟这端,众多家丁无声地立下一块碑,碑上刻着五个遒劲的大字:苏程绝交碑。

碑立好,苏洵悲愤地宣读道:"程家三代朱门,累世膏纨。然老不树德,少行不检;孝道不昌,家规不显;外欺乡里,内纵凶顽;驱稚逐幼,霸田攫产;欺凌吾女,使赴黄泉。洵也不才,但知耻廉。苍天做证,长辈为眼;苏程绝交,永世塞缘。吾女未嫁,苏坟是返。此碑为记,以示乡贤!"苏洵言罢,转向本族长辈深施一礼。

施礼毕,苏洵走向东侧程夫人的坟边,悲声说道:"夫人啊,女儿终于能和你在一起了,夫人泉下有知,你们好相扶将吧!轼儿、辙儿守制期满,不日我们就要赴京了,不知何时再来看你。请夫人记着,无论我到哪里,你坟头的萋萋荒草,就是我苏洵的安身之处。"

苏洵又转向女儿的新坟前,哭道:"女儿啊,是爹爹不好,是爹爹对不起你!爹爹不该同意你嫁到程家!爹爹终于遂了你的心愿,你永远都是苏家的人,你和母亲永远在一起了,谁也夺不走你,谁也不能把你们分开了。"说完众人大哭,坟地一片凄恻惨淡之景,只见燃烧着的纸灰在空中飞舞不绝,飘向天空……

在这漫天飘舞的纸灰中,苏轼依稀想起小时候的一件事……

有一年夏天,姐姐带着他们兄弟俩在家中的莲花池塘边赏花。苏辙说:"姐姐,我给你出个诗谜,你来猜猜好吗?"姐姐笑道:"好啊!"苏辙便一本正经地说:"我有一间房,半间租与轮转王;平时看不见,用时闪金光。"

苏轼猜到了,姐姐当然也知道是木工用来画线的墨斗。她略一沉吟,笑道:"弟弟的谜语果然是好。我也用你的谜底出一诗谜。好吗?"苏辙拍手称好。苏八娘吟道:"我有一只船,摇橹又拉纤;去时拉纤去,回时摇橹还。"

苏轼当然不甘示弱,也跳着说:"我也有,我也有,这个谜底我也有一诗。我有一张琴,琴弦藏腹中;为君马上弹,弹尽天下曲。"

苏八娘拍手说:"好诗谜,好气魄!"

…………

苏轼默念起当年的三首诗谜,心想:"我姐弟三人的谜底虽都是墨斗,但言为心声,诗言其志。弟弟的诗谜极合他的性格:沉静寡言,却胸有成竹,'平时看不见,用时闪金光',将来定成大器!我要'弹尽天下曲',岂不与我今日之志向相关。可姐姐呢,这首诗从今日看来,仿佛已成诗谶!"想到这里,苏轼更感悲恸。

三年守制期满,苏洵不日就要带苏轼兄弟进京。这三年里,由于朝内守旧势力过于强大,与苏轼同科的进士纷纷外放,每日上朝也还都是原来那些老面孔。这让欧阳修、范镇等人有些怏怏不乐,但也无计可施。而王珪、胡宿、吕诲这些人倒很舒畅。

这日,欧阳修和范镇来到汴河码头,送别他们深为器重的一位学生——章惇。欧阳修叹道:"唉,子厚,一年不到,你已是老夫送走的第十个新进了。文风改革好不容易初有成效，正需深根固本之时，你等却一一外放，如今靠谁来改？难道靠王珪来改吗？哼！"范镇也说："此去陕西，任重道远，子厚好自为之。"章惇行礼道："二位恩师，学生今虽外放，却将时时不忘文风改革之大业，随时听候恩师调遣，待命回京。学生就此别过，恩师多多保重！"欧阳修、范镇点头叹道："子厚，且行且珍重，相信你我师生不日就会再见。"章惇立于帆舟上向二老作揖拜别。

看着章惇帆船远去，欧阳修和范镇来到汴京会仙楼，听得楼下张山人在说书，他的徒弟在一旁击鼓和之。张山人说："今日在下给诸位来一段'李谪仙醉草吓蛮书'。（咚咚）话说唐玄宗皇帝朝，有个才子，姓李，名白，字太白。（咚咚）乃西梁武昭兴圣皇帝九世孙，西川锦州人也。其母梦长庚入怀而生，那长庚星又名太白星，所以名字俱用之。（咚咚）那李白生得姿容美秀，骨格清奇，有飘然出世之表。十岁时，便精通书史，出口成章，人都夸他锦心绣口，又说他是神仙降生，以此又呼为李谪仙。（咚咚）有杜工部赠诗为证：'昔年有狂客，号尔谪仙人。笔落惊风雨，诗成泣鬼神。'（咚咚）"

两人点上酒菜，范镇叹道："近三年来，朝政一天不如一天。"欧阳修点头道："是啊！圣上龙体欠安，精力不济，这千头万绪，真是不知从何理起啊！"范镇说："这正需苏子瞻这样的青年才俊啊！唉，永叔，三年已过，苏轼两兄弟为何还回不来？无论如何，必须保住苏子瞻这翰林院学士之职！"欧阳修点点头，又一脸不平地说："范公，可如今台、谏两院，势力较从前更大，清议渐渐变成了议而不决，甚至成了棍子、鞭子，动辄以言官无罪要挟皇上，也不好惹啊！"范镇愤然道："惹得起要惹，惹不起也要惹。这大宋的朝廷难道成了御史谏官的一言堂不成！好在苏轼两兄弟就快回来了。不过为文风改革大计，还须尽快就地提携人才。"欧阳修忙问："有合适的人吗？"范镇捻须说："有，就在开封府。"

此时，从下面传来张山人的说话声："李白又奏道：'臣有一言，乞陛下赦臣狂妄，臣方敢奏。'（咚咚）天子道：'任卿失言，朕亦不罪。'（咚咚）李白奏道：'臣前入试春闱，被太师杨国忠批落，太尉高力士赶逐，今日见二人押班，臣之神气不旺。（咚咚）乞皇上吩咐杨国忠与臣捧砚磨墨，高力士与臣脱靴解袜，臣意气始得自豪，举笔草诏，口代天言，方可不辱君命。'（咚咚）天子用人之际，恐拂其意，只得传旨，叫'杨国忠捧砚，高力士脱靴'。（咚咚）"说完，传来听众的哄然叫好声。

欧阳修、范镇听到这里，对望了一眼，也哈哈大笑起来。范镇笑道："苏轼之才，可比李白。"欧阳修略显犹疑，说："但愿不要像李白一样遭人谗毁。"

嘉祐四年（公元1059年）十月，苏轼丁忧期满，举家乘船经岷江入长江，沿长江至荆州，然后取道陆路至汴京。

这日，船行至嘉州，即今之乐山。古语有言："天下山水之观在蜀，蜀之胜曰嘉州。"此地最有名的莫过于开凿于唐代的凌云大佛，今名乐山大佛。乐山大佛依山凿成，头与山齐，足踏大江，双手抚膝，体态匀称，神势肃穆，临江危坐。大佛通高七十一米，被人誉为"山是一尊佛，佛是一座山"。

苏洵父子立于船上，无声地仰头凝视着如此庄严的大佛。还是苏轼打破了沉默，向苏洵说："父亲，佛像为何要雕刻得如此之大？"

苏洵仰望着佛像，说："人心不大，佛像才大！"

苏辙接着问道："是人在佛心里，还是佛在人心里？"

苏洵答道："人心太小，人就在佛心里；若是人心甚大，那佛就在人心里。"

苏轼接着问："佛有心吗？"

苏洵答："佛无心。"

苏轼又问："既是佛无心，那又如何装得下人心？"

苏洵答："那是因为人有心。"

苏辙问："父亲，人若无心，还是人吗？"

苏洵笑笑，看看苏轼，苏轼领会父意，说："人若无心，便是佛心。"

苏洵赞许地点点头，苏辙也低下头沉思。

船已过佛像，在江面缓缓行驶，三人依然立于船头，欣赏着江面及两岸的风景。史云扶着王弗也走出船舱透透气，此时王弗已怀孕几月，可看出小腹微微隆起。两岸回荡着老艄公的歌声："我住长江头，江水向东流，我摇那船来我行舟。妹妹那个问我何所有，只有那腰间一壶酒，一壶酒。"

苏轼看着江岸，说："父亲，我们不知何年才能回来！"苏洵说："等我死的时候，你们要把我送回故乡！"苏轼忙说："父亲身体康健，百年可期，何出此言!"苏洵深情地说:"我想念你们的母亲啊!"苏轼、苏辙皆低头不语。是啊!他们兄弟此次出蜀,虽壮志凌云,各有着远大的志向,但毕竟还是对生于斯、长于斯的故乡依依不舍,何况这里还有他们的母亲呢?

苏洵见他两兄弟也沉入对故乡的依恋,遂打起精神说:"看这景色多美,你们兄弟两人就以《初发嘉州》为题各留诗一首吧!"王弗和史云听说,便道:"好,我们去磨墨!"两人忙着铺纸、研磨。一切就绪,苏轼提笔,思索片刻,便不作停顿地写完,而另一边苏辙边构思,边下笔。

不一会儿,船靠岸休息,苏轼与苏辙在岸边等候。苏辙看着江面,悠悠诵着苏轼刚写的诗:"朝发鼓阗阗,西风猎画旃。故乡飘已远,往意浩无边……"

苏轼看到身后一队乞讨的流民正好路过,他们衣衫褴褛,步履蹒跚。苏轼听到刚走过去的一个流民说:"这些做官的人,还有心在这里吟诵酸词,他们是从不知道我们小民的死活。"另一位流民说道:"他们有皇粮可吃,哪会理会我们腹中饥饿,连说话的劲儿都没有。"苏轼听见这话,脸色一红,低下头去。

苏辙见此状,安慰道:"哥哥不要介意,这些饥民心有怨言,把哥哥当作无能庸辈了。"苏轼说:"子由,我并非介意。我等一路行舟过来,大旱所及之地,饿殍遍野。你我身为朝廷官员,无力相助,我好生惭愧。"苏辙叹道:"唉,哥哥,所谓'在其位,谋其政',你我还未入仕,不必如此挂怀。"苏轼摇摇头,想说什么又没说出口,一脸忧思地看着江面。

历时三月,苏轼一家终于在年底来到汴京。此时的大宋朝历经百年承平,朝内也是人才济济,诸如欧阳修、王安石、司马光、范镇等历史上赫赫有名的人物都在朝廷供职。这日,苏轼一家回京的消息很快传到各大臣家中。欧阳修、范镇自不必说,两人作为苏轼兄弟的恩师,早就接到书信,算到苏家今日可到汴京。同时,司马光、王安石、王珪等也同日收到信息。

司马光学问渊博,人品高尚,秉性刚直,乃当时史学大家,但政治思想比较保守,认为祖宗之法不可变。司马光有一女儿,正值二八年华,爱玩正是她的天性,只是司马光性情偏于古板,家教甚严,平时不准她随意外出。

正是一年元宵佳节,夜晚的御街灯市如昼,游人如织,红男绿女,无限繁华。司马光的家人匆匆看过,往家中走去。家人进得屋中,对司马光的夫人说:"夫人,今年灯市格外热闹,您要不要带小姐一起出去看看!"听到家人的提议,司马光的女儿便连声撒娇道:"母亲,我要去,我要去。我成天在家里,闷死了。"司马光夫人张氏叹道:"是应该出去看看,可是每年你父亲总是不让出去。"女儿拉着张氏的衣服嚷道:"女儿长大了嘛,父亲今年怎么还不让我出去!"张氏看着女儿,无奈地说:"嗯,咱们去跟你父亲说说,娘带你出去。"女儿高兴地连声叫好。

母女俩来到司马光书房。房内书籍满屋,但十分整齐,司马光正埋头著书。张氏进来说道:"老爷,今天欧阳大人命人送来帖子,说是眉州'三苏'已回到京城,约您和范镇大人、王安石大人明日下午到怀远驿去看望!"司马光兴冲冲地站起,搓着手高兴地笑道:"哈哈,'三苏'回来了。好,明日早朝,我一定奏请皇上让苏轼快入翰林院,这样我修史也多个帮手。"随即坐下,接着著书。

张氏看看女儿焦急的神色,吞吞吐吐地说:"老爷,你看……"司马光头也不抬,问道:"什么事?"张氏说:"今天是元宵节了……"司马光抬头,恍然悟道:"哎呀,这不刚过年完吗,怎么就到元宵节了!著书得抓紧啊!"张氏说:"老爷只忙着著书了,帖子上午就送到了,怕打扰你,也没敢告诉你。"司马光边写边说:"哦,我已吃过饭了,你带着女儿吃去吧!"张氏说:"我们也已经吃过了。"司马光抬起头,疑惑地问道:"哦,那……夫人莫非有什么事?"张氏忙说道:"老爷,你知道,汴京的元宵节花灯,天下闻名,热闹非凡……"不等张氏说完,司马光就忧虑道:"是啊,是太靡费了,可朝廷为了装点太平景象,年年都是如此。等有机会我要上奏皇上,削减灯市之费!"说完又低下头著书。张氏不耐烦地说:"老爷……"司马光也不耐烦地问:"还有什么事?"张氏嗫嚅道:"女儿,女儿……想出去看看花灯!"司马光沉吟片刻,说:"也是,孩子的天真之性,还是不可泯的。好吧,那就让家人出去买一盏回来,挂在屋门前看好了。"张氏万万想不到听到这样的答复,面带怒色,一时语塞。女儿再也忍不住了,冲上前,生气地叫道:"父亲!你怎么能……"张氏也壮胆说道:"家里就一盏灯,哪儿比得上御街呢?再说了,人多一起看才喜庆呀!"司马光抬起头,惊异地说:"什么?去御街?不行不行!"忽然又仿佛回过味儿来,说:"难道家里人还不够多吗,在家看就行了!"张氏一跺脚,气道:"女儿,走,不看了。"边说边拉女儿出去。女儿还是扯着张氏的衣袖，回头看着司马光，啜泣着离开了。司马光浑然未觉，接着低头著书。

再说王安石，他不仅是诗文大家，也是锐意改革的政治家，后来他在神宗朝发起熙宁变法，但改革的思想在仁宗朝就已经形成了。就在苏轼回京之时，王安石正在写一封彪炳史册的奏章——《上仁宗皇帝言事书》，这篇文章和此后苏轼的《上神宗皇帝书》皆洋洋万言，是宋朝历史上齐名的两篇万言书。尤其是王安石的这篇万言书，更是指导此后神宗朝改革的总的政治纲领。只是上书之时，仁宗帝力不从心，虽欣赏而无法施行罢了。

王安石学问、人品与司马光差可比拟，但是生性不拘小节，因此他的书房十分凌乱，书籍满屋，随手乱扔，与司马光的严谨和整洁大相径庭。

这夜，王安石书写万言书劳累，揉眼时忽看到一张帖子，于是大喊道："这是谁送来的帖子？"王安石博闻强识，写书时很少要书童找书核对，因此书童一般是在一旁打瞌睡。王安石这一喊，书童猛然惊醒，起身答道："是欧阳修大人送来的，说是苏家父子快要到京了，要大人明天下午到怀远驿与他们接风洗尘。"

王安石应了一声，忽然看见一个盛装的女子站在旁边，惊奇地问："你是谁？在这里干什么，怎么还不去睡觉？"这位女子紧张地啜嚅道："我，我……"王安石又问道："我怎么没有见过你？奇怪，夫人，夫人……"身材肥胖的夫人吴氏急忙穿衣赶来，看见情形，不禁失笑："老爷叫我干什么？"王安石说："带这姑娘去睡觉！"吴氏笑道："我是让她来服侍你的。"王安石边低头书写，边说："我有书童就行了，不要人服侍了。"吴氏嗔道："榆木脑袋，我是让她伺候你休息的！"王安石抬起头，愣了一会儿，回过神来，说："嘻，我半夜作书，怕扰你睡觉，总是轻手轻脚，甚不方便，这才搬到这书房来睡的。若这女子也在书房里睡，我岂不是半夜作书又要轻手轻脚！去吧！"

王安石虽有一个儿子，但吴氏已多年没有生育，就一直有意让王安石纳妾，王安石总是以公务繁忙拒绝。这次吴氏干脆找了个漂亮女孩送到丈夫眼前，没想到还是这般被拒。吴氏气不打一处来，想发作又似乎没有道理，便支吾着："你……一段木头！"

王安石低下头继续书写，说："去吧，夫人，莫搅扰我了，我给皇上的奏章即日就要完稿了。"那女子含着眼泪，委屈地看着吴氏，也不知说什么好。

## 十　　家事国事

宋朝经百年承平，朝中的保守势力异常强大，他们总是以祖宗家法为由，肆意打击朝廷中的新进，以维护自己的利益，其中又以王珪为领袖。王珪虽也是苏轼的恩师，但他作为太学体的维护者，一直对这位才华横溢的门生心存不满。在他心中，苏轼是一个恃才傲物、根本不把他放在眼里的年轻人。他认定，一旦仁宗重用苏轼，必然会对自己十分不利。因此，苏轼守制三年，他经常留意苏轼的一举一动，企图趁苏轼还未为官，便将他打压下去。苏轼即将入京，他当然知道仁宗会很快把苏轼招入翰林院，只是找不到好的证据来弹劾苏轼。

这日，王珪正在家中，扬扬得意地欣赏自己的文集。管家拿着一封信，从门外跑来，说："老爷，这是从四川眉州来的信。"王珪接过信一看，大叫一声："好！快请吕大人和胡大人。"

吕诲与胡宿身为朝中台谏两院的首领，一直就是王珪一党。现在得到苏轼在家乡有不轨行为的举报信，王珪自然非常高兴。他首先想到的，就是利用台谏两院弹劾苏轼。

吕诲与胡宿很快来到王家，两人行礼落座后，王珪将信交给他们。

吕诲看完信，不断说道："好，好！这回定叫那西蜀小子尝尝我等的厉害！"王珪也放下平时沉稳的架子，喜形于色地说："你们台谏两院正好可以借清议身份对此大做文章。苏轼狂悖之极，竟连这点最根本的人伦礼仪都不守，岂能让他回来入我翰林院！"胡宿附和道："王大人放心，我等誓死捍卫朝纲，维护祖制，不能让苏轼狂生为所欲为。"王珪拍案而起，笑道："好！二位大人，欧阳修提拔的新进都已外放，那文风改革已成无米之炊。呵呵，如今就剩下最后一个，也是最厉害的一个，我等且不可等闲视之，绝不能让他任职翰林院。"

吕诲问道："王大人所言极是！那该怎么办？"王珪坐下，说："故技重施！吕大人、胡大人，暗中以老夫名义号召百官上联名书，就说苏轼在眉州败坏伦理正是文风改革所致弊害的明证。"吕诲点头称道："禹玉公深谋远虑，此可谓一石二鸟。"胡宿也附和道："禹玉公，下官这就去办。"王珪捻须沉吟道："要快。要赶在苏轼复职之前。"

第二日上午，朝堂崇正殿，仁宗临朝。

司马光出班奏道："陛下，微臣才学浅陋，而史料浩如烟海，需年轻才俊助臣一臂之力。臣闻苏轼已守制期满回京。两年前陛下就欲授他翰林学士，苏轼守制已三年，潜心读书，学问必定大有长进，陛下何不令其入翰林院，助微臣修史！"

仁宗惊喜道："苏轼回京了，好！"

吕诲急忙出班，手捧百官联名的奏折，义正词严地说："陛下，苏轼两年守制，并非潜心读书，学问也未必长进。苏轼在眉州守制期间不守孝道，竟夫妻同房败坏礼义，大害人伦，其无耻荒淫令人发指。这是百官联名上书要惩戒苏轼的奏章。"

仁宗看罢奏章，大惊道："竟有此事？！"

吕诲接着奏道："陛下，还不止这一件。苏轼还于守制期间，指使家奴，打伤姐夫及家人，抢回姐姐的尸体，将已出嫁的姐姐安葬在苏家的坟里。此事既违我大宋律例，也有伤风化。苏轼未仕而犯律，应从重处罚，怎可再入翰林院！"众官齐声附和道："陛下，苏轼大逆不道，败坏伦常，理合废黜功名，予以重罚！"王珪在朝班前列纹丝不动，脸上流过一丝不易察觉的喜悦。

欧阳修、范镇吃惊地对视了一下，眼中的神色仿佛在说："早知会如此，只是没想到这么快！"仁宗毕竟爱才心切，一时也不知如何是好。朝堂中空气凝固到令人窒息。

这时，侍官忽然来报："陛下，交趾国派使臣送来一头怪兽，使臣正在殿外候旨。"仁宗为之一惊，随即喜道："噢？好！宣！"

侍臣大声宣道："圣上有旨，宣交趾国使臣上殿！"

交趾国二使臣身着短衣，来至大殿跪下施礼道："交趾国使臣阮尚文、武止戎受我大王差遣，前来拜见大宋国圣上，祝大宋皇帝万寿无疆！"仁宗道："使臣平身。二位使臣，前来我朝，不知有何使命？"阮尚文道："陛下，鄙邦幸得麒麟一头，特来献给上邦以示友好。"仁宗大悦道："哦，多谢你邦国主。"接着又对内侍说："好好款待二位使臣。二位使臣一路劳顿，暂请歇息。"二使臣谢过，在内侍的带领下，昂首离去。

众臣哗然，面面相觑，有惊有喜有怀疑，表情不一。欧阳修、范镇等人连连摇头，他们从两使臣傲慢的神情中看出些不对。

这时，王珪出班奏道："恭喜陛下，贺喜陛下，天降此瑞兽，说明陛下仁德感天地。"胡宿也附和道："陛下，此乃吉祥之兆啊。"

司马光出班奏道："陛下，麒麟一事，古史虽多有记载，但系传说，并无确证。陛下不可尽信。"王安石声如洪钟地奏道："陛下，小邦机诈，不循正道，以他物冒充麒麟亦未可知。陛下宜乎慎重。"欧阳修道："陛下德化广被，天人共襄，外物不足惑我圣主。"范镇也出班奏道："陛下，臣以为是不是麒麟，还是看看再下结论不迟。"仁宗道："言之有理。众卿，随朕观看。"

仁宗率众臣来到崇正殿外，只见一大木笼中关着一头通体金黄、似马身而有鹿角的大兽。大臣们好奇地前后观瞧，皆摇头表示不认识。仁宗问诸朝臣："众卿可有识此怪兽者？"大臣们皆低头，默不作声。

仁宗不得不点名道："欧阳修，你见多识广，可识此物否？"欧阳修奏道："陛下，微臣有负圣恩，臣不识此物，但这绝非麒麟。"仁宗道："司马光，你可认识？"司马光回答："陛下，微臣不识，但此兽与古书所记不合。"

王珪上前奏道："陛下，为两国交好，就当麒麟收下也是无妨。"

范镇奏道："陛下，不可。若不是麒麟，我大宋以麒麟之礼收下，那人可就丢大了。"仁宗一皱眉："那当如何？"

又是一片沉默。

王安石打破沉默，坚定地说："陛下，此乃交趾的鬼蜮伎俩。送此物来，若不识，则笑我大宋无人；若当麒麟收下，则会贻笑天下，交趾以后则不再尊重我大宋。臣以为，应张榜求奇人异士辨认，待确认以后再行接收之礼不迟。"仁宗笑道："如若张榜后也无人识得，那时该如何？"王安石道："那时再选数种无人识得的奇物，送往交趾让其辨识。这样虽不合大国之体，但也算有来有往，使交趾无功而返，不至为交趾所取笑。"仁宗沉吟道："也只好这样，张榜辨认。"

胡宿和王珪在人群中诡秘地耳语着。突然胡宿上前奏道："陛下，榜文若被交趾使者看到，还是要笑我朝中无人。既然苏轼回京，何不宣苏轼前来辨认！"王珪会意地低头一笑。

司马光忙奏道："陛下，人非全能，如此奇异之物，苏轼也未必认识。"仁宗道："若不识得，岂不还要张榜！"王珪沉稳地奏道："陛下，苏轼既是我大宋奇才，必能识得！"

欧阳修、范镇等当然知道王珪的用心，但也无言以对。

仁宗倒是想以此见证一下苏轼的才学，说："众卿不要争了。明日宣苏轼回朝进殿辨识，即便不识，朕也不会怪罪。"

下午，范镇、欧阳修、司马光、王安石来到苏家临时居住的怀远驿，一为探望苏洵父子，一为商量上午仁宗宣苏轼辨认怪兽之事。众人与苏洵行礼寒暄毕，分宾主落座。苏洵说："轼儿、辙儿出去了，一会儿就回来。"众人听到，便都不说话，大家均脸色凝重。苏洵疑惑地看着诸位，捻须观察。

欧阳修打破沉默，客气地问："明允公，千里之行，费时几何？"苏洵也客气地答道："水旱两路，历时三月有余。"范镇心直口快，说："明允公如何住在这驿站里，是不是囊中羞涩？我有一处宅院，如不嫌弃，可以搬去居住！"苏洵拱手道："范公厚爱。这怀远驿十分宽敞，又兼来往十分便利，就卜居在此处了。不怕诸公笑话，去年眉州大旱，轼儿将拙荆多年积存起来的近千石粮食都放给乡亲了，这粮原是为了我们父子来京时置办房屋用的，因此现在无钱置房。"众人听见这话，一番赞叹后，又皆不语。

苏洵见此状，忍不住问道："诸公，莫非朝中出了什么事吗？"正说着，苏轼与苏辙从外走进来。苏轼、苏辙见到在座各位，急忙深深作揖道："拜见恩师，介甫公，君实公。"欧阳修等皆面色凝重地看着苏轼。

苏洵一见不妙，忙问："诸公，莫非此事与轼儿有关？"范镇急躁地起身说道："是啊，明允公，今日朝中百官联名上书皇上，奏他不守孝道，败坏伦常，还强抢姊尸,打人致残,纷纷要皇上废黜子瞻功名,还要判罪于他。"父子三人听闻后大惊失色。

欧阳修宽慰道:"明允公,是否他们以讹传讹,诬陷子瞻?"苏洵爽利地答道:"不,确有其事!"这回轮到众人大惊失色了。

苏洵坚定地说:"既然是在座诸位,苏某就不隐瞒了。我女儿嫁给她程家的舅表兄弟,谁知程家小子太不成才,品行恶劣,将我女儿虐待致死。女儿死前留下遗言,要葬在苏家祖坟。乡亲们气愤不过,才将我女儿的尸首迎回苏家,安葬在苏家祖坟。且眉州知州已结了此案,苏家不告程家逼死人命之罪,程家不告苏家强抢尸体;至于打人致残,眉州已发公文缉捕人犯,与轼儿无涉!"众人松了一口气:"这就好,这就好。"

司马光比别人严肃得多,问道:"那不守孝道,夫妻同房之事呢?"苏洵说:"也确有其事。不过我以为这不仅不违孝道,反而是深合孝道。"范镇听罢,笑道:"哈哈,原来是你这个老子教导的,我看你怎么跟联名上书的百官辩白。"苏洵略感不快,说:"这本是我家中之事,为何要跟他们辩白?"欧阳修摇头苦笑道:"真是有其父必有其子。"司马光不太高兴地瞪了苏洵一眼。

王安石挥一挥手,对苏轼说:"此事再议。子瞻,如今你倒要想着应付一桩火烧眉毛之事。今日朝中有人向皇上推荐,宣你入殿辨认怪兽,你要胸中有数。"苏轼忙问道:"介甫公,什么怪兽?"王安石说:"交趾进贡来的东西,说是麒麟。非鹿非马,无人识得,但我看绝非麒麟。"欧阳修关切地问道:"子瞻,你识不识得?"苏轼沉吟片刻,说:"没有亲眼看见,难以断言。"范镇心中不平,大声说:"若是不识,可以称病不去!"司马光大声说:"称病不妥。"

王安石看着苏轼说:"不过,子瞻,交趾想让大宋丢丑,朝廷上有些人想让你丢丑,你要当心。"苏轼爽快地答道:"皇命在身,赴汤蹈火,亦应不辞。至于脸面,只要我正道直行,即使不识,谁又能污我!"众人皆点头称好,司马光也赞道:"子瞻这番话,颇有古时君子之风啊!"

次日上朝前,苏轼奉旨来到崇政殿外,辨认怪兽。殿外院子里,诸多大臣也遥望着怪兽叽叽喳喳,不时看苏轼一眼。苏轼观察凝思片刻,一丝笑容拂过嘴角。

仁宗坐朝后,即刻宣苏轼上殿。大臣们议论纷纷,朝堂内一阵骚动。苏轼着玄色官衣,戴官帽进殿,潇洒之气冠绝朝堂。

进得殿内,苏轼倒身拜道:"新科进士苏轼奉旨觐见吾皇。吾皇万岁,万岁,万万岁!"

平身后,仁宗亲切地问道:"苏轼,丁忧守制三年了吧?"苏轼感动地回道:"是,微臣多谢陛下垂念之恩。"仁宗点头道:"哦……家中可安排停当?"苏轼答道:"回禀陛下,微臣已举家迁到京城,每年祭扫之事也已安排妥当。"仁宗继续问道:"嗯,苏轼,昨日朕收到百官联名上书,要朕废黜你的功名,还要治你的罪。不过,也另有人举荐你来辨认交趾国所送怪兽。朕先问你,你识得怪兽吗?"苏轼施礼道:"陛下,微臣遵旨,已看过怪兽,已然识得了。"

仁宗惊喜不已,大臣们也伸长了脖子,好奇的目光集中在苏轼身上。王珪等人面露不悦之色。仁宗忙问:"快说,此怪兽应呼何名?"苏轼答道:"此乃麋鹿,又名四不像。""啊?!"大臣们失声惊呼,朝堂内顿时骚动起来,胡宿、王珪也吃了一惊。

仁宗又问:"你如何得知?"苏轼从容答道:"五年前,一天竺僧人落拓西蜀,与微臣相遇,与臣论佛,交契颇深。僧人赠微臣千兽图,上有此物,故而识得。"仁宗豁然,众臣亦如释重负。

仁宗说:"宣交趾国使臣。苏轼,你可与其对质。"苏轼领命。

不多时,阮尚文、武止戎二使臣傲慢进殿,一副目中无人之态。施礼毕,仁宗正色道:"使臣平身。尔等所献怪兽,并非麒麟。两国邦交,礼仪为先,为何戏弄我大宋!"阮尚文还不依不饶,说:"陛下,我主献麒麟以示友好,怎能说是戏弄。既说不是麒麟,那是什么?"仁宗转向苏轼道:"苏轼!告诉使者!"苏轼答道:"臣遵旨。"转向两使臣说道:"此乃麋鹿,又名四不像。它的犄角像鹿,面部像马,蹄子像牛,尾巴像驴;但整体看上去却似鹿非鹿,似马非马,似牛非牛,似驴非驴,故得'四不像'之名。相传姜子牙随武王伐纣,乘坐的就是这四不像,据说可以辟邪,故有'姜太公在此,百无禁忌'之说。"

听着苏轼娓娓道来,两使者慢慢开始发抖,最终大惊失色。阮尚文颤抖着说:"你……你何以知之?"苏轼不卑不亢,答道:"知之为知之,不知为不知,是知也！"武止戎压抑着内心的恐慌，打量着苏轼，挤出一丝冷笑，说："口气甚大！"接着从袖中掏出一只似猴似鼠的东西，示于苏轼，问道："请问，此为何物啊？"仁宗与满朝文武引颈相觑，苏轼则微笑不语。

阮尚文一惊，问道："学士为何发笑？"苏轼收住笑容，从容答道："此乃鼠猴，是猴之小者。我蜀中小儿常以此玩耍逗趣，是以发笑。"阮尚文、武止戎大惊。

王珪见此状，趁机奏道："陛下，交趾拿不出经史卷帙以显文治，而净弄些怪兽走鼠以逞其能！"转而对使臣喝道："你们可知罪吗？"交趾使臣惊慌失措，一时无语。朝堂内气氛有些紧张。

苏轼适时奏道："陛下，微臣有话要说。"仁宗点头应允。苏轼奏道："此物虽不是麒麟，但自古以来也被视为瑞兽。此兽古时甚多，近世十分稀少。且麋鹿一般为褐色，而交趾国所进的这头麋鹿，通体金黄，是麋鹿的变种，如白虎、白象一般，世间怕是寻不出第二头来。"众朝臣及仁宗皆点头称是。交趾使臣也趁机附和道："正是，正是。敝邦进贡的乃是珍稀祥瑞之物，哪里敢存心戏弄！"紧张的样子惹得众人都笑起来，气氛顿时变得轻松。

仁宗和颜悦色地说道："嗯。不错，苏轼，有来无往非礼也，我朝应送交趾何物啊？"苏轼奏道："陛下，微臣以为，南方视金丝鸟为吉祥之物，其意无价，送此甚好。"仁宗道："就依卿所奏办理吧。二位使臣，问候你邦人主，祝他安康，祝你邦百姓安居乐业，请回吧。"

"谢陛下！"二使臣颤巍巍地退出。众大臣一齐施礼高呼："恭喜陛下，贺喜陛下！"仁宗亦龙颜大喜，笑道："众卿言之有理，此事圆满收场，大出朕望，确实可喜可贺。苏轼，此事你当记首功，赐你与朕共进御膳。胡宿、王珪举荐有功，各赏御茶二两。"苏轼、胡宿、王珪谢过，但胡宿、王珪脸上的喜色有些勉强。

退朝后，苏轼奉旨与仁宗共进御膳，范镇作为苏轼的恩师，也陪同用膳。进得内殿，两人行礼毕，仁宗赐座。

正待用膳，仁宗忽然脸色大变，喝道："苏轼，你可知罪？"两人一愣，随即站起，范镇筷子上夹的肉也掉落地上。苏轼忙跪下回道："陛下，微臣不知。"仁宗佯怒道:"你口诵孔孟之道,居然不守孝道,在守制期间与妻子同房。"苏轼冷静下来,从容回道:"陛下,皇上隆恩,将微臣母亲定封为成国太夫人。微臣母亲过世之前,就一直想抱孙子。如今微臣母亲已故,微臣却无后代,实在愧对吾母,不合孝道。晋人刘毅在守制期间曾穿孝服作战,不断荤腥,也不曾夫妻分居。都是后世腐儒,曲解圣人之意,戕害人之本性。微臣一为报皇恩心切,二为了却母亲心愿,尽孝心切,故而才与妻子同房,此乃孝之大也。明察莫过于圣上。"范镇听完,吓得瞠目结舌,紧张地盯着仁宗。

仁宗瞬间转怒为喜,笑道:"呵呵,朕就是再明察,也管不了你的闺房之事啊!国家大事朕还焦头烂额呢!起来吧!"范镇暗暗松了一口气,忙递上奏章,说道:"陛下,这是眉州知州吴同升的奏章,言明百官所奏苏轼在眉州强抢姊尸、打人致残一事与苏轼无涉,伏乞陛下圣鉴。"仁宗笑道:"不必看了。苏轼,朕不怪你。今日你为朕解了难题,也算扬我大宋国威。朕只盼你早日归来,早日任职翰林院。"

苏轼面露难色,欲言又止。仁宗见此状,激动地说道:"如今百官联名上奏,要废黜你的功名。你该体谅朕,朕虽是一国之君,但说话做事也常常看人脸色。不过这次朕决定一意孤行,凭他们如何反对阻挠,朕也要重用你,你明白朕的苦心吗?"范镇激动异常,奏道:"陛下,知人善用,胸怀锦绣,真乃明君也!"说完轻声对苏轼说:"还不快谢皇恩!"

苏轼奏道:"微臣正要就此事奏明陛下。陛下,微臣不愿在朝为翰林,微臣请求陛下外放!"仁宗与范镇皆是一惊。范镇不快地说:"苏轼,你,你疯了,你知道你在说什么吗?"

苏轼从容奏道:"陛下,微臣自眉州进京路上,早已下此决心,只是今日才有面圣之机,故对陛下道出。陛下,朝中大臣所言不假,微臣还年轻,确实需要外放历练。"仁宗也面露不快,说:"奇怪,你在朝中难道就不是历练,非外放才行吗?"

苏轼接着说道:"陛下,微臣自眉州老家一路返京,正逢天下大旱,而地方官员庸懦无能,任百姓流离失所,饿殍满野。微臣舟过长江,曾被饥民嘲讽为酸腐书生,微臣心有所愧。微臣欲向陛下,也向百姓证明苏轼绝非纸上谈兵之徒，必须去地方做出实实在在的政绩，以挽救民生，扶危济困。"听完此话，仁宗微微地点头。

范镇又道："苏轼，文风改革才是关乎国运的大事，一个地方的区区政绩岂能与之相比？切不要一叶障目，要以朝廷大局为重。你若外放，文风改革怎么办？"苏轼回道："范公，文风改革大局已定，如今比文风改革更重要的是法度吏治的改革，而只有去地方上身体力行，才能实地了解大宋积贫积弱之现状，建立革新大业，推行新政主张。范公等大臣年事已高，我等年轻人责无旁贷。"

仁宗听完此语，心想自己当初没有看错，苏轼果然忠君爱民，日后定堪为大宋宰辅，但又想到自己来日无多，实在舍不得这样的人才离开自己，遂为难地说道："可朕的身边也需要人哪——用膳吧！"

用完御膳，仁宗感觉意犹未尽，令苏轼、范镇再陪自己散散步。

仁宗道："苏轼，外放的事就暂缓吧！朕以为，你更适合在朝廷为官。"苏轼自知强谏不行，于是说道："陛下，微臣有一祈求，不知可否？"仁宗点头。苏轼用手一指，说："伏乞陛下极目远望。能看到何处？"仁宗疑惑地向远处望去，说："仅皇城而已呀。"苏轼回道："陛下极目远望，仅皇城而已。而微臣若能外放地方，陛下的双目就能看到百姓的家中。陛下，就准了微臣所奏，外放微臣，让微臣去为陛下办理实事吧。"

仁宗一愣，明白了苏轼的话，感动地看着苏轼，点点头，泪水盈眶。

不多久，王安石的《上仁宗皇帝言事书》完稿，呈上朝廷。仁宗竟一气读完，阅后深为赞赏。但又想到自己年轻时就想改革，庆历革新却无功而返，十项新政后来一一废除；王安石所说虽然在理，且比当年庆历新政更为可行，只怕现在自己身体不济，力不从心啊。感叹之余，命人将此万言书誊抄数份分送各大臣，以资讨论。仁宗想，自己虽然有生之年不能完成此改革大计，但也好为自己的子孙先行试探一番。

这几天正值初春天气，汴京城内莺啼新柳，燕唱轻烟。城中的大臣都在讨论王安石的万言书。赞赏的虽不乏其人，但大多数都不以为然，以为王安石变革祖制过多，简直是视祖制为无物。王安石所指望的百官来议的景象并没出现,但他不以为意,还是我行我素。

这日,王安石衣衫不整,坐在家中庭院的树下,如饥似渴地读书。苏轼笑呵呵地走了进来,见王安石如此读书状,笑道:"树上有虫,书中亦有虫,不知王公是何虫啊?"王安石闻声抬头,见是苏轼,大悦起身,连左脚踏着的鞋也未及穿上,便迎了上来,笑道:"子瞻来也,上好茶!子瞻,坐。是哪阵风把你给吹来了?"苏轼在院中的凳子上坐下,笑道:"是万言风。"王安石呵呵一笑,为有志同道合者而甚慰,说道:"消息真快,我写万言书的事已经到了你的耳朵里。有何高见,说!"

苏轼摆了摆手说:"偏居西蜀,孤陋寡闻,能有何高见。不过,在下对王公在浙东废止官府专卖的新茶法,倍加赞赏。"王安石大悦,将凳子朝前挪了挪,说:"你也这么看?"苏轼快人快语:"那是当然。"王安石来了兴趣,又向前挪几步,说:"你想啊,自祖宗以来,我大宋之茶、盐、酒皆由官府一手控制专卖,官商有恃无恐,天下民怨鼎沸。"苏轼接过话茬,说:"这件事我也想了很多。首先,可以废止官府包买包卖,由茶农、茶商直接经营。其次,可以减少官员数量。官府的担子轻了,老百姓活了,天下才有生气呀!"王安石拍案而起,叫道:"好!真希望子瞻你能快点进翰林院,助我变法!"

这时庸雅大方的吴夫人走了过来,后面跟着一个托着茶杯的使女。苏轼忙起身施礼道:"夫人可好?"吴夫人还礼道:"好。子瞻,我亲手给你和介甫烹了一杯龙井茶,尝尝味道如何?"苏轼拱手拜谢。王安石指着吴夫人道:"夫人可不是轻易给客人烹茶的,你是少有的一个。"苏轼笑道:"那是自然,别人的脸大,我的脸长嘛!"

王安石大笑起来,二人接杯品尝。苏轼品咂再三,突然道:"夫人,你这水是从哪里弄的?"吴夫人抿嘴而笑:"看来,什么都瞒不过你。这是无根水。"王安石抬头疑惑地问道:"老夫怎么没品出来呢?"吴夫人笑道:"你呀,就知道品书、品诗、品文章,就不知品茶、品酒、品三餐。子瞻,你不知道,桌上放几个菜,不给他放在脸前面,都不知道吃。"王安石摆摆手,不以为然道:"吃饱了就行。夫人哪,你还少说了一项。"吴夫人忙问:"哪一项?"王安石狡黠地一笑:"不会品女人。"苏轼笑道:"没想到王公还这样风趣!"三人放声而笑。

不日，仁宗坐朝崇政殿，要百官议议王安石的万言书。众人不知仁宗态度，皆不敢先言，朝堂内气氛极为严肃。

司马光素来遵奉祖制，对王安石的万言书意见最大，此刻见无人敢议，遂出班奏道："陛下，微臣看过王安石的奏章，其中虽不乏新见，但多是更改祖宗之法，只怕一改便乱。"王安石随即出班驳道："陛下，祖宗之法为何就不能改？若永世相因，祖宗之法又从何而来？"司马光接着道："陛下，微臣并非说祖宗之法不可改，而是说大宋立国百年，其平安阜盛，自古鲜有，祖宗之法必是大有道理在，不可轻改。"

王安石性情刚烈，虽与司马光亦为好友，但为变法计，毫不犹豫地驳道："陛下，司马光这是不分青红，一概而言。我大宋正因百年承平，故而积弊甚多，若不适时变法，只怕要成积薪厝火之势。若火势一起，即想扑救，也必不及。司马光终日端坐书斋，闭目塞听，不察民情，不审时事，一味厚古薄今，引经据典，虚张声势，欺蒙圣上，实非为臣之正道！"司马光气得说不出话来，只得支吾着："王安石，你……你……岂有此理！"

仁宗劝道："哎，司马光忠正纯厚，一片为国之心，并无他意。"司马光感动地说："谢……谢……陛下，陛下要为臣做主。"仁宗又说："王安石所论也合实情，个人好恶，不可伤及朝廷和气。"

王珪给吕诲使了个眼色。吕诲出班奏道："陛下，庆历年间也曾改革，但当时不过实行了十项新政，且皆是易行之事。即便如此，后来这些新政也逐渐废除，可见，实行新政应当慎之又慎。如今王安石所论，皆关涉极大，不仅是除旧布新，甚至是翻天覆地。如此看来，微臣以为，王安石新政之说极不可行，可谓异端邪说！"此说点着仁宗痛处，众人议论纷纷。

范镇出班奏道："陛下，臣以为吕诲所说不妥。庆历新政，弊在轻财而重政，如今王安石所论，在为国理财，为国强兵，欲使国富兵强，力避庆历新政之短而切中时弊，故微臣以为可行。吕诲出身太学，不通世事，只知死啃书本，不知与世推移，实是书生之见！"

吕诲愤怒地驳道："出身太学怎么了？这朝堂上的大臣，有几个不是出身太学的？"部分朝臣纷纷称是。

欧阳修出班奏道："陛下，微臣以为范镇所言极是。庆历新政只着眼于朝政，是舍本逐末，故推行艰难，以至于半途而废；此次王安石之论，在于从理财入手，带动朝政变革，乃是务本之道。故微臣以为大有可行之处。"此论得到了许多大臣的点头赞许。

胡宿见此状，略一思索，奏道："陛下，尚未变法，已有党争之势，一旦变法，朝廷岂能安生，晚唐牛李党争，前车可鉴啊！"

王安石深知胡宿此举在借党争之非来攻变法之是，遂忙奏道："陛下，君子无党，唯一颗忠君爱国之心！"胡宿回头驳道："安见得别人不忠君爱国？"王安石大怒，指着胡宿道："你！"

这个场面，仁宗早就料到，因此也早有了主意，遂叫道："王安石！朕欲让你以翰林学士出知鄞县，将奏章中的革新条款选出适合者，写成条陈，奏请朝廷，将其精华在鄞县实施，试其效用，你看如何？"

王安石稍愣，转瞬明白了仁宗的良苦用心，也知道这是坚持变法必须经过的阶段，遂答道："臣遵旨。但臣想举荐一人，顶替臣的翰林学士之职！"仁宗问："谁呀，不妨直言。"王安石道："苏轼！"仁宗心中大喜，点头道："嗯，好。"

吕诲急忙出班，跪下奏道："陛下，不可！陛下，百官联名上书奏苏轼在守制期间不守孝道，强抢姊尸、打人致残之事还悬而未决。苏轼所犯大罪，按律当黜落功名，怎可授以三品之位？"仁宗道："这两件事朕已查明，苏轼无罪。"胡宿见状，亦出班奏道："陛下，即便苏轼无罪，但他将其出嫁的姐姐葬在自家祖坟，也与大宋礼制不合，按律也不得授官。"

王安石早就深知台谏两院对新法、新人的重重阻力，今日实在忍不住心中的怒火，叫道："按律、按律！难道眼看着好人被逼死，坏人逍遥不成！你们这些御史台、谏院的人，就是专抓无聊之事，就是要把好人说成坏人，把坏人说得有理，就是要以礼法杀人！"欧阳修、范镇等人纷纷称是。

王珪知道这时自己必须出来说话了，便出班奏道："陛下，王安石不论实事，攻击礼法，实属搅闹朝堂！"王安石早就看王珪不顺眼，怒道："陛下，王珪无所事事，只知阿谀皇上，实是奸佞小人。"王珪气得哆嗦无语。

仁宗转向韩琦，说："好了，韩琦，你是宰相，你说说看。"韩琦思索着上前一步，出班奏道："陛下，苏轼虽有才学，但仍须历练，骤然授予翰林学士之职，恐天下不服。"王安石驳道："陛下，不可陈陈相因，裹足不前，若等事事都天下服了，天下也就大厦已倾，不可力挽了。"韩琦愤怒地大喝："王安石不得妄言！"范镇为了能留住苏轼，也出班奏道："陛下，宰相也不能阻人言路。"朝堂上一片混乱。

仁宗见此状，烦躁地挠挠头，站起来道："好了好了，你们不要闹了。朕早有打算。王珪！草旨，苏轼签判凤翔府，苏辙为昌福县主簿；苏洵文章大家，人品贵重，学识渊博，无须考试，命其入礼部编纂《太常因革礼》。退朝！"说完，拂袖而去。

汴河上船只川流不息，汴京码头上熙熙攘攘，王安石的家眷正在搬运行李装船。王安石独自孤傲地站在江边眺望，心想自己为官，不管在朝在野，从无私心，一心为国；虽出语狂傲，亦是为人耿介，并未因私情而刻意得罪他人；今日离京外放，竟无一人相送，不禁感叹朝中无如自己般的直臣。

忽然，苏轼从远处跑来，来到王安石身侧，深深一揖道："王公，晚辈特来送别王公。"王安石听声便知是苏轼，转身大喜，向苏轼拱手，感慨道："子瞻，你来了。今日王某还以为无人相送呢。不过就是无一人相送，我也会我行我素！"苏轼点头道："王公有经天纬地之才，非是俗人可知，有没有人送别，又何必放在心上！"王安石喜形于色，大笑道："哦……呵呵，有子瞻一人为我送行，已胜过千万人矣！子瞻，你虽小我十六七岁，但与我真如知心兄弟一般！"苏轼拱手道："晚辈不敢。王公与我忘年相交，实是晚辈的荣幸。王公此去鄞县试行变革之事，千头万绪，时有不测之忧，万事珍重！"王安石抚着苏轼的背，叹道："你初次为官，到凤翔也要多加小心，不可事事较真，不可触人太多。"

苏轼随即掏出一包茶叶递给王安石，说道："王公，晚辈囊中羞涩，也送不起什么贵礼。这包从眉州带来的家乡茶叶，权当赠予王公的送别之礼。"王安石接过茶叶，大为感动，叹道："举天之下，也只有子瞻你送的茶叶，不仅有茶香，还有墨韵，我一定倍加珍视，每饮此茶，就像子瞻仍在身旁共论经国大业。"

苏轼见吴夫人率家人已在甲板上等候，便道："王公，该启程了。"王安石点头登船，转身抱拳道："多谢子瞻，多保重。"苏轼拱手道："王公，多保重。"

两人久久拱手对视，浩渺水波载着船悠悠远去。

苏轼、苏辙皆已外放，自是要应期上任。只是仁宗让苏洵留京任命，两兄弟必要有一人留京照顾父亲。朝廷曾屡次征召苏洵，都被他以各种理由推辞了，这次苏洵又想推辞。

这日，苏轼、王弗来到苏洵房中。施礼坐下后，苏轼说："父亲，如今皇上让您到礼部编纂《太常因革礼》，无须考试，是格外的恩遇，您就不要拒绝了。再说，您年事已高，不能再到处漂泊，风餐露宿。朝廷供职，也算有个安定之所。"苏洵点头道："皇上算是给足老夫面子啦，这两天我也想是不是该受此职。"苏轼接着说："父亲，礼部皆清要之职，而掌管历代礼制变动，非德高望重者不可，您若再辞，天下人不免会说您矫情。"苏洵应允道："是啊，凡事不可太过，那就接受吧。"

王弗抚着隆起的肚子说："那谁来照顾父亲？"苏洵摆摆手道："我身体硬朗，无须人照顾！"

这时，苏辙和史云从门外走进，应声说道："我和云儿商量好了，如果父亲任职礼部，我们就留下来。"王弗道："这如何使得！"

苏辙道："哥哥、嫂嫂听我说。我留下来，一是照顾父亲；更重要的是，我年龄尚小，不急于出仕，应该随父亲多读几年书。等哥哥凤翔任满，回到汴京，哥哥照顾父亲，我和云儿再离京。"苏轼、王弗一时不知如何是好。

史云拉着王弗的衣襟，说："哥哥、嫂子，我们俩商量好了，就这样吧！"王弗笑道："妹妹头一回当家，就这么先人后己，让嫂嫂汗颜了。"史云撒着娇，低头道："嫂嫂不许取笑我。"众人皆笑起来。

苏洵点头道："嗯，要我一时离开辙儿，还真有些舍不得。我看就这样吧，辙儿留下，轼儿赴任，明儿奏明朝廷吧。"

苏轼兄弟感情极深，两人从未分离过。此次苏辙送苏轼上任，已偕同走了两天，这日抵达渑池县的一座古寺。这里是当年他们兄弟俩进京赶考曾寓居过的地方，两人曾与寺中的老僧纵论佛理。而如今老僧已故，新塔已成，寺中墙壁上还依稀可见当年他们留下的墨迹。兄弟俩不由得更加感慨，于是又是一夜的长谈。

第二天一早，采莲收拾好行装，扶着王弗坐上马车。苏轼、苏辙骑马走在前面。王弗从车里探出头来，说道："子由，回去吧，不要再送了！"苏辙回头说道："嫂嫂，让我再送一程。"说完对身旁的苏轼道："哥哥，从小到大，从故乡到京城，你我兄弟二人始终形影不离。可从今往后却要关山阻隔，天各一方。"苏轼也不禁激动地含着泪道："子由，你已送了两日了，当年我们进京赶考时也住在这里，这不知不觉已经四年。唉！人生如此奔波，也不知为了什么！"

苏辙道："还记得小时候父亲常不在家中，是哥哥教导我读书习字，即使我偷懒不学，哥哥也只是好言劝勉，从不打骂子由。父亲怪罪下来，哥哥却要挨打。"苏辙终于忍不住流泪道："有兄如此，子由此生足矣。"苏轼强忍住眼泪，微笑道："我有子由为弟，夫复何求。子由你不仅是我的弟弟，更是我最好的朋友。"

苏辙收泪劝道："哥哥宅心仁厚，满眼里都是好人。此去凤翔，防人之心不可无啊。"苏轼眼泪几欲掉下，但强行忍住，叹道："子由，你也要好好照顾自己，父亲也是。回去吧，不必再送了。"

苏辙点头，向车内众人拜道："表姑，嫂嫂，你们多保重。哥哥，保重！"说罢迅速翻身上马，飞驰离去，不敢回头。苏轼冲着子由的背影大喊道："子由，哥哥会给你写信的！"子由停下，抹泪回头看着苏轼，随即掉转马头飞驰远去。

苏轼望着苏辙的背影，吟出一首七律来："人生到处知何似，应似飞鸿踏雪泥。泥上偶然留指爪，鸿飞那复计东西。老僧已死成新塔，坏壁无由见旧题。往日崎岖还记否，路长人困蹇驴嘶。"

## 十一　　初放凤翔

苏轼在仁宗面前自请外放，要去地方做出实实在在的政绩，以济民生。这一番肺腑之言深深打动了仁宗，但仁宗也颇费了一番苦心。他当然相信，以苏轼的大才，是能够胜任一方知州的，但他也深为苏轼耿介的品性担忧，因此决定将他外放到西北边陲的凤翔，且只做一个签判。这样既可以让苏轼尽早认识大宋积贫积弱的国势，也能让他在与知州的协同共事中熟悉官场规则。对于这一点，苏轼倒是没想太多，他只有一腔报国的热情，恨不得立刻上任。

此时，正值西夏进犯大宋西北边境，烧杀抢掠，无所不为，很多村庄一夜之间化为灰烬，难民背井离乡，毫无目的地随着人流奔走。苏轼走的是向西北的官道，而流民多是往东南逃散，因此他并未看到大队的难民，但沿途的饿殍让他忧心忡忡。

十多天后，苏轼及家人来到了凤翔境内。时值初冬，天气寒冷，凤翔城外，一片萧瑟。夜晚，苏轼一家寄宿在一间村野茅店中，一家人正围着一堆篝火烤火取暖。采莲说："没想到吧，这大西北可是够冷的。"此时王弗身孕日重，行动不便，感激地说："表姑，怪不得你在马车上装了那么些劈柴呢！"苏轼环顾一下四周，叹道："连年战争，树也跟着遭殃啊！"

这时，四个持枪带刀的蒙面人在院墙外观察动静，看到苏轼一行并无随行人员护卫，就冲进了院子。苏轼立刻站起，护住王弗和采莲，迅速扫视了一下这些蒙面人，见他们都穿着残破的军服，所持的刀枪皆是大宋禁军之物，顿时心中有底了，问道："你们是什么人？"其中一个领头的说："莫管我们是什么人，留下财物！"苏轼听出他的语气似乎有些颤抖，断定他们并不是惯于打劫的绿林中人。

又一蒙面人对领头的耳语道:"看样子是个当官的!"领头的就着篝火仔细看看苏轼,顿时一惊,又审视片刻,小声对同伙说:"要是当官的,以后怕有麻烦,还是走吧!"又一蒙面人说:"走?走到哪里还不是饿死?!当官的,哼,一起杀了不就没事了!弟兄们,上!"说完四个人一拥而上,其中一蒙面人将苏轼按于地上,用刀架在脖子上。苏轼尽量冷静下来,拼命回头道:"你们不是强盗,是大宋的禁军!"一蒙面人说:"禁军没有饭吃也就是强盗!"说完就要动手。

王弗开始吓得说不出话,但见到蒙面人就要杀苏轼,不知哪儿来的力气,哭着拼命扑上去,大喊"住手"。采莲也哭着不知所措,但见王弗欲上前,便拼命拉住王弗:"夫人,小心孩子!"王弗迟疑一下,看看苏轼,摸摸肚子,又挣开采莲,拼命扑上去。苏轼见此状,挣扎着喊道:"不要过来!快走!"一蒙面人说:"哼,要走,休想!"说完奔向王弗。这时,领头的蒙面人大叫道:"不可!只拿东西,不要伤人。"拦住奔向王弗的蒙面人,二人动起手来。其他几个蒙面人见此情形,只顾按住苏轼,不知所措。

就在此时,巢谷忽然现身,用棍棒将四个蒙面军士打倒在地,扯掉他们脸上的面纱,然后捡起一把刀来,要杀掉这四个不法的军士。苏轼看到巢谷,兴奋地起身,揉揉自己的双臂,前去护住王弗,但看到巢谷要杀蒙面军士,便大声急叫道:"巢谷兄,不要杀了他们,他们是大宋禁军!"巢谷头也不回,冷声说:"到此时,你还如此好心肠?"说完,举刀欲杀。四个军士拼命向苏轼磕头求饶。苏轼把王弗交给采莲,快步走到巢谷面前,止住他说:"巢谷兄,听我说。庆州一役,将帅带兵无方,致使兵败,逃兵沿路抢劫,原是怨不得他们。"四个军士听此,皆跪下叩头道:"多谢大人不杀之恩,小人也是实属无奈,实在是饿极了,这才万不得已……"巢谷向一军士踢了两脚,怒道:"万不得已?抢劫倒也罢了,为何却要杀人!"说完朝另外几个军士踢了几脚,又举起了刀。苏轼拉着巢谷,说:"饶了他吧,巢谷!"王弗也从后面走来,说道:"巢谷兄弟,饶了他吧!"巢谷回头看看王弗的大肚子,迟疑了一下,对军士吼道:"滚!"几个军士跟跟跄跄地逃走了。

等军士不见了人影，巢谷才上前和苏轼、王弗、采莲见礼。苏轼笑道："巢谷兄，我过去不赞成你学武，今天看来，还是学武好哇。要不是你，这里就成了我们的葬身之地了！"王弗、采莲还是惊魂未定，都问道："你怎么知道我们在这里的？"巢谷这时也恢复了天真的表情，学着吴复古的样子，摇头晃脑道："天机不可泄漏。我欲寻你无躲处，你觅我时无处寻。"王弗听到"你觅我时无处寻"，低头叹道："你再晚来一刻，我们就……"看看肚子，不禁又流下泪来。巢谷连声安慰王弗。苏轼也说道："好了，好了。孔子说：'天之未丧斯文也，匡人其如予何？'我们怎么就那么容易死！到了凤翔，我就向巢谷学武，行了吧！"

苏轼问起吴复古道长，原来道长在武当山闭关，特命巢谷前来助苏轼一臂之力。苏轼拍手叫道："太好了。你的缉捕公文已过两年，已然无效。你和我们一起到凤翔，有了你呀，我不就文武双全了嘛！"众人皆宽慰地笑起来。

第二天，苏轼一行接着赶路，巢谷持棒步行跟随，很快，他们就远远地看到了凤翔城墙。苏轼看到城郊大路两边都是大片大片荒废的田地，杂草丛生，对巢谷说："巢谷兄，看这土地荒得多可惜啊！"巢谷解释道："这里的男人大多都当兵去了，无人耕种。"苏轼问道："那为什么官府不找人种？"巢谷笑道："哈，你问我，我问谁？子瞻，你还是去问朝廷吧！"

一路上，三三两两的难民结队而行，他们面黄肌瘦、衣衫褴褛，而又以青壮年居多。苏轼惊愕地看着难民们，感慨地对王弗说："这一路上虽也看到些流民，但都零零散散，为何这凤翔城外的流民这么多？"王弗掀开轿帘，推测道："是啊，可能是专门向凤翔逃荒来的。"苏轼点点头。

路边，一个衣衫破烂的老汉双腿抖着，不一会儿就瘫软着倒了下去。巢谷急忙走上前，搀扶起老汉，问道："老伯，你这是怎么了？"老汉有气无力地答道："唉，没事。"苏轼翻身下马，走上前，关切地问道："老人家，这是要往何处？"老汉无精打采地看看苏轼，叹道："哎，大人，我们是从边境上逃过来的。西夏人烧杀抢掠，没法住了，想在这凤翔寻个安身的地方。"说着老人又支撑不住，瘫坐在地上。苏轼急忙上前扶住，说："老人家，你怎么了？"老汉垂着双眼，无力地说："不怕你笑话，三天没吃东西了。"苏轼立刻让采莲表姑从车上取下干粮和水，送到老汉面前。老汉顿时眼中发出光，拿起干粮啃了起来。见有食物，路上几十个流民立即像饿鬼般地扑了上来。采莲阻挡不及，一袋干粮转眼被抢光，人们狼吞虎咽地吞食着。老汉接过巢谷递过来的水喝了一口，羞愧地对苏轼道："大人，不要怪我们这个样子，实在是饿了好几天了。"

苏轼点点头，看看老汉，转身站起，又看看古道上的流民，问道："老人家，这流民中怎么有如此多的年轻人？"老汉答道："老弱病残不是被西夏兵杀死，就是在路上饥渴而死。我等从庆州一路走来，我也没想到自己能撑到现在，多亏大人搭救啊！"这时一个精壮的年轻人忽然从后面赶了上来，他一把就将老汉搀扶起来，有些埋怨地说："爹，你本来就没力气了，只管好好走路，却与闲人讲什么话！"老汉把刚才的事讲给年轻人听，并对苏轼说这是他的儿子王二。王二看着苏轼穿的官服，眼中露出不屑的神情，谢也不谢一声，搀起王老汉就走。巢谷生气，欲向前拉住王二。苏轼拦住他，说道："这些难民不相信官府，怨不得他们。"

这时，王弗挺着大肚子，在采莲的搀扶下从马车上下来，来到苏轼面前，两人对望一眼，又同时看向古道上的流民，眼中含着忧虑的神情。苏轼知道，还没上任，这些流民就给他出了一道难题。想到这里，苏轼双眉紧锁，若有所思。王弗看着苏轼，问道："夫君是否在想方才那些难民？"苏轼点点头。王弗叹道："离凤翔已不过半日路程了，希望这些流民都能坚持下来。但到了凤翔，也只能暂避战乱，这些流民将以何为生呢？"苏轼惊讶地看着王弗，说："这正是我心中所虑。这一路苦苦思索，但不知如何是好。"王弗看着大片的荒野，叹道："这一路走来，土地荒芜，可见凤翔百姓日子也不好过。这流民一去……"苏轼看着妻子，坚定地说："会有办法的！"

随着众多流民行至傍晚，苏轼一家来到凤翔城楼下，只见一大群流民涌动在城下，齐呼："大人救命！请开城门吧！"城上一位官员率领军士向下观望。苏轼远远一看，认得城上的官员正是自己的同年张璪。张璪朝城下军士喊道："众军士都听着，严把城门，没有我的命令不得擅开！"说完，身旁的一位军官对张璪道："张法曹，眼看这天色将晚，城外会冻死人的。"张璪不耐烦道："这与我何干！只要我凤翔的百姓都在城内！"军官道："这不妥吧！"张璪更加不耐烦，说："王监军，如今太守和签判都未到任，你我也做不了主。"城下流民仍不停齐呼"救命"。

巢谷持棒站在难民中，对苏轼道："官府不开城门，难民越聚越多。"苏轼道："走，去看看。"巢谷护着苏轼拨开人群，来到城门前。难民中，苏轼上午救助的王老汉看见了苏轼，仿佛找到了救星，跪下求道："大人，原来是您！您就给我们劝劝，就让上面的大人放我们进去吧！"众难民见状，都跪下哀求。

张璪在城楼上看见苏轼，问道："说话者何人？是苏子瞻吗？"苏轼向上喊道："正是在下。是邃明兄吧！"张璪喜道："哎呀，子瞻兄，你可来了！我们正说要迎接你哪！你怎么也在难民里？"苏轼笑着嚷道："这不被你关在外面了吗？"张璪忙道："岂敢岂敢！"说完转身对王彭说："传几名军士护送苏签判一家进城！"

苏轼喊道："何不大开城门，大家一同进城？"张璪摆手嚷道："子瞻兄有所不知，这城门一开，流民拥入，饥渴如狼，且无约束，必扰凤翔百姓。"苏轼道："寒风凛冽，这些难民又饥寒交迫，难道眼睁睁地看着他们冻死、饿死？"张璪道："现任太守还未到任，小弟实不敢自作主张，还是等太守上任后再作决断吧。"苏轼急道："他们已经奔波数日，恐怕等不到太守上任之时。还是先开城门放他们进去吧。"张璪仍是拒开城门。苏轼心中不快，正色道："邃明兄，我也算是到任了，若是太守怪罪下来，由我一人承担！你看如何？"张璪素知苏轼性格，且自己毕竟是人家的下属，遂无奈地说："你等都听见了，是苏签判坚决要开城门，与本官无关。那就开城门吧！"随即，众军士打开城门。

苏轼进入凤翔城门内，张璪等官员赶忙下楼迎接，难民从旁汹涌而入。

张璪拱手笑道："子瞻兄，四年不见今日重逢，别来无恙啊！小弟已恭候多时，没想到你今日到任，你看……这……小弟今晚在凤翔酒楼为你接风洗尘！这位是本府监军王彭，小弟则是本府法曹。"王彭拱手行礼道："见过苏签判。"苏轼回礼罢，对张璪说："接风洗尘事小，当务之急是安置难民。"张璪面露难色，说："是啊，如此多的难民，如何安置是好？"苏轼思忖片刻，忽道："室外寒冷，我看不如让他们暂到衙门避寒，待明日天亮再作安排。"

众官员及军士脸上显出惊疑之色，张璪对一心腹衙役使了个眼色，衙役会意道:"大人,衙门是官府重地,这如何使得,恐怕不妥吧!"苏轼怒对衙役道:"怎么使不得?不到衙门里安顿,难道眼睁睁地看着他们冻死?"张璪尴尬地说:"子瞻兄,不是这意思,只是衙门里安置难民,历来无此例。"苏轼不屑道:"那就从此开了此例!"张璪见苏轼如此坚决,不好反驳,一时语塞。王彭在一旁暗暗点头。

这王彭也是宋朝开国名将之后,只因宋朝重文轻武,且自己为人耿直,不善逢迎,故而多年沉沦下僚,虽有一腔报国才能,奈何总为软弱无能的上司压制,无处施展。今日初次见到苏轼,看到他行事果断,为救难民竟不惜以身试法,心中暗暗赞叹。

苏轼让巢谷带着家人去安排居处,自己来到凤翔府衙安置难民。这时大堂、签判堂等处拥挤的人,早已密密匝匝,而且仍有难民不断地拥进来,衙内一团混乱。苏轼、张璪、王彭被挤在中间,几乎动弹不得。

苏轼高声叫道:"大家不必拥挤!"王彭也大声喊道:"不要挤,听从大人安排!"张璪皱着眉,手足无措,怨道:"这成何体统,我早说过,岂可在衙门安置难民?子瞻兄,你不听呀。"苏轼装作没听到。

难民们仍旧往里硬挤,一些老弱者被挤得东倒西歪,张璪的官帽都被挤掉了。张璪拾起官帽,大怒,喊道:"你们再不听本官劝告,就将你们全部赶出城门!"难民们仍是不听,继续往里挤。王老汉被挤到苏轼跟前,"哎哟"一声倒下,苏轼忙扶起王老汉,把他安置在身旁。

这时,一位形容精干的青年人忽然由人群中站出来,喊道:"乡亲们,衙门里已经没地方了,再挤也没用,我们反会被赶出城去!我有一个办法,各家将老人妇孺留在衙内,其余青壮男子都住在衙外,大家一视同仁,才是保全之计!"难民们听见这话,终于停止了拥挤,止住喧哗,纷纷说道:"他说得对,衙内已经没地方了,挤也是白挤!再挤下去我们就真要被赶出城外了,到时候谁也活不了!让老人妇孺留下,我们都出去!对,就这样办!"一群青壮难民在那位青年人的带领下纷纷走了出去。

不一会儿,这位青年人走上前来,跪在苏轼面前,说:"大人,还认识小人吗?"苏轼低头细看,恍然道:"你是……是那个……军士?"青年人道:"正是。小人死有余辜，任凭大人处罚！"苏轼笑道："是你呀，你能觉悟，再好不过。你叫什么名字？"青年人道："小人曹勇，自从那次被您放了以后……小人就和他们几个分了手，无处可去，就随这些难民一路走来，没想到……"苏轼笑道："没想到又遇见了我？呵呵！"随即扶起曹勇。

　　曹勇感激道："大人是菩萨转世，就是您惩罚我，我也罪有应得。"苏轼点头道："知错能改，善莫大焉。罚什么！"苏轼忽想到曹勇刚才组织难民的行为，一转念，问道："哦，对了，你在禁军里当过什么军官？"曹勇回道："禀大人，甲头。"苏轼喜道："啊，好。甲头也管十几个士兵了。这些难民互不相识，怕出什么乱子。我看，你就和这位王老汉暂且当个头儿，凡事计议而行，不要鲁莽。"那王老汉在庆州时曾任保长，苏轼得知后更是放心地将统管难民的责任交给了二人。

　　难民安置妥当，苏轼找到张璪、王彭，说："二位，当务之急是让难民们有口饭吃，我初来此地，此事还要烦劳二位大人了。"王彭不待张璪答话，便道："是，苏签判。下官这就回去办，让邻居们做些饭来。"苏轼道："那就多谢王监军了。"张璪在一旁，有些不耐烦，但也嘟嘟囔囔地同意了。

　　这时，巢谷安置完家人，也来到签判堂。苏轼看见巢谷，说："巢谷兄，你也赶快回去，让家里人多做些饭菜。"巢谷为难道："可是我们刚来……"苏轼略一沉吟："你回去让夫人她们想办法吧。"

　　张璪、王彭、巢谷各自离去，苏轼转身走到府衙外。外面燃起了火堆，地上铺满了稻草，不断有衙役和百姓搬来破旧棉被分发给他们，青壮难民们围着篝火渐渐入睡。

　　苏轼巡视四周，终于松了一口气。他转身对一直跟着自己忙碌的王老汉说："老人家，你已跟我忙了这许久，快进去歇歇吧。"说完，突然想到什么似的："你那儿子王二呢，怎么不见他？"王老汉无奈道："他生性倔强，不愿进城，我也拿他没办法。"苏轼点头深思。

　　回到家中，已是深夜，苏轼又与家人讨论如何救助难民。苏轼来回踱步，说："今晚算是过去了，可明日如何度过？明日这些难民又该如何吃饭！我初来乍到，就是借贷，也无相识啊！"众人面有忧色，但又想不出办法。

巢谷说："要不，就给朝廷上书吧！"苏轼摇头道："我何曾没有想到，可这书信来往，就要一月有余，就是朝廷立即拨款，没有三个月，款项也到不了。"众人无奈地点头称是。

王弗挺着大肚子，坐在椅子上，叹道："夫君，若是在眉州，你可以开自家的粮仓，但此地却想放都无粮可放！唉，都说新官上任三把火，你这第一把火就没柴烧了，后两把火又拿什么烧？"苏轼听此，若有所悟，一边捋须，一边道："既没柴烧，就须找柴来烧。"说完，拍案说道："如今恐怕也只有这一个办法了。"

第二日，张璪、王彭来到凤翔府衙。见礼毕，张璪拱手道："子瞻兄，年关将到，知府尚未到任，依律由你签字从府库调拨库银，作为官俸。"苏轼和悦地向张璪说："邃明兄，我等官俸来自朝廷，可难民们的口粮又来自何处呢？今日找二位大人来，就是想商量一下难民吃饭的问题。"张璪无奈地说："巧妇难为无米之炊，我们又有什么办法？"王彭上前说道："苏签判别急，我想让州府官员捐款捐粮，以解燃眉之急。"苏轼赞赏地看着王彭，点头道："难得王监军这么想，但也只是杯水车薪。"二人沉默不语。

苏轼忽然站起，坚定地说："我以为，要想救人，只有开官仓借粮。"张璪大惊失色，连连摆手，抢上前道："啊？这可是杀头之罪啊，无朝廷敕文，官仓不能开。"苏轼接着说："邃明兄，官仓不开，必是饿殍遍地！难民越聚越多，即使不开官仓，也会被抢！"张璪面有愠色，转头道："要是昨天不救助这些难民，难民也不会聚集而来！"

苏轼虽素知张璪秉性，但总还以同年之谊善待，此时听得此言，也不禁怒道："邃明，这话别再提了！见死不救，岂是我等所为？"张璪也不依不饶，说："子瞻哪，只怕难民未救得，就泥菩萨过河，自身难保了。"苏轼拂袖道："自身能否保得住，以后再说，难民却不能不救！"

张璪不屑地说："子瞻兄，休要书生意气，这不是写文章，我劝你还是守规矩些为好。"苏轼初次入仕，最恨被人指为纸上谈兵，怒道："邃明，你小看我了！我具状自认，开仓一事由我一人承担，别人与此事无涉。"说完，苏轼提笔写就，将状子交给张璪。张璪佯装羞愧道："这……这是干什么，我不过是好意提醒。"但还是将状子塞入袖中。

苏轼不甚理会，昂首走出府衙。张璪拿出状子细看，王彭见状也随苏轼而去。

看着苏轼和王彭的背影，张璪转念想道：即使签了具认状，朝廷若真怪罪下来，我又怎能脱得了干系？朝廷一定以为我与苏轼是同流合污，到时自己岂不冤枉？又想：那苏轼生性狂悖，目无纲法，在朝廷尚且如此，更何况是这天高皇帝远的凤翔；唉，也是我倒霉，竟跟他在一处做官，我苦读十年圣贤书好不容易进入仕途，却要被他毁于一旦！

张璪收起状子，心想：我岂能坐以待毙，受制于苏轼？但他毕竟官高我一等，我压不了他啊！看着衙外大街上成群的难民，张璪心生一计，把他的心腹衙役叫来，暗暗嘱托了一番。衙役应声离去，留下张璪得意地笑。

难民住在衙内毕竟不是长远之策，于是苏轼命曹勇带领难民从城外取来木材，在城中空旷处暂搭草棚安身。

这日，曹勇、王老汉率众难民搬运木料，兴冲冲走入城门。这时，一伙泼皮捧着一坛酒故作醉态地路过，带头的一个泼皮故意撞到曹勇身上，酒坛应声落地。泼皮佯怒着，猛推了一把曹勇，嚷道："你这无耻流民，为何撞翻我的酒？"曹勇急忙放下木料，赔礼道："这位兄弟，对不住，我已经躲闪了，却还是躲不及。"泼皮一边推搡着曹勇，一边嚷嚷道："那你是说我撞的你喽，你这不是摆明了欺负我吗？你们这些流民饿鬼，谁让你们来住我们的地方，吃我们的饭食，还要撞翻我的酒！你赔给我！"曹勇也有些不平，强忍怒气说："这位兄弟，撞翻你的酒是我不对，但你也不可骂人。"王老汉也上前劝架，泼皮更来劲了，把他推倒在地，骂道："老东西，要是多嘴，我骂的就是你！"说着又向着围观的百姓喊道："喂，大伙快来看呀，流民不讲理啦，流民欺负人啦！"

其他几个泼皮也冲上前，揪着曹勇的衣服，齐声嚷道："赔我酒来！大伙，这流民撞翻我们的酒，非但不赔，还要骂我。这些流民如此不讲道理，总有一天会来霸占我等的房屋，抢夺我等的钱财！"众百姓也纷纷不满地七嘴八舌："快赔人家的酒！撞翻了人家的酒，为何不赔！好心收留你们，却原来是白眼狼！"

此时，曹勇心里已经明白了，但还是忍不住推开众泼皮，怒道："你放手，你分明是要陷害于我！"带头的泼皮抬手抽了曹勇一巴掌，骂道："你还敢还嘴！"曹勇怒不可遏，一拳击去，但并未用力，泼皮故意倒地。众泼皮见状，齐上前围殴曹勇。曹勇虽颇有身手，但也尽量压住怒火，只是推挡，将众人击退。

带头的泼皮倒在地上，流着血，佯装委屈大嚷道："流民打人啦！流民抢我们的东西啦！流民无法无天啦！"众百姓不明真相，以为曹勇等真要欺负人，一时间情绪激动，愤怒地将曹勇等难民团团围住，推搡着骂道："好心收留你们，却为何打人？抓住打人者！把流民赶出城去！滚回你们老家！这儿是我们家，滚回去！"

这时，张璪骑着马，领着众衙役奔来，远远地叫道："你等流民，好心收留你等，却为何寻衅滋事，扰乱地方！既是如此，本官就将你等逐出城外，保我地方平安！"百姓听此皆大声欢呼。众衙役赶上前，持棍棒驱赶众难民。曹勇上前，跪倒在地，哀求道："大人，您听我说，这纯属误会！"但张璪毫不理会，仍命众衙役强行将众难民推向城门之外。

城门大开，众衙役已将难民们推到城门口，眼看就要赶出城去。难民们苦苦央求，却无济于事。张璪坐在马上远远看着，脸上显出一丝不易察觉的微笑。

正在城门就要关闭之际，苏轼与巢谷策马而至，苏轼远远地大喊："住手！"众衙役停住听命。张璪听出是苏轼，脸色一沉。

苏轼来到城门处，下马上前质问众衙役："为何要赶他们出城？"众衙役无奈，都看着张璪。张璪无法，下马拱手，故作正直地说："子瞻兄，这些流民动手打人，滋事生乱，犯了众怒，凤翔百姓请求将其逐出城外，我这样做也是为了顺应民意啊！"苏轼正色道："谁动手打人了？"曹勇上前跪倒，愤怒而又不好意思地说："苏大人，是我。我打人，是因为……"苏轼未等他说完，佯怒道："曹勇，你身为领头者，却带头滋事。来人，将他锁了，押入牢中。既然捕了肇事人，其余难民都属良民，就即刻回到住处吧。"衙役将曹勇拘捕，并上了枷锁。

张璪一惊，上前劝道："子瞻兄，不可啊……"百姓也群起劝道："大人，将这些流民逐出城去吧！他们住我们的地方，吃我们的粮食，还要打我们的人，我们如何能过安生日子呀！大人，你要为我们做主呀！"众难民有口难言，只是惊恐地看着苏轼。

苏轼看看难民，又看看百姓，温和地说道："乡亲们，听本官说两句。这些人其实与你们一样，他们也有家，只是家已被西夏人所毁，田地被西夏人所占，亲人也被西夏人所杀。于是他们不得已，走了千里路，逃到我们凤翔来。"听到此，难民中有人叹气，有人垂泪。凤翔百姓也终于停止了鼓噪，安心听苏轼讲话。

苏轼接着义正词严道："西夏人就在数百里之外，随时都有可能杀过来。若有一日，他们也攻破凤翔，毁坏你们的家园，杀了你们的亲人，你们也因此逃离出走，而城里的百姓却要驱赶你们，你们又会如何想？"百姓被他的一番话说得羞愧低头，难民们纷纷啜泣。

苏轼拉着一旁衣衫褴褛的王老汉，对百姓说："看看这位老人家，他难道愿意背井离乡，一路漂泊吗？他也想在家中颐养天年呀！可是西夏人不许。他，他们，还有你们，都是一样的人，都是我大宋的子民。他们没有了家，凤翔就该是他们的家。因为凤翔只会驱赶西夏的鹞子军，而不会驱赶我大宋的同胞骨肉！"这番话真真说到百姓心里去了，众人啧啧感叹，衙役们都纷纷放下手中的棍棒。张璪见情形突转，不禁目瞪口呆。

## 十二　为　民

苏轼带领众衙役疏散了百姓和难民，又和巢谷耳语几句，让他去调查这起骚乱的真相，随即和张璪一起骑马回到凤翔府衙。

到得府衙，张璪紧随苏轼身后，辩解道："子瞻兄，不是我不爱民，我也是读书人。我这么做也是为了你好，你若真私放官粮，朝廷怎会不怪罪于你？前两次你撰典、制策，皇上是饶恕了你，但在地方为政不可同日而语，你若开了这先例，就是与大宋百年律例对抗，皇上决不饶你啊！"苏轼坐上签判堂，愠怒道："邃明兄，我不放粮，流民们饿死，皇上就会饶我不成！"张璪理直气壮道："流民又不在你我治下，我等无责，皇上怎会怪罪你！"说着，做了个无奈的手势。苏轼不屑地看着张璪道："邃明兄，原来你当官只问有责无责，而不问仁爱与否，不问道义与否，你读的是什么圣贤书？！"张璪叹道："子瞻你糊涂，为政和读书岂能一概而论！"苏轼起身，来到张璪面前，怒道："邃明，在我这儿，它们从来都是一样的，读书就是为政，为政就是读书。人各有志，我不强求于你。我明日就开仓借粮，此事与你无干，即使日后问罪于我，我也会这么说。你放心吧。"说完，拂袖而去，留给张璪一个背影。

受了苏轼这番抢白，张璪恼怒异常，原本真是为二人的仕途着想，想不到苏轼如此不领情，还屡次以虚礼压人，气得他额头直冒汗，心里虽委屈愤恨，却又无计可施。想把此事上报朝廷，却又不能越过苏轼这位上司。突然，他想到朝中的元老王珪。王珪亦为他二人的恩师，但自苏轼在汴京带头反太学体以来，与王珪等朝中保守派已成不两立之势，他们处处阻碍着苏轼的仕进。本来，张璪也是反太学体的一员，但他从未当面和这班朝廷元老撕破脸，既然他们处处搜集苏轼的罪状,自己在苏轼手下又处处受气,何不给王珪写信呢?想到此,张璪得意地笑了,心中恨恨地说:"苏轼,不要怨我,这一切都是你自找的!"

苏轼回到家中,巢谷快步迎上来,怒道:"子瞻,今日之事,果然是张璪派手下衙役挑拨城中泼皮,蓄意引起骚乱,意在激起城中百姓对难民的不满,把他们赶出城去。我已经教训了那帮泼皮!"苏轼点头道:"果然不出我所料,一会儿我就去牢中把曹勇放了,难民们还等着他安排呢。"说完坐在椅上,沉思凝想。

这时,王弗挺着肚子迎上来,温柔地问道:"夫君,你已决意要开官仓?"苏轼答道:"是啊,夫人,再不开明日就有难民饿死。"采莲忙道:"子瞻,我听人说,这可是杀头之罪啊!你可不要鲁莽啊!"王弗下意识地捂住自己的肚子。苏轼看着王弗,眼中充满歉意,但也不知说什么好。

巢谷见状怒道:"你们莫怕,子瞻如此爱民,他们还要问罪?若真来问罪,我把他们杀得一个不留!"采莲忙道:"罪过,巢谷,夫人肚中有婴孩,说什么杀不杀的。"巢谷低头不语。

王弗沉吟片刻,微笑着说道:"夫君,早点休息吧,明日还要早起开仓呢。"苏轼眼中含着泪花,感动地看着王弗,说道:"夫人如此体谅为夫,真是我苏轼之幸,也是我大宋之幸!"说着,苏轼抚着王弗的肚子,笑道:"夫人先休息吧,我还有点事,一会儿就回来。"王弗点点头。

苏轼和巢谷去监牢释放曹勇。二人出门后,王弗叫住采莲,道:"表姑,把我的首饰匣子拿来。"采莲忙问为何。王弗缓缓说道:"我们刚刚安家,也没有多余的粮食。我还有些首饰,就先捐了吧。"采莲急道:"夫人,这如何使得?这些都伴随你多年了……"王弗笑道:"表姑,如何使不得!作为妻子不能为国赴难,难道还不能为夫分忧吗?当年眉州大旱,子瞻能捐粮,如今虽开官仓放粮,只怕也是粮少人多,我就不能捐首饰?"

采莲叹了一声,取来首饰匣子。王弗检视着首饰,觉得太少,想一想就捋起袖子,要脱下自己手上的玉镯。采莲急忙制止道:"不可,不可,万万不可!那可是老夫人留下的。再说,也是……老夫人为你和子瞻订婚才给你的!"王弗笑道:"也只有这翡翠玉镯还值些钱。"王弗边说边脱下,接着道:"母亲在时,常常教诲我要相夫教子，如今夫君有需，为妻岂能坐视。我留下一只，这一只，就算我替母亲捐了吧！表姑，你拿到店铺里卖了，千万不要让子瞻知道。"采莲眼中含着泪水，沉重地点点头，答应了。

第二天，苏轼带着一行车马来到粮仓门口，仓门已经打开，没有兵丁把守。苏轼看着粮仓，坚定地对曹勇说道："计数，装车。"曹勇、王老汉等人将粮食往车上装运。苏轼自写字据，放在粮仓里。王彭带着军士，远远地看着，苏轼在大门外，回身对王彭等抱拳感谢。

装完车后，苏轼又领着众人将粮车推到大街上，向难民定额分发粮食。众难民疯狂奔跑而来，推搡着，秩序大乱。曹勇和王老汉尽量维持着秩序。不一会儿，一行粮车便空空如也。难民们争抢着剩余的粮食，仍有新的难民不断拥进来。有人已动手厮打起来，一些老人妇孺被撞倒在地，哭声震耳。

苏轼见状，站在粮车上，大声喊道："乡亲们，已经没粮了！都回去吧！"众难民跪着哭道："大人，我们还没领到粮食呢，我们就要饿死了！"那些没有领到粮食的难民开始争抢其他人手中的粮食。

苏轼一边无奈劝解，一边问曹勇为何拥来这么多难民。曹勇回道："大人，听说是新逃进城来的。乡亲们，都停手，听苏大人的话！"王老汉也劝道："停手，乡亲们，确实没粮了，都回去吧！"众难民毫不理会，争抢得更凶了，有的粮袋被扯破，粮食撒落一地，众人纷纷在地上捡拾，又乱作一团。

苏轼无奈地看着眼前的一切，无计可施。这时，张璪率领一众衙役赶来，手持棍棒驱赶众难民，有难民反抗，便被衙役棍击倒地，头破血流。苏轼见状，大声制止道："邃明，叫衙役住手，莫伤及无辜！"张璪不屑地看着苏轼，怒道："都这个时候了，你还为这等暴民求情，白领官粮，还如此不知足，岂是无辜？"说着命令衙役："给我打！"衙役继续棒打。苏轼忙冲上前，制止住衙役，众难民一哄而散。

苏轼抢上前，向张璪怒道："邃明，你为何对难民动武呀？"张璪道："子瞻，再不动武，他们就敢把官府粮仓给拆了！"苏轼无奈地叹道："唉，休怪他们，僧多粥少，粮食仍是不够啊！"看着苏轼这般无奈，张璪得意地挥了挥手中的马鞭。

在曹勇的带领下，第一批拥进城的难民虽有了一些遮风挡雨的草棚，但随着拥进城的难民越来越多,还是有不少人冻死、饿死在街头。

这天夜晚,苏轼与王彭、曹勇、王老汉等提着马灯,来到各处街道巡查。不时看到一群群难民无处藏身,躲在街角,个个冻得瑟瑟发抖,有的渐渐失去知觉,直至冻死,但旁边的人却无力理会。苏轼俯身查看地上一个僵硬的难民,摇一摇,没有动静,试试鼻息,才知已经死去。苏轼不禁摇摇头,痛心疾首地说:"苏轼无能呀!"众人一脸凝重,宽慰道:"大人,您已经尽力了。"

回到家,苏轼久久不能入睡。王弗听到动静,问道:"夫君,还没睡吗?"苏轼心情沉重地对王弗说:"夫人,今日我才知道,我原来也是个志大才疏、高谈阔论之徒!连凤翔难民我都无计可施,更别说治理天下了。"王弗宽慰道:"夫君,你人微权轻,流民安顿之事,于你确实非常棘手,这与才能无关,你千万不可妄自菲薄。"苏轼叹道:"曾经,人人都夸我是什么太平宰相、王佐之才,什么大宋第一才子!这些谬夸之词,现在都成了天下人所耻笑的谈资!"王弗疼惜地看着苏轼,无言以对。

第二天,苏轼独自骑马来到城西郊区,只见城外一片荒凉,寒山瘦水。苏轼苦苦沉思,试图找到一个解决难民生计的办法。这时,他又想起了在仁宗面前许下的诺言:微臣要向陛下向百姓证明苏轼绝非纸上谈兵之徒,就必须去地方做出结结实实的政绩。想到此,他顿时觉得羞愧难当。

苏轼骑马越过田野,心情异常沉重。忽见前面田野中人影一闪,苏轼轻轻地下马,好奇地跟了上去。苏轼穿过枯草丛,看见原来是王老汉的儿子王二,他没有进城,在干什么呢?走上前,发现王二警惕地东张西望,在田里抓来抓去,用衣服兜住,揣在怀中,急速跑走。苏轼一惊,明白了,这是在偷当地人种的薯芋,便牵着马,悄悄地紧跟王二而去。

苏轼知道当地的青壮年多被征去打仗,留下的老弱病残无力耕种,于是只能耕种最容易生长的薯芋之类。这王二不愿随父亲进城,而独自在城外,竟是干的这般勾当。

苏轼紧随着王二来到城西,眼前竟是一座废弃的军营,有上百间破旧得不成样子的房屋。

王二跑进屋中,向外张望一下,看四下无人,身形一闪,窜入一房屋内。苏轼紧跟而至，藏在门外，向里窥看。

屋里生着柴火，几个青年难民围坐着烤火。王二进来叫道："我回来了！有薯芋吃喽！"众人都站起，接过王二衣襟里的薯芋，笑道："太好了，饿死我们了！"大家迫不及待地烤着，惬意地说笑着。

王二感叹道："我几次进城去找我爹爹过来，他都不肯。咱这儿多好呀，这儿以前可是座军营，补一补，睡觉一点风都不漏。我爹他非要进城，他以为当官的有好心，你们想，那些当官的真会管我们这些难民吗？他们才不管呢，当官的哪有一个好东西。"几个青年连连点头，眼睛却注视着火中的薯芋。

苏轼听着屋内的谈话，豁然开朗：何不把城中的难民都接到这儿来，再把这个军营扩建一番，如此一来，就再也不会有人冻死街头了。想到这里，苏轼微微一笑，悄无声息地走出了军营。

回到凤翔府衙，苏轼立刻找到张璪、王彭，问道："王监军，城西二十里那座军营多少年不用了？"王彭答道："约有十年了。西夏鹞子军常来侵袭，后来朝廷就让军队驻到城里了。"苏轼若有所思地点点头。

张璪忧虑地问道："子瞻，你又想干什么？"苏轼答道："邃明兄，不瞒你说，我想让难民们住进军营里，如此一来，难民便有了一个长久安身之所。此乃天助我也。"张璪大惊道："子瞻，你不可一错再错。昨日你私放官粮，若报到朝廷，追查肯定十分严厉；你若以军营安置难民，等于私建村落，这又是杀头之罪啊！"苏轼豪情满怀地笑道："邃明兄，你又不是不知道，早在京城之中，我已两度犯下死罪，再来一次也是驾轻就熟。呵呵！"

张璪恳切地说："子瞻，你不可以为皇上每次都能宽恕于你。你如此不顾纲常纪法，迟早会不见容于世，即使皇上恩宠你，百官也不答应。"苏轼点点头，轻蔑地笑道："邃明兄，谢谢你的好意。可是你却不知道，昨夜凤翔城内已有难民活活冻死！所以苏某现在心中只有一事为大，就是如何不让这些难民再挨饿受冻！其余的且听天命，日后再说！王监军，走，随我去修理军营，尽快让难民入住！"

苏轼与王彭昂首走了出去。看着两人的背影，张璪气得坐也不是，站也不是。

苏轼和王彭来到城内难民聚集的地方，把这一消息通报了，大家顿时欢呼起来，不一会儿就各自收拾起不多的一点破烂物什，众人扶老携幼，随着苏轼朝凤翔城西的军营奔去。

来到城西军营，苏轼把修理军营的任务下达给曹勇和王老汉后，便随同王彭和巢谷指挥着上百军士和难民们热火朝天地干了起来。往日萧瑟冷清的破旧军营内一派喜气洋洋。不久，修理好的房屋已够现有的难民们入住了，附近的百姓闻讯，也络绎不绝地送来粮食和衣物。苏轼见此情形，总算松了一口气。

这时，王老汉推搡着王二来到苏轼面前。王二老大不高兴，低着头不看苏轼，不知是不愿还是不敢。苏轼微微一笑，叫了他一声，王二不答。王彭在一旁吼道："大胆，大人叫你，为何不答？"王老汉也催促儿子，王二这才不情愿地低声应了。

苏轼微笑道："王二，不管当官的有没有好东西，你做人也不能太过小气，光顾着自己有地方睡觉，就不想城里的人在挨饿受冻。所以本官虽不是好东西，但你也不甚高明，咱俩彼此彼此。"王二听此，抬起头惊诧地看了苏轼一眼，随即脸一红，又低下头去。苏轼佯怒道："还愣着干什么，还不快帮忙！"王二这才高兴起来，急忙抢过苏轼手中的铁锤，开始钉合门窗。众人见此，都大笑起来，军营中一团和睦。

苏轼拍拍王二的肩膀，高兴地说："王二，本官要的就是你这身力气！记着，吃了人家多少薯芋，日后可要如数奉还。"王二停下手中的活儿，稍一愣，涨红了脸，又赶忙使劲抡起锤来。

忙了一天，苏轼疲倦地回到家中，但脸上泛出喜悦和满足的神采。采莲抱着一个箱子来到苏轼面前，王弗指着箱子道："子瞻，这些钱你拿去给难民买粮食吧。"苏轼打开箱子，见是一大箱的铜钱，惊讶地问道："钱，你哪里来的钱？"王弗温柔地说："你就不要问了，只管拿去。"苏轼着急地说："不，你不说我就不拿。"采莲在背后忍不住说道："夫人卖了首饰，换了这点钱。"苏轼惊得站起来道："什么？哎呀，怎么不告诉我？你本来就没什么首饰。"采莲看看王弗，又看看苏轼，嗔怪地说："告诉了你，你能让卖吗？"

苏轼随即抓起王弗的一只手，见手腕上空荡荡的，惊道："你……"王弗举起另一只手，羞愧地向苏轼说："子瞻，对不起。不过，我还留了一只……"苏轼眼中含着眼泪，捧起王弗的手，爱怜地说："就是一只不留，我又能怪你吗？夫人，能娶你为妻，苏子瞻此生足矣。"

第二天，苏轼来到军营，监督难民的修建工作，又把王二叫过来，把当天尾随他来到军营的事说明了，并拿着一串铜钱，要带他去还给薯芋的主人。王二一开始惶恐不已，以为苏轼要惩罚他，没想到苏轼竟会如此处理，愧疚地答应了。

苏轼带着王二找到了薯芋田的主人。王二走上前，将手中的一串铜钱交给那位老伯，并解释了原因。看到苏轼在一旁，老伯自然满心欢喜，连连称谢。这时，旁边几个老农也凑过来看热闹。

王二接着问道："老人家，我偷吃你的薯芋，是我不对，现在苏大人叫我赔钱给你。不过我一直纳闷，你这地好好的，却为何让它荒着？这么大一片地却只长出薯芋，吃多了实在寡淡。"苏轼顿时也想到这个问题，也赶着问这地为何荒了。老伯叹道："我儿子打仗死了，这地没人种。我们这村子里，年轻人多出去打仗了，有的死了，有的不知是死是活。我们这帮老头子哪有力气种地，只能种点容易活又不费力的东西，将就着度日罢了。"王二听此，叹息着说："唉，这块地不赖，偏偏没人种。我有一身力气，偏偏又没地种！你说这事，唉……"

苏轼为之触动，茅塞顿开，喜道："对啊，老伯，你为什么不把地租给他呢？他有力气你有地，你可收租钱，还有粮食吃。"老伯忙摇头道："租给他？不行不行，要是他霸占了我的地怎么办？"苏轼说："不会，官府给你们担保。"

老农们纷纷摇头，七嘴八舌道："官府？官府我们可信不过。我们就是以土地为生的，没有地可怎么活？我们宁愿让它荒着！我们现在种不了，将来由我们儿孙种。我们自己的地，决不给外人种……"说罢纷纷转身离去。在他们看来，苏轼仿佛是官府派来侵占他们土地的。

王二挥手叹道："这些老人家，好糊涂！"苏轼心下失望，却也明白农民祖祖辈辈以土地为生，又对官府极不信任，想不通情有可原。然而此事不能因此放弃，若能施行，将是万民之福。

回到府衙，苏轼把租地的想法告诉了张璪。苏轼并不指望他出多少主意，但若不通知他，也有失礼貌。苏轼虽与张璪性情迥异，但毕竟是同年，在苏轼心中，他们还没有到"道不同，不相为谋"的程度。但令他不快的是，张璪又一次对他的计划嗤之以鼻:"子瞻兄,你说什么?你要农民将田地租给难民耕种?子瞻哪,你这是得寸进尺,你简直将朝廷法度视若无物!我劝你即刻悬崖勒马,回心转意。"

苏轼已经料想到张璪会是这样答复,冷冷地说:"邃明兄,我意已决。总之,还是那句话,一切由我承担。"张璪不屑地说道:"那你就等着朝廷降罪吧。"说完拂袖而去。

苏轼拍案而起,终于明白,自己上任以来诸多违纪之事,张璪应该都已通过朝中关系上报朝廷,才会有此等决绝之语。经此一事,苏轼心知两人再难有政见相合之时。

当晚,苏轼就写出租田告示,让衙役们第二天在各村土墙上张贴出去。苏轼一早便和王彭、巢谷、曹勇来到各村中探查村民们对租田告示的反应,想不到村民们纷纷关门躲藏,如临大敌一般。曹勇上前敲门,却无人应门。

村民拒绝租田的消息报到张璪家中,张璪精神为之一振,喜形于色道:"呵呵,看来苏轼此举不得人心啊!"说完,张璪又转入沉思:"苏轼才华过人,仍需加紧防范。我不能总是被动应对,也该转守为攻一回。"随即便对自己的心腹衙役嘱咐一番,衙役点头出门。

这位衙役来到村中,站在村头的巨石上,向众村民们说道:"我说的话,大伙都该听明白了。那些流民仗着有人撑腰,马上就要来抢占你们的田地,现在说得好听是租,过些日子就会明着霸占。"

一老农愤怒道:"他们看我儿子在外面当兵,我老弱病残就好欺负吗?不行,我决不答应!"

这位衙役又接着说:"老人家,这是明摆着的事,他们已在凤翔居住下来,这么多人要吃饭,不抢占你们的地又能抢占谁的?难道他们愿意饿死?"

众村民皆嚷道:"我们不答应,我们找他们理论去!走,抄家伙,让他们瞧瞧我们的厉害!他们休想抢占我们的田地!"说完,众村民皆抄家伙,蜂拥而去。

村民们持着棍棒锄锹,气势汹汹地来到城西军营外。有难民告知曹勇,曹勇立刻派一人速去告知苏轼,随即带领众难民来到军营外,拦住村民。很快两方便对峙吵嚷起来。

曹勇听清村民的来意，平和地解释道："老人家，众位兄弟，我等经历战乱，流落到此，只想有口饭吃，怎么会想着抢占你们的田地呢？"一老农大声嚷道："谅你们也不敢明抢！老汉我告诉你们，这田地可是我们的命根子。你们要打这田地的主意，我们就来跟你们拼命！你们也休想租田，不要以为官府有大人给你们撑腰，我们就怕了你们。别以为老汉我不知道，你们租田正是为了日后霸占田地！"众村民纷纷附和。

曹勇大声辩道："老人家，看来你是误会了。我们租田种地，只想种得粮食，不至于挨饿，怎会霸占你们的田地呢？"王老汉也说道："你们将地租给我们，地不荒了，还能收到田租，对大家都是好事。"王二也上前说道："你们放心吧，我等都是良民百姓。"

一老农认出王二，叫道："你是什么良民百姓，你偷人家地里的薯芋，你是贼人！"几个老农也纷纷指责王二。王二忍住怒火，说道："这位老人家，我偷你薯芋不对，但已赔过你钱，你怎么骂人呀？"老农接着嚷道："你们不安好心，怎么不是贼人，怎么不该骂？"

王二抢上前去，怒道："你们这不是欺负人吗？"一老农也怒道："好啊，小子，你竟要动手打人！你当我们是老弱病残，就可以胡作非为，骑在我们头上拉屎。乡亲们，我们不能让他们这般欺负，打！"

曹勇忙上前拦阻。众村民挥棒打来，王二躲闪不及，被一棒打至头破血流，晕倒在地。王老汉大叫一声，哭着抱住王二。众难民见状大怒，也纷纷拿起家伙还击，双方展开激烈械斗。曹勇在中间奋力劝阻双方，却无济于事，自己还被打伤。不一会儿，双方互有伤者。

这时，苏轼与王彭、巢谷骑马赶来，身后跟着一干衙役。苏轼边下马，边大声制止道："住手，都住手！"但双方仍是打斗不止。王彭率众衙役上前，亮出兵器，吼道："听大人的话，都住手！"双方这才渐渐停手，但仍怒目而视，互相指责谩骂。

曹勇脸上血流不止，不及擦拭，便上前向苏轼说道："大人，我已尽力劝止，却无能为力。"苏轼无奈道："我知道，不怪你。"随即转向双方说道："大家听着,今日之事,官府不做追究。你等各自散去,类似情形,再不可发生!"难民们在曹勇的规劝下纷纷散回军营。

一老农冲着苏轼道:"大人在此,小民等正好要告诉大人,这田地我们绝对不租!"苏轼刚要劝说,村民们便拿着农具纷纷散去。

回到家中,苏轼无可奈何地闭眼沉思。

巢谷拿起一大杯水,一饮而尽,气呼呼地说:"这些百姓真是不识好歹,怎么劝都没用。地荒着也是荒着,租出去却能换粮食。换了我,高兴都来不及。"

王弗上前安慰道:"夫君,为妻看来,劝农之事遇到阻碍,全在百姓不信任官府。"苏轼点头应道:"知我者,弗儿也。"王弗接着说道:"百姓不信任官府那是自然之事。如今边关战乱,土地就是他们的命根,你要他们把地租给难民,他们又怎么不担心惧怕呢?"苏轼点头道:"我何尝不知,但我原以为百姓忠厚纯良,只要晓之以理,他们能想通的。夫人,依你之见,我如何能说服他们?"王弗沉吟片刻,笑道:"为妻以为,就一个字——诚。"苏轼点头称是。

第二天,苏轼又偕同王彭、巢谷等来到村中,村里空荡荡的,不见人影。苏轼等在村里逐户敲门,村民从门缝里见到是官府的人,有的开门又慌忙关上,有的装作没听见。村子里很静,只有狗叫声。

第三天,苏轼一行人再次来到村中。王二、曹勇头上都包着破布,衣服上的斑斑血迹仍在。众人来到村头,村里仍无人影。王二跪在地上,真切地说道:"乡亲们,我王二骂人在先,引起打斗,我向乡亲们请罪了!"曹勇、王老汉也跪下道:"我们给乡亲们谢罪了!"几位老农从门缝里窥看,又迅速将门掩上。王二等跪地不起,苏轼捻须沉思,心中判断:众村民虽仍不出来,但已明显有所动摇。

第四天,众人又来到村中,只见依然关门闭户。苏轼等沿街巡视,只看见一老人坐在村口老树下。他看见苏轼等,干咳了一声。王彭带苏轼等走近老人,解释道:"这是该村的地保。"并对老人说道:"老人家,苏签判来看你了。"

地保假装耳背,问道:"你说什么?"王彭大声说道:"苏——签——判,新上任的凤翔签判,就是他建起了难民村。"地保点头道:"哦,听说了。"苏轼上前,恭敬地问道:"老人家,高寿了?"地保回道:"不敢,八十。"苏轼笑道:"耄耋老人啊,您老一定长命百岁!"地保道:"托您的福,还能再活八十!"众人大笑起来。

苏轼紧接着问道:"老人家,村里人为何就不肯租地呢?"地保叹道:"那是因为我们不敢!这地可是我们的命根子,要让给别人,不行。"苏轼接着劝道:"老人家,不是给别人,这地还是你们的,是别人代你耕种,还给你粮食。"地保问道:"那大人说说,怎个种法?"苏轼回道:"主户三分,官一分,租者六分,可以吗?"地保忙问:"那我们还要向官府交粮吗?"苏轼说:"不用。"

地保点点头,突然又叹一口气,连连摇头。苏轼见状,问道:"你是担心种你们地的人赖账不交,或者霸占你们的地吧?"地保点点头。苏轼笑着劝道:"这不要紧,有官府呢。"地保摆摆手,忙说:"官府?我们可信不过官府。官府今日一变明日一变,我们这些庄稼人可就苦喽。"苏轼便说:"有我哪。"地保看了看苏轼,还是摇头道:"有大人当然好了,可大人在这凤翔任期顶多两三年,大人一走,就没人做主了。官府的习惯历来就是一个和尚一本经,一个将军一个令。"

苏轼为之一怔,叹道:"说得有理呀,哦……不妨这样,你们和难民们先签两年半的契约。行得通,你们以后再续签,行不通,到期就终止。这样我如果走了,你们如果不放心,还可以再收回到自己手中,这样行吗?"地保显然已被苏轼说动,问了一句:"苏签判,这契约作得了准吗?"

苏轼自知就要成功,兴奋地取下官帽,放在老人手中:"老伯,以我这官帽为抵押,作得了准!"地保感动地推着官帽,连连说道:"不敢不敢!大人,小民岂敢,大人快戴回去!我看行!只要有大人作保,我们就租。我看大人跟他们不一样,大人有爱民之心,若真有闪失,我也心甘情愿。"苏轼高兴地说道:"那好,等过了节我们就签字画押。"

地保干咳一声,冲着屋里大喊道:"都听见了吗?苏签判是个好官,我们听他的。这田地,租!"还未喊完,村民们都打开大门拥了出来,纷纷感动地说:"苏签判,您这几天,天天来村里劝我们,这样的官我们从未见过,我们听你的!我们租地!"苏轼面露喜色,激动地拱手说:"乡亲们,苏某知道你们的忧虑,苏某在此谢过了。"众人皆大欢喜。

正在苏轼在凤翔开官仓、建难民村、签约租地,忙得热火朝天之时,张璪的告状信也送到了汴京王珪府上。王珪将手中的信纸慢慢放下，捻须思索，不无得意之色，随即向管家吩咐道："给老夫备官服，我要上朝。"管家问为何突然上朝。王珪笑道："呵呵，果不出我所料，张璪的信里讲了苏轼在凤翔是如何一鸣惊人的，我也要在皇上那里参他个一鸣惊人。"

管家拿来官服，边帮王珪穿上边道："老爷说得对，苏轼年少气盛，好出风头，一定会惹是生非的。还有，听说朝廷已派陈希亮去做凤翔知府了。"王珪转身问道："就是在长沙做官的那个武人——陈希亮？"管家称是。王珪点头微笑道："好，好，此人再合适不过了。"

陈希亮带着家人来凤翔府上任，由于时值北方寒冬，故而走得颇慢。这日已是大年三十，陈家一行来到凤翔郊外大道，看到了凤翔灰蒙蒙的城墙。

一少年跃马在前，潇洒飘逸，左顾右盼，风采俊朗，这是陈希亮前妻所生的长子——陈愭。陈希亮的车马队伍跟在后面，继室杜氏坐在轿内。陈希亮骑着高头大马走在旁边，一副典型的武人形象，长身黑面，两眼有神。

轿中，杜氏摸摸鬓边的珠花，掀开轿帘，埋怨陈希亮说："这里可真冷，瞧你来的这鬼地方！"陈希亮虽十分喜欢甚至娇惯杜氏，但话语间还是脱不了武人的口气："你以为我愿意来，派我去边境才好呢，同那西夏鹞子杀个痛快！"杜氏忸怩作态地说："哟，老爷，我是这意思吗？你已是儿女成群之人，成天还不忘打呀杀呀的。你真上了战场，若有个三长两短，留下我一人，我可怎么活！"陈希亮挥挥手，不耐烦地说："好了好了，女人家不要啰唆！"

杜氏刚安静一会儿，突然又掀开帘子道："老爷，我听说你那个同乡，皇上器重的大才子苏轼，也到凤翔做了签判。他是签判，你是知府，你可得给他个下马威！"说着，故意朝着陈愭的方向，鼓着眼睛说："这种年轻人，最易狂妄！"陈希亮没有领会到杜氏话中对陈愭的不满，只是不屑道："一个乳臭未干的臭书生，不在我眼里。"说着，抡起鞭子，一鞭就将路旁的小树抽得乱颤。

自打听说苏轼在凤翔的所作所为，远近的难民每日都三三两两地朝凤翔方向逃去。陈希亮这一路上自然也看见不少，只是他沙场征战惯了，对尸体都已见怪不怪，何况这些奄奄一息的难民，他更是不放在眼里。反倒是他的儿子陈恺，虽然也是习武出身，但是有一副仁慈侠义的心肠，每次看见难民要昏死过去，总要上前将粮食分给他们。陈希亮对此虽不反对，心中却也有些不悦，总向杜氏说道："你看，我这个儿子一点也不像我，倒像个文人。"杜氏本来就对这个陈家公子心存不满，看到陈恺这种义举，自然更没好气，嘟囔着："他倒大方，却不知道我们养家辛苦。"

很快，陈希亮来到凤翔城门外，知府衙门的众多官员都已在城门前列队迎候。张璪与众官员迎上前去，鞠躬施礼道："恭迎知府大人！"陈希亮并未下马，挺胸举目扫视众官，对毕恭毕敬的张璪问："这位是……"张璪忙笑着回道："回禀知府大人，下官乃是凤翔府的法曹张璪。"陈希亮问道："哦……苏签判何在呀？"张璪答道："回禀知府，今日是大年三十，苏签判按例到监狱点名去了，他说点完名亲自到陈大人府上登门赔礼。大人有事尽管吩咐下官就是。"陈希亮脸上露出不悦之色，并不下马，昂首而去。

按例，签判确实应该在大年三十到监狱点名，不得有误。但知府上任，一般官员宁肯违例，也不会弃知府不顾。但苏轼不管这些，就如张璪所说，确实在凤翔监狱召见犯人点到。他旁边站着巢谷，另一侧站着常狱曹，堂下两侧站有两排持刀的狱卒。

见过十几个犯人，苏轼已经发现其中有不少疑案，甚至肯定是冤案。比如一个叫刘二楞的村民，因见事不公，出手打一地痞致残而入狱。苏轼查明，那地痞有钱有势，经常欺男霸女，遭到刘二楞一顿痛打后，买通了官府，掩盖自己罪行不说，还判了刘二楞十年，自此以后更是为非作歹，祸害一方。苏轼让巢谷记下这个案子，准备重审。

苏轼在花名册上点着名，道："下一个，杨伍氏。"杨伍氏的女儿杨小莲扶着颤颤巍巍的杨伍氏走出囚牢。一狱卒猛地推了一把杨伍氏，骂道："老不死的，快些走！"杨伍氏一个趔趄，被推倒在地。小莲哭着大喊："你为何推我母亲？"狱卒正要发作，被常狱曹制止住。常狱曹忽然想起什么，若有所思地对小莲道："今日由新任的苏签判点名，记着，不许乱说话。"杨伍氏看着常狱曹，仿佛意识到什么。

杨伍氏在杨小莲的搀扶下上了大堂，常狱曹斜瞪着小莲，眼中露出威胁的凶光。杨小莲蓬头垢面,掩盖了其本来的姿色。

杨伍氏看到堂上一脸正气的苏轼,觉得自己申冤的时候到了,便下意识地拉拉小莲,两人忽然大哭着跪于当堂,大喊冤枉,众人大惊。常狱曹慌道:"两个女囚,是何用意!给我拖走!"狱卒上前拉拽杨伍氏与小莲。苏轼见状,大喝一声:"住手!这位老人家,请起来说话。"常狱曹无奈,只好示意狱卒退下。

苏轼待母女二人起身后问道:"老人家贵姓?"杨伍氏清了清嗓子,回道:"回禀大人,罪身乃杨伍氏,钱塘人士,是环州原知府杨云青的发妻。有人诬告我家官人暗通西夏,被朝廷责问,忍辱自杀,留下老身与女儿杨小莲二人,被关大牢。而今已有两年整了,转到凤翔羁押,也已有三月了。"

苏轼当然知道这位杨云青,当年他"叛国"的案子曾轰动一时,但后来朝廷为之平反,证实他其实是一个为国为民的大忠臣。想不到他的家眷如今还被关在牢中,苏轼心中不禁愤怒而悲痛,不禁站起道:"原来您就是杨知府的夫人?"杨伍氏点头。苏轼立刻吩咐道:"立即放人!"

常狱曹慌忙上前道:"放人?大人,使不得,这母女二人是朝廷重犯,可是张璪大人亲自审理转押过来的。案子尚未查清,上面还没来批文,岂能轻易放人呀!"苏轼怒不可遏,一拍惊堂木:"大胆!长安大帅张方平大人告诉过本官,西夏对庆州久攻不下,才施了造谣离间之计,迫使杨知府自杀身亡,此事早已大白于天下,毋庸多言。先放人,再请朝廷的批文!万事由我担着。"

常狱曹吞吞吐吐地说:"可是……"巢谷上前叫道:"你这狱曹,还不快放人!"常狱曹忙点头放人。杨伍氏与杨小莲泪如雨倾,跪倒在地,杨伍氏哭喊道:"多谢大人,多谢大人。云青啊,你在天之灵可以安息了!"

苏轼起身来到杨夫人跟前,搀扶着她,安慰道:"老夫人哪,让你们母女俩受苦啦。快起来,快起来。杨知府乃精忠报国的有功之臣,受此不白之冤,且牵涉家眷受此牢狱之灾,本官理当替你做主。"杨夫人哭道:"大人,有您这一席话,我母女二人就感激不尽了,他爹九泉之下也可以瞑目了。"

苏轼接着说道:"这样吧,您母女先到我家住下,等我请下刑部的回文,再送您回家!巢谷,先领老夫人和小姐到咱家住下,过个消灾之年吧。"巢谷兴奋地答应着。杨夫人母女俩感激涕零又要下跪,被苏轼、巢谷拦住。

## 十三　太　守

凤翔虽为边关小城，除夕之夜也还是张灯结彩，一片欢乐喜庆的气氛。常狱曹却无福消受这欢乐的气氛，他不敢阻拦苏轼释放杨氏母女，但心中又十分忐忑，因为她们是须严加管制的钦犯。若朝廷怪罪下来，他如何能脱得了干系。无奈之中，常狱曹想到了张璪。

张璪听到这个消息，心中暗喜，立即动身前往陈希亮家中。

不出张璪所料，陈希亮果然勃然大怒。他立刻让人去苏轼家中捉拿那杨氏母女。张璪嘴上虽还为苏轼辩护，心中却不禁得意。

张璪匆匆走出陈府，与前来拜访陈希亮的苏轼撞了个满怀。苏轼问张璪何以如此匆忙，张璪尴尬地搪塞一番，迅速离开了。苏轼望着张璪的背影，似有所悟。

来到院中，只见松竹苍翠，环境清幽。陈府的管家陈奇迎上前，苏轼报上名字和官职，说要拜见陈希亮大人。陈奇和陈希亮一样，心中对苏轼已有成见，遂冷笑道："原来是苏签判，请稍等，我去跟老爷禀报一声。"苏轼施礼谢过。过了一会儿，陈奇回到院中，略显倨傲地笑道："对不起，苏签判，老爷说了，他没空，请你先回吧。"苏轼沉下脸来，忙问为何，其实心中早已猜到几分。陈奇挤出一丝笑容说："哎呀，没空，大年三十，都忙年哪。再说，老爷今日才来凤翔，不得安排一下吗？"苏轼稍一思忖，施礼拂袖而去……

在满街的爆竹声中，苏轼匆忙赶回家，路上便远远望见十几个衙役持刀冲到苏家门外，咚咚地大声打门。这时王彭忽然赶到，呵斥打门的衙役道："退下！"众衙役遂闪避到一边。听到门外的嘈杂声，巢谷开门出来，见状也猜到几分，于是回身把门关上。

看到苏轼赶到，王彭忙上前施礼，并把陈希亮的命令告知苏轼。苏轼怒道："这是本签判分内之事，一切由本签判负责。就是捉拿犯人，也必须由本签判同意。"王彭稍一犹豫，看了巢谷一眼，低声向苏轼说："苏签判，依在下看来，此事并不简单。今日陈太守上任，苏签判因在牢中点名，没有迎接他，陈太守动了怒，要借此事给你一个下马威！"

苏轼点点头，理直气壮地说："除夕清点犯人，乃是惯例，这本是怨不得我的。可他怎么知道我放了杨老夫人母女呢？"王彭虽也猜到几分，但还是跟苏轼说："苏签判，此事片刻之间已轰动凤翔，难免有人告知陈太守。"苏轼愤然道："这些人不仅不同情杨老夫人母女，还借此谄媚生事！"

巢谷听此，直率地向苏轼说："会不会是张璪告诉陈太守的呢？"苏轼还是不愿如此揣测自己的这位同年，将信将疑地："不会吧？不过我方才去见太守，他正从府中出来。"说完看看王彭，王彭低头不语。

苏轼见状，果断地说："不管这些了。巢谷，你去告诉夫人，就说我去找太守了，年夜饭不必等我了。"又对众衙役说："你们先回去，待我同陈太守商议后再做定夺。"

苏轼正要离开，巢谷迎上前说："子瞻，你刚才不是去过了吗？如果陈大人想同你商议，不是早就商议了吗？"苏轼停住，怒道："刚才他推脱没见我，不过这次我必须见他。巢谷兄，不要让外人进入家门，此事也须瞒着杨老夫人母女。"巢谷点头答应。

苏轼疾行而去，王彭率众衙役回府衙。

来到陈希亮家门外，已是吃年夜饭之时了。管家陈奇开门，见是苏轼，惊道："苏签判，怎么又是你？我家老爷不是说没空吗，正在吃年夜饭呢！"苏轼并不理会陈奇，推开他，径直跨了进去。陈奇急忙追了上去，叫道："苏签判，你站住，你站住……"

陈府正堂装饰得喜气洋洋，桌上鱼肉杂陈。陈希亮坐在首座，年轻而妖艳的杜氏和儿子陈慥分坐左右。陈希亮精神焕发，陈慥则闷闷不乐。杜氏扭捏着给陈希亮倒酒，嗲声嗲气地说："老爷，您多喝点。我们既已安顿下来，就赶紧把铺子开起来吧。"陈希亮一饮而尽，不快地说："妇道人家，成天就知道开铺子，开铺子，掉进钱眼里了吧。"陈憷也厌恶地乜斜了杜氏一眼。杜氏娇嗔着说："老爷，我不也是为了这个家嘛——"杜氏还要说话，却见苏轼忽然闯了进来。陈奇快速上前，无奈地说："老爷，他自己闯了进来，小的拦不住……"

陈希亮一脸怒容地问道："你是何人？"苏轼躬身一揖，恭敬地回道："禀告知府，下官乃凤翔签判苏轼。"陈希亮拿起酒壶，缓缓斟酒，有些轻蔑地说："原来是苏签判呀。此时来到本府家中，好像不妥吧？"苏轼微笑着施礼道："陈大人！夫人！想必这位是陈公子了。苏轼有礼了！刚才下官来拜访大人，大人说没空。现在看来大人有空了，我就来陪大人吃顿年夜饭，难道大人不欢迎吗？"

陈憷早就听说苏轼的文名，自己虽是习武的，但对苏轼还是充满了兴趣；苏轼因例行公务而放弃迎见太守的行为，更使他对苏轼有了好感。杜氏便没有这样的好气量了，翻着白眼哼了一声，看也不看苏轼，大声说："哪有在别人家吃年夜饭的道理？做官的连这个规矩都不懂！"

陈希亮向来我行我素，因此对苏轼的不拘礼节倒产生了一丝好感，笑道："哈哈，所谓年夜饭不能在别人家吃，这都是你们文人书生定的繁文缛节。老夫又不是酸臭文人，偏要答应你。陈奇，添一副碗筷！"苏轼坐定后，陈希亮问道："听说苏签判与老夫是同乡，你是眉州人？"苏轼点头称是。陈希亮笑道："那好，苏签判，请用。"

苏轼起身拱手道："陈大人，不急。苏轼有一事相问，不知可否？"杜氏没好气地说："好心留你吃饭，却要说事，还让不让人吃这年夜饭啦？"陈希亮白了一眼杜氏，愠怒道："男人说事，跟你这妇人家没干系，你吃你的，不许再出声。苏签判，你问吧。"杜氏不语，瞪了陈希亮一眼。

苏轼坐下说："陈大人，方才有几个衙役奉大人之命到我府上拿人，可有此事？"陈希亮听此，正色道："有这事。杨伍氏母女是朝廷钦犯，当然要拿。听说正是苏签判先前私自放了这二人。"苏轼不卑不亢地回道："大人，下官以为，杨云青之冤情早已经大白天下，杨家母女的事情也已成公论，朝廷早就要为其洗清罪名，只是尚未降旨罢了。故下官才放了杨氏母女，若大人仍存疑虑，苏轼甘愿做个担保。"

陈希亮突然站起身，心中怒气一齐发泄出来，瞪眼说："苏轼，人都说你狂妄，老夫倒还不信，今日一见，果真如此。你不提也罢，今日老夫上任，你何以目无长官，躲到州府监牢去，不仅私自放走朝廷钦犯，还在这里做担保人情？！哼！"苏轼也站了起来，慷慨陈词："陈大人，按大宋律例，腊月三十，州府签判照例要到监狱给犯人点名，这事别人不能替代，所以苏轼不能来迎接您。而我点完名后曾来府上拜见您，您却不见我，这又能怪得了谁？杨家母女一案纯属冤狱，更是天下人皆知的事实。大人身为武将，也曾浴血沙场，为国征战，岂能这样对待杨大人的忠魂！"

杜氏这时也不禁站起来，指着苏轼道："苏轼，别忘了这是在谁家，你竟敢这样说话！"陈恺不语，紧张地看着陈希亮。屋内的气氛登时紧张起来。

陈希亮瞪着苏轼，忽然狂笑道："哈哈哈！你们这些少年书生，真会说漂亮话，可惜只长了这一张嘴。苏轼，你口口声声说战场，我问你，你到过战场吗，你听过军鼓齐鸣吗，你见过刀光剑影吗，你见过敌人的血和我们军士的血混流在一起的颜色吗？你若没见过，就休要在本府面前提'战场'二字。好，放人的事本府先不与你计较。陈奇，拿酒来！"陈奇抱着两个酒坛进来，放在桌上。

陈希亮横眉立目道："苏轼，我是武人，不会说话，只会喝酒。会喝酒的人才会打仗。来，老夫先饮！"说罢抱起酒坛，大口痛饮，饮完大喊一声："痛快！快饮呀，苏签判！"杜氏在一旁拉着陈希亮的袖子，低声劝陈希亮慢些喝。陈希亮酒兴已起，怒目喝道："你再啰唆，就赶你出去！"杜氏遂噤声不语。

苏轼为难地说："陈大人，苏轼不胜酒力，恐难胜任。"陈希亮鄙夷地一笑，不屑道："你们这些书生呀，啰里啰唆，就像妇人家一样。若不能喝，休与老夫论战场之事！"

苏轼一听这话，豪兴大发，也抱起酒坛灌酒，却被酒呛着，衣衫湿了一片。陈希亮一阵狂笑，苏轼颇有些恼火，但仍倔强地灌着酒。杜氏见此幸灾乐祸，陈恺从旁递给苏轼一条汗巾，苏轼谢绝。

陈希亮看不上苏轼尴尬的样子，却又不得不佩服苏轼倔强的性格，笑道："看来苏签判的酒量可要多加历练啊，哈哈。"说完，又吩咐陈奇上羊腿。陈奇领会其意，不一会儿就端上两只硕大的羊腿，只有几分熟，尚渗着血。

陈希亮豪迈地让道："来，苏签判，来到大西北，怎能不尝这带血的羊腿肉！吃了这肉，浑身就有力气，有力气才能杀那西夏鹞子军！"说完抓起羊腿撕咬，发出响亮的声音。苏轼酒意已上来，又被陈希亮这样一激，也拿起羊腿啃咬，却不得要领，十分狼狈。

陈希亮边咬着羊腿边说："哈哈，苏签判，你知道你为何吃不动这羊腿吗？"看着苏轼惺忪茫然的眼神，陈希亮激动地怒睁双目道："因为你没在战场上挨过饿！你虽少年得意，会作几篇文章，深得皇上的器重，但又算得了什么！本府曾下命让兵士站立不动，敌人的箭从天上像下雨一般飞来，把他们射成了一个又一个筛子，可本府的兵士一动都没动！"说着，豪迈地狂笑不止，眼中闪动着光芒，仿佛看到了当年沙场征战的情景。苏轼见状，也只能无语地低头喝酒。

此时，苏轼家中也已拾掇一新，贴红挂彩，一片温馨。

杨氏母女洗浴后，分别穿上王弗和采莲的衣服，走进正堂。焕然一新的杨小莲如出水芙蓉，亭亭玉立，貌若仙子。王弗抬头见她，不由得眼前一亮，惊叹道："妹妹有倾城倾国之貌，神女天仙之光，我还从来没见过这么美的女子呢！"杨小莲低头羞道："夫人拿我开心了，小莲哪有夫人美呀？"杨伍氏开心地笑道："还是夫人美！"王弗笑道："老夫人，这可不是客套话，我这可是心里话。"杨小莲更加不好意思，说："小莲也是心里话呀。"

采莲也不禁叹道："哎呀呀，要是皇上知道了，非选到宫里做娘娘不可。"小莲忙打断她的话："表姑，小莲可不愿做娘娘。"王弗问小莲多大岁数了，小莲答道："十七了。"王弗点点头，又问道："在牢里，他们没难为你吧？"小莲强忍住眼泪，悲痛地说："过去，我不知道什么叫人间地狱，如今是知道了。"杨伍氏忍不住地垂泪不已。王弗爱怜地拍着小莲的手，劝道："妹妹，好了，你看，现在不是出来了吗？没事了。"

巢谷收拾好院子，匆匆走了进来，迎面看到妆饰一新的杨小莲，不禁呆呆地看着，一时竟出了神。小莲见状羞怯地低下了头，躲到杨伍氏身后。王弗见巢谷这番神色，微笑着走到他身边，轻轻拍打了他一下，佯嗔道："巢谷，哪有你这么看人家姑娘家的？"巢谷回过神来，不好意思地挠头笑笑，忽然记起什么事来，说："喔，夫人，我是来告诉你，子瞻现在还没回来。据衙役说，他是去太守家了。"众人皆愣住了。

不一会儿，采莲和巢谷摆好一桌简朴的菜肴，王弗把杨氏母女让上桌，大家举杯祝酒。王弗举起酒杯说："我们初来凤翔，也没有什么丰盛的饭菜招待杨夫人和小莲妹妹，请别见笑。"杨伍氏忙回道："不敢，夫人能收留我们母女俩，我们就感激不尽了。"

王弗站起来，说："我们就不等子瞻了。来，这一杯我先代子瞻敬杨太守和守边殉国的英烈们！"杨伍氏含泪举杯道："谢谢苏夫人，老身不知说什么好了。"言毕，大家一起响应，将酒敬洒在地。

王弗又举起杯，祝道："来，我们大家再敬老夫人和杨小姐一杯，明天就是嘉祐七年（公元1062年）了，祝你们母女二人安康幸福。"采莲也附和道："是啊，否极泰来，愿来年你们吉星高照，万事如意。"杨伍氏谢过，众人一饮而尽，杨氏母女噙着热泪，不知如何表达心中的感激之情。

小莲袅娜地站起来，举起酒杯祝道："小莲给大家敬酒了，小莲要说几句敬酒词，大家不要笑话小莲。小莲祝大人鹏程万里，祝夫人牡丹满枝，祝表姑老梅苍健，祝巢谷兄骏马奔驰，祝合家欢乐安康。"大家开怀而笑，纷纷赞说小莲的祝酒词。

王弗忍不住赞道："莲妹可真是才艺超人，秀外慧中啊！"小莲羞涩地低下头。杨伍氏看着小莲，叹道："莲儿从小爱读诸子百家，琴棋书画也受过名家指点，就是不爱女红针线。她父亲在世的时候常常叹道，说她生错了身，若是男儿，就能考进士了。"王弗笑道："有此厚学，必然有用。"转眼看到巢谷含情脉脉地看着小莲，心中早已猜到大半，不觉微微一笑。

巢谷的眼神突然和王弗的眼神相遇，不觉低下头，随即抬头说道："不做进士也罢，我们这儿又不缺进士，多了没意思。咱家苏老爷子就不是进士，学问照样很大。"杨伍氏向巢谷问苏老爷子是谁，采莲接过话说："就是文名满天下的苏明允！"小莲听此，惊喜地问道："莫非大人就是兄弟同登皇榜的大苏先生?"众人点头称是。

杨伍氏激动地站起来说:"如此说来,先夫与你们家老爷也有数面之缘。当年苏老爷云游四方,到过庆州,还与拙夫论及教子之道!记得大苏、小苏先生中举之时,拙夫曾大为慨叹,可惜他只有一女!"王弗喜道:"原来竟是故交呀!来,那就更要好好庆贺一番了。其一嘛,庆贺上万庆州难民在凤翔安居乐业!其二嘛,要贺子瞻与我又多了个妹妹。杨老夫人,我想与小莲姐妹相称,不知您意下如何?"采莲和巢谷都说好。杨伍氏也喜道:"这可抬举莲儿了。莲儿,还不快认!"杨小莲忙站起施礼道:"姐姐,妹妹这厢有礼了。"王弗扶小莲坐下:"妹妹不必客气。"众人开心地笑道:"好,我们干一杯!"

苏轼还在陈希亮家喝酒,两人皆有醉意,苏轼更是几近醉倒,但他还是强打精神。此时,陈希亮又要苏轼和他掰手腕,想继续杀杀苏轼的锐气。苏轼不顾陈愭的劝告,爽快地答应了。苏轼这边已然提起了全身力气,陈希亮则仍游刃有余,摆出一副戏耍的姿态。

杜氏在一旁拍手笑道:"好,好,老爷再加把劲,老爷就要胜了!"陈愭上前向陈希亮说:"父亲,苏签判是一文弱书生,你这样胜之不武。"杜氏乜斜了一眼陈愭,哼道:"哟,打虎亲兄弟,上阵父子兵,你怎么胳膊肘往外拐呢?"陈愭忍无可忍,叫道:"我们父子说话,你不要管!"杜氏委屈地拉着陈希亮的衣襟,娇嗔道:"老爷,你听听!"陈愭瞪一眼杜氏,拂袖而去。

陈希亮完全不管这些,一心要戏弄苏轼。苏轼一介书生,气力比不过军人出身的陈希亮,又醉了酒,不一会儿就支持不住,倒在桌上。陈希亮放开手,哈哈大笑道:"苏签判,本府胜了!"苏轼一脸不服,却又无可奈何,站起身,摇摇晃晃地要走。

陈希亮摆摆手,高兴地说:"苏签判回家的时候,顺便替本府通告一声,叫众官于初六到我知府大堂议事,本府有话要说!"苏轼草草回礼,转身踉踉跄跄地走出去。

走出陈府,已是深夜,天寒地冻,街道上还弥漫着一片清冷的爆竹烟火气。苏轼在仆从的陪伴下回到家中,正见巢谷在月下舞剑,他闪转腾挪,剑影纷飞,动作十分潇洒。苏轼拍着手,醉意十足地说:"来……来如雷霆收震怒,罢如江海凝清光!好……好剑法!巢谷兄!"

巢谷回头,看到苏轼摇摇摆摆地从门口走来,帽子歪斜,衣衫不整,醉态可掬,赶快上去扶住,笑道:"总算等到你回来了,夫人都急死了!"

正说着,王弗也挺着大肚子走了出来,看见苏轼酩酊大醉的样子,不禁忧道:"夫君,你是在太守家喝的酒吧?你酒量甚浅,怎能和太守相比呢。"苏轼斜着眼,摆手笑道:"夫人,我正拆解巢谷兄的剑法呢,我现在已看会了!夫人,来,待我舞给你看!"说着就摇晃着上前要舞剑。

巢谷忙把剑收了,怕他醉酒着凉,要和王弗一起扶他回房。苏轼却不动,还叫道:"我不回去,我要舞剑。"王弗笑着劝道:"夫君怎么像个孩子一般,快回房吧。"苏轼指着巢谷道:"回房可以,巢谷,你须答应我一件事。教我掰手腕子。"巢谷一愣,一时摸不着头脑,只得边答应着边扶苏轼回房。

杨氏母女也还没睡,听到苏轼等人的喧嚷声,忙向窗外探望。杨伍氏停下手里的针线活,抬头问道:"是大苏先生回来了吧?好像是醉得不轻呀!"小莲点点头,转身走到床前,忧道:"一定是为安置难民之事不安。"杨伍氏叹道:"唉,也难为了他。刚踏上仕途,就碰到这么棘手的事。莲儿,你要多为大苏先生出出主意。"小莲假装没听到,说:"娘,睡吧。"

正月初六,苏轼派人把太守要议事的命令传给各官员。很快,苏轼、张璪、王彭等二十几名官员来到凤翔知府大堂,分坐左右。可是堂上空空如也,众人等了很久,也未见陈希亮露面。众官议论纷纷,皆看着苏轼。王彭问道:"苏签判,这陈太守让我等来议事,却为何迟迟不来?"苏轼看着王彭不答,似有所悟。

这时,一衙役忽然疾跑入内,向众官施礼道:"众位大人,太守让小的来通报,他正在城外候着众位大人,叫众位大人现在就去。"众官皆惊起,摇摇头,议论纷纷地向门口走去。

众人在衙役的带领下来到凤翔城外的原野。原野一片空旷,寒风阵阵。众人远远望见陈希亮身着戎装铠甲,手执长刀,雄赳赳地骑在高头大马上,威严地喊着号令操练军士。

苏轼、张璪、王彭等众官骑马赶到。寒风让一些文官瑟瑟发抖，叫苦不迭。张璪一脸纳闷，苏轼则神色严峻。众官纷纷议论道："这大年初六的，不在知府大堂议事，跑到这里来干吗？外面这么冷，这陈太守实在让人蹊跷不懂！""你不知道吗，陈太守是武人出身，最喜欢舞枪弄棒，带兵杀敌。唉，不在知府大堂议事，却让我等来这荒郊野地吹冷风，我等以后可有苦头吃了！"

陈希亮见众官已到面前，威严地将令旗一挥，众军士停止了操练。陈希亮骑着马趾高气扬地来到众官面前，众官自然而然也排成一队，像是接受检阅一般。苏轼站在前排，背着手，一脸正气。陈希亮得意地瞟了苏轼一眼，苏轼并不理会。

陈希亮翻身下马，向众官员扫视一遍，声音洪亮地说："诸位，本府上任以来，这是首次召集大家议事。大家也看见了，老夫是个武人，如今武人是不吃香了。老夫若生在汉唐，至少嘛，也可以做个李广。当今皇上不爱我等武人，对那嘴上无毛的酸腐书生却是视为至宝。唉，老夫是生不逢时呀——"苏轼欲说话反驳，被张璪暗中拉住衣襟制止。

陈希亮继续讲道："不说闲话了。本府既是武人，办事就喜欢心直口快，不像你们书生这般喜欢拐来拐去。本府治下，诸位须各司其职，但不可目无规矩。只有号令统一，军令如山，才能把凤翔的事情办好。本府的话讲完了，诸位有什么话要讲吗？"

张璪第一个出列，曲身恭维道："凤翔乃西北要冲，自古以来乃兵家必争之地。陈公在他州任守，政绩卓著，朝廷命陈公来知凤翔，实在大有深意，我等一定恪尽职守，不负太守之望。"陈希亮得意地笑道："好，好。"

另一官员也恭维道："素闻太守是干练有为之人，我等有缘在太守麾下听令，实在是三生有幸，本人定唯太守马首是瞻！"薛州官也上前抱拳道："太守放心，你让我上东，我不上西，你让我打狗，我决不撵鸡。"众人立即哄然大笑。

陈希亮笑了一会儿，正色道："有什么好笑的，话虽糙，讲的却是至理。"说着，高傲地问苏轼："苏签判，你有何高见哪？"苏轼冷冷地回道："酸腐书生能有何高见？太守的用意再明白不过。这也好办，适才薛大人说，你要上东他不上西，你要打狗他决不撵鸡。苏某再补上两句：你要上天，我来竖梯；你要当霸王，我不学虞姬。"许多官员忍不住笑出声来。

苏轼虽语带讥讽，但陈希亮还是哈哈一笑，转即正色，缓缓说道："苏签判，本府听说你在凤翔私开官仓，私建村落，还将土地租给难民耕种，可有此事？"苏轼理直气壮地说："确有此事，下官正要向太守禀报！如今难民粮食又将告罄，还望太守开仓放粮。"陈希亮怒道："大胆苏轼！你还敢要本府替你私开官仓！你可知道，上述三件事，皆乃罢官杀头之罪，你不要脑袋了吧！"苏轼不卑不亢，说："太守，且听苏某如实禀报……"陈希亮扬手止住苏轼，傲慢地说："够了。本府方才讲过，要号令统一，不可目无规矩。你违犯律例，还拉着本府与你同流合污，你想连累本府不成？苏轼，我告诉你，自此刻起，你在凤翔颁布的所有政令当即废止，本府早已派人将那难民村封了，现在怕是已经拆上了！"

苏轼大惊失色道："你说什么？陈太守，你若拆除难民村，拒不放粮，则凤翔不日将是饿殍满地，到时候大人你也是杀头之罪！"陈希亮气得暴跳如雷，按剑道："大胆！老夫遵从朝廷律令，何罪之有！你再以下犯上，言语不敬，老夫就把你绑了！"众官哗然，张璪拉拉苏轼的衣襟，假装好意地说："苏签判，你就别说了。"

苏轼挥开张璪，上前道："大人，苏轼并没说错。如今你是太守，若成千上万难民在凤翔境内冻饿致死，当今圣上又是仁厚爱民之君，怎能不治罪于你！"陈希亮大怒，嚷道："好啊，你敢这么同我说话，原来就是仗着圣上在后面为你撑腰！你们这些文人，就会迷惑圣上，老夫却不吃你这一套！"

苏轼冷笑道："陈大人，你实在小看了苏轼。苏轼虽是一介书生，太守肉身比我有力，骨头却不一定硬得过我！苏轼为保凤翔难民平安，不得不开仓放粮，建设村落，租种田地，凤翔因此平安，农民与难民各得其所，而官府也有收益，何乐而不为？难道为了遵守一个无形律令，就可让难民无以为生，百姓饿死，大人就能无罪，就真对得起圣上吗？"陈希亮面色铁青，大叫道："你！你！来人呀，把苏轼给我绑了！"几个军士欲上前绑苏轼，苏轼突然大喝一声："谁敢！陈太守，你敢和我去面君吗？"众军士被苏轼的气势镇住，犹豫着不知该不该动手。

众官皆上前劝道："太守息怒，苏签判所言，还请太守三思。"张璪不言，冷冷地看着这一切。

陈希亮怒气未消，遂向众官责道："你们！这就是你们说的统一听令吗？苏轼要本府私租土地，此乃罢官杀头之罪！你们不知道吗？"众官低头不语。

苏轼缓和了一下语气，从容说道："大人！眼前私租土地是罪，百姓饿死更是大罪。为何不在这凤翔先行试验，渡过危局，而后再上报朝廷，这等两全其美之事朝廷一定会同意。到那时，朝廷考虑到大人租地也是无奈之举，用心仁厚，则大人不但无过，只怕还有功呢！解决了生存大事，难民将视大人为再生父母，也是大人在凤翔的一大政绩。"陈希亮听此，心中虽有所动摇，但面子上下不来台，坚持说："你说得好听，到时候圣上只会治老夫的罪，与你何干？不行！不行！"

苏轼又提高声调说道："大人，苏轼愿以命担保，此事成则大人之功，罪则苏某一人承担！"众官本都在窃窃私语，听见苏轼的话皆感震惊，呆呆看着苏轼，沉默不言。

陈希亮也为这话所惊，走上前来瞪着苏轼，问道："你说什么？你再说一遍！"苏轼毫不犹豫地说："苏轼以命担保，此事成则大人之功，罪则苏某一人承担！"陈希亮终于缓下语气，冷笑道："苏轼，都说你是圣上器重的才子，你也不用张狂如此。难道你就不怕圣上？圣上当真就会放过你？老夫不信，但老夫倒真想试试看。苏轼，你可敢与老夫立下军令状？"苏轼坚定地说："只要大人同意，苏某立即与大人立军令状。"陈希亮一按剑，响亮地说道："好，那我们就以文书为证。走，去府衙！"

众人抵达凤翔府衙。苏轼快速写成文书，交给陈希亮。陈希亮看罢，收起军令状，笑道："苏签判，你做此事可与老夫无关，有军令状为证！这军令状关乎生死，你好自为之！"说完，转身拂袖离去。众官紧随陈希亮出门。王彭担忧地望着苏轼，想说什么，又不知如何开口。突然，王彭想到另外一件事，上前向苏轼说道："大人，恐怕太守的命令一下，军士们已到难民村拆房子了。"苏轼一拍脑袋，说："对啊，咱们得赶快去阻止拆房！"王彭点头，和苏轼匆忙地骑马赶往城郊。

凤翔城西的难民村中，众军士拿着明晃晃的刀枪，正强行往外驱赶难民，一时间哭声大作，人群大乱。曹勇、王老汉、王二等人率难民欲反抗军士的驱赶，却无济于事。曹勇上前质问道："为何要赶我们出去？是何人的命令？"军士推开曹勇，冷冷地说："太守之命。"众难民皆上前哀求："为何驱赶我们？这儿是我们的家！我们不走！"众军士毫不理睬，仍强行驱赶，曹勇等也无可奈何。不一会儿，难民们已被众军士驱赶到了村外。

这时，苏轼和王彭驾马而来，后面跟着一队军士。苏轼与王彭翻身下马，对众军士亮出手谕："陈太守有命，暂不拆除难民村，从长计议！你等领命回去吧。"众军士领命撤走，曹勇等人围拢到苏轼身边，忙问为何要拆村子。

苏轼对曹勇说道："你只需好好带领百姓修补村落，余事由我来办。"曹勇点头。众难民皆跪下，向苏轼表示感谢。苏轼忙上前扶起几位老人，安慰了一番。

## 十四　　小莲妹妹

　　陈希亮逼苏轼签下军令状，自以为胜苏轼一筹，晚上回家，吩咐下人准备了一桌菜肴，庆贺了一番。

　　陈希亮满脸得意，闭眼啜饮着美酒，细细品味。杜氏在一旁不断给陈希亮添菜，也喜滋滋地问道："老爷，多吃点菜，今日为何这般高兴呀？"陈希亮高声笑道："狂妄如苏轼，在老夫面前也不得不服。今日苏轼已与我签下军令状，他想做的事只管去做，朝廷要治他的罪，与老夫无关。"

　　杜氏笑着附和道："老爷英明雄武，苏轼如何能比！奴家还要告诉老爷一个好消息，咱家的铺子就要开张了！"陈希亮睁开眼睛，向着杜氏说："好是好，不过我毕竟是朝廷官员，开商铺不合律例，你也不要过于张扬。"杜氏忙给陈希亮斟上酒，笑道："老爷教训的是，我知道了。"

　　这时，陈恺径直走入，向陈希亮施礼毕，一脸严肃地说："父亲大人，孩儿已听说苏轼之事。孩儿以为，苏轼是至诚君子，高才卓识，一心为民，能得当今圣上器重，果然不虚。父亲应放弃成见，苏轼若得重用，则父亲与凤翔幸甚。"陈希亮虽对陈恺所言甚为不满，但也不愿当着杜氏斥责他，于是假装没听见，继续喝酒吃菜。杜氏却忍不住，讥讽道："哟，老爷，奴家不明白，咱陈家人的胳膊肘生来就是往外拐的吗？"

　　陈恺不理会杜氏，接着对陈希亮说："父亲，孩儿这几日考虑过了，苏轼放官粮、建村落、租田地，虽违世异俗，但实属去陈推新。况且上述三政于安置边境难民、安抚凤翔百姓皆有实效，父亲更不该阻挠，而应鼎力支持。"杜氏腰肢一扭，向陈希亮讥刺道："老爷，你听听，咱家少爷在教你如何做官呢！"陈恺瞪着杜氏，吼道："我爷俩的事你少插嘴！"杜氏马上掉下泪来，委屈地哭道："老爷，这个家连奴家说话的地儿都没有。"说完捂着脸，号哭着退席而去。陈希亮看着杜氏的背影，又心生怜惜，向陈恺叹道："唉，恺儿，她总是你的继母。"

陈恺理解父亲希望家庭安宁的心情，但还是决定把憋在心头的想法说出来："父亲，恕孩儿不孝，自从这个女人进了咱家，这个家就没有一天安生过。她哪里是在维护父亲，她面上处处讨好你，私底下开铺敛财，贪得无厌，这个家最终怕是要毁在她手里。"陈希亮当然知道杜氏的所作所为，但想到杜氏年轻貌美，又能经营，也就纵容杜氏的行为了，但儿子的劝告也无过错，遂叹道："恺儿，你不懂官场，你更不懂得为父为这个家所用的苦心。"

陈恺见父亲不理会自己的看法，急着说道："孩儿的确已看不懂父亲了。父亲变了，今日的父亲不分是非，刚愎自用，贪财恋色。"陈希亮听此大怒，起身吼道："放肆！你在跟谁说话！"陈恺也不愿妥协，施礼道："父亲，既然孩儿总是惹您老生气，还是不见面的好，孩儿告辞了！"说完转身离去。

陈希亮望着儿子的背影，环顾空荡荡的室内，不禁怒从中来，愤然将酒杯摔向地面。

夜晚，苏轼回到家中，巢谷已把当天立军令状之事告知了王弗。王弗忧虑地说："夫君，你怎么与太守立了军令状，万一有个闪失呢？"苏轼忙扶王弗坐下，笑道："夫人放心，我不会有事的。不是有人说我是文曲星下凡嘛，既然是文曲星，凡人怎能杀得了我呢？"巢谷笑着问道："子瞻，我怎么没看出来你是个神仙呢！"众人皆笑起来。

王弗收住笑容，说："你呀，就算是神仙，立了军令状，太守不给钱粮，田地没收成，新难民又越来越多，你又能怎么办？"苏轼逗乐般地安慰道："夫人，苏某自认有经天纬地之才，几个难民我就安置不下，岂不是枉读了圣贤之书啊！"

接下来的几天，又有不少闻讯赶来的难民，人们忙碌地整修房屋。苏轼忙着搬运土坯，不一会儿便挥汗如雨。王老汉上前不忍地说："大人，您就不要干了！"苏轼边干活边说道："您老这么大年纪，我年纪轻轻，怎么就不能干！再说，我还要锻炼锻炼筋骨，同巢谷兄掰腕子呢！"说完苏轼放下手中的活计，对一旁的巢谷说："巢谷，我这筋骨也舒展开了，咱们来掰手腕！"众人围上来，齐声为苏轼鼓劲。

两人坐下，摆好姿势，开始掰手腕。苏轼使出全力，脸上青筋暴起，巢谷却是一脸平静，稍微用劲，便扳倒了苏轼。众人遗憾地叹了口气，苏轼则哈哈大笑。

巢谷笑道："子瞻，你已长进了不少，继续练习，终会大功告成。"苏轼笑着作揖道："多谢师父指点。"众人不禁都被他逗乐了。

这时，陈希亮和张璪正骑着马闲逛，在山坡上远远看着苏轼和难民们热火朝天地建难民村。陈希亮不解地问道："奇怪，这苏轼签了生死军令状，怎么一点也不惧怕，反而很高兴？"张璪回道："大人不知，苏轼生性如此，恃才放旷。"陈希亮不屑地说："哼，他还是太年轻了！听说你们是同年？"张璪阴阴地说："我们虽说是同年，脾性却不相同。不过下官以为，苏轼这般高兴也不是没有缘由，因为陈大人中了苏轼的计啦！"

陈希亮听了，有些不快。张璪神秘地说："大人，大宋律例里可没有说因事签下军令状，若事无成，相关官员无罪的。只怕到时候朝廷怪罪下来您还是同谋呢！最少也是包庇纵容之罪。"陈希亮恍然道："啊？这，本府却没有想到。可是，本府自有本府的计算，若真不管这些难民，一旦饿死了人，或酿成民变，本府也逃不过罪责。苏轼不怕蹚浑水，主动来管这些难民，又肯签下军令状，本府可以既无罪责，又能脱身。加之皇上器重苏轼，或可不作追究……"

张璪忙说："大人，如此欠妥。皇上就是再喜欢苏轼，也不会纵容他无法无天。他在我凤翔所为，是擅改律例，已触动大宋国体，皇上，还有朝堂众臣，又岂能像以前一般听之任之？"陈希亮忙问："那，那你以为本府该如何是好？"张璪等的就是这句话，遂胸有成竹地说："依下官看，太守应该当机立断，向朝廷奏明此事，等待朝廷决断！这才是万全之计！"陈希亮一挥马鞭，点头道："对呀，本府怎么没有想到呢。若老夫先行上奏，参苏轼一本，则难民不用本府管，朝廷又知道我反对苏轼的态度。哈哈——还是你们这些书生脑子活泛，张大人，今后遇事你定要多多提醒本府。"张璪谦卑地说："甘愿为大人效劳。"

来到苏家以后，小莲靠才学和美貌赢得了大家的好感，在家务上也能时时帮忙。

这日，小莲正在厨房帮采莲洗碗收拾。采莲不忍地说："小莲，你别忙了，快回屋休息去吧。"小莲笑道："表姑，还是我来吧，你去歇息吧。"沉吟了一下她又轻声问道："表姑，为何先生没回来吃饭？"采莲忧愁地说："你哥哥呀，他哪有空闲呀！他改了朝廷的律例，人家陈太守不许，要你哥哥签什么军令状，你哥哥竟答应了！弄不好是要杀头的呀！眼看夫人就要生了，万一……唉，我真担心啊！"小莲听后，忧愁不语，手上仍在洗碗。采莲又叹了一口气。

小莲沉思凝想，忽然计上心头，笑道："表姑，我有事先走了。"说完夺门而出。采莲不解地看着小莲匆忙的背影。

小莲来到王弗的房中，把自己的想法告知王弗。王弗喜出望外，说等苏轼回来就转告他。正说着，王弗轻轻抚摸着肚子，笑道："妹妹，小家伙在踢我呢。"小莲也摸了摸王弗的肚子，笑道："姐姐，他是不是饿了呀？"王弗佯嗔着，脸上却挂着笑意，说道："小家伙不懂事，家里人都没粮吃了。妹妹，我若生个闺女，一定要像你一样，秀外慧中，既有天仙之美，又有进士之才。"小莲羞涩地低下头。

一阵笑声和脚步声传来，随即听到苏轼的声音："夫人，小莲妹妹。"两人走上前，看到苏轼与巢谷两人尘灰满面，一身汗水。小莲施礼道："先生，巢谷兄。"说完正欲退下，王弗拦住她，笑着说："妹妹，不急着走，你把方才对我说的话告诉你哥哥。"小莲低头摆弄着衣襟，说："不了，姐姐，我那都是胡说。"王弗微笑着让她但说无妨。苏轼也迎上前，笑道："小莲，有什么你尽管说吧。"小莲遂说道："妹妹拙见，先生勿怪。"王弗笑道："小莲，莫叫先生，倒见外了，叫哥哥。"

小莲笑道："是，哥哥。妹妹以为，虽然哥哥现在凤翔所为皆是仁义厚德之事，也与太守签了军令状，但毕竟违逆朝廷律政，授人以柄，恐奸人作祟，日久有变。哥哥还是尽早上报朝廷，取得批文才好。"小莲说完，王弗紧张地看着苏轼。苏轼沉吟了片刻，拍手叫道："哎呀，果然好主意！我怎么就没有想到呢。多谢妹妹提醒，我这就去写。"王弗和巢谷皆舒了一口气，十分高兴。

苏轼是七品官，不能直接向朝廷上奏，因此拜托巢谷将书信送往范镇府上。信中不仅讲明了难民村之事，还特意为杨氏母女请奏昭雪。小莲感激地向二人道谢。巢谷向苏轼抱拳，温柔地瞟了一眼小莲，风一般出门而去。

巢谷刚走，采莲便走了进来，说："子瞻，那陈太守家的公子现在门外，说要求见。"众人皆惊异，不知何事。苏轼思忖片刻，把陈慥请了进来。

陈慥进门施礼道："连日来，有幸看到苏大人为难民殚精竭虑，更增敬慕。陈慥有礼了。"苏轼还礼道："陈公子，多礼了。请坐。"

两人坐下，陈慥爽快地说："在下敬佩大人风骨文采，不满家父作为，现赁屋而居，今日特来拜访大人。"苏轼拱手道："陈公子，苏轼不敢。""听说大人和家父为安置难民之事立了军令状……"陈慥面露惭愧之色，"唉，大人这是仁义之举，为家父担责，家父却糊涂。陈慥万分歉疚，万分感激。"说着就要下拜。苏轼急忙起身扶住："哎哎，陈公子，不可如此。"陈慥为难地说："难道大人因家父作为失当而嫌弃陈慥不成？"苏轼摆手笑道："苏某岂是这等人！"

陈慥又起身道："既蒙苏大人海涵，那陈慥也不客气了。陈慥有个不情之请，还望苏大人同意。在下平日好武，近来想学文章，久仰苏大人文才盖世，愿拜苏大人为师。"苏轼忙道："不可，我俩年纪相仿，岂可师徒相称！"陈慥摇头道："闻道有先后，岂可以年纪而论！"

苏轼略一思索，笑道："这样吧，我正要习武，我俩文武互授，兄弟相称，岂不美哉！"陈慥大喜，笑道："好，一言为定。受小弟一拜！"二人哈哈大笑。

陈慥接着说："大人认了我这个弟弟，弟弟就要为兄长解眼前难题了。"苏轼不解地问："哦？贤弟以为我的难题是……？"陈慥抢道："安置难民啊！陈慥颇有钱财，可用来买粮，不就得了！"说罢，拍手对外面喊道："来人呀！"两个仆从抬着两口大箱子进来，打开箱子，全是白银铜钱。苏轼站起叹道："啊，贤弟哪里来这许多钱财？"陈慥说："不瞒兄长，我那继母逼着我父亲经营生意，赚了许多钱财，如今我替她花了，也好破财消灾。"

苏轼不假思索道："不可，安置难民哪能动用太守的私囊。"陈慥忙道："先解燃眉之急，我想苏签判这是义举，朝廷哪能坐视不管。到时，朝廷拨款下来，不就一切无忧了吗？"苏轼沉吟片刻道："那好，陈兄这也是义举，这笔钱就算我苏某暂借陈兄的，我给你写字据。"说完就要往书房去。陈慥忙拦住，佯怒道："兄长切莫如此客气，难道兄长以为只有你们读书人才讲报国安民？另外，我还有一事相求，请兄长准我督办修建难民村。"苏轼感激地抱拳道："如果陈兄有此意，应该是我求你了。好，那就有劳陈兄了！"

张璪建议陈希亮向朝廷奏报苏轼在凤翔的所作所为，如此一来，便与苏轼违反朝廷律令划清了界限，即便朝廷追究下来，也能推得一干二净。

很快，奏章便送到了台谏两院。胡宿、吕诲收到陈希亮的奏章后，心中大喜，立刻赶往翰林院，告知王珪。王珪看罢，亦大喜，笑道："好，事关重大，我等这就去上奏皇上。"吕诲忙上前劝道："禹玉公，我们不能上奏皇上。皇上现在有病在身，一心为自己的子孙寻找太平宰相，而皇上一向对苏轼偏爱有加，他可是皇上内定的宰辅啊！"王珪一拍脑门，恍然大悟，神秘地笑道："老夫一时糊涂了，胡大人，按律该当何罪？"胡宿作了一个手势，低声说："斩。"王珪沉吟片刻，冷笑道："这个机会咱们可不能再放过了。好，我们三人这就去见宰相韩琦。"

王珪知道，朝中除他一党外，宰相韩琦虽未直接表示出对苏轼的反感，但也曾就仁宗欲任命苏轼为翰林学士一事提出过反对意见，且韩琦秉性刚直，对违反朝廷律令之行为向来处置决断严苛。王珪心中暗喜，自己此举实在是高明，苏轼这次就是不死也得落个元气大伤。

王珪、胡宿、吕诲三人很快来到政事堂，将陈希亮的奏章，连同早些时候张璪写给王珪的信呈给韩琦。王珪一本正经地说："大人，下官前些时日接到凤翔法曹张璪的书信，称苏轼擅自打开官仓，犹以为是不实之言。未想到昨日胡大人又接到了知府陈希亮给朝廷的奏章，且还加上了私租土地、私建村落两罪。若说张璪的书信还可暂时存疑，知府的官文却无虚假。此事关乎国体，故前来告知相爷。"

韩琦听罢大惊，遂匆匆阅毕奏章和信，脸色严肃起来，但瞬间又转为和缓，叹道："年轻人嘛，行事总有些鲁莽。"王珪见状，心中一凉，向胡宿使了个眼色，沉默不语，故作深思之状。

胡宿也感到韩琦有偏袒苏轼之意，遂加强语气说："苏轼一向目无朝廷，私建村落，私租土地，加之私放官仓，都可以谋反论罪，按大宋律例，当斩。"吕诲也从旁论道："是呀，相爷，违背律治，可问死罪。苏轼践踏国法，若不严办，世人皆效仿，天下必乱。"韩琦看了看胡宿和吕诲，叹了口气，沉重地点了点头，说："此事重大，还是奏明皇上为好。"

吕诲忙劝道："大人，皇上龙体欠安，不愿理事。处置日常政务，乃宰相职责所在。此事证据确凿，依律而行即是，何须奏明皇上。"韩琦犹豫不决，心中已猜到这是台谏两院欲报私仇而假于他手，但苏轼此事确实违反律令，自己若不严处，将来还怎样统领百官呢？

胡宿见状，忙上前激道："吕大人所言极是，难道韩相想包庇苏轼不成？"韩琦脸色顿变，不悦地看着胡宿。胡宿低下头，后退了几步。其实韩琦还真是有心放过苏轼，虽然自己当年反对仁宗任苏轼为翰林学士，但这是出自一片公心，希望苏轼在就大任前能有一番历练，行事不至于过于恃才傲物，也算是对有着大才的苏轼的一片爱护之心。况且仁宗反复强调苏轼兄弟才堪大用，自己若依法严办，不是有违仁宗的一片爱才之心吗？况且此事也还需调查，怎能凭借陈希亮的一面之词就对苏轼严加打击呢？

王珪见韩琦迟迟不能决断，心中已大致猜到韩琦所想，也知道此番打击苏轼之事算是又告失败，便佯装斥责胡宿、吕诲道："你二人休得胡说，韩相怎会包庇苏轼？此事韩相尚未调查清楚，何以就下决断呢？你们呀，也是朝中大臣，言行怎么可以这样莽撞？"胡宿继续唱他的白脸，仍抱怨道："可是，优柔寡断，实非韩相之风啊！"

韩琦挥挥手，不耐烦道："好了，好了，不要说了。告知凤翔知府，难民村速速拆除解散。至于苏轼，待本相调查清楚再说。"胡宿仍然不依不饶，说："那祸乱之人就逍遥法外了？"吕诲也道："韩相，你这是包庇。"

韩琦眼光犀利地看了三人一会儿，冷笑道："苏轼作为地方官员，所为虽有违律例，但是为百姓着想，是为皇上施仁。而你等苦苦相逼，欲取他性命，却是为私怨，王大人，我没说错吧？"胡宿和吕诲装作受了莫大的冤枉，拂袖而去。王珪则给韩琦赔着笑脸，慢慢退出政事堂。

这日，苏轼家里一派忙碌。王弗躺在里屋的床上临盆待产，正痛苦地呻吟，杨伍氏与采莲焦急地守在王弗床边，苏轼在外屋急得团团转。

采莲揭开门帘，从屋里出来，苏轼急忙迎上去，紧锁眉头，搓着手问道："表姑，弗儿怎么样了，生了吗？"采莲嗔怪地笑道："还有一会儿呢，看你比弗儿还着急。女人生孩子可没有你写文章那么容易！"苏轼被逗笑了，但又忍不住焦急地说："唉，我就是写百篇制策，也顶不上弗儿的这一篇文章。表姑，让我进去，我给弗儿讲两则笑话，她兴许就不疼了！"采莲和小莲皆笑出声来，采莲笑道："天底下竟有这样的丈夫，那还要产婆干什么！"苏轼也勉强笑了笑。

这时，曹勇忽然冲进门来，慌慌张张地说："苏签判，不好了，太守大人要拆难民村了！"苏轼大惊，忙问怎么回事。曹勇喘了口气，定定神道："陈大人上午带着衙役兵丁到了难民村，说是有了朝廷官文，不得擅建村落，要动手拆毁房子，难民们不让，快打起来了。您快去看看吧！"

苏轼听到曹勇的话，顾不上即将临盆的妻子，转身要走。采莲忙上前拦住道："子瞻，弗儿就要生产了，你怎么能走？"曹勇听到，惭愧地说："对不起，苏大人，我不知道——"苏轼忙道："现在顾不上了。表姑、小莲，弗儿就交给你们了！曹勇，快走！"曹勇羞愧地看着苏轼，犹豫着说："是……大人。"采莲还想劝住苏轼，但苏轼已先曹勇夺门而出了。屋内传来王弗痛苦的呻吟……

苏轼骑马来到难民村，只见陈希亮、王彭率领着一帮军士、衙役与难民们正在厮打，场面一片混乱。王老汉领着难民妇孺坐在路口房前，挡住军士衙役的去路。但这也是徒劳，军士、衙役捆绑了许多难民，有些军士已经在拆房子。一些难民灰心丧气地在一旁痛哭，仍有一些难民在与军士、衙役厮打着。陈慥与王二拿着木棍挥舞，不让军士们近身，陈慥已打倒了一群衙役，但又被王彭率领兵丁围在核心。陈希亮坐在马上，大声嚷道："慥儿，你要再打下去，连为父也保你不得了。"陈慥不停，仍挥舞着木棍，但已显疲乏。

苏轼下马来到人群中，大声喊道："住手！大家都住手！季常兄住手！"看到苏轼，难民中有人欢呼起来，众人纷纷停手，齐齐看着苏轼。

陈希亮顿时感到自己的威严还不如苏轼，大声怒斥道："看什么，拆！"苏轼举手叫停，并愤然向陈希亮道："陈大人，我已给大人立了军令状，为何还要拆难民村？"陈希亮瞟了一眼苏轼，朝着天空悠悠地说道："我的榜眼书生，你这么有学识，难道不知依照大宋律，私建村落，形同谋反吗？"苏轼实在不愿再和陈希亮理论，但也压住怒火，尽量平静地说："大人，这哪里是私建村落，这是安置难民。"陈希亮瞪着苏轼道："哼，安置难民？本府已上奏朝廷，朝廷可不这么看。"苏轼抢上一步，道："陈大人，我也已上奏朝廷！"陈希亮惊道："什么，你一个小小签判，也有权上奏朝廷？"

苏轼施礼，抱歉地说："下官怕大人为难，故未告知大人。至于上奏朝廷，下官是托人代转的。"陈希亮怒道："哼！本府知道你朝中有人，但记住这里是凤翔，凤翔由本府来做主。"苏轼理直气壮地说："下官若是做事欠妥，还请大人见谅。只是这难民定要安置，难民村拆了，他们又要变成流民。看，他们老老小小，大人让他们到哪里去？"陈希亮不屑道："到哪里去本府不知，本府是武夫，只知军令如山，朝廷说凤翔不得有私建的村落，本府就要照办。"苏轼道："大人可再宽限几日，此事朝廷不久就会有官文下来，到时候大人再做定夺。"陈希亮道："那就等官文来了再建也不迟。"苏轼道："朝廷要是追究下来，下官一力承担。"

陈希亮听见这话，翻身下马，揪住苏轼的衣领，俩人鼻尖对着鼻尖。陈希亮愤怒地瞪着苏轼道："苏轼，你以为你是谁，只怕你的纱帽翅子还短一些。你不过是个手无缚鸡之力的书生！一个屁大点的签判，你有什么资格承担？你再讲这些狂话，本府就将你送往边境战场，让西夏人吓唬吓唬你，你也就不会这么狂了！"说完顺势一推。

苏轼退了两步，立住，脸上毫无惧色，大声说："大人，要拆屋，也要等朝廷批复苏轼的文书下来再说。"陈希亮冷笑着问道："你现在有朝廷的文书吗？"苏轼只得摇摇头。陈希亮得意地抖开一卷官文，在苏轼眼前晃道："这就是朝廷下的文书！朝廷说你私建村落，违反律例。所以不是老夫要拆，是朝廷要拆！"说完大声命令道："拆！"官兵上前，又与难民厮打起来。陈希亮翻身上马，便欲回府。

苏轼见状，也顾不了太多了，上前拉住马缰绳，坚定而愤怒地说："不能拆！大人如此做是何居心？"陈希亮大怒道："大胆苏轼，本府居心为国！"苏轼抢道："苏某居心为民！"陈希亮也抢道："国大于民，你要听我的！"苏轼声音慢下来，淡淡地说："大人不为国，也不为民，苏某看你是为了自己的乌纱！"陈希亮气到几乎失去了理智，吼道："本府就是为了乌纱，怎么样？等你乌纱比陈某大了再来教训本府吧。王参军，拆！"苏轼上前拦住，也吼道："谁敢！"

王彭心中何尝想拆，但是身为下属，又是军人，能不服从命令吗？这时他犹豫了，看看苏轼，又看着陈希亮，指望着苏轼能挽回局面。

陈希亮看到了王彭的犹豫，怒道："王参军，你敢抗命吗？"王彭还在犹疑。苏轼突然灵机一动，上前站在王彭和陈希亮之间，说："大人，不干王参军的事，要想拆房，除非先把苏某抓起来。"陈希亮冷笑道："哼，你以为我不敢吗？王参军，把他给我捆起来！"王彭更不知所措了。

苏轼走向王参军，低声说道："王参军，就先把我抓起来，这难民村或可暂保一时。"王彭会意，也低声道："那就先委屈大人了。"苏轼冲着陈希亮一笑。陈慥见状欲冲过来，苏轼向他使了个眼色，陈慥也会意停下。苏轼被军士们五花大绑起来，陈希亮随即令道："拆。"

苏轼大声说道："大人，有我做人质，为何还要拆房？"王彭也上前，故意暗暗对陈希亮说："大人，苏签判已抓了起来，就是朝廷怪罪下来，大人也有说辞了。若是硬拆，激成民变，大人也脱不了干系！"陈希亮思忖片刻，点点头说："嗯，那就等等再说！走！"王彭将绑着的苏轼扶到马上。

众难民见状不解，哭声连天，不停地喊道："苏大人，苏大人……"苏轼转头笑道："乡亲们回去吧，不必担心苏某！"又转身朝陈慥说："季常兄，这些人时下就靠你了。"陈慥用力地点点头，说："放心吧，子瞻兄！"

苏轼被陈希亮押入大牢，而家中已传来婴儿的啼哭声。

王弗满脸汗水，如释重负。杨伍氏抱起一个男婴，笑道："恭喜夫人，是个公子。"采莲双手合十道："阿弥陀佛！"王弗微笑着，气息微弱地问道："表姑，怎么一直不见子瞻啊？"采莲苦笑着，不知如何回答。

最后王弗还是知道了，无奈中只能让采莲和小莲给狱中的苏轼送饭，顺便把孩子的事告知苏轼。

晚上，采莲和小莲拎着饭篮来到监牢，看到苏轼正坐在牢中，闭着眼，吐纳练气。采莲见状，悲声说道："子瞻，我们来了。"小莲也禁不住流下眼泪。苏轼睁眼，迫不及待地问道："表姑、妹妹，弗儿怎样了？"采莲抹泪，说不出话。小莲忙收泪道："恭喜哥哥，姐为你生了个儿子，母子平安。"苏轼开心地大笑道："好，我苏轼有儿子了！表姑、妹妹，我要给他起个名字。"

采莲见苏轼精神这么好，也收住眼泪，勉强笑笑，说："就等着你起名呢，你却身在这里。"苏轼沉浸在得子的喜悦中，没在意采莲的话，沉思片刻，拍手道："哎，对了，就叫迈儿吧！迈到老子的前边去！"小莲沉吟道："苏迈，好名字！"苏轼这才看出两人的忧虑，宽慰道："哈哈，你们不用担心，我在这儿就是做个样子，这些狱卒都是我手下，他们还能对我怎样？多谢妹妹照顾弗儿，叫她不要担心，好好养身子。我很快就会出去的。"听到这宽慰的话，采莲和小莲忍着泪水点点头，依依不舍地走出监牢。

苏轼虽如此说了，王弗在家中还是担心不已。尤其是陈希亮为了一泄心中的怒气，居然禁止苏家人给苏轼送饭，且派心腹狱卒严加看管苏轼，虽不敢用刑，但给苏轼的饭食还是做得极差。苏轼倒也并不在意，达观的天性使他在牢中也随遇而安，连陈希亮的心腹狱卒也被他感化，偷偷给他做些好吃的。

但王弗并不知道这些，苏轼被关押的时间越长，她也越担心，时常做苏轼被狱卒拷打的噩梦。虽然小莲在一旁给了她不少宽慰，但王弗仍是心忧不已，遂决定去找陈希亮。

小莲忙劝道："姐姐，不行，你这才生产几日，还未满月呢。怎么能出去走动呢？"王弗拉住小莲道："不行，妹妹，我成日里担心。只有去见过子瞻，才能安心，你陪我一起去，啊？"小莲无奈地点点头。

小莲陪着王弗来到凤翔府衙外，小莲下车，上前击鼓。随即扶王弗下车，王弗虚弱地喘着气，冷汗直流。众衙役见是苏轼的夫人，不敢阻拦。

两人来到凤翔府堂，陈希亮高坐堂上，问道："何人击鼓？"王弗立于堂中，气喘吁吁地说："民妇是本府签判苏轼之妻，我家夫君被抓，不知犯了何罪？"陈希亮虽与苏轼不睦，但看到王弗以如此柔弱之躯来为苏轼求情，也委实不忍，只得吞吞吐吐地说："这……本府执法，苏……苏签判阻碍……这个……本府执法……"王弗问道："大人执的是哪家之法？"陈希亮道："自然是朝廷之法。"王弗又问："朝廷立法为何？"陈希亮道："立法自然是为国为民。"王弗用尽气力说道："既然如此，建难民村岂不正为民？大人的公子陈愫出钱出力，是为民，大人带人拆毁难民村，难道也是为民？"

一衙役见王弗虚弱不已，搬过一张椅子，让王弗坐下。王弗见状，向陈希亮说:"大堂之上,民妇本该跪下,只是生子尚未满月,多有不便。"陈希亮不忍地叹道:"哎,坐下,坐下……你一个女人家,怎么可以抛头露面,来管官府之事?这苏轼妄称才子,连女人都不会教。"

小莲扶王弗坐下,王弗焦急地问:"民妇只想问大人,为何要抓我家夫君?"陈希亮也有些不耐烦了:"本府堂堂太守,哪犯得上跟你这妇人辩论口舌?你还坐着月子,你不要命了!"王弗仍尽力问道:"这个与大人无关,大人只说为何要抓我家夫君?"

陈希亮焦躁地走来走去,突然道:"哎,是我审你,还是你审我呀?你毕竟是个妇人家,本府不能骂你打你,唉,真是麻烦……本府告诉你……苏轼带头私建村落,私租田地,朝廷不许,本府当然要执行。"王弗接着问:"大人所说,并非无理,但朝廷公文并未写明让大人抓人吧。"

陈希亮又吞吐起来:"这……可不是我要抓的,是苏轼自愿受羁押的。本府只是遵从苏大人的意愿……"王弗理直气壮地说:"我家夫君为何自愿受羁押呢,他是怕难民饿死冻死,怕难民聚集起来,酿成民变,所以自愿羁押坐牢。我家夫君所作所为,皆为大人治下凤翔,大人却要抓他,道理何在?人心何在?民妇又怎能心服?"

陈希亮无奈地摆摆手:"啊!这……你是女人家,伶牙俐齿,本府说不过你!"王弗接着说:"大人不是说不过我,是道理在民妇这边。"陈希亮无奈道:"好了,好了,这公堂之上,本府跟你一个女人家说来辩去,成何体统!本府就依苏轼的意思,难民村先不拆了,只是让他在衙里住上几天,这里也清静,等朝廷有了旨意,再做定夺。苏夫人,你也放心,本府不会为难他的。"王弗随即要求道:"那准许我家送上一日三餐。"陈希亮道:"这个可以。"说完对一衙役道:"去请苏轼吧!本府先下堂了。这个苏轼,一家子都难缠得紧!"

王弗和小莲坐在堂上焦急地等着。不一会儿,苏轼出来,见到王弗,高兴地说:"夫人,小莲妹妹,你们怎么来了?!"王弗见苏轼一切如常,又惊又喜,差点晕倒。苏轼急忙扶住,转而担忧地说:"夫人,你还未满月,却出来行动,万一闹下病根,可如何是好?"王弗眼中含着泪,说:"子瞻,我挂念你。看见你毫发无损,我就放心了。"小莲在一旁也感动地拭泪,说道:"姐姐,咱们回家吧。"

## 十五　　敕建官户村

在王珪一党的逼迫下，宰相韩琦无奈地下达了拆除难民村的官文，并对苏轼在凤翔所做的诸多违律之事进行调查。在台谏两院的争相弹劾中，韩琦虽欲宽容苏轼，却心有余而力不足。他只能拖着，看看是否有新的转机。

另一边，苏轼给范镇的书信送到后，范镇和欧阳修心中着实为苏轼敢于破除成见、一心为民的行为感到高兴。但他们也知道，一旦这些事被台谏两院的王珪一党利用，将会给苏轼带来极为不利的影响。仁宗因身体不适，已数日未朝，想直接上奏仁宗也有诸多不便。两人正商量如何让苏轼这些违犯律法却有益民生的作为顺利实施，却听说韩琦已下了拆除难民村的文书，两人不约而同地来到政事堂，要韩琦撤回命令。

政事堂中，韩琦正与王珪议事，范镇、欧阳修闯了进来。范镇边进门边喊道："宰相大人，听说你已下令解散难民村？"韩琦见两人严肃愤然之状，心中虽有不悦，但也自知苏轼之事的转机到了，遂不动声色地点头称是。欧阳修停下来，施礼问道："听说宰相还要追究苏轼之罪？"韩琦面无表情，淡淡地说："凤翔知府陈希亮启奏朝廷，苏轼擅开官仓，私建村落，私租田地……"欧阳修忙止住道："不开官仓，难道让难民饿死？不建村落，难民何以安居？不租土地，难民何以为生？魏武帝曹操首开民屯之法，遂使民安国富。苏轼之法，有何不好？"

王珪虽心中极为不悦，但仍微笑着维护韩琦道："欧阳公，苏轼其心可嘉，可宰相也是依律行事呀！"范镇向来对王珪的阳奉阴违极为反感，忍不住叫道："要是事事都按你那个律例行事，一狱吏治国足矣，还要宰相干什么！"韩琦素知范镇狂放，但没想到今日狂到自己堂堂宰相头上，自己威严何在？不禁愤怒地指着范镇，但又一时语塞。

　　欧阳修见状，扯了扯范镇衣襟，将苏轼的书信呈给韩琦，语气和缓地对韩琦说："大人，苏轼已有书信给我们，我们因未想出善策，才耽误了几日，没有上奏朝廷。没想到对此事的处理，大人却如此雷厉风行。"韩琦怒道："什么，你讥讽本相？"欧阳修拱手道："下官岂敢。只是说朝廷办事，大事议一年，小事也要议半载，此事虽连小事也算不上，至少也要议上三月，未曾想一日之间，宰相就有决断了。"韩琦心知欧阳修此语已暗示自己与王珪一党通气，又不好明示不满，怒道："你……你……讥讽本相，该当何罪！"王珪见此状，心中大喜，却故意面露忧色，劝道："韩相，你不必生气，欧阳公并非这个意思。"

　　范镇见韩琦气成这样，不禁大笑道："哈哈，人言宰相肚里能撑船，我看啊，韩相的肚里只怕容不得一只草鞋啊！"韩琦怒指范镇道："大胆！"范镇不依不饶，仍上前迎着韩琦的手指，怒道："大胆？莫非你连老夫都要治罪不成？"说着一把抓住韩琦的胳膊就要往外走，叫道："走，跟我面圣去！"韩琦挣脱不开，一时慌道："范公，你不可造次！圣上龙体有恙，你我臣子怎可——"

　　王珪也上前拦住范镇，劝道："范公，息怒，这就不好了。"范镇甩开王珪的手，不屑道："王珪，你别在这里充好人，怎么回事，你我心中都清楚！"说着拉着韩琦就往外走，欧阳修摇摇头，笑着跟了出去。王珪尴尬地赔着笑脸，望着三人拉拉扯扯的背影，心中略感不安，想着如果闹到仁宗面前，苏轼不但无过，反倒有功了。

　　三人来到颐安殿，通报进殿中，跪下行礼道："微臣参见圣上。"仁宗虚弱地斜躺在纱帐内，扬手道："起来吧。"

　　三人起身，韩琦忧虑地问道："陛下贵恙轻减些了吧？"仁宗叹道："但愿能好起来。众卿家何事啊？"韩琦道："今日议政，是关于苏轼私自开官仓、私建村落、私租田地和保奏边将杨云青一事！"仁宗打起精神坐起，道："噢，朕也听说了，宰相以为如何处置啊？"韩琦稍一沉思，说："若论朝廷之法，苏轼私开官仓，擅建村落，罪名不小；若论安置难民，又不失为义举。若处置苏轼，则寒天下义士之心；若不处置，则又使天下狂妄之徒蔑视朝廷法度。微臣着实委决不下！"

范镇直言道:"皇上,古来难民变流民,流民聚而为暴民。西北边境多事,朝廷若无安置难民之法,难民必为暴民!苏轼所为实在是忠心为国之举!"欧阳修也奏道:"陛下,苏轼在凤翔重修废弃的兵营,为安置难民之所,募捐钱粮以解燃眉之急,募捐不足,暂开官仓借粮,并飞报朝廷。凤翔有大量荒芜的田地,苏轼以官府名义出面作保,将荒地租给难民耕种,效古代的民屯之法,此为边境长治久安之策。"仁宗听得此言,顿时精神振作,赞道:"好个苏轼,如此倒解了朕的一个难题。"

范镇看着韩琦道:"可宰相已押字,将难民村解散了,还要追究苏轼之罪。"仁宗点头,对韩琦道:"韩卿家方才所说,似乎句句在理,可是忘了一点。朝廷立法,本是为民,其法若是害民,不如无法。韩相只顾朝廷之威,忘了解万民于倒悬。倒悬之民一旦暴起,朝廷安在哉!至于韩相所言'狂妄之徒蔑视朝廷法度',朕以为以苏轼之才,即便狂一些,又有何妨!若多几人如苏轼之狂妄,那或许是大宋之福啊!"

韩琦头冒冷汗,急忙跪下道:"微臣糊涂。圣上一番教导,如醍醐灌顶。微臣这就追回敕文。"仁宗颔首,略一沉吟道:"慢,苏轼所奏,一概照准。另拨三万贯,为难民买粮买种所用。难民村赐名官户村。还有,苏轼保奏的庆州太守杨云青无罪一事,也要照准。"三人一齐叩头道:"陛下圣明!"

仁宗的圣旨很快抵达凤翔,随之而来的还有朝廷拨给的三万贯钱。苏轼带领王彭等把消息传到难民村中,众人兴高采烈,鸣放鞭炮以示庆贺。

苏轼兴奋地说:"诸位乡亲,朝廷批复,可在此建村,并赐名官户村。也可由官府出面,替难民租地,你们终于可以在此安居了。"众人一片欢呼。难民与当地农民签契约,忙得不亦乐乎。苏轼在一旁主持,陈慥、王彭、曹勇协助,众多胥吏从旁维持秩序。

听到这个消息,各地的难民成群结队向凤翔的官户村拥来。苏轼则用朝廷拨款指挥众人扩建官户村。衙役送来官家木石,众老农也送来砖瓦草料,连日来,官户村内支灶、打夯,一派热火朝天的景象。

这日,苏轼又在官户村忙着帮难民们修房。一位相貌英武的年轻官员带着几辆粮车到来,他走到正在打桩的苏轼旁边,拱手道:"子瞻兄不仅文才盖世,干起活来也是一把好手呀。"苏轼放下手中的锤子,回头看竟是章惇,不禁又惊又喜,拉着章惇的手问道:"子厚兄,你怎么来了?"章惇笑道:"子瞻兄的官户村谁人不知,章某正为此而来,送上些种子,也算我出一份力。"苏轼作揖笑道:"子厚雪中送炭,请受苏某一拜。"章惇忙扶起他:"子瞻兄不必客气。子瞻兄在这紧急关头能出此良策,章某实在是佩服。"苏轼笑道:"呵呵,子厚兄远道而来,苏某无以相待,就请在这棚下喝杯凉茶。"两人来到凉棚下攀谈起来。

　　章惇这次撇下公务来到凤翔,一为探望这位当年一起力革太学体的同年好友,他们已有近五年没有见面了,另外也是为了向苏轼取经。章惇也是一个胸怀大志之人,看到苏轼在凤翔如此力革旧弊,又得到了仁宗皇帝的首肯,为苏轼高兴之余,也希望自己能同他一样,即便是在地方为政,也一样能干出一番事业。

　　章惇在苏轼家中住了几日,两人相谈甚欢,然而毕竟还有公务在身,不得不向苏轼辞行。苏轼问他要不要见见张璪,章惇心直口快地说:"道不同不相为谋!"苏轼和陈慥送章惇到凤翔郊外的校场,王彭在远处带着士兵操练。章惇抱拳说道:"子瞻兄,季常兄,我要告辞了。"苏轼、陈慥亦抱拳道:"子厚兄,一路保重,后会有期!"章惇策马,绝尘而去。

　　看着章惇远去的背影,两人转身往回走。苏轼边走边道:"季常兄,这次安置难民,可是多亏了你啊!"陈慥笑道:"子瞻兄可是过奖了,我不过是顺势而为罢了!"苏轼笑道:"季常兄过谦了。凤翔百姓着实良善,为难民出了那么多力。如今形势好转,朝廷的拨款也到了,种子也买好了。"话未说完,苏轼抬头看了看万里无云的天空,叹道:"可是若再不下雨,就是有再好的种子,又如何播种!"

　　眼见官户村已经容纳了越来越多的难民,朝廷的拨款也直接由苏轼调度,开仓、建屋、开荒……这可让陈希亮和张璪气恼不已。很快,陈希亮又得知陈慥不仅亲自督建官户村,领导难民开荒,还把家里多年做买卖所得都借给苏轼买粮救济难民了。这些钱是陈希亮准备养老用的,没想到陈慥竟不告知自己就移作他用,心中自然极为不快。但更让陈希亮心烦的是,杜氏每天都在自己耳边哭嚷陈慥的不孝。

　　这日,杜氏又在哭闹:"老爷,我们辛辛苦苦这些年,开铺子,做买卖,好不容易积攒些银子。铺子呢,被你那宝贝公子卖了;银子呢,他都给了那些难民了。这可让我们怎么活啊！"陈希亮喝着闷酒，烦躁不堪，不耐烦地说："别哭了。"杜氏仍是号哭。陈希亮不堪其扰，大怒，忽然站起拔出剑，大喊一声："不许哭了！"杜氏吓得收声不语。

陈希亮怒道："铺子算什么，银子又算什么！经此一役，本府一败涂地，片甲不留，说不定连这知府都要败给苏轼了。"杜氏听此，惊讶地软在椅中，说不出话。陈希亮挥剑一劈，怒道："我陈希亮一世英雄，竟折在一个书生手里，本府不服！"

不久，官户村已收留三四千人，朝廷的粮款到后，更是使得西北边境一片安定。消息传到汴京，仁宗十分高兴，精神也好了不少，但疾病仍是缠绵不愈。范镇等人多次奏请早立储君，因为皇后嫔妃一直都不能生育，自仁宗即位以来，是否应该从皇侄中选出优秀者继承大统一直是困扰仁宗和大臣们的一大难题。

这日，仁宗倚在病榻上，向在身边服侍的曹皇后笑道："哎，苏轼真是给朕解决了一个大难题，实乃大才，看来我朝后继有人哪。"曹皇后跪下道："谢陛下。"仁宗扶起曹皇后，不解道："皇后为何谢朕啊？"曹皇后道："臣妾以为陛下如此眷顾苏轼，实在是为子孙选才。臣妾是为大宋的未来之君谢陛下。"仁宗叹道："皇后真是知朕啊！朕在位四十年，虽有尺寸之功，过亦不少；庆历新政不得施行，想起来朕就堵心。这些年来，朝廷更是形成了因循之风，不思进取，动辄清议。别说是普通大臣，就是朕，也被他们编派得满身不是。许多大臣，动不动就卖直取忠，以死相谏，弄得朝野上下人声鼎沸。朕明知他们迂腐荒谬，甚至居心叵测，但也不得不让他们三分哪！可他们当朕是真糊涂！"曹皇后忧道："陛下的难处臣妾知道。不能为陛下分忧，实在是臣妾之过。"

仁宗摆摆手道："唉，与你无关。朕已老矣，不能刷新吏治了。朕无子嗣，但朕要立储，就依范镇他们吧，从众多的皇侄中选取一位未来的有为之君，我大宋有望矣！"听到此处，曹皇后急忙跪下，哭道："陛下无子嗣都是臣妾之罪。"仁宗扬手，叫曹皇后起来，叹道："皇后何罪之有啊，朕后宫三千，宠幸无数，可就是未得一子，有罪的是朕哪。"说完忧伤不已。

正如苏轼所忧虑的那样，凤翔几月未雨，大地龟裂。适值播种季节，如果再不下雨，则百姓不能种粮，朝廷的拨粮终有吃完的一天。

这日又是骄阳当空，虽春天还未过去，但这西北大地已有了盛夏的气息。官户村外，陈希亮和张璪正在田间散步。陈希亮背着手，因为燠热而烦闷；张璪唇干舌燥，满头大汗，折扇摇个不停。

陈希亮略转头问张璪："苏轼最近去哪儿了？"张璪奉承地笑道："带人在终南山上伐木。"陈希亮疑惑道："伐木为何呀？"张璪指指官户村，笑道："还不是为了建屋。"陈希亮冷笑道："他倒真是体恤民情呀。本府一直想与他再度交手，他却躲到终南山避暑去了！"张璪忧道："是啊，这天可真热呀。大人，瞧这田地，大旱望雨呀！"说着，眼见得不远处曹勇、王老汉、王二带着众难民打着水桶播种，远远地听见难民们的抱怨声："照这个播法，播到秋天也播不完。""是啊，可又有什么办法啊！"

突然王老汉摆手叫道："哎，都说啊，苏大人是天上的文曲星下凡，他要是写篇文章，到太白山去求雨，保管能成！"曹勇忧虑地说："能行吗？别再给苏大人添麻烦了。"王二也说："对，爹，别再给苏大人添麻烦了。"王老汉见此也只好作罢："我就是随口说说而已。"

听见他们的谈话，张璪心中一动，笑对陈希亮说："大人，我已有办法，可叫苏轼不得不与大人再度交手。"陈希亮好奇地问道："哦，是何办法？"张璪略带神秘地说："让他去求雨。"陈希亮还是一脸的不解。

因官户村的扩建，苏轼带人到终南山伐木，好久没有回家了。这日，小莲在院里的亭中弹琴，王弗、杨伍氏在草亭中一边饮茶一边欣赏。小莲一曲奏罢，王弗抚掌赞道："妹妹的琴艺的确不同凡响！"小莲笑道："姐姐谬奖了。已经两年多不抚琴了，指法实是生疏。"王弗笑道："但妹妹对曲子的体悟，恐常人难以企及。"小莲起身对王弗说："姐姐也弹一曲吧。"王弗也不推辞，坐下调好弦，笑道："好，我可献丑了。"随即弹起了《高山》《流水》，曲调优美，大有如怨如慕之意，杨老夫人和小莲频频点头。小莲笑对母亲说："姐姐想兄长了。"杨夫人笑着点了点头。王弗笑嗔道："鬼丫头，你这耳朵可真尖。"小莲以手背掩口直笑。

中午做饭时，采莲看着水缸里仅剩下一层浅浅的水，舀了一小碗，愁道："家中眼看就没水了，这老天爷还是不下雨。"身后的王弗抱着苏迈，也陪着叹道："是啊，表姑，对家里人说，都紧着些喝水，别让杨老夫人母女知道就行。"采莲道："唉，这点水怕是熬不过几日了，子瞻却还不回来。"王弗笑道："表姑，子瞻又不是龙王，回来也没用呀。"

采莲也笑了笑，回头却看见苏轼正站在门口，一脸风尘。苏轼示意采莲不要惊动王弗。采莲会意一笑，故意对王弗说："弗儿呀，这子瞻去那终南山上已许久日子了，却不思念着归家，回来看看你和迈儿。依我看，子瞻定是被那终南山上的野狐精迷住了。"王弗微笑道："表姑，子瞻这人，天生就不怕鬼，更不会被狐精迷住。他夜里睡觉时的鼾声，那么响，自然把狐精都吓跑了。"

苏轼轻轻地走到王弗背后，王弗怀中的苏迈回头看见了苏轼，苏轼故意逗弄儿子，惹得苏迈咿咿呀呀高兴地叫唤，王弗哄着苏迈，但仍不知。

采莲忍着笑继续说："弗儿，我看不一定，这男人家去到外面不都是一样？"王弗不解而又有点懊恼地说："表姑，你今天是怎么了，平日里尽夸子瞻，今天却要说他的不是，况且子瞻绝不会如您说的这般。"采莲见王弗有些着急，偷看苏轼，抿嘴一笑。

这时，苏轼要来抱苏迈，王弗一惊，回头才发现苏轼在挤眉弄眼地看着自己，知道是他和采莲在戏弄自己，顿时脸面大红，羞怯地低下头去。

苏轼一边哄着苏迈，一边深情地说："夫人、表姑，我回来了。"采莲笑道："子瞻，你以后打鼾须小声些。弗儿方才说你那鼾声连终南山上的野狐精都怕，原来我家弗儿每日睡觉都是胆战心惊的。"苏轼也笑道："表姑，我这鼾声只吓狐精，对弗儿却很好，弗儿听来就像眉州家乡的童谣一般，如今不听反倒还睡不着觉呢。"王弗羞道："表姑不要消遣我们了。"

苏轼对怀中的苏迈做着各种鬼脸，苏迈咯咯咯地笑个不停。苏轼高兴道："看见儿子，真高兴！"王弗佯怒道："看见我就不高兴了？"苏轼忙道："高兴，高兴！"采莲接过苏迈，走了出去。

王弗望着采莲的背影，转头说："我还以为你被终南山的野狐精迷住了呢！"苏轼一怔，佯装不解道："哟，弗儿也学会说笑了。不过啊，我还真见到了一只野狐精！"王弗忙问："那，那她都说什么了？"苏轼装腔作势地说："她对我说呀：'听说你的弗儿是个大美人，和我比比，我俩谁美？'"王弗问："你怎么说？"苏轼顿了一下，接着说："我看了看，说，'你可比我的弗儿美多了！'"王弗背过身说："就知道你没良心。"苏轼把王弗抱转过来，说："你等我说完嘛。"王弗问："你还说什么？"苏轼笑道："我对那野狐精说，'不过你丈夫要是看见我的弗儿，也定会说弗儿比你美！'"王弗被逗乐了，笑道："你学坏了，学坏了。"苏轼问："你猜那野狐精怎么着？"王弗好奇地问："怎么着？"苏轼说："一溜烟地跑了。"王弗问："她跑什么？"苏轼大笑道："你个小傻瓜，她赶紧跑回去看住丈夫，不让他来看你呗！"王弗咯咯娇笑道："你真是学得油嘴滑舌了，都是跟那些难民学的吧！"苏轼边搀着王弗往屋里走，边说："你别说，我还真跟他们学了不少东西。"

巢谷虽已拜吴复古道长为师，按理说已是道教中人，不能有尘世之念，但自从见了杨小莲，便对她倾心相爱。大家都看在眼里，但也知道，小莲出身名门，恐怕不会同意嫁给巢谷。

这日，巢谷随苏轼从终南山下来，特意采了一束野花，想着怎样向小莲表露心意，但又犹豫不前，只能躲在院子的照壁后徘徊。

这时，小莲抱着一捆柴薪从门外走入，巢谷冲上前，把野花夹在腋下，一把接过小莲手中的柴薪。小莲笑道："巢谷兄，你们从终南山回来了。"巢谷憨笑道："是呀，和子瞻一同回来的，刚进家门。"小莲笑道："巢谷兄，你们此行辛苦了，可要好好歇息。姐姐看见子瞻哥哥回来了，一定很高兴。"

巢谷笑着点头道："小莲，以后你不要做这种粗活，有事你只管找我。"小莲低头道："这些小事，怎么好麻烦巢谷兄。"忽然看见巢谷腋下夹着的一束野花，问道："巢谷兄，这是……"

巢谷一看，羞红了脸，顺手将花扔在地上，吞吞吐吐地说："这……是山上的花草，我顺手……顺便……这个……"巢谷将花草踢走。小莲见巢谷这样，心中已明白了几分，也羞红了脸，却不声张。小莲岔开话题，说道："噢，对了，巢谷兄，我方才进门时见到了张璪大人，想是来找子瞻哥哥的。"巢谷警觉地说道："张璪，他来做甚？"

张璪找苏轼，自然是为求雨之事。张璪说："子瞻，你刚从终南山上下来，还没安顿，就被我叫来这里，还请见谅。"苏轼心中虽有疑惑，但也不便表露，只是看张璪会有何动作，遂说道："邃明兄，不必客气，我等就该一心为公，何须计较其他。你找我来何事？"张璪顿了一下，面露忧色，说："子瞻，你且看这田地，连月不雨，大旱望水呀。若不是你苏子瞻，这些流民绝不会有田耕，有屋住。不想偏又遭逢如此大旱，你若不管岂不是有始无终？"苏轼听张璪所言为公事，心中为他一喜，但立刻叹道："邃明兄所言极是，我今日回家，家中也快断水了。但下雨乃神明所管，我也无能为力呀。"

这时候，曹勇、王老汉、王二等一群人围了上来，众人向两位大人行礼，殷勤问候。王老汉上前说："苏贤良，张大人让我们在这里等着，说您一定会来，来为我们求雨，苏贤良果然来了！"苏轼心中一惊，问道："老人家你叫我什么？苏贤良？还有求雨？邃明兄，这是……"张璪微笑不答。

王二忙道："大人不知，自从您建成了官户村，大家背地里都叫您苏贤良。"苏轼摆手道："哎呀，这哪里敢当啊！方才老人家说求雨？"曹勇上前说："苏贤良，这旱情一日比一日重，眼看着又要饿死人了。张大人来村里巡察，也说只有求雨这一个法子了。张大人说，放眼整个凤翔，只有苏大人能把雨求来。"苏轼心中已知张璪用心，遂摇头道："不行，不行，邃明兄，我从未求过雨，也万无把握，求雨还须另请能人。"

张璪说："子瞻之言谬也。久旱成灾，除了求雨，已别无他法。眼见民不聊生，为民求雨乃是我等为官者职责所在。"苏轼忙说："邃明兄，我不是推辞职责。若我有呼风唤雨之力，苏某当在所不辞。可是我若求不来呢？"

众村民都说道："苏贤良，您既然是天上的文曲星下凡，要是写上一篇祭文，亲自祷告，老天爷一定下雨！"苏轼苦笑道："老人家，我要真是文曲星下凡，又何必让凤翔遭逢旱灾呢？"曹勇慌忙道："苏大人，若不下雨，种子不能下地，秋后饿死的人会越来越多。您就为我等求一回雨吧！我们大伙正商量着要到终南山请您呢，可巧张大人带您来了。我们给您跪下了。"众人哀求着，跪下一片。苏轼慌张地扶起大家："哎，哎，快起来，我答应你们，答应你们。"张璪在一旁暗暗点头，脸上掠过一丝笑意。

苏轼满面愁云地回到家中，进门时差点撞上小莲。小莲笑道："哥哥，你回来了，方才我来看你，姐姐说你又出去了。哥哥真是三过家门而不入！"王弗走了过来，看到苏轼一脸的愁闷，问道："夫君，怎么这么不高兴？"苏轼回答："张璪今日同我到官户村巡察，官户村和凤翔的百姓非要我领着他们去求雨，我只好答应了。"王弗急道："啊，你为何要答应他们呢？要说求雨，也该是陈太守求呀！"

苏轼叹道："他们下跪祈求，而且官户村又有村民受灾致死，我怎能不答应啊！唉，张璪与我虽是同年，当初曾在京城共反太学，但如今已是渐行渐远。分明是他布置陷阱，迫我硬着头皮求雨，最后想让我骑虎难下，在众人面前丢尽颜面。"王弗也说："夫君，我早看出此人目光游移，非正人君子。"

苏轼叹道："这个且不说。如今求雨之事可谓民意鼎沸，为了百姓生计，我只能明知不可为而为之，答应这求雨之请。但下雨本属自然之理，顺天应时就是，岂可强求呢？这求神拜仙更是虚妄之事，怎可当真？此事实在难办啊。"王弗宽慰道："唉，夫君，你也不用着急了，总之你都答应了，现在只得应对。"

小莲微笑道："我觉得，与民为官，尽心而已，尽心而知天；至于成与不成，人言如何，原是人管不得的！"苏轼一惊，笑道："没想到莲妹小小年纪，竟有这般见识。"王弗抚着小莲的背笑道："就你们男人有见识，我们莲妹可是不让须眉。"小莲低头道："哪里啊，只是家父在日，常常这样说起罢了。"

苏轼拍手道："莲妹说得是，尽心就是尽人事，所谓'尽人事，知天命'。只要为民尽心求雨，其成与不成，以及我一人之荣辱得失，不必看重。好！弗儿、莲妹，这场雨，我求定了！"王弗高兴地笑了，感动地看着小莲。小莲却面露忧色地说："哥哥胸怀锦绣，大公无我，妹妹实在钦佩之至。不过方才说起家父，母亲近日常跟我念叨，想回庆州一趟。"

苏轼一拍头道："我好糊涂。怎么忘了让你们回家？"王弗心中一惊，说："妹妹，难道这里不好吗，你们却要回庆州去？"小莲忧伤地说："我们哪里还有家。眼看就要到父亲三年之祭，母亲无非是想到父亲的坟前祭奠一番罢了。"王弗点点头，松了一口气。

苏轼恍然道："原来是杨大人的三年祭日，我若不是脱不开身，也一定到杨大人的坟前致祭。边境不安宁，明日让巢谷送你们到庆州去，你们早去早回。"

## 十六　求　雨

晚上，杨伍氏和小莲在房中收拾东西，准备明日上路。杨伍氏试探着问道："莲儿，这次回去拜祭你爹，你说我们娘儿俩还回不回来？"小莲手一哆嗦，然后定了定神说："我听母亲的。"杨伍氏大有深意地看了小莲一眼，叹道："莲儿，虽然大苏先生让我们回凤翔来，可我们两家毕竟不是至亲，若常住在人家家里，总不免叨扰麻烦。再者说了，你哥哥官俸不多，这么大一家子，你姐姐又刚生了迈儿，就怕给他们添了负担呀。唉……"

小莲应道："母亲说得极是，可是我们若回庆州，又哪里有安身之地？"杨伍氏干脆说明了："莲儿，你心思敏锐，当明白娘话中的意思。娘不瞒你说，你爹生前就与苏老太爷说起过，要将你嫁给子瞻。后来你爹获罪蒙冤，此事才作罢。"小莲忙止住道："母亲，您别说了……"

杨伍氏不理会，接着说道："唉，夫人是个有慈悲心肠的大好人，子瞻娶了她，真是好福气。莲儿，娘问你，你愿不愿给子瞻……"小莲羞红了脸，忙止住杨伍氏道："娘，不说这个了，快睡吧，明日还要早起赶路呢。"杨伍氏叹道："莲儿，娘知道你心中是怎么想的。娘也知道，你弗儿姐姐，跟娘想到一块儿了。"

这天晚上，苏轼半躺在床头，捧着天象历法之书观看，突然对王弗说："噢，对了。你明日送送杨老夫人，叫巢谷兄一路上小心照顾，到庆州致祭完毕，即刻返回，以免让我们担忧。"王弗停下手中的针线活，开玩笑似的说："你是担忧杨老夫人，还是担忧小莲妹妹呢？"苏轼放下书，一本正经地问道："弗儿，你这话是何意？"

王弗忽然正色道:"好了,说正经的。我一看见小莲,就想起了我们死去的姐姐!"苏轼神色一动。王弗接着说:"莲妹的学问、聪明、见识、气度,无处不像姐姐。"苏轼何等聪敏之人,很快就明白了王弗的意思。苏轼坐了起来,握住王弗的手笑道:"弗儿,我明白了。在我眼里,你聪慧贤良,没有人可以代替。"

　　王弗抽出自己的手,依旧严肃地说:"我知道你说的是真心话。论学问,论才艺,我不比莲妹差。可要是论见识,论气度,我就比不上她了。"苏轼有些恼怒,说:"各有所长,比来比去做什么!"王弗笑道:"我不是要和莲妹比,我是觉得——觉得——她能帮你。子瞻,我想把莲妹永远留在咱家里!"

　　苏轼心里一惊,故作不解道:"什么?永远留在咱家里,那小莲永远都不嫁,在家里当尼姑吗?!"王弗一点苏轼的头,笑道:"人称你是大宋第一才子,怎么这么笨啊!有你这个大活人,让人家当尼姑干什么!"

　　苏轼像个孩子般跳起来,笑道:"啊呀!弗儿,原来我去了一趟终南山,你就学坏了!"王弗笑道:"你呀,我怎么学坏了!我也不是为这个讨好你,我是真喜欢莲妹。"说到这儿,王弗神情忽然有些黯然,说道:"说真的,我觉得这世上啊,也只有你才配得上她,也只有她才能处处帮你!"

　　苏轼感动地看着王弗道:"弗儿,我明白了。你这么想,可不要让小莲知道,小莲若是得知,怕要伤心。"王弗点头道:"这倒说得是,怕是委屈了莲妹。"苏轼坐上床,说:"不说这个了,睡觉吧,明日我还要观测天象,以定求雨之期。"王弗依旧坐在床边,沉吟道:"可是子瞻,若小莲心中有你,这岂不是两全其美的事?这话我不能对小莲说,我可以跟杨老夫人讲呀,今日我看杨老夫人欲言又止的。杨老夫人还说过,以前杨太守就是要把小莲许配给你,兴许杨老夫人也有这意思呢,只是……子瞻……"回头看,苏轼已是鼾声雷鸣。王弗笑着用手指点点苏轼的头道:"你这鼾声呀,越来越响了,我受得了,人家可受不了你。"

　　第二天,送走杨氏母女,苏轼站在院中,手持一本天象书,一边翻阅,一边仰头观阅天象,不时掐指计算,思索徘徊,不一会儿已经是满头大汗。王弗来到苏轼身边,替苏轼摇着扇子。

　　苏轼看着天,忽然眉头一展,高兴地说:"弗儿,你看,这天上云层状似棉花,且仍在不断壮大,直向高处扩展,又变为高塔形状。按历法天象书中的讲解，此乃湿气向上蒸腾以至旺盛的表现。也就是说，近日必有暴雨来临啊！"王弗摇着扇子，高兴地说："如此大热的天，夫君却说天有雨象。唉，夫君，你原来上晓天文，下知地理，莫非是孔明转世，可为何今日才显露真身呀？"

苏轼笑道："百姓称我是文曲星下凡，我只是将信将疑。如今连我的弗儿都说我是诸葛孔明转世，我只能全信不疑了。"一边说，一边捻须，装腔作势地念道："功盖三分国，名成八阵图，老夫是也。"

王弗呵呵笑着，用扇拍打苏轼，说："夫君又在顽皮说笑了。夫君既说有雨，那就快些测算降雨的时辰吧。"苏轼略一掐算，喜笑颜开道："弗儿，为夫已然算出。三日后巳时，凤翔必有降雨。我就定在三日后为民祈雨。"

这时，一衙役忽然进来禀告："苏签判，陈太守盼咐小的特来问您，求雨之期定在何日？"苏轼胸有成竹地说："你去回禀陈大人，就说三日后巳时，本官在太白山上祈雨！"

三天后，烈日当空，蜿蜒的太白山路上，苏轼、王彭、陈慥等人走在前面，众百姓举着各色旗帜，抬着牛羊，紧随其后。队伍在军士的护卫下，浩浩荡荡地沿着山路，迤逦向太白山行去。

人群中有人小声议论着。王老汉问："曹勇，你说苏贤良能不能求下雨来呀？"曹勇小声道："苏大人方才对我说，他观测天象，算出今日巳时必有甘霖。苏大人说话从来都是作准的，这雨一定求得下来。"王老汉欣喜道："苏贤良是文曲星下凡，他说下雨就一定下雨。"一旁的王二听见这话也很高兴，对众人喊道："大家快些走，有苏大人为我们求雨，老天爷一定会下雨啊！"众百姓高兴地拍手叫好。

队伍来到一座山神庙前，忽然，阵风陡起。一个抬着牲畜的小兵，向天喃喃了几句，就口吐白沫，胡言乱语，貌似中邪。他一边到处扑打，一边说："我是山神，我是山神，过我不祀，必降尔灾！我是山神，我是山神，过我不祀，必降尔灾！"众人吓得纷纷趋避。

苏轼转身看看王彭，王彭说："苏大人，百姓都言，此地山神常常显灵，索要祭祀，你看是否要留下一些祭品！"苏轼哼了一声，怒冲冲地走向那个士兵，对旁边的几个士兵说："将他捆起来！"众人都大吃一惊，劝道："不可啊！苏签判,他是山神附体,不可得罪啊!"苏轼不听,厉声道:"捆起来!"

士兵将中邪的士兵捆了起来。苏轼让人把他拖到山神庙前,举鞭欲打。很多人见此情景,吓得跪下说:"不可啊,万万不可啊!"这次,苏轼不理众人,举鞭抽打起来,而且一鞭一吼:"仙界何曾有,恶鬼满世间。我赴太白山,你要买路钱。本官无所有,只有笔和鞭。尔若胆气壮,找我苏子瞻!"打完,弃鞭而去。

众人惊恐万分地听着,中邪士兵忽然停止叫嚷,恢复了正常,站起身来,四顾茫然:"你们都跪在这里干什么?"众人大奇:"咦,好了,好了,被苏签判打好了!"

队伍来到太白山的龙王庙前,军士们陈列好祭品,点燃香烛,架好礼炮,庙前人头攒动,场面宏大而严肃。众百姓纷纷跪下,向天祈祷。苏轼正色,大声宣读祭文:"雷阗阗,山昼晦。风振野,神将驾。载云罕,从玉虹。旱既甚,蹶往救。道阻修兮……"苏轼诵毕,将纸在香烛上点燃,接着一挥手,十三声礼炮轰鸣。

百姓向天喊道:"老天爷呀,下雨吧!救救我等吧。"少顷,大家抬头看看天,仍是晴空万里,颇感不妙,人群中一片寂静。两个时辰过去,天上还是无一丝云彩。苏轼大感不解,只得挥挥手,号令大家收拾东西回去。

山路上,求雨的队伍颓败而回,旗帜零落,无精打采。人群中怨言暗起:"雨都求不下来,他还真把自己当文曲星了。"有些老人流泪哭泣道:"天不下雨,我们可怎么活呀,只有等死了!"曹勇、王老汉等人听见这话,垂头丧气,也顾不上理论。苏轼也听见了议论,心中郁闷,却又无可奈何。

府衙内,陈希亮和张璪也在焦急地看着天,天上万里无云,两人脸上露出喜色。衙役送来毛巾给两人拭汗。

张璪还是不免紧张地说:"大人,若苏轼真把雨求来了,却如何是好?"陈希亮瞪了一眼张璪,说:"你瞧瞧这天,烈日当空,可有一丝云彩?怕什么!这天要下雨了,我马上辞官,把这知府之位让给苏轼,回家种田去!"

这时,一衙役疾行而入,笑着禀告:"禀报陈太守、张法曹,苏轼求雨不成。这天上别说下雨,就连云彩都没飘起来。他已率众百姓下山了,十分狼狈。"

陈希亮听说，大笑道："哈哈！苏轼还以为他真是文曲星了。当朝的皇上恩宠他，可这天上的玉皇大帝不买他的账！痛快！"张璪也附和道："大人说得是。我顶看不上苏轼那狂妄劲儿！他不就是专会逢迎皇上吗？看来，苏轼也就是个沽名钓誉之徒。"

陈希亮回头向张璪道："哎……也不可这样说。你们虽是同年，苏轼之能，却是你不可望其项背的。本官虽是武人，这个还看得出来！"张璪撇撇嘴，心中虽有不悦，但仍然笑道："不过求不来雨，看还有几个人叫他贤良。这贤良的名号，注定跟他帽上的纱翅一样短！"

苏轼回到家中，脱去官服，只穿着内褂，坐在烈日下发呆，不时看看天，无奈地摇头。王弗上前安慰道："夫君，不必自责。夫君不是说了吗，尽人事，知天命，天上不下雨，那是自然之法。夫君已尽心尽力，何罪之有？"

苏轼懊恼地说："可是我明明测算出今日巳时降雨，按天象来解，不该有错啊。"王弗给苏轼摇着扇，说："人皆说天有不测风云，天象也是瞬息万变的，夫君岂能面面俱到？"苏轼苦笑道："弗儿呀，都怪我平日不问天象历法，如今临时抱佛脚，又自作聪明，唉……"王弗道："过莫大于不自知，夫君不必自责了。"苏轼叹道："我受人耻笑，丢尽颜面倒无所谓，只是百姓仍要饱受旱灾之虐，实在是让我心急如焚啊。"

一旁的采莲看着苏轼，又看看天，忽然大喜，指着天空道："子瞻、弗儿，快看！"苏轼低头无奈道："有什么可看的。"王弗抬头，赶紧推着苏轼道："夫君，你快看呀。起风了，上云了！"苏轼抬头看天，只见天边渐渐涌来一片乌云……不一会儿，雨点大落，苏轼和王弗的脸上挂满笑容。

大雨倾盆而下，仿佛是积蓄了太久，一时猛力倾泻。官户村外，众百姓在大雨中欢跃庆贺，高喊着"苏贤良"，纷纷拿出锅碗瓢盆来接水。

苏轼家院内，苏轼和王弗站在雨中，不顾大雨如注，高兴地在雨中欢笑跳跃。苏轼大声笑道："弗儿，久旱逢甘霖，看来我的测算无错。"王弗应声笑道："也许是夫君心诚所至，感动上天，所以兴云致雨，降福于凤翔百姓！"采莲拿着雨伞出门，上前给王弗打着雨伞，也笑道："弗儿，快进屋吧，别受了风寒。"

而此时陈府院内，陈希亮独自站在大雨中，一脸茫然地仰着头，任雨滴重重砸在脸上，狼狈而疲倦，老态毕露。他不解地看着大雨，怎么也琢磨不透，已顾不上擦拭脸上的雨水。

杜氏举着一把伞从屋里走出来，替陈希亮打上伞："老爷，你这是干什么，快进屋避雨呀！"杜氏拉不动陈希亮，反被陈希亮一把推开，跌在雨水中。杜氏略带哭腔地说："老爷，你疯了！"陈希亮充耳不闻，仍无语地看着漫天的大雨。

雨下了大半天，到傍晚才渐渐止住，之后又断断续续地下了几天。王弗却因为淋雨而生了病。这日，王弗一脸病容，躺在床上，间或咳嗽两声。采莲端了一碗汤药，走了进来，一脸担忧地说："弗儿，该喝药了。唉，你上次尚未满月就去府衙替子瞻鸣冤，从此落下了病根。你也不懂疼惜自己，那么大的雨，也不避一避，还跟着子瞻一块疯。"王弗喝了几口药，强打精神道："表姑，我没事，眼看就好了。子瞻呢？"采莲道："在后院督促他们盖亭子呢。"王弗挣扎着起身道："我已好几日没下床了，也想下来走动走动。表姑，你陪我去后院看看。"采莲虽然担心，却还是拗不过王弗。

采莲搀着王弗来到后院，只见苏轼率领着曹勇、王老汉、王二等人修亭子。采莲扶王弗坐下，众人都上来行礼。苏轼上前道："夫人，你怎么下床行走了？快回去歇息。"王弗笑道："子瞻，我已无碍了。下地走走，反倒有益恢复。"

苏轼让采莲取出一袋钱交给曹勇做修亭的工钱。曹勇忙推辞道："大人，这可不行。这场雨是您求来的，凤翔城和官户村的百姓正商量着怎么感谢您哪，给您修个亭子，我们怎么敢要工钱呢！"苏轼笑道："我求来的？曹勇，我可不敢贪天之功为己有啊！老天该下便下，不该下便不下，岂是人能求来的？"

王二放下手中的水，迷惘地问道："苏贤良，既是这样，那您还去求什么？"苏轼笑道："我去求，是我想去的吗？是你们逼我去的！我若不去，就凉了父老的心！"王二更加疑惑了："那要求不来，您岂不丢脸了？"苏轼两手一摊，笑道："'与民为官，尽心而已'，求来求不来，丢脸不丢脸，我岂能管得了！"王老汉赞叹道："苏贤良真是一个大好官，我等能遇见苏贤良，是天大的福气呀！"

苏轼向采莲低声说了几句，采莲从屋中送来笔砚。王老汉道："苏贤良要写文章？"苏轼笑道："是啊！下不下雨由老天，写不写文章在子瞻！"众人笑道:"苏贤良乃是文曲星,岂能不写文章?"苏轼点头道:"一场喜雨,秋粮下种,岂能不写文章?对,就叫《喜雨亭记》!"苏轼铺纸疾书,文思泉涌,转眼就已写好。

苏轼故意摇头晃脑地念道:"亭以雨名,志喜也。古者有喜,则以名物,示不忘也……"念了一会儿,苏轼问王二:"王二,你懂吗?"王二迷惘地摇头表示不懂,众人也纷纷表示不解。苏轼点头道:"不懂?那我说解给你们听,我说的是呀,这座亭子用雨来命名,是纪念一件喜事。古人遇见了喜事,就用来给事物命名,表示不忘记。这你们明白了吧?"众人笑着点头,表示懂了。苏轼接着念下去……

西北连降大雨,解了凤翔的旱情,却使杨氏母女回家的路充满坎坷,虽有巢谷一路护送,但杨伍氏还是病倒了。

这日,巢谷一行来到一个小镇,距庆州还有几日的车程。天已向晚,巢谷下马,只见杨伍氏脸色苍白,一脸病容,连说话的力气都没有了。他问小莲:"杨老夫人好些了吗,心口还疼吗?"小莲回道:"巢谷兄,母亲还是不好,我们就在前面这客栈歇脚吧。巢谷兄,你能去附近寻个郎中来吗?"巢谷忙道:"待我们住下,我就去找。"

到得前面一家简朴的客栈,巢谷小心翼翼地扶杨伍氏下车,小莲也扶着巢谷手臂下车,巢谷手臂不自觉地一阵发抖;小莲似有察觉,脸色微微一红。巢谷也满脸通红。

来到客栈内,小莲搀扶着病容憔悴的杨伍氏。巢谷找到店家:"店家,赶紧收拾出一间干净的客房。"小莲吃惊地看着巢谷。

店家也疑惑地看着三人,问道:"三位客官只要……只要一间……房?"巢谷慌忙说:"不是我,是给她们母女俩的。你这店家,这么喜欢啰唆,只管快去。"说着给店家银两,店家点头要走,巢谷拦住问道:"哎,你先别走,这附近哪里有郎中?"店家回道:"十几里外李家庄上有位郎中。"巢谷喜道:"好,你一会儿就带我去李家庄找那郎中,我自不会亏待你。"店家点头离去。

小莲扶杨伍氏在床边坐下,问道:"巢谷兄,你睡在外面?你……"巢谷笑道:"这荒野小店我不太放心,我在外面马车上看着,恐有人打扰……莲妹你们只管安心睡觉,有我巢谷在,谁也不怕。"杨伍氏挣扎着说:"巢谷贤侄,这……"巢谷忙说:"老夫人请放心,只管养病休息,巢谷身强力壮,老夫人不必担心!"

小莲见巢谷执意睡在外面,感激地说:"那……委屈巢谷兄了!"巢谷脸一红,笑道:"莲妹,不要客气!"杨伍氏看了一眼巢谷,暗自叹了口气。

巢谷很快骑马请来了郎中,为杨伍氏诊病开方,小莲连夜煎好了汤药让杨伍氏服下。

拂晓时分,小莲披衣走出,见巢谷坐在门外睡着,十分感动,急忙拿衣服替他披上。巢谷察觉到,醒来,忙站起笑道:"我是练武之人,身子没那么娇贵!"小莲说:"巢谷兄,真是让你受累了。"巢谷道:"哪里话,老夫人好些了吗?"小莲勉力笑道:"比昨日稍好些。"两人相对,一阵沉默。

巢谷目光游离,不敢看小莲,低头道:"那我们……赶紧吃过饭赶路吧,尽早到庆州找个好郎中给老夫人治病。"小莲点点头,神情也极不自然。

巢谷三人加快速度,两日后终于到了庆州。杨氏老家早已没了,三人只好住在旅店中。稍做休息,杨伍氏就带着小莲和巢谷去祭扫杨云青的墓地。墓地一片荒芜,巢谷打扫了墓地,并找来石匠重新刻了一块墓碑。杨氏母女在墓地上痛哭不已。

祭扫已毕,三人回到旅店中。杨伍氏虽吃了几服药,但因伤心过度,再加上路途劳顿,病势日益沉重。她自知大限之期将至,于是将小莲叫到床边,哀声说道:"自从前日到你父亲坟上祭奠,就成日想着随你父亲而去,就是——"小莲哭道:"母亲!不要说了,您会好起来的,不要扔下莲儿啊,母亲!"

杨伍氏叹道:"莲儿,记得娘说的话,子瞻是可托终身之人。娘知你心高,可要是能服侍你子瞻哥哥,自是你的福分,就不要计较名分了。莲儿切记,要与你王弗姐姐好生相处。"小莲连连点头道:"母亲,孩儿如能随娘所愿,也知足了。"

杨伍氏又说:"莲儿,叫巢谷进来。"小莲哽咽着,向外叫道:"巢谷兄。"巢谷应声而入,说:"巢谷在此,老夫人有何吩咐?"杨伍氏怜惜地看看巢谷:"巢谷贤侄,老身托你一件事,不知你可肯答应?"巢谷忙应道:"杨老夫人请讲,巢谷一定办到。"

杨伍氏叹道:"巢谷,老身知道你是义士……请你一定把小莲送到凤翔……"巢谷连连点头应承,杨伍氏又从床头下摸出一封信,说:"还有,我前几天写了一封信,请你替老身交给苏夫人!"巢谷接过信,坚定地说:"老夫人,小侄一定亲手交给苏夫人。"

杨伍氏点点头,呆呆地看着巢谷。巢谷见状,忙问道:"老夫人,还有什么事吗?"杨伍氏叹道:"巢谷贤侄,你心里想什么,老身心里都明白,可又有什么办法呢?看来,老身是闭不上眼睛了……"杨伍氏说罢,无力地倒在枕上,长叹一口气,溘然长逝。

接下来的几天,巢谷和小莲将杨伍氏和杨云青合葬在一起,并把墓地扩建修缮一番,给了庆州杨氏宗亲一笔钱,安排每年定期祭扫。小莲日夜痛哭,也病了一场,多亏有巢谷守在身旁,不时劝慰。

半个月过去后,巢谷征得小莲同意,两人收拾行装,赶回凤翔。不到半月,二人回到了苏家。大家见小莲身着孝装,大吃一惊。小莲扑向王弗,哭倒在她怀里。

苏轼向巢谷问道:"这是怎么了?"巢谷低下了头,答道:"老夫人悲伤过度,一病不起,就过世了……"王弗抱着小莲哭道:"可怜的妹妹啊!"众人皆感叹拭泪,苏轼呆呆地坐在椅子上。

巢谷掏出一封书信,对王弗说:"这是杨老夫人托我转交你的。"王弗有些吃惊地问道:"给我的?"巢谷点头。王弗拆开信,看罢,稍一思忖,将信收起。众人有些纳闷,王弗也不说,只扶着小莲回房休息。

苏轼求雨成功,凤翔城郊的荒田皆开垦播种。时值初夏,庄稼长势喜人,官户村和凤翔的原住民都欢欣雀跃,苏轼在百姓心中的影响力越来越大,而其政绩在全国都产生了巨大影响,大家只知凤翔有苏轼,倒很少有人还想得起陈希亮这个太守了。陈希亮内心不平,又无处发泄,加之儿子离家而居,妻子一心钻营,老态渐渐显露,生了一场大病。

这天,陈希亮躺在家中的藤椅上,头上敷着热毛巾,不时打着响亮的喷嚏。杜氏过来给他喂服汤药,陈希亮不耐烦地将碗推开。这时,陈奇领着陈恺和苏轼进屋。陈希亮瞅见二人,把头上的热手巾一把揭掉,扔落地上。

陈奇上前禀告："老爷，公子回来看您了。苏大人也来了。"陈希亮装作没瞧见二人。杜氏在一旁阴阳怪气地说："哟，老爷，现在居然还有人来看您啦！"

陈愉看也不看杜氏，径直上前行礼问道："父亲，您的病好些了吗？"陈希亮恼怒地挥一挥手，大声道："谁是你的父亲，我没有儿子！"陈愉低头站在一旁，不说话了。苏轼见状，上前行礼道："陈太守，下官听同僚说您贵体欠安，甚是挂念，特来探望。"陈希亮挣扎着说："谁说我病了？我没病，我好着呢！我胃口也好，一顿饭能吃下一头牛去。你若不信，现在就随我去骑马狩猎，射杀猛虎！倒要看看哪个说本府病了。苏轼，你不信，我二人现在就比试掰腕子。"说完挣扎着想要坐起来，却感到一阵昏眩，只好重新躺下。

陈愉见状，心中一紧，鼻子酸酸地要落下泪来，但又忍住，上前急切地说："父亲！"苏轼也说："太守，您这又是何必呢？"杜氏也拾起毛巾，洗了洗，重新给陈希亮敷上，带着哭腔说："老爷，您就不要逞能了，您要是有个三长两短，奴家可怎么活呀！"说罢，嘤嘤哭泣起来。

陈希亮又甩开毛巾，大声斥道："哭什么哭！你这妇人，再给我丢人现眼，我就将你赶出去。"杜氏的哭声戛然而止。

苏轼恭敬地说："太守，待您病去复原之后，再教训下官掰腕子也不迟呀。但求太守清心养病，早日康复。"陈愉也只得叹道："父亲，孩儿不孝，不能侍候尊前。孩儿只愿父亲早日康复。今日父亲既然不愿见孩儿，孩儿改日再来探望。"陈希亮听罢，心中虽不舍，但又不愿表露出来，脸色铁青着，并不看陈愉。

待二人走后，陈希亮气愤地拍腿吼道："你们两个，妻不贤，子不孝！当着苏轼的面，出我的丑，让他看我的笑话，本府的性命迟早要断送在你二人手中。"杜氏哭道："老爷，这怎么能怪我？我们本就活不下去了，你这宝贝公子把店铺都卖了，让我们拿什么养老啊！"陈希亮气力不支，语气缓下来说："你又说这个，愉儿拿这钱又不是乱花，他是借给苏轼办公事，建官户村了。"杜氏朝着门外不屑道："就是这个苏轼，气得老爷您现在躺在病榻上，他凭什么拿我们的钱办公事？他可以不要呀！他有本事，自己找钱去！"

这时，陈愉忽然从门外进来，躬身作揖道："父亲，方才忘了一事。这是您交给孩儿管理的账目，孩儿借给苏大人的钱也如数归还了。今天还给您，从此落个耳根清净。"杜氏眼睛一亮，一把抢了过去。

陈慥接着说："父亲，孩儿这是花钱替您消灾，您要不听儿子的话，将来定会栽到这女人的手里！"说完转身而出。

陈希亮再也压抑不住心中的不舍，挣扎着喊道："慥儿——慥儿——"

这时，陈奇进屋。陈希亮忙道："快拦住慥儿。"陈奇道："少爷已经走远了，门外张璪求见。"杜氏烦躁不堪地道："不见，不见，来成一窝蜂了。还让不让我家老爷养病了！"陈希亮吼道："你，闭嘴，给我出去！"杜氏"哼"了一声退下，边走边细算着账目。

张璪进屋，躬身施礼道："给大人问安，不知大人痊愈了吗？"陈希亮躺着说："好多了，你来有什么事？"张璪上前轻声道："下官是来禀告大人，下官已奉大人之命给京师王珪大人去了书信，该说的话下官都说了。"陈希亮眼睛一亮，喜道："噢，好！"

官户村规模渐大，又得到了官府的正式承认，因此官户村的村民也必须承担赋役。由于这些村民本都是无家可归的难民，因此重型徭役就摊在了他们头上。苏轼对此也无可奈何。

这天，苏轼听说曹勇等官户村的村民因行徭役不当，被打进了大牢，忙与巢谷来到监牢。二人来到一监牢外，只见张璪正领着衙役点名，曹勇和王二坐在几百名犯人之中，衣衫褴褛，形容枯槁。

张璪见到苏轼，笑道："子瞻兄，你来了。"苏轼忙问道："邃明兄，这是怎么回事，为何将这许多官户村的村民抓了进来？"张璪不屑地看着曹勇等人，淡淡地说："哦，这些人犯都是摊派了从水路运粮、运木的徭役，这曹勇是官户村的地保，自然也不例外。他们不懂水性，将一只粮船翻在黄河里了。如今还不上官家的钱粮，理当治罪，我也是按律办事。"

众犯人见到苏轼，仿佛见了救星一般，齐齐跪下，哭喊道："苏贤良，救救我啊，我家里有老有小，可怎么办啊！"曹勇低头哭道："苏贤良，是我无能呀，连船粮都保不住。"众人都向苏轼哭喊求救。

苏轼见状，心中刺痛，向张璪道："邃明兄，他们不懂水性，却硬要他们去水路运粮。国家之事强行摊派给个人，船翻了却要私人承担，好个不公的乡役制！"张璪忙说："子瞻兄，这乡役制是大宋国法，难道你又要改了不成？"苏轼摇头道："你想想，运粮运木的船翻了于国家是损失，于个人是重罪，乡役制祸国殃民！不公之法就得改，非改不可。"

张璪冷笑道："子瞻兄，你还是好好当你的凤翔签判吧。我劝你别再出什么乱子了，日后平步青云，别忘了我这个同年就好。"苏轼也笑道："邃明兄说笑了，为官若只为平步青云，还不如学参寥兄皈依佛门，落个清净。如今乡役制如此祸国殃民，我不能听之任之。"

张璪拍手笑道："子瞻兄说得好啊，张某是自愧不如呀。但是这为国为民，也得先保全了自身不是？我也是好意相劝。"苏轼拱手道："多谢邃明兄好意。"说完对犯人说："诸位快起来，我一定想办法，早日给大家一个说法。"众犯人齐声道谢，只有曹勇低头不语。

苏轼上前说道："曹勇，你也不必自责，此事并非你们的错。"曹勇、王二感激地说："多谢苏贤良，我们亏欠大人太多了，今生今世都报答不尽！"苏轼扶起二人，向张璪略一作揖，和巢谷走出监牢。张璪恨恨地看着苏轼的背影不语。

第二日，凤翔府衙内，苏轼、王彭、张璪、陈恺在堂下等候陈希亮，苏轼焦躁不安，来回走动。

过了一会儿，陈希亮悠闲地背着手走了进来。苏轼忙上前施礼道："陈太守，您可来了，您的病好了吗？"陈希亮笑道："本府本来就没病，什么好不好的？"苏轼忙道："恭喜大人。下官有公事急报。"陈希亮缓缓坐下，悠悠说道："苏签判真是公而忘私呀，我正好也有事要对你讲，你先讲。"

苏轼正色道："大人，下官同张法曹查看监狱，因为那乡役制，监狱已人满为患了。下官深感乡役制为一大弊害，求大人上书朝廷，一陈其弊，请朝廷改革乡役制。"陈希亮先是一惊，但转而又点点头，略带嘲讽地笑道："哎呀，我的苏签判，你怎么什么都要改啊？你可真是才高胆大，你的脖子长得稳，我陈希亮的脖子可不如你的硬啊。还是等苏签判哪天当了宰相，再大改天下之法吧，到时候我陈某一定效命。"

苏轼接着说："太守，乡役制之害有目共睹，国家和百姓均受其害，你我作为朝廷命官，革旧立新理应责无旁贷啊！"陈希亮抬起手，严肃地说："打住，本府不跟你们这些书生进士讲大道理。记住，你还不是宰相。你口口声声为朝廷改这改那，你有没有想过朝廷怎么看你？"苏轼理直气壮地说："但求无愧于心。"

陈希亮笑了笑，慢悠悠地从袖中摸出一份朝廷敕文，在苏轼面前抖开，笑道："苏签判，本府刚刚接到的朝廷敕文，你听听。"说着摇头晃脑地念道："陈慥急朝廷之急，以私财捐助公事，其心可嘉，特予褒奖，赠内府藏书若干！苏轼未经朝廷许可私建村落，虽查明为公，不咎其罪，然罚俸半年，以儆天下妄行者。"念完，又慢悠悠地卷起收回袖中。众人大惊失色，唯张璪暗喜，与陈希亮对视一眼，却正好被陈慥看见。陈慥大为不悦，心知此事必是张璪联同父亲所为，遂恨恨地瞪着陈希亮。

苏轼大笑道："太守，苏某不但无功，反而有过！好！好！好！"陈希亮一时震惊于苏轼的反应，忙道："此乃朝廷敕文，韩琦宰相押的字，与本官无涉。不信自己看去！"苏轼摆摆手道："罚俸就罚俸，只是这事理不明。"

张璪上前，一脸不平地说："我说苏签判真是冤枉，明明做了件好事，反被罚俸。我看这事要是摊在别人身上还要论功行赏呢，这罚俸之事恐怕是针对苏签判的，不公啊不公。唉！"

苏轼冷冷地看着张璪。陈慥忍不住，上前指着张璪道："张法曹，你火上浇油，是何用心！"张璪貌似委屈地说："季常，我可是一片好心为子瞻鸣不平啊。子瞻兄消消气！消消气！"

苏轼淡淡地说："我没有气，我是在讲理。他韩琦宰相虽以忠直闻名朝野，但一贯循古蹈旧，冥顽不化。正是我私建难民村，众多难民才不致饿死，凤翔才得以安定。他说我有错，就让他到凤翔来干！比起我这个凤翔签判，他那个糊涂宰相简直太好当了！"陈希亮拍案站起，怒道："苏轼，不得放肆，怎可目无尊长，诋毁当朝宰相！"

苏轼霍然怒道："我今日就是要放肆一回！还有这专祸害乡里的乡役制，更该让他韩琦来看看！我主管刑狱，这一个凤翔府里就押了几百不能按期完役的贫穷百姓。按现在的律例，他们永无重见天日之时，只有在牢中等死。大宋有多少个凤翔府，又押了多少这样的百姓！这些百姓，本就是被逼无奈代公家行役，怎么就不能放了?！这千刀万剐的乡役制，怎么就不能改了?！那些谏官、御史，自称清流，动辄清议，口口声声什么大宋律例、祖宗成法，他们怎么不走下朝堂，睁开眼睛来看看?！他们简直是赵高，是张让，是——"

陈希亮大声将苏轼的声音压下，道："苏轼，你再说下去，本府就将你捆了，押送到朝廷去！"苏轼大笑道："哈哈哈！陈太守，你要捆就捆，我苏轼不怕！若不是我建了官户村，一举安定了凤翔，这顶知府乌纱怕早已不在你头上了！"说罢转头对陈慥施礼道："季常兄，多有得罪！"陈慥摇摇头，含泪不语。陈希亮见状，一时语塞。

王彭忙上前止道："苏签判，歇歇，从长计议，从长计议！"苏轼不听，仍向着陈希亮道："歇歇？从长计议？你们都歇着吧！我这就回家给韩琦上书，我要问他，他到底赦不赦免这些百姓，改不改乡役制！他若不改，我辞官，回老家！"

## 十七　　凤翔八观

回到家中，苏轼立即动笔写就奏章，力陈乡役制种种害民之弊，力谏革除。苏轼连同一封家信交给巢谷，说："巢谷兄，这是两封信，一封是家信，一封是给宰相韩琦的。给韩琦的上书你请范镇大人转交，否则就会迟延时日。你明日就启程上路，在汴京住些日子，看看父亲和子由有什么新文章，抄一些回来让我看看！"巢谷点头应允。

这时，王弗来到书房，拿出一封信，对巢谷说："我这里也有一封信，是交给老爷的！"苏轼惊道："弗儿，你这是何意？"王弗摇头笑道："你不要问了。"巢谷疑惑地接过信。小莲正好端茶进屋，惊异地看着王弗，似乎明白了什么。

夜晚，巢谷回屋收拾东西，准备第二天一早启程。小莲也回到屋中，她当然猜出了王弗写信是希望苏洵同意苏轼纳自己为妾，因此心里忐忑不安。有母亲的遗嘱，若再得苏洵的同意，自己又能终身随侍在苏轼身边，她自然心满意足，求之不得，怎么还会在乎名分！但委身为妾毕竟有违当初苏杨两家互通婚姻的约定，岂不是对先父的违逆？因此苏老先生也未必答应。想到此，小莲又不免自伤起来。她心烦意乱地整理着父母的遗物，想到父母双双离世，自己一人孤苦伶仃，不免又对着遗物啜泣一番。

正哽咽之时，忽听得敲门声，伴着王弗的声音："莲妹，开门，姐姐有话对你说。"小莲急忙吹灯，擦了擦眼泪，说："姐姐，我已睡了，有什么事，改天再说吧。"王弗还是敲门，连喊着"莲妹"。小莲对着门说道："姐姐的心意小莲明白，可我真的睡下了。"王弗无奈地说："好吧，那你歇息吧，我走了。"说着轻声离去。小莲听着脚步声渐去渐远，呆呆地坐在床沿。

转眼间，苏迈已牙牙学语，蹒跚学步，家中也因此添了不少乐趣。

这日，采莲在后堂和苏迈逗乐，苏轼正在读《周易》，时不时充满怜爱地看看学步的苏迈。这时王弗、小莲进来，看到苏轼心不在焉地拿着一本《周易》，王弗上前说："人说《易》能预知休咎，何不给咱迈儿起上一卦？"苏轼摆手连说不用，王弗问为何，苏轼笑道："我和子由都是表姑看大的，迈儿也由表姑看大，想来自然差不了，何须起卦？"

采莲一边拉着苏迈，一边说："我可没那本事，你们哥俩是老爷和夫人教出来的！"苏轼朝王弗一笑，说："听到没有，我还算有些本事，要是迈儿出息不了，可是你这当母亲的没教好了。"王弗笑着对小莲道："是啊，我自知没有本领，故而给你请了一个有本领的来，让莲妹来教！"小莲羞答答地说："姐姐！快别折煞小莲了！"

苏轼一怔，明白了王弗的意思，故而岔开话题："哎，对了，我近来脾气甚大，倒是该给自己起上一卦。"说着拿过蓍草，折出手指长的短棒十八根，横七竖八地排列一阵，煞有介事地掐算一下，忽然惊道："哎呀，不好！"众人皆问为何。苏轼叹道："月内将有小损，数不过八！"众人不解，忙问何意。苏轼神秘兮兮地说："天机不可泄露！"这时，小莲突然扑哧一笑。王弗心中仍是迷惘，不知苏轼所言为何，见小莲如此，也猜到苏轼是在谈笑，不是真有不吉之事，便释然了。

这时王彭走进屋来，向苏轼行礼罢，说道："苏大人，陈太守派我来告知，叫你随他去城外狩猎！"苏轼疑惑地应了一声，随即换上衣服，随王彭出门。

两人来到凤翔城外原野，只见陈希亮、张璪、陈慥等都骑马而行，各拿着兵器弓箭，一干军士跟随在后。两人拜见陈希亮后，即随众人来到原野策马驰骋，寻找猎物。跑了一番下来，张璪等书生已是气喘吁吁，苏轼近来由于向巢谷、陈慥学武，又兼为官户村扩建之事挖泥伐木，故而这番奔跑早已不在话下。只是这一番下来，众人竟毫无所获。

陈希亮挥舞着马鞭嚷道："今日别说虎豹了，竟连只野兔也不见踪影，真是乏味得紧。"随即看到身边的苏轼精神抖擞,毫无疲劳之象,心中不免诧异,遂问道:"苏签判,你上奏朝廷要改乡役制,为何石沉大海,没有消息呀?依本府所料,怕是早已被宰相韩琦否决了!哈哈!"苏轼微笑着,并不言语。陈恺在一旁佯装咳嗽,意思是劝父亲不要如此。陈希亮看了陈恺一眼,并不理会。

陈希亮接着说:"苏签判,本府可还记得你那日说过的话,乡役制不改,你就要辞官回家。说心里话,本府可不愿意苏签判辞官,苏签判虽有点年少气盛,好高骛远,但这也是在所难免。苏签判毕竟是个才子嘛,以后可以多为本府写写奏章、公文,本府仍会重用你的。所以苏签判辞官的话,本府就当你从没说过,如何?啊,呵呵!"苏轼撇嘴一笑,拱手道:"多谢陈太守提携下官。太守,下官忽发奇想,想与您再比试一回掰腕子!"陈希亮心中一喜,眼中放出光来,笑道:"哈哈!你要与我掰腕子!难道你不怕当众出丑?"苏轼笑道:"太守不怕,苏某也不怕!"众人一惊。

陈希亮豪爽地大笑道:"好好!来来!"随即命令一个军士躬身蹲在地上,陈希亮和苏轼便将手臂放在军士背上,摆好姿势,开始掰手腕。一出力,陈希亮才发现,此苏轼已非两年前除夕晚上的那个苏轼,细长的手看似柔弱,但已可感到上面长满了茧子,而其中发出的力也很沉稳。二人旗鼓相当,相持不下。陈希亮心中稍微有些着急,身子一摆,官帽掉落地上,张璪忙捡拾起欲给他戴上,陈希亮挥挥手拒绝了。

张璪与众军士都在为陈希亮大声鼓劲加油,只有陈恺、王彭盯着苏轼,暗暗为之鼓劲。陈希亮和苏轼都大汗直流,仍不分胜负。张璪与众军士更加卖力地挥舞着手臂,为陈希亮吆喝得青筋直暴,而陈恺和王彭也忍不住喊出声来,为苏轼鼓劲。

时间又过去了许久,陈希亮毕竟老迈,右手微颤,已是坚持不住。陈恺见状大喜,向苏轼叫道:"苏签判,机会来了。"苏轼遂用尽最后一丝力,大喝一声,使劲一扳,将陈希亮一举扳倒。张璪和众军士瞠目结舌,纷纷止住了鼓噪。陈希亮瘫倒在地,一脸惶惑不解地说:"怎么会这样,怎么会这样?"随即又怒向陈恺道:"恺儿,你到底是谁的儿子?!"陈恺低头不语。

苏轼见状,揉着手腕,上前笑道:"陈太守,若不是陈公子教我勤练体魄,授我技法，我苏轼焉能胜得过大人！所以说到底，赢的还是您！"陈希亮瞪着陈慥，又累又气，一时语塞。众人也不知说什么好，气氛非常尴尬。

正在这时，一阵紧凑的马蹄声传来，大家顺着声音向凤翔城外大道望去，一片烟尘中，苏轼依稀辨得是巢谷，他正策马疾奔而来。不一会儿，巢谷疾驰而至，飞身下马，兴奋地说："子瞻兄，朝廷批准了，批准了！"苏轼迎上来，心中虽已猜到大半，但仍兴奋地问道："批准了什么？"巢谷拉着苏轼的手道："改乡役制，赦免二百五十二户，在凤翔试行募役法！"众人闻言皆大惊。

苏轼大喜，不敢相信这是真的，摇着巢谷的手问东问西。巢谷喘了口气，从怀中掏出朝廷的敕令，递给苏轼道："这是韩琦宰相押字的敕令！"苏轼忙翻看一番，笑道："哈哈，看来是我冤枉韩大人了，若有机会，我当面向他赔罪。"说着把敕令递给陈希亮，兴奋地说："陈太守，看，这是朝廷的敕令！现在可以放人了吧！"

陈希亮急忙接过敕令观阅，脸色大惊，只觉眼冒金星，站立不稳，被一旁的陈慥扶住。苏轼激动地对众人说："好，改乡役制，代之以募役法。朝廷在凤翔试行以钱粮募役的法子，让官府出钱粮雇人去服劳役。好，好！陈太守，明天就是中秋节了，可将牢中人犯都放了，让他们尽快回家团聚！"

苏轼来到监牢内，拿出朝廷敕令命令狱吏放人。众犯人除去镣铐，走出牢门，来到苏轼面前，齐齐跪倒，流着眼泪千恩万谢。苏轼忙扶起前面的几位，说："众位父老兄弟快起来，我苏某可担当不起啊！"曹勇感动地说："苏大人，又是您搭救了我们，若没有您，我们只怕就死在牢里了。"王二也说道："苏贤良的大恩大德，我们一辈子不忘！"苏轼忙说道："曹勇、王二，众位乡亲，快起来吧。今日正好是中秋节，都回家去吧，还能赶上团圆饭。"众犯人都站起来拭泪道谢。

这时，得知今晚要释放犯人的乡亲们也赶来监牢中迎接各自的亲人。带头的王老汉见到苏轼，又不免感激一番，要跪下磕头。苏轼忙止住道："老人家，不必，不必。如今村民们的日子还好过吗？"王老汉道："托苏贤良的福，好着呢。这下有了剩余口粮，不用吃了上顿愁下顿了，苏贤良真是小民们的大恩人哪。要是这些当官的都像苏贤良这样，就天下太平喽。"苏轼道："哪里哪里，我只是尽了为官的本分。"

苏轼又回头对曹勇说："对了，曹勇，我有件事情要告诉你。朝廷要在凤翔试行募役法，就是官府出钱粮雇人去服劳役。官户村人多地少，你们商量一下，可以在你们官户村里推选出五十户左右试行，如何啊？"曹勇拍手笑道："哎呀，苏大人，这可是大好事啊！"众人也都为这有钱赚的活儿感到高兴。王老汉点头道："嗯，老汉我活了这些年，这种好事还是头一回听说。看来当今圣上到底还是圣明啊！"众人都嚷嚷着要服募役，苏轼见状，心中大喜。

苏轼家中，王弗和小莲在做针线活。王弗停下手中的活，笑着问小莲："莲妹，方才子瞻算卦说月内将有小损，数不过八，还说什么天机不可泄露，我没明白，却见你偷偷一笑，你告诉姐姐，子瞻是何用意？"小莲笑道："姐姐不必担心，到时候姐姐就知道了。"王弗抚着小莲的背道："莲妹，如今我越发觉得，你最知道子瞻，你也最能帮他。莲妹，你答应姐姐，你……"

小莲慌张地站起，放下手中的针线，忙止住王弗道："姐姐，我这就去教迈儿念诵古诗。"小莲起身离去，王弗拦她不住，只有摇头苦笑。

夜晚，苏家正堂内，饭桌上摆的是粗茶淡饭，但众人却兴高采烈，为巢谷接风洗尘。王弗站起，举起酒杯，笑道："今天是中秋节，刚好巢谷按时到家，我们一起敬巢谷一杯，一路上辛苦了！"众人皆站起举杯。巢谷回敬道："夫人，区区小事，不足挂齿。只是总在赶路，没人说话，烦闷得紧。后来我自己跟自己说话，就比原来热闹多了。"众人皆笑，巢谷偷觑一眼小莲，见小莲也是一脸笑意，便越发高兴了。

苏轼问巢谷："父亲、子由、史云和侄儿都好吧？"巢谷笑道："都好，都好。这是给你的诗文。"说着从包袱中取出一叠诗文递给苏轼。苏轼接过，急急地翻着，一面不住地点头赞道："噢，好，好！"

王弗试探性地问巢谷："老爷有没有给我信？"巢谷爽快地说："有！"说着又拿出一封信递给王弗。王弗忙着拆开信，看完后将信缓缓收起，始终不动声色。苏轼和小莲脸上都不太自然。巢谷笑着喝酒，对此懵懂不知。

吃完晚饭，苏轼夫妻来到卧室。苏轼略有醉意地拉着王弗的手笑道："你干的好事，你当我是傻子！那信上写的是什么，岂能瞒得了我！"王弗低头笑道："我谁都没想瞒！"苏轼醉醺醺地说："你没想瞒人？那好，我问你，自古以来，有几个妻子上赶着为丈夫纳妾的，况且你年纪轻轻，就替我生下了儿子。你以为这是在招贤纳士呢？"

王弗神情有些黯然，说："招贤纳士？不错，我就是觉得你和她才是天造地设的一对。"苏轼动情地搂住王弗道："弗儿，世上哪有你这样贤惠的人。"王弗啜嚅着："我——和你这样的才子在一起，自觉不配，怕是年命不长，故而才要找一个和你才貌相当的……"苏轼急忙捂住王弗的嘴，正色道："不许胡说，我此生就要你一个。再说，你那过目不忘的本领，也无人能及，何必妄自菲薄呢？"王弗深情地看着苏轼说："我岂能不知，只是……"

苏轼接着说道："再说，巢谷兄恋着莲妹，大家谁人不知？依我之意，应将莲妹配了巢谷兄才是！"王弗忽然挣开苏轼，站起正色道："夫君，说到这里，我可要明白告诉你。巢谷兄就是我们的亲兄弟，况且还是我们的救命恩人，在我心里，并无远近。可莲妹是什么人？那是天下的女人尖，她的心思你们男人不明白，我们女人可是明白。你要是让莲妹配了巢谷，那就是莲妹先熬死，巢谷后悲死，你是害死了我们两个亲人！"

苏轼沉吟半晌，心知王弗所言不假，叹道："是啊。天啊，这可如何是好。"说着又垂着脑袋说："我苏某天不怕，地不怕，可——可对这事没办法啊！"王弗怜惜地握住苏轼的手说："我们女人的事，就让我们女人办吧！"

王弗来到小莲屋前，看到门半掩着，小莲正在做针线，神情郁闷，身旁还放着书本，窗外吹来的风将书页翻起。

王弗敲了敲门，走进屋中，笑道："莲妹，还没睡吗？"小莲见王弗进来，心中一怔，忙站起施礼道："是姐姐来了，小莲有礼。"王弗携着小莲坐下，笑道："你呀，哪有那么多礼。"说着拿起小莲正在做的针线，好奇地问道："原来在做针线，这是——"小莲笑着说："是给迈儿做的鞋子！"王弗笑道："迈儿好福气，将来有你教导，一定能赶上他父亲！"小莲听出话中的弦外之音，低头道："姐姐，我——"

王弗从怀中掏出苏洵的回信，放在小莲手中，说："莲妹，看信。"小莲早知王弗前来正为此事，但她仍是眼睛抬都不抬，一边拿过针线活接着做起来，一边说："姐姐，小莲不看。"王弗佯怒道："姐姐叫你看，你就看。"小莲摇头不语。王弗叹道："莲妹，你有块心病，姐姐今晚要给你去掉。我呀，是真喜欢你，打心眼里喜欢你。不仅是我，子瞻也喜欢你！"小莲抬头，眼中露出欣喜，转即又羞惭地低头不语。

王弗看出了小莲眼中的欣喜，长舒一口气，笑道："这句话讲出来，倒也不是那么难。小莲，你说说，姐姐一家对你怎么样？"小莲忙说："姐姐，小莲父母双亡，也无兄妹，亲族零落，正是天地间孤零零一人！幸得姐姐一家收留小莲，待小莲如亲人，小莲心中感激之情岂能言说……"王弗听此，联想起小莲的身世，不禁哭道："苦命的莲妹，你只需记着，你不是孤身一人，你有子瞻，有我，有迈儿，我们不是收留你，这里就是你的家！"小莲亦落泪，感激地看着王弗。

王弗收住眼泪，接着说："莲妹，当初认识你，知道你出身官宦人家，读了那么多书，又有那样的见识，我就——"小莲忙抢着说："姐姐，你……你通晓事理，万里无一，小莲岂能相比？"王弗笑着说："莲妹，与你相比，我就没见识，没胆气了！"小莲又欲辩驳，王弗掩住她的口说道："你听我说，莲妹。我就觉得，你是那女中丈夫。子瞻说话做事，你不仅懂，而且能为他答疑解惑，帮助他，这实在难得。以子瞻之才，在男人中都难觅知音，何况你还是女儿身，所以你才是子瞻的红颜知己！而我只能替子瞻生儿育女。"小莲欲言又止，王弗接着说："你不要说话，听我说。我想，在这世上啊，也只有子瞻能和你相配。可是，可是——我怕委屈了你，就一直不敢跟你说！"小莲不禁哭了起来，不是委屈，而是为王弗能如此体谅自己而感激。

王弗接着说道："杨老夫人去世后留的那封书信，说要将你托付于子瞻，我才知你心里答应了。这才写信给老爷，老爷也同意你在除去丧服后，让子瞻娶你！"小莲哭道："姐姐，别说了！"王弗抚着小莲的背，眼中也含着泪水，说："莲妹，你千万不要觉得委屈，子瞻和姐姐一生都会疼你、让你的！"小莲扑倒在王弗的膝盖上，放声痛哭道："姐姐，我的好姐姐！"王弗也抚着小莲的头流着眼泪，但这是高兴的眼泪，兴奋的眼泪，是冲破了重重心理障碍后释然的眼泪。

由于要给巢谷接风，又要释放犯人，苏轼又违反了中秋节到府衙议事的规矩，依律要罚铜八斤！第二天中午，苏轼见饭菜不如以往，笑问采莲道："表姑，这饭食怎的越来越粗淡？一点荤腥都不见，莫不是让我们吃斋！"王弗忙说道："夫君这官当的，被罚半年俸禄，又被罚铜八斤。你又不是财主，岂能不省俭着点！亏得府衙让巢谷兄补了签判厅的书记官，要不，我们一家人岂止是吃斋，真要被饿断肚肠了！"众人皆大笑。

苏轼一怔，恍然笑道："噢，让大家受委屈了。"巢谷也笑道："哎呀，本来嘛，在苏子瞻家只能吃得满腹诗书，饭是吃不饱的。"王弗佯怒道："就知道，跟了你是受穷的命！"说完看了一眼小莲，小莲羞涩地低头。巢谷对此仍懵懂不知。

苏轼笑着说："真的？那我问你，一个是又笨又丑的土财主，一个是虽穷却英俊潇洒的大才子，你要哪一个？"王弗故意迷惘摇头寻思，表示很难做出选择。众人也笑看着王弗，期待她回答。苏轼放下碗，笑道："我来讲一个故事吧。从前啊，有一个漂亮的姑娘，到了出嫁的年龄了，媒人上门来提亲，说啊，东家有一个小伙子，又笨又丑，可家里很有钱，西家也有一个小伙子，聪明又英俊，但家里很穷。媒人问，姑娘啊，你选哪一个呢？"巢谷也忙问王弗选哪一个，王弗还是故作沉思状。小莲已想明白，微笑着低头吃饭。

苏轼看看王弗、小莲，学着王弗沉思片刻，慢悠悠地说："那姑娘沉吟了半晌，对母亲说：'娘啊，我到东家吃饭，西家睡觉，如何？'"众人喷饭大笑。王弗也放下碗筷，敲打苏轼，佯怒道："叫你坏，叫你坏！我看你是又丑又笨又穷！既无人到你家来吃饭，更无人来你家睡觉！"小莲笑得捂着肚子，众人笑得前仰后合。苏轼一本正经地说："这个故事嘛，就叫东食西宿。"

片刻后，王弗突然想起前两天苏轼所占之卦，不就是应了今天的罚铜八斤吗？于是向苏轼问道："你既然能起卦算出罚铜八斤，那你算算我们家什么时候才能有钱？"苏轼一脸无辜地说："我哪里会算，你以为我是算命先生？"王弗疑惑地问道："那怎么能算出——"众人也想起前日苏轼所算之卦，纳罕地望着苏轼。

小莲笑道："姐姐，按照大宋官制，节日官员不到衙门议事，罚铜八斤。哥哥原就不打算到府衙议事，要到监牢去看望犯人，故而知道自己会被罚的！"众人恍然大悟，长出了一口气。巢谷温柔地看着小莲，一脸的欣赏。

吃过午饭，众人收拾饭桌，苏轼抚着肚子在庭院中和巢谷说话，忽听得门外有人敲门。巢谷上去开门，只见参寥穿着一件半旧的袈裟，拄着锡杖在门外施礼。巢谷惊喜道："哎呀，是陈凤——噢，参寥兄！"苏轼也迎了上来，兴奋地说："参寥，哎呀，想煞我了。"一家人听到声音也迎了出来，苏轼把参寥介绍给大家。

参寥双手合十，施礼道："小僧游方到此，诸位施主，小僧有礼了！"众人笑着回礼。苏轼学着参寥道："阿弥陀佛，有礼便是无礼，无礼便是有礼。有理无礼，无理有礼。何须施礼！"二人哈哈大笑，携手进屋。

进得屋中，苏轼向王弗说道："弗儿，快给参寥兄上斋饭。"参寥诧异道："你们难道知道我来？"王弗笑道："我们刚刚吃过斋饭。"参寥更是疑惑，问道："你们吃斋？"苏轼笑道："为了迎接你，我们全家只好都吃斋饭了！"参寥还是一脸的不解，众人大笑。

王弗端上素餐，笑道："参寥大师，别听他的！"参寥看见饭食，忽然明白，双手合十道："阿弥陀佛，子瞻兄，只道你在红尘中做官，却原来吃得空门般素净。苏子瞻总是苏子瞻，凡事必然不同凡响。"苏轼看看参寥，豪爽地一笑。

吃完饭，苏轼和参寥边喝茶，边聊天。这时巢谷快步进屋，兴冲冲地说道："子瞻，你看谁来了？"苏轼和参寥起身，却见章惇匆匆地从门口走进。苏轼大喜，笑道："哈哈，定是参寥兄佛光普照，竟把子厚兄都引来了。"章惇与参寥相见亦大喜，施礼过，几个老朋友就亲密地攀谈起来。

章惇任商洛县令任期已满，趁回京复职之前来凤翔看看老友苏轼。因此相比于上次的匆忙，这次可以多盘桓一段时间。

这日，苏轼在公务之余，和章惇、参寥以及一家人在凤翔附近闲逛。一行人来到凤翔街道，苏轼与章惇骑马，走在前面。巢谷赶车，参寥步行，车内坐着王弗、小莲，大家有说有笑。

苏轼赞叹道："子厚兄，你这商洛知县，几年来政声极佳啊！"章惇笑道："那可比不上你子瞻兄！建官户村，改役、豁免役户，哪一样不是朝野震惊！"苏轼笑道："我和你不同，你是正道，我是邪道。"章惇一本正经地说："邪道？嘉祐以前太学体是正道,被你老兄那么一冲,太学体从此就变成邪道了。哈哈,不瞒你说啊,我要是也有皇上和朝廷的宠爱,我宁愿走'邪道'!"

苏轼笑了笑,说:"子厚兄还是当年的脾气!你我先不谈官事了。我今日暂无公务,正好偕同你,还有参寥兄游览这凤翔的风景。咱们今天就四处散散心!"章惇痛快地说:"既来之,则安之。恭听子瞻安排!"苏轼试探着问:"哎,要不要叫上张璪,他也是你我的同年。"章惇摇头正色道:"道不同,不相为谋。"苏轼点点头,回头对车上的参寥说道:"参寥兄,我等先去游历何处呀?"参寥道:"子瞻兄是地主,贫僧随人脚后就是。"王弗笑道:"要不是参寥兄来,我们恐怕难得一游。"苏轼不好意思地仰着头说:"哎——明明是夫人你自己不愿外出嘛,这能怪得了谁。"小莲笑道:"原来要有大和尚相陪,哥哥才肯出游!"苏轼道:"知我者,莲妹也!既是陪大和尚来玩的,我等就先去开元寺。开元寺中壁上有王维和吴道子的画,我们一同去欣赏吧!"

不一会儿的工夫,一行人已到开元寺。抬头一望,只见寺庙巍峨,松柏林立。苏轼、章惇下马,巢谷扶王弗和小莲下车,大家一同走进寺中,迎面便看见寺院内两边的画壁,众人边走边看画,不禁啧啧称叹。

王弗指着画上一人飘逸的衣襟对小莲说:"妹妹,你看,这就是'吴带当风'!"小莲说:"那姐姐就给我讲讲这'吴带当风'吧!"王弗看着画说道:"那姐姐就露怯了。'吴带当风'啊,说的是唐朝大画家吴道子画风流畅飘逸,尤其是喜欢酒后作画,醉眼蒙眬中,将人物的衣带一笔勾出,中无断绝,使衣带如临风飘举,令人有飘飘欲仙之感!古人评论说'天衣飞扬,满壁风动'。故而吴道子被前人称为'画圣'。"众人都对王弗的博学赞叹不已,章惇摇头叹气道:"要不妒羡苏子瞻呀,实在很难,难啊。"

看完壁画,王弗和小莲到宝殿内烧香求福,苏轼和参寥、章惇来到后院,与寺中住持闲谈佛法。住持见参寥谈吐不凡,忙问其名,苏轼介绍后,住持不禁点头称道:"原来竟是参寥大师,闻名已久,不想大师竟这般年轻!"

游罢开元寺,众人又来到寺庙附近的黑水谷。这里极为险峻。往上看,可见古木参天,遮天蔽日,巨石嶙峋;往下看,则见谷底湍流激奔,其声如雷。深谷之上架有一块横木,前有绝壁而立,深谷中的激流不时带来阵阵凉风。时值盛夏，来到谷边却感凉意沁人发肤，令人有不寒而栗之感。

王弗和小莲见此险境，就停下了脚步，坐在谷边稍远处的树荫下。苏轼、章惇和参寥、巢谷继续前行。王弗远远地叫了一声："夫君，小心些。"苏轼回头道："知道。"又向前边走边说："参寥兄、子厚兄，想不到吧，我凤翔一边缘小城，竟还有如此美景啊！"众人皆点头赞叹。

一行人很快来到架在绝壁上的横木前。章惇一脸英气，向苏轼说道："子瞻，沿着横木，过去在那块绝壁上题几个字如何？"苏轼看了一眼下面的深谷，连连摆手，笑称不敢。巢谷一捋衣袖，上前道："这有何难，待我过去就是。"巢谷从章惇手中取过笔，上前欲过，见脚下深渊，却不由得迟疑了一下。

章惇见状，笑道："哈哈，巢谷兄不会是怕了吧，待我去写来。"说着从巢谷手中接过笔，向前走去。参寥神情寂然道："子厚，不可无谓铤而走险。"众人也欲上前劝阻，章惇毫不理会，来到横木前，把长衫向腰间一掖，毫不迟疑，从容踏木至对岸，然后一手扶住绝壁突起的一块岩石，一手在巨石上写下"苏轼、章惇游此"。尔后又毫无惧色、轻松自如地回过岸来，拍拍手，笑看着大家，眼中透出自得之色。

苏轼颇有深意地看了一眼参寥，参寥会意点头。巢谷忍不住赞叹，但又觉得章惇的眼中有着不同于一般读书人的凶戾之光，遂轻声对苏轼说："哥哥，子厚可谓胆大包天啊。"苏轼不理会，死死盯着章惇道："子厚，你终有一天会杀人。"章惇不解地问道："何以见得？"苏轼语气和缓下来，但仍正色道："敢于玩弄自己性命之人，也能轻取他人性命。"章惇笑道："呵呵，子瞻言过了。在我看来，这绝壁犹如平地，并无危险。"参寥低头，双手合十，呢喃道："阿弥陀佛，一切诸法，无不由心。善哉，善哉。"

游历了一天，众人回到苏轼家中，天已向晚。苏轼安排参寥和章惇歇下，回到自己屋中。小莲端来洗脸水，王弗拿来笔墨，苏轼遂就着笔墨摆弄文稿。王弗看着小莲忙碌的样子，对苏轼笑道："不知你前生如何修来的福气，让我们两个伺候你！"苏轼会意，停下笔，也笑道："哦？看来夫人是心有不平啊！不过啊，人同此心，情同此理，换了我啊，我也不平！让这么两个才貌双全的女子来伺候我一个臭男人，真是上天不公啊！"说罢忽然站起来沉思，一本正经地说:"要不这样,待参寥兄、子厚兄走了,让我伺候二位如何?"小莲笑笑不语。

王弗笑道:"夫君可越发油腔滑调了,该打!"举起手佯装要打。小莲道:"哎——姐姐别打,别把哥哥的诗打跑了!"苏轼笑道:"呵呵,好,明白了,下次要是再挨打,就说要写诗!"王弗笑道:"你呀,我还以为你这两日跟着和尚道士们优哉游哉,也想要出家了呢!"苏轼一脸正气地说:"出家?弗儿放心,有你俩在,就是让我做汴京大相国寺的住持我也不出家!"小莲听罢,捂着脸低下头。

苏轼心中自觉失言,急忙转口,故作惊讶状,说道:"哎,看看,我写了八首诗,凑齐了《凤翔八观》,就是凤翔的八处景观。这一是《石鼓歌》,二是《诅楚文》,三是《王维吴道子画》,四是《维摩像唐杨惠之塑在天柱寺》,五是《东湖》,六是《真兴寺阁》,七是《李氏园》,八是《秦穆公墓》。"说着,一边誊写,一边将誊好的诗稿交给王弗。

王弗接过诗稿念道:"《石鼓歌》。冬十二月岁辛丑,我初从政见鲁叟。旧闻石鼓今见之,文字郁律蛟蛇走……"小莲也接过一叠诗稿,念道:"《东湖》。吾家蜀江上,江水绿如蓝。尔来走尘土,意思殊不堪……"两人念罢都啧啧称叹。苏轼这时却善感地说:"弗儿、莲妹,到凤翔快两年了,难得清闲这一二日。为官这般忙忙碌碌,竟连写诗著文的闲情都没有了,唉!"王弗笑着抚慰一番。

过了几天,章惇和参寥向苏轼告辞,欲一同往汴京去。章惇去复职,参寥欲往汴京大相国寺拜见自己的师父。

## 十八　　刺义勇

苏轼在凤翔任职已有两年多，而这时的朝廷也发生了巨变：一向对苏轼器重有加的仁宗，于嘉祐八年（公元1063年）三月二十九驾崩，终年五十四岁。去世前仁宗把大臣们叫到床前，郑重地把国家大事托付给他们，并单独把范镇留下，授予他一把令剑，留下遗诏，嘱咐范镇在新皇政权有变时可相机行事，并把苏轼作为为子孙选定的太平宰相托付给范镇。

四月初一，三十三岁的新皇帝赵曙的登基大典在崇政殿举行，到处张灯结彩，一片吉祥之气，百官朝贺，分外庄重。是为大宋第五代皇帝宋英宗，改年号治平。

此时，西夏军队大举进犯秦凤路，连克庆州、延安、渭州，严重威胁到凤翔。朝廷下旨："着秦凤路诸州府三丁抽一，刺义勇，备钱粮，以资拱卫……"

刺义勇乃宋代兵制，类似后世的抓壮丁，并在所抓军士的脸上刺字为记，字迹随人终生不灭。试想谁愿意被刺义勇？故而能跑的人都跑了。陈希亮只得亲率众军士在凤翔城乡刺义勇，军士见到男子就抓，致使街市村庄乌烟瘴气，鸡飞狗跳。苏轼深知此弊，但也万分无奈。

这日，苏轼带巢谷上衙。来到府衙前，看到一些军士看管着用绳子串绑在一起的义勇，如同看管犯人。苏轼无奈地叹了口气，对迎上前的王彭问道："王监军，刺了多少人了？"王彭回道："按凤翔府在册人口十五万计算，男子就有七万，按数应刺两万多人；但一家或四男，或二男，有二男者不刺，有四男者也刺一人，再除去已应募禁军、厢军和杂役的，如此算下来，也要刺一万余人。可如今只刺了不到两百人。"苏轼忙问为何。王彭叹了口气，回道："苏签判，这一旦被刺了义勇，不仅要自备刀枪，还要自备粮食战马。若是真上了战场，义勇军一触即溃，非死即伤。大人您想想，哪有人愿当这义勇啊！"

苏轼又问义勇由谁训练，王彭说无人训练。苏轼大惊道："不训练就上战场？简直岂有此理！"王彭也恨恨地说："正是。若不是为了此事，下官也不至在此混日子！"苏轼诧异道："哦？王监军难道也反对刺义勇？"王彭愤愤不平地说："岂止是反对！"巢谷上前说道："子瞻兄，我听那些军士说过，若不是王监军抵制这刺义勇制度，早就升任马步军都总管了，哪里还用在这里当个监军受鸟气！"

苏轼点头道："那王监军对义勇兵制有何见解？"王彭回道："兵制不改，西夏难敌。我们这些武人，算是把祖宗的脸丢尽了！"说罢低头叹气。

苏轼也不由得叹了口气，但随即兴奋地向王彭说道："王监军，既是如此，我们就改了这刺义勇如何？"王彭坚决地说："只要苏签判敢，我王彭死不旋踵！只怕兵制难改，兵源难寻！"苏轼笑了笑，坚定地说："我自有办法。"说罢，指着远处被军士看着的老弱不堪的乡民说道："那就是王监军刺的义勇？"王彭点头无语。

苏轼走向前，义勇中王老汉认出苏轼，大喜过望，遂大声向众人喊道："这位就是苏贤良。苏贤良救救我们吧！"说完领着众人向苏轼跪下。苏轼扶起王老汉，愤愤不平地说："起来，起来。老人家你这把年纪，竟也被刺了义勇？"王老汉起身回道："苏贤良，我儿子王二跑了，老汉我是跑不动了呀！"苏轼怒道："岂有此理！王监军，让这老人家上战场，与送死何异？"王彭垂头不语。

苏轼又问众人："你们都是自愿当兵的？"众义勇答道："不是，不是！能跑的都跑了，小人也是跑不动，故而被刺了义勇！"苏轼叹道："跑不动了才去打仗？"说罢随手推了几个人，皆是有气无力，东倒西歪。苏轼遂向王彭问道："王监军，这样的兵真能打仗？"王彭无奈地说："我也是无法可想！"

苏轼略一沉思，坚定地说："王监军，你先把这些义勇放了。"王彭大惊道："放了？我不敢！"苏轼笑了笑说："与你无关，不是你放的，是我苏轼放的！你随我见太守，我自有主张。"王彭迟疑片刻，随即命令众军士放了义勇。

王老汉跪下道："苏贤良，您的大恩大德，老汉无以承受呀！"苏轼连忙扶起，众义勇也都叩头谢过，然后起来飞跑而去，边跑还边回头，唯恐官府变卦。苏轼看着他们远去的背影摇头叹息。

释放义勇后，苏轼和王彭来到凤翔府衙。衙内众官均在，陈希亮高坐堂上。苏轼高声凛然道："大人，王监军刺的义勇被我放了！"众官听后大哗。陈希亮面无表情，缓缓地说："本府就知道，此事不经你苏签判来反对，怎么能完呢？你说吧，本府听着呢。"众官纷纷注视着苏轼。

苏轼向王彭问道："王监军，这样到街上逢人就抓，能刺多少义勇？"王彭答道："能抓到的就刺，最多也就刺得一两千人！"苏轼转向众官，说："请问诸位，这样的一两千人能够挡得了西夏铁骑一两万人的进攻吗？"众人皆摇头不语。王彭说："别说一两千义勇，就是一两万禁军也挡不了西夏数万铁骑的进攻！"苏轼说："这就是了。既然挡不住，还刺这些义勇干什么？"

张璪站起说道："这，苏签判，刺义勇可是朝廷的兵制规矩，历来如此！"陈希亮厉声道："打住！张法曹，休得胡说！"张璪一惊，众人皆讶异，奇怪陈希亮怎么护起苏轼来了。陈希亮笑了一笑，缓缓说道："张法曹，本府想都不用想，就知道苏签判如何回答你的话。苏签判定然说，哼，什么朝廷规矩？什么历来如此？陈太守，诸位，就从未想过这兵制对民是福是祸吗？按这样的规矩办事，大宋非亡了不可！"苏轼也笑道："哈哈，知我者，陈太守也！"众官纷纷道："可太守大人，放了义勇，是死罪啊！我等——"

陈希亮止住大家，讥笑道："死罪？前几次哪回苏签判犯的不是死罪？他现在活蹦乱跳的，比在座的各位都要精神百倍。苏签判定然会说，放了义勇是我苏轼一人之罪，但守不住凤翔，在座的诸位恐怕都难逃干系！"苏轼虽感到陈希亮话中有刺，但仍笑道："陈太守洞若观火，下官钦佩之至！"

陈希亮接着说："前几回听苏签判反朝廷，改规矩，本府也吓得冷汗直流！可如今听习惯了，倒也不觉得了。不这么说话，你就不是苏子瞻了。"苏轼拱手谢罪道："陈太守见谅。"陈希亮冷笑道："只是，苏签判留神的不是被砍头，而是不要再被罚俸半年。"苏轼呵呵一笑，道："谢陈太守提醒。"

陈希亮转即正色道："苏签判，本府犯不着提醒你。本府若不让你放义勇，你定上书朝廷，朝廷必再度准你之奏！但你既放了义勇，西夏军眼看就要进犯，你总不会没有解救的法子吧。可是你一个文弱书生,又怎么懂得兵法武略?义勇好放,空话好讲,兵可不好带!"

苏轼胸有成竹,斩钉截铁般地说:"陈大人,文法兵法,皆是相通,皆在审时度势。西夏此次进犯,乃是趁先皇驾崩,新皇登基,人心未稳之时急进抢掠,并无久驻之意,故敌军利在猛攻速战。"说到仁宗弃世,苏轼语调有些哽咽,但他还是定定神,继续说道:"我等若能紧守城池,迟滞敌军,使敌一时难以攻下,挫其锐气,静待大宋禁军来援,敌军必不战自退。"陈希亮听罢一惊。其实陈希亮作为一位武人,自知所抓义勇皆为送死之人,但没有兵源又有何法,因此这次他倒真想看看苏轼是否有好的破敌之计。故听到这话,陈希亮心中不禁暗暗称是,但表面还是一派严肃。堂上众官相视,纷纷点头。

苏轼接着说:"西夏以马军为主,长处在掠地,不在攻城。庆州等地丢失,其原因就在于将领轻敌,且邀功心切,依仗兵多,率兵出城作战;一旦城外失利,又不坚决守城。如果能避免出城作战,一意坚守城池,就可反败为胜!"

陈希亮听罢大悦,从椅子上站起来,问道:"既要守城,你以为,该如何守?"苏轼不慌不忙,说:"当务之急,第一,改刺义勇为招募志愿军,并发布文告,若西夏军来,凡愿入城者皆可自备食粮入城,这样就把为朝廷作战变成为保卫家园财产而战;第二,将官户村三千左右壮丁编为义勇军;第三,将所有寺院、道观中的青壮和尚道士约一千人编为义勇军。"众人啧啧叹道:"哎呀,也是,再加上原有的千余军队,就会有上万人了。"苏轼接着道:"不仅如此,更重要的是这支军队好统领,好训练,能打仗!"有官员忍不住竖起拇指称道:"苏签判真是不仅有房杜之才,更有孙吴之智啊!不过——"

陈希亮高声呵斥道:"且慢!纸上谈兵,又有何难。苏轼我问你,若无军饷,你刚才所说皆属空谈。本府问你,军饷从何而来?"苏轼笑道:"这苏某也已想好。官户村和僧道编成的义勇可自带部分钱粮,至于招募来的义勇,可用官户村上缴的粮食,不足部分,由官府补足,若再不足,一是可向民间募粮,二是由各位大人捐助!陈太守又要解私囊了。"众人皆点头称是。

陈希亮心中虽喜,但仍佯怒道:"原来打的还是老夫的主意!大胆苏轼!"苏轼笑道:"大人放心,放义勇、改兵制一事我即刻上书朝廷,责任我一人承担,与旁人无干！下官还用写军令状吗？"陈希亮坐下，摆摆手道："那鸟军令状写来何用！算了，让本府想想，你等先下去吧！"

陈希亮回到家里，不一会儿，陈奇带着张璪进来。张璪向陈希亮施礼毕，说："陈大人，下官任期已满，请予下官转官辞，下官该到审官院报到了。"陈希亮有些惊讶，但脸上并不显露，只说："如此紧要关头，你居然要走？"张璪毫无羞愧之意，笑道："大人，只是下官任期已满。"陈希亮盯着张璪，张璪也陪着笑了笑。良久，陈希亮缓缓说道："张璪，你这个人，有点意思，有点意思。"

张璪来不及品味陈希亮的话，忙说道："多谢陈大人这些年的栽培，你还是让下官转官吧。"陈希亮痛快地说："张璪，本府这就给你写转官文书。只是，到现在老夫才看出谁是君子，谁是小人！"说着，命人拿来转官文书。

张璪想起刚进门时看到苏轼远远走去，心知陈希亮所言之意，不由得愤怒，但又不好发作，只是说："我是小人？大人，君子也难保凤翔！再说，下官转官也是按朝廷规矩。"陈希亮写罢文书，掷于张璪眼前说："那你就快些走，今夜就走，免得西夏人来了，你就走不了啦。"

张璪听陈希亮点到了心中痛处，但仍想为自己辩护，于是脸上显出十分别扭的苦笑，说："陈大人，您这么说是何用意呀？难道我是因惧怕西夏军而转官的吗？我是遵奉朝廷的规矩。不像苏轼，一贯目无法纪。陈大人，临走之前，我要奉劝大人，切不可为苏轼所左右，甚至与他同流合污啊。"陈希亮冷笑道："话该这么说，本府如今宁愿与苏轼同流，也不愿与你张璪合污。"张璪正色怒道："大人这么说，必有后悔的一日。"

陈希亮愤怒地站起，指着张璪道："张璪，你还是快走的好，不要等本府后悔了，不给你转官文书，反在你脸上刺两个字，让你补那义勇之缺，就不好看了！"张璪听罢大惊，带着转官文书，狼狈逃出。

从陈希亮家中出来，张璪只感到分外委屈，心想自己这初入仕途，不过是遵循官场定规行事，并未做危害国家人民之事，何以受到陈希亮这般侮辱。倒是苏轼，虽然政见总是与自己相左，但两人好歹有着同年之谊，苏轼在私交上从来都和自己不错。上次章惇来访，苏轼也曾邀请他同游，只是被章惇拒绝而作罢。

傍晚，张璪来到苏轼家中，和苏轼告别，苏轼略备酒菜为他送行。两人坐在苏家前院内，苏轼举起酒杯，对张璪说道："邃明兄，今天，我们俩要好好喝上两杯，算是我给你送行，预贺你升任县令！"张璪举杯一饮而尽，满腹牢骚地叹道："咳——年兄不是在讽刺吧，都是同年，章惇当知县都任届期满了。"苏轼笑道："不要急嘛，所谓三年不飞，一飞冲天嘛。"张璪摇头叹道："三年法曹，三年县令，只在县野里打转转，有何出息。"苏轼饮酒不语。

张璪举杯向苏轼说："子瞻兄，不是我不帮你，即使小弟在这里，也是无用！"苏轼笑道："邃明兄误会了。我觉得，当官本就没有出息，无非是为国尽忠罢了。"张璪心中虽不以为然，但也不好反驳，转即正色道："正是，正是。就要分别了，还请子瞻兄送几句话吧！"

苏轼沉吟片刻，笑道："好吧，苏某送邃明兄十个字：官小想大事，官大想小事。"张璪微微思索，点头道："精辟，精辟！子瞻兄，你在凤翔想的可都是大事，不像我，就只想小事！"苏轼笑道："呵呵，想大事也好，想小事也罢，但能做好事就好啊！呵呵！"张璪先是一怔，随即也举杯笑着，又饮了一杯。


陈希亮自受了苏轼一番抢白，不仅没有记恨于心，反而茅塞顿开，真正认识了苏轼这个人，也认识了自己之前的种种不足。反省一通后，也意识到为什么陈慥宁可离家租房而住，并且拜苏轼为师，却屡屡和自己这个父亲"作对"。他之前总觉得儿子不孝，现在才知道也许儿子才是对的。

夜晚，陈希亮让陈奇带着他，骑马来到陈慥所租之地。屋内灯火明亮，门没锁，陈希亮轻轻推门而入，只见屋内书架上散乱地摆着各式各样的书籍，书桌上笔墨纸砚齐全，陈慥正在桌前阅读一部史书，浑然不觉有人进门。陈希亮见陈慥读书竟如此专注，心中大感欣慰。

陈慥察觉身后有人，以为是侍从，头也不回，摆摆手说："有事我再叫你，先出去吧。"陈希亮咳嗽一声，陈慥仍手不释卷道："听见没有？"陈希亮轻声一笑，从后面用马鞭翻了翻陈慥手中的书，陈慥一惊，回头见是父亲，顿时手足无措。稍冷静下来后，陈慥忙起身施礼道："父亲，您为何来此？"

陈希亮脸上露出难得的慈爱，笑道："我怎么就不能来？"说着环视四周叹道："你越来越不像我的儿子了，瞧你住的这地方，你看的书，你倒像个读书人了。"陈慥忙说道："父亲，孩儿已拜苏大人为老师，他教授孩儿学业。"陈希亮点头道："苏轼有学问，该是个好老师吧？"陈慥应道："孩儿受益匪浅。"

陈希亮此行当然主要是看看儿子，但也想让陈慥帮苏轼招募义勇，以此表明自己对苏轼态度的改变。但又不太好意思说出口，于是沉吟半晌，装作轻描淡写地说道："为父来看看你，这就要回去了。只是——苏轼要招募义勇，他毕竟是个文人，不如你懂，你能帮他且帮他，也算为凤翔百姓做件好事。"陈慥听此，领会了父亲的意思，欣喜地说："遵命，父亲。"

陈希亮摆摆手走到门前，正要开门。陈慥在后面忽然跪下道："父亲，请恕孩儿不孝。"说罢抬头看着陈希亮。

门开着，陈希亮一愣，站在原地，并不回头，但陈慥从后背仍可觉察到父亲胸膛的起伏。陈希亮叹了口气，说："慥儿，你为何要骂为父？"陈慥一惊，疑惑地说："父亲，孩儿不明。"陈希亮仍不回头，说："子不教，父之过。你不骂我又是骂谁？"陈慥忙道："错不在父亲，是孩儿的错。"陈希亮肩膀微微一耸，声音有些哽咽，说道："慥儿，有空搬回来住吧，家里没你，冷清！"说着不等话音落下，就走出门去。陈慥热泪盈眶，目送父亲离去。

自苏轼贴出招募义勇的告示，并把保卫凤翔城的意义在告示中说明之后，逃走的村民们纷纷返回家中，携粮参军的人络绎不绝。

这日，曹勇、王老汉、王二领着官户村的村民也来到凤翔府衙前的招募处，这里人人都扛着粮食，父母送子，妻子送夫。曹勇来到苏轼跟前说："苏大人，我们官户村的人都来了！"王老汉也说："苏大人，我给您送义勇来了！这是我的两个儿子。"苏轼感激道："老人家，你怎么把王二送来了，还是两个儿子？官府规定，一家只收一名义勇啊！"王老汉感叹道："苏大人啊！多亏了您啊。没有您，我们这一家子早就不知散落何地了。眼下大人正是用人之际，我哪能不帮您守城呢？"苏轼笑道："老人家，不是帮我守城，是帮朝廷守城，帮自己守城！"王二听此，转头对人群说："苏大人说得对，只要把凤翔守住，就是把我们的家守住了！"众人都兴奋地响应道："是啊，我们的家就在这凤翔府,我们不守城,谁来守城?谁来守家?"苏轼高兴地说:"好,老人家,我就恭敬不如从命了,收下。"说罢,指挥衙役按顺序录名、称粮。

苏轼又和巢谷来到开元寺,召集凤翔的和尚道士们组成义勇,并由巢谷带领训练。而数千人的村民则由王彭组织军士在官户村集合训练,剩余诸人由苏轼、陈慥等率领修筑城墙。整个防御工作有条不紊地进行着。

一天傍晚,巢谷从开元寺回来,正在院中巨石上磨长刀,小莲路过,说:"巢谷兄,听说子瞻哥要招募义勇,准备抗击西夏军队。"巢谷停下手中的活,兴奋地说:"是呀,莲妹,没看见我在这儿磨刀霍霍吗?"小莲点头,问道:"巢谷兄,明日我要做个物件,你能帮我忙吗?"巢谷兴致勃勃地说:"当然,莲妹要做什么东西?"小莲神秘地一笑,说:"谢巢谷兄,明天就知道了。"

第二天傍晚,苏轼从城墙修筑处兴冲冲地回家。王弗迎上来扑打苏轼身上的灰尘,笑道:"看你,高兴成这样!"苏轼张开双臂,让王弗收拾,笑道:"当然要高兴啊!真是想不到,一天就招募了一千余人。真是怪,抓人刺义勇,人就逃跑。招募义勇,哎——反而争着当!"王弗收拾好苏轼的外衣,高兴而又略带一丝神秘地说:"快进去吧,莲妹还有更好的消息等着你呢。"苏轼不解地看着王弗。

刚好小莲从屋内迎了出来,说:"哥哥回来了。没有什么,就是姐姐爱夸奖人!"王弗笑道:"莲妹,你就快拿出来吧!"小莲向屋内喊了一声巢谷,巢谷喜滋滋地从屋里搬出一套大型的弓弩。

苏轼惊奇地抚摸着这套弓弩,研究着,问道:"这是什么弓弩?怎么像个纺车一般?"小莲笑道:"这叫诸葛连弩。"苏轼惊道:"诸葛连弩?莫非是当年诸葛亮所造之弩?"边说边要摆弄,小莲急忙制止道:"哥哥小心,还是让巢谷兄给哥哥演示吧!"

巢谷把诸葛连弩搬至后院的喜雨亭中,让弓弩对着一面土墙,众人尾随而至,好奇地看着巢谷操作。巢谷将预先制好的箭排装上,共九支箭,每排三支,自上而下。然后用力搬动长长的力臂,将三根弓弦撑开,再扣动扳机,瞬间发射完了三排箭,准确地射在了远处的土墙上,力度之大,竟致坚固的土墙有摇摇欲坠之势。

苏轼大惊，拍手笑道："哎呀，太好了，太好了，这简直顶得上十万大军啊！若用它在城头往下射，敌人纵使有千千万万，吾何惧哉！"小莲笑道："不仅可以设在城头，还可以埋伏在城外壕沟边，阻滞敌人，等敌人冲到近前，再撤回城里！"

苏轼激动地握住小莲的手，连连摇晃，大喜道："对啊！我的好莲妹，你可帮了为兄的大忙了。你这小脑袋是怎么想出来的？"众人皆笑。小莲微嗔道："哥哥！"苏轼会意，知道自己有些失态，笑着放开了小莲，但仍追问道："快说说，你是怎样制成这诸葛连弩的？这不是已经失传了吗？"

小莲缓缓说道："家父生前为边关守将，常常琢磨守城之法，知道对付西夏的马军，弓箭最有效。古书上说三国时诸葛亮有一种连弩，但没有图样，经反复琢磨，方想到是这个样子。不过，未及制成，就——"说罢掩袖拭泪。苏轼恭敬地拱手向天一拜，叹道："杨大人，大宋冤枉您了。若得您制成此弩，西夏何惧！"

第二天，苏轼立即命令凤翔城内所有工匠连日赶制诸葛连弩。几日内便造成了几百副连弩，架于各城墙的垛口上。王彭兴高采烈地操作诸葛连弩，向前来探视的苏轼说道："苏大人真神人也，这回西夏鹞子军再敢前来，定让他有来无回！"众军士也齐声呐喊："让他有来无回！"

凤翔城的防御工事在短短一月内就已竣工，城头的每个垛口都摆上了一副诸葛连弩，下面摆好了数排羽箭。垛口后站着军士，身后是滚石檑木，城门上的水缸里盛满了救火用的水。城外义勇正在训练，百姓与和尚、道士同列，喊声震天。

这日，陈希亮、苏轼、王彭、巢谷、陈恪以及众官员戎装巡视。陈希亮笑道："苏大人没有食言，竟然连诸葛连弩都被你造了出来！老夫平生所见最固若金汤的一座城池，竟是在短短一月之内建成的。苏大人说得对，你不只是个书生，老夫只是个武夫！"苏轼见陈希亮竟如此谦恭，反而不好意思起来，施礼低头道："陈大人，休怪下官说过的张狂话。若无陈大人鼎力相助，凤翔城建不成如今这样！"陈希亮大笑道："哈哈，苏大人竟也会说恭维话了！依苏大人所说，本府虽然心胸狭小，但也不至于厚着脸皮抢占苏大人的功劳！"

苏轼笑道："陈大人取笑下官了。下官还有一事提醒大人，大人尚不可轻敌。西夏兵擅长猛攻急战，稍有疏忽，就会破城。若是城破，我们就不是对手了。那时，全城百姓就死无葬身之地了！"陈希亮正色道："本府当然知道。苏大人，修城、招义勇你管，打仗我来管，兵法多变，相机而动，本府自有应对之策。"苏轼点头道："太守英明。"

陈希亮停下脚步，有些不解地看看苏轼，向众人道："诸位大人，有没有发觉，苏大人如今对本府客气许多了？但本府的脾气很怪，苏大人对我客气倒不如原先顶撞我来得舒服。苏大人，你以为呢？"苏轼笑道："大人放心，该顶撞时下官自然还会顶撞！"众人大笑。

不多日，探子报得西夏兵已将近凤翔城郊。陈希亮立即带领众官员、将领着戎装来到凤翔城上，等待迎击敌军。

很快，凤翔城外烟尘滚滚，一队西夏兵现出。显然，之前西夏兵的探子早把凤翔的防御工事通报了，今日一见，果然不同寻常，因此西夏将领命令手下军队只远远地看着，想等宋军出城再战。

凤翔城头，陈希亮、苏轼、王彭、巢谷、陈慥等人也远远望着西夏兵，皆胸有成竹。陈希亮摩拳擦掌，跃跃欲试。苏轼见状，忙说道："陈大人万不可带兵出城应战。"陈希亮不耐烦地说："知道，知道，坚守不出嘛。"

僵持了半日，西夏军畏于凤翔城的防备，又不见有军队出来迎战，遂无奈地掉头离去。城头上众将士见状，皆齐呼三声，军威震天。正此时，苏轼发现陈希亮不见了，问王彭："陈大人哪里去了？"王彭摇头。陈慥一惊，忙走到城墙边望着城下，大喊道："父亲！"众人会意，看着城下，只见陈希亮独自一人，满副铠甲，纵马横刀，嘶喊着向西夏人退走的方向追去，众人见状皆大惊失色。

王彭见状，忙对苏轼说："苏签判，我下去拦住陈大人。"陈慥也说："王监军，我随你去。"苏轼摆摆手说："不必，不必。陈大人自有分寸，他这只不过是过过瘾罢了。陈大人向来自比李广，却英雄无用武之地，今日就让他过了这把瘾吧！"陈慥点头称是，并拦住了王彭。众官员一片唏嘘。

## 十九　　离任赴京

正如苏轼所料，西夏人此次侵犯边境正是趁新皇刚刚登基、朝政未稳之际来刺探大宋虚实的，因此庆州、渭州、延安等地虽沦陷，但西夏并未就此长驱直入，而凤翔因防御得当，西夏只将军队开到城门下就退去了。

再说大宋朝政，新登基的宋英宗身体多病，处理朝政也是心有余而力不足，因此暂由曹太后垂帘听政。

这天早朝，英宗临朝崇政殿，虽高坐金銮殿，但萎靡的病态大臣们都看在眼里，曹太后于宝座后垂帘听政。宰相韩琦出班奏道："陛下，西夏占领庆州等地后并未内侵，但他们要求增加岁币，否则就要——"朝堂上一片沉默。

英宗向曹太后的方向转头颔首道："朕头昏不能理事，请太后定夺吧！"韩琦应着，转向旁边的帘子奏道："是否增加岁币，请太后定夺。"曹太后问众大臣的意见。范镇厉声奏道："启禀太后，西夏此次进犯，不过是趁新君登基之初抢掠而已，若敕令边将，严加防范，西夏定无意东侵！"王珪忙出班奏道："可如今庆州、延安、渭州已失，长安几无屏障，长安若失，后果不堪设想！"欧阳修也奏道："启禀太后，边关三州之失，其咎在于守将轻敌，依仗兵多，出城与西夏骑兵作战，失利后又畏敌如虎，弃城逃跑。若能坚守城池，拒不出战，再以禁军骑兵截击，敌兵必无所乘！"曹太后点头称是。

韩琦奏道："启禀太后，欧阳修所言，乃是苏轼进言。苏轼乃一介书生，坐而论道，必不可行！"范镇反驳道："韩大人，你说苏轼是一介书生，你到凤翔看看苏轼是如何守城的！"韩琦回道："他守住一日，也不能担保凤翔此后万无一失。我是宰相，应对整个大宋的安危负责。"范镇怒而无语。

此时，御史胡宿突然出班，奏道："太后，说到凤翔签判苏轼，微臣有一要事禀报。微臣听说苏轼在凤翔放走义勇，还废了刺义勇的制度，尚不相信。但现已接到苏轼本人的禀报，确有此事！"朝堂上瞬间哗然，王珪一党其实早知此事，只是此时故作惊讶。

范镇辩道："太后，微臣亦接到了苏轼的书信，说是改刺义勇是为了招募义勇，再加上官户村的壮丁以及僧道人众，已得义勇近万人，与刺义勇的数额大致相当。"朝堂上一片讥笑之声，皆对和尚道士当兵感到不解。

韩琦出班怒道："启奏太后、陛下，苏轼本不过七品签判，竟敢擅改朝廷大法，招募义勇，以僧道为兵，这无异于谋反！"众人瞬间停下争论，朝堂上一片静默，因为谁都知道，这谋反罪一旦坐实，其后果可想而知。

范镇力辩道："太后、陛下，苏轼废刺义勇而行招募，实是出于无奈。苏轼乃全心全意为国着想，岂是谋反！"韩琦道："太后，苏轼如此做法，如不惩治，只怕将来朝廷敕令无人遵守！"有了宰相的支持，吕诲、胡宿同声说道："苏轼不法，应予惩治！"

欧阳修出班，从容奏道："所谓'将在外，君命有所不受'，将帅受命本就有临机处分之权。就是退一步说，苏轼若因改变了兵制而失了凤翔，那时依法惩办也不迟，但如今苏轼将一座凤翔城守得如同铁桶，为何还要惩治？"不少大臣皆颔首称是。

吕诲仍是不依不饶，厉声奏道："苏轼任职凤翔，屡犯法规，如天下官员率起效仿，如何处置？"又有一班官员响应。欧阳修怒声驳斥道："如能效仿得好，也未尝不可！"众人交头接耳，一时无所适从。

曹太后岂能不知者朝堂之上的党派之争，但对党魁王珪的沉默甚为好奇，问道："王珪，你怎么不说话？"王珪笑了笑，缓缓奏道："启禀太后，原凤翔法曹张璪上奏，说凤翔太守陈希亮贪财荒政，纵容苏轼屡犯法规，苏轼毕竟年轻，加之天性狂放，无人管束，以至于此。微臣以为，苏轼在凤翔三年，行事浮躁，藐视法规，实难当大任，仍须在地方加以历练。"这一建议在吕诲、胡宿等人的劾奏中退了一步，看似做老好人，但实际更加可行，对苏轼的打击更能落到实处，曹太后不禁暗暗冷笑。范镇、欧阳修等对此也不知如何辩驳，一时语塞。

王珪接着从容说道:"太后,新皇登基之始,人神共庆,不宜大动刀兵;且诸事待兴,头绪繁多,一时之间,难分轻重缓急;不妨先答应西夏增加岁币的要求,日后再从长计议!"朝堂内一片附和之声。曹太后也觉得还是求稳为好,于是说道:"好,增加岁币之事就由你和韩琦商议办理吧!苏轼一事,凤翔太守乃是陈希亮,放走义勇、改刺为募之事,应由他来负责。再说,陈希亮贪财荒政,哀家早有所闻。胡宿,念陈希亮守凤翔有功,擅放义勇之事就不要查了。查查他的贪财荒政吧!"胡宿领旨。

曹太后接着唤王珪吩咐道:"你方才所奏,苏轼在凤翔为政虽显急进,但其锐气可嘉。先皇驾崩前,特地提到过他。苏轼在凤翔任职将满,朝中需要人手,催他交割一下,回京转官吧!"范镇和欧阳修听到太后旨意,对视一笑,心中大喜。王珪眼中掠过一丝犹豫,但很快便应承了下来,领会到这是太后给他的暗示,心想:太后明显是向着苏轼,纵然自己再在苏轼身上找碴,仍是不能阻止苏轼的仕途。苏轼这一进京,凭着太后的恩宠,飞黄腾达岂不是指日可待,自己是不是要改变对苏轼的态度呢?

朝廷既已作了和议的决定,便令宰相韩琦亲率军队运送岁币至西夏和议,以表诚意。

这日,车队经过凤翔,陈希亮率凤翔众官迎接。陈希亮施礼道:"下官凤翔知府陈希亮率凤翔府衙官员迎接宰相大人。大人辛苦了!"韩琦下车,挥挥手说:"不必客气。"他环顾群臣,问道:"签判苏子瞻何在?"苏轼应声上前施礼。韩琦点点头,对苏轼说:"你先领我到城头看看!"又回头对陈希亮等说:"诸位先请回吧。"

苏轼领着韩琦登上凤翔城头,王彭领几位军士在后护卫,眼神中流露出对韩琦的愤怒和不满,韩琦全然不知。韩琦一边察看,一边向苏轼不断询问,并试射了几次诸葛连弩,频频点头,喜道:"凤翔城果然有固若金汤之势。苏签判,听说守城多半是你的功劳?"苏轼拱手道:"下官不敢贪天之功。上赖朝廷,下靠同僚用命!"韩琦笑道:"呵呵,苏大人也学会了说官话,在本相的眼中,你可不是此道中人啊!"苏轼也笑道:"不是官话,若非同僚用命,就是苏轼浑身是铁,也打不了几根钉!"韩琦笑道:"我说的不是'同僚用命',我说的是'上赖朝廷',你这岂不是讥讽本相!"苏轼忙回道:"不敢。"

韩琦止住苏轼,叹道:"哎——不要说了,老夫同你开个玩笑。老夫亲眼所见,你的城守得好哇!若是都像你这样,庆州、渭州、延安又岂能丢失!老夫错怪你了,等老夫回到朝廷,定要保举你!"苏轼施礼道:"谢大人。下官屡改朝廷之法,给大人添了许多麻烦,还请大人海涵!"韩琦笑道:"噢……苏子瞻也会客气,哈哈哈……"说罢回头看苏轼,只见苏轼眉头紧锁。

韩琦正色道:"你是在想本相此次往西夏议和之事吧,对此你有何高见?但说无妨。"苏轼凛然道:"高见不敢,可家父的《六国论》却讲得很清楚,'六国破灭,非兵不利,战不善,弊在赂秦,赂秦而力亏,破灭之道也'。同理,若增加岁币给西夏,则国库日虚,大宋日穷,而西夏愈强,实乃抱薪救火之道!"

韩琦脸色顿时沉了下来,说:"果然苏子瞻敢说话。此理本相岂能不知,但新皇登基,不宜大动刀兵。再说,即使作战,朝廷亦无必胜把握!"苏轼不卑不亢,从容辩道:"大人所言差矣!我无必胜之算,西夏更无必胜之算。西夏人若有五成胜算,就会起倾国之兵东侵。今西夏人驻足观望,索要岁币,正是因为他们没有胜算。我大宋若能严敕将领,死守城池,拼力一搏,西夏人必无所乘!似此若无必胜把握就不作战,那西夏必会得寸进尺,长此以往,终会成养虎为患之势,大宋危矣!"王彭在一旁频频点头,但看到韩琦越来越阴沉的脸色,心中已知朝廷之意,大为愤郁,但又无可奈何。

果然,苏轼话音刚落,韩琦大怒道:"放肆!人言苏子瞻狂言无忌,果然不虚!"说罢拂袖而去。护卫人员尾随韩琦而去,王彭却留在了城头,气得两眼暴突,手握双拳,一拳击向城墙,顿时鲜血直流。苏轼见状会意,但也不劝慰,只是站在城楼上,扳动了一个诸葛连弩,三排箭射向远方。

韩琦身为老臣,曾与范仲淹等共同实施庆历新政,但新政的惨淡收场让韩琦心灰意冷。随着年事与权位渐高,韩琦也变得越来越保守,虽为国操劳还是一如既往,但对于内政改革与对西夏用兵,皆是极力反对。本来到凤翔,是想让苏轼总结一下守城经验,以为将来防备西夏之用,但苏轼一番主战的言论让他感到这简直是对他权位的藐视，故而在凤翔停留一夜便离去了。

韩琦走后，朝廷派往凤翔查办陈希亮贪财荒政一事的御史接踵而至。御史到来自然没有什么好事，众人眼光一齐往苏轼的身上看，以为朝廷要清算苏轼数次违法之事。苏轼反倒面不改色，一身坦然。

不一会儿，胡宿一众人飞马赶到。胡宿下马，也不理会率众上前施礼的陈希亮，拿出敕令道："凤翔官员听着，朝廷敕令：'查，凤翔知府陈希亮假公济私，积聚财产，已触犯大宋律，着即革职拿问！'"众人大惊，府衙内一片沉默。

苏轼也有些惊讶，问道："大人，只罚陈大人一人吗？"胡宿瞄了苏轼一眼，点头称是，随即命令锁拿陈希亮，陈希亮呆呆地站在一旁无语。苏轼见状，忙跪下道："慢！大人明鉴，陈大人曾散财相助公事，于朝廷功劳甚大。前年凤翔建立官户村，亦多亏陈大人捐款！"

胡宿漫不经心地说："此事朝廷已经嘉奖，是陈大人之子陈愔所为！"苏轼依旧力争："今年防守凤翔，陈大人又出钱甚多！"胡宿不屑道："哼，这与本官无干！苏轼，你作为七品签判，无权干预朝廷拿人！老夫劝你还是多加珍重自己吧。"说罢转向陈希亮道："陈大人，自己到御史台去说吧！"军士将陈希亮锁上。陈希亮突然仰天大笑，任军士押着自己走出衙门。苏轼无奈地看着这一切，众官员一片唏嘘。

胡宿命众军士将陈希亮押至监牢，自己率一帮军士来到陈希亮家中查抄，在杜氏的哭声中，一大堆的经商账目皆被查收，家中财物亦全部查抄殆尽。陈愔自知父亲此劫难逃，只能和陈奇带着酒菜到监牢照顾父亲。

这晚，苏轼、王彭和巢谷在凤翔城头喝酒，三人都已酩酊大醉。尤其是王彭，身为武将，沉沦下僚多年不说，在朝廷无数次对西夏的委曲求全中，他更是深感身为大宋武将之屈辱。但他人微言轻，纵然有一腔报国热情，可哪里是他王彭可以驰骋的疆场呢？昨日韩琦的态度更是打碎了他心中最后的一丝希望，觉得此生恐怕只能在这种屈辱中度过了。

王彭苦笑道："'醉卧沙场君莫笑，古来征战几人回。'下官虽只是个小小监军，却是故武宁军节度使王全斌大人的曾孙，故武胜军节度观察留后王凯大人之子。"苏轼醉醺醺地举杯道："啊，原来王监军是开国元勋、名将之后，怪不得王监军气度非凡，苏轼一向失敬了。"

王彭摆摆手，叹道："苏签判取笑了，下官给祖宗丢脸了！下官虽不才，却也曾十五岁时随父讨贼，搏战于甘陵城下，下官所统部下单斩敌首就七十余级，下官还亲手射杀二人。可是后来……"王彭叹了口气，说："后来功劳报到了朝廷，朝廷不赏赐。有人劝下官自己上书，下官说，我为君父战，岂为赏哉？"

巢谷怒发冲冠，拍案而起，厉声说道："朝廷不公！大年兄，待我去为你讨个公道！"王彭摆摆手，笑道："不必了，巢谷兄，王某并非妄图虚名之辈。"苏轼施礼道："好！王监军。受苏某一拜！"

王彭扶起苏轼，一手举起酒杯，一手抓起腰刀，在城墙上纵情作歌、作舞，苏轼、巢谷也起身应和。王彭醉歌道："妖氛起西北兮，志不能报东南。生不得射天狼兮，不死意欲何为！"苏轼猛然一惊，停下舞步，盯着王彭。王彭也猛然间站定，绝望地看了一眼苏轼，转身从高耸的城墙上纵身跳下！苏轼追呼不及，巢谷也从歌舞中醒来。

两人率一帮军士来到城墙下，王彭已是气息奄奄。巢谷疾步上前，抱着王彭，泣道："大年兄，何苦如此啊！"苏轼赶到，亦不禁携起王彭的手，无语泪流。

王彭望着苏轼，时断时续地说："苏签判，你要走了，仗也不打了，我也不想再刺义勇了！"苏轼哭泣道："王监军，来日方长，何苦如此？"王彭断断续续地说："苏签判，我也算曾为国效力，不致辱没了先人。可大宋如此懦弱，我们武人还活着干什么！"周围的军士都被说中了心中痛处，哭成一片。

王彭抓住苏轼的手，竭尽最后一丝力气说道："苏签判，你要善自珍重，不要像我，与人多忤，与事多忤，大宋需要你啊！"说罢便在巢谷怀中气绝身亡。众人跪下大哭。

第二日，凤翔城头，冷风怒号。苏轼、巢谷率众官员、军士向王彭致祭，士兵们在城头上抛撒纸钱，纸钱漫天飘零。苏轼展开昨夜写成的《王大年哀词》，悲声念道："君之为将，允武且仁。甚似其父，而辅以文。君之为士，涵咏书诗。议论慨然，其子似之。奔走四方，豪杰是友。没而无闻，朋友之咎……"

安葬好王彭后，苏轼任期已到，很快就收到了朝廷敕令他回京的文书。苏轼将公务交代完毕，家人收拾了几日，便整理好简单的行李，准备上路了。

这日，巢谷把马车赶到门外等候。众人将行李装好，最后看了一眼凤翔的家，苏轼感叹道："三年凤翔签判，转瞬即过，真是人生如白驹过隙，世事也无常得很哪！"小莲笑道："哥哥才多大年纪，就发这样的慨叹！"王弗笑道："他啊，生下来就满肚子的忧患！"苏轼叹道："我不仅是感叹时光，更感叹抓一太守，如驱犬羊！说不定有一日也轮到我头上。还有王监军何等英武，如今也已撒手人寰。"王弗嗔怪道："说哪里话！陈太守这些年一味积聚钱财，迟早会落得这样的结果，这都是他夫人作的孽！你清廉公正，怎么能拿陈太守比自己？"小莲道："姐姐讲的极是！"苏轼转头说道："夫人，陈大人是积聚钱财，但陈恺兄两次出资相助公事，花的也是陈大人的钱，陈大人对凤翔百姓是有恩的。陈大人是曾为难于我，但后来对我大有转变，况且我放义勇，朝廷却怪罪在陈大人身上，我有愧于陈大人呀！"众人皆低头叹息。

走到凤翔城门附近，只见众官员、军士，以及曹勇、王老汉、王二等官户村民皆聚在一起，为苏轼一家送别。官户村的许多百姓给苏轼送上干粮肉食，苏轼、巢谷急忙推辞。苏轼对众官员拱手施礼道："三年来多亏众位相助，苏某这里相谢了。"众官员道："不敢不敢。苏签判以旷世之才辅制凤翔，政绩有目共睹，回汴京后，朝廷必然越级擢用，那时还望对旧日同僚多加关照。"苏轼笑道："诸位说笑了。不过，诸位若有用得着苏某处，当不敢推辞。"众官员道："我们这里先谢过了。"苏轼再次拱手道："众位请回。新任太守不日即到，还望各位辅佐新太守把凤翔的事办好。"众官点头称谢。

王老汉率众村民跪下，牵住苏轼的马头哀求道："苏贤良不能走啊！"苏轼忙下马扶起王老汉，并叫大家起来。王老汉不起，哀叹道："苏贤良，你走了，我们怎么办？"苏轼道："诸位，官户村的事我已替你们安排好了。此事朝廷已准，不会再起波折。诸位乡亲若有事，我们可以书信来往。"众人齐声道："多谢苏贤良！"曹勇站起，说："好了。时候不早了，让苏贤良启程吧！"众人哭送，跟在后面依依不舍。

苏轼环顾左右，似乎在找人。巢谷问道："子瞻兄在找谁？"苏轼笑道："噢，不找谁！"巢谷心中一紧，知道是找陈恺。送行的队伍越聚越多，出城门后，已形成了一条长龙。苏轼几次央求大家不要送了，大家才止步，苏轼一行便在凤翔官民的注视中走远。

赶了半天的路，苏轼看见官道上胡宿骑马率一干随从押着陈希亮的囚车也正好经过。陈希亮戴着枷锁，坐在囚车内。苏轼忙驱马上前，施礼道："陈大人，陈大人！"陈希亮回头一看是苏轼，眼中闪出惊异的光，想说什么，但没有出声。

苏轼转头向胡宿道："胡大人，下官想与陈大人说几句话。"胡宿冷冷地说："快些讲，我等还要赶路呢。"苏轼谢过，胡宿驱马走开。苏轼上前问道："陈大人，您可好？"陈希亮佯怒道："大胆苏轼！你看我这样好吗？你现在是得意了，你去做朝廷的京官，本府却成了阶下囚。哈哈！本府说过什么，你苏轼屡犯重罪，毫发无损，不黜反升。本府我英雄神武，将帅之才，稍有闪失，就被他们下了大狱。可怜我陈希亮生不逢时呀！"苏轼含泪道："陈大人，下官有愧于你呀！"

陈希亮哼了一声，道："什么愧不愧，你们这些书生，就会讲乖巧话！"说罢，脸色忽然转为忧伤，叹道："不过本府老了，也无所谓了，既然不让本府浴血疆场，坐牢又有何妨？"苏轼听罢，低头无语。陈希亮忽又童心大发，道："苏轼，本府虽然过去不服你，但如今也知道你确是个人才。你说心里话，本府若生在汉唐，可不可以做个李广？"苏轼拭泪，坚定地说："陈大人若生在汉唐，定可做李广无疑。"陈希亮仰天大笑道："哈哈！苏轼，若不是本府现在腿脚不灵便，定要与你掰回腕子，再教训你一番！"苏轼笑道："陈大人，这又有何不可？大人稍候。"苏轼骑马至胡宿跟前耳语，陈希亮好奇地看着。

胡宿不耐烦地挥挥手，淡淡地说："好吧，那就快点！"说罢向随从使了个眼色，随从上前将陈希亮的枷锁打开。苏轼骑马返回，笑看着陈希亮。陈希亮施展着筋骨，问道："苏子瞻，有你的，你跟他说了什么，他就准了你。"苏轼淘气地说："下官对胡大人说，陈大人如果不赢我掰手腕，就赖在这里不走。胡大人只好答应了。"

陈希亮佯怒道："好你个子瞻，又在后面诋毁本府。来，让本府再教训你一回，你可不许让本府，拿出十分力气来！"苏轼笑道："不拿出十分力气，怎能赢得了陈大人！"两人摆好架势掰腕子，苏轼装作十分用劲的样子，青筋暴露，但未使全力，陈希亮大喝一声，将苏轼扳倒，随即大笑道："苏轼，本府对你是二胜一负，你服不服本府？"苏轼装着揉了揉手腕，笑道："陈大人英雄神武，下官佩服。"

远处的胡宿看着这边又笑又闹的，不耐烦道："不能再耽搁了，锁上陈希亮，即刻上路。"陈希亮看着苏轼，眼角泛泪，叹道："苏轼，凤翔府官员无一人敢替本府求情，唯有你敢为本府开脱，本府三年来却处处与你为难。"苏轼忙道："陈大人，这么说大可不必。"陈希亮极力掩饰自己激动的情绪，装作满不在乎的样子，说："苏轼，本府走了，你好自为之！"胡宿一挥手，车队押送陈希亮远去。苏轼远远地招呼道："陈大人，一路保重。"陈希亮并不回头，也不应答，只望见他低着头，双肩微微颤抖。

苏轼回到家人身旁，叹息着上了马，正见陈慥白衣单骑匆匆迎了上来。二人相见，皆下马行礼。苏轼大惊道："季常兄，我刚送走陈大人。你如何这身打扮？"陈慥低头道："继母昨日寻了短见，亡故了。"苏轼惊讶不语。陈慥苦笑道："早去了早干净！"苏轼劝道："也不能这样说！"陈慥摇了摇头，叹道："父亲操劳一生，也算是个干吏，可是自从我这继母进门，他就终日想着敛财，终于落得这个结果！"苏轼道："人死为大，就不要再说她了，何况是自寻短见，她还是有愧疚之心的。"陈慥点头称是。

苏轼又问道："季常兄日后如何打算？"陈慥说："我已卖尽家财，打算尾随家父到京，再做一番营救。然后将家父送回老家，我就云游四方！"苏轼沉吟一番道："营救陈大人自是应该，不过你也该取功名，不然枉费了一身本领。"陈慥长叹一声道："子瞻兄，父亲此事，让我对官场已心灰意懒。况且我本就不是受得了束缚的人。"苏轼笑道："也是。那你我到汴京再见。"两人拱手作别，陈慥策马前去，苏轼在马上陷入沉思。

## 二十　　痛失爱侣

苏轼离职赴京，时值年末，西北气温骤降，又逢大雪，王弗身体本就不好，又兼有身孕，很快就感觉身体不适，因此苏轼一行走得很慢。在汴京，朝廷已经开始为这位政绩显赫的才子考虑官职了。

这日天气稍暖，英宗与曹太后在御花园中缓步走着，英宗显得无精打采，韩琦躬身跟在后面。曹太后问道："韩卿家，苏轼转官该到京了吧？"韩琦奏道："回太后的话，苏轼早该到了。只是前一阵北方大雪，想是阻隔了路程，此刻尚未到京。"曹太后停下脚步，转身问英宗道："苏轼在凤翔政声煊赫，足见其治才。不知皇上准备授他何职啊？"英宗微微一愣，似乎正在魂游天外，咳嗽了两声，说："这，这个嘛，先皇曾欲授他何职，便授何职吧！"

韩琦听此，眉头紧锁，低头沉吟。曹太后见韩琦似有他意，问道："翰林学士……韩大人，你看如何呀？"韩琦躬身回道："皇上、太后，微臣曾亲眼见到凤翔城百姓安居，军备森严，苏轼确有治才。"曹太后略感意外，喜道："哦？未曾想韩卿家对苏轼竟如此看重。"韩琦微微笑道："老臣正是受先皇之命历练他。不过，苏轼生性狂放，在凤翔屡改律例，在朝中引起非议。臣以为，在下旨任命苏轼之前，不妨让他暂到史馆，考察一段时间再做定夺。"曹太后淡淡一笑，问英宗道："皇上的意思呢？"英宗道："就依韩大人说的吧。"曹太后点头道："如此也好。"

苏轼的官职既已论妥，韩琦便命翰林院下诏命职。朝廷也颁下诏书，令在京三年而未授予官职的苏辙速速往大名府上任。因此苏辙心焦如焚，不知哥哥能否及时赶到，兄弟俩能否见上一面。

一天傍晚，苏轼一行来到驿站，打算尽早休息，巢谷正要将马车停在驿站门口，忽然听见一声响亮的木折声，巢谷惊道："哎呀，车轴断了！"车内的王弗、小莲都感惊愕，两人对望了一眼。车轴折了，这在古代行旅之人看来，是极不吉利的。采莲不停地念"阿弥陀佛"。巢谷忙安慰道："咱们到驿站修理就是了。"

王弗掀开车帘，脸色苍白，向苏轼喊道："子瞻，明日还是换辆车吧。"苏轼先是一愣，转即明白，笑道："弗儿，那些无妄之事不要乱想。何况，这里地处偏远，就是想租，也找不到车啊。"采莲念佛道："阿弥陀佛，难道就坐这'折了'的车？不行不行！"苏轼笑道："表姑，没什么。百姓都说我是文曲星下凡，跟着我还有什么不放心的？"巢谷也宽慰道："是啊，表姑，这种事不想就没有！"众人下车，走进驿站。

驿站内，巢谷在院中修理马车中轴。苏轼在屋内的破火盆里生起火，采莲抱着苏迈，与王弗、小莲都围坐在火堆旁。王弗一阵咳嗽，呆呆地看着火堆，说道："看来与子由和史云见不上面了。"小莲急忙给王弗捶背。

苏轼沉吟道："车行才能有辙，车轴断了，也就没辙了，看来见不到子由也是个定数。"说完自嘲地笑了笑。王弗喃喃道："没辙，没辙……没辙车就行不了。这车还是新的，行路也不算很远，怎么就'折了'呢……"众人脸色皆变。小莲忙说道："姐姐莫多想，旧的不去，新的不来，这预示着哥哥要换新的冠盖，要升官了。"苏轼笑道："小莲妹妹慧心灵性，说得真是好听。"小莲低头道："难得哥哥夸一句，还话里有话。"王弗笑道："其实他心里天天夸你呢！"小莲嗔怪地看了王弗一眼，仍是想法替王弗排解忧思。

这时，巢谷修完车，走进屋来，看到大家开心的样子，也笑呵呵地坐过来烤火。王弗微笑着看着苏轼说："以莲妹的学识和见识，若不是女儿身，定能在科考中考取进士三甲。"小莲笑道："姐姐谬奖。我做进士，子瞻哥做什么？"王弗笑了笑，说："子瞻啊，就让他伺候我们好了！"苏轼笑道："好，你们二人做了女进士，我正好无官一身轻，给你们烧菜做饭！"众人大笑，唯有巢谷轻轻地附和着笑了两声。这么长时间的相处，他已渐渐地知道了小莲的心意。虽然王弗未说，他也猜到了杨老夫人临终书信的意思了。

苏轼看到了巢谷的神情，赶紧转移话题道："难得大家这么有兴致，我讲两个笑话助兴吧。"苏迈这时已能牙牙学语，他躺在采莲怀中，看到大家都这样高兴，也舞动着小手说："笑话，笑话……"众人见状都哈哈大笑，巢谷也忍不住笑出声来。

王弗一本正经地说："莲妹，我们不笑，看他怎么办。"小莲也止住笑，学着王弗的严肃状。采莲看她俩的样子，忍不住笑道："你们绷不住的。"苏轼也挑拨道："夫人，小莲要是笑了呢？"王弗还是严肃地说："那算你有本事。"巢谷兴奋地看着苏轼。

苏轼慢悠悠说道："过去有个秀才去赶考，临行前的最后一个晚上，为图个好口彩，他嘱咐书童说：'如果明天是雨天就报告说是风云际会，如果是晴天就说是天开文运。'第二天早晨起来，秀才问童子是什么天气，童儿犯了难，因为这天的天气既不是晴天，也不是雨天，而是阴天。于是童子只好回道：'秀才，不是风云际会，也不是天开文运，天阴得像个死人脸！'"边说边指着王弗和小莲的脸。巢谷会意，大笑起来。

两人极力忍住笑，王弗说："你讲得不好笑。再讲一个，我们保准还是不笑！"采莲笑道："哎呀，子瞻，可笑是可笑，就是那两个字不吉利。"苏轼笑道："那就换个笑话。我的笑话就是周朝的褒姒也会笑！"王弗和小莲摇头不信。

苏轼又讲道："古时候，有一个叫艾子的人，嗜酒成癖，经常大醉，很少有醒的时候。妻妾劝阻，始终不听。一天，他的妻和妾商量说：'这样太伤害身体了，我们一定要吓唬吓唬他，让他不敢饮酒。'一次，艾子又喝得大醉，呕吐满地，上床睡了。他的妻子让妾找来猪肠子放到艾子的呕吐物中。第二天，艾子的妻子指着猪肠子对艾子说：'凡是人都要有五脏才能活，你现在吐出了一脏，可怎么活啊！'说着，妻妾都哭起来。艾子看了半天猪肠子，忽然笑着说：'你们不要哭了，唐三藏只有三脏尚且可活，何况我还有四脏乎！'"王弗看看小莲，终于忍不住大笑起来，大家也都笑得前仰后合，这清冷孤寂的驿站中洋溢着暖意。

好不容易回到汴京，王弗就病倒了。苏辙已经上任，苏轼刚到家拜见过父亲，匆匆整理好家务，史馆就已派人来送官服催苏轼上任。

这日，苏轼第一天来到史馆，看到琳琅满目的图书，想起在凤翔的三年，政事繁忙，很多书都未读，更不用说一些难得的古籍，那是想读都没处找，便在办公处如饥似渴地翻阅着一些秘藏经典……

这时，欧阳修背着手，缓缓走进来，看了苏轼半天，苏轼浑然不觉。欧阳修咳了一声，笑道："呵，也不在家休息几天，就跑到史馆来读书了。"苏轼听到声音一怔，已知是谁，忙回头作揖道："哎呀，恩师来了，我本来要前去看望您，可我一到汴京，朝廷就让我先到史馆任职。"欧阳修携起苏轼的手说："史馆暂时急需人手，你还没到汴京，朝廷就已做了安排。我知道你又要安顿家室，又有史馆的职事，太忙了，我约了范镇大人、司马光大人今日来这里与你相见！"苏轼忙回道："那太好了。只是，我本想到你们府上拜访的，如此一来，学生惭愧了。"

一阵沉着的脚步声过后，范镇还没进屋，声音就传进来了："拜访什么，我们知道你在凤翔任上未存分文，难道让我们在家里等着你送礼上门不成？"三人大笑。司马光也跟着进来，笑道："听范公的意思，好像你经常收受别人的礼物啊！"范镇一怔，又笑道："啊！呵呵，被你捉住话柄了！"

苏轼上前深深作揖，道："见过恩师，君实公。"范镇携起手："好侄儿，不要客气了。让我看看，呵呵，胡子见长了。可惜了你三年的小州签判。"司马光在一旁赞道："子瞻虽是三年签判，可政声比得上十年知府啊！"苏轼摇头道："司马公过奖了。"

司马光说道："子瞻啊，这次回来，你就帮我著书吧，别的就不要干了！看这史馆多清静，我等读书人本来就不该上那官场！"范镇佯怒道："司马公此话怎讲？难道欧阳大人和我就不是读书人？"司马光也一怔，笑道："啊——这次被你捉住话柄了！"

欧阳修挥挥手让大家都坐下，说："范公一来，就缠夹不清。还是让子瞻说说凤翔的情况吧。"范镇也催促苏轼快讲。苏轼沉吟片刻，叹道："三年签判，方知朝廷一举一动皆关乎国计民生。如今的朝廷之法，可谓百弊丛生。国弱民穷，皆缘于此！"司马光问道："为何百弊丛生？"苏轼正色道："皆因墨守祖宗陈法，不能与世推移！"司马光沉默不语。

范镇问道:"那你说说看,都有哪些陈腐之法?"苏轼低头思索片刻,说道:"我一时也想不清楚,等我慢慢想清楚了再给朝廷写奏章。"欧阳修点头称好。苏轼突然站起,说:"倒是有一件事需要急办!"众人忙问何事。苏轼回道:"凤翔知府陈希亮以营私罪在押,其实陈太守还是一个干吏,他两次以私助公,若无他的帮助,建官户村、废除乡役都难以完成!"三人对视了一下,眼中流露出赞赏的笑意。

欧阳修笑道:"听说在凤翔时陈希亮处处与你作难,你为何要替他说情?"苏轼说:"与我作难是真,但以私济公也是真。后来陈太守与我也渐渐融洽了。"司马光叹道:"子瞻真有古君子之风。"范镇点头道:"过几日我奏请朝廷,看看能否给他减轻处罚。"苏轼忙从袖中取出一份奏章,向范镇说:"这是我替陈希亮求情的奏章,不知可否替我呈给皇上?"范镇接过应下。司马光赞道:"光明磊落,以德报怨,子瞻之谓也!"

苏轼回到家中,刚好遇到出门的刘郎中,他是苏洵派人请来给王弗看病的大夫。

卧房内,王弗躺在床上,病势沉重,小莲、采莲在一旁服侍。王弗叹道:"我真是没福,刚刚回来,就病了。"采莲拭泪道:"唉,就是你上次没坐满月子,到府衙里替子瞻告状,落下的病根。自那之后,你身子就一直不好。"王弗听了这话,更感忧伤。小莲忙劝慰道:"表姑,您说什么呀。姐姐是因怀了身孕,身子沉重,在路上受了风寒,不过是寒热之症,好好将养,就会好的。"采莲反应过来,忙说:"对,对,小莲说得是。"王弗一脸愁容,说:"不过,我总觉着,我这肚子里的孩子,和怀迈儿的时候有些不一样!"采莲忙道:"不要瞎说。你都生过迈儿了,还有什么不放心的!"王弗苦笑道:"说得也是。可我这心里,还是时时担忧,就怕……"小莲劝道:"姐姐莫怕,有子瞻哥,你不要担心!"王弗勉强笑了笑。

堂屋内,苏洵正和苏轼一起讨论王弗的药方。苏洵说道:"这病是因路途劳顿,外感风寒而起,刘郎中的药方似乎重了一些。"苏轼接过药方,问道:"父亲有没有告诉郎中弗儿怀有身孕?"苏洵捻须道:"刘郎中试过脉象,应该知道!"苏轼朝里屋喊道:"表姑,表姑——"采莲应声而出。

苏轼问道:"表姑,你告诉刘郎中弗儿怀有身孕了吗?"采莲说:"刘郎中是名医,我看他切了半天脉,想必知道。我若说了,怕对人家不尊重。"苏轼看看父亲,苦笑道:"什么名医,只怕是游医。"苏洵点头,看着药方说道:"这等药方,孕妇吃下,岂不要杀人。"说完拿笔改动,递给苏轼。苏轼看过,点头道:"嗯,这样既能驱寒,又能保胎,十分稳妥。"遂向采莲说道:"表姑,叫人照这个方子抓药煎服。"采莲接过药方出门。

来京几日了,王弗的病情并不见好转。这日,苏轼早早回家照顾王弗,又在堂内和苏洵议论王弗的病情。巢谷进来说:"老爷,子瞻兄,陈慥来访!"苏轼起身道:"啊——快请!"陈慥一身孝服地走进来,向苏洵深深一揖道:"小侄拜见伯父!"

苏洵问苏轼:"这位是——"苏轼忙介绍道:"这位是凤翔知府陈希亮的公子陈慥。"见陈慥丧服打扮,心中已知几分,但还是问道:"季常兄,你这是……"陈慥叹道:"昨夜家父已去世。"苏洵、苏轼一惊,久久无语。

陈慥说:"家父脾气刚硬,不堪羞辱,再加年事已长,就于昨日去世了。"苏洵叹道:"唉——这——朝廷说不定会——"陈慥苦笑道:"是的,前日范镇大人已将子瞻兄的奏章呈给了皇上,朝廷已有减罪之意。但父亲说他已觉人生如梦,生死原无分别,是——是他自己不愿意活了!"苏轼喃喃道:"人生如梦,人生如梦……接下来,陈慥兄如何安排?"陈慥坚定地说:"明日就将父亲的灵柩运往家乡。"

苏轼忙说:"那我们这就去——"陈慥急忙拦住,说:"大宋律例,犯官自毙于狱中者,不得行祭奠!"说罢又向苏洵作揖道:"伯父,子瞻兄,陈慥还有事要办,先行告辞。"苏洵点头道:"贤侄保重。"苏轼与陈慥握手送别,沉痛地说:"季常兄,节哀顺变,多多保重,你我后会有期。"

陈慥刚走,采莲忽然从里屋出来,急急地说道:"老爷、子瞻,不好了,少夫人忽然腹疼。"苏洵大惊道:"哎呀,莫不是长途奔波伤了胎气!你快进去看看,若是早产,赶快叫产婆。"苏轼点头冲进里屋。

卧室内,王弗躺在床上痛苦呻吟,采莲、小莲一筹莫展。苏轼拉着王弗的手喊道:"弗儿,弗儿!"采莲焦急地说:"看样子怕是要早产!"苏轼忙道:"那就快去请产婆!"采莲点头匆匆出门。

王弗气喘吁吁地握住苏轼的手,吃力地说:"子瞻,我这病怕是好不了啦。"苏轼笑着鼓励道:"不要乱想,一会儿产婆来了就好了。"王弗抓住苏轼的手,摇摇头。小莲忽然看见王弗下身流血,大惊道:"哎呀,哥哥,你看。"床上鲜血横流,王弗痛不欲生,苏轼大惊,查看后,立即拿笔写下几味药,将药方交给小莲道:"莲妹,巷口就有一家药铺,你立即将这止血药取来,急火煎煮。"小莲立即跑了出去。

王弗脸色变黄,死死地抓住苏轼的手,说:"我早就觉得腹疼,知道要病。"苏轼抚摸着王弗的手,竭力忍住眼中的泪水,安慰道:"弗儿莫怕。一会儿吃了止血药,养好胎气,就会好的。"小莲进门道:"伯父亲自去取药了。"苏轼点头道:"这样更好,父亲更懂得药性。"

卧房外面,巢谷喊道:"产婆来了。"采莲携产婆应声入内。小莲端过水来,产婆边净手边说:"听说夫人身孕才六七个月。"苏轼说:"是。前几日才从凤翔来到京师,怕是长途奔波,伤了胎气。"产婆说:"你们先出去,我看看再说。"

堂屋内,小莲生火洗刷药具,巢谷着急地用扇子猛扇着炉火。小莲焦急地问苏轼:"哥哥,你说姐姐不会有事吧,女人最怕的就是这一关。"苏轼道:"弗儿已生过一胎,就是早产,大人也该无大碍。"小莲双手合十道:"但愿如此。"苏洵拿着草药匆匆进来,小莲抢过草药煎药。采莲从卧房内出来:"不好了,血越流越凶了!"众人惊讶,苏轼、小莲忙奔入内。

卧室内,产婆匆匆说道:"官人,夫人伤了胎气,是早产,可——可——"苏轼忙问怎样,产婆说:"可……胎位不正,是骑马生,只怕无法——"苏轼大惊,深深一躬,慌道:"只求保住大人,便是再生父母。"小莲也跪下叩头。产婆忙扶起小莲道:"老身已然尽力,要看夫人的命了。"

王弗气息微弱地说:"子瞻,过来。"苏轼扑跪在床前,眼中含着泪水道:"弗儿,你要撑住,撑住!"王弗挣扎着起来说:"前日啊,我做了一个梦,生下了一堆肉芝,就知道不祥。不过,我能和你做十年的夫妻,已是心满意足了。再向天要寿,怕是非分之想。"苏轼含泪苦笑道:"弗儿,弗儿,千万别这么想,你不会有事的。"说着转向产婆道:"大娘,救救我的弗儿啊!"产婆手足无措。

王弗忽然十分清醒，眼睛发亮，盯着苏轼道："轼儿，你看着我。"众人都吃了一惊。王弗挤出一丝笑意道："你看着我，让我仔细看看你。你每次叫我弗儿，我心里都高兴。我想应你一声轼儿，却一直不敢，今日我叫了，你高兴吗？"苏轼哭道："高兴，高兴！"王弗接着说："好。轼儿啊，以后要听父亲的话，要对莲妹好，要疼迈儿。你总说天下无坏人，看谁都是好，却看不见坏处，我怕你日后吃亏呀！"苏轼忙点头应承。

王弗向小莲看了一眼，叫道："莲妹，你过来。"小莲哭着跪到床边，王弗握住小莲的手，笑着说："我是真喜欢你啊。以后啊，你要好好帮轼儿，要教好迈儿。"小莲哭着点头。王弗安心道："姐姐一直想送你点东西，却没什么好送的。今日，就把我这只玉镯送给你吧！"小莲哭诉："姐姐，姐姐，我不能要，不能要。"王弗奋力脱下玉镯，忽然严厉地说："戴上！"小莲吃惊地一愣，王弗挣扎着替小莲戴上。王弗看着小莲，笑道，"嗯，这就好。"说着将苏轼和小莲的手并在一起，将两人的手紧紧握着，笑道："轼儿、莲妹，你们要好好过。"说完，气息软下去，断断续续地说："我到母亲和姐姐那边，会过得很好的，你们不要担心。"苏轼哭道："弗儿，别这么说。"采莲端药急急进来说："快给少夫人喂药！"苏轼急忙接过，抱住王弗要喂。王弗头往枕上一倚，溘然离世。苏轼抱着王弗大哭道："弗儿，弗儿……"众人亦跪下大哭。堂屋内，苏洵听到哭声，一下子瘫坐在椅子上。

几日来，苏家笼罩在一片悲痛的气氛中。大殓后，苏轼亲自将王弗安放在棺内，木然地坐在棺木一边。苏洵搂着身穿孝服的苏迈对苏轼说："你妻嫁后随你至今，极尽恩义，可谓有呕心沥血之劳。但未及见你有成，更未及与你共享安乐。"苏轼垂首点了点头，掩面哭泣。

苏洵流泪叹道："弗儿到我们苏家，那是我们苏家有幸啊！可惜——可惜我这白发人不能代黑发人啊！"苏轼拉着苏洵的衣襟劝道："父亲！"苏洵摆摆手道："弗儿的棺木先停放在兴国寺，等参寥和尚回来做场法事，再设法运回老家，葬于祖坟。"苏轼点头。苏洵佝偻着背，一声长叹，缓缓走出灵堂。

深夜，灵堂中，一支烛火默默燃着。苏轼独坐沉思，流下两行热泪，抚摸着桌上王弗的遗物。一会儿，苏轼走到王弗的灵堂前化纸，对周围的人说："你们都去吧，我来给弗儿守灵。"采莲拉着小莲，巢谷拉着苏迈离去。苏轼神色悲凄，痴痴望着王弗的棺木。炉中的冥纸烧起，青烟缭绕。

苏轼为王弗守灵，已有数日未曾上史馆办公。这日，迩英殿内，英宗萎靡不振地坐于金銮宝座上，曹太后在身后垂帘听政。曹太后说："陛下，你不是要召见苏轼吗？"英宗强打起精神，说："噢，对，范镇，朕想要召见苏轼，苏轼现在史馆如何呀？"范镇出班奏道："启禀陛下，苏轼妻于近日病死，苏轼将其妻棺椁停放兴国寺，现在兴国寺守灵。"英宗点头。

曹太后叹了口气，道："唉，苏轼之妻尚年轻，该才二十五六吧，却过早亡故了。陛下，你身为圣上，当关爱臣民，施仁布泽。苏轼亡妻，应予抚恤啊。"英宗点头道："太后教诲得是。传朕的旨意下去，赐苏轼之妻锦缎十匹，珠冠一顶，蓝田玉镯一对，玉佩一对。"曹太后点了点头。

胡宿出班奏道："陛下，微臣以为欠妥。位极人臣者，也不过有此礼遇。苏轼区区一个七品史官，连上朝堂的资格都没有，怎可受如此皇恩？此例一开，则有失皇家威仪，必引起朝野议论。"吕诲也奏道："陛下，胡宿所言极是，苏轼官卑职微，如此恩宠，实属不公。"英宗犹豫不决。

范镇出班驳道："胡大人、吕大人，言重了。苏轼虽官微，但论其才能，日后堪当朝中宰相。陛下抚恤施恩，有何不可？"胡宿对道："范镇，你一贯包容苏轼……"曹太后不耐烦地说："好了，好了，不要争了。陛下施恩布泽，怎可以凭官大官小而论？陛下不以苏轼官微，而施仁于他这才是大公所在。我看陛下的赏赐并不过分，就这样定了吧。"众臣遵旨。欧阳修和范镇暗喜，胡宿和吕诲怒气满腹，王珪始终不言语，仿佛若有所思。

散朝后，众大臣在皇宫外叽叽喳喳议论不止。一大臣说道："苏轼小小一个史官，亡妻竟得太后和皇上恩赏。看来，未来的宰相非苏轼莫属。"看到韩琦正从身后走来，忙躬身问道："宰相大人，您以为呢？"韩琦挥挥衣袖道："哼，老夫还在相位上呢！"这位大臣忙拱手后退道："哎呀，韩相，下官失言，得罪得罪！"

又一大臣说："苏轼既是未来宰相，今又亡妻，他续弦之事是如何定的？"众人被他这一席话点醒，纷纷看着走过来的范镇。范镇不解道："你们这样看着老夫干什么？"一大臣上前谄媚地说："范公，满朝都知你偏爱苏轼。我家中有一小女，甚为贤良淑德，就有劳范公为小女说亲了。"范镇摇头道："不可，苏轼与其妻感情甚笃，其妻入殓才多久，哪有这个时候说亲的？"又一大臣说："范公，我家也有一女，颇爱诗文，与苏轼一定志趣投合。范公，您若帮我这个忙，下官必当铭感不忘。"范镇讥笑道："你们呀，都是属猴的，可真会攀呀！"众臣哄笑一片。王珪在一旁捻须静听，若有所思。

王弗死后不久，苏洵也病倒了，宫中特派刘太医来给他看病。这日，苏轼、巢谷在门口送刘太医上轿后，回到苏洵床前。苏洵躺在床上，脸色蜡黄，咳嗽连连。采莲端粥说："老爷，您吃一点儿吧！"苏洵挣扎起身，苏轼接过粥喂苏洵，苏洵边吃边喘气，喝了几口便躺下。苏轼放下粥碗宽慰道："父亲，您一定要照刘太医的嘱咐，万事放下，静心调养。"苏洵叹道："是啊，想不到我也病了。我也算略懂医道，人说医不自医，如今方有体会。"

苏轼又说："礼部编纂《太常因革礼》的事，暂且放下吧。历代礼制变化极为繁复，一时之间，也难理清楚。"苏洵点点头，叹道："编纂之事，可不挂心。只是一闭上眼睛，就梦见你母亲、你姐姐，还有弗儿——我们苏家，怎么总是女人先走！"

苏轼勉强笑道："父亲万不可悲伤过度。您要是有个长短，母亲在天之灵也不得安息。再说——大宋也不能没有您啊！"采莲收泪道："子瞻说得是。老爷千万要保重啊！"苏洵说："我知道。轼儿呀，我昨日掐算，你近来又有俗事烦扰。你明白吗？"苏轼摇头表示不知。苏洵意味深长地看了一眼小莲，小莲会意，低头不语。苏洵叹道："唉，你们都先出去吧。我累了，让我安静一会儿。"苏轼起身道："父亲，您好生静养。"众人出门，苏洵看着苏轼和小莲的背影，一声长叹。

这日，王珪府院内，两只斗鸡正在扑斗。一只鸡冠紫红者貌相英武，骁勇异常，将另一只鸡斗得节节败退，鸡羽横飞。管家笑道："老爷，这只斗鸡名为神勇将军，委实厉害，竟从没输过。"王珪捻须笑看斗鸡，口中却念念有词道："朝中人都说，苏轼要做未来宰相，说先皇驾崩前，仍不忘嘱咐范镇提携苏轼。"管家点头应道。这时，神勇将军飞扑狂啄，又引来众人一片喝彩。

王珪看着斗鸡，若有所思道："老夫原以为苏轼只是年少轻狂，当年私撰典故，制策逆君，到凤翔任个小小签判，竟视我朝百年律例为无物，横加篡改。老夫身为参知政事，岂能坐而不管，屡次要对他施以警诫，却被他巧妙应付，连扳几局。如今更被太后和皇上看重，朝野之中再无第二人，难道老夫错看了苏轼，他果真有宰相之才？"管家看着斗鸡，也没顾得上听王珪的话，只拍着手说："是，是，老爷，您看这鸡，委实神武呀！"两斗鸡继续猛斗。

王珪接着说："他若真有宰相之才，老夫就该顺应大势，收揽人心，化干戈为玉帛……"这时，神勇将军猛啄一口，另一只鸡疼得满地哀鸣，败下阵来，众人一阵喝彩。管家大笑道："好！好！神勇将军！"

王珪不为所扰，继续着自己的思路："老夫若当伯乐，辅佐于他，他日后的成就，就记在老夫的功劳簿上！"管家上前问道："老爷，这神勇将军咱买不买？可要花费百两银子呀！"王珪眼盯着神勇将军，仿佛是对着苏轼，点头坚定地说道："买！"管家拍手笑道："好嘞，老爷。红花配美人，宝刀赠英雄。我看也只有这神勇将军才配得上老爷威严。"王珪捻须点头，暗自得意，心中已决定下午就前往范镇府中。

下午，范镇府内，范镇背手站在屋中，笑看着桌上堆满的请帖。一仆从拿帖入内道："老爷，这是魏王府的人送来的请帖，请您与苏轼赴宴。"范镇展开请帖笑道："嗯，好你个苏子瞻，老夫因你享尽口福了！"又一仆从进门道："老爷，王珪大人求见。"范镇略微迟疑道："哦，这一位也来了，请吧！"

王珪进屋，拱手道："范公，安否？"范镇还礼道："禹玉，找老夫何事呀？"王珪笑道："范公，旁人找你何事，今次我便跟风而行。"范镇笑道："禹玉，你看看，帖子都快堆成山了。魏王、高王、颖川王、故相家，还有一干大臣们，都要将女儿嫁给苏轼。你怕是来晚了，呵呵！"王珪深施一礼，笑道："还请范公玉成此事。"两人分宾主落座，范镇说："我说禹玉呀，以老夫对子瞻的了解，他甚爱亡妻，不可能马上续弦。"

王珪忙说道："不碍事呀，可以先把亲定下来，等个三年，吾女也不过二十，再成婚也不迟嘛。"范镇惊道："二十？都成老姑娘了！禹玉呀，你可真舍得呀!"王珪笑道:"小女说了,非苏子瞻不嫁。"范镇笑道:"禹玉,怕不是你女儿说的吧,该得益于禹玉的循循善诱吧。老夫尽力而为吧,成与不成,范某不敢说。"王珪起身,深深一揖道:"有劳范公费心了,事成后我必带全家登门道谢。"范镇摆手笑道:"后话,后话。"

范镇举起茶杯,似乎不经意地问起:"禹玉啊,我有一事不明,你向来对子瞻心怀成见,如何肯将爱女嫁于子瞻做继室呢?"王珪故作严肃地说:"范公啊,此一时彼一时,我毕竟是子瞻的老师,对他严厉一点儿怎么好说是成见呢?"范镇略带鄙夷地大笑,王珪则笑得有些尴尬。

第二天,范镇乘轿来到苏轼家,要将朝中诸多提亲之事告知苏轼。

来到门前,范镇刚要举手拍门,忽然想到苏洵家新逢丧事,沉下脸来,小心地对仆从说:"你来敲门,苏家正逢丧事,我若是说话大声了,你就掣一下我的衣襟。"仆从笑笑,上前要敲门。范镇吼道:"大胆,不懂礼数!说了正逢丧事,你还笑!"说着沉下脸来,显得憨态可掬,问仆从道:"你看我脸上,够不够庄重?"仆从忍住笑,顺势点点头,不知所以。范镇叫道:"还愣着干吗?敲门呀!"仆从这才上前敲门。

采莲开门,说:"是范大人!快请进!"采莲领着范镇往里走,边走边大声说:"老爷、子瞻,范大人来访!"苏轼迎出,深深一揖道:"有劳恩师大驾。"范镇不见苏洵,遂伸头往里看道:"子瞻呀,你父亲呢?"苏轼叹道:"父亲患病,已卧病在床多日了。"范镇惊讶无语。

进得苏洵卧室,只见苏洵躺在床上,病容憔悴,话语虚弱。范镇坐在床边,关切地询问病情,苏轼垂手站在一旁。苏洵感激道:"何劳范公挂怀,我没什么大碍。想是编书太累,将养几日就会好的。"范镇叹气道:"唉,怕是有些过于伤心了。"看到苏轼低首哀伤的样子,范镇拍了拍苏轼,爱怜地说:"子瞻节哀啊。想开些,佳人配才子,结发到白头,古来能有几人?像我这样的老朽,却能颠三倒四地活到现在,正所谓天妒红颜啊!有时我想啊,要是在六十不死就活埋的秦朝就好了,我就不用再徒费布帛米粮了!"苏轼微微一笑,苏洵也笑道:"姜子牙、百里奚七十多岁才有风云际会之遇,范公刚过六十,已成国家栋梁,风华正茂,正当大有作为,何出此言?"范镇也笑道:"呵呵,明允公好一张利嘴，无怪人家说你的文章有纵横家之风呢！"

仆人从旁掣了一下范镇的衣襟，范镇会意道："噢，噢，看我又纠缠不清。本是来看看你，又说起这些来了。"苏洵笑道："哎，说起这些，我就什么都忘了，病也就好了。"苏轼也说："范公的高谈阔论，正是家父的对症良药！"范镇笑道："呵呵，我这侄子说话就是中听，那我可就高谈阔论了！"仆人又掣了掣范镇的衣襟，范镇烦躁地推开他的手，道："哎，不要掣我的衣襟，还是让我说吧，要不憋死我了。"苏洵督促他快说。

范镇说："那我就说了。子瞻新丧其偶，我本来不该说为老不尊的话，可不说又不行。"苏洵早有所料，道："范公尽管开口吧。"范镇看看苏轼，有些犯难地说："此事实难开口。不过以明允公和子瞻之聪明，何事不能逆料。当朝都知我偏爱子瞻，什么魏王、高王、颍川王、故相家都来托我，还有一干大臣，都想问子瞻的续弦之事！"

苏轼躬身道："恩师，亡妻尸骨未寒，怎能谈什么续弦！"范镇无语以对。苏轼看着桌上的文房四宝，忽然一把将它们推到地上，说道："为了哀悼我家弗儿，我三年不写诗，更不谈婚娶！若有违背，形同此笔。"说着将一管毛笔撅断。范镇欣然站起，赞道："啊呀，好一个苏子瞻，搁笔悼妻，三年不娶，古君子不及也！"苏洵也说："范公，子曰：'三军可夺帅，匹夫不可夺志。'轼儿既有此志，你就成全了他，替我婉言回绝了那些人吧！"

范镇作揖道："明允公，范镇遵命就是。"说罢转身怒斥仆人："叫你掣老夫衣襟，你为何不掣！"仆人尴尬得哭笑不得。范镇又说了一番宽慰的话，才起身告退。

范镇走后，小莲背着一筐中草药往里走，巢谷手拎两个木桶往外走，两人恰巧遇上，面上皆十分尴尬。小莲欲叫巢谷，巢谷却只向小莲点一下头，小莲也木然地点头。两人都想避让对方，却又阻挡了彼此。巢谷干脆往门边一站，小莲低着头顺势走了过去。巢谷忧伤地看着小莲的背影。

厨房内，小莲正在生火煎药。巢谷拎了两大桶水进屋，放在墙角，仍未招呼小莲，小莲正欲对巢谷说话，巢谷却转身走了出去。小莲岂不知巢谷的心事，但奈何母亲已经将自己许配给苏轼，王弗更是临终把自己托给了苏轼。巢谷虽也知这些，可心中的这份情愫却怎么也不能摆脱，两人只能在同一屋檐下尴尬地相处。巢谷也只能终日以酒浇愁。

从厨房出来，巢谷一心烦闷，又想上街买醉，直往门外冲，险些撞倒迎面进屋的采莲。采莲道："哎呀，巢谷，怎么这么冒失呀。"巢谷低头道："表姑，没看见你。"采莲问他去哪儿，巢谷说去酒肆，话音未落，就冲了出去。采莲看着巢谷的背影，明白了几分，叹了口气。

这日，苏轼应驸马王诜之邀赴宴。王诜是苏轼的知己好友，苏轼不能不去。来到他家的西园，只见王诜早已等候在内。苏轼急忙迎上去，勉力向王诜行了礼，王诜见状也深深一揖道："子瞻兄，小弟有礼了。"苏轼忙扶起道："哎呀，驸马大人的礼我可受不起。"

王诜见苏轼一脸愁容，便风趣地说："子瞻兄，别人看我是驸马，你看我是什么我还不知道！"苏轼忙问是何，王诜笑道："是一头蒙起眼睛拉磨转圈的叫驴。"苏轼忍不住笑了，一旁上茶的丫鬟也忍俊不禁。苏轼又叹道："哎，我可不会这样说，回头让公主听见了，我可是担当不起。"王诜道："子瞻兄过谦了，自当年那场科举风波时起，我就是你的忠实追随者，可你总是对我不相信！"苏轼拱手道："岂敢。王兄，苏某近来心绪不佳，谢绝往来，若非王兄三番五次相邀，苏某不会来此。敢问王兄，请我来何事？"王诜一愣，笑笑说："何事？叙旧而已！"苏轼正色道："叙旧？王兄不诚，我要走了。"说罢起身要走。

王诜忙拦住苏轼道："哎，子瞻，坐下。你可知我让你来所为何事？"苏轼道："其他事你不会找我办，但有一事除外。"王诜叹口气道："果然是古灵精怪的苏孔明。"苏轼笑道："岂用诸葛孔明，就是傻瓜也知道。"王诜勉强道："是啊，是啊。我找你来，是因公主吩咐我——"苏轼摆摆手道："哎，不要说了。"王诜忙道："不行，得说，我说了就交差了。公主说她三妹——"苏轼急忙截住道："小民不敢尚公主！此时苏某更不谈婚娶！"王诜脸露难色，苏轼不苟言笑地说："怎么，王兄要我也做那罩眼拉磨的叫驴？"王诜与苏轼相视而笑。

## 二十一　　续　弦

苏洵的病情并不见好转,这使得苏家上下心急如焚。

一天夜晚,小莲端着药盅走进堂屋内,恰好遇见苏轼往外走。苏轼叫住小莲,说有几句话要说。小莲抬头看看苏轼,点点头,把药盅交给采莲,便和苏轼来到院子内。

时值初春,风清月朗,树影稀疏。苏轼和小莲两人一前一后,缓缓踱步。苏轼开口道:"小莲,我为悼念你姐姐,发誓三年不写诗,想必你已知道。"小莲点头道:"子瞻哥,姐姐泉下若是有知,定会感念哥哥的!"苏轼道:"三年不写诗,当然更不谈婚娶。"小莲微笑着说:"所以人都说子瞻哥有古君子之风。"苏轼停下脚步,转过脸,意味深长地看了一眼小莲,苦笑道:"小莲,三年不写诗的苏子瞻,岂不乏味?"小莲低头微笑道:"小莲想,这三年,苏子瞻不乏味,只怕是洛阳的纸便宜了。"

苏轼笑了笑,感动地看着小莲,吞吞吐吐地说:"小莲,我心中仍忘不了你姐姐……"小莲抬起头,看着苏轼说:"子瞻哥,小莲也是。"苏轼看着小莲,眼中充满了感激。二人站在晚风中,微风轻轻吹来。

小莲接着往前走,举头看着天上的圆月,说:"子瞻哥,你看这天上的明月。三年后,小莲相信它仍会是这般明亮。"苏轼望着小莲,再看看天上的明月,默默地点头。

巢谷醉醺醺地从门外走进,在院子的照壁后,看见了这一幕。他瘫坐在门槛上,掏出酒壶,狂饮数口,闷声不响。

许多天了，王珪并未从范镇那里探知苏轼对续弦的态度，又听说苏洵病重，一天夜里，便托言探望苏洵来到苏家。

采莲把王珪引进苏洵卧室，苏洵憔悴地躺在病床上。王珪来到床边，双方施礼后，王珪一脸关切之色，苏轼垂手站在一旁。王珪客气地说："明允公，这么晚了，我还来叨扰，只因朝中诸事繁杂，实在抽不开身。闻悉明允公染疾已有些时日，甚为挂念，便来探望，还望明允公不以为罪。"

苏洵当然知道王珪深夜来访，乃是为了避人耳目，但仍挣扎着坐起，却被王珪按下。王珪道："明允公躺下，你我不必拘礼。"苏洵叹道："王大人，老夫官卑职微，岂敢怪罪大人。您能来探望老夫，乃老夫之荣幸。"王珪道："明允公这般说，折煞我也。"说着便示意管家递上手中所拿的众多名贵药材。

苏洵挣扎着坐起，说："王大人这是何意，老夫不能收。"王珪道："绵薄之意，明允公若推辞，就拿我见外了。"苏洵辞道："王大人，非与你见外，老夫实在收受不起。"王珪道："只愿明允公早日痊愈，明允公就收下吧。"苏洵倔强地说："王大人，说不收就是不能收。"

王珪素知苏洵的性格，已知此礼他必不会收，感到颇为尴尬，遂转移话题，对苏轼道："啊，子瞻呀，几年不见，也不来封书信，倒像是把我忘于脑后了。"苏轼淡淡地说："学生未敢忘记恩师，只是在凤翔案牍劳烦，更不愿打扰恩师。"王珪微笑道："呵呵，子瞻几年历练下来，倒学会说客套话了。"随之脸色转为哀戚，道："闻你丧偶，为师深感哀痛，还望子瞻保重身体才好。"苏轼拱手施礼道："多谢恩师体念，学生知道。"

苏洵早知王珪来意，见其迟迟不愿提及，便说道："听范镇大人说，王大人有意将爱女许配犬子，感谢王大人厚意，真是抬举了犬子。但犬子已发誓三年不谈婚娶，做父亲的也不能强其所难，还望王大人见谅，犬子也实在配不上贵千金。"王珪听罢，心中不豫，但还是正色拱手说道："我女爱慕子瞻才华，决意非子瞻不嫁，还请明允公玉成这桩婚事啊！"苏洵摆摆手道："可惜犬子高攀不上啊。"苏轼也说："恩师，学生已立下誓言，若中途悔改，岂不为天下人耻笑！"王珪此时心知此事也必不能成，心中充满了愤怒，觉得苏氏父子语气太过直接，竟令自己如此下不来台，但脸上还是露出微笑，支吾不语，场面十分尴尬。

这时传来敲门声，小莲应声送汤药进屋道："伯父，该服药了。"说罢将药碗置于苏洵面前。王珪转脸好奇地打量着小莲，小莲的美貌与风仪让他一惊。王珪装作不经意地瞥一眼苏轼，发现苏轼以关切的眼神看着小莲。王珪眼珠一转，若有所思。

小莲感觉到来自王珪的目光，急忙避开，赶紧向众人施礼，走出屋子轻轻掩上门。王珪道："明允公，这位姑娘不像是下人，请问是……"苏洵并无警觉地说："这位姑娘叫杨小莲，是庆州原知府杨云青大人之女，子瞻夫妇二人认了作妹妹，已算是我苏家人了。"王珪微微点了点头。

又说了几句无关痛痒的话，王珪起身告辞，苏轼将王珪和王府管家送出门外。苏轼将采莲手中的名贵药材几乎是塞到管家手中，说："恩师，这些药材，家父愧不敢当，多谢恩师美意了。"王珪正欲说话，苏轼打断道："恩师，学生还要回去照看家父，恕不远送了，学生告辞。"说罢转身走了进去，大门也随之关上。

王珪看着苏家紧闭的大门，脸色阴郁，锁眉沉思，但一阵喜悦又掠过心头，随即脸上浮出淡淡的笑意。管家恨恨地说："岂有此理！老爷，这不识抬举的野人，倒像是把我们赶了出来！"王珪小声吩咐道："你找人查查那杨小莲的底细，我以为她与苏轼绝非兄妹那么简单。"管家点头。王珪抬脚上车，忽见天上一轮明月，自言自语道："永夜角声悲自语，中天夜色好谁看？"

王珪的管家很快就打听到了苏轼和小莲的关系，告知王珪后，王珪大喜，乘轿前往吕诲家。

吕诲正在院中散步，看王珪进门，便急忙迎上去，道："哎呀，是王大人驾到，这真是让茅舍蓬荜生辉了。"王珪笑道："哪里，春光大好，在下乘兴而来，吕大人难道没有同感？"吕诲点头称是。

来到吕诲书房内，摒去下人后，王珪笑着向吕诲说道："嗯，想必吕大人也听说了。苏轼之妻新亡，他扬言要搁笔悼妻，三年不娶，表面上是爱妻之举，实是为一女子所惑。"吕诲恍然道："噢，原来如此。我只听说一众王公贵戚们要将女儿嫁给苏轼做继室，苏轼却不依，正觉奇怪，原来内中有这个缘由。"王珪叹道："这女子老夫倒也见过，现就在苏轼家中。"

吕诲大惊，拍案而起，道："呵！这成何体统，实在大伤风化！"王珪也站起，笑着向前，以手掩嘴轻声道："还不止这个，你知这女子是谁？竟是犯官杨云青的庶出女儿。"吕诲震惊，问道："杨云青的女儿！他如何与杨云青的女儿相识？"王珪笑着坐下，拿起茶杯喝了一口，缓缓说道："嗨，据老夫所知，苏轼在凤翔任上时，杨云青的夫人和女儿转押在凤翔，苏轼不等朝廷批准，私放这二人，还擅自将她们母女养在家中。"王珪放下茶杯，故意说道："不过，听说杨云青的案子朝廷已有昭雪文书了。"吕诲忙道："王大人，你或许有所不知啊！依本朝制度，案件复审须以审刑院的批文为准，若无审刑院的批文，即使有皇上的圣旨，也不能算是结案。杨云青的案子并未完结，他仍是犯官。"

王珪虽早知如此，但假装诧异地听完吕诲的解释，愤然站起，道："既是如此，那么苏轼弃满朝名门闺秀如草芥，要娶一个犯官之女做正房，此等败坏门楣之风，你我怎能坐视不管！"吕诲亦愤然道："大人所见极是，此事若听任之，还要我谏院何用！"王珪点头赞许。

第二天上朝毕，皇宫崇政殿外，吕诲将王珪告知之事"随口"说出，又添油加醋一番。众臣大惊，其中有不少是想和苏轼结亲而被拒的王公大臣，更是既惊且怒。众人将吕诲围在中间，一阵哗然。

胡宿大声嚷道："此等藐视尊贵、败坏门风之举，我等当同声讨伐，绝不姑息！"一大臣说："苏轼口口声声不尚公主，只道他真为祭悼亡妻，原来娶的是一个犯官庶出之女。此行若果，则大乱人伦！"又一大臣怒道："苏轼辱没了公主，就是辱没了皇上，辱没我大宋国体！"众臣皆响应道："真是岂有此理！苏轼猖狂之极！"

吕诲大声号召道："我等这就去崇文院史馆找苏轼去理论，看他如何辩白！"众臣蜂拥而去。王珪本来在旁袖手观看，此刻也尾随而去。

众臣来到史馆内，将苏轼团团围住，戟指苏轼，唾沫横飞。吕诲大声说道："苏轼，你今日须说清楚，你何以辱没公主，藐视尊贵，娶犯官庶出之女为妻！"众臣附和声讨。苏轼竭力压住怒火，平静地说："众大人莫听信那以讹传讹之话，下官立誓搁笔悼妻，三年不娶，绝非戏言。"胡宿冷笑道："你还要狡辩,有人亲眼看见,那犯官杨云青之女杨小莲现就住在你家中,你还有何话说?"苏轼淡淡地说:"杨小莲乃下官所结认的义妹,当然住在下官家中,但绝非下官妻妾。"吕诲怒道:"苏轼,你休想掩人耳目,混淆视听,你敢说你与那杨小莲并无暧昧之情!"

苏轼拍案而起,怒道:"吕大人,此乃苏轼家中私事,与吕大人却无干系。"吕诲环视众人,冷笑道:"大家听见了,苏轼承认了!苏轼亡妻尸骨未寒,二人也未成婚,这成何体统呀!"众臣皆怒道:"岂有此理!大逆不道!"

苏轼此时已是愤怒至极,忍无可忍,遂高声反驳道:"诸位大人,苏轼方才所言尽皆属实。诸位大人乃朝中重臣,却偏听偏信,诬谤下官,才是真正的不成体统!"胡宿大声道:"大胆苏轼!不但毫无悔过之心,反恶语相加。你不要以为朝中近来传言,你是先皇钦定的未来宰相,就可以肆意妄为,猖狂无形!我等一干老臣还没死呢!"

苏轼高傲地瞪着胡宿,冷笑道:"胡大人,下官婚娶之事,同做不做宰相有什么相干,还请胡大人教诲。"众臣大哗。吕诲怒道:"你们瞧瞧,一个小小史官,竟无礼至此!乱人伦者,该当罢黜,岂能当我朝宰相!苏轼,本官早就看你不惯,如今你又不顾门风人伦,藐视朝中望族闺秀,私通犯官庶出之女,是可忍孰不可忍!"胡宿也说:"苏轼,你动摇国体,不敬天道,违背祖法。你也不照照镜子,你何德何能,堪当我大宋宰相!"

苏轼勃然大怒,拍案高声叫道:"岂有此理!你等恃威仗势,造谣诬谤,苏某不与你们计较。现在又以大宋社稷安危强压苏某,真是冠冕堂皇!若施行你等奉如圭臬的祖法,如今的凤翔只怕早已落入西夏人手中,凤翔的荒野已躺满数万饿殍!非苏某自恃,就凭你等去凤翔任上,这般清谈物议,恪守祖法,只会祸国殃民。动摇国本的,正是尔等!"此话一出,众臣大怒,纷纷吵嚷。

胡宿欲上前拉扯苏轼,被赶来的王珪拉住。王珪笑道:"胡大人,君子动口不动手!"胡宿放手道:"气杀老夫也!苏轼竖子,老夫从此与你势不两立!"吕诲也说道:"苏轼,你以下犯上,罪大恶极,我要禀告圣上!"

苏轼怒不可遏,一时无所适从,遂愤然道:"众位大人,苏轼不惧!虽千万人,吾往矣!振兴大宋,怎能指望你们!还有,既然诸位大人有意玉成苏某，苏某就遂了诸位大人所愿，特告知诸位大人，苏某明日就娶那犯官庶出之女杨小莲为妻，到时候苏某请诸大人喝我的喜酒！"说罢拂袖而去。

胡宿和吕诲气得捶胸顿足，瘫坐在地。众大臣狂怒失态，皆纷纷朝门外嚷道："苏轼狂生，人神共愤！天理不容！"王珪上前，假意劝慰胡宿，望着苏轼远去的背影，目光深不可测。

苏轼扬言明日就娶小莲之事顿时传遍京城，范镇和欧阳修听知，匆忙赶往苏家。

见到苏轼，范镇还未坐下就说："子瞻呀，你还是缺少历练，怎么能这么鲁莽呀！你如今蜚声朝野，树高招风，更要韬光养晦，不露锋芒。你却公然与众大臣失和为敌，他们毕竟都是朝中大员，日后可有你的好果子吃啦！"说罢叹气不已。欧阳修脸色凝重，叹道："子瞻，你这性情呀，还是如此放纵不拘。你若志在青云，当以大局为重，忍小忿而就大谋，细枝末节之事，则当隐忍。"范镇坐下道："欧阳公所言极是，子瞻，你好好听着。"苏轼低头沉默不语，但嘴角微有倔强之意。

欧阳修看看苏轼，叹息一声："唉，大风起于青蘋之末，如今你只要稍有不慎，就会招致群起而攻之。"范镇也说道："子瞻呀，你就等着瞧吧，什么刀枪棍棒，斧钺钩叉，都等着招呼你呢！"苏轼仍是沉默。

范镇和欧阳修又嘱托了一番，劝苏轼最近不要再有什么过激之言行了，苏轼皆点头不语。

果然，接下来的几天，苏轼隐忍不言，除每天上史馆工作外，皆早早回家照看苏洵。这日从史馆回家，苏轼低着头，踽踽独行于街道。时值盛春，街上行人不断，孩童戏耍，一片欢声笑语。苏轼见此却一脸忧郁。

行至家门前，正欲打门，忽见小莲推开门，满脸惊惶，一见苏轼，大惊道："子瞻哥，我想让巢谷哥去找你，却四处寻他不到。子瞻哥，伯父病危！"苏轼大惊，快步来到苏洵房中。

苏洵病危，已近大限之期，苏轼忙让巢谷快马告知苏辙和史云。接到消息，苏辙夫妇日夜兼程，很快赶回了汴京家中。苏轼向苏辙哭道："弟弟，我没能照顾好父亲……"苏辙道："哥哥快别这样说。"苏洵有气无力地叹道:"哎,老来生病,谁也怨不得!今年我已五十有八,已过知天命之年。二子小成,人生夫复何憾!"苏轼、苏辙对望一眼,觉得不祥,一时泪下。苏洵挣扎着说:"唯有一事尚放心不下。"苏轼、苏辙忙说:"父亲请讲,我们一定照办。"苏洵看看苏轼,又看看小莲,道:"嗯。小莲姑娘,请你回避一下。"小莲脸色立刻黯淡下来,点头出去,心中已猜到几分。

苏洵拉着苏轼、苏辙的手,边咳嗽边说:"我们苏家真是有幸啊!你母亲乃世家大族,可我苏家到你曾祖这一代几乎沦落成寒族。你母亲不嫌我苏家贫寒,不嫌我苏洵放浪,硬是勉力持家,相夫教子,使我苏洵折节读书,使我苏家吉庆有余,使我两个儿子……咳咳……轼儿、辙儿,你母亲是我苏家的大恩人啊!"苏轼、苏辙哭泣应道:"儿子知道。"众人哭泣。

苏洵接着说:"我在你母亲去世时就选好了墓地,将来你们一定要让我和你母亲合葬,我要……要……随你母亲而去!"众人大哭。

苏洵劝道:"不要哭,不要哭。弗儿也是一样,温良贤淑,又博闻强识,是轼儿读书的好帮手,是迈儿的好母亲,可……早早地去了。如今,如今……如今小莲姑娘……只怕又是一个……一个苦命人!"苏轼拭泪,着急地说:"父亲,您何出此语?"苏洵对苏轼说:"弗儿不去,小莲姑娘有福寿,这弗儿一去,可就……轼儿,为父担心你呀!辙儿宅心仁厚,后福不浅!可你……"苏辙劝道:"父亲,哥哥才华盖世,您不必担心,父亲只要放心将养身体……"苏洵叹道:"轼儿,如今为父没必要隐讳了。你告诉为父,你是不是三年后要娶小莲为妻?"

苏轼坚定地说:"是,父亲,孩儿三年后就娶小莲姑娘为妻。"苏辙早已听巢谷说得此事,担心地说:"哥哥,可朝野都知小莲姑娘是犯官之女!"苏轼激动地说:"子由,犯官之女又如何,我历来特立独行,不惧非议!"苏洵叹道:"轼儿,你好糊涂!这朝中权贵,以为你这样的人就该娶公主、郡主、王公贵族之女为妻!你若不依,也万万不能娶小莲,否则你就成了他们的公敌,注定要一生沉沦下僚!"说完又是一阵猛烈咳嗽。

苏轼忙上前道:"父亲,您不要因为孩儿动气伤身,孩儿不孝。只是这些人为老不尊,倚势压人,无中生有地来对我指东画西,孩儿才忍无可忍。父亲遇事向来都赞成孩儿，为何这一件偏不行呢？"苏洵缓了一下气息，说："轼儿，唯独这一件不行。以往你与他们相争，是因为政见不同，所谓和而不同，他们皆是读书人，这个道理还是懂的。但你若为一个犯官之女拒绝他们的招纳求亲，则是公然宣布你与他们不和，你就会被打入另册，终身为他们攻伐陷害。你明白吗？"苏轼哭道："父亲，如果孩儿屈服，而与这些人为伍，真不如回眉山耕田！父亲，孩儿更不能为了这些人，而委屈了小莲！"

苏洵挣扎着起身，激动地说："轼儿，轼儿，你……你忘了当年在兴国寺发的豪言吗？你说你有致君尧舜之志，日后当为王佐宰辅，造福天下苍生！古来王佐之才，哪一个不是委曲求全，牺牲身边人而顺天下人！你，你这么意气用事是自毁国家栋梁，也会逼死小莲姑娘……你……你好出息啊！"说完一阵咳嗽，声息渐渐微弱。

苏轼忍着泪连连劝慰苏洵，苏洵慢慢平静下去，由于过于疲惫，昏睡过去。

这时，巢谷在苏家客厅，忽见吴复古走进，忙跪地拜倒，吴复古扶起说："快带我去看苏老先生。"

苏洵处于昏睡中，苏轼、苏辙、采莲在一边服侍。吴复古和巢谷进来。众人看到吴复古，眼中似乎都闪出一丝希望的光芒。吴复古不及招呼大家，便坐在床前给苏洵把脉，不一会儿皱眉道："明允兄何至一病如此！"

苏轼将吴复古请到一边，悄声问道："道长，家父的病情如何？"吴复古叹道："你父二十五岁方折节读书，用力太过；近年来又过于悲戚，致使心脉大伤。只怕……"苏轼略带哭腔地说："太医来过几次，也都这么说，难道家父的病……"吴复古解开背囊，拿出一些药材对苏轼道："我这里有百年老山参一枝，上好茯苓一块，怕也延不了多少时日。快拿去煎汤。"苏轼、苏辙跪下道："如此贵重之物，如何使得！"性情温和的吴复古也不禁急道："迂腐不通，什么贵得过人命！"苏轼起身道："那就谢道长了。表姑，快煎人参。"

采莲取过人参和小莲去煎药。灶房内，小莲站在一旁说道："表姑，百年山参具有灵性，可以起死回生，在煎煮之前，我要祝祷。"采莲一边扇着火，一边奇怪地看看小莲，问道："怎样祝祷？"

小莲跪下，双手合十，道："人参仙尊，茯苓娘娘。十年为药，百年为仙。人参茯苓，珠合璧联。民女祝祷，千誓一言。化为参苓，赴此煮煎！"祝毕而拜。

采莲感动地说："小莲姑娘，你愿意以身代药，若是真有神灵，定会感动的。"小莲点头道："但愿如此。"

夜晚，苏洵卧房内，小莲端来参汤，苏轼给苏洵喂服。少顷，苏洵睁开眼睛，众人大喜。吴复古笑道："明允公，你醒了！"苏洵见到吴复古，苦笑道："刚才做了一个梦，梦见你来啦，看看，你真的来啦。"众人皆暗自落泪。

苏洵拉着吴复古的手，竭力说道："苏某正有一件事要托付于道长。"吴复古说："明允公请讲，我一定照办。"苏洵叹道："我思忖再三，我死以后，怕是只有你的话轼儿才肯听。"吴复古忙道："贫道只有尽力而为。"苏洵道："轼儿的婚事，已在朝野引起了轩然大波。"吴复古道："明允公，且不可尚公主、郡主，也不可与王公贵族结亲。"苏洵吃力地点点头，说："正是，我也是这样想的。但与谁结亲为好？"苏洵沉吟片刻，房内一片紧张的气氛。寻思半晌，苏洵突然睁眼道："天下女子，唯有小莲姑娘最合适，可惜……"

小莲早已知道苏洵之意，刚才在卧室中的谈话她也风闻了一些。这时苏洵这样说，显然含有无限的歉意，小莲跪下哭道："伯父——"苏洵哀怨地说道："小莲姑娘啊，你的才德像极了我的女儿八娘，我一见啊，就亲如骨肉。我何尝想委屈小莲姑娘，委屈了轼儿，要不是心里拿捏不开，我这病也不至成这个样子！"小莲放声大哭。

苏洵叹道："好孩子，不要怨伯父。"小莲哭道："小莲明白，怎会怨伯父！"吴复古道："明允公的意思是——"苏洵道："我意是日后聘弗儿的堂妹王闰之为妻，这是蜀中之俗，以续亡妻之妹为荣，更兼迈儿尚小，要至亲之人照顾。这样，朝野必无异议。只是……只是委屈了小莲姑娘。"小莲哭道："伯父，小莲不委屈。"

苏轼这时心焦如焚，虽知父命难违，且苏洵正处弥留之际，但也忍不住跪下哭道："父亲——孩儿万事都依你，这件事父亲就依儿子吧！"一旁的巢谷也突然跪下，恸哭道："伯父，您就成全子瞻和小莲吧。若不这样，小莲姑娘只怕年命不长啊！"苏轼万万没想到巢谷会这样，泪眼蒙眬地看着巢谷，心中充满了感激，但实际上知道父意已决，恐怕万难更改了。

苏洵叹道："我要拜托你这位方外之人做一件方内之事，辙儿我不操心，望你看护好轼儿！依老夫的意思，日后为轼儿续弦之事做主！"吴复古悲声说："一定尽力！"苏轼绝望地跪倒在地上。

向吴复古嘱咐完苏轼的婚事，苏洵很快就闭上了眼。第二天，苏轼家门外挂起了白幡。参寥得知王弗去世的消息后，早已回京，此时又带领着和尚为苏洵做法事。吴复古站在一旁望天默祷，苏轼、苏辙披麻戴孝，跪在地上为父守孝。

这日朝堂上，胡宿、吕晦等人又就苏轼要娶杨小莲一事奏辩不已，范镇不耐烦地出班奏道："陛下，杨云青乃我大宋忠臣，含冤而死。杨云青的案子朝廷已有昭雪文书，只是无审刑院的批文。苏轼行义收留杨云青遗孀母女，还望陛下明察。"欧阳修也说："陛下，有人以苏轼娶犯官庶出之女来大做文章，可谓心机用尽。"

英宗转向帘后的曹太后问道："太后，您说此事该如何处置？"曹太后道："老身听说苏轼的辩白义正词严，想来心中坦荡，此事先且不议。只是苏洵病逝，文星陨落，我大宋又失智达之士。唉……"范镇忙奏道："太后，苏洵家贫，只怕难以归葬。"

曹太后叹道："唉，欧阳修，苏洵官居几品？"欧阳修回奏："禀太后，苏洵不愿参加科举考试，后经举荐入礼部编纂《太常因革礼》，官居八品，乃编礼小官。"曹太后向英宗道："嗯，皇上，苏洵文章锦绣，教子有方，操行可为楷模，应追赠官位。"英宗点头道："是，太后。宣旨下去，追赠已故太常寺编修苏洵光禄寺丞，并着转运司调大船一艘，禁军三十名，送苏洵灵柩返乡。"范镇喜道："陛下英明。这光禄寺丞是正六品，六品苏洵可乘官船返乡了。"曹太后叹道："可是，这一下，苏轼又要回乡守制三年。欧阳修、范镇，传旨，让苏轼守制三年间，反骄破满，修身养性，学习圣贤，改改他那臭脾气！"欧阳修、范镇暗喜道："臣谨遵懿旨。"

下朝后，范镇、欧阳修、司马光、韩琦都来到苏家灵堂内吊丧，苏轼、苏辙忙上前跪迎。

四人向灵堂跪下。范镇一边作揖，一边哭着诉说："我的老哥啊，你文富天下，却一贫到骨，如今客逝异乡，归家都要皇上颁旨才能回啊！贤士落魄，是朝廷失德啊！如今一个宰相，三个参知政事竟然还有脸来给你吊唁！"欧阳修、司马光含泪不语。

韩琦有些生气，道："范大肚子，你言外之意好像是指责我韩琦？"范镇驳道："你是当朝宰相，苏明允文才、治才天下皆知，到老竟是八品编礼郎，你难道还不该受指责？"韩琦无奈道："我曾多次写信让明允公修习举业，可他拒绝了啊！"范镇道："苏明允大才，不屑举业，如同唐朝的李太白一样，你却偏偏要他走举业俗路，你岂不是故意堵塞他的进身之道！"韩琦道："你——这哪是我能做得了主的！"范镇道："我看你是该做主的不做主，不该做主的乱做主！"韩琦气得一时语塞。

苏轼、苏辙见状，劝也不是，不劝也不是，急得团团转。还是欧阳修发话了："好啦，好啦，明允公已经仙逝，再争也晚了。亏得皇上追授明允公官爵，他终于可以平安归家了。"范镇、韩琦两人怒目相对。

这时，王珪突然冲进来，分开众人，一头蹿上前，抱着苏洵的灵柩号啕大哭道："明允公呀，明允公，你怎么就殁了呀！"众人面面相觑，悲伤的情绪好像被这戏剧化的一幕冲淡了。王珪毫无顾忌，哭得旁若无人，涕泗滂沱。

## 二十二　万言书

初夏，汴河上，苏洵和王弗的灵柩已抬上官船。围观者人山人海，其中有许多士子模样的人跪哭，焚烧着祭文。

治平三年（公元1066年）四月，唐宋散文八大家之一的苏洵在汴京病逝，享年五十八岁。朝廷特赐光禄寺丞，命有司具舟载还。苏轼、苏辙辞官守制，经水路将苏洵与王弗的灵柩运回眉州故里，苏洵与程夫人合葬，王弗葬在苏洵夫妇墓的后侧。

苏氏兄弟开始了三年的守制，而此时朝廷也发生了巨变。宋英宗做了不到四年的皇帝即驾崩，二十岁的太子赵顼继位，是为宋神宗。神宗年轻气盛，聪慧多才，富有谋略，性格刚毅，而且意气风发，精力旺盛，与英宗大不相同。他深为仁宗时庆历新政的流产痛惜，也深知父皇虽有心富国强兵，奈何身体虚弱，郁郁而终。因此神宗一上台，就开始寻求改革的方针。

夏日，神宗正在勤政殿内认真阅读王安石的《上仁宗皇帝言事书》，深为书中之言所打动，拍案叫好，不时读出声来："朝廷每一令下，其意虽善，在位者犹不能推行，使膏泽加于民，而使吏辄缘之为奸，以扰百姓。"神宗陷入沉思，却被外面树上无休止的蝉鸣声打扰，高喊道："张茂则！张茂则！"张茂则急忙趋进道："臣在！"神宗头也不抬地吩咐道："快将这些蝉儿赶跑！"张茂则迟疑道："陛下，这树太高了。再说，这些蝉儿天性如此，赶跑了还会再来！"神宗抬头怒道："混账，赶个蝉儿也推三阻四！"张茂则应声退下。

勤政殿外，张茂则招呼小太监赶蝉。但因树高，小太监叠人梯，摔得乱七八糟。神宗走出殿外，见此状哭笑不得，于是亲自持竿赶蝉。小太监吓得跪在一边，张茂则不知所措，情形十分滑稽。

这时，年近四十的太子舍人韩维走来，施礼道："陛下！陛下！"神宗没有听见，继续赶蝉。张茂则近前轻声喊道："陛下，太子舍人韩维来见。"神宗停止赶蝉，拍拍手道："师傅来了。"韩维躬身道："微臣见过陛下。不知陛下为何驱赶蝉儿？"神宗不耐烦地说："朕正在读王安石的大好文章，谁知这些蝉儿让人心烦，故而驱赶！"韩维微笑道："蝉鸣树上，乃是自然之理。倘若赶而复来，又当如何？"神宗略有不屑道："师傅总是给我讲自然之理。蝉鸣树上是自然之理，难道我想赶蝉就不是自然之理？赶走复来，来了再赶，不也是自然之理？"韩维一惊，勉强说道："陛下圣明，这——这都是自然之理！"

神宗大悦，转头问韩维道："那好，师傅读过王安石的《上仁宗皇帝言事书》没有？"韩维点头道："王安石的《上仁宗皇帝言事书》，又称'万言书'，当年传颂京城，谁人不知，臣自然读过。"神宗忙问："你以为如何？"韩维道："洋洋万言，气势不凡，所论切直，一针见血；对策有力，切实可行，慨然有矫世变俗之志。"神宗又问："那好，师傅说说，王安石要变法，是不是自然之理？"韩维陡然一惊，迟疑道："这——陛下，穷则思变，变则通，通则久，那当然是自然之理了。"

神宗笑道："好，好，太好了。师傅告诉我，当年他为何要写这'万言书'？"神宗见树上还有蝉儿，借着小太监叠的人梯，继续持竿驱蝉。韩维便随着神宗的动作转着身子，尽量让神宗听见自己的声音："嘉祐四年，经时任枢密副使的包拯包大人力荐，王安石任度支判官，后至翰林院。也就是在翰林院期间，他写了这'万言书'，指斥朝政衰俗，提倡变法。就其内容，与范文正公当年推行庆历新政颇多相似，但比庆历新政所倡导的内容更严密、更实际、更深刻。"

神宗继续赶蝉，一边问道："那为何仁宗帝不用王安石变法呢？朕听说是缘于首相韩琦之反对？"说着话，神宗险些跌倒。韩维吓得赶紧上前一扶，道："哎呀，陛下小心。当时的大事不是变法，而是如何让皇权平稳过渡。仁宗帝龙体欠安，又无子嗣承袭皇位，建储立嗣才是大事。仁宗体弱，已不可能完成变法大业，只有留待来人。现在看来，当时韩琦所为并无过错。"神宗叹道："真是至公之言。但不知王安石人品如何？"韩维笑道："在当今士人中，介甫堪为大贤，生活俭朴，安贫乐道，不好声色美姬，以诗书文章为乐，不喜做官，屡辞要职，只求为皇帝和天下百姓做实事。吾不知，除司马光外，还有谁能与其比肩！"

神宗终于将蝉儿赶走，走下人梯，拊掌大笑。神宗一伸手，示意韩维走出门外，二人边谈边走。神宗喜道："听说师傅与王安石私交甚好，想必对他十分了解吧。"韩维忙回道："陛下，旁人不敢说，但微臣对介甫的确颇为了解。陛下尽管发问。"神宗笑道："朕先不问，师傅倒听朕说说王安石，看朕说的有误没有。他乃抚州临川人，少年好读书，过目终身不忘。属文动笔如飞，见识广博，志向远大，才华横溢。庆历二年（公元1042年），二十二岁中进士。三年任职期满后，一反常人之态，主动要求到僻远的小县任县令之职。"韩维大惊。

神宗接着说："任上，他起堤堰，决陂塘，大兴水利；兴学校，严保伍，邑人便之。尤其于青黄不接之际，以官仓之谷贷给无钱购买粮种的农户，俟其秋后计息还粮。如此一来，不仅解决了诸多贫民的困难，而且官府也有盈余。官仓中的陈谷也换成了新谷，打击了豪富对贫民的盘剥，使百姓与官府两受其惠。结果，此县大治。"韩维喜道："陛下竟对王安石了如指掌。"

神宗皱起眉，问道："后来王安石到常州等地做官，政绩不凡，朝廷多次调其入朝为官而不就。师傅，你说说，若朕让他入朝，他会不会来？"韩维激动地说："陛下，士为知己者死，贤臣但求明主，王安石一定会来！"神宗击掌叹道："好，太好了。王安石现在何处？"韩维回道："现任江宁知府！"神宗道："即刻宣他进京！"韩维喜道："谨遵圣命！"

圣旨很快下到江宁，王安石领到圣旨兴奋不已，感慨万千。这日，他带着儿子王雱来到江宁水门赏心亭外散步。王雱是王安石的长子，现已二十多岁，虽体弱多病，但才华横溢，志向高远。父子俩凭栏俯瞰大江，豪情迸发。

王雱喜道："父亲，新帝急不可待地召您进京，必为变法大计。"王安石笑道："不错，韩维来信已说了。"王雱问："不知父亲有何感慨？"王安石意气风发地说："国若不兴，更待何时！"眼前的大江惊涛拍岸，轰然如雷……

处理好家事，王安石一家于当年初秋抵达汴京。到京后，王安石便迫不及待地上书要面圣。

这日一早，迩英殿内，神宗以手支颐，正在打盹儿，张茂则领着王安石快步趋入。王安石见神宗在打盹儿，毫不犹疑地跪地行礼道："微臣叩见皇上，吾皇万岁，万岁，万万岁。"吓得张茂则在一旁做手势叫王安石小声点。

神宗听到王安石响亮的声音，猛地惊醒，看见王安石，急忙遮掩睡态，道："快快平身！"王安石起身拱手道："微臣来迟，望皇上恕罪！"神宗笑道："呵呵，王安石，是朕早早来等你，连觉都没怎么睡！"王安石大为感动，复跪下道："陛下如此厚待微臣，微臣当肝脑涂地以报陛下。"神宗忙说："哎，起身，赐座。"张茂则拿过锦凳，王安石谢过坐下。

神宗兴奋地说："王安石，听说这几年你使鄞州大治，朝野赞扬，不知你有何以教朕？"王安石道："陛下圣明，微臣不敢。"神宗道："不要客气，请随意讲吧，朕等着听哪！"王安石回道："是，陛下——但不知陛下以为国家当前之势如何？"神宗笑道："噢，你倒考起朕来啦！"王安石凛然道："微臣不敢，只是想帮陛下参详国事！"

神宗点头道："朕以为，大宋承平百年，虽吉庆有余，但也积弊甚多。如今，民不富，国尤贫，官多、兵多、费多，政令不合时宜，法令不能畅通，西夏、辽国环伺而不能御，仁宗帝、英宗帝欲变而未能成，乃当今之国势！"王安石激动地站起道："陛下圣明，陛下圣明！大宋有陛下，乃大宋之福也！"神宗坚定地说："朕虽年幼，但奉天承运，不敢不秉承祖、父遗愿，不敢不富国强兵！还望王卿家倾力助我！"王安石大为感动，眼含热泪道："为陛下，为大宋，微臣愿鞠躬尽瘁！"

神宗点头道："好。朕看过你当年的'万言书'，深为所动。前日，富弼路过京城，朕召见之，问及国政。富弼认为应二十年不言兵，也不宜重赏有边功者。朕欲强国，当何以为先？"王安石显然早有准备，应声回道："陛下，当以术为先。"神宗沉吟片刻，道："嗯，以术为先。那朕又问你，祖宗守天下，粗治太平，能百年无大变，又当怎么讲？"

王安石正气凛然道："因循苟且的官员们无不以百年无事为由而攻击变革图

强者。然则，以唐、宋相比即可见分晓。大宋百年无事，积贫积弱，而大唐百年多事，天下大治；大宋百年无事，屈和于外邦纳贡，而大唐百年多事，疆土辽阔，天下无敌，万邦来朝。"

神宗猛地点头，深以为然，又问："对呀！朕欲效法唐太宗李世民，如何？"王安石摇了摇头，响亮地回道："陛下何不效法尧舜？唐朝虽强，但制度不周，故江山不能以永久；如果以法治推行尧舜之道，则天下可以永久大治也！"神宗兴奋地站起，说道："朕愿闻其详。"

…………

这是历史上一次著名的君臣问答，宋神宗与王安石整整谈了几个小时的国政。王安石系统地讲述了自己关于政治、财政、经济乃至军事上的改革谋略，神宗极受鼓舞，深感王安石就是能与自己成就大业的人才。而王安石亦为神宗励精图治、富国强兵的远大抱负所折服。君臣二人为了共同的理想和信念走到一起，由此开始了不仅是宋朝，也是中国历史上影响深远的熙宁变法，又称王安石变法。

这日清晨，崇政殿内，气氛庄严，神宗临朝，器宇轩昂。

他扫视群臣，兴奋地说："今日朝会，可谓众卿齐聚，群贤毕集，朕十分高兴。朕今日要与众卿共商变法之事，希望众卿知无不言，言无不尽。"自神宗下旨要王安石进京，朝中大臣均已猜到神宗欲行改革的决心。今日神宗虽已发话，但事关大计，众人相互看看，都不敢轻言。

神宗觉得奇怪，无奈地问韩琦："韩琦，你是首辅，你先说吧！"韩琦支吾不语，神宗逼问，韩琦才吞吞吐吐地说："臣不是不言，实是因为尚未思虑周全。"神宗笑道："哎，世上哪有万全之事，凡事只有先说先干，尔后才能完善。如事事都先策万全而后才做，那只能议而不决！"韩琦奏道："陛下圣明。那臣先说了。"神宗道："说吧，言者无罪。"韩琦高声说道："臣以为施行新政变法，时机尚未成熟。"

神宗大惊，问道："嗯！韩琦，先帝仁宗时，你就说时机尚未成熟；到了朕，你还说时机尚未成熟。你是不是对新政变法有成见呀？"韩琦心头一紧，确知神宗改革之意已定，遂说道："陛下，臣对变法绝无成见。当年庆历新政，臣与富弼、杜衍、欧阳修皆是范公变革的骨干人物，庆历新政所提倡的'七事''八事'还是臣提出的呢！"

神宗点头道："噢，那你说什么时候时机才成熟呢！"韩琦道："施行变法还须数十年后。"神宗不悦地说："数十年，朕如何能等得及，你怕是更等不及了。"韩琦回道："陛下，所谓子子孙孙，无穷匮也。革故鼎新乃百年大计，千秋伟业，本不是一朝一夕可成的事。如疾行猛进，则欲速不达，恐怕有颠覆之虞！"范镇、欧阳修出班表示赞同韩琦的观点。他们当然也知改革之重要，只是大家素知王安石行事之迅猛，而神宗也正值年轻气盛之时，若强力推行改革，确实于国家有危险。

这时，王安石出班奏道："陛下，微臣有话要讲！"神宗高兴地应允。王安石高声奏道："韩琦所言，臣不敢苟同。以朝代论之，西汉初年，因战乱连年，亟须休养生息，故汉初行黄老之学，至有文景之治，这是慢慢调养；秦孝公时，国势不昌，诸侯争霸，形势危殆，孝公不得不用商鞅之法，商鞅变法虽屡遭诟病，但秦国因此富强，是不争的事实；中唐之时，永贞革新不成，至有晚唐的变乱；我朝仁宗时，庆历新政半途而废，至有今日的积弊。如此形势，若不行雷霆之变，若再慢慢调养，实则是愈加积重难返，愈加百弊丛生，终至外不能御契丹、西夏，内不足保民安国，至于变乱乃至覆亡，亦未可知。"随着王安石的话音，神宗频频点头，朝廷上却鸦雀无声。

王安石话音刚止，神宗便盯着大家，想寻求变法的支持者，此时也有些人轻声点头称是。胡宿欲出班说话，被王珪用眼神制止，王珪转动眼珠，仔细观察。这时，韩琦出班，回头朝王安石怒道："大胆！什么'变乱''覆亡'，一个五品州官，岂可在朝廷上如此放肆！"王安石驳道："皇上征言，言者无罪。宰相岂可阻塞言路！"神宗摆手道："哎，是朕要众卿畅所欲言。"

司马光出班奏道："皇上，大宋百年承平，自古所无。此乃上天所祐，遽变恐遭天谴；人心思安，遽变恐致人言；祖宗之法已深入人心，遽变恐使人不知所据！以此论之，法不可变。即使缓变，也要因循而行。"说完后也有人轻声表示赞同。

王安石一脸不满地驳道："天变不足惧，人言不足恤，祖宗之法不足守。唯有富国强兵、保境安民，才是天道，才是人言，才是万法之法！"司马光怒道："你……你……岂敢如此狂妄！"韩琦也指着王安石道："放肆！"王安石不屑地回道："哼，理屈而词穷不可怕，不堪的是理屈词穷还要强词夺理，最不堪的是理屈而词穷还要以势压人！"韩琦被气得一时说不出话。

神宗拍案而起，挥挥手道："朕说过，知无不言，言者无罪。朕虽不敏，也知以礼为先。朕方才说过群贤毕至，但没想到顷刻之间就朝堂鼎沸。"韩琦一愣，随即点头称罪，司马光也自称有失朝仪。

神宗坐下道："好啦。既是争论不下，朕只好乾纲独断。命王安石为参知政事，专主变法事宜。欧阳修，你替朕拟旨吧！"欧阳修迟疑地看看韩琦，一时未语。神宗见状，惊怒道："怎么，你敢欺朕，敢抗旨？"欧阳修心中一惊，低头道："是，臣遵旨！"神宗生气地宣布退朝。

虽然有着神宗的鼎力支持，但朝中老臣皆力反强行变法，因此王安石虽升任参知政事，但变法事宜一时难以展开。


远在眉州守制的苏轼兄弟却对朝中的风云变幻毫无所知。不知不觉，在家已有将近两年了。小莲为了不影响苏轼，自回眉州后闭门不出，每日教苏迈读书，吃饭也只由下人送至阁楼，避免与苏轼见面。但苏轼岂能忘情，见小莲如此，心中更是愧疚，于是形容日渐消减，也不修边幅，与过去几乎判若两人。无聊与无望的日子困扰着他，也夺去了他双目中睥睨一切的豪气。

苏家的阁楼幽雅静谧，窗户紧闭，小莲正在楼上为苏迈缝补衣物。时至午饭之时，五岁的苏迈端着一大碗饭菜走了进来，脆生生地叫道："莲姨，吃饭了。"小莲收拾起针线，笑着接过饭菜。终日闭窗而不见阳光使她脸色苍白，有几分病美人的沉静虚弱。小莲笑道："莲姨这就吃。迈儿，去，把桌上那篇古文抄写一遍。"苏迈跑过去，坐到桌前，执笔抄写古文。小莲小口地吃着饭，微笑地看着苏迈。

这时，苏辙、史云正在苏辙书房的窗边，看着小莲所在的阁楼。苏辙叹道："唉，哥哥如今终日消沉，深困于小莲姑娘。眼看丁忧期满，哥哥尚无法自拔，这可如何是好？"史云道："相公，哥哥对小莲姑娘情深似海，一时怎能割舍得下？你得劝劝哥哥。"苏辙摇摇头，说："怎么劝？哥哥现在谁的话也听不进。"史云转身坐下，叹道："唉，数日后王闰之妹妹就要进门了，这可如何是好？"二人无奈地叹气。

阁楼内，小莲吃完饭，盘中却还剩了许多。她走到苏迈身旁，苏迈搁下笔，娇声道："莲姨，我累了。"小莲笑道："迈儿不累，继续抄写。"

这时，采莲走进来收拾碗筷。小莲道："表姑，又烦劳您了。"采莲笑道："小莲，就别跟表姑客气了。"苏迈跑到采莲身边，拉着采莲的衣襟说："姑奶，教我唱个歌好不好？"采莲放下饭盘，笑道："好，好。迈儿听着。有个老头七十七，娶个媳妇八十一。生个儿子九十九，得个孙子一百一。"苏迈不解道："怎么儿子比父亲大，孙子比爷爷大呢？"采莲一愣，笑道："哟，看这孩子，我——"小莲笑道："那是说着玩的！"苏迈嘟起嘴说："说着玩也不能骗人啊！"采莲起身说："啊呀，我可教不了你。"

小莲抱过苏迈道："迈儿，来，跟莲姨学。正月梅花香又香，二月兰花盆里装。三月桃花红十里，四月蔷薇靠短墙。五月榴花红似火，六月荷花满池塘。七月栀子头上戴，八月桂花满树黄。九月菊花初开放，十月芙蓉正上妆。十一月水仙供上案，十二月蜡梅雪里香。"苏迈摇头晃脑，跟着一句句地学。苏迈高兴地重复着小莲所教的歌谣，又蹦又跳，很是开心。采莲看着小莲，叹口气："小莲呵，真是枉了你好才学。"小莲微笑着，笑意中却有些凄凉。

苏轼从外面回来，在阁楼下痴痴地听着上面隐约传来的小莲的歌声，怅然地望着紧锁的门窗。很快，苏迈的歌声响起，苏轼侧耳听着，神情愈发黯然，只有无奈地闭上眼，仰首对着阳光，忽而睁眼，举步走了出去。

苏轼迷迷糊糊地来到一处野地里，秋日的阳光很温暖，苏轼找到山路边的一块草丛躺下打盹儿，用草笠遮住脸。

这时，一个牧童吹着短笛，骑着黄牛路过。黄牛没看到路边的苏轼，差点踩到他。牧童恼道："你是哪家的闲人，竟躺在这里睡大觉！"苏轼取下草笠瞟一眼牧童，并不理会，继续头盖草笠打盹儿。牧童哈哈大笑，随即又摇头叹气，对着黄牛说："唉，世上闲人多，谁知你这黄牛苦呀。"黄牛"哞——"了一声，甩着尾巴走开。苏轼听到牧童的话，揭开草笠想了想，但很快又盖上，继续睡觉。

一觉醒来，已是午后。眉山田间，农人正在收割水稻，一片喜悦的丰收景象。苏轼戴着草笠，靠着巨石，在旁百无聊赖地观看，手中摇动着一根狗尾巴草。

忽听得苏辙叫唤的声音，转脸看到不远处，苏辙手持一封书信兴冲冲地跑来。苏轼一副悲喜不惊的表情，向苏辙招了招手，又继续观看农人。苏辙兴奋地将手中书信交给苏轼，说："哥哥，找你好半天，王安石来的书信。"苏轼却几无反应，随意瞟了一眼信封。

苏辙兴奋地说："哥哥，闻说王安石受新帝重用，施行新政变法。他这封信当是与哥哥商讨变法大计的！哥哥，快拆开来看！"苏轼仍是一脸淡漠，掂量了一下手中的书信，又将它交还给苏辙，懒洋洋地说："子由，我对朝中之事早已意兴索然。你若想看，自己看吧。"苏辙摇摇头，着急地说："哥哥，你！哥哥，你不能再这样萎靡不振了！唉，眼看丁忧将满，你我就要回京赴任，你岂能对朝中之事意兴索然呢？"苏轼笑道："子由，你坐下。"苏辙气呼呼地坐了下来。

苏轼淡淡地说："子由，你看这些农人，所做之事何其简单，且千篇一律。但他们何以如此怡然自得呢？"苏辙不悦地说："哥哥，子由连书经都温不过来，哪有空闲想这些！"苏轼笑道："子由之言差矣。'采菊东篱下，悠然见南山。山气日夕佳，飞鸟相与还。'我如果做一个眉州山间的陶渊明，在此潜山隐市，远离功名，就能像他们一般怡然自得了！"

苏辙急道："哥哥，你不能这样。我知道，你这样皆是因对小莲姑娘愧疚而起，但你我堂堂读书人，当心怀天下，以社稷为重，岂能为儿女情长之事所困？哥哥，你应该依父亲临终所嘱，与王闰之姑娘尽早完婚，重回京师，励精朝政，尽人臣本分。"苏轼摇摇头叹道："朝政，那是王珪、胡宿、吕诲之流的朝政，我心劳术拙，精通不了。"说着又将草笠盖在脸上，漫不经心地说："子由，我小寐一会儿，你且回去吧。"苏辙焦急地站起道："哥哥，你起来，你这样就能够怡然自得吗？"声音从草笠下悠悠传来："'久在樊笼里，复得返自然。'子由，你不懂。"

已近两年未曾下楼，这日逢王弗的祭日，小莲独自从阁楼上走下，挎着一个竹篮。长久的自我禁闭令她的四肢略显得僵硬，颇为蹒跚。她缓慢地走到院中，阳光照得她有些晕眩。当她渐渐适应了强烈的阳光，便挺胸抬步，走出院门，雇了一辆车子。

来到王弗墓前，小莲把墓碑清理了一番，轻轻用手抚摸着。少顷，她从竹篮里拿出供品，往供杯里斟酒，烧纸，青烟缭绕。小莲跪在王弗墓前，久久凝视着王弗的墓碑，向天祷告。

这时，苏轼出现在不远处，向王弗坟墓走了过来。他立即发现了小莲，目光一动。苏轼缓步走到小莲身后，小莲浑然不觉。苏轼不禁悲从中来，忍不住颤声叫了一声小莲。小莲惊醒，猛地回头，看见是苏轼，急忙擦拭脸上的泪水，站起来施礼。苏轼深情地看着小莲，小莲却避开了苏轼的目光。

苏轼转身向王弗墓碑拜祭道："弗儿，今日为夫又来看你了，却不巧遇见了莲妹。弗儿，你替为夫问问莲妹，为何两年来她都不愿下楼，两年来她都不与为夫讲一句话。"小莲忧伤地啜泣道："哥哥，不要说了。"苏轼回头看着小莲，含着眼泪，苦笑道："小莲，这是两年来你与我说的第一句话。"小莲拎起竹篮，转身欲走，忽又停住，说道："哥哥，小莲想对哥哥说一句心中话。哥哥丁忧期满，该尽早与王闰之姑娘完婚，进京赴任，切莫忘了伯父临终前对哥哥的期望。"说罢转身即走。

苏轼望着小莲上车而去，心痛欲绝，转身默然地坐在王弗的坟前，暗暗流泪。

一天，苏辙、史云、巢谷和采莲在堂屋内的饭桌上准备用餐。巢谷问道："子由兄，子瞻呢？"苏辙叹息不答，拿起了碗筷。采莲叹道："唉，又去山上了，说是去找陶渊明。"巢谷将碗筷一摔，愤然道："岂有此理！我找他去。"采莲拉住巢谷，摇头道："你去做什么，连子由都说不动他，你拙嘴笨舌的，去了又有何用？"巢谷拍案道："我不与他讲理，我一拳打醒他。"众人无奈地叹气，无心吃饭。

史云灵机一动，向苏辙说："相公，不如你先与小莲姑娘商议一下，她的话哥哥准听，解铃还须系铃人嘛！"苏辙摇摇头道："此话我哪能说得出口？夫人，你聪明伶俐，你们又都是女人家，还是你和小莲姑娘去说吧。"史云道："相公，我的话小莲姑娘未必爱听，可你是做叔叔的，说话自然就不同了。"苏辙放下碗筷，叹道："那……也只好如此了。"巢谷郁闷地大口扒饭。

此时，一片荒芜的山路上，苏轼仍用草笠盖着脸，在路边草丛中沉睡。他翻了一个身，手忽然触到一个人。苏轼惊觉，睁眼一看，却是白须飘飘的吴复古睡在一旁，样子颇有几分滑稽。

苏轼惊异地坐起，道："吴道长，您怎么在此！"吴复古仍躺在草丛中，笑道："子瞻贤侄，我欲寻你无躲处，你觅我时无处寻。"苏轼登时笑逐颜开，重新躺下，说："吴道长，两年不见，这次现身一定有缘由吧。"吴复古坐起道："子瞻贤侄呀，误落尘网中，一去三十年。老道我可以萧然尘外，你可不行，你何时成婚呀？"苏轼苦笑道："吴道长方外之人，为何要问这等俗事啊？"吴复古道："方外之人也该出言有信，两年前我答应了明允公的事，不能不躬行呀。"

苏轼叹道："吴道长，晚辈何时也能像您一般，我欲寻你无躲处，你觅我时无处寻啊。"吴复古略带神秘地说："子瞻贤侄，你如今走的是治国安邦之道，想跟贫道一样优游自在，只怕时候未到。"苏轼一愣，欲再追问，想想又作罢。

时至黄昏，苏轼与吴复古二人走在山间，夕阳西下，染红天际。苏轼望着天边道："吴道长，三年守制期满，我若重上京师，怕就再也看不见这眉州的斜阳夕照了。"吴复古忧道："子瞻贤侄学优而仕，怀致君尧舜之志，一向以社稷苍生为己任，今日为何屡作空无之语呢？"苏轼望向山谷，语气悠长地说："吴道长，这有致君尧舜之志者一日忽然发现，他想娶一个心中所爱的女子，却招来天下人的同声反对，而他却无能为力。他为天下人而读圣贤书，为天下人谋福祉，天下人却要从他手中争抢一个孤苦伶仃的女子。吴道长，你说，到底是他误会了天下人，还是天下人误了他呢？"吴复古叹道："问得好啊！有道是理到情处说不尽，天下谁能道短长啊！"苏轼眉头紧蹙，望着无限苍凉的夕阳。

此时，苏家院中，苏辙徘徊在小莲的阁楼下，好一会儿，终于下定决心走了上去。

来到阁楼门外，苏辙轻轻地敲了敲门。小莲听到敲门声，放下手中针线，看到苏辙站在门外，不禁一愣，旋即也就猜到苏辙所为何事了。苏辙微笑道："打扰了，小莲姑娘。"小莲让座，仍旧缝补针线。苏辙思忖着措辞，几度欲言又止，屋内越来越昏暗。

小莲先开口道："子由兄，有什么事你尽管说吧。"苏辙字斟句酌地说："小莲姑娘，那我就多口了，是关于哥哥之事。小莲姑娘，哥哥如今心灰意懒，怡情山水之间，无法自拔。眼看守制将满，哥哥与闰之姑娘婚期早定，他这个样子……我们都很担心。所谓解铃还须系铃人，也许只有小莲姑娘能劝转哥哥……"小莲低头道："子由兄，你不用说了。我知道，我去找哥哥说。"

苏辙感激不已，起身施礼道："多谢小莲姑娘。小莲姑娘两年来不愿下楼，用心良苦，苏家永远亏欠小莲姑娘。"小莲放下针线，起身回礼，叹道："子由兄，不必这么说。你我早已是一家人，小莲孤身一人，若不是伯父和哥哥收留，只怕早已暴骨荒野了。"

苏轼和吴复古回到家中，巢谷安排吴复古在客房中休息，苏轼也回到卧房内。夜晚，苏轼坐在灯下发呆，无所事事。这时门外响起轻微的敲门声。苏轼不耐烦地问是谁，门推开，小莲出现在门前。苏轼瞠目结舌，一时无话。小莲微笑施礼道："哥哥，小莲有话对哥哥说。"

## 二十三　　王闰之

夜色渐浓，苏家院落中的灯光一一熄灭，但巢谷的屋子仍有昏暗的灯光映出。巢谷独自一人坐在屋内，呆呆地看着油灯中的灯花。忽觉肩头被人一拍，巢谷陡然心惊，转头便见师父吴复古笑呵呵地看着他。巢谷慌忙起身，欢喜地说："师父！您如何来此的！"吴复古手捻银须，意味深长地看着自己的徒弟，说："徒儿呀，为师近在身边，你却感念不到，难道心有旁骛吗？"巢谷被师父说中心事，脸一红，只好苦笑挠头。

深夜幽静，月色如洗，村外的荷塘里，败荷片片，两只翠鸟在残茎上哀哀而鸣，更显萧索。月光下，苏轼与小莲沿路走来。

苏轼不时看看小莲，终于鼓起勇气，正欲说话，小莲却先抢了话头，说道："哥哥，上次在姐姐墓前，你让姐姐问小莲，何以两年不曾下楼，何以两年不曾与哥哥说话。"苏轼默默点头。小莲接着说："其实小莲不必回答，哥哥也懂得其中缘由。哥哥之所以问，盖因担心小莲。"苏轼道："我想你也知道。你又何苦这样对待自己？"小莲看着苏轼，低声说："哥哥不必担心小莲，小莲答应哥哥，自今日起，小莲每日都下楼，与家人共餐，与哥哥说话，教导迈儿读书。哥哥，以为如何？"

苏轼惊异地看着小莲，暗自思忖，恍然大悟，皱着眉头说："小莲，你，你这是要逼迫于我……"小莲停下脚步，说："哥哥料中了小莲的意思，但小莲绝非逼迫于哥哥。丁忧期满，闰之妹妹家也早定了喜期，哥哥该与闰之妹妹完婚了。"

听到小莲这几句话，苏轼开始激动，大声说："小莲，你知道，此婚非我所愿。我一向心无矫饰，非我所愿之事从不委曲求全。"小莲继续说服苏轼："哥哥，闰之妹妹乃是姐姐的堂妹，也是大家闺秀，怎么就让哥哥委屈了呢？再说父亲遗命，朝廷之选，吴复古道长之媒，哥哥当娶闰之妹妹。"

苏轼禁不住愤慨地高声说道："是，天下人都以为我当娶闰之，我娶了她则合乎礼法，皆大欢喜。可是小莲你呢！天下人唯独将你忘了，你怎么办？！难道我娶了闰之，就可以正礼法，明道德，天下太平了吗？我若娶了你，礼法就乱，道德就坏，天下就祸乱滔滔了吗？"

小莲说："哥哥，你何以将闰之妹妹说得这般不堪。哥哥待闰之，该像当初待王弗姐姐一样才对。哥哥方才所言，更是意气用事。哥哥岂能为儿女情长之事，谬怪天下人。哥哥有青云之志，若因为区区一个小莲而负气消沉，心无社稷，小莲则成为天下人心中的罪人，受万人唾骂！小莲没有逼迫哥哥，现在是哥哥逼迫小莲，逼迫天下人问罪小莲，也逼迫小莲以死向天下人谢罪！"

苏轼顿时如醍醐灌顶，领悟了她的良苦用心，感动之际却又不禁心下大痛，低声道："小莲！我，我不能负你……"小莲此时也热泪盈眶，她低着头，竭力不让泪水落下，唯恐苏轼看见更加伤心。她满含深情地说："小莲一零落女子，不足哥哥挂齿。哥哥并未负小莲，小莲已明白哥哥的心意，这心意此刻已藏在小莲的心中，足够温暖小莲的一生一世。"说完这些，便再也不能抑制，泪水如断线的珍珠般落下。月光凄清，照着这莹莹珠泪，在夜色中划过一道哀美的曲线，滴落到塘边秋草上，细长的草叶也似俯首而泣……

苏轼眼眶湿润，只觉胸中千万言语无法说出，低声叫道："小莲！"小莲接着说："哥哥，本来人生不如意十之八九，能遇到你，我已感谢老天垂怜，再有所求就成了贪念。小莲是个知足的人。哥哥什么都不必想了，今后小莲就是你的亲妹妹。"

苏轼呆立无言，爱怜又绝望地注视着小莲。良久，他转头看着月光下的满塘残荷，怅然若失地吟诗道："芙蓉成碧海，冰姿不染埃。秋气失颜色，芳魂似抱柴。"吟毕，泪如雨下。小莲闻诗泪眼蒙眬，轻轻和道："抱残冰姿改，芳颜最易衰。毕竟风骨在，霜节逸尘埃。"

月辉清冷，笼罩着无语的荷塘和这对伤心的儿女……

经过小莲劝说，苏轼终于依照父亲遗命，与王闰之成婚。

夜幕降临，宾客们渐渐散去。在红烛的映照下，新房窗户上贴着的大红"囍"字显得更加可爱喜人。苏轼独临窗前，默默不语。新娘王闰之斟上一杯酒，来到苏轼身旁，见苏轼心不在焉，皱眉迟疑片刻之后强颜一笑，说："今宵是新婚之夜，夫君，咱们饮杯酒吧。"苏轼从沉思中被唤回，微微一怔，说："哦哦，当喝，当喝。"说着便接过酒杯，一饮而尽，浑然不知这交杯酒的习俗。王闰之心下一凉，愈发疑惑，她轻呷一口酒，关切地看着苏轼，说："夫君有心事？"苏轼忙说道："没有没有。"这却是欲盖弥彰，王闰之更加担心，问道："我不如姐姐？"苏轼忙摇手说："不，不。"既不是怀念姐姐的缘故，凭着女性的敏感，王闰之低头沉吟："那夫君心里还有谁放不下吗？"苏轼被说中心事，不禁"啊"了一声，急忙向妻子说："闰之，我心里很乱，不知说什么好，望你见谅。"便不再言语，呆立窗前，身子也遮断了烛光，使大红"囍"字笼罩在他的身影之下。当初得知自己将嫁给苏轼时，她心中充满了欢喜和希望，不想新婚之日，夫婿却是如此冷淡，王闰之看看窗上那大红的"囍"字，难过地低下了头。那红烛之泪一滴滴地沿着烛身滑落……

月光暗淡，雾气弥漫，小莲的阁楼上烛光闪烁，显得更加清冷孤凄。小莲在烛下剪着红"囍"字。苏轼和王闰之新房的红"囍"字都是她亲手剪的，新婚仪式已经结束，新人已双双进入新房，她也不知道自己还剪这些"囍"字做什么用。也许她觉得好看，也许她认为可以剪去自己心头的无边愁思。而她的眼泪终于控制不住，一颗一颗掉落到手中的"囍"字上，在红纸上浸染开来……

对面苏轼的新房灯光悄然熄灭。小莲抬头遥望明月，泪光闪烁。

采莲走了进来，小莲赶紧擦拭脸上的泪水，勉强笑着说："表姑，你忙了一天，怎么还未休息？"采莲关切地说："小莲，我是担心你……"小莲笑笑，说："表姑，哥哥大婚，小莲心中高兴，却有什么让你担心的。"采莲见她有意回避，只好说："我，我就是觉得……觉得你无父无母，一个人……"听到这里，小莲再也控制不住，伏在采莲的身上，剧烈地抽噎，将心中所有郁结倾情发泄。

庭院寂静，巢谷看着小莲房间的灯光呆呆出神，深深地叹一口气。而吴复古正隐身在不远处看着他，捻须沉吟，为徒儿忧心不已。

这天，神宗正在看王安石的奏章，奏章痛陈大宋之积弊，条条切中肯綮，鞭辟入里。神宗读到精彩处，不觉拍案大声叫好。这时，张茂则进殿禀道："陛下，王珪在外求见。"神宗浑然不觉，仍专注于阅读，继续说道："好，此处也甚有道理。"张茂则见状，只好提高声音："陛下，王珪求见。"神宗终于听到有人求见，但神思被打断，微微皱起眉头，有些不悦地问："谁？"张茂则躬身答道："陛下，王珪求见。"一听是王珪，神宗眉头紧皱，不耐烦地摆摆手，说："不见，不见，没看见朕在看奏章吗？"张茂则低声道："是，陛下。"脚步轻轻地退出去传告王珪。

眼见王安石极获神宗皇帝青睐，胡宿、吕诲二人自是不甘心，更不安心，于是跑到王珪家中，打探王珪的口风，也希望能够与之商议对策。

王珪将他二人迎进正堂。胡宿和吕诲颓丧而坐，唉声叹气。王珪却视而不见，命管家上茶。片刻间，管家便端来沏好的茶水，王珪笑着对胡宿、吕诲二人道："二位大人请喝茶。这是上好的西湖龙井。"一直紧皱眉头的吕诲只好微笑着端起茶碗，掀开盖子，闻了闻，欲饮又止，将茶碗放于桌上，颇为忧愁地说："茶是好茶，却没心思喝啊！"不想，王珪却又听而不闻，只是捻须深思。

胡宿见状，颇为无奈，只好深深叹气，说："当今圣上的眼中只有一个王安石，不光不见你王大人，对韩琦、欧阳修、范镇、曾公亮等一干老臣也都是冷眼相待。"似乎很为王珪等人抱不平。

吕诲忙紧接着说："看来新政变法已是箭在弦上，不得不发。虽然韩琦和欧阳修力主延缓施行，但皇上如今唯王安石是听，旁人再如何劝谏也都无济于事了。"

听二人如此说，王珪起身踱步，漫不经心地说："韩琦与欧阳修是主张延缓，还有一个司马光，他是大张旗鼓地反对变法，皇上却对他留有余地，此一招耐人寻味。"胡宿见王珪终于肯说话，而且见解独到，微笑着问："王大人，那依你看，我等该如何应对呢？"

王珪仍是低头沉思，并没有看到胡宿谄媚的笑容，但听到他的问题后，终于停下脚步，微微仰头，仍是捻着须，低声说："变法有违祖制，不敬天道，我等岂能苟同。但当今圣上决意推行变法，已是不争。故而无论进退，都非万全之策。以老夫的意思，最稳妥的还是作壁上观，藏而不露，伺机而动。"胡宿、吕诲二人恍然大悟，不住地点头，欢喜地说："王大人所言极是，令我等茅塞顿开！"

置身事外，远离斗争核心，确保自身利益不受损害，却又时刻观望，伺机而动，三人系于一心者全在自身利益。既然目的和方法已然明了，所谈论的便也从庙堂政事顷刻间转移到歌管楼台、烟花柳巷。

这天，王安石正在书房奋笔疾书。他的儿子王雱脚步轻缓地走进屋中，来到父亲书桌前，刚要说话，突然不住地咳嗽气喘。王雱从小就体弱多病，中了进士也没能出仕做官，一直居家将养身体，帮父亲处理政事，近来正撰写《三经新义》，由于过度劳累，咳嗽气喘的老毛病又犯了。

听到王雱的咳嗽声，王安石抬起头来，关切地看着王雱说："雱儿，不要太累，你小小年纪，就要写《三经新义》，实在有些操之过急，慢慢来，多注意身体啊！"王雱有些无奈地回答说："唉，我中了进士，却因这不争气的身子不能做官，若再不写点书，人生还有什么意思！"说着，又咳嗽起来。王安石看着儿子，一时无语。

吴夫人在屋外听到儿子咳嗽的声音，忙走进来，爱怜地看着儿子，转头对王安石抱怨说："都是你自小逼着雱儿读书，看看，把他累成这个样子，中了进士又有什么用！"王雱忙扶着母亲坐下。王安石笑笑，疼爱地看着儿子，说："雱儿从小体弱多病，请过多少郎中，也请过不少和尚道士，始终不见效果。怎能怨我！况且，读书又岂是为了功名？为了功名而读书，不读也罢！"

王雱忙宽慰母亲说："母亲，怎么能怨父亲呢！我的两个叔叔安礼、安国，也都是当世才子，且都身体康健，想来上天不能只钟爱我王家一家，所以我就……"说着又禁不住咳嗽起来，竭力抑制住后接着说："虽有小才，却无健体了。"见王雱如此达观，王安石十分欣慰，笑着说："不妨，所谓歪脖子树耐倒，只要精心调养，也可得享年命。据说商朝的彭祖年轻时就身体虚弱，后来善于养生，成了长寿之祖。"

王雱本是为政事而来，他听说前日朝会上父亲遭到群臣的围攻，而欧阳修迟迟不为神宗皇帝起草任命父亲担任知制诰的诏书。王雱向父亲问起其中缘由。王安石不假思索地断定，大臣们对变法不理解，所以竭力反对；也遗憾地承认，改革涉及国计民生，是件大事，人们在大事上的意见，一时难以改变。但他坚定地说:"只要皇上决心已定,谁又能阻挡?"决意与神宗皇帝一起突破大臣们的重重阻拦,推行变法。

见父亲如此朴直、慷慨,王雱心中激动,有些不忍地说:"父亲差矣!"王安石一愕,问道:"如何差矣?"王雱低声说:"如无众臣支持,皇上就是真正的孤家寡人,上靠皇上一人,下靠父亲一人,必定孤掌难鸣!"

王安石猛然醒悟,霍地站起,大声说:"对啊!那……以雱儿的意思?"王雱也站起身来,激动地说:"韩琦、欧阳修、司马光既然一起反对你,你为何不寻找同道?"王安石一怔,迟疑着说:"那……那不成了结党?"

吴夫人再也忍耐不住,说:"什么结党?你就知道直来直去,有些地方,雱儿可是比你有见识!"王安石摆摆手,说:"夫人不要干预政事。"吴夫人不屑地说:"哼!我稀罕你的政事,我看那天下事不过如做饭缝衣一般罢了。"王安石略微沉吟,高兴地说:"夫人之言大有道理,所谓'治大国若烹小鲜,统千军如缝衣衫',夫人之言是至理啊!"王安石说完大笑,吴夫人和王雱也笑了起来。

王雱向父亲解释说:"为公乃是同道,为私才是结党。父亲为了改革大业罗致人才,怎可谓之结党。况且欧阳修就写过一篇《朋党论》,极力为所谓'朋党'辩诬,孩儿可是深受启发啊!"

王安石朴直无机心,凡事躬身亲为,一己担当,从来没有想过联结同道,听了王雱的解释,他大声说:"雱儿言之有理!言之有理!"接着,王雱向父亲推举苏轼、吕惠卿、章惇。他说:"苏轼在凤翔租土地、建村落、改募役、废刺义勇,名震天下。他赞同变法,几年前就与父亲论过变法事宜。吕惠卿现知随州,曾为太子中允、崇政殿说书,深得当今皇上信任,多次与父亲书信往来,论及父亲的鄞县新政,十分赞同。章惇有胆有识,当年就曾和苏轼一起反对太学体,如今是商州的知县,任上不拘一格,有许多新政,颇有政绩,在变法上,也必与父亲志同道合。三人都可谓父亲的同道中人,如果奏请皇上,将他们调入朝中,必将有助于变法大业。"

听着王雱一一道来,王安石不住地点头赞许,说:"雱儿如若当政,必能做出一番轰轰烈烈的事业来。"接着又有些忧心地说:"我就盼着苏轼、苏辙兄弟俩早日回朝,他们一来,变法必成。只是我早已给苏轼写过一封书信,信中详陈变法大计，却久无回音，不知何故。好在他丁忧将满，即日就该回京师了吧。"

苏家乃当地望族，苏轼又是名满天下的才子，想当初王弗去世后有多少王公大臣欲将女儿嫁与他。王闰之自与苏轼订婚起就满心欢喜，充满希望，近日终于成婚，自是异常高兴，虽有些许不如意，也深埋到心底，新婚的喜悦写满脸上，光彩照人。

此刻，她兴趣盎然地在院中漫步，忽然听到远处断断续续地传来男童的读书声，便循声来到一座阁楼前。楼上传出朗朗的诵诗声："丞相祠堂何处寻，锦官城外柏森森。映阶碧草自春色，隔叶黄鹂空好音。三顾频烦天下计，两朝开济老臣心。出师未捷身先死，长使英雄泪满襟。"

王闰之知道这是苏迈在诵读唐诗，于是拾级而上，推开房门，见苏迈正坐在桌边诵读，问道："迈儿，你怎么在这里诵读唐诗呢？"苏迈回头见是王闰之，高兴地叫着"姨娘"，扑向王闰之。王闰之也走上前去，蹲下身去，抱起苏迈。

小莲自跟随苏轼回到眉州，便一直住在这里，每日教导苏迈读书。今天，小莲教完苏迈《蜀相》，为了不打扰他的诵记，所以远远地坐着，摆弄些针线女红。这时，小莲站起身，说："看迈儿和夫人多亲！"

王闰之这才发觉屋内还有别人，她转过身来，看到小莲清丽脱俗，目光澄澈，心中一震，说："你就是小莲吧。"在得到肯定的答复后，王闰之说："噢，早就听人说起过你了。今日初见，妹妹果然清丽绝俗，真是名不虚传。"小莲慌忙道："夫人这么说，实在折煞小莲了。夫人国色天香，花容玉貌，岂是粗陋如小莲所能比的。"这个"比"字，正触动王闰之的心事，她语气中夹带着醋意，说："小莲何必自谦，先生不也夸赞小莲吗？"听到王闰之如此说，小莲一愣，一时无法回答。

正在这尴尬的时候，苏迈忽然对小莲说："莲姨，今天学的诗，我都背下来了，我可以出去玩了吧？"看到小莲点头，他又对王闰之说："姨娘，你带我去玩秋千吧！""好！好！"说着，王闰之抱起苏迈，便往外走。小莲送二人到楼下。

苏迈拉着王闰之来到院子里的秋千下。王闰之将苏迈抱到秋千上，扶着他荡了起来，也时不时地问他一些问题，苏迈一一回答。后来，王闰之问道："迈儿——是莲姨好呢,还是我这个姨娘好?"苏迈想一想:"都好。不过,莲姨日日教我念书,我很怕她!我不怕你!"

王闰之笑了笑,说:"小鬼头。那—— 你父亲和你莲姨好吗?"苏迈沉思一会儿,说:"他们俩,不好,他们俩平日又不见面。莲姨从前成天都不下楼来,也不同我们一块吃饭,都是我端饭给她吃,莲姨这个人,不怕饿。"王闰之略微沉吟一下,低声说:"问心无愧,又何必躲躲藏藏呢?"

在这鸟语花香的院落中,苏迈乐呵呵地荡着秋千,王闰之却暗自思忖,新婚那天苏轼的反常情状又浮现在她的眼前。

第二天中午,采莲将午饭准备好后,招呼苏轼、王闰之、苏辙、史云、小莲、苏迈等人坐下。苏轼瞟一眼小莲,见小莲神色淡然,便埋头吃饭。

王闰之看着饭桌上的菜食比平日里丰富精美些,微微皱眉。采莲见状,说:"闰之,快吃呀,不知饭菜可合你口味?小莲,你也夹菜吃呀。"小莲笑道:"表姑今日把我当外人了。"说着夹了些菜到碗里。

王闰之却放下碗筷,说:"表姑,今日饭菜怎么不同于昨日?"采莲说:"闰之,今日吃饭的人多,我就加了几个菜。"王闰之正色道:"表姑,你也知道,相公还有子由兄弟俸禄微薄,咱家吃饭的人却多,就该省用足财,节俭过日。闰之如今入门苏家,掌管家中用度,包括这一日三餐,衣食住行。这样吧,表姑,以后这三餐由我来安排,统一账目。"小莲听见这话,脸一红,顿觉周身不自在。苏轼紧皱眉头,一脸不悦。采莲说:"闰之,家中用度自然由你来管,今日多几个菜,也是为了大伙高兴。"王闰之说:"都是家中人,又不是逢年过节,也不必铺张浪费嘛。"采莲颇觉得尴尬。苏轼生气地放下碗筷,拂袖而去。

王闰之猝不及防,想以笑遮掩却不能,委屈地放下碗筷,眼圈微红。

苏辙忙放下碗筷,追赶出去。

苏轼走到院落中,看到弟弟赶来,他叹息一声,说:"好个糟糠之妻,倒是会精打细算过日子!她这么说话,在小莲听来,倒像是寄人篱下,夺我们口中食粮。唉,竟至如此不顾周到。"苏辙劝慰道:"哥哥莫怪嫂嫂,她也是为了这个家好。再说,小莲姑娘最明事理,不会介怀的。"苏轼听了弟弟此话,低声说:"娶了这糟糠之妻也好,我可安身立命,决心在这眉山做我的陶渊明。'环堵萧然，不蔽风日；短褐穿结，箪瓢屡空'。"

见苏轼还是如此消沉，苏辙忧虑地说："哥哥，切不可这么说，国事朝政，振兴大宋，皆需要哥哥呀！小小眉州，只会荒废哥哥的宏才大略，望哥哥三思。丁忧期满，哥哥就该……"苏轼闭上眼睛，挥手止住弟弟，说："子由，我知道了。我想一个人静一静。"苏辙只好躬身道别，说："万望哥哥三思。"说罢，叹息离去。

入夜后，吴复古仿佛从天而降，突然出现在苏家宅院外。他回头望望，正欲离去。巢谷却倏尔现身，阻住了师父的去路，他笑着说："师父，这次您休想丢下我。您就让徒儿同您走吧。"见徒儿跟得这般紧，吴复古笑着称赞徒儿本事增强了不少，接着告诉他不能离开子瞻，他还有许多事要做。巢谷却执着地说："师父，徒儿这次怎么也要跟你走。"原来，这些日子，巢谷一直心有杂念，不能安心练功，他想跟随师父离开苏家。吴复古无奈地摇头叹气，说："那为师就再住几日。"

巢谷高兴不已，跟随师父回到卧房。服侍师父睡下后，巢谷担心师父又会飘然而去，于是便守在门前，却困得不停地打盹儿，终于支撑不住沉沉睡去。吴复古走过来，爱怜地看着熟睡的徒儿，微笑着说："徒儿呀，俗尘纷扰事，心中烦恼结，只有靠你自己参悟了。为师去也。"说罢，开门而去，转瞬间便消失不见了。

接到王安石的书信和朝廷的诏书后，吕惠卿万分欢喜，他知道飞黄腾达的机会来了，他立即起身，飞奔汴京。这一日，吕惠卿终于赶到汴京郊外，看着青草茵茵，绿柳成行，他勒马徐徐前行，汴京城就在眼前，他感到梦想中的荣华富贵就在那里。

进城后，吕惠卿直接到王安石府门前，请门房通报。过了一会儿，王雱亲自出来迎接。吕惠卿忙躬身一揖，说："王公子，久闻大名，今日得见，幸何如之！"王雱还礼，说："吕大人一路辛苦了。快快请进！"将吕惠卿引进院落，走向正厅。

二人转过影壁，吕惠卿见王安石已在正厅门首相迎，忙疾步上前，躬身施礼，说："下官见过王大人！"王安石笑着还礼，说："吕大人不必客气。哎呀，吕大人来得真快啊!"吕惠卿微微躬身,说:"接到恩公的信和朝廷的转官文告,下官岂敢耽误。"王安石摆摆手,说:"吉甫啊,不要叫恩公,直呼其名就可以了。"吕惠卿仍躬身说:"岂敢,岂敢。大人学贯古今,思通天人,政绩卓著,书信往来,在下受益极多,大人又如此提携下官,称一声恩公,实不为过。"王安石微微沉吟,低声说:"这样不好,朝廷里会说我们结党。"吕惠卿一怔,不知如何作答。王安石接着说:"就以官称称呼好了。"说着示意吕惠卿进屋,吕惠卿忙点头,说:"恭敬不如从命。"跟随王安石进入正厅。

按照大宋律例,转官者进京,需要首先到审官院报到,不得先见私人。吕惠卿径直跑到王安石家求见显然是置律例于不顾。王安石对此虽有责怪之意,但也听从王雱"事急从权"的建议,既往不咎,与他谈起了朝政。

吕惠卿说:"当今之急,在于让皇上任命您为参知政事的诏书尽快颁布,以免生变,否则,变法大业,尚未开始,就会胎死腹中。"接着,他自告奋勇,说:"下官在朝中多年,交人颇多,这事就由下官办吧!"近日,王安石正苦于此事,一直想不到办法说服欧阳修等尽快草诏。今天,吕惠卿主动请缨,王安石十分高兴,笑着点头同意。他心中赞许儿子寻找同道的建议,感觉犹如多了臂膀,轰轰烈烈的变法就在眼前。

西池酒楼雅阁内,吕惠卿与薛宗孺对坐饮酒。对于吕惠卿刚刚进京,便邀请自己饮酒,薛宗孺又吃惊又感动。他不住地赞叹吕惠卿不忘故旧的深情厚谊,说:"吕大人真是让我感动。难得啊,你就要飞黄腾达了,还记得我这个白丁!"吕惠卿谦虚一番,故作惊讶地说:"薛兄,你这当朝参知政事、大文豪欧阳修的内弟,竟然会是白丁?!你好歹也是中了进士的人,怎么就没有一官半职?"薛宗孺叹了一口气,说:"还不是因为我得罪了姐夫!"

吕惠卿心中暗笑,表面上愤愤不平地大声说:"这就让人不解了。欧阳公不帮你,也不能毁你啊!"他隔桌抓住薛宗孺的手,接着说:"薛兄,如今新皇登基,立志变法。当年我俩一起共事,我可知道你薛兄是个不愿守旧的人。"薛宗孺深深点头。吕惠卿低着声音,慢慢地说:"其实吕某也有求于薛兄。皇上钦命王安石大人主持变法,但欧阳公迟迟不下诏书。这可如何是好?"

薛宗孺会意地瞧了一眼吕惠卿,却低头喝酒,并不说话。吕惠卿只好说:"吕某想来想去,也只有薛兄能帮这个忙。"薛宗孺放下酒杯,注视着吕惠卿,沉吟良久,终于下定决心,说:"吕大人尽管说,薛某当倾力而为。"

迩英殿内,神宗正在批阅奏章,突然怒不可遏地将一份札子拍在龙案上,大声喊道:"宣胡宿觐见!"内侍张茂则从未见神宗发过这么大的火,忙低声答应,去宣胡宿。

许久,胡宿随张茂则进殿,见神宗踱步不止,心中更加肯定自己的猜测,躬身施礼,说:"微臣参见陛下!"神宗停步,面沉似水,低声说:"胡宿,蒋之奇在札子中上奏欧阳卿家帷薄不修,与长媳勾搭有奸。朕问你,蒋之奇可有证据?"

胡宿心中一喜,将早已准备好的言辞一一说出:"陛下,蒋之奇说他某日到欧阳公府上拜望,出门后不期与欧阳公的内弟薛宗孺相遇,薛宗孺质问蒋之奇为何与一个道貌岸然实则男盗女娼的人相来往。于是蒋之奇责他胡说八道。薛宗孺却信誓旦旦地证明曾目睹姐夫欧阳修与儿媳有染。蒋之奇不信,就问微臣。臣以为帷薄之私非外所知,该作核实。没想到,蒋之奇却擅自密奏了陛下。"

听到皆是传言,神宗略感心安,微微沉吟,缓缓地说:"欧阳卿家道德文章天下第一,怎么可能这样呢?胡宿,朕素知你刚正不阿,秉公直言,你即刻查办此事。如是诬告,严惩不贷!"胡宿躬身领旨。

最近在崇政殿外等候上朝时,欧阳修发觉,官员们三三两两围成一团,小声谈论着什么事,表情或惊讶或得意,有的人还偷看自己,见到自己走近经过,他们便闭口不言或四下散开。欧阳修虽不明所以,也预感到有事要发生,不想竟是有人编造出自己"帷薄不修"的谣言。久经宦海的他知道此事必有阴主,或许便是因为自己迟迟不草写圣上任命王安石为参知政事的诏书而遭人忌恨。王安石君子之行,不会为此小道,定是宵小之徒为跻身变法行列以求仕宦腾达所为。新皇支持王安石锐意变法,王安石却失于识人,想到变法将成群小竞进之局面,大宋未来殊为难料,自己垂垂老矣,又身陷流言,无能为力,欧阳修心灰意冷,决定辞官归隐。

寒冬冷夜,一灯如豆,欧阳修伏案书写奏札,不觉潸然泪下……他写道:"臣宦海挣扎四十年,进退荣辱不敢忘忧君国。臣耿直狷介,故积怨甚多,所谓众口铄金，积毁销骨，时下流言蜚语之甚，使臣无颜面君。乞望陛下，垂念老臣几十载风雨之甘苦，准允辞去宰辅之职，放归隐居……"

崇政殿内，神宗发觉往日欧阳修的位置空着，便问道："欧阳修为何没来上朝？"韩琦躬身回奏道："陛下，最近流言蜚语甚多，尽是有辱欧阳公之言，乞望陛下体谅欧阳公的良苦之心。这是欧阳修托臣转呈的奏章。"说完，呈给当值的内侍。

司马光紧接着奏道："陛下，臣以为，这些流言蜚语，尽是造谣中伤，必有阴主。欧阳大人的品德节操可与日月共明，天下有目共睹。臣恳请陛下下旨查明实情，为欧阳公洗雪耻辱，造谣中伤者，应严惩不贷！"王安石也大声奏道："陛下，司马光所言极是。欧阳公是当今文坛泰斗，不可受此耻辱。"

神宗边看奏章，边点头说："胡宿已将此事查清。欧阳修内弟薛宗孺因欧阳修拒绝他的请托，怀恨在心，故意造谣诬陷欧阳修。但蒋之奇不加核实，妄奏朝廷，以致引起朝野物议，使欧阳修蒙辱，贬蒋之奇为鄂州团练副使，将薛宗孺发配边疆。"

欧阳修家内一片纷乱，家丁们来来往往，打理东西。坐在椅子上的欧阳修抚着怀中的小猫，默默不语。

仆人带韩琦、范镇进入厅堂，禀报说："老爷，宰相大人和范镇大人来见。"范镇走上前握着欧阳修的手，两眼噙泪，说："老伙计，受委屈了！"欧阳修握住范镇的手，潸然泪下。韩琦看看屋里，说："永叔啊，皇上已查清了事情的原委，贬了蒋之奇，流放了薛宗孺，你为何还要自请外放，急着离京呀？"范镇也劝道："欧阳公你还怕什么呀？"

这时，欧阳修回过神来，平和地说："是啊，不怕什么。但我有些累了，不想再与小人纠缠，所以才自请外放。李太白言'且放白鹿青崖间，须行即骑访名山'。我本不属于官场，眼下想过几年逍遥日子了！"

韩琦忙说："你逍遥了，朝廷怎么办？"范镇也语重心长地说："欧阳公啊，眼下朝廷正是用人之际，你这一走谁来辅佐新皇呢？"欧阳修叹息一声，说："新皇登基，大变在即，我怕有些应付不了了！"韩琦也忧心忡忡地说："眼下皇上一意孤行，唯听介甫之言，大举变法怕有过激之处呀。若能用子瞻，行稳健之策，则我大宋有望呀！唉，老夫当初令子瞻仕途受阻，现在悔恨不已，可如今新君怎肯听老夫之言？"

欧阳修望着他二位，郑重地说："子瞻乃我朝稀世人才，今后还望二位多加呵护啊，我已给子瞻去信，向他细说其中原委。他三年丁忧期满，就要回京，还请二位多提携于他。"韩琦和范镇深深点头。

冬日的汴河上，舫船缓缓而行。欧阳修手捋灰髯，孤立于船头，抬头仰望，一只白鹭孤飞于蓝天白云间……

蜀地的冬季并不寒冷，草木生长，流水汩汩。这一日，苏轼像往常一样戴着草笠，来到河边垂钓。没过多久，只听有人急促地跑来，不断地喊："哥哥，哥哥！"苏轼并不抬头，悠然道："子由，何事匆忙呀？"苏辙手执书信狂奔而至，满脸焦急，将书信递到苏轼面前，喘着气说："哥哥，欧阳修大人来信。"苏轼并不接信，仍是悠闲地说："原来是恩师来信，不急，我等会儿再读。"苏辙愈发着急，大声说："哥哥，我听人说，恩师已乞求外放，到青州任太守去了！"苏轼沉吟一瞬，方才反应过来，丢下钓竿，夺过书信，急切地拆开阅读。未及数行，苏轼脸色大变，拉着苏辙便往家里跑。

苏轼和苏辙赶回家中，便急忙翻找之前王安石的来信，苏辙边找边说："我记得是秋天，九月收到的。我拿给哥哥看，哥哥说无心于朝政，当时就没看。"苏轼遍寻书案不见信件，有些气恼地说："究竟被我放到哪里去了呢？"这时，小莲从书堆里找出一封书信，大声说："找到了，在这里！"苏轼急忙接过，拆开阅读。王闰之正好端茶进来，见到这一幕，登时不悦。苏轼脸色慢慢变紫，喊道："这是什么变法，岂能这样变法！不当陶渊明了，不当了！子由、小莲，天下将要大乱！回京，我们明日就回京！"苏辙激动地看着哥哥，小莲见苏轼这般，不禁为之欣慰。王闰之在一旁看见，瞪了小莲一眼。小莲遂觉失礼，低下头去。

宋神宗熙宁元年（公元1068年）的冬天，苏轼和他的弟弟苏辙第二次守制期满。在祭拜父母、八娘、王弗的坟墓，并安排好祭扫事宜后，苏轼、苏辙一家人辞别故里，前往京师汴京。

自此，兄弟二人再也没能回到故乡。

## 二十四　　王安石

就在苏轼、苏辙启程不久，熙宁二年（公元1069年）二月初三，神宗皇帝降旨，任命王安石为龙图阁大学士、参知政事，主持制定新法事宜；任命韩维为翰林学士，之后又根据王安石的推荐，任命吕惠卿、章惇为三司条例司检详文字，主持新法条文的审定。这意味着轰轰烈烈的变法运动开始了！

这一日，王安石正独自坐在桌旁吃饭，一边拿书捧读。他被书中内容深深吸引，只顾夹取面前的一盘菜，举箸夹菜到嘴边，不慎将菜掉落在衣服上，也浑然不觉。这一幕正好被走进屋来的吴夫人看到，她嗔怪着说："老爷，你怎么吃成这样啊，这书就不能搁下一时半会儿吗？瞧你这身袍服，尽是些菜汤饭渍，待为妻给你换下。"王安石仍是盯着书，说："不换，不换，哪有空闲换它呀，就这样吧。"吴夫人接着劝道："老爷再忙，也不会连换衣服的工夫都没有。你如今是朝中重臣，可不能像过去那么不讲究。"但王安石坚持不换，还说："不换，当官是为圣上、百姓做事，不是为了穿衣服的，要那华冠丽服又有何用，华而不实，耻也。"吴夫人欲语又止，十分无奈，只好叹息一声，说："总之老爷都是对的，你可真拗呀。"

这时，管家王全进屋禀报吕惠卿和章惇求见。吕惠卿与章惇进屋，一同施礼问候。王安石挥挥手，算是还礼，指指座位示意吕、章二人坐下。吕惠卿坐在座位上，身体前倾，拱手说："介甫公，'均输法'和'青苗法'正在起草之中，不日就告完成了。"原来，王安石决定，改革首先从抑制商人和地主对农民的盘剥开始，命吕惠卿等制定"均输法"和"青苗法"。听到即将完成的消息，王安石兴奋地一拍桌子，大声说："好！吉甫，你起草完后，再由条例司同人讨论，纳言修订，补缺拾遗，即可呈皇上御览，施行于天下！"吕惠卿忙拱手称是。

王安石转头对章惇说："子厚，你胆识过人，在商州任上不拘一格推行新政，我很是欣赏。此次变法，事关国运，成则我大宋国富兵强可比汉唐！你须施展才华，竭智尽力，我等同舟共济，共襄盛举。"说完，捻须微笑，忽觉手中有黏物，抬手一看，原来是刚才吃饭时不小心粘到胡须上的米粒，呵呵一笑，将米粒放入口中。

章惇自奉诏命进京以来，这是第一次到王安石府上拜访，也是第一次见到王安石。听到王安石对自己的称赞和对变法的雄心壮志，章惇回答说："卑职一定殚精竭虑，不负厚望。"

因为章惇与苏轼是同年的关系，王安石又向章惇问起苏轼的消息，章惇回答说："苏轼再过几日便将抵京。"王安石大喜："好！苏轼当初与我约定，各自在地方上试行新政，来年再会。子瞻在凤翔之新政，真是闻名朝野啊！他这一来，对我变法大业可说是如虎添翼，又多了几成胜算！"章惇也欣喜地微笑着说："子瞻才华冠绝，可堪大任！"

王安石捻须一笑，点了点头。吕惠卿却迟疑片刻，忙拱手微笑着恭喜王安石，心中暗自思忖。

对于苏轼即将抵京的消息，与王安石、章惇的欣喜和吕惠卿的忌惮不同，六十五岁的宰相韩琦心中的滋味颇为复杂。此时，韩琦正静坐在太师椅上闭目养神，面沉似水。想及前几次朝堂上王安石谈及变法的万分急切之情，而这种好大喜功的行事风格也深合年轻的神宗皇帝的心性。神宗皇帝准许了欧阳修辞官外放，并提升了一大批官员。韩琦明白变法已成定局，无可挽回。他深深地为变法前景、大宋未来担忧，他感到自己对万事皆无能为力，便三上奏章，请求辞去宰相，外放任职。

丫鬟进来禀告范镇来访。二人见礼后，韩琦苦笑着说："此刻，也就是老夫看老夫啦。"范镇是奉圣上之命前来探望韩琦的。范镇道明来意，韩琦问："圣上还没准我辞去相位吗？"范镇说："这是什么话。宰相几日不上朝，圣上甚是关心,命我前来问候。"韩琦摇摇手,说:"偶有不适,圣上如此关心老臣,心有不安呀。我已三上奏札,乞求辞去相位,外放任职,圣上何以苦苦挽留呢?"范镇说:"若非宰相之力,圣上今日焉能继承大统?圣上倍念旧恩,企望宰相能助圣上实现图强大业。"

韩琦淡然一笑,说:"蜀公,人贵在有自知之明,识时务者为俊杰。我已不合时宜了。一朝天子一朝臣,总把新人换旧人。这样,朝政才有生气。王安石必将为相,与其那时被赶下台,还不如现在就让贤。"范镇听韩琦所说句句是实,只好叹气道:"宰相这话说得,我本是来游说你的,现在反而被你说得也想辞官了……"

忽然有一沙哑的声音喊道:"皇上驾到——"

韩琦、范镇慌忙出迎,神宗早已进得房来。二老臣深施一礼,道:"不知圣驾到来,老臣有失远迎,乞陛下恕罪。"神宗笑道:"二位免礼。"韩琦急忙敬让神宗坐下。神宗坐下后,便说:"二位也都坐吧。范镇,劝动宰相否?"范镇并未落座,而是躬身拱手说:"陛下,微臣无能,有负圣恩。宰相去意已决,非天子莫能留。微臣告退。"得到神宗的首肯后,范镇又向韩琦施一礼,趋步退去。

韩琦跪于神宗面前,说:"陛下,老臣去意已定,乞望陛下外放老臣,全我名节吧。"神宗慌忙离座俯身扶起韩琦,潸然泪下,说:"宰相当年力排众议,冒生死之险,拥先帝继嗣,又拥朕登基,天大功劳,无人不晓。如此而退,岂非置朕于不义乎?"

原来,当年,仁宗老而无子,正是韩琦等人冒死进谏仁宗过继英宗为嗣,也就是神宗之父。英宗早逝,韩琦等又力保神宗即位。所以韩琦实有大功于英宗、神宗二帝,也有大功于大宋。此时,神宗对韩琦的感激是由衷地。

韩琦也老泪纵横,说:"陛下,老臣力保先帝,是为我大宋江山;力保陛下继承大统,亦为大宋江山;而今急流勇退,还是为我大宋江山。要振兴国家,必图新政,而对改革朝政,老臣尚无良策,如何佐我英主?议事一出,陛下又须照顾老臣的颜面,则如何刚断一切?"

神宗见韩琦如此恳切,只好准允,接着谈起继任人选的问题,以自己心目中的人选王安石征询韩琦的意见。韩琦躬身说:"王安石为翰林学士则才能有余，位处宰辅尚有不及。"神宗为之一怔，问道："何以见得？"韩琦回答道："位极人臣，既要有胸怀天下之心，又必有五湖四海之量。介甫忠君爱民之心可鉴，但容人之量有限，更乏识人之明！诚如陛下领众大臣黄河观澜，河宽者则畅，道窄者则险。"

神宗不置可否地点了点头，问道："那可大用者当首推为谁？"

韩琦回答道："苏轼。苏轼既有尊君爱民之志，又有安邦定国之策；文有经邦济世之才，武可运筹帷幄，决胜千里。"

神宗疑惑着说："朕听说，宰相曾说那苏轼连翰林学士都不够格，如今怎么就能做首辅了呢？"

韩琦惭愧地说："陛下，当局者迷，旁观者清。臣这几日称病家中，行思坐忆，才知道苏轼其才其志，迂腐之臣难以看透。臣过去实乃迂腐不堪，目滞神昏也。而仁宗帝知人善任，鲜有能比，仁宗帝说过大苏小苏是为陛下所储的宰相之才。"

听到这些，神宗大惊。

韩琦接着说："用与不用，皆由陛下。仁宗帝曾让臣考验苏轼，臣以为苏轼已通过了臣的考验。"

神宗思索着说："苏轼，苏轼，朕对他却不了解。宰相以为苏轼比王安石如何？"韩琦不假思索地说："如黄河观澜，河宽者是苏轼，道窄者乃王安石。"

神宗有些不悦地说："宰相，朕倒喜欢那道窄的黄河，激流勇进，万马奔腾；而那河宽者，平流缓进，死水微澜，最是乏味了！"

见神宗如此年轻气盛，近乎鲁莽，韩琦只好说："陛下英明。"他也为即将归京的苏轼深深担忧……

几天后，韩琦便在料峭春寒中，启程返乡。虽然这倒春寒并不是十分寒冷，而且预示着暖春的到来和万物的复苏，但他的心中却是异常寒冷。

初春时节，到处春光怡人，柳青风动，百舸争流，汴河码头一片繁忙。范镇得知苏轼一家今日到京，便前来迎接。范镇远远见苏氏兄弟站在船头，频频招手，苏轼喊道："恩公无恙乎？！"

说话间，船已靠抵码头。苏轼一个箭步跃上岸来，大为感动，深施一礼："我与子由何德何能，敢劳恩公相迎！"范镇、苏轼、苏辙不断地说笑。范镇问起苏轼对王安石变法的看法，苏轼认为这样急风暴雨式的改革恐怕太猛，应该徐立徐行，并说他此刻恨不得马上就见到王安石。

巢谷在船上指挥船家搬运行李，只见小莲要搬动一口大箱，连忙上去劝住小莲。巢谷大方地说："小莲，这个由我来，你先上岸吧。"小莲感受到巢谷的转变，也为之微笑，说："有劳巢谷哥了。"巢谷憨厚明朗地点头一笑。

苏轼守制期满归京的消息，牵动着许多人的神经，有人欢喜有人愁。张璪自从在凤翔任满奉调回京，便巴结上了王珪，王珪也看中他科考前十名的身份，又喜他曲意逢迎，于是着意笼络。他打探到苏轼已经抵京的消息，立刻跑到王珪府上禀告。

王珪正在品茶，见张璪进来，便一脸忧虑地示意他坐下，命丫鬟上茶。王珪叹气道："邃明，这人呀，闲来无事可比忙起来要累，心累。"张璪忙说："恩师要保重身体，平心静气，莫要积忧成疾。"

王珪无奈地说："平心静气？只怕不行。韩琦辞相，其实与罢相又有何异呢？胡宿、吕诲两位大人也萌生去意，接下来就该轮到老夫了。但见新人笑，哪闻旧人哭呀。"张璪一怔，试探着说："恩师在朝中德高望重，为圣上倚重，怎么会呢？"

王珪不住地苦笑，说："如今圣上倚重的是王安石。不过你去他那条例司，正是他所管辖，前途远大，晋升在望。"在吕惠卿的推荐下，王安石前不久邀请张璪到条例司任职，攘助变法大业。张璪虽然忙不迭地答应，但心中一直担心王珪为此怪罪于他，所以迟迟未敢赴任，今天一是来报告苏轼抵京，另外就是想向王珪解释此事，听到王珪提到此事，他忙拱手，郑重地说："全赖恩师栽培举荐，在下才有今日。"一脸感激之情。

王珪沉思片刻，说："你去条例司好呵，老夫也能知道个风吹草动，不像现在这般双耳塞聪，置身事外。"见王珪不但不责怪，还颇有倚重之意，张璪心中大喜，忙笑着说："恩师，这是自然。"接着他便向王珪禀告苏轼的消息。

听到苏轼抵京，王珪霍地站了起来，无奈地说："一个王安石还不够，又回来个苏轼。唉!"

听到苏轼抵京的消息,王安石面带喜色,走向内堂,一边解衣一边高声叫喊吴夫人。

吴夫人匆忙进屋,未及询问何事,王安石就急命她快快准备热水,以便洗澡。平日里吴夫人叫夫君洗澡,王安石总说公务缠身,无暇顾及。现在大白天的,王安石突然要求洗澡,吴夫人大为诧异,便询问缘由。王安石却自顾自地看着身上的衣服,喜悦地说:"该洗,该洗。袍服确乎是脏了,夫人给我换一件袍服。"吴夫人一边帮王安石换下袍服,一边问道:"老爷,今日是怎么了?六月飞雪,冬雷震震,太阳从西边出来了。"王安石笑呵呵地说:"应该如此,应该如此。"

这时,管家王全进屋来禀报魏王和高王下帖邀请王安石去西池赴宴一事,王安石不假思索地说:"替我回了,就说公务烦冗,脱不开身。"王全忙说:"老爷,昨日已经回了颍川王和故相,今日再推,恐惹人话柄。"不想,王安石大声说:"回了就是,今日我有要事,去见一个人。"

吴夫人一听,更是惊异,问:"谁呀?竟这么惊动老爷。"王安石哈哈一笑,兴奋地低声说:"夫人,苏轼回京了!"

苏轼、苏辙的新家在仪秋门外,众人将带来的行李等安排妥当。此刻,苏轼、苏辙、王闰之、史云、采莲、苏迈等正在堂屋吃中饭。

王闰之看看一桌的粗茶淡饭,皱眉叹气,说:"这汴京的五谷菜蔬,家禽鱼肉都比眉山要贵上几倍有余,这日子不好过,家难当呀!"一听王闰之又抱怨这些,苏轼不耐烦地说:"夫人,不是答应了我,吃饭的时候不说这些吗?"王闰之无奈收声,白了苏轼一眼。

这时,巢谷走了进来,对苏轼说:"子瞻兄,王安石、吕惠卿、章惇大人来访,正在门外等候!"苏轼有些吃惊,看看苏辙,笑着说:"子由,我正要去找他,他却先上门来了,也好。"

苏辙迟疑地看着苏轼,说:"哥哥,此三人一起来访……"小莲插话说:"哥哥说话留心。吕惠卿是生人,话说三分即可!"苏辙接着小莲说:"哥哥,小莲姑娘说得是,不可言无顾忌。"苏轼点头说:"嗯,多谢妹妹提醒。"

王闰之见状，脸上一红，朝小莲酸酸地说："好不害羞，'哥哥'也是你叫的。"小莲一惊，脸也大红。王闰之接着说："该讲礼数，记得以后叫先生。"小莲捂着脸跑开。

王闰之先是抱怨居家不易，接着又这样羞辱小莲，苏轼大为光火，一拍桌子，直盯着王闰之，大声说："你！岂有此理！"王闰之一怔，眼泪夺眶而出，也掩面而出。

苏轼起身，不住地跺脚、叹气。苏辙忙提醒说："哥哥，快迎客人！"苏轼这才醒悟，和苏辙出迎。

兄弟二人将王安石、吕惠卿、章惇迎进苏轼书房，分宾主落座。王安石一身新装，洁净清爽，越发显得心情大好，喜形于色，说："子瞻不用客气。"接着向苏轼、苏辙介绍吕惠卿。又指着章惇说："这位是你同年，自然不用介绍了。"苏轼、苏辙与吕惠卿互道久仰，接着与章惇互相问好。采莲奉上茶水。

王安石见到苏轼，不禁忆起六年前自己出知鄞县时，苏轼到汴京码头为自己送行的情景，感慨道："当年，满朝大臣除你之外无人给我送行，真是……"说着，摇头不语。苏轼并不想以此来攀交情，与其议论人情冷暖，他更加称赞当年王安石所说"就是无一人送行，我也会我行我素"的豪气。王安石很高兴，热情地说："是啊，我还说，'有子瞻一人为我送行，胜过千万人矣'，也是言犹在耳啊。"苏轼也说："是啊！犹如昨日！"

王安石话锋一转，说："怎么样，如今圣上要厉行新法，该是你苏子瞻一显身手的时候了。我日夜思盼，终于等到子瞻回来。如今我还是那句话，得子瞻一人，胜过千万人矣，变法有望！"章惇也笑着说："是呀，子瞻，王大人天天念叨你。"吕惠卿忙称赞苏轼，说："听说子瞻在凤翔时施行了不少新政，什么改差役为募役，改刺义勇为募义勇，这正是如今的新法要实行者，子瞻真是有先见之明。"

苏轼却沉稳不露地说："吕大人取笑了，那只是因事变通，称不上什么先见之明。"听到苏轼如此回答，吕惠卿一愣，沉思不语。苏辙紧张地瞟了一眼苏轼，咳嗽了一声。苏轼接着说："王大人在鄞县时诸法并施，成效显著，那才是有先见之明呢！"

王安石呵呵一笑，说："哎呀，子瞻竟学会吹捧人了！"苏辙忙说："哥哥说的是真心话，平时哥哥经常给我讲王大人的鄞县变法之事。"

王安石闻言大喜，转头询问苏轼，在得到肯定的答复后，他大声说："那太好了。子厚是你的同年，当年你们为罢黜太学体可谓闹了个天翻地覆，这些年文风已经大改，可政风依然如故。改革文风原是为了改变政风，政风不改，文风改了又有何用？"吕惠卿忙笑着恭维王安石，说："大人一言，入木三分。追随大人左右，可谓日日受益。"王安石更加高兴，接着说："所以，你们如今何不再度携手，改革政风，再闹他个天翻地覆！有我等助阵呐喊，该不亚于你等当年击登闻鼓以动天下的阵势吧！哈哈！"

吕惠卿、章惇二人点头称是。苏轼却仍然不动声色。

吕惠卿有所觉察，皱眉说："吕某过去听闻苏子瞻豪气干云，乃当世狂士。原想子瞻听了大人这番话，定会振臂一呼，却何以安坐不动呢？"

听到吕惠卿这么说，苏辙一惊。苏轼听到王、吕二人言语，再也忍不住，问道："原来是要天翻地覆，看来王大人果然如写给在下的信中所说，要骤行新法了？"

王安石似乎并没有注意到苏轼的神色、言语中对变法有所保留，他慷慨地说："对！子瞻，仁宗之时，就是因为过于宽仁，施行过缓，执行不力，才使得庆历新政半途而废。"吕惠卿马上附和道："是啊！是啊！前车之鉴！"

苏轼并不同意王安石对庆历新政失败原因的总结，直截了当地说："但不才以为，庆历新政之失，却在于其法不当！"

吕惠卿立刻不悦，皱眉不语。王安石也一惊，不明白苏轼为何突然对变法是如此态度，捻须沉思，说："想必子瞻另有高论。那我来问你，不论过去，只说现在，你以为要不要变法？"苏轼不假思索地大声说："当然要变法！"

王安石一喜，马上追问："好！那从何处变法？"苏轼站起身来，回答道："改革弊政！"王安石点头称赞，又问那弊在何处，苏轼回答说："官多、兵多、费多、国穷、民穷、兵弱；衙门混乱而相失，政法因袭而不合时宜。故而动辄得咎，百弊丛生！"

王安石拊掌一笑，不住地称赞，说："好，说得太好了！国家状况如此，不以万钧之力、雷霆之势行新法，如何能除旧布新，如何能使国家重获生机！"

没想到，苏轼却恭敬而坚定地说："苏某不才，窃以为不可。"苏辙大惊，在后面掣苏轼的衣襟，苏轼却置之不理。

之前，苏轼在凤翔改弊端，立新法，一往无前，也曾与王安石畅谈变法。王安石本对苏轼大有期许，没想到，这一刻苏轼却说新法不可行，他略微沉吟，有些不满地说："噢……人言士别三日，当刮目相看，何况子瞻大才，又是六年不见，老夫想听听如何不可啊？"

苏轼站起身来，恭敬而又毫无顾忌地说："当今之势，不改不可，急改亦不可。不改会国弱民穷，外不能御强敌，内不能保平安；急改则上下相失，百政变乱，轻则一蹶不振，重则……重则有覆亡之虞！"

章惇轻轻点头，深感苏轼所言甚是、所虑甚远。吕惠卿很是恼火，拼命瞪着那双小眼睛，厉声说："你……"却又找不出反驳苏轼的言语。苏辙很是无奈，叫道："哥哥！"觉得已无可挽回，便不再说什么。

王安石这时知道苏轼并不反对变法，很是欣慰，也觉苏轼所言颇有道理，于是问苏轼该如何是好。苏轼充满自信地说："当细定良法美制，徐行徐立，待政法通达，民用稍足之时，再以大人的雷霆之势行之。"

王安石接着问："那……那依你说，何时才能大行新法？"苏轼见王安石如此问，他略微沉思，说："大约……大约二三十年后。"

吕惠卿哈哈大笑。王安石哑然失笑，觉得苏轼所想近乎幼稚，他低声说："二三十年后，你我垂垂老矣，大宋也垂垂老矣，子瞻之言差矣。我有一疑问，子瞻方才说我在鄞县时诸法并施，成效显著，如今我将诸法推及全国，为何却要改成徐行徐立呢？请予指明。"

苏轼立刻反驳说："橘生淮南为橘，橘生淮北为枳。鄞县可行，未必全国可以通行。区区鄞县，王大人力所能及，诸法易行；全国之大，力不能及，诸法难行！故鄞县与全国，不可同日而论！"

王安石大为不悦，心中极度失望，他无言以对，又觉得没有再谈的必要，遂起身告辞，说："今日不早了，不打扰了。只望你兄弟早为朝廷效力！"说完，便和吕惠卿走向门外。

苏轼、苏辙相送，章惇最后出门，转身对苏轼说："你呀，还是老脾气！"苏轼面色沉郁，说："本性难移！子厚，从今日之谈话看来，我更以为时局不妙呀！"

王安石气呼呼地回到条例司后，一屁股坐在座椅上，茶也不喝，话也不说，瞪着眼睛生闷气。吕惠卿察言观色地说："下官以为，大人错看苏轼了。今日听他一席话，他原来是个流俗之人，守旧因循，与那些老臣何异？实在有负大人之望！"章惇立即反驳吕惠卿，说："吉甫不可言之过早，子瞻在凤翔施行新政闻名天下，我曾亲见，怎可说是守旧流俗之人？他今日所言，也许有他的道理。"

看着王安石生气的样子，又听到吕、章二人的言语，张璪心下了然，脸上却强作正色，有些不满地说："子厚，你与子瞻私交甚厚，至于变法大业则该灭私奉公。我与他在凤翔做过同僚，他在凤翔施行的所谓新政其实只是倚仗先帝恩宠，出风头，博虚名，岂能与大人今日之宏伟变法相提并论。正因当初他只为沽名钓誉，如今才对我等变法不做同声之应！"曾布也忙帮腔说："我以为邃明所言极是，他毕竟与苏轼共事数年，看得比我等都清楚。其实当年科考之时，我也有几分看不惯苏轼，动辄以辅佐天下尧舜自居，难称谦谦君子。"

吕、张、曾三人只关心他人是否赞同自己主张，赞同的就欢喜，反对的就仇视，丝毫不考虑他人赞同或反对的理由和意见，却从个人动机猜度他人，近乎以小人之心度君子之腹，党同伐异。章惇听了心中愤怒，又不好过于激烈，毕竟以后还要在变法阵营中共事，只好劝说道："邃明、子宣，你我与苏轼都是同年，岂能在背后这么说他！"

不想，张璪却反驳说："同年就要徇私而枉法，做和事佬吗？！"章惇气得一时无语。吕惠卿又对王安石说："大人，总之，下官以为苏轼不堪重用，望大人三思呀。"

王安石皱着眉，挥挥手，说："好了，都不要争了。子瞻我还是了解的，绝不是沽名钓誉、志大才疏之辈。就冲当年他只身送我离京，他就称得上是我的朋友。也许是他初来乍到，对我新政变法所知不详，以致误解，等过一段时日我以为他自然会想通的。好了，此事不必再讲了，我等来讨论'均输法'细则。"

吕惠卿虽心有不甘，也只好去取"均输法"的草稿。章惇瞪了一眼张璪，张璪却只作没看见。张璪知道，这是个好消息，要及时报告恩师王珪。

次日清晨，王珪正在家中剪理花枝，怡情养性，管家便送入张璪的密信。王珪阅后微微一笑，将信收起。回到盆景前，王珪剪下一根枝蔓，陶醉地看着枝蔓上的花朵，只见那花殷红如血……

过了几日，崇政殿内，神宗临朝，王安石、范镇、王珪、司马光、韩维、吕惠卿、胡宿、吕诲等俱在。神宗向王安石问起新法条例拟定的进展，得到王安石诸种新法条例已粗有眉目的回答后，神宗催促王安石加快速度。之后，范镇便向神宗提到苏轼、苏辙已回京有日，应该授以职事。神宗虽未见过苏氏兄弟，但韩琦离相之前，对他大力举荐，还说先帝欲授苏轼翰林学士之职，未及到任就父丧丁忧去了。所以神宗这几天也想到了此事，但授以何职，他心中并未想好，于是询问诸位大臣意见。

范镇向神宗禀道："陛下，先帝仁宗时就欲授苏轼翰林学士之职，英宗时亦欲授此职，皆因故未成。微臣以为，以苏轼才学人品，以他在凤翔任上的政绩，授翰林学士一职是妥当的！"神宗再次询问其他大臣们的意见，见朝上一片寂静，无人言语，便要授予苏轼翰林学士一职，说道："那好……"

王珪急忙偷偷地向胡宿使眼色，示意他出言阻止，可是胡宿却皱眉摆手，不肯出头。此时，王珪看到实在无人站出来反对，只好硬着头皮出班，禀道："陛下，臣有话说。"王珪久未在朝堂上奏事，今日突然发表意见，神宗颇觉新鲜，命他说来。

王珪禀道："陛下，先帝英宗时确曾议及授苏轼翰林学士之职的事，但因他欲娶犯官之女杨小莲而惹动朝议，故而没有授职。至于苏洵去世而丁忧，是此后的事！"神宗见王珪所说似乎颇合情理，便问范镇是否属实。

当初，王珪四处播散小莲身份，鼓动许多大臣到史馆围攻苏轼，而苏洵病重去世，这几乎都是同时的事情；而且小莲的父亲杨云青的冤案，仁宗也已下诏予以昭雪，就连王珪等人死咬的所谓审刑院的批文也已下了。王珪如此说，实是颠倒黑白，混淆视听。但是，当时情景苏轼和小莲之事毕竟招致群臣反对，范镇也不想和王珪纠缠，只是生气地瞪着王珪，回禀神宗道："陛下，所说属实。"

神宗果然问道："那后来苏轼娶了杨小莲没有？"范镇禀道："陛下，苏轼遵父命娶了亡妻的堂妹王闰之为妻。蜀中之俗，娶亡妻之妹为妻，是莫大的荣耀；再说，苏轼之子尚小，需要至亲之人照顾，所以苏洵有此遗命。"神宗："噢……原来是这样。那就准了范镇所奏，授苏轼……"王珪急忙打断神宗，说道："陛下，微臣还有话要讲。"

神宗更加奇怪，说："噢，王珪，你今日的话很多嘛。讲！"

王珪见泼污水不起作用，立刻决定改变策略，慨然说道："是，陛下。苏轼乃远大之才，他日自当为天下用。但还是要先在朝廷培养他，等人人都说应该进用之时，然后取而用之，则天下之士莫不畏服。如今骤然用之，天下之士未必以为然，反而会因此拖累了苏轼。"

听到王珪明里暗里反对苏轼任翰林学士，范镇大怒，说："王珪！你怎么出尔反尔，当初先帝欲用苏轼时你可是赞同的。"对于范镇的指责，王珪并不生气，也不觉得汗颜，而且道貌岸然地说："此一时，彼一时！"

神宗略微沉吟，也觉得先让苏轼锻炼一下更好，便说："嗯，也好。现在条例司急需人才，都说苏轼文才盖世，又在凤翔任上施行了诸多新政，到条例司似乎适宜。"说着便征询王安石的意见。

前几日和苏轼谈论变法的情景犹在目前，苏轼反对自己变法主张的言语犹在耳畔，王安石不知自己是否能够说服苏轼改变意见，是否应该赞成苏轼任职条例司。正在王安石沉吟迟疑之际，吕惠卿急忙出班，说道："陛下，苏轼对施行新法的主张与条例司不合，如进条例司，似有诸多不便。其弟苏辙老成持重，文笔朴实，若能参与检详文字，倒是妥当。"通过上次的交谈，吕惠卿深知苏轼绝不是容易相与之辈，而其弟苏辙言语较少，似乎容易对付，所以他才希望通过举荐苏辙，将苏轼排除在条例司之外，毕竟兄弟二人同时为官，要尽量避免同处一署。神宗便问王安石意见，王安石也觉得苏辙不错，所以神宗宣布："那就任苏辙为条例司检详文字。"

接着，神宗思索片刻，问道："那这苏轼……诸位，让苏轼修起居注如何？"范镇回禀："陛下，苏轼可当此任。"修起居注就是记录皇帝的言行起居，与替皇帝起草诏书的翰林学士、知制诰相似，但因更接近皇帝，位置也就更加重要。王珪心中大惊，忙说："陛下，不可。修起居注是记录皇帝言行起居的，与替皇帝起草诏书的翰林学士、知制诰相似。苏轼年纪尚轻，只怕言行还不老成。"

王珪就是要百般阻挠苏轼担任重要官职,范镇怒火中烧,狠狠地瞪着王珪,王珪低下头,躲避着范镇的目光。

这时,司马光突然出班:"陛下,臣修《资治通鉴》,正缺人手,苏轼史才难得,不如让他先到史馆,助我修史。"吕惠卿附和道:"这样确是人尽其才。"范镇大怒,说:"你们,又让苏轼去当个小史官,我看分明是你们嫉贤妒能。王安石,你来说!你说苏轼该授何职?"王安石一时无语,而王珪则说:"陛下,史馆乃清要之职,以后正可以大用。况且苏轼可以在史馆中替陛下参详时政得失!"

神宗见司马光、吕惠卿、王珪都同意苏轼任职史馆,王安石未表态,只有范镇一人反对,似乎心满意足,便说:"好吧。众卿家听着,朕不是先帝,朕并不了解苏轼。苏轼日后要想升任翰林学士,就须如王安石一般,证明他可堪大用。你们所有人,皆是一样。就授苏轼殿中丞直史馆吧!"王珪、司马光、吕惠卿、王安石等齐呼:"陛下圣明!"当值内侍便喊:"退朝!"

下朝之后,王珪转身就跑,他不能不跑,他明白把刚直的范镇惹恼了不会有好果子吃。果然,范镇在后面紧追王珪。王珪急匆匆一路跑到管家牵着的马匹旁,翻身上马,却因着急心慌,险些跌倒,管家忙扶住王珪。这时,就听范镇在后面边追边喊:"王珪,你给老夫站住!你站住!"王珪不由分说,扬鞭而去,管家只好跑着追赶,主仆二人非常狼狈。范镇眼看追不上了,便站在原地,一边喘气,一边痛骂:"王珪,你这小人!你……你……直娘贼!"

傍晚时分,内侍张茂则带着任命苏轼为殿中丞直史馆、苏辙为新设三司条例司检详文字的圣旨,来到仪秋门外苏轼家宣旨。苏轼、苏辙二人跪地听旨后,一起送张茂则出门。

苏辙最先进来,王闰之好奇地问苏辙:"弟弟,你这条例司检详文字是几品官?"苏辙道:"嫂嫂,忠君无怨,咱不能论品级!"王闰之仍是执着地说:"我不就是问问你是几品吗?与忠不忠君有什么关系!"苏辙说:"这条例司检详文字是新设官职,其实品级未定,参照同类官职,大约是六七品的样子。不过,时下正在变法,这是显要之职,据说日后升迁极快,很多人都想进入这条例司！"王闰之点点头，说："原来这样。那这殿中丞直史馆是几品官？"苏辙回答："七品！"王闰之吃惊地大声说："什么？七品，怎么还是七品！"苏辙说："史馆当直，本是七品的俸禄，但加上了殿中丞，就可以接近皇帝了，有皇上的参谋的意思，乃是清要之职！"王闰之"哼"了一声，抱怨说："说得再好听，也还是个七品！"

这时，苏轼和巢谷正好进来。苏轼说："七品就七品，官品不论高低，只论人品高低。"王闰之却反问说："汴京的粮油又涨价了，人品能当饭吃？"史云忙向王闰之使眼色，低声叫道："嫂子……"意思是让她少说两句。

采莲端碗茶给苏轼，也有相劝之意。苏轼接过茶碗，没想到王闰之竟说出这种话，一时无语，只是瞪着她，生气地说："你……"王闰之接口道："我怎么了？这一大家子，你来当家看看。不开源，光节流有何用。当初叫你说话小心，得罪了那王安石、吕惠卿，你嘴上一时痛快，全家人肚子跟着挨饿。迈儿怎么办？三月不知肉味了，你瞧他瘦的……"说着，爱怜地摸摸苏迈的小胳膊。

苏轼看一眼苏迈，苏迈可怜巴巴地看着父亲。苏轼自知理亏，叹息一声，说："若是听了莲妹的，我只说三分话，迈儿和你想必就有肉吃了……"然而这句话更触动了王闰之的心病，她气呼呼地说："啊！你！对，什么都怨我，都是你的莲妹好！"说罢，起身掩面，向门口跑去。

苏轼怒极，将茶碗猛地摔在地上，喝道："岂……岂有此理！"

小莲听闻争吵声，赶进屋来，迎住王闰之，低声说："夫人，不要生气了，以后小莲不多嘴了。"又向苏轼低声说："先生，以后小莲不多嘴了。"

苏轼大惊，低声说："什么？夫人？小莲，你叫我先生？！"又见小莲说完话后弯腰拾茶碗碎片，苏轼疾步向前扶起小莲，说："你……啊……你不是仆人！"又对采莲说："表姑，你赶快雇个仆人来！"采莲答应一声，走上前去，帮小莲拾碎片，巢谷、史云也拾。王闰之呆在当地。苏轼瞪着王闰之，见王闰之低头饮泣，便怒气冲冲地走了出去。

苏轼气呼呼地走在路上，不知不觉地走到范镇府门前，便进去拜见。范镇见苏轼怒容满面，问明缘由，呵呵一笑，边为苏轼泡茶，边说："好了，子瞻不必生气了，老夫还一肚子气呢！王珪若让老夫追上，必将他一顿好打！"苏轼仍不消气，见范镇为自己倒茶，慌忙说："哎呀，有劳恩师，学生岂能无礼。"范镇却说："你我不拘世俗，什么礼不礼的。只是这殿中丞直史馆实在委屈你了。唉，天意弄人，十几年前你就该是翰林学士了，可到了今日竟还是个小小的直史馆。是老夫无能，愧对明允公呀！"苏轼豪爽地说："恩师，官大官小，学生并无所谓。只是家中俗妻……"一时苦恼无语。

范镇憨态可掬地说："女人嘛，有时候就要管教！管教过吗？"见苏轼苦笑摇头，范镇接着说："子瞻，你看呀，老夫是书生，但老夫身上却没有书生气，你有。所以老夫无论才德，都不如你，但官却做得比你大。"苏轼笑着说："恩师，折煞我也，学生不敢望恩师才德之项背！"范镇挥挥手，说："你不必自谦，老夫也犯不着恭维你，只是老夫有愧于你。至于这女人嘛，你听老夫的，不是难养吗？管教！越管教越好养！"苏轼哈哈大笑："纵有万般烦恼，听恩师一席话，皆化为乌有了！"二人相对开怀大笑。

## 二十五　　疾风暴雨

苏轼与范镇相谈甚欢，不觉天色已晚，推辞不过，只好陪范镇吃过晚饭才辞别归家。左右寻不见小莲的踪影，苏轼缓步到离家不远的河塘边，四下张望，终于看见小莲独自坐在岸边，神情落寞。

苏轼急忙走上前去，说："小莲，让我好找，为何到这里来？"小莲起身施礼，说："先生，外面的风景好。"苏轼皱眉生气，说："小莲，你又叫我先生？！先生！好个先生！就是因为闰之叫你这么叫的？你呀……小莲！"小莲仍是坚持，说："小莲该叫先生，以前是小莲不懂礼数。"苏轼痛苦地说："小莲！你怎么还这么说呵！"

小莲竭力掩饰心中的委屈，轻声说："先生，夫人其实是个好人，她为了这个家所以才会心有怨气，她是直性子，先生不要责怪她。"苏轼叹息一声，抬头仰望明月，说："我当初若非你不娶，也就听不见你叫我'先生'这两个字了。小莲，你声如莺啼，说这两个字却是这般呕哑难听！"

小莲强装笑颜，说："先生，你又笑话小莲了。不过这些日子，小莲总想起姐姐……"终于抑制不住，落下泪来。苏轼也忧伤地唤了一声："弗儿……"

小莲忙擦泪，控制住情绪，说："看我，又提这个……先生，如今朝中动荡，人事更迭，先生应该谨言慎行，藏锋敛锐，才可避此风浪，日后再另作图谋。"苏轼微微皱眉，说："小莲岂不是让我睁一眼闭一眼？这绝非君子所为。"小莲知道苏轼并未理解自己所言，解释道："并非睁一眼闭一眼，而是等待时机。现今说了，不但无用，还定被诬为侮蔑新法！哥哥若因此获罪外放，将来就算时机成熟，又有何人能担起大任，想百姓所想？"

苏轼点点头，说："小莲言之有理，我知道。但这次我只听我自己的。"小莲惊道："先生，你这是何意？"苏轼低头看着河塘中的圆圆月影，低声说："听自己心中所言而行事，即使错了也无怨无悔。若我早懂得，此时在我身边的人，是你。"小莲闻言，低头默然。

河塘垂柳，月光泻银，微风拂过，水面上的柳影月光晃动不止。

转眼便由春入夏，条例司外的高树上夏蝉鸣噪，伴着屋中传出的激烈辩论之声。原来，苏辙到条例司上任不久，王安石便召集众人讨论吕惠卿起草完成的"青苗法"。曾布大赞"青苗法"切实可行，因为其法乃王安石首创，早在知鄞县时，就已实行过，功效昭然，证明此法实为救民于急，抑制土地兼并的良法。

苏辙已提前看过"青苗法"草稿，深觉其中漏洞颇多，便起身对王安石说："相公，子宣之言不无道理。但是，相公在鄞州推行此法时，皆在相公控制之下，若在全国实行，还须谨慎行事。第一，以钱贷民，本为救民，非图利也。若使出息二分，即牟利于民，其法恐难深入人心。第二，出纳之际，官、吏为奸，立法的本意为民，但恐又成盘剥农民的手段。第三，钱入民手，虽良民也不免枉用；等到还钱，虽富民也不免逾期。逾期不缴，必兴牢狱，州县之事则不胜其烦。"

一听苏辙指出自己所草"青苗法"的不足，吕惠卿拍案而起，大声说："子由，你如何断言贷出钱而不能收回？贷钱为民，取利也为民，有何不可！"

章惇忙劝吕惠卿说："吉甫，讨论嘛，不同看法可以提。预事在先，乃立法之要也。"吕惠卿无言反驳章惇，只好气呼呼地坐回原位。苏辙白了吕惠卿一眼，冷声说："若是你吕吉甫的家法，送我万金，不言一字。"说完也坐回座中。吕惠卿闻言，气得把头拧向一边。

王安石低声说："子由之言也不无道理，当徐思之……"没有明确表示采纳苏辙意见，而且言语中对吕惠卿所草"青苗法"颇多回护。

一场讨论就这样无果而终，剩下的只是那屋外不断的蝉鸣。

苏辙归家后，便向苏轼说起在条例司讨论"青苗法"的情形和自己的主张，以及王安石说要延迟推行"青苗法"，而吕惠卿、曾布等人坚持施行等情况。苏轼听完苏辙叙述，点头说："子由，你说的是对的。韩琦说王安石不能知人善任，确有道理。王安石近小人，远贤臣，却不自知！"说罢，不禁叹气。苏辙说："曾布还拟定了'均输法'，更是荒唐！而且章惇也参与其中。"

苏轼更加着急，说："'均输法'不更是与民争利吗？章子厚竟然也同意？走，找章子厚去！"说完，拉着苏辙就走。

兄弟二人在街上快步如飞，急匆匆赶到章惇家。苏轼上前，啪啪地打门，大喊道："子厚，开门，开门！我是苏轼！"片刻后，传来一阵急促的脚步声，章惇衣冠不整地开门出来，一脸吃惊，说："哎呀，子瞻，如此风急火燎的，找我何事呀？"

苏轼抓住章惇，说："好你个章子厚，你搞的什么'均输法'，与民争利之法，与豪强蚕食、盗贼劫财毫无两样！"章惇道："子瞻言之过矣，这太玄乎了！"说着，将苏轼、苏辙兄弟让进家中。

苏轼边走边慷慨陈词："均输之法，早在汉武帝时桑弘羊就用过了，结果如何？失败了。曾布蒙蔽圣听，别有用心，你章子厚不该随波逐流啊！"章惇却劝苏轼说："老朋友，听我一句话吧，你在史馆待着，没人把你当哑巴卖了，何必引火烧身呢？吕惠卿、曾布正在设法把子由排挤出新条例司，你也要等待时机啊！"

苏轼紧皱眉头，说："等待时机？等时机到了，国家、百姓就会陷入灾祸之中。应当未雨绸缪，不使天下丧失中兴之机，所以等待不得。"章惇仍然劝苏轼说："我的老兄啊，你还不明白，他们怎么会听你的？他们在投圣上所好，急功近利。"

苏辙不禁感叹，低声说："如今的变法，已成群小竞进的局面！这些人不惜以天下民众之苦，换取自己的功名。"苏轼知道吕惠卿等全是十足的投机者，王安石给他们搭了台，他们就粉墨登场，而章惇素来方正不苟，便劝说章惇这次千万不可与他们同流合污。章惇却反问道："同流合污？子瞻言过也。连皇上都站在他们这边，这流这污又当何论呢？"

苏轼慨然道："大宋百年基业，历经六帝，时至今日天下积重难返。我们遇上了一个立志变法图强的有为之君，而且圣上才二十岁，有能力有时间完成大宋的中兴大业，这是百年不遇的好时机。但是，圣上毕竟年轻，而且好胜心强，我们做臣子的，如果不及时提醒我主，被投机者所利用，不仅置我主于不明之地，而且会丧失这次机遇，那大宋的元气将尽。到那时候，哭都没地方！"

苏辙也同意苏轼的意见，并向章惇解释苏轼之所以如此着急，正是因为这次中兴之机正在被人利用。

苏轼说："介甫公是个志诚君子，也是为民富国强着想，但他太拗了，听不进忠告，必为他人所利用。今日之介甫公说话还是介甫公，明日之介甫就是个摆设了。"听到苏轼如此说，章惇不免疑问。苏轼接着对他说："吕惠卿和曾布他们一旦羽翼丰满，就会越介甫而过，直接惑乱于圣上。到那时候，王安石就不可能掌握局面了，变法将会失控，绝不会像他在鄞县那样游刃有余了。"

章惇停住脚步，低头沉思。

苏轼看看章惇，低声说："不过，子厚，跟你说也无济于事。我须找王安石再谈一次，对他和盘托出！"章惇、苏辙马上劝阻，认为时机未到，不可冒险。

苏轼略微沉吟，说："子厚、子由，时机看似未到，其实稍纵即逝。我要赌一赌。"

范镇在汴河码头迎接苏轼一家时，苏轼就对范镇吐露了对王安石变法的不同意见。范镇了解苏轼的性格，担心他直言闯祸，便来到史馆看望苏轼。果然，苏轼向范镇说起他准备劝说王安石并上书朝廷的打算。范镇阻止说："看看满朝文武哪个不是噤若寒蝉，你闹就等于忤逆圣意！"苏轼坚持说："恩师，你还看不出？变法的路走偏了。"

范镇虽然同意，但仍是劝阻说："那也跟你这小小史馆没干系，你怕是又不甘寂寞了吧？隔三岔五你就捅娄子，谁给你后面擦屁股，老夫是也。你就不能体谅老夫年老体衰，需要安养晚年吗？"

苏轼摇手，说："非也。大宋百年不遇，才有了这么个想中兴祖宗基业的年轻圣主，这个中兴之机要用不好，大宋就完了。还能有什么晚年可安养？"

范镇点头，说："说得不错，但不能这么做。你现在只能做一件事，韬光养晦。得罪人的事，要干也由我这老家伙来干。你……老老实实地给我待着。当哑巴不说话，才能专心做大事。"

听到恩师如此说，苏轼也只好答应说："好好好，哑巴就哑巴。"范镇再次强调，说："不许去找王安石。"苏轼呵呵一笑，说："自然，那是自然。"

苏轼虽然接受了范镇的劝阻，但送走范镇后，心中实在按捺不住，还是回家换了便服，前去王安石府上。

汴京街市上商铺林立，叫卖声声，贩夫走卒，人群熙攘。苏轼与王安石身着便服，行走在街市中，争论不休。王安石气呼呼地说："子瞻，你行止怪异，将老夫约到这街市上来，原来是跟老夫大谈'均输法'之弊！老夫可不似你，我日理万机，哪有空闲听你在此坐……不……行而论道啊。"

苏轼说："相公，均输之法，实是政府经商。官府是干什么的？官员是干什么的？'均输法'一旦实行，官员就成了……"说着，指指路边的摊主，"你看看，就成了这些贩夫走卒。民争不过官，所以'均输法'看似为国为民，实则误国害民。官府若无论大小，趋利当前，百事都管，则官员必显不足。官多、费多、兵多乃目前之大弊，变法本是要去官多之弊，而'均输法'则使官员愈来愈多，这与相公变法初衷岂不恰恰相反？官府经商，必败无疑！"

王安石有些不以为然，认为苏轼言之过重，是危言耸听。他强调"均输法"旨在使民得益，使国聚财。但苏轼反问王安石当年为何上奏朝廷让官营茶叶变成私营茶叶，将王安石问得一时语塞，不知如何回答。

苏轼一拱手，说："恕我直言，变法之道偏矣。天下之病，病在官制，官制不改，百业百法不兴！时下当务之急是改革官制，办好农桑，不可到处开花！"

王安石怒气冲冲地说："恰恰相反，百业有兴，必须多法并行，否则互不协调。"苏轼平心静气地回答："相公之言，固然不错，但那是将来的事。时下若多法并行，定会首尾不能相顾，动辄得咎。"王安石笑着讽刺苏轼："子瞻之言，真似个裹足不前的老太太！"苏轼严肃地说："急行易蹶！相公之行，怕有盲人瞎马、夜半临深池之忧！"

听苏轼说得如此严重，王安石看着苏轼，觉得难以置信，不想突然被一小贩装满梨子的木轮车险些撞倒，他赶紧避开。车上的梨子掉了许多到地上，小贩抱怨说："你这人，看起来颇体面，怎么连路都不看，弄撒了我的梨你是要赔的！"王安石向小贩一瞪眼，喝道："你！"又无奈地挥挥手，说："好了，好了，老夫不与你理会。"小贩一听，更加气愤，说："你这人，是我不与你理会。"

苏轼将王安石拉到路边，说："相公，我有一个法子，要不你将这'均输法'讲给这小贩听，问他愿不愿意，他若愿意。则代表民心，变法可行；他若不愿意，变法当缓行。"

小贩一边捡掉在地上的梨子，一边说："你们两个嘀嘀咕咕地做甚，是不是在骂我？"

王安石听到苏轼的话，大怒道："子瞻，你说什么？！这冥顽草民，字都不识一个，他懂得什么！我堂堂宰相之尊，去问一个草民变法可行与否，有比这更荒唐无稽、不可理喻的事吗？！子瞻呀，老夫近来对你所作所为实在失望，你原来也不过是个流俗之人。"

苏轼正色道："相公，所谓道理，不论尊卑，不论长幼，理之所在则成，理所不在则不成，你岂能视民间清论为流俗！"王安石怒气冲天，大声说："你！老夫与你在此争论，简直就是个笑话！"说罢，甩袖离去。苏轼冲着王安石喊道："相公，你好好想想，也许不是我流俗，而是你太过激进！"

小贩已捡完梨子，停在原地，不明所以，愣愣地看着苏轼和离去的王安石。苏轼回头看看小贩，伸手掏碎银，说："来，掉地上的梨子我买了。"小贩忙欢喜地称梨。

王安石回到条例司后，向吕惠卿等人怒气冲冲地抱怨苏轼，大道失望之情。吕惠卿、曾布、张璪三人心中大喜，你一言、我一语地谩骂苏轼。章惇虽不同意，却也不好为苏轼辩护，只好默然不语，心中抱怨苏轼不听劝。

张璪跟着鼓噪几句，就编了个理由，请假外出，一溜烟儿地跑到王珪府上。

听完张璪的禀报，王珪带着张璪走到刚刚正在修剪的盆景边，教导他剪理花枝。王珪一边指点，一边叹气，说："你们这些年轻人呀，火气刚猛，做事急躁。平日里修剪花枝，最可平心静气，怡情养性，不要以为这是奇淫巧术，对你在仕途历练都大有裨益！"张璪忙点头称是，继续修剪。

王珪眯起他那对儿小眼睛，接着说："王安石与苏轼眼看就要分道扬镳，他二人相斗，必有一伤，只有鹬蚌相争，渔翁才会得利。真是人算不如天算，所谓福兮祸所伏，祸兮福所倚。这法变得好，变得好。这样一来，老夫这个看客呀，就不必沦为过客了，嘿嘿。"

迩英殿外，神宗身骑白马，手挽宝弓，神采飞扬，雄姿英发，正在练习骑射。众宦官鼓掌喝彩。张茂则疾奔来到神宗面前，赞道："陛下文韬武略，功盖天地。"知道张茂则有事禀告，神宗笑着询问，张茂则答道："王安石等人求见，说是'均输法'已经拟定完成。"神宗惊喜异常，赶忙翻身下马。

走进迩英殿内，神宗便开始听取王安石、吕惠卿、曾布关于"均输法"的解释。

吕惠卿以流利的口才和信誓旦旦的口气讲述着"均输法"："……'均输法'的最大好处，乃开天辟地建立国家贸易管理新制，可以平衡国内商贸业发展，及时充实朝廷府库，如此，朝廷才能把天下之财调动自如。人无血而不能活，国无畅通财道而不能存，'均输法'之用就在于此。"神宗听得津津有味。曾布接着道："陛下，时也，势也。以往之朝政，之所以使我大宋积贫积弱，固然原因甚多，然则经邦济世之术与历来被轻视有关。经邦济世并非以四书五经治国，重经济则强国，远经济则弱邦。是以我朝当以均输理财聚财，则天下之强，指日可待！"

神宗听"均输法"有这么多的好处，龙颜大悦，说："好！'均输法'在淮南、两浙、江南东、江南西、荆湖南、荆湖北六路施行。朝廷赐内库钱五百万缗、贡米三百万石，用于均输平准之本钱。"

王安石等人施礼齐呼："陛下圣明！"稍后，神宗命吕惠卿、曾布二人且先退下。二人知圣上有大事与王安石相商，心领神会地施礼告退。

吕惠卿与曾布笑着走出殿外。"均输法"已获圣上恩准，曾布问起前不久在条例司谈论中因苏辙意见暂时搁置的"青苗法"。吕惠卿笑笑说："这有何难，我已让京东路使王广渊向圣上备陈'青苗法'的好处。"并嘱曾布不要让他人知道此事。曾布心领神会地称赞吕惠卿的手段，二人相视嘿嘿一笑，各自离去。

神宗将王安石留下，向他询问吕惠卿、曾布二人的才德。王安石回禀道："学先王之道而能用者，独惠卿而已；腹有厚学，通晓时变，独曾布而已。陛下应重用此二人，变法大事不愁不成。"见王安石对二人大加称赞，神宗沉吟片刻，决定加封吕、曾二人为崇政殿说书、集贤校理、判司农寺。王安石起身施礼道："果断用人，提拔俊才，陛下英明也。"

就这样，在王安石、吕惠卿、曾布的鼓动下，"均输法"在淮南、两浙等六路施行。吕惠卿、曾布也借着王安石的推荐，平步青云。二人进一步千方百计地推动"青苗法"。历史不幸地朝着苏轼担忧的方向演进。而且，几天后，又一个十足的小人——李定——粉墨登场了。

在招揽了吕惠卿、曾布、章惇三名变法同道后，王安石也向自己的学生、故旧发出了邀请。这一日，王安石的学生李定赶到汴京，拜望恩师。王安石非常高兴，热情搀起施礼的李定后，便问起百姓对"青苗法"持何态度。

李定忙大赞"青苗法"，说："恩师，'青苗法'深得民心，百姓无不拍手称好。都说圣上和相公使大宋中兴有望。"王安石听后大悦，但有些不太相信，再次告诫李定要说实话。李定诚挚地说："恩师，学生虽然愚钝，但知'廉耻'二字，别的不会，就会说实话。"王安石遂深信不疑地点头，说："如此，为师就放心了。可是……"见王安石还有所疑虑，李定忙出言询问。原来，王安石看到朝中多位大臣一直攻击变法，尤以"青苗法"最甚，便派御史台的孙觉暗访。孙觉暗访回来，禀报"青苗法"不得人心。两人所报正好相反，王安石也不能不疑。

没想到王安石还有另外的消息渠道，李定心中战栗不已，低下头，眼珠一转，说："学生只知道说实话，可据学生所知，京师却不兴说实话。学生一上码头，御史台左正言孙觉大人和右正言李常大人就提醒学生不要讲'青苗法'的好话。"

一听孙觉、李常竟背着自己做出这等事，王安石大怒，一手拍在桌子上，桌上茶碗中的水都溅了出来，大声说："台谏们可恶至极！资深啊，你仗义执言，是非分明，老夫甚为高兴。好，我推荐你面见圣上，如实禀报百姓的看法。"李定受宠若惊，忙深施一礼，感激涕零地说："恩师情义，重于泰山，形同再造，学生当肝脑涂地，追陪恩师，为变法大业尽瘁事国！"王安石深深点头，满心欢喜。

突然，管家王全慌慌张张地跑进来，禀告说："相爷，不好了！一帮宗室贵族正在家门前示威呢。"王安石摆摆手，说："不管他们。"扭头对李定说："资深，我带你去条例司看看。"又命王全备马，说着，抬腿就走。

王安石带李定来到门洞前，上百名宗室子弟见到王安石立即大声嚷嚷起来："宰相大人啊，'裁减贵族恩例'不可行啊，再不赐名授官，我等就要饿死街头呀！""'刊定任子条式'破了祖宗之法，大逆不道！""你这宰相为谁而当，不为赵氏做主，意欲何为！""赵氏江山，岂能容你这置赵氏江山于不顾的宰相！"

任何改革都必然触动某些人的利益。为了裁抑贵族特权、限制祖宗荫蔽，王安石制定了"裁减贵族恩例""刊定任子条式"，这也是出于精简机构、裁减冗官的考虑，但打击了宗室子弟的利益。他们相约来找王安石理论，纷纷攘攘，理直气壮，喋喋不休。

王安石大吼一声："住口！你们这些只知吃祖宗饭而不知守祖宗业的败家子，告诉尔等，要有荣华富贵，就不要再当寄生虫！闪开！"

人群中有人呼道："不，我们不走！看他能怎么样！""打这奸贼！""打这王莽！"这些人冲上来就要动手，但被王府的卫兵们冲散。李定本来躲在王安石身后，现在看到卫兵势大，立刻走上前来，大声喊道："卫兵，把他们逮起来，送到衙门，逐个问案，登记造册！"一校官马上答应，指挥卫兵，众卫兵立即逮起人来，李定也扶着王安石上马。

这时，苏轼与巢谷急忙从人群后面跑到王安石马前。苏轼满脸焦虑，说："相公，闻悉'均输法'已获圣准，但求'青苗法'缓行呀！"

李定眼一横，手指苏轼，喝道："你是何人？胆敢拦住当朝宰相去路！快些避让！"

原来，苏轼得知"均输法"已获圣上批准，心中焦急，赶来王安石府劝阻他递交"青苗法"。而巢谷则是听从小莲嘱托，追着劝苏轼不宜鲁莽草率行事。苏轼却认为形势危急，已顾不上了，坚持前来。来到王安石家外，远远看见家门口静坐着百位宗室子弟，黑压压的人群。苏轼在旁观望，等待王安石出门。这时王安石上马要走，苏轼忙跑过来劝阻。

在这宗室子弟聚众围攻相府、反对变法的场合，苏轼突然出现，劝谏缓施"青苗法"，气头上的王安石不由得将他视为宗室贵族的同类，怒不可遏，大声说："子瞻，你我毕竟是朋友，你竟与这些宗室败家子串通一气，向老夫示威，你是何居心？！"

苏轼惊道："相公，误会子瞻也！"王安石却哼了一声，与李定绝尘而去。

望着王安石的背影，苏轼摇头叹气，说："唉，巢谷兄，我只怕再也追不上他了……"

第二天，崇政殿内，神宗临朝。吕惠卿转呈京东路使王广渊按照他的指使写的奏章。神宗边看奏章，边听吕惠卿所奏。王广渊奏章陈述今年春天农事大兴，但百姓苦于无钱耕种，而大商大户又乘机邀利，若朝廷发放青苗贷款，则可便民，且可获利，故向朝廷乞留本道钱帛五十万以便明年贷给贫民，岁可获息二十五万。

听到王广渊力陈"青苗法"的诸般好处，并请求施行，朝臣们立即哗然，议论纷纷。

然而，神宗阅完奏札，却是高兴不已。"青苗法"已经制定月余，未能正式颁布，神宗一直念念不忘，现在得到王广渊所奏，认为此法深合民意，就打算正式颁布天下。

司马光忙出班阻止，他说："陛下且慢，'青苗法'牟利于民，断不可行。若济贫民青苗之难，常平仓稍加修备，即可成之。若贷民以钱，而奸吏行诈，又如之何？所贷之民，逾期不还，必绳以法，鞭笞兴狱，必不能少，初为利民，实为害民。"

范镇、范纯仁也先后出班支持司马光的意见。范镇认为"青苗法"尚未实行，仅凭王广渊一人之奏疏即颁一法，有些草率。范纯仁认为王安石变祖宗法度，攫财取利，不合仁道，而且仓促间颁布如此多的新法，定会使民心不宁。

吕惠卿抓住范纯仁"民心不宁"四字，大肆攻击说："如今陛下圣明，天下太平，你岂敢说民心不宁？！"范纯仁刚直地以一句"本人知谏院，职分所在，言者无罪"回敬于他。吕惠卿便不能再攻击他动机不良，只好接着说："陛下，青苗贷钱，皆取自愿，无强迫之意。范纯仁所谓民心不宁，所奏不实。"

"青苗法"尚未施行，民心之宁与不宁只是推测，但"均输法"确实已经引起民众担忧。宋代的赋税部分征收实物，纳税前后，大商人操纵物价，加重纳税户负担，并影响国家用度。"均输法"本是以官营方式调节全国各地物资供需关系、平抑物价、保护百姓和小商人、打击大商人、增加国家收入的政策，但在推行中过快、过粗，而且官商勾结，致使怨声载道。有"美髯公"之称的翰林学士吕公著知通进银台司，了解相关情况，出班奏道："微臣主管银台司，知'均输法'实行以来，天下商户无不愤怒，人心惶惶，大有不可终日之势。"

曾布见百姓对新法有怨已是不争，思索片刻，出班说："陛下，对新法有怨，对旧法难道无怨？无论商鞅，无论桑弘羊，凡有变法，必有怨者。大臣安于无事苟且，而不顾天下苍生之苦，以数人之怨为天下之怨，是何道理！"将百姓之怨，归为少数，进而攻击反对变法的大臣们用心不良，实是以小人之心度君子之腹，置百姓生死于不顾。

司马光低声讽刺说："好一个念天下苍生之苦的新进人物！牟利于民，不知念谁！"

王安石出班奏道："陛下，'均输法'六路既行，虽有小怨，而国家财富之门却已大开，无复争论。'青苗法'利弊未有实证，若条款再加修改，实施加以节制，断无大差。"

最后神宗听从王安石所奏，诏命颁布"青苗法"于天下。

苏轼劝阻王安石缓行"青苗法"不成，却又被误解为与宗室无赖子弟一路，现在"青苗法"已获诏命颁行天下，心中更加愁闷。这几日从史馆归来，便一心照顾出生不久的次子苏迨。这一天他一边抱着小苏迨掂来掂去，一边自嘲地说："迨儿，'均输法''青苗法'在外面大行其道，你父亲我惹不起，却躲得起。事不关己，高高挂起，安心在家抱迨儿。"

王闰之一边做针线，一边挖苦苏轼堂堂大丈夫，被人排挤，只能回家抱孩子，却像当了宰相一般高兴。苏轼笑着说："夫人，你又来了。他治他的大国，我抱我的迨儿，各施所长，各得其所。"王闰之脸一沉，不悦地说："越说越不像话了，你的所长是抱孩子，那我干什么去？当初多少人劝你，要你收敛锋芒，小心谨慎，你就是不听！你才多大个官，要管这些事！这下好了，管来管去让你回家管孩子！"

苏轼叹息一声，他认为位卑未敢忘国忧，说自己在外边烦扰，恳请回家后王闰之就不要再烦他。然而，王闰之却理由充分，说："大道理我这妇道人家不懂，我就知道我是你苏轼的妻子，要给你生孩子，给你管家，计算柴米油盐酱醋茶，要对你知冷知热。最不愿你受委屈的人是我，你却不顾我们母子，非要往那火坑里跳。"苏轼慨然说："时下，整个国家都往火坑里跳，如果我一个人跳进火坑，而使万民免此一跳，那我赴汤蹈火，在所不辞！"

王闰之气呼呼地说："你又讲你的大道理，我听不懂，你最好还是找你的莲妹去！"苏轼无奈地说："看你，又来了！"王闰之接着抱怨说："你说王安石是拗相公，我看你也够拗的，听不进别人劝阻。"苏轼一笑，说："不一样，一是性格之拗，一是执着之刚。"王闰之更加生气地说："刚，刚，你就这样刚吧！再刚下去就刚到九品了，没银子买米吃饭我看你怎么刚！"

苏轼嘲讽地说："无欲则刚，人到无求品自高。就是刚到三十六品，七十二品，一百零八品，我也刚！不仅我刚，迈儿刚，迨儿也刚，子子孙孙，都要刚！就唯独夫人不刚，夫人真乃俗人也！"

王闰之火冒三丈，站起身来，大声说："啊！我俗？！我俗？！有那现成不俗的，你怎么不找啊！"说完，伸手抹泪。苏轼怒吼："你……你岂有此理！"

这时，采莲进来劝架。原来，采莲和小莲在院中拾掇，听到苏轼与王闰之争吵，急得面面相觑……小莲不知所措，脸红低头。自从颁布了均输、青苗两法，苏轼的脾气一天坏似一天，夫妻二人争吵不断，一直都是苏辙、史云夫妻劝解。但二人今日外出未归，小莲低声请采莲前去劝解。

采莲说："子瞻，你就不要说了，夫人也都是为你好。"苏轼回答说："表姑，若按夫人所说，我苏轼就该不尽臣子之道，思小惠而忘大耻，苟活偷生，奔走钻营。不求为民，但求家中的米缸日日都是满的！那……那我当官做什么！"

王闰之无言反驳苏轼的大道理，就气呼呼地说："反正就是多了我，我说一句都不行！要是小莲，就是说一万句你也不会烦！"

苏轼转过身来，大声说："夫人总算说对了，小莲才不会说你这样的混账话！"

采莲急切地说："子瞻，不要说了！"却哪里劝得住？王闰之哭着说："啊？谁不说混账话，你找谁给你生孩子吧！"说着，转身跑出。苏轼大声说："这家不能待了！"气得跺脚不已。

王闰之跑过院子，看见小莲，气呼呼地对小莲："你是个不会说混账话的，还不进屋里去！"说完，扭头跑出院外。小莲又羞又急，心中无比委屈。苏轼怒气冲冲地走了出来，见小莲便一愣，随即也走了出去。巢谷恰巧兴高采烈地走进来，见小莲站在院中哭泣。巢谷犹豫了一下，走上前去，说："莲妹……你……"突然，小莲扔掉笞帚，失声痛哭跑进屋去。巢谷似乎明白了，长叹一声。

汴京街道上人行如织，市声喧哗。苏轼孤独地站在人群中，不知向何处去，迷茫的目光空洞乏力。一个从未有过的孤独的苏轼，被人群抛弃在阳光下。

崇政殿中，神宗临朝，范镇、司马光等奏报"青苗法"施行中弊端太多，希望诏命暂停施行。而神宗之前却得到内侍关于"青苗法"颇得民心的报告，现在听到范镇、司马光等说"青苗法"不得民心，顿时火冒三丈，对满朝文武发起龙威，说："朕一心想革除天下弊端，富国强兵，可新法一出，不少人横加责难，甚至说新法误国害民。主张变法者被说成大奸大恶，反对变法者反倒成了大贤大哲，动不动就用祖宗之法来压朕。朕也不想生事，但我大宋的弊端不革除，积贫积弱的局面不改变，朕就对不起列祖列宗，就对不起自己的臣民。最近，我派身边的内侍做了暗访，结果与反对'青苗法'的种种言论完全相反。这其中的是非曲直难道不是很明白了吗？"

神宗却哪里知道，实际情况确实是下层官吏强迫摊派贷款，穷人、富户无所遗漏，而且不问借贷者的偿还能力，一味放贷。有些乡村青年贷了钱就到城里挥霍享乐，无钱还贷就被捉拿下狱，华夏大地真是怨声载道。他所派出的两名内侍耿小童和于小山也亲眼看到、亲耳听到百姓对"青苗法"的不满和官吏们对"青苗法"的强制推行。但是在二人返程抵京时，有人送了大包的金银，说是几位大人的心意，耿、于两位也就心领神会地收下了。回到皇宫，二人便谎报"青苗法"很得民心。就这样，神宗的耳目被堵塞了。

听到神宗竟然听信内侍，而不信大臣之言，范镇出班说："陛下，别人的话你可以不信，但魏公韩琦上奏全国各路官员强贷农民钱币，邀功固位之事多有发生，难道堂堂魏公的话还顶不上一个太监的话吗？！"神宗无言以对，呆立在龙台上。吕惠卿见事不好，马上救驾："范镇大胆，竟然在朝堂之上顶撞人主,目中还有王法吗!"范镇对吕惠卿雄狮般吼着说:"吕惠卿,就你起草的'青苗法'也算是王法吗?你跳梁小丑,唯恐天下不乱。你蛊惑圣听,排除异己,居心何在!"

吕惠卿不回应范镇的质问,却攻击范镇倚老卖老,目无人主,咆哮朝堂,请求神宗治范镇无礼之罪。

范镇慷慨激昂地对神宗说:"陛下,老臣就是要为大宋江山卖老卖命,如果直言忠议就是目无人主,大宋就没有当年的铁面御史包拯、赵抃!"接着,转头呵斥吕惠卿:"吕惠卿,你的忠君不过是投人主之好罢了!"朝堂中立即发出一阵哄笑声。吕惠卿瞪眼欲狂,说:"你——"又欲上奏,却被神宗阻止。一声"退朝",结束了早朝。神宗愤然退出朝堂,大臣们纷纷退去。

曾布陪着王安石走下殿外台阶,向王安石抱怨范镇可恶至极。王安石沉着脸道:"罢了,你等有所不知,包公尚且让他三分,你们在朝堂上和他直面交锋,犯了大忌,他是一只还没掉牙的老虎。"接着向不明所以的曾布感叹说:"范公有包公的刚正,包公却无范公的学问。若论文史,范公乃我大宋第一流人物。何止包公要让他三分,就是皇上也都要让几分啊!"

这时,司马光挟着几本书路过,正好碰上王安石,他劝王安石改正新法不妥之处,王安石却以"朝令夕改,不成体统"拒绝。

司马光大为不悦,说:"知错即改,君子所为;知错不改,非君子所行!"

王安石心中有气,说:"变法者被谤为小人,守旧者反誉君子,这样的君子之道,闻所未闻!"

司马光嚷道:"是非不明,知错不改,事君从政,何以服天下!"

王安石怒容满面,反驳司马光说:"韩琦为相,一身正气,君实你说他不是贤臣;韩琦去相,反对变法,你马上改口说他是个贤臣。此一时司马光,彼一时司马光也。不知是非何在!"

二人终究不能说服彼此,一个说对方"不可理喻",一个说对方"顽固不化",各自"哼"了一声,背道而去……

自此以后,王安石与司马光这对好友彻底分道扬镳,形同水火,成了变法与反变法两大阵营的代表人物,斗争更趋激烈。

# 目 录

二十六 治国三策 —— 285

二十七 谏买浙灯 —— 298

二十八 君子无党 —— 309

二十九 一道试题 —— 321

三十 青苗之狱 —— 334

三十一 除 恶 —— 347

三十二 杭州三美 —— 357

三十三 佛印和尚 —— 365

三十四 罢 相 —— 374

三十五 密州救灾 —— 387

三十六 十年生死 —— 400

三十七 复 相 —— 408

# 目录

| | |
|---|---|
| 三十八 明月几时有 | 418 |
| 三十九 徐州抗洪 | 426 |
| 四十 劝农 | 435 |
| 四十一 乌台诗案 | 448 |
| 四十二 诗谶 | 459 |
| 四十三 赤子 | 471 |
| 四十四 范镇打殿 | 484 |
| 四十五 初到黄州 | 496 |
| 四十六 秧马 | 508 |
| 四十七 东坡居士 | 518 |
| 四十八 小舟从此逝 | 531 |
| 四十九 救儿会 | 546 |
| 五十 本色 | 556 |

## 二十六　　治国三策

黄昏，小莲和巢谷走进院落。小莲背着竹筐，里面盛满草药，身上挂着碎草叶，显然是从乡间采摘归来。巢谷也背着一大捆草药，看起来很高兴。采莲迎上来帮小莲卸竹筐，并劝小莲身子不舒服，就不要外出劳作了。小莲微笑着擦汗，说："我身子好多了，去乡间走一走，神清气爽，又觉恢复了几分。夫人气色不好，我惦记着采点草药，为她调气补血。"说着问起王闰之，得知苏轼和王闰之又吵架，王闰之一直在屋子里发脾气，也不做饭，而采莲要照看迨儿。小莲便捋起衣袖，走向厨房。

小莲走进厨房，惊讶地看到苏轼扎着衣袍，正忙着切肉洗菜。巢谷跟在她身后，在门边远远地看着。

看到小莲，苏轼勉强一笑，故作轻松地说："小莲，你回来了。今日由我主理厨下，以我这书写锦绣文章之手，将生米煮成熟饭，定然是满室生香，其味无穷。小莲，你且歇着去，今日我要让你们大饱口福。"

小莲在一旁无奈地看着苏轼，说："先生，夫人见你终日郁郁不欢，才想劝解你，你却嫌她话多，她怎能不生气呢？"苏轼好像没有听见："小莲，锦绣文章这就下锅了。"说着，把菜倒入锅中。只听"扑哧"一声响，烟雾腾腾中，苏轼开始掌勺炒菜。

这时，苏辙和史云走了进来。苏轼看到他二人吃惊的样子，说："子由，你二人来得正好，来尝尝我的手艺。"不想苏辙却郑重地说："哥哥，我是来向你辞行的。"原来，由于苏辙反对"青苗法"等新法，被吕惠卿、曾布等人排挤出条例司，改任京外闲职。

苏轼一愣，王闰之在里屋听见这话也是一惊，连忙出来。小莲、史云、王闰之接过苏轼手中的炊具，继续做饭。

苏轼和苏辙走出屋外。晚风阵阵，兄弟二人漫步而谈。

苏辙说："哥哥近来肝火甚旺，嫂嫂有委屈自然也是常理，还望哥哥爱惜身体。"苏轼："咳，不说这个了。子由，你离开条例司，我看也好。"苏辙感叹说："新法已经实施，我留在条例司已无意思。再说，条例司已成小人竞进之所，如再不离开，怕真是近墨者黑了！"苏轼说："子由之言甚是。"

朝廷已准苏辙改任陈州教授，苏轼嘱咐他利用这个机会多读一些书。苏辙回答说："是。只是我走后，哥哥太孤单了，还须小心保重……"

苏轼感叹说："唉，子由，如今时势，谁能保重？只有走一步看一步！只管我行我素，何管贵贱生死啊！"苏辙深情地说："哥哥，父亲和母亲都走了，我只有哥哥一个亲人了。如今我们又要分开，哥哥遇事一定想开些。"

兄弟俩深情而伤感地对望着。头顶上明月高悬……

第二天，苏轼一直送行到汴京郊外。兄弟二人忆及当初苏轼带着王弗、采莲赴任凤翔，苏辙相送的情景，唏嘘不已。苏辙再三让苏轼不要再送，兄弟二人洒泪而别。苏轼望着弟弟的马车直到完全看不见了，才落寞地转身回城……

"青苗法"推行后，王安石向神宗推荐李定，神宗便欲授予李定官职。但是宋敏求、苏颂、李大临三人对他的任命拒不草诏，认为李定母死却不守丧，实是大不孝之人，不能担任官职。神宗便将王安石、李定传进迩英殿。见神宗询问，李定忙跪伏在地，哭泣着说："……臣非禽兽，焉能有此不孝之举，实在不知吾母为谁。微臣从记事之日起就在伯父家长大。伯父曾告诉微臣，母亲生下微臣就离开人世了。"

王安石也起身施礼，说："陛下，李定是微臣的入室弟子，微臣可以担保，李定确无此不孝之事。"

神宗见有王安石的担保，登时大悦，便命张茂则去传王珪，并对宋敏求、苏颂、李大临三人十分不满。王安石又指出，宋、苏、李三人抗命不遵，并非只为李定任用之事，而是反对变法。神宗听后，更加生气。这时，王珪趋步而进，神宗便命他拟写两道圣旨：一是擢李定为监察御史里行，二是外贬苏颂、李大临、宋敏求为知州。

李定至此已是泣不成声，他伏地断断续续地说："谢陛下圣恩。陛下，天下者乃陛下之天下，取舍由君，当臣子的只有唯命是从之理，焉有抗旨不遵之说。不过，因微臣区区一人，而罪加三位学士之身，微臣心有不安。微臣纵有万死，难报吾主知遇之恩，必当肝脑涂地，为陛下尽忠。"

神宗点点头，说："难得你有如此忠心。变法大业，举步维艰，望卿家为朕分忧。"李定以衣袖拭泪，信誓旦旦地说："陛下，纵是赴汤蹈火，微臣也在所不辞！"神宗满意地点了点头。

当晚，吕惠卿、李定、曾布三人到王安石府上商量变法事宜。

突然，管家王全进来禀报苏轼求见。王安石正在疑惑苏轼为何事而来，吕惠卿在一旁劝他不要见苏轼。王安石却一摆手，认为吕惠卿并不如他了解苏轼。此时的苏轼虽然也反对变法，与他政见相异，但在王安石心中，苏轼是君子，所以仍是他的朋友。王安石还是不愿意失掉苏轼这个朋友，便决定会见苏轼。

但吕惠卿仍不死心，指出如今反对变法的大臣过去大多是王安石的朋友，而且苏轼又不可能一夜之间改弦易辙，找上门来支持变法大业。所以，见苏轼则是听他那蛊惑之辞、无理之辩；而不见苏轼则是耳根清净、心如磐石，一心致力于变法大业。听了吕惠卿的话，王安石沉吟半晌，便让管家以他已经睡下为由回绝苏轼。

寒风凌厉，苏轼知道王安石不肯见自己，神色木然地走在汴京空荡的街道上，心中冰冷。

他明白王安石还不至于如此决绝，但王安石不擅用人，如今身边群小麇集，他已经被吕惠卿、曾布、邓绾这些小人蒙蔽了，连李定这种人也当个人才放在身边。变法的核心人物亲佞远贤，变法前途着实可忧。面对如此景况，苏轼忧心如焚，一刻不得安坐。

翌日清晨，苏轼决定不再劝谏王安石，而是直接劝谏神宗皇帝。他来到范镇府上，正好司马光在向范镇痛骂吕惠卿，说吕惠卿在朝堂上对"青苗法"所致的民间祸乱只字不提，偏提那万中之一有成效者，妄图偷梁换柱，混淆视听，以塞面圣言路，实是小人行径，实是欺君之罪！

苏轼向二位说明不想再劝谏王安石而要直接劝谏神宗皇帝的想法。司马光摇头，说："你不能面圣，圣上也不会见你。"苏轼急切地说："晚辈心中如坠千斤，更如有鲠在喉，必欲吐之而后快。若能亲口说与圣上，晚辈不信圣上会不为所动。"

范镇起身徘徊思索，说："圣上以为我等老臣对变法怀有成见，对我等早已言不听计不从。子瞻，你是新人，圣上对你没有成见，也许反倒能听进去。子瞻，就这样办，老夫明日上朝，就向圣上举荐你！"

司马光仍是正襟危坐，心中并不太相信苏轼能够劝动神宗皇帝。但他知道苏轼之才，也愿意让他一试，便决定明日与范镇一同举荐。

苏轼听后大喜，感谢范镇、司马光两位。

翌晨，皇宫候朝房内，大臣们叽叽喳喳议论不止。

四十多岁的范纯仁嚷道："诸位，有些人蒙蔽圣听，以致圣上为了一个忤逆不孝的李定，竟然把宋敏求、苏颂、李大临三位翰林学士贬了，简直闻所未闻！"

众臣也纷纷表示不满，这个说："真是小人当道，暗无天日！"那个说："我大宋历来以孝治天下，岂能容这不孝之人玷污了朝堂圣地！"一时群情激昂、义愤填膺。

忽然，吕惠卿来到房内，大声说："这分明是诬陷，宋敏求等人罪有应得！"邓绾也忙帮腔，说："你们连圣上的话都不听，听谁的？"

司马光一听二人又是拿皇帝压人，一副唯圣上之命是从的嘴脸，反驳说："圣上的话对的听，不对的也听吗？那还要谏官干什么？！"

吕惠卿被司马光、范纯仁批驳得无话可说，却认为他二人如此说话无法无天，与造反无异，大声叫道："反了，反了！"

这时，范镇怒目圆睁，来到吕惠卿近前，喝道："你说什么？你要造反？"

范镇怒目金刚的气势吓得吕惠卿边退边嗫嚅着："范公，你，你不要血口喷人！"

范镇嚷道："我血口喷人？你说要造反嘛！"众大臣纷纷附和，暗自发笑。吕惠卿尴尬不已。

突然，内侍高喊"时辰到——上朝——"王珪急忙做和事佬，说："大家不要争了，该上朝了。"吕惠卿趁机退去。众大臣走出候朝房，列队向崇政殿走去……

冬日阳光下，苏轼冷得直呵手，在崇政殿宫墙下徘徊等候……

文武百官在崇政殿内站定后，神宗登上龙台，众臣举笏板高呼："陛下万岁，万岁，万万岁！"神宗说："众位卿家，有事则奏，无事退朝。"

范镇看看司马光，司马光点头示意。不料，范纯仁却抢先出班，询问宋敏求、苏颂、李大临因封还诏谕被贬一事，并指出：根据祖训，诏谕下给翰林院后，作为知制诰，有权封还，不为抗旨。神宗一时无语。

吕惠卿忙出班护驾，说："陛下，范纯仁曲解祖训。所谓翰林院封还诏谕，拒不拟旨，本不违祖训，但陛下一而再再而三地下诏谕，翰林院依然我行我素，就是抗旨不遵！"

司马光忍无可忍，出班奏道："自从祖宗以来，孤远小官，改任京官已是恩优。陛下，李定连个进士都不是，也无政绩，只是个寻常小县的县尉，却提拔成监察御史里行，皆因其善于攀附迎合。况其母谢世，不守丁忧之制，已是大逆不道。此等小人还得以重用，让君子心寒，让百官难堪！"

此时，范镇已是怒气冲天，出班直接质问神宗："陛下，若是非不分，认为一味迎合变法则为贤，不分好歹，认为一味排除异己则为能，那还要谏官台官作甚？还要上朝听百官言论作何？"

神宗极力压制心头怒火，问宰相曾公亮的意见。没想到曾公亮却施礼回答说："陛下，老臣年迈昏庸，若再久处相位，必误陛下大业。恳乞陛下恩准老臣，辞去相职。"

朝廷官员立即大哗，神宗也为之一惊，迟疑不决。曾公亮伏地接着说："陛下，老臣多病缠身，已不能处理政务。与其素食其位，被人弹劾，不如全节以退。恳请陛下体谅老臣风烛残年之苦，即是对老臣皇恩浩荡了。"

神宗无奈地命曾公亮平身，接着召唤王安石、韩维二人出班。神宗说："朕拜二位为左右相。"王安石回答说："谢陛下重用之恩。陛下，臣自随陛下变法以来，积怨甚多，恐难胜任。"

韩维也说："陛下，臣为东宫旧人，陛下重用微臣，恐遭天下异议，亦给陛下带来不利影响，乞望陛下收回成命。"

神宗并不接受，表示其意已决，不能收回。王安石、韩维便叩谢神宗。

范镇、司马光一脸愠怒，王珪则一脸平静。

范镇气冲冲地走过崇政殿宫墙，宫墙下的苏轼正要上前问他如何，范镇连脚步都不曾停下来，边走边说："气杀老夫，气杀老夫也。子瞻，皇上竟准了曾公亮辞去相位，拜王安石为左相。这个官我不做了，你找别人举荐吧！"

随后，司马光也喊着"气杀老夫，气杀老夫也！"气冲冲地走过宫墙，看了一眼苏轼，叹息离去。

这段时间，苏轼精神不振，郁郁寡欢。这一日，苏轼、王闰之、小莲、巢谷、采莲等正在吃饭。王闰之见苏轼茶饭不香，不动碗筷，凝神沉思，便起身给苏轼倒了一杯酒，置于苏轼面前。苏轼举起酒杯，又摇摇头，并未喝下。

王闰之出言询问，苏轼摇头感叹，说："面君之难，难于上青天啊！"

巢谷放下碗筷，豪爽地说："子瞻，这又有何难？我带你去面君，走到崇政殿外，谁敢拦咱俩，我就打他个万紫千红，咱俩直接去见皇上。"

苏轼哈哈大笑，说："巢谷，你这样倒简单。"说完，目光无意中转向小莲，小莲急忙低头夹菜吃饭。

这时，画学博士米芾衣冠不整地来到苏家，苏轼请他到书房说话。米芾说神宗皇帝派苏轼、驸马王诜和他一起去禹州监制钧瓷，苏轼不禁愕然。

原来，自"均输法"施行以来，钧瓷也是由官家统一购买，各种品级的瓷器都是同一个价，故而窑户不再用心烧制好瓷。今年上贡的钧瓷也大不如前，神宗见后大为光火，传监制官米芾责问。米芾说明情由，神宗也一时无法。但太后大寿在即，只好派米芾去禹州官窑为他特制几件，并言明须是极品，以为太后祝寿之用。米芾领命，同时请求派驸马王诜以及苏轼监制，因为苏轼颇懂钧瓷，定能助其一臂之力。神宗点头答应。

米芾此举大有深意：一是让苏轼离开京师，出外散心，钧瓷之美或可令他抛却心中烦恼；二是苏轼一直想要面君，却苦无机会，这次去禹州监制钧瓷，说不定会有转机。

苏轼起初苦笑，摇头称没有领略美妙钧瓷的风雅心情，待听到面君一事，苏轼一愣，终于会意，笑着说："噢……元章啊元章，人都说你是米癫子，原来你看似疯疯癫癫，心中比谁都明白！"

钧瓷始创于唐代，兴盛于北宋，其名源于"钧台"。钧台位于今河南省禹州市北门里。文献记载，夏启曾在今城南的钧台坡宣誓即位，故有"夏启有钧台之享"的传说，历代观瞻者络绎不绝。唐代，禹州城北门里建禹王庙，庙前立山门台基，命名"钧台"。此后附近相继设窑烧造瓷器，因地名"钧台窑"，或谓其产品曰"钧瓷"。北宋以来，禹州渐成钧瓷的中心，是当时的五大名窑之一，与汝、官、哥、定窑并驾齐驱。

在宋代五大名窑中，钧瓷以"釉具五色，艳丽绝伦"而独树一帜。钧瓷烧出窑变铜红釉，并衍生出茄皮紫、玫瑰紫、鸡血红、海棠红、丁香紫、朱砂红等多种窑变色彩，宛如蔚蓝色的天空出现一片彩霞，五彩渗化，斑斓绮丽。釉中的流纹更是形如流云，变幻莫测，意境无穷。这就是钧瓷的名贵之处——独特的窑变釉色。其釉色皆天然生成，非人工描绘，而且每一件钧瓷的窑变釉色都是绝无仅有，此即"钧瓷无双"之谓。它的釉变色五彩缤纷，在人的想象力下，构成一幅富有意蕴的图画。后人以"出窑一幅元人画，落叶寒林返暮鸦""峡谷飞瀑菟丝缕，窑变奇景天外天"等来形容钧瓷窑变之妙，民间有"黄金有价钧无价""纵有家财万贯，不如钧瓷一片"的说法。

苏轼、米芾昼夜兼程，这一天终于赶到禹州。二人问明方向，来到禹州钧官窑厂。窑工们疲惫不堪、精神委顿。他们打开窑门，从里面掏出一件件瓷器，但均是色泽晦暗，毫无生气。众人哀叹一声，纷纷沮丧不堪。众窑工身后的一名官员不耐烦地说："好了，好了，只要不破，就都装上车吧。"

苏轼和米芾见此情景，摇头叹息。米芾感叹说："鱼目混珠，不，如今只有鱼目了！"苏轼也叹息一声，说："再好的名声，也禁不住这么败坏啊！元章，你领了圣旨，但这钧窑可不是好烧的！"米芾道："所以须劳子瞻救场。你也知道，我只会造造器型，要说监造，我可没那个本事。"

这时，那官员走过来，躬身施礼说："哎呀，苏大人、米博士驾到，下官有失远迎，恕罪，恕罪。"这官员名叫房帷，是这里的窑官。

苏轼说："罪倒不用恕了，可是这次若烧不好钧瓷，你我可都是要吃罪的。"房帷忙回答："当然，当然。"

米芾接着说："房帷，圣上钦定的期限已越来越近，这烧制可不能再耽误了。"房帷又回答说："那是，那是。但凭大人吩咐。"

苏轼见他只是唯唯，便问禹州烧瓷手艺最好的师傅是谁。房帷极力推荐王古斋师傅，说他的手艺最好，在禹州可谓无人不晓。米芾立刻反驳他，说："呸，你还说王师傅的手艺好，上几窑就是那王古斋烧的，害我这几个月的心血全白费了，一件也不成。"

房帷忙解释说："哎呀，米博士，这钧瓷全凭天然窑变，非人力可为。烧得成与不成，都靠运气。"窑变虽实属天然，但经验老到的窑工也可通过材料搭配、炉温控制等手段促成窑变。米芾反问房帷："都靠运气？那还要你这窑官做什么？待我去奏明圣上，免了你这无用的闲职。"房帷一时无语，便向苏轼求救。苏轼不语，低头沉思。房帷眼珠一转，忙笑着说："二位大人鞍马劳顿，下官已备下酒席，为二位接风洗尘，请一定赏光。"苏轼却冷冷地说："等烧出好瓷，再喝酒不迟。"房帷讪讪地笑着立在当地，恭送米芾、苏轼二人离去。

日暮时分，苏轼让米芾先去馆驿安排，自己一个人走到禹州民窑窑场。在正在干活的工人们中，苏轼看到一位老者正在制坯，走上前去，递给他一壶水。两人攀谈起来，苏轼从老窑工的口中得知，烧瓷并不挣钱，还不够官府抽税的，但现在冬末无农事可做，烧瓷可以挣口饭吃。接着便谈起钧瓷的价值和烧制方法。在当时，民窑不得烧制钧瓷，烧出好钧瓷，三分釉料，五分火候，剩下的二分就是运气了。窑变的颜色也因釉料、烧制的温度、时间等不同而千变万化，正所谓"入窑一色，出窑万彩"。钧瓷的色彩以红紫为最好，俗话说"钧瓷不带红，一辈子都受穷"。

老窑工见苏轼不但对钧瓷颇为了解，而且诚恳、谦逊，自然知无不言，两人相谈甚欢。苏轼问起禹州烧瓷手艺最好的师傅，老窑工不加思索地说出孔效仁师傅的名字。他是祖传的手艺，本来主持官窑，但自从姓房的窑官来了，就辞退了孔师傅，官窑的主事换成了王古斋师傅。王师傅手艺不行，瓷器十有八九烧不好。苏轼得知这一消息，十分感激老人家，又攀谈片刻便与他辞别，回到馆驿。

第二天清晨，苏轼、米芾一起来到孔效仁师傅家拜访。一个年轻人打开门，忙将苏、米二人请进去，他是孔效仁的儿子。听到苏轼、米芾两位大人来访，正在制坯的孔师傅两手是泥，摸索着走出来。孔师傅常年烧窑，有时为了查看窑变，不等窑凉就下去，所以把眼睛伤了，现在已经失明。孔氏父子将苏轼、米芾请进屋里。苏轼、米芾进屋一看，屋里到处摆着瓷器坯胎。苏轼道明来意："老人家，当今圣上专爱禹州钧瓷，命我二人来此监制烧窑。这器型呢，由米博士定，这烧制，还得请您老出马啊！"

孔师傅仰着头，听苏轼说话，眨巴着空洞无光的眼睛，用力地点头。

在苏轼、米芾、孔效仁三人的指导下，窑工们选土、练泥、定型、干燥、上釉，最后将毛坯放入窑炉，进行烧制。窑炉旁窑工们不断向炉膛内填着柴，孔师傅用手抚摸着炉壁，并用脸贴近炉膛，试着炉温。听到他加火的命令，几个彪形大汉赤裸着上身，用力拉着风箱，炉膛内火光熊熊。孔师傅又用手摸了摸炉壁，高呼："退火！"彪形大汉立即停下风箱，迅速抬起一块长条青石板向炉膛内伸去……苏轼看着这一切，激动地上前拉住孔师傅的手翻看着，说："孔师傅辛苦了！"孔师傅急忙抽回手，说："苏大人，不碍事。老汉我双眼不中用了，只有靠这双手了。"

经过几天的烧制，这一天黄昏，终于到了开窑的时刻。残阳如血，窑口前燃烧着一堆熊熊大火，火堆前摆放着丰厚的鱼肉瓜果祭品，祭师挥着剑暗自诵念。一汪鸡血飞溅，披着红绸的壮汉不断地跳过火堆。祭窑神的人穿着大红衣衫，牛羊也都披挂着红绸，红色的鞭炮挂满四周，窑场里的红色铺天盖地。人们跪在地上，向着苍天喃喃祷告。孔师傅跳跃祈祷着："宇宙洪荒，天地玄黄；泥为土之子，火是日之光；土德和火德，百瓷钧为王；土德和火德，百瓷钧为王……"

米芾、苏轼和窑官站在窑口一边，禁军把守着窑口四周，威严雄武。窑工们举起双手对着苍天，站成一排围住窑口。双目失明的孔师傅站在最里面，手捧一碗鸡血，静候在窑口。

苏轼高声命令："开窑！"孔师傅将一碗鸡血泼在窑口，鸡血刺啦作响，霎时一阵水汽蒸腾。孔师傅站在水汽中，熟练地打开窑门，将一件件钧瓷掏了出来。一套四件精美钧瓷折扇屏风出现在众人眼前，巧夺天工，摄人心魄。孔师傅抚摸着屏风瓷器，无比激动地大声喊道："好瓷，好瓷！"接着，他掏出其他瓷器，每一件都是色彩神奇，美丽异常。孔师傅不住地感叹。听到终于烧出了窑变，众人纷纷激动地喝彩："好瓷，好瓷！"顿时锣鼓齐鸣，鞭炮四响，人群欢呼，红色涌动。米芾和苏轼急忙上前察看，米芾看到窑变的瓷器光彩照人，釉色温润，不住地感叹烧出了宝物。苏轼指着那屏状瓷器上窑变出的图画，说："太美了，真所谓钧不成双，窑变无对。元章你看，这里如水墨山水，如彩虹雪岭；这里有孤松悬崖，有落日孤烟。鬼斧神工亦不及也。"

在苏轼的赞叹声中，米芾将这件钧瓷装入一个大红木箱，钉好盖子，贴上封条，举手示意。禁卫军立刻将其他瓷器当场全部砸碎。这时孔师傅突然抚摸胸口，手剧烈颤抖，吐出一口鲜血，封条上立时血迹斑斑。他近一个月来四处选材，指导诸多工序，这几日又监控炉温，昼夜不歇，老迈的身体已是极度透支，全凭烧出好瓷的心愿支撑着。现在看到心愿终于实现，再也支持不住，口吐鲜血，慢慢倒在地上。苏轼、米芾上前大声呼唤孔师傅，孔师傅却木然不动，溘然长逝。苏轼试了一会儿孔师傅的脉搏，站起来悲痛地说："元章，古人说干将、镆铘铸剑，十年不成，后以鲜血溅之方成。我起初不信，今日见了，方知古人不欺我也。"

苏轼和米芾帮着孔师傅的儿子埋葬了老人家，在墓前凭吊良久，才率领禁军护送瓷器赶回汴京。

来到皇宫外，驸马王诜已在迎接。王诜让米芾、苏轼等在外面，自己则带领禁军抬着内装瓷器的大红木箱来到御书房，请神宗御览。太监们从箱中取出钧瓷摆在御案上，华美娇艳的钧瓷令满堂生辉，引来神宗赞赏的目光。神宗爱不释手地抚摸着说："真是宝物啊！驸马有功啊！"

王诜说："微臣岂敢贪功。陛下，所谓釉色窑变，千变万化。红里透紫，紫中藏青，青中寓白，白中泛红，真真是画家笔拙，丹青难绘。太平盛世，物华天宝，得此宝物乃是皇上龙恩浩荡，上天瑞祥之兆。"

神宗小心地把玩着，接着问王诜如何命名这宝物。王诜早有准备，谦逊地说自己才疏学浅，给宝物命名力所不能及，并说自己此前费尽心力烧制钧瓷十窑十不成，此次苏轼到了禹州，监制有方，宝物方成。

神宗迟疑了一下，便命张茂则去宣苏轼觐见。苏轼进殿，叩见皇上。神宗命他免礼平身，并赞他有功。苏轼回答说："谢陛下。为圣上出力是臣子应尽的本分。臣也不敢贪图其功，此功应归禹州老窑工孔效仁师傅，他已殒命于窑场。臣恳请陛下，予禹州官窑窑工孔效仁一家以安抚，以显陛下爱民之心。"

神宗准奏后便命苏轼为瓷器题名，苏轼说声"遵旨"，然后指着瓷器窑变图画中的一棵青松，说此有太后万岁不老之寓意，故以"寿松屏"为名甚佳。神宗击节赞叹，又命再题诗一首。苏轼看着寿松屏，略微沉吟，说："臣却之不恭，陛下请听。'何人遗公瓷屏风，上有水墨希微踪。不画长林与巨植，独画峨嵋山西雪岭上万岁不老之青松。崖崩涧绝可望不可到，孤烟落日相溟濛。含风偃蹇得真态，刻画始信天有工……'"

神宗听后大悦："好！果真名不虚传！大宋第一才子非你莫属！朕很高兴，今日特许你与朕对坐而谈，凡事不必太拘礼！"神宗久闻苏轼对变法新政有话说，也想借这个机会，听听他对新政的看法。

苏轼谢恩坐下。听到神宗问及他对新政的意见，苏轼请神宗先恕他直言之罪。神宗笑着说："今日你我君臣之间，可以敞开心扉，但说无妨。"

苏轼终于得到这一难得的机会，心中激动，略微沉吟，缓缓地说："谢陛下。我大宋基业百年余，实属不易，太祖接受大唐教训，杯酒释兵权，行以文治，杜防割据，集权中央，威统四海，可谓洋洋大哉。然则太平承久，弊端渐多，兵多、官多、税多，致使天下积贫积弱。陛下欲维新图强，威加四夷，神明邦国，实为我大宋之福也，天下之幸也。然则要兴先王之业，实现陛下富民强国之志，现行变法不可取。"

神宗脸色不豫，隐忍不发，反问道："以卿之意，该当如何？"

为引起神宗兴趣，苏轼说："治大国分上、中、下三策。"

神宗果然问："哪三策？"

苏轼说："这上策是道法自然，无为而治；中策是纲常并举，有为而治；下策是劳师天下，夺民而治。"

神宗沉吟了片刻，说："上策如何？中策怎样？下策又是什么？"

苏轼说："陛下，天下之事，朝廷有可管者，有不可管者；可管者不管则乱，不可管而管则锢。为政之道，就在顺其自然。所谓自然，就是天下的实际情况；所谓道法自然，必须按照国家的实际情况施政。无为而治呢？并非不作为，而是根据国家的实际情况，顺势而为。说是无为，其实把该做的事情都做好了，也就成了无不为。虽只有一道，但运用之妙，存乎一心。此谓上策。"

神宗听了点头同意，只是觉得有些玄妙，让苏轼以实例相佐。苏轼便直接以现在施行的"均输法"为例，认为"均输法"就是朝廷管了商人的事，违背了商业的自然之道，朝廷成了与民争利的贩夫走卒。官商弊端甚多，仅增加众多官员经商一事，吃皇粮者倍增，官多之弊端又何以能除呢？

神宗对"均输法"之弊不置可否，接着问起中策。苏轼回答说："中策所谓纲常并举，就是以法家和儒家常道并施，勇猛精进，刷新吏治，在祖宗的成法之上时维时新。"

神宗顿时欣喜不已，觉得自己现在推行的新政就属于勇猛精进、刷新吏治的中策，但询问苏轼，却得到否定的答复，苏轼认为现在的新政实是下策。

神宗为之大惊，很是不服气地说："朕爱民之心，天日可鉴，岂是劳师天下，扰民而治？"

苏轼笑着回答说："陛下爱民之心，天日可鉴。但所出新法，与民争利，劳师天下，与陛下的初衷是背道而驰的。单就'青苗法'而言，天下之民，只看到了官府从他身上取二分利，而看不到有何好处。'青苗法'在于周济青黄不接时的民之急需，还上则利归官府；逾期贷款不能还，则有牢狱之灾。况且，强行摊派，富户或无须贷款之户皆纳利息，加之税赋，则天下负担日甚一日，民自苦不堪言，如此则是病民、害民，而非救民、济民。"苏轼顿一顿，接着说："陛下明文规定，不得强派。但是上有所好，下必趋之。陛下喜聚钱，官吏必取钱，为文饰政绩，何事不做？乞望陛下结人心，厚风俗，存纪纲。"

神宗半晌不语，最后他问苏轼："那，朕当以何计？"

苏轼凛然道："徐行徐立，不可操之过急。急，欲速则不达。边改边立，循序渐进，看似势慢，实则为快。圣上正当盛年，此乃国之福也。若去急躁，徐行徐立，大业必成。"

神宗却说："卿言有理有据，切实可行。然而，朕慢不起啊。朕必须迅速改变国之现状。"

苏轼便以扁鹊医病之事劝说神宗："对于重病之人，扁鹊先探病因，后对症下药，不期一朝一夕。为何？病去如抽丝啊！三日不食之人，若一朝暴食，恐有腹破之祸。治国亦如此，陛下不可不察。"

神宗连连点头，然后又问："卿对朕有何评价？"苏轼回答说："陛下生知之性，天纵文武，不患不明，不患不勤，不患不断，但患求治太速，进人太锐，听言太广。"

神宗为之恍然："苏子瞻所献三言，朕当熟思之。"便命苏轼退下。

苏轼走出御书房，发现天色已暗，自己满腔话语终于说出，可是结果却不能预料。看到苏轼出来，张茂则提着一个食盒，赶忙悄悄地走进去。

## 二十七　　谏买浙灯

转眼便是新年，除夕晚上，苏迈和邻居家的几个孩子在院子里放鞭炮。鞭炮声声，一派过年的景象。

书房内，苏轼在桌上画完一张财神像，颇为得意地笑了笑。小莲、采莲、巢谷在一侧围观，小莲窃笑不止。巢谷见苏轼画的财神像没有耳朵，不禁疑问，小莲笑着告诉他，先生是在讽刺王相国只为大宋聚财，而不纳忠言。

苏轼说："今天是大年三十，介甫公已荣升宰相，明日我无礼可送，就送给他这幅画吧。"小莲担心地说："先生，明日王相国家拜年的人必多，这画是要得罪人的！"采莲也劝苏轼不要惹麻烦。巢谷却高兴地自告奋勇，说："子瞻，让我送去，我就喜欢这又有趣又得罪人的事。子瞻，若是没有我，你可有多少事不能做成。"苏轼和巢谷相视大笑。采莲和小莲无奈地摇头。

这时，王闰之出来叫大家吃饭。小莲看见王闰之，立刻收敛了笑容。

屋外的鞭炮声此起彼伏，一家人团团围坐，看着桌上热气腾腾的饺子，苏轼不禁想起远在陈州担任教授的弟弟苏辙……

大年初一的清晨，吕惠卿、曾布、章惇、邓绾、李定、张璪等纷纷到王相国家拜年，王安石一一相见，门口一时热闹如市。王安石看着大门上张贴的桃符，捻须吟诗一首："爆竹声中一岁除，春风送暖入屠苏。千门万户曈曈日，总把新桃换旧符。"

王雱喝彩："太好啦！父亲的这首诗可封天下元日诗之口了！"吕惠卿也称赞说："宰相，这首诗可在我大宋诗林中独占鳌头。"张璪一脸赞叹，竖起两手的大拇指，说："'总把新桃换旧符'，变法大业就是要新桃换旧符，变出一个新天地。"邓绾接口说："宰相，司马光门前的旧符是不会换的。"众人一阵大笑。王安石将众人让进院落，与众人又说又笑，说笑声溢满了整个大院。

这时管家王全手托画卷呈于王安石，说："相公，苏轼托家人送来了一幅画。"

苏轼竟然会送画拜年，王安石惊喜万分，说："哦？快让我等欣赏一番。"于是接过画展开，看到画的是没有耳朵的财神爷，众人大惊失色，王安石也面露尴尬之色。吕惠卿恨恨地说："这个苏轼，太过狂悖无礼！"

苏轼一家人围坐在一起，准备就餐。巢谷送画未归，苏轼让大家等等他。王闰之抱怨他说："大年初一都图个吉利，你却扫了宰相的喜兴，太无礼数了！"小莲低着头不说话。苏轼笑着说明用意："平时尽忠言，他听不进去，大年初一印象深。"

这时，巢谷擦着额头的汗，拎着一卷画走了进来，气愤地说："王安石，欺人太甚也！"说着，将画卷递给苏轼。苏轼展开画卷，画的原是苏轼的头像，但画上的苏轼紧闭双唇。

采莲询问画的意思，巢谷认为那是明白得很，王安石只画子瞻头像，就是要取苏轼项上人头。接着说："子瞻，等我先取了他的去。"转身要走，苏轼急忙拉住巢谷。

王闰之看了画，又听到巢谷解释画的意思，非常惊慌，大声说："你看看，闯祸了吧?！这可怎么办啊？"苏轼不以为然地笑着告诉大家："你们会错了宰相的一片好意。"巢谷却坚称不会有错，这画画得很明白，而且王安石府上的管家王全也是亲口这样和他说的。

小莲微微一笑，指着画，说明宰相的真实用意是叫先生闭上嘴，不要对变法说三道四、论长论短。

苏轼笑着点头称赞，王闰之见状撇撇嘴。采莲劝苏轼说："子瞻，现在朝廷上下，罢的罢，贬的贬，还有几个敢直言新政的？你可不要逞强。"

苏轼正色说："身为臣子，上忧君，下忧民。我以蝼蚁之命，度雷霆之威，无非大则身首异处，破坏家门；小则削籍投荒，流离道路。但事关国计民生，让我闭口不言，万难从命。"

听着这又是死又是贬的，王闰之立刻怨道："你呀，大年初一，说些吉利话！"苏轼严肃地说："遵命。祝夫人长命五百岁，红颜三百八！"王闰之瞪了一眼，说："那是妖精！"小莲也忍不住抿嘴一笑，王闰之多少有些得意。众人在笑声中开席吃饭。

饭后，苏轼想及神宗已批准王安石等专以策对取士的建议，走进书房，一边研墨一边思索，片刻后挥笔如飞……

崇政殿早朝，神宗高坐殿上，众臣分列。新年伊始，神宗心情大好，早朝一开始便命苏轼上殿。王安石等人一惊，司马光和范镇则喜出望外，王珪则强作镇定。

苏轼穿着崭新的官服，昂首步入大殿，叩见神宗。神宗擢升苏轼为殿中丞直史馆判官告院。苏轼谢恩后，神宗接着说："苏轼，朕已看了你所上奏札。你说得很对，学校贡举之事的确难以施行，若真是形成进士半天下的局面，恐将造成更多的弊端。朕拟准你所奏，取消以策对取士的动议。"

苏轼回禀说："圣上能纳谏如流，善莫大焉。"神宗满意地点头微笑，见王安石趋前欲辩，以手阻止，说："朕意已决，不必再讲了。"

这时，王珪灵机一动，趋前启奏，说："陛下，微臣早闻苏轼才华过人，明理善辩，实乃我朝可用之才。开封府推官一职已空缺数日，微臣推举苏轼兼任此职。"

吕惠卿瞬间领会王珪之意，推波助澜地说："陛下，微臣也以为苏轼兼任此职再合适不过。"

神宗点点头，便问苏轼意见。苏轼回禀："臣当鞠躬尽瘁，不负皇恩。"神宗即刻宣布委任苏轼兼开封府推官一职。

退朝后，范镇、司马光欣喜不已，勉励苏轼。

贡举之事因苏轼一状而被圣上否决，王安石愤愤然地率众人回到条例司。曾布不禁说出自己的疑问："苏轼人微言轻，何以一状能动圣听？"张璪却认为苏轼笔如钢铁，舌如巧簧，圣上必然为其所动。

王安石捻须点头，说："我听宫里的人说，苏轼向圣上提出了一整套治国之论。"吕惠卿忙劝谏王安石不可小视苏轼，他断定以苏轼所言所行，日后必为新政大敌。章惇纠正吕惠卿说："我与苏轼是故人，我对他还是有所知的。苏轼并非反变法之人，他只是反对一些做法。"

吕惠卿却说："子厚啊，这正是你这位老故人的奸猾之处。不反变法，圣上自然对他多一份好感。反做法呢，可以从根本上动摇圣心，推翻新政之法。"张璪也附和着说："吉甫兄言之有理。"

曾布向吕惠卿询问他在朝堂上附和王珪推举苏轼任开封府推官的原因。吕惠卿颇为自得地说："王珪深知我心也。京师之地，闹事者甚多，棘手之事堆积如山，让苏轼兼任开封府的推官，等于给他手中放一个烫手的山芋，他接也不是，丢也不是。哈哈，好你个王珪。"说着，扭头对章惇说："只是子厚啊，你是苏轼的故人，有些话可不能对他说啊。"

章惇听后大怒，拍案而起，高声说："吉甫兄，你把我章惇看成什么人了？！宰相，如信任下官，则用之；不信任，则罢之！这等专事算计人的下流阴谋，子厚不忍为也！"

王安石抬手相劝，说："吉甫戏言而已，子厚不必计较。苏轼与我也是朋友嘛。新政初立，圣上又听言太广，像子瞻这等人物，若动圣心，亦非难事。为了变法大业，有时我也……唉，自变法以来，本相故友离我而去者，已有十之八九，岂不痛哉？然而，变法大业，焉能因此而废！"

上元节将至，宫中年年要办灯会。这天，皇宫门口成群结队的宦官人手一只灯笼，鱼贯而入，像是皇宫里流动着的一条灯笼长河，十分好看。吕惠卿、张璪一众站在皇宫朱门前，眼看着灯笼从身边流过。吕惠卿得意地说："变法见效，国库日渐充盈，四海欢腾，今年的灯会要大办，以增喜庆之气。"张璪、曾布、李定、邓绾等纷纷附和，认为一定要比往年办得热闹，皇上必定龙颜大悦，自然对变法更有信心。于是决定命令下面的官吏尽可能多地收灯，越多越好。这就给普通百姓，特别是灯商带来了巨大灾难。

开封府大堂内，苏轼稳坐于"明镜高悬"的匾额下，两班衙役竖持大板立于两侧，大堂外挤满了围观的百姓。一少妇上堂号啕大哭，在苏轼的劝慰下，才在哭泣中陈述出冤情。原来，她丈夫是卖灯掌柜，贷公款置了很多浙灯，本来还二分息，交了税，也还能稍赚点。谁料想，官府命令压价收购，因资不抵债，她丈夫见走投无路上吊死了。自己觉得这是莫大的冤屈，却不知该状告何人。

听完这女子的哭诉，苏轼为之震惊，并亲往店铺探查。店铺里停着一具尸体，盖着白布，店内别无长物，凄惨萧瑟。少妇和灯铺伙计纷纷痛哭。苏轼背着手站在店内，悲悯之情激荡于胸。少妇哭诉："苏大人，我家老实做生意，官府说贷款就贷款，说还息就还息，谁料到他们却在这时候压价收灯，这是要人命啊！"接着不住地哭泣。两行清泪从苏轼的脸上流下来，两个小吏吃惊地看着苏轼。小吏不解地问苏轼为何哭泣，苏轼不答他话，也不拭泪，只是悲愤地看着这空荡店铺中不幸的大宋子民……

安慰罢灯商家人，苏轼一个人走在灯市街上。大多数店铺都已关门，一片冷清。仅开的两三家灯店，店家也都是无精打采，垂头丧气。店家看见苏轼穿着官服走过来，大感恐惧，迅速地关上店门躲避。苏轼知道，他们这是把自己当成追收贷款本息的官员了。

走在清冷无人的街道，苏轼凝神沉思。突然，他抬脚碰到路上一只破旧遗弃的灯笼，便拾起来端详，若有所思。

第二天，崇政殿内神宗临朝。神宗问起上元节灯会的安排情况。吕惠卿忙出班，奏说："陛下，开封府和众官皆云，陛下自兴变法以来，国库充实，已取得不小成效。此时四海欢腾，应当大办灯会，以增喜庆之气。"神宗点头赞许。

苏轼手捧那只破旧的灯笼，出班上奏，说："陛下，微臣有一物伏乞陛下御览。"

神宗命张茂则将灯笼呈上，拿在手中端详，说："一只普通的灯笼，只是破旧了一些。苏轼，此物有何意？"

苏轼回禀说："陛下，此物确是一只普通灯笼，是臣昨日于开封府灯市街偶然拾到的。陛下，正值上元闹灯来临之际，微臣昨日所见之灯市街却人迹罕至，门可罗雀，多家店铺已关门停业。满大街上竟只有这只破灯笼，微臣便拾来呈交陛下。"

神宗有些怀疑地说："关门停业？灯市街何至于此？"

苏轼回答说："陛下，关门停业已算是好的了，现已有卖灯商民，因压价收购不抵官息而自缢身亡。"

苏轼说完，满朝哗然。神宗惊问："什么，朕何时压价收购浙灯了？"

苏轼说："陛下，卖灯之民，例非豪户，举债出息，积蓄经年，衣食之计，全在上元闹灯之日。陛下为民父母，唯可添价贵民，岂可减价贱买？此事至小，体则甚大，有与民夺财之意。"

神宗怒道："上元闹灯，本意官民同乐，扬国泰民安之瑞气，以此害民，岂是朕意！"吕惠卿忙说："陛下，恐是一些不法下官所为，臣也不知。臣等欲隆重办理上元灯节，意在庆贺陛下新政之功绩，并无聚敛之意。苏轼所奏，有违事实。"

苏轼并不同意只是一些不法官吏之缘故，他认为此事之所以发生，皆乃"均输法"之错也！听到苏轼直接批评新法，众官皆惊，纷纷看着苏轼。王安石脸色铁青，但并不言语。

吕惠卿反驳苏轼，说："陛下，苏轼原来是借贱买浙灯之名，行攻讦变法之实。下面几个官吏失职强派，压价收购了点浙灯，他竟借此一举否定整个变法大计。陛下，苏轼一贯反对新政，此是他借题发挥。"

神宗默默不语。苏轼说："陛下，微臣并非反对变法新政，微臣以为变法草率施行，刚猛伤民，以生民怨。贱买浙灯即是铁证。"

吕惠卿还要再说，神宗摆手止住，说："好了，都不要奏了。朕就事论事，苏轼及时奏明此事，甚好。吕惠卿，即刻传旨下去，浙灯立即恢复原价收购，怠慢者严惩。"吕惠卿只好领旨。

散朝后，神宗回到迩英殿，便命张茂则将宫中的灯运往灯市街去，今夜宫里不点灯。太监宫女们在张茂则指挥下，依次把宫中挂着的灯摘下拿走。偌大的迩英殿内只有一支大红烛燃着，神宗独自坐在殿上，陷入沉思之中。

太皇太后在两名宫女的搀扶下来到殿内，示意宫女不要惊扰神宗，她慢慢走近神宗。神宗突然发现了太皇太后，慌忙跪在地上，说："老祖宗，孙儿有失远迎，请恕罪。"太皇太后询问上元之夜宫里不点灯的缘由。神宗回答说："老祖宗，孙儿今日得悉，灯市街的百姓连灯都买不起，孙儿就将宫里所有灯笼都送回灯市了。老祖宗，百姓在上元夜无灯可买，孙儿这个皇帝当得无能呀！老祖宗，孙儿对不起您呀！"说完，神宗伤心痛哭。太皇太后安慰神宗说："孙儿，若你心中装着臣民百姓，上元夜的皇宫又何患无灯呀！"

汴京城灯市街上，一官差敲锣宣告："皇上有旨，浙灯恢复原价，还灯于民，还灯于民！"听到这一好消息，人们纷纷拥到街上欢呼不已。浙灯店铺也重新开张，店商喜笑颜开，人们纷纷上店铺买灯。热闹的灯市街，人流涌动，欢声笑语。街市上挂着各式各样的浙灯，辉映了整条街道。

十几个灯商，也包括前天告状的女子，提着灯笼围在苏轼家门口。采莲不住地推辞，灯商们你一言我一语地坚持让采莲一定收下："是苏大人救了我们。要不是苏大人，我们连家也回不去了。我们无以报答苏大人，只好送几盏浙灯给苏大人过上元节，也好表达我们的心意。"说着便要一起帮忙把灯挂起来。

采莲慌忙阻止，说："不可，不可。我家大人从不私收民财，朝廷不许啊！我家大人要是被御史参上一本，只怕将来想替你们说话也没机会了。"

一灯商说："朝廷不许？御史还参苏大人？难道有天理就没有人情了？"众灯商面面相觑，不知如何是好。采莲见众人一片真情，不忍心完全拒绝，只好替苏轼做主，决定按价付款，买两盏灯。说着，采莲掏出钱交给灯商。灯商本不想收，又不知如何是好。采莲请他们帮忙挂灯，众灯商一起动手把灯挂上。

汴京城里挂起灯笼，街上处处欢声笑语，条例司的人却皆愤愤不已。

吕惠卿咬牙切齿地将一叠文稿摔于案上，大骂："苏轼这个西蜀贼子，可恶至极！"曾布也狠狠地说："切不可轻视这西蜀贼子，他连上两道奏章，皆被圣上采纳，我等一番努力，付诸东流。"

邓绾接着抱怨说："要不是苏轼危言耸听，皇上怎会不点灯呢？宫里黑灯瞎火的，变法正在进行中，你们说多丧气呀！"张璪好似早已料到今日这一幕，老气横秋地说："我早跟你们讲过，范镇不足惧，司马光不足忧，韩维不足虑，就怕这苏轼……唉！"

吕惠卿说："他口口声声不反变法，只反做法，什么徐行徐立、边改边立，这是以退为进、绵里藏针，何其凶险！"他脸色由愤恨转为愁闷，迟疑一瞬，接着说："不过，这苏轼也委实厉害，实在不好对付，须从长计议。对付苏轼一事，你们都不要与相公讲，相公总把他当朋友，反成阻碍。明白吗？"说完，环视众人，众人点头称是。

自此，这群嘴上只关心新法、关心神宗皇帝，骨子里却只关心个人私利的小人开始背着王安石肆意妄为。韩维、苏轼等人所担心的一步步地变为现实。

王闰之、巢谷和采莲带着孩子们推门而出，正好迎着办完公回家的苏轼。王闰之说："今日上元节，我们到灯市上看看热闹去！"苏轼说："你们去吧，我还有一些公文要看。"王闰之有些迟疑："嗯，好吧。表姑，咱们走吧！"巢谷向院里瞟了一眼，也迟疑了一下，抱起苏迨而去。

苏轼走回院子，看见小莲的房子亮着灯，犹豫了一下，走近敲门。小莲在屋内问道："噢，是先生啊，有事吗？我这就要歇息了。"苏轼在门外问："家人都去看上元灯了，你为何不去？"小莲声音有些颤抖地说："我困了，不去了。先生，有事吗？"苏轼支吾道："没……没事！小莲，你能开门吗？"小莲心中迟疑，走到门口，欲开门，终又没开，说："先生，我要歇息了。"

苏轼道："小莲，上元夜，歌舞欢会，你这房门不该这么早就关上的。"小莲回道："先生，谁说上元灯节就不能独享其乐？先生不也是劳形于案牍，却乐在其中吗？"苏轼长叹一声，说："小莲，任我自诩雄辩，却总是说不过你。你这又是何苦呢？也许是我害了你！"小莲泪光莹莹，说："不，先生没有害我，这是小莲的……命！"苏轼诧异地说："你也信命？"小莲回答说："不信命时有命，信命时无命！"

苏轼伤感地喃喃着："无命！无命！"他离开小莲房前，走到院子中，呆呆地站着，仰望天上的明月。小莲熄掉灯，黑暗中隔窗默默地望着外边的苏轼，抚摸着王弗送她的玉镯。

上元冬夜的汴京城，灯市街上彩灯琳琅满目，游人如织，处处欢声笑语。巢谷让苏迨骑着膊马，手牵着苏迈兴高采烈地在前面看灯，王闰之和采莲二人走在后面。王闰之看着热闹的人群，却高兴不起来。采莲陪在她身边，叹了一声气，劝王闰之不要总和小莲怄气，弄得家里整日不得安宁。王闰之却很委屈，认为苏轼对她不好，总觉着他的人和心不在一块儿。

采莲语重心长地说："我明白。子瞻对你好，但是他不只对你好，对小莲也好。你要他放下小莲，除非……除非你比小莲好！"

王闰之又伤心又恼怒地说："男人纳个三妻四妾，本是稀松平常的事，子瞻要娶她，我也不会怎么样。可是你，还有巢谷，你们谁都觉得她比我好。"

采莲立刻指出："这不是谁好谁坏的问题，而是闰之你不懂得子瞻的心！"王闰之很不服气。采莲便问她："那你说说，子瞻是个什么人？在子瞻眼中，你是个什么人，小莲又是个什么人？"

王闰之被采莲问得哑口无言，心中吃惊不已，因为她从来没想过这个问题。

采莲接着说："闰之，我跟你讲。你是子瞻的夫人，而小莲却是子瞻的知己。夫人可以有几个，但知己只会有一个。"王闰之仍是不服气地说："表姑，我看不尽然。她不就是会帮子瞻出出主意嘛，这个我也会。"

这时，巢谷从前面转回来，把苏迈、苏迨两个孩子交给采莲，便辞别回去了。采莲看着巢谷的背影，深深地叹了一口气。

吕府内，吕惠卿正独自下围棋，手拿一枚黑子。门童领着王珪进屋，正要通报，王珪制止，走上前看棋盘。吕惠卿浑然不觉，啪的一声落子，王珪赞叹说："好棋！"

吕惠卿忙起身，施礼问候，请王珪落座，并亲自端茶。王珪接过茶碗，说："吉甫，找我来有何事相商呀？"吕惠卿迟疑着说："禹玉公，找您来，是想与您聊一个人。"

吕惠卿请王珪来，主要是想与其商议对付苏轼之法。王珪早已猜到了几分，现在吕惠卿吞吞吐吐，王珪捻须微笑，直接说出自己的猜测。吕惠卿忙称赞王珪谋略过人，接着说起上次皇上要擢升李定的事，当时朝中居然无一人愿宣旨执行，唯有王珪深明大义，不信谣言，为圣上草写诏书，使李定走马上任。李定与吕惠卿是好友，吕惠卿向王珪深表感激之情。

王珪摆摆手，煞有介事地说："身为朝廷大臣都是替皇上办事，这是分内之事，何需言谢？"听了王珪的话，本欲以私情交接的吕惠卿略显尴尬，讪讪一笑，说："说到苏轼，实不相瞒，我颇感头疼。近日他连上两道奏章，皆是指责变法，干预新政的言论，而皇上居然都听了。苏轼声名在外，在朝中也有一些朋党拥戴，长此以往，我深恐他树大根深，于变法大不利呀。"

王珪谦逊地称自己无才无德，反问吕惠卿为此事找他的缘由。吕惠卿心中生气，暗骂他真是个老狐狸，脸上却挂着诚挚的微笑，说："禹玉公太过自谦也。吕某知道，禹玉公对苏轼一直也是放心不下的。前几次的事，吉甫看得出来。"

王珪心中一震，仍是微笑不语。吕惠卿暗骂不已，更加谦恭地说："禹玉公不必谦让，吉甫愿闻其详。"

王珪见架子摆得差不多了，便说："吉甫权倾朝野，如此高抬老夫，老夫着实受宠若惊。依老夫所见，当今皇上深谙制衡之术，皇上虽施行新政，但亦不愿让王安石大人独大，故皇上需要司马光。有了司马光新政才能更平稳。现在出了个苏轼，他与司马光不同，他希望变法，却又反对今之变法。他站在两派之间，脱颖而出，加之其确实有才气，故而皇上喜欢他。皇上既然喜欢他，吉甫你就不能拿他奈何。"

听着王珪的话，吕惠卿频频点头，决绝地说："禹玉公，若我真要奈何于他，您说该如何呢？"

王珪并不给出具体方法，而是给出大的策略，他说："老夫以为：其一，苏轼人才难得，而且如他所说，并不是根本反对变法。若吉甫能晓之以理，动之以情，与之结盟，则吉甫如虎添翼。其二，若不能说服苏轼，吉甫则要当机立断，痛下杀手，将苏轼逐出朝廷，贬官外放。他离皇上越远，对吉甫你越好。"

吕惠卿不住地称赞王珪有"真知灼见",不愧为三朝元老。接着请王珪推荐游说苏轼的人选。

王珪自陈苏轼从来就没喜欢过他,所以他不可以去游说,最好的人选是正在条例司任职的张璪。因为他是苏轼考进士时的老友、凤翔时的同僚,近年来虽无往来,但旧情仍在。

见吕惠卿略微沉吟,点头同意,王珪嘱咐他不要把自己今日的谈话告诉王安石,有些话只可对吕惠卿说,却不能对王安石说。吕惠卿会意地看一眼王珪,深深点头。

## 二十八　　君子无党

自从上次元宵节灯市听了采莲的话后,王闰之从苏轼书房取了好多经史子集到卧房阅读。这一日,她煞有介事地捧着一本《史记》在读,却不住地打瞌睡,终于昏昏睡去。

采莲进屋摇醒王闰之,看到王闰之手中拿着的书,惊讶地问:"闰之,你怎么也读起书来了?这《史记》,你能看懂吗?"王闰之微皱眉头,很是不服地说:"表姑,你怎知我就看不懂呢?我也是书香门第的大户人家出身,她能读我更能读。"这个"她"自然指的是小莲。

采莲微笑着说:"谁也没说你不能读。现在该准备午饭了,你说做什么饭好呢?"王闰之打了个哈欠,站起身来,说:"表姑,你说读书确是一件奇怪的事,坐着一动不动,却累得昏昏欲睡,真是奇怪。"采莲忍俊不禁。两人一起走向厨房,正好苏轼从前面过来,让烧水沏茶,说是有客人来访。

来访的是张璪。他听吕惠卿让自己来劝说苏轼,心里极度不愿意,百般推脱,却终究不能让吕惠卿相信苏轼不可能被他说服,只好硬着头皮来到苏轼家拜访。

对于张璪的来访,苏轼也感到非常意外,但终究是科考的同年和昔日的同事,还是笑容满面地说:"邃明兄,没想到你竟会来我这里。你现在可是条例司里的高官,我只是一个小小的判官告院,本末倒置了。"

张璪忙赔着笑,说:"子瞻,我早就想来拜访你了,只是公务烦冗,不能成行。"

苏轼感叹说:"是啊,你我当初在凤翔,一天说的话倒比如今一年的话都多。"

张璪故作唏嘘："原来子瞻兄与我一样，都是恋旧的人。今日我冒风寒而至，就是来找子瞻兄叙旧的。"

苏轼一脸严正，早已猜出了张璪的用意。他说："邃明兄此行，就单单是叙旧吗？若是关乎变法之事，我该说的都在朝堂说过了，邃明兄早该知晓了。"

张璪尴尬地说："除了叙旧，别无他事。我们不论时政，只谈情谊。"

这时，采莲端茶上来，苏轼微笑，请张璪喝茶。张璪几次欲言又止，将一碗茶都喝掉后，微笑着说："子瞻，你一定是对吕惠卿大人有所误会，他其实十分赏识你。他时常在私底下对我等说，你是大宋第一才子，将来可堪大用。如今委身于一个小小的判官告院，实乃不得已而屈就。子瞻，你若想有大作为，吕大人是愿意举荐提拔你的。"

苏轼故作惊讶，说："哦，我几次三番反对变法，吕大人倒还愿意提拔我？"

张璪语重心长地接着说："你跟司马光那个老顽固不同，你说过你赞成变法，只是对具体做法略有微词。君子和而不同，吕大人说与你之间只是有所误解，大家谈清楚就好。吕大人愿意与子瞻你化干戈为玉帛，同进退，共祸福。岂不善哉？"

苏轼怒气慢慢涌上来，说："要是我不愿意呢？"张璪仍不死心，说："子瞻，你莫要意气用事。你是才子不假，但你当明白，值此新政施行之际，皇上未必愿用你。但若有吕大人鼎力举荐，我等同人推波助澜，皇上重用子瞻之期则指日可待。"

苏轼拍案而起，大声斥责道："行了！邃明，你竟能说出这种话！你还有半点读书人的尊严吗？你要我与那佞臣奸人结为朋党，你是第一天认识我吗？他们叫你这般说，你就这般说吗？"

张璪一怔，苦着脸说："子瞻，你不要误会了我的好意，除了对你，我还能对谁这般推心置腹？"苏轼摆摆手，说："休要再提了，邃明，不送了。"

见苏轼不听劝说，还下了逐客令，张璪一时无语，尴尬地站起身来，走向门口。苏轼背对张璪，说："邃明，你已不是当年我所认识的邃明，我仍是当年你所认识的苏轼。"张璪一愣，终于拂袖而去。

吕惠卿得知招揽苏轼之举以失败告终，不由得怒斥："小人得势之后便不知天高地厚，把自己看得也太大了！"

崇政殿内，神宗高坐，苏轼、范镇、王安石、吕惠卿、张璪等人在朝。苏轼走出列班躬身施礼，禀明自己有本奏。得到神宗允许后，苏轼愤慨地说："陛下变法图新，乃是兴祖宗大业之壮举，然则实行新法之时，却有诸多有违圣意之怪事。"

自欧阳修和韩琦外放、曾公亮辞官归乡、王安石和韩维拜相后，除了司马光、范镇几人，朝廷便很少有人再指斥变法弊端了。今天苏轼继之前劝谏学校贡举、上元浙灯两事后又一次禀奏变法之怪事，众官都吃惊地把目光一齐投向苏轼。张璪更是眼含恐惧。听到怪事，神宗不禁疑问。

苏轼接着说："南京官府已有人把河渡坊场承包，司农寺也把祭祀阏伯、微子的祠庙卖掉。此乃王业所兴之地，居然变成了贾区！此事若不制止，全国各地官员为聚敛生财，请功邀赏，必然效仿。如此，天下则无神圣可言。"言毕，苏轼从袖中取出奏札，交给张茂则。

神宗接过奏章，打开阅读。宫殿里异常寂静，只听神宗的呼吸声越来越急促。突然神宗手拍龙案，龙颜大怒，高声说："慢神辱国，无甚于此！"

群臣都低下头去，吕惠卿气得脸无血色，狠狠地看一眼张璪，张璪羞愧地低下头。王安石忙出班奏说："陛下，请息雷霆之怒。变法之中，出现偏差，实属正常，只要及时制止，无有大碍，断不可以一处之差而废全局。"

神宗听罢，怒气稍缓。

范镇出班请奏，得到神宗准许后，说："陛下，自施行'均输法'以来，官冗之弊端不仅没有解决，反倒增三成之多，朝廷财政负担愈来愈重，贫民增加一成。如此下去，天下将苦不堪言。况且，官家经商，易导致官员腐败，不可不察。'均输法'准备不足，对其利害估计不足，草率施行，岂不误圣上大业？"

吕惠卿立刻出班，为"均输法"以及新法辩护说："任何新生之事，都不可能完美无缺。时不我待，若等到你这把年纪，什么事都耽搁了，国家等得起吗？你这等挑剔，无非是鸡蛋里面找骨头。"

众人叽叽喳喳地议论。神宗有意放纵大臣争论，并不制止。

苏轼出班批驳吕惠卿说："吕大人差矣！过去汉武帝时，财力匮竭，用商人桑弘羊之说，买贱卖贵，那就是所谓的均输之法。于是商贾不行，盗贼猖獗，几乎天下混乱。今之所谓'均输法'，乃袭桑弘羊之说，有何新意？世上固然没有十全十美之法，但既知其弊，就必欲改之而后安，决不能袖手旁观，使灾祸滋生。见星火而不灭，待其焚屋毁厦而后灭之，又有何益！明知非尽善尽美之策，却要封他人之口！议天下之事，匹夫有责，况复大臣乎？若是吕大人之私事，恐送范公万金亦不屑一言。君为朝臣，忘记圣人之言，耻笑人老，是何操行！吕大人还斥责范公鸡蛋里面找骨头，鸡蛋里若是没有骨头，哪来有骨头的小鸡？"

听苏轼的鸡蛋骨头论，大臣们哄然而笑。吕惠卿一时语塞，一张脸都涨红了。司马光之前批评变法，吕惠卿等人总是百般狡辩，自己又辩不过他们，一直气鼓鼓的，也没办法。今天苏轼几句话就批驳得吕惠卿哑口无言，司马光觉得苏轼替自己挽回了面子，兴奋不已，出班说："陛下，苏轼之言，正可对佞臣！"

听到司马光称自己是佞臣，吕惠卿气得脸都紫了，手指司马光，却不知如何反驳。

冷场片刻之后，神宗仍是就事论事，命王安石查办"均输法"施行中的种种纰漏、弊端，改善"均输法"，然后挥挥手，张茂则宣布退朝。

苏轼与范镇并肩交谈，傲然走下汉白玉阶梯。群臣三三两两地走出崇政殿外，敬佩、畏惧、忌恨的目光一齐投向苏轼。司马光兴冲冲地跑过来，高兴地说："子瞻，奏得好哇！祖宗之法不能变！"

苏轼迟疑一瞬，为难地说："君实公，晚生不敢苟同此论。"司马光为之一惊。苏轼说："自古以来，天下无尽善尽美之法，怎么能不变呢？"一听苏轼赞同变法，司马光立刻翻了脸，大声说："什么！你……你……终究还是介甫之党！"苏轼躬身一揖，坦荡荡地说："君实公，古人云君子无党，苏轼不敢妄称君子，但苏轼无党！"司马光"哼"了一声，拂袖而去。

这时，王安石走过来，怒气冲冲地说："子瞻，你屡次非难新政，司马光之党也！"说完，并不给苏轼解释的机会，扭头便走。

范镇见状，哈哈一笑，说："子瞻哪，你成了风箱里的老鼠，两头受气。不过不要紧，还有我这只老耗子给你做伴嘛！"接着另有一人从后面赶上来，说："还有我呢！"

二人回头，见是右相韩维，大惊不已。韩维是东宫旧人，能持如此政见，实是难能可贵，范镇不住地称赞韩维。苏轼说："韩公和介甫公乃是莫逆之交，怎么不劝劝他呢？"

韩维叹息一声，说："何止一次劝他呀。他是天下第一拗，不惜断绝我与他多年的友谊，发誓要弄出个结果来让天下人看看。"范镇又建议韩维以右相之便劝圣上行稳健之策。韩维听了一脸愁容地说："变法，我乃始作俑者，是我向圣上推荐的介甫啊！奈何介甫尽用小人，我大宋必毁在这帮小人手中。"说完叹息不已……

迩英殿内，神宗凝神沉思。张茂则示意内侍们上热毛巾、热茶。内侍们举玉盘鱼贯而入。神宗取过热毛巾擦拭着手，对张茂则笑着说："朕以为吕惠卿辩才天下无双，却不料他被苏轼数言驳得体无完肤。看来，我朝有人哪！"张茂则施礼说："陛下圣明。陛下有所不知，早在先帝登基之初，就欲擢苏轼为翰林学士知制诰，奈何韩魏公用人老成，一言抑之。始进之年，两次丁忧守制，误于用时。"神宗点头说："朕何尝不知，早在仁考之时，苏轼就对策三等了。"见张茂则眨巴着一双眼，似乎颇不理解，神宗接着说："苏轼难用呀！没事了，你退下吧。"待张茂则退后，神宗神色凝重地在殿中踱起步来。

条例司内，张璪、曾布、李定、邓绾等人围坐在一起。吕惠卿怒不可遏，在屋内走来走去，咬牙切齿地说："苏轼这个西蜀贼子，不仅不识抬举，反而变本加厉。他既要与我为敌，我就奉陪到底。从即刻起，你们盯紧苏轼，他若有半点差池犯在我手上，定要将他贬官外放，永不回朝！"众人点头应诺。

这时，突然从外面传来阵阵打斗和吆喝的声音，吕惠卿眉头一皱，命李定出去查看。

李定走到条例司门口，只见无数衣衫破烂的农民拿着棍棒、锄头等农具与禁军缠斗在一起，一个中年男子在人群中不断地吆喝着，让大家住手，却无人肯听。农民越聚越多，场面越来越乱，还有许多农民冲向条例司大门，高喊"废除'青苗法'""强行摊派，丧尽天良"等等。李定胆战心惊，躲在护卫后面观察局势。终于看到大队官兵赶来，将所有请愿农民围在中央，李定这才走出门来，大声呵斥："放下凶器！不放就用箭射死！"

那中年男子见状，再次高声劝说众农民："乡亲们，放下手中器械，有话好好说，听我的，放下吧。"他在众人心目中似乎颇有威望，农民们也看见围上来的士兵正弯弓搭箭，于是渐渐住手。李定命手下将那中年男子带过来问话。一问之下，李定才知道，中年男子竟然是范仲淹的女婿杜政；众乡亲都是京郊的农民，因为不满"青苗法"的强行摊派，才到条例司请愿，希望废除"青苗法"。李定紧皱眉头，沉思片刻，客气地让杜政稍等，自己去向吕惠卿报告。

吕惠卿一听范仲淹的女婿杜政是挑头人，大叫棘手，张璪等人也低头苦思。李定见众人无语，建议吕惠卿把这个案子交给开封府，让苏轼处理这个烫手的山芋。吕惠卿、张璪等纷纷喊妙。

于是李定命兵丁押着杜政及所有农民来到开封府衙，引得无数京城百姓围观，叽叽喳喳地议论不止。李定走上大堂，见了苏轼施礼问候。苏轼忙起身还礼，说："原来是李大人。你是监察御史里行，不在御史台，来开封府有何指教啊？"

李定说："是这么回事，范仲淹范文正公的女婿杜政，带着一帮农民进京闹事。事情发生在开封府，官宦子弟的事嘛，又属告院管，我们御史台只好把杜政交开封府了，请苏大人秉公而断。"

苏轼满不在乎地说："哦，原来如此。给李大人设座。"

巢谷立即下去，把椅子搬到台下一侧。巢谷没好气地瞪了李定一眼。李定装作没看见，向堂外的兵丁一招手，然后坐下。三十多岁的杜政蓬头垢面,被两个兵丁押了上来,衙役们立即喊出堂威。苏轼问明杜政姓名等,便问为何被御史台押来。

杜政回答说:"大人,自'青苗法'施行以来,州官强行摊派,搞得民怨四起。众村民推举我晋京上告,并非闹事。大人,圣上有旨,不准强行贷款于民,可州府抗旨不遵,该被追究的应该是州官,而不是在下。"

李定"哼"了一声,说:"几百个农民,手拿凶器闯入京师,与禁军动武,又该当何讲!"

杜政说:"大人容禀。这些农民,是到条例司衙门请愿的,怕吃亏,才带上些器械。因遇禁军围打,才发生纠缠之事。"

苏轼点点头,问他是否有州官强行摊派的证据。杜政忙说:"有,有,铁证如山!"这时,几个农民手持状纸,跑进堂来,跪在地上,说:"大人,状纸在此。这是万民书,能证明州官强行摊派一事。"

此事大出李定预料之外,不由慌张起来。巢谷下堂将状纸取了过来,呈给苏轼。苏轼看完,心中有了主意,说:"强行摊派,有违圣意。杜政啊,你可以持万民书上告登闻鼓院嘛,带着一干农民手持器械喧哗于京畿重地,成何体统!岂不有损范文正公的贤名吗?你也是读书之人,枉读圣书。你知错吗?"杜政回答说知错了。苏轼接着说:"现在宣判:强行摊派,有违圣意;农民有怨,实属无罪;杜政敢言,举措失度。判汝守范文正公墓一年,忏悔思过。下去吧。"

堂外围观的群众和被兵丁押着的农民立即高呼起来:"噢!判得好!"杜政磕头谢恩后,走出大堂,被众多百姓簇拥着离去。李定气得蹦了起来,语无伦次地说:"这这这……苏大人,你就这样把人犯放走了?!"

苏轼笑着招了招手,说:"李大人,少安毋躁。"拿着万民书向李定晃了晃,说:"李大人,圣上爱民之心日月可鉴。若看了这万民书,'青苗法'就面临寿终正寝之险,你的恩师就要责你办事不力!"

李定恍然大惊,忙施礼说:"苏大人判案明察秋毫,执法严明,在下告辞了。"说完便在百姓的欢呼声中灰溜溜地离开了。

苏轼并没有将万民书瞒下不报。迩英殿内，神宗打开苏轼奏上的万民书，愁眉不展地仔细看着。张茂则禀报李定求见，神宗点点头，张茂则躬身退下，去传李定。

李定进殿施礼问候，神宗面无表情地命他起身，并问："这万民书是怎么回事？"李定一惊，腹中暗骂了一句，说："陛下，前日有杜政带农民上京闹事一案，此万民书乃当地农民所写。臣在移交此案时，目睹苏大人审理此案。"神宗便问他对此案审理结果的看法，李定不甘心地说："以臣看来，若臣审理此案，抑或如此审理。因为圣上爱民之心，天下皆知，有人强力摊派，有违圣意，自然也就该如此宽释一干闹事之民了。"

神宗对李定的态度甚是欣赏，神色和缓，继续问道："那么，你也认为这万民书乃民众之声了？"李定见终于问到了正题，忙说出刚刚想好的说辞："臣在提问此案时，农民并没有呈递这万民书，因为臣是护法者。而苏轼反对变法，农民自然愿交给苏轼，以为苏轼可以将其面呈圣上。"

听到李定丝毫不关心万民书是否是民心民意，却将问题扯到护变法、反变法上，神宗一皱眉，有些不悦，说："谁呈于朕，皆为次要，重要的是这万民书是民心民意。"

李定心有不甘，继续辩驳："陛下，苏轼是如何想，微臣不知，但此折绝非民意。"神宗更加不悦，说："折子在此，岂能有假？"

李定回答说："陛下明察，杜政乃一小小闲官，何以如此大胆呢？据臣所查，杜政乃是文彦博心腹之人，事发前夕，多次出入文彦博府上。文彦博还接见了几个领头闹事的农民，这些人皆是受文彦博的暗中操纵。像这样的万民书，匹夫小人们就是造十个、二十个也能轻易做到。"李定竟然从杜政、文彦博的交往中推断万民书是伪造的，神宗也不禁动容。李定看在眼里，接着说："陛下，政府贷款，则大户上等人家就不能放高利贷，自然堵塞了他们兼并土地的方便之门。文彦博这些老臣以世家大族之利为重，心中哪里还有君王、国家、百姓！他们口口声声为民是假，切切实实为己是真。不然，他们对'青苗法'不会有切齿之恨。"

"青苗法"确实冲击了世家大族的利益，其目的之一就是使小农小户避免因为还不起向大户借贷的钱财而将抵押的土地转让，从而抑制土地兼并。李定以阴谋论将这些和万民书联系起来，来论证其为伪造，不能代表民意。年轻的神宗深以为然。

这时，张茂则禀告苏轼在殿外乞求见驾。神宗命人宣他上殿。

苏轼神色庄严，大步流星地走上殿来，与李定眼神一对。李定为之一凛，低下头去。苏轼施礼后说："陛下，微臣有奏札呈上，奏札名曰《上皇帝书》，是微臣近日来对变法弊端与民怨所做之总结，伏乞陛下圣鉴。"

张茂则将苏轼的奏札呈给神宗，神宗并不高兴。他想打开看，又似不愿看，处于一种矛盾两难之地，便命他二人先退下。

李定怒气冲冲地回到条例司后，大骂苏轼："苏轼贼子，欺人太甚也！竟将我玩弄于股掌之间，他以那群暴民所写的万民书要挟于我，转手就呈给皇上，幸好我见机较快，将此事搪塞过去。他竟然又当着我的面把诋毁变法的《上皇帝书》呈给圣上。吉甫，若我等再作退让，只怕会误大事。"吕惠卿也生气地哀叹："原来我等是作茧自缚。"

曾布低声说："我有一计，可扭转局面。"见众人引颈恭听，他接着说："我等之中，能夺苏轼锋芒的只有一人。"众人你看看我，我看看你，皆不语。吕惠卿说："是宰相。"见曾布点头称是，吕惠卿接着问他："那子宣，你以为宰相该怎么做？"

曾布回答说："宰相若以退为进，以守为攻，苏轼自然退却。"吕惠卿心领神会道："对，宰相若主动向陛下提出辞呈，反倒坚定圣上变法之心，苏轼如何鼓噪都无济于事。"邓绾也附会说："对，圣上最敬重急流勇退，有高位而不就，视显爵如粪土的人。宰相越是急流勇退，陛下越是舍不得！"

之后几人便猜度为人端直的王安石会不会这么做，几人决定轮流竭力劝说王安石。

迩英殿内，神宗正在蜡灯下看苏轼奏札。奏札写道："……这等变法，民忧军怨，吏制解体，实是祸乱之源……"神宗越读越不高兴，将奏札合上，起身踱步，寻思："这个苏轼，几天就上一道折子，全是说变法之害的。直谏也不是这个直谏法！实在令朕不堪烦扰！"

这时，张茂则禀告王安石求见。神宗心想王安石此时求见很可能是为了变法之事，犹豫片刻，便命人宣他入殿。

王安石进殿施礼后，说："陛下，这些时日来，反对变法者日多，且花样翻新，惑人耳目。微臣实在不堪重负，常常暗夜徘徊，甚至想过辞官而去，中止变法……可此时微臣看陛下如此为民痛心，微臣有愧……微臣实不知说什么好！陛下恕罪！"

神宗听到王安石的话，既感动又惊讶，说："卿何出此言？朕从未想过不行新法！"王安石道："陛下圣明！陛下既如此想，那些污蔑新法的言辞就不可全信！反对新法之人也要慎用啊。"神宗略微沉思，点头同意王安石所讲，并说："但要彻查各地官员是否有强迫贷款的。若有，严惩不贷！"

王安石领旨告退。神宗瞥了一眼苏轼的《上皇帝书》，然后扔在一边。

夜色弥漫，吕惠卿和王珪在吕府院外散步。吕惠卿叹息一声，很是无奈地说："禹玉公，苏轼难办呀。我向他示好，他说君子无党；我为难他，他反而使我加为难。"

王珪苦笑着说："吉甫，满朝之中，就数我吃他的苦头最多，我也最了解他，老夫早就和你说过，苏轼非等闲人也，要小心防范他啊！"

吕惠卿心中暗骂王珪狡猾、无耻。他从来未说过小心防范苏轼的话，笼络苏轼的主意反倒是他出的，现在又来说这种便宜话。但吕惠卿脸上并不表现出来，只是恨恨地说："苏轼借着皇上的恩宠，反变法之势愈演愈烈，引人效尤，人心必会大乱，任其闹下去，我等将置身何处？"

王珪捻须微笑，说："苏轼，才大而无心机，对苏轼，要避其锋芒。你强，他更强；你避开他，他无事可做，自己就会出错。吉甫，你要给他机会让他自己出错。"

吕惠卿恍然大悟，脸上满是佩服，嘴上不住地称赞王珪，说："有理，有理，禹玉公所言甚是。那禹玉公你的意思是……"王珪只说了一个字："等。"吕惠卿心领神会，二人相视而笑。

品尝了吕惠卿特意准备的美酒佳肴之后，微醉的王珪辞别吕惠卿，上轿回府，命轿夫缓慢前行。忽听路边的几个书生正在说开封府乡试一事。一个书生说："听说了吗？今年开封府乡试的题目由苏轼大人出。"另一个书生接着说："以苏大人旷世之才，想必能出个不同凡响的题目。"王珪忽然喜上眉梢，心生一计，命令轿夫快去苏轼家。来到苏轼家一问，才知道苏轼尚未归家，王珪辞别，又赶往开封府衙。

　　开封府大堂内一片寂静，昏黄的烛光下，苏轼正专注地批阅公文。王珪出现在堂前，仿佛不愿打搅苏轼，缓缓向堂上走去，表情平静，在灯影中显得苍老而忧伤。苏轼专心致志地阅读文件，并没发现王珪的到来。

　　王珪走到案前，看着苏轼，更显慈眉善目，低声说："子瞻，这么晚还在阅览公文？"苏轼也不抬头，随口答应一声。王珪又叫了一声"子瞻"，苏轼回答说："知道了，你先回去吧，我还有公文待看。"忽然发觉来人的声音有些特殊，这才抬头看见了一脸慈祥的王珪，一时不能相信，迟疑着说："是……老师，老师你怎么来这里了？"说着，苏轼起身让王珪坐，但不知道该说什么。王珪坐下后，说："子瞻，我去你府上找过你，家人说你在这里，我便找来了。"

　　苏轼说："老师，深夜而至，不知找晚生何事呀？"王珪却说："子瞻，也无大事，你忙你的。"苏轼含笑不答，只等着王珪的下文。

　　王珪便故作深情地说："子瞻，近些日子，老夫一直在看你。你为民请命，还灯于民，力抗变法，解救杜政，言老夫所不敢言，行老夫所不能行，老夫真是感佩万分啊。而反观老夫，顾影自怜，垂垂老矣，这半生功名富贵，皆为浮云。子瞻，以前老夫为难你的事，你莫要怪罪啦。你毕竟还年轻，而老夫已是老朽了……"王珪说到此处，竟掩面抽泣起来。苏轼被王珪的哭声打动，有些不知所措地说："老师，你何必这样，晚生不知如何是好了。"

　　王珪渐渐止住哭泣，低声说："子瞻，你不必管我。子瞻你要答应我，莫要为以前的事怪罪我。"听到苏轼说自己生性就不会怪罪人，也没恨过谁，王珪以袖拭泪，偷看苏轼，见他神色诚挚，就接着说："子瞻真乃宽厚之人，老夫又佩服几分。不瞒子瞻，你对变法之见，立足于民，老夫以为甚对。今日老夫路过开封府门前，听人说子瞻要为乡试出题，老夫心想，子瞻何不以变法为题，让天下书生皆论变法，以达圣听，岂不妙哉！"

苏轼点点头，说："对呀，我正为乡试之题犯愁，老师此语倒是提醒了我。"

昏黄的烛光下，王珪看着苏轼，眼神中充满鼓励，说："老夫就知道，天下敢出此题者，唯子瞻耳。"见苏轼坚定地点点头，王珪便起身告辞，苏轼送他出门上轿。坐在轿中，辞别苏轼，放下轿帘，王珪嘿嘿一笑，哼起了小曲。

## 二十九　　一道试题

苏轼回家后，采莲端上饭菜，一家人围坐在桌旁开始吃饭。王闰之却仍举着《史记》在读，口中念念有词，与其说在读书，不如说是想让别人看见自己在读书。苏轼专心吃饭，并没注意王闰之。王闰之故意咳嗽几声，希望引起苏轼的注意，苏轼也不理会。王闰之又故意举书靠近苏轼，却不慎碰倒了苏轼的酒杯。

苏轼嗔怪："吃饭就吃饭，看书做什么？"王闰之没好气地放下书，嘴里嘟囔着。采莲和小莲都竭力忍住笑。此时巢谷走了进来，坐下来端起碗筷，对苏轼说："子瞻，公文交给王大人了，他让我问你，开封府乡试的题目如何了？"

苏轼回答说："还未想好呢，我自去跟他说，巢谷兄快吃饭吧。"巢谷正要吃饭，却看见小莲几个笑容满面，觉得奇怪。

饭后，苏轼来到书房，铺纸挥毫。他为今年开封府乡试拟了两个题目，写完后沉思到底选哪一个，迟疑不决，便叫小莲过来参谋。小莲进屋看题，沉吟不决。王闰之故意进屋，一边收拾东西，一边听二人对话。小莲意识到王闰之在屋内，因此不自然起来，说："先生，我以为这个题是万万不能取的。"苏轼看着小莲指着的试题："齐小白专一任用管仲而霸，燕哙专一任用子之而败。事情相同，而结果不同，是何缘故？"随口读出后，问小莲此题不能取的原因。王闰之仔细听着苏轼读出的题目，似在琢磨着此题的意思。小莲说出她的担忧，因为此题影射当今变法过于直白，恐招言论之罪。

苏轼点点头，说："你说得有理。但此题若能引发开封府书生广发议论，其实是有助于圣听的。于我，则凶；但于国于民，则大吉。"

小莲并不同意苏轼所言,说:"先生这样讲,其实有失偏颇。若此题一出,言论激进,惹怒圣上,恐怕因小失大,欲速不达。"

苏轼回答说:"话是这么说,但变法之害此时已愈演愈烈,若不行非常之举,怕是无用。"

小莲说:"先生说得自然不错,但此事还须从长计议,不可操之过急。"

苏轼沉吟不语。一直侧耳倾听的王闰之则撇撇嘴。

苏轼回到卧室,坐在桌边思考两道题目的取舍,终于在沉思中睡去,鼾声如雷。王闰之过来准备叫醒他,却看见桌上的两张试题纸以及一个封试题的官用信封。王闰之拿起那张小白、燕哙的试题,心想:"这试题怎么不好?《史记》里都写过这几个人的,既然《史记》都写过,就不会有错。皇上知道我家先生是为他好,一定懂得先生用心的。皇上又不是女人,哪里会这么小气?你说不好我偏说好,你说不行我偏说行,什么从长计议,先生为民说真话,片刻都不能耽搁。"想着,把试题封入信封,装好,并把另一试题扔掉,得意地笑了笑。

第二天早晨,开封府衙内,苏轼坐在堂上,把手中信封交给考官。

考生们走出考场,议论纷纷。一个书生说:"苏大人怎么出这么一个题目呀?所影射者太过明白了。"另一个书生也说:"不知道皇上看到这个题目会如何想呀?苏大人的胆子也太大了。"其他书生也三三两两地聚在一起小声议论着……

神宗皇帝见到苏轼出的试题后大为光火,将王安石、吕惠卿、王珪、司马光、韩维、范镇等召到迩英殿,手扬着试卷,大声说:"好个苏轼,朕放任于他,他竟虚骄恃气,越发放肆了!这出的是什么题目,这不是影射朕独断专行吗?!好大的胆子!这朝廷他是不能待了,贬放外地吧!"

韩维说:"陛下明鉴,苏轼讲春秋战国时期,晋武王平吴国,以独断专行而失败,齐桓公坚持己见,任用射了自己一箭的仇人管仲而称霸,并不是说独断专行不好,而是说要看情况而论!"

神宗仍怒道:"理虽如此,但这样的题目,有谁会以为他说的不是朕呢?苏轼有替朕想过吗?他是图一己之快,想出风头,此人不堪大用。"

吕惠卿见神宗气得不轻，又反驳了韩维的辩护，意识到这就是自己盼了好久的机会，忙正色说："陛下明鉴，苏轼太不识体统，草率轻浮，不宜在朝为官。"

范镇反驳吕惠卿，说："陛下，苏轼德才兼备，有安邦治国之才，可堪大用也！"

韩维接着说："陛下，苏轼忠君之至，以致不择言辞，乞望陛下原谅！"

神宗怒气不减，站起身来，大声说："这已不是第一次了。上次他给朕上的那个万言书，言辞疾厉，把变法贬得一文不值，以朕为懵懂顽童！而且忠君……忠君也要有个忠君之法！"

王珪见韩维、范镇屡劝不成，神宗又气成这个样子，知道这次苏轼彻底没戏了，决定使出撒手锏，放上那最后一根稻草，于是出班奏说："陛下，谢景温已上书弹劾苏轼，说是苏氏兄弟二人在回西蜀为父守孝时，用灵柩之船贩运私盐，大赚其利。"

神宗更加生气，高声说："竟有这样的事！他竟是营私之吏，何忠可言？！"

司马光一惊，躬身说："陛下，这纯属栽赃陷害，说子瞻不拘小节、恃才傲物我信，说他贩运私盐，我不信。"范镇、韩维也都表示不信苏轼会做出此等小人行径，并认为此事尚未查实，不可轻下断言。

神宗踱步，略微沉吟，说："幸亏尚未查实，若是查实，就不是贬官外放了。"

一听神宗要外放苏轼，范镇急忙劝阻，神宗气呼呼地说："为何不行？朕非外放他不可。"

王珪立刻站出来支持神宗，恭恭敬敬地说："陛下息怒！陛下息怒！陛下，普天之下莫非王土，取舍由君，臣不能言。"

范镇狠狠地瞪了一眼王珪，高声说："陛下，苏轼不能贬！今陛下唯王安石诸人之言是信。谀附安石者谓之忠良，攻难安石者谓之谗慝。满朝文武敢直言者都被排挤出京了。苏轼再走，朝廷里一个敢直言的官员也没有了。言路一堵，人主则不明，天下何事不生？陛下乃英明之人，何以对此大是大非失察？忠言逆耳，臣之所为，明似保苏轼，实为保陛下。望陛下三思而后行。"

神宗大怒，猛拍龙案，大声质问范镇："范镇，难道王安石和力主新政的锐进之人都是奸臣吗？"

此时，一直没有说话的王安石出班奏说："陛下，臣为变法殒身不恤，鞠躬尽瘁，却落得范镇如此诘难。陛下，臣心力交瘁，不堪重负，请求辞官回家！"吕惠卿也急忙附和一同请辞。

见他二人请求辞官，以退为进，近乎要挟神宗，范镇怒目圆睁，不加思索地说："是忠是奸，迟早水落石出！王安石虽非奸臣，但他秉性执拗，迟早有后悔之日；陛下与王安石所重用新进，巧言令色，机诈百出，一味迎合圣上，看似百依百顺，实则欺圣上年轻识浅，将圣上玩弄于股掌之上！"

神宗气得发抖，将龙案上的文房四宝、奏札推到地上，吼着："够了！来人！"指着范镇说："朕……朕年轻识浅，朕……朕被人玩弄于股掌之上？！你正好在这里倚老卖老。好，我就再识浅一回。"张茂则急忙进来，见此状况大惊失色，吓得浑身哆嗦。神宗大声命令他把范镇押到御史台，以忤逆罪论处。范镇毕竟是三朝元老，听到要将范镇捉拿下狱，张茂则不禁惊得略微迟疑，神宗低声说："你……你也想抗旨？"张茂则醒悟过来，忙说遵旨。

范镇"哼"了一声，说："微臣早知有此下场！"说完，昂首走出。神宗一下瘫倒在龙椅上，命王安石、韩维等人退下。

不久，这件事就惊动了曹太皇太后，她在高太后的搀扶下走入迩英殿。神宗慌忙跪在地上，说："老祖宗，孙儿有失远迎，请恕罪。"太皇太后面露愠怒，让神宗平身。太皇太后待神宗站起来后问："怎么，你要将范镇下狱？"神宗流下了泪，说："范镇忤逆，无视天子，可恶至极！"

太皇太后沉着脸，说："你这是气话呢还是真要这么做？"神宗略微迟疑，说："请老祖宗垂教。"

太皇太后说："仁宗帝时，有三个钢铁人物，一个是铁面御史包拯，一个是铁面御史赵抃，再一个就是被仁宗帝褒奖为一肚子钢铁的范镇。当年，为了使你的父皇继位，这三个人冒死力谏，不惜被罢职，竟与仁宗帝吵了起来，相比之下，你这点小委屈算得了什么！包拯已去世了，范镇、赵抃已是老年，他们为了你的江山子民，殚精竭虑，这是你的福分。你竟然是非不分，想把这三朝元老股肱大臣投入大牢，你要做暴君吗?!"

听到太后说得如此严重，神宗吓得马上跪于地上："老祖宗，孙儿知错了。"

太皇太后慈祥地扶起神宗，说："你知道这样做的后果吗？孩儿啊，你要记住，你不能离开范镇这些元老忠臣，因为他们不想从你这里得到什么。而那些一味奉承迎合你的人，就不一样了。孩儿啊，整个大宋江山压在你的肩上，你也不容易。可你别忘了，谁是君子，谁是小人，亲什么人，远什么人，靠什么人，用什么人，这是当好皇帝的不传之经啊！记住了吗？"

神宗抹着泪说："老祖宗，孙儿记住了。"

随后，太皇太后和高太后亲自到监牢中，将范镇放了出来。

御史台内，邓绾、李定正在得意忘形地互相吹捧着，原来正是他二人指使谢景温诬告苏轼贩卖私盐。李定竖起两手的大拇指，敬佩地对邓绾说："文约兄果然'计'高一筹。"邓绾嘿嘿一笑，不无得意地说："苏轼的文章再好，学问再大，也经不起私盐这盆污水。圣上最讨厌的是要官之人，最恨的是营私之吏。"李定也恨恨地说："我就瞧不起他一贯傲慢。"

话音刚落，张茂则走进来，说："圣上口谕。"二人慌忙施礼候旨，张茂则脸上露出鄙夷之色，说："敕。查苏轼贩运私盐之事，查清后速来呈报。钦此。"待二人说"臣遵旨"后，张茂则转身离去。

苏轼贩运私盐之事，本就是他们编造出来的，现在皇上让彻查这无中生有之事，李定顿时犯了愁，也有些慌了神，问邓绾："我等应怎样回禀圣上呢？"邓绾不以为然地说："这有何难。就说，当时确实有一条运盐的船与苏家所租的灵柩船停靠在了一起。经过查证，这是转运司运盐的公船，是举报人弄错了。"

李定不禁拊掌赞叹道："妙！对，就这么说。"

邓绾略微沉吟，低声说："不过，现在不要急于回禀圣上。就说，西蜀路途遥远，查清尚需时日。等过一段时间，挑圣上正忙的时候，再把结果回禀圣上。那时苏轼已经上贬官船了！"二人看着对方，彼此心领神会，相视一笑。

御史台外，张茂则听到李定、邓绾的笑声，"哼"了一声，对身边的小太监说："我就不信，这样的人能有好报！你们以后小心着，免遭报应！走，我们去苏轼家传旨。"小太监点头答应。

张茂则持圣旨来到苏轼家大门口。宣旨完毕，苏轼接过圣旨凝思，自言自语地说："皇上命我到杭州任通判，这是贬我呢，还是升我呢？"

张茂则意味深长地笑笑，说："咱家不知！苏大人，南方风暖，不似汴京水冷，还不尽快上任！"

苏轼拱手谢过张茂则，张茂则带小太监回去。苏轼站在院子里沉思……

第二天，苏轼到开封府衙将公文、官印交割完毕，回到家中，吩咐采莲、巢谷、小莲等拾掇行李，准备前往杭州。王闰之见状又大哭起来，边哭边说："都是我的错，都是我要逞强，是我把试题装进去的，是我害了先生你，你把我休了吧。"这些话王闰之昨天哭哭啼啼地说了一夜，苏轼怎么劝也不管用。现在见她又哭诉起来，苏轼微微一笑，说："夫人，怎么老说这些话啊。此事不怪你，我其实早已决定，你不出题，我也会出。我命中该有此劫，与你无关。"王闰之仍是痛哭不已。

采莲收拾好自己的行李后，又帮苏轼将他夫妇二人的行李打点好，就来到小莲房内，想帮小莲拾掇，却发现小莲神色憔悴呆呆地站着。采莲询问小莲为何还不拾掇，小莲却说她想留下来，不去杭州了。采莲大吃一惊："什么？姑娘，你要留下？"转念心中却也明白几分，又不知该说些什么，只好摸摸小莲的头，转身走出去。

片刻后，两眼红肿的王闰之走了进来，见小莲呆坐着。王闰之说："姐姐，能告诉我你为何要留在汴京吗？"

小莲站起身，说："夫人，小莲说过多次，夫人该叫我小莲！夫人，小莲在先生家多年，让先生和夫人操心，这次去杭州，先生家境不宽裕，再说还有表姑照顾你们。故而……小莲不想去杭州了。"

王闰之忽然号啕大哭，低声说："姐姐，你说的什么话啊！子瞻离了你能行吗？平时都是我心眼太小，姐姐你千万不要跟我一般见识。我怎么能跟你比呀，你有学问，脾气好，待人心善。我是想跟你比，可我不仅没帮上子瞻，反而害了他。姐姐，到今日我才明白你对子瞻有多重要，对我们全家有多重要！你是我们的亲人，你不能留在这里！姐姐，你要是记恨妹妹，妹妹给你赔礼了。"说着跪下身来……

经历这一风波，王闰之终于明白自己和小莲的差别，也心甘情愿地承认这种差别，所以才说出这番话来。小莲扶王闰之不起，自己急忙跪下，二人相抱哭泣。

熙宁四年（公元1071年）七月，汴京码头的汴河酒家内，范镇、韩维、司马光为苏轼送行。苏轼站起，举着酒杯说："苏轼先干为敬，谢诸公对我苏某的护爱！"说完，一饮而尽。

司马光呵呵一笑，说："子瞻，这次我可是没有护爱你啊！我是敬佩你的为人。你明知皇上好恶，却又不假辞色，不事逢迎，专逆龙鳞，岂不可敬！"

范镇摆摆手，忙说："君实你天天编史书，此言却差矣！苏子瞻并非专逆龙鳞，不过是据实而奏，因情而发罢了！"

司马光初时一怔，听完范镇的话，恍然大悟，深深点头。韩维也称赞说："好一个'据实而奏，因情而发'，来，为此干杯！"众人共同举杯，一饮而尽。

苏轼接着低声说："我苏轼生性愚直，历久不改，真怕拖累了诸位。范公，您不该为晚生顶撞皇上啊！"

韩维道："子瞻此言也不对。范公并非是为你顶撞皇上，而是为大宋顶撞皇上，为了皇上而顶撞皇上！"众人听了韩维的话，纷纷点头同意。

这时，范镇说："我已经给圣上递交了辞呈，准备辞官养老去。"众人吃惊不已，苏轼更是"啊"的一声喊了出来。范镇接着说："我这辈子，干过召试学士院、开封府推官、起居舍人、知谏院，当过翰林学士兼侍读、银台司、左执政，官职一大把，没意思了，又遇到这个时局，该向皇帝乞骸骨了！"司马光皱着眉，劝他不要告老还乡，因为范镇一走，朝中恐怕没有人能坚持正言了。范镇摆摆手，说："六十七了，该活埋了。我在给圣上的辞呈中言道：陛下有纳贤之资，大臣进拒谏之计；陛下有爱民之性，大臣用残民之术。"

听了范镇的话，苏轼激动地站起来，高声说："说得对！人说苏某的文章泼辣，今日与恩师一比，那是小巫见大巫了！我敬恩师一杯！"

司马光也大声说："说得好！范公，我有个提议，不管谁先死，未死的人给已死的人撰写碑文。"范镇爽快地答应，韩维也加入其中。

苏轼想及自己外放而范镇请辞归乡，感伤不已，哽咽着说："诸位大人，今日为苏某饯行，虽非生离死别，但苏某……"

范镇语重心长地说："子瞻啊，朝局险恶，在朝者前途未卜；你虽在外，也要好自为之啊！"苏轼躬身施礼谢恩师教诲。

苏轼与王闰之、小莲、巢谷、采莲等登船启程，一家大小立在船头向众人揖别。苏轼仰望蓝天，叹息不已……

迩英殿内神宗正在阅读苏轼的万言书奏折，不住地点头叹息。张茂则呈上茶水，禀告说："陛下，邓绾、谢景温他们调查苏轼贩盐的事已有结果，当时苏家所租的灵柩船是与一条转运司运盐的公船停靠在一起，所以是举报人弄错了。"

神宗"哼"了一声，道："朕早就知道，苏轼哪里是贩运私盐的趋利之徒啊。"放下札子叹息着说："唉，这么好的文章，以后是看不见了。"

张茂则很是不解地问："既然如此，陛下又何以将其外放呢？"

神宗无奈地笑着摇了摇头，说："不是朕外放他，是他自己外放的自己。"说完，望着远处，叹了一口气。

此时的苏轼正独立船头，两岸杨柳树上传来的知了声不绝于耳。苏轼手拿酒杯，醉醺醺地眯着眼睛，倾听那知了的叫声，突然放怀大笑，自言自语地说："哈哈，吉了吉了，既然都了，我何不了？"

王闰之和小莲正在船舱引着苏迨蹒跚学步。苏迨逐渐走出船舱看见了苏轼，喃喃地说："爹爹，我想走路。"

苏轼醉醺醺地蹲下身来环抱苏迨，说："是啊，迨儿，你都三岁了，该学会走路了。可是迨儿，你知道走路有多难吗？爹爹都四十岁了，还没学会呢！"说完，松开手臂，躺到甲板上，两行清泪从眼角流下来，流过他已显斑白的鬓角。苏迨以他那清脆的牙牙学语声说："爹爹，你哭了。"

自苏轼外放杭州，司马光便抱病不朝。反变法之言渐趋式微，王安石、吕惠卿的变法主张得以畅通无阻地推行。吕惠卿也觉得此时耳根清净，美妙无比。这正是他们处心积虑以求的局面，但又觉得有一丝遗憾挥之不去，因为如今这朝上全无以前的生气。皇上都快睡着了，没人跟他们吵了，真有些不习惯。他向王安石说出了自己的想法。王安石摆摆手，说："吉甫，我等专心施行变法，不必在乎其他。"

吕惠卿忙点头称是，说："你说这个苏轼吧，他在朝上，你烦他，怕他，恨他；他不在这朝上了吧，可真冷清，倒又有几分想他。"

王安石哈哈一笑，说："吉甫，你说了一个活脱脱的苏子瞻。他如今已到杭州了吧？"吕惠卿略一计算，说："他此刻应该到颍州了，也许正在田间竹林中拜访故人呢。"

吕惠卿所言颍州田间竹林中的故人，就是苏轼的老师、北宋文坛领袖——欧阳修。

九月，颍州西湖亭内，白发苍苍、穿一身员外服的欧阳修正在饮茶看书，身旁立着的童子在不时地打着盹儿。欧阳修见童子如此困状，笑着说："童儿，坐在那儿睡一会儿吧。"童子听到欧阳修的话醒转过来，很不好意思。

欧阳修摆摆手，不以为然地说："没什么，老夫也是从你这么大过来的。若年轻人不知秋乏打盹儿，岂不怪哉？睡吧睡吧。"童子说："老爷您还要饮茶呢。"欧阳修说："老夫自己来。"

童子坐在一旁的石鼓上又问："老爷是天下文人的领袖，是最有学问的人了，怎么还是手不释卷呢？"欧阳修笑着说："学无止境啊！"

这时，两个白衣书生来到亭子的不远处。一个说："柳兄，如此好景，不能无诗啊。"另一个说："然也。你我兄弟二人好歹也是秀才啊，不赋诗一首，就太对不起这颍州西湖了。杨兄，咱们各来一首七绝如何？"那杨秀才说："好啊，请柳兄先吟吧。"

只听柳秀才清了清嗓子高声朗诵:"兴高采烈下颍州,把扇轻摇来此游。看尽西湖一片光,烟波无处不风流。"杨秀才忙喝彩称赞,说:"好诗!即使那文坛领袖欧阳修在,也不过如此。"柳秀才拱拱手,说:"承蒙夸奖,该你了。"

杨秀才也清了清嗓子,摇头晃脑地高声朗诵:"我到西湖做客游,西湖本该在杭州。碧波万顷空然在,何处佳人楼上愁。"柳秀才以扇抵掌,大声称赞:"好诗,好诗!"

欧阳修望着二位酸秀才,忍俊不禁,直摇头。童子撇着嘴,低声说:"关公面前耍大刀,蚂蚁不知天多高。"

听到童子的讽刺,柳秀才大为不满地说:"童子,你为何轻蔑读书之人?"

童子不屑一顾地笑着说:"像尔等这样的诗,不出一个时辰,本人能写一箩筐。"

杨秀才大声呵斥说:"好大口气!"转头看着欧阳修,说:"请这位老先生评评,我等的诗虽不及唐朝的李杜,也不亚于本朝的欧阳修呀。老先生,你说呢?"

欧阳修点点头,微笑着说:"嗯,诗很好,十分好。"他特别重读了"十分"两字。

两位秀才大喜,柳秀才冲着疑惑不解的童子说:"如之何?小孩子要学会尊贤敬老。"杨秀才自负地对欧阳修说:"老先生,你倒不俗。能看出我等的诗十分好,你且说说好在何处呀?"他听到欧阳修特别加重"十分"两字的读音,以为他必有深意,所以询问。

欧阳修放下书,笑着说:"九分朗诵,一分诗。"童子咯咯地笑了起来。

柳秀才发觉自己被开了玩笑,恼怒不已,大声说:"咦!你这老先生,好不自重,你这等狂妄,你也来一首,让我等听听。"

欧阳修站起身,面对一湖碧水,立即吟起诗来:"一勺西湖水,大名耀九州。鸟欢犹识客,君独不知羞(修)。""羞"和"修"是同音字,既指两位书生不知天高地厚、不知羞耻,又指他们在当朝文宗欧阳修面前卖弄斯文而不自知。

柳秀才更加恼火,指着欧阳修说:"你这先生,为老不尊,为何骂人?!"杨秀才也大摇其头，哀叹着说："真是斯文扫地！"

突然，苏轼从远处疾奔而来，不住地叫着"恩师"。欧阳修大吃一惊，听出了苏轼的声音，回头一看，果然是他，急忙迈老步迎了上去。苏轼跪在地上磕了一个头，叫道："恩师！"欧阳修伸手把苏轼扶起。

童子瞥了一眼二位秀才，语气中满是蔑视地说："你二人才是真正无礼！这位老先生就是我家大人欧阳修，说你们不知'修'，难道还有错吗？这跪下的是他学生苏子瞻。"二位秀才听说是欧阳修和苏子瞻，惊愕不已，"哎呀"一声，拔腿就跑。

欧阳修师生二人眼里噙着泪花，久久不语。苏轼首先打破沉默，说："恩师，看看你，艰难苦恨繁霜鬓。"

欧阳修叹息一声，说："岁月催人，焉得不老。子瞻哪，听说你也被贬了？"苏轼点了点头，笑着说："圣上爱臣，发配天堂，不算贬。"欧阳修慨然大笑，大赞苏轼，拉着他回家。那小童子忙收拾书卷、茶壶等物，快步跟上。

在童子的引导下，苏轼一家人来到欧阳修的住所。苏轼环视左右，见简陋不已，便十分感伤地说："恩师，这就是你的家？"欧阳修慨然地说："不好吗？修竹一丛，茅屋数间，老妻稚子，篱菊炊烟。有鸿儒来去，无文牍往返。此处之乐，朝堂之上岂得享焉！"苏轼微笑着说："恩师说得极是！"

这时，欧阳修的夫人得知消息，迎了出来。苏轼、王闰之、苏迈、小莲、巢谷、采莲等一一施礼见过。老夫人让大家不必客气，抱起苏迨，说："哎呀，孩子都这么大了。快屋里请，晚宴已经准备好了。"

在屋中攀谈片刻，稍事休息，欧阳修便引着众人进入家外竹林的亭子中。苏轼看着桌上的菜不禁一愣，桌上摆的都是素菜，但十分精雅。欧阳修说："是否嫌太淡了些？"苏轼略微迟疑，他知道恩师此举定有深意。欧阳修接着说："唉——吃得草根宴，百事皆可为啊！"

苏轼恍然大悟，躬身一揖，说："谢恩师教诲！"欧阳修却故作惊讶地说："没有啊，我教诲子瞻什么了？"

苏轼郑重地说："恩师教诲学生可富可贫，可官可民啊！"

欧阳修微笑点头。众人一一落座，席间欧阳修和苏轼谈话的幽默诙谐引得众人笑声不断。众人吃饱后一起离去，留下欧阳修和苏轼师生二人隔座对饮。

明月高照，微风拂过，竹影晃动，动人心魄。欧阳修与苏轼饮酒至酣。

苏轼举杯说："恩师，此情此景，倒让我想起一个人。"欧阳修问是谁，苏轼接着说："陶渊明。学生以为恩师如今与他好有一比。陶渊明采菊东篱下，写得诗文无数篇，学生猜恩师的笔砚也不会寂寞吧。"

欧阳修哈哈一笑，说："知我者子瞻也。老夫近收元珍的存问之诗一首，戏成一首，名曰《戏答元珍》。不知子瞻可愿斧正？"

苏轼惊喜地说："学生洗耳恭听。"欧阳修离席，在这月色竹影中，边舞边诵："春风疑不到天涯，二月山城未见花。残雪压枝犹有橘，冻雷惊笋欲抽芽。夜闻归雁生乡思，病入新年感物华。曾是洛阳花下客，野芳虽晚不须嗟。"

苏轼激动地站起，说："好诗，好诗！正所谓诗言志！恩师此诗，可谓说尽了恩师的一生，道尽了恩师的情志！'残雪压枝犹有橘，冻雷惊笋欲抽芽……曾是洛阳花下客，野芳虽晚不须嗟'，不是有大智慧、经大波澜之人，怎能吟得出这样的佳句！"

欧阳修也感叹说："朝堂烦扰，哪如山野之乐啊！"苏轼、欧阳修相视大笑，不觉豪饮起来，终于醉倒在地上。苏轼的脸上是沉醉的表情，但眼角分明还有泪珠闪动。

欧阳修说："子瞻，你且闭上眼，听这风声由竹叶上吹过。"苏轼闭眼听风，风声沙沙，犹入画境。许久，苏轼说："恩师，要不学生就不去杭州做什么通判了，领着一家子人随您隐居在此，也做个陶渊明如何？"

欧阳修回答说："子瞻，这竹林是专为老夫而生的，所以老夫该当在此；你杭州的官却不是为你自己而做的，所以你明日就启程上路吧。"苏轼微笑不答，闭眼听风……

第二天，苏轼一家辞别欧阳修夫妇，乘船顺江而下。苏轼站在船尾，望着颍州方向，满脸惆怅。巢谷关心地询问，苏轼回答说："不知何故，一想到恩师，就悲上心来。"

巢谷不语，似理解了苏轼的心情。苏轼接着说："巢谷，也许这是我和恩师最后一次见面。"

巢谷说："子瞻呀，任谁也挡不住西方路。你想也没用。"

苏轼默然不语。风袭来，水面皱，船轻摇。他眺望江面，忧思更甚。

## 三十　青苗之狱

　　江浙地区素有"天下粮仓"之称，苏杭更是物华天宝、人杰地灵之地。熙宁四年十一月二十八日，苏轼一家抵达杭州城外。巢谷勒了勒缰绳，放慢马车的速度，城外的人们看着这几辆马车，私下议论。一个年轻的胖大和尚走在人群中，侧耳细听众人的议论，微微哂笑。赵、张两书生在路上相互谈笑，二人决定难一难这才子通判，免得让他以为杭州无人。于是，二人站在路中，迎候马车到来。

　　巢谷勒马停车，询问两位书生为何拦路。赵姓书生上前一步，说："上有天堂，下有苏杭，通判来到，是行（xíng）是行（háng）？"

　　这时苏轼、王闰之、小莲等都下车，聚拢过来。苏轼笑着说："杭州果然是杭州，拦路者不是强盗是书生。巢谷兄，你来。"

　　巢谷虽然修道练武，但与苏轼兄弟在一起久了，文墨浸染，他应声对曰："前无古人，后无来者，书生在此，要折（zhé）要折（shé）？"

　　赵生不服气，接着说："钱王一箭，射退钱塘千重浪。"

　　巢谷立即对出："老子三鞭，赶起老天万顷波。"

　　自己出的对联，人家轻松对出，而且还只是为苏通判驾车的人！赵、张两人顿时不知所措。看热闹的胖大和尚也有些吃惊。张生又说出一联："马夫驸马，二马不同，一天上一地下。"

　　巢谷听这个上联太复杂，自己最讨厌这种烦琐的对联，说："什么驸马公主的，小气得紧，像是女人出的对子。莲妹，你跟他对。"

　　小莲看看王闰之，意思是请她允许。王闰之对小莲笑着说："哎呀，姐姐，你就对吧！"小莲点点头，笑盈盈地来到书生跟前，说："相国宰相，两相无异，分左栋分右梁。"

这一下又把二位书生惊吓不小。胖大和尚没想到这两个书生如此不济，有些生气，纵身往当街一跳，大声说："好个通判，尚未莅任就如此蛮横，听贫僧一联：'史官所记者，直世界也；职方所载者，横世界也。到底要横要直？'"

小莲蹙眉思索，一时有些对不出来。和尚得意扬扬，手舞足蹈地大笑起来。

苏轼笑着说："怪不得杭州人爱吃螃蟹，出联也爱横横竖竖。大和尚听了：'道家概求之，东仙境乎；佛门概祈之，西仙境乎。究竟是东是西？'"

和尚"啊"了一声，惊慌不已。赵、张二书生呵呵一笑，说："大和尚，人家说你是个东西。"和尚眼珠一转，忽然顽皮地说："我不是东也不是西，是佛爷。"

苏轼躬身一揖，说："大和尚，苏某这厢有礼了。南北东西，一定之位；前后左右，无定之位；问尔是哪位？"

和尚不禁一呆："哪位？哪位？这该如何对啊！"他猛然醒悟，接着说："你……你说什么？苏某，你……莫不是苏子瞻？"苏轼回答说："正是在下！"和尚说："啊呀，我说是谁，输在你的手里也不丢人。来来来，本大和尚再和你较量几个回合。"说着，挽袖搓手，跃跃欲试。

苏轼微笑不语，等他出联。巢谷看他纠缠，从马车上取出一根木棍用力扔于地上问："大和尚，此为何字？"

和尚一跳："啊呀，棍为木，地为土，土木相连，是为杜也。杜者，杜绝也。"又一搔光头，接着说："杜绝什么啊，啊呀，原来是苏大人不想和我理论了。既然如此，我佛印大和尚今天就不和你纠缠了，但你这个朋友我交定了！我此生缠上你了。哈哈，就此拜别！"说完，一溜烟跑了。

苏轼、巢谷、小莲莞尔，街上众人也大笑。苏轼感叹说："杭州不愧是文士的渊薮啊！"巢谷、小莲等点头。

欧阳修、韩琦、曾公亮、范镇、司马光、苏轼等反变法的代表人物或归乡，或外放，或称病不朝，竭力推行变法的吕惠卿等人没有了外部的敌人，他们与王安石之间的矛盾就逐渐显现出来。

这一日，条例司内，王安石正对吕惠卿、张璪、曾布、李定、邓绾等人大发脾气。王安石逐渐察觉吕惠卿等不尽心尽力于新法实施、修正等，而是一味地四处奔走，百般钻营。王安石非常愤怒，他大声说："吉甫呀吉甫，变法大业，艰苦卓绝，任重道远。诸公应竭尽所能，上下督办，有错则及时修正，而非奔走钻营，图谋于党派之争。你们这样非但无助于变法，还会误了变法！"

吕惠卿却辩驳说："相公，皆是司马光等人苦苦相逼，我等才如法炮制，以其人之道还治其人之身，都是不得已呀！"

王安石听他竟然将小人手段的政客斗争归于不得已，更加生气，高声说："你计较这些做什么！现在你分明是舍本求末，而非舍身求法，这怎能办得好新政大业?！你等若专心于变法之本，又怎会跟别人去计较那些鸡毛蒜皮的小事?！吉甫呀，孰轻孰重，你等好自为之！"说完，愤然离去。

吕惠卿气得一屁股坐在椅子上，张璪等人皆低着头，不说话。吕惠卿喝了一口茶，看看王安石远去的背影，猛地摔下茶杯，低着嗓子说："就会发脾气，谁不会发脾气呀！"

吕惠卿发现自己更喜欢与王珪交往。王安石满脑子都是君子德行，这个不能做，那个不能做，条条框框太多；而王珪则在对付反变法官员等问题上与自己颇有"英雄所见略同"的默契。王珪也一直在执行他自己在变法初期就制定的"作壁上观"的策略，但是现在欧阳修、苏轼等人或归乡或外放，可以说变法之争以王安石、吕惠卿等人的胜利告终。因此他也逐渐参与其中，与吕惠卿来往得更加密切了。

这一日傍晚交了差，王珪又来到吕惠卿府上。二人施礼落座，吕惠卿请王珪品茗。王珪轻抿一口，眯上他那对小眼睛，细细品味，一脸陶醉地说："色绿、香郁、味甘、形美，西湖龙井是也。"

吕惠卿说："禹玉公，我平时喝茶，只品龙井。等会儿我拿一些与你。前日我送给介甫，拗相公大人不要，说喝不惯。"

王珪瞥一眼吕惠卿，不动声色地说："吉甫，听说介甫相爷最近肝火旺盛，常咆哮于条例司。这龙井去热解毒最适合于他，他怎会不要？"这情况自然是张璪禀报他的。

吕惠卿摇摇头，不耐烦地摆摆手说："不提也罢。"显然是内心已不似过去那般尊重、倚仗王安石，甚至极度厌恶，但又不好说出来，所以烦恼不已，不愿提及。可这些又何尝瞒得过王珪的眼睛，他立刻转移话题，说："吉甫，品这西湖龙井，我倒又想起一个人。"

吕惠卿微微颔首，会意地说："禹玉公想的莫不是苏轼吧？"接着一凝神，说："禹玉公，在下一直有个疑问，不知禹玉公当初为何要鄙人上奏陛下将苏轼官贬杭州啊？杭州乃人间天堂，山美水秀，还有这西湖龙井可品，岂不是便宜了那苏轼吗？"

王珪呵呵一笑，说："吉甫，要的就是这人间天堂，山美水秀。"见吕惠卿不明所以，他接着说："吉甫，对于苏轼，你如今最怕他什么？"吕惠卿略微迟疑，说："怕倒谈不上，只是不愿他卷土再来，值此乱际，回朝廷也是给我添乱。"

王珪点头，说："苏轼此人，只可智取，不能强攻。若要让他不回来，只能让他乐不思蜀。"说着，老谋深算地微微一笑，接着说："放眼天下之大，还有什么地方比杭州更能让他乐不思蜀？"吕惠卿沉吟片刻，恍然大悟，拍案叫绝，说："好，好。杭州天堂，美酒美人，竹林僧院，文人骚客，哪一个不是苏轼喜欢的？他必流连忘返，哪还有工夫想其他的呢？"

王珪手捻胡须，微笑着说："正是，吉甫。老夫以为，以苏轼之绝世文采，诗人性情，他必爱杭州，而杭州也会爱他。如此苏轼则大喜过望，如遇知音，每日流连于杭州山水之间，美酒蚀骨，美色销形。苏轼在杭州越快活，我等也就越快活。"吕惠卿拱手称赞王珪，说："此乃不战而屈人之兵也。禹玉公，实在妙哉。"

苏轼的官邸设在西子湖畔凤凰山顶的北面——一套考究的庭院。四周青山苍翠欲滴，宝塔、寺庙、别墅棋布于湖边山间，画船如织，歌吹为风。苏轼应接不暇，陶醉于天堂般的秀丽佳境之中。

王闰之望着西湖感叹说:"常听人说,'上有天堂,下有苏杭',我还不信,这次真是开眼了!人就像活在画图之中。"

苏轼背手环视,饱赏秀色,乐不可支,吟道:"山海诵经,江湖共歌,碧螺林立;物盛一隅,芳连千里,有地皆秀。徙蓬阙于人间,落瑶池、蕊宫于地上,真可谓澄心清魂、储精垂思之仙境也!"

王闰之笑着说:"你呀,就知道吟诗,还不去拜过你的同僚?"

苏轼正醉心于满目美景之中,说:"不着急,不着急。这般山水,正合隐居游玩。明日我先去泛舟西湖,游个痛快!"

王闰之苦笑着摇摇头,看见一旁的小莲,拉着小莲低声说话。王闰之说:"姐姐,我们全家这就算安定下来了,你看这西湖景致,实在美妙,是个极好的所在。我也不想再搬动了,只求我们一家人远离是非,安居在此。所以,我就想……"小莲猜出了王闰之要说的话,忙说:"夫人,您忘了来时答应我的事了吗?若不是夫人当初答应了小莲,小莲是不会随夫人来杭州的。"

王闰之迟疑着说:"只是,姐姐,你这又是何必……"

小莲低头说:"夫人,别的话都不必再提了,否则小莲也是可以走的。"

王闰之无奈地看看采莲,见采莲点头,只好说:"嗯,那好吧,那就依姐姐。"一旁的巢谷听见了,低下头仿佛在心里叹了口气。

除夕将近,苏轼和巢谷漫步在西湖岸边,欣赏美景的同时,寻找舟船游湖。苏轼不断地为美景而赞叹,感到自由自在的快乐。巢谷也不禁赞叹西湖美景,认为比眉州家乡还要漂亮几分,连他都想即兴赋诗一首,笑着说:"巢谷到了西湖,不做武人,做诗人啦!"

苏轼听了巢谷的话,哈哈大笑,忽然看见不远处一位衣衫褴褛的老大娘立在湖边要跳湖,立刻让巢谷救人。巢谷三步并作两步飞奔过去,救起老大娘。老大娘哭着说:"你们救我干什么!我活不下去了,为何不让我死?"

苏轼握住老大娘的手,急问道:"这位老人家,你遇上什么事了,何出此言?"老大娘哭着断断续续地说:"我家还不上那青苗贷款。我儿子跑了,我家老头子、儿媳还有我两个小孙子都被官府抓进牢里去了。官府说我若还不上钱，明日也要将我囚入牢中。"

苏轼眉头一紧，脸色凝重起来。苏轼向老大娘问明情况，巢谷让她放宽心，告诉她这是新来的苏大人，一定会为民请命，解决这青苗之狱。

安慰老大娘一番后，苏轼带着巢谷返回杭州城，来到杭州监狱查看。监狱里阴暗潮湿，空气污浊，到处是哭喊声，各个牢舍已人满为患，其中有很多是老幼妇孺。苏轼和巢谷皱眉走出监牢，沮丧地问随身而行的狱曹一共关押了多少人。狱曹表功似的说："大人，足足有一万七千二百一十三人呢！"

苏轼震惊不已，一个杭州城的监狱竟然关押着如此多无法偿还青苗之贷的老百姓。他接着问："怎么这么多人？孩子犯的什么罪，为何把一些童子童女也关进来了？"

狱曹得意扬扬地说："大人，'青苗法'规定，只要到期还不上的都要抓进来；还有担保人，当事人跑了，担保人自然就要来顶罪；至于这些孩子，因为父母跑了，可是跑了和尚跑不了庙的，也要来顶罪；有些村里的年轻后生，领到贷款，便到城里来胡花享受，结果逾期还不上也被关进来了。"

听完狱曹的说明，苏轼摇摇头，来到监狱大堂上坐下。大堂上，囚犯们排着长长的队伍在接受狱吏的点名。他们大都衣衫褴褛，面容枯槁。其中有一名男囚因体弱没有跟上队伍，他身边的狱卒连骂几声，上去就是几鞭，那男囚的哀号声不绝于耳，令人心裂。人犯队伍缓慢地向前挪动着，苏轼紧锁眉头坐在那里，手中横抓着笔管，越抓越紧。这时，眼见一个狱卒又要打人，苏轼怒不可遏，拍案而起，大声呵斥说："不许打他！"巢谷怒目圆睁，疾步上前，指着那欲打人的狱卒，大声说："说你呢，不许打他！"

狱卒和狱吏纳闷儿地停下手，他们似乎不明白，这位通判为何不许鞭打犯人。

苏轼略微沉吟，对狱曹、狱吏说："今日除夕之夜，当是合家团圆之时，团圆饭他们是吃不上了，能否给他们改善改善饮食？哪怕就这一顿。"狱吏听后颇以为难，支支吾吾。苏轼接着斩钉截铁地说："就依我说的办！饭钱，我找太守要。另外，不要这样点人数了，这要点到猴年马月！你们多派人手，分几组同时点。他们吃不上饭,喝不上水,站一天要死人的。"

狱曹并不理解苏轼为何这么激动,但狱讼听断正是通判职权。他听到上司的命令,忙回答说:"大人,下官这就去办。"说完,退去布置。

苏轼望着那些在冷风中瑟瑟颤抖的男女老幼,悲从心起,泪水盈眶。

苏轼安排好监狱的诸多事宜,走出监狱大堂。或远或近的鞭炮声不断响起,苏轼在巢谷的陪同下迈着沉重的步子回到家,满脸悲愤。王闰之、小莲等见状,忙扶着苏轼进屋。

王闰之关心地问:"这是怎么了?你们不是去西湖游玩了吗?先生怎么这般不高兴?!"苏轼不语,径直朝内屋走去一把关上房门,一屁股坐在太师椅上,脸色灰白。

小莲便问巢谷到底怎么回事,巢谷一一说明。大家这才知道他们根本没游西湖,而是去了杭州的监狱;囚犯比西湖的游人倒还多上数倍,事务繁多,待了整整一天,还没处理完。王闰之愁眉叹气,走进内屋,抱怨着说:"先生,全家人都高高兴兴等你回来吃饭,你这是何苦呢?"苏轼摇摇头,低声说:"你们吃吧,我哪里吃得下去呀!"

众人无奈地看着苏轼。

第二天,正月初一,杭州太守沈立正在独赏院中的一株梅花,苏轼气冲冲而来,后面跟着一脸愁苦的沈府管家。苏轼走到沈太守跟前,气愤地说:"沈太守,你这杭州太守当得可真风雅呀!只可惜我要来扰你这雅兴了!"沈太守猜到这位就是新来的通判苏轼,向管家挥挥手,让他离开,对苏轼说:"阁下想必就是新任通判苏轼苏子瞻了,沈某久仰大名啊。这正值春节,你不拜年,怎么反说气话呢?"

苏轼仍是气呼呼地说:"正是在下,久仰可不敢当。正值春节,沈太守倒是可以过个好年,而杭州的百姓却要在牢里过那连饭都吃不上的灾年!可是沈太守,据我所知,今年杭州非但不是灾年,反而是五谷丰登、风调雨顺之年。按理说他们该过一个有酒有肉的好年!"

沈立刻明白了苏轼的意思,却笑着指指外面:"子瞻,走,与我纵一叶小舟如何？"苏轼紧皱眉头，摆摆手，说："苏某无心游玩！有话在这儿说。"

沈立呵呵一笑，说："去吧，你就听我的。"说完拉着苏轼便走。苏轼看一眼沈立，觉得莫名其妙。

因为正月初一，人们忙着拜年，昔日游人如织的西湖也成为人迹罕至之所，岸边、湖面全都空荡荡的，只有水鸟偶尔鸣叫、飞翔，使这西湖显得愈发静谧、空灵。沈立与苏轼驾一叶小舟驶入缥缈的烟波之中。

此时，苏轼点明了沈立恐隔墙有耳之意，沈立说不止如此。为推行新法，除了朝廷所派监官，吕惠卿、邓绾等人还派了探子，或扮成仆人，或扮成商贩，神出鬼没，不知其所为。苏轼气愤地说："真是暴政！"

沈立接着说到杭州的青苗之狱。作为杭州太守，他为了避免更多人因青苗贷款而身陷囹圄，在推行"青苗法"之初，就少报了户口和亩数。这样，两户或三户人家分摊一户的贷款数额，杭州百姓的负担也就相对轻松了！听闻此言，苏轼不禁担心朝廷查出瞒报户口，为沈太守引来麻烦。沈立告诉他不必担忧，因为人口和地数永远是一本糊涂账。朝廷所派监官因不熟当地情况，也无可奈何。

他接着说："对那些监官，我等还应设法使其每日在酒楼倚红偎翠，堵塞其口，以缓青苗之害。我知道这是不齿之策，但也是被逼无奈啊。如果和他们硬顶硬抗，定然无济于事。而我等若罢官，新任官员必定竭力推行新法。我等丢官是小事，百姓生存是大事。为百姓杀身取义是仁，为百姓忍辱负重亦为仁。我已如此办了，不知子瞻意下如何？"苏轼忙抱歉一笑，说："我方才错怪太守啦，太守原来也是心系于民的。"沈立摇头连称惭愧。

苏轼接着说出今日拜访的缘由："太守，我今日找你是要跟你说，监狱已经人满为患了，能否少抓几个？这些案子再让下官审下去，非气死不可！若是杀人、放火、偷盗、抢劫等刑事案例，苏轼当全力以治，可时下所审之人，皆是欠青苗款的当事人或他们的老婆孩子、年迈的父母。有些欠款，数额并不大，也被收监关押，这不是暴政是什么！苏某以为，如再不实行安民政策，官逼民反也未可知！此事甚大。试想，杭州乃是全国最富庶之地，这里尚且如此，其他地方尤其是贫穷之地就更不堪设想了。"

沈立叹息一声，说："子瞻，你以为我不知道吗？可人生于世，无论大事小事、公事私事、官事民事，事事无奈者多，适意者少。你以为这是我想办就能办到的吗？"听了沈立的话，苏轼望着一湖烟波，颇为感慨地点了点头，说："是啊，无可奈何花落去……原以为这是晏殊无病呻吟之作，现在想来，故相所言，乃至理名言。人生，十之八九不如意啊。"沈立接着说："我为官多年，素知官场之例，乃唯上不唯下。但如此一来，万民水深火热啊！"苏轼异常感动，点头同意："此言甚是。"

沈立说起因公务繁忙未能给苏轼接风洗尘，苏轼却一脸陶醉地望着水波缥缈的远处，慨叹有这西湖碧水，钱塘波涛，何需酒洗！沈立心中感叹苏轼的风雅、纯真，但还是说："唉……这也是不成文的规矩嘛！再说，达官贵人、社会名流不得不见，他们可是对你仰慕已久了。那些官伎名媛，也渴盼一睹天下大才子的风采呀！"

苏轼收回目光，对沈立苦笑着说："沈公，一想到许多百姓陷于牢狱之灾，任那琼浆玉液、山珍海味在面前，下官也无半点胃口。几日来确有很多人邀游设宴，下官都推了。"

苏轼的前任甫一抵杭，便天天在有美堂和歌伎们呷乐狂欢，到现在与苏轼交接已完毕多日，却还舍不得离开杭州。沈立不禁感叹说："子瞻来杭州，杭州之幸啊！像你前任那样的人，如何会去好好问案呢？"

苏轼大声说："沈公，若我遇见那冤假错案，有违圣意之案，则该昭雪的昭雪，该放人的放人。"沈立立刻被吓得目瞪口呆："子瞻，你不会是要从监狱放人吧？这个雷池半步都越不得！"朝廷全力推行新法，吕惠卿等人百般打压反对变法和推行变法不力的官员，有的官员甚至被直接解职收押，所以沈立才会将释放那些还不起青苗贷款的百姓视为大忌。但是苏轼却豪气万丈地说："有何惧哉！"沈立惊惶不已，忙站起来，说："子瞻千万不要妄动啊！我给你作揖了。"苏轼扶住正欲行礼的沈太守，一时为难起来，只好答应会谨慎行事。沈立见苏轼仍坚持己见，担忧不已。

在沈太守的劝说和安排下，苏轼参加了本地官员、名流为他举办的宴会。宴会上虽有几位文雅之士，但无非是敬仰、幸会、关照之语。苏轼惦念青苗贷款案件，宴会过半便借故离开，匆忙赶回了杭州监狱大堂。

昏暗的灯光下，苏轼正翻阅面前堆积如山的案卷。师爷麦子青叩门求见。他四十多岁，瘦高个儿，温文儒雅但不失精明。麦先生拿着一张密密麻麻的清单走来，累得满头大汗。他将清单递给苏轼，并禀报清单内容。原来麦先生按照苏轼的安排，带领几个手下将一万七千多件青苗案归类复查，认定其中共有一万一千二百个案件属于强行摊派所致。其中，因当事人跑掉，保人和家人受连累进狱的分别是一千零八十一人和一千八百七十六人，另外六千件则是因为触犯了"新盐法"而被抓入狱的。

苏轼听后更加震惊，没有想到强行摊派如此严重，愤然猛拍书案，高声说："这些县官口口声声称为民父母，为何如此这般大兴牢狱？他们当真不怕官逼民反吗?！"

麦先生小声地说："大人有所不知，这些县官并不是罪魁祸首。全都是朝廷的司农寺硬压着，说吕惠卿专门下令，浙杭乃全国富庶之地，这里欠了青苗款还不上，那全国的'青苗法'如何施行？还说，执法要严，必须把发放的青苗款连本带息收上去，凡逾期不交的，押监充牢。这才使得杭州监狱人满为患。"

苏轼怒不可遏，拍案而起，大声说："吕惠卿，暴政之徒！为标榜新政，请功邀赏，不惜把千万百姓投入牢狱，这是什么良制美法？"麦先生再压低声音，说："苏大人，小声些，此处也许有眼线。那……苏大人准备如何办理呢？"

苏轼不假思索地说："这样来办，除去主动要求贷款而逾期不还关进大牢的，其余全部放回。"麦先生大惊失色，一下跪在苏轼面前，说："大人，使不得，千万使不得！一旦放了他们，大人恐有牢狱之灾呀！"

苏轼忙把麦先生扶起，说："麦先生，你照我说的办，他们不敢把我怎样。"见麦先生满脸疑问，苏轼接着说："我自有办法，你别问了。此事跟沈太守和你都无关，由我一人担着。现在我们就去监舍。"说完，抬腿就走。麦先生将信将疑地看着苏轼，快步跟上。

苏轼就这样命令狱卒释放了那些被强迫贷款的百姓。囚锁在咣当声中一个个被打开，牢门一扇扇敞开。众囚犯一时不敢相信，都不敢走出来。狱卒说："为何还站着不动，在牢里住上瘾了吗？走吧，苏大人把你们都放了。"

几个胆大的囚犯先跑了出来，其他人见果真没事，才争先恐后地拥出囚牢。这时众囚犯看到苏轼，一齐跪在地上，磕着头，哭号着感谢苏轼。苏轼动情地大声说："大家快起来吧，回家好好种地生活，等有了钱，再还上公家的贷款，起来吧！"百姓们纷纷说："苏大人，放心吧。我们一定还上。""苏大人，我们不会让您失望的，您是我们的再生父母啊！""苏大人，您的大恩大德小民没齿不忘啊！"……

苏轼不停地劝大家快起身，接着说："要谢恩，就谢圣上，是圣上开恩放你们的。"被释放的百姓不住地感谢神宗皇帝和苏轼，苏轼一直送百姓走出监狱，并命衙役给大家分发火把、灯笼。站在监狱门口，看着欢天喜地的百姓们逐渐消失在杭州城的夜色中，苏轼欣慰地点点头。

苏轼此举立刻被王珪、吕惠卿等人在杭州的眼线飞报进京。王珪和吕惠卿商议决定，由王珪向神宗禀报。神宗听到"杭州通判苏轼擅自释放因拖欠'青苗法'贷款本息而触罪的数千人犯"时，不禁一惊，说："竟有这等事！这个苏轼，他去哪里，哪里就有麻烦。王卿家，你即刻详查，如实呈报于朕。"王珪领旨后，立刻赶到吕府，与吕惠卿商议，派杭州新政督办、巡察王广廉返杭查办苏轼。

王广廉本是来京候任新职的，得到要返回杭州查办苏轼的消息，马上赶到吕府拜谢。客套一番，吕惠卿恶狠狠地说："猖狂如苏轼者，实乃我平生之所未见。我费尽九牛二虎之力把他贬官外放，指望杭州山水美色移其心志，使他老老实实做个本分的诗词文人，想不到他非但不领情，反倒私放青苗囚犯，把杭州搅个天翻地覆，给本官一个大难堪。这次我若不治他，其他的州官知县如何看我？！我的话此后还有谁听？！"王广廉忙表示他认为苏轼罪大恶极，回到杭州后一定严办。吕惠卿接着说："要毕其功于一役，我已对他仁至义尽。"说着摇摇头，摆出一副很是无奈的样子。

王广廉拱手说："吕大人放心，苏轼虽然猖狂，也不过是个鲁莽之徒。下官以为，仅凭私放囚犯一项罪名，就可置其于死地。"吕惠卿低声嘱咐他千万不可小看苏轼。王广廉呵呵一笑,满不在乎地说:"大人过虑了。苏轼他一个小小通判,能奈我何?"

吕惠卿摇摇头,叹息一声,说:"若不是他意气用事,外放杭州,当通判的该是你。"王广廉颇不服气,但也不好反驳。吕惠卿便命他即刻动身,动作要快。

王广廉告辞后却并不回去收拾行装起身离京,而是赶到王珪府上。原来王广廉是王珪之妻的外甥,变法之初,王珪将他推荐给吕惠卿,吕惠卿派他到杭州督办、巡察新法。王广廉不顾百姓死活,强力推行新法,是王、吕都能放心的人物,所以才会被派去调查苏轼放私囚犯一事。

王珪正独自立于几案前作画,书童将王广廉引进来。王广廉躬身施礼拜见他的姨父大人,接着说:"姨父大人安好。吕惠卿大人命小甥即刻返回杭州查苏轼私放囚犯案,小甥来不及收拾行囊,即来拜见姨父大人。"

王珪不动声色地问王广廉:"吕惠卿对你评价如何?"王广廉面有得色,说:"吕惠卿大人对小甥两年来于杭州督办新政之实绩深表嘉许。"

王珪瞥了王广廉一眼,低声说:"我数次在吕惠卿面前举荐你,你才做了这个新政巡察大员。"王广廉忙一脸感激地说:"姨父大恩,小甥感激不尽。"

王珪笑着点点头,问起吕惠卿对于苏轼一案的态度。王广廉将吕惠卿之语一一禀明。王珪不动声色地点点头,眼珠一转,又问:"你在杭州两年,这个新政巡察大员做得究竟如何?"听到王广廉"小甥忠于职守,鞠躬尽瘁,当不负圣上重托与姨父大人栽培之恩德"的回答,王珪意味深长地看了他一眼,说:"那自然好。他叫你查,你就回去好好查。"

王广廉心领神会地说:"姨父大人的话,小甥铭记在心。"王珪语气一顿,皱着眉说:"说到此事,老夫倒有一个疑问。据老夫所知,苏轼此人虽刚直,但也不至于鲁莽,他敢置君命于不顾而私放囚犯,你以为是何原因?"

王广廉很是自信地说:"姨父大人,若当日小甥身在杭州,苏轼是绝不敢这么做的。"

王珪摇摇头,说:"你说这话,证明你还不了解他。"说着,两眼逼视着王广廉,说:"你跟老夫讲实话,杭州是不是有强行摊派贷款的事发生?"

王广廉略一迟疑，努力挺直身子，说："姨父大人……此事……小甥在杭州未曾听闻。"见王广廉这个样子，王珪早已洞悉他的心理和他在杭州的所作所为，叹了口气，说："杭州乃青苗重地，所有人的眼睛都盯着呢。我也知道，是吕惠卿亲自过问的杭州'青苗法'之实施，你不过也是奉命而行。"王广廉忙感激地说："姨父大人明鉴。"

王珪接着说："小心苏轼，你没把柄给他自然好；你若有，千万莫被他抓住。老夫以为，苏轼私放囚犯之举，后面还大有文章。"王广廉却仍是颇为自信地说："小甥以为，姨父大人高看了苏轼。苏轼行事急躁，小甥在朝中早有耳闻。"

王珪语重心长地说："记住老夫的话，宁可高看一个人，也不要小看他，何况你的对手是苏轼。你这就回去吧，有何事及时传信通报于我。"

王广廉躬身说："小甥铭记姨父大人教导。"语气中仍是对苏轼很不服气。王珪不甚放心地看着眼前的王广廉，命他回去收拾行装。

## 三十一　　除　　恶

苏轼料定吕惠卿等人必不会善罢甘休，将被强迫贷款的百姓释放后，他便与麦先生日夜不停地整理案卷档案。

这一日，巢谷和麦子青抱着最后一摞案卷走进杭州通判堂的一处密室，与其他案卷小心堆放在一起。苏轼站在门外仔细点数，待二人走出密室，苏轼连上三道锁将门锁住。苏轼把钥匙交给麦子青，说："麦先生，听说新政巡察大员王广廉就要回来了。这些释放囚犯的案卷绝不能丢失，钥匙你须小心保管。"见麦先生和巢谷面露疑色，苏轼点点头，问巢谷："你知我为何敢擅自释放青苗囚犯吗？"巢谷想也不想，一拍胸脯，大大咧咧地说："放就放了，他们若来找你，就说是我放的。"

苏轼说："吕惠卿在杭州强行摊派贷款，他这么做，肯定未经圣上和王安石大人同意，定是他擅自妄为。因为他是'青苗法'的始作俑者，放出那么多的青苗款收不回来，所以狗急跳墙，下令抓人。圣上是爱民之君，介甫是爱民之相，绝不愿意这样做。本官放人，是为圣上收民心，何错之有？吕惠卿要告我，我就反告他有违圣命在先，强派贷款。"

巢谷恍然大悟，欢喜地说："哦，原来如此。这些案卷里有人证物证，证明囚犯们皆是受迫贷款的。若这些案卷丢失，自然查无对证，子瞻你放人也就成了无法无天了。"麦子青也点头，钦佩地说："这就对了。难怪大人要秘密保管这些案卷了。"

突然，一名衙役飞奔来报，说："苏大人，王广廉大人此时正在大堂，叫小的速速唤大人前往！"苏轼一笑，说："说他他就来了。走，我们去会会这个王广廉!"一听王广廉到来,巢谷兴奋不已。麦先生却面有忧色,二人跟着苏轼来到通判大堂。

只见一个瘦高个儿官员盛气凌人地坐于判堂之上,想必就是王广廉了。王广廉手指苏轼,说:"你就是苏轼?"苏轼不冷不热地回答说:"下官正是苏轼。王大人,你坐了下官的判堂之座,劳烦王大人起身。这才是专为王大人预备的座椅。"说着手指堂下一边的椅子。王广廉勃然大怒,大声说:"大胆苏轼,自恃清高,狂妄至极!见了本官,不来下跪,反让本官给你让座!"

苏轼仍是不冷不热地回答说:"王大人,这是朝廷封给下官的判官座椅,就算王公贵卿、当今宰相来这堂上,也不能不让给下官。王大人就偏好夺人所有吗?"

巢谷哈哈大笑,麦先生强忍笑意,扯扯巢谷的衣襟。堂上的衙役们也都相视而笑。王广廉生气地站起身来,大声说:"苏轼,你敢顶撞朝廷巡察大臣!"

苏轼脸色一沉,低声说:"王大人可能有所不知,苏轼生性就爱顶撞,顶撞者甚广,遍及九州,连先皇都在其中。如今顶撞一下王大人,还请王大人海涵。"

王广廉一时语塞,说:"你,你,苏轼竖子!气杀我也!你私放青苗囚犯,本官特来问罪于你!你尚不知大祸临头,还敢于此戏谑本官?!"

苏轼勃然大怒,高声说:"王广廉,你这佞臣!你来问罪于我,我还要问罪于你呢!你兄王广渊,附会权贵,投机取巧,朝廷无人不知;而你,身为朝廷新政巡察大员,明知'青苗法'不得强行摊派,却强制百姓贷款,致使大量公款不得及时收回,从而大兴牢狱,陷圣上于不义,妄招天下之怨。你名为新政,实为害民;名为百姓,实为请功邀赏。如此罪臣,有何面目咆哮公堂?!"

沈立闻讯赶来,急忙从中劝架。他拉住苏轼的手臂,说:"哎呀,苏大人你就少说一句嘛!王大人是浙东路的督察大员,我等应当尊重才是嘛。"又对王广廉说:"王大人,请不要怪罪子瞻无礼,这放人的事,我是知道的。你想啊,这州监大牢最多只能关三千犯人,现在关了近两万人。人挤人,坐都没法坐。这冬天还好,一旦天热,大牢里有了瘟疫,这些人要是死了,你怎么交代？瘟疫一旦流行，殃及整个杭州城又怎么办？圣上若知道了内情，你我的这顶纱帽倒是小事，弄不好，项上人头都得搬家！还请王大人三思呀！"

王广廉却并不理会沈立的说法，气呼呼地说："沈大人，你听见了吗？他竟然骂我是佞臣，太张狂了！我定要治罪于他！"苏轼挣脱沈立的手臂，怒吼道："你与吕惠卿沆瀣一气！身为朝廷督察大员，无视圣上爱民之心，不顾民生疾苦，不分好歹，大兴牢狱，将无辜的老人小孩都投入大牢。你如此害民，你是大大的佞臣！"

王广廉听到苏轼说自己与吕惠卿沆瀣一气，顿时理直气壮地说："他不光骂我，还骂吕惠卿大人。你可要给我做证啊！"沈立听了，一皱眉头，对苏轼说："哎哟，子瞻，你这就不对了，怎么能如此无礼呢！"

苏轼"哼"了一声，说："我以无礼对寡廉鲜耻之人，何错之有？！"王广廉自见到苏轼，总是被骂，毫无反驳之力，气恼不已，高声说："好你个苏轼，我这就去告你！你私放罪犯，抗法乱纪，其罪一也；你顶撞上司，污蔑大臣，其罪二也。你就等着入狱吧！"沈立却无奈地朝他一摊手，说："王大人，你这是怎么说呢？人放了就放了，也不是放了不管，而是牢外监行。这些人不去外面挣钱，拿什么追回青苗贷款？总不能关在牢里追回吧。"

王广廉气呼呼地摆摆手，不耐烦地说："行了，沈立，你就别装了。你和苏轼串通一气，当我不知道？你也等着一同受审吧！"不想沈立立刻把脸一沉，提高声音说："王大人，你这是什么话？！沈某是为你讲话，你怎么给脸不要脸呢！"王广廉没想到往日多是唯唯诺诺的沈立今天也突然变得这般强硬，一时语塞。

苏轼说："王广廉，你尽管去告，苏某在此恭候！我有证明你和吕惠卿强制百姓贷款的所有案卷！你敢同我一起面见圣上吗？你敢当着圣上的面说你没有强制百姓贷款吗？！"

听到苏轼说有案卷证明，王广廉大惊，再也说不出话，只好灰溜溜地离开。他这时才想到王珪、吕惠卿"不可小看苏轼"的嘱咐，又愤恨苏轼拿到证据，仿佛天都塌了下来，灭顶之灾就在眼前。苏轼、沈立、巢谷、麦子青及众衙役看着王广廉盛气而来，委顿而去，不禁大笑。沈立赞叹苏轼拿到了证据，有备而来。苏轼也感谢沈立前来共同斥骂王广廉，两人相视大笑。

苏轼将王广廉呵骂走后，心情大好，回到家中，见小莲和一个十岁左右的小女孩送茶水进来。苏轼抬头看见那小女孩，她拘谨地将茶水放在桌上，立于一旁。苏轼问她是谁，小女孩急忙跪下，说："见过老爷。"苏轼上前将她扶起。这时小莲告诉苏轼，这小女孩是夫人收养的，叫王朝云。

原来，王闰之去集市上买菜，看到王朝云头插草标，胸前挂着纸牌，上书"卖身葬父"。王闰之与王朝云对视了一眼，都觉得似曾相识。王闰之回头注视王朝云，见她也望着自己，便停下脚步，上前问明情况。原来，王朝云母亲早死，剩下朝云和父亲二人。去年官府要她父亲贷了青苗钱，可今年收成不好，还不上。公差来催钱，她父亲又饿又急，就病死了。她家是从别处迁来的，这里没有亲族，就只好卖身葬父！听完王朝云的泣诉，王闰之便答应帮忙：先将她带回家，找出十两银子给她，让她去把父亲安葬了，然后让她在自己家暂时住下，打算再找个合适的人家收养她。王朝云听了王闰之的意思，跪下哭着叩谢，并说自己本是卖身葬父，夫人既帮忙葬了父亲，自己就理应到夫人家里做个使女。采莲、小莲见朝云姑娘聪敏心善，家里也缺人手，就在一旁劝王闰之留下朝云。王闰之思忖片刻，便同意朝云留下，并说明朝云什么时候想走都可以，还让小莲教朝云和迈儿一起读书。

苏轼听完整件事情的来龙去脉，对王朝云说："朝云姑娘，既然是一家人，以后就不要叫老爷了。你先下去吧，我还有事商量。"朝云点头离开。

苏轼请小莲坐下，问她对自己释放青苗案犯一事的看法。小莲笑笑说："小莲以为，放人一事，吕惠卿只能装聋作哑，因为他有所忌惮。"苏轼点点头，他自己也是这么想的。小莲接着说："从表面看来，他的绊脚石都搬掉了，朝廷里成了一言堂，这他自然愿意。但从皇帝的驭臣之术上看，这是最忌讳的事。皇上如若追究，罢黜了先生，则朝野无人敢反对吕惠卿。那时，皇上就真成了孤家寡人了！其实，现在圣上已经将王相公和吕惠卿拿住了。"

苏轼"啊"的一声，恍然大悟，对小莲说："愿闻其详！"小莲说："小莲献丑了。先生和朝中的正直大臣屡次上书，圣上未必不知道吕惠卿等人是小人。但圣上正是用了这些小人，使变法一派形成了党中之党、派中之派，以便驾驭。先生在《上皇帝书》中说过'小人同而不和',吕惠卿等人日久必起争端!"

苏轼迟疑着说:"依你说,当今圣上是以术治国?"小莲点头说:"正是!当今圣上自视极高,天资十分聪颖,功业心极重,但缺少先皇仁宗的宽仁和缓,故而不自觉地走到了以术治国的路上来了。"

苏轼拍拍脑袋,叹息一声,说:"我好糊涂,怎么没有想到!"小莲笑着说:"先生何事不明,不过是天生仁厚,不往此处想罢了!"

苏轼站起,郑重地向小莲一揖:"莲妹一席话,使苏某如此受益,可做苏某之师矣!"小莲庄重而凄苦地还礼,低声说:"先生之言差矣,小莲哪能当得起如此大礼!"

王广廉从杭州监狱铩羽而归,无时不胆战心惊,苦思一夜,最终与管家王泽密谋,决定釜底抽薪,盗取苏轼所掌握的青苗一案的证据卷宗。

二人商议已定,王广廉又百般嘱咐。王泽领命离开,将麦子青约到一处饭庄的雅间中,从袖中掏出五百贯面额的一叠交子,推与麦子青面前,请他笑纳。麦子青大吃一惊,说:"王先生,无功不受禄,麦某岂敢收受如此重礼?"随即将交子推了过去。

王泽一笑,说:"先生不必客气。鄙人知道,令尊正卧病在床,需要救治,但花费甚多,先生正为此事烦忧。"一边说,一边又将交子推到麦子青眼前。麦子青皱着眉头,不肯收。王泽只好直接说出自己的目的:"好吧,咱们打开天窗说亮话。只要先生将青苗贷款所放人犯的案卷弄出来,必当重重酬谢。"

麦子青看了王泽一眼,伸手翻看一下眼前的交子,点头低声说:"哎呀,钱是好东西,这么多钱,我忙活一生,未必能挣到。只是,用这么多钱换几个人头,王先生也太不划算了吧?"

王泽心中嘿嘿一笑,说:"好说,好说。"忙又掏出两张五百贯面额的交子。麦子青看着这两份交子,不由得犹豫起来。王泽接着说:"麦先生,你也知道,铁打的衙门流水的官。这苏通判任期不过三年,而我却是杭州的坐地户。是谁在这杭州地面上来日方长，你当明白。你好好想想吧，明夜此时，我在通判堂外等你，只要麦先生将案卷交给我就好。"

麦子青仍看着交子，若有所思，脸上犹疑不定，最终狠狠地点头，低声说："好！"王泽大喜，与麦子青约定明夜寅时，在通判堂外交接。

王泽赶回王广廉府中，见王广廉正在院中焦急地踱步等待，上前小声禀报已与麦子青约好。王广廉满腹狐疑，认为麦子青答应得也太爽快了。王泽点头说："开始我也有疑虑，但仔细想来，全在常理之中。麦子青是杭州人，他得罪不起咱们，他不能拿一家老少七口人开玩笑吧？再说了，他是聪明人。王大人你是这浙东路上的什么人物，他不是不知道。"

王广廉一皱眉，说："你没有对他提及我吧？"王泽忙说只说是自己要办的，只字未提王广廉，请他放心。王广廉点点头，说："还是小心为妙，不能在通判堂接头，要换个地方，临时再派人通知麦子青。"王泽点头称是。

第二天傍晚，王泽通知麦子青接头地点换到杭州监狱附近的一处房院中。夜幕降临，王泽带几个人弓着身子，偷偷地潜进院子。麦子青站在院中等待，王泽拱拱手，麦子青指了指墙角。王泽走过去，发现有一个麻袋，低声叫手下抬起，几人转身出门。

王泽等人刚一出门，眼前忽然出现若干火把，将四处照得通亮。王泽惊慌失措。巢谷和衙役们上前将王泽捆绑起来。苏轼从人群中信步走出，说："王管家，你等以为苏某的能耐就是作文写诗吗？！我已等你许久了！多亏麦先生深明大义，不为钱财所动，也不为你等淫威所屈。"麦子青拱手一笑，说："大人过誉了。与高人相处，岂能做小人之事。"

王泽想挣脱，却被巢谷制服。苏轼对他说："王管家，今夜你只好在监牢里度过了。"接着命令衙役将他关进监牢。

因为王泽犯的是重罪，衙役们将他押进牢舍后，又把他双手双脚都锁上镣铐。王泽静静坐在牢舍的一角，动也不动，面无表情，心中万念俱灰。不知过了多久，有一个衙役鬼鬼祟祟地溜了进来，左顾右盼，见四下无人，便从怀里掏出一个小瓶，伸手递给王泽，低声说："王管家，这是王大人送给你的酒。"王泽接过小酒瓶，恐惧地盯着它。衙役接着说："王管家，王大人说喝了它，就什么事都没有了。"

王泽绝望地看着衙役，又看看酒瓶，一丝悲伤掠过嘴角，但很快消隐了。他拔掉酒瓶的塞子，张口喝了下去……

不久，沈立和苏轼接到王泽死亡的报告，疾步赶来。二人走到监牢前，看见了躺倒在地的王泽，嘴角流出一缕鲜血。苏轼捡起地上的小酒瓶，端详着说："念他一片愚忠，葬了他吧。"沈立环视这个前些天还关押着许多无辜百姓的牢舍，又看看王泽的尸体，叹息一声，说："你死了，你的王大人就跑得掉吗？"

王广廉的确要跑。此刻，他焦急地等在自己府外，终于两个家丁牵来马。王广廉狼狈地骑上马，浑身颤抖，手也不听使唤，着急地说："我这就去京城，在我兄长家躲几日，你等好好看家。"两名家丁躬身领命。王广廉歪戴着帽子，纵马而去……

吕惠卿在杭州的眼线立刻修书报信。吕惠卿读完信，将信掷于地上，拍案大骂："王广廉，不中用的败家子，坏了我的大计！休让我再看见你！"

吕惠卿却不知道让他更生气的事情还在后面呢，因为王珪也同时得到了关于此事的报告。王珪看完密报的信件，思忖片刻，嘿嘿一笑，穿上官服，进宫求见。

迩英殿内，神宗坐于案前。王珪禀告说："陛下，微臣已获悉杭州通判苏轼私放囚犯一案之实情。"神宗没想到竟然这么快，有些吃惊，点头命他快快奏来。王珪接着说："据臣查实，苏轼并非私放囚犯，而是准许欠款农民牢外监行，以挣钱还款，且释放了一些与案无关的老人妇孺，实乃为陛下广施仁德。故苏轼并非抗法，苏轼无罪。"

神宗听到苏轼无罪，点头微笑，说："如此甚好。"王珪接着禀告说："陛下，另据臣所知，朝廷新政巡察大员王广廉明知'青苗法'不得强行摊派，却为请功邀赏，强制百姓贷款，致使大量公款不得及时收回。苏轼所释放的囚犯正是王广廉囚禁的人。"

神宗猛拍龙案，大声说："大胆王广廉！朕三令五申不得强制贷款，他偏要顶风作案，罢他的官！"

王珪偷偷地看看神宗的脸色，低声说："陛下，臣还获悉，吕惠卿大人竟是知道王广廉在杭州施行强制贷款的，却不知为何对他放任不管，也不上奏陛下。臣想，莫非吕大人身为'青苗法'的制定者，便生好大喜功、急于求成之念，有意纵容他吗？"神宗顿时大怒，迟疑片刻，看着王珪，低声问："此话当真？"王珪抬头看看神宗，一脸笃定，说："陛下，臣方才所讲，在杭州早已是街谈巷议之事。"

神宗勃然大怒，喝命站在一旁的张茂则说："即刻宣吕惠卿上殿见朕！"接着换成一副和蔼的表情，对王珪说："王卿家，朕记得王广廉还是你的外甥，你竟能秉公直言，大义灭亲，朕万分欣慰！王卿家的刚正与心胸，朕颇为欣赏。若百官皆像王卿家一般为朕爱民谋政，则我大宋中兴指日可待也！"

王珪心中欢喜，谦虚却又大义凛然地说："陛下谬奖微臣也！臣为陛下当鞠躬尽瘁，死而后已。"

神宗感动地点头，高声说："王卿家，朕意擢升你为参知政事，望卿不负朕恩，益加自励，尽瘁事国。"

王珪心中狂喜，脸上表情却仍像往常那样沉静，跪地谢恩后，退出迩英殿。王珪扬扬得意地走在殿外的台阶上，望着远处墙边一抹清新的柳色。春风轻轻拂过，他闭上眼睛，陶醉在这醉人的春风柳色中……

吕惠卿被神宗召到迩英殿狠狠地训斥了一番。他见搪塞不过，只好百般忏悔，又大倒苦水、大表忠心，好不容易得到神宗的原谅，气呼呼、灰溜溜地返回条例司。

刚进条例司大门，吕惠卿遇到邓绾，便向他咒骂王珪："王珪，老匹夫！他在圣上那里参我一本，说我在杭州施行强制贷款，连他外甥王广廉也成了他的过河卒子。最后由他坐收渔翁之利，竟然官拜宰辅！其刁滑奸诈，真是当世所无！"

邓绾一听王珪当了参知政事，紧皱眉头，说："吉甫，我早就与你说过，对王珪定要小心防备。如今他又得势，你却奈他何？"吕惠卿摇头叹息，感叹自己恰是螳螂捕蝉，岂知黄雀在后，又感叹王珪历经几朝，宦海沉浮，这种伎俩正是他安身立命之道。邓绾点点头，说："事已至此，我看吉甫你还不能同他扯破脸皮、势同水火，他毕竟有用于我等。只是往后须对他小心，休再让他捡了这等便宜。"吕惠卿点头同意，说："嗯。言之有理。"说着二人走进条例司议事堂坐下，与早已到来的张璪、李定等寒暄一番。

不久，王安石兴冲冲拿着《三经新义》走了进来，大声说："诸位，我新注的《三经新义》成书面世了。"

吕惠卿起身上前，接过《三经新义》，手捧着书，大肆恭维说："宰相这本《三经新义》一旦面世，则天下文坛一统，余书尽废。新政变法也终有托古改制的依据了。更重要的是，皇上看了此书，必将大增新政变法之决心。"接着有些沮丧地低声说："也会改观对我的看法。"这最后一句大家都没有听到。

王安石听到吕惠卿的赞扬，心中大悦，频频点头。张璪忙恭维说："《三经新义》是注重阐明义理、反对章句传注的新学，文坛从此气象一新。宰相功在千秋，真乃当世大家也。"曾布不甘落后，接口说："此书还可为新法全面网罗人才，可为科举取士的新标准。"李定和邓绾也在一旁大声应和。

王安石手捻胡须，微笑着说："诸公所言，甚合我意。此书将对变法有推波助澜之用，因此推广越快越好。《三经新义》须在一个月内颁赐给宗室、大学及诸州府学，作为全国学生必读之书和科举标准。"众人纷纷称是，大加赞扬。

杭州户曹一职空缺，新任参知政事王珪举荐了刘一得，得到了神宗的批准。这一天夜里，那新任杭州户曹刘一得到王珪府上拜见。刘户曹先是恭贺王大人官拜宰辅。王珪微笑着说："有什么可恭贺的，你等只知恭贺老夫升官，却不知老夫身上托付之重。"刘户曹忙谄媚地笑着说："王大人晋升宰辅是众望所归，岂有不贺之理？"

王珪止住笑容，说："好了。老夫找你来，是有事相告。你此去杭州任职，须替老夫办一件事。"刘户曹忙表忠心，表示愿为大人驱驰，请王珪尽管盼咐。王珪接着低声说:"你只需在杭州替我每日盯住苏轼,记下他每日见过的人,每日讲过的话,每日所写的诗,发的牢骚、感叹,巨细无遗,一一记下。明白吗?"刘户曹躬身回答说:"下官明白,定当照办。"

王珪点点头,语重心长地叮嘱:"特别是苏轼针对新政变法的议论,你须一字不漏地记下,每月固定日期传书于我,不可间断。切记此事不足为外人道也。一切做小伏低,让苏轼全无戒心。我不愿你成为第二个王广廉。"

刘户曹仍躬身回答说:"王大人所言,下官当铭记不忘。"王珪微微点头。

《三经新义》迅速地发往全国各地,刻版印售,杭州大街上的小贩也纷纷叫卖起来。小贩们吆喝着:"这是王安石相爷写的《三经新义》,科举取士的必读书!"路人纷纷解囊购买。

在家休息的苏轼听到街上的叫卖声,请采莲帮他买了一本回来。苏轼看到《三经新义》署名王安石、王雱,点点头,翻看起来。没一会儿,苏轼苦笑一下,将书扔在一边。

这时,抵杭上任不久的刘户曹求见,他请苏轼到通判衙门向乡试考官们训话。苏轼手指桌边的《三经新义》,对刘户曹说:"《三经新义》都已有了,诸位还费那么大功夫做什么?宰相说东别说西,叫你打狗别骂鸡。照本宣科有答案,谁也不会说无知。你且到街上,找那叫卖的书贩买他几十本,一一发给列位考官,上面怎么写就怎么考。去吧。"刘户曹点头领命,暗自记下苏轼言语,转身告辞而去。

苏轼笑着伸了一个轻松的懒腰,说:"唉,西湖有美景,我自睡高楼。介甫你忙杀,我自乐悠悠。"说完,便去寻即将离任的太守沈立,一同去游览西湖小孤山。

## 三十二　　杭州三美

夏日，三面临水的西湖小孤山，称得上清凉胜境。望湖楼建于孤山之上，在丛林中更显得玲珑挺拔，超然脱俗，犹似琼楼玉宇，蓬岛仙境。苏轼与沈太守正在这望湖楼中临景对酌。

沈立见苏轼兴致不高，知道他是为王安石《三经新义》的事，又想他不吐不快，便故意引起话头。苏轼听他提起，果然愤怒地说："朝廷来了诏书，自今年起秀才乡试和进士科举，全部以王安石编注的《三经新义》为准。一家之言，注也就注了，错对可由世人评说，千不该万不该，不该把它颁于学官，使其成为科举考试的唯一标准。这……不是太学重演，断我大宋文脉吗？"沈立也无奈地叹口气。苏轼接着说："今日各县学政都来了，要我讲《三经新义》，还讲什么？都写在书里了。我每人发了一本，让他们回家自己看去。算了，算了，不提它了，免坏了我二人的雅兴。"说着，举起酒杯，一饮而尽。

沈立摇头感叹"人生在世不称意，明朝散发弄扁舟"，想及自己明日就要离杭赴京，离开这杭州美景和卓然苏子，深道不舍，与苏轼共同举杯。苏轼微笑着说："杭州少了一个父母官，审官西院多了一个有德的大员。人生本就是离多聚少。"转头看着楼外美景，低声说："奈何沈公一走，下官也就只有与这山林湖海为伴了。"

沈立呵呵一笑："山林湖海为伴，那不正合你意了？接我任者是陈襄陈述古，你的老朋友。这个陈述古，知谏院的椅子还没有坐热乎，就被王介甫贬下来了。"

苏轼喝尽杯中酒，说："不贬不足以说明介甫是拗相公嘛。咳，现在朝廷中已无人对变法说三道四了。那王珪当了参知政事,我朝又多了个'三旨宰相'。"见沈立不明所以,苏轼接着说:"王珪此人,你不了解。我与他交手数次,老奸巨猾,十足小人。他在圣上面前只会说三句话:'臣领旨''臣遵旨''臣已得旨'。圣上到哪里去找这等宝贝顺臣?沈公,你到朝廷后,别的什么也别说,只学会说这三句话就行,准能平步青云,位及宰辅。"

沈立哈哈大笑,说:"你无须用激将法,与这等人同流合污,我是终身学不会的。"

这时,悠扬的琴声传来,使人似置身于仙境之中……

苏轼听琴声高妙,不禁问是何人所奏。沈立凝神细听,已猜到奏琴者正是杭州三美之一——琴操姑娘,笑着告诉苏轼:"琴操几次都想见你这当世第一才子,却都被你以公务缠身为由拒之门外,故而人家满腔愁绪,在此抚琴消愁呢!"

苏轼惋惜地说:"哦,苏某糊涂,竟拒绝了如此明耳仙乐。"说着站起身来,循声而往。听着优美的琴声,苏轼缓缓吟出一首诗来:"暗香浮动醉平湖,苏子探梅入有无。借问琴声谁拨出,道人有道山不孤。"沈立大赞好诗。

少顷,两人看见绿树环绕的小木屋中,一个绝代佳人临窗而坐,着一袭白纱丝衣,正抚琴拨弦。沈立称赞说:"琴操,听君一曲,难忘终生。老夫就要卸任,以后再也听不到这般美妙的琴声了,可惜,可惜呀。"

琴操嫣然一笑,说:"雕虫小技,何足挂齿。天下善抚琴者众矣,而知音者少。太守不必伤怀,该伤怀的是小女子。"声音似珠玉落盘。

沈立为二人引见,琴操道个万福:"见过苏大人,小女子这厢有礼了。"苏轼作揖还礼说:"听这清雅琴声便知其人,果然是国色天香,杭州三美,人如其名。"

琴操谦虚地说:"大人谬奖了,小女子不幸坠入红尘,何敢言清,又何来谈雅呀?"语毕,忙向苏轼、沈立让座。仆人毕恭毕敬地送上茶来。苏轼微笑着说:"琴操姑娘,听你的琴声,我有些担心。"琴操笑问苏轼担心什么,苏轼接着说:"林和靖乃得道的世外高人,就埋于此。你琴声如此曼妙,如果把他唤醒了,从坟里走出来如何是好?"

沈立和琴操放声而笑，琴操低声嘤嘤地说："即使如此，恐也非小女子所为，是他太渴盼见到苏大才子了。"

苏轼开怀大笑，说："尽管我等仰慕前贤，但若真是白日见鬼，岂不惧哉？"

沈立笑问苏轼："不虚此行吧？几次要给你接风洗尘，让琴操作陪，你总是拖延，这可有怠慢美人之罪啊！"苏轼忙起身请琴操姑娘原谅，琴操说："苏大人不赴小女子之约，却把那一万多个受苦受难的百姓救出牢狱，小女子才是真正怠慢了大人呀！"

苏轼点头微笑，望向西湖，只见烟波浩渺。琴声中，苏轼兴致大发，脱掉官衣、纱帽，颇感自由自在。沈立也说自己真想挂冠隐居这孤山一角，梅妻鹤子，步林和靖之后尘。

琴操并不赞成沈立的想法。她边弹边说："难道太守不知，多一个清官则天下众生多一份福气；而孤山多隐居一个清官，则天下多一份不幸啊！"一个风尘女子能心系苍生，有这等见识，实是难能可贵。苏轼回头看了一眼琴操，眼神中充满欣赏。

琴操对苏轼微微一笑，说："小女子方才忽然想到，苏大人可与一人相比。"苏轼问是谁，琴操接着说出王羲之。苏轼忙说："琴操姑娘好风雅，苏某怎敢与王羲之相比！"不想，琴操却道，以她之见，王羲之倒还比不上苏轼。沈立听得有趣，笑问何以见得。琴操接着说："王羲之被称为'书圣'，通判大人的书法即使比不上王羲之，也已天下驰名。况且，书法并非大道，比与不比，无甚要紧！"

苏轼心想琴操必有高见，便问："那……以姑娘说，什么才是要紧？"琴操回答说："道德、文章而已。通判大人不仅文章冠天下，且忠君爱民，故而道德也冠天下。"沈立点点头，深以为然。苏轼忙说愧杀。琴操却话锋一转，说道："不过大人倒是有一样比不了那王羲之。"

苏轼不禁一愣，问是哪一样。琴操笑着说："就是那'风流'二字！那魏晋风流，独有千古。风流未必真才子，可真才子必有大风流。不过……大人却是……"见琴操有些迟疑，苏轼请她照直说来，琴操含笑说："大人却是……却是……真才子而不风流！"

苏轼恍然大悟，说："天下才子皆风流，不缺苏某一个！"琴操请苏轼恕失言之罪，苏轼摆手，称赞琴操见识惊人。

这时，沈立突然想起明日同僚们要设宴为他饯行，便邀请苏轼同往。苏轼发现竟忘了给沈立送行的日子，忙向沈立抱歉，并说一定前去。沈立接着说："同僚们打算以官伎助兴。不过他们说，若要齐聚杭州三美，连本官在内恐怕都没有这个面子，只有子瞻能尔。不知子瞻可否帮忙？哈哈！"

苏轼微微一怔，笑着说："这就不必了吧。"沈立佯装不满，说："看看，你这犟脾气。这是本朝通例，也是官场的风气。再说我何曾求过你，如今要走了，好不容易求你一桩事，你却来扫我的兴。你就不能为我破个例吗？"听沈立这样说，苏轼无奈摇头苦笑，点头答应。沈立大笑，琴操微笑不语。

在挚友、奇女子的笑声中，苏轼望着葱茏的绿树、微波荡漾的湖水，神出物外⋯⋯

苏轼与沈立辞别琴操，来到太守府上。苏轼写完邀请杭州三美的请帖后，便告辞回家。

杭州三美都是风尘女子。西湖翠芳楼香软锦翠的闺房中，三美之一的周韶白天受了委屈，正暗自垂泪，叹息声声，自怜身世。听到有人敲门，周韶猜到是自己的侍女，她并不开门，说："你去告诉妈妈，就说从今日起我不再见人，妈妈要么让我回家，要么我就坐在这屋里永不迈出大门。"那侍女说："周姑娘，不是妈妈找你，是一位苏轼大人给你发来了帖子。"周韶略微犹豫了一下，起身开门，接过帖子。周韶展开请帖，在屋中来回踱着云步，喃喃念出："天上有宴，暂且中断；人间杭州，主别通判。操琴当歌，问尔愿不愿？"周韶暗自沉思⋯⋯

第二天傍晚，苏轼在书房读书，王闰之端来一盘清蒸草鱼，小莲端上莼菜汤。苏轼脸露歉意，说："夫人亲自下厨了，可惜为夫没有口福。今夜我为沈太守设了送别宴会，还破例给杭州三美下了请帖呢！"王闰之一听这话，脸一沉，就要将草鱼端走。苏轼连忙拦住，接过蒸鱼闻了闻，说："啊，这草鱼虽出自西湖，也从来没见人做出过这般香味！"王闰之沉着脸说："先生言过其实了。"苏轼认真地说："肺腑之言！"

王闰之说:"我看真正香的是那杭州三美吧。"苏轼笑着问此话怎讲,王闰之接着说:"先生,近日杭州人已经送给你一个'风流通判'的雅号了。"

苏轼笑道:"多谢杭州人所赐美誉。不过若要为夫担下这沽名钓誉的骂名,我尚需努力。"王闰之低头喃喃地说:"先生还要怎么努力呀,如今已经不愿回家了。"

苏轼突然问王闰之手中蒸鱼的名字,王闰之怪他明知故问。苏轼接着说:"叫西湖醋鱼!"王闰之不禁一怔,说:"这分明是西湖草鱼啊!"

小莲扑哧一笑,王闰之恍然大悟,娇嗔着说:"好啊!你……不给你吃了。"说着要端起蒸鱼拿走,被苏轼拦住。苏轼拿起筷子,笑着品尝起来……

轻雨过后的西湖岸边,水榭歌台,雕梁画栋,柳烟朦胧。

西湖有美堂内,杭州官员绅士济济一堂,刘户曹亦在座中,注意观察着苏轼。苏轼、沈立焦急地等待张望,琴操在一旁微笑不语。沈立向琴操姑娘询问周韶和宋芳二人为何还未到来,琴操神秘地一笑,摇头说她也不知道。众人等待不及,渐起喧哗。沈立摇头叹息,说:"今日送别宴会,原以为子瞻你比老夫要有面子得多,不曾想这杭州三美却只来了一个。"

苏轼慨然说:"沈太守,苏某只管发帖,其他的就管不了了。不等了,沈太守你请上座,今晚你是主人。"

众人落座,琴操抚琴弹奏。众人一起举杯祝词,说:"恭祝沈太守高升,离任回京,一路平安!"

突然,周韶一身素装,手持琵琶,宛如仙子般降临,与琴操合奏,顿时乐音绕梁。还未等众人反应过来,宋芳妖艳妩媚、楚楚动人地由屏风后舞出。三美乐舞相和,美色相映,满堂生辉。一曲奏罢,周韶和宋芳上前来给沈立和苏轼请安。周韶向沈立道个万福,说:"周韶见过太守大人,知大人离任回京,特来相送。"

沈立笑着说:"琴操抚琴,周韶拨弦,宋芳伴舞,三绝归一。还以为周大美人你不来了,原来是犹抱琵琶半遮面。"说着手指苏轼,向周韶介绍这位就是鼎鼎大名的苏子瞻。周韶见了苏轼,惊讶地"啊"了一声,心中有似曾相识之感。苏轼施礼感谢周姑娘依约而至,周韶还礼,说:"苏大人客气了。大人亲书柬帖,小女子岂敢不来?"

沈立接着向苏轼介绍宋芳。苏轼笑着说:"吾闻姑娘舞不让飞燕,方才苏某已大饱眼福。"宋芳嫣然一笑,说:"今有缘一睹大人风采,小女子才是三生有幸。"

方才太守说周韶三姐妹是三绝归一,周韶心想,苏轼是大宋才子,若是苏轼能即席赋诗,由自己和两位姐妹歌舞咏之,那就真可谓四绝归一了!想及此,周韶激动不已,便向沈立说出自己的想法。沈立听了,征求众人意见,众人自是想看苏轼一展诗才,一同鼓掌大呼,请苏轼赋诗一首。

苏轼向窗外一望,见湖色空蒙,再看看"三美",爽然朗诵:"水光潋滟晴方好,山色空蒙雨亦奇。欲把西湖比西子,淡妆浓抹总相宜。"

众人纷纷叫好。周韶感动地说:"好诗!此诗将与西湖水同存。"

琴操来到古琴前坐定抚琴,乐班开始伴奏。宋芳伴之以舞,周韶启动莺喉演唱起来。琴声悠扬,舞姿唯美,歌声婉转,词曲优美,众人如醉如痴⋯⋯一直站在苏轼身后的巢谷却侧目而视,甚为不满。

夜色渐深,苏轼却迟迟不归。王闰之心神不定,在蜡灯下缝制小孩衣裳,却无论如何也静不下心来。窗外不时传来歌声和喧闹声,王闰之渐渐烦躁起来。小莲正在一旁教导朝云写字。王闰之起身嗫嚅着:"莲姐,听说这杭州三美不仅美艳,而且皆有才艺,奏琴唱歌,填词作诗。我倒听过一两句,香艳淫巧,真是羞死人!莲姐,我怕⋯⋯"小莲见王闰之担心起来,便说:"夫人,我只问你,你能管得了先生吗?"王闰之皱眉说:"管不了!连皇帝的话他都不听,我的话他岂能听!"

小莲接着说:"既然如此,那夫人什么都不用做,只需做一件事。"王闰之疑惑,问小莲是何事,小莲接着说:"信任他!"王闰之听了眼前一亮,有些兴奋地说:"莲姐,对啊,你这话听似无理,细想却大有道理。"忽而愈发地明白,小莲才是苏轼的知己。她叹息一声,接着说:"莲姐,其实你才是这世上最了解先生的人，我……我……真羡慕你！"

小莲一听此言，脸色惨淡，低声说："夫人不该羡慕小莲！"王闰之迟疑片刻，满脸歉疚地说："啊……莲姐，以前都是我不好。我如今明白了，为何你就不能给先生……"小莲却一脸郑重地说："夫人答应过小莲的事，夫人当信守不渝。"

王闰之一怔，一时无语。小莲转头教苏迈、朝云写字。王闰之叹口气，转身离去。小莲看着窗外的夜色，若有所思。

西湖有美堂内，众达官贵人仍在欢宴夜饮。宋芳舞，周韶歌，琴操抚琴，沈立等官员击节。周韶唱着唱着，忽然哽咽，众人大惊。苏轼问："周姑娘，是苏某怠慢你了？"周韶忙说不是，接着迟疑地说出是因为苏大人的诗太好了！

沈立醉醺醺地说："好个苏子瞻，一首诗竟使咱们的周大美人泪流满面。"苏轼一怔，不想沈立接着问周韶："周……周大美人，你……你莫非喜欢上了咱们的……"

听了沈立此言，琴操大惊，巢谷侧目而视。周韶一怔，忙说："啊……不，不，我是想起了那西施的命运。"苏轼忙问西施如何，周韶接着说："那西施虽是远赴异国，所事非人，但晚来却有范蠡之爱。可我们……"

苏轼似有所悟，说："噢，周姑娘的意思是？"周韶回答说："大人，小女子请求脱离伎籍。"

众人一惊。苏轼扭头问沈立的意见，沈立说："是，周姑娘曾向本太守请求过，但因与律例有违，我没有答应。"

苏轼也已喝得醉醺醺了，说："太守明日就要离任，何不今晚做个人情？"见沈立迟疑不决，苏轼接着说："周姑娘，这样来办。你作一首诗，若是诗好，本通判准你脱籍，干系本人担着！"

周韶施礼谢过苏轼，沉思片刻，缓缓地吟出："陇上巢空岁月惊，忍看回首自梳翎。开笼若放雪衣女，常念观音般若经。"吟毕哽咽。琴操、宋芳也掩面落泪。众人看看周韶的白衣，不禁感慨万千。

苏轼赞叹说："好，好诗。本通判准……准你即刻脱籍，回家去吧！"

周韶跪谢苏轼,却心下茫然,凄苦地说:"周韶已不知哪里是家!"

众人皆默然,感叹周韶之悲苦。沈立问周韶说:"那周姑娘……准备去哪里?"周韶沉默片刻,只吐出四个字:"四海为家。"说完,泪下如雨。

听到周韶"四海为家",苏轼酒兴大发,摇摇晃晃地站起身来,说:"好,四海为家,就四海为家!"看着屋外茫茫夜色,空中点点繁星,苏轼缓缓吟出:"平生但觉风尘苦,相聚都为沦落人。扁舟一棹归何处,家在江南黄叶村。"接着走到周韶面前,说:"周姑娘,我和你同饮一杯!"

周韶流泪感谢苏轼,端杯欲与苏轼对饮。巢谷站在一旁,冷眼看着二人,心中不快。

突然,女扮男装的小莲走了进来,对苏轼说:"子瞻兄,你喝多了,该回家歇息了。"苏轼醉醺醺地说:"没……没有!别管我!"看看小莲,又问:"你,你是何人?"小莲向巢谷使了个眼色。巢谷已然认出小莲,小莲示意他莫出声,将苏轼架走。巢谷明白,背起苏轼就走。苏轼仍是醉呼呼地说:"哎,巢谷,我……我没有喝多!"扭头再看看小莲,说:"你究竟是何人,你,你是小……"没有说完便醉晕了过去。

沈立和一众官员也已经醉得不省人事,只有刘户曹在一旁暗暗观察。几日后,王珪收到刘户曹的密信。他展信阅读,笑容慢慢浮在脸上,眯着那对儿小眼睛说:"苏通判呀苏通判,这才对嘛,你本就该做个风流通判。春宵夜短,可不要辜负了老夫一片好意呀!"

## 三十三　　佛印和尚

送走太守沈立后，苏轼又设宴欢迎新任太守陈襄，连续多日沉湎于有美堂中饮酒、作诗。王闰之对此很是不快，小莲劝解王闰之，说苏轼去有美堂饮酒作诗不过是自得其乐罢了，不会学那些无行的文人。果然，小莲说后不久，苏轼就很少去有美堂了，酒也喝得少了，每日与杭州附近寺院的和尚谈佛说法。王闰之心中欢喜，却听不懂苏轼与和尚说的玄话，很是奇怪。

这一日，王闰之又做好一盘西湖草鱼，一边端着走向书房，一边与小莲说出苏轼的奇怪之处。小莲笑着说："夫人，先生慧根深厚，这杭州周围僧院众多，他交几个僧人朋友也不奇怪呀。"说着话，两人走进书房。

突然，院中有人问："子瞻兄在家吗？"王闰之一笑，低声对小莲说："你瞧，又来了一个。"小莲微笑。

苏轼闻声来到窗前，小声对王闰之和小莲说："哎呀，猫来了。"言毕，迅速将蒸鱼藏于书柜中，小莲在一旁讪笑不止。来人正是和尚佛印。他一脚踩进门来，苏轼笑着说："有人如猫，闻腥必至。"

佛印抽动了一下鼻子，闻到了蒸鱼的香味，看看苏轼，笑着问："子瞻，我来请教一个字，不知如何写法。"苏轼知道佛印已然闻到鱼香，又知他必会引出鱼来，便问是何字。佛印眨眨眼睛，说："你姓蘇（苏），'蘇'字怎写？"

苏轼呵呵一笑，心下了然，说："明知故问，上有草头，下有鱼禾，一边一个。"

佛印鬼头鬼脑地接着说："然则无鱼何以为'蘇'啊？"

苏轼哈哈大笑，起身从书柜里取出鱼来。小莲放好杯子，斟酒，二人喝将起来。苏轼捻须，忽然心生一计，低声说："佛印兄，我昨日忽然有一个发现！"

佛印问："何事？"苏轼狡黠地说："贾岛诗云，'鸟宿池边树，僧敲月下门'；刘长卿诗云，'仰见山僧来，遥从飞鸟处'；颜真卿诗云，'山僧狖猿狋，巢鸟来枳棋'；刘禹锡诗云，'立见山僧来，遥从鸟飞处'。唐人总爱以'僧'对'鸟'，我真是佩服他们。"

佛印一愣，但马上反应过来，笑着说："这就是我这'僧'与你相对而坐的理由。"苏轼哈哈大笑，说："都说你佛印机智捷才，确实不假！今天口背，让你讨了便宜。"

王闰之嗔怪说："不雅！"说完，生气地拉着小莲走开。苏轼看着佛印喝酒吃鱼，大快朵颐，皱眉说："我看你这和尚，不守清规，八成是假的！"

佛印并不停箸，边吃边说："咱们相交多时，原来你不知我的来历？"见苏轼摇头说不知，佛印接着说："我这和尚，全是拜家兄所赐！那年家兄初到京城，得知皇上尊崇佛教，他知我粗通佛理，又长了一脸和尚相，就想讨好皇上，让我陪他觐见。我也是年轻无知，就在皇上面前大谈自己如何向往佛寺生活。谁知吹过了头，皇上问我若愿剃度，就赐我一张度牒。你想，我哪敢说不，只好跪下谢恩了。就这样，我成了御赐的和尚！"

苏轼听完抚掌大笑，说："这可苦了你了！"佛印摇头说："苦倒是不苦，我有这御赐的度牒在身，简直如圣旨一样。逢寺便住，遇库支钱，仆从成群，倒也逍遥快活。不像你那参寥老弟，真真的是个苦行僧。"

听佛印说起参寥，苏轼叹息一声，心中为参寥忧心不已。的确如佛印所言，参寥是个苦行僧。他自从出家以来，四处云游，居无定所。之前苏轼任职凤翔，参寥去游访过苏轼。这次苏轼任职杭州，参寥前不久又来到杭州与苏轼游玩了几日，便辞别离去，约定不日归来。苏轼说："参寥兄出游回来了没有？"佛印说没有。苏轼略微沉吟，说："佛印兄，好久不见大通禅师了，明日我想去灵隐寺探望他，如何？"

佛印好像很怕见到大通禅师，迟疑一下，忙说："这个，吃鱼，吃鱼。"岔开话题。苏轼笑眯眯地看他两眼，两人举杯对饮。

吃完鱼后，虽然佛印很不情愿，苏轼还是拉着他前往灵隐寺。灵隐寺创建于东晋咸和元年。当时僧人慧理来到杭州，见这里山峰奇秀，认为是"仙灵所隐"之所，便于此建寺，并取名"灵隐"。五代时吴越国王三代崇奉佛教，不断扩建了庙宇，使灵隐寺规模宏大，僧徒众多。灵隐寺深得"隐"字意趣，虽寺宇雄伟，但深隐于群峰之中，周围密林葱茏、清泉流淌、鸟声啁啾，足当"仙灵所隐"之所。

苏轼、佛印二人来到灵隐寺门口。佛印故意为难苏轼，说："哎，子瞻，贫僧方才想到，大通禅师可是不见俗人。"苏轼不以为然，说："我与大通禅师相交甚厚！"佛印点头说："知道。但相交甚厚也是俗人！"

苏轼明白佛印故意难为他，看看佛印，嘿嘿冷笑，一脚踏进大门，见两个泥塑的金刚狰狞怒目，立在两侧，便问："佛印，这两个金刚谁更厉害？"

佛印不假思索地回答说："拳头大的。"苏轼立刻问："为何？"

佛印接着说："俗话说，'官大一级压死人'，所以拳（权）大压死人！"

苏轼大笑摇头，迈步进入寺中。佛印微微一笑，快步跟上。

他们来到大殿中，苏轼看着双手合十的菩萨像，问佛印："菩萨是佛，为什么还念阿弥陀佛？"

佛印回答："求人不如求己呀！"

苏轼又问："求己何用念佛？"

佛印接着回答："佛在心中，念佛方知自己是佛！"

苏轼笑着说："既是如此，只要心中存佛，口中念佛，便是佛了？"

佛印双手合十念佛："阿弥陀佛，正是！"苏轼也跟着双手合十念佛："阿弥陀佛，阿弥陀佛。"

佛印不禁一愣，问苏轼："你在做什么？"

苏轼正色说："我现在不是俗人，已是佛了，快通报吧！"

佛印又是一愣，瞬间心中了然，微笑着说："啊，有意思！不过，大通禅师岂是随便能见到的，凡人要见须沐浴斋戒三日，尤其不能见到女施主。"

苏轼不以为然地说："佛要超度的本是凡人，若是把自己看得高高在上，成天端着圣人的架子，哪里还有佛性？"

佛印问："何以见得？"

苏轼说:"《金刚经》有云,'世尊食时着衣持钵,入舍卫城乞食'。如来佛都像叫花子一样去城中乞食,你给大通禅师摆什么架子?还不见女施主?佛印,我敢与你打个赌,明日我就领一红尘女子来,大通禅师非但不会不见,我还要他与她们一块儿念经。"

佛印摇摇头,说:"我不信,大通禅师怎会见红尘女子?我跟你打这个赌,你若能做到,我一定请你吃饭。"

苏轼慨然应允,于是两人相约待庙会之日再来。

转眼便是庙会,灵隐寺中香客、游人熙熙攘攘。苏轼、麦子青等人和琴操、宋芳一行人说说笑笑来到灵隐寺,佛印出寺相迎。苏轼说:"今天要你还赌债。大通禅师呢?"佛印大惊,见到琴操、宋芳两女子,忙低声说:"哎呀,子瞻兄,你怎么当真?"

苏轼说:"我何时说过假话!鄙人不开口便罢,一开口便是实话!"

佛印很是无奈地说:"那你是不见棺材不掉泪了。"

苏轼呵呵一笑,说:"若是见了棺材才掉泪,就算不得慈悲了。"

佛印念声"阿弥陀佛",便痴痴地望着二美。苏轼一转念,笑着说:"佛印,我来问你,为何叫南无阿弥陀佛?为何不叫北无阿弥陀佛?"

佛印为之一怔,说:"南是吉向。"

苏轼摇头,一脸正色地说:"瞎说,见了姑娘就找不到北了,这才叫南无。"

众人哈哈大笑。佛印又向二美双手合十道:"二位仙子,苏大人说小僧找不到北了,你们有何说法?"

琴操说:"男者南也,你是男子,找到的一定是南。"宋芳也说:"对,你找到的肯定不是东也不是西。"

佛印拍了一下脑袋,说:"不是东西!哈哈,我既挡不住,诸位只好请了。"

一行人来到大通禅师的禅房,大通禅师正在坐禅。苏轼上前躬身施礼说:"禅师在上,苏轼有礼了!"大通见苏轼领进了杭州二美,大为不悦,皱眉说:"苏子不应不知,老衲禅房从不见女子。"

苏轼笑着说:"她们不是女子,是女菩萨。色即是空,空即是色,菩萨是男女，男女是菩萨。是耶？非耶？"

大通一怔，说："施主说得也……也是。"苏轼接着说："大师若借她木槌一用，我即当场填词一首，让她们唱出来。"大通禅师略一迟疑，苏轼接着问道："禅师不肯？"

大通禅师说："割肉贸鸽，舍身饲虎，求一木槌，安有不肯之理？"无奈地将木槌递与琴操。苏轼填词一首，交给宋芳。琴操敲着木鱼，二美唱道："师唱谁家曲，宗风嗣阿谁，借君拍板与门槌，我也逢场作戏莫相疑。　溪女方偷眼，山僧莫皱眉，却愁弥勒下生迟，不见老婆三五少年时。"

大通禅师微笑着听完二美歌唱，双目微闭，口占一偈："天纵子之才，辩才自无碍。三藐三菩提，岂从辩中来！"

苏轼一愣，立即正色合十，说："苏轼谨受教！"

大通禅师又口占一偈："琵琶洲上人行绝，干越亭中客思多。月满秋江山冷落，不知谁问夜如何。"

琴操、宋芳听了佛偈，如遭电击般愣了一下，念及自身，低头念佛……

一行人辞别大通禅师，走出寺外。苏轼已没有了进寺时的锐气。佛印问苏轼："子瞻，你是输了还是赢了？"苏轼一愣，脸色茫然，说："啊……输赢，此次无输赢！"

佛印自言自语地说："哼，这个子瞻。难道怕请我吃饭不成？"

苏轼心不在焉，口中喃喃自语："三藐三菩提，岂从辩中来？三藐三菩提，岂从辩中来？"

苏轼在杭州的一举一动，都被刘户曹通过密信报告给王珪。一日王珪看完信，感到百思不得其解，边踱步边说："不找歌伎，也不喝酒了，却日日跟僧人在一起，成天里讨论佛经。这个苏轼，又让老夫看不懂了。"管家低声说："是，老爷，这苏轼常常让人看不懂。"

王珪又拿过信来，仔细阅读，笑容慢慢浮上来，不住地点头，说："好，好，苏轼呀苏轼，他若常与僧人论经说佛，则生万事皆空、虚无缥缈之念。久而久之，必厌弃热闹，逃离红尘。到那个时候，他还有什么心思做官呀？"

小莲在房内教导苏迈、朝云读书。巢谷红着脸走了进来，不停地搓着手。小莲看到巢谷，咳嗽着问他有什么事。巢谷结巴着说："没事，小莲，我过来瞧瞧你，书教得如何了？"小莲看出了巢谷的局促不安，意识到他有话对自己说，却又不希望他说出口，于是避开巢谷的目光帮苏迈正字。巢谷接着说："小莲，你也别太劳累了，我看你近日又瘦了好些。"

小莲又咳嗽，说自己没事，也不累。巢谷关心地说："你咳嗽已许久了吧，我去找郎中给你抓点药。"

小莲说："不用了，巢谷兄，我正服药呢。"见巢谷欲言又止，小莲接着说："巢谷兄，若无什么事，你且忙你的去吧。你在这里，孩子们不专心。"

巢谷终于鼓足勇气，低声说："小莲，我有话要跟你说……"

小莲脸一红，不想他说出来，便说："巢谷兄，对不住。小莲现在无暇听巢谷兄说话，改日吧。"

巢谷心一横，说："小莲，今夜你若有空闲，我想邀你出来，我有话告诉你。"

小莲说："巢谷兄，小莲身子不适，睡得早。"巢谷很是无奈地说："小莲，你为何要躲着我？"

小莲叹息一声，说："小莲不是躲避你，小莲是躲避自己。"巢谷激动地说："小莲，巢谷是个鲁莽直人，你这话我听不懂。你只管跟我挑开天窗说亮话。"

小莲低下头去，说："巢谷兄，小莲无话可说。"巢谷硬着头皮说："我这里却有许多话要说，小莲姑娘你只管听……"小莲打断巢谷，低声说："巢谷兄，你看那窗外的西湖水，风一吹，好大的波澜。而小莲心中只有一口枯井水，任是再大的风，却一点波澜也不起。巢谷兄，你不要为了一口枯井，而错过这窗外的西湖。你明白吗？"

巢谷终于听懂了小莲的话，却不明白她为何如此，懊恼地转身离去。孩子们都呆呆地看着小莲，小莲止住颤抖的身体说："继续习字。"

过了一会儿，采莲端茶进来，看见小莲日渐消瘦，十分心疼地说："小莲姑娘，别太用心了，看你瘦的！"小莲咳嗽几声，竭力抑制，说："没事，从小读书惯了，如今教书，也不觉得累！"说着，继续帮苏迈正字。采莲看看，叹口气，将茶水放下，欲言又止，默默离开。

采莲回到自己房中，一个人坐着呆呆地出神。王闰之本想找小莲闲谈，见她正在教书，便转而来找采莲。两人谈起小莲的事，都不禁叹气。王闰之道："唉，莲姐这样下去可如何是好，表姑没有再给她说说？"

采莲愁容满面，摇头说："上月说过一次，她说要是再逼她，她就出家！"王闰之大为吃惊，喃喃地说："啊，出家？"见采莲点头，王闰之略微沉吟，说："那，你没说巢谷兄弟一直在想着她？"采莲叹气说："真是作孽啊！我说了，可你猜她怎么说？她说她心里已没有男人了！"王闰之惊得说不出话来……

自从在灵隐寺听了大通禅师的偈语，琴操如遭电击般，念及自身，伤悲不已，最后终于看空了一切，决定出家为尼！

大悲庵禅房内，经声佛号，木鱼声声，尼姑们各持法器唱经敲打，琴操跪于佛祖前，接受庵主妙莲大师的剃度。妙莲大师将琴操的最后一缕青丝剃下，放在一侧小尼手托的漆盘之中……

琴操出家的消息迅速传遍杭州城。麦子青得知消息，立刻赶到通判堂内禀告苏轼。苏轼大吃一惊，思忖片刻，叹气说："唉，都怪我，不该与佛印打那个赌，把琴操带到灵隐寺去见大通禅师。琴操慧根极深，一触即通。唉，我不该啊！"

正在伤怀之时，有百姓击鼓告状，苏轼命衙役带告状百姓上堂。

两个汉子上堂来跪于地上施礼，苏轼命二人起来回话，说明事由。原来，二人一个叫陈秋，是原告，一个叫梁夏，是被告。苏轼呷了口茶，笑着说："嚯，你俩的名字不错。"梁夏去年借陈秋二十两银子，时至今日不还，所以陈秋才要告他。梁夏也承认确有此事，但他是卖扇子的小户，自去年以来，夏日连阴不止，扇子卖不出，且有霉烂，一时实在拿不出钱来还债，不是赖账不还。

苏轼点点头，同情地问梁夏还剩多少扇子，梁夏回答说仅剩十把，其余尽废。苏轼命他将那十把扇子快快取来。梁夏虽不明所以，但仍领命跑回家去取扇子。苏轼转头笑着对麦子青说："怪不得叫梁夏，原来是卖扇子的。"接着叫下一个告状百姓上堂。

听到来人是女子的声音，苏轼抬头一看，竟是宋芳。宋芳呈上状纸道："大人，小女子恳求脱去贱籍！"一衙役接过状纸，呈给苏轼。

苏轼感到奇怪，问道："宋芳，为何要此时脱籍？"宋芳在堂下回话："奴家素知大人菩萨心肠，也知大人非久居杭州之人，故不愿失此良机。"

苏轼站起，沉重地说："是啊，大通禅师说得好，'月满秋江山冷落，不知谁问夜如何'，是该脱籍了……"略微沉吟，心想还是及早放她从良为好，接着大声说："本官批准了。"他举笔写完判词，交给麦子青。麦子青大声念出："五日京兆，判状不难。营伎宋芳，从良任便。"

宋芳叩头谢恩，接过判书，看着这让自己获得自由的判词，激动不已。苏轼嘱咐她常去看看琴操，宋芳点头答应后趋步退下。

梁夏恰好拿着扇子走进大堂，麦子青将扇子接过交与苏轼。梁夏不解地看着苏轼。苏轼将扇子展开铺在判案上，勾勾画画，顷刻间，几把扇子已经画完。

大堂外围观的百姓纷纷啧啧赞叹说："苏大人题字了！""这扇子可值钱了！"

苏轼起身，将画完画的扇子交给梁夏，说："梁夏，拿这些扇子去卖了，准够你还账。"梁夏将信将疑地接过扇子，跪下谢恩。等他一出大堂，就被众人团团围住，转眼间即被抢购一空。见此情景，苏轼开怀大笑。

就这样苏轼每天到通判堂断案，秉公执法，断案合情合理，杭州百姓赞佩不已。

转眼就由夏入秋。这一天日暮时分，苏轼从通判堂回到家，刚刚走进大门来，就见巢谷、采莲、王闰之、小莲等人面有难色。苏轼大感不解，问大家这是怎么了。众人不语，纷纷看向巢谷。苏轼更加疑惑，巢谷嗫嚅着说："子瞻兄，欧阳修大人过世了！"

苏轼身子一震，低声问巢谷："你说什么？"似乎不相信，怀疑自己听错了。待巢谷又说了一遍，苏轼面无表情，木然地走进了书房，身后的门"咣当"一声关上。

王闰之上前敲门，请苏轼开门，打算劝慰他，却听不到任何声响。巢谷、小莲、采莲都焦急地看着紧闭的门。突然，书房里传来了苏轼的痛哭声……

书房内的苏轼流泪写祭文，写完后付之一炬。苏轼边焚烧边诵祷："师之恩德，苏轼没齿不忘；师之风骨，苏轼终身效法；师之遗愿，苏轼毕生践行……恩师啊！"苏轼痛哭！欧阳修对自己的提携、关爱、叮嘱，一幕幕、一声声地映现、回响在眼前、耳畔……

远在汴京的王安石得知欧阳修去世的消息，也悲恸不已，挥泪撰写祭文："自安石仕宦以来，知我者，永叔公也。自变法后，大臣多有攻击，独永叔公能解我愚衷。永叔公虽有两次上札子，对新法表达己见，但实是为吾献计献策。公与安石，文道相通，志亦相趣；公骑鹤蓬莱，安石岂能不悲乎……"

宋神宗熙宁五年（公元1072年）闰七月二十三日，北宋文坛领袖、政治家欧阳修去世，享年六十六。八月，朝廷赠太子太师，熙宁七年（公元1074年）八月，谥号"文忠"。

## 三十四　罢　相

宋神宗熙宁六年（公元1073年）春，陕西地震，房屋倒塌无数，百姓流离失所。与此同时，江南大旱，土地龟裂，逃荒要饭的饥民成群结队。南北两地同时遭灾，情况严重。这重要的消息却被人以变法为先、无须惊动圣驾等理由压下不报。但纸里终究包不住火，佞臣小人难阻正直之士。于是发生了史上著名的郑侠《流民图》事件。

这一日，虽还是春末，但天气已十分燠热。神宗正饶有兴趣地用膳。精美的菜肴一道道呈上，一旁的宫女为神宗摇扇送凉。小太监们端着盘子，逐次走到张茂则面前，张茂则站在神宗身侧唱菜名：酒醋白腰子、三鲜笋炒鹌子、烙润鸠子、酒醋蹄酥片生豆腐、酒煎羊二牲醋脑子、糊炒田鸡……张茂则唱完菜名，小太监将菜摆放在桌案上，躬身退下。神宗夹起一块鹌鹑肉，愉快地咀嚼着。张茂则忧虑地看着神宗，欲言又止。

郑侠偷偷地混进了端菜的宦官中，托盘中赫然放着他所画的《流民图》。郑侠将托盘呈于张茂则面前，张茂则懒洋洋地正准备唱菜名，定睛一看，大惊失色，要将郑侠赶走，却被神宗发现。神宗觉得蹊跷，问托盘里是何物。张茂则支支吾吾，说是没什么，只是上错菜了。然后连拉带扯地命令郑侠退下。郑侠却高举托盘，不为所动。

见此蹊跷情形，神宗起身推开欲来阻拦的张茂则，从托盘里拿起那《流民图》观看，瞬间便双手颤抖。神宗手中的《流民图》上画着的男男女女、大人小孩都赤身裸体、骨瘦如柴、形似饿鬼；讨饭的、吃树皮草根的、身插草标卖身的，历历在目；砍树的、卖房的、戴镣铐的、饿死路边的，惨不忍睹……

郑侠见状,迅速离去。神宗泪如雨倾,双手托着《流民图》,直视着满桌的菜肴,喃喃自语:"怎么会这样?怎么会这样?国库不是粮多钱多吗?百姓怎么会这样……"

张茂则禀告说他听闻江南遭逢大旱。神宗吃惊地问:"大旱?朕为何不知道,你们为何不向朕如实陈明?"张茂则回答说:"只是听闻,是真是假,时下还不清楚。"神宗指着画,失声痛哭起来:"这还不清楚吗?还要如何清楚?!"

张茂则劝神宗不必为此悲伤,莫要伤了龙体。神宗大声说:"胡说!百姓都这样了,朕能不悲伤吗?这皆是朕的子民呀!一定是言路不通,臣子们才会取此下策向朕告知。"

张茂则接着劝慰神宗说:"现在言路不通,责不在陛下,陛下不必悲伤。"神宗一听,更加愤怒,大吼着说:"言路不通,言路不通!"一气之下,掀翻满桌菜肴,满屋狼藉。

条例司外,王安石和邓绾匆匆走来。两人为时下局势忧心不已。如今朝廷内外,议论颇多,纷纷说华山崩裂,天下大旱,是因变法不得人心,惹怒上天所致。对此,王安石尽管早有所料,却仍颇感悲凉。邓绾又说起,据闻圣上在宫内看到一张附有短文的《流民图》后痛哭不已。他认为以违逆天道为由来反对变法,实在险恶之至,以《流民图》来诽谤新法,更是无耻至极。

听了邓绾所言,王安石皱紧眉头,问他的看法。邓绾回答说:"宰相,上古尧时,普天之下发大水,其灾可谓空前。时下,圣上以宰相之见变法,则遇山崩大旱,此为何故?皆因尧舜、圣上是真龙天子,欲做一番改天换地之壮举,必得凶煞恶神发难。但尧舜、我主顺天时、合民意,必得真神所护,不必惧之。"

王安石一笑,问邓绾是否信神。邓绾虔诚地说:"宰相,文约信神。而且认为宰相乃天降之神,是来造福大宋保护圣上的。"王安石听后,摇头苦笑不止，默默地走在前面。

邓绾意犹未尽，但见王安石不再言语，自己也就静静地跟在后面。午后的阳光十分炽热，邓绾抬头看看太阳，低头看看人影，显得很短小……片刻间，二人走到条例司议事堂门外。王安石正要推门而入，却听到里面的吵闹声，于是停下脚步，示意邓绾别出声，隔门细听里面的动静。

条例司内，吕惠卿、曾布、张璪、李定等人流着汗，摇着扇子，正在激烈争吵着。吕惠卿对曾布戟指大骂："曾子宣，我要去圣上那里告你，告你提拔亲信，结党营私！"曾布反唇相讥，说："吉甫，你尽管去告，正好我也要在朝堂上问你，你身边的这几位就不是你的亲信？究竟是谁任人唯亲，罗织党羽！"

李定劝曾布说："子宣，有话好好说嘛，外面已经够乱的了，这实在不是吵架的时候。"吕惠卿"哼"了一声，高声说："曾子宣，你别以为我不知晓，你去圣上那里几次三番告我的状。你为何不当面与我说？你是何居心？"

曾布确实做过这些事，不好正面回答，只好回避不谈，转移话题，搬出王安石来，以攻为守。他一脸蔑视地看着吕惠卿，说："你越过相公，直接禀报圣上，还当着圣上的面非议相公，你当如何解释？你眼里还有没有相公？"

吕惠卿一听曾布搬出王安石，气愤难耐，激动地猛拍桌子，大声说："曾子宣，你信口雌黄！明明是圣上直接召见我，越过相公直接向圣上禀报的不是我，是你！"

曾布本来就对神宗召见吕惠卿很是不满，充满嫉妒，听他提起，顿时火冒三丈，高声吼着说："吕惠卿，你竟这么说，我也就不必隐讳了。你不要以为我不知晓你现在的居心！你故意借下面的怨言，说服圣上罢介甫公的相，你好取而代之！"

吕惠卿对此并不辩驳，而是以同样的罪名攻击曾布。他说："曾子宣，你，你这般大张旗鼓提拔亲信，结党营私又是为何？你才是觊觎介甫公相位的人！"

突然，门"咣"的一声被推开，王安石表情怪异地站在门口。忽而怒容满面，忽而古怪地笑着。屋里所有人见王安石意外出现，又是如此怪异的表情,都目瞪口呆。

王安石此刻终于认清了自己提拔的这群手下的真面目,绝望地仰天长啸,自言自语地说:"哈哈,什么新政变法,大宋中兴的大业,原来不过是为了老夫的一个相位罢了!"说完转身离去,一边笑一边拍手,形容怪异,眼眶湿润。他黝黑苍老的脸上留下条条泪痕,在夏日午后阳光的映照下盈盈发光。

回到府邸,王安石看到儿子王雱躺在床上,仍在发烧打着摆子。王雱正处于半昏迷状态,口中讲着胡话。虽然听不清,但可以听出"天怒"等字眼。吴夫人在一旁不停地抽泣,看到王安石归来,哭着说王雱是心病所致,接着抱怨家中自变法以来无一天宁日。王安石像困在笼中的一头雄狮,在室内来回走动,大声说:"夫人,变法大业岂能就这么半途而废!"王雱突然一声大叫,口吐白沫,昏迷过去。吴夫人先是哭着呼唤王雱,接着又向王安石哭诉:"不能为了变法,就要了雱儿的命呀!"王安石焦虑地看着王雱,一筹莫展……

寝宫内,神宗仍是一脸怒色。垂立一侧的张茂则小声劝神宗用膳。神宗沉着脸说天不下雨,他就不吃饭,并命张茂则宣旨,将御膳分发给流民。张茂则接着低声劝说神宗:"陛下,这怎么行啊,陛下龙体至尊,岂能忍饥受渴……"不等他说完,神宗怒斥说:"朕意已决,休得再说,下去!"

张茂则正要退下,一阵急促的脚步声传来,太皇太后曹氏在高太后、向皇后和岐王的簇拥下忽然出现在神宗面前,神宗急忙下拜请安。太皇太后爱怜地说:"起来吧。唉,难为你了。天下如此之大,交与你一身,这家不好当啊。"高太后接着说:"太皇太后说得极是。皇儿,我听他们说,你每日批奏札都到深夜,有时通宵达旦。现在又不进御膳,如此这般,身子怎么受得了呢!"

神宗躬身施礼,感谢太皇太后与太后挂念之情。太皇太后接着说:"是啊,要有张有弛,不可过于劳累。天下的事情不是一朝一夕能做完的。你手中所拿何物啊?"

神宗说:"启禀老祖宗,此乃监安上门的郑侠所呈的一张《流民图》。"言毕，将《流民图》呈给了太皇太后。太皇太后打开一看，先是吃了一惊，然后道："我已听太后和皇后说了，华山崩裂，久旱不雨，四处都是流民。孙儿你下令粗粝三餐，以敬神灵，可时至今日，未见其效。哀家以为，症结所在者，祖制不可擅改呀！"

神宗近日愁思不解，一是担心各地的灾民、难民，二是担心变法会因灾变而夭折，至于大臣们瞒灾不报倒在其次了。现在听到祖母将症结归于擅改祖制，心中无奈，立刻为变法辩护说："实行新法亦为民造福，并无害民之意啊。"

太皇太后说："哀家知道！王安石也有大才，但锐意而进，并非上善之策啊！"神宗迟疑着说："可……可满朝文武，唯安石愿身当大任。"

这时，岐王下跪，说："太皇太后，安石在位，天怒人怨，不去安石，苍天不允。臣弟以为，皇上还是先听老祖宗的为好。"

没想到自己的弟弟也来攻击变法和王安石，神宗怒气冲冲地对岐王说："朕不会治国，你来治国算了！"岐王吓得跪在地上，说："弟非此意，全为皇兄所虑。臣乃皇兄胞弟，毕竟有手足之情，一荣俱荣，一损俱损。今皇兄唯听安石一人之言，不听天下之言，不听手足之言，岂是治国之道乎？"

神宗见弟弟将自己说成偏听偏信之人，几近昏君，将自己和王安石置于天下人的对立面，委屈地对太皇太后说："老祖宗，即使变法有偏差，也是责在于朕，不在于王安石！"

太皇太后点点头，慈爱地说："嗯，替臣揽过，贤明之君啊！你血气方刚，励志于富国强兵，真像当年的仁宗皇上啊！"

神宗不禁跪下哭泣说："多谢老祖宗的褒奖，但……但孙儿哪敢望祖宗的项背！"太皇太后接着说："我一个女人家，也不懂治国之道。但我知道，凡事要循序渐进，要以安为本。你以为国库充足一些，就万事大吉了？这怕是涸泽而渔的办法，非长久之策呀！百姓穷了，国库就成了无源之水。一旦天下有事，国必危矣。好在你有爱民之心，必能知错而改。你还年轻，改过纠错总有时间，不要顾忌自己的面子。皇帝的面子是靠天下人支撑的。天下人离心离德，当皇帝的就没了面子。"

太皇太后的言语虽然没有提到变法和王安石，却是句句从根本上否定了变法和王安石。神宗辩无可辩，只好痛苦地点点头，说："多谢老祖宗教诲，孙儿一定铭记于心。"见神宗还能听进自己的意见，太皇太后欣慰地点头。

太皇太后等人走后，神宗命张茂则宣王安石觐见。

初夏的深夜，一天的燥热终于退去，繁星点点，清风徐徐，蝉鸣声声。本是夏日最惬意之时，坐在轿中的王安石却感觉这夏夜的汴京城凄冷无比。他知道这一刻必将到来，现在皇上召自己进宫，说明皇上要做决断了。这一夜会决定变法大业乃至大宋命运！而在眼下的危局和舆论之中，王安石不知道自己还能不能说服皇上坚持变法。当然他也作了最坏的打算，为了变法，他可以牺牲自己。想到这里，王安石摸了摸袖中的奏章。

进入皇宫，王安石孤独地走上迩英殿外的石阶，黑夜中显得落寞而孤单。殿门开启，只见神宗独坐在昏暗的烛光中，忧伤地看着缓缓走来的王安石。王安石远远地停下脚步，跪下施礼问安。神宗一脸无奈之色，叹息说："介甫卿家，听说你儿王雱病了，好些了吗？"

王安石感激地说："谢陛下体恤，吾儿无事。臣还望陛下保重龙体，以领导新政大业。"

神宗看着远远跪着的王安石，心想自己登基以后召见王安石，每次都非常亲近，而现在却不得不被一些事、一些人隔离开来，伤心而又无奈地说："介甫卿家，朕皇权在握，一言九鼎，用人做事，理应不难。但如今……如今怨声四起，连皇宫中也如鼎沸之汤，朕不知何以出现如此局面。"

王安石终于明白自己和神宗成了孤家寡人，变法成了众矢之的，心如刀绞，但顷刻间计议已定，便站起来施礼说："陛下，为平息众怨，唯有罢相，否则就会生乱，变法大事就会半途而废。请陛下降旨吧，批准微臣的奏本！"说着，递上准备好的奏章。

神宗摇头说："朕何以忍心……"王安石接着劝说神宗以变法大局为重。神宗感激地看着王安石，泪水渐渐地从眼角溢出……

辞别神宗，步出皇宫，王安石并不坐轿，一人走在空阔的汴京大街上。忽然一道闪电划过夜空，接着雷鸣电闪，大雨瞬间瓢泼而下。王安石一愣，迈开大步在雨中行走……

电闪雷鸣刺激得王雱神志不清,他披头散发地傻笑着跳上跳下,弄得全府鸡飞狗跳。吴夫人、邓绾及仆人们追赶着王雱。王安石落汤鸡般地走进府内,正好撞见了王雱。王雱看见浑身湿透的父亲,一阵狂笑,复又化为哀伤,委屈地倚在父亲肩上哭泣,终于安静了下来。吴夫人和邓绾等马上赶了过来。

吴夫人心疼地埋怨王安石不坐轿子,又拉着他去换衣服。王安石却站在院中,指天自嘲说:"好你个老天!你也觉得我该被罢?不罢我你不下雨,我一被罢你就下了这甘霖!哈哈哈哈……好雨,好雨啊!你……你是什么意思!那好吧,下吧!下吧!你给我下个够!"

邓绾为之一惊,不敢相信,问王安石刚才说什么。王安石一边朝室内走,一边告诉他自己已辞去相位,并让他不要再叫自己宰相了。听到这些,邓绾焦急万分,眼眶湿润地说:"哎呀,宰相,你怎么辞相了呢?那变法大业谁能担当?这不是苍天与你作对,而是苍天为你不平啊!相公一退位,苍天都为之落泪,我要面奏圣上,相国失位,苍天便塌啊!"说完也不道别,抹着眼泪,转身离去。王安石看着他的背影,摇头叹息。

邓绾跑出相府,钻进轿子,催促说:"快快,快走!快到吕惠卿大人府上。"轿子冒雨疾行而去……

熙宁七年四月,王安石罢相。

王安石辞去相位离开迩英殿不久,便电闪雷鸣,大雨倾盆而下。迩英殿内,神宗听着外面的大雨声,表情复杂,分不清是喜是忧。张茂则高兴地入殿,说:"陛下至诚感天,所以天降甘霖以体恤陛下的爱民苦心。陛下终于可以进膳了。"神宗仍说不饿,让他退下。张茂则却迟迟不动,神宗头也不抬地问:"没听见朕的话吗?"张茂则小心翼翼地禀告,吕惠卿、邓绾二人正在殿外等候,无论如何也劝阻不去。神宗无奈地瞟了张茂则一眼,命他二人上殿。

吕惠卿、邓绾一身雨水,衣帽零乱,进入殿中,跪地施礼。神宗皱眉问道:"这么晚了,又下着雨,有什么事?"吕惠卿低声说:"陛下,臣方才得知陛下已准奏王安石辞相。介甫乃变法之中流砥柱，臣以为万万不可呀！"

神宗无奈地说："朕已准了，自有朕的考虑。"

邓绾哭泣着问神宗是不是要废新法，神宗立起身回答说正有此想法。吕惠卿立刻泣声相诉："陛下行新政大业，史无前例。此乃开天辟地之举，岂有完美无瑕之事。今陛下若因旱蝗之灾，用狂夫之言，罢废新法，则天下必陷于混乱之中。"

邓绾也附和着说新法万万不可废，又说灾荒年年都有，只要措置得力，总可安然度过，请神宗勿忧。神宗心想，你们要是不瞒报灾情，也不会致使局势严重到如此程度，脸色一沉，大声说："朕怎能不忧？南方已经发生叛乱了，若不是章惇平叛，后果难料！眼下流民甚多，匪患滋炽，如何是好？"

吕惠卿忙说："而今国库充足，若及时赈灾，使万民安于生产，则匪患自然平息。正因美政之效，才使国库充足，陛下如何可以罢废新法呢？其实这些日子，微臣一直在想，自变法以来，人们对'免役法'和'青苗法'确有非议，但这不是新法不好，而是尚有不足。故臣以为，可实行'以田募役法'和'手实法'弥补缺陷。"

神宗本就只是因为大臣、太皇太后等的压力，才罢去王安石相位，甚至打算废除新法。这时候听吕惠卿可以弥补新法缺陷，立刻起了兴趣，问吕惠卿何谓"以田募役法"，何谓"手实法"。吕惠卿解释道："所谓'以田募役法'，就是招人服役给一定数量土地作补偿，以替代'免役法'。实行'免役法'以来，百姓出钱皆不均衡，五等丁户之产业登记多隐漏不实。'手实法'就是官府定出物品价格，让百姓各以田亩、房宅、物资、畜产依此价自报，凡满五钱，应多计增值一钱。除日用器具和所吃食粮外，隐瞒漏报者允许告发，查获属实，则以三之一奖赏告发者。"

神宗提出疑问，说："服役之人，人在军中，给地何以能种？"吕惠卿回答说："家人可种。若家人不能种，可以租于他人耕种，只收地租即可。农民之命系于地，有地则有安身立命之处。如此，服役之人自然清楚，保国即为保家。"

神宗眼前为之一亮，然后又问："手实之法，是否有税多之嫌？"吕惠卿回答说:"陛下,税不在多,在于合理。田宅、物资、畜产取税,合于天理。"

神宗起身思忖再三,说:"如此一来,则能使天下休养生息,疗此灾伤,亦无不可。"吕惠卿大喜,施礼称颂:"陛下圣明。"

神宗兴奋地说:"好!吕惠卿,自今日起,朕任你为参知政事,执掌变法大业。"

吕惠卿心中一惊,故作惶恐地说自己恐有负重托。神宗挥挥手,说:"为变法大计,你不必推搪。朕命你立即施行'以田募役法'和'手实法'。"

吕惠卿和邓绾传递眼神,齐呼:"陛下圣明!"

夏日,杭州郊外村庄,农民们拦住几个要宣布"以田募役法"和"手实法"的衙役,说:"今天这个法,明天那个法,变着法子来抢我们口中食粮,剥夺我们钱财,你们官府还让不让人活了?!"衙役喝道:"大胆,你等胆敢抗法不行,可是要坐牢的!"

正当双方闹作一团之时,苏轼恰巧独自骑马赏景路过,见状便下马询问。衙役忙禀告说:"苏通判,陈太守让小的来宣行'以田募役法'和'手实法'。这些刁民野人,竟敢违抗不听!"

苏轼却不知"以田募役法""手实法"为何物。衙役解释说是今日刚到的公文,将公文呈给苏轼。苏轼接过变法文书,细看之后怒不可遏,将文书摔于地上,大声说:"不行此法,杭州不行此法!"

众农民听后一阵欢呼。衙役却说:"苏通判,小的不敢。这可是朝廷下的文书,小的怎敢违抗?"

苏轼气愤地说:"什么朝廷?!是吕惠卿要祸乱天下!什么'以田募役法',人去服兵役,用地补偿,谁来种地?必然出租出卖,造成新的土地兼并;这'手实法'更加荒唐,必然给贪官污吏扰民害民提供方便,公开敲诈勒索。照此法办理,鸡猪要征税,一尺房椽,一寸土地都检括无遗,老百姓还怎么活呀!民脂民膏都被他们刮净了!其结果,必招致天下人以贫穷为安。如此一来,则商业不兴,农业不振!"

听了苏轼的话,众百姓齐声欢呼称赞。衙役却愁容满面地说:"苏通判，大人说的小的也不懂。大人说不让行此法，小的怎么回去交代呀？再说了，大人在杭州的任期眼看就到了，大人若一走了之，小的可怎么办呀？"

苏轼点点头，说："你倒考虑得周详！你自回去，找陈太守说，就说我让你做的，杭州决不能行此法！我自会找他去说，与你无干系。"

衙役只好领命离去，众农民又是一阵欢呼。

苏轼一脸怒气未消，只见巢谷匆匆驾马而来。巢谷急忙下马，说："子瞻，正四处找你，范公给你寄来一封书信。"苏轼展信阅看，激愤地说："好！范公信上说，连王安石都骂狗屁'以田募役法'和'手实法'是胡作非为，要圣上收回成命！巢谷，你看，所谓'手实法'，不过是让天下人向吕惠卿自首，而他把天下人当成了囚犯。与民为敌，岂有好下场！"说完大呼"痛快"，便要离去。

众百姓见苏轼将要离去，想及苏轼若离任而去，担心苏轼说的"不行此法"便作不得数了。苏轼郑重地说："苏轼从不食言，无论苏轼在不在杭州，都不能让此种恶法施行害民！"众农民再次欢呼喝彩。

深秋之夜，王珪收到杭州眼线刘户曹来的书信，赶到吕惠卿府密谈。王珪说："苏轼扬言杭州不行'以田募役法'和'手实法'，明目张胆率先抗法！那个杭州太守陈襄，跟他也是一个鼻孔出气的，根本管他不住。"听罢，吕惠卿顿时火冒三丈，恼怒地说："苏轼，又是苏轼，就像这夏天永远挥之不去的蚊蝇，总在你耳旁嗡嗡作响，不容你片刻安稳！禹玉公不是说过杭州山水酒色能收其心，缄其口？却没想到原是我等一厢情愿，苏轼还是那个苏轼！"

王珪叹口气，摇头说："苏轼本性顽劣难移，杭州山水也徒呼奈何啊！"

邓绾建议说："吕公明天就去圣上那里参苏轼一本。苏轼屡次反对新法，此次又在杭州抗法不遵，足以遗祸天下，圣上不贬他才怪。"自从吕惠卿任参知政事后，他便称其为吕公了。王珪点点头说："只有如此了，杭州对苏轼而言，看来是太舒服了。吉甫，王安石罢相之后，圣上寄厚望于公所倡导的两部新法，苏轼胆敢带头违逆，圣上焉能不怒？"

吕惠卿捻须沉吟，答应明日奏明圣上苏轼抗法之事，接着说："但眼下于我而言，更可忧者，却是王安石复相之事。圣上虽罢了他的相，但其实是迫于无奈，圣上随时都可复他的相。"王珪微微点头，却不言语。邓绾诡秘一笑，低声劝说此事不急，而且他已早有主意。吕惠卿问他有何高见，邓绾手捻鼠尾胡，接着说："吕公可在圣上面前推荐王安石为节度使。"

王珪拍手，大赞邓绾妙言。吕惠卿略一沉思，突然明白，点头大赞说："嗯。确实妙哉！如果圣上起用王安石为节度使，自然就是以罪离相。有罪之人是不可复相的。"说完，与王珪、邓绾相视而笑。

第二天，崇文殿早朝，神宗见了赵抃的奏札，勃然大怒，怒摔奏札，说："吕惠卿，这是赵抃给朕上的奏札。你们太让朕失望了，密州明明发生旱蝗之灾，颗粒不收，却说什么风调雨顺。若不是赵抃据实而报，朕至今还被蒙在鼓里。"吕惠卿战栗不敢言，神宗接着问吕惠卿密州的应对之策。

吕惠卿并没有什么应对之策，只得请神宗容他考虑。神宗摇摇手说："你不用考虑，你只说何人能继任这密州太守一职，何人能为朕治理好密州？"吕惠卿又说他一时尚无合适人选。神宗叹息一声，惆怅地说："朕不须他有王佐之才，只要他会说实话，连这样的人满朝之中竟也遍寻不着吗？"

吕惠卿听出神宗又提及他们瞒报密州灾情的事情，慌忙跪下，说："陛下，微臣对陛下赤心忠胆，天地可鉴……"

神宗不想再听他这些言语，不耐烦地打断他，问他刚才欲奏何事。吕惠卿禀告杭州通判苏轼明目张胆地阻止施行"以田募役法"和"手实法"，请神宗明察。听到苏轼的名字，无精打采的神宗，眼睛忽然一亮，又问吕惠卿所奏何人。吕惠卿心中暗喜，回答说是苏轼。神宗点点头，喃喃自语地说："苏轼，苏轼，苏轼。朕何以没想到，苏轼却是个敢说实话的。"又问明苏轼任杭州通判已有三年，就当任满。神宗不假思索地宣布："苏轼杭州通判任期既已满，量其德才，朕应重用于他，就让苏轼任密州太守吧。"

吕惠卿本想以不行新法参倒苏轼，不想却提醒了神宗，苏轼反而升任太守。他慌忙说："陛下，微臣以为苏轼不堪重任。陛下，万万不可……"神宗又是摇手打断吕惠卿，说："行了，就按朕说的办。朕以为，时下各地对'以田募役法'和'手实法'异议甚大,既然如此,就不要在全国实施,先在京东东路试行吧。"

吕惠卿一听更加着急,急切地劝说神宗:"陛下,万万不可。密州乃京东东路要地,苏轼一直反对良制美法,今又反对两部新法,若重用密州,必对'以田募役法'和'手实法'贯彻不利。"

神宗仍不为所动,笑着说:"苏轼的政见虽有不同,但他倒是朕心目中密州太守的不二人选。因为朕相信一点,苏轼一定会对朕说实话。无须多说,着苏轼即日赴密州上任。"

吕惠卿闻听此言,如挨当头一棒,赶紧躬身说:"遵旨。"

邓绾的两只鼠眼转来转去,鼠尾胡上下扇动不止,最终决定仍是按计划行事。出班禀告说王安石罢相已有时日,自己推荐他为节度使。张茂则接过他的表章,呈给神宗。神宗细看,皱眉问邓绾:"王安石离相非因有罪,焉能授此官职?"邓绾没想到神宗立刻指出问题的关键,只好支支吾吾,说自己只是想举荐王安石,没有顾及其他。神宗以怀疑的目光品读着邓绾,又看看吕惠卿。他二人浑身不自在。神宗意味深长地劝告二人:"凡事适可而止,聪明不要过头才好。"吕惠卿和邓绾慌忙跪地,一同说:"谨遵圣上教诲。"

神宗摇摇头,便命退朝。

当晚,吕惠卿和邓绾来到王珪府上诉苦。王珪摆了一桌的精美饭菜,慰劳吕、邓二人。

神宗非但没贬苏轼的官,还升他做了密州太守。屡参苏轼不倒,说明圣上心中还有苏轼,而且神宗识破了邓绾举荐王安石为节度使的阴谋诡计。王珪却并不沮丧,笑呵呵地一边为二人夹菜,一边说:"吉甫、文约,塞翁失马,焉知非福?老夫倒以为,这是好事一桩。若是别的地方的太守,自当如文约所言,但就是这密州太守,则是明升暗贬。"

吕惠卿不禁疑问,王珪接着说:"这密州有三害,大旱、蝗灾、匪患,以致密州年年颗粒无收,饿殍遍野,遍地皆是棘手难办之事,以往太守无不铩羽而退。苏轼在杭州天堂优哉游哉惯矣,忽然将他弄到满目疮痍的密州,与杭州可谓天壤之别。老夫倒要看苏轼如何应付。"听完王珪的分析,邓绾振作起来，点头说："禹玉公所言有理，他在密州一旦出了纰漏，我等相机行事，再贬他不迟。"吕惠卿也露出笑意，幸灾乐祸地说："对，杭州通判让他做得太舒服了，密州太守却要他如坐针毡。"

王珪捻须微笑，说："不够，不够。他做密州太守，我等还不能放任不管。前两次苏轼之所以能涉险过关，盖因我等不加管束，让他独行其是。"邓绾立刻揣度王珪的意思是派个监察使去管着苏轼。吕惠卿马上阻拦。他提及上次在杭州赔了夫人又折兵的王广廉。王珪点头称赞吕惠卿说："吉甫说得对，派监察使分量不够。密州既然是'以田募役法'和'手实法'的试行重地，就须派条例司里的重臣直接督办，皇上一定会准。"

吕惠卿顿时兴奋不已，他站起身来，称赞这可谓一石二鸟。一来监督新法施行，二来掣肘苏轼，苏轼定是万难应付。接着他问王珪意欲派谁前往。王珪不答，只是微笑地看着邓绾。吕惠卿瞬间会意，也看着邓绾。邓绾一惊，随即明白，心中叫苦不迭，脸上却竭力做出大义凛然之色……

## 三十五　　密州救灾

密州位于今山东半岛东南部，即今诸城，是一座历史悠久的古城。它始建于东汉，西汉初年即设东武县，隋代改称诸城，宋称密州。熙宁七年十一月底，苏轼一行进入密州境内。

苏轼身着便服，骑在一匹黄色的瘦马上，巢谷、苏迈骑马同行，三辆马车随后沿土道而行。

王闰之和小莲忧虑地看着帘外凋敝的景色。只见无叶的树木、黄土、秃山，与南方形成了鲜明的对照。王闰之感叹道："这里景色如此凄凉，与杭州真是没法比呀，真是一个天上一个地下。离开杭州我实在舍不得。"小莲并不说话，偶尔看看前面骑马的苏轼，似正为他而忧虑。

巢谷问起昨晚在野外旅店里，苏轼寄给苏辙的词，请他念来听听。苏轼看着茫茫旷野，缓缓吟出："孤馆灯青，野店鸡号，旅枕梦残。渐月华收练，晨霜耿耿，云山摛锦，朝露漙漙。世路无穷，劳生有限，似此区区长鲜欢。微吟罢，凭征鞍无语，往事千端。　　当时共客长安。似二陆初来俱少年。有笔头千字，胸中万卷。致君尧舜，此事何难？用舍由时，行藏在我，袖手何妨闲处看。身长健，但优游卒岁，且斗尊前。"

正说话间，一行扛着镢头的百姓耷拉着头，缓步穿过二人面前。一位老汉低声说："这当官的，好有兴致啊！"

巢谷刚要呵斥，被苏轼制止，苏轼不解地看着成群走过的百姓。苏轼向巢谷使个眼色，二人跟在百姓后面。他们来到百姓聚集处才看到，百姓们用镢头、铁锹挖沟，用蒿蔓裹着冻死的蝗虫掩埋，蝗虫数量之多令人惊愕。苏轼沿道远远望去，一眼望不到边的百姓，宛如一条蜿蜒的长蛇。他们衣服破烂，面黄肌瘦，其状惨不忍睹。苏轼与巢谷先后下马，苏轼问一老者："老人家，蝗虫怎么如此之多呀？"

老人摇头叹息说："今年七月以来，还没下过一场雨呢。祸不单行啊，又来了蝗灾，全州已经捕了几万斛了。这东西，飞起来铺天盖地，能把日头遮住。不管多少庄稼，一扫而光，这是跟俺争饭碗哪！"

巢谷便问老人家这是何州地界，听到老人回答说是密州，苏轼、巢谷为之一惊！抬头环视这荒凉的原野和凄惶的百姓，忧心不已。

两人回到官路上，继续前行，不时遇到百姓拉着木板车。木板车上是用苇席裹着的尸体，无人随行送葬，拉车人表情木然。古树上的乌鸦成群，盯着这车上从苇席中露出的死人肢体。

巢谷叹息说："子瞻，沿路来竟全是死尸哀鸿。还有这密州官府中人也实在太不讲礼数，也不派个人来接我们。"

苏轼铁青着脸不说话。突然，从不远处传来婴儿的啼哭声。苏轼急忙让巢谷快去看看。巢谷策马过去，跳下马来将被丢弃在田野低洼处的婴儿抱入怀中，走到车边，将孩子递给车内的王闰之。王闰之接过婴儿，端详一番，叹息说："唉，幸亏及时，不然这娃就叫狗给吃了。"

在小莲的身旁，也已有两个婴孩，都是刚刚在路上捡拾到的。孩子们忽然放声哭起来，车厢内小莲和朝云忙活不停。采莲和苏迈也抱着一个哇哇直哭的婴儿哄着……听着婴孩们不住地啼哭，苏轼满脸悲愤，眼含泪光。

突然，前面村落中传来"救人哪，救命啊""土匪来了，快跑啊"的哭喊声。接着，浓烟滚滚，火光冲天，呼救声、哭喊声、打骂声、厮杀声交织在一起……

巢谷正欲冲进村子里救人，却被苏轼拦住，苏轼命他待土匪出来力擒贼首。这时，有十余匪骑挟着两个年轻女子朝苏轼一行冲了过来。苏轼看出他们要回山，大声说："巢谷，迎上去！不从者格杀勿论！"

巢谷冲了过去，高声喝命把人放下。土匪见仅巢谷一人持剑，几个人将巢谷、苏轼、苏迈围在当中，另几个则直奔马车而来。匪首马六对巢谷大声喊道："好汉，我劝你不要蹚这浑水！要不，爷们儿的刀不留情！"

巢谷大喝一声，叫匪首放下女子。匪首马六一挥手，几个匪徒一齐拥上。刀光剑影，叮叮当当，眨眼之间，几个土匪全部毙命于巢谷剑下。

另几个匪徒来到马车前，掀开车帘，看见如花似玉的王闰之，大喜，欲伸手抢人，苏过吓得大哭。王闰之用身体挡着孩子，拿起车内木棍对着匪徒当头一棒，匪徒登时翻身坠马。另一匪徒挥刀欲砍王闰之，却只听"嗖"的一声，被一箭穿心，坠于马下。

一名武将张弓搭箭，带领一队兵丁飞马赶到。巢谷迅速赶到车前，将另几名匪徒斩于马下。匪首马六见官兵数量众多，急忙带人逃走，巢谷追赶不及。

原来那武将正是密州通判刘庭式，与巢谷互相称赞，互道姓名。刘庭式这才得知这一行人就是新任太守苏轼及其家人。他下马便拜："苏大人，恕下官有失远迎。只因前面村庄发生匪乱，下官带人平匪，故未来迎接。"苏轼回礼说："刘通判请起，你尽忠职守，我怎会怪罪于你。"

王闰之心有余悸，掩住心口，摇头叹息，暗中寻思这密州看来真非善地。苏轼望着远处村庄的浓烟，满脸忧虑。

刘庭式领着苏轼等人来到为苏轼一家安排的住所。走进院落，只见墙壁斑驳，十分简陋。刘庭式请苏轼多多担待，因为没想到苏轼来得这么快，所以还没收拾停当。苏轼让他不必挂怀，有地方住就行了。

二人分宾主落座。苏轼说起他一路看到密州蝗灾、旱灾十分严重，问为何严重到这步田地。刘庭式皱眉说，这是因为上报灾害就没有政绩，没有政绩的官员就不能再升官，所以原太守不让上报，错过了抗灾时机，以致灾情严重。苏轼无奈地怒声说："弄虚作假，祸国殃民！"

刘庭式也感叹说："是啊，但上司在意的是收取了多少税，哪管百姓死活呢！上任太守为了升官，把所有值钱的东西都卖掉上缴了。他走了，升官了，而我们留下的已经几个月不发俸禄，饭都吃不上喽。时下，密州的百姓中盛传着几句话，说密州有四害——龙王懒，蝗虫盖，盗贼如毛，官逼债！"

苏轼愕然，看看屋内啼哭的婴孩们，请刘通判找些米来，做些米汤给这些婴孩吃，担心再晚些孩子就不行了。刘通判立刻吩咐衙役取米，那衙役很是踌躇，原来刘庭式家中也无多少米了。刘通判大声吼着说："大胆，这般啰唆，叫你拿你就拿，救人要紧！"衙役这才急忙告退。

苏轼摇头慨叹说："刘通判，连你家都缺米，百姓就可想而知了。那百姓吃什么？"刘庭式说："大人若是实在想知道，就随我去看看吧，迟早也是要看到的。"苏轼点头同意，二人起身出屋。

密州乡村野道上，苏轼、巢谷、刘庭式骑马缓缓而来。一路上，见有很多百姓背着条筐。到了沟边，只见十多个老百姓有气无力地用锹铲起一些白色土壤，装到条筐中。刘庭式手指土坑中的白色土壤，告诉苏轼这就是百姓吃的东西。苏轼翻身下马，来到近前，抓起一把土，仔细一看，猜想是观音土，急问一名正欲离开的老者。那老者和其他几个老百姓无力说话，也不理他。刘庭式告诉苏轼，这正是观音土。观音土又名白鳝泥、高岭土，本是瓷器的重要原料，在灾荒之年，百姓无食物可吃，往往被逼无奈吃这观音土。初吃时可以缓解饥饿感，但观音土没有任何营养成分，而且难消化，人会因营养不良而手足肿胀。观音土遇水膨胀，好多人都因腹胀而死。

苏轼伸手拦住背起一袋观音土要走的老汉说："这会出人命的！"那老汉头也不回地说："至少能做个饱鬼。"他又何尝不知吃观音土无异于自寻死路，但不吃也是没有活路的。树皮、草根等一切可以吃的东西，早已被饥饿的人们吃得一干二净了，吃观音土至少能缓解饥饿感。

苏轼使劲攥着手中的观音土，两眼含泪，再说不出话来。巢谷顺手一指，苏轼顺巢谷所指方向看去，只见一群村民在剥村前的榆树皮。榆树赤露着白白的躯干，已经无皮可剥。但村民们心有不甘，仍在用刀刮着。苏轼一脸沉痛，热泪流了下来……

夜幕降临，苏轼一家人正在为十几个婴儿忙碌着，喂米汤的、换洗衣物的，婴儿的啼哭声此起彼伏。寒风呼啸，漆黑的夜幕中，一个窗口透出微弱的烛光，苏轼伏案疾书的身影投在窗纸上。

苏轼不时呵呵手再继续书写奏札。王闰之端着一碗菜汤放到苏轼的桌子上，让苏轼喝了暖暖身子。苏轼放下笔，谢过王闰之，双手捧起碗来，先暖了暖手，然后慢慢喝汤。王闰之看看苏轼的笔墨纸砚，问他在写什么。苏轼告诉她是向神宗皇帝禀报密州实情的奏札。听到密州实情，王闰之叹口气，说："就吃这青菜，真怕你熬坏了身子。"苏轼说："夫人亲手送来，菜汤也是参汤啊！"王闰之嗔怪苏轼，苏轼笑着说："来，我给你暖暖手！"说着双手握住王闰之的手，说："夫人，到了这密州，你可就要跟我吃苦啦。"

王闰之自己吃苦倒是不怕，但很是心疼苏轼，担心他把身子熬坏了，一家人还都需要依靠他。苏轼听了王闰之的话，感动地说："更要靠夫人，眼下又多了这十几个弃婴，不靠夫人靠谁？"王闰之说道："这许多孩子，我一个人怎么行？表姑、莲姐、朝云她们可忙坏了。"她边说边往火盆里加了点木炭，叹道："我看到这些孩子啊，心里有说不出的滋味。他们来到世上，遇到的第一件事，就是被亲生父母扔掉，太惨了。"

苏轼叹道："虎毒不食子啊！他们养在家中，无异于等死，扔到路边，兴许被人抱走喂养，能活一命。"接着说："粮食还够不够？天气寒冷，表姑、小莲、朝云她们守着孩子，更得吃饱。"王闰之摇摇头，说刘通判送来的米面都已经全部用在孩子们身上了。听到家里其他人都没有吃的，苏轼烫着般地放下那碗没喝完的菜汤，沉痛地说："如今当务之急，是给咱家和密州百姓找来粮食呀。"王闰之深深点头。

第二天，苏轼走访了密州的几个县乡村庄，进一步掌握了密州的灾情和密州靠海而盐产丰富的优势，灵机一动，决定开放盐禁。回到太守府衙之后，苏轼将刘庭式请来商谈。刘庭式听了苏轼要开盐禁，还要免税的想法，大为吃惊，因为新政明令禁盐。如果开放盐禁，朝廷非但不会同意，很可能还要降罪惩处。苏轼也同意刘通判的看法，但又认为非如此不能救密州百姓。密州现在没有粮食，百姓没有食物，又没有营生，只有开放盐禁，百姓才有钱可赚，可以去买粮。而个人安危与百姓性命比起来，实是不足道。苏轼告诉刘通判，自己已给圣上写了奏札，历陈如今密州之实情，并预测如果圣上和当朝宰相会算账，他们会准了自己的请求。刘庭式听了苏轼的豪壮之语，心中感佩不已。

这时，邓绾带领两个随从悄悄来到大堂门前。邓绾执起马鞭，回身示意衙役不许出声，自己躲在门边细听。

只听刘庭式接着说出他的疑问："可是苏太守，朝廷若开密州盐禁，则新政变法如何施行？变法乃朝廷大计，下官以为朝廷断不会同意。"

苏轼回答："放盐当然不是全放，只放三百斤。刘通判你想，本州去年一年盐税收入增加了两万贯，但仅支付捉贼的赏钱就花了一万多贯。如今盗贼越来越多，恐怕已不是两万贯所能应付的了。若让小商小贩贩盐，其本也就是两三贯，行不过两三程，无碍国家运盐，密州百姓却多了一份谋生的差事，此乃百姓自救。百姓有了生道，谁还去为匪为盗呢？即使有，官府严惩，则民无怨言，不至于官逼民反。若一条生路不给，只去严惩盗贼，则民不畏死，恐生祸患。刘通判，放盐是放百姓一条生路啊。"

刘庭式听了频频点头。突然，邓绾由门外阔步冲进来，大喝一声，说："大胆苏轼，你若敢违逆新政私自放盐，我必面见圣上告你，你就等着获罪吧！"

苏轼一愣，随即了然于胸。他并不起身，淡淡施礼后说："原来是邓大人驾到，大人不在汴京辅佐圣上，怎么跑到这穷乡僻壤的密州来了？"得知是邓绾，刘庭式忙起身施礼说："大人驾到，请恕未曾远迎之罪。"

邓绾盛气凌人地坐下，两位随从左右侍立。邓绾怒视苏轼，大声说："苏轼，我千里迢迢来到密州，正是要督办密州新法施行，却听见你方才言论，简直视新政为无物。我劝你迷途知返，不要起开盐禁的念头，依法施行新政，则密州无虞，否则……"

听邓绾开口闭口都是新政，苏轼立刻打断他，说："邓大人，苏轼放盐，意在救密州百姓于饥寒，为陛下施仁于民。名为私盐，其实为公。若苏轼依大人命令不放私盐，那因此被饿死的密州百姓该算在何人账上？"

邓绾却耍起了糊涂，一脸无辜地说："苏轼，你此话何意？你治下的密州，出了人命与我何干？我只管你施行新法，其他与我何干？"

苏轼没想到邓绾只顾新政，不顾百姓死活，顿时大怒，吼着说："饿死的百姓也与大人无关吗?！大人若不许放私盐，从今日起饿死的每一位百姓，我都算在大人的账上！此后苏轼有面圣之机，定当禀报圣上，就说大人为行新政，违逆天道，置密州百姓性命于不顾！你敢不敢?！"

邓绾一惊，害怕起来，只好转移话题，急切地说："苏轼你巧言令色，混淆视听。你放私盐与百姓性命有何干系？你休在此诡辩。"

苏轼立刻回击他说："不放私盐，密州百姓何以谋生？没有生路何以保住口中之食？这岂是诡辩？"刘庭式听了，不住地点头，看着满脸涨红的邓绾，等他回答。

这时，邓绾的脸已经憋得发紫。他说理说不过苏轼，只好又拾起胡搅蛮缠、装傻充愣的招式，挥挥手，说："总之，不许就是不许，新政不许贩卖私盐。"

苏轼已经知道邓绾是故意前来捣乱的，也不想再同他争执，便冷冷地说："邓大人，此事我已上奏札于圣上，圣上若准，苏轼无罪，圣上若不准，圣上到时自会治罪于我。因此，现在密州开盐禁，已成定局。你邓大人要治罪于我，也要等圣上批复后才行。"接着转头对刘庭式说："刘通判，邓大人远道而来，送他去休息吧。"

邓绾被苏轼抢白一顿，辩无可辩，却仍是一副占据真理的姿态，起身大声说："苏轼，我现在就写奏札给圣上，告发你以下犯上，私开盐禁。你就等着瞧吧！"

苏轼看也不看邓绾，说："那是大人的事，苏轼悉听尊便。"接着又请刘通判送邓绾。邓绾回头怒视苏轼，看见苏轼的目光，慌得说不出话，悻悻离去。

当晚，苏轼请邓绾到家，与刘庭式一起为他接风洗尘。邓绾以为苏轼终究不敢违抗新法开放盐禁，转而有求于自己，于是高高兴兴地前来。与苏轼、刘庭式施礼见过，分宾主落座。邓绾看到桌上是三碗粗淡的菜汤，虽然心中恼怒，却不便发作。苏轼一脸郑重，满是歉意地说："邓大人，密州集旱荒、蝗灾、匪患三害于一身，今年颗粒无收，所以只能招待你这菜汤，也算为大人接风洗尘了。来，以汤代酒，喝了这碗汤吧。"刘庭式也说密州僻壤，照顾不周，请邓绾多担待。

三人举汤，苏轼和刘庭式津津有味地喝汤。邓绾痛苦地强咽一小口，愁眉苦脸地说："无妨，无妨，与民同甘共苦嘛。"

苏轼点点头，称赞邓大人体恤爱民，接着对刘庭式说："刘通判，既然邓大人如此说了，你去后山上弄些观音土来，我等也与民同吃，如何？"

邓绾大惊，急忙摇手说："不必了，不必了，这菜汤就够了，我已吃饱了。"说完，便将菜汤喝了个干净，却觉得万分恶心难受。苏轼对刘庭式挤了一下眼睛，刘庭式好不容易才忍住笑。

喝完菜汤，苏轼带着刘庭式和邓绾走向寓所另一间房子，远远地就听见那房子中传出来的婴儿啼哭声。邓绾心中又惊又疑，也不好问，只好跟着苏、刘二人走进房间。

只见屋子内全是婴孩，有数十个。小莲、采莲和朝云正在看护，婴孩啼哭不止。小莲问："表姑，你说，这两个孩子是不是生病了？"采莲仔细查看后，说："不要紧，八成是饿了。等着，我再去给他们温温米汤。"说完，将孩子放在炕上，走出屋外。小莲亲了亲怀中婴儿的脸蛋儿，脸上露出慈爱的微笑。

苏轼抱起一个仍在啼哭的婴儿，轻轻摇着，对邓绾说："邓大人，这是下官来密州路上捡的弃婴。百姓吃不上饭，只有把刚生下的婴孩丢置路旁，这些婴孩实在可怜呀！"邓绾皱着眉头，听着婴儿们吵闹的啼哭声，不知如何回答苏轼，只好不言不语。苏轼接着说："来，邓大人是爱民之官，你来哄哄孩子。"说着，要把手中的婴孩交给邓绾。邓绾接也不是，不接也不是，最后只好笨拙地接住，努力哄着婴孩，十分尴尬难堪。

巢谷劝忙碌着的小莲说："莲妹，你太累了，去喝碗枣粥吧。"小莲摇头回答说："不，还是你和先生喝吧。我要喂孩子，这孩子饿了。"苏轼知道小莲是担心粮食不够，愁眉不展地连连叹道："唉，粮食，粮食可怎么办呢？如何让密州人吃饱一顿饭哪！"小莲笑着说这有何难，苏轼惊喜地问她有何良谋。小莲回答说："赵抃赵大人在青州任太守，青州这么近，而且青州今年大丰收，何不向青州借粮？"

苏轼恍然大悟，刘庭式大喜。小莲接着说借的粮不用还，因为青州不产盐，密州能煮海，可以盐换粮。苏轼喜悦之情难以抑制，激动地说："莲妹一良策，救活千万人。密州百姓有救了！多谢莲妹！"说着深施一礼。小莲抱摇着孩子，还礼后说："其实，先生是因百姓的惨状乱了方寸，我不过是旁观者清罢了。"

邓绾抱着孩子听到二人的对话，正欲反驳，不想苏轼转头对他说："以此地盐换彼地粮，正合新政之'均输法'规定，又能救密州百姓于水火。大人，你不会反对吧？"

邓绾有些迷惑，正欲说话，不料怀中婴孩忽然尿了，湿了他一身。邓绾发觉，赶紧撒手叫苦，苏轼接过孩子故作正经，对婴孩说："你这孩子，真是顽皮，怎能尿到大人身上呢？大人不说话，就是同意以盐换粮了，大人英明呀！密州百姓因大人而获救了！"刘庭式也忙感谢邓绾，称赞他真是爱民如子。

邓绾吃了个哑巴亏，尴尬地苦笑着，不再言语。

苏轼立刻写信与赵抃，请求以密州之盐换取青州之粮，赵抃慨然应允。苏轼带着巢谷和邓绾赴青州换粮，与赵抃辞别后启程返回密州。这一日，车队进入密州地界，迎面便是白云山。车队进入白云山山林中，惊起一群飞鸟，气氛森然恐怖。苏轼、邓绾骑马走在前面。苏轼气定神闲，邓绾则明显消瘦了许多，左顾右盼，战战兢兢。二人身后是二百多兵卒，押送着十几辆马车缓缓前行。

忽然，前面远处路边人影一闪，接着，一快骑向远处跑去……

邓绾一惊，壮着胆子问是什么人。苏轼道："前面不远处就是这白云山黑风谷，密州最大的悍匪马六就在谷中盘踞，偶有山贼露面，也在情理之中。大人万勿惊慌。"听到这些，邓绾顿时流下冷汗，结结巴巴地质问苏轼："什么？！前面是悍匪巢穴，却为何不避而行之？这岂不是自投罗网吗？"然后低声建议苏轼还是赶紧掉头，绕道而行。

苏轼揶揄道："怎么，大人难道是怕这悍匪马六吗？"邓绾立刻挺直胸膛，说："我堂堂大臣，岂怕这山中蟊贼！只是我等在明处，他在暗处，又不熟悉此间地形，若设下埋伏，我等怎样倒在其次，这粮食若有闪失，可是关乎百姓生死啊……"

邓绾之前讨论开放盐禁时，还口口声声说百姓死活与自己无关，现在却以百姓生死作为自己胆小如鼠的遮羞布。苏轼摇手打断邓绾，说："邓大人多虑也，下官自有安排，大人放心前行便是。"说罢，就闭口不谈了，邓绾也不便再问。突然，群鸟惊飞而起，邓绾也如惊弓之鸟，吓得浑身一颤。

苏轼和邓绾骑马，带众多持枪士兵押着长长的车队缓缓进入白云山黑风谷。黑风谷两山挟制，其状可怖。当车队走到开阔段树林时，一声哨响，二百多强盗手拿刀枪喊杀着冲出树林……

邓绾顿时又冷汗直流，浑身颤抖，牙齿咯咯作响。苏轼横刀立马，大声命令士兵们列好队形，听候号令。二百多士兵迅速站成队形。

横行密州的匪首马六，凶神恶煞般地冲出密林，提刀直奔邓绾而来。众匪徒们更在后面狂喊着杀将过来，一时喊声震天。邓绾"啊"的一声大叫，坠于马下，吓得连滚带爬躲到一棵树后。苏轼大声喝命："放箭！"

一辆辆马车上的粮草登时从里掀开，弓箭手齐向冲来的匪徒射箭，强盗们立即倒下一片。匪徒们见势不好，立即后撤。匪首马六举刀一挥，车队前后道路又杀来两大队匪徒，官军立即乱了阵脚。这时往树林中撤退的匪徒又重新杀回，与官军战在一起。官兵们渐渐不支，逐渐后退。

正在这时，却听见"当当"两声炮响，巢谷率一大队人马分前后杀了过来，援军喊声震谷，冲到近前，与匪徒战在一起。本来不断后退的护粮官兵顿时勇气激增，一起向外杀去。有两个将官跃马而出，迎战匪首马六，苏轼在后面叮嘱他们要小心。但身为匪首的马六确也强悍，没用几个回合，便将两个将官打下马来。

巢谷见状，挥刀来战，几个回合下来，马六不敌，败阵逃窜。苏轼见此情景，大声命令官兵们冲锋，官兵们一拥而上。匪徒们立即大乱，无心再战，纷纷向树林中逃窜。苏轼立即率领官军将树林围住，大声喊话："尔等弃恶从善，既往不咎；执迷不悟，重罪不赦！本太守只活捉匪首马六一人！"官军们齐喊:"缴械投降,从轻处置;负隅顽抗,格杀勿论!"

听到这些,树林中的匪徒们交头接耳,似在犹豫。马六见状,心中着急,大喊:"弟兄们,不要相信官军,快杀!"马六用刀逼着一些匪徒冲锋。巢谷大怒,命令放箭。无数的羽箭飞向林中,匪徒们不时传来哭喊声、惨叫声。

穷凶极恶的马六威逼手下,匪徒们被逼无奈,再次拼命杀出,企图冲开包围,却被官军箭雨射退……苏轼看此情景,不忍地转过头去。

匪徒们终于绝望地扔掉兵械,跪地投降。匪首马六却趁乱逃走。

见官军围住了土匪,邓绾跟跟跄跄地爬上马,还险些跌倒。上马后,邓绾尽力抖擞了一下身子,装作没事一样,但仍是心有余悸:"大……大胆……匪徒,扰民作乱,严惩不贷!"

然而,苏轼并不理他,走上前去,对跪着的土匪们说:"你们都起来吧。你们原本都是良民,家中无粮,又受马六的胁迫,做了这强盗的勾当,原是怨不得你们的。"匪徒们感到十分诧异,一些刚刚站起的土匪又激动地跪下,拜谢苏轼。苏轼扶起他们说:"起来吧。跟本官到州衙前领取粮食,回家赡养父母妻儿,再也不要做这强盗的勾当了。"匪徒们又都跪下,感激地说:"大人就是我们的再生父母,小人再也不敢了。"

苏轼命官兵就地掩埋死亡的匪徒,将战死士兵的尸体用苇席裹好放到车上运回。忙完这些,苏轼率领官兵,带着弃恶从善的匪徒们起程赶往密州城。一路上,邓绾不断地询问苏轼所借之粮都到哪里去了,苏轼却笑而不答。邓绾疑心不已,却又想不明白。

第二天中午,一行人进入密州城,发现有一队车马停在府衙前。邓绾更加疑惑,苏轼和巢谷微笑不语。众人走近一看,正是那通判刘庭式指挥着士兵们打开粮车,黄灿灿的麦粒、谷子在阳光下分外耀眼。刘庭式指挥士兵们为州民分粮。只见黑压压的人群排队拥来,一脸菜色的百姓拿着锅碗瓢盆,喜笑颜开。

苏轼、邓绾和巢谷骑马绕过人群,走到府衙门前。苏轼和巢谷雄姿英发,而邓绾则一副惊魂未定的样子。苏轼慰问刘庭式说:"得之辛苦了。"刘庭式微笑摇手,说:"下官只算完成了分内之事,这一路行来风平浪静,而二位大人则历经一场恶战，二位大人才真正辛苦。"原来，苏轼预料到自己借粮一定会被匪徒强盗惦记上，为防万一，他才安排下这暗度陈仓之计。他和邓绾率领一队官兵护卫着假的运粮队，大模大样地走在官路上，吸引匪徒的注意力，并命巢谷率领大队官兵暗中跟随，待匪徒出现时予以重击；而真正的运粮队却由刘庭式带领，乔装打扮，化整为零，走偏僻小路，安全赶回密州城。

苏轼呵呵一笑，说："本官倒无事，只是邓大人远道而来，吃不好睡不安，还要亲平匪乱，大人受惊了。"说着向邓绾拱拱手，以示歉意和佩服。邓绾立刻抖擞精神，傲慢地说："本大人什么风浪没经过？小小蟊贼，何言受惊！"

巢谷听见这话，故意望着天，苏轼和刘庭式皆会意不语。百姓看到苏轼，纷纷说着感激的话，有许多人还流泪跪下。苏轼搀起他们，说这是为官者的本分，而且刘庭式和邓绾两位大人居功甚伟。众百姓又感激刘庭式和邓绾。刘庭式让大家不必多礼，邓绾却坦然受之。巢谷"哼"了一声，邓绾也装作没听见。苏轼又嘱咐百姓留出种子，以便春天播种。

这时，采莲匆匆跑来，说收养的十几个婴孩都染了热病，请苏轼快回家看看。苏轼、巢谷和刘庭式皆大惊失色。苏轼让巢谷去请郎中，嘱咐刘庭式继续放粮后，带着采莲迈步就走。

苏轼回到寓所，远远地就听见婴孩的哭声。王闰之、小莲和王朝云在房内忙作一团。郎中过来，给婴孩们看完病，便坐下来开药方。苏轼关切地询问，郎中回答说："禀太守，本州大旱，热病自然流行，加之这些婴孩被弃于野外，身子本就极虚，故而染上。不过幸无大碍，吩咐人按方子抓药来服下就是。"

苏轼颇感欣慰，吩咐巢谷同采莲按方子抓药。苏轼见小莲气色颇差，便上前关心询问小莲是不是病了。小莲忙说自己没病，苏轼接着说："不对，你脸色很不好。你可要注意身子啊！这些孩子需要一天一天地看，急也没用。你可不要累倒啊！"朝云也说莲姐太劳累了。小莲转过身去，故作轻松地说："没什么，只要这些孩子病能好，我身上这些小病也就好了。"

苏轼感动地点点头，转头叮嘱王闰之要依郎中所说，多喂孩子们喝水。王闰之很是发愁地说："子瞻，你又不是不知，密州大旱未解，已经快断水了，家中存水也所剩无几了。"苏轼皱眉沉吟，叹息一声，心中寻思粮食可以找人借换，这水又从哪里换来呀？王闰之也跟着叹了口气，小莲若有所思，却停不住地咳嗽了好一阵。苏轼忧虑地看着小莲，小莲躲开苏轼关怀的目光，王闰之低头走开……

## 三十六　　十年生死

邓绾回到寓所，疲倦地半躺在座椅上。他没能阻止苏轼开放盐禁，又被苏轼拉着千里迢迢地在土匪群中走了一遭，到现在还心有余悸。想起自己自来到密州的遭遇，邓绾不住地唉声叹气。

晚饭虽有了粮食，却没有蔬菜，更不必说肉了。邓绾食之无味，心情不佳，身体又劳累，没怎么动筷子就让仆人撤了下去。自己又歪倒在躺椅上，盯着房顶发呆。仆人端上一小盆水请邓绾洗脚，邓绾坐起身，看了一眼盆中的水，登时不悦，沉着脸说："怎么就这一点水，岂能解乏？"

随从忙解释说密州大旱未解，这点水都还是一众仆从为他节省出来的。邓绾皱着眉看看那小盆底儿的一点水，又看看斑驳的墙壁、破旧的家具，抱怨道："这岂是人住的地方？要粮无粮，要水没水，你以为我愿意来这里吗？那都是吕大人和王大人把我骗来的！多少日子了，我连肉味都忘了！瞧瞧，我如今瘦成什么样子了？唉，只等圣上降罪苏轼的圣旨一到，我就远走高飞，回我的汴京！"

仆从接着说："大人，小的今日听见沿街百姓议论说要解大旱，只能请神求雨。"

邓绾紧皱眉头，满脸厌恶、不屑地说："这鬼地方，神都不愿意来，求什么雨？！你且瞧瞧这外面，雨是不会下了，下火！"说着，气愤地一脚踹翻洗脚盆，水流了一地。那仆从心疼地看着地上的水。邓绾也看着地上的水，忽然眼珠一转，而后诡秘一笑，对仆从说："你听着，我忽然记起苏轼在凤翔做签判时，曾为民求雨，算他运气好，给他求来了。这回在密州，他就不会有这么好的运气了,你明白吗?"

仆从立刻心领神会,也嘿嘿一笑。

第二天,在仆从的陪同下,邓绾来到密州郊外村庄。只见春日河流都已干涸,庄稼地一片凋敝,有许多地块龟裂严重。村头一口老井边,百姓在排队取水。人们双唇干裂,干渴难耐,不多时便有几个人晕倒在地,被人抬走。水桶缓缓升上来,众人等不及,便一拥而上。然而,取上来的都是泥浆。大家绝望地蹲坐在地上,甚至哭不出泪水。

正在这时,两个村民为了一碗从井筒中倒出的浑水争吵起来。争执中碗摔落在地,众人纷纷拥上前,想从地上抢些水来。

一直在旁观察的邓绾眼睛一转,下马走来。他让随从止住两个村民的缠斗,一脸愁苦地大声说:"乡亲们呀,你们受苦了。本人身为朝廷命官,却不能为你们扶危济困,心中有愧啊!眼下只有一个法子,才能解这眼前大旱,就是向龙王求雨,除此别无他法!"

众百姓纷纷纳头便拜,哭声一片,恳请邓绾求雨。邓绾挤出几滴眼泪,哀叹着说:"老夫无能啊,要为你们求雨,只能指望苏太守了。"接着便讲起苏轼任职凤翔时为百姓求雨灵验的事迹。众百姓一听,交头接耳地议论,决定这就进城请苏太守求雨。邓绾看着这些进城的百姓,连声冷笑。

刘庭式也为密州久旱无雨发愁,来到太守府衙和苏轼商议对策。

上次分发粮食,因为苏轼收养了很多弃婴,刘庭式本要多分给他些粮食,苏轼却坚持要与大家一样,按人头定量分。刘庭式感慨没见过像苏轼这样当太守的人。苏轼说:"我这当太守的岂能多吃多占,我也只有一个肚子嘛!"

刘庭式说:"苏太守,依下官看来,人是不仅要管肚皮,还要管嗓子眼儿的。有了青州换来的粮食与这地上长的杞菊野菜,密州百姓眼下缺的不是粮食,是水。人可三日无粮,不可一日无水呀!"

苏轼忧虑地点头,说:"是啊,得之,我正为这水忧心啊!我等从青州换来了粮,这算过了一关;水,是我等要经过的第二关。"刘庭式深深点头,正要商议对策,突然听见府衙外吵闹不已。

苏轼、刘庭式来到府衙门外,只见府衙前聚集了很多百姓。巢谷和几十个衙役结成人墙阻止欲闯进府衙的百姓。百姓一见出来两个穿着官服的，立刻跪下，也不问哪个是苏太守，便哀求说："苏大人，请您为我们求雨吧。村中人已多日没水喝了，就要活不下去了。"

苏轼一脸犯愁，无奈地说："乡亲们，求雨本是虚妄之事，如何能信啊！"百姓却说："苏大人，我们也没有别的办法了。难道大人就眼睁睁看着我们等死吗？"

苏轼郑重地大声说："乡亲们，苏某又不是神仙，岂能说求雨就求雨。苏某为官密州，自会想方设法助你们抗旱救灾。但求雨之事，劳师动众，却是不行。都起来，先回去吧。"百姓无奈起身，沮丧地离去。

看着离去的百姓，苏轼又看看响晴的天空，请巢谷带上众衙役，分头去各地那些水脉旺的水井来挖淘。

苏轼和刘庭式回到大堂，正要继续商议，邓绾突然出现在二人面前。他怒容满面，大声呵斥说："苏轼，你口口声声说爱民如子、救民济世，原来竟是表里不一。百姓已被这旱灾逼到生死存亡的绝境，来求你为他们祈雨，苦苦央求啊，你却为何置若罔闻，严词拒绝？你的君子仁德到哪里去了？哼！"

苏轼并不生气，微笑着说："邓大人，下官若是求雨就能如愿，那就不用做官了。当行遍九州，以求雨为生，造福百姓。下雨归谁管呀，下官在凤翔写过一篇《喜雨亭记》，说这下雨归之太空。太空冥冥，不可得而名。"说着手往上指，"这上面的事，苏轼岂能左右？"

邓绾立刻抓住"凤翔"两字，说起他听说苏轼当年在凤翔就求过雨，还灵得很！苏轼不卑不亢地解释说："那是年轻气盛，偶一为之，岂能每次都灵验？"

邓绾却不理会苏轼的解释，而是满脸怒容，手指苏轼，大声说："苏轼，你伪善趋利，岂有此理！为民求雨，至诚感天，怎能计较个人之荣辱得失？你这样做，置圣上厚望、朝廷重托于何地？你且好自为之！"说罢，拂袖而去。

苏轼明知是邓绾挑唆，却又无言以辩，只有猛击桌案，发泄心中郁闷。

苏轼寓所内，王闰之、小莲、采莲、朝云正在为婴儿们喂汤药。小莲忽然感到一阵眩晕，极力控制住晃动的身体。朝云急忙扶住小莲，在一旁为婴儿洗澡的王闰之惊觉后也抬起头来。小莲起身来到房外，扶着墙壁，一手捂胸，不住地咳嗽。王闰之急忙走出房子，关切地问小莲怎么了。小莲苦笑一声，极力控制着咳嗽，告诉王闰之不要紧，歇一会儿就好了。王闰之知道这些日子小莲一直在吃野菜，把省下的那份干粮都给孩子们了。她忧心忡忡地说："这样下去怎么行呢？你听我的，不能再作践自己了，快去躺一会儿。"小莲请求王闰之不要将自己病了的消息告诉苏轼，也不要告诉巢谷。

王闰之看着小莲，无奈地点头同意，接着嘱咐她要爱惜自己的身子，夜里不要再为了照顾孩子睡在这房子里了。原来，小莲为了照顾婴孩，夜里便和他们睡在一起。孩子吵闹，小莲自然睡不好。小莲摇摇头，说："不碍事，小莲哪有那么娇贵。"接着小心翼翼地问王闰之："夫人，我看先生今日愁云满面，莫非又遇到什么麻烦了？"王闰之叹口气，告诉小莲，今日有些百姓恳求苏轼向龙王求雨，苏轼虽然回绝了，但心里却不痛快，接着皱眉说："可这求雨岂是说求就能求来的事，实在难办呀。"

小莲点点头，略微沉吟，请王闰之让人找几本密州方志来。王闰之立刻答应，在她心中，早将小莲当成姐姐，自是有求必应。但她心中疑惑，问小莲要方志何用，小莲微笑不答。

午饭过后，衙役就将密州方志送到王闰之手上，王闰之立刻拿给小莲。见小莲仍是一脸病容，王闰之劝说请郎中看看，小莲却坚持等忙过这一段再说。小莲坐在桌旁，仔细阅读几本密州方志，紧接着又是一阵剧咳。王闰之忙去倒水。小莲好不容易止住咳嗽，继续看书，却渐渐眉头紧锁，神情凝重。最后，无奈地合上书，不住摇头。又一阵剧咳过后，小莲已很是委顿。她皱着眉，颇为忧愁地告诉王闰之："翻检方志，密州就从来没有在这个时节下过雨的记录。"王闰之听了，走到房门边，抬头看天，只见烈日当空，万里无云，皱眉不语。

这一刻，苏轼也正在太守府衙院落内拿着天象书一边翻看，一边抬头观察天象，不时掐指计算。刘庭式焦急地站在一旁等待。他知道巢谷带领众衙役挖井、疏井，虽然扩大了水源，但也仅仅能勉强保障百姓的日常饮用，并没有更多的水来浇灌干旱的土地；播种时节眼看即将过去，若是再不下雨，不能播种，密州来年也会是荒年。邓绾却带着随从跟在巢谷的疏井队后面，不时地煽风点火，鼓动百姓再请太守求雨。刘庭式很想把这些消息告诉苏轼，几次开口，又担心打扰苏轼，只好关切地看着他。

过了许久，苏轼终于合上书，沮丧地摇头说："得之兄，雨迹云踪无所觅，天不作美奈若何。我观测天象，密州近日不会有雨，就算我答应了百姓，也是白求啊。"刘庭式摇头叹气，迟疑片刻，决定不说出那些不好的消息。

突然，衙役来报告说门外聚集了很多请太守求雨的百姓。

苏轼与刘庭式大惊，两人匆匆来到府门前，只见府门外黑压压跪着一片人，数以千计衣衫褴褛的灾民，双手高举着接水的锅碗瓢盆。巢谷以及众衙役立在一旁，无法劝阻。邓绾站在人群之后，冷笑观望。

苏轼一惊，转而热泪盈眶。百姓哭声一片，请求苏轼祈雨。苏轼抑制住眼中的泪水，无奈地说："乡亲们，不是苏某推托，苏某观测天象而知，密州近日仍不会降雨，即便我答应你们也是有心无力。还望众乡亲见谅，都起来吧。"

百姓并不起身，仍是苦求苏轼："苏大人，只有您能救我们啊！您就替我们向龙王求雨吧！苏大人，没水我们活不下去啦！苏大人，请为小民做主吧！"

这时，邓绾从人群中站出来，怒容满面地说："苏轼，这些受尽苦难的百姓，向你下跪乞求，你的心肠竟如铁石一般，不为所动，还要驱赶他们！"苏轼看着跪着的百姓，一脸怜悯和无奈。刘庭式和巢谷对邓绾怒目而视。邓绾装作没看见，继续向众乡亲鼓噪说："乡亲们，苏大人所作所为连本官也看不下去了。苏大人过去曾在陕西凤翔为百姓求雨，今日在密州为何就不能呢？凤翔的百姓是皇上的子民，难道密州的百姓就不是了吗？！"

百姓一片号哭、哀求："大人啊，救救我们吧！我们相信大人啊，小民在这里给大人磕头了！苏大人早日救我等呀！"苏轼见状，再也控制不住，终于泪流满面，点头答应。百姓们欢呼不已。邓绾嘿嘿冷笑，又鼓动着百姓问何时求雨。苏轼看着百姓，说求雨日期再另行通知。百姓终于欢呼离去。

苏轼身心疲惫，低着头回到家。王闰之早已得知他答应求雨的消息，焦急地问："子瞻，你真要求雨？！这雨岂是人能求来的？！"苏轼无奈地说："夫人有所不知，这雨我是求也要求，不求也要求啊。"王闰之叹口气，忧心忡忡地说："若是求不来可如何是好呀！莲姐今日还跟我说，她查了密州方志，根据密州这几十年来的旱涝记载推算，近日都无雨可下。你却要答应求雨，这怎么能行？"

苏轼摇头苦笑，说："莲妹也这么说！但是夫人，即便明知无雨，我也要求。否则官府失去民心，招致民怨，可能还将酿成民变啊！所以为大局计，我只有明知不可为而为之了。"王闰之又担心求不下雨来，最后无法收场。

苏轼略微沉吟，坚定地说："那也要去求，至少可对那些匪徒敲山震虎，也许倒可以感化他们。今日那白云山的匪首马六又带人来抢劫村庄了！"王闰之皱眉，心中疑问，低声说："子瞻，你这话不对。这些土匪恶贯满盈，怎么可能被感化呢！"苏轼沉吟不语，思索片刻，决定后天求雨。

第二天，巢谷率领衙役们沿街敲锣，高声宣告："苏太守明日上常山龙王庙求雨啦！苏太守明日上常山龙王庙求雨啦！"百姓纷纷打开房门，惊喜异常，纷纷叫好。两个匪徒鬼鬼祟祟地站在街角，听见衙役们的喊话，相互看了一眼，闪身离去。巢谷看着两个匪徒跑走，并不作声，悄悄地嘱咐衙役们几句，转身回太守府衙。

巢谷刚走到太守府衙街上，就远远地看见邓绾和随从躲在街角，偷看衙役们在府衙门口搬运牙旗等物件。巢谷缓步走上前去。邓绾捻须点头说："苏轼骑虎难下，进退无门，这是不得不求雨了。本人以逸待劳，明日且看他如何收场。"巢谷来到二人近前，用力"哼"了一声。邓绾和随从吓了一跳，转头一看，见是巢谷，二人异口同声地喊出"你……"便要斥责呵骂。巢谷立刻晃晃拳头，大声说："我什么我！"吓得二人默不作声。巢谷又"哼"了一声，闪身向府衙走去。邓绾和随从待巢谷走得远了，才愤愤地呵骂着转身离去。

府衙内，众衙役搬着各种求雨物件，在堂前穿来行去。苏轼与刘庭式站在一侧说话。刘庭式无奈地说："大人你明知无雨，却要求雨，实在是难为大人了……"苏轼摇手打断刘庭式："得之，荀子曰'身劳而心安'，求了再说吧。"

巢谷上前将匪徒听到宣告求雨后离去的消息告诉苏轼。苏轼听后大喜。刘庭式担心他们前来捣乱，忙说明日带兵护卫，巢谷也摩拳擦掌。苏轼笑着告诉二人大可不必，因为他自有妙计，并附耳低声将计策告诉他二人。刘庭式和巢谷听完连声称赞。

那两个打探消息的匪徒听到苏轼求雨的宣告，紧忙赶回黑风谷老巢，禀告匪首马六。焦急等待几日的马六听完禀告，暗自思索了一会儿，大喝一声，说："收拾好刀枪人马，养好精神，待明日苏轼求雨不成，定会人心涣散，我等再打他个措手不及！"接着分派人手，又命那两匪徒明日就去那龙王庙里看苏轼求雨，起哄捣乱，并通报消息。

夜色深沉，明月如霜。苏轼寓所内收留的婴孩们皆已熟睡，鼻息轻柔。小莲精神极佳，换了一身干净衣裙，病容似已消退，红光满面。盛水的木桶里只剩下浅浅一汪水，小莲掬起一小捧，喝了一小口，又将水擦抹在脸上，顿时清爽许多。她将胭脂淡淡施在脸上，然后推开轩窗，拿着木梳缓缓梳拢秀发。月光如水般照了进来，映着她娇美白皙的脸庞。

终于办完公务归家的苏轼看见婴孩屋里透出光亮，便前来探询，恰好看见如新娘一般在窗前梳妆的小莲，一时竟看得呆住。小莲发觉了窗外的苏轼，竟也未羞怯，轻柔一笑，问："是先生吗？先生进来吧。"苏轼恍惚着进了屋，小莲仍在梳头，苏轼一时不知如何开口说话。小莲问："先生，回来得这么晚，想是又为公事忙了一日吧。"苏轼点头说是，接着告诉小莲他已定于明日在常山龙王庙为民求雨。

小莲叹气说："先生为民求雨，是明知不可为而为之。可惜小莲才智浅陋，不能相助先生。"苏轼说："小莲，别这么说。你总帮我，但我对你却只有亏欠。"小莲温柔地请苏轼落座。苏轼坐下，有点不知所措。小莲看着窗外的月色，低声说："先生，你看，窗外的月色真好。"

苏轼疑惑地看着小莲，又看看窗外的月亮，也说月色真好。小莲又问苏轼是否觉得小莲和平日不大一样。苏轼下意识地点点头。小莲低声说："小莲也不知，何以今日竟有许多话想对先生说。"苏轼低声让小莲尽管说来。小莲微笑着说此刻竟觉得自己好像一个人。苏轼低头不语。小莲看了看苏轼，说："先生已猜中了小莲心中所想，只是不肯说。"苏轼仍不语。

小莲接着说:"先生,小莲昨夜又在梦里见到了王弗姐姐。王弗姐姐在梦中对小莲说:'小莲,我叫你替我好好服侍先生,你却为何不能照办?'小莲就对姐姐说:'姐姐,你莫要怪罪小莲,先生有闰之夫人照顾,闰之夫人对先生很好,先生也过得幸福,就是太劳累了。小莲想为先生分忧却爱莫能助。'小莲还要继续往下说,梦却醒了,王弗姐姐也不在眼前了。"

苏轼伤心欲绝,抑制住眼中的泪水,低声说:"真巧,小莲,我昨夜也梦见了弗儿。十年了,弗儿故去已十年了。"

小莲也长叹一声,说:"十年了。先生一定是想念王弗姐姐了,王弗姐姐也一定想念先生了,她才会来到先生和小莲的梦中。"

苏轼感动地看着小莲,他的手动了动,却始终没有伸出去。小莲的眼神凄凉哀婉。小莲突然很大胆地靠近一步,两人久久凝视。

"小莲……"苏轼喃喃,小莲答应说"先生……"说完又往后退了半步。苏轼终于止住,没有伸出双臂。小莲平静地微笑着说:"若有一日小莲也来到先生的梦中,小莲若对先生说话,先生一定不要不理睬小莲。"

苏轼听后闭上眼睛,两行热泪涔涔而下。小莲无比欣慰地说:"先生的泪,竟是为小莲而流!小莲此生就是为先生的这行泪来的。"

苏轼激动地凝视着小莲,默然无语……

小莲劝苏轼回房休息。苏轼走进书房,呆呆地坐在书桌前。良久,他起身推开窗户,清冷的月光洒入。苏轼忧伤地凝望着窗外。

苏轼心中悲痛万分、思念汹涌,他回到书桌前,铺开纸,一边书写,一边吟诵:"十年生死两茫茫,不思量,自难忘。千里孤坟,无处话凄凉。纵使相逢应不识,尘满面,鬓如霜。　夜来幽梦忽还乡,小轩窗,正梳妆。相顾无言,唯有泪千行。料得年年断肠处,明月夜,短松冈。"

苏轼读着纸上的《江城子》,泪流满面……

## 三十七　复　相

常山龙王庙外，牙旗猎猎，人海如潮。几名壮汉抬着猪、羊等祭品来到庙前，摆于大案之上。香烟缭绕，吹鼓手们在一侧卖力地鼓吹。众多百姓围在祭坛前，那两名匪徒也混迹其中。苏轼一副泰然自若的神情，静静等待。刘庭式则一脸焦急不安，不断地原地徘徊。邓绾坐在一张太师椅上，幸灾乐祸。

苏轼请来的主祭杨世昌站在祭案前，闭目念念有词，忽然睁目高喊："密州本是龙君行雨歇脚之处，理应风调雨顺，奈何匪贼甚多，邪气上冲，以致久旱。"

苏轼忽然朝天大怒，接口说："大胆龙王，吾州子民，本是向善之人，是汝不如期行雨，致使黎民饥困无路，上山为贼。若再不行雨，我定状告玉帝，严惩你这懒龙。时下，本太守要在香炉中放上火药，如若知趣，则及时下雨，若不知趣，本太守与尔同归于尽，找玉帝打官司去。来人，把香炉中香灰倒掉，放满火药！"

两个匪徒听了苏轼这番话，面面相觑。刘庭式一招手，几个壮汉依计而行，围观的老百姓个个惊得目瞪口呆……邓绾大惊失色，吓得立刻从太师椅上站了起来。

刘庭式见放好火药，拿过黄纸盖上，苏轼又将三炷香插上。邓绾大声斥责说："苏太守，你这是做什么？小心伤及无辜！"苏轼充耳不闻，抬头看天，又看看香炉。只见那三炷香已渐渐烧到只剩三寸见长，形势越来越紧迫，许多人吓得捂上了嘴。邓绾本想冲上前去拔掉香火，倒掉火药，却被衙役们拦住。

那两名匪徒确实是因为久旱无雨，收成不好，才被迫为盗，听到苏轼并不责怪自己做了盗贼，反而要自杀去玉帝面前状告龙王，又是感激，又是惧怕。他二人面带愧色，神色也十分焦急，心中缠斗。

众人纷纷跪下，哭着说："太守不要这样，是密州百姓得罪了龙王啊！"

苏轼怒目视天，威风凛凛，厉声说："百姓何罪？"这时有个村民绕过衙役，冲上前去要倒掉火药，被苏轼拉开。苏轼喝命说："大胆！走开！这逼良为贼的龙王，苏轼岂能放过他！"

两名匪徒感动地仰视着苏轼。邓绾见那香越烧越短，吓得狼狈逃掉，还撞倒了几个围观百姓。此时两名匪徒奋力从人群中挤出，哭着跪倒，说："太守大人，杨道士说得对，是我等盗贼得罪了龙王。太守如此爱民，我们怎能忍心让大人这样啊！"

苏轼扶起两个盗贼，郑重地说："好，你们如此，定能感动上天！"

这时，一老者发觉空气有异样，抬头看天，警觉地用鼻子嗅风，高兴地跑到苏轼跟前，请苏轼闻闻这山上吹来的风。苏轼嗅了嗅，那风不同于近日的干燥，而是有些潮乎乎的，还有些许咸味，心中一惊，却不明所以。

那老者接着说："老汉我在密州住了几十年，听老人说过，咱密州靠海，如果久旱忽逢东风，且气湿味咸，必是海上风来。"苏轼欢喜地说："海上风来。"说完仰头看着云层，接着说："既是海上风来，那就一定有雨。"众人一起仰望天空，却并不见要下雨的样子。

不久，天上隐隐有雷声，接着雷声越来越大。百姓欢呼着："响雷了，要下雨了，苏大人求来雨了！"

话音未落，霎时间狂风大作，雷鸣闪电滚滚而来。百姓欢声雷动，欣喜若狂……暴雨倾盆而下，人们在雨中欢呼着，跳跃着，继而跪下向天叩头。

邓绾惊得呆立在雨中，浑身湿透也没察觉。刘庭式激动地称赞苏轼真乃神人。百姓也纷纷下跪，高喊："大人是神人！大人是神人哪！"苏轼呵呵一笑，摇手说自己不是神人，手指那位嗅风的老者，称他才是神人。

那两个匪徒，忙禀告说马六欲趁求雨之机，要施以偷袭。苏轼点点头，说："本官早有防备。你们若是能劝服山寨众人下山，弃恶从善，本太守便既往不咎，对你等来说也是大功一件。"两名匪徒欢喜地领命前去。

邓绾面如死灰，趁人不注意，与随从惶惶溜走了。

雨水倾盆而下，浇灌着干渴的田地。密州街道，百姓拿着锅碗瓢盆快活地接雨，欢呼。苏轼寓所院内，王闰之、采莲、朝云、苏迈等人站在雨中，也摆了一地的锅碗瓢盆、水缸木桶盛接雨水。众人兴高采烈，手舞足蹈，放声喊叫，畅快地享受这及时喜雨。小莲的房门却紧闭着。

两名匪徒刚回到黑风谷，便被官兵捉住带到巢谷面前。

大雨渐渐停歇，雨水仍从树上不断滴下。巢谷和官兵们虽然披着雨具，却早已全身湿透，显然是在大雨中埋伏了许久。原来苏轼早命令巢谷查清了马六一伙匪徒的藏身之地，率领官军将其包围，等匪徒下山时予以痛击。不想半路上遇到下山想去常山求雨场捣乱的马六等一众匪徒，巢谷立命官军将其包围。因为大雨瓢泼，所以各自避雨，按兵不动。

两名匪徒忙向巢谷讲明情况，巢谷听后大喜，向山上大声喊道："山上的匪盗听好了！苏太守说了，你们如能到州衙自首，一律宽大，放你们回家务农。"接着示意两匪徒向山上喊话。那二人向着山上喊："弟兄们啊，快放下刀枪，降了吧！苏太守是爱民的好官啊！苏太守为了求雨，连自己的命都不顾啊！苏太守是神人啊！他能呼风唤雨，与龙王斗法，龙王都怕他！苏太守说了，只要今日下山，就不追究我等之过了。"

马六和众匪徒本想下山去求雨现场捣乱，没想到半路被官军包围，只好躲藏在树林里。突然听到巢谷和两个投诚匪徒的喊话，马六气恼不已。匪徒军心已开始动摇，其中两个匪徒交头接耳道："兄弟，苏太守果真是神人，龙王都怕他三分，把雨下了。咱们这几个蟊贼，能成什么气候？说灭就被他灭了。""是呀，龙王都听他的，俺们草民百姓，咋就能不听他的呢？俺们还是……""苏太守说话会算话吗？""都说他是好官。再说咱们也不能当一辈子贼吧。你没听见吗，万一过了今日，可就要……"说着做了一个咔嚓砍头的动作。另一名匪徒摸了摸脖子，说："事不宜迟，咱走吧！"二人放下手中的刀，急忙冲出树林逃走。其他匪徒一见，也纷纷放下手中刀枪，冲出山林投降。

马六见状又气又急，大声叫喊："不许走，都给我回来！"见没有人听他的，便立刻挥刀砍伤几个腿脚慢的，但已不能阻挡众人。

这时，巢谷率士兵们赶到。马六转身欲跑，被巢谷发现了。两人展开近身格斗，刀光剑影中，马六惨叫一声倒地身亡，密州匪患就此根除。

正在焦急等待消息的苏轼、刘庭式见巢谷率军归来，一直悬着的心终于放下。听说马六等顽匪尽数被剿灭，其余大部分投诚，苏轼和刘庭式大喜。

先是天降甘霖，解除旱情，接着悍匪被除，平安得保，百姓欢呼雀跃。苏轼看着门外欢庆的百姓，转头对巢谷说："我二人回家庆贺庆贺，只怕他们已等不及了。"巢谷笑着点头。

苏轼寓所内，王闰之、采莲、朝云等人喜气洋洋地置办好了一桌饭菜。王闰之从早上便不见小莲身影，本以为她日夜照顾婴孩，难得休息，可眼看就到中午了，小莲的房门依然紧闭。王闰之感到有些不对劲，便让朝云去找小莲。

婴儿房内，婴孩们哭声一片。朝云推开小莲的门，只见小莲端正地坐在椅子上。朝云兴奋地叫小莲："莲姐，夫人叫您吃饭了。"小莲不动。朝云又叫了一声，见小莲仍一动不动，便去拉小莲。一拉之下，小莲突然倒在桌子上。朝云大惊，喊了声"莲姐"，便吓得跑了出去，大叫："夫人！夫人！"

苏轼和巢谷恰在这时回来，听见朝云的呼喊，登时大惊失色。苏轼问朝云怎么了，朝云伸手指着里面，只顾哭泣却说不出话来。苏轼与巢谷大感不妙，冲进屋内，见小莲伏躺在桌上竟如睡去一般。巢谷猛摇小莲，小莲不醒。苏轼急忙按着小莲的脉搏，只觉触手冰冷，毫无脉息。起初他不敢相信，最后终于绝望地放手。

巢谷看着苏轼，明白小莲已去，却仍不愿相信，继续想要摇醒小莲："小莲，小莲！你醒过来！你醒过来！"

苏轼木然起身，目光呆滞地向屋外走去。此时王闰之、采莲、朝云等人哭喊着冲了进来。王闰之抱住小莲，泣不成声，哭着说："莲姐，莲姐，你这是怎么了？你不要吓我啊！"采莲痛哭流涕，喊着："莲儿，莲儿！"苏迈也喊着："莲姨！莲姨！"

苏轼抛下屋内的众人，脱下官帽，任官帽掉落在地上，痴痴地、一言不发地向外走去……

几日后，苏轼一家将小莲安葬。苏轼、巢谷、王闰之、采莲等人站在小莲坟茔前，朝云和苏迈跪在地上，焚烧纸钱。王闰之和采莲不停地拭泪。苏轼向小莲墓碑一揖，然后跪下叩头，说："小莲，人死为大，哥哥给你叩头了。"王闰之在一旁看着苏轼，一脸悔恨，泪水不断涌出。苏轼深情地看着小莲的墓碑，喃喃自语："小莲，哥哥今生亏欠你的，只有来生再还了。"

巢谷站在一侧，木然地看着这一切，仿佛无睹。

王闰之将王朝云拉到一侧，说："朝云，你已经十六岁了，该出嫁了，你愿意出嫁吗？"朝云听了大惊，不知王闰之为何突然这样说，忙问是不是自己做错了什么。

王闰之说："你什么也没做错。我就是问问你想不想出嫁！"朝云摇头说："不想，不想。"王闰之又说："那你总是要出嫁的。"朝云着急地说不，王闰之接着说："那你总不能永远待在这个家里啊！"

朝云一片迷惘，低声说："夫人、先生是我的救命恩人，只要夫人、先生不嫌弃我，我就永远不走。"王闰之又问朝云说的可是真心话，朝云更是不解，她觉得天下没有比这个家更好的地方了。

王闰之听了点点头说："那好，朝云，你方才说你永远都不想离开苏家，是吧？"朝云点头称是，王闰之接着说："那我就把欠莲姐的在你身上补回来。你什么都不要问，以后也不要再拿自己当用人，你要像莲姐一样对待迈儿、迨儿、过儿。"

朝云更是不解，王闰之让她不要多想，一定答应。朝云只好点头答应。王闰之拉着朝云向小莲墓碑下跪叩头，流着泪低声说："莲姐，闰之粗疏愚钝，但并非顽石一块。你就放心地去吧。"说完叩头，朝云也迷惘地跟着叩头。

邓绾本想借祈雨使苏轼难堪，没想到不但歪打正着成全了苏轼，自己还受了惊吓，又被淋成了落汤鸡。回想起到密州之后的种种不顺，邓绾心中更气，终于一病不起，上奏请旨后灰溜溜地回了京城。

这一日，吕惠卿、王珪、李定等人来看望邓绾。门童将他们引进邓绾的卧房，邓绾躺在床上，一脸病容，额头上敷着热毛巾。他听见脚步声，扭头看见吕惠卿、王珪等人进来，忙欲坐起身来，却被吕惠卿按住，让他不要起身。邓绾不住地呻吟着诉苦："吉甫公，禹玉公，下官病得好苦哟。"吕惠卿关切地嘱咐他好好养身子。王珪却默然不语，只是观察着邓绾。邓绾接着自表功劳说："吉甫公着我去密州督察苏轼，下官甫至，苏轼心中畏惧，收敛许多。后来密州百姓要求雨，下官将计就计，迫苏轼求雨，谁料天助苏轼，竟真被他求得。下官又气又恼，急火攻心，回来就病了。下官有负二位大人所托，愿意引咎辞官。"说着失声痛哭。

吕惠卿满脸同情地劝慰说："文约，莫自悔恨。此事与你无关，是圣上庇护苏轼，竟准他在密州放盐免税。唉，气杀老夫也。"邓绾渐渐止住哭声，接口说："正是。吉甫公，文约也好生困惑，圣上为何一直有袒护苏轼之心呀？"

吕惠卿听了怒而不言。王珪叹口气，说："无论杭州、密州，圣上一直在给苏轼机会，也在给自己机会。"邓绾一脸愁苦的表情瞬间凝固，心中细细琢磨着王珪的话。

突然，门童来报，说外面结了冰凌。邓绾被门童搀着，跟随众人来到院中观看，只见树上结满了冰凌。

众人皆大惊失色。吕惠卿忧心忡忡地说："春雨竟然着木成冰，此乃凶兆呀！"王珪也低声说："糟糕，如今吉甫公执政，天公突降凶兆，必落人口实。吉甫公小心提防呀！"吕惠卿忙点头称是。王珪接着说："我认为吉甫公要赶在别人前面去见圣上，若去迟一步，圣上就有听信谗言之机了。"吕惠卿深觉王珪所言甚是，忙辞别王珪等，嘱咐邓绾好好养病，便匆匆离去。

王珪、邓绾、李定等目送吕惠卿离去，王珪嘴角露出一丝不易察觉的微笑。

神宗也得到内侍的禀告，看到了满枝冰凌的奇怪现象，忙将韩绛召进迎英殿，忧虑地询问为何天降春雨却着木成冰。

韩绛禀报说："陛下，春雨乃甘露，着木成冰，是因为陛下圣德未能化施黎民之故。"神宗大惊，问其中的缘由。韩绛接着说："陛下，自吕惠卿执政以来，大兴冤狱，弄得朝中大臣不和，民怨鼎沸。雨水着木成冰，恐非吉兆。依臣之见，还是由王安石主持朝政为宜。"

当初罢免王安石，神宗实是不得已而为之。他心中未曾一刻忘记王安石，眼见吕惠卿等人逐渐上蹿下跳，心中已然非常厌恶。此刻韩绛提出恢复王安石之相位，正合神宗心意。神宗点点头，即刻传王安石入京复相。

突然，张茂则上殿禀告，说吕惠卿正在殿外等候召见。神宗听了，不耐烦地一摆手，说不见，让他回去。张茂则领命退出。

迩英殿外，吕惠卿在殿外徘徊等候，十分焦急。终于见到张茂则步出殿门，他急忙上前问询，听到张茂则说皇上不见，吕惠卿一愣，只觉天旋地转，晕倒在地。张茂则忙扶住吕惠卿，一脸鄙夷地问："吕大人，您怎么了？"

殿外不远处，王珪正拾级而上，见此一幕，眼珠一转，顿时会意，急忙走开。

熙宁七年四月，王安石以吏部尚书、观文殿大学士之名出任江宁府。十个月后，熙宁八年（公元1075年）二月，神宗复拜王安石为同平章事、昭文馆大学士。这一年王安石已经五十五岁。

瓜州早春二月，渡口外江岸一片新绿，王安石与王雱站立江边。春风轻轻吹来，王安石惆怅满怀，对眼前景物恋恋不舍。神宗两次下诏恢复王安石的相位，王安石却闷闷不乐。王雱很是不解，便问其缘由。

王安石低声说："雱儿，为父上任，委实勉强。盖因变法的中坚人物都成了十足的政客，为父所重用之人，十之八九，羽翼丰满，与老夫已经离心离德了。即使为父再入朝为相，怕是也无法左右形势。"王雱迟疑着劝说："既然如此，父亲便不要前去。"

王安石忽然豪情大发，大声说："天命何畏！人事何畏！不求事事皆成，但求死而无憾！"王雱心中激动，叹服父亲这种大无畏的气概，感佩崇敬不已。

望着浩浩江水，王安石忽然深情地低吟："京口瓜洲一水间，钟山只隔数重山。春风又到江南岸，明月何时照我还。"

王雱略微沉吟，说："'春风又到'不如改成'春风又绿'。"听了王雱的建议，王安石一怔，点头称赞说："是，是。好一个'绿'字，有勃然之气！"

王安石一家走水路，过长江、淮河，入汴河，于三月初抵达汴京。王安石带着夫人和王雱再次步入他的宰相官邸，看着屋内熟悉的景致，仍是闷闷不乐。

突然，管家王全禀告说门外邓绾求见。王雱愤然地挥手说："不见！"王安石止住王雱，略微沉吟，认为邓绾毕竟是故交，而且自己刚刚回京，他就来求见，也不能拂他脸面，便命王全快请。

王安石念念不忘的是自己罢相前夕吕惠卿等人都四散而去，唯有邓绾仍是关切地陪伴左右。他怎知邓绾是因和吕惠卿等有着很深的矛盾，只好对他心存希望。他又怎知自己罢相那晚邓绾希望破灭，只好急忙跑去吕惠卿那里报信，之后又被吕惠卿等百般排挤呢！

邓绾走进厅堂，一见到王安石便痛哭流涕，跪倒在王安石脚下，说："相公，您终于回来了，实在等得文约好苦哟！相公回来了，新政振兴有望，朝廷有望，大宋有望啊！"

王安石非常感动，两眼含泪，扶起邓绾，让他不要这样说，很是欣慰邓绾来看望他，对邓绾大加赞赏。邓绾急忙再表忠心，声称自己愿为相公领衔的新政大业赴汤蹈火、肝脑涂地！王安石听后大喜，高声说："好，有文约这句话，我等从头再来。吕惠卿废除'免役法'，推出'以田募役法'和'手实法'，实乃误国害民，万不可行。明日文约与我奏明圣上废除两法。圣上当初同意，是因为被吕惠卿利口所惑，只要讲明道理，圣上会收回成命的。"邓绾心中狂喜，却不动声色地点头遵命。

第二天，王安石和邓绾进宫面圣，向神宗历陈吕惠卿推行二法之害。最终，神宗决定罢免吕惠卿，废除"手实法"和"以田募役法"。

吕惠卿被免后，称病不再上朝，一直在家生闷气，病也一直没好，反而越来越重。这一日晚上，他又病倒在床，面如白纸，唉声叹气。突然门童禀告王珪来访，吕惠卿喜出望外，命快请。

王珪进屋便关切地问候吕惠卿病情，吕惠卿欲起身行礼，王珪赶忙劝止。吕惠卿哀叹一声，向王珪打探起近来朝廷里的消息。他称病在家，又在朝中失势，之前围拢左右的朋党全都烟消云散，所以并不知朝中之事。

王珪一脸轻松地让吕惠卿不必担忧，朝中万事太平。接着，他略显忧愁地提起契丹人又在边境屯兵滋扰，有进犯之意，圣上正为此寝食不安，也无心旁顾其他。吕惠卿听了点点头，也认为契丹人这样做，无非是图谋一些土地州县，给他们就是了。王珪又拿出密州眼线的来信给吕惠卿看，信上大部分是苏轼批评"手实法"和"以田募役法"的言论。吕惠卿看后大怒，浑身颤抖着呵骂："这个苏轼，实在顽卑，又在诋毁老夫清誉！"

王珪起身踱步，劝告吕惠卿说："苏轼嘛，暂且不去管他。不过吉甫你久病不朝，也不是个办法。"吕惠卿无奈地叹气，表示自己也是没有办法，只要王安石为相一日，他就罢朝一日。王珪看看吕惠卿，摇头叹息，劝说吕惠卿不该意气用事；他这样天天躺在床上，只会让王安石的相位愈发安稳。这些话正说到吕惠卿心里。他何尝不知，却又实在是黔驴技穷，无法可想，只好叹气说："可是禹玉公，圣上对我已有成见，我也无能为力啊。"

王珪一脸激愤，大声说："吉甫！君子修道立德，不为穷困而改节！我王某几经沉浮，受的苦比你多，受的气更比你多！但王某任凭世道如颓波，我心如砥柱，从不灰心丧气！吉甫，你怎么能自暴自弃啊？！"

吕惠卿大受感动，从床上坐起，下地踱步，点头称是。这时，放于他被褥之上的王珪带来的书信正好落在地上。吕惠卿发现地上的信笺，拾起端详，恍然大悟，喃喃自语："信札。"接着狂喜，哈哈大笑，大声说："好，好，多谢禹玉公，一语点醒梦中人。我已有一计。"王珪忙假意问是何计，吕惠卿却故弄玄虚，说明日就见分晓。

第二天，神宗早朝，吕惠卿罕见地出现于朝堂之上，百官们心中奇怪不已。

神宗认为大宋与契丹通和年深，不要以疆场细故有伤欢好大体，决定以和为贵，派韩维前往契丹割地求和。王安石立刻出班请奏，神宗不悦地看着王安石，命他讲来。

王安石劝谏说："陛下，臣以为，契丹无足忧。契丹境内盗贼尚不能禁捕，何敢与我大宋为敌？若长契丹谋臣勇将之气，则我大宋脸面何存？"神宗已不像过去那样对王安石言听计从，很不耐烦地说："木已成舟，但愿边界和好安定吧。"王安石仍执拗地劝阻说："臣等以为，断不可如此！"

不想，"臣等"二字正触动神宗心中之事，他高声说："什么？臣等以为？都是谁以为啊?!"王安石不知神宗今日为何如此生气，自己也无心思考这些，仍是劝谏神宗："陛下——不可。"

神宗气恼地说："此乃吕惠卿派人送给朕的，是你过去写给他的信札，你好好看看。"说着将龙案上的一封手札拿给张茂则，张茂则走下来递给王安石。王安石接过打开一看，正是自己罢相前写给吕惠卿的手札，不由为之一惊。神宗不等他回话，接着大声叱问："你在信中告诉吕惠卿，此事'无使上知'，何事需要瞒着朕呢?"

王安石听后大惊，心知已难以挽回，高声说："陛下，臣在第一次任相期间，确实给吕惠卿写过此札，那是怕琐事动摇圣心。臣既得罪于皇上，更兼才思已尽，精力已衰，就请陛下免去微臣宰相之职吧。"

神宗不置可否，只是说："容朕再思。"王安石回头怒视吕惠卿，吕惠卿见状慌忙躲避。队列中王珪的脸上露出诡异的微笑。

## 三十八　　明月几时有

小莲死后，巢谷伤心欲绝，考虑到密州已太平无事，又挂念师父，便辞别了苏轼。他到小莲坟茔前祭拜后便离开密州，前去寻找师父吴复古了。

苏轼内心伤痛，每日埋头政务，以期暂时忘却。他兴办乡学，教化民众，组织百姓兴修水利，但夜深人静之时，却更是伤心。这一日府衙无事，苏轼愁闷，便叫上刘庭式一起到密州田间巡察庄稼生长情况。

秋天密州的旷野上，金风飒飒，火红的高粱一望无际，在秋风中形成一波又一波的红浪。苏轼与刘庭式一起骑马而行。苏轼抓过一穗已熟的红高粱，欣然道："吕惠卿被贬，'手实法'和'以田募役法'被废，这丰收的粮食，百姓们可以装进粮仓里面啦！"

刘庭式钦佩地历数苏轼来密州后的诸项政绩——救灾民，灭匪患，兴水利，办乡学，称赞苏轼一年多来政绩斐然。苏轼喟然长叹，说："惭愧！密州百姓仍很穷困。若能使百姓家家有余粮，人人能识字就好了。要知道，治穷不治愚，等于种地不施肥呀。"

刘庭式点点头。他知道苏轼曾极力反对王安石大办州学，如今又在密州开办乡学，不禁心中疑惑，便问起苏轼。苏轼回答说："地方自主办乡学州学是一回事，朝廷号召大兴州学又是另一回事。"接着说起两者的不同："地方主动办，发源于自身，必倾力办好；朝廷来办，官员必然大量增加，且有衙门风气，百姓和国家的负担就会越来越重，必半途而废。"刘庭式瞬间领悟，深为叹服，接着说："嗯，就像'青苗法'一样，本为利民，反致害民病民。一旦与官员的政绩扯在一起，弄虚作假的种种毛病就多了起来。"苏轼点头称是。

两人巡察一番，看到庄稼果穗饱满，便高高兴兴地回到府衙。驿差恰好送来最新的邸报。苏轼接过邸报，阅读到"朝廷派韩维前往契丹割地求和"的内容，登时激动地站起来，大声疾呼："割地、割地！求和、求和！如此下去，国土日蹙，民生日迫，国将不国！"刘庭式疑惑地询问因何发怒，苏轼将邸报递给他。刘庭式读后也很震惊，略微沉吟，问苏轼王安石为何不劝阻而让朝廷一味求和。苏轼低声叹息，忧心忡忡地说："今日之王安石，大概不是过去的王安石了，皇上未必肯听他的话了！"

刘庭式说："尊父的《六国论》表面上是说六国割地求和最终灭亡，实说大宋不该向辽和西夏割地求和，蹈六国的覆辙。此文天下传诵，尽人皆知，朝廷上一众大臣难道都是瞎子，无视这昭然之理！"苏轼愤然地说："割地求和，岂有宁日！割一块肉给契丹，西夏就要我大宋一条腿，终至国家覆亡！"

刘庭式叹息一声，看着苏轼，建议说："太守，我等报国无门，明日出猎，太守就以密州为边关吧！"苏轼明白刘庭式的用意，慨然同意明日以虎狼为胡虏，杀他个痛快！

第二天，秋高气爽，密州白云山重峦叠翠。苏轼与刘庭式带领着几十个人，骑马挎弓携箭从山冈上奔来，牵黄狗，架苍鹰，众多密州百姓也跟在后面鼓噪呐喊。奔到山岭，刘庭式认为此情此景，不能无诗，建议苏轼作诗纪事。苏轼勒马平冈，捋须沉思片刻，朗声吟诵："老夫聊发少年狂，左牵黄，右擎苍，锦帽貂裘，千骑卷平冈。为报倾城随太守，亲射虎，看孙郎。　酒酣胸胆尚开张。鬓微霜，又何妨！持节云中，何日遣冯唐？会挽雕弓如满月，西北望，射天狼！"

刘庭式等人鼓掌高呼："射天狼！"所有百姓也跟着齐声呼喊起来。喊声雄壮，震荡峡谷，直冲云霄……

变法之初，韩琦、欧阳修等都写信劝说王安石要有识人之明。苏轼更是当面直指吕惠卿、李定都是小人，是为了仕途升迁才环伺左右、支持变法。无奈王安石刚愎自用，视指摘变法弊端为反变法，而视大唱变法颂歌为忠于国事。然而，变法大业被吕惠卿等弄得民怨沸腾，王安石无奈罢相。这次复相，王安石本想矫正变法弊端，不料吕惠卿使出小人伎俩，用几封私人书信令神宗对王安石大为不满，不再信任他。现在国势不振，山水日瘦，新法也落得个虎头蛇尾。王安石想及一生雄图大志，不为名利，不图安逸享乐，到头来却落得个如此光景，不免心中悲苦，在屋内边踱步边喃喃自语："皇天后土啊，这……这到底是为什么啊？哈哈哈哈……"王安石落寞凄怆地笑着，笑到老泪纵横。

政治上遭受打击之后，爱子王雱又因背疮崩发而死，这一切都令王安石心如死灰。于是，他第二次辞去相职，带着王雱的灵柩落寞地离开汴京，举家沿水路返回江宁。一行人在长江瓜洲渡口登岸。王安石一身便装，独立岸边，望着浩浩东去的长江，感怀良多。那江潮澎湃轰鸣，仿佛在应和他。

历史上著名的"熙宁变法"的中心人物就此远离政治舞台，但变法及变法引发的是是非非却并未因此终止，反而愈演愈烈。

神宗虽然年岁渐长，却仍如刚即位时那般少年意气，自信以至自负。王安石信札中"无使上知"的语句令他气愤异常。虽然王安石递上辞呈，自己也准了，但还是愤懑不已。然而，王安石辞相后的职位空缺终究要即刻填补，所以他将吕惠卿、王珪、李定、舒亶等人召进迩英殿，宣布新一轮人事任命。

吕惠卿轻整衣冠，俨然胸有成竹。当听到张茂则宣读到"擢李定为御史台御史中丞"时，吕惠卿看看李定，以为自己必做宰相，不觉有几分得意。不料，接着却听到"擢王珪为同中书门下平章事，官拜宰相"。吕惠卿听此犹如雷击，瞠目结舌，随之浑身战栗。

王珪施礼后，仍是不动声色地谢恩说："臣谢主隆恩。臣当鞠躬尽瘁，死而后已。"神宗满意地对王珪点点头。吕惠卿这才明白自己再一次中了老狐狸王珪的圈套，辛辛苦苦地为他做了嫁衣裳，心中气恼之际，只觉头晕目眩，终于晕倒在地。神宗轻蔑地瞥了一眼吕惠卿，命人扶他下去。王珪仍是不动声色，视若无睹。李定、舒亶等先是吃惊、同情，待看到王珪的神色后，立刻换上厌恶的表情。

中秋之夜，在济南任职的苏辙站在窗前遥望远方。史云端着一碗羹汤走过来，请苏辙来吃一碗"玩月羹"。苏辙叹气说："夫人，今日中秋团圆佳节，我与哥哥却已分隔七年，至今不能相见。"史云也说不知哥哥一家在密州过得如何，苏辙接着忧虑地说："我听说朝廷已任命哥哥改任山西河中府太守，不知何意。如今王安石已罢相，王珪继任宰相，朝廷仍是小人当权。哥哥的这个中秋想来更不会过得舒心，唉……"

密州明月当空，苏轼、王闰之、采莲、苏迈、苏迨、苏过、朝云在庭院内围坐一桌。桌上酒食果蔬俱全。苏轼看看空中明月，说："今日中秋节，我们来密州已两年有余。这两年，可不寻常啊！"采莲爱怜地看着苏轼鬓边白发，心中为这个自己一手带大的孩子感伤，连说苏轼不容易。王闰之忙说："子瞻不易，表姑也不易。子瞻，今日你应该好好敬表姑一杯。"

苏轼举杯敬采莲表姑。然后转身对王闰之说："夫人，苏轼虽是文人，但有时不免粗鲁，我自罚一杯。"说罢一饮而尽。苏轼爱喝酒，量却浅，所以饮酒辄醉，王闰之慌忙劝苏轼不要再喝了。

苏轼已有醉意，说："不要管我，让我喝个痛快。来，朝云，我也敬你一杯。你日夜操劳，还要带着迨儿、过儿读书，难为你了。"朝云惊慌，连忙避席说不敢。苏轼有些生气，说："什么不敢，喝了吧！"王闰之又说："先生让你喝，就喝了吧。"朝云便一饮而尽。

苏轼又自饮一杯，举头望着天上的明月，喃喃自语说："要是子由在就好了，我已经七年没有见他了，我很想念他。现在子由身在济南，而巢谷兄又不知云游何处……"说着便眼角带泪，长叹不语。

王闰之递过手帕。苏轼接过手帕拭泪，接着说："母亲走了，父亲走了，姐姐走了，弗儿走了，小莲妹妹也离我们而去，这人生怎么如此无常。"说到此处，苏轼已是黯然伤神，他提议大家一起来敬他们一杯。

王闰之、采莲、王朝云各自将酒洒在地上。已经微醉的苏轼将酒洒落，抬起泪眼，再次望月，缓缓吟出："明月几时有？把酒问青天。不知天上宫阙，今夕是何年。我欲乘风归去，又恐琼楼玉宇，高处不胜寒。起舞弄清影，何似在人间？"

王闰之、采莲、朝云等人都被此词优美的意境和宏大的气魄感染，一时间忘了叫好。王闰之默默地流下泪来，朝云满眼仰慕地看着苏轼。

苏轼接着拿起挂在凉亭上的剑，一边舞剑，一边低吟："转朱阁，低绮户，照无眠。不应有恨，何事长向别时圆？"最后以剑拄地，泪如雨下。"人有悲欢离合，月有阴晴圆缺，此事古难全。但愿人长久，千里共婵娟。"说完最后一个字，他仿佛用尽了全部力气，颓然倒地。

苏轼自赴京及第后便闻名天下，他在凤翔、杭州的诗词作品都广为传颂，自至密州，其《超然台记》《江城子·十年生死两茫茫》《江城子·密州出猎》等一出，一时洛阳纸贵，中秋之夜所作《水调歌头·明月几时有》不久也传遍大宋，上至达官贵人、书生士子，下至黎民百姓、贩夫走卒都争相传诵。书商争相结集刻印售卖。

除夕夜，皇城外鞭炮声如春雷滚滚，烟花如火树银花。相比之下，皇宫却显得冷冷清清。神宗在院前抚摩着由苏轼监制的钧瓷，听到鞭炮声，慢慢走出大殿，吟叹着："'我欲乘风归去，又恐琼楼玉宇，高处不胜寒。起舞弄清影，何似在人间？'高处不胜寒，高处不胜寒。唉，还是苏轼……懂得朕哪，他没有忘记朕。"说完仰望夜空……

自王安石二次罢相后，吕公著、陈襄等人多次向圣上推荐司马光、苏轼、范纯仁等。神宗对吕惠卿等领导下的变法极度失望，加之苏轼在密州解饥荒、抗旱灾、除匪患、兴水利、办乡学，政绩斐然，于是令苏轼移任山西大名府太守，随后又下诏命苏轼改任徐州太守。

此刻，王珪官邸大门前车马喧闹，进进出出的达官贵人纷纷借拜年之际抬箱送礼，结交这新任的宰相。朱门大户，喜庆盈门。高高挂起的大红灯笼红红火火，红彤彤的春联金字闪耀，写着"相府"两个金字的横匾格外醒目。一位白发苍苍的大官颇有兴致地在门前驻足而观，读着那副春联："瑞雪宣天意恩泽京城宰相府，春风送暖情惠施神阙大人家。横批：皇恩浩荡。"读完，嘻嘻哈哈地走进了大门，二门仆恭恭敬敬地将其引入门内，其他门仆抱拳恭迎其他官员……

王珪正将李定等人引入小会客室，春风得意地抱拳笑问除夕来访，有何见教。众人行弟子礼，齐声说："春节已至，学生前来向老师贺喜新春。"王珪笑着说："诸位，介甫公退相后，老夫与吴充承蒙圣恩，担此相职，还望诸位多多襄助。"众人又齐声请相国多多栽培。王珪笑着说："言重了。还望大家齐心协力，为圣上分忧。"

客套话说完，李定便提及吕公著、陈襄等多次向圣上推荐司马光、苏轼、范纯仁等人。舒亶、张璪等人纷纷附和，说起圣上进膳时也手不释卷地读苏轼文章，而且自欧阳修死后，天下文坛领袖的美名已落在苏轼的头上。王珪明白张璪等人的心思，却并不点破，而是一脸忧虑地说："你们有所不知，苏轼原去山西大名府任太守，可圣上又决定让苏轼改任徐州太守了。徐州乃天下兵家必争之要地，改任此州，虽为太守，却也可看出，圣上有重用苏轼之意。"舒亶立刻说出自己所忧之事，那就是：苏轼上任，途经汴京，一旦圣上召见，说不准会留他在朝廷担任要职。

王珪起身，称赞舒亶此言有理。舒亶面露喜色。张璪急忙恨恨地说："恩师，不能让此人有抬头之日。当年大比之时，你也是考官之一，可苏氏兄弟眼中只有欧阳修、范镇。不仅如此，他还戏谑说恩师是'三旨宰相'。"

王珪摆了摆手，叹口气，一脸正色地说："对老夫的毁誉嘛，无关大体；但他反对变法，毁圣上之大业，我等却不能不顾啊。"张璪立刻阿谀称赞说："恩师真是胸襟宽广，以天下为怀。我等谨记恩师教诲！"王珪笑着点点头，接着说："故而此次上任，不能让他进京面圣，免得蛊惑圣心！"李定点头称是，并主动请缨……

苏辙从济南转官，暂留在开封，得知苏轼移任徐州，特意在开封城东大路上的长亭中等候，以期一见。第三天，终于见到远处出现了一队车马，苏辙上马迎去，渐渐看清苏轼的样子。苏轼也看见了苏辙，两兄弟骑马奔驰，终于相见。

苏轼与苏辙骑马带着两辆马车走向汴京城，二人有说有笑。突然汴京陈桥上，一小吏上前喝命二人报上名来。他身后一队士兵列队站立，威风凛凛。没想到京城的小吏竟然飞扬跋扈到如此地步，苏轼诧异而应："新任徐州太守苏轼。"小吏也不回话，只是背手来回走了几步，一副傲慢无礼、小人得志的嘴脸。

苏轼对苏辙说："我等遇上灞陵尉了。"小吏接口问："请问苏太守，灞陵尉是何意思？"苏轼反问："为何要对你讲呢？"小吏眯起眼睛看着苏轼说："因为我可以不让你进去！"

苏辙又惊又怒，苏轼冷笑一声，说："人过屋檐下，不得不低头。既然如此，那你听着。灞陵亭乃进出古都长安的重要通道，汉将军李广被罢职后，去蓝田南山中狩猎，归来晚了。守灞陵亭的一个小小尉官，狗眼看人低，不让他通过。随行的人告诉他，这是原来的李将军。小尉说，就是现任李将军也不行。李广只好寄宿于桥亭。"

小吏满不在乎地冷哼一声："不管他狗眼还是人眼，李广毕竟还是没过去。"苏轼看着他宵小得志之样，笑问他是否还想听听小尉的最后下场，小吏好奇地点点头。苏轼接着说："后来他被李广斩了。"小吏嘿嘿一笑，阴阳怪气地说："你斩不了我，我是奉命行事。"

苏轼喝问："奉谁之命？是不让苏某一人进还是所有外任官员都不让进？"

小吏回答："我只知不让你进，奉谁之命也不告诉你。"苏轼又问原因，小吏只说不知道。苏轼无奈地对子由道："我们转道进城，看看北门如何。"

二人打马绕道而行。苏轼叹道："这陈桥乃是太祖得江山之地，今天，太祖的一州太守竟遭小吏侮辱，足见江山情势如何了。"苏辙紧锁眉头说："这件事好生奇怪，定有文章。"苏轼点了点头。

苏氏兄弟一行来到北门，不料仍有领兵小吏阻拦。而且回答与前面的也都一样，就是上司有令不让苏轼进内城，而且上司不让说出自己的姓名。

苏轼仰天大笑，说："汴京城里好光景，太守吃了闭门羹。"然后对苏辙提议说，去洛阳范老爷子那里喝喜酒去！苏辙高兴地答应，又问苏轼为何而笑。苏轼回答说："此事不可笑吗？说不定圣上正虚席等我呢，只是有人怕我面圣，故出此下策。这说明，愚兄的名气已经使有些人害怕了。"苏辙点头称是。

神宗虚席以待之臣就这样被阻拦于汴京城外，愤而离去……

按照惯例，转任官员路过京师都要拜见皇帝。神宗没有见到苏轼，大为奇怪，询问王珪。本就是王珪授意李定等将苏轼挡在城外，见神宗问起，他却装作一无所知的样子回答说，苏轼拜访了司马光和范镇，然后就上任了。神宗心中不悦，也不再说什么。

苏轼和苏辙到洛阳拜访了司马光和范镇，更在范镇的提议下，给范镇十六岁的孙女和十八岁的苏迈定下婚约，苏、范两家结为秦晋。临别之际，范镇忧心忡忡地叮嘱苏轼，今年雨水甚大，要警惕黄河决口，洪水冲击徐州。

徐州古称彭城，位于今江苏西北，北接山东，西邻安徽，属华夏九州之一。徐州地处古淮河支流下游，又曾是黄河故道，京杭大运河傍城而过，是水利要道。但也因河流众多，且处下游，历史上洪水泛滥多次。

熙宁十年（公元1077年）夏秋之际，电闪雷鸣，大雨倾盆，奔腾咆哮的黄河水带着泥沙巨浪滚滚而下……黄河堤岸某处，渐渐地裂隙、坍塌，狂奔咆哮的洪流汹涌而出，以排山倒海之势吞噬着大地上的一切：牛羊被吞没，房屋被卷走，大树被摧折……

熙宁十年七月，黄河在澶州决口，注巨野入淮河、泗水，下游徐州地区大受其害。

## 三十九　　徐州抗洪

秋七月，雨日，徐州百姓在雨中奔走惊呼"黄河决口""洪水暴发"，惊慌失措的人们好像末日来临一般，在大街小巷中惊呼着，哭喊着，四散奔跑着，乱成一团。徐州城门拥挤不堪……

徐州城墙上，苏轼戴着斗笠，正在指挥兵卒、民工抢修城墙。突然，衙役来报，城里居民怕城保不住了，纷纷往城外逃去。苏轼大惊，因为此时徐州四面已被水围，若是逃出城去，定会被水淹死。他决定前去阻止百姓。

但旁边的赵通判劝他不要去，因为百姓私自逃出城去，如果淹死了，责任不在一城之太守，若是苏轼强行阻止，一旦城破，淹死了他们，朝廷必定会降罪苏轼。苏轼再次强调：逃出城去有死无生，而留在城中，城若不破，就不会死人。听了苏轼的话，赵通判很感动，随苏轼将逃难百姓劝回城中。

瓢泼大雨中，苏轼披蓑衣与赵通判骑马来到徐州城禁军武卫营。武卫营偏将出门相迎，抱拳施礼。苏轼下马后还礼说："李将军，按大宋律，太守无权指挥军队。但时下情况危急，事关徐州存亡、百姓安危，迫不得已，请将军指挥武卫营官兵与州民共同抗洪，护卫堤墙。事后我将奏明朝廷。"

李将军坚定地说："洪水横流，事关人命！大人如此，我等有何话可说，定当奉命！"说着，传下命令："全体士兵清点人数，立即出发。"号角声声，两千多官兵迅速集合，奔赴城里……

连日大雨，加之上游洪水抵达徐州，徐州城外运河河水渐渐满溢而出，洪水向徐州城郊外奔涌而来……

苏轼在城墙上设置了临时指挥所，将徐州所有官员调集一处，统一安排任务。一直巡察水情的赵通判急匆匆报告苏轼，大水又涨三尺。听了这一消息，苏轼神色更加凝重，点头命令身后一幕僚去集中所有公私舟船，用绳索系在堤口，以减轻浪冲之险。命令牛监官轮流值班，昼夜不停，发现险情，鸣锣报警。渎职、失职者，斩！接着命令陈粮曹调度足够粮食和水，以供筑堤、护城的劳力用饭、饮水，不得有误！命令周副曹集中州城所有郎中，带药到州衙，腾出房子，为前方劳力救伤治病。还有，调遣几个郎中巡查城内水井，保证饮水清洁，以防瘟疫。又命令马户曹令州城节制使用柴草，以备久用，还要早备船只驶出城外弄柴，保障城内居民烧火做饭和取暖，不得有误！又命赵通判带领一队衙役前去巡逻，维护好城内秩序，凡有偷抢救灾物资、破坏墙堤者，一律严惩。众人纷纷领命跑下。

徐州城墙上，上万人在苏轼等官员的指挥下加固城墙，扛麻袋的、架门板的、挑土的、运石的、抬砖的，人呼马嘶，徐州城官民全力投入抗洪之中……

大雨连下几日，终于渐渐变小，但一直淅淅沥沥不停，而且到第十天晚上，大水仍毫无退去之象。

临时指挥所内，苏轼与赵通判灰头土脸、泥巴满身，二人在油灯下研究地图。苏轼看看地图，又看看邸报，摇了摇头说："澶州曹村决口，沿途州县地势皆高，所有洪水齐泄而下，徐州地势低洼，西、南有山相阻，洪水一时无法泄去，黄河决口处又一时堵不上，故而徐州洪水久蓄不去。看来，我等须作长期打算。"

赵通判叹口气，担心新筑大堤和城墙不能消受洪水的长期浸泡。苏轼也长叹一声，说这正是他所担心的。徐州已成孤岛，一旦有失，即刻会被水淹没，二十万城民就会化为鱼鳖。

这时，朝云挎篮提壶而来，原来王闰之熬了姜汤命她送来。这姜汤正是驱寒暖身之物，为时下所急需。苏轼大喜，接过朝云递过的汤碗，请赵通判先饮。赵通判连忙推辞，请苏轼先饮。苏轼想那些守堤护墙的兵卒、百姓更辛苦，更需此汤，便决定发动城内酒楼饭庄，每日早晚熬姜汤犒劳堤上劳力。他将这一想法告诉赵通判，请他喝过姜汤后即刻布置。赵通判见状也就不再推辞，接过汤碗，一口气喝完告辞而去。

朝云从食盒中拿出饭菜摆在土台上，请苏轼用饭。苏轼说朝云来得正是时候，便低头狼吞虎咽，由于吃得太急，被噎住了。朝云忙上前为他轻捶后背，让苏轼慢点。苏轼感激地向她投以微笑，朝云不好意思地低下了头。

苏轼已经连续十天在城头临时指挥所指挥抗洪，朝云受王闰之嘱咐请苏轼回家换换衣裳，苏轼却说所需之物带来此处即可。朝云感到奇怪，问苏轼："难道不洗澡了？"苏轼叹息一声说："洗澡？弄不好整座徐州城都要泡在水里，我这个澡不敢洗啊！"

朝云笑了，转身又从篮子里取出一壶酒。苏轼大喜："酒！呵呵，喝一点儿……"朝云喜悦地望着苏轼。

苏轼吃完后，朝云收拾离去。不久，接到苏轼命令的马户曹从西城赶来。马户曹日夜操劳，几过家门而不入，孩子病了也顾不上看。苏轼先慰劳他的辛苦，又嘱咐他抽时间回家看看。马户曹叹口气说："大人尚且如此，下官岂能懈怠，分内之事，应该应该。"接着问苏轼找他何事。

苏轼看着城外滔滔洪水，忧愁地说："大水不退，十日有余，水深两丈，波如湖海，看来我等须作长期打算。天凉了，风吹日晒，露大人困，能否弄些苇席，沿堤扎些席棚，也好为大家挡风遮雨，吃饭、休息也好有个地方啊。还有一事，要尽快抽调一部分壮劳力，随时待命，防止管崩。"马户曹施礼领命，说："大人勿忧，下官明白，明日即可完成，定不负大人重托。"苏轼满意地点了点头。

那些时日开封也是大雨瓢泼。神宗立于迎英殿廊台上，愁眉不展，对垂手侍立身旁的张茂则说："如此大雨，徐州可谓雪上加霜，苏轼和徐州兵民不知怎样了！"张茂则宽解神宗："汴京大雨，徐州未必有雨，陛下放心便是。"神宗登时不悦，说："糊涂！汴京大雨，汴水与淮水相汇，徐州之水岂有不涨之理？"张茂则忙说自己糊涂。

突然王珪急急来报：一是澶州曹村的黄河决口，因水势太猛，暂时无法堵住；另外齐州、郓州、濮州、淄州加徐州共毁农田三十万顷。神宗命令速派黄廉前往京东路安抚,务必速堵决口。王珪施礼说:"臣遵旨。"

王珪眼珠骨碌一转,接着说大水已围困徐州数日,徐州频频告急,又说徐州太守苏轼恐怕见识稚嫩,行事莽撞,难堪大任,请示神宗是否要派遣朝中官员前往督办。神宗瞥一眼王珪,似有所动,但转念沉吟说:"不必了。苏轼若守不住,你以为满朝文武谁能守住?唉,不必了。只有计日而待,等他的消息了。"王珪不露声色地说:"陛下圣明。"躬身退下。

数日后,徐州终于雨过天晴,洪水也不再上涨,城内渐渐安静下来。但城内积水不能外排,大街小巷积水数尺有余,到处是蛤蟆的呱呱声。

洪水久久不退,围困徐州城已近四十天。城墙,尤其是堤坝已浸泡如此之久,危机一触即发。所以中秋这一天,苏轼将一众官员召集到临时指挥所内,将这种危险情况向大家说明,又吩咐说:中秋节本应合家团圆,但为了徐州城、徐州百姓的安危,守堤人员不仅不能回家,而且不能饮酒,一刻也不能懈怠。大家要各据其位,严阵以待,不能出半点差错。众人异口同声地答应,起身回到各自的岗位。苏轼目送众人,凭栏而望,明月悬天,月光洒于水面,浮光刺眼……

王闰之得知苏轼不回家过中秋,便带着朝云、苏迈、苏迨、苏过提竹篮来到城楼。苏迈、苏迨、苏过远远看到苏轼,便连连喊着"父亲"跑向他,苏轼也急忙迎了上去。

苏轼拉着儿子们说:"今日中秋节为父不能和你们一起过了。父亲很挂念你们,可龙王爷不让为父回家,为父只有与他老人家相守了。"苏迈说:"所以我们就来了。"苏迨接着说:"父亲,母亲给你和几位叔叔做了几个菜,还有酒呢。"说着拿出酒瓶。苏轼却告诉他自己已下令不准任何官员饮酒,自然得带头禁酒。苏迈猜度是怕误事,赵通判点点头。

苏轼又对王闰之说:"夫人,你们收拾一下回家吧,这里是抗洪的要地。"王闰之心领神会,恋恋不舍地点头"哎"了一声,将饭菜放下,收拾起已经用过的碗筷,带着朝云和三个儿子缓缓离去。

第二天清晨,苏轼接到负责城中治安的赵通判报告,巡逻的衙役发现了一个老道士往徐州城的水井中扔东西，众人上去阻拦，老道士却说这是太守苏轼交代的。苏轼一听，猜想这老道士肯定是吴复古，忙起身命赵通判带他前去。

苏轼远远地看见吴复古高大的身影，喊着"老神仙"，疾奔而至。原来吴复古担心苏轼和徐州百姓安危，特地赶来相助。城外已是一片汪洋，但他驾一叶扁舟，行至城墙，便顺着城墙爬了上来。考虑到大灾之后必有大疫，吴复古已将备好的药包分投到徐州城的每一口井中，保管徐州灾后无疫。苏轼因为繁忙，竟将这灾后防疫的事情忘记了，听到吴复古已做了准备，他一躬到底，感谢吴复古。

吴复古笑呵呵地问苏轼："你谢我，徐州城中的百姓又该谢谁？"苏轼一怔，说："谢谁？谁也不用谢！"吴复古接着问他："那你为什么谢我？"苏轼也呵呵一笑，说："我们还是一见面就缠夹不清。"吴复古立刻纠正说这不是缠夹不清，是苏轼说不过自己。

苏轼问起巢谷的情况，吴复古叹了口气。这次他本要巢谷一起来，但巢谷不肯。苏轼疑惑巢谷是在怨他。吴复古摇摇头，意味深长地看一眼苏轼，说巢谷已心灰意冷。苏轼叹息道："所谓'人生自是有情痴，此恨不关风与月'，是我害了巢谷兄！"

吴复古摆摆手，抬头看着晴朗的天空说："怎能怪你，谁都不怪！你也有一句诗说得好，'浮云世事改，孤月此心明'，经此一劫，巢谷如今才算真的入我道门！"苏轼长叹一声。

吴复古忽然捋髯笑道："不说这个了。这大水要退去，尚需些时日，那群废物堵不住决口。"吴复古所说的决口就是徐州上游黄河的决口。苏轼询问他为何不去给他们献上一计。吴复古叹息一声，原来他就是从澶州曹村来的。他心忧百姓，给那里负责堵口的官员献了一计。

苏轼带领一行人朝城墙走去，又询问吴复古所献何计。吴复古将其堵口之计一一道来。首先在百米决口之处，两头并进，先打进两行木桩，然后用藤条编成的条席固于桩上，这样，决口处的洪水就减了四分力，这叫减缓水力；第一道木栏打下后，再在内侧丈余处打一道木栏，这样，决口处的洪水又减了三分力。苏轼听到这个切实可行的方案，十分赞叹。他立刻猜出，之后要往两道木栏中间投掷沙袋。吴复古大赞苏轼聪明。苏轼也说此方法很好，定能成功。

吴复古却告诉苏轼，当地官员非但不采纳他的计策，还要他回观里打坐去。吴复古又生气又无奈，感叹天书不授愚人，心想无数百姓的性命就掌握在官员的手里，官员们却自以为是，视百姓生死为儿戏，便直接来徐州帮助苏轼。苏轼也感叹不已，打算写奏折给圣上，请圣上下旨，那些官员也就不得不从。

吴复古摇摇头说："算啦，等来回一折腾，黄河的洪水泄下去了，他们也就把决口给堵上了。还是固好你的堤坝吧。"苏轼却是忧心不已，他认为决口不堵，洪水不退，徐州之围终是难解。对此，吴复古神秘一笑，不再作答。

苏轼、吴复古、赵通判等人登上城头，苏轼无奈地望着城外的一片汪洋。赵通判说："水困徐州已六十余日，大人几过家门而不入，吃住城头，也该回家看看了。"苏轼看着城下洪水，慨然说："大水不退，何以为家！"

突然，赵通判手指西北说："太守，你看，那是何物？"苏轼等人顺其所指方向望去，只见甲光粼粼，不知是何物，结一字队形而来，足有半里，前大后小，甚是奇异。众人见了，有些恐慌。少顷，人们终于看清，是一队巨鳌正向山口而去。

大家惊恐万状，议论纷纷："这下麻烦了，巨鳌都要在此安家，焉有水退之理？""如此巨鳌，从未见过，天意难卜。"在大堤上的百姓惊呼："怪兽来啦！"……

吴复古见状，哈哈大笑。苏轼问他为何发笑。不想，吴复古竟说洪水不日将退。众人听了目瞪口呆，纷纷施礼请吴复古明示。吴复古捻须微笑，说："诸位免礼，听我细细道来。此鳌乃黄河之灵物，黄河水泛滥，搅其不能潜底蛰伏，故聚浮于水面，至决口处，被激流冲出，来此徐州水域小住。现黄河已复故道，此鳌乃是结群回黄河去了，故知徐州之水必退。"众人大感始解，长长地舒了一口气。赵通判敬佩至极，赞叹："道长深得造化之理，非我等凡夫所能解。"

这时，一兵卒在城下舟中大声报告说："水位已降小半尺！"众人兴奋不已，忧愁之色顿时缓解不少。

吴复古忽然严肃地板着脸，说："越是此刻越不可松懈麻痹。须知，退水也需十日左右，百姓们皆已疲惫不堪。城墙与大堤已浸泡六十余日，退水之时，极易形成坍塌，大家要百倍警惕，直到洪水全退！"

苏轼命令大家一定要按吴复古道长说的办。众人抱拳施礼，请苏轼放心，表示一定始终如一，直至洪水全退！苏轼满意地点了点头，大声命令众人立即动员守护堤坝，不可松懈。众人齐声答应。

吴复古说："大水即退，我也放心了。我这老鳖也该走了。"苏轼和众人纷纷挽留，吴复古摇头大笑，转身跳下城头，在水中翩然前行。众人纷纷惊叹："真是神仙啊！"

洪水逐渐退去，徐州城外虽然仍是浅水片片，但土埂、土包已经露出，河堤也已隐约可见，被大水浸泡过的一棵高高的柳树杈上夹着一条小舟，悬在空中。

已是深秋时分。徐州城内，大街小巷沸腾了，人们奔走相告，鞭炮齐鸣，锣鼓喧天。

苏轼站在城头，望着城外已渐渐露出的原野大地，热泪滚滚。站立一旁的赵通判及其他文武官员纷纷拭泪。马户曹情不自禁地蹲在地上大哭起来，边哭边说："七十四天哪！我们终于熬过来啦。"

敲锣打鼓的百姓在敲梆老人潘大的带领下云集而来，他们抬着一块巨匾，上面刻着"再生父母"四个大字。

苏轼疾步转身来到女儿墙处，动情地望着万众百姓，激动地招手喊道："父老乡亲们，我们得救了！谢谢了！"言毕，他向百姓们深鞠一躬。

百姓们纷纷跪倒在地，潘大哭喊道："苏大人啊，我们州城的百姓送给您一块匾，您是我们的再生父母啊！七十四天，您几过家门而不入，吃住在城墙上，带领大伙抗洪，没有您，哪有我等的今天呀！"

苏轼又领着众官员向百姓深鞠一躬，说："父老乡亲快请起，这本就是我们这些人该做的啊！"百姓们哭声如雷。

苏轼两眼含泪地说："乡亲们快起来吧，要谢就谢圣上吧！还有，抗洪得胜，全靠你们！希望乡亲们赶快准备抢种庄稼，明年丰收的时候，我与你们共欢共庆！"大家兴奋地站起来，欢呼着，跳着，哭着，笑着……

崇政殿早朝，神宗早已得到苏轼在徐州率领官兵、百姓抗洪胜利的消息。他无比喜悦地大赞苏轼说："黄河澶州决口，崩坏千里，所经之地，生灵涂炭，朕甚痛之。而苏轼亲率官吏，驱督兵夫，救护城壁，一城生灵并仓库得以保全。为官之道，当须牢记圣人之言，上效朝廷，下护黎民，临危不惧，处变不惊，救民于水深火热之中。苏轼尽职守责，朕当嘉奖。"神宗决定拨钱三十万贯，米粮一千八百石，民工七千二百员，以帮助苏轼修城。众官员齐呼："吾皇圣明！"

王珪登时一震，颇感忧虑，下朝回家后，就将张璪找来商议对策。张璪一进书房就为王珪愤愤不平，认为水患退去是王珪统管全局的功劳，却被苏轼给抢了风头。

王珪仍是一脸沉静，品着杯中香茗，缓缓地说："一点嘉奖倒在其次，厉害的是，苏轼在密州治饥荒，平匪患，面对十分棘手的局面，却日益显出稳健的政风，让人吃惊。如今他又在徐州治水成功，更属不易。其政绩显赫，以至现在圣上的眼里只有一个苏轼，吃饭的时候还不忘看他的文章，满朝文官皆不在眼中！"

张璪恍然大悟，登时失色，忧心忡忡地说："相公，如此说来，苏轼卷土重来，回到朝廷已是大势所趋了！相公，不可让他回来啊！"

王珪略微沉吟，无奈地说："他迟早要回来的，岂是人力所能阻挡？只不过苏轼回朝任官，老夫这几年苦心经营的这个一团和气的朝廷又将被他扰乱，不复平静了！"说完满脸忧虑。

张璪忙请王珪快想办法，阻止苏轼回来。可是王珪忽然一转话，问起张璪为什么一直不喜欢苏轼这个同年。张璪恨恨地说："苏轼恃才狂傲，目中无人，好像天下兴亡就在他一举一动之间，别人都是凡夫俗子，只能夸他敬他恭维他。我偏不服！"小人往往不是不自知，而是自知却更嫉恨君子之德、才子之才。

王珪点点头,两眼直视前方,思索片刻,说:"这就是了。苏轼这个人最大的毛病是,他只会做他自己,不会做人。做自己,在地方为政,出政绩不难;但不会做人,在朝廷上就举步维艰,反成纷争之源。苏轼虽然才华冠绝天下,这么简单的道理却想不明白。可惜,可惜啊!"张璪忙点头称是,认为苏轼若回来,必将又引起纷争,而此时正是大宋中兴之机,朝廷已经不能再乱了。

王珪手拍大腿,一脸郑重,好像作了很大的决定,慨然说:"好!为朝廷大局计,阻止苏轼回京,老夫当义不容辞!"接着命张璪将屋角的一只书箱拿过来,将其所装之物全倒于桌上。张璪依言而行,书箱里的信札顿时堆满了桌面,张璪不禁错愕。原来这些信都是王珪的眼线报告苏轼言行的密信。

王珪手指堆成小山状的信件,说:"苏轼自外放杭州通判以来,所说过的话、作过的诗都在这些信里。老夫以为,该是用的时候了。难道这么多信札里,就找不出苏轼一点纰漏?"王珪随手翻出一封信札,打开阅看。张璪欢喜异常,也忙拿信检视……

## 四十　劝　农

洪水退后，徐州的城墙等建筑都需要修缮加固。然而此时苏轼和徐州百姓面临的最紧要问题，却是柴薪短缺。

这一日，苏轼到街上巡察民情，竟然看见城中百姓纷纷主动抬高价格，争购木柴，一担木柴能卖出高于过去几倍的价钱。出价最高、购得木柴的百姓欢天喜地，那些未能购得木柴的百姓则懊恼沮丧。苏轼心中奇怪，走出城外，发现野外竟是一片光秃秃的景象：山都是荒山、秃山，没有草木生长，更不会有柴薪可采。

苏轼从百姓口中得知，大宋百年承平，徐州人口越来越稠密，早在三十年前，山上的树木就被取用一空了。徐州居民往年主要靠庄稼秸秆取暖，今年却因为大水，庄稼秸秆都烂在地里，徐州百姓已没有柴薪过冬了。

苏轼忧虑异常，心中苦思解决之法。忽然想到自己曾在记载各地名物异产的书上，看到徐州有一种埋在地下的黑色的东西可以烧着，叫作石炭。苏轼询问百姓，有老者说曾在年轻时听说有人在地里挖捡到，但是已经许多年没有看见或听说过了。听到这些，苏轼断定徐州一定有这种可代替柴薪的炭，只要探明炭储藏的位置，挖取出来，徐州百姓过冬的问题就解决了。想到这里，苏轼兴奋不已，急忙赶回府衙，命赵通判、马户曹速找能人，打探清楚石炭的位置。赵、马二人领命而去。苏轼接着到城西巡察城墙的修缮工程。

在城西，一个风流倜傥的青年男子和一个成熟稳重的中年男子骑马徐行，缓缓进入徐州城。他们后面跟着一辆华丽的马车，引得街市上的百姓指指点点。这两人是秦观和王巩，车中坐着的是王巩的三个爱妾：盼盼、英英和卿卿。王巩自苏轼进京考试起便和苏轼交好,这一次寻到机会便带着爱妾来访苏轼;而秦观一直对苏轼十分景仰,苦请王巩带他前来,以作引见。

秦观向路人问明苏轼寓所所在,辗转找到一座很不显眼的住宅。王巩心下疑惑,又向路人确认了一下,肯定这就是太守苏轼的府第。王巩喃喃自语:"苏子瞻怎么住在这样的地方!"说着上前敲门。

朝云出来一边开门,一边询问是谁。见王朝云光彩照人,秦观一惊,抢上前问话:"小姐是?"朝云回答说自己是苏大人家的使女,接着请问秦观是谁。秦观报上姓名。朝云微微一笑,问:"莫非是写'斜阳外,寒鸦万点,流水绕孤村'的秦太虚?"秦观听了大喜,说:"哎呀,小姐居然也知道拙作?"朝云微笑说:"我说过了,我是苏家的使女,不是小姐!"秦观更加感叹:"好个苏大人,一个使女竟也满腹诗书!"

这时,王巩在一边不耐烦了,让他先别酸了,进去再说也不迟。秦观不服地说:"哎,这就怪了,你走动都要带着三个美妾,我和一个姑娘说说话就不成了?"围观的百姓哧哧窃笑。王巩知道自己辩不过秦观,便让朝云不要理会秦观,快传话说王巩到了。朝云点头答应,转身回院。

不一会儿,王闰之迎出门外,欢喜地说:"哎呀,是王大人来了,有失远迎。子瞻到东城修城楼去了,我这就让人去叫。快请进来吧!"秦观登时惊讶不已,想不到太守苏大人竟亲自修城楼。在来的路上王巩就和秦观说苏轼没有大官儿的架子,还会去做许多普通人的活计,秦观一直怀疑,至此方信。

盼盼、英英、卿卿忙下车与王闰之相见。围观的百姓赞叹不已:"哎呀,真是画上的人儿啊!""画上的人儿也不如啊!"

王闰之将众人请进院落迎进客厅后,大家分宾主落座,采莲端上茶水。王闰之对王巩称赞盼盼、英英和卿卿:"早就听子瞻说王大人好福气,果然不假,走动都要带着三位仙子般的夫人。"秦观也忙将王闰之所言作为天下皆知王巩风流的证据,众人听了秦观的话,纷纷大笑。

王巩忙对王闰之大道冤屈。王闰之笑着对秦观说:"秦先生切莫以俗人之眼观王大人。听子瞻说,王大人乃前朝王宰相之孙。因王宰相为人刚正,执掌朝政多年,得罪人甚多,因此王大人才隐迹在这温柔之乡里,其实内心有难言之苦！"秦观对王巩一拱手，说："得罪，得罪。我倒是宁愿有这难言之苦！"众人听了，又是大笑。王巩故意恨恨地说："好你个秦太虚，一路上吃我的喝我的，还要不断挖苦我！"秦观忙拱手说："惭愧，惭愧！"

　　王巩向王闰之说明自己来的缘由。原来他和苏轼是故交，多年不见，很是思念。去年苏轼在密州修凌虚台，盼盼、英英和卿卿三人就缠着他去看看，当时因为有其他事情没能成行。今年苏轼率领百姓抗洪，保住了徐州，天下皆知，朝廷还专门拨了钱款，王巩猜苏轼一定要再修楼台纪念，这里离京师又近，故而就来凑个热闹。王闰之笑笑说："王大人料事如神，子瞻正在修一座城楼，以作抗洪纪念，尚未命名。你们来了，尤其是这三位妹妹来了，定会为之增色！"

　　王巩忙谦虚道："嫂夫人别让我现眼了。我不让她们来，她们定要来，和你家的那个使女比起来，她们三个加一块儿也不如。唉，我是苦不堪言，苦不堪言哪！"王巩接着又大倒苦水说："还有这位仁兄，一路上我真是……咳，苦不堪言哪！"王闰之问这是为何。王巩很是无奈地说："这位风流才子秦太虚，天下之大，独服苏子瞻，知我要来见子瞻，就定要跟来，拜子瞻为师，一路上和她们三个说说笑笑，我倒成了旁人！"

　　王闰之笑得将茶水喷出，对王巩说："那你岂不轻松？"盼盼、英英、卿卿七嘴八舌地说着："嫂夫人，别听他胡说八道。""就是，我们可都是规规矩矩的。""秦先生可比你有本事多了。"

　　秦观看见墙上挂着一幅《秋山图》，站起观看，问王闰之是何人所画。王闰之告诉他是子瞻所画，但因公事繁忙，尚未画完。秦观看看画作，啧啧称叹："先生真乃仙人也。这等神品，也只有先生才能画出。"

　　王闰之说："先生既然欣赏，何不题赞一首？"秦观疑问这是否是王闰之在考他，王闰之忙说岂敢。王闰之命朝云拿纸笔来。朝云片刻即回，送上纸笔。秦观在画作上提笔写出："漠漠轻寒上小楼，晓阴无赖似穷秋。淡烟流水画屏幽。　　落叶乱飞轻似梦，无边丝雨细如愁。宝帘闲挂小银钩。"

　　众人都极力称赞，朝云续完茶水，看后默默不语。秦观发现朝云的表情，询问她是不是自己写得不好。朝云迟疑着说："好，好。只是……"秦观心中大惊，连忙追问："只是怎样？"

朝云看着王闰之，王闰之温和亲切地让她有话就讲，不要怕。朝云点头领命，说："秦先生的词自是极好。但先生既然有'春去也，飞红万点愁如海'之句，何不把'落叶乱飞轻似梦'换成'自在飞花轻似梦'呢？"

众人听了朝云所言，都觉有理，纷纷称赞朝云。王巩哈哈大笑，揶揄秦观不要拜子瞻为师了，拜人家的使女为师好了。秦观一阵惊慌，说："朝云姑娘，受小生一拜。"说着俯身即拜。朝云急忙还礼，谦逊地说："折煞小女子了。小女子不过是从先生的词里想起来罢了，其实还是先生的词。"王闰之赞许地向朝云点头。

秦观忙说惭愧，直直地盯着朝云。王巩见他看得出神，调笑着喊他："太虚，太虚！"盼盼、英英、卿卿各自窃笑，朝云害羞地离开，秦观才回过神来。

这时，苏轼满身泥水地赶回家中，刚走进院落就喊道："定国兄，想煞老夫了！"王巩迎出来握住苏轼的手，看着他两鬓微白，低声说："哎呀，西园一别，你已两鬓染霜了。"苏轼也感叹地说："流年不由人呀，老夫哪有你有福气啊，一看就……"

王巩对盼盼、英英、卿卿说："还不过来拜见！这就是你们天天吵着要见的苏大人。"盼盼、英英、卿卿上前施礼，苏轼摆手说："哎呀，快免了。古人云，'如何四纪为天子，不及卢家有莫愁'，初时不信，如今见了你这三位夫人，方知古人之言不虚。"王巩害羞地说："别取笑我了。"

秦观上前施礼说："学生秦观见过先生！"王巩就向苏轼介绍说："噢，这位是秦观秦太虚，此次定要随我来见你，说是要拜你为师。"

苏轼点头说："噢，是秦先生啊！久闻秦先生大名，辞章华美，流布天下。久仰，久仰。"秦观忙说："先生取笑了。学生的词和先生的'明月几时有'比起来，实是地下天上，刚才还被你家的朝云小姐取笑了一番！"

苏轼并不知道刚才发生的事情，不由得疑问。王闰之便将秦观依照画境作词，又听朝云建议修改一句的事情讲明。苏轼拿过词作，细细品读，低声说："好，好！太虚的词本来就好，朝云改得更好。不过，朝云改的那一句也是从太虚的词中化出，归根结底还是太虚的词。"朝云忙点头称是。王巩却挖苦秦观说:"太虚老弟,羞也不羞。"秦观忙说羞煞,一众人欣笑满堂。

苏轼突然想起什么,问秦观贵庚几何。秦观回答说虚长二十八岁。苏轼沉吟片刻,说:"看你像个弱冠少年,太虚之字呼之不响,看你相貌气质,不如改为少游,秦观秦少游。"王巩立刻叫好,说这字起得好,洒脱不俗。秦观深鞠一躬,说:"多谢先生赐字。这是学生的诗文,请先生指教。"说着将作品递给苏轼。苏轼接过,连说不敢当。

王珪府上。连续翻检了两三天,王珪和张璪才查看了密信的一小半儿。而自徐州抗洪告捷以来,圣上多次提及苏轼,吴充又多次建议圣上重用苏轼,神宗颇为所动。眼看苏轼即将升官,王珪焦急异常,便请李定一同来阅看信件。张璪起初并不赞成请李定加入,但面对数量如此之多的信件,自己也毫无办法,只好答应。

王珪书房内的书桌上堆满了信札,张璪和李定正在桌边翻信阅览,忙得大汗淋漓。李定手持一信给张璪看,指着一句话说:"邃明兄,你看这一句,苏轼实在是口出狂悖,对圣上大不敬。"张璪接过信看了看,认为分量不够,让李定继续找。李定继续翻检信件。

张璪一边翻检一边对李定说:"资深兄,恩公这次为你擢升御史丞可是煞费苦心呀。"李定点头称是,说:"我对相公实在无以为报。邃明啊,你为官谏院也是靠相公提携,我等当永志不忘他的知遇之恩。"

张璪点点头,说:"正是。不过恩公近日正为苏轼之事不甚烦忧啊,我等却不能襄助。"李定也忧心愧疚地点点头。张璪接着说:"资深兄,自欧阳修死后,天下文坛领袖的大旗已落入苏轼的手中。而徐州抗洪以来,他的名望直如黄河决口的洪水般不可阻挡。"李定也认为苏轼是变法大敌,必须想好应对之策,否则将功亏一篑,无可挽回。

这时,王珪从里屋走出,张璪和李定忙施礼,王珪忧心忡忡地说:"如今圣上重托于老夫,老夫怎能不为圣上分忧。你任御史中丞一职圣上已准,明日即可下诏。"李定急忙施礼感谢王珪提携,表示自己甘愿赴汤蹈火。

王珪嘉许地点头微笑,对他说:"至于方才你二人说到苏轼之事,万万不可怠慢啊。圣上着老夫继续推行变法，但如今变法在地方受到很大阻碍。苏轼是有名的反变法者，他若回朝得势，则对变法大不利啊。到时圣上若追究老夫推行不力，就什么都不好说了。"李定立刻请王珪放心，因为他早就依照王珪的吩咐，派人在徐州监察苏轼，对他近来所有言行都了如指掌。

王珪说："好，此事重大，资深多费心了。苏轼徐州任期将满，圣上有意让他任参知政事，我只好向圣上推荐了蔡确。"张璪不禁心中疑惑，说："恩师，蔡确可是个有心机之人啊。"王珪略一思索，道："老夫岂能不知。即使他任了参知政事，也形同虚设。你们台谏两院才是朝中砥柱啊。"李定、张璪异口同声地表示定当不负厚望，王珪捻须微笑。

苏府中，王闰之、朝云、盼盼、英英、卿卿正在交谈。英英笑着问王闰之："夫人，俗话说，'风流才子'，才子必风流。你家老爷是当世奇才，不知是否风流？"王闰之一时语塞，众人微笑。王闰之憋急了，突然说："才子也未必就风流！"

英英认为这个回答不好，王闰之忙说自己不会讲话，让朝云来说。朝云在众人的鼓励下，终于说道："才子未必风流，风流未必才子；真才子行大风流，伪才子作假风流！"

听了朝云的"才子风流论"，众人全都一惊。盼盼双手合十，念佛说："阿弥陀佛，阿弥陀佛。我们三姐妹自称多才多艺，与苏家的一个使女相比，倒都成了俗人！"众人大笑。朝云有些不知所措，害羞地低下头去。盼盼问王闰之："夫人，怎么人到了你家就都成了精？"王闰之淡淡一笑，想及朝云所学都是小莲所教，心中不禁凄然……

苏轼书房内，苏轼、秦观、王巩正在谈论诗文。秦观觉得来徐一月有余，日日受教，长进甚多，但"明月几时有"的词境，终不能至，心中疑惑，请教苏轼原因所在。不等苏轼回答，王巩故意激秦观："此词一出，其余中秋词尽废。此乃仙人之词，哪是你我这等凡人可及的！"

但苏轼认为不可一概而论，他叹口气，说："定国兄差矣。人各有体，词亦各有体。少游之词，以婉约为宗，绮靡流丽，已有大成，岂可以常人论之。"秦观忙说："先生夸奖了。"苏轼接着说："少游不必过谦。像你的'山抹微云，天连衰草，画角声断谯门'，就已写尽了离别时的秋意，不仅前无古人，恐怕也是后无来者了。"

听到苏轼这般赞赏秦观，王巩忙说不要太夸奖他了。苏轼摇摇手接着说："人有以一句诗词而得名的，比如本朝词人张先张子野，有词曰'云破月来花弄影''帘压卷花影''堕轻絮无影'，被人称作'张三影'。依老夫看，你怕不久就会被人称作'山抹微云君'了。"

王巩哈哈大笑，说："好个'山抹微云君'。沾上了你苏子瞻啊，不想出名都难。"苏轼回答说："定国兄说笑了。"

忽然，马户曹从外面跑进来，激动地对苏轼说："大人，大人，石炭找到了，石炭找到了！"

原来，赵通判与马户曹等人四处寻访、勘察地形，前几日寻到徐州西南白土镇。白土镇因有白土而得名，白土之下，常见有炭苗。几十年前，有个严大户修坟时挖出些黑乎乎的东西，严老爷说风水不好，就改了地方。潘大从小生活在白土镇，所以还依稀记得严大户当年修坟挖出石炭的地方。赵、马二人在他指引下，寻到大体位置，带着衙役组织民夫打井探查。挖了近十口井，终于挖出了石炭。赵通判组织衙役、民夫继续开挖，马户曹便带着挖出的石炭赶来报告苏轼。

苏轼听了马户曹的报告，又惊又喜向天一揖，说："苍天保佑！"马户曹从口袋中拿出几块黑得发亮的石炭轻轻放在桌子上。苏轼拿起端详，连声称赞，接着问马户曹有没有试烧过。马户曹一愣，说他们挖出石炭只顾着激动，却没有想到这一节。苏轼忙走向厨房，边走边喊采莲表姑，让她快生火烧一烧这石炭，看是否能着火。

很快，采莲便在厨房生起火来，她拉着风箱，苏轼亲自添柴。王巩、秦观、马户曹和得到讯息的王闰之等人都挤进厨房，都想看个究竟。柴火越来越旺，苏轼将石炭放入火中。只见那石炭缓缓燃起火光，迅速通体着火，火苗扑扑直响。苏轼将黑色石炭从炉中取出，仔细验视后，认为燃烧后的情形也符合书中所载，高兴地点头肯定这就是石炭。众人听了，一片欢呼。

徐州百姓的过冬燃料短缺问题就此解决。后来徐州还利用这石炭锻造出了锋利坚韧的兵器，苏轼专门写《石炭·并引》诗纪念。

开封的春天，李定官邸门前贴着金黄的双喜字，整条街张灯结彩，喜气洋洋，马车、牛车、轿子纷纷而至，送礼道贺的人络绎不绝……

王诜骑着白马醉醺醺地路过此地，眼也懒得睁开，见如此热闹，便问李府门人这是谁家在办喜事。门人回答说："驸马爷，这是我家李定大人，双喜临门。"王诜疑问这双喜是哪双喜，门人接着回答说："我家大人荣升御史中丞，小姐又嫁给了蔡确大人的公子，这不是双喜临门吗？"王诜看着门上的"囍"字，点头念说："从下往上古古吉吉，从上往下吉吉古古，从右向左吉古吉古，从左向右吉古吉古，是双喜。"

门人听不出王诜语含讽刺，热情地请王诜进府喝酒。王诜看着身边走过的官员抱着大包小包，撇撇嘴，问道："你家大人的酒就那么好喝吗？得送礼？"门人很是尴尬，强作笑容，说王诜是当今圣上的妹夫，来此喝酒，是李大人的荣耀。言下之意是不送礼也没什么。王诜却并不理会，说："酒不能白喝，我回府上差人送幅画来。"言毕，打马而去，嘟囔道："蔡确、李定，真是鱼找鱼虾找虾，乌龟王八是一家。"

那门人只听到王诜说送画来，登时受宠若惊，喃喃自语道："哎哟，我家大人的面子可真大，这驸马爷的画可是不轻易送人的。"看着纷纷而来的客人，他又得意地"哼"了一声："我家大人可是御史中丞，说弹劾谁就弹劾谁，驸马爷也得掂量掂量。"

是日晚，李定会客厅内，张璪、舒亶等人正与李定围坐一桌，桌上山珍海味、佳肴美酒、热气腾腾，李定等都欢喜异常，纷纷举杯对酌。突然，门人手持一画轴进来禀告说，王驸马差人送画，庆贺老爷双喜临门。王驸马向来与苏轼、欧阳修等人交好，从来都是以很鄙夷的眼光看李定，此时送画，让李定心中非常疑惑。他喃喃自语："这太阳如何从西边出来了？"张璪说将画挂起来看看，其意自明。舒亶脸色凝重，认为这里面一定有鬼。李定命令仆人将画挂起。只见画上画了一个巨大的屁股，有牛头鬼拉犁，马面鬼扶犁扬鞭，另一端有一夫人在举手打一童子屁股。李定顿时大怒，举起茶杯砸向画心……

春日迟迟，苏轼正与王巩、秦观在客厅内闲谈，采莲急忙进来，禀告参寥大师和佛印和尚来了。苏轼立即站起，未及询问，一个胖大的、很像武僧的和尚跟在采莲后面健步进来，向苏轼抱怨说："好不公平，参寥称大师，佛印称和尚！"

苏轼双手合十，说："阿弥陀佛。大师是空，和尚亦是空，万法平等，有何不公平！"不想佛印坚决摇头，说："不行，不行！我不管哪是色，哪是空，今日一定让你苏子瞻叫我一声'大师'，要不我的脸面就丢尽了。"

苏轼一笑，问佛印："出家人要脸干什么？"

佛印两眼一瞪，说："不要脸要什么？"

苏轼立刻回答说："要佛！"

佛印反问说："佛无脸吗？"

苏轼说："无脸！"

佛印略微沉吟，又反问苏轼："既然无脸，何来'佛面刮金'一说？"

苏轼笑着点头说："是啊！佛面上的金都被尔等刮走了，佛哪里还有脸！"佛印一时语塞，无言反驳苏轼。

这时，参寥走进客厅，双手合十对苏轼说："阿弥陀佛。佛以大圆觉，充满河沙界。我以颠倒相，出没生死中。这是特地给你捎来的经卷！"

苏轼双手合十还礼说："阿弥陀佛。看看人家，这才是大师，为佛面增光！"佛印无奈地说："好了，看在参寥兄的面子上，今日不和你争了。"

苏轼请佛印、参寥两人坐下，极道思念之情，并问起他二人怎么一起来了。原来，参寥自凤翔一别，久未见苏轼，得知苏轼任职徐州，便赶往此地。路上遇见佛印，佛印听说苏轼在徐州抗洪，又找到了石炭，不仅使徐州一冬温暖，还输往河北等地，冶出了好钢，就缠着参寥一起来访苏轼。

说明缘由后，参寥感叹地说："子瞻兄如今可是无人不知，无人不晓了！"佛印立刻接口问参寥："难道子瞻过去就没有人知晓吗？"

听着佛印又要挑起言语之辩，苏轼忙说："好了，好了。"接着为参寥、佛印和王巩、秦观相互引见。互道景仰之后，佛印对王巩和秦观说："佛家不打诳语，久仰参寥大师是真，久仰我佛印是假。"众人微笑，王巩回答说："大师机变百出，辩才无碍，子瞻常常提及，所以久仰佛印大师也是真。"

佛印立刻大感兴趣地问："那子瞻说是我赢得多，还是他赢得多？"王巩不假思索地回答："自然是子瞻赢得多！"

佛印大感失望，眼珠一转说："那我也久仰王大人。"王巩疑惑地问他景仰什么，佛印笑着回答说："久仰你携妾遨游，遍尝风情；久仰你鄙弃肮脏官场，迷恋温柔之乡……"

不等佛印说完，参寥插口说："差矣，差矣，那岂是我们出家人可羡慕的！少游先生辞章华美，才真是让我等久仰。"不料，佛印大摇其头，说："差矣，差矣，少游之词，儿女情长，我们出家人岂可仰之！"参寥一时语塞，无法回答，无奈地摇摇头。众人大乐。

苏轼向众人致歉，说自己明日要到城东乡下去劝农，只好委屈大家一日，待他回来，再向大家赔罪。王巩却说他来了数月了，都快闷死了，要求和苏轼一起去。苏轼奇怪他有三位夫人陪着，居然还闷。王巩摇头说："子瞻兄差矣，若是有夫人陪着就不闷，我们就待在汴京，不来徐州了。"恰好盼盼、英英、卿卿走进来，听到了王巩的话，盼盼说："你闷，我们难道就不闷？三个女人守着一个男人，有什么意思！"

苏轼笑着说："哈哈，好，定国兄，听见了吧，人家嫌弃你呢！"王巩无奈地说自己已经习惯了。众人为之一笑。盼盼、英英、卿卿也向苏轼要求和他一起去劝农。苏轼大为诧异，说："你们劝农？你们要是去了，百姓也就不用耕地了！"英英疑惑地问那干什么，苏轼笑着回答说："但坐观罗敷啊！"众人听了大笑。

卿卿微微一笑，说："大人太夸奖我们了，我们哪有罗敷之美啊！"英英邀请旁边的王闰之一起去，感受一下那乡野之趣，岂不乐哉。王闰之微笑着说："我可不敢和三位妹妹相比，一同出去岂不羞死我家先生。"

这时，佛印说："哎，我说，总没有看和尚的吧，我与参寥可以去！"秦观接口说:"要是你俩走在路上,路人避之唯恐不及,可要是去劝农,就不同了。"佛印问他为何不同。秦观接着说:"你想啊,两个和尚和三个美女在一起,谁人不看?!"盼盼柳眉一横,气呼呼地说:"秦先生一肚子坏水!"盼盼、英英、卿卿三人追打秦观。秦观围着苏轼转圈躲闪,哀求说:"无心之过,饶了小弟,饶了小弟。"

苏轼高兴地朗声说:"好,大家别吵了。天气正好,大家想去就去,什么和尚道士、才子美女,要去都去!兴我苏某到乡下看看风景,就不兴乡下人看看我苏某的风景?都去都去,也好装点一下这太平盛世!"

第二天,风和日丽,春意盎然。苏轼、秦观骑马,参寥、佛印徒步,两辆马车尾随其后。两衙役在前面鸣锣开道,高喊:"苏太守出城劝农喽……"街市上立刻轰动起来,指指点点说笑着:"好个太守!""好个风流太守!""不,是文章太守!""你知道什么,文章就是风流!""谁说的?我看你家先生,就只会风流,不会写文章!哈哈!"大人们拥挤围观,儿童们尾随戏耍。苏轼一行陆续出城,向东而去。

徐州位于南北相交之处,四季分明,光照、雨水充足,而且夏无酷暑,冬无严寒。此时树木繁茂,山冈葱茏,兼之河流纵横、湖泊星罗棋布,风景优美。苏轼一行人行走在徐州城东村野中,远望湖光山色。

衙役敲锣,锣声镗镗,村民们聚集于路旁观看,热闹非凡。苏轼见衙役只敲锣,不会说唱,索性自己下马,拿过锣来,边敲边喊:"多栽桑,多植麻,多点豆,多种瓜。栽桑植麻有衣穿,点豆种瓜饥不怕。春天种,秋天收,冬天藏,夏天晾。春种秋收家兴旺,冬藏夏晾备饥荒。"围观的百姓纷纷叫好。

一老者上前说:"大人唱得真好。请问大人是……"衙役告诉他这就是太守苏大人。老者听了忙下跪施礼,苏轼急忙扶起,连说使不得。老者坚持着叩完头后站起,两眼含泪,动情地说:"怎么使不得?你救了徐州城,又送来了石炭,你是天上的菩萨啊!"

苏轼往后一指参寥、佛印,笑着说:"老人家,菩萨不是我,在后边啊!"老人稍一迟疑,也笑着说:"哎呀,太守,不要骗小老儿了。这菩萨啊,不一定都光头，光头的啊，不一定是菩萨啊！"佛印听了，大赞老人家说得好。

得到讯息的村民携带酒食，蜂拥而至。一些胆大的村民拥挤着争相给苏轼一行人递送酒食。胆小的村民挤在篱笆后面观看，原来王闰之、朝云和王巩三妾都一同跟随，此时揭开车帘，赏玩田野风光，引得村民们争相观看车中貌美女子。

佛印和参寥将一包包的种子分发给乡亲，苏轼将一包种子递给一老者后，大声说："乡亲们，官府的人不能扰民，我们自己带着饭食呢！"村民们纷纷说："大人太见外了。""要不是大人，我们都饿死、冻死了。"

苏轼抱拳说："多谢诸位，真的不用。再说，我们还得往前走呢！"一个村姑壮着胆子请苏轼在村里住些日子，众人哄然大笑。一位老婆婆讽刺她说："你想得美，你想招女婿啊！"众人哄笑。苏轼指着秦观，向老婆婆说："老人家，我这里有个学生，他要是愿意啊，就招到你们村吧！"秦观哎呀一声就向后跑，引得姑娘们大笑。

另一名村姑大起胆子问苏轼能不能看看太守夫人，苏轼呵呵一笑，说："哈哈，看吧，看吧！"村妇们挤到第一辆马车旁喊说道："苏夫人，我们扶你下车！"不料，王巩从马车内走出来，纠正她们说："什么苏夫人，这里是我的夫人！"村妇们纷纷表示不信，王巩反问此事哪能骗人。佛印哈哈大笑，对王巩说："哈哈，王兄，人家说你配不上这三位夫人！"村妇们一起点头称是。盼盼、英英、卿卿相继下车。村妇们见到三人貌美如花，赞叹说："啧啧，我长这么大头回见这么美的人！""我的亲娘啊，画上的人儿也不及啊！""别说你亲娘，就是你亲奶奶也没有见过啊！"

一个村姑指着盼盼三人问王巩："她们真是你夫人？"王巩点头称是。那村姑又指着王巩问盼盼、英英、卿卿三人："真的吗？"盼盼、英英、卿卿点头说："真的！"那村姑摇头叹息说："可惜了，可惜了。"王巩不明白，问她什么可惜了，那村姑回答说："她们和你配成夫妻可惜了。"王巩一听，心中生气，便问她觉得盼盼三人和谁配才不可惜。那村姑不假思索地向秦观一指，也不说话。众人放声大笑，王巩大窘，跺脚甩手，大叫："待不得了，待不得了！子瞻兄，快走，快走！"

这时王闰之与朝云款款下车，村姑们发出一片惊叹声，纷纷说比刚才那三位大美人还美。

苏轼想着还要到别的村子劝农，而且百姓这时节在田里都有农活，也不能耽搁太长时间，便劝众乡亲回田间忙活，嘱咐大家一年之计在于春，千万不要误了农田。乡亲们齐声感谢苏轼，送走苏轼一行人。

苏轼一行人继续行走，锣声咣咣，衙役们说唱着。佛印打趣秦观说："少游兄今日应是最为高兴！"秦观不明缘由，问他为何有此一说。佛印笑着说："三位美人被村姑一齐配给了你，岂能不高兴！"见王巩生气不止，秦观笑着感叹说："真是好汉无好妻，懒汉配花枝啊！"王巩反驳说："呸，你才是懒汉呢。我看你是比目鸳鸯真可羡，双来双去君不见。喔，是四来四去君不见。"苏轼接口对秦观说："少游莫慌，你不是说'金风玉露一相逢，便胜却人间无数'嘛，定有佳人相待！"

日暮时分，苏轼一行回到家中，却发现赵通判和一名官吏在客厅焦急地等候。苏轼将二人请进书房，问二人有何要事。原来这官吏是徐州递铺掌事，受赵通判之托监察来往信件。苏轼听了惊讶地看着赵通判。赵通判接着说他得知朝廷中有人搜集苏轼的诗文，所以私下让人留意。

那递铺掌事说："近一年有一人总是以私人书信附在官文上步递，一直疑惑，和赵通判说了后，赵通判认为是有人意图对大人您不利，让下官注意这些可疑信件。昨日下官以资费不足为由扣下了一封书信，拆开一看，果然是大人的诗文。"说完，呈上信札。

苏轼看完信札及其中所附的自己的诗文、行动、言论等，略微沉思，问收信人是谁。递铺掌事将信封递上，赵通判在旁边看到信封上的名字，登时一惊，大声说："李定！你注意过没有，此人的书信都是寄给李定的吗？"递铺掌事迟疑片刻，说递件太多，记不清楚了，不过有好几封是寄给李定的……

## 四十一　乌台诗案

乌云笼罩下的皇宫显得了无生气。崇政殿内，神宗临朝，吴充、王珪各领一班大臣列于殿内。神宗向众位大臣询问参知政事的适宜人选，王珪出班推荐蔡确。宰相吴充则出班奏说："陛下，徐州太守苏轼任期将满，臣以为苏轼最为合适。苏轼自知密州、徐州以来，政绩昭然，天下共知，若不重用，官员们必重门路而轻政绩，天下人必以为朝廷任人唯贤仅口头而已。"

王珪不悦，暗暗向李定使了一个眼色。李定会意，急忙出班奏道："陛下，苏轼居功自傲，吟诗作文有狂悖之言，朝廷应当治他的罪。"神宗却认为苏轼历来爱写诗文，难免偶有思虑不周之处，不足为怪。

李定将早就藏在袖中的苏轼诗卷呈递出来，说："微臣有诗为证。苏轼在徐州作《石炭·并引》一诗，请陛下御览。"神宗心中疑惑，亲自读那诗卷。只见诗前有序言云："彭城旧无石炭，元丰元年十二月，始遣人访获于州之西南白土镇之北，以冶铁作兵，犀利胜常云。"全诗为："君不见前年雨雪行人断，城中居民风裂骭。湿薪半束抱衾裯，日暮敲门无处换。岂料山中有遗宝，磊落如磐万车炭。流膏迸液无人知，阵阵腥风自吹散。根苗一发浩无际，万人鼓舞千人看。投泥泼水愈光明，烁玉流金见精悍。南山栗林渐可息，北山顽矿何劳锻。为君铸作百炼刀，要斩长鲸为万段。"神宗看完苏轼的诗作，凝神沉思。

李定接着说："陛下，苏轼这首诗分明在说朝廷是奸邪之窟，说自己是古代的正直遗民，要以徐州之炭，铸成利剑，斫杀朝廷的奸邪之人。"

听到李定如此危言耸听，众大臣大为吃惊，交头接耳，议论纷纷。宰相吴充大怒，戟指而骂："李定，你如此解诗，分明是要陷皇上于不义，陷朝廷于不义！你深文周纳，罗织构陷，你才是大宋的奸臣，你和蔡确分明就是则天武后朝的周兴、来俊臣！"

吴充所言正触到自负而敏感的神宗的痛处，他烦躁地站起，趋于龙案之后。蔡确察言观色，立刻添油加醋地说："吴充是王安石的亲家，他早对王安石去相不满。这是发泄私愤！"

吴充是公事公论，见蔡确反倒将私事搅和进来，气得直发抖："蔡确小儿，你……你……和李定以害人起家，难道你……你要害尽天下忠臣？！"李定和蔡确心中得意，但表面上还装作无辜，苦求皇上为他们做主。

王珪不动声色，仿佛事不关己一般，静静站在一旁不说话。蔡确跪下恳求道："陛下，臣奉命审理赵世居谋反一案，只知忠于皇上，忠于大宋，不知陷害忠臣！臣可是一片忠心啊！"

神宗再也忍耐不住，突然一拍龙案，大声说："好了，忠奸朕自明白，吴充不得妄言！"言下之意显然偏向蔡确。吴充愤懑难当，终于气得倒在朝堂之上，浑身抽搐。

众人大惊，神宗挥挥手，命人抬去太医院。百官心中有的吃惊，有的哀叹，有的愤恨，但都不敢多说一句话。王珪向张璪使了个眼色，张璪会意，出班奏道："陛下，现已查实，苏轼擅自挪用修筑城墙的朝廷拨款挖掘石炭！"因为严冬时节，天寒地冻，修筑城墙的工程无法进行，而徐州百姓又急需取暖的石炭，苏轼便将修筑城墙的朝廷拨款暂时用来雇用劳力挖掘石炭，之后用出售石炭所得之资及时还补朝廷拨款。神宗知道上述情况，觉得苏轼挪用之罪不必追究。张璪也承认苏轼及时还补款项，但坚称苏轼的行为终究是未经朝廷允许，实属私自挪用，仍请神宗治苏轼之罪。

德高望重的吴充气倒在朝堂之上，神宗心中有些愧疚，对李定、蔡确也有些不满，听到张璪坚决请治苏轼之罪，烦躁不已地说："好了，好了，就让蔡确任参知政事，苏轼到湖州任知州吧！"

王珪不发一言就达到了阻止苏轼进京的目的，还使吴充惹恼了圣上，心中暗喜，急忙俯首遵旨，回翰林院起草苏轼调任的诏书去了。

王珪办完事刚出翰林院门,就看见王诜兴高采烈地从殿内走出,腋下夹着几本诗集。王珪忙上前施礼,问王驸马何事如此高兴。王诜晃着手中之物,说这是他给苏子瞻出的诗集。王珪听了,登时两眼一亮,请求王诜送他一本。

王诜知道王珪一直看不惯苏轼,对苏轼官职升迁百般阻挠。他上下打量着王珪,狐疑地说:"你历来对子瞻没有好感,要他的诗集做什么?"王珪眯着小眼睛,呵呵一笑,说:"此话从何说起?论起渊源,子瞻科考之时,我还是考官之一呢,按说我与子瞻也有师生之缘吧。"王诜见王珪一脸诚恳,便答应送他一本,接着带讽刺意味地说:"毕竟是当朝的宰相嘛!该读一读我大宋第一才子的大作呢!"王珪急忙点头称是。

王珪拿着苏轼的诗集欢喜地回到家,立刻命下人去请张璪,自己在书房翻看起来。夜幕降临,王珪看罢苏轼诗集,长舒一口气,郑重其事地将诗集轻轻放在桌上。他的脸上浮现出一丝诡秘的笑容,又吩咐管家拿酒上来。管家端酒进来,心中纳闷儿,老爷极重养生,晚上一般不饮酒的,今日为何要破例饮酒呢?王珪端起一杯酒,细细地闻了酒香,一饮而尽,还咂咂嘴,仿佛别有滋味,吟诵道:"好。'五花马,千金裘,呼儿将出换美酒,与尔同销万古愁。'这种时候该饮酒。茶,太淡了。"

这时,仆人来报张璪来了,王珪命人请他进来。张璪进来施礼罢,忙问道:"恩公,这么晚找学生来,所为何事?"王珪叫声"邃明",便扶桌欲起,张璪急忙上前扶住。王珪坚持起身,将诗集交到张璪手里,郑重其事地说:"速将此诗集交给李定,一定要细细验看!"

张璪施礼说:"恩师尽管放心,学生这就去办!"说完,转身欲走。王珪叫住他,叮咛说:"成败在此一举,不可疏忽。"张璪深深点头,转身离去,消失在茫茫夜色中……

深夜的谏院内,灯烛通明。张璪和李定、舒亶等人彻夜翻看苏轼的诗集,一边检查,一边用朱笔勾画,不时议论。窗纸上人影幢幢,让人不寒而栗。

第二天早朝,李定首先向神宗禀奏说:"陛下,新任湖州知州苏轼,在谢表中嘲弄朝廷,妄自尊大,目无人主。他在谢表中称变法者为'新进',大有不屑之意,看得出他仍对变法耿耿于怀。言外之意,执新政美法者皆年幼无知之辈，惹是生非之徒。苏轼妄称自己能牧养小民，其寓意是新法美政不能养民，语锋直指陛下。苏轼每遇水灾干旱，必散布谣言，归咎于新法美度。因其善以诗讽刺时政，在民间流传甚广，影响极坏，若听之任之，必酿大祸。臣伏望陛下念新法美度来之不易，痛割仁爱之心，依法治罪。"神宗略皱眉头，说："谢表乃官场例文，不必过于当真。"

御史舒亶接着出班，从袖中掏出苏轼的诗集奏道："陛下，此乃苏轼诗集与微臣奏札，请陛下御览。"神宗命张茂则呈上来。舒亶掏出奏章，拿腔拿调地说："陛下，臣见苏轼知湖州进上谢表，有讥讽时事之言。流俗争相传诵，忠义之士无不愤慨。自新法颁行以来，异论之人固为不少，然包藏祸心，怨望其上，举天下只有苏轼一人而已。所言无一不讥谤圣上。陛下推行青苗贷款，意在接济农民，振兴农桑，然而苏轼却说'赢得儿童语音好，一年强半在城中'，意思是说农民老老小小都跑到城里去借青苗钱，却在城里胡乱花掉，其结果只是使孩子们学会了一点城里口音，耕作务农全都荒废了。这不是诽谤新法又是什么？陛下行仁德之政，可谓尧舜之心，昭若天日矣。而苏轼以偶得之虚名，无用黄老之学，不思圣恩，讥讽朝政。伏望陛下诏有司论苏轼大不敬罪，以儆天下为人臣子者。"

章惇没好气地斜了舒亶一眼，不想张璪出班奏说他也要参劾苏轼，章惇为之一怔。他们与苏轼同举进士，一同为官，想不到他竟落井下石。自从攀附了王珪，连同年之谊都抛诸脑后了。神宗翻看了苏轼的诗集，有些生气地将诗集合上，让张璪奏来。张璪说："微臣在谏院接到一份检举札子。札子中称，苏轼在湖州上任时途经灵璧镇，被邀游览张氏艺园，苏轼为此作了一篇记文。其中云'古之君子，不必仕，不必不仕；必仕则忘其身，必不仕则忘其君'。我主乃盛世明君，而苏轼分明教天下之人，无进取之心。微臣以为，天下之人，无论仕与不仕，皆不能忘其君父，而独苏轼有'必不仕则忘其君'之意，此乃废为人臣之道也！"

自负而敏感的神宗登时怒容满面。章惇见状，赶紧出班说："陛下，苏轼之意是说要行老庄之道，凡事不可强力而致。知谏院张璪不学无术，歪曲苏轼原意，居心甚为叵测！"

张璪在众多同年当中，本就是举业不精，进入仕途之后一心想着升官，每见苏轼、章惇，底气就泄了三分，这会儿被章惇骂得无语反驳，只得低下头去。李定见机也进言道："苏轼有四罪当废——目无人主，暗讽君主，是为不忠，此其一也；造谣惑众，动摇民心，扰乱天下，臣德丧尽，此其二也；攻击新法美度，诽谤时政，此其三也；好大喜功，借天灾之机，为己树碑立传，贪天功而为己有，有不臣之心，此其四也。臣伏望陛下圣裁。"四条罪状以第四条最为严重，将苏轼刻碑纪念说成谋逆之举！李定如此蛇蝎心肠，使众臣都惊呆了，一时都面面相觑，不知所措。

神宗目视左右，见无人再言，心中更不耐烦。他读过苏轼不少诗文，也听过太后对苏轼的夸赞，本不信他会有不臣之心，只是愤恨苏轼的文人做派。新法是自己的心血，需要的是朝臣团结一心，怎能容他吟诗作文搅乱读书人的心思？李定等人不免夹杂私心，但还得驾驭他们为新法施行继续出力。想到这里，神宗点头道："也好，就召苏轼进京，审理清楚吧！"

章惇大惊，急忙说此事并无实据，劝神宗慎重为宜。驸马王诜也出班说："陛下，台谏异口同声共参苏轼，虽有慷慨之言，但理不能服天下。诗讽朝政，古来如此，未闻以诗文治罪者。若以此治罪诗人，我大宋必开文字狱之先河。况诗中所指，并非捏造，皆为事实。台谏之言，表为忠君，实为阻塞言路，打击切直忠臣。臣伏望陛下明辨是非，莫上奸佞之臣危言耸听之当。"

王诜的话引起大臣一阵骚动，但显然激怒了神宗，更何况神宗的妹妹西蜀公主对自己这个驸马颇有微词，神宗对他一直心存不满。神宗怒容满面，高声地说："你给我站回去。如何处置，朕自有数。"接着喝命专使押苏轼进京查问。

这时，王珪不失时机地出班表奏，建议苏轼诗案一事，交知谏院张璪和御史中丞李定二人主持审理。神宗点头答应，便命退朝。王诜还要申辩，张茂则已催着众官退朝了。王诜只好失望地回到家中，直为苏轼的境况担忧。

王诜回到驸马府，神情落寞，一个人躲进画室，看到桌案上的笔墨纸砚，心中气愤，上前把桌案掀翻，摔得哗哗作响，接着大骂道："小人当道，忠良受害，天地不容！"西蜀公主闻声而至，急忙询问他为何如此动怒。王诜便把朝堂上李定等人以苏轼作诗诽谤新法之事说了一遍。西蜀公主感叹道："真是小人当道，吟诗也能牵出罪过来！"王诜叹气道："欲加之罪，何患无辞！这回连圣上都下旨押子瞻进京，恐怕凶多吉少啊！"

西蜀公主担心地说："本宫知道，是驸马为苏轼刻印诗集，恐怕也会牵连进去的。"王诜一拍脑门，懊恼不迭地说："王珪老贼！可恶至极，怪不得他跟我要子瞻的诗集，原来是暗中要诬陷于他！公主啊，你去向太后求情，救救子瞻这一难吧！"

公主本意是为王诜担心，想不到他只想到苏轼的安危，对自己却浑然不顾，不禁又懊恼又觉好笑，端着架子故意撒娇说："驸马也知求本宫了，你不是说永不求我吗？"王诜无奈地施礼说："公主大仁大义，请见谅吧！眼下救人要紧。"公主不依不饶，旋即哀怨地说："本宫帮了你，你就对本宫言听计从；事情一过，依然如故，冷落本宫。"王诜听了，立刻说："天地良心，为夫岂能如此无状。"言毕，跪于地上，说："公主，为夫求你了，救救子瞻吧！"说完，王诜泪水滚滚而下。

西蜀公主为之一惊，忙上前相扶，说："驸马请起，你为朋友肝脑涂地，为妻又怎能坐视不管呢？况且苏轼乃国之忠臣。本宫这就去求母后。"

此时，御史台大院中的几棵古松上，一群乌鸦在聒噪着。树下的李定、舒亶焦躁地走来走去。原来，他们找了很多人，要他们去湖州逮捕苏轼，却没有一个人愿意去。这时，脸皮蜡黄、络腮胡浓密的皇甫遵进来施礼说："殿前诸班都虞候皇甫遵见过李大人、舒大人。"李定欢喜地说："不敢，不敢。你可是皇亲国戚啊！皇甫兄大驾光临，不知有何见教？"皇甫遵笑着反问："大人，下官之意，难道大人不知？"李定、舒亶登时会意，拱手道："那就有劳皇甫兄走一趟，路上可要好好照应苏大人！"皇甫遵会心一笑。

王诜忽然想起还要将这消息尽快告诉苏轼，便立即差人去打探李定究竟派何人做押解官。仆人回报说是太皇太后的远房表侄——都虞候皇甫遵。王诜知道他是个势利小人，恐怕途中会对苏轼不利。王诜心中惊慌，急忙写了一封密信，告知在南京当通判的苏辙火速通知苏轼朝中动向，令仆人连夜去送信。仆人迟疑地说:"大人,按大宋律法,这样通风报信是重罪,要不要……"王诜瞪了他一眼,喝道:"怕什么!出了事有老爷我担着。赶紧去南京!"仆人不敢多言,飞马赶去南京。

西蜀公主慌慌张张地奔进怡养殿,边走边喊:"母后!"高太后正在看书,见女儿神色惊慌,以为女儿和驸马又吵架了,前来告状。公主摇头否认,接着说:"母亲,驸马为苏轼出了诗集,台谏们以苏轼讥讽新政为名弹劾苏轼。皇兄一怒之下,要以诗案治苏轼的罪。"高太后吃惊地说:"竟有这等事?!"说完,又起身喃喃自语:"苏轼乃国之名士,自杭州、密州、徐州任职以来,政绩不凡,天下读书人也无不视其为文坛泰斗,如何忽然又以诗治罪呢?况且,这些诗已过去数年……分明有小人要谗害忠良。"

西蜀公主忙点头称是,并说情势十万火急,请太后快救救苏轼。高太后得知苏轼并没有被革职,只是召还京城问话,心中稍稍安定,缓缓说道:"嗯。莫急,此时你皇兄正在气头上,不宜去找他。况且,祖宗有制,后宫不得干预朝政,待事情水落石出,哀家自有主张。"西蜀公主无奈地点头答应。

元丰二年(公元1079年)三月,苏轼改知湖州。接到调任的圣旨后,他辞别远送出城的徐州官员和百姓,带着一家人南下,于四月抵达湖州。

湖州南接杭州,北濒太湖,是一座具有两千多年历史的江南古城。战国时楚国春申君徙封于此,筑城置县,因其泽多菰草故名菰城县。隋置州治,以濒太湖而名湖州,湖州之名从此始。苏轼通判杭州时,曾因公事多次来往湖州,这回也算是重回故地了。湖州官员、百姓听闻保全徐州城的大宋第一才子苏轼来任湖州知州,兴奋不已,纷纷出城迎接,令苏轼一家感动不已。

苏轼一家在府衙安顿停当,趁着天晴,便与采莲在院内晾画。突然一个青年衙役快步走了进来,正是苏辙手下的差官李福。他慌慌张张地进来要找苏轼,采莲忙将他领进来。李福向苏轼施礼道:"大人,小的奉南京苏大人之命,来给大人送信。"说着从怀里掏出一封信来。苏轼笑着对采莲说:"是子由送信来,不知有何事。"展信读罢,不由得脸色大变。

李福担忧地说:"苏大人,我们家通判大人说了,李定在朝堂上弹劾大人,圣上大怒,要遣专使前来拿问。据说,驸马爷为大人出了诗集,那伙人发现后,说您有以诗讥谤新政之罪。您写的一篇什么灵璧……"

苏轼一下就明白了其中原委,知道这祸是躲不过了,接口道:"是《灵璧张氏园亭记》。"李福点头说:"对对对,就这篇文章,说是也有谤君之罪。通判大人令小的转告太守,速想办法。"

采莲一听,慌得直叫:"这可如何是好?!"苏轼皱着眉头,示意家人不必惊慌,坦然说道:"天下有大勇者,猝然临之而不惊,无故加之而不怒,岂能躲避求全。况且,我并无罪,只是说了几句实话。若说实话也有罪,那苏某苟活于世还有何意义,不如与屈原一样投江算了!告诉子由,让他放宽心即是。"李福点头答应,心中对苏轼的坦然既惊奇又佩服,转身回南京复命去了。

王闰之得知朝廷要来抓人,急得大哭:"叫你不要作诗议论朝政,眼下祸从天降,可怎么得了?"苏轼安慰道:"子由信中说,只是回京接受询问,并未罢官问罪,不会有事的。再说我坐得直,行得正,问心无愧,有何惧哉!"闰之当即无话。

第二天,苏轼着官服坐于湖州府衙大堂之上,衙役侍立,静静等着差官到来。忽然闯进来五人,手执刀剑,杀气腾腾地围在府衙门口。皇甫遵身穿官袍,手持笏板,其两旁差人青衣黑巾,到堂下站定。苏轼神情自若,下堂来到皇甫遵前,施礼说:"苏某自知得罪朝廷,请让苏某与家人告别。"皇甫遵瞥了苏轼一眼,冷冷地说:"还不至于如此。御史台有令,押解大人进京问案。"苏轼淡淡笑道:"你还叫我大人?就是说朝廷尚未削夺我的官职?"

皇甫遵尴尬地点头承认,旋即摆手,四个随从迅速来绑苏轼。湖州府衙役大喝一声:"谁敢!"未等四人动手,已将他们镇住,把皇甫遵也吓得后退了几步。皇甫遵大喊道:"怎么?要拒捕抗命吗?"苏轼喝命衙役退下,四个差人仍上前欲绑苏轼。苏轼凛然说:"我尚是朝廷命官,岂可随便缉拿?"皇甫遵冷笑说:"我只知御史台有令,羁押进京,不问其他。拿下!"差人见苏轼镇定自若,一时迟疑不定。

苏轼淡淡一笑，说："无非是蔡确、李定兴风作浪罢了！谅你们也不敢置老夫于死地！"皇甫遵一愣，再次喝命差人拿下苏轼。差人们只好上前，低声说："大人，公务在身，我们也是无法。得罪了。"说完，将苏轼五花大绑起来，乌纱帽也坠落于地。然后他们推搡着苏轼出了公堂。

湖州府衙外，闻讯赶来的官员、衙役、百姓哭跪于地上，纷纷为苏轼告饶求情。有许多年轻百姓团团围住皇甫遵和差役，大声质问苏大人所犯何罪，更有的百姓直接呵骂他们为狗官、狗腿子等。皇甫遵见状大惊，壮着胆子喝道："刁民！违抗圣旨，罪加一等！让开！"

苏轼心中万分感动，大声说："各位同人，父老乡亲，朝廷无非是叫我进京问话，你们不要担心，万不可冲撞专使。"不料，有百姓立刻高声质问道："问话还绑人？哪有绑人问话的？打死这帮奸贼。"一时群情激愤。众人听到此言，纷纷响应，层层叠叠地拥上来。皇甫遵和差人们登时惊慌失措。

苏轼见情况危急，立刻以身挡住差人和皇甫遵，高声说："乡亲们，千万不要这样，打了官差，我无罪也是有罪了！"众人一惊，渐渐停止大闹，都哭道："苍天啊，哪里还有天理啊！""苏大人是好人哪！菩萨啊，怎么不显灵啊！""断子绝孙的奸贼啊，早晚要遭报应！"皇甫遵乘机催促差人："快走，快走！"他们缩头缩尾、胆战心惊地押着苏轼向苏家走去。

王闰之在家又惊又怕，慌慌张张地跑到苏轼书房，将苏轼诗文稿件全都收拢起来，抱到厨房，一边撕一边扔进火盆，哭泣着说："让你写，让你写，告诉你祸从口出，你就是不听。"朝云大惊，急忙劝阻："夫人，这些可都是先生的心血啊。再说这事情不怨先生。"王闰之瞪了朝云一眼："哼，当初小莲姐在的时候，就处处护着先生！他不写诗，朝廷会来捉他吗？"朝云吓得不敢吱声，但看着苏轼的诗文都烧掉了，眼泪直往下掉。苏迈壮着胆子劝说："母亲，事已至此，也无可挽回了。烧了父亲会生气的！还是想想父亲到京城该怎么办。"苏迈妻范氏也哭着劝说："婆婆，别烧了，别烧了，这是公公的命根子啊！"夫妻二人边说边从火盆中往外抢那些字纸。王闰之哭着说："命都没有了，还管生不生气！这哪是命根子，这是命中的祸根！"边哭边从苏迈夫妻二人手中抢回字纸，扔进火盆。年纪幼小的苏迨、苏过吓得不知所措，站在一旁不住地哭泣。

这时，被五花大绑的苏轼回到家中，见全家人喊天哭地，乱作一团，不禁心中痛如刀绞。王闰之见苏轼被绑着回家，扑到他怀中大哭。采莲和朝云都过来扶着她。苏迈拉着苏迨、苏过在一旁抹泪。

苏轼平静地说："都不要哭了，闰之啊，你能否学那杨朴之妻呢？"王闰之停止哭泣，疑惑地抬头看着他。苏轼泰然地讲起了故事："本朝真宗时有一隐士叫杨朴，能作诗，但不愿做官。真宗皇帝就派官兵押他到朝廷，问他是否会作诗。杨朴说不会。又问到临行时有人赠诗否？他说只有老妻送了一绝：'且休落拓贪杯酒，更莫猖狂爱吟诗。今日捉将官里去，这回断送老头皮。'圣上闻后大笑，就把他放回去了。"

王闰之破涕为笑。采莲过来哽咽着说："家里有我，你放心，天塌不下来。让迈儿陪你进京，路上好有个照应。"苏轼含着热泪点点头，说："表姑，你老人家要多保重啊，家里就交给你了！"接着嘱咐采莲、王闰之带着家人收拾好行装后，便去南京投奔弟弟苏辙，再看朝廷如何处置。采莲用颤抖的双手抚摸着苏轼身上的捆绳，泪如雨倾，低声说："子瞻，想开些，佛祖会保佑你的。苍天有眼，他会听到老身和百姓们的哭声。"苏轼单腿跪地向采莲施礼，采莲抱着苏轼的头哭了起来，其余人无不擦泪。差人中也有看不过去的，悄悄地把头转向一边。

皇甫遵不耐烦地催促苏轼即刻上路。采莲带着王闰之等跟随着走出门外，一直送到码头。

沿途聚集了闻讯赶来的湖州百姓，他们啼哭不已，跟在苏轼等人的后面，沿路哭送。

这是中国文化史上黑暗的一天，泱泱诗国由此开了写诗获罪的先河。苏轼到任湖州知州仅三个月，就被捆缚前往京城。天忽然下起了瓢泼大雨，浇得人睁不开眼，不知是雨水还是泪水。

皇甫遵害怕拖延太久会再生事端，急令差人把苏轼押到官船上，苏迈也跟着上了船。王闰之跪在码头上，失魂落魄，在雨中淋得发髻散乱，采莲和朝云扶着她。苏轼见了,心疼地说:"回去吧,不会有事的。闰之,只管安心等我回来。"旁边的百姓也都哭泣不已。

苏轼所乘小船消失在茫茫烟雨中……

## 四十二　诗　谳

苏轼因诗获罪被缚进京的消息不胫而走，很快传遍中华大地。凤翔、杭州、密州、徐州等地的百姓悲恸不已，纷纷为苏轼烧香祈福。苏轼的师友亦为之愤怒、伤悲：范镇捶胸顿足悲愤难平；赵抃骑马向京师疾奔；王安石拍案而起，然后提笔书写奏札；司马光听到报告后掷笔而立；秦少游伏案痛哭；佛印饮酒大怒，乱舞禅杖；参寥在佛前跪地祈祷……

三清山上，吴复古对巢谷说："现在是你见子瞻的时候了。记住，不可伤人，否则，子瞻有口难辩！"巢谷点头答应，一身道袍的他飘然下山。

傍晚时分，押解船驶入太湖。苏轼被捆绑在一角。苏迈护在父亲身旁，抚摸着父亲身上紧捆的麻绳问疼不疼，苏轼苦笑一声说不疼。苏迈向皇甫遵恳求道："官差大人，我父子被关押在船上，漂荡在湖中，反正是跑不掉的，求官差大人给我父亲松绑，让他歇一会儿吧。"皇甫遵冷冷一笑："无知小儿，懂不懂王法？我奉命缉拿苏轼回京问罪，要受的苦还多着呢。这算什么？想要松绑？门儿都没有。"苏迈生气地大声反驳："你们才不懂王法呢！我父亲未被罢职，你们这是虐待朝廷命官。"

一个差人过来，扬手就打了苏迈一个耳光，呵斥说："这儿岂有你说话的份儿！"苏迈捂着脸怒目而视。苏轼伤心地对苏迈说："迈儿，不要理睬他们。为父对不起你，从小我舍不得戳你一指头，今日竟随我受此大辱。"苏迈回答道："父亲，不必难过。我就不信没有王法天理。"皇甫遵哼哼冷笑："天理王法？到了御史台跟御史们说去，慢慢享受吧你。"说着将一名差人叫到船头，对他耳语一番。那差人心领神会，连连点头。过了一会儿，差人把饭菜端进舱里，对苏轼父子说："赶紧吃饭，饿死了我们没法交差。"苏轼父子不知情由，坦然吃了下去。

夜幕降临，苏轼与苏迈都吃了带有蒙汗药的菜饭，沉沉昏睡。差人道："这药果然灵验，老爷可以办事了。"皇甫遵奸笑道："王大人钧旨，要我乘便结果了苏轼，眼下太湖中正是办事的好地方。将他们父子二人一起给我扔进湖里喂鱼，到了御史台只推说苏轼自己畏罪寻了短见，跳水自杀，与我们也没什么干系了。哎呀，可惜了这年轻后生了，非要跟着来。也难怪，谁让他是苏轼的儿子！"

差人七手八脚地将苏轼抬到船头，看着黝黑的湖水，心里都发怵。正要抬起来往湖里扔的时候，忽然船头跳上一个黑衣人来，飞起一脚，便把官差踢翻。皇甫遵大惊，吓得直往舱里躲。那黑衣人赶上来一把抓住他的肩膀，往后一提，皇甫遵重重地摔在甲板上，嘴里疼得直喊："你……你是何人？胆敢劫持朝廷罪犯。"

黑衣人呵斥："畜生！你的那些勾当，我看得一清二楚。我给你演示一下什么叫畏罪投湖。"说着一把抓起下蒙汗药的官差，一脚踢下水去。皇甫遵吓得直哆嗦，连喊好汉饶命。

黑衣人厉声喝道："你的一举一动，我都看在眼里。日后去往京城的路上，给我好生招待苏轼父子，若是有半点差池，我也让你畏罪投湖去喂鱼！"皇甫遵连忙叩头听命。黑衣人看着昏睡的苏轼，说："还不把他父子二人抬回舱去！"皇甫遵啄米似的点头答应，忙叫人来抬。再看时，黑衣人已不见了踪影。浩瀚无际的湖面上，只有半轮残月忽然从云间露出来，发出清冷的光。皇甫遵惊魂甫定，直擦额头上的冷汗。

第二天，皇甫遵的态度出奇的好，不但给苏轼松绑，还好酒好菜地招呼他，差人也都点头哈腰，不敢有半点怠慢。苏轼觉得奇怪，却也不去细问，只管和苏迈在舱中闲话。皇甫遵长吁一口气，走到船头，看到不远处一艘小船缓缓跟随，心中害怕，更加谨细地护送苏轼，一路直到京城。

八月初，苏轼被押进京城，关入御史台监狱。汉代朱博当御史大夫时，因御史台柏树甚多，数以千计的乌鸦栖息其上，御史台便又被称为"乌台"。苏轼一案因诗而起，故谓之"乌台诗案"。

牢房内苏轼戴着镣铐倚在墙上，头发蓬乱，地上散乱着黄麦穰。苏轼入狱第二天一早，面目狰狞的狱曹何钦带两名狱卒前来。狱卒打开重重的门锁，何钦喊叫："苏轼，出来！该受审了！"苏轼厌恶地瞪了他们一眼，起身提着镣铐走来。何钦连推带搡地说："你快一点，慢慢腾腾地，太守的威风哪儿去了?！"

苏轼怒不可遏："小人得志！"何钦一愣，未料对方会有如此态度，捋着袖子道："哟呵，不服是吧？来到这里的没好人！你给我听着，不管你是什么人，只要来到这里，是龙你得盘着，是虎你得卧着！"

苏轼恼怒至极，大声说："你要再敢动手动脚，侮辱本官，休怪我不客气！"何钦举鞭就打，狱卒梁成忙拦住劝说："狱曹大人，使不得使不得，一旦捅到皇上那里，你就不好办了。因为他现在还是朝廷命官。"

何钦只好放下鞭子，"哼"了一声，阴阳怪气地说："能不能出去还不一定呢！走！"

苏轼被带到大堂，两旁站着衙役。李定、张璪、舒亶坐于大堂正中，旁有一小吏持笔记录。何钦手按苏轼后颈，脚踹苏轼膝腿，喝命："跪下！"苏轼一下子被按倒在地。李定一拍惊堂木，煞有介事且扬扬得意地喝问："下跪何人，报上姓名、年龄、祖籍。"

苏轼见堂上三人，心知他们都是有备而来，意欲整他，立即起身，怒斥道："李定，我官职未削，凭什么给你下跪？苏轼跪天跪地跪父母跪君王，不跪小人，更不跪不孝之人！"

李定暴怒而起，手指苏轼，喝命衙役："给我打！"苏轼傲岸而立，衙役们欲上前动手，张璪立即制止说："慢来慢来。"接着对苏轼说："子瞻，真是'三十年河东，三十年河西'啊！你我同年，当年你在凤翔任通判，张某在你手下任法曹，未料今天你我如此见面。"

苏轼冷冷一笑，说："这不足为怪。"张璪为之一惊，看着苏轼说："噢？愿闻其详。"苏轼叹一口气，神色萧然："邃明啊邃明，二十年前，你我同在京城击登闻鼓，仿佛还在昨日。"他忽然怒容满面，目光如电，高声道："可是此后，你张璪明巴结王安石而得小志，后背叛王安石投'三旨宰相'王珪，变节得志，有何道哉？安石变法，多次邀我，若如尔等，今日不过苏某手下一吏也。"

张璪气得面如土色，"哼"了一声，说："忠君为节，岂能以忠一二臣为节？"苏轼立刻驳斥他说："历来的奸佞之臣皆言忠君，其实多是背师卖友之徒。"

张璪气短，无话可说。李定说："邃明兄，休和他斗嘴，不动重刑，他也不知王法的厉害！"苏轼立刻质问李定："何为王法？李定，按大宋律，言者无罪。苏某写几首诗就问罪，大宋有此法乎？审问未削功名者，岂能像对囚犯一样？尔等目无王法，还扯谈律法，真是滑天下之大稽！"李定登时被问得哑口无言，尴尬至极。

舒亶瞥了李定一眼，立刻接口呵斥苏轼："大胆苏轼！还敢狡辩。你写诗讥讽良法美政，还敢说无罪?！"苏轼立刻反驳道："自《诗经》以来，兴、观、群、怨即成定制，以诗刺政，乃诗之美，何罪之有？你不懂诗，非我之过也。"舒亶瞪着眼睛，手指苏轼："你，大胆……"却发现自己无语辩驳，僵在当场。

红日西沉，御史台监狱审判堂内渐渐昏暗，李定、张璪等人依然在审问苏轼。苏轼慷慨陈词："……文若断章取义，则义无不有罪；诗若断章取理，则理无不有过。无中生有，罗织罪名，构筑诬词，乃尔等台谏之专长也。好了，要杀要剐，请随其便。若再审我，连座位都没有，苏某概不伺候。"言毕，昂首走出厅堂。

李定等人面面相觑。李定恍然说道："嘿，是他审我等，还是我等审他？"张璪意欲给苏轼来个下马威，反倒被他在言辞上占了上风，于是贼眼一转，提议明日再审，必须换个审法。李定问他有何高见，张璪沉着脸，目视远方，低声说："要使苏轼就范，我等须以逸待劳！"舒亶立刻附和说："张大人言之有理，我等轮番审理，昼夜不停，不怕他不服！"李定点头，称赞此乃上策。

一轮明月升上夜空，皎洁的月光照进监狱，监狱内喧哗杂乱，哭喊哀号、鞭打咒骂之声此起彼伏。苏轼躺在牢房里，侧身向里，虽然身体疲惫，但心境澄明，不忧不惧。这时，梁成端着一铜盆温水进来请苏轼洗脚解乏。苏轼翻身坐起，疑惑不解地问梁成为何如此厚待于他。梁成笑着回答说："因为大人是咱老百姓的好官。小人的外祖父是徐州人，他来京城告诉我和娘，是大人您救了徐州城二十万百姓的性命。小的救不了大人，但我可以伺候您，让大人少受点罪。"

苏轼不禁心头一热，颇为动情地说："好兄弟，不要连累了你。"梁成慨然道："大人为天下百姓坐牢，我就不能为大人坐牢吗？"苏轼心中无比激动，抓着梁成的双臂大声说："梁成，有你这句话，老夫坐牢何惧！"梁成让苏轼低声，低头给苏轼洗脚。苏轼看着梁成，两眼含泪。

洗完脚，梁成小声地说："大人，今天您据理力争，李定他们恼羞成怒，一定不会放过您。"苏轼"哼"了一声，说："他们有何本事就全使出来吧。"梁成接着低声嘱咐苏轼说："今天晚上，他们一定会指使何钦等人连夜提审您。小的告诉您一个办法，不管他们如何折磨您，您一定要一言不发，一字不吐，他们就什么辙都没了。洗完脚后，好好睡一觉，晚上可好应付他们。"

苏轼点头笑着说："嗯，好，我给他们来个徐庶进曹营，一言不发。"梁成望望夜空，只见明月高悬，脸色凝重地说："大人为民之心，苍天可鉴。上天一定会保佑大人平安无事的。"言毕，告辞而去。

苏轼被御史台监狱收押后，陪他进京的苏迈便到处拜访亲友，求人援救父亲。可那些人见苏轼得罪了王珪，不是托言外出闭门不见，就是躲瘟神似的把他拒之门外。二十岁的苏迈受尽了白眼，第一次见识到世态炎凉，情比纸薄。他沮丧万分，走在汴京的大街上，行人熙攘，商贩喧嚣，却令他倍感孤单落寞。苏迈仰望苍天，泪水滚滚而落。

夜幕时分，失魂落魄的苏迈拖着沉重的步子下意识地来到御史台监狱，请求探望父亲，却被狱卒告知探视时间已过，不得入内。苏迈苦求，被狱卒恶狠狠地推坐在地上。他仰望夜空中的明月，再也控制不住，号啕大哭。

这时，听说苏轼已被押解进京的王巩骑马而来，见到苏迈后，赶忙下马跑过来，边跑边叫："是迈儿吗？迈儿！"苏迈哭道："王叔叔。"王巩爱怜地抱着苏迈，叹息道："好孩子，不哭了。"又询问他来京的境况，苏迈满怀委屈地把情形一五一十地讲出来。王巩问道："傻孩子，为何不来找我？"苏迈迟疑地说："父亲交代过，担心连累叔叔，叫我不要麻烦叔叔了。"

王巩叹息一声，说："这不是看扁我王巩了吗？迈儿，哪里也不要去了，就住在我家。所有用物，概由我负责。"说着便拉他回家。

到了王巩府上，王巩的三位夫人都过来，又是准备饭菜，又是浆洗衣物，询问苏轼的状况。苏迈泪如雨下，跪地哭道："多谢叔叔临危相救。"王巩急忙扶他起来，两眼含泪道："看你说的，咱们本是一家人。子瞻遭此大难，咱们一定要尽力营救。你就安心在此住下，往后的事，我来安排打理。过些日子到御史台去看你父亲。"苏迈含泪点点头，盼盼等也都垂泪不止。

深夜寂静，月色如水，御史台监狱松柏上的乌鸦忽然惊飞而起。何钦带着几个狱卒，突然闯进苏轼的牢房，把他连推带搡地带到一个封闭的小房间里。何钦满脸油光，在火把的映照下更显得面目狰狞。他邪笑着说："老东西，你倒是说话呀！"他们不停地辱骂、推搡，把苏轼折磨得筋疲力尽，头发散乱。但苏轼想起梁成的话，任凭他们如何打骂都一言不发，冷冷地看着何钦还能耍出什么花样。何钦气急败坏，狂怒地吼道："老东西，不识好歹，给我打！"

深夜的御史台监狱死一般寂静，远远的只有鞭打辱骂之声。这时一个黑衣人轻巧地跃过高墙，脚尖一点就上了房顶。他匍匐而行，揭开瓦片朝下窥视，看见刑讯室内，苏轼半歪在地上，衣衫不整，胸膛上全是鞭痕。何钦几个人打得累了，口中谩骂不已，愤愤地离去，只留下一个人锁起门来看管。那黑衣人见状，从腰间抽出匕首，几次欲冲下房去，然而又强忍住了，盖上瓦片，飞身离去。

苏轼被打了一夜，天快亮的时候才被送回牢房。何钦折腾了一夜也没能让苏轼屈服，气焰早灭了一半。他恶狠狠地骂道："老骨头真够硬的。今天姑且饶过你，回头再收拾你！"被打得鼻青脸肿的苏轼一瘸一拐地向牢房走去，狱卒不时在后面推他一把，喝命他快走。

苏轼吃力地走着，散落的一缕头发遮在了脸上，愤怒的双眼紧紧盯着前方。穿过牢房黑洞洞的走廊，苏轼被狱卒一脚踹进牢内，猝不及防的他跌倒在地。狱卒锁好牢门，扬长而去。苏轼艰难地撑起身，踉跄着来到牢门口，愤怒地举起双拳吼叫："暴政！暴政！"

这时，梁成端着一盆热水赶来。苏轼悲愤地大声说："梁成，士可杀，不可辱！这是什么世道，我为何要苟活在这污浊的世上？什么制策三等，什么国士名流，什么清正廉明，什么忠君爱民！早被这些小小狱卒给打光了！圣上啊，这就是你的仁政吗？！"梁成流着泪劝说苏轼："苏大人，您就忍了吧，忍过一日是一日！"

远处牢中的囚犯木然地看着苏轼，不明白他被折磨了一整夜，为何还有力气喊叫。看看梁成，看看左右牢舍中的犯人，苏轼呆坐在地上，颓然无语。牢房陷入死一般的沉寂中……

崇政殿上，神宗临朝。退居许昌的范镇听说苏轼被捕入狱，连夜写了奏章送到朝廷来，奏章里说："自古迄今，诗有风雅颂之分，固有美刺一说。周朝之政，不谓不美，尚有刺政之诗。自始皇出，焚书坑儒，天下缄口，士民无言，秦以此短命而亡。自汉以降，不兴文字之罪，几近千年矣。今杀苏轼易，服天下难，一苏子死而忠臣避退，一文狱成而奸佞猖行！国之兴衰，庶几一系于此。伏望陛下三思。"神宗读罢大怒，将龙案一拍，霍地站起。群臣个个悚惧不敢言。神宗气得两手哆嗦，有些委屈地说："朕一心变法图强，范镇竟然……竟然含沙射影，以秦始皇比朕！"众大臣惊呼不已，悄悄议论："这还了得。""范镇太过猖狂！"……

神宗气得坐不住，来回急步道："变法图强，自古如此，为何变法就如此之难？！"忽而又高声向众大臣问道："卿等可直言，我大宋难道不该变法？！"

李定当即出班，躬身说："世无不变之法。陛下奉天承运，应天而动，实乃千古圣君！"众大臣也忙齐呼："陛下乃千古圣君！"

神宗嘿嘿冷笑："你们不要以为朕真的糊涂，什么千古圣君，朕能不是昏君、庸君就不错了。看看，范镇差点就要将朕说成暴君了！"

蔡确适时出班，奏道："范镇大不敬，罪大至极，应处极刑！"章惇急忙出班劝说，并援引宋朝从不杀上书言事的士大夫之惯例。蔡确却说："范镇居心叵测，并非言事！"李定等人纷纷附和。章惇怒不可遏，大声反驳蔡确："上书即是言事，不言事如何上书？"也有一些大臣点头称是，支持章惇的主张。

朝堂上气氛已是十分紧张，神宗见众臣争论，便默然就座，不再言语。这时，内侍张茂则匆匆上来禀告宰相吴充病逝。神宗和众大臣听了惊讶不已，大臣们耳语议论。神宗迟疑了片刻，显得有些颓丧，叹气道："罢了。范镇之事，就此搁下吧。宁可天下人负我，我不负天下人。"接着命王珪领众臣去办吴充丧事，并嘱咐要以国礼葬之。神宗凄然地看了看满朝百官，无奈地返回内宫去了。

张璪、李定等见一审苏轼不利，又接着轮番提审，意欲消耗他的精神，摧垮他的斗志。苏轼又被带上堂，他依然昂然而立。李定不无嘲讽地指着当中的座椅说："苏轼，今日给你一个座位，请坐吧。"苏轼冷笑着，安然坐于大堂中央。

李定接着说："我来问你……"苏轼抢过话说："我先问你，狱曹有无权力审我，而且打骂动刑？！"李定嘿嘿一笑，佯装不知，阴阳怪气地说："他们审你了吗？本官没命他们审你。不过……就是王公大臣，一旦来到这里，也要服从这里的规矩呀，不能没有王法，是不是？"

看着李定一副小人得志的嘴脸，苏轼坦然大笑不止。李定一拍惊堂木，厉声问道："苏轼为何发笑？"苏轼回答说："当年包公言道'这御史台大狱一旦被小人玩于股掌之中，就成人间的地狱、忠臣的法场'。"

李定咆哮说："你忠吗？你目无君父，何颜说忠道直？"苏轼冷笑道："苏某不敢妄称大宋第一忠臣，但自幼受父母教诲，君父之理是牢记在胸的。我大宋朝以仁孝治天下，苏某至少还懂人子之孝。"

苏轼最后一句话是暗骂李定不孝。李定不服母孝、不守母丧，一直饱受讥评，甚至有正直官员上书建议朝廷削去其官职，永不录用。后来他巴结急于揽士的王安石，指天发誓，成功地欺骗王安石在朝堂上为他担保绝无不孝之事，才得以保住官位，进而又转投王珪，才攀爬到今日的官职。李定最忌讳别人提他这些不光彩的家底，不禁恚怒道："李某自进京师为官，诬我不孝者，就是你这竖子！"

苏轼呵呵一笑，仿佛戏弄小孩一般："慢来慢来，你冤枉好人了。乌鸦自食其力，也还知为母捉三日之食呢。大人治苏轼之罪不会是公报私仇吧？"

张璪在一旁悄声地说："切勿让苏轼占了上风，中了他的圈套。"李定这才定了定神，"哼"了一声，厉声说："你的《山村五绝》分明是在讥讽朝政！"

《山村五绝》是苏轼任杭州通判时，有感于新法颁布后农民的真实生活而作，五首诗依次为："竹篱茅屋趁溪斜，春入山村处处花。无象太平还有象，孤烟起处是人家。"（其一）"烟雨蒙蒙鸡犬声，有生何处不安生。但令黄犊无人佩，布谷何劳也劝耕。"（其二）"老翁七十自腰镰，惭愧春山笋蕨甜。岂是闻韶解忘味，迩来三月食无盐。"（其三）"杖藜裹饭去匆匆，过眼青钱转手空。赢得儿童语音好，一年强半在城中。"（其四）"窃禄忘归我自羞，丰年底事汝忧愁。不须更待飞鸢坠，方念平生马少游。"（其五）这五首诗被李定等人挑出来，被认为是苏轼诽谤新法、指斥圣上最显著的证据。

苏轼朗声笑道："'青苗法'颁布后，圣上不准强行贷款，而江浙一带某些官员为标榜青苗政绩，强制贷款，结果弄得杭州监狱人满为患，农商不兴，此乃有目共睹。李大人，你敢脱去这身官服与本人到当地核实吗？"

李定当然不敢了，他只管张嘴骂道："苏轼，你这是在污蔑圣上的良法美度。"苏轼笑着反问李定："污蔑？既然如此，那当年沈括为何去放粮呢？圣上看到郑侠的《流民图》何以罢免王介甫的相位呢？"

这些都是事实，天下人人皆知。李定无法反驳，只好狡辩说那是天灾难免。苏轼微笑着看看李定，突然脸色一沉，高声地说："自古神州共事一天，杭州过去也有旱蝗之灾，为何过去能抵御，而自变法以来就难以抵御了呢！尔等只知谄媚圣上，取悦圣心，以图升官发财，不管百姓死活，这是忠臣吗？最多也只能叫弄臣。什么叫弄臣呢？上取媚以欺瞒人主，下施威以压榨百姓！"说完，极度轻蔑地看了李定一眼。

李定气得暴跳如雷,张口结舌地不知如何反驳苏轼,只是猛拍惊堂木,喝令退堂。

李定三人又被苏轼挫败,不胜烦躁,便来到王珪府上商议对策。三人坐于厅堂内等候,久久不见王珪人影,他们沮丧不已,愈发显得疲惫委顿。张璪恨恨地抱怨:"这苏轼实在难缠,本来是我等审他,现在倒像他审我们。"李定咬牙切齿地说:"实在不行,给他上重刑,看他还强词夺理!"舒亶也附和:"对,打他,重重地打,看他还敢不敢嘴硬!"

这时王珪才缓缓进来,满脸含笑。他身后跟着一位仆人,端着托盘,盛有一大碗汤和三个精致的小碗。王珪亲手给张璪三人盛汤,笑着说:"来,来,几位同人连日审案辛苦了。老夫亲自吩咐下面给你们熬制了桂花汤,清热去毒,提神养身。来,你们都尝尝。"

三人见王珪气定神闲,丝毫不着急提审苏轼的事,心中正纳闷儿,但又不敢问他,只得端碗喝汤,连声赞叹好喝。王珪于堂上坐定,这才笑着对众位说:"苏轼一案,千头万绪,庞杂难断。加之苏轼是何等人物,岂是甘愿俯首之辈?所以你们审案,不要以为能一蹴而就,势如破竹。慢慢审,苏轼再有耐性也会不堪牢狱之苦,总能等到破绽,到时候让他主动认罪,则可大功告成。"李定等点头称是。

第二天,苏轼再次被提审。舒亶怒问:"苏轼!《八月十五日看潮五绝》分明是在讥讽圣上兴修水利,你还有何话可说?"

《八月十五日看潮五绝》为苏轼任杭州通判时观钱塘潮所作,苏轼吟道:"定知玉兔十分圆,已作霜风九月寒。寄语重门休上钥,夜潮流向月中看。"(其一)"万人鼓噪慑吴侬,犹似浮江老阿童。欲识潮头高几许,越山浑在浪花中。"(其二)"江边身世两悠悠,久与沧波共白头。造物亦知人易老,故叫江水向西流。"(其三)"吴儿生长狎涛渊,冒利轻生不自怜。东海若知明主意,应教斥卤变桑田。"(其四)"江神河伯两醯鸡,海若东来气吐霓。安得夫差水犀手,三千强弩射潮低。"(其五)

吟毕,苏轼问道:"可是这几首诗?"舒亶等人面面相觑,想不到苏轼竟有这样惊人的记忆力,十几年前的诗竟能倒背如流,一时惊得说不出话来。

苏轼见他们不说话，便说："所谓讥讽新法，可是指'吴儿生长狎涛渊，冒利轻生不自怜'等句？"舒亶点头承认。苏轼笑着说："如果谈到水就与圣上兴修水利联系起来，那天下人都变成哑巴算了！"

舒亶怒斥道："休要狡辩。你的《和刘道原寄张师民》两首诗，骂尽天下读书之人，还有何面目妄称圣人之徒！"

苏轼皱眉沉思，说："苏某奇怪，我大宋以文采风流笑傲前人，却不知为何堂堂知谏院、御史大人都是诗盲！"

舒亶不满道："大胆！你说我们是诗盲，你的诗做何解释？"苏轼侃侃而谈："'仁义大捷径，诗书一旅亭'，是说有些读书人嘴上侈谈仁义道德，实则以此为追求功名之捷径、阶梯。'相夸绶若若，犹诵麦青青'，是说追求官爵利禄之人，以印绶相夸，以为不朽，然而，其坟墓迟早会被夷为平地，种上青青的麦子。其意在劝刘道原不必为失一官职而挂心，宽解之语，乃人之常情嘛！难道还要苏某劝刘道原哭上三天三夜不成？至于最后两句'颠狂不用唤，酒尽渐须醒'，也属实理。醉酒之人不免有些癫狂，酒力过后，自可醒也。"

舒亶"哼"了一声，继续指责苏轼说："你把弹劾刘道原的人比喻成醉酒之人，不是讽刺又是何意？"苏轼皱眉问："世上醉酒之人比比皆是，就是把你舒亶比喻成醉汉，难道需要治罪吗？尔等台谏，屡屡弹劾直言之臣，任意打击，为所欲为，望风捕影，却不让他人说半个'不'字，这大宋江山难道姓舒吗？"

听了苏轼最后的反问，舒亶慌忙摆手。李定一拍惊堂木，反驳道："苏轼，你在给李常的赠诗中说'岁恶诗人无好语''洒涕循城拾弃孩'，分明攻击新法有害百姓！"舒亶见李定给自己解了围，赶紧擦擦额头的汗珠。

苏轼笑着对李定说："你李定缺乏家教，轻易就动无明。我问你，'手实法'是新法吧？若此法允当，圣上为何还罢免此法？请你说清楚！"李定登时无语辩驳，只好转移话题，说："即使如此，也不似你所渲染的百姓到处扔婴儿！"苏轼慨然说："刘庭式的道德为人，朝廷上下无人不知。你把他传来，当时他任密州通判，你问问他，我捡了多少婴儿？李大人，你我是否要到密州问案，查询证人？"

李定害怕又上了苏轼言语的圈套，赶忙摆摆手说："我不用劳师远循，即可判若神明。"苏轼脸上写满不屑，"哼"了一声，说："就你？你不传证人问案，分明是陷害忠臣！随意陷害州官，该当何罪！"

　　一直在旁边的张璪终于站出来低声说："苏轼，少安毋躁。戴罪之人，咆哮公堂，也是罪！"苏轼立刻反问张璪："苏某何罪之有？张璪，你会判案吗？当年若非苏某，你所判冤案必罪自身，还有何面目教训他人？！"张璪任凤翔法曹时，太守和签判还未补缺，他代理职事，审理案件，错乱无数。最后苏轼上任，才一一纠正。张璪尴尬无语。

　　李定命押下苏轼。苏轼哈哈大笑，不等众衙役上前，转身而去，众衙役只好跟在苏轼后面。看着苏轼的背影，李定又气又急，尴尬地一拍惊堂木，却再也喊不出"退堂"二字。

## 四十三　赤　子

苏迈在王巩家住下后，每日前往御史台监狱给父亲送饭。何钦受了李定的指使，无故阻拦苏轼父子见面，直到王巩出面他才作罢。每日的饭食，王巩的三位夫人都争着去做。王巩见夫人劳累，劝道："夫人哪，让下人去做饭就是了，何必亲自动手呢？"英英说："下人做的哪有我们三姐妹做得好？苏大人在狱中受苦，我们女人家帮不上忙，做顿饭让他吃饱还是可以的。"盼盼和卿卿也跟着点头，王巩感动地说："唉，子瞻兄一代奇才，而今却做了奸臣的刀俎之肉。"英英正在切肉，听到这话，禁不住掉下泪来。

苏迈提着食盒来到狱中看望父亲，看到他遍体鳞伤，衣衫凌乱，忍不住哭了。苏轼却笑着掀开食盒，大口吃起饭来，并安慰说："迈儿，不要哭。为父问心无愧，任凭他们如何折磨我，也不会弯了这老骨头的。"苏迈擦擦眼泪，告知他家人已经安顿在南京苏辙家中，不必牵挂；范镇等一干老臣都在外面设法营救他，让他只管咬牙挺住。

苏轼点点头，叹气道："接连几天审问，恐怕李定一伙人不把我置于死地是不会善罢甘休。以后你要再进来送饭怕也难了。记住，平时送些寻常菜即可，若有杀身的消息，就送一条鱼来！"苏迈听了，心中悲痛，哽咽着请父亲用饭，说："您千万要挺住，凡事想开些。"说完，为父亲斟上了一杯酒。

苏轼点点头将酒喝下，眯着眼笑道："定国家有好酒啊！"苏迈说："这些饭菜都是王叔叔家几位婶婶亲手做的。"苏轼说："难得她们看得起苏某，患难之中方显真情。你定国叔叔是王宰相的孙子，那是道德文章之家。迈儿，你要记住，身处逆境而品节不坠，这才是真难得。"苏迈点点头。

苏轼又想到拖累苏辙一家，愧疚地说："你叔叔在南京，已经要养一大家人，现在又要受我拖累照顾迨儿、过儿，为父实在过意不去。万一为父难逃此劫，你要顶起家中的事，知道吗？"苏迈含泪应允。

梁成突然慌忙跑来，低声说："苏迈兄弟，快走吧，何钦快来了，他已经给我下令，不准你再进牢内送饭。你放心，苏大人的饭食有我照应着，要是有什么消息就跟我说，我会从中通传的。"苏迈忙起身相谢："嗯，梁成大哥，我把父亲交给你了。大恩他日再报。"说完，躬身施礼。梁成大义凛然地说："看你说的，梁成只是良心未泯，只要能照顾好苏大人，也不枉我做回狱吏了。"

王诜自从暗传消息给苏辙之后，一直关心着苏轼的处境。得知苏轼已被关进御史台监狱，他又向西蜀公主求情，请她进宫去见太后。高太后本就关心苏轼，知道皇儿为奸臣所蒙蔽才令苏轼受此不白之冤，如今兴文字之狱，治文士之罪，有违祖训，便借神宗进来问安之机，向神宗问起苏轼一案。神宗禀道："台谏们弹劾苏轼非议新法，有不臣之心，所以才将苏轼押解进京审问。"太后问道："那陛下是如何看待苏轼的呢？"

神宗略微沉吟，感叹道："苏轼有大才，有大能，亦有大见识，但一向对新法颇有微词。变法之初，司马光、范镇、欧阳修等大臣们虽异义甚多，但皆言安石之过，独苏轼直陈朕有大过。不是皇儿不用，实是用之有碍变法。皇儿有爱才之心，却无用才之计！"

听到神宗因苏轼直陈其过，于是弃之不用，却又托言变法大局，高太后大吃一惊，紧皱眉头，劝说神宗："陛下之言，让哀家不得要领啊！到底是用苏轼有碍变法呢，还是因苏轼直言犯君呢？"

神宗无奈地说："圣明莫过母后。朝政变化，有时并非皇儿能左右。皇儿有用苏轼之心，但未得其便！其实……其实皇儿也想不清楚！"

高太后叹口气说："哀家看来，苏轼乃大宋以来少有的忠臣。陛下一直认为苏轼乃天下奇才，且常常说起，但陛下只夸不用，自然让那些想陷害苏轼的人有了可乘之机。记得熙宁三年，苏轼守制归来，谢景温、李定等人状告苏轼利用回蜀守制之机贩运私盐，陛下听之信之，于是不授苏轼翰林学士之位，而委之史馆。但贩运私盐之事，最后查明是举报人弄错了，其实质与诬告无异。"

神宗回想往事，不禁尴尬一笑。高太后接着说："一个爱民如子的人怎会目无人主呢。徐州抗洪，救生灵数十万，除苏轼之外，还能有谁？苏轼乃治世英才，其爱民之德，忠君之义，可比者能有几人？"

神宗有些不耐烦了，便起身施礼说："母后，待台谏们审理完毕，再定如何？"高太后知他固执己见，便说："哀家不干预你的政事，只是为皇儿的社稷江山担忧啊。"神宗听高太后语气中责备之意更重，赶忙说："母后之心，如日月经天，皇儿心知肚明。"说完便告辞退下。高太后看着神宗远去的背影，摇头叹息……

李定等人夜以继日地提审苏轼，终没能问出个所以然来，反倒每次都让苏轼给问住了。他们拿着苏轼的诗集比比画画，走走坐坐，无理纠缠，指斥不休。待他们坐定后，这才发现，苏轼已坐在椅子上打起了呼噜，而站立两旁的几个衙役也拄板打起了瞌睡。

舒亶猛拍惊堂木，大喝："苏轼，你竟敢在大堂之上傲慢无礼，该当何罪？！"苏轼打了一个哈欠，大声反问："尔等轮番审讯，毁人身心，欲置人死地，该当何罪？！"

每天夜里，那位神秘的黑衣人都会来御史台，伏在房顶上窥视李定等人如何折磨苏轼。他看到苏轼忍受羞辱痛楚，心中不忍，每次都悄然离去。但这夜他实在受不了舒亶指使衙役殴打苏轼的行为，于是半夜潜入舒亶的卧室，拔出了匕首……

第二天早晨，舒亶起床后，见床头上搭着一缕头发，正自奇怪，起身照镜子时才发现自己后脑的头发被人削去一大片！他望着床头那缕头发吓得瘫软在地，豆大的汗珠从额头渗出。他瞅瞅这屋梁，又瞅瞅墙角，实在弄不明白是什么人这么大胆。他找了一个大点的帽子歪歪戴上，盖住光光的后脑，提心吊胆地来到御史台公堂。

李定、张璪二人见舒亶终于到来，便命衙役去传苏轼。前晚苏轼被打得遍体鳞伤，昏迷不醒，今日已不能行走，两个差役便架着他来到公堂，放于椅子上。

李定看着苏轼委顿的样子，心中欢喜，微笑着说："苏轼，知道王法的厉害了吧？"憔悴不堪的苏轼冷笑一声，说道："天下无物不能夺，唯匹夫之志不可夺。随便你们！"

张璪与李定得意地相互而视，脸上露出一丝奸笑。张璪阴阳怪气地问："那你就说吧，为何有不臣之心？"苏轼闭目抬头，一语不发。心中想起自己任职凤翔签判时，一次张璪来访，苏轼与之相谈甚欢，送走张璪后，王弗劝告苏轼："子瞻，你为何要对张璪说那么多话？这个人阴险狡诈，决不能和他倾心交谈。"苏轼不解地问："你怎么如此讨厌邃明呢？我看这人没那么坏。"王弗告诉他如若不听，迟早会受张璪之害。苏轼满不在乎地认为王弗多虑了，没有那么严重。王弗摇头叹息说："子瞻，你眼里没坏人，是要吃亏的。"苏轼却扬扬得意地说："上到玉皇大帝，下到屠夫乞儿，在我眼中天下无一不是好人！哈哈！"

张璪猛拍惊堂木，大喝："苏轼！苏轼！"苏轼被张璪喝醒，两眼逼视张璪，大声说："张璪，凡事不可做绝。我记得唐朝武则天时，有请君入瓮之说，历来的酷吏爪牙没一个有好下场的。听也罢，不听也罢，这是苏某劝你的最后一句话。"

张璪嘿嘿一笑。李定眯着眼睛说："苏轼，你的确有点小才，时运好中了个进士，不过是妄得虚名，有甚了得。你凭什么瞧不起这个瞧不起那个！"

苏轼冷笑说："比起你这金榜无名，出卖朋友，攀结富贵，变节无德，不忠不孝之人，苏某自信强你百倍。制策三等，乃仁宗帝所赐，焉有滥得之理？不学无术之辈，妄评国士奇才，可发一笑耳！"

听苏轼自称国士奇才，李定、张璪哭笑不得，认为苏轼真是滑天下之大稽。舒亶早已忘却自己的害怕，大声呵斥苏轼恬不知耻。苏轼平静地问道："奇才非是苏某自夸自盗之名，是当今圣上所赐。难道你要抗旨吗？正因为圣上屡夸苏某，赞叹苏某的诗词文章，汝等小辈才如坐针毡。早在苏某上任徐州之时，汝等设卡阻止进内城，苏某就明白了。"

李定等人听了，浑身不自在。李定恼羞成怒道："苏轼，你是奇才又怎么样？你就是铁嘴钢牙也没用，毕竟今日你成了阶下之囚。"

苏轼坦然一笑，朗声道："李定，你笑得不坦然。尔等惧怕我正直刚硬，一旦入为京官，于尔等不利，于是便罗织诬词，处心积虑地对付苏某，必欲置苏某于死地而后快。殊不知物极必反，你们越是打压我，我名气越大。尔等制造了这起冤案，开文字狱之先河，陷圣上于不明之地，也使尔等遗臭万年，而苏某则名垂千古。这怪不得我，是尔等成全的，我谢谢你们了。为了这千古不朽之名，我不会称尔等的心愿，宁愿一死。"

三人大吃一惊，为之恍然，面面相觑。苏轼接着说："我与汝等所要说的话都说完了，自此，一字不发！"说完，拖着腿一瘸一拐地向堂下走去。两名衙役跟上，押苏轼回牢房。

苏轼走后，舒亶问李定如何是好，接着又担心苏轼自尽。李定也万分担心地说："要死，也必须由圣上赐死。"舒亶点头称是。张璪沉思片刻，恍然大悟，一脸郑重地说："其实，我等已经审理清楚了！"李定忙问此话怎讲，张璪看了一眼站立两旁的衙役，舒亶心领神会地扬了扬手命衙役们退堂。

衙役们迅速退下之后，张璪又眼珠一转，看看四周。李定、舒亶会意，一齐凑了过去。张璪低声说："对于诗中所言，我等弹劾他讥讽良制美法，苏轼并没有否认啊！"李定恍然大悟，点头称是。舒亶更是笑得帽子都掉了，后脑巴掌大的秃皮都露出来。张璪奇怪地问："信道兄，你的头发怎么了？"舒亶尴尬地说："家中有老鼠，有老鼠。"李定不解地问："怎么，你家里老鼠还啃头发吗？"舒亶大窘，讪讪地说："咳，夫人属鼠……"

他们将苏轼供词乱改一通，又把审理结果汇报给王珪。王珪大喜，立即写好奏章，准备早朝时将苏轼罪状告知神宗，请圣上处置。

苏迈的妻子范英自从随着王闰之一家从湖州赶到南京，想到祖父范镇就在不远的许昌，就奔回娘家请求祖父为营救苏轼想办法。范镇早得知苏轼被关进了御史台，不待孙女细说，先上了一通奏章为苏轼澄清冤屈，然后不顾年迈启程去京城面见圣上和太后。

范镇住进京城官驿时，恰好遇到自越州赶来的赵抃。二人都是为苏轼而返京的。范镇感叹："你我幸亏没早死，若是早日见了仁宗帝，你我可如何交代？"赵抃笑着说："若是早死了，不称了别人的心愿了吗？你我虽是风烛残年，但绝非省油的灯。子瞻这回遭难，虽是李定等人兴风作浪，依我看，背后阴主该是王珪。"

听到王珪是阴主，范镇吃惊不已："王珪与子瞻有师生之谊，他不至于如此吧？"赵抃摆摆手说："他从王晋卿手里要了一本诗集，而李定等人，自王介甫二次罢相后，一直是王珪的座上宾。"范镇仍是疑问："王珪这个'三旨宰相'虽对子瞻有些看法，但不应该把子瞻往死里治啊。"赵抃摇头说："王珪这个人你不了解，他在官场上装傻卖乖，但城府很深。本来宰相吴充就对子瞻颇有好感，介甫二次罢相后，想起变法之初子瞻的稳健之策，更加敬佩子瞻，两人的友情越来越深；恰在此时，徐州抗洪大捷，声动天下，又加上子瞻已经坐上了大宋文坛领袖的宝座，圣上呢，又特别喜欢他的文章诗词。王珪对圣上相当了解，深恐子瞻一旦得到重用，以王珪为首的台谏派就会马上失宠，明白了吧？所以要利用李定置子瞻于死地。"

范镇登时明白其中原委，霍地站起身，点头说："对！他们还想趁机把持不同政见者一网打尽，蔡确是有名的酷吏！"赵抃也猛然立身，大声说："打上金殿去，救出苏子瞻！"范镇立刻接口说："我还要找找太皇太后和高太后！"

范镇、赵抃两人都是耿直刚正之士，就此决定上金銮殿批驳佞小，并向太皇太后和高太后求情。可他们并不知道，太皇太后曹氏已经病重多时了。

养心殿内，太皇太后病情垂危，高太后、向皇后、岐王等人正围在病榻前，个个神情凄然。太皇太后断断续续地说："哀家深蒙仁宗帝的恩宠，几十年了，历尽成败兴废的风风雨雨。现在，先帝要招哀家回去了，尔等都很孝顺，我已满足。历朝历代，这三宫六院，都是你争我夺，能像我娘儿们这样，实属难得啊。今后之事，哀家有一言相嘱，尔等要切记在心。当今皇上乃仁义之君，但失于知人，所用之臣，君子甚少。而旧党之中，君子甚多，可以信赖，然又迂腐者亦多，唯苏氏兄弟可托大事，尔等要多翼护才是啊！"

高太后垂泪说："我等记住了。太皇太后吉人天相，不会有此不祥。"太皇太后惨然一笑，说："没有千年的江山，也没有千年的皇帝皇后。在生与死上，我等与平民百姓都是一样的。"

这时，神宗慌忙进来问安。太皇太后让神宗起身，看着他问："哀家听说，苏轼下狱了？"神宗点了点头，太皇太后接着说："哀家曾记，嘉祐二年，殿试完毕，仁宗帝喜形于色，说'朕为子孙得太平宰相二人，苏轼、苏辙兄弟是也'。恍如昨日。如今这位太平宰相没坐在相位之上，反倒坐在监牢之中。唉，必是小人中伤。咳，咳，咳……"太皇太后一阵咳嗽，神宗忙上前捶背。太皇太后缓口气说："哀家恐愈之无望了。你勿再冤枉无辜，神灵不容啊！"言毕，老泪纵横。

神宗哽咽着说："孙儿谨遵皇祖母教诲，定赦天下死罪，以求上苍，保佑皇祖母。"太皇太后摇头说："不必赦天下凶犯，唯放一苏轼足矣！"神宗惊愕不已，但很快恢复平静，低声说："请太皇太后放心便是。"

却说苏迈得知范镇要来京城，欢喜异常，忙去驿馆接他老人家。王巩三位夫人照例给苏轼做好饭菜，装在食盒内，请一个管家送到梁成家中，再由梁成拿进牢房给苏轼。苏轼揭开食盒，看到里面烧了一条鱼，大吃一惊，不禁呆坐在床边一言不发。

梁成还以为是今天的菜不合口味，便解释道："苏大人，苏公子今日好像去接范大人了，是王大人家管家送来的饭。大人要是觉得不合口味，我这就另给您换一份饭菜来。"苏轼有些颓然地说："不用了，梁成兄弟。你把它吃了吧，这么些日子多谢你的照应。"梁成憨厚地笑道："苏大人说哪儿的话。"

苏轼问道："你实话告诉我，外面是否听到了什么消息？御史台的判决是不是定下了？"梁成不解地说："没有什么消息啊？大人吉人天相，不会有事的。大人，您不必想得太多，历朝历代，哪有因为写几首诗就掉脑袋的？圣上虽受小人蒙蔽，但毕竟……不会这么做的。"原来，苏轼和苏迈约好，如果朝廷定了他死罪，就在送饭时送一条鱼。苏迈去接范镇，竟忘了嘱咐厨子不要做鱼。英英、盼盼、卿卿三姊妹听说苏迈外出，忙到厨房照看厨子为苏轼准备饭菜，见厨子做的都是清淡菜肴，商议着应该给苏轼改善一下，便命厨子做了一条鱼。

苏轼望着碗里的这条鱼，不禁凄然神伤，拿起桌上要他写供词的纸笔，慨然成诗："予以事系御史台狱，狱吏稍见侵，自度不能堪，死狱中，不得一别子由，故和二诗授狱卒梁成，以遗子由。圣主如天万物春，小臣愚暗自忘身。百年未满先偿债，十口无归更累人。是处青山可埋骨，他年夜雨独伤神。与君世世为兄弟，更结人间未了因……"

苏轼因诗获罪的消息同样传到了洛阳。在司马光的独乐园内，前夜的大雪已铺满了整个庭院。仆人吕直清早起来，正欲拿着扫帚扫除积雪，却见地上早已留下了一串串脚印。司马光正站在小园花圃边上，对着一树老梅沉默不语，良久，又不住地徘徊叹息。吕直小心翼翼地问："先生，今年的雪来得可早啊。"司马光仿佛没有听见，绕到墙角一丛翠竹前，仰首不语。吕直不敢再问什么，悄然走开。那竹枝虽被大雪压得弯了腰，却显得更加苍健了。

当年司马光因为反对王安石变法，便自求隐退于洛阳，蜗居于独乐园内，潜心撰写《资治通鉴》。但他并非全然忘却朝政，而是时时刻刻关心着朝廷的政令举措，思考着大宋社稷的未来。他得知苏轼因作诗而下狱，愤懑不已，但又无法营救，还被新党小人指斥为朋党，愈觉忧闷，所以才独自踏雪徘徊。他素来钦佩苏轼的人品才干，以学问道德相交，引以为君子同道，尽管在变法的意见上并不能达成一致，但这并不妨碍他们的私人情谊。苏轼是当世贤才，却一直沉抑州官，不被重用，这回又因诗得罪，系于囹圄，受尽狱吏呵骂鞭棰之辱，岂非我朝百年文治之耻？朝中奸邪用事，嫉贤妒能，蒙蔽圣听，迫害忠良，只怕天下有识之士都要畏祸缄口，致国事日非了。想到这里，司马光全然忘记了冬晨的寒冷，茫然立在雪地里一动不动。

这时，范祖禹从读书堂走了出来。范祖禹是范镇的孙子，一直追随司马光著书。他忧心忡忡地说："恩公，'乌台诗案'至今未结，不知圣意如何？"司马光这才回过神来，叹道："是啊，祖禹，凭你祖父的脾气，欲做之事无有不成。可这次上了奏章也没有救下苏子瞻！"范祖禹说："看来我大宋的清明文治，要被这'乌台诗案'玷污了。"

司马光点点头，满脸沉郁之色："老夫历来主张'责君严'，现在的台谏不责君只责臣，哪里是什么忠君？分明是奸臣当道，弄权误国！"范祖禹说："他们置圣上于不仁不义之地，我真担心苏公的处境啊！"司马光背手踱步，仰天长叹："我又何尝不是呢？他们就是要把持不同政见的人除尽。王安石只是拗，但他毕竟是君子。这些人就不同了，他们是小人，是恶人，是大奸大恶！"他转身接着说："我给圣上写了一份奏札，今天你把它送给朝廷。"范祖禹领命而去。

开封皇城内。众大臣正聚集殿外，等待上朝。正谈说之际，李定窜到人群中，扬扬得意地大声嚷道："苏轼真天才也。二十二年前写的诗，竟倒背如流，一字不差。"众人都鄙夷其为人，故意不去理会。李定自觉没趣，怏怏闪到一边，见王安礼、章惇面沉似水，目光逼视自己，心中愧惧，只得像丧家狗一样躲开，转身向王珪作揖，满脸堆笑。王诜怒目直视王珪，见他扬扬不睬，正欲上前怒骂一气，忽听得内侍高喊"时辰到"，才不得不收敛盛怒，整理衣冠，随众官列队步入崇政殿。

神宗临朝坐定，李定立刻闪出奏道："陛下，经过四十五天的审问，苏轼诗案已经问清。苏轼对诽谤朝廷、影射陛下、攻击良制美度供认不讳，其险恶用心昭然若揭。按律当处极刑！"群臣窃窃私语，一阵骚动。王诜拂袖大骂，章惇气结无语，王珪却恭敬低首，不赞一词。

李定见神宗并不回话，愈加趾高气扬："此案涉及人员众多，其中包括司马光、范镇、张方平、苏辙、李常、孙觉、刘攽、黄庭坚、王巩、王诜、秦观等二十二人。驸马王诜，素与苏轼来往密切，互相唱酬，互赠礼物。案卷中已经详记，酒食茶果，笔墨纸砚，弓箭裙带已经列出。上述之人，与苏轼勾结一起，狼狈为奸，视新法美度为眼中钉、肉中刺，全然目无朝纲，蔑视人主，怀不臣之心，已经久矣。若不严办，我主所行之尧舜大业，定毁于此等人之手。"奏毕，伏地不起。

神宗一边听着李定启奏，一边御览案宗，脸色沉郁，一语不发。李定以额贴地，屁股撅起，不时抬头看看神宗，见神宗不语，又俯首长跪。

张璪乘势出班奏道："陛下，从苏轼与诸大臣的交往信件中，更能看出苏轼的怨毒之心。"舒亶也跟着说："陛下，微臣审查了苏轼与范镇等人的信件，这些人冤枉圣上，对新法怀恨在心。若不严惩，则国无宁日啊。"直说得声泪俱下。见朝堂上气氛肃然，愈加斗胆哭奏道："伏望陛下处苏轼极刑，褫夺司马光、范镇、张方平、李常、孙觉、苏辙、刘攽、王巩、王诜等人的官职，永不叙用！"众臣大惊，交头接耳，议论纷纷，只有王珪袖手旁立，恭敬自若，但嘴角却闪现出人们不易察觉的冷笑。

神宗愤愤地将奏章扔到御案上。朝堂上霎时安静下来。

此时，范镇正在怡心宫内拜见高太后。范镇这次回京，显然是为苏轼而来，但他并未急着面见神宗，而是先来与高太后叙旧寒暄。高太后见了这位三朝老臣也十分高兴，让他与自己对面而坐，问道："范镇啊，你这一去就是八年，身子骨还结实吧？"范镇于座上拱手笑道："托太后的福，还好。老臣今日见到太后康健，格外高兴，此乃朝廷之福、天下之福啊。太后啊，老臣是无事不登三宝殿。"高太后知他快人快语，忙问何事。范镇说："老臣已是黄土埋到脖子上的人了，脱了今日鞋和袜，不知明日能否穿。但老臣处江湖之远不忘吾君，此次进京面圣，不为别的，就为这'乌台诗案'而来。"

太后早已猜到他定为苏轼而来。关于苏轼入狱，她也屡次对神宗好言相劝，不得妄杀读书人，坏了祖宗家法，何况苏轼又是先帝仁宗亲点的儿孙宰相。只是神宗一意变法，为奸邪小人所蒙蔽，连她的话也听不进去了。她深知范镇忠直可嘉，便问道："不知卿家对'乌台诗案'有何高见？"

范镇直言道："《诗经》乃孔子删定，不乏刺政之言，圣人称为美刺。故汉以降，无有以诗定罪者。今日以诗问罪子瞻，圣上开了文字狱之先河。由此，我大宋开明之政蒙了灰尘，皇上圣明的美誉也有毁损。另外，苏轼之诗，问世已经有年，传播甚广，台谏未必不知，何以在今日旧事重提，以罪相加呢？对变法持有异议者都有大难临头之感，以后谁还敢对朝政进献忠言？老臣恐怕从此之后，我大宋清议之美政亦不复存，上下只有阿谀献媚之言了。如此一言之堂，若朝政有失，直臣则不敢言；若奸臣当道，忠臣则不敢出。如此，大宋江山，何以久乎？"

高太后点头称是："这也正是哀家日夜忧心的啊！本宫当力劝皇帝，保苏轼无虞！"范镇立即离座下拜："多谢太后。太后啊，老臣垂暮之年，退而进言，除忠君为民之外，还因仁宗帝临终有言，托臣翼护旧臣、忠臣！"并从袖中取出一支金牌令箭，呈递给太后。太后为之一惊，诚惶诚恐地接过，再三查看后确信无疑地说："不错。是先帝神器。太皇太后有言，若出乱臣贼子，无须担心，自有持神器之人挺身力挽狂澜，所指即是范公了。"范镇点点头。太后将令箭交还范镇，说："神器不可轻易示人，望范公收好。"范镇连忙说："太后应直呼老臣之名，不可以范公称之！"太后说："你手持先帝神器，自当与一般朝臣不同。"范镇坚执固请："朝廷有法度，不可乱了。"高太后只好应允。

范镇感激太后深明大义，备受鼓舞，朗声说道："太后，李定等人若置苏轼于死地，老臣就不得不大闹金殿，请太后恩准。"高太后大惊，忙说："此乃国家大事，你如此信任老身，哀家又怎能违背先圣之意呢？只是哀家不能干政，你应大胆行事，不要负了先帝之托，这也是对当今皇帝的爱护。"范镇高兴地说："若如此，真乃大宋之福也！老臣有礼了。"说罢，便要跪拜。高太后忙起身相扶："哎呀，快起来，不可不可，你怀揣神器呢！"

这时一个宫女神色慌张地跑进来："太后，不好啦，太皇太后薨了！"

高太后大惊失色："你说什么？！"

崇政殿内，内侍忽然哭着跑进朝堂，跪于地上启奏道："陛下，太皇太后薨了！"

满朝哗然。

神宗惊闻噩耗，瘫软在龙椅之上，当着大臣的面痛哭起来："皇祖母啊……"张茂则一面抹着眼角的眼泪，一面上前来劝慰神宗节哀。众臣呼啦都跪在地上，哀泣之声遍满朝堂。神宗哭道："难道真如皇祖母所说，冤枉无辜，神灵不容……"又指着舒亶大声喝道："你，给我出去！"

舒亶抱头鼠窜，悻悻退下，王珪、李定都吓得不敢出声，兀自装出一片哀戚的神色。神宗已无心绪上朝，下旨道："搁置诗案，办好国丧！"

张茂则大声宣旨时，王珪暗暗松了口气。他本来盘算着唆使李定等人将苏轼定个死罪，不想触怒天威，早已吓得汗如雨下。但如今正值国丧，诗案搁置，神宗定无精力来穷究此事，自己也正好免受皇上责罚。他又盘算着借此机会将苏轼远远发配了事，待神宗日后再问起，便是木已成舟，无可挽回了。想到此，王珪又心下暗喜，但还是满面哀戚地随众臣退下。

御史台监狱内，梁成慌慌张张地跑进苏轼的监牢中来，气喘吁吁地说："大人恐怕是要在这牢中多待些时日了。"苏轼忙问为何。梁成接着说："太皇太后归天了，诗案搁置起来，在办国丧呢。"苏轼将信将疑，待追问梁成后方知实情，不禁捶胸顿足，放声大哭。他想起嘉祐二年进士登第后太皇太后曾在宫中接见过他，勉励他忠君报国。那时他意气风发，如今身陷囹圄，壮志未酬而斯人已逝，不禁悲从中来。梁成忙好言宽慰，苏轼收泪说道："梁成啊，太皇太后是有史以来鲜有的好太后哇。"梁成也感泣不已。

这时狱卒送饭进来，提着一只大桶，往苏轼的碗里舀上一勺，便欲出去。梁成看那碗中，全是些残羹剩饭，混着些脏兮兮的菜汤，一股馊臭味儿，实在令人作呕。梁成看不过去，一把拉住狱卒说："苏大人自有家人送饭，送这些猪狗食来做什么？"狱卒不屑地挣开他说："梁成，你少管闲事。上方有令，以后不准苏轼吃家人送的饭。"说完扬长而去。梁成仍愤愤骂道："王八蛋！苏大人，这个不能吃，我回家给您偷偷带点吃的来。回头我会告诉苏公子，让他以后不用送饭了。"

苏轼双手擎起饭碗，稍微闻了一下，说："别连累了你。别人能吃，我也能吃。"说完就要吞一口，梁成赶忙制止说："哎呀，大人知道这里面是什么？残汤剩饭不说，什么脏东西他们都往里扔，里面有吐的痰，有沙子，有鸡屎。蔡确当御史中丞的时候，就用这个法子审了一批官。结果，大家宁愿认罪，不愿再待在这个大牢之中。"苏轼为之一惊："竟有这等事？"梁成说:"想不到吧?蔡确为了往上爬,整了不少人,用诬告把对手整进来,再用这法子把人整出去,所以,案子没有破不了的。圣上呢,还认为他是干练之臣。最后,他上去了,别人喊冤叫屈都被打入十八层地狱。"苏轼倚在墙上不再言语,陷入沉思……

## 四十四　　范镇打殿

眼看严冬将要过去了。

太皇太后的丧事已办完,神宗从哀痛中平复过来,又开始处理日常政务。他苦心经营的变法大业步履维艰,朝臣的纷争常令他心力交瘁,这严重地损伤了他的健康,即位之初那种血气方刚的精神不见了,只能勉力支撑。他感到独木难支,需要贤能之臣置于左右,尽心辅弼。他不由得想起远在江宁的王安石来。

内侍忽然奏报:"陛下,王安石的奏章!"

神宗大喜:"久不见王安石的奏章了,快拿来!"急急展阅,默念道:"陛下追先王之道,而'乌台诗案'陷陛下于不义之地,李定、张璪等人不可信,焉有盛世杀名士之理乎?"他放下札子,起身踱步,想起了已在御史台监狱羁押数月的苏轼,沉吟不语。

原来王安石自从当起半山老人,就已对变法心灰意冷,决意不再过问朝中政事。但听说苏轼被人罗织罪名下狱,便每日愁眉不展。夫人明白他的心思,从旁劝解说:"苏子瞻与你政见有所不同,但此人是至诚君子、忠正之士,与你所任用之人可有天渊之别啊!"王安石岂会不知苏轼的为人,但还是十分钦佩夫人的眼光,便问眼下如何才能打动圣心。夫人只说了四个字:"圣上好名。"王安石大喜,急忙提笔写了这封营救苏轼的奏章。

神宗口中喃喃自语:"焉有盛世杀名士之理乎?"心中已有七分打算了。

次日,神宗临朝,召集众臣问道:"国丧大礼已毕,苏轼诗案当如何处置?"李定出班奏道:"陛下,微臣以为,应对苏轼处以极刑。"神宗斜睨了李定一眼，不作任何表态。这时侍卫奏报赵抃觐见，神宗大喜，即命宣入。赵抃年近七旬，但步履沉着，昂然迈到殿前，施礼道："老臣赵抃参见陛下！"神宗和颜悦色地说："越州瘟疫肆虐，卿处置有方，应予重赏。"赵抃叩谢："陛下，老臣不求嘉奖，只求赦免苏轼即可。"

神宗面露不悦之色："卿任职僻远之地，有些事情尚不清楚。"赵抃高声说道："陛下，老臣无知，但知奸佞之臣陷陛下于不明，欲置苏轼于死地！"神宗说："卿言重了。台谏向朝廷进言，乃职责所在。是非曲直，朕自明了。"赵抃仍直言进谏："老臣也做过御史，早在仁宗帝皇祐年间即与包拯同任御史。台谏们如何才是忠，如何才是奸，微臣略知一二。"

李定在一旁觑得真切，见赵抃步步紧逼，直指苏轼诗案，便想杀杀他的威风，为自己捞个尽忠进言的直名，吼道："赵抃，你休得倚老卖老！"

赵抃转头厉声喝道："倚老卖老？老有所依，才得老有所卖，你李定又有何可依，有何可卖？李定，你母亲病故后，你不守制，我已调查清楚，大不孝之人，有何面目在朝称臣？"李定嗫嚅无语，只好向神宗大呼冤枉。赵抃又进一步逼问道："李定，你投圣上之所好，欺蒙圣上，天下无人不知。你这十足的奸佞之臣，难道还不自知羞耻吗？"李定一时无语。

张璪见势不妙，也插言道："赵抃你休得血口喷人！"

赵抃又直视张璪道："我血口喷人？张璪，你先是阿附韩琦，再投靠王安石起家，后又见风使舵，背叛王安石，投靠王珪。不知情者叫你张璪，知情者叫你三姓家奴！像你这种朝秦暮楚、寡恩薄义之徒，也有脸面任知谏院！"张璪被骂得腿一软，跪下哭求圣上做主。

赵抃见他这副丑态，不齿地说："皇上被你们这些小人、奸佞团团包围，以致闭目塞听，我大宋的开明之政变成了暴政，圣君也变成了昏君！"

朝堂上一片哗然，神宗也气得直发抖。

王珪乘机奏道："陛下，赵抃污蔑圣主，罪不可恕！"

赵抃指着王珪的鼻子朗声骂道："王珪！你这个'三旨宰相'，只图投机钻营，表面温和，暗中阴毒，政事无能，害人有余，实为大奸巨猾！"王珪被骂得笏板都拿不稳，气得直哆嗦："你……你……你简直无法无天！"

赵抃这番舌战，直骂得奸邪小人心胆俱裂，支吾不语，令一干忠直之臣暗暗称快。他大笑不止，然后道："陛下，自吕惠卿执政以来，举国上下，连起牢狱。安石二次罢相，牢狱之风愈演愈烈，弄得天下怨声载道，皆是这伙乱臣贼子所为，而陛下听之任之。陛下只听顺耳之言，独不察忠臣之屈，不怜民间之苦，故奸佞之人猖獗于朝廷，贤德之人皆远避乡野。难道，难道这大宋江山就要葬送在陛下的手里吗？陛下啊！"说罢义愤填膺，捶胸大哭。

　　"大胆！"神宗再也按捺不住怒火了，拍案而起，"赵抃，你咆哮朝堂，目无君主，如此卖直取忠，以为朕看不出吗？你纵有清廉之名，朕也不能容你！拉出去！"

　　赵抃仍不改那耿直之气，跺脚咆哮不已："昏君！昏君！赵家的江山，定毁尔手！"

　　神宗喝令武士拉出去斩首。赵抃仍大骂不绝："昏君，赵抃死而无憾，只可惜了大好江山！"

　　章惇立即跪奏求情道："陛下，请刀下留人，不能斩赵大人呀！"神宗早已气得听不进任何话了，直吼道："不准不准，谁为赵抃求情，一律处斩！"章惇坚持启奏道："陛下暂息雷霆之怒。早在仁宗年间，赵大人就与包公有'铁面御史'之称。今若处斩，恐对陛下名声不利呀！"蔡确出班奏道："此言差矣，功过自当分明。即便赵抃过去有功，今日犯下十恶不赦之罪，当斩则斩。否则，陛下还有何皇威面对天下。"王诜反驳道："皇威靠民心，不是靠杀人。秦始皇靠杀人夺天下，而今安在哉！"神宗大怒："你给朕住口！再说连你也杀了！"

　　局面紧张得似乎空气都凝固了，人人屏息凝视，生怕再触碰了龙鳞之怒。只有被五花大绑的赵抃被武士押着，站在崇政殿外仰天大笑说："奸臣昏君，赵抃早知有此一死，正所谓死得其所！"那笑声震动屋瓦，连风云也为之色变。

　　神宗已被气昏了头了，只管咆哮着说："杀！杀！杀！"

　　忽然殿外有人大喝一声："慢！"众人都惊呆了，只见范镇举着金光闪闪的令箭大步前来，也不施礼，昂首阔步直至殿下。

王珪使个眼色给李定，李定会意，立刻跑上前去阻拦："大胆范镇，擅闯朝堂，该当何罪！"范镇二话不说，举起金箭照着李定劈头打去，把乌纱都打落了，吓得李定抱头退下。张璪正欲上前，却被范镇的威严所震慑，畏缩而退。范镇举箭直上龙台，向神宗喝道："见此金令箭，如见圣祖仁宗面。"

神宗慌忙从御案后起身，扶冠朝范镇跪下。王珪犹不忿，大声说："慢。范镇你竟敢私造令箭，借此打殿，莫非想篡位不成？陛下快将此人拿下。"神宗迟疑半晌。范镇举箭遍示群臣说："此金令箭乃仁宗帝所赐，可号令朝野君臣，大宋三军。当年，仁宗帝迟迟不敢把江山传于赵氏旁支，唯恐新君诛杀前朝忠臣，动摇江山根本，故在临终之际授臣此箭，上可打昏君，下可打奸臣。"

神宗大惊失色。王珪仍不罢休，说道："陛下，老臣也是三朝元老，却从未听说。范镇是想篡权谋政。他这是要借此弑君。陛下呀，不可迟疑，快将范镇拿下，立刻斩首。"说罢，跪下请求。李定、张璪也如法炮制。神宗起身，惊慌问道："范镇你竟敢大逆不道，要弑君吗？"范镇哈哈大笑："陛下难道还怀疑老夫不成？"这时蔡确旁敲侧击地说道："陛下，不可轻信范镇之言。他有何凭据证明是仁宗先帝所赐？"并示意其他人也一并起哄。不少人随即附和，要神宗杀掉范镇。

神宗已是惊惧不已，一时没了主意，即喝令武士上殿将范镇拿下。章惇等人大惊失色。

突然殿外传来一声："慢着！是忠是奸，自有公论！"只见高太后在几个侍女的簇拥下快步走上龙台，几名武士立即被呵斥下去。

神宗十分诧异，急忙向太后行礼。高太后对范镇说："范公，还是赶快拿出来吧。"范镇施礼毕，转身对王珪冷笑一声，从令箭箭柄中抽出圣旨道："宰相大人，请你将圣旨展示于陛下。"张茂则将圣旨交与王珪。

王珪接过圣旨一看，惊得脊骨发凉，脑门冒汗，只得恭恭敬敬地对神宗说："陛下，确实是先帝的圣旨。"神宗也验看了，不敢再说什么，忙令张茂则交还范镇。高太后见形势已定，便说："皇上，接旨吧！"便引侍女下殿离去。神宗慌忙跪下，众臣也跪倒在地，齐声说："恭迎圣祖圣旨！"范镇说："赵抃乃先帝御封的'铁面御史'，须即刻放人！陛下平身，众臣平身吧。"

神宗与众人平身而起。范镇收起令箭，这才向神宗施礼道："陛下，请回御座。"神宗松了一口气，待坐定，便下令释放赵抃。赵抃进殿跪谢。神宗没好气地说："你不必谢朕，要谢就谢仁宗圣祖的在天之灵吧。"赵抃奏道："陛下，老臣恳求退休归隐，请恩准。"神宗看了一眼范镇，即刻恩准。赵抃叩谢而去。

王珪等担心范镇以令箭要挟神宗审定苏轼诗案一事，一时无法可想。范镇却施礼告辞，并不提起"乌台诗案"半个字。神宗欲要挽留，范镇已举着令箭踏步走出殿外去了。

退朝后，王珪同蔡确等人还是心有未安。今日朝堂上一场风波，说不定会令神宗改变主意，他必须劝说圣上，给他吃一颗定心丸，要不然给苏轼定罪的事就前功尽弃了。可是张茂则守住殿门，说皇上谁也不见。蔡确撒谎说担心神宗身体，要去问安，张茂则也一口回绝。王珪等人只好悻悻离去。

现在，王珪的如意算盘已然落空了。范镇突然亮出先帝令箭这一招，实在太厉害！他在朝堂上只为救赵抃，而只字不提苏轼，但明眼人都知道，他们都是冲着苏轼来的。苏轼是深得仁宗宠爱的旧臣，现在若要置苏轼于死地，范镇必然问罪圣上。圣上心中两难，故避而不见。这"乌台诗案"，已是难以收场了。

李定见无计可施，谋划着要把令箭从范镇那里盗出来。蔡确听了这话，没好气地说："你想得太简单了！范镇当着文武百官将令箭一亮，这宝贝到了谁手里也不灵了。它就是用来节制圣上的，圣上拿着没用，别人拿着就是盗取，文武百官岂不指责你为窃国大盗？"张璪不解地问："既然令箭可以节制圣上，为何在变法最激烈的时候，范镇不出示令箭阻止变法呢？他不是一向反对王安石的吗？"

还是王珪道出其中玄机："唉，仁宗帝并非反对变法，如果反对，就没有庆历新政。只是到了晚年，心有余而力不足而已。范镇如果事事节制后来的皇帝，朝政又怎能维持？范镇不傻，贬不贬官无所谓，杀不杀臣可就不一样了，脑袋掉了安不上，东山再起也无望啊。还有，授此令箭也是为了保太皇太后，但又不直授予太皇太后，是怕赵家江山丢了。仁宗帝就是仁宗帝，不服不行啊！"

张璪抓耳挠腮，无计可施。李定眼珠骨碌一转，奸笑一声："那令箭保的是忠臣，有罪之人何谈忠臣？这就看怎么说了。"众人面面相觑。王珪也冷笑道："皇上一生心血，都在变法。范镇、苏轼等分明是结党反对新法。只要抓住这一点，巧妙奏告，皇上还是会动心的……"

李定等人暗暗点头称是。

神宗受了范镇手持令箭这么一惊，愤而罢朝，退回养心殿，愈觉心事烦乱，卧倒在龙床上，闭目沉思。内侍急忙拿来一块毛巾，用热水焐过，搭在神宗额上。这时，张茂则领着高太后走了进来。神宗听到是母后前来，急忙从榻上起身施礼。高太后关切地问道："快躺下。听说皇儿身体不适？"神宗答道："偶感风寒，无甚要紧。"说完瞪了张茂则一眼。张茂则低头不语，只递过一张狐皮袭来披在神宗身上，即默默退下。

原来正是张茂则请高太后过来的。太后坐在榻边，心疼地说："皇儿，这几日朝上的事我都听说了，是不是心里不痛快呀？"神宗颇感委屈地说："母后，都是皇儿不好。"高太后说："在娘的眼里，我儿都好；在母后的眼里，皇儿尚须努力。"

神宗颇为动情地说："母亲，这些日子儿臣一直在想，朕到底是不是一个好皇帝。过去，朕只是想当一个好皇帝，使朕的子民过上丰衣足食的好日子，使朕的国家不受外族欺负，所以，朕冲破一切阻力实行变法。朕励精图治，殚精竭虑，无一日睡过一场安稳觉，可……可赵抃竟然当着满朝文武的面骂我……骂我是昏君！"

高太后和蔼地问："是不是感到委屈？""委屈得几乎呕出血来。"神宗点头说道，"可赵老爱卿是不说假话的。朕真是个昏君吗？朕昏在何处？没有人告诉朕。是用人出了差错吗？朕深知，吕惠卿、王珪、邓绾、李定等人的毛病，可朕是在用其长避其短呀！变法图强没有人拥护，如何进行？还有，驭臣之术，历来是清浊并用的，否则，皇权就会旁落他人之手。朕究竟错在何处呢？"

高太后微微笑道："孩子，天下谁都可以叫屈，唯独皇帝不能。因为天下都在你的股掌之中啊。赵抃骂殿、范镇打殿虽然伤了你的帝王之尊，但也事出有因啊！你可知道我们家的江山是怎么来的吗？"神宗答道："母后，朕知道，应该感谢这些老臣。但作为皇帝，我不允许他们以此来挟持我、左右我，不能因此干扰朝政。"高太后摇了摇头，说："你说得不错，不过这'挟持'二字恐怕是他人的蛊惑之言。韩琦、欧阳修、司马光、范镇、赵抃，都为你的父皇接过这江山立下了不世之功，但他们没有一个向我们索取什么。他们敢于直言，都是为了你的江山社稷，他们为此不怕丢官丢命。这样无私事君的忠臣，不正是你成就伟业要依赖的人吗？现在韩琦、欧阳修都先后去世了，范镇、赵抃也已暮年，每失去一个，都是失去国之柱石啊！"

神宗若有所悟，但又接着说："不过，皇儿未料他们竟然冒死保苏轼。"高太后意味深长地说："那是他们在为你保护国之重臣。孩子，苏轼的才干远在王安石之上，早在变法之初，苏轼就提出徐立徐行之策，并为你献上三策。如今看来，都被他言中了，难道你还怀疑苏轼的才德吗？"神宗回忆起此事，不免为之一惊。高太后接着说："自古忠臣，多有逆耳之言，且以媚上为耻。唐太宗胸阔如海，才得以纳百川之流，从而有了贞观之治，也由此成就了他的大自尊。"

神宗恍然大悟。高太后笑道："孩子，你明白就好。朝堂之上，诗案之事，百官放言，只需察言观色，即可辨忠奸。苏轼的案子，还须仔细斟酌啊！亲贤臣，远小人，你要切记，否则大宋危矣！"神宗说："多谢母后指教，孩儿谨记。"

送走母后，神宗独坐御榻，沉思良久。他召来一名内侍，秘密吩咐如此这般……

入夜了。月光如水，缓缓泻进御史台监狱苏轼的囚牢中。苏轼正枕肱酣睡。突然一个黑影窜了进来，拣了与苏轼相对的墙下倒头便睡。苏轼翻了个身，以为又关进来一个犯人，未予理睬，仍自睡去，不久鼾声如雷。那人躺在一边，捂耳挠头，被鼾声惊得一宿不得安眠，辗转反侧到天亮。

那人便是神宗派来的内侍。他天明后即刻回宫禀告神宗："陛下，奴才昨夜奉旨探监，睡于苏轼一侧。不料，苏轼整夜鼾声如雷，搞得奴才一夜未睡。"神宗大笑道："这就是了，说明苏轼胸中并无亏心之事。大凡喜欢诽谤之人，若身陷囹圄必有怨恨之言，且不能入睡。"这时他已有了赦免苏轼之心。

寒冬终于过去了！

圣谕下达了：责授苏轼水部员外郎、黄州团练副使，本州安置，不得签书公事。

自八月十八日被逮入御史台监狱以来，苏轼被关押了百余日。牢狱中艰苦恶劣的环境，巨大的精神压力，使他虚弱憔悴而略显衰老了。但他倔强倨傲的脾气却不曾受一点摧折，放达诙谐的性格仍显露在炯炯有神的目光里。

他扑打着满身的尘土草屑，乞丐般地走出监狱大门，感受那久违的阳光和春风的气息，一切都透着一股劫后重生般的勃勃生机！显然，由于久处黑暗，他一时不习惯外面刺眼的光亮，但很快就享受着身心不受羁管约束的畅快。诗人本真的性情又开始恢复，溢于言表了。无限的诗情已在心中酝酿！

范镇、赵抃、苏迈已在监狱门外等候，他们身后停着一辆马车。

"父亲！"看见苏轼出来，苏迈马上迎上前去。

"子瞻！"范、赵二老也步履蹒跚地走来，一把拉住苏轼的手。"二位老爷子，我们这不是在做梦吧？"苏轼说罢，已是涕泗横流，二老也都老泪涟涟。范镇说："过去是噩梦，现在是喜梦。"又看了看苏轼，说："头发都灰白了啊。"苏轼笑道："老爷子，白了好，头发白了就老成了。"

赵抃感慨地说："子瞻哪，我们这可真是两世为人哟。"苏轼愕然不解。范镇解释道："他为了救你，把圣上都骂了，结果差点被斩。要不是我及时赶到,他这瘦猴子就到阎王爷那里称臣了。"苏轼连忙施礼道:"哎呀,二位老人家,这个人情债太大了,我可还不起啊!"赵抃笑道:"哪里哪里,不光为救你,也是尽人臣之本分。哪里有人情债哟!"

范镇故作嗔怪:"脾气还是不改,只顾打趣了。还不快见见儿子。""父亲!"苏迈扑到苏轼怀里大哭起来。苏轼也哽咽道:"好孩子,别哭了,为父对不起你们了。"

赵抃从旁劝慰道:"大难不死,必有后福!"范镇也笑道:"对咯,大磨难造就大贤臣。走吧,上车再说。"

苏轼也拭泪而笑,自我解嘲道:"看看,我在乌台几个月,连澡也洗不了,养了一身虱子。我还是骑马为好,免得同乘一车,让乌台的虱子也咬了二位大人。"范镇笑说:"你身上的虱子,怕是也比李定有学问!"苏迈不由得破涕为笑。

赵抃说:"这次'乌台诗案',景仁兄、司马光、黄庭坚各罚铜二十斤,张方平三十斤,驸马王诜被削去一切官职,子由被贬筠州酒监,王巩被贬为宾州酒监。"范镇接过话头说:"你嘛,被贬黄州,做什么团练副使,不得签书任何公文。黄州安置,与软禁差不多。总之,不管老屁股嫩屁股,该挨的板子挨了,不该挨的板子也挨了。"

苏轼不禁叹道:"以诗获罪,古来未有;千古奇冤,归于一哭。"

范镇打趣道:"看来子瞻这回是只哭不歌了!"赵抃说:"子瞻怕不是这样的人。"又回头问苏轼还作诗否。苏轼笑道:"不作诗怎么对得起李定他们呢?现在就有两首。"范镇忙催着念给大家听听。

苏轼随口吟道:"百日归期恰及春,余年乐事最关身。出门便旋风吹面,走马联翩鹊啅人。却对酒杯浑是梦,试拈诗笔已如神。此灾何必深追咎,窃禄从来岂有因?"

范镇拍手笑道:"好个'试拈诗笔已如神',子瞻的骨头还是硬啊!"

苏轼接着说:"还有第二首。'平生文字为吾累,此去声名不厌低。塞上纵归他日马,城东不斗少年鸡……'"苏迈大惊:"父亲,最后一句可又得罪人了!"苏轼佯装大惊:"又闯祸了?"赵抃说:"如今天下忌讳说'少年'二字啊！"三人会心相视，哈哈大笑。

苏轼听苏迈说王巩被贬往宾州，不日开封府差役就要催着上路了，急忙换了一身干净衣服叫上苏迈一起前去探望。苏迈劝道："父亲刚出狱，身体虚弱，先歇息一两日吧。"苏轼坚决地说："定国受我连累，远贬千里之外，如此恩德，难以为报啊！"苏迈见拗不过，急忙搀着苏轼出去。

到了王巩府中，只见家人正在收拾物什，准备启程。王巩在房间内对众夫人说："我求求你们，不要跟我到贬所。远去宾州，一路千山万水且不说，我干的是酒监，说白了就是卖盐卖酒的。你们三人跟着去，吃不了那个苦啊！"他那三位夫人倒是十分坦然，英英叠着衣物道："你能受得，我们怎么就受不得？'乌台诗案'被贬的官员，都是一家一家地走，我们怎么能分开啊！"盼盼正在整理书籍笔墨，接过话茬说："有难同当，有福同享，俚间卑巷且如此，何况我等是知书达礼之人。"卿卿正装箱子，跟着说："就是。你以为我等是图你富贵来了？恩爱大于天。"直说得那王巩七尺男儿也忍不住掉泪。

苏轼听罢三位夫人的高论，拄着拐杖进来，笑道："怎么，这就开始打点行装？"王巩急忙迎上前去，又惊又喜，抓着苏轼的手说："子瞻兄，我们正要去看你呢，想不到你先来了。"三位夫人也停了手里的活计，纷纷围拢来。苏轼潸然泪下，说道："定国，我的好兄弟，愚兄身陷囹圄，很多亲友都避之唯恐不及，而贤弟与几位夫人却仗义援手，大有古君子之风，请接受愚兄一拜。"言毕，苏轼一躬到地。

王巩连忙扶着说："子瞻兄，折煞小弟也。你我本是兄弟，小弟岂能做负义之人。"苏轼又转身向三位夫人施礼，吓得三位佳丽连忙还礼。苏轼解嘲道："愚兄是个穷骨头，连累你等远谪千里荒僻之地，让愚兄如何受得了啊！"英英哭道："大人千万不要这样说，只要你平平安安出来了就好。这一百多日以来，姐妹们与定国无日不以泪水洗面，现在好了，该高兴才是。"盼盼拭泪道："大人到黄州后，万事要想开些，不要忘记鸿雁传书，我等及时互通消息。"卿卿道："大人受苦了，我等终于见到了你出狱的这一天，过一个磨难一重天。我嘱咐他们设宴为你压惊。"

苏轼本不忍看王巩一家离散，心中不免难过，待听见这三位夫人情深义重，好言劝慰，又心头一暖，含笑答道："多谢多谢。贤妹们，愚兄害得你们颠沛流离，这京城的故相府也不能住下去了。"盼盼坦然笑道："看你说的，此心安处便是吾乡！"苏轼不禁大加称赞道："好啊，'此心安处便是吾乡'，夫人真是有菩萨的大悲悯、大智慧！"众人都含泪而笑。

苏轼又听说驸马都尉王诜也被贬筠州，特地前去问候。一进门，王诜就上下打量着苏轼，也不施礼，歪着头问："是人还是鬼？"苏轼笑道："入狱前是人，入狱后是鬼，如今出狱了，非人非鬼。"王诜反问："莫非成了仙佛？"苏轼解嘲道："是啊。不过，这次我应当感谢李定他们，让我多活了一百多年。"王诜不解。苏轼接着说："大牢之中，度日如年，一百多日，不恰好一百多年嘛。古人说磨难长见识，不无道理，一日一年，自然见识就多了。"王诜笑道："有理有理。应该把王珪那个老杂毛和李定一伙投进去，叫他们也长长见识。"苏轼摆摆手，说："此言差矣。读书还请先生呢，长大见识的好处怎能轻易送给他们呢？他们只有死了以后才有资格入地狱。"两人都哈哈大笑。

说到这，王诜叹了口气："唉，是我害了你，要是不给你出诗集，不给王珪那个老杂毛，焉有'乌台诗案'？"苏轼笑道："这是迟早要发生的事情，他们早就在收集我的诗文了。只是，你的官职都没了。"王诜说："无官一身轻，只要叫我画画就行。只是我天资有限，怎么卖力也不能望你项背啊！哪像你，随手一写一画便成大家！"苏轼平和地说："你倒羡慕起我来了。大家怎样，小家又如何？昨日，定国的夫人盼盼告诉我，'此心安处便是吾乡'，你我连一个小女子都不如啊！"王诜也叹服不已。

由于差遣日期紧迫，不敢迟滞，次日苏轼就要启程离京。二人絮絮谈到深夜，苏轼便起身告辞。王诜说要去送行，苏轼婉谢："不必了，免得又有人从中再生事端。在京诸人受我牵累的，都已一一拜望分别了。还请晋卿兄多多珍重。"说罢，二人洒泪而别。

元丰三年（公元1080年）正月初一，正是新年。苏轼告别了京中诸友，独与苏迈骑驴挑担，冒着寒风，缓缓向南往黄州而去。

出都门便是近郊，只见官道绵延，隐没在一片寒林之外。荒村中农舍倾颓，一派萧索的光景。

## 四十五　　初到黄州

苏轼父子走了一月有余,才到了黄州地界。因是一路南行,故地气渐暖,道路两旁的风景已不似中原那般萧瑟了,不仅绿树渐多春意,连溪涧中也薄冰渐融,潺潺流响不绝。时有几丛野梅花,微白淡粉的,熠熠地开放在山谷间。

苏轼骑在驴上,须髯飞动,意态飘然。苏迈挑着行李,缓缓跟在后面,时不时跟父亲搭话:"父亲,您看这路边的野梅开得多好啊。"

苏轼顿了顿,呆呆地看看路边的梅花,神情凄然地说:"你刚才说梅花……呵呵,被贬时能有梅花相送,也是人生之大幸!"说罢,缓缓地吟出一首诗来:"何人把酒慰深幽,开自无聊落更愁。幸有清溪三百曲,不辞相送到黄州。"

苏迈听了诗句,心中惨然一伤,不禁抽泣起来。苏轼就地坐在杂草丛中歇一歇脚,出神地看那一丛梅花。

在他们身后不远处,一个道士打扮的人伏在草丛中,偷偷地窥视着。他腰里别着一把剑,肩上搭个包袱,已跟随苏轼他们走走停停行了几十里路了。但他一直不愿现身,见苏轼父子停下,便也伏在草中远远观望。听得苏迈的哭声,那人正犹豫着是否要探身出来。突然只听见有人喊道:"子瞻兄!"他又缩回草中,静观动静。

苏轼听见有人叫喊,欠身相望,只见大路前方,远远的一个人头戴斗笠,骑着马飞驰而来,一个家仆健步相随。到了跟前,那人飞身下马,拱手施礼道:"子瞻兄!还认得我吗?小弟我来接你啦!"

苏轼大惊,起身仔细打量,思索着:"你是……"

来人摘下斗笠,大声说:"子瞻兄,我是季常啊!"

原来正是陈慥!当年陈季常因父丧回乡,在京师与苏轼别过,怎想到会在这里相聚!苏轼又惊又喜,抱住陈慥双臂,潸然泪下:"季常,我的好兄弟,你怎么到了黄州?"陈慥也动情地说:"子瞻兄,我知你贬黄州,已在此等候多时了……子瞻兄,你老了!"苏轼也上下打量了一番,说:"季常。你也老了。当年那个风风火火的英武少年,如何流落在此,成了个老农?"陈慥笑道:"这个说来话长了,先到我的竹舍住上几日再说。"苏轼转身对苏迈说:"迈儿,这是为父常跟你说起的陈季常叔叔。"苏迈上前施礼下拜。陈慥忙扶起,喜爱地说:"侄儿都长这么高了!"一边说话,一边让仆人背了行李。各人拽了驴马缰绳,缓缓向前走去。

身后那道人见了此番情景,默默抱拳,眼中含泪,目送他们远去。

此人正是巢谷。小莲死后,巢谷悲伤不已,离开苏轼云游四方。自得知苏轼因诗案被捕以来,便一路悄悄跟随,暗暗保护,但始终不肯露面。他此刻心中自语道:"子瞻兄,这些时日你受此磨难,度日如年,小弟看在眼里,痛在心里。我又何尝不想见你啊,只是小弟尚有心结。子瞻兄,莫怪小弟,望你一路走好。"他抹干眼泪,回头疾走,一会儿就不见了踪迹。

苏轼同陈慥边说边走,来到一座不高的土丘山前,山上遍植松木,一片苍然。沿石板路拾级而上,曲曲折折绕到松林后面,便可见十来户人家构成的村落,鸡犬相闻,炊烟袅袅,一派田家气象。村口立有一块石碑,上写"龙丘村"。村口一座精致的竹舍,就是陈慥的居所了。陈慥盼咐家仆收拾行李,拴驴喂马,自己引苏轼进门来。几个使女正在院中洗菜端盘,进出忙碌。北屋不时传来一个粗大嗓门妇女的吆喝声,使女们应声行事,井井有条。

苏轼听了这声音,不禁愕然,陈慥忙拉着他进里屋去了。苏迈留在庭院中,闲看一株老梅,一个使女笑吟吟地走过来问:"苏公子,为何这么喜欢梅花?"苏迈答道:"梅、兰、竹、菊,梅为四君子之首。"使女又问:"为何梅、兰、竹、菊是四君子?"苏迈说:"梅凌冬先开,不畏冰雪;兰幽居默处,不与俗花争艳;竹节节而生,虚心而直;菊傲霜不凋,抱香枝头。故为四君子。"使女啧啧称赞不已。

另一个使女听得好奇,也凑过来问道:"那荷花呢?"苏迈笑答:"荷花虽美,但毕竟经不起雪压霜欺。"这使女还是笑吟吟地追问:"既然如此,佛家何以视莲荷为佛花?"苏迈心里有点纳闷儿,心想这里的婢女还知晓佛理,忙答道:"佛家讲究度人,荷花出淤泥而不染,大约是取此意。"两个使女咯咯笑着:"公子学问真好。"

这时门首闪出一个胖大妇人来,便是陈慥的夫人柳氏。只见她壮硕高大,挽着袖口,围着围裙,大笑道:"你们两个小蹄子在说什么?我的侄儿是你们能问得住的吗?"使女笑着退下,各自干活去了。苏迈连忙施礼,柳氏热情地拉着苏迈说:"你家叔叔成日里只知道读书念佛,弄得这些小蹄子也满嘴诗书。"苏迈抿嘴微笑。

向晚时分,陈慥在家招待苏轼父子。其实也不过几盘山蔬野味、几杯村醪而已。而陈慥夫妇并几个仆人,都怡然自乐。众人把盏酬杯,话说平生,苏轼父子旅途的疲乏和罪遣的忧愁都消散而去。苏轼已很久没有这般快活,直说到星月初上,仆人们点起了灯烛。

饭后,柳氏与仆人自去收拾,陈慥领着苏轼来到书房。整个书房不大,颇显简陋,几部书,几轴画,倒十分清静雅致。向北开一扇小窗,可以望见影影绰绰的农舍树木。苏轼不禁叹道:"没想到,你这不为王公所屈的刚烈汉子能如此务本向道。"

陈慥请苏轼坐于藤椅之上,拄杖而谈:"父亲去世后,我游历四方。吾家千万资产,一夜变为乌有,总是于心耿耿,不能释怀。后得师父真言,才悟到荣华富贵乃过眼烟云,世上的名利之争,终不过是一场空罢了。蒙师父不弃,将其爱女嫁于我,我就在此地隐居起来。不过,说是隐居,却也避不过那官府的骚扰啊!"

苏轼羡慕不已:"老弟实在是好福气啊!当年你文武双全,不知近年进境如何?"陈慥笑说:"说来惭愧。如今倒是研究易理,参悟佛理时多。至于生计,倒是不必担心,均由拙荆代劳。"苏轼打趣道:"那你还不知足啊。"陈慥面有难色:"只是拙荆过于……"欲言又止。苏轼却待细问,忽听见屋外人声喧哗，狗吠鸡鸣，响成一片。陈慥急忙拉着苏轼的手往外跑："州县官吏催租来了。"

刚到院中，只听见柳氏一声大吼："狗娘养的，又来了！"提着一条槌衣棒，捋起袖子，便冲出门去。陈慥慌忙阻拦不及，也跟着出去。只见村路中央，几个衙役拿着火把，驱赶着几个被绑着的老人和小孩，正挨家挨户拍门叫嚣，弄得四下里鸡飞狗跳。柳氏叉着腰横在路口，大喝一声："把人留下！"

衙役们都吃了一惊。为首的一个问道："你是谁？"柳氏怒眉倒竖："我是你姑奶奶！"衙役头目一惊："又是你！你这个疯婆子，屡屡干扰公务，还有没有王法？快把她拿下！"众衙役都拥上来。柳氏抡起槌衣棒，呼呼生风，三两下就把衙役打翻在地。衙役头目大惊失色，支吾道："你，你还打人？你无视王法，想要造反不成！"

柳氏说："你要有王法就不能夜里绑人。我打的就是你们这些冒充官府衙役的土匪、强盗！"衙役头目大叫："什么？我们是黄州太守曹大人派来的！"柳氏说："那你回去告诉你那曹大人，就说他私收租税，欺榨百姓，姑奶奶正要找他算账呢！"众衙役只好抱头逃窜。柳氏喝道："慢着！把人放了。"众衙役没法，只好放人，都灰溜溜地走了。柳氏叉着腰，哈哈大笑道："哼，以后你们来一回姑奶奶打一回！"那些老人都来道谢施礼。

陈慥与苏轼、苏迈在院门看得真切。苏轼笑着说："季常兄，你夫人可是厉害啊！"陈慥说："咳，子瞻兄见笑了。那个太守曹贵，是个小人，因巴结吕惠卿而升了黄州太守，成天就知道盘剥百姓、讨好朝廷。这黄州的赋税，比邻州多了三成。"苏轼夸赞道："你夫人敢抗贪官污吏，不愧是女中豪杰啊！"陈慥支吾不言，又岔开话题道："咱们还是看看我收藏的几幅画吧。"连忙拉着苏轼走进屋内。

陈慥拿出一幅嫁娶图说："子瞻兄在徐州，百废皆举，万民咸乐。徐州萧县有个朱陈村，村里有位画家，专门画了这幅嫁娶图，以纪念你在徐州的政绩。后来此画就辗转到了我的手里。"说着，又指着画中人问："你看，这位劝耕的人是不是你？"

苏轼觉得惊讶，凑过来细看，笑道："还真像呢！"

陈慥说:"这些年啊,我遇到你的字画就收集起来,这幅《朱陈村嫁娶图》虽不是你的字画,可画的是你的事迹啊!"苏轼笑道:"既然如此,我在此画上题诗一首,你再收藏,岂不就没有遗憾了?"陈慥喜出望外,连声道谢,为苏轼研墨。苏轼提笔写道:"我是朱陈旧使君,劝耕曾入杏花村。而今风物那堪画,县吏催钱夜打门。"

陈慥一边轻声念诗,一边赞叹不已。这时柳氏送洗漱用水进来,苏轼拱手道:"有劳弟妹了!"陈慥说:"时候不早了,子瞻兄好好休息,明日好去见太守!"柳氏突然大声吼道:"慌什么,让子瞻兄安心调养两天。过几天我陪着去见那王八蛋太守,看他能怎的!"陈慥惊得目瞪口呆,连手里的木杖都失手掉在地上。柳氏倒毫不理睬,瞪了他一眼才出去。苏轼看着陈慥,忍俊不禁,便调笑说:"陈慥兄原是一英武少年,如今,呵呵……'龙丘居士亦可怜,谈空说有夜不眠。忽闻河东狮子吼,拄杖落地心茫然……'"陈慥听了,也哈哈大笑起来。

次日起身,洗漱完毕,陈慥和柳氏执意要陪同苏轼父子去府衙,苏轼推辞不掉,便一起上路。半日就到了黄州府衙。苏轼留众人在堂外,自己大步踏入堂内,只见这曹太守脸色阴沉,坐在公堂之上,两班衙役持板而立。苏轼于堂下站定,不卑不亢地拱手施礼道:"太守大人,下官苏轼前来报到。"曹贵呵斥道:"大胆!你既来见本官,为何不跪?"苏轼早听闻此人心存不善,凛然说:"大人,下官虽然戴罪,但仍是朝廷官员,无须下跪!"堂外柳氏见了曹贵这般气势,心中早发怒了,要冲进去揪着打一顿,被陈慥死死抱住了。

那曹贵见苏轼强硬,心中锐气也挫败了三分,只得说:"嗯……那你可有公文?"苏轼交出公文,由衙役转交给曹贵。曹贵斜眼看了一下,说:"苏轼,你可知道朝廷的规矩吗?"苏轼昂首答道:"第一次戴罪外贬,不知规矩,还望大人指点。"曹贵冷笑说:"不准你签署公文。"苏轼也笑道:"倒落个逍遥自在。"曹贵又说:"不准你离开黄州地界。一旦离开,罪上加罪。"苏轼说:"下官记住了。"曹贵见苏轼俯首听命,登时自信膨胀,得意地说:"还有,每十天需到本府向本官表悔过之心。"苏轼仍是淡淡地说:"下官记住了。"曹贵得胜似的挥挥手，说："嗯，清楚就好，下去吧。"

苏轼仍伫立不动，问道："大人，不知让下官住在何处？"曹贵睁圆了眼，说："什么？你住在哪里，我怎么知道？"苏轼说："本人虽是戴罪，但并未革职，理应有住处。"曹贵懒懒地说："我到哪里去找空房？此事你自己看着办吧！"苏轼发怒道："这与朝廷律制不合。官府理应为下官安排住处，我又岂敢私租民房。"曹贵气得拂袖而起："你……不打你八十杀威棒，就便宜你了。怎么，你还讹上本官了？"苏轼答道："本人并非充军！"

曹贵说不过苏轼，气得干瞪眼。柳氏冲上堂来大声说："子瞻兄，少给他啰唆。走，我们到他家住去！"说完就拉着苏轼往外走。曹贵惊问："你……你是何人？"柳氏回头大骂道："我是你姑奶奶！"把曹贵气得一口气噎在喉咙，半晌吐气不得。衙役头目扯扯曹贵的衣襟，向曹贵耳语："大人，这女人是柳大侠的女儿，可不好惹啊。"曹贵大惊，故作镇定地清清喉咙说："好吧，为了让你好好反省，你就到定慧院与僧人们吃住在一起吧。"

柳氏正待喝问，苏轼赶忙阻止了她，转向曹贵道："多谢大人给我一个吃斋念佛的机会。"曹贵松了口气，急令退堂。柳氏一边扶着苏轼出来，一边还愤愤地骂个不停，那曹贵满脸冒汗地退下去了。苏轼以时辰不早由坚请陈慥和柳氏早些回去，自己与苏迈拿了行李往定慧院去了。

定慧院位于州城东边土山上，掩映于繁茂的树木当中。山下不远即是大江。时已黄昏，群动皆息，万籁俱寂，定慧院中的木鱼声显得格外清脆，一声声敲在苏轼心上，真有澄怀静虑之感。拜见过长老，苏轼父子暂于一间禅房内安歇。

布置妥当后，苏轼与苏迈合盖一床被子，和衣靠着床边墙上，以足相抵。清冽的月光从窗口流泻进来，投在砖地上。二人都无眠，静听着窗外山间松风鸣响。房内不时有老鼠循墙而走，窸窸窣窣地厮打着。

苏迈说："父亲，要不是这场诗案，我们怎会在这里抵足靠墙而眠！哎，对了，父亲，为何俗语说'在家靠娘，出外靠墙'？"苏轼答道："在家靠娘，自不待言；出外靠墙，是说住店靠墙而睡总比靠人而睡要来的安稳！"苏迈叹道："是啊，人太不可靠了。"

苏轼听见这句话，不由得想起这数月来的种种变故，人事无常，世情冷暖，恍如一场梦！如今临老投荒，戴罪远贬，栖居在禅房之中，听松风而望明月，不禁喟然长叹，觉得命运如此摆弄人，冥冥中受着无形的支配，却还琢磨不得、思索不得。他幽幽地对苏迈说："迈儿啊，为父给你讲个故事。古时候啊，有个叫艾子的人乘船漂浮在海上。傍晚停泊在一座石岛上，夜里听见水底下有人哭泣，又像是有人说话，就仔细地听着。其中一个说道：'昨天龙王下了一道命令，水族中有尾巴的都要斩首。我是一头鼍啊，怕被斩首，所以在这里哭泣。你是只蛤蟆，没有尾巴，你哭什么？'只听另一个声音哭道：'即使我现在没有尾巴，但我怕龙王追究我做蝌蚪时候的事啊！'"

苏迈笑道："父亲，要是被李定一伙听到了，您恐怕又要进御史台了！"

苏轼喃喃地说："御史台……"随即哑然失笑。

第二天苏迈醒来，不见父亲，急忙起身在寺内寻找，却见苏轼在钟楼上撞钟，钟声悲响，震荡山谷。定慧院善济禅师吩咐小和尚不要打搅苏施主，只合十默念道："阿弥陀佛。"苏轼走下钟楼来，向善济禅师顶礼，随其到住持禅房中打坐诵经去了。苏迈看着父亲虔诚诵经的模样，心中凄苦，正欲上前劝阻，善济禅师劝道："阿弥陀佛，苏施主心中烦郁，劝阻无用。苏施主乃心境清明之人，过几日即能自行化解。"苏迈只好呆呆地倚在门边，无语相望。

自此苏轼每日盘桓在这定慧院内，随僧人起居饮食，打坐参禅。他本就对佛法领悟甚深，当年通判杭州时，与吴越名僧多有交接，如今遭逢大难，愈觉人生如梦，对佛法的参究更精进深刻了。自出狱到黄州，一路魂魄惊悸，身心不宁，现在终日焚香默坐，诵经参禅，渐觉万事都无可挂怀，把争竞得失之心都忘却了。

这日，苏轼正闭目默诵《金刚经》："……须菩提，若三千大千世界中，所有诸须弥山王，如是等七宝聚，有人持用布施，若人以此般若波罗蜜经乃至四句偈等受持读诵，为他人说，于前福德百分不及一。……如梦幻泡影，如露亦如电……"

善济进来，不忍打扰，悄悄地立在一旁。少顷，苏轼睁开眼来，见长老在旁，急忙起身施礼："苏某失礼了！苏某见过善济长老。太守命苏某来此居住，给长老添麻烦了。"善济说："苏大人名满天下，能到敝寺一住，实使敝寺生辉。只是敝寺简陋，怕委屈了苏大人！"苏轼以佛语答道："幻身虚妄，所至非实。法身充满，处处皆一。"善济大笑，随即邀请苏轼用斋饭。

这时陈慥拿着一个包裹走来，对苏轼说："子瞻兄，遵夫人之命，弟特送来一些用品，还让弟邀你和迈儿到家中吃饭。"苏轼笑道："季常兄何不与我们一起吃一回僧饭？"陈慥面有难色。苏轼立即打趣道："莫怕河东狮子吼。这僧饭可不是想吃就能吃上的，季常兄只怕还未吃过吧？"

一旁的小和尚都捂嘴偷笑，摆上几碗斋饭，其中一个问道："苏大人，这僧饭与官饭有何不同？"苏轼笑道："也同，也不同！"众和尚与陈慥都停箸静听。苏轼慢悠悠地说："这同嘛，就是不论官饭还是僧饭，大家都在供着一个佛……大肚佛！"说着一手指着肚皮，众僧都笑。小和尚急着问："那不同呢？"苏轼说："僧饭饱人，官饭饿人啊！"众人都吃惊地瞪眼，不解其意。苏轼接着说："你想啊，这僧饭越吃越圆满，人的精神圆满了，腹中自然也就饱了；这官饭呢，往往是越吃越没有良心，人要是没有良心了，就无耻贪婪，这欲壑难填之人，岂不是越吃越饿？！"

众人抚掌赞叹。善济合十道："阿弥陀佛，听苏居士这一番话，胜诵三年真经！"苏轼起身答礼："哪里哪里，斋间闲谈，让长老笑话了。"众人也都笑而施礼。

转眼二十余日过去了，苏迈见父亲每日端坐诵经，莫不是把十日一见太守的命令忘了？他怕太守借故挑起是非，忙去问苏轼。苏轼胸有成竹地说："迈儿莫急，我自有道理。"便由苏迈搀扶着来到府衙。

那曹贵早因苏轼不来拜见之事怀恨在心，见苏轼来见，意欲来个下马威，大声问道："下面站的可是苏轼？"苏轼答道："正是罪官。"曹贵猛一拍桌子，喝道："大胆苏轼！依大宋律例，罪官本州安置，须十日一拜，如今二十余日不拜，分明是蔑视本官。来人！重打四十大板，让他长长记性！"说完即命衙役上前。苏轼捂住口鼻，略一咳嗽，装病道："大人，罪官苏轼初来此地，水土不服，这几日卧病在床，怕是得了瘟疫了。害怕传染给大人，故未能及时前来拜见。"说完，又一个劲儿地咳嗽起来。众衙役都面面相觑，纷纷退后。曹贵也用袖子掩了口鼻，皱眉说："既然如此，先回去养好病再说。"

苏轼父子退出府衙来，苏迈笑道："父亲此计甚好，以后不用十日一见这太守了。"苏轼也笑说："为父也不愿见他这张丑脸啊。"正说着，走到一条林荫小路上来。

这时春光正盛，四处绿树繁花，景致清幽。父子二人心情畅快，欣赏着春光，慢慢走回定慧院。在院首东面的山坡上，一株海棠正迎风怒放，那满树鲜艳的颜色，似乎要把苏轼衰病的老眼都照亮了。苏轼大惊大喜，紧跑几步，驻足花前，凝神玩赏，口中还喃喃自语："这样的海棠，似只有西蜀才有啊，怎么长在了这黄州呢？"苏迈笑道："想必是这花知道父亲要来此地，故而从天而降的吧。"苏轼捋着胡须，开怀大笑。

这时一位老农赶着牛从旁经过，看见苏轼如此激动地欣赏路边的野花，大感不解地问："先生，这花有何好看的？"苏轼答道："老人家，这是海棠，是名花啊。"农夫不以为然，淡淡地说："先生真是多情啊，再好的花儿，在这儿又有何用呢？没人赏它。"说罢，赶着牛悠悠而去。

苏轼一下子怔住了，自言自语道："在这儿又有何用？无人赏它，就没用吗？"

不必定期去参见太守，苏轼便获得了极大的自由。平日在定慧院念经打坐，天气好时，便信步走到附近的田野农家，饱看这里的山林风光。黄州地势低平，池塘溪流遍布，翠竹绿树触目即是，终日闲走，也不会觉得厌倦。长江对岸的武昌岗峦起伏，古木苍然，虽没有幽深险绝的去处，倒也可供游赏。有时候苏轼会雇一叶扁舟，漂荡过江，到山林深处消磨大半天的光景。

黄州的农人都知道本州贬来一位当世的大才子，并时常见他穿着粗布衣裳独行在山径田埂上。苏轼逢人都亲切地打声招呼，仿佛是地道的黄州人，由此也结识了不少古道热肠的当地人，有进学的秀才，有卖酒的店家，也有耕田的老农。有时相从出游，必乐而忘返。赶上下雨天，江上不得行船，便止于农舍歇脚避雨。勤劳本分的友人必定会杀鸡烹鱼来款待，苏轼与其对饮几杯薄酒即可闲聊到深夜。

四十多岁的潘丙曾中过举人，后隐居于武昌樊口，在江边开了间小酒馆。苏轼有时过江来，定去他店中喝几杯浊酒，有时银钱不够，潘丙也不计较，慷慨地赊酒给他，或者是白送。潘丙还时常向客人炫耀说，朝廷贬来一个因写诗获罪的大文豪，经常到本店来喝酒。客人也乐意聚拢到他店里，希望有一日能与传说中的文豪同桌对酌。

这一日，苏轼又翩然渡江而来，缓步踱进潘丙酒店，笑道："潘兄，最近生意可好啊？"潘丙一见苏轼来了，忙迎过来说："托大人的福，还行。"苏轼一摆手："我是个穷骨头，有什么福可托，有福就不会贬到这里来了。"潘丙憨厚地说："大人，话不能这么说，人在官场，哪有一帆风顺的。您是当今的文坛泰斗，是为老百姓写诗才得罪朝廷的。"一边说，一边亲自斟上茶来，吩咐店小二摆上丰盛的酒菜。

苏轼见摆了这么多酒菜，忙说："潘兄，上这么多菜不行啊，我可没那么多钱。"潘丙一边忙着端菜，一边说："先生放心吧，已经有人给你付钱了。以后你天天来喝酒就是。"苏轼大为惊讶，忙问是谁。潘丙说："是一位英俊的公子和一位美貌的夫人。这里还有他们给您的信呢。"说着从怀里将信掏出来递给苏轼。苏轼看那信，却是一首词："君别杭州去，西湖七载愁。红杏清泪付东流。只有孤山梅朵，望归舟。　　忽报风云起，凤凰不自由。江湖难储一分忧。莫道是非成败，恨悠悠。"

信中不曾署名，但看那字迹，无疑是杭州的周韶。苏轼在杭州曾助她脱籍，她如今暗暗相助，还留了这首劝慰开导的词，如此情深义重，怎能不令苏轼感慨？他即刻问潘丙："她现在在哪里？"潘丙指着江边渡口说："乘船刚去不久。"苏轼快步走到江边，远望江上烟波，一点白帆若隐若现，渐渐消失在苍茫的暮色中。苏轼知道她避而不见，自有她的道理，不禁长叹一声，慢慢走回店中。

想起往事，苏轼不禁感慨万千，一时喝得大醉。天色向晚，苏轼摇摇晃晃地起身道："潘兄，我这就回去了。多谢你的盛情款待。"潘丙忙过来扶着:"苏大人,您喝得不少了,别掉到江里去,还是先在我这里睡一会儿吧。"苏轼醉眼蒙眬,摆摆手说:"我没醉,掉不到江里,就是掉到江里,龙王也会把我扔上岸来的。他一定会说,你……你还不该来,九九八十一难,还有八十难等着你呢。"潘丙笑着说:"难说啊,没准龙王会留您在龙宫当翰林学士呢。"苏轼反说:"我才不伺候他呢。"说着,走出店外。潘丙搀扶着说:"还是我送您回去吧,我不放心。"苏轼说:"放心吧。你要送我,以后就不来了。"

潘丙没法,只好扶着苏轼小心上船,又嘱托艄公看好他,不要让他靠近船舷。艄公常载着苏轼过江,十分相熟了,连声答应,驾舟离岸而去。潘丙站在江边,远远目送那小舟出没在波浪中,摇头叹息不已。

小舟飘摇过江,那江潮初平,与小舟低昂上下。月亮已从一片黝黑的林子后升起了,把清辉平铺在江面上。苏轼见此景象,心中畅快,歪歪倒倒地站到船头,要将这清江明月的图画看个分明。倒把那老艄公吓了一跳,忙把苏轼拉回来。所幸船很快靠岸,艄公扶苏轼上岸说:"苏大人,慢点,我送您回寺去。"苏轼婉谢了,一个人幽幽地向山径走去。

小径蜿蜒,直绕定慧院东墙松林而去。苏轼晃晃荡荡地走到那株海棠花下,仰首凝睇,悄然不语。海棠也默默无言,在林间薄雾中幽幽绽放。月光轻柔地从密树间漏下来,散碎地铺在如茵的绿草上。苏轼醉眼蒙眬,只管去听这月下山中的一切声息,心想道,这海棠花春睡未足,还是不去打搅的好。莫非也同我一样醉了?酒劲儿一时涌上,便斜躺在路边的青石上,酣睡起来。

夜归的农人牵着牛从路边走过,看到石头上躺着一个人,仔细一瞧,正是常常赏花的那位苏大人。农人好心,恐露水沾湿了衣衫,忙去叫醒苏轼。恰好苏迈见父亲至夜未归,下山寻来,赶忙谢过老农,把苏轼背上山去。

苏轼还兀自沉浸在那一片梦境般的情景里,知是苏迈来背他,微笑道:"迈儿,为父这一觉睡出一首海棠诗来!"苏迈说:"那父亲快念来听听!"苏轼仍是醉意醺然,抬眼看了看天上的明月,一首海棠诗从唇齿间流淌出来:"江城地瘴蕃草木,只有名花苦幽独。嫣然一笑竹篱间,桃李满山总粗俗。也知造物有深意，故遣佳人在空谷。自然富贵出天姿，不待金盘荐华屋。朱唇得酒晕生脸，翠袖卷纱红映肉。林深雾暗晓光迟，日暖风轻春睡足。雨中有泪亦凄怆，月下无人更清淑。先生食饱无一事，散步逍遥自扪腹。不问人家与僧舍，拄杖敲门看修竹。忽逢绝艳照衰朽，叹息无言揩病目。陋邦何处得此花，无乃好事移西蜀。寸根千里不易到，衔子飞来定鸿鹄。天涯流落俱可念，为饮一樽歌此曲。明朝酒醒还独来，雪落纷纷哪忍触？"

次日酒醒，苏轼起身将昨夜作的诗誊录了一遍，还不断吟哦。苏迈端洗漱水进来说："父亲还惦记着作诗呢！"苏轼笑道："醉里作诗，如有神助。"苏迈说："父亲此诗，可谓写得海棠神韵。我想就算是生长陋邦，海棠也会因父亲的诗而引以为幸的。"苏轼听罢大笑。

苏迈又掏出一封信来说："父亲，叔叔来信了，说是不久会送母亲和弟弟们来黄州。"苏轼大喜，急忙接过信来仔细看，半晌又说："难为子由了。他携家带口也不容易。"转念又十分发愁："一大家子人来黄州可怎么办呢？连住的地方也没有啊。"苏迈也跟着发愁，但还是安慰父亲说："所幸家人又可团聚了。"苏轼若有所思地点点头。

## 四十六　秧　马

正是三四月间，黄州乡下农人都忙着插秧种稻。原来这黄州雨水充沛，处处都是水田，家家以种稻为生，只有山冈丘陵上才垦殖旱地种麦。春雨过后，一望田野，尽是白水青苗，农人都弯腰在泥水里劳作。种稻是十分精细的农活，先要辟出一块田来撒下稻种，集中培育秧苗，待秧苗萌发成长，再小心从泥中拔出，洗掉泥块，以干稻草捆之成束，再一担担地挑到其他水田里，分开一绺绺地插下。苏轼漫步在田塍上，见农民弯腰立在水田里，小心地拔秧洗秧，再一束束捆起，长时间弯腰，脚又陷在泥水里，行动十分不便，加上头顶烈日，更为辛苦。他便问一位上了年纪的老农人："老人家，插秧之事如此辛苦，怎么不想想便利的办法啊？"那老农答道："祖辈如此，能有什么好办法。小民就是出力的命啊！"苏轼说："我这就回去给您想想办法。"

第二天，苏轼带着苏迈和几个匠人，抬着一件器物到田间，找到那位老农说："老人家，我给您做了个物件，您坐在上面扯秧就省力气啦！"说着便让匠人把那器物抬到水田里。那器物形似小船，以枣木制成，轻便至极；底部磨平，正好可以浮在泥水上，两头翘起，腹内可置稻草捆缚的秧苗。老农骑在上面，扯秧洗秧都可以不必弯腰了，双腿稍微用力，便可滑行泥水当中，实在是省力多了。众农人都凑过来看，连声叫好。

老农问："苏大人，这个物件叫什么名字啊？"一个匠人说："苏大人昨天叫我们几个按他的设计做成这个物件，还没有名字呢。就请苏大人给起个名字吧。"苏轼说："农民扯秧插秧，坐在上面如同骑马，就叫秧马吧！"众人都欢呼雀跃。

苏轼又说："眼下只做了这一只，回去再多做些，使黄州的百姓都能享此便利。"苏迈说："可是，父亲，我们哪有那么多钱呢？"那几个匠人说："苏大人为民谋利，我们哪会要大人的工钱呢。"

苏轼又同众人回到定慧院，赶制秧马。所需木材人工，附近乡民都踊跃备办。隔了一两日，陈慥同柳氏忽然造访。柳氏大声道："子瞻兄，你干的好事，也不通报我们一声。"苏轼怔了一下，问道："我干什么了？"陈慥笑道："整个黄州都说你发明了一种插稻秧的木马，人称'苏公马'。"苏轼明白过来，指着匠人正忙活的东西说："就是这种秧马。"陈慥说："子瞻兄，我们正是为此而来。现在正是插秧季节，听说你发明了苏公马，乡亲们就托我们来求子瞻兄。"

柳氏将肩上的褡裢"哗"地摔在地上，倒出一堆铜钱："看看，这些钱够不够买一百只秧马的木料？"苏轼忙说："够了够了，就是做两百只也够了。只是让你们破费了。"柳氏皱眉佯怒道："为民造福，子瞻兄做得，我们岂做不得？"苏轼赶紧调笑道："哎呀，河东狮子吼啦！"众人都被逗得大笑起来。

不消几日，更多的秧马分发到了农民手中。苏轼父子与陈慥夫妇走在田塍上，见农民扯秧插秧比从前省力多了。农民受其恩惠，纷纷向苏轼施礼致谢。

这时衙役抬着一乘轿子过来。为首的一个上前施礼道："大人，新任太守大人请您前去！"柳氏走上前来，虎虎生威地说："干什么？你们还敢来找苏大人的麻烦？"衙役是早知柳大侠女的威名的，吓得慌忙解释："夫人误会了，误会了，是新任太守请苏大人到府上一叙。"苏轼忙问："新太守是谁？"衙役答道："徐君猷徐大人。"苏轼思忖道："噢，是了。是人称'建安风流'的徐君猷徐太守吧？"衙役说："小人不知。太守只是差小人来请大人去府上相见。请大人上轿。"苏轼料想是新太守上任要召见僚属，可是自己是戴罪安置，怎么能坐轿呢？便笑道："新太守对我这罪官还颇有礼哪。那老夫就不客气了。"说罢告别诸位，上轿去了。

轿子在太守府邸门口停下，徐君猷已在门口等候了。苏轼急忙上前施礼，徐君猷大笑迎接："久闻苏子瞻大名，徐某能与先生同治黄州，是徐某之幸也！"苏轼答礼道："太守过誉了。想苏某是朝廷罪臣，谪遣在此，太守如此以上宾待之，若朝廷知道，深究下来，太守如何担待呀！"徐君猷正色道："罪与不罪，我心知之。凡有良知者，岂能与势利小人同伍？前任太守实在怠慢子瞻啦。况且，与高人有幸相聚一处，失之交臂，终身有悔呀！"即延请至后花园，酒席已摆设好了。

那新任太守徐君猷年纪五十多，一贯崇儒重道，下士爱民，有'建安风流'之誉。他拉着苏轼往后花园来，一面大声说："胜之，看我把谁请来了！"回廊下走出一位妙龄女郎来，眼似横波，眉如翠黛，意态轻盈，含睇巧笑，向苏轼道个万福："小女子见过苏大人。"苏轼忙还礼。徐君猷道："这是我的红颜知己李胜之。"又对胜之说："你今天要陪苏大人多喝几杯。若不能使他尽兴而饮，拿你是问。"李胜之笑道："苏大人，你可要给我面子，多饮几杯。不然，我今后的日子可就不好过了。"苏轼忙说："我当尽力而为，太守有建安风流，只怕我无魏晋风度了。"

徐君猷请苏轼入座，李胜之坐于苏轼旁边，为二人斟酒。徐君猷举杯先干为敬，接着说："这黄州，猪肉、鹿肉价钱很贱。子瞻兄一家来此，生活不会有太大难处吧？如有所求，尽管道来。哎，你的宝眷何时来黄州呀？"苏轼举杯谢道："尚需些时日，他们正在路上。子由来信，把家人先安置下，即可亲送闰之他们到黄州来。"

李胜之一边斟酒，一边说："苏夫人想必是天上有地下无的人物啊，到时定要拜会。"苏轼笑道："糟糠之妻，怎敢相比。"徐君猷说："子瞻兄过谦了，当年宁不要公主也要娶的夫人，如何说是糟糠啊？不过宝眷到来得找一所房子。子瞻兄放心，此事由我来办。"苏轼正为此事发愁，太守肯相助此事，实在感激，忙举杯敬谢。

徐君猷宽厚儒雅，苏轼与他甚为相契。席间李胜之清歌数曲，妙绝不可言，最后尽兴而返。

数日后，徐君猷使人送来帖子请苏轼到城南临皋亭一聚，苏轼即与苏迈一同前去。临皋亭原是朝廷三司的行衙，离江只有八十余步，原设有水驿。这亭便修筑在临江的高阜处，并由此得名。亭侧有一处大院落，原是驿站的旧址，倚山而建，重门洞开，但由于年久失修，已经破败不堪了。苏轼见过徐君猷，便陪同他一起游览江边景致。到亭上四望，只见江水洄流，白云舒卷，渔人摇舟江上，帆影点点，对岸武昌诸山历历在目，晴烟明晦，美不胜收。

徐君猷回头指着那一处院落道："我为子瞻选了一处居所，住在这里你看如何？"苏轼想起那日太守承诺的事，心下感激不已，施礼谢道："多谢徐大人！若能住在这里，起观江色，卧枕波涛，昼夜听一江春水向东流，岂不快哉！"徐君猷大笑道："我知道你一定会喜欢这里的。只是年久失修，屋宇破败，回头我找人来修葺一番。"

苏轼忽然有所顾虑地说道："可是徐公啊，这是三司的行衙，苏某乃一罪人，岂敢寄居于此？万一朝廷查验，岂不是要连累大人了！"徐君猷是至诚君子，哪里会忌惮这些，忙摆手说："皇恩浩荡，长江水亦是浩浩荡荡，见长江则不忘君恩，你在此思过再合适不过。你家眷不日到来，人口众多，黄州偏远，没有大的院落，只怕这里委屈了你的宝眷。"苏轼拱手相谢。

这日潘丙的酒店中异常热闹，很多人顾不上吃酒就拥到店里来，围着墙上一幅画品头论足。店里的伙计忙着招呼进来喝酒的顾客，潘丙则在柜台上乐呵呵地算账。这时有客人过来问："掌柜的，这画果真是苏学士的真迹？"潘丙有些得意地说："那还有假？苏大人亲手送给我的。"众人也都围拢过来，啧啧称赞，羡慕不已。又有人问："酒家，你知道苏轼的画有多大名气吗？"潘丙佯装不知，那人说："在画画上，他与驸马爷王诜齐名，但价钱更高。"潘丙放下账目，不以为然地说："苏大人的画高明在气势上，何论价钱！我曾亲眼见苏大人画这墨竹的。"

众人一听来劲了，纷纷拥过来，嚷着让他仔细说一说。潘丙慢悠悠地说："前日我过江去拜望苏大人，见苏大人正在书案上聚精会神地作画。我悄悄侍立在旁边看，见他横笔往上直推，那竹子挺拔直冲云霄之势便成了。一般人画竹一节一节地勾描，却都是死竹。苏大人告诉我竹子生长时未必是一节一节长的，那样画就失去了竹子的神韵了。还有画笋，苏大人画的竹笋破土而出，正像是刚从地底下钻出来一样，简直都画活了。"众人都啧啧称奇。

潘丙接着说："苏大人画竹的妙处，就是胸中有成竹。必定是仔细观察了竹子的形态，亲身感受了竹子的神韵，落笔才会有神。苏大人告诉我他就曾在竹林亲眼看到竹笋破土而出的情景，这就是画里的妙处了。"众人都听得呆了。

潘丙讲了一大段，又赶紧招呼众人去喝酒。众人满意地散开，三三两两地评论不已。

这时一个中年人走过来问："酒家，我乃杭州的绸缎商，我用一百两银子买你这幅画，肯卖吗？"潘丙打量了这人，说："不卖。"那人说："一百二十两？"潘丙摇头。"二百两？"潘丙还是摇头。众人又围拢来看热闹。那人最后伸出三个指头："三百两！"众人都"咦"地惊叫起来。

潘丙放下账目，盯着他问道："先生执意要买这幅画？"那人点点头。潘丙说："你且说个道理来。"那人拱手道："鄙人姓王，字尚之。家父酷爱收藏书画，始终为没有得到苏大人的画而苦恼。本人若是能了却老人的一桩心愿，也算尽了我的一份孝心。"潘丙叹道："没看出你还是个孝子。我最敬重的就是孝子，最恨的是不孝之人。"略一沉吟便说："好吧，这幅画归你了。"说着便把画取下来卷好递给他。王尚之掏出三百两的交子给潘丙，即拿了画出门去了。

恰巧苏轼从店外走来，众人都用好奇的眼光看着他。苏轼感到奇怪，笑说："苏某又不是怪物，有何可看？"潘丙走出柜台说："大人，你的那幅竹笋图被一个杭州的商人用三百两银子买走了。这是交子。"说着便把交子递给苏轼。

苏轼为之一惊："潘兄，为何你要卖给他？"潘丙如实答道："他说他父亲酷爱收藏，正因没有你的字画而苦恼不堪。加上，我看你正缺钱用，不久全家就搬来了。安家需要钱哪，于是我就答应他了。"

苏轼验看了那交子，笑道："价格不菲，是吧？不过，没盖印章，那东西就不真呀。你赶快追回来，我给他加印章。"潘丙大喜道："好嘞！"拔腿冲出店外。

少顷，潘丙带着王尚之回到店中。王尚之拿着画轴向苏轼施礼："见过苏大人。"苏轼笑道："王先生，承蒙对苏某拙作的厚爱。"王尚之说："能得大人之画，乃我家之幸也。"苏轼将交子交还王尚之，又拿过画，走到灶前，将画投入火中，那画登时就化为灰烬了。众人叹惋不已，王尚之也愕然不解："大人您这是……"

苏轼正色说："苏某虽穷，但画艺无价，妙在一个干干净净。若染上铜臭气，就是跳进长江也洗不清了。"说完，飘然而去。那满店的人都惊愕称赞。倒是潘丙独独像受了委屈一样，指着王尚之说："王先生，你可害了我了。"言毕，打了自己一个耳光。

太守徐君猷派人将临皋亭侧的院落重新修葺，收拾齐整，又帮着苏轼父子搬进新居，定慧院的和尚与附近的乡民也都来帮忙。院子虽朴陋，但四周风光甚美。苏轼心中十分高兴，对苏迈说："为父宦游半生，如今才有这咫尺栖身之地。黄州民物风俗与我们家乡也没有什么差别，在此终老也算不错。"

苏迈满怀深情地望着父亲。苏轼知道他为自己难过，便笑道："算起来还要感谢李定他们呢，要不然咱们也来不了黄州啊。你看那临皋亭下数十步便是大江，其中大半是家乡峨眉山的雪水，我们今后饮食沐浴都仰仗此水，回不回家乡又有什么分别呢？"苏迈被说得笑了，但双眼已噙满泪水。

苏轼慈爱地拍了拍苏迈的肩说："算日子，你母亲和叔父他们三两日内就要到了。趁这几天清闲，可以把室内收拾收拾。过几天我们到江边去接他们。"苏迈点点头，悄悄擦去眼角的泪水，赶紧忙活去了。

船到的那一天，苏轼同苏迈早早就到码头等候，翘首远望。一家人离别快一年了，从湖州到御史台监狱再到黄州，生活发生了天翻地覆的变化。人生居处不定，梦魂不安，竟飘飘荡荡到了这里。所幸家人还能团聚，这无疑是苏轼心头最大的安慰了。

一艘大船终于渐渐驶近。苏迈早已喊出声来，苏轼引颈远望，只见苏辙与王闰之站在船首，苏迨、苏过站在他们身后，朝云陪着苏迈的妻子范英站在舱中。

"哥哥！"苏辙远远地招手。

王闰之抹着眼泪，已激动得说不出话来。

"父亲！哥哥！"苏迨、苏过纷纷喊起来。

船一靠岸，家人都相拥痛哭，挥泪不已。那江水似乎也懂得人间欢聚离别，江涛拍打着岩石，溅出片片浪花。

苏轼忽然发觉少了一人，忙问道："为何不见表姑？"王闰之已泣不成声。苏辙含泪道："哥哥莫要伤悲，表姑在你被抓之后不久就去世了……"

苏轼觉得眼前一阵眩晕，大哭道："表姑……表姑您在我苏家大半生，跟着我没过一天好日子，我对不起您啊！"苏迈忙扶住苏轼，也哭泣不止。苏辙接着说："表姑临去前念念不忘哥哥，嘱咐我要常常劝你。可怜表姑一生操劳，我也只能在江宁将她安葬，无力送回故里啊！"

苏迈扶住苏轼，不住地劝说。苏辙忍住悲伤说："哥哥，表姑已去，悲伤无用。这江边风大，哥哥还是快带嫂嫂及侄儿们回家吧。"苏轼哽咽不言，朝江面跪下磕了三个头，然后领着家人回到临皋亭。

家人相见，千言万语也说不尽。苏轼满怀歉疚地对苏辙说："子由，如今我们在此见面，是为兄之过呀！是我连累了你们。"苏辙忙宽慰道："哥哥，不要说了。哥哥受此一劫，弟无时不牵挂着哥哥，见到哥哥，弟已心满意足。"苏轼又问起苏辙家人的情况，苏辙说："哥哥不必担心，家人都安好。我已经将他们安顿在九江驿站，我送嫂嫂来黄州安定后，再返回去接他们一起去筠州上任。"苏轼欣慰地点点头。

苏轼又向王闰之深鞠一躬道："多谢夫人不弃之恩。罪夫给夫人赔礼了。"王闰之含泪笑道："都当祖父的人了，还没个正经。"苏轼笑道："闰之啊！要不是有你，我怎能有这儿孙满堂？"苏迈的妻子范英已生下一子，正抱在怀里。苏轼抱过孙子兴奋地说："如今好了，祖孙三代又团聚了。"

苏辙见哥哥家中之事都安排妥当，就要告辞启程。苏轼苦苦挽留道："子由，你我兄弟难得一聚，何不多住些时日？你受我牵累远贬到筠州，如今这朝中之事，哪里还有说得清楚的？不知明天又会有什么诏令下来，你我远隔天涯，想再见面恐怕都难了。"苏辙忙劝道："哥哥不必伤感。我们对床夜语之约，将来定会践行的。"苏轼仍笑着挽留，于是兄弟二人一起游览黄州的风光，一起驾舟渡江去武昌的山林中闲走，到潘丙的酒店中品尝江南的浊醪……这样兄弟二人形影不离地居处了十天。苏辙因筠州酒监上任之期在即，只得再次辞行。苏轼含泪相送。

苏轼一家至此在临皋亭安居起来。尽管徐太守帮忙解决了住所问题，但一大家子的开支用度，还是让苏轼那点微薄的俸禄显得捉襟见肘了。王闰之精打细算，也难以维持长久。苏轼整日训导苏迨、苏过读书，教以君子固穷、孔颜乐处之道，可也救不了眼下无米之炊的窘境。

一日，苏迨、苏过正在念《论语》："天下有道则见，无道则隐。邦有道，贫且贱焉，耻也；邦无道，富且贵焉，耻也。"苏轼捻须颔首微笑，王闰之听了，不由得发愁道："子瞻，你少教他们这些，天下有道无道，都一样是这般贫且贱了。你看看，现在全家开销甚大，你每月俸禄却仅有四千五百钱，若不算计着用，恐怕要寅吃卯粮，可如何是好？"苏轼也皱眉沉思，说："我这几日也正想这事儿呢。我有一法，把这四千五百钱分成三十份，每份串一百五十钱，悬于梁上，每日只花一串，剩余的放入竹筒，可用来招待朋友，试试如何？"

王闰之叹气道："这是节流之举，非是开源之法。"苏轼无奈地说："时下也只好如此，我总不能干绿林，学剪径吧？"王闰之有点不高兴，赌气出去了。苏轼没奈何，只得喊苏迈进来，吩咐他扛一把梯子来，再找三十颗钉子。苏迈不解，搬来梯子问道："父亲，这是何意？"苏轼把梯子靠在屋梁上，说："把这三十颗钉子一字儿排开，钉在屋梁上，再把我每月的俸禄分成三十份串起来挂上，每日取一串使用。"苏迈笑说："钱上梁，易召梁上君子呀！"苏轼说："大贼才上梁，小蟊贼上不去。"苏迈笑着照办。

家里境况实在太艰难了。小苏过顽皮，因为肚子饿偷吃了王闰之给儿媳范英蒸的蛋羹，王闰之气得打了孩子一下，苏过"哇"的一声哭起来。朝云急忙过来，又是哄孩子，又是劝夫人，急得范氏也抱着孩子出来劝。王闰之看着满家的人，叹口气，无奈地进屋里去了。苏轼也没法子，只得叫苏迈到陈慥家去借些钱米来，聊解燃眉之急。

不过苏轼此刻最忧心的，还不是家中的柴米油盐。他近日从徐君猷那里得知，西北边疆战事又起，朝廷内不知又要起什么变故了。正思虑着，有差役来请苏轼赴府衙议事。苏轼见是太守相邀，急忙前去。见着徐君猷，忙问道："徐公啊，西北战事如何？"徐君猷忧心忡忡地说："圣上如今重用蔡确推荐的徐禧为西北统帅，在边境上筑起了永乐城。此人刚愎自用，不懂打仗，安能担此重任？时下与西夏关系吃紧，兵戈扰攘，不知子瞻对此有何高见？"

苏轼连珠炮似的说："战国时，赵王任赵括为大将去抵挡秦军，而秦军的将领是能征善战的白起。赵括的母亲听说后，找到赵王，说自己的儿子只会纸上谈兵，会误国的。赵王不听，结果赵括被俘，四十万大军被活埋。"徐君猷叹气说："徐禧这人好大喜功，腹无韬略，也许还不如赵括呢。"苏轼忧形于色："二十万大军一旦毁于他手，有多少血海尸山！还有二十万家破人亡，大宋如何经受得起这等创痛啊！"

徐君猷也不无痛心地说："自从王珪、蔡确掌权，将倡议变法诸人尽数外贬，他二人名为皇上鼓吹变法，实则借公谋私，培植自己的势力。就拿这徐禧来说，简直就是用人唯亲！前不久朝廷封王安石为荆国公，吕公著任枢密副使，文彦博任太尉。老夫又风闻圣上要重用司马光，王珪、蔡确等人千方阻挠，正好借这边事骤起弹压不少意见不合者。眼下这朝政已由不得你我议论指点了。"苏轼想到自己身为罪官，无权议政，眼见国事日非，却使不上半点力气，愈觉忧闷，与徐太守絮谈了一阵，即告辞回家。

将近家门口，天色晦暗，淅淅沥沥地下起小雨来。苏轼听到屋内王闰之埋怨道："朝云！朝云！先生哪里去了？这些时日，他整天不着家，又去大谈国政，我看他是好了伤疤忘了疼。这样下去如何是好啊！别忘了，他现在可还是一个戴罪之人哪！快去找先生，告诉他家里没有米了。"

苏轼不禁叹了口气，想自己家国两误，不禁凄然，也不回屋了，转头冒雨登上临皋亭去看那烟雨迷蒙的大江。暮色苍茫，江流无声，更添愁怀。苏轼正沉思着，朝云身披蓑衣，手里拿着个斗笠，悄悄地来到身后。朝云轻声地说："先生，看你，都淋湿了，快回去吧。夫人在家等着呢。"

苏轼闷闷地叹了口气，一语不发。朝云是个极聪慧伶俐的女子，这几天从苏轼的谈论中已耳闻边疆的战事，知道先生正为此忧愁，便问道："先生是为西北的边事担忧吗？"苏轼看着朝云说："是啊，朝云，边事堪忧啊！"朝云问道:"先生怎么就断定边事不祥呢?"苏轼说:"我在西北待过。徐禧为西北统帅,在边境上筑起了永乐城。那永乐城是一座孤城,一旦被西夏鞑子军包围,断其水源、粮道,定败无疑。尤其水源,三日无水,军心必乱,七日无水,不攻自灭。"

朝云惊讶不已。她见了苏轼忧愁的样子,想起夫人的话来,忙转开话头道:"先生忧心国事,可是夫人却担心先生啊!"苏轼见朝云如此体贴人意,淡淡笑了一下:"担忧得对,苏轼现今已不敢多舌!走,咱们回家!"朝云忙给苏轼戴上斗笠,跟着吞吞吐吐地说:"先生……家里的粮食不多了。"

苏轼叹了口气道:"我岂能不知呢?总向季常兄借也不是长远办法。我打算向太守请要一块荒地,我们自己开荒种粮。"朝云愣了一下:"开荒?"苏轼笑说:"开荒怎么了?老夫难道做不了农夫吗?"朝云笑道:"不是。只是,先生,我担心……"苏轼笑道:"担心别人笑话我吗?耕而食,织而衣,将来我做农夫,你陪夫人在家纺织,吃饭穿衣都自食其力,谁能笑我哉!"说罢朗声大笑,朝云也含笑应允。二人慢慢走回家去。

## 四十七　　东坡居士

苏轼向徐君猷请求黄州闲荒土地，得之于城东山丘的土坡之上。徐君猷带随从与苏轼来验看，只见砾石遍地，荆棘丛生，荒芜得不成样子。徐君猷说："苏公要开荒，实在是我这太守之羞，可我也是爱莫能助啊！"苏轼摆摆手笑道："唉，徐公何羞之有？我苏某今日有田可耕，是我天大的福分，也是拜你太守所赐，何谓爱莫能助！"徐君猷叹服道："苏公随遇而安，非常人可及，徐某只有佩服的份啊！"苏轼谢过太守，从苏迈手里接过火把，亲手把那些蒺藜茅草点着，大火借着风势烧得毕毕剥剥地响。

烧荒种地，是乡间耕作的土法，然而即使烧荒，土地仍然贫瘠。想要在这里种庄稼，非要清理碎石瓦砾、刨松土壤不可。为了不耽误明年春天的播种，苏轼带着几个儿子都到山上劳作。

他早已脱下长袍，摘去头巾，去掉了作为读书人的一切标记；换上一套麻布短褂，头戴斗笠，脚穿芒鞋，扛着锄头，俨然一个老农的模样。书生拿笔报国，农民荷锄种地，在苏轼看来都是最普通不过的事，并没有贵贱高下的分别。相反，拿笔的手渐渐磨出老茧，汗水滴入泥土，累了就伸腰深吸山间的空气，没有比这样辛勤耕作更能令心灵平静和踏实的了。

苏轼欣慰地对苏迈说："迈儿，为父今后要赖此荒地为生了，能做一介农夫，余愿足矣！"话语中透露出几分安详和满足，再也不是初来黄州那副失魂落魄的样子了。苏迈深知父亲的脾气，但不知道该为父亲高兴还是悲伤。

两个小儿子苏迨和苏过从没有下地干过活，一开始还觉得新鲜，搬石头搬得满头大汗，但不一会儿就开始叫累，嘟囔着要回家，懒懒地坐在地上不肯起来。苏轼板着脸教训:"'谁知盘中餐,粒粒皆辛苦',现在知道粮食的滋味了吧?"苏过埋怨道:"父亲,雇人开荒不行吗?"苏轼放下镬头说:"不行,为父现在是农夫,不是地主。"苏过不解地问:"可父亲是当官的呀。"苏轼说:"为父已经不当官了。"苏过低着头,还是赖着不肯起来,支支吾吾地说:"明天不来行吗?"苏轼皱眉道:"小小年纪,就如此好逸恶劳,平时教导你们的圣贤道理都忘到脑后啦?"苏过见父亲生气了,只得起来重新干活。苏迨年纪稍大一些,忙过来拉着弟弟,嘴上却嘟囔道:"这哪里还像读书人家?"

苏轼走过去,慈祥地对两兄弟说:"读书人?你知道什么叫读书人吗?我问你,前朝的范仲淹范文正公是不是读书人?"二人点点头。苏轼接着说:"好,你们俩都要当读书人,那就得学范文正公小时候,一顿一碗粥。"二人垂头不语。苏过忽然反问:"父亲,那你小时候是一顿一碗粥吗?"苏轼摇头说:"我小时候吃得很饱。"小苏过一字一顿地说:"子曰,'己所不欲,勿施于人'。"苏轼听了,哭笑不得:"我在你们这么大的时候,《论语》《孟子》,'春秋三传''三礼',以及《史记》中的'世家''列传'等书已经倒背如流了,另诵唐诗千首,不错一字。你们倘若能做到这样,我的俸禄就由你们开销了。"兄弟俩你看看我,我看看你,顽皮地咋了咋舌头。

苏迈在一旁听两个弟弟振振有词地跟父亲辩论,并不停下来休息。他心中明白,作为长兄,他应该为父亲肩负更多的担子,为两个弟弟做表率。苏轼欣慰地笑道:"好了,今天的活儿干完了,回家吃饭。明天再上山来。"苏迨、苏过懂事地点点头。

晚上,孩子们都睡了。苏轼轻声对王闰之说:"明天你跟着大家一起下地开荒去吧?"王闰之惊讶地说:"开荒?那谁来做饭管家?"苏轼说:"让迈儿媳妇一人做饭就好了。她在家要看孩子,不好下地,你身强力壮,怎么好待在家里?"王闰之一听火了:"我在家又没闲着,我不管这个家,谁来管?"苏轼也怒了:"我又没说你闲着。现在荒地开垦不出来,误了明年耕种,全家吃什么去?你不愿下地干活,就是放不下夫人的架子!"王闰之听了这话,委屈地哭出来:"什么?夫人的架子?我嫁了你就没过一天好日子!"苏轼也是直性子，说："我又没求你嫁给我。"王闰之气愤得说不出话来，不住地哭，朝云赶忙跑过来。苏轼愤愤地摔门而去。

第二天，苏轼闷闷地吃过饭，也不搭理王闰之，拿着镢头就上山了。苏迈带着弟弟们和朝云一声不响地跟在后面。大家都受了情绪的感染，一声不吭，埋头干活。朝云见苏轼闷闷不语，瞅个间隙端碗水来，柔声说道："先生，歇会儿吧！别累坏了身子。"苏轼接过水，一饮而尽，又挥动起镢头。

朝云劝道："先生，为何那样对待夫人？夫人整日在家操劳，还不是为我们弄口饭吃。你也知道，要不是夫人节俭过日，我们早已吃不上饭了。"苏轼这才停下来，长叹一声："哎！是我对不起夫人哪！但如今我已安心做一个农人，全家人也都好好地下田耕作，唯独她放不下官宦人家的架子，这又怎么能行？"朝云耐心地劝道："先生，也许夫人并不是放不下架子，她只是心中烦闷，不愿外出见人而已。"苏轼说："'腐儒粗粝支百年，力耕不受众目怜。'该高兴才是，又有什么可烦闷的？"

两人的冷战仍在持续。待在同一间屋子里时，两人冷着脸谁也不理谁。苏迈带着两个弟弟躲开念书去，或者陪着范英照顾孩子，只剩下朝云夹在中间做和事佬了。朝云生性聪慧，与苏轼夫妇感情也很深，看到他们闹别扭，自己也觉得难受。她趁单独跟王闰之一起做家务活的时候，小声劝说："夫人，向先生认个错吧，这样僵着也不是办法。"王闰之委屈地说："多少年来，我一直让着他，日子过得容易吗？他倒好意思说出那么绝情的话。"朝云忙劝道："就为这一句话，何苦呢？"王闰之激动地说："他从来就没有真心地对我好过，从来没有给我讲讲他的想法、他的心里话。他总是叫别人体谅他，他体谅别人吗？吃苦、受累、担惊、受怕这没什么，可他为我想过吗？他关心过我吗？多少女人还羡慕我嫁了一个独一无二的大才子，可顾家庭过日子有多少难处，谁又知道呢？我打碎牙往肚里咽，有泪得往肚里流，他懂吗？我也是女人呀，他给过我多少温情？"

话匣子打开就收不住了。王闰之这么多年的委屈一下都释放出来，那泪水像开了闸似的扑簌簌地往下掉。朝云听了，心头一震，又一阵痛心，轻声安慰道："夫人，先生时下身处逆境，脾气坏一点也是有的。但他还是把夫人放在心上的。"王闰之仍止不住地哭。

吃饭的时候，朝云又试图斡旋，对王闰之说："夫人，别和先生怄气了，先生的脾气你还不知？先生已经不生气了，夫人快和先生喝杯和好酒吧。"说着递过两个酒杯来，把酒斟满。王闰之坐着不动，仍说着气话："我给他生了两个儿子生错了，前生该他的。"苏轼听了，火冒三丈，把酒杯摔得粉碎，吼道："教子无方，还执迷不悟！连一点大家闺秀的教养都没有！"家人都吓得目瞪口呆，王闰之捂着脸哭着跑进屋去。朝云感到两头为难，但也无法可想，忙跟着进屋去劝。苏轼气得脸色发青，饭也吃不下，一个人往外走去，苏迈忙紧跟着。剩下那两兄弟愣愣地坐在饭桌旁，苏迨说："都怨你！"苏过也不服气："你要好也行啊！"

苏轼独自来到江边，望着滔滔江水，心中烦乱不已。他已打定主意要做个农夫，平平静静地在乡间耕种生活，可现在家里的事却这样让他头疼。他不禁想起了王弗，想起她的聪慧温柔，善解人意。如果她还活着，一定会理解现在的处境，一定不会有嗟怨之心的。可是弗儿去世这么多年了……苏轼不禁叹了口气。

苏迈走到父亲身边，轻声地说："父亲，你不要生气了。母亲她也有苦衷。再说，您要气出个好歹来，孩儿可怎么办呢？！"苏轼歉疚地说："迈儿，为父对不起你。你从小就没了母亲，长这么大，为父对你的关心太少了。"苏迈忙说："父亲，不要这么说。孩儿虽然没有了母亲，可继母视孩儿为己出。天这么凉，江边的风大，父亲请回家吧。"

苏轼摆摆手，伤感地说："我想起你的亲娘了。如果她还活着，一定不会这么不理解我，永远不会。你先回去吧，我想在这儿静一静。"苏迈也哽咽道："继母操持这个家不容易，发点牢骚也情有可原。"苏轼说："密州的日子不比在黄州苦吗？她没有抱怨。今日怎么生了抱怨之心呢？是父亲被贬了，成了罪人，是她爱慕虚荣！"苏迈忙说："父亲言重了，继母不是那样的人。她是为一家人操心啊。"苏轼听不进去，示意苏迈先回去，又无言地去看江水。苏迈看江风吹着父亲斑白的鬓发，心中一酸，默默地转头回去了。

现在情势闹得更僵了，范英抱着孩子，六神无主。朝云见苏迈回来，忙找他商量，贴耳对苏迈说了几句话，苏迈疑惑地点点头。又唤来苏迨、苏过，如此这般地给他们吩咐一遍，两个小家伙都懂事地点点头。

又过了一天，苏轼像往常一样下地干活回来，把斗笠撂在一边，走进屋来准备吃饭。只见苏迈三兄弟默默地坐在桌边，桌上摆着饭碗，却空空如也。苏轼不解地问："你们都怎么了？为何碗里没有饭食，在此闲坐着呢？"众人不作声。苏轼以为是兄弟间闹别扭了，便问苏迈："是谁顽皮使气呢？"苏迈仍不作声，给苏过使了个眼色。最小的苏过果然机灵，双臂抱在胸前，振振有词地说："父亲，从今日起，我等罢饭绝食。"苏轼瞧他那认真劲儿，哑然失笑，忙问为何。苏过认真地说："父亲和母亲什么时候和好，我等就什么时候吃饭。"

苏轼满脸歉意，叹道："原来是这样。同你们母亲吵架，原是为父的错。西北边境在打仗，为父却在这儿孤守江边，所以近来脾气很不好。为父今日在田间想了很久。你们的母亲，还有你们，都跟着为父受苦了，但无论怎样艰难，大家都从不生一丝一毫的抱怨。为父却做得不好，遇见不平之事，如鲠在喉，必欲吐之，也不顾你们爱不爱听。你们的母亲是个好人，嘴上逞强，心里却慈悲好善。其实要照顾这么大一家子，她已是左右支绌、身心俱疲，听见为父说泄气话又怎么能安之若素呢？都怪为父，怪为父啊！"

朝云早拉着王闰之躲在门后聆听。王闰之听苏轼说出这番话，眼睛都红了。只听见苏轼又接着说："可你们不能不吃饭啊，你们从小到大，也只有今日的饭食最该吃得理直气壮！因为你们亲手耕种的五谷稻麦，来年作你们的盘中餐，粒粒皆是你们自己的辛苦！所以不能因为父而白费了你们朝耕暮耘的汗水。唉，待为父给你们做饭去，算给大家赔礼道歉，给你们的母亲赔礼道歉。"

王闰之眼眶湿润，激动万分。她从里屋慢慢走出来，流着泪说："你的好意我心领了。以后，我再也不惹你生气了。是我不对，请大家原谅。我这就去下厨做饭。"苏轼也忙作揖道："委屈夫人了，为夫有愧呀。"二人和好如初，众人都开心地笑了。

朝云笑吟吟地陪王闰之在灶下生火做饭，忽然苏迈跑进来，手里提着一块稻草捆系的肉，高兴地说："为了庆祝父亲母亲和好，我去集市上买了点肉回来。"王闰之也很高兴，但瞧着朝云问："这猪肉怎么做才好吃呢？"

这时苏轼正在书房教苏迨、苏过念诗。苏轼笑着说："孩儿们，你们母亲正在厨下烧饭，为父且吟读两句饭前开胃诗文：'青青田上稻花香，碧水清浅摇绿秧……'"

朝云听到先生念诗，笑着对王闰之说："夫人，你听，稻花香……碧水清浅……先生这是让咱们少放些水，再盖上青稻秧哪！"

又听见苏轼吟道："但得农家日缓缓，不劳劝耕赵家庄。"

朝云接着说："哦，先生说日缓缓……用文火呀，缓缓地蒸。"

王闰之将信将疑，忙将肉洗净放到锅中蒸起来。过了半个时辰，香气渐渐飘满了屋子。王闰之盛了一大碗炖猪肉，端到饭桌上来。苏迨、苏过闻见香味，早已垂涎三尺，急着要举筷子。王闰之皱眉道："请你父亲先尝。"

苏轼笑道："那我恭敬不如从命了。"举筷尝了一小块儿，赞不绝口："嗯，这肉很香啊，我从没吃过这么香的猪肉。黄州这地方，富人不吃猪肉，而穷人又不知如何烹调，你们是怎么做的？"王闰之笑着说："是按夫君说的办法做的呀！"苏轼茫然不解。朝云笑着解释道："先生不是说什么……田上稻花香……水浅……绿秧……日缓缓，什么的嘛，我就让夫人少放了些水，用文火蒸了。"

苏轼恍然大悟："原来是'无心插柳柳成荫'啊。无心之中做成这么一道美味佳肴来。"朝云一边盛饭，一边笑说："原来夫人是以先生的诗文将错就错，天缘凑巧而成。真有意思！不过，这道菜是算夫人做的，还是先生做的呢？"苏轼与王闰之相视一笑。苏迈打趣道："我看该算父亲做的。想不到父亲还是个文人厨子哪！"大家都笑起来，两个小家伙早按捺不住，举起筷子吃起来。

朝云斟了两杯酒说："先生夫人这回可要喝和好酒啊。"王闰之含羞地举起杯子，苏轼爽朗笑道："唉，我这脾气不好，应该感谢夫人，这事要是放在季常的夫人柳氏身上，打我一顿棒槌，不也得挨着吗？你比河东狮吼强多了。"众人大笑。王闰之面色绯红，抿嘴把酒一饮而尽。

苏轼继续带着一家人在山上开荒，渐渐把那些荒草恶木都刈除尽了，碎石瓦砾都垒成田界,板结的硬土也一寸寸地刨松,种上麦种。到十月光景,地气偏暖,麦苗已长得很高大,苏轼很是欢喜。但当地农夫告诉苏轼,过高过大的麦苗不易抗过冬雪,想要来年收成好,就要放任牛羊吃掉麦苗叶。苏轼感激拜谢,精心侍弄这一片庄稼。

到这一年岁末,黄州果然连下了几场大雪,似乎也兆示来年会有个好收成。趁着大雪农闲,苏轼带着儿子在荒地一侧筑起了一片平台。台上建起了几间草屋,墙壁里面又绘上了雪景,屋外用竹子编成一围篱笆。

到第二年开春,荒地上已是绿意盎然,令人欣喜!苏轼饶有兴致地看着这一片亲自耕耘的土地,内心无限喜悦。朝云笑说:"先生真是个地道的农夫了。"苏迈也接着说:"父亲,屋已盖好,田地初成,都该有个名号了!"

苏轼捻须说:"地处城东,东有山,山有坡。白居易云:'朝上东坡步,夕上东坡步,东坡何所爱?爱此新成树。'这地就叫'东坡'吧。这几间茅屋是大雪中所盖,就叫'雪堂'吧。"朝云和苏迈都微笑称许。苏轼笑着说:"老夫如今也有雅号了,今后就叫作'东坡居士'!"

苏迈高兴地说:"那父亲就是苏东坡了!"

苏轼点头自言自语:"是啊,今后只有苏东坡,再无昔日的苏子瞻了啊!"

苏过也插嘴说:"那家里烧的猪肉就叫东坡肉咯!"众人都笑起来。

没过多久,苏东坡的名号便传遍了整个黄州。黄州人都知道这个昔日的大才子大文豪,竟要在乡间学做农夫了,个个惊奇不已。

徐君猷身边有个一同调任过来的吴通判,乃是王珪的学生和亲信,暗中受了王珪、蔡确的指使,监视着苏轼的一举一动。王珪害怕苏轼重新被皇上起用,就指使吴通判搜集他的言行,以便从中找到构陷他的机会。有差役把东坡居士的名号告诉吴通判时,吴通判立刻写了密信转递给王珪。王珪看了信冷笑道:"这个苏轼啊,没粮吃,他自己种;没肉吃,他自己烧。若是以后没酒喝,我看他也能自己酿出来。实在是拿他没办法。若他从此以后,真正志在东坡,做个饮酒吟诗的陶渊明,老夫倒可高枕无忧了。"蔡确还是不放心,叮嘱吴通判继续紧盯着苏轼的举动。那吴通判巴结着王珪,每日做着发财升官的美梦,岂有不尽心的!就派手下留心打探。

巢谷自从暗暗跟随苏轼到了黄州，见他与陈季常相遇，料想沿路不会再有人加害他了，就悄悄拜别，云游到三清山道观去找师父吴复古。那吴复古本是闲云野鹤，四处游走，飘忽不定的，这回却好像知道巢谷会上三清山一样，专门在山中等候，清修了半年的光景。三清山风光奇秀，乃是葛洪曾经修行炼丹的地方。吴复古见巢谷心有郁积，心神未安，便留他在山中静修，一句话也不问。巢谷虽满心迷惑，但见师父不开口，也不敢贸然多嘴。

如此每日练武、静坐，又过了半年。吴复古突然开口说："我们去看望苏子瞻吧！"

巢谷惊诧不已，又犹疑不决："师父，徒儿还是不下山的好！"吴复古笑道："跟随我在这三清山中修行半年，难道心中的郁结还是纾解不通吗？"巢谷支吾不言。其实他心中何尝不想见苏轼呢？自从苏轼被捕入京，他就一路暗中相随保护。在汴京御史台监狱，巢谷见苏轼受尽屈辱，曾想去割了李定、舒亶等鼠辈的首级，但想起师父的训示，怕杀了他们之后，苏轼的冤屈更难雪清，就隐忍着直到苏轼贬到黄州。

吴复古心如明镜，朗声道："你的脾气太过刚烈，动不动就要用刀子杀人，全不像方外之人……你不愿见子瞻，难道是因为对小莲姑娘仍念念不忘吗？"

巢谷见师父说中心事，心中惘然，但嘴上还是吞吞吐吐地否认。吴复古长叹一声："小莲乃一只骄世之凤，命合如此，怎会爱你。再说，这与子瞻无干。"巢谷低头认错道："师父教训得是。弟子从未怨过子瞻，弟子只是俗念太重了。"吴复古摇头说："非也，非也。有大智慧者，必有深情；有深情者，方有大智慧。当初为师正是看上你这一点，才收你于门下。情劫历尽，智慧之门顿开。"巢谷忙跪下叩头道："多谢师父指点。此次看过子瞻兄之后，弟子一定追随在师父身边，好好学道。"吴复古说："道即我，我即道。心中有道，不学也有道；心中无道，学也无道。南华祖师当年不知我是蝴蝶，还是蝴蝶是我，即是此意。巢谷，你要切记啊。"巢谷赶忙叩谢师父教诲，此时他的心早已飞到黄州去了。

巢谷与师父水陆兼程，很快就到了黄州。二人早听说苏轼在黄州学做农夫，亲垦荒地，最近自起了个名号叫作"东坡居士"，便径直往东坡而去。远远望见田垄上，苏轼穿着一身粗布短衣，正与苏迈锄地。巢谷疾奔向前，大喊道："子瞻！"苏轼远远望见，又惊又喜，扔下锄头，跌跌撞撞地迎上前去，激动地抱住巢谷说："巢谷贤弟，真的是你吗？我不是在做梦吧？你这几年到哪里去了？我还以为见不到你了！"巢谷泪流满面，哽咽得说不出话。苏迈也感泣不已。吴复古飘然至前，笑道："好啦好啦。大士何曾有生死，小儒底处觅穷通。偶留一映（xuè）千山上，散作人间万窍风。"苏轼忙作揖道："不肖侄苏轼叩见道长。还是道长道行深，如此达观，小侄被道长笑话了。"吴复古看着苏轼一身打扮，笑说："东坡居士头已白，看来也是修行至深啦。"苏轼大笑，即刻请二人到雪堂安歇。

还未进屋，苏轼就喊道："闰之，看看谁来了？"王闰之正在家中忙活，出门一看，不由得惊呼起来："吴道长！巢谷大哥！"吴复古笑呵呵地端详着闰之说："闰之啊，跟着子瞻受苦了。我可没有给你保好媒啊，怪罪贫道吗？如今还成了农夫之妇了。"王闰之说："道长哪里话，跟着子瞻，吃糠咽菜也是愿意的。"说完与苏轼相视一笑。

苏轼忙招呼着众人坐下，说："吴道长这回可要多住些日子，久不跟道长学道，这满身俗气要借道长的仙气拂去才是。我跟巢谷也有满肚子的话要讲。"家人都围坐过来，叙谈良久。巢谷便把如何在官船上杀死官差、暗中保护苏轼父子、相随至黄州的情形讲了一遍，苏轼等人听了都惊讶不已。回首往事，唏嘘流泪。

苏轼连忙叫苏迈邀请陈慥、柳氏、潘丙等一干好友齐集雪堂，置酒欢聚。众人带着些鸡鸭果肴欢欢喜喜前来，潘丙还带了一坛上好的黄酒。王闰之和朝云忙着招呼客人，在庭院的柳树下摆起一桌菜肴，给众人斟酒。

苏轼显得十分高兴，举杯向众人说："诸位前辈、好友，雪堂落成，感谢诸位前来祝贺。吴道长和巢谷远道而来，苏某先敬二位一杯！"吴道长笑道："我的东坡贤侄，如今果真要在黄州当一农夫吗？"苏轼长揖施礼道："苏某不才，做一农夫倒也遂了平生之愿。如今在这东坡之上垦辟了几亩田地，又蒙各位好友帮助修筑了这雪堂，如此大可在此安度余生了。道长，您是得道长者，也是先父的好友，当此雪堂落成，小侄定号之际，还请题上一副楹联啊。"众人都叫好。吴复古赶忙含笑推辞。这时巢谷说："师父出口成章，莫说题上一副楹联，就是题上千副万副，也是杯酒之间的事，如何作难？"吴复古笑道："好你个巢谷，将你师父的军来了。"挥手要打巢谷，巢谷笑着躲开。

吴复古捻须笑道："你们有所不知，贫道虽略略读书，却从不留文字。"陈慥也是修道之人，忙问其中缘由。吴复古说："南华老祖有言，凡是可以用语言说出来的，都是事物的糟粕；只有那些可以意会而不可言传的东西，才是精粹。故而贫道不敢轻言。"柳氏是个直脾气，早等得不耐烦了，脱口而出："那道长日可发千言，何以不能写一副楹联？"陈慥恼她言语轻率，忙拽她的衣袖，柳氏固执不理。吴复古大笑："二者大不相同！我虽日发千言，却都随风而逝，如同未发一言。但这雪堂对联一出，必因子瞻而传之后世，岂不破了我的规矩？"苏轼忙拱手说："道长太抬举小侄了。不过还望道长为小侄破例。"吴复古看众人盛情难却，大笑说："该守则守，当破则破，任其自然，不用人心，乃是道家的宗旨。罢了，贫道就题上一副。"苏轼大喜，忙叫朝云端上纸墨笔砚来。

吴复古题道："台榭如富贵，时至则有；草木似名节，久而后成。"众人看了，都有些不解。吴复古说："'富贵'者，人人欲求，不求则是矫情，但要求之有道，顺其自然，不可强求；'名节'者，立身之本，但人如草木，冬来自凋，而历冬不凋者，方为劲草，故'久而后成'。"众人见解得精妙，都赞不绝口。苏轼也拱手拜谢。

吴复古呷了口酒，徐徐说道："贫道献丑了。不过我也有一问，这草堂何以名之'雪堂'啊？"苏轼笑道："道长倒考起我来了。此堂建时方遇大雪，故以雪名之，以纪其事。"陈慥、柳氏、潘丙都点点头。苏轼又接着说："不过又全非如此。"众人忙问为何。苏轼指着墙壁上的壁画说："吾非取雪之名，而取雪之意。此凹也，此凸也。在大雪杂下之时，高处和洼处是平均的，高处雪也高，洼处雪也洼；但当大风过后，则凹处的雪留下，而凸处的雪就被吹走了，大风不因其高就偏心，不因其低洼就贬损，反倒将高处之雪吹往洼处。苏某由此悟出，天道无私。"

众人唏嘘叹服。巢谷不解地问："子瞻兄之意，乃是要躲在低洼之处，遁世自保？"苏轼摇摇头说："非也。吾非逃世之事，而是逃世之机。苏某非是逃避世事，逃避的不过是世人的机诈之心罢了。"吴道长颔首称许。

王闰之见众人只顾着说话，忙走过来劝酒，又对苏轼嗔道："喝了几杯酒，又开始胡说了。"苏轼笑着说："今日道长和巢谷到来，为夫只不过是太高兴了。"说完又对众人说："诸位，今日此兴未尽，黄州有一名胜，就是城西江边之赤壁。我看不如租条大船，明日泛舟江上，作赤壁一游如何？"众人都拍手同意。潘丙说："我熟知黄州水土人情，由我去租条船来。"苏轼谢过，众人醺然暂别。

将近黄昏时，黄州郊外的村径上，走过来一胖一瘦两个和尚，边走还边拌嘴。正是佛印和参寥。佛印推着一车粮食，参寥背着一个装钱的褡裢。他们听说苏轼在黄州缺少钱粮，故结伴送来。佛印胖大沉重，参寥癯瘦飘逸，两人走在一块儿倒别有风味。到了雪堂院门外，佛印把门板拍得震天响。苏轼在里屋问："哪位敲门啊？"

佛印说："僧敲月下门。"

苏轼一听是佛印，不禁大喜，忙迎出来开门："好你个佛印，还未进门，你就骂我！"见参寥也在，更加惊喜地说："参寥兄也来了！今日仙长大师齐集雪堂，真是机缘巧合！"忙将二人领进来。参寥合十施礼问："仙长？莫非吴道长也来了？"苏轼连声说是。佛印忽然有些迟疑地说："我……我怕我这假和尚见不得真道长！"

吴复古已走了出来，大笑道："假作真时真亦假，无为有处有还无！佛印大师如何还参不破真假有无！"佛印擦擦头上的汗小声说："道长厉害！厉害！"参寥合十道："阿弥陀佛，总算还有人治得了你！"苏轼见他们见面就斗嘴，哈哈大笑，忙把众人带进里屋。家人都出来与二位大师相见。

佛印拍着肚皮大喊道："和尚云游四方，到东坡先生家化缘来了。"苏轼忙说："东坡先生家有秘制东坡肉，只是大师吃不得荤啊。"参寥闭目念经，直说罪过，佛印却笑说："非也，非也，佛在心中，与吃什么无干。"吴复古大笑："好个酒肉和尚，正所谓酒肉穿肠过，佛祖留心中啊。"

少顷，王闰之端着一大碗东坡肉放在桌上，又单独为参寥准备了一些素斋。佛印早已垂涎三尺，也不顾旁人，狼吞虎咽起来。苏轼说："二位故人前来，真是机缘凑巧。我已邀请诸位好友明晚泛舟赤壁，饮酒赏月，岂不快哉！"佛印一听有酒，直嚷着："有酒有肉，和尚我也不算白来黄州了。"众人听了都笑。

第二天傍晚，潘丙早将租来的船泊在临皋亭下。苏轼领着众人，陆续登船。晚风拂来，江静无波，大船稳稳地向城西溯流而上。潘丙摆上酒肴，众人依次坐下，倚着船舷看两岸风光，饮酒谈谑，好不惬意。吴复古苍髯飘动，神情安闲；参寥默捻佛珠，闭目深思，令人有超尘出世之感；陈慥与巢谷是十几年未见的老朋友了，又都习武修道，自然对酌畅谈；苏迈则与潘丙坐在一边轻声说话；只有佛印嘴巴闲不住，千方百计地想跟苏轼斗嘴说禅。

少顷，月亮升起来。天空纤尘不染，清光都洒在江面上。江上细浪粼粼，光影玉碎。近岸几处浅洲沙浦，生满芦苇，水汽袅袅，薄雾浮动，大船似乎浮在空中。

苏轼倚在船头，举着酒杯，幽幽吟道："桂棹兮兰桨，击空明兮溯流光。渺渺兮予怀，望美人兮天一方。"众人都击节相和，醉歌再三。潘丙拿出一支洞箫来，呜呜地依节吹奏。箫声苍凉幽怨，声声飘落烟波之上，随着江流倏忽远逝了。

到了城西赤鼻山下，江流渐渐迅疾起来。原来赤鼻山独峙中流，江水受阻遏不得不在此绕个弯儿才平稳地向东流去。山脚下巉岩万状，涛声四起。船工小心地将船摇到赤鼻山下。只见断崖千尺，遮蔽月影；近处惊涛拍岸，雪浪飞溅，不禁令人心神悚动；半空里水雾弥漫，危峰出云，连月光也显得寒冽起来。

苏轼感慨道："此处传说是三国周郎赤壁。当年曹操亲率大军东下，舳舻千里，旌旗蔽空，何其雄哉！却被周瑜大败于此，樯橹摧折，仓皇逃走。往事一越千年，那些英雄豪杰都在哪里呢？可见今古同一梦，功业化尘土，还不如现在我们泛舟江上，饮酒为乐啊！"

参寥双手合十道："阿弥陀佛，子瞻事事看得破，视功名若云烟，视人事如幻梦。如此悟性，何不入我佛门？"佛印笑说："子瞻一生聪明，真是血性汉子。早把功名富贵梦抛到天外，跟我这酒肉和尚倒有一比。"苏轼呵呵一笑："躬耕东坡，难道就不能参禅悟道吗？"

这时江边划来一条小船，船上站着两个人，擎着火把，远远喊道："是苏大人吗？"众人都放下酒杯静听。小船靠近，原来是官差。为首一个施礼说："苏大人果然在这里。太守徐大人有要事相告，差小的送信来。"说着掏出信函递给苏轼。

苏轼取信看过，大惊失色，站立不稳，几乎要晕倒。众人忙问怎么回事。苏轼痛心地说："徐大人收到公文塘报，说西北永乐城兵败，士卒一万二千三百余人全部阵亡，西夏兵大举入侵。"陈慥、巢谷气愤地拍起桌子，参寥、佛印等人也悲愤不已。苏轼接着说："徐太守还说朝廷敕令各州府征兵征粮，搜括钱帛，天下必定骚然不安了。"陈慥叹气说："朝廷又要议和，交纳岁币？"

苏轼不胜悲愤，打发差役回去，回到舱中，抓起酒坛，仰天痛饮。巢谷连忙夺下来，安慰道："子瞻，着急也没有办法！"苏轼神色茫然地说："如今我还能说什么呢？"吴复古一直沉默不语，忽然长啸一声："英雄豪杰，长歌当哭啊！"

苏轼夺过酒坛，猛地灌了一口，把酒坛重重地摔进江里。大江似乎也懂得人的悲愤，挟着风势卷起汹涌浪头，不断地拍打着岩石。在震天的怒响中，苏轼长啸一声，朗声唱道："大江东去，浪淘尽，千古风流人物。故垒西边，人道是，三国周郎赤壁。乱石穿空，惊涛拍岸，卷起千堆雪。江山如画，一时多少豪杰。　遥想公瑾当年，小乔初嫁了，雄姿英发。羽扇纶巾，谈笑间，樯橹灰飞烟灭。故国神游，多情应笑我，早生华发。人生如梦，一樽还酹江月……"

## 四十八　　小舟从此逝

神宗得知永乐兵败，将帅兵卒死亡无数，大哭一声，呕血晕倒。王珪、蔡确等自知错用徐禧才酿此大败，急忙一面差人赴边议和，想以贡纳岁币息事宁人，一面又向圣上推诿责任，企图逃脱惩罚。神宗大病一场，无力处理朝政，就由着王珪将这事蒙混过去了。神宗这才想起苏轼的话，后悔不已，想召苏轼回京。王珪、蔡确巧舌如簧，百般搪塞推托，神宗只好作罢。

苏轼自从赤壁之游归来后，终日忧郁不乐，不时前往太守府衙打听边事消息，每每失望而回。那吴通判自然将这些情形密报王珪。

参寥与佛印告别诸人，又四处云游去了。吴复古与巢谷也要辞行，被苏轼留住又住了二十多天。吴复古说："贫道已答应了三清山道长的邀约，不能延误，今日便告辞了。子瞻，家国两不忘，你在黄州多加珍重。"苏轼施礼敬谢，又挽留巢谷。巢谷想起小莲的事，于是推辞说："师父年逾九旬，身边需要人照顾。再说……再说，我也想跟随师父潜心学道。子瞻兄，我得空再来黄州看你。"苏轼见如此，不再挽留，随同陈慥、潘丙送二人到临皋亭下的江边，目送他们乘船离去……

光阴荏苒，苏轼到黄州已是第三年了。农时耕稼，闲时读书，偶尔去太守府中询问一下政局大事，或者邀请二三好友，随意出游，日子真是好消磨得很。微薄的俸禄，加上东坡上的田地收成，差不多可以解决一家人的吃穿，尽管粗茶淡饭，妻子儿子都有晏然自安之色。遇有困难时，友人往往慷慨接济，这一切让苏轼觉得很欣慰。

这日，苏轼又将陈慥请到雪堂来盘桓数日，相从谈经说道。苏轼说："在黄州遇农事闲暇，便有意取《论语》《易经》等书，精习研读，意欲在治经上有所成就，所以一刻也不敢懈怠啊。"陈慥夸赞道："子瞻兄守本务道，精神可嘉啊。"苏轼笑说："我近日将陶渊明的《归去来兮辞》词句重组，按民间山歌唱出，农民于田间耕作时，敲牛角为节拍，别有一番情趣。季常兄可愿意指教一下？"陈慥笑道："现在的苏东坡，跟以前的苏子瞻完全不同了，你可真是乐在其中啊。难道你真愿意做陶渊明，在东坡田间终老此生吗？"苏轼淡然地说："乐天知命，本本分分做一个自食其力的农人，又有什么不好？天意苟如此，且进杯中物吧。"陈慥点点头。二人边说边走，不觉来到江边。

苏轼忽然看见一个妇人站在江边，神情绝望，口中念念有词，双目紧闭，往江里跳去。苏轼大叫一声："不好！赶快救人！"陈慥马上跳入水中，将那妇人双手托起，苏轼站在岸上把她拉了上来。二人把她抬到江边柳树下躺着，她浑身湿透，口吐江水。片刻，那妇人睁开眼，哭道："为什么要救我？不如让我死了算了！活着只有受苦受罪，为什么不让我去死？"

苏轼安慰道："这位大姐，你先不要着急，你只管告诉我，有什么冤屈苦难。"

那妇人平静下来，哀哀戚戚地道出原委："奴家是城南王喜家媳妇。奴家为王喜生了四个女娃。五个月前，奴家又生了一个女娃。当家的骂奴家生不了儿子，每日对我拳打脚踢。家里穷，子女又多，他就要把我那五个月大的孩儿拿去溺死。我痛哭求饶，给他磕头，他也不肯，说家里缺米少粮，再养这些小孩，大人都要饿死了，不如趁孩子还小及早溺死，免得将来变成恶鬼缠身。奴家打不过他，孩子就被他抢了去，丢到水里溺死了。奴家也不想活了，就想不如跳到江里去，一死就清清净净了……"

苏轼听了气得直发抖："岂有此理！岂有此理！你那丈夫连五月婴孩都能痛下杀手，简直丧尽天良，牲畜不如！你那女儿何罪之有，天底下竟有这般灭绝人伦之事！"陈慥也怒道："亲手杀死自己的骨肉，实在是天理不容！"

王喜媳妇只管呜呜地哭："他嫌我只会生女儿，还说要休我，横竖我是活不下去了。"苏轼说："你糊涂！走！你且随我去官衙，告你丈夫去！这就随我去官衙！"王喜媳妇摇头哭道："大人，我怎么能告他呢？他再怎样，也是我当家的。是我没用，生不出儿子，拖累了这个家。"苏轼气急了，斥责道："这与你有何干系？他已犯下人命大案，官府岂能不管？"王喜媳妇拗不过，又不愿去告官，只得挣扎着起来，哭着跑开了。陈慥见状，叹了口气，忙问苏轼怎么办。苏轼说："黄州竟有这等事，我不能坐视不管。那王喜家就住在附近村中，你我这就去通判堂找吴通判告发，派衙役去将那王喜锁了，免他再害人！"陈慥点点头，跟苏轼来到通判堂。

苏轼向吴通判禀明了来意，恳请道："通判大人，这王喜滥杀亲生骨肉，罪深孽重，实不容赦。请吴通判即刻差人捉拿那王喜，以明法纪，劝善惩恶。"吴通判傲然地看着苏轼，懒懒地答道："本官还以为出了什么紧要大事呢，让苏大才子这般火急火燎，原来如此。"苏轼一惊，正色质问道："吴通判，下官以为你会拍案而起，缉查凶犯，却为何还安然高坐于堂上呢？"

吴通判不紧不慢地说："苏轼，本官已知道此事，自会派人处理，退堂！"说罢，就要退堂。苏轼悲愤莫名，拂袖告辞。吴通判突然叫住苏轼说："苏轼，听说你已自号东坡，成日躬耕不辍，乐得自在。这份自在，来之不易，你要好自为之！"苏轼冷眼看看他，气愤地出去了。

陈慥追在后面问道："那狗官说要你好自为之，似乎话中有话啊。"苏轼说："不过是前任曹贵的惯用伎俩，想吓唬苏某，苏某可不怕他！且看他如何处置。"

苏轼回到家里，郁郁不乐，吃饭时也怒形于色，连王闰之新做的东坡肉也不愿意去尝一口。朝云知道苏轼心事，和颜悦色地劝道："先生，今日夫人做了先生最喜欢吃的东坡肉，先生尝一尝，如今夫人的东坡肉只怕比先生做的还要好呢！"王闰之夹了一块到苏轼碗里，苏轼勉强吃了一口，心不在焉地夸赞一句。朝云见苏轼愁思满腹，不敢再多说什么。

晚上陈慥突然来访，见着苏轼便说："子瞻兄，我已找人问过，今日自你我走后，吴通判并未差人捉拿王喜。此时那王喜正躺在家中睡觉，一切如常。"苏轼又惊又怒，说："我今日听吴通判话中绵里藏针，就觉得不对。此案涉及无辜婴孩的性命，且大坏人伦常理，他怎么可以置之不理呢？"陈慥也沉吟："是啊，确实蹊跷。子瞻兄，你与徐太守相熟，要不找他去问问？"苏轼细想半天，说："处理民事诉讼，掌管刑狱缉捕，这是通判分内职责，你我不必去见太守。等明日再上通判堂！"

第二天，苏轼与陈慥再次来到通判堂，苏轼强压住怒火，说："吴通判，下官特来相问，为何迟迟不去捉拿人犯王喜？"吴通判脸有愠色，懒懒地说："苏轼，你一个有罪在身的团练副使，却来质问我堂堂通判，实在无礼。"苏轼拱手施礼道："下官若失礼节，还请吴通判见谅。只是此案人命关天，我实在是心急如焚，不能安坐片刻啊。"

吴通判颇不耐烦地说："行了，行了，苏轼。本官昨日就跟你说过，莫忘了你是有罪之身，该你管的你管，不该你管的不要管。本官受朝廷恩命，自当尽忠职守，不负圣上之托，还轮不到你来指手画脚。"说完扬长而去。苏轼半晌说不出话来，陈慥只好拉着苏轼离开。

苏轼越想越气，对陈慥说："吴通判这个昏官污吏，岂有此理！我几次三番催促他，他表面应承，却暗地不动，就是不拿人。我不能容忍王喜那恶人逍遥法外。走，跟我到他家中去看个究竟。"说着便急匆匆地拉着他向城南走去。

二人四处打听，来到王喜家院门外，见王喜媳妇坐在院子里，抱着几个小孩子呜呜地哭，王喜站在屋檐下破口大骂："贱女人！儿子都不会生，养着你有什么用？生这么多女娃，只知道张嘴吃饭。都给我下地干活，不然都得饿死。"王喜媳妇只知道哭，那几个小孩子都吓蒙了，也跟着哇哇地哭。

苏轼在篱笆外看到这情景，大怒："哼，这等恶徒，决不能姑息！季常，吴通判不拿他，我去拿他。我要亲自审审，问问他的良心何在！"陈慥大惊，忙劝阻道："子瞻兄，不可鲁莽行事啊。你仍是戴罪之身，朝廷明令，你就连公文都不得签署，何况拿人审案呢！不如我们去禀明徐太守，请他做决断。"苏轼摇摇头说："徐太守去武昌府办公事去了，一时回不来。此事我不能坐视不管！正是像吴通判这种人纵容姑息，此类灭绝人伦之风才猖獗不止。"

陈慥苦苦劝道："子瞻兄，你若私自拿人，触犯律例，这可正合了朝中有些人的意了。"苏轼倔强地说："我所经历的祸患还少吗？季常，你不知道，这几日我食不甘味，夜不能寐，不让我审这一回，只怕会积忧成疾，我不能再等了！"陈慥无奈地说："那好吧，到晚上我带几个家丁去把他绑了。"

二人商议已定。晚上陈慥带家丁将王喜五花大绑，带到雪堂来。苏轼端坐院中，众人拿着火把，环列四周。王喜还弄不清楚发生了什么事，惊恐地看看四周，双腿发抖。

苏轼大喝一声："王喜，你可知罪？"

王喜扑通跪下，哭喊道："大……大人，小的老实本分，从不惹事，没打过谁也没偷过谁，胆子倒比谁都要小一些……实在不知道犯了什么罪呀？"

苏轼见他毫无悔过之心，更加愤怒，吼道："住嘴！你这禽兽不如的败类，还敢在这里装腔作态！我问你，你前日如何将自己五个月大的女儿浸水溺死的？快说！"

王喜哀哀哭求道："大人，小的也不忍心杀死亲生女儿。但家中缺粮，哪里养得活她，横竖是死还不如死在我手中。大人，小的也是没有办法啊！"

苏轼喝道："岂有此理！你竟因为缺粮就杀死自己的亲生女儿吗？你还有没有良心！"

王喜一脸茫然，说："小的想大人是少见多怪，小的前两年遇上饥荒，也曾埋过一个女婴，倒无人怪罪小的。大人，求求你……"

苏轼听了，更加怒不可遏："大胆恶徒！你手中竟有两条亲生骨肉的人命！你还不以为罪，你，你实在已经不可教化！来人，将他关起来，明日待我将他送官查办！"

家丁们把王喜押下去了。陈慥不无担忧地过来说："此事惊动官府，那吴通判定会从中生事啊。"苏轼余怒未歇，叹气道："现在管不了这么多了。此等恶徒若不绳之以法，王法天理何在？！我明日亲自将他带到通判堂，我要看那吴通判，他判是不判？"陈慥忧心忡忡地点点头。

第二天，苏轼叫陈慥在堂下候着，自己推着五花大绑的王喜来到通判堂，喝令他跪下，王喜吓得哭喊饶命。吴通判坐在堂上，冷冷地瞪着苏轼。苏轼上前禀明："吴通判，下官昨夜已审问了恶徒王喜，王喜对他杀死两条人命一事供认不讳。还望吴通判明察，尽快将其治罪，以正视听。"

吴通判早就想寻找机会来整治苏轼了，见此情景，拍案喝道："大胆苏轼！你本戴罪之身，贬官于此，竟敢私设公堂，枉法乱纪，你该当何罪？"王喜吓了一跳，一时又摸不着头脑，愣愣地看着两位大人。陈慥心里也一紧，暗想不妙，跑到门口观望。

苏轼见状，不由发怒道："吴通判，你不审这杀人恶徒，为何倒审起我来了？"吴通判冷笑道："苏轼，你怕是忘了，你是连公文都无权签署的罪官，更何况私设公堂？你不听本官一再劝告，如今已犯下了重罪。"苏轼大笑道："吴通判，我之所以要私审王喜，全因你渎职不力。我两次三番告知于你，你却不闻不问，使人犯逍遥法外。我不得已才代行，你不是不知道。吴通判，我以为私设公堂违律一事，此后再议，你先审问这王喜再说。"

吴通判傲然地说："苏轼，本官用不着你来教导做事。本官早就告诉过你，你且管好分内之事，不要越权干涉本官职责所在。你自作聪明，就是不听。"苏轼质问道："吴通判，老夫却要问你，王喜一案，罪大恶极，你身为本州通判，却为何百般推托，迟迟不拿不审？你这不是渎职是什么？！"

陈慥见苏轼与吴通判顶撞，预感不妙，但也无法可想，只得候在门口静观形势。吴通判被苏轼说得语塞，忙转换话题，猛拍一下惊堂木喝道："好，本官就审给你看！王喜！你为何溺死自家女儿？"

王喜连忙磕头，战战兢兢地说："大人啊，小的家中穷困，眼看养不活她了，没办法只好如此。"吴通判接着问："那你是否如这位大人所说，此前还活埋过你家另一女婴？"王喜磕头如捣蒜，哭着说："是的，大人。那年饥荒闹得凶，小的也是没有办法。"吴通判问道："王喜，本官再问你，你家邻居可曾同你一样，也溺杀或活埋过自家女婴？"王喜说："有过，有过。大人，这黄州村野之中，世代都是如此。"

苏轼听罢大惊。吴通判冷笑道："王喜，你且说说这位苏大人昨晚是怎么审你的？"王喜说："大人，这位大人怕是新来的，不了解此地风俗。昨夜捉了小的，硬说小的这样做是犯了重罪。小的也觉得奇怪，此事在黄州是十分平常之事，从没听说有人因此被判罪。小的想说给这位大人听，这位大人不听，反将小的关入他家柴房之内，一夜蚊虫叮咬，实在是受苦啊！"

吴通判得意地对苏轼说："苏轼，你可听明白了？这杀女婴一事，乃黄州乡间风俗，自古沿袭，从未变过。今日我若将这王喜投入牢中，则黄州村村都有罪人，将他们全部投入牢中，十个黄州监牢也装不下！苏轼，你不要在这里自作聪明，自以为是了！"苏轼这才明白，吴通判早就知道这里有如此恶俗，却置若罔闻，视人命如草芥，不由得转惊为怒。吴通判命衙役即刻将王喜放回家去。王喜看着苏轼，半步都不敢动。吴通判大吼一声："还不快滚！"吓得王喜连喊"谢天谢地"，一溜烟跑了。

苏轼见吴通判堂而皇之地释放人犯，怒道："吴通判，你居官守职，管好分内之事自然是不错，但为圣上宣仁爱德、扬善抑恶才是为官的大义所在。你早知黄州有这等伤天害理的恶俗，竟能安之若素，听之任之！你几十年来读的圣贤书，都读到哪里去了？"

吴通判胸中恚怒，喝道："大胆苏轼！你这个以诬蔑君父而臭名远扬的罪官，倒口口声声教训起本官来！你先教训你自己吧。你已犯下私设公堂之罪，看你如何向朝廷交代！"苏轼早料到他会以此来要挟，正色道："大不了再治我的罪，再贬我，我不怕！只是你这昏官纵容恶俗，实在罪莫大焉！"

吴通判拿他没法，气得话也说不出："苏轼……你别太猖狂！"苏轼说："苏某就是有这狂拗的脾气，才会到黄州来。此事苏某必当追查到底，告辞！"说完与陈恺拂袖而去。

吴通判急忙写了密信，将苏轼私设公堂一事告知王珪，其中又免不了添油加醋地说了一通。王珪看了信，赶紧把蔡确找来一同商议。蔡确说："相公，他连签署公文的权力都没有，却敢私设公堂审问人犯，其罪不小啊。"王珪冷笑道："到了黄州这么一个破地方，竟也不愿闲着。上回听说他学会种地了，我很是高兴了一阵，难道这也没将他的脾气磨平一些吗？都落魄成这个样子了，还仍是乐此不疲啊！"

蔡确心领神会，但又不无担忧地说："相公，圣上近日龙体欠安，常恍惚有思。我听宫里人说，圣上最近常念及苏轼，颇有免他罪名，擢升他回朝之意。"王珪心中一惊，忙说："圣上龙体不安，我也已老病无用了，苏轼若此时回朝，变数就不可测了。明天你我一同进宫，将苏轼私设公堂、越权涉政一事告知圣上，非重重地惩治他不可。"蔡确点头称是。

次日，王珪、蔡确入宫奏事。神宗满脸病容，精神不振。他正想召二人进宫商议擢用苏轼一事。王珪抢先上奏道："陛下，黄州团练副使苏轼贬放期间，竟私设公堂审理人犯，公然藐视朝廷律法，当严惩不贷，以儆效尤。"张茂则急忙把奏章呈给神宗。

神宗看完奏章，气愤地扔在地上，说："这个苏轼！朕本想告知二位卿家，朕欲令苏轼修史，擢他回京，不想他又生出这种事端……"王珪乘机说："陛下，'乌台诗案'国人上下无不知晓，若马上重用罪臣，天下必以为错不在苏轼，而在陛下，对陛下圣誉恐有不利。"蔡确也连忙上奏："陛下，苏轼以戴罪之身，违条乱法，罪上加罪，足见其不念圣恩，毫无悔意。陛下，此等罪臣，何堪重用？！"

神宗被二人说得心烦意乱，加上病体沉重，便下口谕警诫苏轼慎重行事，不可越权干政。王珪、蔡确仍嫌处罚太轻，神宗不耐烦地说："那就再罚俸一年吧！"王珪还要再进言，神宗已由张茂则扶着退入内宫了，只好怏怏退下。

苏轼郁郁不乐。朝廷将他罚俸倒在其次，他烦恼的是自己无力改变这种恶俗，那狗官吴通判又百般掣肘。眼下春耕正忙，苏轼每日闷闷地下地干活，愁眉不展。朝云看在眼里，急在心里。

寒食节的时候，家家禁火。绵绵春雨下了三五天，无法出门耕作，苏轼只好坐在书房内长吁短叹。屋侧的海棠花都落了，为泥水玷污，好不令人怜惜，而灶房中湿苇烧出的浓烟，遮住了他远望大江的视线。苏轼叹了口气，拿出家酿的酒来自斟自饮了几杯，提笔写下两首诗来："自我来黄州，已过三寒食。年年欲惜春，春去不容惜。今年又苦雨，两月秋萧瑟。卧闻海棠花，泥污燕脂雪。暗中偷负去，夜半真有力。何殊病少年，病起头已白。春江欲入户，雨势来不已。小屋如渔舟，濛濛水云里。空庖煮寒菜，破灶烧湿苇。那知是寒食，但见乌衔纸。君门深九重，坟墓在万里。也拟哭途穷，死灰吹不起。"

这便是苏轼有名的《黄州寒食诗》，然而比诗更有名的，是苏轼手写此诗的书帖。《寒食帖》至今仍流传在世，与王羲之《兰亭集序》、颜真卿《祭侄文稿》并称为"天下三大行书"。

寒食节尽,太守派人送来新火。苏轼听说徐君猷从武昌府办事回来,急忙登门造访。

王闰之在家忧愁叹气,她最害怕丈夫出去管他不该管的事情。这大半年来苏轼在家耕种读书,外出访友游玩,让她安心不少,不想他本性难移,又闹出这一桩事情来。她担心不知什么时候祸从天降,如在湖州一样,官差又会冲进家里来抓人,朝云赶忙宽慰她不要胡思乱想。王闰之叹了口气说:"跟着你先生就得认这个提心吊胆的命。如今又被罚俸一年,以后日子可怎么过呀?"朝云笑着安慰说:"夫人,事已至此,急也没用了。好在咱们自家有地,不愁无粮。"王闰之点点头。

朝云接着说:"只是先生自接了圣谕以后,就郁郁不乐,饭也不好好吃,只知道早晚下地耕种。长此以往,先生的身体恐怕吃不消啊。"王闰之说:"是啊,气大伤身。他如今不比年轻时候了,也该静心养性了。那些闲事再不要去管了,好心去管,却两头不买好,又是何必呢。朝云,我劝他没用,你替我说说,他听你的话。"朝云听了,两颊绯红,害羞地说:"哪里。夫人,先生心中清楚夫人是为他好的。"王闰之看着朝云,心中若有所思。

苏轼见了徐太守,讲起乡民溺婴及吴通判置之不理等事,痛心地说:"徐太守,此种恶俗一定要革除。佛言杀生之罪,以杀胎、卵为重。对牲畜都是这样,何况人呢?俗话说小孩子得病而死是无辜,这般死法才是真正的无辜啊!"

徐太守是仁德之人,但对此事也无可奈何,叹气道:"子瞻啊,此地不知何时兴起了这种恶俗,没有男孩的人家头胎生了女孩都要用水溺死或是活埋,省下钱来养儿子,真是造孽。但居然世代沿袭,相传了下来。我也知道该革除这种恶俗,只是冰冻三尺非一日之寒,短日内要见成效只怕不行。"

苏轼坚定地说:"正因如此,徐公啊,就该立即以法律告之那些乡民,向他们宣讲善恶,约束他们的行为,若遇再犯者当以刑罚惩处,则革除这种恶俗指日可待;若迟疑不动,它永远都是一成不变的风俗。"

徐君猷非常敬佩苏轼的爱民之心,当即表示会上奏朝廷,请示革除恶俗，同时又不无忧虑地说："子瞻，因为此事，你不惜与吴通判对薄公堂，公然交恶。那吴通判仗着是王珪的学生和亲信，连我也拿他无可奈何。这次朝廷罚俸，一定是他捣的鬼。子瞻今后可要提防着他，万一圣上再误信这帮小人的谗言，添下新罪名来，就不好办了啊。"

苏轼笑道："多谢徐公关心。这些小人苏某见得多了，来者不拒。"徐君猷好言劝慰，斟酒来与苏轼对饮，二人畅谈至深夜而别。

一日，苏轼与苏迈干完农活，扛着锄头从东坡上下来，路过一片竹林，见竹林里人影闪动，几个汉子正往深处疾走，隐约还有婴儿的哭声。苏轼急忙跟过去，见两个人正在地上刨坑，另一个人正从竹筐内取出一个婴儿来，放进坑内，吩咐旁人赶快填土掩埋。婴儿哇哇直哭，那两个汉子却无动于衷地继续填土。

苏轼大惊，冲过去大喊："住手！快给我住手！"一个汉子急忙上前阻拦，把苏轼推倒在地。

苏迈跑过来把父亲扶起，苏轼上前质问："你们活埋自家婴孩，良心何在？"那抱孩子的汉子答道："我家中穷苦，养不起娃。这是本地风俗，什么良心不良心的！"说完，又叫人赶快填土。

苏轼急了，大吼道："住手！快给我住手！为了不让你全家挨饿，这婴孩就该死吗？你竟要活埋她们，这等禽兽不如的行径都做得出来！"说着又要冲过去抢出孩子。两人把苏轼架住，拼死不让他靠近。

苏轼眼看着他们一锹土一锹土地把婴孩掩埋，孩子的哭声渐渐微弱至无声。苏轼悲愤至极，大哭道："大胆恶徒，丧尽天良，快住手啊！"无奈被人架住，怎么反抗也动弹不得。苏迈上前解救，也被推倒在地。

苏轼躺在地上放声大哭，头发都散乱了："天杀的恶俗！天杀的恶俗！"苏迈忙爬起来抱起父亲。苏轼不顾浑身尘土，愤怒地冲到通判堂，撇开众衙役的阻拦，直闯到堂上，指着吴通判的脸骂道："昏官！方才我亲眼看见几个乡民活埋女婴，惨绝人寰，你却坐在这里不闻不问！你这是助纣为虐，我要上报朝廷，问罪于你！"

吴通判见苏轼闯来，着实一惊，冷笑道："大胆苏轼！你刚刚被罚俸一年，圣谕言犹在耳，今日又来咆哮公堂，越权干政，你这是违抗圣命！该被问罪的是你！"苏轼怒骂道："昏官，满嘴伪善之词，你只管当官，人命你却不管！"

吴通判恼羞成怒，大叫道："苏轼匹夫，本官告诉你，不管那是不是本官的事，你都无权过问！来呀，将罪官苏轼拿下！"众衙役冲上来把苏轼反剪双手摁住。苏轼暴怒喊道："昏官！"苏迈冲过来阻拦，也被擒住。

吴通判抬起手扇了苏轼一耳光，奸邪地笑道："看你还猖狂！什么大宋第一才子！你父子二人今日咆哮公堂，妨碍公务，我就要治你的罪！来人！把苏轼押入大牢！"

苏轼仍怒骂不止："昏官！你无权押我！放开我！"吴通判毫不理睬，得意扬扬地退入内堂，提笔给王珪写信。他仗着王珪的权势才敢羁押朝廷罪官，这回抓着苏轼的把柄，一定要狠狠惩治一番，上次朝廷罚俸实在是太轻微了。写完信，急忙差人送往东京去了。

王闰之得知丈夫和儿子被关进监狱，急得大哭："早跟他说不要管闲事，不要管闲事，如今惹下了这么大的事，连同迈儿也被关入牢中。这可如何是好啊！"家中范英跟苏迨、苏过都六神无主，只有朝云镇定地对王闰之说："夫人，如今急也没用，依我看，夫人何不去找徐太守，让徐太守找那吴通判说说情，我想徐太守的话他不会不听。"王闰之想如今也只有如此了，慌忙跑到太守府去。

徐君猷听说苏轼被吴通判抓进监牢，也急得如热锅上的蚂蚁，无奈地说："苏夫人啊，这吴通判得当朝宰相王珪庇护，一直恃宠骄矜，目中无人，对子瞻兄更是心怀敌意，本太守也拿他无甚办法。"王闰之又急得流泪："徐太守，你能不能找那吴通判说说，他毕竟是你下属。子瞻虽然对他不敬，但是因急公好义而起，他也该当体谅啊。"

徐君猷好生安慰道："苏夫人，子瞻兄一心革除黄州恶俗，能想常人不能想，敢做常人不敢做，实在令我这个太守汗颜哪。但子瞻兄不该与那吴通判正面冲突，让他以藐视公堂之名问罪囚禁，这就难办了。不过夫人请放心，子瞻兄处境艰难，仍不忘仁爱之德，真是令人感佩。本太守岂能不帮他呢？"王闰之稍微安下心来。

徐君猷急忙去通判堂找到吴通判。吴通判知他必为苏轼而来，佯作签署公文，倨傲不理。徐君猷见状正欲发怒，但又强行忍住，说道："吴通判，我来此是关于羁押苏轼一事。他虽行为失体，有咆哮公堂之嫌，但念他有心革除黄州恶俗，其心劝善，若将其羁押未免罚之过重。吴通判，你以为呢？"

吴通判这才起身说："那苏轼好生猖狂，口口声声辱骂本官，还要出手袭击本官！圣上刚下圣谕，令他持以慎重，勿再轻躁。他非但不听，反倒比此前还要肆无忌惮！徐太守，苏轼违抗圣命，藐视公堂，欲打朝廷命官，数罪并罚，理当羁押！"

徐君猷冷笑道："本太守倒是听说是通判大人打的苏轼。"

吴通判素来肆无忌惮，也不把太守放在眼里，狂妄地说："谁看见了，你大可拉苏轼过来与我对质。徐大人，我知道你与苏轼私交甚好，可你也不能废公徇私啊。此事我已去公文如实禀报宰相王珪大人，王相公自会依律审处。王相公所回公文没到之前，苏轼应被押在牢中！"

徐君猷见他趾高气扬的样子，发怒道："你越级上报，到底你是太守还是我是太守？"吴通判故作恭敬又不无得意地说道："徐太守，话不可这么说，我乃在官言官，尽忠分内之事，与是不是太守有何干系？"徐太守气得拂袖而去，一面好言安慰王闰之，一面写明奏章递往汴京，请朝中同道协助斡旋此事。

苏轼与苏迈被关押在黄州府监牢内，狱卒都是黄州本地人，都知道苏轼的仁德，因此并不为难他们。后半夜，苏迈睡着了，苏轼却辗转反侧，难以安眠。月光从窗棂间透了进来，清寒似水。苏轼想到自己半生忧患，无论在朝在外，处处受谤遭黜，不禁深深长叹。回想少年时致君尧舜、济世救民的那些凌云壮志，竟恍惚如云烟一样捉摸不到。本以为贬谪到黄州，该安于田亩的，却还是改不了旧脾气，以致如今又在监牢里仰望明月。人生究竟该怎样摆脱这些忧患之心的缠绕呢？

正寂静之时，忽听见天边一声哀哀的雁鸣，凄断人肠。苏轼惘然觉得，自己就像这只孤雁一样，失群孤飞，不觉吟出一首词来："缺月挂疏桐，漏断人初静。谁见幽人独往来，缥缈孤鸿影。　　惊起却回头，有恨无人省。拣尽寒枝不肯栖，寂寞沙洲冷。"

苏轼转头看着熟睡的苏迈，心头才觉得一点点安慰，也躺下睡去。

第二天，王闰之带着朝云送饭进来。苏轼正在牢中踱步，听苏迈背诵《孟子》："仁者爱人，有礼者敬人。爱人者，人恒爱之；敬人者，人恒敬之。"见到王闰之进来，笑说："夫人，朝云，你们来了。好啊，又可以吃我的东坡肉了。"王闰之嗔怪道："你呀，还有心说笑。"忙将饭菜盛给丈夫和儿子。

王闰之又说起找徐太守的事："我央求徐太守去找吴通判说情，结果他跟吴通判大吵了一架。那吴通判怕是不怀好意，我担心又会……"苏轼忙安慰道："夫人不必担心，'乌台诗案'都挺过来了，大不了再把我贬远一些嘛。我在此处，倒也乐得清静。只是家中田地少了我和迈儿二人，一旦荒废，往后我们一家吃什么啊？"

王闰之凄然一笑："子瞻，你放心。迨儿、过儿懂事了许多，一读罢书就去田间劳作。加上我和朝云，这农耕不会耽误的……"苏轼笑道："连夫人都下地耕作了，看来我这次坐牢也不是满盘皆输啊。"朝云与苏迈都笑了。

王珪收到吴通判的密信，急忙找蔡确来商议。蔡确看完信，大喜道："相公，我明日就去奏明圣上。这一次，苏轼可不止罚俸那么简单，必定要他获罪再贬！"王珪冷笑一声："持正啊，老夫早就知道此事不会完结。以老夫多年来对苏轼的了解，他绝不会一个回合就退下。他自己遇事，逆来可顺受；但遇见别人的事，一定是拉不下面子，逆来而不顺受。仍旧是读书人的脾气啊。"蔡确不明白王珪的意思。

原来王珪深谙官场之道，懂得待人接物之术。正是凭借这个手段，他不断排挤他人，攀爬高位，屹立官场不倒。他深知苏轼倔强直率的脾气，你越压他，他越强，你避开他，不理睬他，让他扑个空，他反倒不知如何是好，不战自退。王珪劝蔡确道："持正啊，为官之道，你还是稚嫩了些啊。所谓一张一弛，文武之道。凡事都用强，不见得都有效。老夫听说徐君猷也要给圣上写奏章，圣上若知道苏轼私设公堂是因救助婴儿而起，十有八九就会原谅他。所以最稳妥的办法就是，让圣上听不见苏轼这个人名。听不见，他也就想不起此人来了。你明白吗？"蔡确恍然大悟，感激涕零："相公实在英明！多谢相公提点。"二人就此商议，使了个以退为进的方法，移文到黄州令太守尽快释放苏轼。

徐君猷收到公文，即刻到通判府令吴通判放人。吴通判见是王珪亲笔指示，百思不得其解，但又不敢不遵从，只得赔笑签署公文，将苏轼放出来。

苏轼回到家，妻儿都欢喜万分。晚上苏轼去太守府上拜谢，徐君猷置酒相邀，深感歉意地说："子瞻啊，本官无能，以致你经此牢狱之灾，连日来深怀愧疚，哪里担得起这'多谢'二字啊！"苏轼仍举杯敬谢。

徐君猷想到王珪指示吴通判释放苏轼，心中隐隐感到忧虑，说："那吴通判是王珪、蔡确等人的奸朋之党，素来与你作对。这次竟然是王珪授意释放你，而且也没有惊动圣上。"苏轼笑道："王珪老奸巨猾，也许是欲擒故纵之术。"徐君猷点头称是。

苏轼倒没有把这事放在心上，他关心的是黄州溺婴恶俗有没有得到改变。徐君猷叹气道："子瞻，我连日来差衙役们去村中劝诫晓示，禁止杀婴，但收效甚微。这些乡民说，反正不杀也养不活，故而仍是照杀不误，只不过不敢明着杀了。唉，要除此恶俗，并非一朝一夕之功啊。"苏轼着急地说："太守，可否让我去晓谕乡民……"徐君猷说："不可啊子瞻，那王珪这次明令禁止你越权干政，否则一定严办贬职。所以你千万不可妄言轻动，此事由我来办就是。"

苏轼忧闷地饮尽一杯酒，拍着桌子叹道："唉，眼见这恶俗横行，却无能为力。不得签署公文，不得擅自离境，不得越权干政，这些都无所谓，无官一身轻嘛！但见恶行于世，却要做个袖手旁观之人，这等于夺我心志，斩我手足，使我百无一用啊！"徐君猷劝酒道："子瞻，不必忧愁。此事从长计议，总会有解决办法的。"苏轼知道徐太守是在安慰自己，闷闷地喝得大醉，至半夜方起身告辞。

苏轼醉醺醺地回到雪堂，晃晃荡荡来到门口，见大门已关，敲门也无人回应，大概是家人都睡着了，就索性坐在院子里的石阶上，静静地听江潮起伏。明月悬空，无言地照着苏轼佝偻的身影。

苏轼想到自己饱读圣贤之书，满怀济世之念，现在却连黄州千百婴孩的性命都解救不了，不禁苦笑，拈起一根树枝随意在沙地上写道："夜饮东坡醒复醉，归来仿佛三更。家童鼻息已雷鸣。敲门都不应，倚杖听江声。　长恨此身非我有，何时忘却营营。夜阑风静縠纹平。小舟从此逝，江海寄余生。"
　………

## 四十九　　救儿会

第二天早上，王闰之披衣起来，找到朝云，焦急地问道："朝云，看到先生了吗？"朝云诧异地说："没有啊，我一早起来就没见着。先生昨晚不是去徐太守府上饮宴了吗？"王闰之说："是啊，我等到半夜也没见他回来，不料就睡着了。没想到今早也没见到人影。"朝云心中一惊。王闰之急忙叫苏迈到太守府上询问。

苏迈从太守府回来说："母亲，孩儿去太守府问过了，管家说父亲昨晚三更时分就离开太守府了。父亲没回家，会去哪里呢？"王闰之着了慌，生怕苏轼会有什么不测，眼泪都流下来了。苏迈安慰道："母亲不要心急。孩儿去潘叔叔、陈叔叔家问问，再去各处打听一下，可能父亲去找他的朋友了。"

朝云忽然发现了石阶下沙地上的字迹，辨认着念道："……小舟从此逝，江海寄余生。"不禁惊呼："不好！先生要走！"

王闰之一惊，几乎晕倒。朝云忙扶着说："夫人先回家休息，我们再各处找找。"苏迈即领着苏迨四处叫喊寻找。

陈慥也闻讯赶来，一面叫柳氏留下照顾王闰之，一面跟苏迈渡江去问潘丙。见到潘丙，陈慥焦急地说："子瞻兄不见了！昨日子瞻兄在太守府上饮酒，独自离去，结果一夜未归，不见踪影，只在地上留下一首词！"潘丙跺脚大惊道："哎呀！莫非是寻了短见了？！"

众人都知道最近苏轼为黄州溺婴的事一直忧心如焚，担心他会因为无法插手革除恶俗而心灰意冷，走上绝路，忙分散开到各地去打听。苏迈沿江边寻来，见江滩泥沼上有一只鞋，捞过来认出是父亲的，登时方寸大乱，不禁对着江面放声大哭。王闰之、朝云等赶来，都跪在江边痛哭不已。陈慥、潘丙等人心中也不胜悲伤，但一面还要劝慰苏轼家人。

徐君猷管家慌忙禀告太守："大人，不好了！听人说，昨晚苏东坡从咱府上饮酒归家，便驾一叶小舟跑了！还有人说，是看着他挂冠走的，也有人说他成仙升天了！"徐君猷大惊失色。管家提醒说："大人，今早苏家的人来府上打听过，说苏居士一夜未归。"徐君猷觉得事出蹊跷："昨晚饮酒还好好的，怎么突然就……"管家说："大人，州失罪人，可不得了，朝廷会怪罪下来的。"徐君猷发怒道："怪罪下来又怎样？别的罪人，失一百也无甚要紧，这东坡先生可只有一个啊！还不赶紧派人四处寻找，打听清楚！"管家唯唯诺诺地退下了。

吴通判听衙役说苏东坡投江而死，心下大喜，连忙写了信札快马呈给王珪。蔡确拿着信跑进来向王珪作揖贺喜道："相公，听说苏轼在黄州投江而死。相公，恭喜你从此少了心头大患啊！"

不料王珪读完信，忽然放声大哭，拿着手绢揩泪道："天杀我也！苏轼英才盖世，却始终不能为本相所用。不管怎么说，他都曾是老夫的学生，而老夫却对他爱护不够，以致他步入迷途，致使朝廷痛失栋梁！都怪老夫有私心啊。"蔡确眨巴着眼睛，愣了一下，他不知宰相大人为苏轼之死竟如此悲痛，忙说："宰相，请节哀啊！"王珪继续哭道："持正啊，他一定是郁郁不得志，沉积胸中，愤恨难平，这才走上自绝之路。如此英年早逝，是天妒英才啊。"蔡确忽然明白过来，也跟着放声大哭，从眼角挤出两滴眼泪来。

于是汴京风传苏轼去世，自街巷市井至朝廷宫禁，无人不为之哀悼痛惜。这事儿终于传到内宫里，神宗听此噩耗，惊得从病榻上坐起，精神恍惚，又悔恨不已："投江？他有什么不能说的委屈啊？！唉，苏轼人才难得，朕却从未好好用他。一定是这个缘由，一定是这个缘由。如今生死隔绝，朕悔之晚矣啊。张茂则，'乌台诗案'是朕过分了，过分了啊。"张茂则默默垂泪，忙过来劝慰神宗。

范镇在京郊隐居，听到这个消息，老泪纵横，哭道："子瞻哪！我已老朽年迈，行将入土，想不到老夫竟要先为你写墓志碑铭。苍天啊！"急忙派人到黄州去吊唁。

苏轼一家人和周围的友人沉浸在巨大的悲伤和绝望中。可是三日后的黄昏时分，家人突然看见苏轼慢悠悠地走回家来，跟往常一样和众人笑着打招呼。人们都目瞪口呆，先是惊疑，继而狂喜，最后又号啕大哭，弄得苏轼都不明白发生了什么事。

王闰之哭着跑过来，一把抱住苏轼说："子瞻！"众人都围拢来，含着眼泪，不知是喜是悲。王闰之擦干眼泪，哽咽着说："子瞻，我还以为你……真是吓死我了。"

苏轼见众人的表情，茫然不解，但他忽然兴奋地说："夫人，我已想通了，朝廷既然命我不得签署公文，不得擅自离境，不得越权干政，好，我不能惩治恶人，但我总能救人吧。夫人，为救黄州无辜女婴，我要成立一个救儿会！"众人面面相觑。苏轼接着说："既然乡民们养不起女婴，就把她们送到救儿会来，我们来养！"

王闰之明白丈夫又在筹划什么了，但她什么都不怕了，只要丈夫平安归来，就是天大的喜事，即便再上堂骂了吴通判，再来一道贬书，也无所谓了。她的心经此一大波澜，自然比先前更坚定、更沉着。

待苏轼梳洗一番，安歇之后，家人都来问他几夜未归宿、消失无踪的冒险经历——苏轼浑然不觉，旁人却已心惊胆战了。

原来苏轼在题诗后，伫立江边默听江声，他心中的苦闷无法化解，又只好去问天上的明月。突然他豁然开朗，想到了以一己之力挽救婴儿的办法，既然无法取得黄州官方的法令支持，何不自己以菩萨慈悲之心去感化那些乡民呢？他并不想只做一个埋首耕田、不问世事的农夫，而是要继续践行心中的志愿，不管如何艰难，都要用尽自己微薄的力量去帮助他人。

想到这里，苏轼的酒全醒了。苏轼首先想到了黄州众多的寺院，希望借助寺院僧人广施善缘，教化乡民不再填埋溺死婴孩，然后再募捐钱粮，成立一个专门收留女婴的救儿会，帮助那些养不起孩子的穷人们渡过难关，等他们境况稍好，自可把孩子抱回家去。如此溺婴之恶俗不是就会改变了吗？

于是他当即夜访定慧院，会见善济方丈，讲明来意。佛家说，救人一命胜造七级浮屠,善济方丈当即表示同意,愿派座下弟子四处化缘,晓谕佛法,为成立救儿会出力。

苏轼喜不自胜,又思忖单单一个定慧院人寡力薄,不足以撼动这根深蒂固的恶俗,便又走访数家佛寺,走得匆忙,鞋子都陷在泥里弄丢了。苏轼到寺中拜见长老住持,说明来由,希望僧众群贤一起努力,众僧没有不同意的。

陈慥听了苏轼的设想,连拍大腿,兴奋地说:"成立这个救儿会,真是造福积德之举啊。"潘丙说:"我们都是本地人,苏大人一个外乡人尚且如此,我等怎能袖手旁观。我们早有此意,只是苦于无人倡导。"

苏轼见众友人热情支持,欣慰地点点头说:"目前借助僧众化缘募捐远远不够,我想请大户捐献。我来带头,每年捐献十缗。这些日子我们到黄州的大户家去募捐,这等顺应天意之事,必得响应。"一面又转头向王闰之笑说:"只是又得劳烦夫人再勤俭持家,受些清苦过日子了。"王闰之笑道:"夫君有如此心肠,救命度人,我一个妇道人家就是跟着吃苦受困也是值得的。"朝云望着夫人和先生,抿嘴一笑。

苏轼接着说:"我已请善济大师代为掌管募捐理财之事。至于救儿会的地址,我想雪堂空余房间有不少,便设在此处吧。朝云与英儿正好可以代为看护孩子。"朝云与范英笑着点点头。潘丙拱手说:"那我等就去乡间村镇向村民宣讲大人诚意,晓谕大家把实在养不活的婴孩送到救儿会来。"苏轼对各位拜谢不迭。

苏轼亲拟一则告示:"黄州恶俗,生女而溺。父精母血,天地之赐,男女无差,安可弃之?苏某不才,愿尽薄力。生女难养,吾代哺之。城东有山,山有东坡,坡有雪堂,救儿之所……"告示上最后题名"东坡居士"。苏轼交付潘丙张贴于城门、酒店、渡口、村舍等处。不几日,黄州城镇乡间都知道东坡居士成立了一个救儿会救助穷苦人家的婴孩。

太守徐君猷听说,对李胜之感慨地说:"改风易俗,实非易事。苏子瞻能想常人不能想,敢做常人不敢做。实在令我这个太守汗颜哪。"李胜之说:"黄州这许多年的恶俗,恐怕短时间内不易改变。救儿会进行起来必定困难重重。大人,我们也该尽些绵薄之力啊。"徐君猷点点头,不但捐助了钱粮，还派手下差役协助操办救儿会的诸多事宜。

潘丙往集市商铺前张罗人手张贴救儿会告示，正遇上善济大师带着几名弟子来商铺化缘。店主人见和尚来了，赶忙说："大师，要化缘应该去城东，那才是有钱人的地方，城西都是小生意人，没有钱啊。"善济合十顶礼道："阿弥陀佛，施主，贫僧并非为化缘而来。黄州城成立了救儿会，不知施主是否知晓？"店主人指着潘丙所贴的告示说："知道是知道，就是不懂这会有什么用。"

善济说："敢问施主家中是否有女婴？"店主人说："现在没有，三年前就溺死了。"善济合掌念道："阿弥陀佛，罪过罪过！"店主人不以为然地说："如果这也算罪过，那黄州许多人家都有罪了。这是本地传下来的习俗。再说我们家贫，实在没有办法，女儿也是亲骨肉，怎能眼看着她流落街头乞讨为生，甚至冻饿致死呢？不如趁小时候溺死，也好让她早投胎去。"善济耐心劝道："施主所言实乃大谬也！溺死女婴乃有意杀人，要堕无间地狱的啊！"店主人吓得面如土色，这时潘丙接过话来："救儿会就是苏大人为大伙儿想的法子，各家凡有女婴养不起的，都不要杀，送到救儿会来，由我们来抚养，不要你们出钱粮。等孩子大了，你们宽裕些，再由各家领回去。也请诸位转告近邻亲友，切勿再像以往，随意溺杀婴孩了。"店主人忙点头，围观的众人也都指指点点，深表感谢。

苏轼担心乡民溺婴观念根深蒂固，一时难以说动，便和陈慥亲自到田间地头与村民攀谈。一位老农对苏轼说："苏大人，您有菩萨心肠，可这是黄州多少年的风俗啊，怎能说改就改？"苏轼答道："老人家，这风俗不好，就应该改。再说，溺死女婴于人伦不合啊。"

又有人说："我家穷苦，养了闺女就养不了儿子，不溺死女孩，难道叫我断子绝孙不成！"苏轼耐心地说："生男生女一样都是骨肉，又有什么区别呢？倘若溺死女婴这恶俗不改，几十年后黄州男多女少，大部分男丁连媳妇都娶不上，那时候还谈什么子孙！乡亲们，我也知道大伙儿的难处，成立救儿会即是为此。大伙儿若有养不起的女婴，可以送到救儿会，苏某不收一文一毫。若家境宽裕些了，也可随时来领孩子。"

众人面面相觑，都不知该怎么说才好。陈慥对大伙儿说："大家回去务必仔细想想，这可是积德造福的事啊。"

各村各镇村民都议论纷纷。祖辈延续下来的风俗，想要破除，自然并非易事，但人们心头的震动却是剧烈的。

渐渐有被说动的，抱着舍不得溺死的孩子，偷偷跑到雪堂篱笆外，把孩子放在地上，转头就跑。朝云和范英见有人送婴儿来，急忙抱进堂内，悉心照料。告示上的消息，四处传播，村民听多了，慢慢大胆些，陆续有人抱着孩子哭哭啼啼地前来，交付救儿会照料。他们在认领探视的手续上画过押，才依依不舍地离去。不久，救儿会就已经收留了数十个婴儿。

苏东坡建立的救儿会恐怕是世界上最早的孤儿院。他的这一善举使黄州人深为感动，溺死女婴的恶俗从此得以改变。

苏轼见救儿会收留的婴儿越来越多，心中十分高兴。善济大师笑着说："苏居士，老衲断定你前生就是个僧人，不，该是菩萨。"苏轼笑道："大师莫要取笑我这俗人哪！"善济道："不是菩萨，何能如此救苦救难？"

苏轼大笑："世上哪有救苦救难的菩萨？"善济惊奇地问："苏居士不信我佛？"苏轼说："信，也不全信。儒、释、道三教，苏某皆信。"善济追问道："老衲不懂，三教怎能合在一起？"

苏轼说："我讲个故事吧。有一次啊，孔子、老子和释迦牟尼相遇。释迦牟尼说：'二位何不往西天取经？'老子说：'你的经都讲了些什么啊？'释迦牟尼说：'四大皆空，超度众生。'老子说：'既是如此，就不用取了。'释迦牟尼说：'为何？'老子说：'我的《道德经》讲有生于无，无即是空，方生方死，生死齐一，焉用超度？'释迦牟尼说：'原来如此，怪不得道教在中土如此昌盛。孔圣人，不知你有何说？'孔子说：'孔教讲仁，仁者爱人，如何爱人？就是要舍己为人；既要舍己为人，自己就是空，是无，既能舍己为人，就可自度度人了！'释迦牟尼听了，长吁了一口气，说：'儒、释、道三教，原是同根所生啊，正可取长补短。'"

善济大为叹服，合十顶礼道："阿弥陀佛，善哉，善哉，好一个三教合一。不想今日这救儿会变作弘法的道场了，令老僧有醍醐灌顶之感。"

苏轼笑道："募捐钱粮之事还得继续劳烦大师。"忽而又忧愁地说："眼下婴儿越来越多，恐怕雇来的奶娘奶水不够了。目前之计，只能拿些钱粮去换些羊奶来支撑一下。"朝云笑道："先生，您的心比女人还细呢！"苏轼说："朝云这句话大有深意！"朝云说："这些孩子可真命苦，这么小就被父母遗弃。不过有许多人有感于先生的慈悲义举，又回来把孩子领回家去了。"苏轼点点头说："如此一来，这扔孩子、送孩子的肯定越来越少！"

钱粮费用仍是大问题，奶水不济，只能拿些稀粥米汤来喂养婴儿了。救儿会里婴孩哭声不绝于耳，令苏轼心中十分着急。善济大师和僧众筹措的钱款不几日便用尽，陈慥与潘丙所捐助的也所剩无几。苏轼只好叫王闰之拿出家中存粮，先煮些稀粥维持一下，他去找太守再想想办法。王闰之虽顾虑家中生计，但仍咬牙拿出本已不多的粮米。

吴通判得知救儿会婴儿众多，每日消耗巨大，就要支持不住了，大笑道："我看苏轼如何养得起这么多婴儿。这个千斤重担，看来他是拿得起，放不下了。"赶忙上奏朝廷。

正是"山重水复疑无路，柳暗花明又一村"，事情忽然又有了转机。那一对冤家和尚佛印和参寥，又出现在黄州的郊外，各推着一个小车儿，匆匆赶路。期间自然也少不了相互拌嘴，沿路吵个不休。

佛印埋怨道："要不是你脚力不济，就早一日见到子瞻了！"

参寥驳道："我成年吃素，还要推着这一车粮食，脚力自然不如你！"

佛印："你是说我吃荤不是？"

参寥："我可没有那样说。"

佛印："出家人有话直说，你怎么拐弯抹角？"

参寥："你也算是出家人？"

佛印："除了吃肉，我比你更像出家人。"

参寥一笑："看看，你自己说吃肉了，我可没说。"

佛印："好你个参寥，居然把我绕进来了。苏子瞻都不是我的对手，你敢和我斗嘴！"

参寥："口说无凭，这回我要亲眼看看是子瞻的嘴硬，还是你佛印大和尚的嘴硬！"

佛印："当然是我佛印的嘴硬。"

参寥："何以见得？"

佛印将钱褡裢一晃："你别忘了这个。"

参寥："钱有何用？"

佛印："除了这两车粮食，加上这送给子瞻的买粮钱，俗话说，'吃人嘴软，拿人手软'，子瞻吃了咱们的粮食，自然嘴软。"

参寥："听说是'吃人嘴短，拿人手短'，未曾听说是'软'。"

佛印："你们北方人说'短'，杭州说'软'，不闻吴侬软语之说吗？"

参寥哈哈大笑："牵强附会，牵强附会。若是当初李定、舒亶有你这辩才，子瞻怕是出不来了。"

佛印："审李定、舒亶时，我一定去。快赶路吧。"

原来他们听说苏轼在黄州筹建救儿会，到处募捐钱粮解救女婴。这等行善积德之事，二人岂会不来相助？于是化缘积了点钱粮，一路送过来。

一胖一瘦的两人，正大汗淋漓地往东坡雪堂赶去，忽见前面几个民夫也推着小车，车上载着粮食，一个道人在一旁督促众人赶路。仔细一看，却是巢谷。三人相见，仰天大笑，佛印说："我们佛道两家，果然是殊途同归，不谋而合啊！"巢谷也笑说："二位大师，赤壁之会，如今又见面啦！"三人结伴同行，来到雪堂院门外。

佛印高声叫道："东坡居士，和尚又来化缘了。"苏轼与王闰之慌忙迎出来，见参寥和巢谷都在，喜出望外："各位老友，你们怎么来了啊？"巢谷说："师父听说子瞻办了一个救儿会，又说你月俸微薄，最近又被罚俸一年，只怕余粮不多，就叫我送来这些钱粮供救儿会之用。"苏轼惊喜之余，急忙施礼谢道："诸位真是雪中送炭啊！不瞒大家，我们正为此事发愁呢。"参寥合十说："阿弥陀佛。子瞻，你所做的是济世为民的大善事，贫僧只是效法而已。"巢谷即命众民夫把粮食卸下来，王闰之忙招呼众人歇脚喝茶。

苏轼拉着巢谷说："巢谷，你能来就太好了。上次匆匆一别，没想到这么快又能见面。这回一定要在我这里多住些日子。"巢谷笑道："这回我不走了，子瞻可容得下小弟吗？"苏轼大喜过望："真的吗？这太好了。可吴道长他老人家怎么办？"巢谷说："是师父叫我过来的。他老人家闲散惯了，喜欢自在。他吩咐我过来帮助子瞻兄，说救儿会的事情需要人手。而且，而且……"苏轼知道巢谷的心思，不无歉意地说："小莲的事，为兄一直想跟你谈谈，为兄对不起你啊。"巢谷慌忙阻止道："子瞻兄，千万不要这么说。我在师父那里修行，就是为了解开这个心结。如今能坦然面对子瞻兄，就是没事了。"苏轼眼眶湿润，叹气说："先不说这么多了，你旅途劳顿，先好好休息。来日方长，你我兄弟再把酒叙谈。"巢谷含泪点头。

得到巢谷等人的援助，救儿会的钱粮得以补充，足以应付接下来数月的消耗了。苏轼与王闰之商议，东坡贫瘠狭小，不如购置一些良田，以贴补救儿会之用，也解决了家中生计。陈慥得知，表示愿意贷钱给苏轼，以救急之用。潘丙说："离黄州城东三十余里，有地名'沙湖'。此地良田甚多，不如前去查勘之后，再买不迟。"苏轼听罢大为高兴："眼下春光正浓，不如大家一同前往沙湖，聊作游春，不知意下如何？"众人欣然应允。

苏轼脚穿芒鞋，头戴斗笠，手持竹杖，与众人一同前往沙湖。一路春花烂漫，春鸟啼鸣，好不惬意。潘丙说："沙湖良田肥美，种一斗，获十斗，合适的话就买几亩，多打些粮食，救儿会也无忧了。"陈慥看着苏轼一身打扮，打趣道："只怕那里的农人看到子瞻兄这一身装扮，不以为是买田的，倒以为是种田的呢。"

苏轼笑说："我苏东坡甘愿做一农夫，如今无人相识，正说明这农夫是做到家了啊。再说，农者，天下之大也，做农夫有何不可啊？"陈慥说："不对吧，三教九流之中，上九流是帝王、圣贤、隐士、童仙、文人、武士、农、工、商，农者列老七。"

苏轼摆摆手说："不对不对。帝王、圣贤无人不吃粮。民以食为天，实则人以食为天。帝王要管不好国家，天下挨饿，就会造反，历朝历代都是因为天下饥而亡的。归根到底，庄稼人才是天下的最大者。"

潘丙拍手说道："先生这么说，真是令人佩服啊。"

正说着，天忽然下起雨来。江南的天气便是如此，云气凝结，飘荡山间，说不定什么时候就会落雨。

众人都没带雨具，只得四散奔逃，去寻找避雨的地方。只有苏轼悠然不惊，笑着说："天降甘露，尔等不受，有负苍天之美意呀！"众人瞧着自己狼狈的样子，不禁莞尔。

少顷，雨就停了，夕阳从云间投射出明亮的光芒来。路两旁的翠竹被雨水洗濯，显得越发洁净和精神，空气也清爽了许多。苏轼笑着说："刚才遇雨，成一小词且吟给诸位听听——'莫听穿林打叶声，何妨吟啸且徐行。竹杖芒鞋轻胜马。谁怕？一蓑烟雨任平生。　料峭春风吹酒醒，微冷，山头斜照却相迎。回首向来萧瑟处，归去，也无风雨也无晴。'"

陈慥沉吟道："'也无风雨也无晴'，子瞻兄心神超迈，胸襟旷达，实是我辈所不能及啊！"苏轼朗声大笑，花白的胡须在风中微微飘动。

## 五十　本　色

苏轼谪居黄州已将近四年，虽足不出黄州，诗词文章却风行海内。苏辙感叹说，自从兄长斥居东坡，学问大进，就像江水沛然大涨，纵横驰骋，自己已追赶不及了。

一日，神宗在宫内进御膳，满案珍馐佳肴，却食之无味，精神不振。张茂则进来启奏道："陛下，原来苏轼并没有死，都是醉酒闹出的误会。"神宗惊喜地问："果真如此？"张茂则掏出一页纸来，递给神宗说："这是苏轼作的《念奴娇》词，黄州已经传唱甚广，人人都会唱'大江东去'了。"神宗阅罢，精神大振，连连惊呼："好词！好词！朕从未读过如此大气磅礴的好词！大江东去，波澜壮阔，一往无前！苏轼真是天纵奇才！"

张茂则故意说："陛下，苏轼可是罪臣贬官哪！"神宗说："谁说苏轼有罪了？"又自觉失言，改口说："人孰无过？苏轼才学盖世，胸怀磊落，忧国哀民，实为忠臣。朕以为该是擢升苏轼回京的时候了。"张茂则贺喜道："苏轼确是忠臣贤才，如今陛下失而复得，实在隆福齐天啊！听说他还在黄州成立救儿会，拯救弃婴，实在是仁德之举啊！"神宗大悦。

这时参知政事章惇求见。章惇奏道："黄州太守徐君猷上奏，黄州团练副使苏轼倾力革除黄州杀婴恶俗，但却被黄州通判吴俊达百般阻挠，并以不实罪名将苏轼羁押牢中数日。如今苏轼又倡议成立救儿会救济女婴百名，光大圣上爱民之德，实乃善举。伏望陛下圣鉴，奖善惩恶，以示百官。"神宗阅览奏章后，大怒道："大胆吴俊达，荒政怠职，不辨善恶。苏轼为朕施仁，他却陷苏轼于罪。恶莫大于毁人之善！此等昏官，不可宽恕。"即命逮捕吴俊达进京，听候审问。

圣旨很快下达黄州，差役将吴通判锁入囚车，押解进京，正好路遇苏轼等人。吴通判头发凌乱，衣衫不整，垂头丧气地坐在囚车内，见了苏轼，不发一言。苏轼目送囚车而去，不禁长叹。

陈慥满心奇怪地问："那吴通判几次三番与子瞻兄为难，如今获罪被逮，大快人心，子瞻兄何以长叹？"苏轼指着这条官道说："三年前我就是从这条官道贬至黄州的。这官道上多少人来人往，宦海浮沉，想到这里，故发此叹。"

陈慥笑说："子瞻兄既看得破，不妨去找佛印和参寥大师参禅如何？"苏轼说："这两位冤家和尚，只怕坐在庙里也吵个不休。我去找他们，他们又要拉着我耍嘴皮子了。"原来佛印、参寥远送钱粮过来，暂时安歇在城南的安国寺中，苏轼也时时到寺中默坐谈禅。现在看到吴通判被逮入京，忽然想起自身遭际来，念此茫茫红尘，烦扰实多，清净却少，便欣然拉着陈慥往安国寺去了。

眼见吴通判落马，又风闻神宗想要召回苏轼，王珪、蔡确、舒亶等人感到不妙，一起聚在王珪家商议对策。王珪将苏轼的《念奴娇》词递给蔡确观看，慢慢地说："'故国神游，多情应笑我，早生华发。'好啊，真乃千古绝唱，语意高妙，看似写赤壁，其实是抒发自己的心志。难怪圣上爱才若渴，决心要重用苏轼啊。"

蔡确把词扔到一边，愤愤地说："这是苏轼故技重演，每以诗词蛊惑圣心。相公当阻止圣上将他免罪升官啊。"舒亶也跟着说："相公，苏轼对'乌台诗案'怀恨在心，他若卷土重来，一定会借机报仇，到时必定纷争又起，朝野不宁。"

王珪老奸巨猾，见他们都急了，依然不紧不慢地说："二位不懂圣上心里的想法，老夫再上奏阻止，只会更坚定圣上的决心。"蔡确忧虑地说："这可如何是好？我们总不能束手待毙吧？"舒亶附和说："是啊，相公，对苏轼万不可让步啊。让一步，他就能进百尺。"

王珪冷笑着说:"你们说得对,又说得不对。苏轼要防,但要防的不止苏轼一个。苏轼一事为何这么快就变生意外?关键是章惇密奏圣上所致。章惇这一奏,不仅黄州通判吴俊达被牵连入狱,而且苏轼重得圣心,晋升在望,实在是一石二鸟啊。"

王珪这一提醒,蔡确才恍然大悟,他们专心一意盯着黄州的苏轼,倒把眼皮底下的章惇忽略了。他点头说道:"对,相公,这章惇着实可恶!他虽为王安石的变法派,但与苏轼有同年进士之情,而且两人一直私交甚笃,守望相助。"

王珪忧虑地说:"苏轼虽然棘手,但毕竟远在天边。而章惇近在眼前,已官至参知政事,圣上还有意调任他为中书侍郎。若调苏轼回京,他二人联手,我们就难以应付了。必须想法子除掉他。"

舒亶眼珠骨碌一转,说:"相公,此事交给下官办理就是了。下官一定让章惇身败名裂!"

舒亶最擅长使用阴谋诡计。他找来一个叫作沈利的市井泼皮,拿些银钱堵住他的嘴,先让他诡称要变卖田产,又唆使他状告章惇的父亲霸占自家田产,并且告到开封府,将事情弄得沸反盈天。第二天舒亶就密札上奏神宗,请圣上严办。神宗大怒,即令御史台严查此事。舒亶意在诬告章惇父亲,给章惇扣上恃权枉法、徇私包庇的帽子,即使事后查证非实,也会令章惇清誉受损,不安于朝。章惇即刻令开封府查办此案。知开封府蔡京本因赞同王安石变法受到擢用,后来王安石、吕惠卿等人相继被排挤出朝,他却为人圆滑,善于钻营,没有被贬,被安置知开封府。他见章惇在新党人中威信越来越高,有意巴结他,就亲自过问此案,把沈利拘押到开封府大牢,百般毒打拷问。

舒亶又仗着王珪的权势,买通牢中关节,派人半夜里借郎中入狱医治为名,暗暗将沈利谋害了,做出个章惇为掩盖罪行、指使开封府杀人灭口的假象。

蔡京得知,立即登门拜访章惇,将沈利夜晚暴死牢中之事相告。章惇闻讯大惊。蔡京忙献计道:"下官已打听到沈利的来历,他本有田自愿出卖,后又改口诬告，背后定有阴主。"章惇问道："到底是谁在背后唆使？"蔡京谨慎地看看四周，低声说："下官派人查过，沈利曾与舒亶府上管家碰过头，还收了他的钱，必定是舒亶想借此诬告大人。"章惇冷笑道："恐怕还不只是舒亶，他依附王珪，与蔡确等人沆瀣一气，设此计害我。我章惇可不是这么容易欺负的。"蔡京见章惇已自有主张，旁敲侧击地问："大人，外面人都说，圣上最不能容忍兼并民田这等事，如今龙颜震怒，恐怕对大人不利啊。而且沈利已死，死无对证啊！"章惇冷笑道："清者自清。我章家门风，最厌恶为利忘义，清廉之名，天下皆知！我当面见圣上，澄清一切。"蔡京说："大人清正廉洁，圣上一定明鉴。"章惇笑道："蔡大人秉公执法，章某感激不尽。"蔡京含笑告辞。

章惇是个强干精明的枭雄，岂能任人诬陷宰割？第二天上朝，台谏纷纷上奏章弹劾他。神宗发怒道："章惇，沈利告你父霸占田产，你为何杀人灭口？"章惇冷静地说："陛下，微臣冤枉。臣既然敢敦促开封府审理此案，就不怕他人诬告，意在查个水落石出，岂能杀人灭口？杀人灭口者，非是微臣，而是后有阴主，企图嫁祸于臣。臣虽不肖，但臣家还不至于为区区十亩地败坏家族清誉，伏望陛下明察。"

蔡确、舒亶出班奏道："陛下，章大人自喊冤枉，恐怕是想逃脱罪责。沈利告发章大人之父强占田产，章大人应避其嫌，任由朝廷审理，岂能擅自下令审理涉嫌之案？"

满朝文武都知道王珪一伙人的权势，不敢得罪，都默不作声。王珪忽然屈身奏道："陛下，章大人虽然对此案有些莽撞，但还不至于杀人灭口。另外，章家颇有廉名，万不会强占民田。伏望陛下，不宜深咎章大人过失。"

章惇早明白王珪表面上公正无私，为自己说话，但用心险恶，不可不提防，便恳请神宗："陛下，臣决不担此污名，请求陛下择人审清此案，为臣洗刷嫌疑，还臣清白。"

舒亶指着章惇大声说："大胆章惇！还敢百般狡辩，难道圣上会故意诬陷你吗？清白与否陛下自有圣裁。"章惇轻蔑地反驳："舒亶，你这贼子，真是可恶至极！"神宗见状大怒道："章惇，朝堂之上，岂能谩骂言官！"

章惇欠身施礼道:"臣一时无礼,还请陛下恕罪。但臣所以无礼,全因舒亶而起。此人道貌岸然,暗地里尽行鸡鸣狗盗之事。"

神宗忙问何事。舒亶心虚,吓得脑门冒汗,手足无措。章惇接着说:"禀告陛下,舒亶竟敢盗窃翰林学士院伙食费。臣已着人查清属实。这是翰林学士院三个月以来的伙食清单,这是郭文海、韩天麟、王义等人的证词,白纸黑字,证据确凿!伏请陛下御览!"一面掏出一份奏章来,递呈神宗。蔡确、舒亶等人大惊失色,王珪则暗暗叫苦。自己阵线内部的把柄让章惇抓住了,这招确实厉害,但脸面上还是装得若无其事。

神宗阅罢奏章,厉声喝道:"舒亶,究竟有无此事?"舒亶吓得连忙跪地求饶,大呼冤枉,帽子都磕掉了。神宗大怒道:"白纸黑字写得清楚,你如何抵赖!"舒亶吓得语无伦次,大叫:"陛下饶命!王大人救我!蔡大人……"王珪、蔡确假装没听见,拿着笏板毫不理睬。神宗呵斥道:"舒亶,你见利忘义、明偷暗窃,如此品行作为,怎可担当朕的言官?朕要贬你到外地,越远越好,朕不想再看见你了!来人,将舒亶驱逐出朝!"

舒亶顿时吓得两眼翻白,被侍卫拖了出去。神宗对朝臣说:"舒亶贪赃枉法,忌恨章惇,所以挟势弄权,诬告章惇之父。章惇实属无罪,擢升中书侍郎!"即改派王珪协助开封府审查此案,务必还章惇清白。章惇反戈一击,倒把舒亶扯下了马。王珪、蔡确等人沮丧无奈,又发泄不得,只得领旨而去。

舒亶雇了一驾马车,栖栖遑遑地踏上贬谪之路,没一个人相送。舒亶当年设计陷害苏轼,迫使苏轼外贬,没想到自己也会有这么一天!苏轼外贬,朝中正直之士对他愈加钦敬;而舒亶因鸡鸣狗盗之事外贬,颜面品格丧尽,人人不齿。

舒亶正自沮丧,忽然听车外有人大声说:"舒大人,且留步一叙!"舒亶诧异之余,探出车外,见章惇带着两个随从,正在旗亭候他。章惇拱手施礼:"章某得知舒大人今日离京,特来相送。舒大人,下车来喝一碗酒吧。"舒亶迟疑了一会儿,还是走下车来,却不敢动那碗酒。

章惇端起碗来豪饮一口,笑道:"舒大人,天寒地冻,路途遥远,还是喝碗酒暖暖身子吧！"舒亶惊疑不定，不知章惇在耍什么把戏，勉强喝了一小口，竟呛得咳嗽连声。章惇说："舒大人被贬，只有章某一人来相送，舒大人却为何躲着章某啊？哦，忘了跟舒大人说了，宰相王珪大人已经查清了家父购置民田一案，纯系诬告，圣上已准奏。"

舒亶冷笑道："章大人，你也用不着这样。有哪个朝官不被贬啊，下官没什么可丢人现眼的。"章惇微笑道："舒大人此言差矣。若是政见不同，或遭奸佞陷害而被贬，尚有一腔正气，自然会得个好名声。而你就不同了，靠害人起家，如今却因盗窃翰林学士院伙食费而坐罪外贬，与君子被贬怎可同日而语？"

舒亶自知理亏，又知他存心来奚落自己，心气早泄了一半，但仍狡辩道："君子？在舒某眼中，这世上只有王侯和平民，哪里有什么君子和小人。成者王侯，就是君子！败者，就是小人，是贼！"

章惇勃然大怒，拍着桌子骂道："哼，你岂止是小人，你简直是个无赖！你们以为我是苏轼啊，可以随遇而安，逆来顺受，不愿与你们争斗！我可没那么好的耐性，我是有仇必报，以血洗血之人！你若害我一分，我必十倍还你！"

舒亶被骂得脸都发白了，嘴唇抖抖索索地说不出话来，赶紧爬上马车，狼狈而去。章惇放声狂笑。

王珪见不但没有扳倒章惇，反而折损了舒亶，急忙找蔡确来商量对策。蔡确是个毫无主见之人，事事只听王珪的，只会在一旁跺脚发怒："好个舒亶，坏了大事！"还是王珪冷静，缓缓说道："舒亶反复无常，且贪图小利，不可与之共事，贬到外地也好。只是章惇的确颇为麻烦，如今大有直上青云之势。对他只有用缓兵之计了。"蔡确点点头，又说："相公，圣上已经多次提到苏轼的重用之事，这次又提出让苏轼到江宁，担任江宁太守。前两次，已经敷衍过去，这次又如何是好呢？"王珪捻须细想，徐徐说道："尽量拖一段时间，实在拖不过，就说江宁任上并无空缺。如今黄州没了吴通判，那苏轼必然故态复萌，再生事端，我们再寻机会下手便是。"蔡确忙笑夸宰相高明，唯唯不已。

徐君猷派差役到苏轼家中告知舒亶被贬的消息，苏轼恰好不在家。王闰之谢过差役，忙对巢谷说："舒亶害得子瞻含冤被贬，如今他自己也终尝苦果。快去找子瞻回来，我们在家好好庆贺一番。"巢谷也满心欢喜，跑出家门来寻苏轼。

苏轼正在江边芦苇丛里垂钓呢！正是初冬时候，沙净水枯，芦叶萧瑟，苏轼披着蓑衣，悠闲地手执钓竿，静静欣赏江上的景色。巢谷兴冲冲地跑过来说："子瞻，你不知道吧？舒亶被贬出朝廷了！徐太守派人来告知的。快回家去，夫人烧了几道小菜，要小事庆贺一番呢！"苏轼仍拿着钓竿，一动不动，悠悠地说："若将舒亶这些人常挂于怀，耿耿在心，那我等在黄州这些年岂不是白待了？"

巢谷笑着说："话虽如此，但胸怀是胸怀，除奸是除奸，不管到了多大岁数，我这人一听除奸就高兴痛快。"苏轼摇头说："朝廷走一个舒亶，还会来一个王亶。官场之上，你来我往，各种人物都像韭菜一样，割了还会长出来。一句话，官场上没有值得庆幸之事。当你庆幸之时，不幸也就来了。"

巢谷反问："那子瞻兄你如何又在此'独钓寒江雪'呢？"苏轼答道："李白说，用弯月作鱼钩，用虹霓作钓线，用大奸大蛀作鱼饵，钓东海之大鳌，不是没有道理啊！人生何以不能用弯月作钓钩、用江河作钓线、用高山作钓台，以星光作渔火、以万物作钓饵，去钓苦海之大乐呢？"

苏轼远眺江面，对岸寒林簇簇，野烟迷离，四周寂然无声，只有江水缓缓流动。巢谷忙过来拉着苏轼说："我看你生来就是个渔夫樵子！快走吧，夫人给你准备的饭菜都凉了。"苏轼提着钓线，作鱼上钩状："人生总有赶不上的饭菜，却没有温不热的酒。"巢谷大笑："若钓上了大鱼，正好拿回家下酒。"苏轼大笑，收了钓竿，巢谷捧着鱼篓，缓步回家去了。

苏轼与巢谷快到家时，远远望见一个人穿着宽袍，骑着高头大马，器宇轩昂，慢悠悠地走在村路上。一群乡间孩童见他装束奇怪，跟在后面又唱又嚷，那人却毫不在意，怡然自得。巢谷悄悄地问苏轼："真是个怪人，他穿的是哪朝哪代的衣服啊？"苏轼笑说："那是唐装，画学博士米芾米元章好此奇装异服。"等走近了，果然就是米芾。米芾乃是宋朝第一奇人逸士，不仅书画双绝，堪与苏轼比肩，行为举止更是怪僻奇特。他性情孤傲，不与俗人相交，但遇同道风流雅士，则诚心相待，一见如故。他平生迷恋书画奇石，如果遇上稀世珍品，必定倾囊收藏，赏玩不已，废寝忘食，故人称之为"米癫"。苏轼与米芾早在汴京就有交往，此次是米芾专程来访。

互道契阔后，苏轼赶忙烹茶相待。米芾拱手问道："米芾到来，东坡先生何以得知？"苏轼故作神秘地说："其实不知。只是刚才垂钓江边，袖中起了一卦，故而知道你要来！"

米芾惊讶地说："苏公易学精妙，令人钦佩呀。"苏轼问道："蜀人好《易》，苏某不过略有闻见而已。元章也精通易理，不知以元章高见，《易》之精髓何在？"米芾捻须说道："易乃无常，因无常而生生不息。"苏轼笑而不答。米芾赶紧道："还请苏公赐教！"苏轼笑说："刚才在江边垂钓，观看江水洄漩之势，因而悟到，易道之常理，就是变动不居。这种变动如同水，水无常形，随物赋形。"米芾不禁拍手赞叹。

这时陈慥突然踏步进来，见有客在，拱手笑道："子瞻兄，今日雪堂真是高朋满座啊！"苏轼忙将二人引见。陈慥施礼道："久闻'米癫'大名，今日得见，果然风度不凡！"米芾含笑谦逊地说："季常兄是血性男儿，米某真是沽名钓誉了。"

米芾又拿出一轴画来，请苏轼赐教。苏轼观看良久，沉吟不语。米芾说："还请苏公直言。"苏轼捋着胡须笑道："那就请恕我唐突了。元章画技娴熟，令人赞叹，然仅得竹之形，尚未得竹之神。"米芾追问："何谓竹之神？"苏轼神秘地一笑："米兄先洗尘安息，至于何为竹之神，那要沐浴斋戒后方可得知。"

巢谷和陈慥面面相觑，不知苏轼葫芦里卖的什么药。不一会儿，米芾洗沐完毕，装束整齐，苏轼拉着他直往屋外走，一边说："城南安国寺内有修竹千株，元章可与我同去寻觅竹之神。正好我有两位高僧朋友暂居安国寺，我来给你引见！"巢谷和陈慥也紧跟过来。

到了安国寺，只见万竿高耸，果然是一片竹海！虽说是寒冬时节，但满目翠意逼人。漫步于林间小径，微风吹来，竹韵悠远，令人有恍然遗世之感。苏轼闭目听了会儿风声竹声，指着竹海说："看这竹子，有神无神？"米芾答道:"万物自生,莫不有体,莫不圆融,莫不有性,莫不有神!"

苏轼点点头道:"正是!看这竹子,竹从一寸之长,长至剑拔十寻,其竹节竹叶,从一开始就齐备了。现在画竹的人,乃是一节一节地画,一叶一叶地加上去,脱其本源,自然就失掉了竹之神韵。"米芾赞叹道:"苏公见解超凡,深得自然之妙啊!那么又该如何画竹呢?"苏轼说:"故画竹必先得成竹于胸中,执笔熟视,等眼前出现了所要画的竹子,急起而画,一气呵成。正所谓胸有成竹是也!不过,这首先要有高超的技巧,使内外合一,心手相应。"

陈慥上前说:"子瞻兄所说与《南华真经》上的庖丁解牛是一个道理。"苏轼称许道:"正是。我有一位表兄,名叫文与可,是画竹大家,我曾作诗说:'与可画竹时,见竹不见人。岂独不见人,嗒然遗其身。其身与竹化,无穷出清新。庄周世无有,谁知此凝神。若人今已无,此竹宁复有。'所以依此理路,我也曾学得几笔,让元章见笑了。"

米芾施礼说:"苏公过谦了!苏公见解超出我辈,元章受益不浅哪!"苏轼说:"数年前我曾画得一幅墨竹,送给江南的友人潘丙,后来那幅画差点让一位丝绸商人买去。苏某的画虽不是什么宝贝,但若沾染了铜臭,就是有辱此竹。我就将画拿回烧掉了。"

米芾叹服道:"苏公真是晋宋间人物,儒雅风流,正与这竹海相衬。"苏轼笑着说:"可使食无肉,不可居无竹。无肉令人瘦,无竹令人俗。人瘦尚可肥,士俗不可医。……"

这时佛印和参寥远远走过来。佛印听见苏轼吟诗,大喊道:"子瞻兄高雅绝俗,莫不是要吃竹子了?"苏轼忙与众位引见,接着说:"今天众人都在,正所谓良友嘉会,不如再去赤壁一游如何?如今天寒水枯,一定别有一番风味。"佛印说:"赤壁游赏倒是惬意,可是光吃竹子,无肴无酒,那还有什么意思?"巢谷灵机一动:"子瞻兄刚才在江边垂钓,鱼篓里不是钓得几尾鲜鱼吗?"佛印大喜,摊开两手说:"酒呢?和尚我可是要喝酒的呀!"参寥见状,连说"阿弥陀佛"。苏轼大笑:"回家问问闰之,说不定她藏着几坛酒不让我知道呢?"

回到家中一问，王闰之笑道："我倒是有一坛好酒，藏着好长时间了，就是怕你有不时之需。"忙将酒取出来。苏轼大喜："夫人可比刘伶老婆好！"朝云听了，抿嘴微笑。王闰之不解地问："刘伶的老婆怎么了？"苏轼笑说："刘伶是'竹林七贤'之一，是有名的酒鬼。他老婆就劝他，说喝酒伤身误事，哭着闹着一定让他戒酒。刘伶说：'好吧，不过，我自己管不住自己，我要对鬼神发誓，才能戒酒。你替我准备好祭祀鬼神的酒肉，我好祷告发誓。'他老婆很高兴，就给刘伶准备了酒肉，让刘伶祝誓。刘伶跪而祝曰：'天生刘伶，以酒为名。一饮一斛，五斗解酲。妇人之言，慎不可听！'于是喝起酒吃起肉来。等他老婆回来一看，刘伶已经大醉，倒在地上了。"朝云咯咯笑起来。王闰之佯作嗔怒道："还是这样，老没正经。"

苏轼还是请潘丙雇好船，众人搬上酒肴，在萧瑟的风中，向赤壁驶去。时近深秋，两岸寒林烟树，秋色如醉。船工小心地将船摇到中流，缓缓而进。渐渐白日西斜，暮霭愈加凝重，只见几点寒鸦在余晖中闪动。苏轼与米芾不愿枯坐舱中，跑到船头来眺望江中景色。

由于天寒，江水清浅，沙痕参差，四顾莽莽萧萧，令人不禁有悲凉之感。苏轼感叹说："去年七月，江水滂沛，苏某与舟中众人同游赤壁。那时水天一色，恍如仙境。现在才过了一年多，江山已不可复识了！可见人事渺如尘烟，良可感叹哪！"参寥听罢，即刻捻着佛珠念起经来。米芾笑道："苏公胸襟如此，正为江山增色不少。"

船稳稳地摇到赤壁山下，明月如霜，光可鉴人。江岸怪石森然，好像猛兽蹲伏在前，崖壁陡绝千丈，又好像鹰隼俯投欲下。苏轼向大家提议道："去年乘江潮来看赤壁，风浪拍石，震人心魂。此番风景大异于前，我们不妨舍舟登岸，到赤壁山上俯瞰江水，如何？"众人欣然同意。佛印大和尚早跑到船头，吩咐船家将船靠岸。江水退去后，再没有雪浪飞溅，江底的礁石都显露出来，满是江涛冲刷的痕迹。佛印不顾身躯肥胖，率先跳到江岸的巨石之上。众人依次下船，循着嶙峋礁石往山上攀登，摸索着荆棘巉岩，慢慢登到山顶。

小山虽不算高，但俯临江水，断崖壁立，恍惚也有万仞之势。月光照见山影，影影绰绰的，似有山鬼隐匿其中。到山顶四望，只见四周昏黑，如浓墨渲染，如磐石悬空，又如混沌未开，江水沉沉缓流其间，不知从何处奔来，也不知流向何处。苏轼情从中来，不禁长啸一声，似乎要破开这寂静一样，声音在山谷间回响，霎时风起水涌，仿佛连水底的鱼龙也要惊醒。

残夜将尽，苏轼叫船工将船划到中流，任其漂荡而下。肴已尽，酒已凉，杯盘狼藉，众人醺然欲睡。苏轼轻声对米芾说："元章，前番来游赤壁，苏某曾作《赤壁赋》一篇，记游赏之乐和心中所悟，一直秘不示人。回家后当为元章手书此赋，权当对你来黄州看我的谢礼。"米芾大喜，连忙拜谢。

这时一只大鹤呼扇着翅膀，从东飞来，引颈长鸣，从头顶一掠而去。苏轼对巢谷说："此次再游赤壁，独独缺了吴道长。你看那飞鹤，玄裳缟衣，肯定是吴道长所化，见你我同游之乐，也来凑个热闹。"巢谷笑道："古时有丁令威化鹤仙游，莫非师父真有此感应，化作飞鹤来看望我们？"众人醉中谈笑不已，一直到船泊在临皋亭下。

回家之后，苏轼乘着醉意，拿出笔墨来，为米芾手书《赤壁赋》。苏轼写一句，众人就跟着念一句。陈慥说："'寄蜉蝣于天地，渺沧海之一粟。哀吾生之须臾，羡长江之无穷。'唉，回想起江上所见，读来都不免怅然。"

"不然，不然。子瞻的文章钟于情而善于悟，有结必有解。你们听这几句，"巢谷接着念道，"'惟江上之清风，与山间之明月，耳得之而为声，目遇之而成色……'"

参寥跟着默诵道："'取之无禁，用之不竭，是造物者之无尽藏也，而吾与子之所共适。'竟让贫僧又想起那夜的月光。佛经以月喻佛法，洞见此身清净无碍，子瞻真是参悟得透啊。"

苏轼写完，掷笔大笑说："各位谬夸苏某，今番再游赤壁，岂不是得再写篇《后赤壁赋》来？"米芾道："先生这篇《赤壁赋》，短短数百字，不仅将人在宇宙中之渺小道出，而且又生出享受自然赐予的超然之情。由慨然归于平淡，由绚烂转为质朴，先生之文已入澄明之境，放眼大宋唯先生一人而已。况且先生此书笔意超然，龙蛇舞动，真令小弟爱不释手。若写得出《后赤壁赋》，苏公一定要让我饱看一番，先睹为快！"

苏轼笑说:"果然是'米癫'本色!诸位,何不珍惜这乘兴饮酒的时光,以消残夜!"众人也不推辞,欢饮不迭。东方已经微微露出晨光了。

米芾在雪堂与苏轼纵谈书画,情谊融洽,盘桓了十余日,便辞别而去。他所携带的苏轼手书《赤壁赋》卷轴,不久就传遍京师,人人争阅了。

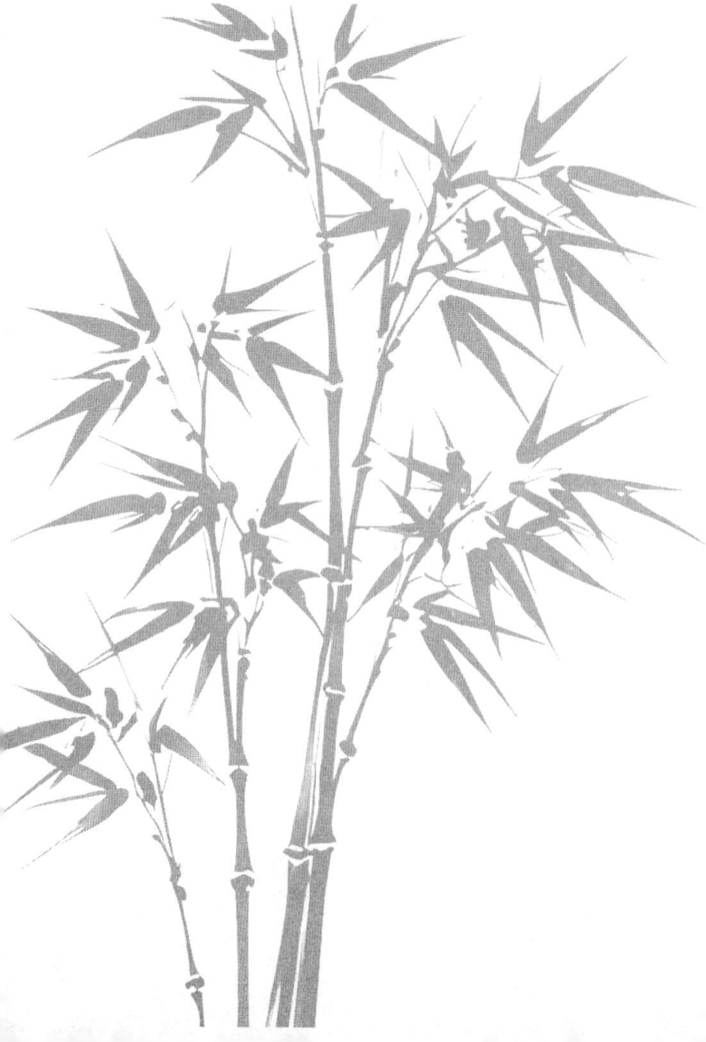

# 目录

| | | |
|---|---|---|
| 五十一 | 庐山参禅 | 569 |
| 五十二 | 知 己 | 580 |
| 五十三 | 在路上 | 590 |
| 五十四 | 司马牛 | 604 |
| 五十五 | 党 争 | 617 |
| 五十六 | 知制诰 | 635 |
| 五十七 | 斗辽使 | 650 |
| 五十八 | 西园雅集 | 657 |
| 五十九 | 自请外放 | 670 |
| 六十 | 再莅杭州 | 684 |
| 六十一 | 安乐坊 | 695 |
| 六十二 | 苏 堤 | 712 |

# 目 录

| | | |
|---|---|---|
| 六十三 | 倾 轧 | 729 |
| 六十四 | 兵部尚书 | 743 |
| 六十五 | 定州治军 | 754 |
| 六十六 | 贬书连下 | 766 |
| 六十七 | 垂老投荒 | 779 |
| 六十八 | 王朝云 | 794 |
| 六十九 | 天涯行医 | 809 |
| 七十 | 天下一家 | 824 |
| 七十一 | 域外渊明 | 839 |
| 七十二 | 巨星陨落 | 852 |
| 后记 | | 865 |

## 五十一　　庐山参禅

司马光在洛阳，前后花了十九年时间修撰《资治通鉴》，如今终于完稿了。这部记载一千三百余年间历史的编年史巨著，凝聚了司马光一生的心血。但他仍有一件心事未了，那就是眼看新法施行日久，危及民生社稷，他却无法向朝廷进言，为皇上分忧。如今他已满头白发，老态龙钟，体衰力弱，特别是几年前一次中风，遗留下的腿疾，更令他行动不便。但他仍坚持要将书稿面呈神宗，希望借此重提他对于新法的建议，这样在有生之年，也算为国家君王尽忠了。

司马光叫儿子司马康、助手范祖禹整理好书稿，拿大箱子装好，自己坐着马车，不顾一路颠簸，风尘仆仆地赶到汴京。神宗正卧病在榻，听说司马光进献《资治通鉴》进京，连病都好了一半，立刻到睿思殿接见。

睿思殿里已摆满了大红木箱子，部分书稿已进呈书案之上。司马光一瘸一拐地进殿施礼参拜。神宗见司马光垂老之态，忙叫免礼赐座，动情地说："司马公老了呀！朕的股肱之臣老了呀！"司马光感激不已，垂首叩谢。范祖禹和司马康在一旁也拭泪不止。神宗说："司马公呕心沥血，才完成如此皇皇巨著，功德无量，这可是我大宋名垂青史的大事！"司马光拜谢道："老臣资质驽钝，才庸学浅，不敢有负陛下钦赐书名之重托。如今书稿告竣，进呈朝廷，老臣死而无憾了！"神宗命内侍予以褒奖赏赐。

司马光正思忖着如何跟神宗提及变法之事，见神宗面带病容、精神不济，便问道："陛下正值盛年，为何呈此病容？"神宗凄然长叹："一言难尽哪！举国上下之事，常令朕心力交瘁，故此大病了一场。"司马光忙进言说："陛下勤政爱民，心系天下，可也要保重龙体呀！"神宗说："新法是朕一生的心血，如今施行多年，天下在肩，如泰山压顶，容不得朕有片刻懈怠啊。"司马光见神宗意志仍然坚定，一时难以说动，就把反对变法的心思暂且放下了。

王珪、蔡确听说司马光进京献书，一大早就进宫面见神宗。他们害怕圣心大悦，授司马光重任，就相互商议，进宫试探虚实。二人进睿思殿来拜见过神宗，又向司马光施礼。王珪道："君实一向可好？曾闻君实大病一场，奈何老夫公务在身，未能前去洛阳探视，请恕罪。"司马光素来不喜欢王珪的为人，见他故作亲热，冷冷地说："多谢宰相垂爱。司马光尚能苟活。宰相日理万机，肩负天下，岂能因一废人而误苍生大事呢？相公能有此言，司马光已是受用匪浅啦！"

王珪见司马光语带讥讽，只得尴尬地赔笑。蔡确在一旁，见风声不对，过来圆场："司马公成此巨著，功不可没呀！"司马光笑说："若无圣上鼎力支持，焉有此书？若无同人呕心沥血，焉有此书？司马光不敢贪天功为己有啊！"蔡确无话可说，跟着王珪佯装翻阅书稿。

神宗翻看书稿，连连点头称赞。蔡确瞅着机会，不无谄媚地说："司马公道德文章为本朝第一，苏轼虽然是当今文坛领袖，也未必能著如此鸿篇巨制。"王珪早提醒过蔡确，让他不要在神宗面前提及苏轼，以免圣心悯恻，又要把苏轼召回。这下蔡确拍马屁拍漏了嘴，当着司马光和神宗的面说到苏轼，王珪不禁连连叫苦，忙说："他哪能跟君实相比呢！"

司马光冷笑道："二位差矣！若苏子瞻担此重任，恐怕像这样的两部书都已完成了。"王珪说："君实何以如此贬低自己啊？"司马光怒道："自己贬了，就省得别人蛊惑圣上贬。你们一再贬低苏轼，但天下读书人却越来越把他视为文章泰斗。苏轼在黄州，文章道德日进千里，岂是你们贬损得了的？"说完从袖中掏出一卷文章来说："陛下，这是苏轼在黄州所作《赤壁赋》，如今天下传抄，人人争诵，定成为我大宋空前绝后的千古不朽之作。请陛下御览。"

神宗见大臣争执，心中早烦了，忙止住争吵，拿《赤壁赋》读罢，不禁拍着书案赞叹道："好个苏轼，真是大手笔，不愧为文章泰斗！前不久误传苏轼已死，后来读到他的《念奴娇》词，让朕的病几乎好了一半。如今这《赤壁赋》更胜一筹，朕的病要完全好了。"说完，神采飞动。王珪见司马光故意提及苏轼，知道他是有备而来，忙对神宗说："苏轼素来矜才使气，谤毁新法，圣上贬他到黄州，就是让他戒除骄浮之气，慎言慎行，这也是圣上爱才之心哪！"

司马光见他巧舌诡辩，大怒道："王珪！人称你'三旨宰相'，果真名副其实！苏轼秉忠报国，尽心民事，岂是你等乡愿宵小之徒可以理解的？你只会庸碌为官，把苏轼排斥朝外，是怕他回朝坏了你宰相的位子吧！"

王珪气得连连咳嗽，答不出话来。神宗问道："王珪，这《赤壁赋》天下争诵，人人皆知，唯独朕不知道。你身为宰相，有如此好的文章，如何不进呈给朕？"王珪支支吾吾，愈加猛烈地咳嗽，不知是老来病重，还是借咳嗽掩饰内心的慌乱。蔡确在一旁吓得不敢说话。司马光说："宰相大人要保重啊，苏轼还有好文章等你呈递呢！"

神宗语重心长地说："王珪啊，自从苏轼被贬以来，朕曾三次欲用苏轼，第一次朕欲擢他为国史编修，你推荐了曾巩，现在曾巩已病故两年了；第二次，朕欲擢他为江宁太守，你们却说边境有事，好，朕也就只顾边境之事了；这第三次，朕欲擢他为江州太平观，你为何还没有为朕拟旨啊？今日你说说，是你不同意呢，还是翰林学士院的李定从中作梗啊？"

王珪吓得浑身打战道："陛下，天下乃陛下之天下，圣上要任用谁岂是臣子所能干预的？臣等曾研究过苏轼的生辰八字，与任用太平观命格不合。"

神宗发怒道："哼！岂可以生辰不合而废用人才！"王珪惶惶低头，连连应承："臣这就去翰林院拟旨。"神宗说："不必了。朕要亲自拟旨。调任苏轼为汝州团练副使。"汝州靠近京畿，这明显是将要擢升重用之意。王珪此时也不敢再找借口搪塞，忙说："陛下英明，臣等遵旨。"

神宗冷笑道:"王珪,你遵旨倒快!曾有人对朕说,汴京人给你编了一首歌谣,你可知道?"王珪遍体流汗,结结巴巴地说:"老臣……不知。"神宗说:"汴京人说你是三旨不离口,背后下狠手,表面善拍马,实是大奸猾。"神宗旁边的张茂则都不住地冷笑。

王珪吓得面如土色,跪倒在地连连磕头,声泪俱下地哭诉:"陛下,老臣陪陛下读书多年,虽非有才,但忠心尚在;承蒙圣恩,重用为相,从来不敢越雷池一步。陛下明察,司马光刚一回朝,就要结党反对新法,故而劝陛下重用苏轼。陛下,老臣是为新法大业、大宋社稷着想啊!"

神宗长叹一声:"王珪,让朕说你什么好啊!是你一直排挤司马光、苏轼、吕公著等人,朕是明白的,朕不是昏君!你在朕面前说恭维话,说好听话,朕不怪你。但你为什么就是不说实话、有用的话?若是司马光、苏轼在朝,朕会招致永乐之耻吗?是你们使朕受辱,屡屡出错!朕不是昏君,如今却要担昏君之名!"神宗情绪激动,不禁触动病体,猛烈地咳嗽起来。张茂则急忙过来捶背。

司马光不发一言,看来圣上擢用苏轼的心意已决,自己不必多费唇舌了。神宗稍稍平静下来,对王珪说:"王珪,你也是朕的老师,朕不追究你的责任,因为朕还要给天下读书人做个尊师重教的好样子。可你不能有恃无恐,好自为之吧。"说完摆摆手示意王珪退下。王珪失魂落魄,缓缓退出殿外。蔡确狼狈地在一旁扶着。王珪步履蹒跚、目光灰暗,突然猛地吐出一口鲜血来,口中嗫嚅着:"完了!完了!"蔡确连忙把他扶回去休息。

苏轼在黄州已进入第五个年头。开春后,东坡上的麦子长势喜人,苏轼依然每天下地劳作,回到家或是去救儿会帮助朝云照顾婴孩,或是在书房读书,督促两个儿子作诗习文。苏迨、苏过已经长大了,跟随父亲和哥哥在黄州,粗食淡饭,亲事耕稼,早已明白安贫乐道的真谛,现在成长为敦厚好学的读书人了。王闰之跟着苏轼饱经忧患,人虽显得老了,但心中宁静安闲,再无一句怨言。苏轼觉得家和人闲,内心万分满足。农事闲时,就到江中垂钓，偶尔钓到几尾鲜鱼，便拿回家亲自烹煮，与巢谷对酌几杯。

江中春水大涨的时候，徐君猷带着朝廷量移汝州的诏令来拜访苏轼，告诉他圣上同时还授予苏迈饶州德兴县尉的官职。苏轼摆下浊醪款待徐君猷。徐君猷举杯说："徐某宦游半生，能与子瞻同治黄州，实在是三生有幸。如今子瞻奉旨北归，必定受到重用，可以脱离苦厄，重振羽翼了。"苏轼摇摇头笑着说："徐公客气了。苏某当初获罪至黄，不以为忧，今日蒙恩别黄，不以为喜，万事已不必萦绕胸中。五年来多蒙太守照应，苏某感激不尽，除了这一杯水酒也无可报答啊。"说完，一饮而尽。徐君猷说："子瞻胸怀之旷达，实在令老夫敬仰。如今且收拾行装，等离别之日，老夫必定亲来饯别。"苏轼感激不已，又连连敬酒，还把救儿会及雪堂、东坡等田产交由太守代为掌管，请他料理一切。徐君猷欣然应允。

第二天，苏轼邀请众位好友来雪堂相聚，陈慥和柳氏、潘丙、佛印、参寥和善济等人都来道贺。苏轼举起酒杯哽咽道："诸位，圣上下旨，调任我为汝州团练副使，不日就要启程离开黄州了。转眼来黄州已五年了。黄州是我的祸，也是我的福。祸，在于黄州是我的患难之地，日子过得艰难；福，在于我虽然艰难，却能喜获诸位的高情厚意。来，诸位，苏某谢谢你们，先干为敬！"

陈慥举酒说："恭喜子瞻兄，汝州与京城近在咫尺，陛下此意是要重用子瞻啊！"

苏轼又饮了一杯，接着说："不瞒诸位，五年前来黄州，我日日都想离开。如今我却不想离开，真的不想离开。这雪堂，这临皋亭，这东坡，是我亲手所建，亲手所种，我怎么愿意舍弃荒废它们呢？可惜啊，放旷如苏某，也不能免俗，不能违抗圣命，只能身不由己，随波逐流而去。不说这些了，来，我再敬诸位，多谢诸位在苏某危难之际真情相助！我当永志不忘！"

众人都满怀惆怅，举杯回敬。参寥独自念经默诵，为苏轼祈祷。佛印却大笑说："子瞻兄来黄州五年，所作奇诗妙文无数，功德无量，正得益于此地山水秀丽、民风淳朴，子瞻何不谢谢它们？"苏轼举杯大笑："佛印大师说得对！苏某受此磨难，如今文人也做得，农夫也做得，正是黄州赐我之福啊！"说罢起身沥酒于地，望着这熟悉的山水，自己亲手耕种的土地，亲手栽种的树木，恋恋不舍。

善济合十顶礼道："阿弥陀佛。苏施主在黄州亲事农桑，救助婴孩，五年间功德圆满。如今离去，实在可喜可贺，愿苏施主此去珍重！"苏轼也屈身答礼，举着酒杯，深情地望着雪堂，又环视众人，缓缓地唱出一首词来："归去来兮，吾归何处？万里家在岷峨。百年强半，来日苦无多。坐见黄州再闰，儿童尽，楚语吴歌。山中友，鸡豚社酒，相劝老东坡。　云何？当此去，人生底事，来往如梭。待闲看，秋风洛水清波。好在堂前细柳，应念我，莫剪柔柯。仍传语，江南父老，时与晒渔蓑。"

众人倚声相和，余响不绝。

终于要到离别的时候。因为诏命并没有严责到汝州的期限，苏轼决定走水路，沿江东下，再北上运河到京师，正好苏迈也从水路上任。苏轼一家已收拾妥当，将行李搬到船上，又一一与众人作别。徐君猷也如约前来，饮酒饯别。陈慥、潘丙坚持要送苏轼到九江。参寥也说："此去经过庐山东林寺，正好可以拜访常总禅师，不如我和佛印一同送子瞻到庐山吧！"苏轼也正想借此机会游赏庐山，就很高兴地答应了。

向众人拜别后，大船缓缓顺江而下。苏轼站在船头，望着岸边的徐君猷，还有黄州的山山水水，心中感慨不已。

船行不一会儿，江岸上突然拥来许多乡民，跪在岸边朝江中拜谢。原来这些人的婴孩因为苏轼的救儿会而得以存活，因此他们听说苏轼即将离开黄州，不约而同地来到江边相送。那些婴孩如今已经长大了，被大人抱在怀里，也学着挥手告别。

苏轼立在船头，泪流满面，挥手与他们作别，一直到船行渐远，再也看不到江岸为止。

春水接天，好风轻快，大船顺流而下，很快就要出黄州地界了。沿途青山绵延相送，正似黄州人一样多情。黄昏时分，苏轼伫立船尾，向西眺望，黄州已隐没在一片苍茫暮色之中。隐隐有鼓角之声，与江水起伏相和，似乎在为他吹奏离别之曲。

苏轼不禁潸然泪下。参寥过来安慰道："万物因缘和合，子瞻兄不必伤感。好在庐山近在咫尺，东、西林寺又是千年古刹，不可不访。明日若风帆饱满，半日即可到达。还是早点休息吧。"陈慥说："子瞻兄学识渊博，就给我们讲讲这古刹的渊源历史吧！"苏轼来到舱中，与众人同坐，缓缓说道："这西林寺建于庐山香炉峰下，是东晋道安的弟子慧远所建，依山建寺，以寺为园，极尽园林之美，首开园林寺院的先河，在当时名声极大。五年后，江州刺史在其东再建一寺，名曰东林寺，请慧远大师在寺中讲法，东林寺就成了净土宗的发源地，西林寺的名声反而渐渐地湮没了。"佛印说："贫僧还听说，现在住持东林寺的常总禅师是七百年前慧远和尚的转世身，佛法甚是了得。这次定要一见。"巢谷说："好啊，游山玩水，参禅悟道，子瞻兄就会把什么离别伤感全忘了。"

苏轼笑说："子由赴任筠州，先游过庐山，写信告诉我庐山的风景奇绝，真令我向往良久。现在有机会亲自来游，一定要饱览一番。我还想顺道去筠州看望子由，我们已有几年没见面了。所以我想将船和行李留在九江驿，劳烦季常兄为我照管，待我从筠州返回再起程。"陈慥说："子瞻兄尽管放心，这样我还可以与你多相处一段时间，以后要见面可就难了。"

第二天，船很快到了九江。远远望见庐山，只见神奇俊伟，令人神往。一行人入山来，四处指点，美景胜迹令人目不暇接。清流回旋左右，一路相伴，直到山深处。不久，望见一条飞瀑凌空而下，溅沫四射，气势极为壮观，正如李白描绘的一样："飞流直下三千尺，疑是银河落九天。"苏轼笑着对众人说："唐徐凝有诗云'一条界破青山色'，尘陋浅俗至极，不知白乐天为何这么欣赏这句诗。如今我亲眼见了庐山的瀑布，倒要为此正名才行。"陈慥说："想必诗已经有了？"苏轼笑着吟道："帝遣银河一派垂，古来惟有谪仙词。飞流溅沫知多少，不与徐凝洗恶诗。"佛印说："到了这庐山当中，子瞻兄的诗思怕是要停不住了。"

经过一条山谷，渐渐听到山间寺院的钟声，跨过一道小溪，便是传说中送客不过的虎溪，不久，东林寺就出现在眼前。一行人到寺中来，常总禅师已在山门相迎，吩咐执事僧奉茶上来。众人拜见过后，品起寺中清茶，真是别有滋味。苏轼问道："长老如何知道苏某要来？"常总禅师笑着说："老衲得知居士离开黄州，必定从山下经过。以居士的性情，岂有不上山来的道理？况且诸位光临，实在是东林寺的一件盛事，也是我东林寺的福缘啊。"苏轼忙答礼道："不敢不敢，长老太夸奖我们了。"

常总禅师忽然向苏轼一拜，说："居士天资超逸，如今有缘来到敝寺，老衲有一事相求，不知能不能劳烦居士？"苏轼忙回拜说："苏轼不敢受长老大礼。长老只管说来，苏某敢不效命。"

常总禅师忙请苏轼坐下，慢慢地说："七百年前，慧远大师首开东林寺，曾预言说，'七百年后有肉身大士革吾道场'。四年前，当今圣上敕令将东林寺改为东林太平兴国禅院，还让贫僧来住持。此时离慧远大师圆寂恰好七百年。后来有人在书上看到了慧远大师的那段话，就说贫僧是慧远大师的肉身，闹得沸沸扬扬，其实不过是巧合。"

参寥合十顶礼道："是不是肉身皆是妄，而长老佛法精深却是真。"常总禅师谦虚地说："阿弥陀佛。参寥师父前半句是实，后半句是妄。"佛印嚷嚷道："不要说什么妄不妄了，不知长老要让东坡先生做什么？"

见常总禅师面露难色，苏轼忙拱手道："长老有何吩咐尽管直说，只要苏轼力所能及，定当遵命。"常总禅师起身将苏轼引到内殿一面墙前，指着墙上挂着的画像说："苏居士请看，这墙上挂着慧远大师的像，却无题赞。不过，七百年来，也无人配得写题赞。今日东坡居士光临，是慧远大师的题赞之日到了。老衲不能枉受慧远大师的肉身之名，故冒昧劳烦居士为慧远大师求一题赞。"

苏轼拱手辞让说："长老抬举苏轼了。我怎敢唐突东林祖师！"常总禅师弯腰施礼道："居士若是不肯写这题赞，天下就无人能写了。老衲再给居士施礼了！"佛印和参寥在一旁都急了，都来催苏轼。苏轼为难之下，推辞不得，笑道："既是长老有命，苏某就献拙了。唐突祖师之处，还望见谅。不过，长老可要陪我彻夜讲论佛法啊。"

常总禅师笑着答应，忙令执事僧端上笔墨来。苏轼挥笔写道：

**东林第一代慧远禅师真赞**

忠臣不畏死，故能立天下之大事。勇士不顾生，故能立天下之大名。是人于道亦未也，特以义重而身轻。然犹所立如此，而况于出三界，了万法，不生不老，不病不死，应物而无情者乎？

堂堂总公，僧中之龙。呼吸为云，噫欠为风。且置是事，聊观其一戏。盖将拊掌谈笑不起于坐，而使庐山之下，化为梵释龙天之宫。

常总禅师看罢赞叹不已，但又推说："只是不该提到老衲啊。"苏轼笑道："长老既是慧远大师七百年后的肉身，岂能不赞？赞的不是长老，是慧远大师啊！"常总禅师大笑，请苏轼一行人到禅房安歇，又奉上斋饭。到晚上，常总禅师又与苏轼等人秉烛畅谈，彻夜不眠。

入夜后的东林寺，钟磬消歇，只有山泉汩汩，流淌不绝。苏轼与常总禅师谈禅，叹服道："与长老一宵之谈，几有脱胎换骨之感。"参寥也说："长老佛法，世所罕见。"佛印也跟着说："佛印本打算取笑长老的，却险些被长老取笑了。"

常总禅师大笑道："诸位都是有缘人，今日畅谈尽意，也算老衲尽地主之谊了。苏居士，一定会有妙偈令人解颐吧？"苏轼朗声吟道："溪声便是广长舌，山色岂非清静身。夜来八万四千偈，他日如何举似人。"此偈以耳边眼前的溪声、山色譬喻佛法，绝妙贴切；禅机只可意会心悟，而无法用言语表达其妙处，所以说"他日如何举似人"。常总禅师不禁赞叹说："好偈子。老衲惭愧得紧。一宵之论，胜过诸位处其实不多。"苏轼笑说："长老过谦了。佛门中人，实不必在口舌上争长短。"

常总禅师点头道:"东坡居士所言极是。不过,佛理禅机,不辩不明。老衲虚名在外,其实无学。西林寺的玉泉皓禅师,才是真正的得道高僧。"众人以为常总禅师已是庐山有道高僧,没想到庐山之中更有奇人,急忙追问。常总禅师悠悠地说:"不过玉泉皓禅师常年闭关,非有缘人不见。诸位得缘至此,老衲自当为诸位引见。"苏轼等拜谢不已,用过斋饭,便向西林寺走去。

两寺相隔不远,但在深山之中,山径蜿蜒回旋,苏轼等感觉仿佛走了很远的路一样。常总将苏轼等人带到玉泉皓禅师的禅房外,隔门轻声说道:"玉泉皓禅师,门外有人求见。"玉泉皓禅师问是何人。苏轼拱手答道:"一介小官。"

玉泉皓禅师反问:"尊官高姓?"

苏轼答道:"姓秤,乃称天下长老的秤!"

玉泉皓禅师大喝一声:"咄!且道这一喝重多少?"

参寥与佛印面面相觑。苏轼也答不上来,只好黯然退出来。常总禅师愕然不已,也只好将众人带出禅房。

苏轼四人走出西林寺,对着寺门一面石壁发呆。这时禅房门忽然打开,身形奇异的玉泉皓禅师走了出来。苏轼见了,不由得一惊,赶忙屈身施礼。

玉泉皓禅师合十说道:"施主称得天下,何必要称一喝!"那声音如洪钟震响,回荡山谷。

苏轼愈觉惊讶,深作一揖。玉泉皓禅师再也不说什么,退回禅房,把门关上了。

苏轼眺望着秀丽奇峭的庐山,默念着禅师的那几句话,忽然开悟似的对常总禅师说:"长老,借笔墨一用。"身边的小和尚捧着笔墨上来。苏轼挽袖蘸墨,就在石壁上欣然写道:"横看成岭侧成峰,远近高低各不同。不识庐山真面目,只缘身在此山中。"

近乎奇遇似的庐山一游,禅悟的刹那间激动,已令苏轼感到不虚此行,也就不必再去游赏西林的风光了。苏轼朝寺门拜了两拜,就下山去了。回望庐山,云烟依旧,苏轼却觉得心胸豁然明朗了许多!

回到九江驿，苏轼劳烦陈慥、参寥和佛印留在驿站照看行李物件，自己带着家人和巢谷上船往筠州去了。筠州在洪州的西南边，他们乘船越过鄱阳湖，再溯赣江而上，很快就到达洪州城，再从洪州转走陆路到筠州。一路上苏轼心情激动，自从子由送家眷到黄州一别之后，由于身为羁押罪官，不能私出州境，他们再也没有见过面。虽然相隔不远，常有书信相通，但思念之情还是抑制不住。如今自己蒙恩量移汝州，离子由就更远了，不知他何时也能遇赦北归，子由任筠州酒监，公务琐屑繁忙，不知生活过得怎么样……想得越多，心情越复杂，王闰之和朝云都过来安慰苏轼："好在筠州不远，马上就能见到亲人面了！"

## 五十二　知　己

苏辙被贬到筠州监盐酒税，其实就是掌管官方酒务和盐务。因为一些地方政府禁止民间私自酿酒贩盐，所以开设官营盐酒榷场。这差事可不像听起来那么轻松，盐酒由官方转输过来，得依靠车马运回公仓。筠州地处偏僻，酒监没多少人手，苏辙只好跟女婿王适像民夫似的把一袋袋盐、一坛坛酒卸下来。盐酒收入得造册登记，以备上级长官随时查阅勘验，所以事无巨细，苏辙都得亲自做，每天忙得如同街铺里的掌柜。

这一日清晨，天刚蒙蒙亮，苏辙与王适已在搬盐运酒了。苏辙年纪大了，力气不济，搬一会儿就气喘吁吁。王适忙拦着苏辙说："岳父歇会儿吧，我来搬。"说着就驮起一大袋盐搬进屋去。苏辙坐在一边，喘着气说："这些年来，多亏贤婿在我身边相助。老夫算了一笔账，日运盐酒两千斤，五年下来，你我共运三百六十五万斤。账怕细算，若堆于面前，尤似一座山哪！五年背了一座山，再用这双手把三百六十五万斤一点点地卖给筠州的百姓，真了不起。"王适搬完最后一袋盐，拍拍身上的尘土，憨厚地笑着说："读书人干活十不顶一，可习惯了，同样顶个壮劳力。就是一座山，也能搬走。"说完搓着长满老茧的手又去搬酒坛子。

苏辙也过来帮忙，笑着说："所言甚合吾意。或许，命中就该背这样一座山吧，所谓磨难，大抵如是。"王适擦着汗说："好在这种日子快过去了，伯父内徙汝州，就是个信号。"

苏辙点点头，若有所思。他早已得信获知哥哥要来，心中激动不已，但又不知哥哥他们到哪里了。王适安慰他说："伯父身遭大磨难，身处大逆境，但却造就了大境界。伯父的'大江东去'一词和《赤壁赋》，真是妙绝千古啊，读着干活也有劲儿了。"苏辙自嘲道："大手笔从大悲大欢、大磨大难中来。然而我却锈住了，这座盐山酒山压得我喘不过气来，还要和人计较秤高秤低，成了货真价实的贩夫走卒。"王适笑道："愚公移山，最后靠感动神仙遂其夙愿；岳父搬山，皆靠自己一双手，山已去，道自出。岳父还是休息吧，伯父不知何时就要到了。这里有我看着就行了。"苏辙点点头，跟酒监里告了假，回家吩咐史云准备饭菜，又到官道上去悬望等候。

终于盼到了！两兄弟一见面就泪流满面，有说不完的话，还是巢谷提醒着，苏辙这才把苏轼一家人请到他在筠州的住宅东轩之中。苏辙刚到筠州时，洪水冲坏了酒监的官舍，苏辙就向长官租了现在的住宅，修补了损坏的墙垣，周围种上了树木。在此安家，如同苏轼在黄州亲手修筑雪堂一样。史云见了王闰之，好不亲热，只顾拉着手说话，倒把饭菜都忘了，忙叫女儿把酒菜摆上，一家人围着说话。

苏轼举着酒杯动情地说："子由，为兄就要北移汝州了，汝州离京城一步之遥，而你却还要留在这江南偏远之地！"苏辙淡然一笑："哥哥不必为我担忧，只要圣上宽宥了你，小弟更无他望。"苏轼接着说："奉旨北徙汝州，依然是团练副使，依然是不得签署公文，只是给了点活动自由。令人费解的是，此次诏书乃圣上亲笔下诏。"

苏辙很快就猜到了其中的情由，担心地说："哥哥，这正说明，圣上多次想重用你，但王珪、蔡确、张璪、李定一伙人从中作梗，圣上不得已而亲手下诏。之所以尚未得重用，实是圣上怕王珪等人再次掀起波澜。对了，朝廷还特意授迈儿德兴县尉之职，恐怕也有深意。"

苏轼饮酒不语，他自然顾虑到朝中奸邪从中作梗，但王命难违，要不然倒真愿意归老田园，不再去过问世事纷争了。苏辙劝酒道："小弟以为，朝中小人固然可气可恨，然与兄长过去恃才傲物、口无遮拦、罪及他人也有关系，还望兄长自此慎言慎行，免得祸从口出。"

苏轼听了这话，十分不悦，说："逢小人不行君子之礼，遇大恶不弃人子之责。让我充耳不闻，听之任之，实在做不到。如果这样，我做了宰相又有何用。"苏辙见哥哥的率直性格还是没变，又劝道："哥哥，你若做宰相，是为国为民，怎会没用呢？君子秉承阳刚之道，也应该知道韬晦之计。江河委婉而进，山有谷而存，像哥哥这般刚直不弯，一定还会吃大亏。"

史云和王闰之见两兄弟争论起来，也不便过来劝解，悄悄地拉着子侄们到里屋去了。苏轼听了苏辙的话，心中梗塞未开，负气地说："大丈夫生于天地间，怎么能如此俗气！"

苏辙也有些激动，大声说："哥哥在黄州五年，原来还是这么天真！"

苏轼说："子由，不是我天真，是你太过世故了！"

苏辙说："君子闻过则喜，哥哥不纳忠言，一味固执，实可悲矣。"

苏轼发怒道："子由，你既这么说，从此，我誓为哑巴！"

苏辙苦口婆心地劝道："哥，你听我一句好不好？这个世上，也就是为弟愿为你尽句忠言。"

苏轼手指着紧闭的嘴巴，哑然不语。苏辙也气急了，无奈地饮了一口酒。巢谷进来见两兄弟各自赌气，很是纳闷，刚才还和和气气地喝酒，怎么一转眼就吵架了？史云忙过来拉着巢谷到里屋。苏辙又喝了一杯酒，轻声说："小弟在酒监里还有公务，哥哥你早些歇着吧。"说完头也不回地出去了。

苏轼觉得很气恼，本来很好的心绪被弄得极坏。他素来脾气急，遇事不折，而子由性子温和，处事要沉稳一些。他知道子由是为自己着想的，但他觉得自己应该坚持的原则说什么也不能改变，若事事忍让韬晦，在黄州的历练岂不是白费了？苏轼想到这里，愈觉闷闷不乐，一口气把大半壶酒都喝下去了。

由于苏迈的任期在即，苏轼一家只能在筠州逗留几日，就要离去。临走之时，苏辙因为酒监里公务繁忙，不能来相送。苏轼叹了口气，忧伤地对巢谷说："那一场争吵，是我们兄弟二人平生以来的第一次。都怪我，我不该说子由世故，子由被贬官，都是受我的牵连。"巢谷说："子瞻兄，子由是为你好，才说那些话。"苏轼痛心地说："我怎会不知道他是为我好呢？正因如此，我才尤为愧疚。"巢谷安慰道："子瞻兄不必愧疚，我想子由不会怪你的。"苏轼这才稍稍宽慰些。

到了洪州，苏迈要东去德兴上任，一家人在江边为他送行。王闰之舍不得他离开，哭得跟泪人似的，两个弟弟也含泪相送。苏轼一边劝慰他们，一边准备登船回九江。

船刚开到江中，忽然苏辙、史云和王适风尘仆仆地赶到码头。苏辙朝着江中大喊："哥哥，弟弟来送你了，要保重啊！"苏轼激动不已，挥泪喊道："子由，保重！你放心！我会记住你的话！"

这样，两兄弟再次分别，隔着江水遥遥挥手，直到再也看不见对方。

苏轼回到九江，跟陈慥等人洒泪分别，一路扬帆顺流，直往江宁而去。

船就快到江宁了。苏轼站在船头，远远眺望，任江风把衣襟吹得飘动。巢谷过来说："子瞻兄，听说王安石罢相后就住在江宁……"苏轼知道巢谷要说什么，笑着说："是啊，我与介甫公也很久没有见面了，这回路过江宁，一定要去拜访他。"

巢谷说："王相国现在被封为荆国公，天下人都知道子瞻兄与他不合，为什么还要去拜访他呢？"苏轼摆摆手说："世人囿于成见，以为我们政见不合就势同水火，其实这是外人的看法。荆公可以说是我的良师益友。当初我们惺惺相惜，引以为知己，如今发生这么多事，我们仍然是好朋友。"巢谷点点头。

王安石自罢相之后，隐居于江宁半山园，每日骑着驴子走在乡野小径上，遇着农人便和气地与他们打招呼，没有人知道他就是主持国家变法的宰相。如今往事已如云烟过眼，不必重提。他也觉得自己一天天衰老下去，便常到佛寺中去听经说禅，渐渐心中的波澜也平息了。吕惠卿主持新法，每每歪曲王安石的本意。王安石想起他对自己的背叛，有时不免怒形于色，但很快就平静下来，如今已无法再说什么了。金陵自古是帝王都，历史遗迹无数，随手折一枝杨柳，也能翻检出六朝的盛衰兴亡。王安石就这样每日默默游走在历史与现实之间，把平淡的心情和悠远的沉思都写进小诗里。

这日他骑着小驴，悠悠来到码头，看着江船来往争利，青山亘古常青，吟道："自古帝王州，郁郁葱葱佳气浮。四百年来成一梦，堪愁。晋代衣冠成古丘。　　绕水恣行游。上尽层楼更上楼。往事悠悠君莫问，回头。槛外长江空自流。"

正在这时，苏轼一袭便衣，从舱中跳到岸上，拱手施礼道："黄州农夫苏轼今日特来拜会大丞相！"王安石喜出望外，赶忙回礼说："哎呀，终于把子瞻给盼来了。"一面抓着苏轼的臂膀上下打量："老了，当年的青年才俊如今也老了呀！"苏轼笑道："荆公也不似当年了！听说不久前荆公染疾，不知道好些了吗？"王安石笑说："偶有眼疾，时下已痊愈了。岁月相推，焉得不老，只是子瞻，让你受苦了。不久前误听子瞻仙逝，可让老夫心痛了。"苏轼说："苏某一介农夫，不过耕田种地有筋骨之劳罢了。荆公忧劳国事，才是真苦。然而除了功名利禄，甜酸苦辣咸都是与生俱来的，且挥之不去，奈何奈何！"

王安石指着苏轼大笑："子瞻就是子瞻哪！老脾气还是一点没变。与聪明人谈话，总会有妙策应对。"苏轼自嘲地说："聪明反被聪明误，苦辣酸甜自古多。莫道乌台风雨过，写诗怕想苏东坡。"王安石开玩笑说："汴京有个举人，因酷爱子瞻之诗，昼夜研读，冷落了妻子，结果被妻子休了。"苏轼哭笑不得："竟有这等事？那他应该娶一个像闰之一样的人来做妻子。"王安石大笑，苏轼忙将家眷引出来与王安石相见。王安石拉着驴子，盛情邀请苏轼一家到半山园歇脚洗尘，苏轼也不推辞，跟着往半山而来。

吴夫人拉着王闰之坐在里屋说话，见苏迨、苏过两个长得俊秀伶俐，不禁想起自己早亡的儿子王雱来，心中伤感。王闰之看出吴夫人的心中之痛，安慰道："夫人不必为此伤怀。人有悲欢，月有圆缺，此事自古难全呀。"吴夫人于是说起自己常唱苏子瞻的《水调歌头》来排遣忧郁，王闰之淡然一笑。吴夫人拉着王闰之到庭院中赏花谈心，苏轼和王安石则边走边聊，往半山的小径上走去。

历史就是这么奇妙又充满偶然性。北宋后期政坛和文坛的两个最重要的人物，在经历政治风波和个人磨难后，竟又重逢了。一个是罢相，一个是罪臣，重逢时却语及平生，亲如知己。他们谈旧事，论时政，涉及新法和个人恩怨也直言不讳，有时开起玩笑互相讥讽，或是放纵聪明互相比试，最后都大笑释之。他们心中装着社稷苍生，言语碰撞的全是生命智慧。

半山上杂花满树，一片绚丽。风霜满面、历尽沧桑的两人在花下漫步，似乎重新焕发了少年精神。王安石说起了"乌台诗案"，这件本朝以来最大的文字冤狱。当年，苏轼还在杭州通判任上时，到两浙巡察灾情的沈括向苏轼索要诗集，苏轼想都没想就给了他。沈括回京后，摘抄诗中言语，除夕夜就写好弹劾苏轼的奏章。时任宰相的王安石当即把奏章扣下了。后来天下大旱，华山崩裂，王安石自请离开相位，挂职江宁，沈括又上了第二本奏章，直接送到皇上手里。神宗当时一心悬于天灾人祸，对他的奏章并未在意，要不然，"乌台诗案"恐怕要早几年发生了。

苏轼听后深感意外，对王安石秉公无私之举十分感激，赞叹这才是君子的境界，与那些小人行径有天壤之别。

王安石又讲到变法，这桩他付诸毕生心血的宏图伟业，已使天下发生了很多变化，他很想知道曾经作为反对派的苏轼的看法。苏轼拱手直言道："荆公勇于任事，体恤显隐，锐意兴革，足可道哉。然而，小人追随王公，却以变法谋私，荆公搭台，小人唱戏，公做了冤大头，我做了阶下囚，天下百姓就可想而知了。"

王安石点头称许。他是不拘小节之人，自然不会介意苏轼直言。倘若苏轼心有顾虑，言有虚饰，那他也不是苏轼了。王安石深知变法艰难，朝廷颁令与地方施行，总会有实践过程中的偏差。加上人事任用，小人作祟，常常难以达到预期的效果，要不然他也不会两次罢相，对变法遥遥观望而无能为力了。他又问："这次变法，功过如何？"苏轼答道："问心无愧即可，莫论功过。"

王安石想起当日在朝堂上与苏轼争辩变法，言犹在耳。苏轼强调变法须徐行徐立，急则易蹶，现在看来，是被他言中了。王安石感叹道："老夫岂不知要取徐立徐行之策啊，此事，老夫也有难言之隐哪。圣上急欲建功立业，不是老夫能左右的，包括用人，皆由圣上说了算。有功皆归人主，有过皆因安石，老夫不下地狱，谁下地狱？不过，也有例外，比如子瞻你，对圣上有微词，便直言奏明。谁是谁非，概不掩饰。所以，吕惠卿他们见我对你屡屡迁就，大感不解，可天下谁又能理解君子之交呢？"

苏轼忧虑地说："荆公啊，此次变法，成则为大宋之幸；反之，大宋命运就不敢说了。"王安石惊讶地问："子瞻此言有弦外之音啊！"苏轼直言道："成则大宋兴，不成则动摇国本。何以如此呢？贬人太多，奸臣弄权者太多，谁也不能保证熙丰之法将成为几十年的不变之法。一旦有个反复，则党争日炽，一旦如此，我大宋危矣！"

王安石听罢，垂首不语。他何尝不愿新法长久施行下去呢？只是人事难为，天命难测，世事大概便是如此了吧。苏轼又说："荆公是君子，行大道，为国事，对这小人之争，未曾在意，可往往千里之堤就溃于蚁穴。好比这'青苗法'，运行得当，也是百姓的幸事，到最后却成了小人邀功晋升的台阶，所以百姓怨声载道啊。"

王安石想起自己用人之失，痛心疾首，见苏轼公正直言，不由得心中佩服，感叹道："都怪我刚愎自用，不听子瞻之忠告。"苏轼安慰道："荆公不必自责，不历后事，哪知前事之失啊，如此也好为后来变法者留前车之鉴。"

王安石自嘲说："只怕老夫从此要成为天下话柄了。有些人会拿祸国殃民的帽子扣在老夫头上。"苏轼说："功过自有后人评说，然荆公真君子，足以千古流芳啊。"王安石大笑："刚直敢言如子瞻者也会恭维人了。"苏轼淡然一笑："苏某说真心话，荆公心中了然。"

两人继续往上走，一路绿荫遍地，鸟声悠然。王安石问："你说这下坡路好走呢还是上坡路好走呢？"苏轼答道："上山容易下山难是俗人的看法。依我看来，上山费力，下山费神，只要能上能下，能走能动，就不难。真正难的是既不能下也不能上。"

听聪明人的谈话总是令人惬意，像这样随意简单的谈话，两位智者却能讲出别样的道理来。王安石明白苏轼所指的是新法的实施，如今既难裨补国政，又无法完全适用民生，正处在上下两难的境地。只是自己告老隐居，置身事外，新法已交给后来的新党人物主持，他再也无力插手，笑说："正所谓人老步步难哪！"说着，拄杖迈动老腿。

苏轼过来扶了一把，慢慢陪他走上一级级石阶，说："人一生下来，面临的第一件事是学会走路，到老来，走不动了，面临的第一件大事还是走路。人生始终在走路啊。"王安石针锋相对地反问："然则，人生有一半睡于床上，不知有道路乎？"苏轼笑着说："守财者梦游于被追杀，求仕者梦游于赶考之路，风流者梦游于追欢逐笑，农人梦游于田间地头，商人梦游于钱来钱往，岂非无路可走乎？"王安石进一步说："未梦者则不游。"苏轼诙谐地说："未梦者称为睡死，又称小死，死者焉能游乎？"王安石大笑。

苏轼是出了名的机智诙谐，遇着王安石更是当仁不让。他笑说："荆公啊，我听说你正著《字说》一书？"王安石兴致勃勃地说："是啊，老夫研究文字，颇觉有趣，比如这'波'字，乃水之皮也。"

苏轼马上反唇相讥："如此说来，'滑'者，岂非水之骨也？"

玩笑总是机智敏捷，但绝不带半点恶意。王安石是心中通脱之人，自然也不会计较。他有点尴尬地说："你休讥笑，也并非没有道理。只是这斑鸠的'鸠'字，何以旁数为九呢？"苏轼马上回答说："荆公不记得《诗经》上说，'鸤鸠在桑，其子七兮'？"王安石皱眉不解："即使这样也只有七只，何来九呢？"苏轼笑着说："加上它爹它娘，正好是九了。"王安石哈哈大笑："好个子瞻，原来你在讥讽老夫！"苏轼忙说："岂敢岂敢。以竹鞭马是为'笃'，以竹鞭犬，不知有何可笑？"两人会心大笑。

两人继续拾级而上，来到半山上一处荒废的宅院前。王安石见旧屋向东倾斜，戏言道："子瞻，老夫出个上联：'墙歪上东坡'。"

苏轼看着屋下突兀的岩石，对道："屋斜下安石"。

王安石兴致来了，大悦道："对得妙！'墙歪上东坡，坡上鸟自多。'"

苏轼脱口而出："屋斜下安石，石下虫不直。"

王安石大笑不已，又出一联："半山非半山，一山飞峙大江边。"

苏轼立即说："'满月不满月，缺月高悬银河畔。'没有绝联，你难不住我。"

苏轼自信满满，斗文斗智最能令他心神愉悦，更何况遇着王安石呢？王安石笑着说："子瞻果然才思敏捷。你且出个对子难住老夫吧！"苏轼说："我有一副绝对，得之于西湖之上，至今未能对上。'携锡壶，游西湖，锡壶掉进西湖里，惜乎锡壶。'"

王安石沉吟半晌，顿时犯了难："此联乃绝联，老夫对不上，恐怕后人也对不上。"苏轼见王安石雄心未减，大笑赞叹。

两人来到半山佛堂，堂上匾额题曰"保宁禅院"。原来王安石退居江宁后，曾大病一场，病愈后舍宅为寺，潜心学佛，神宗得知，亲书题匾赐予王安石，算作优礼相待。可是对于一个信佛的人来说，这些厚赐又有什么用呢！王安石问苏轼："子瞻信佛吗？"苏轼笑道："信，又不信。我给荆公讲则故事。有一座庙，香火不旺了。这天来了个汉子，推倒神像，将神座料石扛走，回家砌了猪圈。第二个汉子烧香来了，见此甚为惊慌，搬来自己家中的料石，扶神归位。小神对大神说，第一个汉子应该严惩，第二个汉子应该给他好处。大神说，你错了，第一个汉子不信神，我又怎能奈何于他呢？"

宋代读书人大多学佛参禅，这是时代风气。但学佛又不离弃世俗，这是讲究精致生活的宋人对学佛的巧妙转化。苏轼是积极学佛的。在黄州时，他就常常到佛寺去听经念佛，排解现实的苦闷，最终以自己的智慧为主，以佛禅为辅，挣脱出来。他曾跟友人说，自己学佛好比吃猪肉，不但味美，还能饱肚，不像有些人，空学禅义，如吃龙肉，纯粹是诈唬人。苏轼对王安石说："对于少数人来说，佛是一种哲境；对于多数人而言，佛是一种安慰。有大安慰、小安慰。大安慰是悟自然之道，小安慰就只能满足一时之需。"

王安石不同意他的说法，反驳道："你所说的自然之道乃道家之言，非佛家之语。"苏轼说："佛家的四大皆空，并非真空。开大法眼，三教殊途同归，皆为道也。"王安石大喜，欣喜地说："子瞻，你何不来江宁买一宅院，与我同住，我二人天天谈玄论道，岂不妙哉？"苏轼拱手笑道："能与荆公同住，是求不来的福气，只怕身不由己，事与愿违啊。"

其实苏轼何尝不想归老田园，与王安石比邻而居呢？自从接到圣上量移汝州的诏书，苏轼犹豫了好久，不知道该不该上书请求留居黄州。但最终圣意难违，他上了谢表，表示愿意到汝州继续思过待罪。他一路东下，行程迟缓，沿途又不断上书，希望朝廷能恩准他买田归老，可是批文迟迟没有下来，苏轼只好一步步走下去。如今王安石的盛情邀请，又触动了他归隐的念头，可是登上半山，遥望茫茫江水，身不由己的无奈又袭扰心头。他当即写了首诗赠给王安石："骑驴渺渺入荒陂，想见先生未病时。劝我试求三亩宅，从公已觉十年迟。"

王安石感叹道："老夫无缘与子瞻比邻而居，实乃憾事啊！子瞻此去，当大有作为。将来国事要交付给子瞻了！"王安石此意，是料想神宗必定重用苏轼，将来新法的纠正补救，还仰赖他从中施行了。

可王安石哪里料得到以后政局的急剧变化呢？他已无法亲眼看到日后新旧党轮番上台，政治斗争激烈残酷的情景了，而苏轼将深陷在这旋涡里。

苏轼一家在半山园逗留了几日后，又去拜扫了采莲表姑的坟墓，即准备告辞。在短短数天里，苏轼与王安石携手出游，纵横谈论，实在是大快平生，留下一段文人交往的佳话。王安石与吴夫人送苏轼一家到码头，目送他们离去。王安石感叹地说："世上不知更几百年，才出如此人物啊！"

苏轼拜别王安石，对身边的巢谷说："荆公是真君子，可举世不能识之。苏某能从游数日，已是莫大的缘分了，不知什么时候才能再见啊！"这是二人最后一次见面，大约两年后，王安石便去世了。

## 五十三　　在路上

自四月离开黄州，苏轼一家缓缓顺江东下，八月时才走到真州。这样走走停停，一方面是因为要四处游赏山水，拜会旧友，另一方面是苏轼屡次上表恳请辞官归老，逗留途中等待批文下达，可是批文一直没有下来。苏轼想要早做归老之计，他与王闰之商量，暂时把家人安置在真州驿馆，自己和巢谷到常州去购置田宅。

常州有两位故人——蒋之奇和单锡，他们都是常州府阳羡人。苏轼任杭州通判时，二人曾盛情邀请苏轼到阳羡游览。当年，苏轼在单锡家中，偶然见到了伯父苏涣的遗墨，大为惊喜，后来还跟单锡结亲，把大姐的女儿嫁给了他。苏轼见阳羡山水秀丽，适宜居住，曾委托二人代购田宅，预做养老归田之用，只是后来苏轼游宦各州，漂泊无定，这桩事就搁置下来。五年的黄州生涯，令他十分渴望田园生活，以安度余年，现在正好可以找故人帮忙，了此心愿。苏轼耗费了大半积蓄，在常州府宜兴县购得一所宅院和少量田地，暂交单锡看管，又给朝廷写了一份乞求居住常州的奏表，这才和巢谷赶回真州。接着他们乘船由扬州经运河北上，到达泗州的时候，已经是岁末了。

泗州是宋代漕运重要的中转站，它往南连接楚州、扬州，直达苏杭，往北沿汴河可直通京城。白居易有词云："汴水流，泗水流，流到瓜洲古渡头，吴山点点愁。"可以想见漕运的便捷。苏轼看着将近除夕，想暂时在泗州安歇，等候朝廷批文，等过了年再缓缓向京城进发。一家人大半年乘船赶路，日费甚多，加上购置田产之后，积蓄已所剩无几了。王闰之担忧地说："眼看年关将近，朝廷的圣旨还未下达，这年可怎么过啊?"苏轼安慰道："黄州那样艰苦的日子都能挨过来，现在还怕什么? 等朝廷准许我辞官，我们便回到江南，尽享天伦之乐如何?"王闰之淡淡一笑："当然好了，我也少为你担些心。"苏轼陪王闰之回到船舱中，吩咐巢谷进城中买些酒菜回来，草草过个年。

巢谷进城中集市里，先去买鱼，可天寒鱼价也跟着涨，又去买肉，可是手中剩的钱少买不起。正犯愁呢，忽然计上心来。

苏轼见巢谷久久未归，心中着急，顶着寒风到岸上等候。雪花片片飞落，城中隐约传来爆竹之声。苏轼瑟缩在风中，拄杖披氅，愁眉不展。朝云上岸来劝道："先生，先回舱里吧，外边太冷。"苏轼叹气说："朝云，今夜除夕，你们连饭都吃不上，我心里难受啊。巢谷去借年，至今未归，这年不好借呀!"

朝云忙安慰道："先生，咬咬牙，春天就到了。"苏轼淡淡一笑："春天来了，可这过年，对于穷人就是过关哪!"朝云低头略微沉思了一下，问道："先生，有件事朝云不明白，这年究竟是为穷人而设，还是为富人而设?"

苏轼见舱中王闰之陪着迨儿和过儿，说道："是为童子而设，因为他们总想长大，却不知长大后，过年是件苦差事。"朝云嫣然一笑："年应为穷人而设。"苏轼忙让她说来听听。朝云笑着说："富贵之家，过年有许多规矩，比如，要说过年话，要送过年礼，他们很累。这是因为，他们怕失去富贵。穷人则不然，他们无甚怕丢掉，只盼来年幸福临门，希望总是寄于来年，过年对他们是希望。有这盼头，过年也就格外兴奋。所以，年是为穷人设的。"

苏轼苦笑道："有道理。除夕饿肚子，算是穷到底了，肚子里所有的污秽都没了。物极必反，来年必定过上好日子。"朝云笑道："先生这么想就对了，不必忧愁。"

这时巢谷扛着一袋米，手提一条鱼和其他年货，胳膊夹着一坛酒，冒着风雪大踏步走回来。苏轼和朝云忙迎上去，接过米和鱼。苏轼问："巢谷，哪弄来这么多年货?"巢谷神秘地说："换的。"苏轼正要问他拿什么换的，却看见他只穿着一件单薄的短褂，原来披在外面的夹袄已经不见了。苏轼立刻明白怎么回事了，忙脱下大氅披在巢谷身上，心疼地责怪道："钱用完便算了，怎么连袄都当了？寒冬腊月，你这老命不要了！"巢谷笑笑说："反正开春了也穿不着了。来来，回舱里准备年夜饭啦！"苏轼眼眶都湿润了，朝云忙扶着他回到船上。

王珪自上次被神宗责骂过后，口吐鲜血，一直卧病在家，眼看一日不如一日了。蔡确和李定在朝中没有什么主张，凡事都要到王珪府上来请示。李定拿到苏轼移官汝州的谢表，看到其中有"惊魂未定，梦游缧绁之中"的词句，又重施故技，向神宗进言说苏轼对诗案心存不满，毫无悔意，应当严加治罪。但自上次贬放了舒亶之后，神宗已很讨厌深文周纳这一套把戏，狠狠地把李定训斥了一通。神宗心里清楚，天下人都喜爱读苏轼的文章，不是一个"乌台诗案"就可以贬损得了的。前番受了李定等人的蛊惑，说苏轼毁谤新法，在盛怒之下才把他贬到黄州，但是能把天下所有写诗读诗的人都关进御史台监狱吗？李定隐瞒了不守丁忧之事，一路攀升到翰林学士的位子，其实苏轼早在二十年前就应该做到这个官职了。神宗只是顾虑到变法大局，才没有去追究李定等人的罪过，如今他们的话再也动摇不了他要重用苏轼的念头了。

李定被训斥后，狼狈退下，跑到王珪府上，哭哭啼啼地把事情说了一遍。王珪躺在床上，气得气喘连连地说："早跟你说过你们不懂圣上的心思，还敢拿苏轼去拂逆圣意？苏轼已在赴汝州的途中，我们应该再等待时机，等苏轼他自己犯错。老夫苦心经营的朝中局面，就要被你毁了！"说完，猛烈地咳嗽起来，蔡确忙过来轻抚他的胸口。

李定惊惶地问："那现在该怎么办？"王珪缓了口气，才慢慢地说："圣上忙于朝政，精力大不如前，不必总拿苏轼的事引起圣上的关注。我听说苏轼已呈递辞官归老的奏章，大可令中书省准其归老，也省了我们不少力气。但是千万不要让圣上知道。"李定和蔡确恍然大悟似的点点头。

自从下诏量移苏轼到汝州之后，神宗盼着苏轼早日回来，可是一直没有消息。苏轼的谢表和奏章都被蔡确等人扣押，不让神宗知道。

入秋之后，神宗旧病复发，身体一天天虚弱下去，但仍然坚持处理政事，带病上朝。可是朝堂之上，再也没有忠臣直臣肯为他进献忠言了。当年他雄心勃勃地主持变法，重用王安石等人，司马光、欧阳修、范镇、苏轼兄弟相继出朝，再后来王安石也罢相归江宁，他身边只有吕惠卿、王珪、蔡确这些人了。政策法令渐渐混乱，虽全力补救，奈何身边没有得力的贤臣，神宗一个人又怎么能力挽颓局呢？民间天灾连年，新法施行受阻，特别是永乐兵败的耻辱时时刺激着他敏感的神经，以致落下了病根。他觉得心力交瘁，有负先帝祖宗的重托，社稷中兴的梦想，似乎已经破灭，百感交集，无由解脱，病也就一天天加重。

　　挨过了新年，神宗病势愈加沉重。他自知不行了，把高太后和年仅十岁的儿子赵煦叫到榻前，垂泪不止。高太后哭道："皇儿，娘在，有什么话就说吧！"神宗气息微弱，艰难地说："朕死以后，请母亲垂帘听政，辅佐煦儿。"高太后含泪点头，把赵煦拉到身边，问道："大臣之中，谁可重用？"神宗慢慢地说："司马光、吕公著、苏轼、范纯仁，他们皆是忠臣，国之栋梁。孩儿一心锐意新法，将这些人都黜落了，实在是朕的过错。尤其是苏轼，他是先帝钦点的宰相之才，可朕却令他蒙冤远贬，大才遭忌。朕是大大地错了啊！"高太后听罢为之一惊，想起仁宗皇帝的遗言，不禁潸然泪下。神宗歇了一会儿，接着说："朝中有人忌恨苏轼，一直阻挠他回朝。如今朕已召他回来，只可惜见不上一面了。母后当重用苏轼，则我皇儿可坐致太平。"

　　神宗瞑目而逝，享年三十八岁。赵煦即位，是为哲宗，改元"元祐"，由于年幼，暂由高太后代理国政。高太后一面吩咐大臣办理国丧，一面诏告天下。

　　王安石在江宁得知神宗驾崩，痛哭不已，几天里茶饭不进。神宗曾给予王安石莫大的信任和恩遇，全力支持改革变法。现在神宗去世，再不会有人能支持新法继续施行了。王安石已经敏感地意识到政局将会发生天翻地覆的变化，而自己的变法大业可能从此就要中断废止了。他如此哀伤悲痛，既是伤知遇之恩未报，也是伤自己壮志难酬。王安石大病一场，自此身体迅速衰弱下去，再也挣扎不起到佛寺山间闲走了。

苏轼在泗州过了新年，又带着家眷朝前进发，很快到了南都。南都就是现在的商丘，离汴京不远了。这时，朝廷准许他辞官归田的批文下来了，苏轼高兴万分，立刻整装南下，半途中方才听到神宗病逝的消息，不禁大哭一场，提笔为神宗写了挽词。苏轼虽然始终没能得到神宗的重用，还被贬谪黄州五年，但他从来没有半点怨恨之心。现在神宗仙去，他也获准居留常州，真是了无牵挂，身心自由！苏轼在船上向着京城的方向拜了三拜，便起程往常州而去。

司马光听说神宗驾崩，急忙从洛阳赶到汴京吊唁。礼毕，他便与程颐匆匆离去。司马光是元老重臣，道德人品在诸公卿大臣中堪称第一，在民间威望也很高。京城百姓听说司马光要离去，都夹道挽留，希望他能留在汴京辅佐新皇帝，一时大街小巷都在吆喝"留相天子"。

管家急忙将情形报知王珪。王珪已病入膏肓，气息奄奄。听说司马光进京又离去，朝廷并没有挽留，他长长地舒了口气，又问管家："苏轼回来没有？"管家说："前几日盛传苏轼将要到京，可是又听说他走到南都又折返回去，好像是告老还乡了。老爷，现在苏轼已经是死棋，走不活了。"

王珪瞪了他一眼，管家自知失言，吓得不敢多说话。王珪挣扎着坐起，艰难地说："等老夫的病再好些，就去见太皇太后。司马光若回来，朝廷必乱；苏轼若回来，则乱上加乱。老夫苦心经营的这个上下和合的朝廷将毁于一旦，老夫不能坐以待毙。拿药来。"管家急忙把药端过来，说："老爷福寿齐天，病会马上好起来的。"王珪哆哆嗦嗦地把药灌进嘴里，胡子前襟沾湿了一大块，还在喃喃自语："你该知道，以老夫的秉性，从不向天祈寿。但如今却不得不低头，只求天公再给老夫一些时日，再给老夫一些时日吧。"管家只管点头，扶着王珪躺下。

司马光和程颐好不容易从汴京城出来，长舒了口气。程颐不解地问："'留相天子'，乃民心所向，大宋之幸，天下之幸。司马公，何以不辞而别，匆匆离京？"司马光笑笑："程公真是把功夫都用在理学上了。"程颐愈加不解："学问之理，不才算是略知一二；这世理之理嘛，就一二不知了。还请司马公赐教！"司马光说："民心与朝廷之心，是一心吗？"程颐恍然大悟。原来司马光一直反对新法，现在神宗去世，新帝即位，还不知道今后朝廷政令该如何施行。况且朝中王珪、蔡确等人还把持着朝政，就看执政的太皇太后如何处置了。司马光长叹一声，头也不回地朝洛阳走去，汴京的上空慢慢积聚起一片阴云。

太皇太后与年幼的哲宗端坐于迩英殿，召蔡确进来问话。太皇太后问："司马光到哪里去了？"蔡确支支吾吾地说："回禀太皇太后，恐怕司马光已在回洛阳的路上了。"太皇太后不悦，问道："你身为当朝右相，执政在朝，且亲自安置他住在国宾馆，为何丧礼未毕，准其回西京啊？"蔡确早听过王珪的吩咐，希望司马光越早离开汴京越好，现在太皇太后问起，一时不知怎么回答，嗫嚅道："微臣确实不知司马光回西京。"

太皇太后冷笑道："我听说满京城的百姓都喊司马光'留相天子'，你不知道吗？我大宋的当朝宰相是何等精明！国丧之日，非常时期，重臣来京吊唁，寻其去向你却一问三不知，这不是尸位素餐是什么！王珪呢？"

蔡确满脸沮丧，答道："宰相病重多时，许久都没来上朝了。"

太皇太后早就得知，王珪、蔡确把持朝政，但求无过，不求有功，朝政要事，他们一向推脱敷衍；要说治国才干，都是庸才，排挤他人，明哲保身，倒是拿手绝技。现在刚一问话，就不知应对，哪里像执政的样子！太皇太后心中大怒，急令内侍梁惟简传旨司马光进京面圣。梁惟简得令而去。

太皇太后又问蔡确："苏轼现在何处？"蔡确答道："苏轼已上表乞归常州居住，现在恐怕已在回常州的路上了。"太皇太后大惊，又斥责道："苏轼贤才难得，你身为右相怎能准其归老？先帝临终前量移苏轼到汝州，就是准备起用之意。速速传旨，苏轼复为太守，知登州，不得有误！"蔡确哪里还敢争辩，只得领旨退下。

蔡确在新帝面前碰了一鼻子灰，太皇太后的态度让他为后路担忧不已，苏轼的复官擢升是一个再明显不过的信号。他急忙赶到王珪府第，名为探病，实则是想向王珪请教对策。

王珪已是垂死之人，却还梦想着东山再起。他正为司马光、苏轼未能回京入朝而暗自高兴呢，突然听蔡确说太皇太后召回司马光，擢升苏轼，惊吓得陡然坐起，口吐鲜血。管家大惊失色，急忙扶着他躺下。王珪自知大势已去，挽救不得，摆摆手示意管家退下，缓缓地对蔡确说："持正啊，老夫为相多年，虽无大功，亦无大过。满朝大臣在老夫的周旋下，和谐并力，再无党争之事。你我为先帝新法大业竭忠尽智，当继续为新帝进献忠心。老夫一片赤诚之心，望持正转达太皇太后和皇上。"蔡确还想问怎么应对司马光入朝之事，王珪闭眼摆摆手，再也不说什么了，蔡确只好怏怏地退出去。

王珪待蔡确走了，才吩咐管家把子女都叫来。王仲山、王仲嶷等子女守在床前，痛哭抹泪。王珪让管家把朝服官帽拿过来，双手颤颤巍巍地抚摸良久，对子女说："为父死后，将这朝服官帽退还朝廷。孩子们，床前有一子，人死心不死啊。记住为父的话，好生读书，争取功名。"子女们都含泪点头。

王珪欣慰地说："为父当了一辈子的官，官不分善恶，官只分大小。为父官至一国宰相，能得以寿终正寝，靠的是四个字。记住，凡事要坚持一个'忍'字，对圣上只记一个'顺'字，对是非要牢记一个'躲'字，遇到麻烦要学会一个'推'字。用好这几个字，终身受益。不要怕别人讥笑为庸才，庸才有福是千古不变的道理。切记，切记。"

子女们齐声答道："记住了！"王珪吩咐他们退下，把孙儿叫过来。孙儿年纪还小，不明白发生了什么事，走过来怯生生地喊爷爷。王珪慈爱地抚摸孙儿的头说："孙儿乖，吃过饭了吗？以后要听父母的话！"孙儿点点头。

王珪满意地望着孙儿，问道："好孙儿，今天背诵诗文了吗？"孙儿点点头说："嗯，爷爷，背了。"王珪说："那背一个给爷爷听听。"孙儿以清澈的童音背诵道："明月几时有，把酒问青天。不知天上宫阙，今夕是何年？我欲乘风归去，又恐琼楼玉宇，高处不胜寒。起舞弄清影，何似在人间。  转朱阁，低绮户，照无眠。不应有恨，何事长向别时圆？人有悲欢离合，月有阴晴圆缺，此事古难全。但愿人长久，千里共婵娟。"

王珪顿时惊愕不已，他没想到自己这么小的孙子都会背苏轼的词了。想起这些年来自己一直提防苏轼、打击苏轼，千方百计要把他排斥到朝廷之外，似乎是自己胜了，但又如何呢？苏轼的文章天下流传，连自己的小孙子也会背诵了，苏轼啊苏轼，你到底是怎样的人物呢？看来是自己彻底地失败了。

想到这里，王珪顿时觉得万事作烟尘散尽，四周混沌无可依傍，心中尽是说不出的失落和绝望。他抬起胳膊想要去抓住什么，但终于垂了下去，气绝身亡了。

苏轼一路南下，一月有余就到达常州。常州府与江宁府相邻，正好算是与王安石比邻而居；与苏轼曾担任州官的杭州、湖州也相隔不远，都是旧地，所以令他感到无比的亲切。常州的宜兴县，古称阳羡，又因一条荆溪纵贯全境，注入太湖，所以又有荆邑的别称。苏轼所购置的田产就在宜兴县城外毗邻荆溪的塘头村。苏轼得知苏辙也在前不久由筠州调任绩溪县令，绩溪属歙州府，离此不远，将来兄弟二人可以常相往来，共践"对床夜雨"之约了！

苏轼一家车船行旅将近一年，终于可以在江南小村安歇下来。正是五月时候，荆溪水流潺潺，疏林鸟声繁碎，门前池塘里圆荷片片，不知是哪家的鸭鹅，成群结队地在水面遨游。一架大水车立在溪边，悠悠转动，将溪水注入沟渠，一直流到村外的水田里。几个农人，牵着耕牛在田间劳作，真是一派田园风光！苏轼高兴地说："在黄州做个农夫，在阳羡就做个渊明吧！"

众人来到宅院中收拾安顿。所谓宅院，不过同邻近的农家田舍一样，是几间简陋的房屋，好在收拾整齐，也清幽宜人。巢谷高兴地说："房前屋后再种些橘树枣树，搭个瓜架种些瓜果葡萄，子瞻可尽陶渊明的诗兴了。"王闰之说："田间地头再种些桑树，我和朝云重操旧业，采桑养蚕。"朝云笑盈盈地说："平平淡淡地过田园生活，最好不过了。"

苏轼很欣慰家人都能安于田园，自己从今不再做官，与家人同享天伦之乐，也算了却平生夙愿。他高兴地说："难得你们有这样的心情。我刚吟成一阕小词，念来给大家听听。'买田阳羡吾将老，从来只为溪山好。来往一虚舟。聊随物外游。　　有书仍懒著,水调歌归去。筋力不辞诗。要须风雨时。'"

朝云笑道:"真可谓乌台不改先生志,耕田不忘种新诗。"苏轼呵呵一笑:"朝云也会作诗了啊!"羞得朝云满面通红。王闰之却说:"只'有书仍懒著'这一句不太好。"苏轼摆手笑道:"嘉祐策论二十六,熙宁又奏万言书。而今宏著竟何在?换取桑麻陌上居。能学会偷懒,也是来之不易。"

如此安闲平静地住了二十多天,苏轼觉得又像回到黄州一样。但政局的变幻不允许他过这样平静的生活。太皇太后高氏听政以后,朝廷政令在逐步改变,许多受"乌台诗案"牵连的旧臣纷纷遇赦回朝。王巩已回到汴京,写信告知苏轼说朝廷将要任命他为登州太守。苏轼将信将疑,但陆续听到许多风声,他担心圣上的诏命不知什么时候就要下来了。

担心很快就变成了现实。太守滕元发策马疾驰而来,兴奋地喊道:"子瞻兄,朝廷下圣旨了!"众人惊疑未定,不知道发生了什么事。滕元发拿着圣旨,翻身下马,对苏轼说:"圣上有旨,苏轼官复原职,擢升登州太守。"

巢谷与王闰之等人面面相觑,不知该怎么应付这种局面。刚刚获准归家,难道又要催促着上任吗?苏轼摇摇头,叹气道:"太守大人,这圣旨苏某不接。"滕元发大惊失色:"子瞻兄,这是为何?"苏轼说:"归老阳羡,哪里也不去了。"

滕元发说:"子瞻兄,你这天纵奇才,怎能荒废于田间地头?!"苏轼否认道:"达道兄,此言差矣。严子陵钓于富春江,陶渊明采菊东篱下,我何尝不能耕作于这荆溪的田间地头呢?只要心中痛快,即是大富贵。我哪里也不去,我要老死在这片地上。"滕元发面有难色:"子瞻兄,这可令我为难了……"巢谷也过来劝道:"还是接旨上任吧!圣命难违。再说,也是太皇太后的一片好意,不接怕是不行啊!"

苏轼长叹一声,走到溪边沉默不语。良久他才说:"我这匹老马已任由朝廷驱驰,你们却还要拿鞭子抽我。"王闰之忙过来安慰。苏轼望着收拾一新的宅院,万分无奈地接过圣旨。

又要奔波上路了!苏轼将田宅交给单锡照管,自己带着家人往北而去。苏轼满怀惆怅地对巢谷说:"真想在荆溪种地,享享田间之乐。看来这一愿望到老也落了空。"巢谷说:"不管子瞻兄是做官还是种地,巢谷都陪在你身边。"朝云说:"先生在黄州,躬耕田园而不忘为民之心。如今将田园之心移之于仕宦途中,不是就了无差别了吗?"苏轼大笑说:"还是朝云能解人心意!"

太皇太后陆续将熙丰年间被变法派排挤出朝的大臣召回朝廷,重授官职。宰相王珪新死,太皇太后当即任命司马光为宰相,主持朝廷政务。司马光提出,朝政当务之急是广开言路,建议朝廷拟旨告示天下,百官职无大小,皆可言熙丰朝政得失,广听各路和兆民之见,布衣百姓也可上书言政。司马光是反对新法的,此举一反神宗旧政,意在搜集天下指陈新法弊端的意见,为全面废止新法做准备。他还提拔吕公著、范纯仁等人,来组成自己的官员集团,对抗新党势力。

蔡确、张璪、李定等人着了慌。蔡确眼看自己相位难保,找他们二人商议道:"太皇太后已下懿旨,命中书省将司马光的《乞开言路札子》贴于明堂。这如何是好啊?"李定说:"这明摆着是冲新法来的。"张璪也说:"言路一开,则如洪水猛兽,万万不可,必须设法制止。"

蔡确摇头苦笑:"难哪!若不按太皇太后懿旨办,岂不要罢职?太皇太后可是个女中豪杰呀!今日诸事,似是冲着熙丰党人来的,也就是冲着我等来的。"张璪说:"依我看,札子该怎么贴就怎么贴,但一定要注上几条说明,看谁敢说话。"李定是极会耍手段的,奸笑道:"如此甚好!这第一条就说让怀有不可告人之目的者不得进言。还有,非职分之内者,反对已行之法令者,皆不得进言!"张璪补充道:"揣摩圣意者,惑乱人心者,言必重罚!"蔡确大笑同意,立即将告示拟出发放张贴。

这样一来,还有谁敢上书言事?太府少卿彭永年、水部员外郎王谔等人愤然上书,竟被罚铜三十斤,一时朝臣惶惶不安,不知如何是好。司马光闻讯大怒:"除非不言,言必犯六禁!这简直是阻塞言路!"当即上奏太皇太后。太皇太后与哲宗升殿召见群臣,训斥蔡确道:"好大胆子!你的'六条禁令'经过哀家准许了吗？你身为右相，就是告诉臣民，朝廷是这样广开言路的吗？"

蔡确战战兢兢地说："太皇太后，先帝驾崩不久，天下当须安定。微臣以为，时下不宜运动众议。"太皇太后冷笑道："你怕众议难违，危及你的相位吧？"蔡确吓得赶紧磕头谢罪："太皇太后，微臣忠心为国，不敢有半点私心！"

太皇太后当即下旨：遣散修筑京城之役夫，减少皇城巡逻士兵，放宽"保马法"，停止"市易法"。蔡确大惊失色，想不到废止新法的诏令这么快就下达了，一时面带难色，不敢遵命。太皇太后大怒，喝道："蔡确，你要抗旨吗？"蔡确吓得连话都不敢说，畏畏缩缩地退下。

李定出班奏道："陛下，太皇太后，万万不可啊。'保马法'和'市易法'皆是先帝所定。《论语》有云'三年无改父之道，可谓孝矣'。先帝尸骨未寒，即改新法，必为国人所笑，请陛下和太皇太后收回成命。"

司马光出班反驳道："李定之言谬也！先帝之法，其善者虽百世不可变也。若王安石、吕惠卿所建，为天下害，并非先帝本意，改之当如救焚拯溺，犹恐不及。朝廷当此之际，解兆民倒悬之急，救国家累卵之危，岂能等三年以后改之？再说，太皇太后权同行政处分国事，是乃母改子之政，非子改父之道也，并不违反圣人之言！"

太皇太后颔首同意。李定悻悻地退下。

退朝后，司马光找吕公著商议朝廷的人事安排。吕公著字晦叔，已经六十多岁了，长着一副美髯。他是仁宗朝名相吕夷简的儿子，为人清正忍让，有君子之风。司马光向他询问参知政事一职当由谁来担任最为适合，他当即推荐了苏轼。司马光却摇摇头。吕公著大惊，问道："怎么？子瞻人才难得，天下谁人不知？无论作文还是执政，鲜有与其比肩者，就是当个宰相也未尝不可，为何不可任参知政事呢？"

司马光笑道："论文章学问，介甫亦是佼佼者，论能力不在你我之下。子瞻虽与王安石势不两立，然而他们俩却属同类人物。像这种主意多、才学高的人，位在侍从尚可，让他掌舵，就难说了。"

吕公著说:"苏子瞻受'乌台诗案'的影响,贬谪黄州,如今超升擢用,正是众望所归。他若能回到朝廷,乃是我大宋之福。不知授予他谏议大夫之职如何?"司马光说:"朝廷无此职位,因人授任恐不足取。"吕公著不知司马光心中早有人选,继续问道:"依君实看来,谁堪此大任?"司马光说:"范蜀公(此时范镇已封蜀公)国之元老,忠正耿直,最为合适。晦叔若同意,明日就禀明太皇太后。"吕公著只好答应。

范镇已致仕闲居多年,听说朝廷下旨任命他为参知政事,大为诧异,嘟嘟囔囔地埋怨司马光:"我六十三岁退隐,七十九岁再上朝,岂非笑话?君实有病吗?如何从棺材瓢里找鬼才?参知政事这把椅子该由子瞻来坐,为何搬到老夫的屁股底下?"忽然又叹气道:"用我做参知政事,只怕朝廷从此又要多事了……"

苏轼一路北上,八月到了扬州,十月才到登州治所。登州在密州更东边,是座靠海的城市,素来以海市蜃楼闻名于世。每年春夏之间,当海静天清之时,往往可以看到海面上峰峦突起,忽隐忽现,琼楼玉宇列峙其间,人物车马依稀可见,人们说那便是传说中的蓬莱仙境。秦皇汉武都梦想长生不老,派人乘船到海中寻访仙山,但最终都没能找到。

苏轼对登州海市向往已久,但初到登州,还是公事要紧。到府衙交接完毕,他便出门遍访父老,察看民情。登州靠近北边,与辽国隔海相望,苏轼想到应该抽调兵丁屯驻巡逻,加强海防;又看到登州地瘠民贫,朝廷榷盐禁止民间私贩,致使民生凋敝,就上奏乞求朝廷罢废盐政,准许百姓自行买卖。忙完了这两件公事,他才在僚属的陪同下来到蓬莱阁。

蓬莱阁位于城北靠海的丹崖山上,是仁宗嘉祐年间所修。此阁高踞崖壁,俯瞰大海,专门供人观赏海市。苏轼登阁凭栏远眺,只见一望无际的大海之中漂浮着一座座小岛,在云遮雾罩中,显得如梦如幻,便问随行官员:"好景致!那是什么岛?"一个僚属介绍道:"那是沙门岛,岛上有不少奇观,尤其月亮湾和九丈崖最有可赏之处。月亮湾的石子七彩纷呈,白日与阳光相辉,月夜与月光交映，水底似贝宫珠阙，实为人间仙境。"苏轼高兴地说："可准备一只小船上岛上看看。我听说登州的海市颇为神奇，不知何时可以看到？"官员答道："每年春夏之时，常可以见到海市。现在已近深秋，恐怕很难见到了。"苏轼心中怅然，但并不说什么，随众人驾舟上岛去了。

苏轼很晚才回到家中，高兴地喊迨儿和过儿，拿出一只竹篓，神秘地说："这里面是我今天上海岛拾来的宝贝。"说着从竹篓里倒出一片片色彩缤纷的海石和贝壳来。众人围过来，都欢喜地拿在手里赏玩。王闰之埋怨道："看你，有没有太守样啊，倒像个顽童一般！"苏轼笑道："夫人，你看这仙人岛，实在是人间仙境。变成顽童又如何？传说中的蓬莱、瀛洲、方丈三仙岛，大概就以此想象而来。东海龙王与吾邻，但愿永做蓬莱人。"朝云笑道："如今先生有羽化而登仙之感，有神仙味了。"王闰之笑着说："我怎么闻到他一股鱼腥味。"巢谷和苏轼都大笑。

苏轼到登州第五日，巢谷突然拿着一封文书跑来，大喊道："子瞻兄，这回又做不成蓬莱人了。"苏轼忙问怎么回事。原来朝廷公文到了，擢升苏轼回京任起居舍人，即刻起程。苏轼看罢公文，苦笑道："才来五天，又要走？"众人也都跟着叹息。苏过问："父亲，起居舍人是什么官儿？"苏轼说："就是待在皇帝身边记录他起居生活言行的官。"苏过说："那可是大官呢，父亲又升官儿啦！"苏轼叹口气说："老夫什么官也不想当，只想当个渔夫，看看登州的海市蜃楼。"朝云知道先生为宦途奔波而烦恼，默默地帮王闰之收拾行装。

众官员在蓬莱阁设宴为苏轼饯行。苏轼满怀怅然，举杯对众人说："苏某来登州才五日，公事还未开始办理，朝廷就要苏某离开了。登州美景绝佳，唯有一件事令我心中遗憾，那就是未能眼见闻名已久的海市。"众官都举酒劝慰苏轼。忽然有人大喊："海市出现了！"众人纷纷拥到栏杆边，向海眺望。只见海面上隐隐凸起一片山峦，高阁回廊布列其上，云烟缥缈，令人心醉神摇。众人指指点点，都说海市很少出现在秋季，如今苏太守到此，才特地现身与太守相见。

苏轼惊喜不已，拿着酒杯大笑道："苏某昨日祈祷于海神庙，想不到第二天就得以见到海市，真是神奇灵验！昔日韩愈游览衡山，正逢秋雨阴晦，韩愈祷祝山神，一夕之间，云雾消歇，峰峦挺出。如今老夫不仅是心诚感动天帝，天帝也哀悯苏某年迈衰朽，所以才肯将奇景献于目前。苏某五日而离登州，能亲眼见到此等美景，意已足矣！"众官齐声喝彩，请苏轼写下华章，为蓬莱阁添色增辉。苏轼豪兴满胸，也不推辞，喝干了酒，拿起笔来写道："东方云海空复空，群仙出没空明中。荡摇浮世生万象，岂有贝阙藏珠宫？心知所见皆幻影，敢以耳目烦神工。岁寒水冷天地闭，为我起蛰鞭鱼龙。重楼翠阜出霜晓，异事惊倒百岁翁。人间所得容力取，世外无物谁为雄？率然有请不我拒，信我人厄非天穷。潮阳太守南迁归，喜见石廪堆祝融。自言正直动山鬼，岂知造物哀龙钟。伸眉一笑岂易得，神之报汝亦已丰。斜阳万里孤鸟没，但见碧海磨青铜。新诗绮语亦安用？相与变灭随东风。"

苏轼写完诗，已然醉了。众人高声念着此诗，再看海面上，海市已经消散，只剩下碧海长天，茫茫无际。

## 五十四　　司马牛

苏轼一家又风尘仆仆地赶到汴京。苏迨、苏过坐在马车里，兴奋地揭开帘子朝外看。繁华的汴京是当时中华大地上最大的城市，街上车水马龙、商铺林立，这是在黄州那种山野小城无法见到的。王闰之感叹道："朝云，我已多年没来汴京了，现在一切都变了样子。你看这汴京，人这么多，满街都是酒楼、珠宝铺、绸缎店。我们如今变成了乡下人，实在是住不起啊！"朝云没有来过汴京，新奇地看着街景，忽然想到要住在这里，生活日用一定花费不少，也忧愁起来，转头去看苏轼。巢谷坐在车头驾车，苏轼坐在他身旁，一言不发地看着外面。

这时马车路过御史台监狱，远远望见御史台青黑的屋檐，大家脸色一沉，再也不说话。苏轼突然开口对孩子们说："六年前为父就是从这里走出来，跟你哥哥去黄州的。"苏迨和苏过似懂非懂地点点头。苏轼又叹息着对巢谷说："六年啦，巢谷，六年之间岁月消磨，人都老了，而此地却一点也没变！"巢谷不答话，喝了一声，驱着马车跑远了。

司马光主持政事，开始重布朝局，凡是新党贬黜的一律召回重用，安排朝中重要职位，凡是赞成新法的一律远贬外放，还开出一大串名单，交给吕公著审看。吕公著认为有这么多才俊在朝，一定会使朝政清明，但又觉得这样不问贤愚一概擢升，太过意气用事，难免有失公正。

司马光固执地说："熙丰党人在朝时，何曾有半点公正。现在正是把他们清除出朝的时候，什么吕惠卿、张璪、李定、章惇统统贬黜！"吕公著大惊失色:"不可不可。章惇实有大才,虽与熙丰党人为伍,但亦受其害,多次被王安石、吕惠卿等人排挤。若一律外贬,时下不利于大局稳定。"

司马光略有所悟,沉吟片刻才说:"要不这样,章惇做过参知政事,时任中书侍郎,位列宰辅,就让他任知枢密院吧。还有,曾布被王安石、吕惠卿排挤在外多年,太皇太后决定让他复为翰林学士,迁户部尚书。但是吕惠卿罪不可赦,一定要贬远些!"吕公著只得点头同意。

苏轼将家人安置在百家巷,回到朝中,与同僚旧友相见,感慨良多。章惇看着穿新官服的苏轼,笑着走过来帮他整理官帽,说:"好好!大宋第一才子,今日终于可以堂堂正正地走进政事堂了!"苏轼也笑着说:"子厚兄!别来无恙?我们有多少年没有见啦?"章惇笑道:"别提了,岁月催人老啊!走,宰相等着见咱们呢!"说着,拉着苏轼走进政事堂。

司马光集合众官在政事堂议事,一时才俊满堂,似乎真令朝政有焕然一新的气象。吕公著、范纯仁见苏轼回来了,高兴地迎上前来。司马光大喜:"子瞻,你终于回来了!太好了,眼下正是你施展才华的时候,有你襄助本相,大宋中兴可待!"苏轼施礼道:"哪里,司马公折煞下官了。下官但能本分尽职,别无他求。"吕公著拍着苏轼的肩膀说:"子瞻,你谦虚什么?以你的文名、才学、政绩,早该被重用了,却被时运所误。好在为时未晚,这次回来,与诸位同人齐心同力辅佐新皇,共举大业!"苏轼含笑逊谢。范纯仁是范仲淹之子,平生刚直不阿,有乃父之风。他笑着跟苏轼施礼:"子瞻,你是国之栋梁,经世之才,这次回来该励精图治,兴邦立国!我们一众老臣都对你寄予厚望啊!"苏轼备受鼓舞,感动地说:"范公,子瞻当竭尽所能,尽瘁事国。"吕公著又将众官一一介绍给苏轼。只有范镇,虽然担任参知政事,但年迈衰老,未曾到政事堂办公,太皇太后特许他在汴京的府第中办公。

程颐现在已是新帝哲宗的老师了,章惇向苏轼介绍程颐。程颐为人古板而严肃,是个地道的道学家。他向苏轼施礼,拱手高举过头,从上自下,鞠了一个标准可笑的躬礼,口中说道:"久闻苏子瞻文名,特以古礼相迎。"苏轼笑着还礼,众人都忍俊不禁。

众官礼毕，纷纷跟苏轼攀谈起来。他们都久仰苏轼文名，又是来求教诗词，又是来求字画，甚至盛情邀请他宴饮叙旧，如此之类。苏轼似乎有点受宠若惊，一一含笑答礼。司马光在一旁，面露不悦之色，清清嗓子发话道："今日老夫邀请诸位齐集政事堂，是要商量一下如何处置新法的问题。王安石蛊惑先帝，颁布新法，弄得天怒人怨。如今圣上即位，太皇太后秉政，朝政一新，是该废除新法的时候了。不知诸位有何高见？"

众人见司马光提起废止新法，都交头接耳、议论纷纷。不少受到新党排挤远贬的大臣附和说一定要全面废除新法，清算新党人物。苏轼听罢大惊，他原以为司马光主政会着手修补新法弊端，想不到竟要一概废除，更想不到朝臣议论如出一口。他忍不住进言道："司马公，新法有弊有利，不可一概废止。新党有忠有奸，不可一概黜落。望司马公三思。"

司马光不悦："子瞻，你刚回朝，可能有些事情不了解。新法祸国殃民，老夫在洛阳十几年早已洞若观火，必当废止！至于新党人物，我也不是一概黜落，不是还留下章子厚了嘛。"章惇拱手不语。苏轼还想再说什么，吕公著插言调停道："诸位，新法条目众多，关系国本，如果贸然改易，天下必定骚动不安。如何处置安排，应当条分缕析，从长计议。诸位且先回去写成奏本建议，日后再聚众商讨。"范纯仁也点头称是，众人方才散去。

苏轼无奈地退出政事堂，碰巧在侧门遇见曾布。曾布上前来施礼道："子瞻兄，一向可好啊？"苏轼拱手还礼道："是子宣兄啊，幸会幸会，难得你我又见面了。转眼十五载，过得可真快呀！"曾布说："是啊是啊！正所谓岁月不老人易老。年兄已近知天命之年了吧？"苏轼感叹说："不错不错，虚度五十载。今日相会，恍如隔世。"

曾布与苏轼是同榜进士，王安石主持变法时，他平步青云，入三司条例司参与制定新法。他虽颇有才干，但为人便佞，善于逢迎，不似乃兄曾巩敦实坦荡。苏轼见他刻意前来搭讪，只略略敷衍答话。

曾布得意地说："真可惜啊，年兄乃天纵之才，是当年我们这批进士中的佼佼者，可是我们这些资质鲁钝的人反而官位高过你甚多。蔡确拜相，张璪位至参知政事，章惇现为知枢密院，不才也是翰林学士迁户部尚书，年兄却只落了个起居舍人，不公不公啊！"

苏轼不屑一顾地说："世有不公，乃是天地之大公。"曾布有些打抱不平似的发着牢骚说："你是反变法的领袖人物，时下反变法的人物执政，你反倒没得到重用。可惜，可惜呀！"苏轼正色道："子宣哪，这正是苏某高兴之事，不像你们当初得势的时候，清洗朝臣，排除异己，好自为之吧！"曾布面露不快之色道："子瞻还是尖牙利齿。"苏轼镇定地说："子宣，我只是好意相劝，凡事无愧于心为好。"曾布怏怏而去。

苏轼回到家，心中忧闷不乐。这次回朝，本以为可以一革新法弊端，恢复清明的政令，但他嗅到的是异样的空气。司马光任用朝臣激于意气，不能秉公持正，主持政事又固执己见，众臣都众口一词，囿于成见，岂不是又自成一党？如此下去，朝廷必生事端。

朝云见苏轼沉思不语，忙端茶进来，轻声问道："先生，此次回朝必定受到司马大人重用，是为国效力的时候，何以还会心事重重呢？"苏轼喝了口茶，叹气说："朝云，你不明白。司马公是反变法的领袖人物，但是过去我并非反变法，而是反对荆公的某些做法。司马公如今上台，扬言要全面废止新法，在政见上不同，此其一也；官场上拍马屁的人吃得开，而我见马屁精如吞苍蝇，怎么能得执政者欢心，此其二也。"

朝云笑道："先生，这里不比在黄州，朝廷上你争我斗，避免不了。先生还是改一改吧！"苏轼望着朝云，笑说："做人要有骨气，为官要有正气，禀性使然，改不了啊！"

朝云见苏轼刚回朝就忧虑不已，忙岔开话题说："先生，夫人收到二先生的信，说他们不日就要到京城了，她出门去为二先生置办家用去了。"苏轼惊喜地说："是了，子由已被擢升右司谏，要来京任职了。太好了，子由来了也可助我一臂之力。等他们到时，我要到码头亲自迎接。"朝云高兴地说："这下，先生可与二先生在京城朝夕相处了。"苏轼笑着点点头。

那日，王闰之和朝云早已把家里收拾得干干净净，又忙着准备饭菜为苏辙接风。苏轼带着巢谷、苏迨和苏过到码头等候。苏轼说:"子由在筠州背了五年的盐酒,老了许多;上次去还跟他吵了一架,不知道他们现在怎么样了?"巢谷安慰道:"子瞻兄不必记挂在心上,子由不会怪你的。"苏轼欣慰地笑笑。

这时李常骑着马来到码头,后面一个人骑马跟着。苏轼上前施礼道:"公择兄,你怎么来了?"李常下马施礼道:"听说子由要到京城了,特来迎接。"说完又拉着背后那人走到跟前说:"子瞻,这位便是我的外甥黄庭坚黄鲁直。"黄庭坚施礼道:"久盼与先生见面,今日终于了此心愿。"苏轼大喜:"与我交友者皆是折本之人。乌台一案,你我尚未见面,互不相识,只因交流了几句歪诗,也罚铜二十斤,沾光不小啊!"黄庭坚也笑道:"朝廷缺钱,还之无愧,只是先生一家受苦了。"苏轼忙拉过巢谷和两个儿子与他们相见。

李定带着家眷,灰溜溜地来到码头,准备前往贬所。他见到苏轼等人也在码头,心下惭愧不已,又躲避不得,只得硬着头皮往前走,不料一脚踏空,跌落在水里。家人都慌得大叫。苏轼叫道:"快救人!"船工忙拿船篙拉他上岸。李定上下挣扎,衣服鞋袜全都湿透了,头发也散乱开,家人抱着他哭作一团。可他的乌纱帽却没被救起来,顺着汴河漂向远方。

看着李定的狼狈样,李常、黄庭坚、苏轼也忍俊不禁,背过身去暗笑。李常道:"十年河东十年河西啊。李定先是陷害我和孙莘老,从而得宠,后当御史里行,继而当御史中丞;后制造'乌台诗案',升翰林学士,曾经如何风光啊。现在呢,惶惶如丧家之犬。"黄庭坚也说:"真是善恶有报啊!"巢谷想起李定曾在御史台百般侮辱苏轼,现在正想上去揍他一顿呢。苏轼把他拦住,说:"由他去吧。汴河水分明是忠臣贬官的泪呀,李定会被这泪淹死的。"

李定再没颜面待着,忙催促船家开船。

不久,苏辙的船到了,众人欣喜相见,唏嘘不已。苏轼忙请众人到家中,摆酒设宴款待。席间说起新法之事,苏轼屡屡叹息,子由劝他切勿切直陈说，以免招致怨尤，辜负太皇太后的好意。苏轼没说什么，想起子由在筠州说的话，点点头把酒一口饮尽。

司马光见众官异口同声，觉得废止新法可行，准备一步步施行他的方案。他提拔自己的学生贾易为御史，掌管台谏，这样可以最大限度地使反对者缄口，又召范纯仁、苏轼等人到政事堂，商议科举改革之事。

王安石当政后，罢诗赋与明经科，专以经义策论取士，又作《三经新义》，颁布天下学官，作为读书人科举考试的指定内容和朝廷的取士依据。对此苏轼早有不满，他说："《三经新义》曲解甚多，不可为取士之本。洋洋经海，岂能以一家之言，取舍圣人之意，以偏概全呢？"范纯仁颔首同意："介甫骂《春秋》，抬孟子，废'六艺'，尊百家，如此误导年轻人，只会增加高谈阔论之士。"司马光点头说："诸公之言，甚合吾意。改革科举，取士应以德行为先，文学为后。而文学之中，则以经术为先，辞采为后。我意依先朝之法，与'明经''进士'合为一种，废除《三经新义》，以'九经'为立科之本，即《周易》《尚书》《毛诗》《周礼》《仪礼》《礼记》《春秋》《论语》《孝经》，而《春秋》只用《公羊》《穀梁》，《孟子》不为经典，《论语》《孝经》为必考科目。立刻颁布天下，使士子皆知朝廷取士之法，明年省试即依此施行。"

范纯仁表示同意。苏轼却稍有顾虑："只是熙丰十余年来，士子皆习《三经新义》，骤然改行，那么明年省试大批士子就要交白卷咯！不如等此次省试过后，再行旧法，则取士改法两不误啊！"司马光摆摆手说："王介甫《三经新义》祸害读书人，早一天废除，才能早一天为朝廷招纳贤才，如何能等？"苏轼争辩说："读书人十年寒窗，只在一朝科举。如此贸然改易，恐怕有失天下士子之心！"范纯仁一听苏轼说得有理，也同意这次省试之后再行改革，但司马光坚执不同意，他认为一定要尽快扫除王安石当政时施行的种种政策，最后闹得不欢而散。

司马光心中不悦，走出政事堂，径直离去。曾布早候在外边，向司马光施礼道："司马公请留步，下官曾布有事求见。"司马光腿脚不便，艰难地迈过门槛，转笑道："哦，是子宣啊！"曾布马上过来扶住司马光，说："司马公保重身体，切勿为国事过于操劳。"司马光笑说："拨乱反正，百废待兴呀，老夫歇不得。子宣，此次任命你为翰林学士迁户部尚书，望你不负圣恩，也不要辜负了老夫的一片心意啊！"曾布忙拱手道："承蒙司马公提拔下官，这是我的福分，下官一定竭忠尽智！"

司马光点头说："这就好。哎，你刚才说有事求见，到底是何事啊？"曾布拱手道："司马公，是关于免役法令。'免役法'皆出自下官之手，下官以为，如果突然改易，必招致混乱，下官实难从命。"司马光大怒："子宣！'免役法'导致民怨沸腾，废除此法刻不容缓。'差役法'在朝廷行之百年，万民习之已久，岂能更改？你身为户部尚书，难道不明白其中利害吗？"曾布坚持陈说："变法之初，下官与荆公多番商议，制定此法，跟'差役法'相比实在益处甚多……"司马光不耐烦地说："不必多说！介甫误国，你还执迷不悟！"说完上轿离去。曾布半晌说不出话来，只得长叹。

翌日退朝，司马光恼怒曾布所言，授意让吕公著担任户部尚书，主管财政。吕公著推辞说不善理财，还是擢用他人担此重任。司马光笑道："老夫就是要用不善理财之人理财。自王安石变法以来，天下趋利之徒无不欣然，故而世风日下。官场竟成为贩夫走卒的交易之所。用你担此理财大臣，就是要天下看看，朝廷重德轻利。"吕公著恍然大悟，但又有所顾虑地说："国家用度一向不足，财政关系到方方面面，万一理财不慎，势必造成国家秩序紊乱……"司马光摆摆手说："不妨不妨。国家财政皆由'青苗法'败坏，现在要彻底废止'青苗法'，'免役法'也要废除。"吕公著再不敢多言，又问："那曾布处以何等官职？"司马光说："曾布小人，外贬到太原去吧。"

苏轼听说此事，急忙到中书省来找吕公著，陈说道："吕公，曾布不当贬，'免役法'不可废呀！"吕公著大为惊奇，问道："子瞻！你是好了疮疤忘了疼呀，你还嫌他折腾你不够啊？"苏轼直言道："吕公，曾布的为人我知道，但就'免役法'而言，子宣所做并不为差。诸法之中，'免役法'不可废。另外，如果因政见不同，就大开杀戒，必会重蹈王安石的覆辙，更会形成熙丰党人和元祐党人之争。晚唐就葬送于党争啊，牛李二党争来争去，把大唐争垮了。如果我们不实行开明之策，一味意气用事，党祸将祸及大宋。"

吕公著一怔，深感为难。苏轼劝说："'免役法'确实优于'差役法'，只是在施行过程中执行不当、监督不力，可以稍做修改，但绝不可废，若废止此法，天下必乱！不行，我得去找司马公。"吕公著赶忙拉着苏轼说："子瞻，别急嘛！你若得罪了司马公，人家会说你站在王安石一边，与熙丰党人一党啊！"苏轼正色道："我不管是何党何派，只要于国于民有利，就要坚持。"说着就冲出门去。吕公著拉也拉不住，摇头叹道："真是竹竿一根……有节不灵通。"

苏轼出门，正遇上曾布。曾布刚接到外贬的公文，垂头丧气地往外走。苏轼忙叫住他："子宣兄留步！"曾布没好气地答话："这回让子瞻看笑话了，翰林学士院的椅子还没坐热乎，就要再贬了。"苏轼劝慰说："子宣差矣。就此事而言，子宣并没错。"曾布惊讶地望着苏轼，叹息说："唉，有子瞻这句话，我就是外贬也值了。"

苏轼说："想当年我与你，还有你兄曾子固一起革除太学体、击登闻鼓，何等意气风发。可不想你兄已病逝有年了。家中还好吧？"曾布眼中含泪，拱手道："多谢子瞻兄不计前嫌，还如此挂念我等。"苏轼说："子宣兄此行珍重，临行时我去为你送行。"曾布感激不已，又请求苏轼手书一份《念奴娇》词赠送给他。苏轼欣然应允，二人这才施礼拜别。

苏轼赶到政事堂司马光办公处，大步冲到案前，大声说："司马公！在下听说你要废除'免役法'，恢复'差役法'？"司马公正在批阅奏札，问道："是啊，子瞻有何看法？"苏轼拱手施礼说："不妥，如此一来，天下会出大乱子！"

司马公放下奏札，踱到前厅，请苏轼详说。苏轼陈说："天下实行'免役法'已十五年有余，百姓皆已习惯此法，虽有小怨，但不致乱，只要趋利避害，亦不失为可行之法。'差役法'虽有小利，但弊大于利。应稳妥为上，取长补短，不宜大动。"

司马公不悦，又问"差役法"利弊如何。苏轼答道："自夏、商、周三代实行兵农合一之法，至秦始皇把兵农分开，到唐中叶以后，更趋专业。农出钱帛以养兵，兵出性命以卫农，虽圣人复出，也不易其法。'免役法'户户出钱，雇夫服役，是依唐中叶以后兵农相分的惯例，好处实在很多。"

司马公反驳道："兵农合一，乃是古法，不可变！"苏轼直言道："'差役法'是兵农合一之古法。二者比较，兵农分开为好，这符合战事之需要。打仗与种庄稼毕竟不同，农民训练再好，也不及常年专门训练之兵卒。实行'差役法'，大宋之兵十不顶一，屡吃败仗。'免役法'虽有缺点，但稍加变动即可避免上述弊端。而'差役法'则不然，它不仅使我大宋军队攻不能战，守不能固，且加重百姓负担，农不安耕织，商不安远行，国家税收减少，贪胥滑吏有机可乘，故古法不可效。"

司马光仍然固执地说："古之良制美法，文王之道，有何不可恢复？"苏轼反驳道："吃野果、穿树叶，在远古未尝不是良制美法，然则今日再吃野果、穿树叶，便是愚蠢透顶！"司马公辩不过他，发怒道："你这是钻空子！"苏轼说："有空可钻，自有钻空之人。我钻此空，皆为宰相，为国家补江山大堤之洞；奸人钻此空，自有洪水破堤之险了！"

司马光气得浑身哆嗦："你……你……好，好，你有理，你翅膀硬了，要反对老夫！"苏轼直言："司马公，在下就事论事，并非意在反对宰相！司马公对下官有恩，子瞻永记在心。敢讲逆耳之言，既为国家，也为宰相。当年，司马公为'刺义勇'一事屡谏魏公韩维，态度之强硬，言辞之刺耳，不知几倍于我，而今司马公在相位，却容不得他人片言只语，是何道理？司马公与王安石一样，也是个拗相公！"司马光大怒："好个苏轼，你果然是王安石之党！"苏轼也发怒了："在下与国与民为一党，不与任何人为党！"说完拂袖而去。

范纯仁正好来找司马光，看见苏轼气呼呼地出来，忙拉着他说："子瞻又为何事生气？"苏轼余怒未歇："一朝权在手，便把令来行；不分好和歹，只把旧账清。我不善拍马，又非应声虫。一言怒宰相，落个忘恩名！"范纯仁好言相劝道："司马公头脑发热，易铸大错。我去劝劝他！"苏轼摇头叹息而去。

范纯仁进政事堂来，见司马光生着闷气，拄着拐杖在厅内踱步，便劝言："司马公，冰冻三尺，非一日之寒。免役之法，施行了有十数年啦。虽有弊端，但是百姓们已经习惯，骤然而罢，天下恐乱。司马公不可操之过急呀！"司马光此刻谁的话也听不进了，发狠道："老夫还能活几天？此法不废，死不瞑目！"

范纯仁没料到事情如此严重，强压住怒火说："司马公不该生气，此乃国家大事，该多听听他人的想法。深思熟虑，然后再付诸行动为好。'免役法'固有不便，但是不能暴革。若司马公一定坚持恢复'差役法'，也可在一路试行，不可全面铺开。"

司马光敲着拐杖说："今天这是怎么了？走了一个苏子瞻，又来一个范纯仁！都来气我，老夫还没死呢！"范纯仁也火了："我等非阿谀奉承之辈，才愿聚于司马公旗下。若为一己之私，不费吹灰之力，王安石即可让我等官运亨通了！良言不纳，固执己见，你又是一王安石！"司马光老病衰朽，气得说不出话："你！你！"范纯仁说："司马公二十余年前对'差役法'耿耿于怀，要废止'差役法'，今日为何不进反退呢？"

苏辙在谏院得知哥哥与宰相吵了起来，赶紧跑过来劝说。他见范纯仁和司马光在厅内相对不语，但都面色不豫，忙向司马光施礼道："恩公消消气，家兄脾气率直，让恩公生气了，我替家兄给您赔个不是。恩公日理万机，心急如焚，晚生理解。恢复'差役法'，未尝不可，但应有个万全之策。要是恩公气坏了身子，那我等该如何是好啊？"范纯仁见苏辙过来调停，仍不搭话。

苏辙忙请司马光坐下，继续劝道："司马公，您如今上了年纪，身子又不好，不能轻易生气。家兄乃心直口快之人，他的脾气，司马公还不知道？越是瞧不起的人，他越客气；越是他尊敬的人，就越直言不讳，心里是不掺一点假，有什么说什么。"

司马光这才慢慢解了气，无奈地叹道："也好，我与吕公著大人商议后，明日召集众官到政事堂商议'免役法'。"

苏轼回到百家巷家中，边脱去官袍边气呼呼地说："司马牛！司马牛！"王闰之愕然不解："司马牛？哪个司马牛把你惹得这样生气？"朝云抿嘴笑着，帮苏轼摘下乌纱帽。苏轼说："天下还有几个司马牛！一头牛，天下人都拉不回！"朝云说："先生莫不是和宰相大人顶嘴了？"王闰之急了，埋怨道："这可怎么得了，刚回京城，老脾气又来了。"

苏轼皱眉道："哪里是顶嘴！我是在劝诫他！"王闰之责备道："宰相是咱家恩人，你如此高傲不逊，外人知道后，岂不骂你忘恩负义？"苏轼发怒道："忘恩负义？言外之意，我这官是巴结司马公得来的施舍？若贪图富贵，宰相早坐上了！我说不当官吧，你们哭着闹着让我受这份罪！你也不想想，我进直言是为了什么？"

王闰之端茶过来，好言劝道："你就不能心平气和地进言？万一又惹出祸来可怎么办？"苏轼不耐烦地说："事关大宋兴亡，心何以平？"王闰之赌气说："休说他人，你自己也听不进逆耳忠言。"苏轼说："你所谓忠言是为这个小家，我的忠言是为国家。"王闰之说不过他，气呼呼地走出门去，剩下朝云帮苏轼整理衣裳。

这时两个使女走进来，侍候苏轼梳洗。苏轼瞧着自己的肚皮问："你们说，我这肚皮里装的是什么？"

一个使女答道："是一肚子锦绣文章。"苏轼摇摇头。

另一个说："是一肚子才学。"苏轼还是笑着摇头。

朝云走过来微笑着说："先生啊，是一肚子不合时宜。"

苏轼听了哈哈大笑，连气都消了，直夸："知我者，朝云也！"梳洗过后，又吩咐朝云说："明日司马光召集众臣商议废除'免役法'，我得养足精神写好奏札。你和夫人先吃饭，不必等我，也不要来打搅我。"朝云答应着出去了。

次日，苏轼上朝后，朝云在院子里晾衣服。王闰之忧心忡忡地走过来，还在为苏轼发愁，便对朝云说："朝云哪，我这心总是放不下，以先生的脾气，必定还要和宰相争执不休，这如何是好呢？"朝云劝慰道："夫人不必担忧。先生为人，宰相是知道的，不会计较太深。再说，有二先生从中调停，自会化解不快。"

王闰之自言自语地说："唉，他要有子由一半的灵活就好了。"朝云又接着去晾衣服。王闰之端详着她，好半天不言语。朝云被看得不好意思了，笑道："夫人，怎么啦？"王闰之说："朝云，你过来，我有话跟你说。"

朝云愣了一下，立即就明白了，躲到晾晒的衣服后边去，害羞地说："夫人，我知道您要说什么。"王闰之笑笑，绕到后边来，柔声说道："你呀，冰雪聪明的一个人儿，什么能瞒过你？不过啊，我还是要给你明说。"

朝云明白是女儿家的事，脸都红了，借故去拍打晾好的袍服，躲在后面不出来。王闰之笑着说："你呀，自进苏家起，子瞻和我就喜欢你，你和我们苏家有缘哪！"朝云轻声说："是先生和夫人人好。"王闰之说："我的心思啊，自小莲姐去世你就明白了。你的相貌才学，活脱脱的就是一个莲姐。"王闰之想起小莲，眼泪都掉下来。朝云忙过来安慰："夫人，朝云怎能和小莲姐姐比啊！"说着，眼眶也湿润了。

王闰之叹气道："在密州、徐州的时候啊，你还太小。后来，你大了，可我们家又遭了大难，我不能让你……让你陪着我受罪啊！"朝云想起自己的身世，又想到自己的归宿，哭道："夫人的心思，朝云都明白。"

王闰之接着说："说起来，你也是我们苏家的恩人哪。不说教迨儿、过儿，就说那六七年的苦日子，要是……要是没有你，我真不知怎么撑过来！你一个小姑娘家，太不容易了。患难见人心啊，巢谷、表姑，还有你，都是苏家的恩人哪！"朝云啜泣着说："夫人不可这么说。先生和夫人是朝云的救命恩人、再生父母，先生也是朝云的恩师。朝云就是粉身碎骨，也不能报答啊！"

王闰之擦干眼泪说："看看，我真的老了，一说就想哭，把要说的正事都忘了。朝云啊，眼下家境略略好些了，你要是答应，我和子瞻去说，可是……可是实在是委屈了你啊！"朝云赶忙跪在地上说："夫人，朝云只要在苏家，就已经心满意足了。夫人千万不要这样想。"王闰之忙把她扶起来，惊愕地问："朝云，你果真这么想？"朝云含泪点点头说："夫人，采莲表姑走了，朝云就是采莲表姑。"

　　王闰之欲言又止，她们都是苦命的女人，现在还说什么好呢？苏轼虽然回朝当官，比在黄州时要好些，可是现在却跟宰相闹成这样。朝廷的事她不懂，可是朝廷说不准哪天又会下旨贬官，不知会贬到哪里去，总不能让朝云总跟着自己受苦吧？可现在也无法可想。朝云擦干眼泪，把干衣服都收进屋去，王闰之自言自语地说："苦命的姑娘。老爷临终前说，苏家的女人都命苦，果真如此啊！"说完，又泪如雨下。

## 五十五　党　争

第二天，百官齐集政事堂，商议废除新法之事。司马光端坐堂上，众官分列坐下，议论纷纷。

章惇率先起来发言。他最早参与王安石变法，但与吕惠卿、曾布等人不同的是，他耿介直言，期间被贬外州。所以司马光贬放熙丰党人的时候，章惇以其才干和品格留在朝廷枢密院任职。当时官制，枢密院执掌军政，不准参与其他政务，但司马光得知他熟悉新法条令，特地把他请到政事堂来。章惇施礼道："恕下官直言，司马公在熙宁初年，曾多次上疏，言'差役法'有诸多弊端，应当废除，此事人人皆知。而今一旦为相，又要废除'免役法'，恢复'差役法'，令人不解。宰相大人前后所言反复无常，实在难以服众。"

司马光见章惇反对自己，一肚子火已经涌上心头，只是强忍着不发。章惇环视众官，慷慨陈词道："近日，司马公屡称'免役法'该废止，其实并非'免役法'不好，实是凡王安石所行之法，无论好歹，必先废除而后快，不管民意国情，只图报一己之私怨！"

吕公著大惊，深恐此言激怒了司马光。但司马光到底还是君子，静静地听他把话说完。章惇接着说："退一步说，更可笑者，就算要全部废止，却要求全国限定五日之内改'免役法'为'差役法'，更张如此草率，绝非为政之道。各县以五日为限犹恐不及，何况全国之大呢？如此施行无绪，将置朝廷于何种境地？"

众人见章惇说得在理，都缄默不语，只有御史刘挚愤然斥责道："章惇，即使你铁嘴钢牙，'免役法'也是祸国殃民。尽管'差役法'有诸多弊端，但立国以来便实行此法，确保了百年基业。至于以后出现弊端，也是在执行中出了差错，而在执行中出差者，难道独有一部'差役法'？难道过去这些年的变法就没出过差错吗？"

章惇冷笑一声："御史之言可谓有力，但却无视事实；更有甚者，你竟敢斥责'免役法'祸国殃民！这'免役法'可是先帝钦定之法，你身为臣子，岂能如此放肆，大逆不道，诬蔑先帝？须知当今圣上，乃先帝之子，若当今圣上亲政之后，你也敢指责先帝祸国殃民吗？分明是欺主幼小，才有这不臣之心！"

刘挚一惊，不敢再说话，脸上都冒出汗来。御史王岩叟颤颤巍巍地站起来说："章惇休得猖狂无礼！'免役法'加重百姓负担，层层加税不堪重负，以致民怨四起。永乐一战，我朝大伤元气，至今难复。你为什么还要为'免役法'狡辩呢？"

章惇正色说道："哼，正是因为'差役法'使天下百姓负重不堪，才制定了'免役法'。你所说加重百姓负担，其实不是百姓，只是加在大户人家罢了。变法之前，差役皆由百姓出，而官宦之家坐享其成；'免役法'使他们与百姓一样出钱出力，你口口声声为百姓说话，实则为官宦世家谋利。至于永乐城失利，乃用人不当所致，罪不在'免役法'。再说，胜败乃兵家常事，西北屡战，胜多败少，人尽皆知。"

王岩叟已老迈不堪，哪里还顶得了半句，只得愤愤地坐下。众人都不敢说话。苏轼坐在章惇旁边，凝眉深思，也不发一言。司马光则冷峻地端坐堂上，静待着有人能站出来支持废除新法。

吕公著见局面僵持难下，这才起身说道："'免役法''差役法'各有利弊，二者相比，'差役法'在立国之初并无大弊。诸多弊端乃年久因循所致，只要趋利避害，逐加完善，还是可作良策的。子厚方才之论，难称君子之言也！"

章惇立即反驳道："不错，'差役法'之弊端是因循所致，可实行'免役法',正是为矫正此弊端啊,为何又要因循复辟呢?至于君子、小人之辨,章某更是感慨良深。章某原以为王安石变法,不听众言,一意孤行,但我敬佩荆公之人格;同样,章某也曾敬佩司马公之人格,可现在看来,司马公也是不纳忠言,拗相一个,且比荆公有过之而无不及。两位君子都只能如此。吕公著,你的君子之论还有何意义?"

苏轼听了章惇这话,嘴角微微一笑。司马光把目光落在苏轼和范纯仁身上,期待二人舌战章惇,奈何二人无动于衷,愤然道:"今天到此为止,两种议论都上报太皇太后。散了吧!"众人摇头叹息,纷纷起身散去。

章惇悄悄地对苏轼说:"子瞻兄,我今天期待你能发表一篇宏论,为何沉默不言?"苏轼笑说:"子厚兄将我要说的话都说完了,我还用得着开口吗?"二人大笑。这时刘挚跑过来把苏轼拉到一边数落道:"子瞻,你乃我元祐党人之中坚,何以对熙丰党人之反攻视若无睹,坐山观虎斗?"

苏轼连忙反驳说:"刘公差矣。一来苏某绝非属于任何一党,二来苏某自己尚不能说服自己,怎么能昧良知而强词夺理?"刘挚气得七窍生烟:"这么说你也反对废除'免役法'?"苏轼点头。刘挚指着苏轼说不出话。王岩叟也凑过来质问道:"王安石的熙丰党人迫害反变法者,你受害尤甚,而今为何同他们关系暧昧,青红不分?"

苏轼冷笑道:"彦霖兄,王安石有何党?其所重用之人,皆变节而去,最后孤守半山,此说有失公允。我被李定等人所害不差,但论国事,岂能与个人恩怨搅在一起?"范纯仁笑着说:"子瞻乃真君子也。朝廷议政,万不可挟私怨而害政。"刘挚与王岩叟拂袖而去。

范纯仁笑道:"子瞻当年在朝堂之上与吕惠卿辩驳舌战,迫使吕惠卿哑口无言。今日为何一言不发?"苏轼说:"当年驳吕惠卿,理在我;今日明堂之辩,理在子厚。范公难道不知?"范纯仁叹气道:"奈何理天下与权天下,南辕北辙呀!权倾天下,若无视天理民意,皆苟且附会,讹言谎语,则国之不幸、民之不幸也。所以我常说为官什么最难?说真话最难!"

苏轼看了看范纯仁,反问道:"哦?那不知范公要说真话还是假话?"范纯仁说:"司马公虽为大儒,然而对政见历来刚烈如火,被压制十七年,必有发泄,有些急躁,乃人之常情。但他已风烛残年,我不忍猛谏哪!"苏轼点点头:"在下明白。然则明知有错,视而不见,苏某实在憋不住。"范纯仁说:"我也如此。家父有训:'先天下之忧而忧,后天下之乐而乐。'可这先忧后乐,若要身体力行,绝非易事啊!"苏轼说:"所以,我只好宁负宰相一人,不负天下兆民。"范纯仁笑道:"子瞻胸襟胆量如此,实在令人敬佩呀。能与子瞻同殿为臣,是我之幸呀!"

司马光在这一场会议辩论中被章惇驳得哑口无言,无力辩驳,就去面见太皇太后,陈说"免役法"的利害。太皇太后对于王安石变法并无特别领会,又深信司马光爱国忠君之心必不至于误国,就按他的意思,把废除"免役法"的懿旨传达到中书省,着令按旨行事。苏轼等人得知,都叹息不已。苏轼退朝回家,章惇忽然造访,苏轼连忙把他请进会客厅,两人饮茶细说。

章惇悲愤地说:"今番我必定遭贬外放了!"苏轼大惊,忙问何事。章惇说:"司马光只报私怨,不顾天下,比吕惠卿好不到哪里去。与此等人为伍,真是大夫之耻也。前日我在政事堂直言不当废止'免役法',现在他却仰仗太皇太后,直接颁发了废除的命令。如此行事,我等还用得着多费唇舌吗?"

苏轼叹了口气说:"司马公的确过于固执了。但是子厚兄,论人品道德,司马公堪为楷模,他不至于因为私怨而贬黜你的。"章惇狠狠地说:"哼,自古为相,最忌专断独行。看司马光的架势,新法必定一概遭到废止,朝中哪还有我章惇立足之地?子瞻,你要追随司马光,必有后悔之日。"苏轼不解地问:"我与相公乃君子之交,何悔之有?"章惇狂笑一声:"大丈夫立世,若鲲鹏冲天,安能与此蓬雀为伍?若海中蛟龙,安能不翻江倒海?"

苏轼脸沉下来,正色道:"子厚兄,我劝你不要折腾了,大宋可折腾不起。国事为重。子厚兄切不可忌恨司马公,熙丰人物罢贬甚多,而司马公还是重用你为知枢密院嘛!"章惇冷笑道:"你回朝廷不久,内幕所知甚少。我任知枢密院,乃太皇太后的旨意。"苏轼惊愕不已。章惇接着说:"你可能对太皇太后重用我有所不解。这一嘛,是因为我平南方暴乱大有军功;这二嘛，我虽为变法人物，但并不靠攀结荆公和吕惠卿吃饭；这第三嘛，在处理'乌台诗案'时，满朝文武随波逐流，几乎无人为你说话，朝堂之上，我当面顶撞了王珪，为你说了句公道话，使王珪阴谋未能得逞。太皇太后这才将我留在朝中了。但如今，司马公一定视我为眼中钉，必欲除之而后快！"

苏轼心中忧闷不已，他不愿看到王安石当政时朝臣互相倾轧排挤的局面再现。也许司马公不至于贬谪章惇，但司马光听不进反对意见，这问题是无从解决的。苏轼叹气说："当年你能救我于危难，如今我却不能有助于你，实在惭愧啊。"章惇说："你已尽心了。如今局势，怕连你也难自安啊！"

苏轼想起之前顶撞司马光，曾布还是照样被贬出朝，现在满朝大臣缄口不言，将来还有谁敢提反对意见？想到这儿，苏轼苦笑道："子厚兄所言极是……我行我素，由他去吧。子厚兄若遭外贬，不知有何事相托？"章惇起身施礼道："我有二犬子，立志上进，还望子瞻兄替我尽父辈教化之责，若以子瞻兄为师，我即足矣。"苏轼赶忙起身还礼道："子厚兄言重了。此乃分内之事，子厚勿忧勿虑。"章惇深鞠一躬。

这时苏辙急匆匆地进来。苏轼见他神色惊慌，忙问何事。苏辙说："哥哥，我听说刘挚、王岩叟、张君锡、朱光庭等人骂你忘恩负义，要与你誓不两立。"苏轼与章惇相视一笑。苏辙关心地说："哥哥须多加小心啊！"苏轼笑道："给官做即是恩，报之以百依百顺即为义，讲实话进忠言则是忘恩负义，那这朝堂官场岂不成了江湖绿林和商家贾市了吗？真令人喷饭！"章惇大笑，起身告辞。

果然不出章惇所料，第二天上朝，御史刘挚、王岩叟等人弹劾章惇阻挠废止"免役法"，还言辞讥讽宰相。章惇在朝堂上大声斥责司马光等人为泄私愤，凡王安石之法必欲除之而后快，草率更张，必致天下大乱。太皇太后发怒，将章惇贬知汝州。苏轼苦劝不得。元祐一党见他为章惇求情无不侧目愤怒。章惇大笑一声，昂首退出殿外，愤愤地上任去了。

自从太皇太后下旨废止"免役法"，中书省批文严令各路各府在五日内全部废罢。已施行十余年的法令岂是能在这么短时间内废除的？各州各县长官都犯了难。知开封府蔡京最善于见风使舵，王安石执政就附和新法，章惇得势便依附章惇，自熙宁三年中进士以来一路连连晋升到知开封府，如今哪里还有不依从司马光的？他当即召集各位僚属，严词责令，务必在五日内全部废除"免役法"。各胥吏不敢怠慢，通宵达旦地走村串巷，登记造簿，拉丁捕人，闹得鸡犬不宁，终于五日之内完成指令，在众路州府中拔得头筹。司马光大为高兴，命蔡京进政事堂相见。

蔡京到政事堂时，司马光正在批阅奏札。奏札都是全国各地送来的陈述反对废除"免役法"的，司马光皱着眉头看一封扔一封。蔡京轻轻地走进来，毕恭毕敬地施礼道："下官知开封府蔡京参见宰相大人！"司马光高兴地说："哎呀，是元长啊，老夫责令五日内废止'免役法'，恢复'差役法'，诸路搪塞推托，还是你开封府如期完成，为全国垂范，当记头功啊！"蔡京忙作揖道："都是宰相大人决策英明，下官只是遵命执行罢了。"

司马光说："他们说五日时间太紧，三十日也太紧，诸多借口！元长何以能在这么短时间内完成？"蔡京拱手答道："政令能否畅通无阻，关键在州府要员令行禁止。下官连夜制定方案，召集下属开会，然后推而广之，遗留事情，以后再逐个处置。"司马光连声称赞："此乃妙策！元长书法神采飞扬，政务也别具风采啊。新法废止条目甚多，望元长日后能襄助老夫，为国效力！"蔡京俯首作揖道："下官必定竭尽所能。"司马光捻须含笑，示意蔡京退下。

王安石远在江宁，听说司马光逐步废止新法，连"免役法"也严令废罢，气愤地捶着桌子说："君实啊君实，你纵然不满意老夫，也不至于如此？先帝与老夫商议此法，旬月有余，最为完备，难道这也要废罢吗？"说完悲愤填膺，怆然涕下，忽然感到一阵头晕目眩，瘫坐在太师椅上。吴夫人慌忙过来扶着，又请郎中过来诊治。无奈病势沉重，又兼年迈，已无回转的余地了。

弥留之际，王安石躺在榻上，怅然叹息道："老夫衰朽老病，药石不济，人死皮肉消尽，本无所恨。然而毕生心血，只在变法。如今新法尽废，真是天意难违啊！"说罢溘然长逝，家人痛哭不已。

一代杰出的政治家、改革家就此仙去。数十年后北宋为金国所灭，有人把亡国之罪扣在他头上，指责他变法动摇国本，才导致了社稷沦丧，二帝北狩。然而功过是非，还待时日来辩白。

由于废除新法期限逼迫太紧，汴京附近州县农民成群结队地到开封府衙请愿。他们从四面八方拥来，被手执刀枪的官兵阻拦在汴河两岸。民众见官兵阻拦，又以武力威胁，不禁群情激愤，大声呼喊。众人推推搡搡，一路涌到府衙门口，呼声震天。一名胥吏见状，飞快报与蔡京，大叫道："大人！不好了！造反啦！"蔡京大惊失色，忙带着人从侧门溜出，不想被众人团团围住。

蔡京扶稳官帽，战战兢兢地说："你们……你们大胆！想造反吗？"为首的一个高大汉子说："'差役法'要吃人，我们交了这十多年的税，白费了！"众人便七嘴八舌地嚷起来：

"交了钱，还要再出差役，庄稼人还活不活！"

"差役差役，有钱有势的人家不差不役，老百姓既苦差又苦役！"

"他们官官相护，实行'免役法'，他们和老百姓一样拿点钱，就受不了了！"

"我们穷百姓不当兵就拿钱，官宦人家既不当兵也不拿钱，好事哪有百姓的！"

众人情绪激愤，嚷成一片。蔡京定定神，好言安抚道："众位乡亲父老！不要急，本府一定把乡亲们的想法如实向朝廷禀报。请你们放心，我蔡某决不让自己管辖的百姓吃亏。听我的话，你们先回去，给我一个面子，我说话算数！"

众人嘀咕一阵，为首的大汉说："我等就相信蔡大人一回，求大人为小民做主。"便招呼大家散去。

蔡京这才松了口气，对身边的小吏说："你给我暗中摸清这帮人的底细，找出带头的，重打五十大板！这帮刁民！"差役抓了三五个带头的，捆进监牢，一顿毒打了事，其他人都不敢再出声。蔡京颇为得意，上奏札渲染自己平息刁民骚乱一事，以此请功。

农民在开封府衙门口聚众闹事的消息传到中书省，范纯仁慌忙报知司马光。司马光正为各地的奏札信函忙得焦头烂额，听说此事，惊得双目眩晕，差点站立不住。范纯仁劝慰说："宰相保重身体，知开封府蔡京已经将事情平息下去。"司马光舒了口气，笑道："还是元长能干啊！"范纯仁冷笑道："蔡京奸邪小人，心术不正，专会媚上欺下。他私下捆绑带头农民，严刑毒打，宰相何以夸赞于他？如今各地改役法后，尽出乱子，有自残的，有闹事的，事态越闹越大，照此下去，天下必乱！如人人效法蔡京，天下危矣！"

司马光倒吸一口凉气，忧虑地问："依你之见，当如何处置？"范纯仁说："以征天下意见为名先安定下来，让各州府提出修改办法因地制宜，然后再取各地之长，制定新役法。"司马光点点头："现在也只能如此了。不知苏轼有何看法？"范纯仁答道："实不相瞒，这因地制宜之法便是苏子瞻提出来的，我看可行。"司马光一脸不屑地说："他这人点子不少，可惜用不到正处。"

范纯仁拱手道："相公，此不为正，何以为正？相公对子瞻失于知人之明。"司马光笑说："苏轼嘉祐年间应试入朝，老夫便已熟知其人。老夫不会看错的。"范纯仁痛心地说："苏子瞻前番数次顶撞相公，出于忠心，纯为国事，相公不可因私废人啊！"司马光狠狠地瞪了范纯仁一眼。

范纯仁继续说："相公，你身在危机，居然全然不知。熙丰党人，十之八九在伺机待时，有朝一日，告你离间圣上父子骨肉之情，则必大祸临头。"司马光为之一惊，旋即朗声说道："我为赵氏江山鞠躬尽瘁，死而后已，赵家定不负我，苍天可证。"范纯仁恳切地说："苍天是靠不住的。再说了，为赵氏江山尽忠者，只有你一个人吗？"司马光沉默不语，岔开话题，叫其他人来一起商议如何平息众议，安定局面。范纯仁遵命而去，叹息不已。

司马光自还朝以来，以废除新法、革除王安石当政痕迹为己任，不顾年老衰病，每日办公至深夜，事无巨细，必定躬亲定夺。朝中众臣已经难以统一意见，各州府关于废止新法的意见就更多，司马光每天忙得焦头烂额，也不肯稍做休息。他明白自己残年老景，剩余的时间不多了，如果不能尽快解决新法遗患，怎么对得起先帝和太皇太后的恩遇呢？太皇太后屡加褒奖，劝勉他保重身体，司马光愈加感激，不分昼夜地部署废除新法条例。

一日，吕公著忽然心急火燎地奏报："宰相！不好了！兵部急报，西夏兴兵十万，又来犯边了！"司马光大惊失色，不由得急火攻心，眼前一黑，倒了下去。

众官忙将司马光送回府第养病，太皇太后也遣御医前来为他诊治。御医说司马光并无大碍，只是需要休息静养。司马光微微睁开双眼，有气无力地说："请御医转告太皇太后，老臣无事，尚能为国鞠躬尽瘁。"御医施礼告退。吕公著来看望司马光："君实，万望保重身体，满朝大臣还等着您主持政事呢。"司马光脸色蜡黄，微微笑道："老了，不得不服啊。西夏军情如何？"

吕公著答道："边关六城均已告急，我已差人前往抚慰，安定民心，务必坚守城池。枢密院正在商议对策。"司马光挣扎着坐起，司马康忙扶着父亲靠在床边。司马光缓了口气说："西夏每逢新主登基，都要趁机进犯，无非是为抢掠而已，并不是为了东侵。依老夫看，只需严加防范！"吕公著忧虑地说："依我看来，这次与以往不同。西夏大举进犯，不只是劫掠那么简单！"

司马光说："依老夫所见，西夏本意还是夺地掠城，这次大张旗鼓，来势汹汹，不过是想抢掠得多一些罢了。新主刚刚登基，不宜大动干戈，贸然交兵，该以大局为重。老夫以为应弃六城，以换取边土安宁。另外，为显我朝神威，也须对西夏予以惩戒，当立即禁绝与西夏贸易！"

吕公著点点头，说："朝中之事，全靠君实拿主意。你一病倒，就像天塌了似的，所以还来打扰。"司马光摆手笑道："你我同朝为臣，都为国事，不必在意。"吕公著小心翼翼地说："君实，我听说介甫在江宁去世了！"

司马光惊得坐直了身子，忙问是否属实。吕公著说："江宁知府已经具文来报。我想王安石虽然变法误国，但忠心可鉴，朝廷应该厚加褒奖，抚恤其家人。"司马光点头凄然地说："介甫过人处甚多，但性不晓事，遂致败坏法度，以至于此。今方矫其失，革其弊，不幸介甫谢世。反复之徒，必更百端诋毁。我意以为，宜奏请圣上，除优加厚葬外，可追赠'太傅'之衔，以彰圣上之明，抑浮薄之风。"吕公著高兴地说："如此甚好。圣上若应允，宰相大人可授意苏子瞻撰写制文，以塞反对者之口。"司马光笑道："此事子瞻最适合担任，你明日就上奏圣上和太皇太后吧！"吕公著起身施礼道："君实，介甫与你我当年是为挚友，自熙宁变法，与介甫分道扬镳，如今已十八载矣。我们都老了，君实千万保重身体，我先告辞了！"司马康亲自送他出门。

次日，太皇太后即下懿旨，追赠王安石为太傅，优礼厚葬，同时贬吕惠卿建宁军节度副使，命起居舍人苏轼同撰敕文。

苏轼痛惜荆公逝世，又敬重荆公为人，自然精心撰写敕文，在舍人府办公处，净手焚香，默坐片刻，即挥笔而就，誊写完毕，不断吟诵。侍立一旁的文书侍从捂嘴偷笑。苏轼问："所笑何事？"侍从说："小的供职舍人府也有些年头，却不曾遇到大人这般。"苏轼笑问："有何不同？"侍从说："旧日舍人，苦思冥想者居多，就是写不出文章；查书寻典，使我等下人跑断腿。而大人则不然，信手拈来，洋洋洒洒，犹如刽子手斩人，痛快淋漓。"

这时范纯仁来到舍人府，见苏轼已撰好两篇敕文，先拿起《王安石赠太傅制》念道："'敕。朕式观古初，灼见天意，将有非常之大事，必生希世之异人，使其名高一时，学贯千载，智足以达其道，辩足以行其言。瑰玮之文，足以藻饰万物……'好文章啊，子瞻雄文一出，介甫若泉下有知，必感欣慰！"

苏轼笑道："仅有文章，又有何用。荆公谢世，本应厚葬，但荆公葬礼，朝廷却无人过问。公乃知枢密院事，不知意欲何为？"范纯仁为难地说："这件事本不属枢密院管，但我已过问几次，无人出头办理，右相也失于督促，怕是要不了了之。"苏轼叹气道："人情若此，何事可为？"

范纯仁忧心地说："王介甫去世，朝廷少一能臣直臣。眼下熙宁新法皆罢废了，再以旧法行政，天下如何是好呢，子瞻有何高见？"

苏轼说："治大国若烹小鲜，最忌翻来覆去。先帝与介甫公立新法，而司马公又全面复辟，如此反复，党争渐成，以后再全面废止旧法，恢复新法也未可知。这样反复，天下无定法不稳，新旧两派倾轧，报复之祸不绝。官不思国之兴、民之利，而务于倾轧争夺，君子必无立足之地，而宵小必有乘隙之机，则天下仁厚之风从此一去不再。若能对熙宁之法取长弃短，既能安民，又能富国，天下风正，投机者无所乘其间，而贤士有用武之地。不以人取法，不以人废法，则我大宋尚有振兴之望。然司马公一意孤行，你我束手无策，奈何，奈何？！"

范纯仁见苏轼说出这般透彻的道理来,心中又惊又敬,说:"朝廷褒奖王安石,也是意在消除党派成见,务求和合。这次太皇太后批下来一批新党人物外贬,吕惠卿等十余人失势,不知外间会不会有所议论?"苏轼说:"当褒则褒,当贬则贬,只要公正为人行事,不挟私为恶,清浊自分,何惧人言!"

范纯仁笑道:"子瞻君子气节,令人敬仰啊。让我也看看这篇吕惠卿的贬词。"轻声念道:"'敕。凶人在位,民不奠居;司寇失刑,士有异论。稍正滔天之罪,永为垂世之规。具官吕惠卿,以斗筲之才,挟穿逾之智,谄事宰辅,同升庙堂。乐祸而贪功,好兵而喜杀。以聚敛为仁义,以法律为诗书。首建青苗,次行助役。均输之政,自同商贾;手实之祸,下及鸡豚……'痛快!痛快!子瞻当年在朝堂上舌斗吕惠卿,如今又笔剖之,使奸人罪恶昭彰,大快人心啊!"苏轼微笑不语。

内侍梁惟简拿着这篇贬词向吕惠卿宣旨,读到"……反复教戒,恶心不悛;躁轻矫诬,德音犹在。始与知己,共为欺君。喜则摩足以相欢,怒则反目以相噬。连起大狱,发其私书。党与交攻,几半天下。奸贼狼藉,横彼江东"时,吕惠卿仰天大笑道:"如此贬文,千古未有。苏子瞻可谓厚爱老夫也!"

当读到"迨予践阼之初,首发安边之诏,假我号令,成汝诈谋。不图涣汗之文,止为款贼之具。迷国不道,从古罕闻,尚宽两观之诛,薄示三危之窜。国有常典,朕不敢私。可"时,吕惠卿又放声大哭道:"苏子瞻文如利刃,直指老夫心窝,听旨宣读已觉脊背寒冷,毛发倒立。就这一篇贬文,恐怕使我万世不得翻身了。"管家见吕惠卿又哭又笑,不明所以。吕惠卿不再说话,闷闷接了旨,驾着一辆牛车,往千里之外的建宁军赶去。

苏轼为皇帝起草的这道贬书,立即引起全国轰动,天下学子无不争抄,元祐党人拍手称快,而熙丰党人从此对苏东坡更加恨之入骨。

司马光病体稍愈,马上回到政事堂办公,他知道西夏犯边之事不容小觑,忙召众官商议。西夏屡次犯边,宋朝与之交战,每战必败,故人人谈西夏而色变,纷纷主张贡纳岁币,以求息事宁边,免惹战事。司马光对众人说:"西夏屡次犯边,乘我朝新帝即位,不过为多求财帛耳!王安石用王韶经略河湟,攻占夏人六城，破坏与西夏盟约，故夏人借故寻衅滋事。今朝政当务之急是废除新法，稳定内政，修德固本，则夏人无可乘隙。老夫与吕公思忖良久，决定放弃六城，稳定边地安宁，换取大局稳定。同时，下令西北各路州府，关闭榷场，禁止与西夏贸易，则夏人自困，兵戎自消矣！"众人议论纷纷，莫衷一是。

苏辙忙到舍人府将此事告知苏轼。苏轼正忙着草拟诏书敕文，闻言大惊，掷笔叹息："割六城求和，犹如抱薪救火，养虎遗患。还要禁断贸易，则更是目光短浅之为。司马公糊涂啊！"苏辙说："司马公一国宰相，辅佐新主登基，内政外交都要顾及，他可能有自己的难处。"苏轼焦急地说："身为一国宰相，内政外交随时都有顾虑和难处，又岂能受制于如此难处，行昏庸之举？太皇太后若准奏，就是木已成舟，圣命难违！刻不容缓，须赶在他上奏之前，先去劝阻他！"说着急忙跑去政事堂，苏辙拦都拦不住。

苏轼赶到政事堂，大喊道："司马公！万万不可！下官以为不能弃六城，而该守六城；不能禁断贸易，而该大行贸易。"

众官惊异不已。司马光不悦，冷冷地说："子瞻总是有惊人之见，不知有何良策可以退敌？"苏轼拱手施礼，缓缓说道："诚如宰相所言，宰相弃六城之目的，在于换取边土之安宁。但割地求和，历来是下下之策，千万行不得。下官以为此次西夏侵扰边境，其意不在夺地掠城，也并无吞我大宋之意，他们信武不信文，滋事实为逼我讲和，以增加银粮丝帛。宰相，弃六城有损国威，也会造成我军士气不振。这六城得来不易，是牺牲了六十万人性命才换来的，所耗之财，更是数以万计，岂能说弃就弃呢？若弃六城，以后我大宋谁还愿为国捐躯呀？"

司马公早已不耐烦苏轼屡次反对自己，强压住怒火道："子瞻此言是说本相有卖国之嫌吗？"苏轼直言道："下官就事论事，知无不言，言无不尽。"苏辙、吕公著、范纯仁早已为苏轼暗暗捏了把汗。

司马光冷冷地说："那你说说与西夏广开贸易又是为何？"苏轼说："西夏吃穿用度离不开我大宋。若广开贸易，则西夏与我互通有无，两地民众皆得实惠，方可安居乐业。乐业者不好战，此为定理。西夏贸易越兴，则大宋越强，西夏的好战之策就越难以行通。这种软化政策胜天下百万雄兵。不出几十年，即可瓦解。"

范纯仁说："子瞻所言极是。只是眼下西夏虎狼之师犯境，当务之急是如何退敌，子瞻有何良策？"苏轼早已思虑周详，应对如流："选派良将，训练兵马，守而不战，来则拒之，以逸待劳。西夏靠铁骑制胜，讲究速战速决，我则坚守不出，以小胜积大胜，久而久之，不攻自破。但万万不能弃城而去。"范纯仁点点头："我大宋与西夏交战，就败在出城迎战，贸然追击，结果敌兵铁骑来往如风，我军顷刻溃败。宰相大人，我看子瞻之计可行。"

司马光冷冷地说："不行！子瞻，你想得太简单了，如今边关哪有良将？时下士气不振，国力不强，用什么守城？不成不成，此事无须再议，速奏明太皇太后，按本相之计施行吧。"苏轼连声反对。吕公著也劝言道："宰相，子瞻之言也不无道理。割地求和，此例一开，辽国等也会效仿，万一兴兵威逼，又当如何应对？王安石当政之时，割地与辽，已有卖国之嫌，我等割六城亦会遭国人唾骂。"

司马光固执地说："六城本是夺来之地，归还西夏不是卖国。"苏轼发怒道："西北边疆，何尝不是汉唐旧土？石敬瑭割让燕云十六州给辽国，太祖太宗犹以未能收复引以为恨。六城控扼河西，使夏人有西顾之忧，王安石任用王韶历尽千难万险才得之，如何说弃就弃！你这样拱手让人，与卖国又有何区别？"

司马光大怒："不用说了！从古至今，哪里听说过求和的希望还没有断绝，就以国运为赌注的？"说完拂袖而去，众官也都渐渐散去。

苏轼回家，拉着巢谷一个劲儿地喝闷酒。巢谷激愤地一拳捶在桌子上，怒喝道："割城求和，又是割城求和，欺我大宋没有良将吗？子瞻，待我披上戎甲，上西北去抵御西夏竖子，浴血疆场又有何惧？总比在这儿受这份窝囊气要强！"

苏轼举杯一饮而尽，忽然想起来在凤翔任签判时的僚属王彭。苏轼伤感地说："但有王彭在，却也英雄无用武之地，还有季常之父陈希亮，在大宋做个武人，可真是运气不好啊。我多次劝阻司马公守城御敌，却一点用也没有！"巢谷说："连我都知道，西夏此次掠边，是要逼我大宋增加纳贡！宰相怎会不知？"苏轼又把酒倒满，冷笑道："这是他患得患失，一叶障目所致。唉，巢谷，你可知道，如果六城尽弃，失去屏障，西夏人可就一马平川，长驱直入了！"巢谷点点头，苏轼却已酩酊大醉了。

苏轼昏睡片刻醒来，王闰之正为他打来一盆清水梳洗。突然苏轼一跃而起，焦急地说："不行，我得去找司马公！太皇太后下旨的话就没有挽回的余地了。"王闰之拉都拉不住，忙叫巢谷在后面跟着。

苏轼慌忙跑到司马光在枢密院的办公处。司马光推说公务繁忙，不便接待。苏轼恳请说："宰相，下官所来，还是想劝说宰相不要弃六城求和。宰相弃六城为求边境安宁，但下官以为弃城之后边境会更不安宁！此话绝非危言，宰相，因为……"司马光生气地说："不必再说了！太皇太后已经下旨，弃六城与西夏求和了！"

苏轼大惊失色，一句话也不说就出去了。

割地求和的消息传到边城，众士兵都登上城堞，向东号哭。大将高永亨骑马过来准备调遣兵将撤出城去，众将校都堵住城门，跪地哭道："高将军！城不可弃啊！我们不走！"高永亨也满面泪水，下马去扶起众人。一位小校哭道："将军！难道我们那些战死沙场的同伴，他们的血就白流了？我们的兄弟子侄就白死了？"众人也附和道："是啊！丢弃六城，边土更无宁日啊！"

高永亨悲愤难抑，向众人高声说道："弟兄们，难道本将愿意弃城吗？几十年来，我高家将镇守边城，死的死，亡的亡，这六城是用我们的性命换来的，如今弃六城，等于剐我的心呀！可是朝廷有令，谁敢违抗？粮草不供，我等也只有坐以待毙呀！弟兄们，这城不得不弃啊！走吧！"城内哭成一片。

高永亨翻身上马，带着随从率先走出城去，兵卒们不得已也跟随出城，恋恋不舍地回望城门。一夜之间，边关六城全部弃守，数十万兵卒撤到边州待命，一路哭声震野。

西夏兵尽得六城，又背弃合议盟约，派遣铁骑四处劫掠，深入宋境百里。边州百姓蒙受巨大的苦难，官军却不敢还击。消息传到汴京，太皇太后为之震怒，司马光却再一次病倒了。

太皇太后垂帘听政后，对小皇帝哲宗管束非常严厉，派十个贴身的年长乳母照料哲宗的饮食起居，不准他嬉游玩耍，又任程颐为天子侍读，教导哲宗读书。哲宗虽小，但聪慧异常，八岁时已能背诵《论语》，深得神宗喜爱。他对祖母的管束非常反感，加上大臣奏事只知禀明太皇太后，对他这个皇帝却视若不见，他感到自己像是傀儡，受人摆布。

一天程颐在教哲宗读《论语》，哲宗心不在焉地翻着书本，无精打采。程颐立刻摆出一副道德君子的样子，想要尽到帝师的职责，严厉地责备道："身为人君，必临天下；不爱读书，何以御天下？"哲宗把嘴一噘："天下是我说了算的吗？"程颐一下怔住了。

程颐号称"伊川先生"，是有名的道学先生，醇醇儒者，凡讲学必言归仁本义之道，言行举止都要遵循圣人规范。哲宗是天性好动贪玩的孩童，哪里愿意理会这等陈腐的训导。有时哲宗在御花园里东奔西跑，玩得高兴，折了柳枝，掐了花朵，程颐都要板起面孔责备："君之行也，当龙骧虎步，焉可学市井小儿模样！上天有好生之德，人君乃上天之子，怎可随意伤损天德呢？"哲宗满脸不高兴。如果哲宗耍起脾气，程颐必定讲出一大堆圣人教化、天地仁德的道理，令哲宗烦恼不已。再要闹时，程颐便会告知宰相，或者到太皇太后那里去告状，说小天子不服约束、没有人君之德等。哲宗知晓其中的利害，从不敢触怒太皇太后，在她老人家面前永远装乖听话，循规蹈矩，但心里早就腹诽万状，千般不服了。

转眼神宗逝世已一年有余，司马光秉政后，新法逐步废罢，边关又兵戎四起，整个国家骚动不已。司马光现已病重，无法理政，吕公著上书太皇太后说："时下国家多事，臣民不安。祈请太皇太后和圣上主持今年祭天大典，祈求天赐福瑞，广施仁德。"太皇太后准奏，命程颐协同太常寺安排大典礼仪，吕公著率领众官准备祭天。

程颐精通古礼，觉得朝廷现行礼仪诸多缺漏，应予以完善修正。于是吕公著召集众官到崇政殿，请程颐给大家讲解示范。众官来到崇政殿，示范礼仪还未开始，就先七嘴八舌地说起闲话来。左正言朱光庭旁若无人地高声说："时下百废待兴，若不一一把熙丰诸法废除干净，天下难以稳定。在这件事上，有人却首鼠两端，实为可恶！"王岩叟也跟着说："公掞说得对，王安石变法，弄得天下鼎沸、民不聊生。元老重臣多被贬外，君子受辱，小人得志。可是，我等元祐君子中，竟有人忘恩负义，变节无状！"

众人心知他们针对的就是苏轼、范纯仁、苏辙等人。三人闻言，怒形于色。但苏轼旋即朗声大笑道："什么叫变节？什么叫忘恩负义？诸位，我等脚下之地，乃是大宋朝廷的崇政殿，不是闾巷结社的茶肆酒楼！诸位是执掌国柄的朝廷官员，不是市井之中的结拜兄弟！何谓节，节就是守正不移，持重不迁；何谓义，义就是以民为重，以国为重，以君为重。因人立法，因人立言，因人废法，因人废言，虽至愚之人不为也，何谈节义？王岩叟，你的节充其量是结党营私之节，你的义不过是阿附宰相的托词。你把宰相作为打人的棍子，陷宰相于不义，居心何在？朱光庭，你所谓的首鼠两端，不过是掩饰自己不顾公理的幌子。但凡有一丝忠君爱民的心肠，也不会有此不顾天下公理的无稽之谈！"

王岩叟当着众人的面大哭起来，朱光庭面颊通红，再也说不出话。这时吕公著和程颐走进殿来，劝解大家道："诸位，不要争了，党争之祸大家还不清楚吗？今日商议祭天大典礼仪之事，诸位听从正叔安排！"

众人排列散开。程颐走到殿前向诸位深深地施了个古礼，清清喉咙，一字一句地说："诸位大人，过去经筵，不合古礼，从即日起，当应纠改。经筵乃神圣之举，我等乃孔门之徒，入殿后，皆应向圣人图像行跪礼，磕首有三，起身后，众臣应向讲经人深鞠三躬，一躬到地，讲经人亦回敬三躬到地。然后，则各坐其位。现在，大家演示一遍。"

宫中内侍抬出巨幅孔子像，置于殿上。程颐神情肃穆地对画像鞠躬行礼。众人都知道程颐古板迂腐，看他庄重的样子，都忍不住想笑，但又不敢笑，万一他板起脸来较真，那讲理是讲不过他的。程颐高喊一声："跪！"众人纷纷跪下，个个盯着程颐面无表情的干瘦的脸。程颐又喊道："一叩首。"众人都跟着叩首。如此叩拜了三回，程颐又不厌其烦地喊："一鞠躬。"众人都起身鞠躬，如此三回，才算礼毕。

苏轼对这种迂执古礼很反感，又碍于情面，只好取笑道："正叔，圣人之时，宽袖三尺，服以布衣，我等是否统一制作旧衣，来赴经筵？"众人哄堂大笑。程颐顿时脸红，不知所措，愤然道："古衣可更，古礼不可变！"苏轼反唇相讥道："更古衣焉非变古礼耶？"范纯仁拉着苏轼衣袖阻拦道："你就别为难他了。"众人讪笑不已。

祭天大典如期举行。太皇太后和哲宗在吕公著等大臣的陪同下，来到南郊圜丘敬祀天帝，兼及五方诸帝、日、月、星宿诸神。祭典已毕，复回宫门城楼上大赦天下，众官列聚城下，齐呼万岁。太常寺官员高声喊道："大典开始，奏乐……"

霎时，钟磬笙鼓齐奏，洪亮清雅，激荡人心。太皇太后和哲宗站立在明堂正中，两旁簇立着吕公著、范纯仁等一干重臣，仔细聆听着乐声。程颐带着百官在阶下齐声唱道："皇天浩浩兮日月不息，圣德融融兮威服四夷。上下和畅兮时节不移，神州感恩兮舞我羽衣，风调雨顺兮丰我兆黎……"

歌声嘹亮悠扬，反复几遍，才算礼毕。这时内侍梁惟简匆忙跑过来，俯身在吕公著耳边说："宰相大人他，薨了！"吕公著先是愕然不语，又仰天大哭道："君实啊！骑鹤蓬莱，何不等我呀？"

太皇太后闻言，也失声痛哭道："天丧忠臣哪！"百官都大惊失色，纷纷跪地，呜咽不已。唯有程颐左顾右盼，见所有人都伏地哀泣，慌忙出来劝阻道："诸位节哀！《论语》有云：'子于是日哭，则不歌。'大典尚未结束，诸位不能哭，不能哭啊！行祭祀大典而歌吟，就不能去吊丧，吊丧必哭泣，哭则有违古礼！"

太皇太后和哲宗都愣住了。苏轼对程颐这套迂腐可笑的把戏早已忍无可忍了，含泪斥责道："正叔，夫子只说一日之内哭过就不再歌吟，没有说一日之内歌吟过就不再哭泣啊！"

程颐一时语塞，满面通红，强词夺理道："古礼如此！"

苏轼怒不可遏："此乃枉死市叔孙通之礼也！司马公新丧，还在这里据守古礼，岂不可笑？"吕公著急忙过来劝解道："二公休得再争！大典快要完毕，诸位可去司马光府上致哀。"太皇太后也点点头说："甭管歌不歌、哭不哭的，现在就罢明堂礼，文武百官皆去西府致哀司马公！"程颐无话可说，木然地随众人散去。太皇太后拉着哲宗退入宫中。

朱光庭、贾易走过来对程颐说："恩师，切勿再为苏轼这匹夫生气！"程颐颜面无光，恚怒不已地说："老夫乃圣人之徒，而苏轼竟当着满朝文武，把老夫比作为刘邦制礼又被斩于市井的小人叔孙通！我程学焉能受此大辱？"朱光庭说："恩师放心，学生定报这辱师之仇！"贾易也附和着，这才一同往西府走去。

司马光逝世，太皇太后下旨：司马光忧心国事，积劳成疾，为士大夫之楷模，朝臣之表率。追赠太师、温国公，优礼厚葬。

司马光一生忠恕谦恭，刚直不阿，死后家中清廉似水，是宋朝道德人品数一数二的君子人物。元祐之前无论在朝在野，平民士夫都对他极为钦佩，苏轼曾作诗歌颂道："儿童诵君实，走卒知司马。"可见其威望声名之高。至身死之日，平民百姓都为之哭泣哀痛，好像是失去了自己的亲人一样，街巷之间，哭声不绝，街铺为之罢市，有数万人从四面八方赶来为其送葬。死后哀荣，亦已足矣！

只是司马光元祐执政后，务求罢废一切新法，固执己见，有为十五年退居泄愤之嫌。更为严重的是，他迫切罢废新法，导致内政紊乱；以恩怨升黜朝中大臣，致使党争之势渐成，为日后新党上台执政后打击报复埋下了祸根。北宋后期就是在反复不已的党派斗争中损耗了元气，一蹶不振。

## 五十六　知制诰

太皇太后擢升吕公著为尚书左仆射，并命他斟酌右相的人选。太皇太后之意是起用苏轼，让他位于执政的地位，日后辅佐幼主，这也是先帝的遗愿。吕公著想起司马光死前曾说过，苏轼为人矜才使气，遇事不让，难以与朝中大臣调和，故他并未推荐苏轼，而是推荐了翰林学士吕大防。吕大防字微仲，为人稳健矜重，是吕公著心目中的最佳人选。太皇太后问何以不用苏轼，吕公著答道："子瞻断事明，而失于言语伤人；微仲决事快，而言语不失。子瞻政绩显，但性好游戏山水；微仲政事稳，且生活严谨不荒。子瞻泾渭分明，但失于性格直率；微仲能守定策，且不性躁。"太皇太后只好依从，下旨擢升苏轼为翰林学士承旨左朝奉郎知制诰。

没想到苏轼接到诏命后，连上三章辞谢，不愿担任此官。太皇太后十分奇怪，内侍梁惟简从旁说道："太皇太后，苏轼连辞三状，莫非是心中不满？"太皇太后说："并非如此，苏轼的为人哀家还是知道的。通常授官，皆连辞不受，以示诚惶诚恐之意。但哀家自知，苏轼确实不愿做此官。他天性率直，厌恶官场恶习，出仕做官，不过是一种迫不得已罢了。苏轼忠君爱民，那是不掺假的。苏氏兄弟都是难得的人才。苏轼奏折中称苏辙已有重任，若再任命他为中书舍人，怕引起朝中异议。依哀家看，这又何妨？再下诏书，你去宣旨，要特别写上'举贤不避亲'。"梁惟简正欲遵命而去，太皇太后又吩咐道："你去传哀家口谕给范镇，让他代哀家去劝劝苏轼，现在也只有他可以说得动苏轼了。"

范镇自被司马光召还京城，便授以参知政事之职，但并不同意他全部罢废新法的主张，就上表以年老为由辞官归家。太皇太后优待范镇，因他通晓音律，让他提举崇福宫，兼待职太常，参校宗庙祭祀典礼的乐律，并赐宅在京城居住。苏氏兄弟回京后，经常去看望范镇，一起赋诗饮酒，情同往日。

此日，范镇来到苏轼百家巷的家中，与苏轼饮茶相叙。他年逾八十，但筋骨尚且强健，精神矍铄，毫无衰惫之态。范镇见了苏轼就哈哈大笑道："子瞻啊，看来这翰林学士知制诰之职你是推辞不掉了！"

苏轼忙扶他坐下，王闰之又端上茶来。苏轼无奈地说："当下之势，小侄真是不愿为官。太后年事已高，而幼主尚小，眼下朝政，其实难测。司马公一去，程颐以圣人自居，其门人独抱一处，已成'洛党'；以刘挚为首的王岩叟、刘安世、王觌、赵君锡、赵挺之等北方官员也抱在了一起，北为朔，人称'朔党'。"

范镇呷了口茶笑着说："听说你也组党了啊！"苏轼大惊，问道："我何时组党了？"范镇说："蜀党。子由不用说了，吕陶和我这把老骨头都是西蜀人。我的儿子范百禄、孙子范祖禹自然也沾了光，成了蜀党人物，你是党魁。"苏轼急得站起身来辩解道："那江西的李公择、黄庭坚呢？江苏高邮的孙觉、秦少游呢？山东巨野的晁补之和济南的李格非呢？那楚州淮阴的张耒呢？还有王巩、王晋卿他们哪一个是西蜀人？真是一派胡言！"

这些都是苏轼任州官和回京城后所结交的文友，平时不过以诗词唱和、字画相娱，品评赏鉴，切磋斟酌而已，并未结党谋求任何政治利益。范镇连忙劝慰道："不必着急。只要行得端走得正，有何惧哉？"苏轼明白定是朝中有不容自己的人故意散播谣言，用以中伤诬陷，激愤地说："但求无愧于心。即便一无所成，甚至身陷囹圄，夫复何憾！"范镇点点头说："正是。老夫今日来，是要给你提个醒，今后朝中争斗是免不了的，你要处处小心。明枪好躲，暗箭难防。元祐中许多人搞阴谋诡计并不比熙丰人逊色，甚至更卑鄙。"

苏轼很感激，施礼说道："多谢恩师好意！不错，熙丰党人，党同伐异，起码还以对变法的态度取人，虽说投机，但敢明对。这些人则不然，他们头顶着儒冠，举着圣人的大旗，实则为一己私利，暗中伤人，更为可恶。恩师你不要再回许昌了，百禄和祖禹都在京城，你一人回许昌，我们不放心。"范镇笑着说："老夫懒散惯了，难得自在。完成太常乐的音律校正事宜，不负太皇太后所托，我就回许昌清净养老去了。君实这一去，他的家人求我为君实撰写碑文。我和君实生前有约，谁先死，则活着的人为死了的人写碑文。没想到，我这老不死的竟然没赶到君实的前头。将来谁来给我写呢，只有麻烦你了。"

苏轼笑着说："假如学生不死在恩师的前头，自然效命！"范镇捋着胡须哈哈大笑："这我就放心了。其实，人都死了，还计较碑文干什么？可朝中人都树碑立传，老夫也就随俗流而为了。"苏轼说："恩师大彻大悟，也能多活数年。"范镇说："一味向天要寿，其实不也是贪吗？"苏轼答道："也对，人命乃无价之宝，多了一点，自然也叫贪了。但因为是天之所赐，自然就换了说法，称为寿。"范镇笑道："我问问你。寿（壽）字为何如此书写呢？若按王安石的说法，下有一口一寸，就是说，若说活没了分寸，就该掉脑袋了。"苏轼会意而笑。

正闲聊着，梁惟简进来宣旨了。苏轼和范镇慌忙到庭院中下跪接旨。梁惟简高声说道："勅。擢苏轼为翰林学士承旨左朝奉郎知制诰。苏轼勤勉忠心，切勿再推辞！"

范镇跪着转过脸对苏轼说道："子瞻，这次不要再推辞了，朝中风雨哪里有躲避得了的？"苏轼笑笑，欣然接旨谢恩。

风波似乎暂时平息了。

边关的纠纷，求和始终是上策。只要舍得每年多"颁赐"一些钱帛，西夏的铁骑就暂时不会攻掠边州。与辽国的盟约也继续遵行，双方各守边界，即使偶有摩擦，也尽量息事宁人，免惹争端。朝廷之中也少了很多争吵，司马光废罢新法之初那种激烈的廷辩没有了，诸臣各安其职，上下和合一气，如此元祐之治，似乎真的有点盛世中兴的模样。

然而这种平静背后似乎又有着某种不安的暗流。新法被全面废除，新党人大批外贬，熙丰间的一切功业都被抹杀了，剩下几个孤臣远在江湖，满怀怨愤。吕惠卿在建宁军，蔡确在安州，章惇先贬知汝州，后再贬至杭州提举玉霄宫，他们都在等待翻身报复的机会。元祐旧党也分化为洛党、朔党之类，朋比为奸，相互攻讦。苏轼官居三品，苏辙也由右司谏升至中书舍人兼户部侍郎。兄弟二人同居高官，京城之中人人称羡。苏轼却愈加慎重，免得小人乘隙抓住把柄。每日上朝办公，晚间回家拜会友人，吟诗作画，算是人生最为清闲的一段时光。

苏轼在贬官黄州以后，他的诗文遍布天下，读书人没有不钦佩苏轼的，往往跟随求教，以得到他的指点为荣。苏轼现在已取代欧阳修，成为当今的文宗。他在京城交游甚多的，有故友王巩、李常、王诜，后进之辈有秦观、黄庭坚、张耒等人，还有人称"龙眠居士"的李公麟。他们时常聚在一起饮酒赋诗，观画写字，文采风流令人叹若神仙。

苏轼公务之暇，想起当初在御史台监狱，多蒙狱卒梁成的照顾，如今时过境迁，故人之恩不可忘，急忙令巢谷四处寻访。巢谷找了很久，才在城中一家肉铺里找到了梁成。原来梁成因为同情苏轼，被狱吏何钦所嫉恨。他害怕何钦报复，索性辞去狱卒的差事，和母亲几经搬迁，在一家肉铺里当起了伙计。苏轼高兴地对巢谷说："若无梁成，苏某在乌台大牢不死也落个残疾。走，带我去见他！"

苏轼穿着便装，与巢谷来到城东的肉铺前。小铺子里人来人往，几个伙计抬着猪、羊在后院宰杀，梁成在案前忙着剔骨切肉。苏轼走到案前，叫道："伙计！给我来十斤羊肉！"梁成叫声"好嘞！"头也不抬，操着尖刀撂下一只羊，正准备细细地切来。巢谷在一旁忍不住笑了，梁成这才抬头，看见眼前身着便装的顾客正是苏轼，惊喜异常："是苏大人哪！"

苏轼激动不已地说："梁成兄弟，你让我找得好苦啊！"梁成憨厚一笑，双手不知所措地在围裙上搓着，说："苏大人，您如何找到小人的？"苏轼说："我回京一年多了，叫巢谷四处打听你的下落，想不到你在这里！走！咱们喝酒去！"梁成有些受宠若惊，又有点为难。巢谷一把拉住他说："梁成兄弟，子瞻兄找你找得辛苦，今天跟肉铺子告个假，就说苏大人要拉你去喝酒，看东家敢不同意？"梁成呵呵地笑了，跟店里伙计招呼了一下，就跟着苏轼出来。

三人找了个临街的酒馆，拣个清净的地方坐下，叫了几样下酒菜和一壶酒。苏轼斟满一杯酒，向梁成敬道："梁成兄弟，当年在狱中承蒙你多加照顾，苏某敬你一杯。"梁成慌忙地端起酒杯说："哎呀，苏大人，可使不得！小人一介草民，怎么敢要大人敬我？"巢谷说："子瞻兄敬你是位义士，昔日恩义不可忘，这才叫我四处找你。现在找到你了，子瞻兄高兴，你就陪他喝了这杯吧！"梁成听罢，点点头，一饮而尽。苏轼大笑道："果然是爽快之人。不知你现在境况如何？你受我连累，丢了御史台狱中的差事，不如跟着我寻个差事做，也好顾家，不要在肉铺里干了！"

梁成摆摆手说："苏大人，多谢你的美意。说实话，小人愿意跟着大人，可小人识字不多，担心给您误事。"苏轼为难地说："那我可怎么报答兄弟你啊？"梁成敬酒道："当时小人知道大人是含冤入狱的。我虽没读多少书，但是'忠义'两个字也还是知道的，所以本着天地良心照顾大人，实不求大人有何报答。"苏轼感动地举杯饮尽。巢谷也敬重梁成为人，与他干了一杯。

梁成接着说："御史台监狱的差事我早就不想干了，受不了那鸟气，也吃不了那碗饭。一帮小人都是牛头马面鬼，吃人不吐骨头，到处陷害忠良，欺压良善。我在肉铺里，每日出力过活，也省得见那些污秽的人和事。现在帮东家卖肉，每月能得五两银子，贴补家用，照顾老母，也够用了。"苏轼感慨地说："古人常言，'豪杰之士，多隐于屠狗辈间'。兄弟此言，真有豪杰之风。苏某无以为报，请受苏某一拜。"说完便起身施礼。梁成慌忙起来扶住，感动地说："大人折杀小人了！坊间传言圣上要重用大人，真是好人好报，苦尽甘来。大人仁德心肠，是我们老百姓的福气。"

苏轼感激梁成，与他多喝了几杯，又嘱咐说家中如有任何难处，便来告知，他一定会倾全力帮他解决。巢谷生平最喜欢快意豪爽之人，跟梁成把一壶酒都喝干了。

张璪蒙王珪提携，从知谏院一直升到翰林学士。王安石变法期间他又攀附吕惠卿，弹劾了参知政事冯京，使冯京被贬出朝，最后自己升到参知政事的位子上。吕惠卿遭贬后,张璪日夜忧叹,连忙去拜谒吕大防,希望为自己找条后路。可吕公著知其为小人,还是将他贬知郑州。苏轼在凤翔时就已厌恶张璪的为人,碍于是同年的情面,才未与之绝交。"乌台诗案"中,张璪、李定和舒亶合谋欲陷他于死地,苏轼知道昔日同年如此绝情无义,再也没有与他往来。还朝后,苏轼也没有去见他,但也没有去参劾他。

这次张璪被贬,垂头丧气地走出宣德门准备前往郑州,忽然看见苏轼在城门口等候。他颜面难堪,又躲避不过,只得硬着头皮走到城门下。苏轼拱手道:"邃明兄,苏某特来相送。"张璪冷笑道:"不敢劳动苏大人,不知有何赐教?"苏轼感叹道:"你我是老朋友了,何必躲着我?"张璪阴阳怪气地问:"子瞻兄是看我的笑话来了。莫非是追究当年的'乌台诗案'?"苏轼笑着说:"那是苏某命里一劫。陈年旧事,不必再提了。今日来只为邃明兄送行。"

张璪心怀奸诈,却猜不透苏轼的心思。他以为天下人同他一样,专门寻思怎么打击报复别人,而苏轼心胸豁达,从不把些恩怨放在心里,反倒令张璪捉摸不透了。他不解地问:"在下有一事不明。足下如今凤还九重,如日中天,为何没弹劾我,叫御史台的人占了先呢?"苏轼淡然一笑道:"弹劾官员,是言官们的事情,苏某不能越俎代庖吧?"张璪这才明白苏轼并无报复之意,冷冷地说:"我已被贬往郑州,此去子瞻兄有何指教?"苏轼笑说:"不敢不敢!邃明兄记住这三个字,便最好不过了。"说着一手指着城门。张璪顺势望着城门上镌刻的"宣德门"三个大字,一时不解其意,苏轼却已飘然而去。

"宣德宣德……"张璪喃喃自语道,"官场何尝有德!如今你们元祐党人得势,就变成有德了?张某外贬,空出的这副宰相位子,难道你们元祐党人就不争吗?"说完愤愤地往西而去了。

蔡京也同时被贬。司马光执政时,他为巴结司马光,五日之内就罢废"免役法",朝野之士为之侧目,没想到司马光很快便去世了。蔡京苦着脸对他的弟弟蔡卞说:"没想到司马光是个短命鬼,我这京官是做不成了。苏辙与范祖禹他们参了我一本,说我挟邪坏法,太皇太后贬我出知成德军。"蔡卞叹道:"看来京城已无我兄弟二人容身之地了。"蔡京狠狠地说:"三十年河东,三十年河西。鹿死谁手,还难说呢。让他们斗吧。你我还很年轻,留得青山在,不怕没柴烧。太皇太后六十多的人了,且身体欠佳,一旦圣上亲政,一切都未可知……"蔡京收拾行李,悄悄地往成德军贬所去了。

苏轼刚回到家,忽然梁惟简带着几个太监进来宣旨。一家人忙跪地听旨。梁惟简念旨道:"赐翰林学士左朝奉郎知制诰苏轼锦衣一对,金腰带一条,并鱼袋镀金银鞍辔白马一匹。赴翰林学士院撰拟试馆职策问试题!"苏轼忙领旨谢恩。梁惟简命人把马牵过来,回去复命了。

一家人都围过来看那锦衣、金腰带,苏轼和巢谷则欣赏着那匹雪白的御马。苏轼抚摸着马鬃说:"真是匹好马啊!你我有缘相聚一起,难为你喽。"巢谷见那马矫健温驯,十分喜爱,对苏轼说:"这马是匹纯种马,该有个好名字才行。"苏轼说:"就叫雪飞龙吧!"巢谷点头说:"此名甚好!朝云,你说圣上为何赐马?"朝云走过来说:"是要臣子为皇上驱驰!"巢谷又问:"那为何赐金腰带?"朝云答道:"那是皇上要拴住臣子的心!"苏轼听了大笑道:"圣上的心思全让你们猜中了,那些专门揣摩皇上心思的人该请你们去做参谋了!"巢谷说:"子瞻兄说这话,朝中可有不少人会有怨言的呀!"苏轼大笑。

苏轼当夜就拟好了题目:"今欲师仁祖之忠厚,而患百官有司不举其职,或至于偷;欲法神考之励精,而恐监司守令不识其意,流入于刻。"意思是说,如今该如何施政呢?想效法仁宗那样的仁厚宽容,官员未免因循苟且;想效法神宗那样励精图治,官员未免苛刻交斗。苏轼之意,是在引导考生议论朝政,思考大宋未来的出路,打破噤默因循的痼疾。他担心此试题会受到保守者的抵制,心中不安。第二天来到翰林院,把试题交给范纯仁说:"范公,这次策试,苏某拟出策题,还望诸公谈谈看法。若无异议,则上报太皇太后。"

众人传阅试题。范纯仁沉吟道:"题目自是好题目,只是我有所担心啊。"其他人一看试题,知道不安分的苏轼又要闹事了,都不说话。苏轼急了,忙催促着范纯仁说话:"范公,不知公有何担心呢?你历来是个痛快人,直说嘛。"

范纯仁既想说出大家心里的意见,又不愿伤了苏轼的颜面,斟酌着说:"时下大不比从前了。记得仁宗年间，策论不避切直，是因为仁宗帝的宽仁。但自熙丰以来，前朝清议几乎废尽，无人再敢直言论政了。谁要说些不同看法，必冠以反对变法之嫌，弄得人人自危。我怕别人说子瞻借这题目指责先帝啊！"

苏轼当然知晓其中的利害，直言道："清议过分，以致议而不决，固然是不对。但是没有清议，无切直之言，朝政则会失去监督，屡屡出错。总之，二者皆不可过分。况且，此题并非指责先帝。"范纯仁劝道："确实如此。但我的担心也不无道理。时下，洛、朔二党多为言官，常借言官之便，攻讦于你，而你又不能当朝辩论，所以，不得不提防啊！策题本身无错，不代表不会节外生枝啊！"

苏轼早已不去顾虑那些言官的弹劾了，凛然地说："范公，若顾虑太多，策题不痛不痒，回避朝政弊端，则策试也就形用虚设了。二者相权，就看取哪一端了。"范纯仁不无忧虑地点点头。

果然，御史刘挚已获悉苏轼所拟策题，借机向太皇太后和哲宗上奏道："太皇太后，苏轼所拟策题诬蔑先圣，罪不容赦。臣以为，仁宗之深仁厚德，如天之大，汉文帝不足以过也；神考之雄才大略，如神之莫测，汉宣帝不足以过也。苏轼不识大体，反以刻薄之言影射先祖神考，并以此为试题，其心之险，其意之恶，昭然若揭。乞正考官之罪。"

哲宗素来坐在太皇太后身边从不发话，任凭祖母决断一切奏事。这次听到刘挚说苏轼污蔑他的父亲，不禁大怒。他年纪虽小，却十分崇拜敬仰自己的父亲，他希望自己长大后能像父亲那样励精图治，可以实现国富民强的宏图大业。他愤怒地大声说："这还了得！治苏轼的罪！"太皇太后瞪了哲宗一眼，阻止道："不可！此事须查明清楚后再作论断。试题先交付翰林院重审讨论。"刘挚悻悻地退下。

哲宗却满脸不高兴，噘着嘴不说话。他讨厌这种傀儡式的皇帝生活。他觉得自己已经长大，可以判断是非曲直，自己拿主意了，可是祖母总是横加阻拦，严厉训导他要谦恭虚心，多学多问，不要妄下决断。这种执拗反抗的种子一旦在心中种下，便不可避免地慢慢萌芽了。

一日，程颐又在给哲宗讲《论语》，哲宗愤愤地问道："先生，朕是君吗？"程颐心中一惊，不禁打了个冷战，慌忙答道："陛下当然是君啊！"

哲宗问："那太皇太后呢？"

程颐答道："是臣。"

哲宗接着问："'君君臣臣，父父子子'是何意呢？"

程颐摇头晃脑地解说道："所谓'君君臣臣，父父子子'，即是君为臣纲，父为子纲。臣要听君的，子要听父亲的。"

哲宗不满地反问："既然太皇太后是臣，我是君，为何我要听她的呢？"

程颐吓得赶忙跪在地上，不知该如何回答，只是嗫嚅道："罪臣该死！罪臣该死！"

哲宗愤愤地起身离开，剩下程颐跪在地上呆若木鸡。

苏轼得知刘挚从中挑拨是非，策题被发还翰林院重审，马上提笔要写奏章辩解。范纯仁笑着说："刘挚的鼻子还真灵，这么快就闻到策题的气味了。"苏轼难抑愤怒，生气地说："简直是鸡蛋里挑骨头，无事生非！"范纯仁说："子瞻上报策题就该有此心理准备呀！"苏轼点点头说："我这就上奏章辩解！我所说的苟且与刻薄，专指今日百官之弊病，与仁宗、神宗并无关系，其实是借此来赞扬仁宗、神宗。至于前论周公、太公，后论文帝、宣帝，皆是做文章常用的引证，亦无比拟二帝之意。"范纯仁点点头说："我完全明白子瞻的意思。其实即使比拟二帝，又有何错？子瞻当好好辩驳刘挚，让他无话可说。我也会在太皇太后面前替你解释。"苏轼拱手拜谢。

范纯仁立即进宫向太皇太后和皇帝面陈："苏轼所撰策试题目，是设此问以观察考生如何对答，并非是说仁宗不如汉文，先帝不如汉宣。御史谏官应当徇公守法，不可假借台谏之权公报私仇。有人说苏轼曾戏弄过程颐，而刘挚与程颐私交颇佳，所以要以怨报德。若以此给苏轼定罪，又有何事不可为？若将此策问指斥为嘲弄毁谤，恐朋党之争由此而生矣！"

太皇太后最不愿意看见朝臣因朋党而起争执，想起朝中有人攻讦苏轼结党之事，便问："纯仁啊，有人说你是蜀党，你是如何看的？"范纯仁叩首说："太皇太后明鉴，臣也听说了。臣以为，物以类聚，人以群分，自古使然。小人结党而营私，君子结党而为公。早在仁宗嘉祐年间，臣与苏氏兄弟及范镇一家来往甚密，而无人以蜀党相论。过了三十年，人称蜀党，令人费解。还有，苏轼门下有四学士，且与米芾、李龙眠、王巩、王诜等文人墨客相互唱酬，志趣相投，成为我元祐文坛盛事。但上述皆非西蜀之人，蜀党之论，岂能立足？出现三党之说，实是有人居心叵测所致。"

太皇太后知道范纯仁忠直公正，有其父范仲淹之遗风，嘉许道："纯仁之言，哀家会记在心里。然而一旦出现朋党，又当如何处置呢？"范纯仁叩谢道："天无私覆，地无私载，天地至公，朋党不生！"太皇太后点点头，心中已经有数了，示意范纯仁退下。

刘挚、朱光庭、王岩叟等人见扳不倒苏轼，联名上书弹劾苏轼狂悖无礼、侮辱先帝，要求太皇太后予以治罪，否则御史言官集体辞职。太皇太后大怒，急忙把宰相吕公著叫到宫里来，重重地把刘挚等人的联名奏章摔到地上，问道："刘挚等人弹劾苏轼拟策题讥讽仁宗、神宗，你怎么看？"哲宗没见过祖母发过这么大火，吓得不敢作声。吕公著伏地嗫嚅道："微臣不敢妄言。"太皇太后冷冷地说："身为一国宰相，岂可遇事不言？"

吕公著起身启奏道："苏轼拟策题，并无讥讽祖宗之意。然而，官府策试举子，从来没有评议祖宗治国体制的，故言官弹劾也不无道理。"太皇太后知道这般模棱两可的答话是他们的为官秘诀，大为不满地说："言官们以辞职相要挟，这岂是为臣之道？宰相协理阴阳，调和群臣，这不是你该拿主意的时候吗？"吕公著支支吾吾地说："那就让言官们继续待职便可。"太皇太后怒道："言官不遂所愿，继续待职，难免心怀怨恨，党争之祸恐怕会随之而起啊！"

吕公著头上直冒冷汗，一时不知道该如何对答，左思右想都怕忤逆了太皇太后的意思。忽然他想起自己父亲在家教诲的话，慌忙答道："蓄猫养狗，一逮鼠，一护院，二者虽有隙相斗，但不可偏废。"太皇太后大为不悦道："一国宰相，怎么可出此俚俗之语。哀家从不把治国之才视为家畜，而是爱如己出。再者，你这套猫狗相斗的御臣之术，哀家也从来不用，哀家要的是君臣一心，和衷共济。"

吕公著已然觉得说错了话，后悔不迭，诚惶诚恐地说："老臣糊涂了，有悖圣慈的爱才之心。"太皇太后有些疲乏了，摆摆手说："退下吧，今后当为哀家调和众臣，切勿再生攻讦毁谤之事，否则党争一起，朝政危矣！"吕公著退出来，浑身直哆嗦，口中念念有词道："不可不慎！不可不慎哪！"

吕公著心中惶恐，连续上奏请求辞去宰相之职，另寻贤能。刘挚满心希望自己能爬到宰相的位子，但屡次参劾苏轼不成，太皇太后对他以辞职作为要挟的行为也产生不满，看来自己的如意算盘是要打空了。刘挚、王岩叟聚在一起议论此事。王岩叟问道："依莘老所见，接替相位的可能是谁？"刘挚黯然地说："明摆的，吕大防，范纯仁。"王岩叟失望地说："那莘老准备怎么办？"刘挚说："我头上有一顶'朔党党魁'的帽子，太皇太后等人是不可能让我入相的，那样会引起更大的党争。如今只有静观其变，等待时机。"

朝臣争斗的暗流已为太皇太后察觉，她觉得苏轼还是没能得到应有的重用，翰林学士知制诰虽是清要之职，但并不属于参政执政之列。她想到自己年事已高，将来一旦撤帘还政，谁可辅佐小皇帝呢？哲宗年幼气盛，已对她独断专权大为不满，这一点她早已看得很清楚。她忧心的是哲宗极易为奸邪所蒙蔽，再蹈神宗的覆辙。将来自己撒手西归，朝中党争再起，国势倾颓，自己怎么有脸面去见先帝？想到这里，太皇太后忧心如焚，急忙传旨令苏轼进宫。

苏轼正在翰林学士院当值，见梁惟简提着灯笼来请，忙问何事。梁惟简推说不知，径直领苏轼到慈宁宫。宫内烛火通明，宫女肃立，苏轼疾趋到殿，拜见太皇太后和哲宗，问道："陛下，太皇太后，微臣奉旨前来面圣，不知有何圣谕？"太皇太后不作回答，只吩咐梁惟简给苏轼赐座，又赐茶。苏轼受宠若惊，连声拜谢。

太皇太后这才缓缓地问："卿前年为何官？"

苏轼答道："臣前年为汝州团练副使。"

太皇太后又问："卿如今为何官？"

苏轼答道:"臣待罪翰林学士。"

太皇太后问道:"卿是否知道何以升迁如此之快?"

苏轼拱手答道:"仰赖太皇太后、皇帝陛下的恩典。"

太皇太后摇摇头。苏轼说:"那一定是朝中大臣的推荐了。"

太皇太后仍摇头。苏轼惶恐不安,不解地说:"臣虽不肖,但从不运用关系求取官职。"

太皇太后微笑着说:"卿一片赤诚,哀家是知道的。卿能升迁如此之快,此乃先帝神宗的遗诏。"苏轼惊愕不已。太皇太后接着说:"先帝神宗每次诵读卿文,一定叹说'奇才,奇才',但却来不及重用苏卿家。"

苏轼想到神宗,想到自己自变法以来的种种磨难和艰险,想到此刻站在金殿之上,神宗之言犹然在耳,不觉痛哭失声。太皇太后和哲宗也感泣涕下。梁惟简和一班宫女侍立周围,也禁不住纷纷低泣起来。

太皇太后拭去眼泪,命人抬出一个大木箱子,打开取出一件瓷器来,正是苏轼与米芾在禹州监制的钧瓷寿松屏。太皇太后说:"这是神宗皇帝生平最爱之物,在临终之时托付哀家赐给你。神宗有话,让你遭此磨难,实为储臣,怕你大才遭忌,不得已而为之。"

苏轼见太皇太后将如此珍贵的寿松屏赐给自己,心中大为震惊,忙推辞说:"此乃国之宝物,苏轼不敢私藏。"太皇太后笑道:"你总不能抗旨吧!神宗皇帝把这宝贝赐给你,也把大任委托给了你,可以说,把大宋日后的江山,委托给你啊!"说着拉起哲宗的手,走到苏轼身边说:"苏卿家,以后你就是煦儿的师傅了。"

哲宗俯首就要向苏轼磕头拜师行礼。苏轼大惊,慌忙跪倒,感泣道:"使不得!微臣死罪啊!快快请起,快快请起!"太皇太后说:"幼主无知,我也是老迈之年。大宋岌岌可危,幼主这一拜,是替大宋历代先主一拜。大宋的江山社稷,也只能托付与你,望你倾心辅佐幼主,使其成为一代明君,稳固社稷,无辱先人!"苏轼跪拜感泣道:"臣当尽心尽力,鞠躬尽瘁!"

太皇太后这才欣慰地笑了,命苏轼退下,又命梁惟简撤去宫中的金莲烛,赐给苏轼，并派人把寿松屏运送到苏轼家中。苏轼感激太皇太后的恩遇，又想到自己半生坎坷，不禁叹息，一夜未眠。

后半夜月明风清，苏轼独坐在院子里的松亭内，弹拨着瑶琴，心事恍惚，不觉琴声也饱含一片哀愁。两株老松，一丛翠竹，也伴着琴音在风里轻轻摇曳。苏轼想起在黄州的日日夜夜，也曾在明月夜里独酌沉思，那时天涯万里，怎么想得到今天又能回到汴京？偌大的汴京城，人口百万，都已安睡了，仿佛只有他还醒着。人生果然如梦啊！世事飘忽难测，心绪变灭遄飞。阳羡之田在千里之外，神宗和太皇太后的恩遇倏忽在前。人生什么时候才有个安歇的去处？

苏辙轻轻地走了过来，轻声说："听哥哥的琴声，似乎在怀念他人？"苏轼陷入沉思，一时没有发觉苏辙已走到身边，笑笑说："是啊，想到先帝神宗了。"便把太皇太后召见、兼任哲宗侍读以及送金莲烛等事说了一遍。苏辙惊喜地说："原来如此！哥哥，据我所知，唐宣宗时，任知制诰的翰林学士令狐绹在宫中值夜班，作对禁中，蜡烛用尽，宣宗下令用金莲花烛送他回院，史谓'烛送词臣'。此后近二百年，无人享此殊荣，哥哥是第二个。"

苏轼淡淡地一笑说："是啊，想起先帝和太皇太后对为兄的恩宠，万死无以能报哇！你我兄弟当初贬到南方，哪里会想到有今日？"苏辙也点头说："这是自然。不过，吕、范二公任左、右相，刘挚任中书省侍郎，太后在此时道破神考天机，且任命你兼侍读，恐怕也有安慰的意思吧？"苏轼起身踱到亭外，站在松树下说："那是太皇太后考虑的事情，当臣子的岂能妄猜圣意呢？不过，我从本心里就不喜欢官场，太皇太后是知道的。刘挚不了解我，就像猫头鹰得到死老鼠，怕人抢了去似的。"

庭院中月凉如水，松影斑驳，苏轼抚摩着树干沉默不语。苏辙笑着说："哥哥不必烦恼。这争官与禽兽争鼠无甚差别。不知你对吕大防、范纯仁为左、右相有何看法？"苏轼答道："二公忠直公正，当今之大贤也。刘挚结党营私不能用，我又不愿为相。若是以我为相，洛、朔二党岂能放过我？那时必然党争日炽，朝政日废。从朝中大局来看，如此安排，是为上策。哎，子由啊，你说，何以为大奸？"苏辙想了一下说："所谓大奸者，必貌似大忠，比如王莽。"苏轼又问:"何为无耻呢?"苏辙说:"明知为耻,不以为耻。"

苏轼摇摇头,苏辙请哥哥细细说明。苏轼说:"明知为耻而耻天下,让天下人都学其无耻。朱广庭、贾易等人是也。"苏辙明白哥哥的意思,笑道:"恐怕他们还不自以为耻吧!"苏轼说:"不知趋炎附势为耻乎?不知造谣中伤非君子之为乎?口口声声称孔门之徒,而实则奸诈佞人。小民无耻,害于里巷;仕宦无耻,以害天下,故为无耻之尤。要么名垂千古,要么遗臭万年,只要有名,不论美丑。人心不古,世风日下,今后此类事情恐怕少不了了。"

苏辙见哥哥激愤异常,知他为国事担忧,劝慰道:"哥哥,天下事不可一蹴而就,然则只要我辈认真对待每一日每一件事,就是尽心了。"苏轼高兴地说:"子由能有如此领悟,为兄真要佩服你了。每一日每件事虽小,却饱含大道理。世人徒知世路艰险,凡小处细处皆弃而不为,不知积善一日,则恶自消一分,譬如学佛,不须日日念想超度彼岸,而不自觉间已自度矣!子由,你我兄弟将来恐怕还有更艰险的道路要走,今晚的谈话可要谨记啊!"苏辙点点头,劝哥哥早些休息。

苏轼正式到御书房给哲宗侍读讲经。哲宗问:"苏师傅,朕有一问。《论语》中说,'君君臣臣,父父子子',朕是君吗?"

苏轼答道:"当然,陛下是名正言顺的君。"

哲宗问:"臣应当对君如何?"

苏轼答道:"忠心不二,忠君爱民是臣子的天职。"

哲宗问:"太皇太后是臣吗?"

苏轼已知道哲宗心里在想什么了,缓缓答道:"太皇太后是臣,也是国母,是君。"

哲宗略显不悦,说:"不对吧?天无二日!"

苏轼耐心地解说:"天无二日,世间则能有二圣。"

哲宗茫然不解。苏轼接着说:"如果太皇太后是臣,那么神考在世之时,为何要对太皇太后早晚跪礼问安呢?孔子云,'齐家治国平天下',把'齐家'放在了首位。陛下首先是太皇太后的皇孙,然后才是皇帝。没有太皇太后,哪来先帝和陛下呢?"

哲宗仍不服气:"可……可是,我是一国之君呀!过去也有太皇太后,可一切不都是神考说了算吗?"

苏轼说:"神考由太子继位,登大统之时就已亲政;陛下年幼,尚不能从政,故神考临终托孤,请太皇太后替陛下执政,俟陛下能亲政时,自然亲政。"见哲宗略微点点头,知他尚未心服,继续说道:"陛下不可有怨艾之心。太皇太后年事已高,难道她老人家不愿在后宫静心调养吗?她是在为陛下承担天下重担呀!若陛下您能独当天下大任,太皇太后又何必日夜操劳?"

哲宗见苏轼终于说到自己想说的话,马上反驳说:"天降大任于斯人,有何不可?"苏轼说:"那我给陛下写封奏札,陛下能解其中之意吗?"哲宗不以为然地说:"找大臣代劳不就可以了吗?"苏轼反问道:"那天下岂不成了大臣之天下吗?倘若奸臣误国,大宋江山何以能保?"哲宗若有所悟,但仍倔强地说:"选忠臣为之就可以了。"苏轼继续反问道:"何以为忠?何以为奸呢?陛下能分得清吗?"哲宗这才心服口服地点头说道:"朕明白了。"

苏轼已看出小皇帝虽年幼,但心高气傲,有神宗英武之风,只是阅世尚浅,容易为奸邪蒙蔽和利用,应该好好引导和晓谕,便对哲宗说:"陛下可知皇帝为何称自己为朕吗?"哲宗懵然不知,忙求苏轼说明。苏轼说:"秦朝以前,所有帝王皆称'孤'道'寡',是说自己德行孤寡。先人的意思很明白,身居帝王之位,须殚精竭虑、勤政为民,若有懈怠,则会落个孤家寡人、众叛亲离的结局。所以,如此称谓,是在时时提醒自己。秦始皇以'朕'为皇帝的专称,历代帝王皆沿用此字自称,仍有'孤''寡'之意。"哲宗明晓其意,点头而笑。

## 五十七　　斗辽使

时逢太皇太后寿辰，辽国派遣使臣到汴京庆贺。"澶渊之盟"后，宋辽约为兄弟之国，两国国主生辰庆典，都要派使臣前往庆贺，因此和好近百年，其间，使者来往不绝。枢密院已派专人迎接辽使到怀远驿安歇。吕大防听说辽国直学士耶律俨作为主使前来，大惊失色，忙亲自去接见，又派朝议大夫钱勰到翰林院去通知苏轼。原来那耶律俨乃辽国大儒，是辽国读书人中的泰斗，学问渊博、恃才傲物。他这次前来一定是要逞逞辽国的威风。

钱穆父慌忙来到翰林学士院找到苏轼，说明来由。苏轼正忙着草写诏命敕文，头都懒得抬了，淡淡笑说："使者往来，本是常事。来便来了，何须惊慌？"钱穆父六十多岁了，乃是吴越国武肃王钱镠的六世孙，写得一手极飘逸的好字。他平时须眉潇洒，儒雅风流，这时倒显得方寸尽乱。见苏轼安坐草敕，他急得团团转："哎呀，子瞻，你不知道啊，此人来者不善啊！看样子要给我大宋出难题了！"苏轼仍挥笔不辍，慢慢地说："辽国给我大宋出的难题还少吗？"

钱穆父软磨硬泡，定要拉苏轼去会见使臣。苏轼封存好所有的敕文，笑道："穆父差矣。接待使臣的事向来由枢密院派专人负责，我在翰林院能出什么主意？"这时吕大防亲自来到，拉着苏轼说："子瞻，快跟我走！"苏轼笑道："宰相亲自来拉苏某，到底有何赐教？"吕大防说："辽国的枢密院直学士耶律俨来了。这个人学问不得了，是专为辽主讲授《尚书》的。这次来，点着名要见你。"钱穆父也在一旁撺掇。

苏轼满脸疑惑，问道："见我？不见得吧？"吕大防只得说了实话："他有备而来，只怕会出题刁难。我事先请过许多人，无人敢去，只好请你出面了。"苏轼笑道："苏某就一定答得上来吗？"吕大防满头大汗，急得不得了："子瞻，我大宋除了你还有谁能应付得了他？"苏轼推辞道："此等关系国家脸面的大事，吕公还是另请高明吧！"

钱穆父摇着脑袋，实在想不到别的人选。吕大防埋怨道："子瞻！这个节骨眼儿上，你让我去请谁？"苏轼笑着说："新任御史赵挺之啊。前番他不是弹劾苏某嘛，说什么苏轼学术源流，原本出自《战国策》纵横家，揣摩君主心理之学说。近日学士院策试馆职，他仍以王莽、袁绍、董卓、曹操篡夺汉权为题，影射苏某！"吕大防为难地说："言官嘛，自然会多说些话，你同他们计较可就没完没了了！"苏轼说："你是宰相，自然能腹内行船，在下无此雅量，更不能背一个王莽、董卓的大奸大贼之名。宰相要禁奸杜乱，我还是不出这风头得好。"吕大防急了："太皇太后已经斥责他了！"

苏轼还是不肯去，又说："要么请监察御史王觌去。他不是弹劾苏某长于辞华而暗于理义吗？暗于理义之人怎么能向他邦鸿儒深讨理义呢？一旦有差，岂不丢了我大宋的脸面？"吕大防见苏轼不依不饶，恳求道："王觌一管之见，岂能窥度你这天下奇才啊！"苏轼呵呵一笑："宰相可不能用人朝前，不用人朝后啊！"吕大防说："我对你何时朝后过？"苏轼这才大笑道："好！那我就去会会这位耶律俨吧！莫叫他欺我大宋无人。"钱穆父心中欢喜，忙催促着苏轼往都亭驿去。

路遇范纯仁，他风风火火地说："我已派人在垂拱殿设下筵席接待辽使。吕公和诸位先去那里等候片刻，我现在请辽使过去。"吕大防点点头，和苏轼等人来到垂拱殿。大殿中央已摆上数十个几案，罗列着珍馐美酒。宫人和内侍忙着整理杯箸，进进出出，络绎不绝。众大臣也都来了，聚在殿侧叙谈笑语，见吕大防和苏轼到来，都拱手笑道："子瞻，今天可要看你的了。""事关大宋脸面，子瞻可要胜过他！"苏轼赔笑道："如此雅事，苏某不过来凑个热闹而已。诸公自出高见，不要让他小觑了大宋朝臣！"众人唯唯称是。

吕大防见到苏辙，过去攀谈道："子由，新任户部侍郎有何感受啊？"苏辙拱手施礼道："还请吕公多多指教啊！"吕大防笑道："哪里哪里！你比老夫善于理财，老夫哪里敢班门弄斧？户部尚书空缺多时，如今将由韩忠彦继任。"苏辙大喜道："韩公颇有乃父之风，今后当多多求教！"吕大防道："户部主管财政，关系国家命脉。自王安石变法以来，财政时好时坏，国家用度日显窘迫。章惇、曾布等人都曾担任此职，可惜无补于事。老夫向太皇太后推荐韩忠彦，表彰他有魏公韩维之遗风。魏公虽殁，忠彦当不负乃父之志。"苏辙点头说道："有韩公在，我便踏实了。"

这时，内侍高喊："辽国枢密直学士耶律俨大人到！"众官整束冠裳列队迎接。范纯仁领着耶律俨及副使三人进殿。耶律俨五十开外，外貌英武刚猛，眉目间又有清秀之气，举手投足间，皆合汉人礼法。他跨进殿里，先环视群臣一遍，颇有点趾高气扬之态，然后才大步进来与众官相见。监察御史张舜民专任接待官，向耶律俨一一介绍众臣。那耶律俨虽在绝远北国，但对宋朝人物了如指掌，说起文物典章、历代掌故，无不顺口道来，令众人惊叹佩服。

张舜民又向耶律俨介绍苏轼："耶律大人，这就是我大宋翰林学士知制诰苏轼苏大人。"耶律俨定睛仔细端详，大喜作揖道："久闻学士大名，此次在下为使，请不吝赐教。"苏轼拱手还礼，笑道："学士大人过奖了。"吕大防忙请耶律俨等人入席。耶律俨不动，拱手对苏轼说："苏学士名震天下，耶律俨久闻大名。但有一问，苏大人若不能为在下解疑释惑，这宋朝大宴，可就食之无味了。"

众人刚才还和和气气地见面打招呼，一听到耶律俨如此挑衅，都安静下来看着苏轼。苏轼微微一笑说："中华之俗，历来是高士出于隐者。在下不过是侥幸忝居学士之列而已。即使在下答不上，大宋之内定有奇人异士能解学士大人之惑。且这大宋之宴，也未必无味啊！"耶律俨见苏轼对答稳健，不卑不亢，已暗自称奇了，干咳了两声，朗声说道："苏学士，孟子颂扬孔子云：'江汉以濯之，秋阳以暴之，皓皓乎不可尚已。'夏阳比秋阳之光更为炽热，孟子为何不用夏阳以赞呢？"

众人面面相觑，想不到耶律俨会出这样刁钻古怪的难题，个个低声议论。苏轼微微一笑："君不闻'三正'历法吗？阴阳历始于夏朝，又称夏历。至春秋，始以十二地支纪月，谓月建。把冬至之月称为子月，依次而称，则为丑月、寅月、卯月等；子月之前，逆次为亥月、戌月、酉月等。究以何月为岁首呢？先秦之时，有夏历、殷历和周历三种不同历法。夏正以正月，殷正以十二月，周正以十一月，时至今日，天下多用夏历。而《孟子》一书用周历，所谓'秋阳暴之'，实指夏历中五、六月时之烈日。《诗经·七月》中，有'七月流火，九月授衣'之说，实指夏历的七月和九月。"

众人都笑着松了一口气。耶律俨也为其折服，深施一礼道："苏学士果然名不虚传。"苏轼笑道："承蒙谬奖，请入席吧！"吕大防引众人入座，宾主谦让一番，都依次坐下了。

少顷，乐声渐起。一队宫娥倚着乐声节拍翩翩舞出，裙袂飘动，从大殿中央舞到众人几案前，为宾客献酒。耶律俨看得高兴，豪爽地把酒一饮而尽。随即又举杯道："本使奉我主之命，恭贺太皇太后生辰，祝宋辽两国人主万寿无疆！"吕大防也举杯对众人说："诸位大人，今夕朝廷设宴，盛情招待辽国使臣耶律俨大人一行。来，为宋辽两国永世和好，干杯！"众人都举杯饮尽。

耶律俨见第一次没有难倒苏轼，倒挫了自己的锐气，想再出题考他，便说："苏大人，曹子建有诗云'珊瑚间木难'，'木难'者，何物也？"苏轼笑道："'木难'者，金翅鸟口中沫结成的碧色珠，即为木难。"耶律俨大惊，举杯施礼道："苏学士真乃天纵奇才也！"苏轼谦逊地笑道："过誉了，此乃寻常之事。"

那耶律俨身边有一副使名叫耶律南，傲然无礼地挑衅道："想必苏大人能百问百答了？"耶律俨转头瞪了他一眼，耶律南装作没看见，依然傲慢地看着苏轼。苏轼不为所动，冷冷地笑道："想必副使大人定有高论了？"耶律南问道："老子出关，去往何处？"众人一听大惊，老子出关，缥缈无踪，史文缺载，这如何回答？苏轼却淡然笑道："到天竺，与释迦牟尼为伴，故出大法。"耶律南大惊失色，怀疑是苏轼杜撰的，便问："有何为证？"苏轼说："《通典》天竺门云，浮屠所载，与中国《老子经》相出入。盖昔老子西出关，过西域之天竺，教其人为浮屠徒属。"耶律南不以为然地说："此不足为凭。"苏轼笑道："也无他证呀。"耶律南一时无语，朝堂上哄笑一片。

耶律南有些不服气，愤愤地说："我邦向来言谈行事皆光明磊落，不会取巧。敝人有一上联，对上下联方可见出高低。"苏轼说："大宋子民自来以仁立身，以礼待人，以德报德，以直报怨，从不使诈。贵使请出上联。"耶律南环视一周，有些自矜地说："听好了，这上联是'三光日月星'。"耶律南有备而来，曾就该联遍寻贤达，无人能对，以为足以难倒大宋才俊。众人听了，都皱起了眉头。苏轼略一思忖，笑道："敝国三岁蒙童也能对出，满朝文武，无非不屑联对，逗你玩罢了！"辽使发怒，以为他故意大言欺人，便催他快对。苏轼说："敝国蒙童即读《诗经》，我对'四诗风雅颂'可以吗？"此对一出，辽使愕然，满堂大哗，叹为绝对。这"风""雅""颂"中的"雅"分为"大雅"和"小雅"两种，故可称四诗，况且还寓有把"四诗"比作"三光"之意。上下两联平起仄收，合辙押韵，表里俱对，意蕴高远，实可称绝对。

苏轼趁势说："贵国这副对子，下联信手即可拈来，'一宫清慎廉''一阵风雷雨''半桶泥涂浆'……"

耶律俨见副使再无反击之力，暗自惊叹苏轼的才华，可再任苏轼这么问下去，大辽的脸面就要丢光了，忙举杯起身道："苏学士，请恕副使鲁莽。大宋亿兆之民，出了东坡先生这样一位秀杰之士，自是不足为奇。"苏轼也举杯还礼道："耶律大人之言差矣，大宋之民，如苏某者，何止千千万万。"耶律俨冷笑一声："此话当真？"苏轼昂然答道："大宋子民，不说假话。"

吕大防心里暗暗叫苦：苏子瞻啊苏子瞻，你上了他的当了！耶律俨冷笑道："听说大宋男女老幼皆善作对吟联，不知确否？"苏轼答道："确实如此。"吕大防急得直跺脚，想去提醒苏轼，又碍于筵席场面，只好干着急。耶律俨心中暗喜，笑道："那好，在下即景出一上联，并当场指定一人，令其对出，如何？"苏轼胸有成竹地答道："自然可以，如若对不出，就算苏某输了。"众人都暗暗为苏轼捏了一把汗。

耶律俨指着殿外远处的一座七级宝塔说："我出的上联就是'独塔巍巍，七级四方八面'。"又环视殿内，见殿门有一位执帚老太监，就指着他说："请那位老者过来对下联吧！"众人大惊失色。内侍把那位老太监拉过来，将耶律俨的上联复述了一遍。怎奈那老太监又老又聋，拿着扫帚，指指耳朵，手摆一摆，并不说话，回头就出去了。

耶律俨得意极了，对苏轼说："他对不出。看来宋朝子民也不过如此，苏学士要输了。"苏轼不慌不忙，笑着说："他已对上了，耶律大人难道没有明白过来吗？"众人惊疑不解，耶律俨也丈二和尚摸不着头脑，弄不明白苏轼的用意。苏轼笑着解释道："老者用的是哑谜对！"耶律俨惊奇地问："哑谜对？那谜底是什么？"苏轼伸出一手摆摆，手指屈伸："只手摆摆，五指两短三长。"

耶律俨一听，头上的冷汗都冒出来了；耶律南惊得滑到了几案下面，另两位副使更是不敢抬头。宋朝的大臣当然鼓掌叫好。吕大防也松了口气，为了不让辽使难堪，急忙吩咐内侍上酒。一时鼓乐声起，众人互敬美酒。

至此，耶律俨心服口服，不再那么傲慢无礼了，带着随从向苏轼深鞠一躬，苏轼也笑着回拜。

只有刘挚脸色不悦，起身对吕大防附耳说了几句话，就退出到侧殿去了。吕大防向辽使略致歉意，也起身走到侧殿。苏辙见二人行动有异，心想刘挚不知又在搞什么鬼了，又看苏轼，仍在与僚属饮酒自乐，心中隐隐不安。

刘挚愤愤地对吕大防说："微仲，不能任由苏轼这么胡来了！时下，我大宋与辽国已和好多年，苏轼如此傲慢地对待辽国使臣，竟然说人家不知天高地厚，一旦计较起来，两国交兵，那事情就大了！"吕大防知道刘挚一向对苏轼抱有成见，不以为然地说："不至于吧？再说了，那耶律南也太傲慢无礼了，若不挫挫他的傲气，他还以为我大宋无人呢！"刘挚最看不惯苏轼靠文才出尽风头，满脸不悦地嘟囔："不管怎么说，要以两国的和好为大局，不能为个人使性子、出风头误大事。"

吕大防撇撇嘴说："你们老是吵个不休，太皇太后说过多少次了？耶律俨这次虽为友好而来，但也不乏挑衅之意。若对不出他的三问，大宋脸面何在？你们谁能应对自如而又维护了两国和睦？不行嘛，满朝文武都当了缩头乌龟。时下，子瞻出面过五关斩六将得胜了，又说人家这也不该那也不该了，这不是鸡蛋里找骨头嘛！"刘挚恚怒不已，摆摆手说："罢了，是我鸡蛋里挑骨头。总之若有什么事，都与我无关！"说罢扬长而去。吕大防看着他的背影，冷笑一声，又进大殿去了。

宴会之后，辽使就要归国复命，苏轼随同枢密院扈从送至汴京北郊。耶律俨笑着对苏轼说："苏学士，大宋有人啊，有你这样的王佐之才在朝为官，大宋之幸也。"苏轼说："不过是游戏之才而已，何足挂齿？但愿宋辽世代友好，也好让两国百姓安居乐业。"耶律俨说："请阁下放心，苏学士在朝为官一日，我耶律俨决不向我主说一句南下之言，定力劝我主以两国和睦为立国之策。"苏轼笑道："多谢多谢。只是若苏某不在朝了，两国也当互不南犯北侵。"众人大笑。

来到长亭，枢密院僚属已置办好饯行酒菜，苏轼与耶律俨分宾主坐下。耶律俨举起酒杯说："说心里话，真想在汴京多住些时日，与苏学士彻夜长谈。只可惜王命在身，不能自主。但愿宋廷能派苏学士出使我大辽，我也好尽地主之谊，在下烤羊肉尚属一绝啊。"苏轼听罢，也很高兴，举杯把酒饮尽了，说："南有苏某做东坡肉，北有耶律兄烤羊肉，你我可谓天生一对。好，但愿我能有缘出使辽国，亲口尝尝耶律兄炮制的美食。"

耶律南也赔笑道："苏大人若得此行，定会写'羊肉赋'的，在下一定亲自为你磨墨。"苏轼笑说："宴会之上，逼问副使大人，多有得罪，务请包涵。"耶律南摆手哈哈大笑："那是在下学问不够，怨不得苏学士。此次陪直学士大人前来汴京，在下受益匪浅，不打不相识。不然，你我何以为友啊？"苏轼大喜："痛快痛快。苏某平生最喜与痛快之人为友，即使言辞有失当之处，也无须提心吊胆哪。嗯，大碗饮酒，慷慨而歌，率性而为，与刘伶论酒，与陶潜话菊，岂不快哉！"

耶律俨赞叹道："苏学士可真是我的挚友！那魏晋时的刘伶醉酒出游，常以铁锹自随，告诉随从，死即埋我，何等洒脱！"苏轼笑道："刘伶还不算是真正的通达生死之人。"耶律俨一怔，忙请赐教。苏轼解释说："刘伶让家人以车拉棺材寿衣，说'死即埋我'。在下以为，何用摆此排场？命已归自然，何必要埋，更何必为棺椁衣衾所累呢？"耶律俨听了，赞叹不已。苏轼与辽使共饮数杯，再拜而别。

## 五十八　　西园雅集

　　黄庭坚、秦观、晁补之、张耒四人都在京中任职，敬慕苏轼文名，常伴游请教，人称"苏门四学士"。四人中，又以黄庭坚最长，常由他带领着众人到苏轼所住的百家巷中去拜访"二苏"。苏轼每见他们四人前来，必定大为高兴，烹茶相待，然后海阔天空地谈论书史，切磋诗文。黄庭坚诗歌瘦硬奇崛，秦观歌词婉转柔媚，晁补之乐府俊逸萧散，张耒古文汪洋淡泊。四人各具情态，与苏轼文风诗风词风迥然不同，但这并不妨碍他们之间交游的情谊。

　　这日黄庭坚又拉着三人来拜访苏轼，巢谷笑道："四学士前来，自有密云清茶相待！其他客人来了，可就喝不上了。"黄庭坚问："那拿什么招待他们呢？"巢谷说："大鱼、大肉、美酒、美女。"众人不解。苏辙笑道："诸位有所不知。官场人物来了，尽谈俗事，家兄懒得饮茶高谈，只能以大鱼大肉招待了。"四人都笑起来。

　　晁补之拱手对苏轼说："我为先生讲一件事情。文潜兄的诔文已经名震京师了，很多达官贵人出高价请他为自己谢世的父母写诔文，但文潜不为所动，自甘淡泊，颇有颜回之风。新任御史杨畏找上门去，要出二百两银子为其父亲求文，文潜都没答应。"苏轼高兴地说："哦？有这等事？文潜气节非凡哪！"张耒竖起眉头说："杨畏乃奸佞小人，节操败坏，断不可写！"苏轼说："好啊！谄媚活人是没有骨气，谀墓也非君子之道。看来，文潜在阴阳两界都堪称君子啊！"众人拊掌大笑。张耒说："全凭先生教诲。"

　　苏轼笑着摆摆手说："我等皆是朋友，苏某可当不了你们的老师。叫先生嘛，未尝不可，因为我和子由比你们先生来到世上嘛。"张耒笑道："先生啊，学生有一事不明，这'先生'的叫法起源于何时呢？"黄庭坚笑道："这有何难，大约从孔子之时就有此称。然载以文字，则由贾谊《吊屈原赋》而起。其赋曰：'造托湘流兮，敬吊先生。'足见，'先生'之称谓，汉初已兴也。"秦观摇头笑道："鲁直兄，不然。君不闻，三家分晋，文侯谓李克曰：'先生临事勿让。'足见春秋已有此称谓也。"黄庭坚不同意，摸着美髯笑说："此为汉史相记，不足为证。"晁补之看三位争执已毕，方才慢悠悠地说："《战国策·冯谖客孟尝君》一文中有载，孟尝君云：'文倦于事……开罪于先生。先生不羞，乃有意欲为收责于薛乎？'当此能证吧？"

巢谷见四学士博闻强识，很是惊叹，但他们各执一词，似乎又各有道理，不分高下，便转头去看苏轼。四学士也一齐望着苏轼，希望他来出面释疑。苏轼啜口茶笑道："其实，春秋即有'先生'一说，君不见《德充符》经有云：'申徒嘉曰：先生之门，固有执政焉如此哉？……今子之所取大者，先生也。'大抵是孔子以后才兴此称。"众人大笑叹服。

苏轼接着说："王晋卿昨日派人送帖子来，说要在西园宴饮会客，遍邀京中好友。听说米元章也漫游回京，我们正好前去相见，诸位也一同前去吧！"黄庭坚笑道："晋卿雅慕风流，这次群贤毕至，一定热闹非凡。诸君且酝酿文思，斟酌辞章，到时可要才情俱现啊！"秦观笑道："鲁直兄已按捺不住了，今番可要比试一回。"苏轼大笑，领着众人往西园而去。

文人雅集，自是风流盛事。汉朝梁孝王会枚乘、司马相如于兔园，西晋石崇会潘岳、陆机、陆云等于金谷园，东晋王羲之会谢安、孙绰等于兰亭，都是名垂后世的著名文人集会。尽管台榭池馆尽作丘墟，风流人物也归尘土，但他们留下的诗文却长存于天地之间。驸马都尉王诜，风流蕴藉有王谢遗风，工书善画，又豪爽慷慨，最乐意结交文士，常在自家西园别墅张罗筵席，邀请好友前来，流连诗酒，切磋书画，游赏谈谑不倦。此次邀集，除苏轼兄弟、"苏门四学士"外，还有"龙眠居士"李公麟、"米癫"米芾、王巩、蔡肇、王钦臣、圆通大师、道士陈碧虚等十六人。可谓群贤毕至，少长咸集。

苏轼与四学士到了西园，只见一片竹林将苑囿与府第隔开，绕过竹林，湖山亭台现于眼前，恍如隔绝人世。池边栽种各色花木，鸟声幽寂，鹤舞轻盈。几株苍松老桧下，已摆好几案，陈列几碟精致的果肴点心，当然也少不了美酒。另几个书案上已备好笔墨纸砚，王诜已俯身作画了，旁边侍立几个仆人，手捧香炉，静静观看。王巩带着盼盼、英英、卿卿先到了，正倚在松根上饮酒，醺然微醉，盼盼弹琴，英英、卿卿奏琵琶相和，缓歌浅唱。清风拂来，松枝摇曳，池泛绿波，似乎把人的精神也洗濯得纤尘不染。

苏轼头戴乌帽，一袭道服，大笑着走进来道："定国兄好雅致！饮酒听曲，醉卧松下，真个是山间隐者！"王巩并不搭话，只微微一笑，举着酒杯细细品尝，也不知是酒美还是曲美，还是这西园的雅致让人陶醉。王诜见众人来到，扔下画笔，笑呵呵地过来迎接，请众人到几案间小酌相叙。李公麟、米芾等人也陆续前来，众人饮酒闲谈，或作画，或写字，或吹笛，或观书，不时谑笑逗趣，诌几句诗来引大家评论。

李公麟善画人物鞍马，已先成了一幅《博彩图》，画的是众人呼卢赌博，那骰子还在骨碌碌地转着。几个人盯着骰子，或张嘴，或闭目，或攥拳大叫，或倚桌细看，真是栩栩如生。众人赞叹不绝，苏轼打趣道："龙眠何以讲起闽南话了？"李公麟是庐江人，并不曾去过闽南，不晓苏轼此意。苏轼指着画中那个张嘴呼喊的赌徒说："你看，这张博彩图中的骰子是六点，分明几个赌徒是在喊六，唯有闽南人喊六才叫漏，故而嘴唇呈圆形。"黄庭坚半信半疑，指着画问李公麟："果真画的是闽南人吗？"李公麟大笑："子瞻慧眼，所鉴不差。"黄庭坚与张耒都叹服不已。苏轼自走到另一张几案前，挥笔画起竹石图来。

米芾依然一身唐装，飘然若神。他锁眉细看湖边的假山怪石，游走其间，口中喃喃自语，又飞奔到案前，执笔蘸墨，迅疾草书。写毕忽然狂笑，后大声道："'二王'死矣！"苏辙满心奇怪，走过来拿起那副字细看，说道："元章之字，走笔游龙，师承'二王'，而不见'二王'之痕，颇得书中精髓。"晁补之也笑道："莫不是刚才凝神观察怪石纹理，以此得到书法之精要？"米芾点头，又拿着字幅走到苏轼跟前说："请大先生指点一二。"苏轼端详片刻，认真地说:"元章之书已迈入大家之门,可成我大宋一家。"米芾听了,喜不自胜,狂态可掬。

张耒问苏轼:"先生,元章的字与鲁直兄的字相比,二者优长几何?"黄庭坚正摇着蕉叶扇子观看王诜作画,听到说自己的字,忙凑过来细听。苏轼悠悠地说:"鲁直的字长于气势,元章的字长于墨韵。"黄庭坚听了,有些不服气,说:"不才的字不仅有江河倾泻之势,亦有松竹之韵。"米芾听了,大为不悦,也不加掩饰,脱口说道:"鲁直兄,你的字虽有气势韵味,但也有失呆板,喏,就像这枯枝。"说着便捡起一截松枝举起示意给众人看。原来黄庭坚不但诗文精妙,书法亦是大家。他的字如同其诗,瘦硬奇崛,点画落笔,如斩金截铁,骨力非凡,又如老树枯藤,盘曲稳健。众人看着米芾手里的松枝,都哈哈大笑。

在一旁醉醺醺的王巩这时可没闲着,他拉着秦观一起卧倒在松根石下,擎着酒杯细细听他三位夫人弹琴唱歌。盼盼琴声悠远缠绵,余韵不绝,英英和卿卿清歌相和,令秦观不饮酒已然陶醉了。王巩说:"少游,何不即兴作词一首,助此雅兴?"盼盼笑道:"只怕他心里早已作好了。"秦观高兴地说:"在下献丑了。已吟成一阕《临江仙》:'为爱西园香满竹,今朝来扣朱门。墙头遥见簇红云。雅集松树下,迷醉对瑶琴。 名士风流驸马府,一时才子佳人。此情此景九天闻。悠悠指上曲,永是一年春。'"英英倚声唱了几遍,王巩高兴不已,拉着秦观敬酒不迭。

这时王诜伏案而作的山水画已经完成,众人凑过来看,是一幅《淡墨山水图》。王诜颇有些自矜地笑道:"如何?可得画中三昧吗?"李公麟是品画行家,拈须点头称许道:"驸马师法李成,平林渺漠,烟云萧散,得其神髓矣!"李成是五代宋初著名的山水画家,爱写平远烟林之景,与关仝的凝重峭拔、范宽的雄奇老健并誉为"三家鼎峙"。王诜精研李成的笔法多年,家中也收藏多幅真迹,现已至炉火纯青之境。他听了李公麟的赞许,自然喜不自胜。苏轼笑道:"我倒欣赏晋卿的淡墨平远小景。晋卿啊,这些年被贬在外,你的画多了几分朦胧和灵动之气啊。"王诜满意地说:"人生之贬,助我山水进境，也算是一件乐事！不过比起子瞻兄的枯木竹石，那还是少了一点精神啊！"

苏轼展开刚画好的《枯木竹石图》，众人过来赏鉴，都啧啧称赞。王诜指着画中的枯木说："诸位请看，子瞻兄的枯木，总有一种爆裂冻土、石破天惊的感觉，巨石压不住，硬生生地钻拔出来，倔强峥嵘。这幅《枯木竹石图》，虽无一叶，可总觉得枯枝不死，生机内蕴。"米芾惊叹地拍手道："好个'枯枝不死'，点评得妙啊！"李公麟也说："这正是子瞻兄文人画的精髓所在。子瞻兄可否为我等讲解一番？"

苏轼笑道："苏某给大家讲个故事。苏某有个同乡叫任达。他曾经告诉我，有户人家用砖砌了一个一丈见方的水池，放养了数百条鱼。三十多年过后，在一晴朗之日，池中忽发雷声，如风雨骤至，这些鱼顿时乘旋风上九天而去。"众人惊讶不已，忙问其中缘由。苏轼说："这些鱼圈局三十余年，日有腾拔归海之意，精神不衰，未尝一日懈怠，久而自达，理固有然。"王诜惊叹道："有理有理！愈压愈弹，愈挫愈奋，精神厚积薄发，乃大人格也！"李公麟打趣道："越说越玄乎了！"苏轼笑道："龙眠兄最善画马，'龙眠胸中有千驷，不唯画肉兼画骨'，就是抓住了马的精神。可你身在画院，为富贵闲人画马，那马的精神就衰怠了。此中道理是一样的。"李公麟歪着脑袋说："富贵闲人才有闲心赏画嘛！"苏轼笑道："马良若地下有知，听君此话，必哭于阎罗殿。"众人都揶揄李公麟，他也不以为意，镇定自若。

米芾掏出一只锦囊，双手摩挲良久，又小心翼翼地放入怀中。晁补之眼尖，立即打趣道："元章兄，又收藏了什么宝物，竟如此珍惜？"众人都知道米芾爱石成癖，都猜他一定是得到什么奇石了。米芾狡黠地笑道："非也。是一块稀世之砚。"说着又小心地从怀里掏出来，擎在手里让众人观看，得意地说："这块砚，据我考证，当是'书圣'王羲之所用之砚。"晁补之佯装不信，就要抢在手里细看。米芾连忙捂在怀里，再不肯拿出来，嘴里嘟囔着："信不信由你，书圣之砚岂同他物？"苏辙笑着劝解："元章赏鉴金石，独具慧眼。"晁补之说："二先生，别听他瞎吹，大先生也是鉴赏大家，他认可，我即认可。"米芾不服气地说："若子瞻兄所言不差，又当如何？"晁补之笑道:"我自当为兄深鞠一躬。"

米芾这才小心地拿出锦囊,轻轻地交给苏轼。苏轼从锦囊里拿出一块巴掌大小的红泥砚来,捧在手里,上下观看,点点头说:"元章所言不差。此砚乃'书圣'专写小楷之砚。有春夏不干、严冬不冰之神奇。"苏轼也是品砚名家,据说他还在老家眉州读书的时候,在后院掘出一块石头,纹理细腻,潮润无比,敲一敲还清脆有余音,他就将石头琢成一方砚台,带在身边形影不离。米芾得了苏轼的品鉴,自然得意无比。苏轼把砚台还给米芾说:"元章,此砚的确是珍品,好好保存吧。对了,你是如何得到的?"米芾收好锦囊,这才慢条斯理地说:"我行舟江上,见同船的人有此砚。为得此砚,学生用了吴道子的两幅画,王献之的一幅真迹与那人交换。即使这样,对方也不换。我急得欲跳江,对方才动了恻隐之心。"

晁补之笑道:"这么说来,这砚台比你夫人还要宝贵了?"米芾说:"天下好女人有的是,但这样的砚台只有一块。别忘了,你该给我深施一礼。"晁补之笑道:"好个'米癫'!"无奈还是乖乖地深深鞠了一躬。米芾有些得意,晁补之神秘地笑着说:"我有法子让你自动把这方砚台送给我。"米芾固执地说:"人在砚在,除非你把我杀了。"众人见他们拌嘴,知道会有好戏上场,都哈哈大笑。

书画品鉴完毕,众人又回到几案旁饮酒休憩。盼盼抱了琴,走来向苏轼说道:"小女子久闻蜀派古琴的大名。蜀派琴人,古有司马相如、扬雄、李白,今人则以先生为重,况先生曾为陶渊明的《归去来兮辞》谱曲,蜚声四海,今日机缘大好,不知先生可否抚上一曲?"

苏轼在黄州时曾别谱《归去来兮辞》新曲,于田间地头耕作时与农人唱之,现在已经流传士林间,成为一段佳话了。苏轼微微吃惊地说:"许久未抚,只怕手生了。"众人被盼盼这么一撺掇,都按捺不住了,劝苏轼弹奏一曲。苏轼颔首默许,让仆人端水过来,将手洗净,又叫人点起一炉香,坐在松荫下,弹奏起来。

众人都乘着薄醉,听袅袅的琴音在耳际回荡。那曲调悠扬、欢欣,正像内心一味自足，不带半点竞逐的意念。苏轼一揉一捻之间，情绪便一层层荡漾，飘飘地仿佛置身于桃源胜地，再也不愿折返了。两只白鹤也扇动着翅膀，在湖边翩翩起舞，引颈长唳。整个西园都为之沉醉了。

此刻苏轼心里，想到了黄州的躬耕生活，想到了邻舍老农淳厚的笑语。他真想挂冠归去，直到江海的另一头，与家人守着豆棚瓜架，每日看着斜日西沉，素月东上，端着一杯浊酒，与弟弟同唱《归去来兮辞》……

天色向晚，众人都尽兴欲散去，改约再聚。晁补之神秘地笑着对米芾说："元章兄，三日后我到府上取砚，等我的消息。"众人都惊疑不已，米芾横眉而去。

三日内无事，苏轼正在家里读书，忽然巢谷慌慌张张地跑进来说："子瞻，不好了！刚才元章家的书童来告知，说他们家主人已经三天没回家了，到处找不到人！"苏轼微笑道："找到无咎，自然就找到元章了。"

苏轼和巢谷骑着马去找晁补之，问明缘由。晁补之哈哈大笑："真是个'米癫'！想必还在那里呢！你们跟我来吧。"于是也骑了匹快马，领着苏轼二人穿过京城，一直走到东郊汴河的岸边。河岸一带遍植垂柳，柳绵轻拂，远远地见一个人对着河边一块大石头鞠躬膜拜。苏轼笑道："那不是元章还会是谁？"

三人走到近前，米芾仍未察觉，绕着石头喃喃自语，还不时摩挲着石山，凝神冥思。苏轼喊了一声，米芾才回过神来，大叫道："子瞻兄快看这石头！天地间不知几百万年，才有此造化呀！"又对着石头说："你从哪里来呢？三天三夜，元章才悟出你的造化之理，吾知先生乃灵根是也。"巢谷见他对着石头念念叨叨，知道是痴病又犯了，正要上前去劝他，苏轼拦住他，下马来仔细看那石山。石山高二丈，宽约三尺，玲珑剔透，甚为奇特。敲一敲石身，还有"咚咚"声回响。苏轼也是懂石之人，叹道："如此奇石，甚为少有！"米芾欢喜道："还是子瞻懂石，如此宝物，我为它守了三天三夜了！"

虽然找到了米芾，但巢谷还是没明白为什么米芾会三天三夜不回家而专门守着石头，也不明白晁补之怎么会带他们到此。晁补之对苏轼说："记得上次西园雅集之时，我对元章说三日内去取他的宝砚吗？"苏轼笑道："我一早就猜到了！要不然也不会去找你。你就是拿这石山跟他换砚？"晁补之神秘地笑道："正是正是！我前不久乘船由汴河外出，听船家说此处浚河时挖出一座怪石山，丢弃在河岸上，没人赏识，也没人搬得走。我看这石山造型奇特，材质非凡，知道元章兄若见了必定会惊喜异常，因此在西园敢夸口三日内取他宝砚。"苏轼指着他大笑："好你个晁无咎！元章的脾气被你摸透了！"

米芾回头笑道："算他赢了我，就拿宝砚换宝石，我也算值了。这造化灵根，到哪里才能找得到啊！"巢谷不解地问："这块巨石到底有何神奇，子瞻兄说说看。"米芾抢过话头说："这块弃石绝非寻常之石。首先，它的造型具备了奇、怪、巧、朴、华五者和谐之完美，有日月之孔，有北斗之位，下有山河之纹、人兽之形，而内则中空。"

苏轼点点头说："这石古之名曰'八卦石'，星相家曰'测天柱'。它可报气候阴晴，正月十五日夜，全年能降几成雨，这块石头就会显示几成。春、夏、秋三季之雨，可早于三日即能看出，石越湿，雨越大。凡有和风，其必有和声。天将大旱，日孔必现裂纹。风调雨顺，日月二孔尺寸相等。过阴，则月孔张；过阳，则日孔张。"

巢谷惊讶赞叹不已。米芾拱手道："先生不愧为元章之师。"晁补之佩服地问："先生从何处得知此石？"苏轼说："从杂记中知。天下有'五岳'，亦有五块这样的奇石，分别以'五岳'之名命之。东曰'岱石'，西曰'华石'，南曰'衡石'，北曰'恒石'，中曰'嵩石'。这块石应叫'嵩石'。沦没于此，得见元章，也是造化了。"

米芾哈哈大笑，又去摩挲石头不肯放手。巢谷问道："可是这么大的石山，怎么拿它跟元章的宝砚交换呢？"米芾正为这事烦恼："是啊！这么大的石山，陆路运送甚为艰难，要保证它完好无损就更难了。人力物力，花费必然不少。无咎你真要与我换宝砚？我怕你破费啊！"晁补之笑道："这个无须担心。我保证将它完好无损地送到你家里。"米芾将信将疑。苏轼笑道："无咎定有妙法。元章还是早点回家，免得家人担心。"

米芾这才放心，准备跟着苏轼回去，走几步又回头，心中十分不舍："不行不行，我得在这石头上留下米某的名号，别让人家占了去。"巢谷笑道："放心吧，就算送到人家家里，人家还不会要呢。"晁补之说："不如你拿笔提上'米芾石'三个字，那天下人都知道这块石头已经有主了。"米芾说："宝砚倒是在我身上，可我没有带笔啊！"晁补之神秘地笑道："我带了笔啊，快借宝砚一用。"说着掏出毛笔，苏轼对着晁补之笑了笑。

米芾掏出砚台，不情愿地递给晁补之。可是砚中无水，没法磨墨，晁补之又嫌河水太远，取水麻烦，就吐了口唾沫到砚台里，磨起墨来。米芾惊叫一声，几欲呕吐，连连叹息道："可惜了！可惜了！如此宝砚，竟被你口水所污！"晁补之不以为然地说："这有什么？你嫌脏不要了？"米芾是出了名的有洁癖，欲要发怒，但为了石山又忍住说："宝物讲究一个'洁'字，一旦被污，分文不值。你拿去吧。"

晁补之大喜："那我就收下了，快点写字吧！"米芾极不情愿地拿起笔，一边在石上写下"米芾石"三个大字，一边气呼呼地说："破我宝砚，还我奇石。你何时可以将这巨石搬到我家中？"晁补之笑道："朝廷下达文书命你去杭州公干，等你回来时，石山就在你家中了。"米芾愤愤地说："君子一言九鼎，我等你的消息。"说着就往回走。苏轼和巢谷在一旁摇头直笑。

过了数月有余，天气渐渐寒冷。一日苏轼准备出门，王闰之拉住他说："子瞻，我和朝云给你做了顶帽子，戴上试试看。"朝云拿出一顶高高的巾帽出来。那帽子比普通的帽子要高出好几寸，苏轼戴上，帽顶都要蹭上门楣了。朝云又拿来铜镜让苏轼照了照，苏轼笑说："挺好。你们给我戴高帽，莫不是想治我的罪？"王闰之嗔道："你又在胡说了，朝中明争暗斗不断，我成天在家替你担心，你还拿这话来刺激我？"苏轼呵呵一笑，连声道歉。朝云说："先生，这顶帽子还没有名字呢？"苏轼说："就叫'子瞻帽'吧。这京城的人，不管冷热，一年四季都戴帽。你们给我做的这顶帽子，别具一格，单就这尺寸之高，就够出风头了。"朝云咯咯笑道："《楚辞》中说，'冠切云之崔嵬'，先生效法的是屈子的高洁之心。"苏轼高兴地说："张舜民出使辽国回来，我在西池给他接风洗尘。朝云这么说，我就非戴这'子瞻帽'去会客不可了。"

苏轼刚出门，苏迨和苏过就拉着手跑出去玩儿。他俩都长大了，平时父亲严厉管束在家读书，趁父亲出门，也忍不住跑到繁华的汴京街市上去玩耍。王闰之在屋里叫不住他们，生气地说："两个小兔崽子，越来越不听话了！子瞻公务繁忙，经常不在家，这两个臭小子就反了天了。"朝云忙过来安慰她。

这时，王闰之忽然感到胸口一阵剧烈的疼痛，她捂着胸口，脸色苍白，汗如雨下。朝云慌了，连忙倒杯热茶过来，又来抚摩她的后背。王闰之渐渐喘过气来，面色灰黄。朝云担心地说："夫人，您自从去了黄州，这心痛病犯病越来越勤了！我去请个郎中来看看吧！"王闰之喝了口茶，虚弱地说："不必了，都是老毛病。这么多年都挨过来了，不碍事的。"朝云关切地说："夫人，您别太劳累了，家中还有我呢。先生在朝中，您也不必太过担心。黄州那么艰险的日子都熬过来了，心该放宽些才是。"王闰之点点头："朝云啊，那日我跟你说的事，我一直挂在心上，你在我们苏家将来也得选个出路才是。你人聪明，又懂子瞻的心，遇事比我会出主意，将来在子瞻身边我也放心。这事我给你做主，怎么样？"朝云脸颊绯红，眼中渗着泪水说："夫人，别说这个了，您先休息吧。"说完就红着眼睛出去了。王闰之显得苍老了许多，呆呆地坐着沉思了好久。

苏轼骑着马走在汴京的大街上，人人都争着看他那顶奇特的高帽，不久即传遍京城，人人效仿，都以戴苏学士所戴之高帽为荣。有人特地来问此帽的名字，然后赶制数百顶放到衣帽店里出售，一时间衣帽店门口排起了长龙，人人都来抢购，"子瞻帽"很快就售罄了。

苏轼来到西池，黄庭坚、张舜民早已等候多时，忙迎入金明楼。西池亦称金明池，是汴京城西最大的湖泊，连接城内的汴河直通南方。金明池最早是五代后周世宗所凿，用以演习水军，以备攻打南唐。如今这里已成为皇帝赐宴游赏之地，平时达官贵人和平民百姓也可以到这一带来游玩。环池一带殿宇罗列，尽是歌舞繁华之地，车水马龙、人烟辐辏。

苏轼和众人正欲直上金明楼，楼上楼下的贵戚豪族、佳丽公子，无不争睹苏学士的风采，一时楼梯上显得拥挤异常。苏轼笑着对众人说："苏某貌不如潘安，味不及美酒，有何好看哪?！"众人被逗得大笑，又都去看那顶惹眼的"子瞻帽"，人人都艳羡称奇。苏轼笑说："再这么看下去，可真要看杀苏某啦！"张舜民笑道："子瞻若能出使辽国，想必也能见此盛况。"苏轼好奇地问道："哦？辽国人也知道苏某？"张舜民答道："此次北行，子瞻兄的诗词文集板印不少，幽州城内外、街市州馆、酒楼客店，公之诗词到处都是。还有歌者能唱公之'大江东去'呢。所以，我在馆壁上题了两句诗，'谁题佳句到幽都，逢着胡儿问大苏'。"苏轼拈须大笑道："若我真的出使辽国，那贾易一定参劾我里通外国，为此又到幽州城去搜罗苏某的诗去。"众人哈哈大笑，忙登楼入席。

酒席之间，觥筹交错，众人谈笑欢饮。张舜民说："近日我从宰相那里得知，西北边界又出事了。"众人都让他仔细讲讲。张舜民清清喉咙说："事发去年冬天。西夏铁骑入境劫掠，杀我秦凤路西安州古戎镇边民一万五千余人。边关路使、太守竟隐情不报。今年不知怎么消息走漏了，有人一纸奏札将此事捅到了中书省，太皇太后震怒异常，责令吕、范二公派人调查，缉拿罪官到京。"苏轼问道："吕公究竟派何人前去查证？"张舜民说："是侍御史杨畏。"苏轼叹道："吕公选错人了啊！杨畏此人，反复无常，人称'杨三变'。荆公在时则附议新法，温公在时则非难新法，现在刘挚与吕公不合，暗中较力，杨畏不过是押注投机，择人行事罢了。用他这种人，边事原委怎么查得清楚？一万五千边民恐怕要枉死了。"张舜民也同感忧虑，众人又饮了数杯，就都散去了。

米芾从杭州回京，急匆匆地到家一看，屋前屋后都没有什么奇石。夫人忙问找什么呢，米芾愤愤地说："晁无咎说将汴河岸边的奇石送到家中，可恨他食言了。"夫人嗔怪道："我当什么事呢，风尘仆仆地回来就问你的石头，看你的痴样！"米芾即刻要上马去找晁无咎问罪，夫人忙拉住他说："晁先生得知你今天到京。早上差人送了这封信来，嘱咐说交给你看。"米芾心下奇怪，展信读来，内中写道："元章亲启：明日到家中观赏石山，赴汴河岸边旧地相会。苏公与在下恭候。无咎顿首。"

米芾且先压下满肚子的气,在家歇息一晚。米芾问夫人:"我今日回京,看街上不少人都戴一顶极高极奇怪的帽子,那是什么时兴物件?"夫人笑道:"那是'子瞻帽'。是苏大人家夫人为他特地缝制的,没想到大家见了,人人效仿,前街衣帽店里连续几天都卖断货了。"米芾笑道:"'子瞻帽'……夫人也为我缝制一顶吧,我的要比'子瞻帽'还要高三寸!"夫人嗔怪道:"你这个痴汉,事事都要争奇斗异,戴那么高的帽子,门都出不去,走到大街上不让人笑死?"米芾笑道:"我的脾气你又不是不知道,特立独行,我行我素,什么时候怕人笑过?"软磨硬泡地非要夫人缝制,夫人拗不过,连夜为他赶制了一顶。

次日起来,米芾叫使女把外衣拿去浆洗了,再把唐装拿出来换上。夫人说:"人家都穿宋服,你偏要穿唐朝的衣服。"米芾说:"宋承唐制,唯服不袭,成何体统!"夫人笑道:"是不是还要戴上'子瞻帽'?"米芾说:"那是当然!"夫人埋怨道:"苏大人的'子瞻帽'已经够高了,你的'高瞻帽'还要高出一截,不沉吗?"米芾笑道:"不要脑袋岂不更轻便?"夫人笑着责备他又在胡说八道。

这时内侍进来传圣旨道:"书画学博士米芾损官衣纹图,罚铜十斤。敕。洁身自好,当以倡之,成癖亦可,莫损官衣。官服有制,自当爱惜。课以此罚,当须牢记。可。"米芾与夫人跪下接了旨,夫人问道:"官袍怎么会破损的?"米芾摊开两手,无奈地说:"去了趟杭州,两天一换洗,那官袍上的花纹就磨损坏了。"夫人责怪道:"你呀!官衣两天一洗,衣上鸟兽纹案焉能有存,不飞即跑。你真是爱洁成癖了。"米芾不以为然地说:"这尘世肮脏,还不让我把衣服穿得干净点儿?你看,刚刚接圣旨跪在地上,又把衣服弄脏了。"夫人无奈地摇头叹道:"唉!大宋出了两个爱干净之人,一个是王荆公的吴老夫人,一个就是先生你了。"米芾头也不回地上轿去,丢下一句话:"米芾无过,爱洁更无过!"

因为戴着那顶高帽子,米芾怎么钻也钻不进轿子里,轿夫说:"大人,您的帽子太高了,轿子小,容不下。"米芾愤愤地说:"把轿顶撤掉!"轿夫有些为难，但也不得不如此。于是汴京大街上出现了这样一幕滑稽的景象：四人抬着一乘无顶的轿子走过闹市，轿子里赫然耸出一只高帽来。米芾坐在轿子里，顾盼自若，任凭两旁路人惊奇指点，也毫不在意。

米芾来到京郊汴河岸边，却不见了石山，心中正纳闷儿，眼前是一座新盖的深宅大院，门首匾额上写着"米家山庄"四个大字，正是苏轼的笔迹。米芾愈加迷惑不解，忽然晁补之打开门出来迎接："元章兄果然来了！"苏轼、巢谷、黄庭坚等一干人都在门口等候。

米芾愣愣地问道："这到底是怎么回事啊？"晁补之笑道："以石换砚之约，我今天就要兑现了！"苏轼笑着补充说："那么大块石头怎么运得到你家？无咎出巨资，买下这块宝地，给你盖了这座宅子。如此一来，他也没食言哪，'测天石'还是到了你的家。不过，石头没动，搬的是房宅。"

米芾深为感动地说："这可怎么好啊……"晁补之笑道："君子一言九鼎，我当然要遵守诺言了。这宅子也归你了。"米芾惊讶地问："你哪里来那么多钱买地盖房呢？"秦观说："无咎兄变卖了江南的宅子。"米芾深感愧疚地说："这如何是好？为了我这块顽石，连累你了！你真是比我还癫！"晁补之哈哈大笑道："小弟任职京城，家乡的宅子本就空闲破败，索性卖了成全元章兄一个人情。我还请先生亲笔题了匾，你看！"米芾忙向晁补之和苏轼施礼拜谢。苏轼笑道："先不说这么多，赶快进屋赏石吧！"

众人都拥到屋里，石山已被圈在庭院中央，开窗即可入目，米芾欣喜不已。秦观却对米芾那顶高帽发生了兴趣："元章兄，你这帽叫什么帽？"米芾得意地笑道："嗯，'高瞻帽'！"苏轼凑过来仔细端详，会心而笑。秦观又问："从何而来？"米芾说："从先生的'子瞻帽'而来。"秦观狡黠地笑说："既从先生而来，又岂能高过先生？"米芾恍然大悟："咳，竟没有想到这一层。请借剪刀一用！"秦观问："要剪刀作何用？"米芾笑道："剪掉一截嘛！"众人大笑。

## 五十九　　自请外放

　　晁补之早备下一桌酒席，就在这米家山庄里招待众人，也算是为米芾接风，为"石砚之约"作一个雅致的收尾。米芾显得很高兴，拉着晁补之多喝了几杯。苏轼笑着对大家说："上次在晋卿西园雅集，诸位各显神通，实在是平生快事。今天再聚米家山庄，元章得了石山，无咎得了宝砚，也是一桩快事。今天喝个痛快，不如换个花样，各人讲出一件俗事来，岂不更妙？"众人都叫好，都问怎么个讲法。苏轼说："那我开个头，就以这吃饭为例。众人可知道'三白饭'吗？"大家都摇头。苏轼慢慢讲道："苏某有位翰林院的同僚，名叫钱穆父，众位也都知道，此人须眉潇洒，是个直爽性子。只是睡相不太好，午间在翰林院休息，兀自'呼噜噜'鼾声大作，搅得同僚不得安神。苏某想了法子捉弄他，见他体态肥胖，就写了张字条——屠夫肉案，贴在他的长须下，众人看了都大笑不已。他自管酣睡，全然没有察觉。"

　　秦观问道："先生，这与'三白饭'有何关联？"苏轼笑道："别急，听我讲来。穆父醒来，知道受了捉弄，就埋怨说翰林院的伙食不好，你苏子瞻又搅人睡不好觉，这儿没法办公了。我摊开两手无奈地说：'翰林学士院伙食钱被舒亶偷走了，当然没有好伙食了。'"苏轼故意提起舒亶贪污那件事来，众人心领神会，都开心地笑个不停。苏轼接着说："我继续对穆父说，翰林院的饭食已经算可口了，你不要人心不足蛇吞象。当初，我和子由考秀才时，就吃一碗白米饭、一碟白盐、一碟白萝卜，每天吃得香喷喷的……"秦观叫道："说到'三白饭'啦！"苏轼笑道："对，这一碗白米饭、一碟白盐、一碟白萝卜就是我说的'三白饭'。可钱穆父不相信啊,对此嗤之以鼻。隔了一天,他请苏某去他家赴宴,我就知道他在打什么鬼主意了。果然,到他家里,也不上茶,也不斟酒,直接上了一碗白米饭、一碟白盐、一碟白萝卜,请我吃'三白饭'啦!"

晁补之笑道:"他这是在报先生捉弄之仇啊!"米芾说:"那子瞻兄何以应对的呢?"苏轼抓起碗筷,做吃饭状:"就吃啊,我倒很久没吃'三白饭'了,一个劲儿地吃个精光,倒把穆父看得嘴馋了。"黄庭坚笑道:"先生淡泊之风,学生只有佩服了。昔日范文正公划冷粥而食,勤苦读书,是我等的楷模呀!"苏轼笑道:"鲁直说得不错,不忘贫贱,方知今日不易。我就对穆父说,多谢以'三白饭'款待,改日去我家请你吃'三毛饭'。"秦观一听来劲儿了,急忙问道:"何为'三毛饭'?"苏轼说:"穆父也这么问,我说你到我家自然就明白了。后来到我家里来,我拿上好的密云茶招待他,一边闲聊一边喝茶,直喝下去七八杯茶,穆父等不及了,拉着我的袖子就问:'子瞻哪!你请我吃'三毛饭',怎么净在这聊天喝茶呢?我都饿坏了。'我就跟他说:'蔡确、蔡京这些闽南人说"毛"时发什么音?'他答道:'闽南人称"毛"为"没"。'然后我就跟他说,我这儿白米饭也没,白盐也没,白萝卜也没,这就是要请他吃的'三毛饭'!"

众人听到这儿,都笑得眼泪直流。

酒席结束,苏轼乘着轿子回家,透过帘子正巧看见翰林院的文书张姿在城东肉铺前,拿着一张纸条交给肉铺东家,梁成正抱着一筐羊肉交给张姿。张姿笑呵呵地抱着羊肉走了。苏轼想了一会儿,不禁苦笑。

原来梁成在城东肉铺卖肉,东家知道他与苏学士有一些交情,就打起了他的主意。苏轼的书法,名列"宋四家"苏、黄、米、蔡之首,平常人若收藏了一件苏轼的真迹,那可是不可多得的宝贝。东家听说翰林院内有许多苏轼手书的传唤便条,这些便条在传唤之后就被丢弃,怪可惜的,不如弄到自己手里收藏起来,等到苏轼谢世后,这些便条便是无价之宝,赛过十几间肉铺子呢。东家思量得周全,忙去找梁成。哪知梁成是个仗义的人,岂肯为这不义之财辱没了平生气节？即使东家允诺加薪，也死活不同意。东家没法，又去打听苏轼在翰林院办公的侍从，终于得知一个叫作张姿的文书，经常手持苏轼的便条内外通传会客帖子，最有机会弄到便条。于是找了个合适机会拉张姿到酒馆喝酒，塞了一些银两，张姿就答应了。东家喜不自胜，许诺他今后拿一张便条来就送他一筐羊肉。

梁成原不认识张姿，但每次见到此人拿纸条来，东家便眉开眼笑。东家验看了纸条，就吩咐梁成拿一筐羊肉给那人。梁成心中纳闷儿，就问东家："为何那人来买羊肉，次次都打白条？"东家神秘地笑道："这不是白条，是苏内翰的真迹便条。那人就是苏大人的文书。"梁成愈加纳闷儿了："这些羊肉是送给苏大人的吗？"东家发怒道："拿人好处，还不得给人好处？那是送给文书的。你别问那么多，千万别声张出去，赶紧去干活！"梁成恍然大悟，唯唯诺诺地忙活去了。

一日，苏轼正在看书，突然喊道："张姿！"张姿应声而至："大人，有何差遣？"苏轼说："请钱穆父来。"张姿立而不走。苏轼问："为何不去？"张姿嗫嚅着说："等大人书条。"苏轼沉下脸来道："今日禁屠！"张姿面色紫胀，赶忙跑了。


侍御史杨畏赴西安州查访古戎镇边民被杀一事，地方州府官员贿以重赂，阻止他去探访实情。杨畏也懒得多事，日日在官员的陪同下宴饮游赏，迁延回京复命日期，又编造了谎言上奏朝廷说，西夏游骑突入边关劫掠，已被官军击退，所杀伤边民只有十余人而已。那些官员个个畏祸自保，草草结案交付枢密院了事。相关执事者也睁一只眼，闭一只眼，仅将西安州知州罚俸了事。吕大防深知其中蹊跷，但也不愿意大动干戈、挑动边衅。再说还想利用杨畏来牵制刘挚，便不做深究了。

这时西夏派使者前来索要岁币，态度极为蛮横，盛气凌人。吕大防、范纯仁和刘挚在政事堂商议应对。吕大防愤愤地说："又来催要岁币了，西夏欺人太甚，我大宋岂能让这些竖子小人予取予求？"范纯仁也点头说："这西夏使者既来，不好应付，该考虑如何将岁币一事搪推过去。"刘挚阴险地笑道："范公你说得对。只是这西夏使者有备而来，定有一番巧舌如簧的激辩，须找人应对。我等拙于舌辩，我看只有一人可担此任。"范纯仁警觉地问："莘老莫非指的是苏轼？"刘挚笑着点点头。范纯仁轻蔑地说："哼，只怕莘老又别有用心吧？上次辽使前来，你怕苏轼言语激怒他们，百般阻挠。这次难道不怕苏轼激怒西夏使者吗？"吕大防忙劝道："二位莫争了。如今也没法，只好请苏轼出去应对了。"刘挚得意不已。范纯仁气愤地甩开袖子说："子瞻必能言退夏使，只怕有人又在背后恶语中伤。"

三人叫上苏轼，在垂拱殿接待夏使。那夏使也不跪拜，趾高气扬地略一拱手道："在下奉我主之命，前来催要岁币。贵国若不能及时将岁币赐送我大夏，只怕日后两国兵戎相见，有损昔日和好盟约啊！"范纯仁冷笑道："哼！当初两国定盟修好，当今圣上仁德宽宏，赐汝岁币。但西夏毫无信义，得到赐品，依然掠杀我边民。侵夺六城，又抢掠杀人，是何道理？！"夏使满不在乎地说："那些都是过去的事了。今年岁币若再不按时交纳，保不准类似的事件还会发生。"

苏轼上前厉声喝道："今年的赐品免了！西夏什么时候恪守信义，我大宋自会赐给西夏茶叶、锦帛等物。如一意孤行，要打就打吧！不过我告诉你，再敢掠边，我定叫你西夏一匹马不留！"夏使吃了一惊，气焰早收敛了一半，有些怯懦地说："我西夏的马瘟难道是苏大人所为？"苏轼冷笑道："是天意。你们杀人如麻，把上天惹恼了。马瘟是轻的，你们胆敢再犯，定叫尔等尝尽苦头。"夏使转念一想，莫让他拿马瘟一事吓到了，又故作强硬地说："汉人常以妖言惑众，说此大话，我大夏可不怕。"苏轼冷笑："是啊，你既不懂星相，又不知医道，更不知疫情的厉害，跟你说是对牛弹琴。"

夏使有些心虚，故意傲慢地说："那在下倒要听听苏大人的高论了。"苏轼朗声说道："就星象而言，东为龙，西为虎，北为龟，南为凤。近来我夜观天象，南星闪耀，主火运起，而西相星黯淡无光，且屡出彗星。主我朝之星，文昌大如甜瓜，是文运大兴之象。你西夏屡动刀兵，必克己主，信与不信,请自便吧。若再敢来犯,我即请求挂帅西征。你们以为文人不能打仗,殊不知取胜之道在于文韬武略。汉时班超投笔从戎,彪炳千古。今苏某说你们的鹞子军好对付,不信大可一试。我有一种熏马草,战场一经点燃,你们的马匹就难以驭使了。如果你心存疑惑,我可给你演示一番。"

夏使听罢,惊愕不已,连范纯仁、吕大防和刘挚也惊疑不定,不明白苏轼所说是真是假。苏轼接着说:"大宋无灭西夏之意,西夏国应以休养生息为上上之选。天朝已经大开贸易之门,西夏应以和为贵。和则兴,战则亡。"夏使早被苏轼的一席话震住了,也不敢再索要岁币,强掩住内心的慌乱说:"请让在下请示我主再做定夺。本人告退了。"

吕大防目送夏使离去,高兴地说:"子瞻言退夏使,这次功不可没啊。"刘挚也凑过来问道:"子瞻夸下海口,能退西夏鹞子军,果真如此吗?"苏轼拱手逊谢道:"并非在下之功,而是西夏有内乱,顾不过来。实话告诉你吧,早在凤翔任通判之时,在下就开始研究破敌之策了。对付西夏兵,关键是他的铁骑,来得快走得快,适应远距离奔袭,出其不意,攻其不备,故屡屡得手,对此仅用刀箭是不够的。哎,宰相,我听说西北边境的古戎镇,边民被西夏人杀死万余人,此事追查竟草草了事,是不是?"

吕大防面有难色地笑道:"本相已派杨畏调查核实,古戎镇是有死伤,不过哪有死那么多人,杨畏上报说死也不过十人左右,你听见的都是捕风捉影。"苏轼大怒道:"十人?这是专使杨畏瞒而不报,官官相护,良知丧尽!刘贡父他们查过了,死人万余,千真万确!"刘挚在一旁冷笑不语。吕大防忙安慰苏轼道:"子瞻,要相信边关将帅嘛,他们怎么会坐视那么多百姓惨遭屠戮呢!"苏轼急了,愤愤地说:"相公啊,你好糊涂啊!你偏听偏信,如此大事岂能不了了之呢?"范纯仁急忙过来劝阻:"二位不必急于争吵,消息是否属实,再派人查证就是了,眼下要商议如何应对西夏再次挑衅。夏使回去复命,夏国定有新的动向。"苏轼不悦而退,吕大防也叹息摇头。刘挚倒是暗中高兴不已。

范镇受太皇太后恩命到太常寺参校乐律。铸钟坊新铸了一批编钟,主事官请范镇校正指点。范镇问道:"这批编钟必须严格按尺寸铸造,材质都验证过了吗?"主事官答道:"下官亲自把关,铸匠师傅那儿不敢有半点差池。"范镇点点头,说:"那你挨个敲给我听听。"主事官遵命,拿起铜槌逐个敲起来。范镇闭起眼睛,凝神静听,待敲完一遍,他指着第三个编钟说:"这个再敲一遍。"主事官遵命敲了一下。范镇说:"这个钟音不准,一定是有气孔。"主事官忙派人检查,几经敲打,果然发现钟壁上有气孔。众人都服了,跪地请范镇恕罪。范镇摆摆手说:"罢了,马上派人重铸。太皇太后命我参校乐律,以备大典,看来任务就要完成了。"众人遵命退下。

不久编钟铸造完毕,范镇即刻到太皇太后那里去复命,启奏道:"太皇太后,铸律、度量、钟磬已定,书籍与图示已呈,请二圣下旨演奏。"太皇太后高兴地说:"范镇定了铸律度量,使我大宋乐典有了章法,功德无量啊。传诏嘉奖。"范镇忙领旨谢恩。宫廷乐官开始演奏起来,满庭清和典雅之音,太皇太后不住地点头赞许。

太皇太后又请范镇到侧殿休息,不必据守君臣礼节。她看到范镇以前满头的白发都变成黑发,惊奇地问:"范公啊!你的头发怎么都变黑了?"范镇笑着答道:"都是托太皇太后的洪福啊!"太皇太后高兴地说:"范公乃国之元老,年逾八十仍然神采奕奕,我老太婆可就比不了了!"

范镇笑道:"太皇太后万望保重金体。老臣能完成太皇太后交代的校正乐律的任务,已经再无遗憾了,请恩准老臣回许昌故宅养老。"太皇太后还想挽留他住在京城,范镇坚持说:"老臣致仕十余年,闲散惯了,还是回许昌埋了这把老骨头吧!圣上有太皇太后和一干贤臣辅弼,我大宋中兴可待啊。"太皇太后欲再加赏赐,范镇都一一辞谢了,青鞋布袜就要回去。太皇太后嘉许道:"范公志节不衰,令人敬佩,真是我大宋之福啊!"

范镇叩谢隆恩,就要退下,哪知眼前突然一黑,倒地不省人事。太皇太后大惊,忙令内侍扶起,又命御医日夜诊治,不得有误。

范镇年寿已尽,药石无补,已近弥留之际了。苏轼、苏辙赶来,哭于榻前。范镇微微笑道:"大乐已成,黑发又生,岂能不死?当为老夫一笑。"言罢,平静地仙逝了。

范镇于苏轼,恩若父子,情同朋友,苏轼、苏辙大哭了一场,不胜悲痛。太皇太后得知噩耗,也哀伤地叹道:"国失栋梁啊!"赐谥"忠文",诏谕厚葬。范镇年轻时曾赋长啸退却胡骑,辽人呼为"长啸公",一听到范镇去世的消息,也都叹惋不已,望南举哀,可见他当时声名威望。

苏轼回家,哀伤地告诉王闰之:"蜀公走了。"王闰之满脸病容,精神憔悴,听到范镇去世的消息,心中凄然,但她还是强忍病痛安慰苏轼说:"子瞻啊,你也不要太难过。蜀公待我们家,恩情深重,我们一家都忘不了他老人家的。只愿蜀公早登极乐啊!"

苏轼点点头说:"是啊,夫人,蜀公平生不好佛,但晚年清心节欲,不因外物芥蒂于心,蜀公这是虽不学佛而达佛理啊。他走的时候也很平静安详,令人欣慰。"王闰之淡然一笑:"真好,看来蜀公死亦安乐啊!"苏轼叹道:"是啊。蜀公已达佛理,便参透生死,生死无不安乐。"

王闰之喃喃自语道:"生死无不安乐……"她想到自己病体沉重,料想到恐怕也会不久于人世!到时留下这个家该怎么办?留下子瞻一人独自悲伤,该怎么办?不禁满心忧郁,淡施粉黛的脸上透出一丝绝望的神色。苏轼望着王闰之,关切地问:"闰之,你也别想太多了,养好病最要紧,一定会好起来的。"王闰之心中一震,眼泪都掉了下来,脸上却露出开心的笑容。

苏轼帮她揩去眼角的泪滴,笑着说:"夫人,这是怎么了,又哭又笑的?"王闰之轻声说:"子瞻,我知道最近朝中事多,你总改不了你的老脾气。我原先总为你提心吊胆,跟你怄气,现在我反倒不怕了。将来就是再有什么不测风云,我一定会陪在你身边。"苏轼感动地说:"夫人,你一个人操持这个家,为夫都没好好照顾你,是为夫的不是啊!这些日子辛苦你了。等你病好了,我带你出去走走,看看京城的风光。"王闰之嫣然一笑:"你跟我一客气,我倒不习惯了。你去忙你的吧,家中有朝云照看我呢。"

苏轼出门之后,王闰之独自倚在床边,又胡思乱想了一通,一时杂绪纷扰,梳理不清,头疼得要裂开一样,胸口也憋闷得喘不过气来,一下子瘫倒在地。朝云慌忙进来扶起她到床上躺下，请郎中来诊病，依方子细心煎药，喂她服下。见夫人昏睡过去，朝云这才稍稍放心，守在床边，默默垂泪。

朝中没有一日无事。侍御史朱光庭上奏请回河东流，吕大防忙召集众官到政事堂商议。所谓回河，是要将决口改道的黄河改回到原来的河道上去。黄河下游河道，自汉至唐，都自山东入海，泥沙经年淤塞，河道越来越浅，易于决口溃堤。仁宗庆历八年（公元1048年），黄河在澶州商胡埽决口北流，经大名府、冀州、河间，至宋辽边界入海。此后数十年间，黄河北流水道又数处决口，分多股入海。朝廷行堵口疏导之法，意欲导引黄河回到东流故道上，但收效甚微。一则东流故道湮塞许久，新开河道又浅狭不能容下大河之水；二则决口堵而复溃，根本没法阻止北流之势。欧阳修、司马光、苏辙等人都曾上书反对回河东流，而主张因北流之势，加固堤防，疏浚河道，但他们的意见都没有被采纳。结果每次堵口回河，均告失败，还淹没大片田地，导致农民流离失所。

这次朱光庭旧事重提，又要鼓动回河东流。苏轼当即在政事堂上表示反对："仁宗、神宗在位时数次堵口回河，结果都堤溃人亡，难道这些教训还不够吗？黄河依旧北流，这是依自然地势而行，非人力所能强为。东流故道湮塞弥久，若征民夫重新开河，势必劳师天下，疲惫朝廷。时下，百姓已如牛负重，再开此河，则民心尽失。持回河议者以为，黄河北流由契丹境内入海，则我大宋以黄河天堑为防御屏障的优势将尽失，契丹铁骑突驰平地，我方则无险可守。这又是迂腐之论。当初黄河以故道东流入海时，何曾挡住过胡人的侵袭？若大宋将国之安危系于一河，其势必危。天下最可靠的，不是山河之险，而是兆民之心。"

朱光庭冷笑道："苏大人岂敢污蔑先帝治水功业？若任黄河自然乱流，则河患永无解除之日！"苏轼辩驳道："先帝曾遍访群臣，征求意见，就是因为尔等才屡起回河之议，结果又有什么成效？水利固然要兴修，但要因循地势高下自然之性，此河绝不能开。你知道开这样一条河需要多少钱财吗？你知道黄河一年淤积的泥沙十万人一年也清不完吗？你知道开这样一条河需要占多少良田吗？"

王岩叟起身争论道："大胆苏轼！竟然含沙射影，将我朝比成暴秦和隋炀帝！是何居心？"苏轼轻蔑地说："在下看你才是居心叵测。秦皇因修长城才成暴君，隋炀因开运河才使国乱，若以在下看，你是要陷君主于不义，陷国家于混乱。"王岩叟气得不再说话。

刘挚见苏轼又与人争执起来，气定神闲地在一旁看热闹，嘴角露出一丝冷笑。朱光庭见王岩叟败下阵去，又冷笑争辩说："苏大人总是危言耸听，前番说西夏去年在古戎镇杀死我无辜边民万余，其实子虚乌有嘛！"苏轼气愤地说："侍御史杨畏奉旨查案，竟然搪塞虚报，隐瞒实情，此事范大人自会再派人查个水落石出，边民万人不会白白枉死的！"谏官刘敉支持说："谏院举报状多如牛毛，岂会有假？你身为监察御史，岂可推诿隐瞒，息事宁人？"朱光庭吓得再不敢出声。

吕大防见众人又在提杨畏查访古戎镇之事，心中不悦，忙劝大家回到回河正题上来。范纯仁拱手对众官说："开河事宜，且等范百禄勘察回来再议。古戎镇万民被杀案是否派人再度调查？"吕大防推诿说："已经派人做过调查，出入不大，稍有差池，能把众多将帅和上下官员皆罢职治罪吗？"苏轼十分不满宰相这种迁延推诿的做法，直言道："宰相，功罪不分，又如何劝善惩恶呢？万余边民的性命岂能如此儿戏般地处置？"刘挚瞅个机会过来圆场道："子瞻言重了，宰相岂是功罪不分之人？"

苏轼冷笑道："那足下的意思是苏某人是非不分了？真可谓'万民枯骨堆沙塞，换得朝臣一笑归'。你想过没有，那么多无辜村民被杀，朝廷应予抚恤，而他们至今一无所得。这岂能称之为仁政，这么做上下能不失和吗？"吕大防见苏轼话锋直指自己，十分恼火。刘挚假意怒道："子瞻，你不可太过肆无忌惮了，攻讦朝政，诽谤宰相，你还讲不讲法度？"苏轼起身施礼，正色反驳道："大人又以大言压人，殊不知如此官官相护，忽视民情，必将造成官民对立，民心不得收揽，危及国运大势！"

王岩叟也讥讽道："满朝大臣就只有苏大人忧国为民，刚才王某又听见苏大人吟句了，真可谓诗兴不减当年啊。"苏轼冷笑说："不错，苏某正等着你王大人制造第二个'乌台诗案'呢！"王岩叟瞪着眼睛，半句话噎在喉咙里吐不出来。

吕大防叹气道："好了好了，不要再争执了。子瞻你这急躁性子也该改一改了，身为大臣，不可用言语激进伤人，招致非议。"苏轼为之一愣，平静地说："宰相，子瞻若连直言朝政都不能，则内愧本心，上负明主，倒不如离开这个朝堂，自放于不争之地。"说罢拂袖而去。范纯仁着急地对吕大防说："吕公！切勿争执不休，否则党争之势难止啊！唉！"急忙出门追苏轼去了。吕大防气得拍桌子说："罢了，今日议事，到此为止吧！"

众官各自散去。王岩叟跟着刘挚悄悄地说："刘公，苏轼四面树敌，回河提议与朱光庭结怨，死咬古戎镇之事又触怒宰相，我看他在朝中地位不保啦！"刘挚脸色阴沉地笑道："这个狂妄的苏轼！上次我推荐他与西夏使者协商岁币之事，不想被他借题发挥，出尽风头。哼！耍耍嘴皮子又能怎样？若真把西夏激怒了，兴兵来犯，他自然不用担什么责，而大宋则又失安宁。这个苏轼，他在朝廷一日，就有隐患一日。如今宰相也对他不满了，我看苏轼他能强硬到几时！"王岩叟赔笑道："刘公说得是啊。其实已有很多大臣都对苏轼不满，说他以圣人自诩，藐视群臣，淆乱大局。都说苏轼才是真正的党争祸源，我等该尽力将他逐出朝廷！"

刘挚摆摆手说："这你就错了。对付苏轼，不能一味硬来，他是遇强则更强，所以仍须避其锋芒，耐着性子与他周旋。他如今是骑虎难下，难以应付，我们若趁机上奏参劾，倒显得我们有结党排挤之嫌，不如等他受不住气，自请外放，到时我们岂不省事？"王岩叟点头笑道："刘公果然高明！下官真是佩服啊。只是古戎镇之事，我看苏轼暂时还不会罢手啊！"刘挚满腹思虑地说："杨畏此人，狡诈逢迎，吕大防都被他圈进去了，我看苏轼也没奈何。一旦苏轼出了朝廷，事情就由不得他了！"王岩叟跟着赔笑，点头称是。

范纯仁追出去拉住苏轼，苦苦劝道："子瞻！你刚才说'自放于不争之地'，这又何必呢？你明知刘挚等人环伺已久，千方百计地要迫使你出朝，你若真的外放,那不是正中了他们的圈套吗?宰相处事,总得顾全大局,你处处与他为难,怎么能与其他大臣共事呢?"苏轼正色道:"范公,苏某就是这直脾气,眼见朝中诸公明哲保身,推诿退让,如何解决得了民生疾苦,叫我如何视而不见,见而不言?"

范纯仁劝道:"你呀!当初荆公为相,你不同意新法条款,被贬为杭州通判;司马公为相,你就顶撞他一味废止新法。现在吕公为相,处处务求持平,勉力支撑整个政局,已是很不易了!国家内外多事,正需子瞻你这样的人才襄助协调。你若再出朝,我怕刘挚等人又要兴风作浪了。"苏轼叹气道:"正因为国家多事,苏某才见不得他们如此当朝为臣。苏某为人处事,只就事论事,并非要刻意顶撞他人,与人不谐。官场是非争斗之地,我早就不想待了,不如寻个清净的州官,好好做点实事,了此残生。范公不必多言了,我这就去请示太皇太后。"范纯仁再也劝阻不住,只得劝他珍重。

苏轼连上数道奏章,请求外放。太皇太后大惊,亲自召见苏轼问道:"你的苦衷,哀家自是知道。可朝中缺不了你啊!"哲宗也在一旁哭求道:"祖母,苏师傅不能走啊!以后谁教孙儿读书呢?"苏轼长叹不已,但去意已决,仍奏道:"陛下,太皇太后,微臣已为陛下选好帝师,翰林院学士范祖禹可担大任,望陛下和太皇太后恩准。"

太皇太后叹息道:"哀家思虑先帝遗言,每每不敢安寝,就是希望像苏卿家这样的人来辅佐幼主。但事有不可强为者,你既去意已决,哀家也不强人所难,就调你去杭州吧!杭州是你宦游故地,望你造福当地百姓,他日还好回朝。"苏轼大喜,谢恩退下。

太皇太后望着苏轼的背影,语重心长地对哲宗说:"国事难为啊!孙儿,你要谨记,将来要擢用苏师傅,置于左右,好辅弼朝政啊!"哲宗点点头。

次日,正式诏命就下达了:诏苏轼以龙图阁大学士出任杭州太守兼浙西兵马总督。王岩叟得知大喜,急忙跑到刘挚府上来报告喜讯。刘挚正在后花园赏花。王岩叟上前说道:"贺喜刘公,苏轼外放杭州已成定局,此一大患既除,总算可以心安意定了。"刘挚大笑道:"彦霖啊,所谓不战而屈人之兵。苏轼性躁，不耐消磨，我等故意激怒滋扰，投其所不好，他满腔愤懑欲发作，我等却退避三舍、袖手旁观，他便四顾茫然、心生厌烦，而自愿外放于山水江湖之外。老夫早就告诉过你，对付苏轼正要这样。"

王岩叟拱手赔笑道："刘公所言极是。以苏轼如今在太皇太后那里所得的恩宠，我等要外放他断不可能，倒也只有他自己能够。"刘挚得意地说："不过苏轼外放，我等还不能一劳永逸。只要他想，他随时都可重获起用，所以仍要防患于未然。老夫以王觌知任两浙转运使，掣肘于苏轼，正是此意。"王岩叟恍然大悟，称赞不迭："刘公真是高明至极啊！这回苏轼可翻不了身啦！"

苏轼来到翰林院，跟众位同僚辞行，苏辙、范祖禹、钱穆父、秦观等人都来送别。范祖禹问："苏公何时动身往杭州？"苏轼笑道："乘三月春风，越快越好。淳甫呀，教圣上读书的事全靠你了。"范祖禹拱手施礼道："请苏公放心，淳甫一定尽力。"钱穆父埋怨道："子瞻兄，来翰林院刚和你相处不久，好一段快乐时光，你却又走了。好在子由知任翰林院，走了大苏来小苏，翰林院里好读书啊！"

苏辙关切地望着苏轼说："出去散散心也好。"钱穆父继续嚷着："我早劝过他，不是言官，不可议政论事太多，容易激起执政的不满，可子瞻你就是不听。"苏轼笑道："可是，我不说谁说呢？他们只顾一己私利，热心于党派之争，是非不分、功罪不明，朝廷内外一片希合之声，廉耻之心日丧。如此下去，国将不国呀！我不入地狱，谁入地狱？"钱穆父、秦观都低头叹息，沉默不语。苏轼笑着宽慰大家："眼不见为净，出去也算省心，不必每日跟人争吵了。好在杭州是我十八年前的故地，湖山优美，正所谓'羁鸟恋旧林，池鱼思故渊'，我虽不能像陶渊明那样归隐，但去那儿，也许比在朝廷好些。"

范祖禹点点头说："是啊，子瞻外任，总算好过在朝中蹈履危机。不过我听说刘挚正忙着调任王觌任两浙转运使，我看他此意是在牵制苏公啊！"苏辙也点头说："王觌是刘挚亲信，如此安排，显然用心险恶。哥哥到杭州，也不得不防。"苏轼叹道："党争之事，到哪儿也脱不了干系啊！管他呢！诸公在朝，还望多多襄助宰相，辅弼幼主和太皇太后。朝政不能任由刘挚一干人把持了！"苏辙说："哥哥请放心，我们收拾好回家去吧！"苏轼与众人拜别，匆匆回到家中。

王闰之的病愈加沉重了。苏轼回到家，亲自端来药喂王闰之服下，轻声对她说："夫人，我已奏请圣上，外放杭州了。我们不在京城待了，我们一起去杭州。"王闰之脸色苍白，双目无神，听到消息后，脸上微微一笑，喃喃道："去杭州……子瞻，不管你到哪儿，我都会跟着你！"苏轼点点头，扶王闰之躺下。他又看见朝云面色憔悴，眼中透着忧戚之色，一定是照顾王闰之累着了，不禁长叹。他趁着在家闲暇的功夫，细心照料王闰之，离京行程也一拖再拖。

又过了七八日，王闰之知道自己不行了，但心中还有件事未了，于是含泪叫苏轼和朝云到床前来，对苏轼说："子瞻，我不能陪你去杭州了！"苏轼泪流满面，忙阻止她说："闰之，你胡说什么！只管安心养病，一切都会好起来的。"朝云蹲在床头，眼泪汪汪的，一句话也说不出来。

王闰之已经非常虚弱了，悠悠地说："子瞻啊，我比不上王弗、小莲姐姐。我知道我配不上你，过去也常惹你生气烦恼，有时真怕你会休了我。但我明知配不上你，却还要缠着你、烦着你、不离开你，你赶我走我也不走。我用尽了此生对你，一切为你好，不曾保留半点，你可知为何？"

苏轼哽咽着说不出话："夫人！"王闰之舒了一口气，接着说："因为来世再见，你一定不会看得上我，我不用尽此生之情，来世只会遗憾叹息。今生与你结夫妻之缘，我只有珍惜再珍惜，抓住一点是一点。子瞻，难为你了，肯让我此生陪你。你不必悲伤，我先死，是我的福；若死在你身后，我不知道该怎么活，活着又有何用？"苏轼抓着她的手，热泪盈眶，不住地安慰说："夫人，我们要好好活下去，你别乱想……"

王闰之轻轻摇着头说："我没有乱想，自己的病自己还是知道的。我要死了，也不会觉得上天对我不公。我能跟着子瞻这么多年，共患难，是我一生的福气。只可惜我不能陪你走下去了……我有几句话，一定要跟你说。"

苏轼含泪点点头。王闰之用尽力气去抓住朝云的手，慢慢地说："朝云！这么多年，你在我们苏家任劳任怨，帮助我处理家务，照顾迨儿、迈儿。一家人中，数你最聪明，最懂子瞻的心思，什么事都能为子瞻出点主意。你年纪这么小，却跟着我们奔波受苦，我做夫人的没法报答你呀！"朝云哭着说："夫人……夫人，朝云不求夫人报答，朝云只要夫人快快好起来！"

王闰之微微笑了一下，又望着苏轼说："子瞻，你答应我，我去之后，你就娶朝云为妻啊！"苏轼大惊："夫人，你……"王闰之又对朝云说："朝云，你不要嫌委屈啊！"朝云直摇头，哭道："不，夫人，朝云只要一辈子侍候先生和夫人就好了……朝云的命苦，若不是先生和夫人，朝云早就饿死街头了……"王闰之固执地说："你就听我一回吧！子瞻，我求你一定要答应这件事，要不然我死也不会瞑目的。"苏轼抓着她的手，哭着点点头。

王闰之欣慰地笑了，这才叫苏迨、苏过和巢谷进来。他们都哭跪于地。王闰之先对巢谷说："巢谷啊，你跟着子瞻这么多年，是苏家的恩人哪！闰之在这里谢谢你了。"巢谷含泪说："夫人，别这么说！能跟着子瞻兄，这都是巢谷修来的福气。夫人千万养好病，别多想啊！"王闰之又对苏迨、苏过说："迨儿、过儿，娘要去了，以后要好好读书，听你父亲和云姨的话，娘就安心了。"苏迨、苏过跪在苏轼脚边，大哭不已。苏轼也含泪把他们搂在怀里。

王闰之交代好一切事，放下心来，眼角流下一颗眼泪。苏轼轻轻地帮她拂去，王闰之微微一笑，平静地离去了。一家人号啕大哭，陷入无比的悲伤之中。

办完丧事，苏轼带着一家人登上汴河的官船，缓缓地往杭州去了。苏辙带着一家人来码头相送，兄弟二人再一次执手离别。

旷野之中，凉风萧萧，白浪渺渺，这一叶小舟似乎被吞没在广阔的天地之间。那么渺小，那么微不足道。

苏轼满心悲凉，立在船头，遥望斜阳下渐渐远去的京城，城阙的飞檐在暮色里渐渐看不清了。京城的繁华已经消散，故人都已远去，可这滔滔河水，却还在不知疲倦地往前奔流，他不禁热泪满脸。朝云悄悄地走到他身边，双手扶着他的胳膊，陪他一起远眺两岸的青山，点点没入黄昏里。

## 六十　　再莅杭州

苏轼抵达杭州，已是盛夏时节。秦观、巢谷随同苏轼来到杭州府衙，见院中一株芙蓉树犹葱郁苍翠，在骄阳下给人阵阵凉意。苏轼不无伤怀地拍了拍树干说："树犹如此，人焉有不老之理乎？述古已经不在了，周韶、宋芳已香消玉殒，琴操已成老尼。"

秦观此次以幕僚身份追随苏轼至杭，他本是多情易感之人，反问道："是岁月不饶人呢，还是人不饶岁月？"

苏轼脱口而出："是人不饶岁月。"说罢，二人哈哈大笑。

只有巢谷没有这般雅兴。他往周围看了看，说："这公堂漏雨了，是否先修一下？"苏轼也查看了一下，微微沉吟道："下车伊始，先修公堂，似有不便。嗯，这样吧，先在各寺院轮流办公。"秦观早已揣摩到苏轼的心思，笑道："先生不愧为诗人也。如此处置俗务，自是有几分诗意，访友、政务、赏景三不误。"巢谷听了这话，也凑过来逗趣："子瞻兄在给吕惠卿的贬书中写道，'以法律为诗书'。今日看来，你是以政务为诗书了。"

三人又是一番开怀大笑。那芙蓉树的婆娑树影似乎也随笑声欢快摆动。

苏轼接着问："少游，眼下有何打算？"秦观说："我先遍访民情。"苏轼点头："如此甚好。"即命巢谷收拾一番，先到安国寺办公。巢谷略有不解："杭州寺院众多，为何要先到安国寺？"苏轼说："安国寺辩才大师治愈了迨儿的腿疾，我欠人家的人情啊！"巢谷狡黠地笑道："子瞻兄莫不是要假公济私？"苏轼也笑着说："当年辩才大师为迨儿治病，讲好要买一度牒送给他的。"巢谷恍然大悟。苏轼又说:"其实啊,我不过是想借机拜会辩才大师而已。辩才大师可是僧、俗两界共仰的高僧啊!"

三人乘兴而出,带了几名随行老兵,迤逦来到安国寺。

和尚维贤出迎:"是苏施主吧?"苏轼顶礼笑道:"苏轼还度牒来了。"维贤双掌合十,缓缓地说:"阿弥陀佛。小僧维贤,奉师父之命恭候施主。师父正在闭关守寂!"苏轼不禁怅然若失:"辩才大师闭关……闭关多久了?"

维贤:"三月有余。"

苏轼紧追着问:"还需多久?"

维贤:"三月有余。"

苏轼失望之余,不禁叹息失声。维贤稍停了一会儿,又接着说:"不过,师父知苏施主要来,特意留下了话。"苏轼十分惊讶:"啊?辩才大师如何说?"维贤缓缓答道:"师父说,既是送度牒来的,就该知度人自度的道理!"苏轼听罢,兀自沉吟:"自度……?我如何自度?"维贤微微点头说:"前番施主在庐山写下了《题西林壁》的偈子,不就自度度人了吗?"苏轼心中明了,才笑着放声道:"好个辩才大师,若命苏某写诗,就请直说好了。"维贤说:"那样就不能自度度人了。"苏轼说:"说得是。拿纸墨来。"维贤大喜:"早已准备好了。"即命人送上纸墨。

苏轼挽起袖口,拈笔饱蘸了浓墨,抬眼望见寺外绵亘起伏的青山,还有近处的烟云竹木,一齐来争献诗料,不禁诗情勃发。只见他笔走龙蛇,写道:"道人出山去,山色如死灰。白云不解笑,青松有余哀。忽闻道人归,鸟语山容开。神光出宝髻,法雨洗浮埃。想见南北山,花发前后台。寄声问道人,借禅以为诙。何所闻而来,何所见而去。道人笑不答,此意安在哉。昔年本不住,今者亦无来。此语竟非是,且食白杨梅。"

维贤一边读,一边连声赞叹:"好诗!好诗!"苏轼将诗写毕,递给维贤说:"这诗恐怕度不了人,只好自度了。"维贤接过,合十顶礼道:"施主已经自度度人了!"苏轼问:"如何讲?"维贤道:"施主写了此诗,就可进得安国寺,岂非自度?进了安国寺,日理万机,岂非度人?"苏轼听了,哈哈大笑:"好,讲得好!"

秦观、巢谷二人也相视而笑。于是宾主尽欢,维贤把众人请进寺内。

安国寺隐于青山翠竹之中,这清凉世界足以涤除人心中的郁热了。四周鸟声寂寂,磬音袅袅,更使人有超尘绝俗之感。维贤引苏轼等人来到雨奇轩。此轩依山坡而建,有茂林修竹相掩映,远望可见湖光粼粼,晴烟骀荡,真是一片绝好的风景图画!维贤问:"苏施主就在此办公,可以吗?"苏轼性乐山水,对杭州的湖山景致倾心已久,看看周围的景色,不禁大喜。

时过正午,天气炎热。苏轼进到轩内,迫不及待地将官服官帽脱下,交给随从老兵挂于衣架之上,然后光着膀子坐在藤椅上歇息。

这时小僧人端茶进来,苏轼接过茶盏,呷了一口,叹道:"好茶!"小僧人却瞅着苏轼光着的臂膀抿嘴而笑。苏轼好生奇怪,问道:"为何而笑?"小僧人如实回答:"大人可是龙图阁大学士,天下文人的宗主,但天下人能见到大人赤胸露背的却不多。"苏轼摆摆手,笑道:"咳,脱了衣服天下人都一样。"又兀自低头品茶。

小僧人再仔细一瞧,忽然发现苏轼背上有七颗红痣,惊道:"不一样!大人身上有七颗红痣,是有星相的,一定是文曲星下凡。"苏轼放下茶盏,不以为然地对众人说:"算不得什么。范蜀公有六个乳头,那才是天下奇人呢。"众人都很惊讶。

小僧又盯着苏轼头上用来系发的麻绳,大惑不解地问:"大人竟用麻绳系发?"苏轼反问道:"有何不可啊?"小僧不知如何应答,吞吞吐吐地施礼道:"小僧只是觉得稀奇。大人请歇息了吧!"苏轼与众人相视大笑,小僧默然退下。

苏轼踱步轩外,见树影下有一老僧正闭目打坐,近前戏道:"坐即是坐,何以叫打坐?"

老僧说:"入定甚难,静动相斗,故而叫打坐。"

苏轼闭目仰首:"非也。打是求之意,坐是静之意,但真正的静是求不来的,必顺其自然才能得。"

老僧："然则既有一得，不免有患得患失之累吧？"

苏轼："那是你佛家用语不准。应该称其为空坐。"

老僧："空即是空，何来坐？"

苏轼："坐即是坐，何来空？"

老僧："坐者，臭皮囊也。"

苏轼："皮里阳秋何谓道？碎为恒沙不见佛。"

老僧："佛在何处？"

苏轼："何处不佛？"

老僧："君见佛乎？"

苏轼："饮水饮佛，排汗排佛。"

老僧："无进无出是谓佛。"

苏轼："差矣。有生有命即是佛，天下苍生无不佛。"

老僧："何以为证？"

苏轼："救人一命，胜造七级浮屠。"

老僧："若此，官场岂不有佛乎？"

苏轼："爱民之心即佛心，爱人之心即佛心。佛心之中，无不论官民，岂有场乎？"

老僧："阿弥陀佛，居士有大慈悲心！"

二人妙语连珠，你攻我守，舌斗往返，倒把旁人看得目瞪口呆了。这兴国宝刹，也因苏轼的禅语机锋，新添了无限趣味。杭州的湖山风物，必因苏轼的再次莅临，多一段传奇佳话。

游赏之兴当然是短暂的。苏轼很快就在这雨奇轩里批阅案宗，处理公事了。原来这杭州虽是东南大邑，锦绣繁华，但前任官员多因循守旧，媚上欺下，致使政多积弊，民亦劳苦。苏轼已历经十余年宦海浮沉，吏才渐趋沉稳老练，批复的判词也不乏斐然文采，这正是他不同于一般俗吏之处。

这日苏轼拿起一卷公文喃喃自语："杭州城门楼旧舍失修，历任只起新舍，旧舍无人修缮，几处已经颓废，常有砸伤城民之事。而州城财力有限，无法修缮。"随手便提笔批复道:"钱王虽死,古都尚存;旧朝已去,杭州文物景致须力加保护。所需钱数,造册月内报来。"又获悉军队营房十之八九皆破败漏雨,军械库破烂不堪,军纪松弛,即提笔写道:"整修造册,整顿军纪……"处事干练机敏,皆如此类。

又有属吏奏道:"州城人口五十万,而饮水井渠已废,城民饮水二钱一桶,苦不堪言。"此事关系民生,苏轼十分重视,一边背手踱步,一边沉吟道:"一湖碧水,近在咫尺,五十万人,干瞪其眼。责令户曹,半月成案。"属吏得令而去。

苏轼又读到另一份公文:"去冬今春滴水不下,早稻未植。五六月水退之后,晚稻勉强而种。然而又遇大旱,导致早晚俱损。"读完不禁倒吸一口凉气,他走到门外,忧闷不已,连小和尚进来更换茶盏,他都未曾察觉。

恰巧秦观从外面匆匆赶回,向苏轼陈说:"先生,学生到各州县粗略察看,稻谷长势令人担忧,饥荒之年已成必然,须早做准备。"

苏轼迎着秦观到几案前,心情异常沉重地说:"是啊,我说你记。"

"是!"秦观提笔端坐,等待苏轼发话。

苏轼举目远望,徐徐说道:"州属各府衙,今年灾情严重,速做赈灾准备。明年春,饥荒势在难免,速备钱款。待下粮时,速向他州产稻区购买足量谷物,以充官仓。十万火急,人命关天,贻误懈怠者,本官严惩。"

秦观书毕,交与苏轼。苏轼阅罢,提笔签名,命秦观交给转运曹,而后若有所思地说:"还必须向朝廷要笔购粮款啊。"秦观说:"而且越快越好。"苏轼点了点头。他明白拨款购粮,准备赈灾,关乎一州百姓生死,刻不容缓,但朝中奸邪不免从中掣肘,不知又要耍出什么阴谋诡计来,对此深感忧虑。

苏轼出守杭州月余,每日勤于处理政务,批复公文,最近又勉力督办各府县赈灾事宜,且要周旋于官场来往应接的礼数,应酬书札,不免有身心疲惫之感。一日稍得闲暇,忽然想起一位故人来,自想何不前去拜望,聊以解脱一下尘俗之累呢?便即刻轻装简从,往南屏山飘然而去。

这位故人便是十几年前在南屏山出家修行的琴操，此时已然是一位遁空忘世的老尼了。只见她正襟危坐于蒲团之上，双目闭合，口中默诵佛经，手中敲打着木鱼。

苏轼向前施礼道："这些年来还好吧？"琴操淡然一笑："无所谓好，也无所谓不好。恬淡守静，心无杂念，一心向佛，倏忽之间，就这样过来了。"苏轼又问："后悔过吗？"琴操说："无心则无悔。"苏轼笑着问："就连故人之心都没了吗？"琴操远望寺外一碧万顷的湖水，悠悠地说："喏，一勺西湖水，便是故人心。"

苏轼若有所悟，叹息道："是啊，一勺西湖水，便是故人心。宋芳、周韶俱已仙逝，故地重游，令人不胜伤感。"琴操说："风尘中人，皆是命苦。"苏轼说："风尘中人，确实命苦，但风尘中人，却多有风节。我贬黄州，周韶曾暗暗资助过我。她不愿见我，那是怕我难堪。"琴操略感愧疚地说："滴水之恩，当涌泉相报。老尼也曾有相报之心，怎奈庵中乏资，无以为报，还望大人见谅。"苏轼摆摆手，说："哪里话。碌碌红尘中，唯有官场无节者为多。我真羡慕你呀，绿苔生阁，芳尘凝榭，香烟与白云共敛于天末，经声与清风同合于西湖，风篁成韵，佛号作歌，道趣无尽。这才是山中仙，人中神。"

琴操本是颖悟聪慧之人，听了苏轼一番超尘出世的感慨，反问道："既如此，大人何不入我佛门？"苏轼笑道："当初我替师父脱籍，今日师父要度我入籍，这报应来得好快啊！"

琴操微微一笑："老尼岂敢。大人还是那样不拘小节。"苏轼说："得罪，得罪。小节拘与不拘，苏某从不介意，只是怕大节有亏。"琴操赶忙询问："怎么，苏大人……"苏轼说："噢，不要误会。我时常深感惭愧，苏某五十有余，上不能致君尧舜，下不能保国安民，中不能心有所归。这，岂非大节有亏？"

琴操长吁了一口气："原来这样。大人所说，乃人生之大者，也是人所不能解者。"苏轼略显无奈地说："这些也就是与师父说说，若是说于朝堂，又会让人侧目。"言罢哈哈一笑。

琴操开解道："大人所言极是。但大人试想，一条长江大河，虽曲曲折折而不失浩浩荡荡，大起大落、大悲大欢、大磨大难，在所难免，但终究会奔流到海。顺乎其流吧，还有什么苦恼呢?！"苏轼闻言，陡然一惊，顿觉身心豁然，如得解脱，急忙拱手称谢，礼毕而去。

苏轼已奏请朝廷拨付购粮款，但迟迟没有回音，心中有些焦急。这日，苏轼正在冷泉亭内批阅公文，忽见一老兵领着两个税吏押一老贡生过来。那老贡生背着两大包行李，吓得浑身发抖。老兵将老贡生的行李包打开，里面尽是绸布。行李包上写有封笺"送至东京竹竿巷苏子由宅中"，署名"苏轼"。老兵禀奏道："税官押来一个盗用大人名号的偷税者，请大人处置。"

苏轼放笔起身，来到老者近前。

二税吏忙施礼道："大人，这老贡生竟敢用大人的名号欺诈骗税。此事本应由小的处理，但他盗用大人之名，只好请大人亲自来审问了。"

苏轼摆摆手制止："小声点儿，别吓坏了老贡生。"又和气可亲地问老贡生："你说，你这么做是何缘由啊？"

老贡生战战兢兢地施礼道："内翰大人，学生对不住您。学生叫吴味道，今年中了乡贡，为进京赶考，家乡的人送了学生两百匹绸子，给学生做赶考的盘缠。学生知道这一路来要被税吏抽税，到京城只怕就所剩无几了。学生知道，当今天下，名望最高而又最奖掖后进的，唯有苏内翰二昆仲了。即使败露，也知大人会原谅的。故出此下策，斗胆假借了大人的名衔。未料大人临镇杭州，事情败露。请求大人恕罪，我错矣！"说完就要下跪。

苏轼忙扶住吴味道，问："可有贡生证明吗？"

吴味道连声说有，急忙从袖中掏出帖子，呈与苏轼。

苏轼验明他确实是贡生无疑，即命老兵揭下封缄，又提笔亲写了一个封条，上书"送至东京竹竿巷苏子由宅中"，署名具印，交老兵重新贴在行李包上。

苏轼犹觉未妥，又写了一封短信，连同贡生证明一起交还吴味道："老先生，这回就是把你送到皇帝那里，也会平安无事的。去吧，祝你赶考高中。读书求取功名不易啊，老天爷也会帮你的。"

吴味道老泪纵横，跪在地上连连叩头，感激不已。苏轼连忙扶起，劝慰道："老先生，这会折我寿的。你也是读书之人，不该给我行如此大礼呀！"吴味道说："大人乃当今天下读书人的北斗，吴某一无名书生，实属正叩。况且，承蒙大人如此厚爱，我吴味道老而奋发，奔求功名，值啊！"言罢又叩谢而去。

这时秦观骑马匆匆奔来，翻身下马道："先生，事情不好了！"

苏轼已猜到八九分了，忙问何事。秦观急促地说："先生向朝廷中要的一百万缗购粮款，被新任的转运使王觌扣下了。他坚称米稻太贵，不予买储。"

苏轼怒拍几案："愚蠢透顶！时下不买储稻谷，到明年，朝廷花十倍的钱也是枉然。时下，饥荒已见端倪，若不及时准备，就会饿死无数人！后果不堪设想。"秦观点头道："王觌在朝，就专与你作对。此次任职两浙转运使，一定是其阴主刘挚的主意。是否马上奏请朝廷，立即责令王觌放款？"苏轼叹息良久，说："我虽然是两浙路使兼知杭州，但按大宋律，无权管他。王觌直属户部管，也只好奏请朝廷了。"秦观说："王觌后面有刘挚做阴主，必处处难为我们。救灾刻不容缓，而朝廷的官僚们心不在焉，麻木不仁，恐贻误购粮时机。"苏轼意识到事情的严重性，即刻提笔铺纸，一面紧接着说："少游，待我写好奏札，你须快马至京城，急到朝廷催办此事。"秦观领命："学生立即动身。"

开封翰林学士院内，苏辙正与范纯仁一同办公。范纯仁说："诗案又起了！蔡确被贬安州，赋诗十章。掌管汉阳军的吴处厚举报他讥讽朝廷。左司谏吴安持知道后，主张立即处罚蔡确。王岩叟也立马参了蔡确一本，太皇太后大怒，准备治他的罪。"苏辙惊问："吴安持与蔡确原本不是朋友吗？"范纯仁笑道："别提了。蔡确学诗赋还是吴安持教的。蔡确当宰相后，朝廷想重用吴安持，蔡确从中阻挠，二人结下了仇。这次蔡确被贬安州，正好在吴安持辖区之内。因为诗言而坐罪大臣，此风不能再开了，'乌台诗案'就是个例子。"

苏辙一贯持重，对此颇感忧虑："蔡确罪有应得，他大设冤狱，把许多无辜官员投入大牢，牢中饭食都要掺进沙土，使这些人生不如死，最后不得不违心认罪伏法，以此而论，即使把他打入十八层地狱也不过分。但是，因为蔡确而大兴问罪之风，再制造一个什么蔡党，恐怕就太过分了。元祐人掌权了，就全把熙丰人打下去，那以后如果熙丰党人再度执政，元祐党人又要被全打下去。这样一来，我大宋就处在了没完没了的党祸之中，大宋江山的根基就动摇了。"

范纯仁也点头道："我所担心的就在于此啊！汉兴党祸，汉朝亡；唐起党祸阉人兴，唐朝亡。这样下去，恐非吉兆啊！"

秦观突然走了进来，向二人施礼。苏辙、范纯仁甚感惊讶，忙问："少游，你怎么回来了？"秦观便把杭州遭受旱涝、粮荒严重的状况，以及受大苏先生差遣来汴京向朝廷告急的使命陈述了一遍。苏辙说："我已听说了此事，朝廷不是已拨了一百万缗购粮款了吗？"秦观说："可王觌不拨现钱又有何法？说是稻谷太贵。瞧着吧，眼下稻谷就开始涨价了，已经近九十钱一石，明年春末，二百钱一石也买不到。"

范纯仁愤愤不已："这个王觌，混账！你找户部尚书韩忠彦了吗？"苏辙也问："是啊，找到他了吗？"秦观沮丧地说："找过了。他告诉我，恐怕写了信催促王觌也未必管用。"苏辙思忖了一下，说道："如果那样，就直接奏明太皇太后。"范纯仁摆手示意："你最好不要出面，刘挚，还有御史台的人都在紧紧盯着你和子瞻的一举一动呢。我想，子瞻会有办法的。"

秦观赶回杭州，拿着吕大防和韩忠彦的书信去见王觌，不料王觌仍不拨款。秦观气呼呼地回到府衙，把书信往案上一摔。

苏轼见此情景，心中早已明白。王觌在朝中有刘挚做阴主，这次出任两浙转运使，专为掣肘牵制自己而来，秦观就算拿着宰相书信，又能奈何？！遂起身笑道："少游，回来了。宰相和韩大人的书札没顶用，是吧？"他顺手从容地拿起茶壶，倒了一碗茶递给秦观："孩子哭了抱给他娘。"

秦观接过茶，不解其意，疑惑地看着苏轼："抱给他娘？"

苏轼微微一笑："王觌扣押购粮款，那就通知各州县官员找王觌要款。"

秦观恍然大悟，喜形于色："对呀，我这就去！"茶水也顾不上喝，放下茶碗就跑出大堂。

各州县官员得知王觌擅自克扣购粮款，极为不满，他们潮水般地涌进两浙转运司，七嘴八舌地大声质问王觌，大有一触即发之势。往日庄严肃穆的大堂里人声嘈杂，挤满了花花绿绿的各色官袍，几十双黑压压的帽翅在抖动。几名大堂衙役自知难以阻挡这些义愤填膺的州县官员，只能站在一边，尴尬地看着王觌的脸色。

王觌在官场混迹几十年，大小场面也见过不少，却从未见过这等阵势，不由得发怵。他扫了一眼阶下的衙役们，心里暗暗地骂他们不中用，平时作威作福，怎么到了关键时刻就不行了呢？

他本来还想继续克扣粮款，可是这些州县官员群情激愤。这个说："你要逼百姓造反吗？"那个说："王大人，拨不拨款吧？说！"还有的干脆扔下一句："让百姓来找你要粮！你自负其责，咱们走！"

这一句掷地有声，非同小可。王觌暗暗思量：今天几十名州县官员自己尚且难以招架，如果成千上万的百姓拥来要粮，自己如何应付得了？现在千钧一发，由不得自己不拨款。想到这里，他只能无奈地跺足喊道："回来！我现在就拨！"

王觌本想借克扣购粮款一事为难苏轼，不料找上门来的州县官员把自家的门槛都踏破了。他像泄了气的皮球，有气无力，一屁股瘫坐在座椅上。可一计不成又生一计，他心中又开始盘算新的计划。

好事不出门，坏事传千里。王觌克扣购粮款的事很快连朝廷都知晓了。延和殿早朝，太皇太后端坐于殿上，她扫了一眼殿下，见吕大防、范纯仁、苏辙、刘挚、王岩叟等大臣手执笏板，恭恭敬敬地站在阶下，便问道："列位卿家，今日有何本奏啊？"

范纯仁出班奏道："启禀太皇太后，杭州太守苏轼以购粮款稳定谷价，救济饥馑，平息民怨，应论功行赏。"

范纯仁脸庞瘦削，长期的案牍劳形使他看上去略显憔悴。太皇太后赞许地点点头："苏轼不负哀家厚望，爱民宣仁。当赏。"

范纯仁话锋一转:"太皇太后,但两浙转运使王觌私自克扣户部一百万缗购粮款,声称稻谷太贵,延缓不拨,贻误购粮,一度使民怨甚炽。伏请圣慈予以惩办。"

太皇太后面露愠色:"岂能以稻谷太贵为由,而置百姓饿殍载道于不顾,这与我朝爱民宣仁之本实在背道逆行,王觌当予惩办。"

如果王觌被惩办,刘挚苦心安插到苏轼身边的钉子就被拔掉了。他见势不妙,眉头一皱计上心来,出班奏道:"太皇太后,据臣所知,王觌身为管理漕运的转运使,善为朝廷理财,以今日粮价购粮,购一斗米就赔十文钱,总共加起来朝廷须赔十万缗还不止。故王觌延缓不拨粮款,是为朝廷息钱,可算尽职守责,不当论罪啊!"

太后低头思量,沉吟未决。

王岩叟见太后迟疑不决,自己再不出手,王觌怕有丢官之虞。他赶紧出班支持刘挚。

太皇太后见两种意见势均力敌,也不好驳斥刘挚、王岩叟,于是做出裁定:鉴于王觌克扣购粮款,难辞其咎,罚俸半年。

刘挚从袖筒掏出手巾,抹了抹额头的汗珠。刚才不知不觉,汗水竟然湿透了衣襟。他心中不由得暗骂王觌办事不力,掣肘苏轼不成,还害得自己在朝堂之上费尽口舌,出了一身冷汗。

## 六十一　　安乐坊

  杭州乃三吴都会,东南形胜,水光山色与胭脂水粉交织在一起。唐代白居易就有"江南忆,最忆是杭州"的词句。自吴越钱王归宋以来,这里更成为大宋王朝物阜民丰、文化荟萃之地。曾几何时,白衣卿相柳永也迷恋于这里的"烟柳画桥,风帘翠幕",盛赞"钱塘自古繁华"。

  谁又能料想这么一座繁华的城市,竟会面临瘟疫之灾?

  参寥云游四方,听说苏轼又外放到杭州,急急赶来相会,路途之中却察觉到瘟疫蔓延的迹象。他直奔府衙,见了苏轼顾不上叙旧,开门见山地说:"子瞻兄,大事不好,杭州城里已经有了瘟疫。贫僧方才亲眼所见,路边已发现死尸。"

  这一句不啻晴天霹雳,苏轼有点不敢相信自己的耳朵。他正为眼下的灾荒忙得焦头烂额,偏巧瘟疫又在这时蔓延,其势必定汹涌不可抵挡。一人得病,则一家俱病;一家病,则一街市俱病,乃致一城俱病。如果不及时遏制,这人间天堂、富贵之地就要遭受不可挽回的灾劫了!参寥见苏轼着急,忙好言安慰,并举荐了自己的好友杨世昌道长前来救疫。苏轼在密州时就与杨道长相识,知道他有扶危济困之心、妙手回春之术,且近在扬州,一定可以救杭州一城百姓。苏轼大喜,忙亲自写了一封请帖,让巢谷火速赶往扬州请杨道长前来,一面又吩咐属吏到城内四处勘察回报。

  疫情要比想象中蔓延得快,染疾的人越来越多,路边已经横陈了许多尸体。居民害怕瘟疫传染,都不敢掩埋尸体,致使街巷间恶臭熏天。杭州城已是一片萧条,没有了往日的繁华气象。冷清的街上偶有行人也是行色匆匆,只有几只乌鸦不时地在暮色中飞来飞去,发出"呀呀"的叫声。

更为严重的是,城内谣传瘟神降临,人心惶惶,不少百姓都携家带口、搬抬行李要逃离出城。那些害怕疫病蔓延危及自身的市民,在已发生瘟疫的街巷口设置了石头、木栏等路障,拿着铁锹棍棒堵在巷口,拒绝巷内居民向外逃离。有一处巷口,巷子内外的人你推我搡,闹得不可开交,眼看就要打起来。妇人抱着小孩吓得直哭,青壮年则群情激愤,扬言要去报官。里正见势不妙,忙找人通报到府衙。

苏轼带衙役火速赶去,平息纠纷,好言劝慰居民回家。他一面吩咐人暂时封锁街巷,禁止人员随意出入,一面又派人送去汤药照顾孤寡,并将巷内死尸清理埋葬。

回到府衙,杨世昌和巢谷早已在堂前等候。苏轼又喜又忧,拉着杨世昌的手说:"杨道长,这次瘟疫来势凶猛至极,疫地如今已死了一百多人。这次专程请道长前来,就是希望道长能及时消除瘟疫,救治杭州百姓于危难之中。"

杨世昌有六十多岁年纪,三缕长髯,一身玄衣。他入道多年,向来大藏若虚,喜怒不形于色,见苏轼这样焦急,微微一笑:"大人这是哪里话?贫道本就是以救贫济病为己任,何况有大人的吩咐。贫道一路来已察访了瘟疫病情,也见过了病人病状,对这次瘟疫的大致情况已有了解。"他转身从案牍上取过写好的方子说:"我已有一服治病良方,名叫'圣散子',是贫道在扬州就用过的,这次专门带来。此方以高良姜、厚朴、半夏、甘草、柴胡、藿香、石菖蒲、麻黄等二十几味入药,水煎服,可荡涤腹胸之火热,散其表里之邪气。服此药,火热退去,正气自存,而邪气自出。治此疫者,以此方最妥。"

苏轼大喜过望:"好极!杨道长,我即刻就命人按此方配药,交给城中病人服用。"他突然想起了什么,表情转喜为忧:"喔,对了,我方才在疫地听病人说药铺的药价居高不下,他们都买不起……"

杨世昌一怔:"啊?单有药方,而无药材,治病岂不是巧妇难为无米之炊?"

苏轼带着参寥、巢谷、杨世昌来到仁惠堂前查看药价。仁惠堂前人头攒动，买药的百姓已经将药铺围得水泄不通，一里外都能听到嘈杂的声音。百姓七嘴八舌地求告，仁惠堂就是不肯降价售药。伙计丁三依照堂主的吩咐，堵在门口大声叫嚷："我家堂主说了，拿钱买药，哪朝哪代也是这个规矩！就算是瘟疫死了人，也是一分钱少不得的！你们买得起就买，买不起就走开，莫要妨碍我们做生意！"众人都暗地叫骂。苏轼问知情况，愠怒不已，即刻吩咐巢谷令杭州城中所有药铺堂主到州府议事。

众堂主都是势利商人，都想趁着疾疫之时从中大捞一把，哪里肯降价售药，做亏本生意？但太守之命不敢违抗，只好陆续到府衙会客厅等候。他们都心知肚明，只要一起卡着药价，就是州官太守也拿他们没有办法。苏轼面色阴沉地来到会客厅，与众人相见，也不寒暄，直接说道："你等都是杭州各大药铺的堂主，此次疫情危急、来势汹汹，杭州城五十万居民命悬一线，你等当多备药材，减价售药，以助杭州过此难关，却为何泯灭天良，高价售药，延误人命，大发灾疫之财？"

众堂主支支吾吾，七嘴八舌地找借口搪塞。其中一个回话道："苏太守有所不知。我等都是商人，近来药材本来进价就贵，都花了我等的血本，此时若降价售药，我们只怕都要血本无归、倾家荡产。"另一个也满腹委屈地说："苏太守，真的不怪我等。杭州的药材来源由仁惠堂一家独断，我等都从他家进药，他家将进药价定得十分昂贵，我们若不卖得贵哪来的饭吃啊？"其他人见说到仁惠堂，都齐声附和。

苏轼从众人口中了解到，仁惠堂是杭州最大的药铺，垄断药材来源。他将进药价定得高，想趁机渔利，致使穷苦百姓无钱购买，其他堂主也都唯仁惠堂马首是瞻，不敢拍板发话。那堂主曲贵年身兼药行会长，此次借口身体不适，竟然故意不到。苏轼没法，心知斗不倒曲贵年，杭州一城的药价都不会降低，只得遣返众人。

苏轼回到家中，坐在座椅上心事重重，盯着庭院里的落叶在风中打转，心中发愁道："落叶飘零谁是主？眼下这么多病人，谁又能为他们做主呢？"

朝云在一边看见了，过来关切地问："先生，还在想瘟疫的事？"

苏轼叹了一口气:"朝云,你有佛心。你说说看,如何安置那些染上瘟疫的杭州百姓,以供他们治病抓药?"

朝云从容不迫地说:"先生,朝云以为,禁锢百姓只能暂时遏止瘟疫蔓延,而不能根治,反而会激起民变。要根治,必须先找到一个地方,以容纳患者入住,避免相互传染,再抓药治病,治愈瘟疫,方可称为根治之法。"

苏轼惊喜地从座椅上站起来:"你说得对。但是哪来的地方可容纳患者呢?"

朝云试探地问:"大药铺可以吗?"

苏轼失望地摇了摇头,紧锁眉头道:"不行,药铺堂主唯利是图,连让他们削价售药,那药行会长曲贵年都百般推托,又怎么会答应收容病人呢?"说着走到茶桌跟前,拿起一只茶碗,准备倒茶。

朝云略一沉吟,起身说:"既是这样,先生不如自己设立一个官办大药坊,一来抓药治病,二来收容瘟疫病人。双管齐下,岂不好?"

苏轼听闻此言,一下把茶碗丢在桌上,上前紧紧抓住朝云的手,两眼放出欣喜的光芒:"对啊,我怎么没想到?多谢朝云。这种办法,也只有你这菩萨心肠能破除羁绊,心生而成,强过我等凡人冥思苦想。好,我这就去找人布置开药坊去。"说着转身匆匆离去,一刻也不停留。朝云瞧着自己刚才被苏轼抓过的手,偏着头羞涩一笑。

苏轼带着秦观、参寥等人四处勘察,找到一处废弃的官仓,这里宽敞通透,打开窗户可四面通风,是安置病人的极佳之地。苏轼当即吩咐秦观将此地收拾布置,又下令城中,凡染上瘟疫的统一送到这里,由诸位郎中和兵卒先管起来,按杨道长的方子抓药治病。再由州府派出官员,发动各街巷的地保,管好每条街巷,没得瘟疫的人也必须服药预防。动员城中药铺,尽可能多地搜集能找到的草药,至于抓药的钱,苏轼首先捐出五十两黄金,州府再拨两千缗钱。

杨世昌感激地说:"苏大人仁德爱民,贫道无钱捐纳,只有拼此老命,助大人救民于水火之中。"苏轼笑道:"有道长在这里,苏某就放心了。"参寥合掌说:"善哉!子瞻兄此番功德不小。不知这药坊该起什么名字?"苏轼沉吟了一下:"就叫'安乐坊'吧!佛印大和尚若在这里,定会帮咱们许多忙的，他那张利嘴，我看教训仁惠堂的人最合适不过。"参寥笑道："只可惜佛印云游不定，指望不上咯！"众人都跟着大笑。

兵卒护卫患者陆续从家中迁到安乐坊，服药安顿，个个都感激太守此行，几位年长者还老泪纵横，要跪谢苏太守的大恩大德。苏轼扶起众人，嘱咐他们安心养病。

这样，安乐坊——中国最早的公立慈善医院，由此产生，一日之内就收治了近百号病人。

深秋时节，天气越来越寒冷了，安乐坊内收治的病人也越来越多，到处弥漫着一股浓浓的草药味。一排煎药的砂锅正在冒着蒸汽，发出呼噜呼噜的响声。两排大木床上，躺满了近百号病人。病人的家属守护在旁，给病人喂药、擦洗，一派忙碌景象。苏轼边走边看病床上的病人，不时有病人和家属向他道谢。

巢谷领着衙役、兵士们抱着草药接连进来，将草药堆在地上。秦观则与药工们负责切草煎药，药渣飞溅，发出噼里啪啦的响声，不时溅到他们脸上。不过他们也顾不得这些了，现在这些草药就是杭州数十万百姓的命啊！杨道长与众郎中将新煎好的药端给病人服用，不时把脉询问病情。

朝云也来到安乐坊帮助照料病人，她接连几天没有合眼了，脸色有些憔悴。她看见一个孩子蓬头垢面，衣衫褴褛，独自躺在病床上哭泣，就端起药碗过去喂他服下。周围的人说，这孩子双亲都染病身亡，剩下他身染重病，无人照顾，实在可怜！孩子一边喝着药，泪水一边滚滚而下。朝云想到自己的身世，又想到这孩子的遭遇，心中一酸，也流下泪来，忙把孩子抱在怀里。后来她又找些吃的给他，孩子苍白的脸上这才露出一丝微笑。

杨世昌走到苏轼跟前说："苏大人，病人虽然安置下来了，但病人甚多，仍在不断送来，眼下这点药材，怕是杯水车薪。各大药铺仍不降价，安乐坊的钱资有限，已经买不了多少药。须尽快购药，形势危急啊！"

苏轼点了点头，忧虑不已："仁惠堂垄断杭州药市，它若降价，则其他药铺必然降价，药材之急自然可解。所以关键是说服仁惠堂堂主曲贵年，为民降价售药。但要说服此人,恐怕很难。"

参寥在一旁听见,心想我不入地狱,谁入地狱!遂挺身而出,自告奋勇:"子瞻,贫僧愿勉力一试。"他自打安乐坊成立就寸步不离病房,吃饭睡觉也都在这儿,已经忙了好几天,眼圈深黑,本不健壮的身体显得更加消瘦了。苏轼感激地说:"那好,有劳参寥兄了。"

曲贵年自瘟疫暴发起就抬高药价,等着坐收暴利,每天惬意地躺在宅内喝茶,吩咐丁三盯紧药市。他得知苏轼召集各药铺堂主商议降价未果,得意地笑道:"叫我降价,做他们的黄粱梦!将本图利,天经地义。老夫是商人,商人就是重利!哪一个卖药的不希望人生病啊?今日生此瘟疫,满城皆病,正是敛钱聚财的天赐良机,岂可拱手让人!"丁三跟在一旁赔笑。

然而安乐坊承办后,到仁惠堂来买药的人越来越少了。丁三愁眉苦脸地向曲贵年禀告,说苏太守请来一位道行高深的道长,出一奇方为百姓治病,还分文不取。曲贵年把脸一横,气得把茶杯摔出去,狠狠地说:"好啊!这是要断老夫的财路啊!杭州若没有我仁惠堂,他们还能上哪里找药去?我看这安乐坊能撑多久!丁三,去通知各位堂主,各家药铺不准降价售药,反而提价一分,快去!"丁三满面为难。这时管家进来通报说一个瘦和尚求见老爷。曲贵年大骂道:"狗奴才!什么人要见我?赶紧打发走!"管家说:"这和尚怪了,他说不要钱不要米,只要见老爷。"曲贵年平时一毛不拔,见了化缘的和尚来都关门不应,心想这是个什么遭瘟的和尚,心下狐疑,忙跟着出去。

参寥立在阶下,合十顶礼道:"曲堂主,贫僧奉太守之命,前来恳请堂主为救杭州百姓于水火之中,降价售药,行善积德。"曲贵年一听是为太守来讲降价之事,气不打一处来,愤愤地喝令随从把参寥赶出去。参寥精瘦,哪里经得住打?额角都碰伤了,只得空手而回。

苏轼见参寥受伤而回,怒道:"参寥兄,你驾渡人舟,他怕无底船!此人如此奸猾贪财,待我将他拿来质问,看他敢不敢轰老夫走!"参寥脸上泛起一丝苦笑:"子瞻,官家也奈何不了为商的。曲施主一时迷途,只能好言开悟。再说为度众生,贫僧受辱又算得什么?你相信贫僧,自会说服于他。"参廖休息片刻，又执意要去，苏轼拉都拉不住，只得望着参寥瘦小的背影叹息。

参寥手持禅杖又来到仁惠堂前。现在已没人来买药了，堂前门可罗雀，一片冷清。药店伙计闷闷地在店内打盹儿。参寥径直穿过前堂走到后宅。只见一处院落布置整齐，架子上摆着各色花瓶玉器、古董珍玩，斜阳透进来，微微泛着光。曲贵年正躺在一张罗汉椅上，闭眼打盹儿。两个侍女垂着头，缓缓地为他捶腿。

"阿弥陀佛，曲施主。"参寥合十立在门边施礼。

身材高大的曲贵年睡眼蒙眬，吓了一跳，蹦了起来："怎么又是你啊？"两个侍女吓得马上停止了捶腿。参寥面色凝重，一字一句地说："曲施主，时下瘟疫肆虐，杭州城五十万人危在旦夕。平时，这城民乃是仁惠堂的衣食父母，现在城民大难临头，曲施主应当慷慨解囊、降价售药，协助官府共驱瘟神。如此则功德无量，城民将以善报德，这仁惠堂也会事业兴隆。曲施主就听老衲一言吧。善有善报，恶有恶报。"

曲贵年觉得参寥甚是好笑，便故意戏弄他："你这和尚，刚挨了打就忘了疼，还敢来？那好，你说吧，想让老夫捐多少？"

参寥回答："一千五百两。"

曲贵年瞪着一对豹眼冷笑道："什么？一千五百两？"

参寥以为曲贵年嫌数目太多才不愿意捐，忙走近两步，诚恳地对曲贵年说："积德行善，必有厚报。人曰：'人行善天必佑之，人造恶天必罚之。'还望曲施主灾年积德，救民于水火之中。如此，我佛慈悲，也会保佑施主的。"

一心向佛的参寥哪里能够想到，这个身兼药行会长、药铺堂主的曲贵年，压根就没想过捐出一两银子，刚才询问捐多少只是存心戏弄他而已。曲贵年不耐烦地说："行了行了，你唠叨些什么？还佛祖保佑，你们自己都不能保佑自己，还要靠别人施舍过日子，谁信你这套胡言乱语！快滚快滚！"

参寥耐着性子，依然不放弃开导曲贵年。曲贵年大怒，一挥手几个家丁一拥而上，手提棍棒照着参寥劈头盖脸就打。曲贵年狂笑道："这秃驴！看你还敢不敢来聒噪！"参寥被打出大门，一个趔趄跌倒在地。他摸起地上的禅杖，整了整袈裟，一边喃喃："罪过！罪过！"一边忍着伤痛向府衙走去。

苏轼和巢谷在府衙焦急不安地等参寥回来。不多时，只见参寥满脸伤痕、袈裟不整地走了进来。见了苏轼，参寥苦笑着说："曲贵年又将贫僧轰打出来了。"

苏轼勃然大怒，拍案而起："大胆狂徒！不识好歹！竟敢两次将参寥兄赶出！是可忍孰不可忍！"马上拂袖提笔，饱蘸浓墨书写告示，边写边对巢谷、秦观说："巢谷，少游，我即刻书写告示，你等将告示张贴于杭州城内各处，就说杭州各大药铺立即降价售药，违者封店，所有药材充官家药库。"巢谷领命而去。

告示张贴后，杭州各大药铺都降价至官府的定价，百姓争相购买，群情欢悦。安乐坊也充实了药库，缓解了病人无药之急；唯独曲贵年的仁惠堂，拒不降价。苏轼决定亲自去查封仁惠堂。

苏轼、巢谷、秦观来到仁惠堂门前。衙役迅速冲入药堂，用封条封存药材，并欲用封条封门。几个伙计刚才还在打盹呢，此时已吓得不知所措。丁三慌忙跑到后堂去告知曲贵年。

百姓们见太守查封仁惠堂，都过来围观，窃窃私语，纷纷拍手称快。

正在这时，曲贵年从堂内冲出来，怒吼道："住手，为何封我家药堂？都给我住手！"

苏轼示意衙役暂且住手，义正词严地问："你就是曲贵年？"曲贵年睁圆双眼，理直气壮地回答："正是在下！"苏轼正色怒斥道："大胆曲贵年，你欺行霸市、囤积居奇，大发灾疫财，置杭州百姓于不顾！本太守下令所有药铺降价售药，只有你家胆敢违令，本太守当依令封店充药！"

曲贵年有恃无恐，冷笑道："请问太守大人，我这药铺降价售药，所赔的钱该算谁的？是算官家的，还是算在下的？"苏轼说："此次降价售药，是为救急，人命关天，不得不救。你们若有所亏损，度过瘟疫之后，官府自会有所补足。"

曲贵年不屑地"哼"了一声："官府日后补足？那补多少，大人可知道在下若按官府定价售药，会亏损多少？大人说的是官话，在下说的是商言；大人在官言官，在下在商言商；你有官法，我有商规。大人非要以官法压过商规，才是真正的欺行霸市！"

苏轼怒不可遏，喝令封店。突然后堂有人大声叫道："慢着！苏大人。"

帘子被掀开了，一人从堂内走出。这个人不是别人，正是两浙转运使王觌。他奸笑着向苏轼拱手道："苏大人，好威风啊！"

苏轼没想到王觌竟然会在这里出现，吃了一惊。秦观、巢谷也大惊失色。原来曲贵年如此有恃无恐，是有王觌在背后撑腰啊！

王觌大腹便便，踱着步子，打着官腔，用训导的口气说："苏太守，曲贵年方才所言也不无道理。商家自有其商规，买卖皆属自愿，官府不可横加干涉！浙杭乃我朝商埠重地，苏太守若开此先例，则以官欺商之风得到助长，商市不振，税收羸微，动摇国库民生，苏太守可是担当不起啊！"曲贵年得意扬扬地站到王觌背后。

苏轼看到这个情景，已经明白八九分了。自从他知杭州以来，王觌就处处与他为难，但他还是好言劝说道："王转运使，这是非常时候。杭州瘟疫病人若不服药，瘟疫不得控制，一旦蔓延，则举城俱病，杭州城危在旦夕！你说哪个为大？"

王觌冷笑一声，不慌不忙地说："苏太守，太皇太后一再有谕，废熙丰变法新政，就是为了不与民争利，苏太守不是一直赞成吗？为何今日却与民争起利来了？"

秦观在一旁为苏轼捏了一把汗。那王觌是有备而来，还拿太皇太后的谕旨来压人，实在是欺人太甚。苏轼可从不屈人，坚定地说："若本太守非要查封呢？"

王觌晃动了一下脑袋，帽翅也随之晃了晃，冷笑道："你别忘了，本官身为两浙路转运使，实乃两浙路的监司官，有经管本路财赋、举劾官吏之权。本官不许你封店。你胆敢违抗，就是违抗大宋律例！到时候后果怕是苏大人担待不了的！"这句话出口如此平静，却又饱含威胁。

苏轼万万没有想到，王觌会为了私人恩怨，而置杭州一城百姓的生命安危于不顾，不禁气愤地争执道："王觌，若杭州瘟疫蔓延，我定将你这转运使的官帽、官服,还有你这昏官之身一并扔进西湖喂鱼!老夫说到做到!"言毕带着巢谷、秦观以及衙役拂袖而去。

王觌到底色厉内荏,他看着苏轼远去的背影,舒了一口气。他知道苏轼的脾气,他那文人的臭脾气是谁也不怕的,当年甚至敢在朝堂上面辩驳先帝!倘若杭州真的瘟疫蔓延,自己可担不起这样大的干系。他下意识地擦擦额头的汗,心想一定要修书一封给刘挚大人,报告苏轼查封药铺之事,趁机狠狠治他的罪。想到此,王觌这才心下安定,忙向曲贵年拱手告辞,上轿欲回。曲贵年使人捧出个礼盒来,笑吟吟地请王觌收下。王觌假意谦让一番,向随从使了个眼色,暗暗收了,扬长而去。路上王觌迫不及待地在轿中打开礼盒验看,却是五斤珍贵人参,他一下子眉开眼笑。

苏轼愤愤地回到家中,边走边大骂:"昏官王觌,贪官王觌!不顾生民涂炭,包容奸商发国难横财,我要上奏参他!"朝云忙过来劝解道:"先生息怒,不要气坏了身子。这些日子以来,先生本来就休息不够。其他药堂不是都降价了吗,可够安乐坊支撑好一阵了。危机暂解,病人的性命都可保住,先生不用过于着急啊!以后还可以从长计议,再想其他办法购药。"苏轼说:"朝云说得是。只是可气那曲贵年仗着有王觌撑腰,依然独霸杭州药市,扳不倒他,其他药店的药材也无从进购。这样总不是长远之计啊。"朝云也为难,但也无法可想,只得劝苏轼先吃饭,再作打算。

谁知天有不测风云,曲贵年正为借着王觌挫败了苏轼而得意呢,丁三忽然急匆匆地跑来说:"老爷,不好了,公子病了!"曲贵年大惊,刚刚的快意烟消云散。他快步走入寝室,只见儿子曲钱躺在床上呻吟不止,身上发出恶臭,一旁照料的家丁和丫鬟都捂着鼻子。曲贵年也受不了这股恶臭,赶忙抓起一块精致的手巾捂住鼻子,与曲夫人、丁三站在床旁。曲夫人在一旁伤心拭泪,哭哭啼啼,拉着曲贵年哀求说:"老爷,钱儿患了瘟疫了,老爷快想办法救钱儿啊!"

曲贵年怎么也不能相信,儿子得的是瘟疫。在他看来瘟疫是穷人才会生的病,怎么会生在自己这种富户家里?但是从火热难去、周身恶臭的症状来看,只能是瘟疫了。丁三浑身颤抖地说:"老爷,前几日那个和尚说'善有善报，恶有恶报'，莫不是瘟神……"

曲贵年劈头扇了他一巴掌，狠狠地呵斥道："胡说八道！臭和尚的话能信吗？还不如信钱实在。老夫有的是钱，快去找个郎中来开方子，用我们药铺最好的药材。"丁三答应着出去了。

曲钱的呻吟声越来越大，曲夫人又忍不住哭出声来："我儿呀，造孽啊！"曲贵年捂着鼻子，不敢上前去，见夫人哭哭啼啼，他不耐烦地说："别哭了，丧不丧气啊！"

这时耳边传来衙役的沿街叫喊声："勿饮生水啰！勿食生菜啰！灭鼠消疫啰！有病人请送安乐坊啰！"

丁三找城中郎中开了方子，又用了自家药铺最好的药材，亲自煎了给公子服下。可一连几天过去了，曲钱的病毫无起色，还渐渐加重了，整日躺在床上呻吟不绝。曲夫人跟着垂泪，在曲贵年耳边啼哭不已，搅得他心烦意乱，连账都算不清了。他唯恐弄错了，半夜爬起来摸起账本要重算一遍。曲夫人哭骂道："天天死守着账本，儿子病了还管不管？你倒是想想法子救儿子啊！"曲贵年近来被夫人搅得脾气暴躁，吼道："不算账哪来钱给儿子治病？吃了这么多药也不见好，我有什么办法？"曲夫人仍不依不饶："都怪你，前几日两次三番打了高僧，得罪了佛祖，现在可遭报应了吧！"

曲贵年听罢，气上心头："钱儿自己得病，跟我打了和尚有什么关系？你不要疑心瞎想。"曲夫人说："那和尚是太守身边的人。如今安乐坊有位道人有奇药良方，你去求一服来给儿子治病吧！"曲贵年想到要去求苏轼，脸皮拉不下来，死活不肯。夫人缠着他又哭又闹。曲贵年踌躇半刻，这才把丁三叫来呵斥道："你们这群废物，配的都是什么狗皮膏药，公子都快把它当饭吃了，还不见一点儿好，你们是不是要害死他！赶紧去安乐坊抓服臭道士的药回来！"

第二天，丁三空手从安乐坊回来，说药得拿银子来换。曲贵年气得吹胡子瞪眼睛："蠢奴才！杭州百姓去安乐坊看病，给一个大钱就能得一大包药，还有不收钱的。你不知道给他一个大钱？"丁三苦着脸说："那是穷人的价钱。老爷的价钱，他们说了，要二百两！"

曲贵年气得差点没跌倒，一脚踢翻丁三，狠狠地说："哼，冲我的银子来的。那和尚不是菩萨心肠，慈悲为怀吗？怎么对老夫就不慈悲了？狮子大开口了？不给！就是不给！"屋内曲钱的呻吟声又传了出来。曲夫人哭着拉着曲贵年说："老爷，就拿出二百两救儿子的命吧！"

曲贵年摸着额头，脑子发胀，又对丁三骂道："你不知道以别人的名义去抓药吗？"丁三委屈地说："各家各户去安乐坊抓药都要找保正签字画押的。"曲贵年接着骂道："蠢奴才，你不知道塞几个钱给保正吗？"丁三嗫嚅道："保正都听官府的，不敢多收一文钱。"

曲贵年急得跺脚，大声嚷道："去给我把方子偷出来！"丁三哪里有这本事？再说苏轼早把方子收在身边，岂是那么容易弄到手的？曲夫人急了，哭骂道："等你偷出方子来，钱儿还有命活吗？老爷呀，还是儿子的命要紧。要是咱家再有人染上这病，就不止这些银子了。儿子的命都没了，守着那么多银子还有什么用呢？"

曲贵年叹了口气，对丁三说："好吧，就依那和尚的。他说要几服药？"丁三答道："和尚听我说了公子的病情，说至少要五服。"曲贵年倒吸了口冷气，心中飞快地盘算："五服就是一千两，比和尚要我捐的一千五百两还少五百两。"心疼之余又有些庆幸，此时儿子生病，就依他吧。丁三拿了一千两的交子，飞快地往安乐坊跑去。

丁三畏畏缩缩地来到安乐坊，生怕别人看见自己似的，沿着墙角跑来找到参寥，叫道："和尚！我家老爷说了，我们要五服，这是一千两。"参寥微微一笑，直叫"阿弥陀佛"。正要收钱拿药，巢谷忽然走过来按住他，对丁三说："现在涨价了，一服要三百两，你快回去找你家老爷要钱吧！"曲贵年两次打了参寥，这回巢谷正好借机为参寥出口气。

丁三愣了一下说："又涨价了？几个时辰前还是二百两，这还让不让人活了？"巢谷冷笑道："你们仁惠堂抬高药价，几时想过杭州全城人的死活了？"丁三一时无语，参寥在一旁偷笑。这时一位衣衫褴褛的老伯也来买药，参寥和气地收了他一文钱，把一大包药递到他手里，老伯道谢而去。丁三站在一旁，十分不平地问："他买药只要一文钱，我买药却要三百两，你们这不是欺负人吗？"巢谷得意地说："我们在商言商，买卖皆属自愿嘛！拿钱买药，哪朝哪代也是这个规矩！一分钱少不得的！你买得起就买，买不起就走开，莫要妨碍我们治病救人！"丁三脸上红一阵白一阵的，悻悻地离去。

丁三哭丧着脸回报。曲贵年大怒，猛地一拍桌子，怒道："什么？又涨了一百两？岂有此理，不买了，死也不买了！"他后悔不迭，心想：这分明是乘人之危，落井下石啊！五服药就是一千五百两，天底下哪有这么贵的药！这竹杠敲得也太没有天理了！早知道当初就捐给和尚一千五百两了。曲夫人哀求道："好了，好了，别说气话了，只要儿子病愈，比什么都强，涨就涨吧，多少钱就不用在乎了。"

曲贵年叹气道："唉，真是世风日下，人心不古啊！也罢，认栽。丁三，你再拿上五百两银子，给他们就是！早知道这样还不如早给那和尚，唉！"

丁三拿了钱，抓了五服药回来，煎好给公子服下。可人算不如天算，曲钱的病还是不见好转，呻吟声更重了。曲夫人慌了，哭着问："老爷，钱儿吃了安乐坊的药还是不见好，可怎么办？"丁三惊恐地说："瘟神降临了！瘟神降临了！"

曲贵年又扇了他一巴掌："你个狗奴才！又胡说！少爷吃了五服药，为何不见好转？你这药是怎么抓的？说！"丁三惶恐不安地说："苏太守说了，咱们高价卖药，发国难财，他当初封店是让咱们消灾赎罪，以敬神灵。更何况咱们侮辱打骂了参寥大师，得罪了佛祖，人怨天愤加上佛怒，少主人的病自然加重了。解救之法，只有再服用三服药才行……"

曲贵年两腿一软，倒在罗汉椅中："什么？还要三服？就是说，还要再交九百两银子？哎哟……哎哟……真是民算不如官算哟！我的银子啊！"曲夫人上前劝道："哎哟，老爷，算了，一千五百两都花了，九百两不出，那一千五百两不也白费了？就当消财免灾，求个心安吧！"曲贵年两眼流泪，苏轼此举实在欺人太甚！也罢，给他们吧。不就是几两银子嘛！突然他想到了王觌和那五斤人参——早知道是这样，我吃饱了没事做，送那五斤人参做什么啊？真亏啊！想到这里，他狠狠地抽了自己一嘴巴。

曲家公子久病不愈的消息很快传遍了杭州城，那些富家大户向来跟曲贵年狼狈为奸，欺行霸市。听说他家公子吃了安乐坊的药也好不了，心中惶恐，纷纷谣传瘟疫不可抵挡，都携带细软准备逃离。流言蜚语很快在城内流传开，人们传言杭州有瘟神作祟，还说苏轼治疫得罪了瘟神。消息一传十十传百，不可收拾。百姓人心惶惶，议论纷纷，他们开始带着妻儿老小出逃，纷纷攘攘乱成一片。城门兵士阻拦不住，只得快马直奔安乐坊报告苏轼。

苏轼闻报大怒："大胆！是谁造谣惑众，混淆视听？！杭州瘟疫如今已经初步受制，自建安乐坊以来，更没有一人死去，病愈者数以百计。什么得罪瘟神，实属胡说！"参寥说："子瞻兄，如今百姓栗栗危惧，人心大乱，须想出对策，消除杂见，否则治瘟疫一事有半途而废之虞。防民之口，甚于防川啊！"

杨世昌也说："苏大人，参寥大师所言极是。若单单不准百姓出城，就像防洪一样，宜疏导不宜堵啊！"参寥叹气道："阿弥陀佛。治瘟疫都如此之难，治心中虚妄之惶恐就不知道有多难哪！"

苏轼明白，人心中的虚妄惶恐确实比这瘟疫更加可怕。他皱紧眉头，急忙派人到城内各处安抚人心，稳定局面。回到家，苏轼仍焦虑不已，朝云看出了端倪，默默地找出一大堆胭脂香料来。苏轼不解地问："朝云，你向来不用这些胭脂的，如今找出来做什么用？"朝云淡淡笑道："城中谣言四起，是疫病搅起人心中的惶恐了，再说患病者浑身恶臭，更使人心绪不宁。如果将胭脂、香料、花粉、醋等物合在一起熏烧，除臭去秽，芳香扑鼻，令人心旷神怡，病人的病自然就好得快了。"

苏轼大喜，认为此法可行，便令衙役到城中四处搜集香料、胭脂等物。参寥也到各家上门化缘，众人见这和尚单要胭脂，心中窃笑不已。参寥可顾不了这么多，一心只想着救人，任凭世俗人对他谑笑谩骂。苏轼又令巢谷、秦观到城内四处张贴告示，说明日全城燃香，除臭去秽，荡涤污浊，驱赶瘟神！

很快，巢谷、秦观各自带领衙役、兵士把收集来的胭脂、香料、花粉、麝香等物在各处焚烧，一时香烟缭绕，借助风势，满城飘香、漫天流溢，似乎驱散了多日笼罩在杭州的阴霾。

路旁的百姓被香气熏得一脸迷醉，张开鼻孔猛吸："好香啊！苏太守用香气驱逐瘟神，瘟神被赶跑了，我们不用离开家了，不用逃出杭州了！"欢呼鼓掌，群情欢腾。百姓都安下心来，流言也渐渐消歇了。参寥欣喜地合十诵经，祈祷一城百姓平安无事。

说来也巧了，焚香驱赶瘟神后，曲钱的病渐渐有了好转，服下八服药后，烧慢慢退了，神智也清醒了许多。曲夫人安下心来，向曲贵年直夸安乐坊的药灵验。曲贵年撇撇嘴说："八服药两千四百两银子，要再治不好我儿的病，我砸了它安乐坊的牌匾！"曲夫人再也不跟他哭闹了，只劝他消气安神，只要儿子病好，一切都万事大吉。

这时丁三跑来大叫："老爷，不好了。"曲贵年唯恐安乐坊又来借机涨价要钱，一时心惊肉跳，不耐烦地说："又怎么了？少爷的病已经好了，他们爱涨价就让他们涨去，与老夫已经无关了。"丁三说："不是，老爷。小的在府衙里打探清楚，第一次苏太守要查封仁惠堂，老爷抬出王觌大人阻拦，苏太守对此事一直耿耿于怀，要抓老爷把柄；上次瘟神作祟的流言，苏太守听说后勃然大怒，说这谣言是老爷你杜撰的。如今王觌大人出外公办，不在杭州，苏大人就借机要拿老爷下手了。"

曲贵年惶恐地说："啊，这如何是好？老夫大难临头啦！"丁三说："老爷莫怕，那衙役说，苏太守的安乐坊仍缺药材，大人若慷慨捐赠，可免罪消灾。"

曲贵年听到这里，不由得暗暗思忖。苏轼是官，自己是商，岂能拗得过他？胳膊拧不过大腿呀！不如捐了银子，化干戈为玉帛，来日方长，以和为贵，免得以后提心吊胆做生意，日后安乐坊也可从仁惠堂进药。曲夫人也在一旁劝说他捐了钱换平安无事。曲贵年咬咬牙，无奈地说："晦气！晦气！这是老天要惩罚我呀！罢了，把瘟疫暴发以来柜台上赚得的八千两都捐给安乐坊吧。"

安乐坊中已经不像前一阵那么拥挤，病人也少了许多，众人不需要通宵达旦地工作了。这日，朝云带着丫鬟晾晒药材，杨世昌、参寥陪着苏轼、巢谷、秦观察看。居民见太守来看他们，都感激不已。

苏轼好言安慰众人，又对杨世昌说："多亏道长鼎力相助，杭州百姓才能转危为安哪！"杨世昌笑着说："贫道略尽绵力，不足挂齿。倒是得感谢仁惠堂的曲贵年，他捐的八千两银子足够安乐坊买很多药材，顺便还可以用于安置灾民，抚恤孤寡。"

苏轼点点头。巢谷笑着说："这回得多谢参寥大师，要不是他两次三番诚心劝说曲贵年，他死也不肯出一文钱的。"参寥笑道："经此一劫，不仅治好了他儿子的瘟疫，连他的贪财病也给治好了。"众人大笑。

杨世昌说道："此次防治瘟疫，苏大人功不可没啊！设置安乐坊收治病人，减少了传染；焚香消毒，稳定民心，才使得大疫之后没有大乱。现在来就诊的人越来越少，估计再有一月，瘟疫就能过去，到时杭州又会恢复往日的繁华和安定了。"苏轼笑道："还得多谢道长的良药'圣散子'，要不然我也一筹莫展啊！不过，我心中仍有疑虑，这瘟疫到底起源于何处呢？"

对此杨世昌心中早已有了答案。杭州人口众多，城中饮水皆仰仗西湖，西湖经年不浚，水源不净，城中水井也跟着出问题。加之四方商贾客船来往不绝，运河湮塞，难免滋生疾疫。经他几次探访，已认定疫病正源于饮水。

苏轼听了杨世昌的分析，沉思不语，许久才发话道："此事关系到全城民生，一定要妥善解决。眼下瘟疫渐消，但粮价看涨，明年饥荒之势看来免不了了。还得麻烦诸位，助苏某一臂之力！"

苏轼与秦观即刻去布置州内购粮赈灾之事。朝云悄悄找来巢谷说："巢谷大哥，我想请你帮个忙。"巢谷笑着答应。朝云说："这次瘟疫死了不少人，很多贫苦的孩子失去双亲，成了孤儿，今后他们的日子就更难过了。我想先收养他们，在咱们家后院找块地方先安置下来。先生在杭州任职至少两年半，我们可以先教他们读书。两年半后长大了的，可以给他们找个公差，有碗饭吃；还小的呢，就请先生从府里拨出点钱，雇人把他们养大。我们即使离开杭州，也能放心了。"

巢谷感动地说："朝云真有菩萨之心。你是让我去帮你查访那些孤儿吧？"朝云点点头，又叮嘱巢谷先不要让苏轼知道，待办妥后再和他商量。巢谷说:"这个自然,子瞻现在够操心的了。不过收养孩子,他也一定不会反对的。"朝云笑着点点头。

杭州城转危为安,参寥却病倒了。他为治病救人日夜操劳,又在疫地吃饭饮水,不知不觉就染上了瘟疫。前一天下午就开始上吐下泻了,只是见苏轼为治疫奔波劳累,不忍心打扰,就自己煎服了两服药,却一直不见效。

苏轼得知此事,急忙和巢谷等人来安乐坊看望参寥。参寥躺在床上,脸色蜡黄,颧骨突出,比前几天更显消瘦了。苏轼难过地说:"参寥兄,千万保重啊!"参寥淡淡一笑,断断续续地说:"生死有命,富贵在天。命如果待熟,常恐会零落。已生皆有苦,孰能致不死?"

杨世昌给参寥把了脉,将苏轼拉向一边悄声地说:"参寥身体素来羸弱,这次染上瘟疫,来势凶猛啊!"苏轼着急地说:"道长,参寥兄已服了两服药,怎么不见回转?"杨世昌叹了口气说:"参寥是多日劳累所致。我下一剂,若服下不吐,或许还有转机。"

苏轼亲自给参寥煎药,朝云也过来帮忙。药煎好后,他又端来给参寥服下。参寥挣扎着坐起来,在病床上合十打坐,声息微弱地说:"多谢子瞻兄,不用了。方生方死,方死方生。还记得你送给我的诗吗?"

苏轼一时不解。参寥意味深长地看了苏轼一眼,缓缓吟道:"欲令诗语妙,无厌空且静。静故了群动,空故纳万境……"吟诵间,声音越来越微弱,直至嘴唇开合戛然而止,溘然长逝。参寥逝时形貌端庄安然。苏轼、巢谷、杨世昌、秦观和安乐坊的病人都泣不成声。

外面忽然电闪雷鸣,大雨如注。

苏轼走到屋外,痴痴呆呆地站在雨中,任凭雨水满面流淌。他仰首向天叩问:"苦命的陈凤兄啊,苦命的参寥兄啊,你怎么就这样走了?老天啊,你怎么这样不公啊?你还这样打雷,这样下雨!"

话音刚落,天空一个霹雳,照亮了苏轼的脸。苏轼一惊,仿佛有所领悟,高声吟诵一偈:"雨落天垂泪,雷鸣地举哀。西方诸佛子,同送陈如来!"

洪亮悲怆的吟诵声在空中久久回荡……

## 六十二　　苏　堤

　　瘟疫没能把杭州变成一座死城、空城，粮荒却又随之逼近。

　　今年的旱灾使收成大减，苏轼早就派官员到各地筹粮，但所得有限。现在杭州各家粮店的存粮都已不多，粮价也在一天天上涨，已经涨到九十五钱一斗了。富家大户都买不到米，贫苦人家更是买不起。大批百姓拥挤在粮店门口排队购粮，越积越多，吵闹不已。天又降下寒雨，弄得人们苦不堪言。

　　苏轼与秦观披着蓑衣，带着几个兵卒前来察看。秦观看着黑压压的人群，不无忧虑地对苏轼说："瘟疫刚压住，粮荒又来了。先生真是难得半日清闲啊！"

　　苏轼忧心忡忡地说："我忙闲倒是小事，如果粮食再运不进来，粮价还要上涨。你再催转运司，问他们运粮的船为何还没运抵杭州！"

　　秦观说："王觌漫不经心，存心从中作梗，故意拖延。在学生看来，他是指望不上了。先生，学生前日在王觌办公处见到了两个豪门子弟，像是兄弟，与王觌关系非同一般。"

　　自上次王觌勾结曲贵年之后苏轼就已明白了，王觌在两浙与不少地方大户商家有来往。他们官商勾结，从中牟取私利。眼下粮食短缺，那些囤积居奇的粮户自然受益。想到这儿，苏轼嘱咐秦观查明杭州城为首的粮商，并且要盯住王觌是否又从中作梗，官商勾结。

　　秦观很快就查到，杭州最大的粮商是仁和县的颜巽。颜家在杭州有粮店十三家，织丝庄十家。因为家中势力甚大，又收购绸绢，所以，很多丝织户都依赖颜家。颜巽有两个儿子，长男叫颜彰，次男叫颜益，前日在王觌府上所见的富豪子弟正是他俩。他二人平日鱼肉乡里，横行无忌，欺男霸女，无恶不作。时下，颜家积稻谷三十万石，故意哄抬粮价，打压其他粮商，意欲独霸整个杭州粮市。

秦观还发现王觌手里握着官府新购的外地粮食不放，想依托颜家控制杭州粮价。苏轼听罢，点头道："粮价越高，人心就恐慌，但凡有钱之户，必猛购粮食，而那些下等户就只能望粮空叹了。"秦观说："先生担忧的是。不如一方面限制粮价，以防穷人买不起粮；一方面发布公文，限制富户多购粮食，防止他们囤积。"

苏轼摇摇头说："现在买卖主动权被控制在粮商手中，官府硬来规定粮价，限制购买是行不通的。万一他们借口无粮可卖，岂不造成城中巨大恐慌？"秦观若有所悟地说："那州府就将官仓中的存粮按八十五钱一石的价格直接向州民散粮。"

苏轼说："这样也不是长久之计，再说官仓存粮也撑不了多久了。眼下之计是尽快补充官仓，平抑粮价。再由官府发放购粮券，凭券买粮，防止颜巽这样的人钻空子，大量收购，囤积居奇。"

秦观大喜道："购粮券？这个法子很好。我这就通知粮曹和州通判来办理此事。可我们哪里去找粮食来补充官仓呢？眼下情形，至少也得一百万石才够啊！"苏轼神秘地一笑："这个不用着急。我已早做安排，徐州的粮食应该就要到了。"秦观惊喜地问："徐州？"苏轼说："是啊！明修栈道，暗度陈仓。从今年春季发现旱情，我就写信到徐州，嘱咐留备余粮以作不时之需。徐州的百姓好啊，听说我在杭州任太守，杭州又闹粮荒，就借给我们五十万石粮食。"

秦观大喜道："五十万石虽不算多，不过总比没有好啊。真是雪中送炭！"苏轼笑着说："不仅如此，密州也来信了，借给杭州二十万石。"秦观说："先生造福百姓，百姓都知道感恩哪！这样学生也放心了。"苏轼说："现在要沉住气，撑到粮食到来就好了。城内千万不能出现抢粮暴乱的现象，一定要稳住民心。这次要叫那些专发国难财的粮商记住教训。杭州百姓过了这一关，明年粮食丰收，他们就得大折本。如果他们聪明一点，就按官价放粮，这样，他们还能赚钱获利；否则，他们就是竹篮打水——一场空啦！"

秦观笑道："这样一来，颜家和王觌的买卖就做空了。等他们再涨价，我们就降价卖粮，州民见粮价稳定，自然就不会抢购。"苏轼说："等徐州粮食到达杭州，你去请王大人一同到码头接粮，看他有何话可说。"秦观笑着退下，即刻告示全城，安抚民心。

颜氏兄弟正陪同王觌在城内酒楼宴饮，店家上了一桌子菜，请众人慢用。颜彰夹了一筷子青笋到嘴里嚼了嚼，一口吐在地上，指着店家大骂道："呸！这是什么腌臜东西！转运使大人到此喝酒，还不弄上好的菜来？生意还想不想做了？"颜益也拍着桌子，吓得侍女都不敢吭声。店家知道颜家兄弟的权势，不敢顶撞，但还是哆哆嗦嗦地解释道："大爷，现在正闹饥荒，这……已经是最好的菜了。"颜彰把酒杯摔得粉碎，怒道："告诉你，你在杭州城打听打听，还没人敢对你颜大爷这么说话，有谁不知道我颜氏兄弟？"王觌不愿太张扬，在一旁劝解道："好了好了，也别为难店家了。赶紧重做去，我们好谈正事。"店家吓得不敢再说话，连滚带爬地退下了，忙四处去找几只鸡鸭来做。

王觌这才对颜氏兄弟说："苏轼要推行购粮券，二位看该如何应对？"那"二颜"一向粗鲁霸道，一个嚷嚷道："苏轼这是要断了我们的财路啊！"一个不忿地说："怕什么？就常平仓那点粮食，能撑几天？明天联合其他粮店，一起罢市，到时全城百姓闹起来，看他如何收拾。"

王觌是当官的，最先想的是自己的乌纱会不会有不保之虞。他试探地问："这样会不会把事情闹大，激起民变啊？"颜彰说："那就是苏大人该忙的事儿了！我们只要挂牌说粮食售罄，无米出售，他州官又能奈我何？王大人再从中参劾苏轼扰乱粮市，激起民变，看他如何下台！"王觌连声称"妙"！

第二天，杭州各家粮店门口都挂出了粮食售罄的牌子，关门停业。百姓拿着篮子口袋，聚在门前议论纷纷。有人说杭州各处粮食都卖光了，城外饿死了许多人；有人说粮食都被富户买走了；也有人说粮商囤积大量粮食不肯出售，是为了哄抬粮价，获取暴利，所以不管百姓死活了。众人听了都激愤不已，吵吵嚷嚷要砸开粮店进去抢粮。各地贫民都聚在富户门口，声言要富户分粮食给他们，不然就要闹事哄抢。

苏轼闻讯大惊，急忙令巢谷带着衙役安抚民众，又令秦观火速到官仓中将仅余的粮食发放出来，尽量均分给各家各户。苏轼向百姓保证朝廷赈灾的粮食很快就到，请他们安心回家等候。众人都知道苏轼是勤政为民的好官，这才稍稍放下心来，各回家中。

这一天的危机总算是过去了，可余粮渐渐告罄，再也撑不了几天。秦观见徐州的粮食还没到，心中焦急不已，隔一个时辰就派驿使到运河边等候观望。"二颜"得意扬扬，又请王觌前来赴宴，一直喝到天亮。

苏轼这时心中也承受着巨大的压力，他早料到"二颜"会联合城内粮商罢市，只希望能多撑几日，等到徐州粮食到来就好了。可是没想到官仓余粮这么快就要发放完了，这可怎么办？现在除了稳定民心，不生变乱之外，只好等待，静心等待了……

大运河自汴、泗、淮水沟通长江，又蜿蜒到杭州接通钱塘江，连接南北。两浙鱼米之乡，是大宋王朝的财赋重地，一直靠着这条运河将粮食丝帛运输到京师。杭州又是东南重镇，四方辐辏汇集之所，因此这运河上，官船来往不绝，风樯高桅，遮蔽水面。贾客游商也往来江上，穿梭在官船船队中间。

一连几日寒雨潇潇，运河上萧条了许多，连贫穷人家打鱼的小船也难见踪影。秦观又带着驿使来到码头，焦急地向北眺望。忽然一条快船驶来，跳下一个官差，将一份公文交到秦观手里。秦观看罢大喜，急令随从回报苏轼。原来是徐州的运粮船到了！徐州的转运使押着五十万石粮食正在赶来，故先派公人传达消息。苏轼也很快到达码头，又找人将转运使王觌也请到码头一起接粮。

宋朝的官制，是州官掌管民事，而由转运使负责财赋转输。可是王觌故意扣押朝廷拨下的购粮款，拖延运粮时间，苏轼也拿他没有办法。现在徐州送粮，按理应由王觌负责粮食交割事宜，苏轼请他来接粮，也是想趁机给他一个下马威。

王觌昨晚跟颜氏兄弟喝得大醉，兀自还未醒呢。听说苏轼请自己到码头接粮，心中狐疑不定。到了码头见了苏轼，还醉醺醺地说："苏大人，大清早叫下官来，所为何事？"苏轼笑道："杭州城就要断粮了，王大人却还酒醉醺然。今日有接粮事宜，还请王大人清醒交割。"王觌尴尬地说："哪里来的粮食？我不是说朝廷的赈灾粮还在筹集当中吗，大人何必着急？"苏轼冷笑道："再等王大人的赈灾粮，杭州人都要饿死了。我必定参你渎职之罪！倘若饥民闹事，王大人必定乌纱不保！"王觌惊得酒都醒了，扶了扶自己的官帽，再不说话。

运河上云雾渐开，一队帆影隐约显现，徐州的粮食终于到了！王觌大惊失色，见了徐州转运使也只好依律交割，将五十万石粮食卸下。

这下杭州城沸腾了，百姓都知道苏大人借的粮食到了，倾城而出，帮助衙役卸粮搬运，人喊马嘶，忙得不亦乐乎。秦观亲自到官仓门口负责分发粮食，居民凭着购粮券，欢天喜地地买粮回家。

苏轼还专门让巢谷请回他任杭州通判时的故人麦子青，让他协助秦观处理发粮安民等事宜。麦子青虽渐趋老迈，但仍精力弥满，自然乐意再回府衙帮助苏轼。他是杭州本地人，熟知风俗人情，处理事情上自然老练沉稳些，秦观很是信赖他。

王觌哭丧着脸站在官仓门口，看着居民背着粮食鱼贯出入。苏轼微微一笑："老百姓说得好，离了张屠夫，还能吃带毛猪？劝君好自为之。十日之内，一百万缗款子所买的稻谷再不到，当心我以渎职罪弹劾你。"王觌尴尬至极，只能站在一边，给搬运粮食的衙役和百姓让路。这回他和颜氏兄弟的算盘都打空了。

杭州的粮店听说官府从徐州借粮，再也垄断不了粮市价格，纷纷开门营业，想从中尽量赚回成本。颜氏兄弟气坏了，眼看粮市控制不住，就想从绸绢生意上动手，把损失抢回来。他们拿药水浸泡绸绢，使得绸绢伸长三尺，这样以次充好上缴朝廷或到市面上贩卖。颜益虽有些担心，怕官府查出没法交代。颜彰却打定了主意，仗着有王觌撑腰，一心要把贩粮的损失都找补回来。

杭州织绸佃户将上好绸绢交给颜氏兄弟,"二颜"如法炮制,虚报数额上缴到官府。还是麦子青老到精干,一下子就看出绸绢的问题,拿温水泡过绸绢后,都缩短了三尺有余。苏轼得知大怒,立即对颜氏兄弟课以重罚。"二颜"慌了神,去找王觏求情。那王觏已是自身难保了,再也不敢蹚这浑水。"二颜"没法,只好压低收购价格,用以补偿罚款,对织户们谎称是官府压价。

这下那些织绸佃户可闹翻天了,收购价格如此之低,还让不让他们活了?三百多号人跑到府衙门口示威,人们群情激愤,高呼口号:

"贪官出来!"

"还我们公道!我们冤枉!"

"以后我等再也不织绸布了!"

苏轼带领秦观、巢谷等人来到府衙前,看着台阶下黑压压的人群,耐心解释道:"本太守知道,你们是冤枉的。因为你们卖给颜家的绸绢是优等的,可是到了颜氏兄弟的手中他们做了手脚,加药拉长了。罪不在你们,在颜氏兄弟身上,官府课以重罚,理所应当。但是罚的不是你们,是颜氏兄弟,他们欠你们的钱,必须如数支付给你们!"

人们立刻安静下来,有人窃窃私语:"我们错怪苏大人了,原来都是颜氏兄弟从中捣鬼!"也有人说:"苏大人,我们佃户人家缝织绸绢,都仰赖颜家收购,他说一是一,说二是二,我们只能乖乖听命。颜氏兄弟如此鱼肉我们,大人可要为我们做主啊!"众人纷纷附和:"我们上当了。我们找颜家兄弟算账去!"苏轼说:"不用你们去。来人!去把蓄意欺蒙官府、造谣生事的颜彰、颜益抓起来!本官要依律惩处!"

很快,苏轼就在大堂上公开审理了"二颜"。秦观手持判书宣判念道:"颜彰、颜益,家传凶狡,气盖乡里,故能奋臂一呼,从者数百。欲以摇动长吏,挟制监官,蠹害之深,法所不容,刺配本州牢城。""二颜"垂头丧气,再没半点威风劲儿,耷拉着脑袋,跪在地上直喊饶命。苏轼终于为受颜家鱼肉的百姓出了口恶气,当场观判的百姓都欢呼不止。

"二颜"虽被羁押在牢,却还不死心。他们还有最后一根救命稻草,那就是王觊。王觊已收了"二颜"至少一万贯的贿赂,加上到处克扣饷银,搜刮民财,总数不少于一万七千贯,是时候该吐出来了。苏轼召来王觊,将颜氏兄弟的供词丢给他看。王觊诚惶诚恐地说:"苏大人,看在同僚的分儿上,就放过下官吧。"苏轼冷笑道:"你还有什么话好说?如今我预备开挖西湖,工程浩大。王大人手中这些钱财,取之于民正好可以还利于民。"王觊哪有不答应的,紧抱着乌纱帽哆哆嗦嗦地退下。

苏轼来杭州将近一年了,湖山风光依旧,却再没半点赏玩的心绪。消灭了瘟疫,渡过了粮荒,惩治了"二颜",他又马不停蹄地准备治理西湖,这是萦绕在他心头的一件大事。

他跟秦观、麦子青到城中四处查访,见居民饮水极为困难,旧有的水井都已报废,从西湖牵引的水管因为泥沙淤塞再也流不出水来。水贩子见机从西湖中取水到城中贩卖,一桶水卖到一文钱,很多百姓排队买水还买不着。苏轼感叹道:"紧靠西湖而使百姓无水可饮,这是太守之责啊!一定要解决好百姓饮水的问题,水源不净,瘟疫难绝!"

苏轼又到河边查看运河通航情况。由于年久不浚,运河的河道淤塞,致使船只通行极为不便,普通船只要花费四五日才能出城。赶上漕运繁忙时节,这运河上每天要堵上数百只船。河岸上纤夫、马匹、耕牛拉船,混乱不堪。

苏轼找来户曹,责问为何不及时清理河道。户曹面有难色:"大人有所不知,杭州城内的运河,外与钱塘江海水相通,涨潮的时候,海水江水涌入,与上流而来的运河水交汇。这样,大量泥沙就淤积在了杭州城内河段,由于水浅河窄,大船容易搁浅,所以就造成河道堵塞。过去,每四年一次清淤,但很快又被淤上来。原来挖上的淤泥到处都是,刚挖时臭气熏天,干涸后又是尘土满天。"

苏轼叹息道:"人都说,'上有天堂,下有苏杭'。这些淤泥不根治,不仅大煞风景,有伤杭州美名,且易造成瘟疫。所以要从根本上治理!"麦子青点点头说:"大人说得是。可是开河浚湖,工程浩大,要准备周详才行。不如先勘测地形,拟定计划,然后逐步施行。"秦观也说:"麦先生所言极是。先生，先到茅山上俯瞰全城河道吧！"

苏轼点点头，带领众人来到茅山。这茅山是钱塘江边一座土丘，登顶四望，东可以望见钱塘江水浩荡奔入大海，西可见西湖偎依在城边，山脚下即是运河，地势极为便利。苏轼锁眉凝望，良久不语。傍晚，西湖一带青山连绵，一轮红日散发出淡淡的光辉，映照着苏轼花白的鬓发。

苏轼思忖良久，方对众人说："杭州城内，有两道运河，横亘南北。要根治淤泥，必须保持河水清洁，然而海水冲入，泥沙难免，若不用海水，则运河无法交通。须想一个两全便捷的办法。要保障海水补给以行航，又要保证河水清洁，必须让海水找一个地方沉淀，然后，再补给城内运河。"

麦子青说："大人说得对极了。目前河道淤塞的症结就在这里，如果挖一段河道用以沉淀海水，问题就迎刃而解了。我看这运河选址就定在茅山，这里地势低洼，人口稀少。再从茅山到钱塘湾挖一条河，这样，既能保证城内运河水位，又能保持河水清洁。"

秦观问道："麦先生，那钱塘江的海水灌入，当如何解决？"麦子青笑着说："这个简单。只要在钱塘江南部河口建一个大闸，潮起时将闸关起，潮落时再开闸放水。"苏轼点点头说："此法甚妙！如此一来，久治未除的淤泥之患终于有望得以根治了。"

多日来，这治水的难题就像一块巨石压在苏轼心头，现在终于找到了解决的办法，苏轼恨不得马上建闸开河。他命秦观与麦子青速速拟定工程计划，而后上报朝廷请求拨款。

苏轼又想到城中百姓饮水皆仰仗连通西湖的盐桥河，于是又马不停蹄地赶到余杭门外的盐桥河边。苏轼建议在余杭门外，再挖一条新河，避免茅山运河中的海水倒灌对西湖不利，再营建六个大小适中的水库，以陶土或大竹铺设管道，引水到城中，这样居民引水就不用再花钱买了，河道也不易堵塞。每年再组织人力在西湖附近清淤除草，水源就可不断了。

秦观高兴地说："今年歉收甚重，与其让许多农人在家坐吃山空，不如把他们组织起来，开河浚道，每日一工可得五十五个钱，养家糊口，不在话下。"苏轼点头说："这正是我所想的。如此一来，远功近利都有了。即刻部署下去吧！"

苏轼忙完公事回家，已是初更时分了。晚凉天净，星斗偏转，钟鼓俱歇。朝云倚窗而坐，一边缝补着衣裳，一边等苏轼回来。烛光把整个屋子照得朦朦胧胧的，微风吹来，烛光摇曳，四下里乱影摇荡。朝云却没发觉这些，盯着天边星斗痴痴出神。来杭州半年了，难得有这么一个清静的夜晚。

苏轼悄悄地进来，看着朝云的背影，不忍惊动她。他就这样望着她，心中升起了一种异样复杂的感觉。这么多年了，弗儿、小莲、闰之都相继离他而去，只有朝云还一直陪在他身边，默默为他操心解忧。想当初在杭州收养朝云时，她还只是一个孤苦伶仃的小姑娘，现在她跟着自己游宦奔波，耗去了整个青春韶华！杭州是朝云的家乡，这次回来还没到她家里去看看呢！苦于公务太忙，又是治疫，又是购粮，又要开河浚湖，一心只忙着外面，家里的事全靠她打理，给予她的关心太少了！但她从来没有半句怨言。想到这儿里，苏轼满心愧疚。

朝云忽然扭过头来，发觉先生就站在门边看自己，脸都红了，赶忙起身来为苏轼倒茶。苏轼满带歉意地说："朝云，这些日子辛苦你了。来杭州大半年也没顾得上跟你好好谈谈，你不怪我吧？"

朝云嫣然一笑，将茶递到苏轼手里，说："先生说哪里话。几乎天天见面，还用谈什么？"苏轼说："你的老家在这里，这次回来你还没有回家看看呢。你看我成天在外，也忘了跟你提这事。"

朝云低着头说："先生的心意，朝云领了。但自从进了先生家，先生家就是朝云的家。朝云父母早亡，亲族也已飘散，先生就不必费心了。"苏轼说："不，朝云，我派人打听过了，你还有个叔叔在，要不就接过来一起住吧？"朝云激动地摆摆手说："不不，先生，叔叔家境不错，不劳先生挂念。再说，那样也有损先生的名声。"

苏轼笑着说："你想哪儿去了？都是一家人，何必如此生分？"朝云红着脸说："朝云就够连累先生了，怎能再麻烦先生为我分心。况且，叔叔家境还好。"苏轼意味深长地说："朝云，我家在西蜀，游宦四方，这里连个亲戚也没有啊！"

朝云是聪明的。她听了苏轼的话，心中既感动又为难。感动的是先生对待自己如同亲人一般，这样的恩情一辈子也报答不了；为难的是，她察觉到先生话中的意思了，也想起了夫人临终前的遗言。

苏轼微笑着说："朝云，你跟着我受苦了。我来杭州，也是想见见你的族人，让他们来我们家里看看，也算是明媒正娶。"朝云热泪盈眶："先生，朝云岂能不明白？先生的两位夫人，都是大家闺秀，朝云出身贫寒，先生待我如至亲骨肉，朝云只愿做先生身边的丫头，服侍先生就够了。"

苏轼激动地说："出身贫寒怎么了？买来的丫头怎么了？你的天分，哪个名门闺秀能比？你是迨儿、过儿的老师，是我苏家的恩人。再说了，我苏某的心思，只有你最懂得。没有你，没有巢谷，没有表姑，黄州的日子我们能过来吗？况且闰之临终前托付我，我不能对不起你，我就是要明媒正娶。"

朝云潸然泪下，心中却无比幸福。她哽咽着说："先生，我们已是夫妻，何必在乎名分？只要我能陪在先生身边，就足够了。"苏轼抓住朝云的手，感动得泪流满面。那支蜡烛也快要燃尽了，烛泪流淌，似乎也为之动情。

苏轼已向朝廷上奏：杭州运河淤塞，漕运不便；西湖水草杂生，城内居民饮水困难，若不及时清除，二十年后西湖将不复存在。若整治西湖，既解决了杭州供水之用，灌溉稻田、造酒染丝等都会增加朝廷的税额。现欲开挖运河，疏浚西湖，预计清理淤泥水草两万五千方丈，约十一方里。总需人工二十万，每人工钱五十五文，加三升米，全部需花三万四千贯。并说已筹得一半饷银，请求朝廷拨付余下费用。

太皇太后召吕大防、刘挚进宫商议。吕大防说："苏轼造福地方，体恤百姓，应予嘉奖。准许户部拨付。"太皇太后满意地点点头。刘挚却不肯让苏轼就这么出了风头，启奏道："整治西湖自是好事，可天下各州风景名胜不可胜数，若都向朝廷伸手索要巨款，朝廷焉能拨付得起呢？况且天下多灾，两浙灾害不断，再在西湖搞如此大工程，恐生天下之嫌。"

太皇太后不悦："杭州乃我大宋钱粮重镇，西湖乃我大宋明珠，岂是其他州能比的？况且苏轼已筹款一半，即使朝廷全部拨付，也是投之以桃，报之以李。若西湖没了水，杭州也就没了生命。商贾不行，农业不兴，丝绸何来？每年一百多万石的米粮又从何而来？就此办理吧！"刘挚没法，只得口称遵命。

茅山开河工地热火朝天，人欢马叫。天虽寒冷，兵卒与民夫们却干劲十足，因为他们每个人都曾为饮水吃过不少苦头，与造福亲朋邻里、子孙后代比起来，这点辛苦实在算不了什么。无数双粗壮的手臂挥舞着镐头扬起又落下，溅起一块块飞土碎石。挑土的民夫穿梭在工地上，扁担两头的筐子沉甸甸的，随着民夫的步伐一颤一颤的。工地一角，秦观带着几名随从依着图纸查看工程进度。工地上各种号子、喊声和金属撞击声此起彼伏。

盐桥河很快就挖开了，又铺上了陶管引水。过去用的水管都是竹子的，用不了多长时间就腐朽了。这次铺设的都是烧制的陶管，并铺设石板保护，这样既不会腐烂又不易被压坏。民夫都笑着说，就要喝上干净的西湖水了。

苏轼穿着便服在巢谷的陪同下来到工地视察。他问一个粗壮汉子："年轻人，愿意开这条河吗？"汉子停下手头的活儿，抹了抹额角的汗："愿意。我干这一冬，全家就能吃饱饭，若是待在家里，岂不挨饿嘛。"

苏轼继续问道："一日给多少钱？"

汉子回答："四十五个钱。"

苏轼一惊："不是五十五个吗？"

汉子笑道："哪里，四十五个。"

苏轼为之一怔，心想一定是监工私自克扣工钱。要知道，克扣工钱可不是一件小事。五代后周世宗修筑宫殿，巡视工地时发现民夫吃饭以瓦当碗，以木作勺，了解到官吏克扣工钱，就立即处死了主管官员。现在民夫为民兴利，却有无耻之徒从中贪污，真是罪不可恕！他急忙赶往挖河指挥所找河道曹成开利询问此事。

一座用苇席临时搭建的工棚里，成开利正在与几个属吏研究方案。见苏轼与巢谷进来，忙与众吏施礼。苏轼问道："诸位辛苦了。民夫的工钱一天一给呢，还是十天一给呀？"

成开利答道："十天一给。若一天一给，住工地的民夫不易保管，十天一给，歇息一日，可带钱回家。"苏轼满意地点点头："很好，应该为他们想得细一些。足额发给吗？"成开利说："未足额发给，每个民夫一天扣除十个钱。"

苏轼微露不悦之色："却是为何？"成开利解释道："大人，这十个钱是民夫的伙食，若凑在一起，可以吃饱，也能吃好；若每人自己支配，既吃不好，也吃不饱。有些民夫会为节省钱饿肚子，这样一来，体力下降，也不出活。等河道竣工了，人也就废了，甚至等不到竣工，就会累死在工地。大人一再告诫下官，要爱民如子。下官不得不为民夫的身体着想。等工程竣工，自然会足额发放，不敢有误。"

苏轼露出了微笑，满意地拍了拍成开利的肩膀："这就对了。"

西湖的清淤除草工作也在有条不紊地进行。船工划船到湖中，捞起大片大片的葑草，掘起成堆的污泥，都堆在岸边。苏轼决定用挖出的淤泥水草在湖中修一条笔直的大堤，大堤之上栽两行柳树，建六座拱形的石桥、九个亭子，供人休息。这样既妥善安置了污泥杂草，又沟通了西湖两岸。

另外，苏轼还准许农人在湖里种植菱角，但要求按期除草。这样官府就不必再承担长年累月的除草工作，而直接交由农人负责了。湖中的一切税收全部用于大堤和湖面保养，这样既可防止恶草蔓延，也利于日后的管理，两全其美。

众人觉得此法可行。秦观更是高兴地说："白香山造了条'白堤'，这回先生可造了条'苏公堤'了！"苏轼捋着胡须大笑。

苏轼这几天一直吃住在工地上，与民夫们同甘共苦。站在岸边放眼望去，几千民夫在挖泥清淤，装船的装船，摇橹的摇橹，长长的大堤在向前延伸，修桥的石匠们也在打石筑基。苏轼有时也与民夫们一起挖泥装船。他全身上下沾满泥水，一身粗布衣裳上全是泥点子，站在众人当中简直就是一个地道的民夫。

一旁的汉子笑道:"太守大人,你这么个干法,其他的官老爷会暗地里骂你的。"苏轼一边用锹装泥一边问:"老夫又没挖别人祖坟,有何可骂?"这汉子咧开嘴笑了,脸上的汗水在阳光照射下闪闪发光:"大人一腿泥,他们也不敢不一腿泥呀!不过,官员们这么一干,我们这些泥腿子,一天本来挖一方丈,也变成一方丈半了。大人偌大年纪,还是歇会儿吧!"苏轼听罢,呵呵大笑:"老夫五十五,还能鼓一鼓啊!"

晌午时分,该开饭了。民夫们陆续来到岸上,几十人一伙,围在一起,盛米吃饭。苏轼拿起一个黑瓷碗在身上一蹭,也用木铲子从锅中铲了一碗米饭,又拿柳枝折了两根筷子,夹些萝卜咸菜到碗里,与众泥腿子一样,蹲在地上吃了起来。

众人面面相觑,都盯着苏轼,不再吃饭。苏轼颇觉蹊跷地问:"你们不吃饭,看老夫做什么?"

一个汉子凑过来说:"大人可是龙图阁大学士呀,堂堂二品官,是天下读书人的一代宗主,怎么和我们干一样的活,吃一样的饭呢?"另一个汉子附和:"是啊,大人,您这样是自辱身份。"

苏轼笑道:"你说的那个身份,不值钱。牲口架子大了能卖高价,人架子大了有何用?老婆都烦。"民夫们被逗乐了,纷纷大笑起来。

苏轼接着说:"不信?不信回家试试。你们可知大禹是何等人物?"一个汉子说:"大禹治水,无人不知。"

"是啊,那么了不起的人物,他和治水的民夫们吃住在一起,三过家门而不入。老夫这算什么?你们以为,非要端端架子、摆摆谱,才相信那就是官,必须温温雅雅才算是会写文章?那样的人写不出好文章,写出来也一股酸味。"

众人又是一阵笑声。

苏轼又道:"写文章何用?治理天下用。连老百姓的锅碗瓢勺都不知,这文章如何写呢?话又说回来,当官为了谁?上为国家,下为百姓。下为百姓必须爱百姓,还能嫌老百姓脏吗?天下最脏的是什么?"

众人面面相觑，无人答得上来。

苏轼说："老夫有一个'天下四脏'。"

"大人快说！"众人催促道。

苏轼道："懒人的家，逐臭的蝇，奸贼的心肠，不孝的名。"

大家面面相觑。刚才的汉子咂摸道："有理，有理呀！咱得把大人的话教给子孙听啊！"

大家都凑了过来："那你给我们讲讲。"

那汉子摆出一副很有学问的架势，整整衣襟，正襟危坐："你们想啊，这人要是懒了，这家业能成吗？且不说家不像个家，一懒生百邪呀。这样的人谁尊重？别人就跟躲臭狗屎一样躲你。逐臭的苍蝇当然肮脏，在名利场上逐臭的人就像苍蝇一样肮脏。奸贼的心肠恐怕肮脏得无物可比了。至于不肖子孙，连他爹娘都不孝顺，这脑袋瓜里能不肮脏吗？"

苏轼笑着说："说得好！说得好！"众人都大笑。

刘挚见苏轼在杭州的几大水利工程都被批准，头脑发热，打算自己也搞一个前无古人的大创举：从山西上游修回流河，不使黄河水入契丹。他认为这样既利于边防，又利于农灌。不料刚刚上奏，就被范纯仁上疏反驳。理由是历来派遣民夫从来不出五百里以外，若实行交钱免役之策，就会给搜刮民财的贪官大开方便之门。太皇太后认为范纯仁所奏有理，下令罢提开河一事。

刘挚碰了一鼻子灰，自知没趣，愤愤地回到办公处，将范纯仁奏折摔于案上。他坐在太师椅中气呼呼地骂道："这个范纯仁，太不知趣了。被外贬到颍州，还在上奏改开黄河之事。他与苏轼合伙，总与我等过不去。"

王岩叟眼珠子一转，奸笑着附耳对刘挚说了一番话，刘挚连声称妙。

第二天退朝，刘挚找到宰相吕大防说："相公啊，我等不如苏轼吗？他怎么就能得太后那么大的赏识，他要什么太后就给什么，我等想干事太后却偏偏不予恩准。唉，相公啊，自元祐以来，人心稳定，熙丰党人大都被贬在外。有人放言，说你我为相不公道，竟然不用熙丰党人。是否要缓解一下？该用的熙丰党人还要用才行。"

刘挚老奸巨猾，又玩起调和党争的老把戏。他倒不是诚心要调和党争，而是想从中渔利。前宰相王珪的那些不偏不倚、乡愿保守的手段，他都学得头头是道。吕大防忠直厚道，倒以为他志在社稷，不由得钦佩他毫不偏私的宽广胸襟，细问道："熙丰党人中确实有不少干练之才。如若任用，真可使朝廷气象为之一新。只是师出何名呢？"

刘挚眼睛一转："就叫'调停'如何？"吕大防沉吟片刻："行，我看可以。不能让天下给你我冠一个不贤之名。"刘挚又旁敲侧击道："对了，你我为相怎么能输给一个苏轼呢？"

杭州洞霄宫是皇家在杭州的一处道观，建在半山坡上，群山环抱，树木参天，灰瓦白墙，环境幽雅。从月亮门入内，内设三清殿，终日香烟缭绕，香客不断。旁有廊院厅舍，时有道人出入。

章惇因为反对废止新法，被贬出朝廷，最后才提举洞霄宫，挂个闲职。苏轼与他升沉起伏，既是政敌，又是畏友。如今相聚在杭州，也算是上天赐予的缘分吧。苏轼倒不计前嫌，时常趁公务之余，到洞霄宫来看望他。

秦观陪同苏轼向大殿走去，拾级进殿，只见章惇全神贯注地望着太上老君塑像沉思不语。道士正要呼唤章惇，被苏轼扬手阻止，苏轼对老君塑像故意叹道："唉，老子曰：'乐与饵，过客止。'子厚兄莫非贪图杭州的佳肴吗？"

章惇回头笑道："是子瞻哪，难道不知腐鼠也可成滋味吗？"

苏轼笑道："你我相比，我倒更像庄子，你是惠子。"

章惇摇摇头，倔强地说："我更像一个道士。"

苏轼说："参神拜仙，有何感受？"

章惇叹道："还是出家好啊！"

苏轼笑道："老朋友，你是不会出家的。"

章惇说："难说。"

苏轼笑说："对君来说，外贬外放已是家常便饭，应该愈挫愈勇嘛。俗话说得好，虱子多了不咬人。"

章惇大笑道："言之有理。"

苏轼望着远处的山峦，说："子厚呀，好在我守杭州，生活不便之处尽管道来。愁闷之时，你我可游湖饮酒，我们难得相聚杭州嘛。"章惇笑了笑，又一本正经地说："我可不给你找麻烦！他们的眼睛正盯着你呢，若再弹劾你与熙丰党人有染，反为不美。"

苏轼不以为然："无足道哉！你我朋友几十载，天下谁人不知？苏某宁愿被刘挚等人骂为变节，也不愿让天下人骂为忘义负友。"章惇激动地抓住苏轼双臂说："子瞻兄，看来你我都活不痛快。小人太多了。"

苏轼笑道："你说错了。据我看来，被贬道观寺庙，乃是前世修来的福分，清静为福嘛。车马噪于门前，谁曾想到门前罗雀之时呢？"章惇说："此乃在道之言，但愿你我常谈谈老子的五千言。"

"这就对喽，参透五千言，便是活神仙。"苏轼故意摇头晃脑地说。章惇眉间的愁云一扫："太好了！有你在杭州，我还愁什么呢？唉，不过你要注意啊！有人骂你劳民伤财。"苏轼叹道："世事岂能尽如人意。让他们骂吧，人挨骂多了长寿。"章惇不解地问："挨骂长寿？以何为证？"苏轼说："骂人最多的口头语，莫过于乌龟王八蛋——结果是千年王八万年龟！"

三人哈哈大笑。


西湖疏浚工程彻底完工。杭州人倾城集于湖上，载歌载舞，欢庆西湖整治一新。只见新筑成的大堤横亘在碧波荡漾的湖水中，新砌的六座石桥犹如拱起的玉带，与九座亭子在远近水中交相辉映。正是"六桥横绝天汉上，北山始与南屏通"。从此"苏堤春晓"，成为西湖十景之一。

人逢喜事精神爽。苏轼回到家中，心情大悦，让朝云把太皇太后赐的笔洗拿出来使用。他知道，要是没有太皇太后，西湖是整治不了的。

朝云解开锦盒，拿出流光溢彩的钧瓷笔洗。

苏轼拿起端详了半天，赞道："好瓷，好笔洗！也只有今日，才配用这笔洗！"

朝云笑道:"先生真有女人缘!"

苏轼吃惊而不解地问:"啊,这从何说起?"

朝云看苏轼实在不明白,就笑着说:"好,朝云告诉先生。先生想一想,仁宗的曹皇后、英宗的高皇后、神宗的向皇后这三代皇后,哪个不敬重善待先生啊!"

"哎呀!"苏轼这才如大梦初醒一般。

朝云笑道:"尤其是当今的太皇太后,恨不得把先生当作亲人一般!"

苏轼感动地说:"经你这么一说,还真觉得是这样!"

朝云轻笑:"一个男人得到三个皇后喜欢,这个男人还不够有女人缘吗?古往今来,恐怕也只有先生一人!"

苏轼哈哈一笑:"朝云,你这样说话,可是杀头的罪啊!"

## 六十三　　倾　轧

冬去春来，西湖治理完毕，苏轼一直紧绷的神经这才放松下来，湖山风景似乎也变得更为悦人眼目。于是趁着心情愉悦，他又到洞霄宫与章惇饮茶。

章惇听说苏轼治理西湖告竣，杭州人无限喜悦，也禁不住称赞苏轼道："西湖经子瞻这么一整治，可谓焕然一新。这一年多来，子瞻兄政绩不凡哪！"苏轼笑着摆摆手说："对苏某来说，无所谓政绩与否，我只是想为百姓办些实事。"

章惇笑着说："子瞻，你若成为朝中宰相，可为天下百姓办更多的实事，若有机缘，你就别辞让啦！"苏轼笑道："这是子厚你心中所想，非苏某之愿也。一个人在地方为官，总比在朝中为官对百姓有用。朝中看不惯我之人甚多，苏某躲犹不及，焉能引火烧身，与群小论短争长？若力争是非曲直，则朝中党祸必起，非我大宋之幸、天下之福。"

苏轼当初就是为了躲避朝中党争才自请出知杭州的。这一年多来，政务繁忙，虽不免筋骨劳顿，但能做些实事，为百姓造福，心中还是欣慰的。可章惇就不同了，他因党争被贬到杭州提举洞霄宫，身居闲职，抑郁无聊。虽说每日参玄悟道，但心中是一刻也安静不下的。他觉得自己的生命就要消磨在杭州的湖山当中了，时时刻刻都企盼着能东山再起，将那批构陷打压他的旧党人物狠狠打倒在地。他现在只是在等待时机。

但他对苏轼还是钦佩的。他们是同科进士，又多年同朝为官，也都屡经贬谪，宦游四方，生命中有太多的相似。尽管政治观点上略有不同，但这并不妨碍他们互相钦佩对方的人品。但他们的性格又是截然不同的：苏轼早已决意退避无休无止的党争，不再理会那些恩恩怨怨；章惇则仍满心怨愤，发誓要把自己失去的东西夺回来。

苏轼淡然地呷了一口茶，悠悠地望着远处的湖山。章惇想起自己当初被贬，不由得怒容满面："子瞻，党祸已起，天下有目共睹。好在子由已任御史中丞，刘挚等人行奸不便。说句实话，除了你和子由，元祐党人，我一个都不放在眼里！他们为图虚名和一己私利，苟且偷生、嫉贤妒能。这才短短几年，又开始内讧争斗了。名为君子，实则小人！"

苏轼面色平静，摇摇头说："子厚兄言重了，元祐党人中，要比熙丰党人中君子多。"章惇不服气地说："我可看不出来。"苏轼看着章惇说："那是你心怀偏私之故。"

章惇被他说到心坎上，怔了一下："嗯，我不和你争，有理也争不过你。"

苏轼放下茶碗，踱了几步说："苏某静守，乃为洞达世事；子厚静守，乃是韬光养晦。这正是你我之不同啊！"

章惇哈哈大笑："知我者，子瞻也！"

苏轼和章惇大概都没有意识到，从这时候开始，他们分裂的苗头已经悄然萌发了。

吕大防受了刘挚的怂恿，意欲拔擢熙丰党人回朝，以显示自己为相用人毫不偏私，便上奏道："太皇太后，元祐党人与熙丰党人纷争由来已久，长此以往，恐会酿成党争之祸。臣为社稷忧心，故斗胆建言，应该重新起用熙丰党人，让章惇、曾布等人回京任职，以平旧怨，从中调停。君子和而不同，双方自此可摒除成见，同为国事，齐力并进，消弭党争，则党祸之患自然而解。"

吕大防此言一出，朝臣议论纷纷，不知所措。刘挚、王岩叟在一旁暗笑窃喜。太皇太后道："宰相所言极是。这正是哀家日夜忧心的啊！朝臣能齐心合一，共辅圣主，当然最好不过。不过此举是否太过冒险？万一党争再起，如何收拾？"

刘挚乘势进言道："重新起用熙丰党人，是消除党争的调停举措，也可显示朝廷不计前嫌的仁德，伏望太皇太后圣鉴。"

太皇太后意有所动，沉吟不语。

苏辙坚决反对，立刻启奏道："太皇太后，臣以为调停之举万万不可，若行调停之举，党祸不仅不会消弭，反会愈演愈烈。"

太皇太后一愣，急忙令苏辙仔细讲来。苏辙接着说："臣以为自元祐以来，朝廷更改弊事，驱逐群小，历经五年，四海承平。但那些在外的奸邪小人，无不时时窥伺左右，以求复进，动摇朝政安稳。臣常常深切忧之。若太皇太后不察其实，诸大臣被其邪说所惑，而将这群小人引入朝内，则邪正并进，冰炭同处，必然重新引起纷争，朝廷之患不绝。"

众臣又交头接耳，太皇太后也沉默不语。刘挚接着说："太皇太后，苏辙言过其实。礼之用，和为贵。熙丰党人仍有可用之处，不可皆以小人作比而妄下论断。"

苏辙反驳道："刘大人，君子小人与否，天下自有公论。太皇太后，当此朝政安泰之时，君子既得其位，正是作为之时，只要使君子保其位，而将小人安于外，使他们不失其所，没有作乱的机会，则朝廷安定无忧也。"

太皇太后颔首赞许："苏卿家言之有理，重新起用熙丰党人之事，休要再提了。"吕大防首倡其议，见众臣争吵，再也不说话。刘挚见状，知道太皇太后的意思改不了，只好悻悻地退下。

退朝后，刘挚和王岩叟并肩走在殿外。王岩叟愤愤不平地说："苏辙如今之狂妄不在乃兄之下，竟堂皇以君子自居，却将熙丰党人比作奸佞小人，实在大言不惭。可是太皇太后对苏氏兄弟实在是心有偏私啊，我等也无能为力。"

刘挚仍在沉思，忽然一悟，对王岩叟说："彦霖，苏辙说熙丰党人皆是奸佞群小，我问你，章惇是不是熙丰党人？"王岩叟不明白刘挚的深意，慢慢地说："熙丰党人经此雨打风吹，章惇只怕已是其中的领袖了。"

刘挚冷笑道："章惇是苏轼的至交好友，他的两个儿子认苏轼为师……"

王岩叟醒悟道:"莘老的意思是?"刘挚奸笑道:"此事大有乾坤啊。"

原来,刘挚知道章惇好勇斗狠,睚眦必报,他虽与苏轼是至交好友,但二人其实性情大异。这五年来,章惇一贬再贬,郁结于肠,坐困愁城,正有满腔愤懑无处可发。此时只要有人轻轻一触,他就会跳起来,暴怒发作,任谁都不理不顾。如果听说苏辙在背后骂他是小人,阻挠他重回京师,如何能受得了,必将与苏轼反目成仇。

王岩叟会意,笑着说:"刘公放心。此事交给王觌办,一定成功!"

王觌得到王岩叟的指示,悄悄地请章惇到杭州城内一家酒楼上喝酒,却推说是代刘挚探望他。章惇与王觌素无交情,对刘挚也绝无好感,本来是不愿搭理他的。可是他性情高傲,视王觌如鼠辈一般人物,谅他耍不出什么花招,也想了解王觌葫芦里卖什么药,就赴会前去。王觌花言巧语,讲了一大通关于杭州的风物人情的闲话,最后才拐弯抹角地把话题引到苏辙与吕大防的争辩上来。

章惇听完,果然勃然大怒,把酒杯摔到地上,恨恨地说:"苏子由果真如此说?"王觌见章惇已经上钩,曲意逢迎道:"子厚兄,少安毋躁。这还有假?太皇太后、朝中大臣皆在,不会误传的。"

章惇气愤地说:"苏子由如何能这么说老夫呢,竟然说老夫是小人!他若对老夫有成见,可当面直言嘛,不必在太皇太后那里嚼舌头啊!实在有失君子之风,老夫错看他了!"

王觌装着劝说章惇,急忙打圆场道:"章大人息怒,息怒,气大伤身。早知道这样就不告诉你了。不过苏辙也实在有些过分。他对太皇太后说什么,要将小人安于外,使小人们不失其所,没有作乱的机会,则朝廷安定无忧。这些话简直就是说给子厚兄你听的嘛,连我都觉得实在刺耳,为子厚兄抱屈不平!"

这一激一劝果然有效,章惇更加愤怒了,气得拍桌子道:"岂有此理!我与乃兄苏轼情同手足,深交莫逆,历经多年不改。他竟这样断我后路!"

王觌看着章惇一步步地走进自己的圈套,心中不禁暗自得意,开始切入正题:"子厚兄,此事你想得有些简单了。这些话,其实是另一个人想对太皇太后和陛下所说，而苏辙只是代言而已。"

章惇是个聪明人，自然知道王觌所指何人。他连连摆手："非也，非也。子由是子由，子瞻是子瞻。子瞻不会这么说我，他的为人我最了解。"

王觌给章惇拿了一个酒杯，重新斟满酒："章大人，世情恶衰歇，万事随转烛。但见新人笑，哪闻旧人哭。这人情如纸，说变就变啊！"章惇看了王觌一眼，一饮而尽。

王觌放下酒壶，接着装作推心置腹的样子，对章惇"循循善诱"："章大人，忠言逆耳，择善而从。我只问你，若你是苏辙，明知其兄与你私交甚笃，天下人皆知，连两个儿子都交给苏轼教授学业。你会毫无顾忌地在朝堂上指名道姓地骂此人为小人、奸佞、朋党、祸害吗？他之所以肆无忌惮，盖因其兄也是这么以为，二人早有共识，故能弃子厚兄声名于不顾。子厚兄，你与苏轼虽为至交，但由来就政见不和，人各有志，其实早已是面和心不和，渐行渐远了。"

章惇被说中痛处，两只眼睛瞪着王觌："你！"

王觌走到章惇跟前，拍着他的肩膀说："王某不怕得罪子厚兄，敢问子厚兄一句，这些年来，你可曾听苏轼对你说过心里话啊？"

章惇一愣，沉默不语。想起前几次与苏轼的谈话，似乎确实有一言一语的不合。种种蛛丝马迹细想来，倒真觉得王觌的话很有道理。

王觌脸上泛出狡黠的笑容："原来没有。但是苏轼将心里话告诉了苏辙，因为他二人才是骨肉至亲。苏辙又将此话在朝堂上当众说了出来，天下人都听见了，唯独子厚兄你装作听不见，错就在你了。在苏轼眼中，熙丰党人皆是奸佞小人，子厚兄既是熙丰党人，自然也是小人了。"

章惇拍案而起，拂袖而去。王觌心中暗喜，急忙回家给刘挚写了密信。

转眼到了黄梅时节，连日阴雨不止。各地江河涨溢，农民新种的稻谷都受了灾。地方州县的文书雪片似的飞到府衙，苏轼获知灾情严重，忧心如焚，急忙令秦观到各地勘察，准备赈灾。

这一日杭州乌云密布，电闪雷鸣，飘风急雨将整个杭州城都笼罩在水雾之中。苏轼站在府衙门廊前，看着雨势滂沱，惆怅满怀。这时秦观披着蓑衣，头戴斗笠回来，向苏轼报告说："杭州城内积水甚深，田地淹没无数。苏州、常州等地也受灾严重，陂塘河湖都满溢不止，各处汛情堪虞。"

苏轼望着厅外的大雨怅然叹道："老子曰，'骤雨不终朝'啊，怎么一连下了数天呢？这样的大雨，杭州的夏粮恐怕要毁于一旦了。须及早上报朝廷，早做赈灾准备，否则就要重现熙宁年间的惨象呀。当年就因为没提前做好赈灾准备，两浙路饿死了数十万人。"

秦观点点头说："学生四处勘察，得知苏、湖、常三州的官员竟然都在官报里报告朝廷今年丰收在望，半句都不提受灾的事。"说着拿出一份官报来。苏轼看罢官报，怒不可遏，拍案而起："这些官员，不顾百姓死活，睁着眼睛说瞎话！不行，老夫必须尽快奏明灾情！"

苏轼一连上了六道奏章，送达中书省。吕大防预感到事态严重，连忙找刘挚前来商议。刘挚看了看那些奏章，不以为然地说："苏、常地区并无灾情严重的奏报，两浙之地唯独苏轼如此小题大做。去年他就报灾，两浙和杭州不也无事吗？他该开河还是开河，该修湖还是修湖。为这事，御史已经弹劾他了。"

吕大防说："这我知道，有三条罪状。一是整治西湖，指责子瞻虐使百姓，建长堤于湖中，以作游观；二是行暴政，发配颜氏兄弟；三是说苏轼陈灾不实。王岩叟、朱广庭等人也一齐弹劾子瞻报灾不实……"

刘挚说："宰相不必太过担心。想也没什么大事，令户部稍做抚慰便是。千万不可让太皇太后知道，以免圣上忧心。"吕大防也觉得有理，便不再理会。

苏轼见朝廷没有答复，知道一定是刘挚等人从中阻挠，摇头叹息，只得依靠一州之力，尽量减少损失，安置流民。

让苏轼忧心的事还不止于此。秦观对苏轼说："先生，章惇不知从谁那里得到消息，说二先生反对吕大防调停熙丰、元祐两党，已经记恨二先生了。"

苏轼大惊失色，马上意识到了事情的严重性。以章惇的性格，受此挑拨必定怒不可遏，新旧两党的积怨很可能再次爆发，甚至他与章惇之间的友情也可能会出现无法弥补的裂痕。他本来为躲避党争才来到杭州，可是刘挚、王岩叟等人却紧追不放，施展如此毒计来离间章惇与他们兄弟二人的关系。苏轼已经感到，又将有一阵狂风暴雨要袭来了！

他还是不死心，想去尽量挽救，便径直到洞霄宫去找章惇。

章惇脸色乌青，见了面就怒气冲冲地质问苏轼道："如今子由翅膀真是硬了！好一个监察御史，居然在朝堂上把章某骂为小人！"说罢，转身不顾。苏轼并没有着急，而是轻轻一笑，真诚地说："详细情形，我也不甚了解，只是最近才有风闻。即使子由说熙丰党人为小人，也绝非是冲你而言，子由的人品你还不知吗？"

章惇却不领情，冷笑一声，转过身来："那我问你，章某在熙丰党人中处于何种位置？"苏轼有些迷惑地看着他，问道："论什么呢？"章惇道："都论。"苏轼略一思忖，道："当然，第一王介甫，第二吕惠卿，第三王珪，第四蔡确，第五曾布，第六，你章惇。"

章惇怒道："你错了！王介甫死了，吕惠卿半死了，王珪早死了，蔡确也快死了，曾布反复无常，已被熙丰党人抛弃。我，只有我章惇，还在举变法大旗，我已成为熙丰党人的领袖！子由大贬熙丰党人，实则是冲我而来。熙丰人物何曾有过党？如果说有党，也是被元祐党人逼出来的！子瞻，你大可以到太皇太后那里去告发我。熙丰党人的这面大旗，我章惇举定了！道不同则不相与谋，你走吧！自此以后，我与苏氏兄弟一刀两断！"

苏轼见他越说越火，道出这样决绝的话来，有些气恼，但他仍耐着性子解释道："子厚，一定有人从中挑拨。还有，国家的政事不要和私人交情缠在一起，这非君子之道。"

章惇听到"君子"二字，联想起苏辙的话，越发恼火，一时按捺不住，向苏轼怒吼道："什么君子小人！元祐党人是君子吗？我原以为，你'大苏''小苏'是君子，现在看来，也是小人！"

苏轼见章惇如此顽固，不禁也发火了："我说什么你才肯听呢？你如此意气用事，不听朋友忠言，反信小人挑拨，还振振有词，简直糊涂透顶！"

章惇听到这里，怒气好像突然消了，说话反而平和起来，挥手道："哼，我糊涂透顶？居然有人说我糊涂透顶！休要再说，你我情分已尽，就此分手！我眼里容不进沙子，更瞧不起忘恩负义之人！"

苏轼觉得自己受到了侮辱，激动难耐，指着章惇说："子厚，你……你说什么？忘恩负义？我苏轼忘恩负义？"章惇似乎愈加坚定，切齿道："不错！而且我还知道，子由的主张即是你的主意！我感谢你把我两个犬子培养成人，且都中了进士，对此我没齿不忘。但今日你我割袍断义，兄弟之情到此为止！"

到了此时，苏轼知道与章惇的友情已经无法挽回，颤声道："好！你既然这样看苏某，我还厚着脸皮在这里苦口婆心做什么？悉听尊便！"言毕，拂袖而去。

章惇看着苏轼离去的背影，不知是悔恨还是气恼，猛地把茶盏都砸到地上。

那些出自龙泉窑的精美茶盏被摔得粉碎，苏轼、章惇的友情也从此破碎了。

与此同时，阴云也逐渐笼罩在汴京上空。刘挚、王岩叟等人暗中策划，又在煽动本不平静的朝廷了。直言敢说的范纯仁出知颍州，很难再插嘴朝中事务，而宰相吕大防又失于察人，明哲保身，刘挚就更加肆无忌惮了。

太皇太后对朝中众臣都看得清楚，只是为了安稳局势，才不得不维持现状。她已经老了，精力大不如前，心中一直挂念着的，就是将苏轼召回朝廷，辅佐哲宗。当初迫于苏轼请求，不得已才准许他出知杭州。现在他的任期也差不多满了，是时候召他回来了。

这日，太皇太后在延和殿召见众朝臣，宣道："自吕公著宰相退职以来，吕大防任左相，范纯仁任右相。范纯仁知颍州后，右相未补。哀家决议，刘挚为尚书右仆射兼中书侍郎，龙图阁侍制；知开封府王岩叟签书枢密院事，苏辙为尚书右丞，赵君锡接替苏辙为御史中丞。苏轼改翰林学士承旨。哀家欲令苏轼重回京师，众卿家对此可有异议？"

众臣齐道："太皇太后英明！"刘挚、王岩叟正欲进言阻挠，见太皇太后决心已定，都不敢再说话。待十几个大臣退去，王岩叟留下来叩谢，奏道："太皇太后听政以来，纳谏从善，凡所更改，务合人心，所以朝廷清明，天下安静。唯愿于用人之际，更加审察。"

太皇太后问道："怎么，这次用人，哀家有误吗？"王岩叟道："是关于苏轼、苏辙昆仲，苏辙任尚书右丞，未免有擢升太快之嫌……"太皇太后皱起眉头，不悦地说："你们都吃肉，也得让别人喝汤吧？退下吧。"说罢，闭上眼不再言语。

王岩叟一计不成，又生一计，往哲宗书房去了。见哲宗正在读书，悄悄地走了进去。此时哲宗已是十六岁的少年，登基以来，恨大臣们眼中只有太皇太后，见王岩叟来觐见，不由喜出望外，忙问他有何事。

王岩叟恭敬施礼，问道："陛下在读何书？"哲宗晃了晃手中的《论语》，说："圣书。"王岩叟哈腰谄笑道："陛下执政之日已为期不远，今日学习圣书，当辨邪正，分清君子与小人。"

哲宗听出他话里有话，似有所指，乜了他一眼："那你是君子呢，还是小人呢？"王岩叟一惊，没料到哲宗会有如此一问，只得苦笑道："臣只知忠君爱民，至于是君子还是小人则凭人议论了。只要上不愧天、下不愧地、中不愧人即可。"

哲宗追问道："你还是没讲清何为君子，何为小人。"王岩叟别有用心地说："陛下只需记住圣人这一句话就行——'君子内，小人外，则泰；君子外，小人内，则否。'"

哲宗装出恍然大悟的样子："哦……朕明白了。既然是小人外，那最近进朝的只有朕的老师苏轼。王大人的意思莫不是说教朕的苏师傅是个小人了？"王岩叟忙道："臣不敢妄加评论大臣，但市井俚语却都在盛传苏轼乃五鬼之一。"

谁知哲宗打了一个哈欠，懒懒地说："这事朕也做不了主，你去跟太皇太后说吧。"王岩叟碰了个软钉子，只得施礼告退。待王岩叟退下，哲宗把书往案上一摔，冷笑道："什么东西！司马光的门下走狗！"说完顿感失言，忙捂住嘴，幸好无人侍立在侧，轻轻吁了口气。

苏轼接到还朝任职的诏书，长叹了一声，吩咐家人收拾东西准备起程。临走之前，苏轼带着朝云，驾着一叶小舟，好好地游赏了一遍焕然一新的西湖。杭州人远远望见，一位白发苍然的老者，一位衣着朴素的妇人，就这样相扶着，任小舟漂到渺渺烟波的深处，恍然疑似神仙，要漂离人间似的。但新月初上之时，小舟又停泊靠岸，两人踏着花影，慢慢地走回家去。

元祐六年（公元1091年）三月初九，苏轼带着朝云、苏迨、苏过、巢谷、秦观，自西郊下塘乘船，依依不舍地离开了杭州。杭州百姓纷纷到运河两岸送行，苏轼怅然远望，心情久久不能平静。要知道，这样的宦途离别，苏轼已经历了许多次。每次转官，不论是外放还是还朝，他的心中总泛起驱赶不尽的哀愁，到底人生的漂泊，何时才是尽头呢？

此时正是桃花开到最盛的时节，苏轼独立船头，却觉得扑面的春风有些寒意。此次回朝，不知又会有什么风浪呢？滔滔江水却默默无语，伴随他一路前行。对此苍茫，苏轼回想起往事千端，但觉"飘飘何所似，天地一沙鸥"而已。

回到朝中，苏轼又与众官旧友相见。一切还是如往常那样，心境却似乎老了许多。最可喜的是，又可以跟弟弟重聚了。

王岩叟与刘挚见苏轼再次回朝，又处心积虑地密谋排挤他。此时洛党已烟消云散，要数蜀党最是人多势众。王岩叟道："刘公，在下担心苏轼要与你争锋。我想以报灾不实，对颜益兄弟用刑过重为名弹劾苏轼。唯有如此，方可使苏轼自乞外放。"刘挚问道："几成胜算？"王岩叟做出个"七"的手势。

刘挚低头想了片刻，摇头道："苏轼所报，本来是事实，对颜氏兄弟量刑亦无过差。况且苏轼辩才了得，稍有不慎，就会引火烧身。不过现在你我遥相呼应，谅他苏轼一时也难以纠缠清楚。苏轼这人我了解，自命清高，一旦被参，常常乞求出京，以退为进。"王岩叟谄笑道："相公之言，可谓拨云见日，下官明白了。"

果然，第二天王岩叟便奏本弹劾苏轼。苏轼此时刚在百家巷安顿好，不想又遭到王岩叟弹劾，气得连夜写奏章再请外放以避滋扰。他虽知此举正中刘挚等人的下怀，却实在不愿也不屑与这种小人相争。

烛影轻摇，朝云剪了烛花，在一旁默默为苏轼打扇。苏轼回头爱怜地看着她，劝道："歇息去吧！这就写完了。"朝云叹道："天热蚊子多，你如何安心写奏章呢？这些人太可恶了，刚进京城，还未喘口气，弹劾便来了。"

苏轼止笔一笑："古人有言，'聚蚊成雷，积羽沉舟'。王岩叟等人为颜氏兄弟翻案，意在倾我。但他们越是在朝堂上蝇营狗苟，我便越是想我的东坡草堂。"朝云侧头笑问："那……东坡肉呢？"苏轼笑道："东坡肉，使人秀，君子闻着香，小人嫉如仇！"朝云莞尔一笑，说："好不害羞，很香吗？"

王岩叟和苏轼的奏章都连夜呈到太皇太后那里。太皇太后费力地远举着奏札，却仍有些看不清，只得放下札子，擦了擦眼，对站在身边的侍女道："老了，眼花了。青儿，还是你给哀家读这札子罢。"

青儿忙应了一声，接过来读道："臣多难早衰，无心进取，岂复有意记忆小怨？而朝中诸人衔之，必欲寻机报臣。其后召为台官，又论臣不合刺配杭州凶人颜彰等。以此见臣实难安于朝。伏乞检会前奏，速除一郡，此疏即乞留中，庶以保全臣子，取进止。"读罢，双手托着放在案上，笑着赞道："苏大人真不愧是文坛的领袖，写得这么好！"

太皇太后凄然道："木秀于林，风必摧之。苏氏兄弟，在朝中向来孤单。唉……"半晌，她疲倦地吩咐青儿："别忘了提醒哀家，明日召给事中范祖禹觐见。退下吧！"青儿答道："是。这儿还有弹劾苏大人上奏两浙灾情不实的奏章……"太皇太后不由一声叹息："哀家不看了。退下吧。"

次日，王岩叟见弹劾苏轼不成，气急败坏，忙跑到刘挚那里，不等坐下就告诉了他。刘挚"哼"了一声，道："躲过初一，躲不过十五。"又拿起正在翻阅的苏轼诗集，指给王岩叟看："这是苏轼新编订的诗集。元丰八年五月一日，苏轼回宜兴途中，在扬州寺壁上题诗说：'此生已觉都无事，今岁仍逢大有年。山寺归来闻好语，野花啼鸟亦欣然。'当时先帝驾崩不出两月，举国上下皆在悲痛之中，此时怎会闻好语呢？分明是在庆幸先帝驾崩，真是毫无人臣之礼！"

王岩叟如获至宝，转怒为喜道："言之有理！苏轼恶毒之心暴露无遗！这次请赵君锡和贾易二位大人联名上奏，看他还有何话可说！"刘挚大悦，阴险地笑道："这诗可是铁证如山，我看他如何狡辩！"

　　苏辙在尚书省得知王岩叟、贾易等人又以诗句弹劾苏轼，非常吃惊，唯恐"乌台诗案"重演，急忙跑到翰林学士院。苏轼正在拟写乞求外放的奏札，苏辙心急火燎地说明王岩叟一干人弹劾苏轼之事。

　　苏轼不以为然，嗤笑一声："怎么，他要拾李定等人的牙慧，再造一个'乌台诗案'吗？这首诗能让他抓住什么把柄？农夫才不管什么国丧不国丧，只要丰收他就高兴，遇上灾害他就愁眉不展。"苏辙着急地说："可是，这种话出自臣子之口就会授人以柄。"

　　苏轼愤然道："哼，尤其是出自我口，他们定然会深文周纳，我来回敬他。王岩叟竖子，我原以为他与王安礼是朋友，故对其恶意诽谤屡屡谦让，未料他堕落到如此地步！阴主定是刘挚。若是在朝堂之上，我能有和刘挚、王岩叟辩论于二圣面前的机会，就好了。"说到这里，他忽然灵机一动："有了，刘挚与王巩不是亲戚吗？"苏辙当下会意，点了点头。

　　苏轼到王巩府上，叙过寒温，便告诉他乞求外放之事。王巩不解地问道："才回京城，为何又要乞求外郡任职呢？"苏轼愁容满面，叹了一声："不这样做又有什么办法？一进京城，王岩叟、贾易之流弹劾我报灾不实，还要为一对凶人翻案。时下他们又要制造第二个'乌台诗案'。你想，所谓诗无达诂，自可见仁见智，我浑身都是嘴也说不清。他若是把我叫到二圣面前当面对质，我能说什么？老百姓就是那么说的，总不能瞎编乱造。我认输算了！"

　　王巩义愤填膺，拍案而起："我去找刘挚，他太不像话了！"苏轼佯劝道："你去也白搭，他们注定要把我置于死地。再说了，这毕竟不是刘挚指使王岩叟他们这么干的。"

　　王巩胸有成竹地说："刘挚是小弟祖父的门人，又是小弟的亲家，他会给我这个面子的。"苏轼又叹了口气，道："此一时彼一时，刘挚已成右相，不比从前了。"王巩气鼓鼓地说："哼，我才不管他左相右相，这就去找他！"

王巩撇下苏轼，匆匆赶到刘挚府上，也不等用茶，就说了此事。刘挚假意道："定国，放心。不给谁面子，我也必须给贤弟面子。我出面去说。"王巩信以为真，抱拳道谢，告别而去。

望着王巩渐行渐远的背影，刘挚脸上露出一丝奸笑。王岩叟先时正与刘挚商谈，见王巩来，便躲到门洞里。此时，他从门洞内跑出来，拍手笑道："相公，王巩给苏轼说情来了？"刘挚颇为纳罕："苏轼怎么会轻易求我呢？"王岩叟摇身笑道："而且犹抱琵琶半遮面，智激王巩前来说情。"

刘挚疑团顿生："你说苏轼在玩什么把戏？"王岩叟奸笑道："不想把事情闹大。'乌台诗案'可是使他心有余悸！我们偏要穷追猛打，最好与苏轼在太皇太后面前当面对质，使他当场出丑！"刘挚握拳道："好！"当下二人计议已定。

太皇太后接到王岩叟弹劾苏轼的奏札，不由心中动气，只得命他往延和殿诏对，问道："苏轼的这首诗哀家看了，可这与先帝驾崩有何关联？"王岩叟对曰："先帝于元丰八年三月戊戌驾崩，苏轼于五月一日题写此诗，时不出二月，国人恸哭于天地，悲情难诉，独苏轼欣喜若狂，是何居心？"刘挚在一旁点头附和。

太皇太后却只淡淡地说："这些你在札子中已经说明，但苏轼指的是农夫为庆丰收而喜。"王岩叟见太皇太后并不在意，忙道："农夫为丰收而喜自可原谅，但身为臣子，苏轼曾在朝中任过要职，他在此时喜形于色，就大不相同了。"

刘挚也忙帮腔："当时，苏轼仍在缧绁之中，怨恨先帝之心，天下有目共睹。况且，苏轼信口雌黄由来已久，朝中大臣无人不知。借诗发怨，是其习惯，明眼之人，一看便知。"王岩叟更是穷追不舍："微臣伏望陛下诏对苏轼，臣愿当面与他对质。"太皇太后无奈，只得命梁惟简宣苏轼进殿对质。

梁惟简心中暗恨这些人无事生非，低头走出殿外，到翰林院请苏轼进殿与王岩叟对质。苏轼施了一礼，佯装不解地问道："对质？对何质？"梁惟简咳了一声，附耳低声告诉他原委。苏轼施礼道："多谢公公提醒。"

苏轼来到延和殿，太皇太后命他将诗意当庭解说。苏轼从容对曰："'此生已觉都无事'，是说当时先帝已下旨，准许臣在宜兴安居种地，臣故有从事农桑、闲居乡野之感。当时，扬州的确丰收，也是先帝倡导水利，恩泽天下之结果，故有'今岁仍逢大有年'一句。待臣归来时，忽遇一群农夫，他们说起了新帝继位，太皇太后听政之事……"

太皇太后一惊，问道："百姓有何言语？"苏轼对曰："其中一老农拍着额头赞道：'好一个少主，有仁德的国母听政，咱老百姓的日子就更好过了。'所以，微臣就有了这第三句诗：'山寺归来闻好语'。听到这些话，臣的悲痛之心才稍稍有安。这才写了第四句：'野花啼鸟亦欣然'。太皇太后，不知召臣问起此诗，有何深意？"

太皇太后放下心来，点了点头，转过脸去问王岩叟："你还有何话可说？"王岩叟、刘挚见太皇太后面有愠色，不由得脸都有些黄了。王岩叟强咽下一口唾沫，仍要强词夺理："苏轼，你不要狡辩了。你庆幸先帝驾崩之毒心，昭然若揭！"

苏轼转过身来，笑问道："你当时在场吗？何以就硬给苏某安一个罪名呢？是何居心？如此望文生义，弹劾大臣，恐怕天下人只好当哑巴了。你以前也被贬过，曾写诗道：'刚直不和明主意，天怜幽草寄冤身。'此诗何意？分明是对外贬心存忌恨，言圣上主政不明、不容刚直之臣。你刚直在何处？苏某若稍有不善之意，岂敢书于壁上以示人？当时先帝上仙已及两月，绝非山寺归来始闻之语。事理明白，无人不知，而你竟敢公然挟私诬罔！"

太皇太后怒声问王岩叟："你还有何话可说？"王岩叟额上冷汗津津，慌忙施礼道："臣忠君直言，并无邪念。"太皇太后大怒："够了！刘挚，王岩叟，一个是右相，一个是知枢密院事，这官当得可真不错！竟然不分是非曲直，诬陷诋毁大臣。若不是看在过去的分儿上，岂有不贬你二人之理？你们以此为鉴，好自为之！"二人吓得跪倒在地。

二人满以为会扳倒苏轼，没想到着了他的道儿，反倒险些被他打倒在地，真是偷鸡不成蚀把米。刘挚憋了一肚子火，回到府中，恶狠狠地将桌上苏轼的诗集撕了个粉碎。王岩叟忍气劝道："好在没被贬官，好在他自请外放的奏札太皇太后就要批下来了。"

## 六十四　　兵部尚书

苏轼这次还朝，当了两个月的吏部尚书，因不愿与群小论战，多次上疏自请外放，终于以龙图阁大学士出知颖州。

船徐徐驶在宽阔的汴河河面上，清风骤然吹散了两个月来的烦恼。苏轼与朝云、巢谷颇有鸟儿出笼之感，在船头谈笑饮茶。巢谷叹道："时光飞逝，现在苏迨都已婚娶了，我们却老了。这些年来，我们跟着子瞻可是走了千山万水。我有一联，看谁对得上来。"苏轼拊掌笑道："哟，好哇，巢谷居然也有心情出对联。"巢谷笑道："俗话说，'没有熏不黑的灶房'，常年同你在一起，多少也沾点灵气。"苏轼大笑："是夸我还是骂我？快，说说看。"

巢谷摇首念道："听好。'杭州、密州、徐州、湖州、黄州、常州、登州、颖州，这八州先生喜烹甚肘肉？'"苏轼恍然：杭州二度任官，加凤翔任通判，已十度在外，再加一个州，就是九州了。

此联甚是难对，因为下联也要说出八个物名或地名，但又不能用"八"这个数字。但苏轼只略一沉吟，便对了出来。"有了！'西湖、东湖、太湖、明湖、柳湖、沙湖、慈湖、潘湖'"，他转过去看着朝云，接着念道，"'此九湖夫人爱喝哪壶茶？'"

巢谷把"沙湖""慈湖"误听成"砂壶""瓷壶"，不解地问道："砂壶、瓷壶也算？"苏轼道："你忘了？在黄州时，咱们到沙湖买过地。慈湖是苏迈任职的湖口县。"

巢谷一拍额头。"这么多地方，把我转糊涂了。"又问道："可这八湖不能算九湖啊?"朝云早已心中了然,接口道:"杭州有西湖,颍州也有西湖,加起来不正好九湖吗?"苏轼笑着点了点头。巢谷道:"不错不错,颍州的西湖我们也去过两次了,当年我们曾去拜访过欧阳公。"

朝云看看岸边的树,道:"我也有了一联。"苏轼笑道:"对联为雅,巢谷以猪肉为联,实在有辱斯文,你不会再说猪肘子吧?"朝云笑道:"不会。你们听到这知了声了吗?这知了北方叫知了,南方叫即了。我的联是'柳上鸣蝉,北道知了,南道即了,了犹未了,最后不了了之'。"苏轼脸色骤变,觉得似是谶语,忙正色止道:"年纪轻轻的,出这种联干什么,以后不要胡说。"朝云会意,只低头不语。

苏轼深知,此番出知颍州亦未必能久,一旦朝中有大事、难事,刘挚等人不堪倚用,自己又要奉诏回朝,如此辗转九州,倒不及黄州时"走遍人间,依旧却躬耕"之自在,也只得随遇而安罢了。

谁能想到,就在此时,西夏梁太后亲率二十万大军,大举进犯大宋西北边境。一时间万马奔腾,沙尘滚滚,动地而来。

消息报至汴京,朝中上下愁眉不展。太皇太后在延和殿召见众大臣,问道:"谁愿带兵抗敌?"群臣登时鸦雀无声。哲宗扫视群臣,见无人敢应,目光中满是鄙夷。太皇太后更拍案大怒:"尔等的能耐哪里去了?平时窝里斗比谁都能,国难当头,却做了缩头乌龟!"

苏辙走出班外:"请太皇太后暂息雷霆之怒。臣愿带兵前往!"太皇太后赞许地看着他:"嗯,仁宗帝的眼光没有错,哀家的眼光也没错。"又命苏辙暂退一旁,当机立断地说:"若论运筹帷幄、决胜千里,当属苏轼。你们一再说我偏心眼,袒护苏轼,可你们所谓朔党、洛党的本事呢?宣苏轼火速晋京,任兵部尚书!"

此时刘挚等人也不敢有异议,只得眼睁睁地看着苏轼再次得到重用,又巴不得他一败涂地,从此没了威信。这等小人满心里只有权势之争,却忘了一旦吃了败仗,百姓危矣,大宋危矣。

苏轼接到诏书,忙命朝云打点行装,当日就和巢谷骑马往汴京飞驰而去。路上，巢谷微有抱怨："三番五次上书圣上自求外放，好不容易准了你奏，如愿外放到颍州。怎的如今圣上一纸诏书，屁股尚未坐稳，又要一路颠簸地往回赶。如此火急火燎，都顾不得安顿一下家人。"苏轼道："自求外放、远离朝廷是为避小人，如今回来却是为了国家。边关告急，万民水火，大宋堪虞，还不快快赶路！快！"

一到汴京，苏轼便火速赴宫中觐见。太皇太后任命他为兵部尚书，全权指挥此战，又授他尚方宝剑，号令大宋三军，可以先斩后奏。

苏轼回到家中，却见巢谷引着陈慥进来，大喜过望，抢上前去，抓住陈慥的双臂："哎呀，季常兄，你怎么来了？"陈慥笑道："你当了兵部尚书，天下谁人不知，我这就赶到兵部效力来了。"巢谷豪气干云地说："我们年纪虽有些大了，力敌万夫谈不上，可仍是百人之敌！"苏轼顿觉如虎添翼，连声叫好。

苏轼把兵部文武众官召集起来，抱拳道："诸位将军，诸位大人，鄙人受命于西夏犯我之际，但对兵部事宜知之不多，对西北战局亦知之甚少。此次召集诸位，本官想听听各位高论。"命兵部侍郎简要介绍时下西北态势。

兵部侍郎命人抬来版图，置于大堂之上，讲解道："时值秋高马肥之际，西夏幼主之母，发倾国精兵二十万，袭我环州、延庆等地，而我大宋此处兵力不足十万。若从各处调兵，时已不及，即使赶到，西夏杀掠之后，也已迅速撤回，劳师无功，而辎重尽失，且花费颇大。时下必须速定破敌良策。"

文官与武将各坐一侧，想法也迥然不同。宋朝从太祖时便有重文轻武的传统，边关战事总是失利，武将们心中早已窝火，一心想打个痛快的翻身仗，故而一致力主死守、抗敌。但文官们仍是想息事宁人，主张和谈、撤兵。两边你一言我一语，便争执起来："西北边土，本已相安无事，盖由庆州太守章粢，请功邀赏，屡出轻兵讨伐，使西夏部落不能安居，这才招致西夏发狠报复。眼下不宜战，而宜和。本人以为，奏明圣上撤回章粢，派员和谈，方是上策。"

"说这些为时已晚，紧要之务是提出制胜之策。末将不明白，西夏人不断骚扰边境，杀虐我边民，无人过问，而我边土将帅还击得胜，不予嘉奖，反而横遭指责，动不动就冠以邀功请赏之名，此为公道之言吗？我大宋怎么就如此软骨头！"

"若采取硬拼之策，必败无疑。若令环州死守，远途调兵合击来敌，多数为步兵，难以应对西夏铁骑。多年以来，我大宋与西夏交战，败多胜少，况且时下边土守兵为数不多。依在下看来，撤为上。"

"不行！撤到哪里？必须以进为守。若要后撤，城民怎么办？"

苏轼见出身武将世家的高永亨一言不发，问他："将军在西北边城守土有年，身经百战，不知有何良策？"高永亨道："末将只有一言：兵者，密也，战者，急也，贵在决断。想必苏大人已有良策了。"

苏轼笑着分析道："本官以为，和与不和，非一厢情愿，此战已不可避免，边土之安，非屈膝而来，此其一也；要战，不可远调大军以迎敌，若千里调兵，以疲敝步兵迎战精锐马军，是为愚战，此其二也；边境情况，瞬息万变，京城远在千里之外，传言未必准确，况且将在外，君命有所不受，若动辄多责，必挫我军锐气，故不得妄议边事，此其三也。"

苏轼正色而起，斩钉截铁地说："今日之议，到此为止。再言和，斩！至于如何用兵，本官自有主张。"见苏轼决意一战，且早已胸有成竹，武将们个个喜形于色，摩拳擦掌，文官们也大受鼓舞，不再有异议。

苏轼又独留高永亨议事，向他深施一礼，请他详细讲说环州地势军情。高永亨指着地图道："这里是环州城，地势险要，易守难攻，是西夏袭我内地的必经要道。西夏视之为眼中钉，若有大胜，必拔此城。这里是洪德城，不易把守，是西夏进取环州城的必经之地。过去双方交战频繁，此城已无居民，乃是一座空城，可藏万余兵卒。洪德城再向西，是百里沙漠。这是牛圈，积水丰沛，可供士兵和马匹饮用。西夏犯我，无论胜败，必经此处。六城未弃之前，我曾去过多次。"

苏轼问道："西夏兵在围攻环州城时，洪德城、牛圈会留兵把守吗？"高永亨道："不会。我大宋军队历来无舍城分守的习惯，因为容易被对方分而聚歼之。况且西夏人也不把这放在眼里，一旦他们杀回，这种不易坚守之地，很快会被其大军踏平。"

苏轼又问时下西北守军中可有能征善战且胆大心细的骁将。高永亨举荐了折可适，说："此人可担大任。他经我一手提拔，不在我之下。"

苏轼点了点头，又道："对付西夏铁骑，必出奇兵。西夏鹞子军有所长，亦有所短。避长击短，方能克敌制胜。兵不在多，而在于精；将不在于勇，而在于谋。西夏大军长驱直入，战线过长，虽有快骑补其不足，但仍给我军以可乘之机。我军以逸待劳，奇兵出击，必获大胜。"高永亨闻言大喜，抱拳道："大人之言极是！若有用末将之处，万死不辞！"

苏轼回到家中，让巢谷、陈慥带三匹快马，日夜兼程赶往庆州，告诉太守章楶：派折可适率精锐轻骑一万，在洪德城以西迎敌；多带鹿角栅栏，以阻敌马军；拆毁路桥，填埋水井；边战边退，既拖延时日，又消耗敌人的粮草，更给敌人造成我军怯战的假象。待把敌军拖到环州，敌军士气已消减大半，攻城之势已弱，这时定要死守环州城，敌人必不能攻下。而折可适所率精兵从外侧绕小路插入敌后，袭其后续粮草，不必硬打，尽量拖延时日即可。西夏兵战不数日，必身心俱疲，加上水源短缺、粮草不济，必然撤军。西夏撤军前，先让折可适在洪德城休整完毕，待敌军撤至洪德城时，再率轻骑寻机火攻敌人随军粮草，在敌人阵脚大乱时，我军奋力出击，敌必大败。章太守若有其他计划，可放信鸽送兵部来。

苏轼又殷切地嘱咐二人："二位兄弟，事关大宋安危，边土百万人性命，你二人要倍加谨慎。还有，你二人只管送信，年纪大了，一定不要参战了。战事若有不测，即刻回报。"陈慥应声道："是。"巢谷却面若止水，只凝视着苏轼，一声不吭，却又似有无限的话要说。苏轼虽有些纳罕，却未深以为意。

巢谷、陈慥二人飞马赶往庆州。苏轼又请高永亨到兵部研究敌情。原来，西夏十万大军已经兵临环州城下，另十万大军却不知去向，苏轼怀疑是左右两侧各五万人马包抄环州城。高永亨摇头道："如果那样，就需要通过两侧的各个关口要塞。这些地方都有我大宋军队死把严守，要想通过，谈何容易。"

苏轼略一沉思，道："那么，另十万军队一定攻庆州去了。若庆州无战事，肯定西夏内部情况有变，其他王爷不愿出兵相助梁太后。"高永亨眼中一亮："有道理！前年西夏出现过马瘟。"

这时，兵部侍郎得到章楶快报，说西夏有五万人马偷袭庆州未果。高永亨看完信，便说："主攻的还是环州。"苏轼忙命兵部侍郎立即放鸽告诉章太守："西夏主攻环州，要誓死守城！"

高永亨所料不差。西夏大军杀声震天，如潮水般涌向环州城，顷刻便竖起数十架攀梯，士兵们从四面八方向城头爬去。不料宋军早有防备，顽强抵抗，一时间箭飞如雨，巨石从城头滚滚而下。西夏军连连惨叫，从攀梯上跌落，城下的也被射杀无数，登时死尸遍野。

消息传至大帐中，梁太后气得直抖，忽又接到奏报：宋军挖断道路，拆毁桥梁，设置路障，沿途袭扰，粮草无法按期运至。水井已被宋军填平，找不到水脉，挖井十口，有九口不能出水，且井深要数丈，十分耗费军力。

梁太后来回踱步，一旁的将军禀道："往年攻城，只需十日以内。但此次与以往不同，宋军战术古怪，恐有不测。此次进入宋境，也与以往不同，遭到他们多次阻挠，故意避而不战，拖累我主，使粮草不能及时补充，现已使军力、物力消耗甚大。此时军队已成疲兵，若再战，无异送死。粮草不济，饮水缺乏，士兵久战，均是兵家大忌。"

梁太后皱起眉头，盯着他问道："你的意思是……要撤兵？"将军低头道："末将不敢言。"梁太后道："赦你无罪。"将军道："此时撤军，还可全师而退。暂且撤回，待修整后重新杀回就是。"半晌，梁太后长叹一声："看来，只好撤了。"

西夏大军疲惫不堪地撤退，广袤的荒原上尘土飞扬。夜间，行军至洪德城外，忽然听到鼓声、喊杀声如滚滚怒雷："抓住梁太后，赏银五千两！""冲啊，杀呀！"原来，陈惜、折可适早已率军埋伏于此，欲将西夏大军杀个措手不及。

西夏军阵脚大乱，梁太后大惊失色。身旁的将军登高一看，向军中大喝道："宋军不多，不过是袭扰！压住阵脚，乱动者斩！"小将又来报，粮草被宋军烧了。梁太后既惊且怒："啊，快去救火！"

巢谷率军烧了敌军的粮草，也正要后撤，却见几个宋军军官被西夏部队围攻，大喝一声，拍马赶到，以长枪隔开西夏兵的刀枪，大吼道："快走！有我在此挡住，快走！"那几个军官无奈离去。

一阵厮杀后，陈慥、折可适带领宋军后撤。二人不见巢谷，心中诧异，勒马回望，却见远处巢谷奋力舞动着银光闪闪的长枪，挑落数名西夏官兵，已然身陷重围。陈慥大惊："将军，将军，快救巢谷，快！"折可适一脸无奈："此刻我们要是救他，就是自寻死路。"陈慥急红了眼："你……我要到兵部去告你！你不去，我去！"说罢，狠命拍马冲了过去。折可适只好带领军队杀过去。

巢谷满身溅血，左冲右杀，连杀数十人，直逼梁太后，大喊一声："西夏太后，拿命来！"正要挺枪上前，不料梁太后的卫士一拥而上。众箭齐发，一人举锤将他打下马来，登时众刃齐加。这时，陈慥、折可适带领宋军杀了过来，喊声彻天。梁太后惊魂未定，慌忙下令："快，快撤！"

陈慥滚下马来，扑向巢谷。巢谷已满身是血，身受重创，气息微弱："季常兄，我死得其所。告诉子瞻，把我葬在密州……"说罢，带着一脸微笑，安详地合上了眼睛。陈慥捶地大哭，直哭得声嘶力竭："巢谷兄……巢谷兄！"然而，厚地高天一片死寂，回应他的只有荒原上的猎猎西风。

次日，西夏军行至牛圈，饥渴难忍的残兵败将忽见沙漠中的断壁残垣围着一湾水，一下子蜂拥而去，有的提着羊皮桶前来饮马。为争水，士兵们甚至吵闹、殴斗起来。梁太后也是狼狈不堪，脸上尚有灰迹，由几个宫女扶着下马，坐到绣墩上，气喘吁吁地说："快让他们清点人数！"

一帮将卒丢盔弃甲，瘫倒在地。突然，不少士兵捂着肚子倒地打滚，转眼都七窍流血而死，不少马匹也口吐白沫，纷纷倒下。一名将军慌忙来报："太后，不好啦！宋军在水里下了毒，快撤！一会儿宋军就杀来了！"梁太后"呀"了一声，不知所措，慌乱中被宫女们扶上马，仓皇而逃。未喝水的士兵争相奔命而去，所有辎重一概遗弃。这时杀声大起，宋军杀来，西夏人马死伤不可胜数。

宋军大获全胜，陈慥却了无喜色，不知向苏轼如何交代。他快马回到汴京，将巢谷的棺材寄放在城西门外。料理完毕，便直奔苏轼家中，一头撞进门来，大哭道："巢谷兄死了……"苏轼闻声跑出来，颤声问道："什么？"陈慥已是泣不成声："巢谷兄战死了！"苏轼如遭雷轰，心中如被剜了一刀，"啊"了一声，站立不稳，扶着柱子，久久回不过神，半晌才流下泪来。朝云也抽泣不止。

陈慥哭着断断续续地叙明原委。苏轼又问巢谷有何遗言。陈慥道："他说……说要把他葬在密州，我也不知是何意。"听了此话，苏轼想起巢谷临走前的表情恍然大悟，闭目仰天，泪流满面："巢谷兄，这是何苦啊？你定是抱定必死之心，我……我怎么就没有看出来啊！巢谷兄啊，我……我对不起你啊！"说罢，跌坐在地，掩面而泣。

良久，苏轼抬头吩咐朝云、苏迨、苏过一起到巢谷灵前祭拜，让苏迨、苏过扶柩将巢谷安葬在密州小莲的坟墓一侧。苏轼心中默念："黄泉路上，你二人相伴，也不孤单了……"

这次大获全胜，一洗六城之耻，太皇太后大喜过望，命有司重赏苏轼、章楶、折可适等人，追封巢谷为"义勇真人"。从此，太皇太后更视苏轼为文武双全的天纵奇才，倚用之如臂膀腹心。朝中上下，也都视苏轼为国之栋梁。就连刘挚、王岩叟等人，心中也不得不服，但对苏轼的嫉恨也更深了。

苏轼和巢谷自幼就情同手足，从来不以异姓相待，其间虽有小莲之事，但心中都没有芥蒂，仍是肝胆相照的好兄弟。不论遇到什么风雨，苏轼都能随缘自适，但巢谷之死实在让他痛不欲生，越发感慨人生如梦。他料定西夏元气已伤，一时不敢再来进犯，便乞求再次外放。

苏轼自入仕以来，在朝为官的日子不多，一次次的外任，走过的地方最多，走的路也最长，岁月都失于路上。他为官多年，本就两袖清风，且"搬家十年穷"，家中一点积蓄也没有。因此，这次再请外放，太皇太后坚决不准，苏轼也只得作罢。

哲宗对这位苏师傅也越来越敬佩，这日下朝后虚心向他请教兵法。苏轼淡淡一笑："身为帝王，应懂武略。陛下有此爱武之心，实为我大宋之福。只是兵乃凶器，非万不得已不可用兵。水无常形，兵无常法，没有要诀。但有可循之道，总括起来讲，叫'一二三四五'。"哲宗一听，深感兴趣，忙问何谓"一二三四五"。

苏轼一一说道："一直，就是正。直在我，则我胜；曲在彼，则彼必败。二信，就是取信于民，取信于将士。民无信则兵衰，将士无信则军无气。三宜，就是因时因地因人而宜。四知，就是知天知地，知己知彼。知天就是知天时、自然气象，知地就是知地理地势、风土人情。五奇，就是出奇兵、出奇谋、用奇术、用奇人、造奇势。造奇势就是兵不厌诈。"

哲宗深以为然地沉思点头。这时，王岩叟正巧路过，见苏轼在，忙要躲闪，却被哲宗喊住。原来，苏轼为兵部尚书时，王岩叟曾打赌发誓："要是苏轼能获胜，就给他磕三个响头。"哲宗翻出这旧账，问道："王岩叟，子曰：'民无信不立。'是也不是？"见王岩叟支支吾吾，哲宗追问道："是也不是？"王岩叟憋了半天，只得挤出个"是"字。

哲宗道："那就磕吧。"说罢，仰脸看天，不理不睬。王岩叟结结巴巴地说："臣遵旨。"说罢，极尴尬地跪在苏轼面前。不料哲宗仍是不依不饶："慢着，这不是遵旨，而是你践行诺言。人无信，何以立于天地之间？"王岩叟只得极不情愿地磕起头来。苏轼急忙扶起王岩叟，笑着打圆场："不用，不用，玩笑而已。"这笑在王岩叟的眼里，却成了胜利者的讥讽。

见王岩叟爬起来灰头土脸地走开，哲宗扬扬自得地说："师傅，你教我的'一直、二信'，我用上了吧！"苏轼却有些哭笑不得，心想小皇帝如此活学活用，这老师实在不好当，却只得笑道："可臣还说过，不可轻用！"

过了几日，哲宗又在禁苑中召见苏轼与范祖禹两位帝师。三人说笑而行。哲宗问道："二位师傅，请问，晋有陶渊明，唐有李白，二人的诗相较，孰优孰劣呢？"范祖禹笑道："要评诗，苏大人乃我朝的大诗人，他最有资格说话了。"苏轼不假思索地说："陶渊明知世而得远，李太白脱俗而得高。"

哲宗点了点头，又问道："那苏师傅的诗呢？"苏轼笑道："臣的诗，有陶渊明的二分田园,有李白的三分酒气,有杜甫穷于道路的二分咏叹,有孟浩然的三分山水,还有白居易的一分平实。所以,什么也不像。反倒不如不经意间填的几首词。"哲宗与范祖禹都笑起来。

范祖禹赞道:"苏公之评,字字珠玑。平心而论,我大宋诗人中,还未有能超过苏……"一语未了,却见梁惟简匆匆跑来,神色慌张,急报道:"圣上,大事不好,太皇太后她……"哲宗等人大惊。

一时,哲宗等人赶到崇庆殿后阁。太皇太后半卧于帘内,吕大防、范纯仁、范祖禹已侍其一旁。青儿红着眼圈告诉哲宗等人,先时太皇太后在延和殿召见吕大防,为的是董敦逸、黄庆基弹劾苏轼任中书舍人时制词有斥责先帝之处一事,不料谈话间一阵晕眩,险些倒下。

太皇太后见哲宗等人赶来,吃力地说:"哀家病势有加,与诸卿见面,已时日无多。望汝等竭尽忠心,扶保幼主。"又道:"哀家听到谣言,说哀家要用亲生儿子取代当今皇帝。先帝临终,嘱咐哀家在当今皇帝幼小之时处理国政。时已九年,诸卿曾见哀家对娘家高姓人特施过恩典吗?"众臣都道:"太皇太后从未对娘家人特别开恩。""太皇太后全以国事为重。"太皇太后垂泪道:"正因如此,哀家病危也不敢见自己的亲生儿女呀!"

太皇太后又看着哲宗,语重心长地嘱咐道:"哀家当着众卿要对圣上说几句话。哀家知道,哀家死后,大臣之中会有许多人愚弄圣上。孙儿,你可要提防那些人呀!"哲宗心中不以为然,应付地点头道:"太皇太后,皇孙是大人了,不糊涂。"

太皇太后看在眼里,却也无法,命哲宗先去用饭,转脸对吕大防、范纯仁道:"哀家死后,幼主定要起用一批新人,你二人最好辞官归隐。"又道:"都用饭去吧,苏卿家留下。明年今日,当思老身。"二人含泪谢恩,行礼退下。

太皇太后命青儿给苏轼赐座,凄然道:"哀家来日无多。命你担当幼主之师,意在幼主执政后你可成为辅佐之臣。时下看来,一片苦心将付诸东流。幼主对元祐国策并不以为然,加之性情轻率鲁莽,脾气暴躁,性好女色,易为老奸巨猾之人玩弄于股掌。自其继位以来,老身对其要求甚严,未料使他心生怨恨，蓄怒已久。他亲政后，必另寻股肱大臣，可能会重用熙丰党人。唉，人算不如天算哪。哀家死后，你马上到外地做官，可到河北任西路安抚史兼马步军都总管，兼任定州太守，对你和家人都有好处！"

苏轼扑通跪倒在地，哽咽道："多谢圣慈恩典。做不做官，无足道哉。只是微臣万死不足以报圣慈之恩！更为惭愧者，微臣有罪，未能当好幼主之师。"太皇太后摇头道："不必自责。学问人可教，秉性天难易呀！哀家不能保护你了，你要多多珍重……"苏轼早已泣不成声。

## 六十五　　定州治军

元祐八年（公元1093年）九月初三，太皇太后高氏驾崩。从此，苏轼失去了政治上的保护伞。正如太皇太后所料，十八岁的哲宗亲政，决心尽废元祐国策，重新起用熙丰党人。此时的朝廷已是"山雨欲来风满楼"。元祐诸臣都不知何以应对即将到来的风风雨雨，人人自危，大有如临深渊、如履薄冰之感；只有苏轼置个人安危荣辱于度外，泰然自若。

俗语说"一朝天子一朝臣"，但此时总有一些官场不倒翁，如王岩叟便摇身一变，又成了哲宗的亲信。原来，他投哲宗所好，选了一位绝色的刘美人送进宫去，把哲宗迷得神魂颠倒。哲宗也投桃报李，对他恩宠有加。

这天，王岩叟探听得知哲宗正与几位妃子淫乐，便趁机前往觐见，奴性十足地施礼毕，添油加醋地奏道："微臣为陛下选了刘美人以后，苏轼训斥微臣，大骂微臣以色祸乱后宫，请陛下为微臣做主。"

王岩叟一心陷害苏轼，便特意一语触及哲宗的隐痛。果不其然，哲宗腾地站起，满脸怒容："朕身为皇帝，选个美人还有错吗？九年了，他们谁拿朕当皇帝对待了？难道现在还要骑在朕头上不成？真是岂有此理！"

偏偏吕大防这时进来奏报苏轼请求外放定州之事，哲宗连连挥手道："准了准了，走了干净。离了他，朕还不能治国了？"吕大防只得应了一声退下。王岩叟此计得逞，脸上露出一丝不易察觉的奸笑。从此，哲宗便疏远了"苏师傅"，一次次听信谗言将他远放，甚至后来将这位花甲之年的老人赶到天涯海角的儋州。

次日，苏轼临行，在勤政殿外请求觐见。不料哲宗极不耐烦地说："不用见了，让他上任去吧！"侍臣出来宣了这道令人彻骨生寒的口谕，苏轼久久没有回过神来。想起昨晚朝云说的"当今的皇上，怕是连你都懒得见了"，自己却仍坚持守礼面辞圣上，不由得苦笑。心想还是太皇太后看得准，人算不如天算，不知这位颟顸的少主会将朝政变成何等混乱的局面，只怕是要苦了天下的百姓了。

苏轼回到家中，见苏辙过来为他送行。苏辙自知在朝中时日无多，兄弟二人又要天各一方，更兼忧心时局，心中十分沉闷。苏辙叹道："可惜蜀公去世了，再也没有令箭了。"苏轼却说："令箭管得一时一人，岂能管得长久。人无百年之宴，国无百世之朝。幼主轻躁，党争炽烈，大宋之衰，怕是天意。"

默然良久，还是苏辙开口道："哥哥到定州，如能路过栾城，顺便祭扫一下先祖苏味道的墓。自唐武则天朝后，就无人祭扫了。"苏轼颔首道："如有机会，当然要去。"说起苏辙的文集定名为"栾城集"以示不忘先祖之意，苏轼叹道："愚兄的集子出了不少，都是别人随便取名，还是你这样好。"想起兄弟二人早年谈论诗文、指点江山，是何等意气？此时却两鬓染霜，对陶渊明"日月掷人去，有志不获骋"的诗句，体会得更深了。

一路行来，苏轼一家已到定州城外，但见平原漠漠，野树槎枒，木叶凋零。前来迎接的通判李之仪已等候多时了。苏轼见了他，抢上前去，喜道："哎呀，是端叔！不用客气，我们是老相识了！"见李之仪一脸诧异，苏轼笑道："'我住长江头，君住长江尾。日日思君不见君，共饮长江水。　此水几时休，此恨何时已。只愿君心似我心，定不负相思意。'我早就知道端叔的词，岂不是认识端叔了？"

见这位文坛泰斗如此平易诙谐，竟能一字不差地背出自己这首《卜算子》，李之仪不由得喜形于色，忙谦道："让大人见笑了。与大人相比，下官的词实在是不值一提。下官仰慕大人已久，对大人的百首词都能倒背如流。"

李之仪引着苏轼等人前行，来到易水河畔野林边，都下马而行。苏轼举目叹道："燕赵多侠士，高歌弹铗还。"又笑着对李之仪说："苏某之祖籍即在这燕赵之地。他们说我是蜀党,错了。应该把'大苏''小苏'划为朔党才对,可刘挚他们不要我。"李之仪大笑说:"下官听说了,王岩叟上疏论列你五条罪状,曾说洛人朋党虽衰落了,川人朋党却炽盛起来,请求早一点罢黜你以离析蜀党。我看哪,熙丰时期的台谏言官令人讨厌,元祐以来的言官们也不怎么样。"

苏轼颔首叹道:"罗织文字,捕风捉影,附会其说,此风如今极盛。"李之仪却说:"我倒是应当感谢这些言官!没有他们,我焉能与大人同处一州,时常请教?"苏轼客气地向他请教河北西路军队的情况。

李之仪一五一十地告诉他:此地与燕云十六州相接,有两万骑兵、八万步兵,是大宋北疆重地。多年边境无事,故武备不修、军营破烂、军官腐败、兵饷低而衣食差,军纪废弛,上下取乐于酗酒赌博,常有侵民、欺民、奸淫良家妇女之事,兵痞已成当地一害。他们欺负百姓如狼似虎,对敌打仗却溃不成军。定州路副总管王光祖是名将王铁鞭之后,过去多有战功,但刚愎自用,不善管理军队,因未得重用而心怀不满。

苏轼心中有了底,与李之仪来到总管府。二人正要商议应对处置的办法,不料下车伊始便接到报案。几十个百姓抬着一具女尸痛哭于府衙之外,群情激愤。一老者手举状纸,沙哑着嗓子哭喊:"女儿啊,你死得好惨哪!"苏轼快步来到老人面前,和声道:"老人家,我乃定州军总管苏轼。你有何冤,尽管道来。"

原来,老汉名郭方正,西郭家村人氏,老两口膝下只有一女名云凤。昨日下午,五个兵卒奸污了云凤,还把郭老汉暴打了一顿。云凤自觉无颜活在世上,便跳井身亡。身旁几个村民齐道:"苏大人,我们都亲眼所见。"一人道:"那几个禽兽是西兵营的,我们一直追到西兵营门口。"

苏轼强按住满腔怒火,接过状纸,递与李之仪,将郭老汉扶起,劝慰道:"老人家,苏某一定严惩罪犯。你们和本官一道去西营辨认罪犯。"又命李之仪立即集合西营所有人马到校场集合。

苏轼一身将帅服,带着一干百姓来到西营军校场,威风凛凛地站到检阅台上。见几千名士兵稀稀拉拉、松松垮垮的，他不由大怒，喝道："这等军队，焉能打仗？！"

不多时，五个作案的兵卒被李之仪带着几个村民辨认出来。郭老汉一见，用颤抖的手指着这五个兵痞："就是他们！"几十个村民齐道："对，就是他们！"李之仪一挥手，一队执法兵卒将五人押到台前。

苏轼怒问道："尔等知罪吗？"五人惊慌不已，跪倒在地，求饶不止。苏轼高声怒道："大宋军队，保国护民，乃为天职！这几个败类，轮奸妇女，逼死人命，毁军荣誉，罪大恶极！"又问执法："轮奸妇女，逼死人命，该当何罪？"监官道："按律当斩！"苏轼又命刽子手："立即将五名罪犯斩首！"刽子手们不容分说，大刀一举，五颗人头当即滚落在地。士兵们一片哗然。

苏轼问执法官："手下犯罪，影响极坏，管理校官应定何罪？"监官道："撤职，一年监禁。"苏轼下令："把管事的校官押入州牢！"执法兵卒立即将站在队前的校官押走。

苏轼责问副将钟将军："西营属将军管辖，出此大事，该当何罪？"钟将军谢罪道："末将失职，应受惩罚。"苏轼道："剥你一年俸禄，安葬民女云凤，郭方正夫妇由你赡养。一个月内，西营军队若做不到整齐划一，令行禁止，法纪严明，本官将撤你将军之职！"钟将军凛然一惊，忙施礼道："末将得令！"

五名奸犯正法，钟将军被罚，此事对各营将士震动很大，骚扰百姓之事登时禁绝，各营将军不敢懈怠。

此日，苏轼与李之仪来到定州军行辕内，进一步商议治军之策：清除腐败军官，严惩喝兵血的蛀虫；严肃军纪，严格操练，修缮兵营，保证官军吃住。

李之仪道："修缮营房，让官兵吃好住好，所需钱款甚多，仅靠朝廷所拨的兵饷数额，尚显不足。"苏轼摇头道："就老夫在兵部掌握的情况看，边土所拨军费，远大于内地禁军，造成如此局面，皆由军官腐败所致。另外，从定州府筹些款子，完全可使军营吃住有所改观。"又命李之仪从即日起，负责查处军中贪官赃官、军营修缮及士兵伙食诸事；通告各军营，明日除留有当值军官外,所有将校都集于中军军校场。李之仪领命而去。

次日,寒风凛冽,飘动的牙旗哗哗作响,几千名军官列队于校场之上。苏轼一身铠甲,与众官员立于检阅台。中军官来报:"奉大人之命二次传唤王将军,将军拒不前来。"苏轼怒道:"传我第三道命令,命他立即赶来校场,过时不到,以违抗军令论处!"中军领命,飞马而去。李之仪叹道:"王光祖过去独令三军,又仗其家传鞭艺,骄悍惯了。"

苏轼意欲重振军风,台下却有人不把他放在眼里。此人名温大彪,正是王光祖爱妾温姣姣之弟。他原是游手好闲的破落无赖,仗着这层裙带关系,坐上北营第二把交椅,平日里最骄横跋扈,克扣士兵军饷,俨然已成军中一霸,引得军中怨声载道。

温大彪侧目讥笑道:"玩笔杆子可以,统领十万大军,哼,没门!打起仗来,还须靠我姐夫的铁鞭!"言下之意,似乎王光祖就是大宋的万里长城,一刻也少不得。听他这么说,身边几名校官应声附和。

中军第三次来到王光祖家中,请他赴校场。王光祖正由温姣姣等人服侍着喝酒狎乐,听了这话,腾地站起来,碰翻身旁侍女手中的茶杯,还扬手打了她一巴掌。那女子捂脸落泪,怯生生地拾起地上的碎瓷片。王光祖把筷子往桌上一拍,吼道:"老夫不去!看他能拿我怎么样。他凭什么来做老夫的顶头上司?就凭会写文章?写文章回朝廷,这里用不着!"

中军劝道:"将军,苏大人可是发话了,若再不到,军法处置。您也知道,连下三次军令不到属死罪,朝廷也奈何不得。再说,苏大人可是文武双全。那西北大捷,就是他任兵部尚书时指挥的!"王光祖这才稍稍清醒,只得去更衣。

王光祖骑马来到校场,气呼呼地跨上检阅台,见苏轼也不行礼,一脸凶悍地傲然站在一侧,如金刚怒目一般。

苏轼也不看他,朗声历数军中诸弊,下了六道禁令:禁赌、禁酒、禁斗、禁扰民、禁喝兵血、禁兵私自出营。他还宣布:"上述六禁,上下监督,官兵共守,违令者,斩!"

接着,李之仪宣道:"从即日起,进入冬季操练。一月之内,三军须达到整齐划一,令行禁止。据苏大人令,逾月不合格者,士兵责罚,将校降职!"

王光祖在一旁气得肺都快炸了,脸色铁青,浑身发抖,却不好说什么,紧紧咬住牙关,眼中像要喷出火来。

六道禁令刚颁布,就有顶风作案的,不是别人,正是温大彪。他全然把苏轼的话当耳旁风,当天夜里就在军营中和几个小校又赌上了。其实哪里是赌博,而是以此为名,收取十分之一的军饷。这是他惯用的伎俩,小校们也是敢怒不敢言。

非但如此,监官带兵来巡查,几个军士吓得要走,温大彪却坐得如磐石一般,颇有些凛然不惧的架势,喝道:"你敢走?你还欠老子的钱呢!"军士们央求道:"我们不敢犯军令啊!"温大彪大怒,揸起五指在桌上狠命一拍:"屁话!老子就是要赌,也喝酒了,看他苏轼能把老子怎么样?"

监官见他如此知法犯法,质问道:"违反军令,按律当斩,你可知道?"温大彪反倒斜着眼一声冷笑:"知道,知道什么?老子什么都不知道,就知道赌!"监官大怒:"温大彪,你不想活了?跟我走!"不料温大彪骂了句"直娘贼!"蹿起来上前一拳,将监官打倒在地。

监官只得往行辕中将此事禀报苏轼。苏轼正与李之仪在地图前研究边事,大怒道:"这温大彪是何等人物?竟敢公然违抗老夫军令!难道他不怕死吗?"李之仪忙把温大彪与王光祖的关系告诉他。苏轼提高了嗓门,道:"按令行事!"监官也提醒他三思而后行,苏轼不为所动,命李之仪亲率执法士兵火速前去拿人。

李之仪等人赶到温大彪的营舍,"咣当"一声踹开门。温大彪正向碗里掷骰子,见了他,鼻子里"哧"了一声,阴阳怪气地说:"哟,换了个人啊?做什么,难道还敢来抓老子?"李之仪一挥手:"把他们都带走!"几个执法士兵进屋,不由分说,连人带赃一并带走。温大彪兀自吵闹着:"放开,放开,把老子放开!"李之仪抬手就是一巴掌,打得他登时耷拉下头来。

很快就有人把温大彪被抓的消息报给王光祖。温姣姣呼天抢地,哭得泪人一般:"老爷呀,你可要救救我兄弟呀,妾身娘家就这一个亲人了。那苏轼是拿我兄弟开刀,是要给老爷下马威呀!你若不加阻止,今后在军中还有何威信?!"王光祖猛地把桌子掀翻,吼道:"他敢?!"两眼烧得通红,往行辕赶去。

李之仪将温大彪等人羁押起来,又向苏轼为小校求情,说他们被胁迫而赌,能否从轻发落。苏轼叹道:"老夫又何尝想斩他们呢?无奈军令如山。作为军人,执法如山,刚颁禁令,明知是掉脑袋的事,可还要服从温大彪去违禁违令,这是因为心存侥幸,把温大彪看得比军令还大。这使我如何统率十万大军?必须从这两个小校身上下手,彻底打消所有人的侥幸之心。"李之仪叹了口气,点头不语。

这时,王光祖怒气冲冲地直闯进来,对苏轼吼道:"苏轼,你欺人太甚!军中稍有小赌,竟动不动就以斩杀为戒,你眼里还有老夫吗?"苏轼拍案而起,瞠目直视,质问道:"王将军,你竟敢目无上司,咆哮公堂,该当何罪?"

王光祖的嚣张气焰略减,但依然怒气冲天:"你要杀就杀老夫!温大彪不能杀!"苏轼冷笑道:"你以为本帅不敢吗?我颁六条禁令,全军无人不晓,温大彪竟然违抗六禁,赌博、饮酒,更为甚者,克扣军饷、贪赃枉法。将军要为这样一个罪犯讲情,难道就因为他是你的亲戚吗?"

王光祖一时语塞,半响怒道:"你不看僧面也得看佛面,打狗也要看主人!"苏轼指着他斥道:"你既不是僧,也不是佛,你是个军人!这十万大军是朝廷的军队,不是你王光祖的家军!国有国法,军有军纪,岂能儿戏!"

王光祖听了这番大义凛然、掷地有声的话,无言以对,怒极反笑:"好好好,你能,你行!今后边境打仗,你出马对阵!"苏轼厉声责道:"大胆!王光祖,过去葛达丹屡犯边境,你为何隐情不报?"王光祖一惊,忙掩饰道:"稍有小惊,何劳朝廷烦忧。"言毕,夺门而出。望着他的背影,苏轼和李之仪一脸愤怒。

次日,几千将校严整地列队在军校场上,牙旗哗哗,鼓声阵阵,军容焕然一新。温大彪等三人被押跪在检阅台前,刽子手持大刀站立一旁。温大彪直嚷:"放开老子,放开,你不能杀我……"苏轼置若罔闻,待追魂炮响过三声，下令："斩！"温大彪高呼："姐夫，救命啊……"刽子手手起刀落，三颗人头滚落在地。所有将校无不悚然，齐刷刷地跪倒在地，山呼："军令如山，岂敢不从?！"

从此，军中人人震怖，更不敢稍有懈怠，不但不敢做出赌博、饮酒、扰民等违令之事，而且日日操练不辍，人腾马嘶，军容整肃。兵营也修缮一新，连褥子底下都铺上了厚草。每日伙食由李之仪亲自过问，大有改观。

苏轼每日各处视察士兵训练，率随从官员逐项细查吃住情况，吃饭同将士们围坐一处，与他们说说笑笑。百姓、将士对他十分感佩敬服，王光祖也心中暗服。

而此时的朝中却暗流涌动。哲宗听信了王岩叟等人的陈奏，要改元"绍圣"，取绍述先圣之意，复熙丰之策；罢吕大防左相之职，贬为永兴君，复章惇为资政殿学士，起蔡卞为中书舍人。哲宗此举，有两个原因：一是要继承神宗未竟之大业，尽为人子之孝心；二是记恨元祐大臣眼中只有太皇太后，一洗太皇太后执政时的傀儡之耻。

这日，哲宗临朝，宣道："朕决定，改年号为'绍圣'。不知卿等意下如何？"苏辙奏道："陛下，不可。这是有小人在外不得志，便以熙丰变法之事来惑言圣上，用心实为险恶。且汉武帝外事四夷，内兴宫室，财用匮竭，于是修盐铁、榷酤、均输之政，民不堪命，几至大乱；昭帝委任霍光，罢去烦苛，汉室乃定……"王岩叟忙针锋相对地说："'绍圣'说的是绍述先帝之策。所谓率由旧章，不违祖制，本就是天经地义、深合理法的英明举措。岂可以被人说成用心险恶呢？"

右相范纯仁大怒："王岩叟，你断章取义，讹言谎语，煽惑圣上，你该当何罪?！"刘挚冷笑着挑拨道："范大人，朝廷不是你的一言之堂，如你这般动辄大言压人，肆口谩骂，以后谁还敢上朝言事?！"

哲宗一脸不悦，挥手道："好了，好了。此事朕意已决，无须再议。"苏辙急忙奏道："愿陛下察纳臣言，慎勿轻事改易。轻易改变九年已行之政，擢任经年不用之人，若这些人借先帝之名而泄私愤，则大事去矣！"

哲宗大怒："够了！大事去矣，大事去矣！卿是何意，怎能把先帝比成汉武帝？"苏辙忙道："陛下，汉武，明帝也！"哲宗厉声道："卿的意思是汉武穷兵黩武，末年下哀痛之诏，难道还算明主吗？！"苏辙只得退回班中，欲言又止。

范纯仁见苏辙恐有因言获罪之虞，从容奏道："陛下，武帝雄才大略，史无贬词。苏辙以汉武比先帝，并非毁谤。陛下亲政之初，当以礼数待进退大臣，不可如呵斥奴仆。"哲宗听了一愣。

蔡卞心中恨范纯仁多嘴，忙出班越次进言："陛下，先帝法度，已经尽为司马光、苏辙所坏。"范纯仁道："不然。先帝法度本无弊，其弊在于当政的小人。"

哲宗道："史称秦皇、汉武，将秦皇、汉武并列，则汉武必非明君。"范纯仁道："苏辙所论，是论事与时，而非人也。"哲宗面色稍有缓和，不想再争论，道："好吧，算了，退朝。"

退朝后，苏辙向范纯仁施礼谢他相救之恩："范公真乃志诚君子也！"范纯仁笑道："你我虽然政见多不同，但都不是小人，老夫怎能不分是非呢？"苏辙仰天长叹："以如今的局势，苏某将乞求外放，万望范公多多保重。"范纯仁也长叹一声："多谢子由。时下言官们几乎都换成熙丰党人了，曾布也将从江宁回京任翰林学士，子由亦应多加小心。"

傍晚，苏辙无精打采地回到家中，把朝中之事告诉夫人史云，恨恨地说："那个王岩叟又把吕相和我陷害了。若不是他为圣上引荐，从中蛊惑圣心，定无今日之忧。还有哥哥，只怕台官们更不会放过他。"说罢，坐在椅子上哀叹不已。史云劝道："管他谁执政，只要你好好的，就是莫大的福分。离开京城吧。你倒不要紧，只是哥哥，我真担心，那些人会往死里治他啊！"

这时，房顶忽然滴下几滴水来。苏辙叹道："天又下雨了，老屋也漏了，我们两家的苦日子又来了。"史云看看房顶，将水盆放在漏雨处。史云跟着丈夫历尽甘苦，此番变故并不在意，只是陪苏辙坐着，默默地看着他。苏辙不由得心中一暖。

次日，苏辙递上了乞求外放的奏札。哲宗任他为端明殿学士，知汝州。中书舍人吴安诗在诏书中赞扬苏辙"风节天下所闻""原诚终是爱君"，此语又引起哲宗不悦。老奸巨猾的王岩叟趁机进谗："足见蜀党势力影响甚大！"其意直指苏轼，哲宗心领神会地点了点头。

苏辙出知汝州，担心的却是哥哥苏轼。而蔡氏兄弟正当春风得意之时，蔡京任户部尚书，蔡卞任中书舍人。奸小当途，朝政可想而知。蔡京还奏请修订国史，诬告范祖禹、黄庭坚等人所修著的《神宗实录》诋毁神宗，将元祐诸臣一网打尽。

这日，蔡京、蔡卞二人在汴京码头迎候奉诏回朝的曾布。一时，曾布的船渐渐靠岸而来，三人遥遥相呼。曾布上岸，三人寒暄过后，弹冠相庆。蔡卞笑道："子宣兄，我等终于有了出头之日。"

曾布这位熙丰元老更是志得意满："正所谓'三十年河东，三十年河西'，元祐党人如此短命，得意之日尚不足熙丰十八年的一半。"蔡京接口道："这九年，他们笑得也不轻松，窝里斗，却斗出了三党。他们还能做什么呢？"说罢哈哈狂笑。曾布笑道："此乃天意。他们没少在当今圣上身上下功夫，可结果如何？上天跟他们开了一个玩笑。"

三人当下计议，趁此"百废待兴"之时，要齐心合力，为圣上"拨乱反正"，做一番"大事业"，首要目标就是苏轼。

次日崇政殿临朝，蔡卞便奏道："台、谏共言，苏轼当年所写吕惠卿外贬的制词，有讥讽先帝之罪，理当贬黜。"

范纯仁见这帮奸小又要陷害忠良，心中愤然，奏道："熙宁法度，皆吕惠卿附会王安石建议，不符先帝爱民求治之意。至太皇太后垂帘时，始准言官之奏，贬吕惠卿于远地，并非苏轼之言。况且时已八年，为何当时不奏，而今才有奏言？请问是何用意？"

蔡卞道："范公何出此言？苏轼玩弄辞藻，亲写的贬书，岂是他人之言？"一旁更有蔡京帮腔："苏轼当年任中书舍人时，起草制书有'刽子手'之称，难道这些都是圣上的本意吗？他玩弄职权，以圣上之名任意笔伐他人，不弹劾他假传圣旨就已经宽仁了。"

范纯仁回身看着蔡氏兄弟,责问道:"元祐初年,我与苏轼皆反对司马光罢废免役。正因如此,苏轼才被人骂为忘恩负义。而你蔡京为附和司马光,自告奋勇,五日内在开封府罢废此法,又作何说?"蔡京恬不知耻地强辩道:"那是司马光硬逼的,是权宜之计。陛下,臣深受元祐党人迫害,天下有目共睹。"

哲宗道:"不要说了。贬苏轼任宁远军节度使,知英州。"范纯仁道:"陛下,不可。先帝尊师重教,故护王珪有加,陛下绍圣先志,何以独此不绍,而先贬自己的师傅呢?"此语正是抓住哲宗绍述先圣的心理。听了这话,不少大臣点头。

谁料不等蔡京等人煽风点火,哲宗却发话了:"朕听说,他曾暗中劝太皇太后废朕,另择人主。"范纯仁道:"只是听说,何足为凭?"哲宗却说:"所以才轻贬他。若查实了此罪,岂是贬了就完事的!"

见哲宗如此颠顸,范祖禹出班奏道:"陛下,苏轼乃天下人望,还请三思而后行。"谁知此语又触了霉头,哲宗"哼"了一声,道:"他是天下人望,那朕是什么?就这么定了!"留下目瞪口呆的范祖禹,起身扬长而去。

半年来,苏轼在定州治军很见成效,正要将重心转移到吏治、民情,却在这时接到一纸贬书,只得拖家带口往英州赴任。

李之仪送到定州城外原野,一直跟着走了很远。苏轼只得再次下马请他回去。李之仪望着苏轼的背影,遥遥挥手,默默为他祈福。

苏轼与苏迨、苏过骑马,朝云坐车紧随其后。行至城外长亭,苏轼猛然看见王光祖率众多军官跪在路旁。苏轼赶忙翻身下马,扶起他们,问道:"将军这是何意?"

王光祖深施一礼,恳切地赔罪:"末将是个粗人,往日多有得罪,还望大人原谅!"苏轼谦道:"哪里话?王将军乃将门之后,勇武过人,大宋当倚为定州长城!"

王光祖黯然道:"大人来此半年,定州才真是大宋北方长城。我定州十万军士,无不感佩。大人一走,又不知怎样了。"苏轼劝道:"王将军当以国事为重，勉力而行。"

王光祖道："末将虽毛病不少，但尚有为国之心；只怕换了无能而又枉法的上司，末将又故态复萌了。"苏轼笑道："只求严以律己，切莫责怨上司！"王光祖道："是，末将记住了。"转身向军官们高喊："苏大人遭小人陷害被贬。来，倒酒，我们为苏大人壮行！"

苏轼接过酒，与众军官仰脖一饮而尽，抱拳作别后，翻身上马。王光祖率众军官望着苏轼的背影，连磕三个响头。

苏轼一家在原野上落寞地走着。苏辙被贬汝州，秦观由国史文院编修贬为杭州通判，苏门学士以及一干朋友都牵连被贬。

## 六十六　　贬书连下

然而，苏轼的厄运才刚刚开始。谪居杭州洞霄宫数年的章惇，此时已奉诏回朝，任尚书左仆射兼门下侍郎。章惇官拜宰相，以他一贯的悍厉作风，必会将元祐诸臣斩草除根，首当其冲的便是与他有四十年故谊的苏轼。

章惇能回朝是因为哲宗看章惇拥护神宗变法新政最为坚决，元丰年间拜相时政风果敢，多次被贬在外却矢志不渝，最堪倚用。章惇拜相的消息很快传开了。这天，一艘巨大豪华的舫船停泊在杭州运河的码头，众多达官贵人在码头上排着长长的队，等候新任宰相的召见。一见章惇等人出来，众人呼啦一下拥上去，请求单独召见："相公，请先与小人一见。""相公，我等您多时了！"

正巧这时秦观来了。他刚被以"影附苏轼，增损先帝《实录》"的罪名，由杭州通判贬为处州监税。章惇请宣旨官带话，要他到船上一见。章惇远远见了他，忙请他上船，对众人却正眼瞧也不瞧，淡淡地敷衍："诸位贤达，请少安毋躁，本相尚有公务在身，请回吧。"

秦观走上船，恭贺章惇荣升宰相。章惇笑得合不拢嘴，热情地请他到船舱中喝茶一叙。原来，章惇听说秦观被贬为处州监税，要邀请他做相府秘书。秦观起身施礼，婉拒道："承蒙相公错爱，下官戴罪伏入相门，恐对相公不便。"章惇站起来摆手说："不妨，本相奏明圣上即是。"

见秦观仍面有难色，章惇皱眉问道："这有何难？"秦观道："相公若不与苏公决裂，少游自当乐从。但时下二公南辕北辙，少游若依附相公，则会背上'叛师'之名。少游焉能做此苟且之事？"章惇赞许道："有节、有风，章某就喜欢你这种人。"

章惇指着码头上的那些人，不屑地说："看到那些人了吗？在我被贬冷落在这洞霄宫时，这些人何曾把章某放在眼中。"又回过头来看着秦观，赞道："少游你就不同了，仍把老夫视为上宾，柴米油盐，一切生计之物及时相送，不曾一日怠慢章某一家人。患难之时知真情，逆境之中辨君子！章某曾三次被贬，深知世态炎凉，人情冷暖。"秦观连连摆手："相公过誉了，此乃少游分内之事，举手之劳。是恩师苏公特别嘱咐关照，少游乃遵师命而为之。"

章惇见秦观不为所动，又以富贵相诱："你若入我之门，高官任你坐，美差任你选，享不尽荣华富贵。怎么样？"秦观听了这话，不由得面露愠色："相公把秦观看成何种人了？"章惇傲然道："时下章某一人之下，万万人之上，你入老夫门下，不比跟着苏轼穷困潦倒好吗？"秦观听他说得越发不入耳，怒道："相公差矣。古往今来，不缺宰相，就缺苏东坡。宰相千千万万，但东坡先生仅有一人。"

章惇大怒，猛一拍桌子，震得茶杯掉下来摔得粉碎，茶水四下里横流。他走到窗前，指着窗外的运河，怒气冲冲地说："不错！前些年，这条运河积淤甚厚，这样的大船已经行不通。现在好了，水深八尺，船行通畅。可苏轼又怎能料到，疏浚此河也不过是为章某开了一条通天水路！"秦观冷笑道："祖宗积德行善，做好事，自知利不在己而在后人，但祖宗还是祖宗！"说罢，也不告辞，转身而去。

章惇先是一脸惊愕，回过神来，气得咬牙切齿，大骂："不识抬举！"对着秦观的背影，两眼瞪得如怒牛一般，扶着桌子，浑身发抖。

如此一来，章惇更感到蜀党的团结与强大，视之为执政的最大障碍，一定要除之而后快。回到朝中，"一朝权在手，便把令来行"。章惇决意痛下杀手，将蜀党连根拔起，赶尽杀绝，其他元祐诸臣也一个不留，可谓"除恶务尽"。其实，苏轼他们哪里有什么党，不过是志同道合的君子之交；然而，"君子无罪，怀璧其罪"，自古如此。

这日，章惇把蔡京请来，说："本相三度被贬，零落江湖之远，其中忧苦只有自知。最难耐者是自司马光为相以来，独揽权柄，不务绍述先烈，肆意大改新政，以奸邪误国！而今本相主政，当一举荡涤元祐诸党，将诽谤诬诋、变乱法度者清除君侧，绍述先帝之策，重整新政大计，以告天下，福泽大宋。此乃你我责无旁贷之事！"蔡京惯于做戏，当即便眼含热泪，站起来慷慨激昂地表忠心："下官誓死追随宰相，但凭驱驰！"

章惇点头赞许，示意他坐下，又道："'百足之虫，死而不僵。'大局初定，有隙可乘。故而此时断不可心慈手软，居安忘危。元祐诸大臣当贬谪的则贬谪，子弟当禁锢的则禁锢，家产当籍没的则籍没。"蔡京最能揣摩人意，凑上去迎合道："对苏轼和范祖禹等人，尤其不可等闲视之。他们随时都可东山再起。"章惇毅然决然地说："自本相与苏轼恩断义绝之后，已没有交情，只有公义！"蔡京谄笑道："下官明白，知道怎么做了。"

章惇做事向来雷厉风行，再加上蔡京、蔡卞这两个得力的帮手，没过几日，就将两范先后罢去，蜀党悉数被扫地出京。右相范纯仁以观文殿大学士出知颍州，范祖禹以龙图阁学士出知陕州。苏辙贬汝州军州事，黄庭坚贬涪州别驾，晁补之出知蕲州。

苏轼的贬谪更富有戏剧性。绍圣元年（公元1094年）四月，依附章惇的御史虞册、殿中侍御史来之邵弹劾苏轼以前在起草制诰诏令中"语涉讥讪""讥斥先朝"，结果苏轼落两职，即取消端明殿学士、翰林侍读学士的称号，追夺一官，即取消定州知州之任，以左朝奉郎知英州，诰命天下。虞策还认为"罪罚未当"，又降官为"充左承议郎"（正六品以下）。六月，苏轼赴贬所，行至安徽当涂时，又被贬为建昌军司马，惠州安置。途经江西卢陵又被贬宁远军节度副使（地位比司马低的官员）仍惠州安置。

章惇最大的眼中钉是苏轼。苏轼无论怎样被贬，在文人之中的地位始终撼动不了，更兼为政、治军都很有手段，实为全才、奇才。元祐诸臣中，吕大防、刘挚等人都是已死之虎，只有一个苏轼能高举元祐大旗。章惇生怕一旦有个风吹草动，苏轼就会卷土重来，故而又对他下了第三纸贬书，将他远谪到惠州。那里常闹瘟疫，外乡人水土不服，贬官多不能生还。章惇此举，就是要让苏轼有去无回，埋骨在岭南荒野之地。

元祐重臣三十多人被贬，天下官员受牵连者达三百之多。就连王岩叟这样的官场不倒翁，也被算作元祐党人。他在御史台监狱中还大喊大叫："我能算元祐党人吗？我多次弹劾过苏轼！"何钦听了这话，阴笑着骂了句："没有骨头的东西！"命两个狱卒开了牢门，把他往死里打。经过一顿拳打脚踢，外加鞭子抽、棍子揍，王岩叟七窍流血，体无完肤，连惨叫和动弹的力气也没有了。

章惇等人如此丧心病狂，连曾布都看不过去了。曾布与苏轼同岁，又是同年进士，又同是欧阳修的门生，虽政见不合，但元祐时期苏氏兄弟对他并没有施加过一丝迫害。几十年宦海浮沉，风雨历尽，甘苦备尝，回想年轻时的争强好胜、好狠斗蛮，曾布心中颇有悔意。见苏轼此番凶多吉少，他多次劝告章惇手下留情，当心鸟尽弓藏，兔死狗烹。但章惇无动于衷，不肯善罢甘休。

但令章惇始料不及的是，他推许秦观的那句"患难之时知真情，逆境之中辨君子"，此时用在一干蜀党身上再恰当不过。苏轼的好友中高风亮节者大有人在，这对章惇来说简直就是莫大的讽刺，让他心中更加忌恨。

这日，晁补之带着一家老小前往蕲州赴任。他生性清高耿介，不事干谒，虽为官有年，却一直未脱穷苦之境，自诩一身穷骨。这次被贬，也不甚在意。出了城门，正巧见李公麟骑马而来，忙迎上去热情地打招呼。不想李公麟见了他，忙打开纸扇遮住脸，勒着马避开他，一溜烟儿进了城门。

晁补之怒不可遏，当即翻身下马，将马车带向路边，忙不迭地连声大嚷，让夫人把车上李公麟的字画悉数取出来，又让童儿快些点火烧个精光。许多人好奇地围拢上来，一见烧的是李公麟的画，眼看已烧了两幅，都大惊失色，议论纷纷，痛惜不已："这可是千金难买的啊！"

夫人也不敢深劝，不解地问道："此乃名画，价值连城，相公何以付之一炬？"晁补之怒道："它在我眼中就是狗屎一堆！如此势利小人，与之恩断义绝！"又喝命："烧！"

正巧这时米芾从外地回来，路过这里，听了围观者的议论，不由得大吃一惊，忙挤进人群，问道："无咎兄，慢来慢来！怎把龙眠字画烧掉呢？"有人见了那一身唐装，认出他就是与李公麟齐名的大书画家米芾，一时都惊叹起来。

晁补之说明原委，围观者纷纷摇头叹气。米芾竟比晁补之还生气，把地上一时没烧的画捡起，撕得七零八落，喊道："童儿，烧！《西园雅集》！《西园雅集》！呸！"又把撕出的纸条、纸片丢到地上，在上头连踩几脚，夺过童子手中的火把，亲自烧得一干二净，道："此乃第一把火，我回府后再烧第二把，断不能留这腌臜货在世！"眼看都烧成了灰，又往灰上踏了几脚，把烟也踩熄了，才算解了些气。

米芾丢下火把，拍手叫了声"痛快"，转身对晁补之道："我当以酒送行，咱们西池一饮。"晁补之忙摇手婉谢："贤弟之意，愚兄心领了。愚兄如今是坐罪之人，西池乃达官贵人聚会之地，会连累你的。"米芾眼一瞪，扭头道："达官贵人算个什么东西，他们去的地方我偏要去！"

见晁补之还在犹豫，米芾不由分说，拉起他就走："你跟我走就是。苏公从不以画换钱，今儿我米芾就是要以画换钱，西池买酒，为兄送行。我就是要给那个姓李的看看，免得别人说画院中没有好人！"众人都赞叹："这才是真义气！""李公麟与米芾画品不相上下，但没有米博士的人品！"

这日，黄庭坚赶去京外为范祖禹送别。范祖禹正在长亭中与送行的几位朋友饮酒，见他策马而来，放下酒杯，十分惊喜地说："鲁直！你不是也被贬了吗？怎么还来送我呢？"黄庭坚翻身下马，施礼道："焉能不送呢！你我一别，还不知何年何月才能相见。"二人不免唏嘘。

黄庭坚此次被贬，罪名是"在《神宗实录》中讪谤先帝"。范祖禹后悔当初不该邀他一同编修，十分歉疚。黄庭坚对此倒十分释然，反劝道："淳甫公，不能这么说。但凡害人，何患无辞。连令叔父范百禄作古之人都不放过，对活着的人就可想而知了。"

范祖禹摇头叹道:"'覆巢之下,焉有完卵。'章惇已给你们的大先生下了第三道贬书了。"黄庭坚怅然道:"垂老投荒千万里,先生一去到何时……"范祖禹愤然道:"还有更令人痛心之事。我听说,章惇、蔡京之流,扬言要对司马公和吕公著掘墓鞭尸!"黄庭坚不由得"啊"了一声,久久说不出话来。

章惇等人迫害元祐诸臣已红了眼,活着的固然在劫难逃,他们还要将司马光、吕公著掘墓鞭尸,更有甚者,连太皇太后也不肯放过。在他们眼里,太皇太后就是元祐之政的"元凶首恶"。一干臣子对死去的太皇太后下毒手,实在是闻所未闻,可谓前无古人、后无来者。

这日,章惇等人在崇政殿奏事。哲宗说起九年的傀儡皇帝生涯,难过得落下泪来。章惇和蔡京交换了一下眼色,心中登时会意。章惇奏道:"元祐之政,陛下虽为皇帝,但天下权柄全部掌握在太皇太后一人之手。期间若非是迫于公愤,陛下之龙位早被太皇太后之子夺去。太皇太后实为汉之吕后、唐之则天。众臣一致请求,撤去太皇太后灵位!"哲宗虽记恨太皇太后独揽大权,却还没有烧昏头脑,做不出这等大逆不道的事,于是断然否决:"不可!朕将来有何脸面去见先人?不准再出此言!"

蔡京见机奏道:"太皇太后灵位可以不去,但司马光、吕公著罪大恶极,是为元祐元凶,必须治罪!"哲宗一愣,问道:"人都死了,如何治罪?"蔡京恨声道:"掘墓鞭尸,剥夺其一切爵位。"与此同时,章惇脱口而出:"撤去其子孙承袭的一切待遇!"

哲宗一时拿不定主意,退朝后,拿此事问梁惟简:"朝堂之上,许多大臣提议对司马光刨坟掘墓。你有年纪,也见得多了,你以为如何?"梁惟简躬身赔笑道:"微臣斗胆乱说了。司马光再有罪过,也不至于此。刨坟掘墓,岂是盛世所为?"哲宗悚然一惊,大为所动。

哲宗又问道:"有人提议毁掉《资治通鉴》一书,你以为如何?"梁惟简忙摆手道:"哎呀,陛下,使不得,使不得!《资治通鉴》序言乃先帝亲笔书就。若毁此书,岂不是对先帝大不敬吗?"哲宗当下恍然,颔首不语。

至此,将司马光刨坟掘墓的动议被哲宗否决,议毁《资治通鉴》一事也不了了之。章惇等人得知是梁惟简进言所致，视之为司马光之余党，发狠要除掉他。梁惟简一时忠直进言，不料却给自己招致杀身之祸。

次日，章惇等人又诬言太皇太后当年有另立新君的企图。哲宗不悦地摆手道："好了，好了，太皇太后是女中尧舜，绝无另立新君之意，此事不要再提了。"章惇还不死心，又说："但此事早在元祐时就已盛传，如今传言复炽。此事关乎国本，谁敢无端造谣？恐怕绝非空穴来风。"顿了一顿，加重语气："臣还听说，有多位元祐大臣曾参与此事。"

哲宗疑云满面，"啊"了一声，脸色骤变，忙站起来问道："朕前次听说过苏轼涉嫌，但并无证据。章卿家，你又听说有谁？"章惇道："此事非同小可，臣当知无不言，言无不尽。传言司马光和王珪等人皆有此意。"

哲宗极为震惊，跌坐到龙椅上，呆了良久，道："元祐重臣真的都想另立新君吗？说来说去，也都是无证之词。司马光、王珪都已谢世，无从证实。"章惇接口道："据臣所知，当初谗惑太皇太后者，内有梁惟简。司马光、王珪已死，但梁惟简还在。若想获得证实不难，可审问梁惟简。"

哲宗听说每日与自己近在咫尺的梁惟简也有份儿，不由得有些毛骨悚然，却仍有些将信将疑，沉吟半晌，道："好吧。章卿家，朕命你速办此事。"

章惇果然是"速办此事"，出了福英殿，就命蔡京亲自缉拿审理梁惟简。章惇等人就是要将梁惟简屈打成招，撬开他的嘴，逼他诬告太皇太后，这样就能彻底端掉元祐党人的总后台，使元祐党人永无东山再起的可能。蔡京命人将梁惟简押入御史台监狱，用铁索捆在柱子上，严刑拷问，不屈打成招不罢休。

谁料梁惟简虽被打得皮开肉绽，遍体鳞伤，仍是死活不"招"。蔡京从炉子中取出一块烧得通红的烙铁，往上吐了一口唾沫，闭目享受着那"嗞啦"之声，又睁开眼来，笑眯眯地说："你这是何苦呢？太皇太后早已不在，保不了你了。"梁惟简横眉冷对："死何所惧！让我编造瞎话，诬告太皇太后，哼，休想！你们，你们就死了这条心吧！"

蔡京将烙铁递给身旁的小吏，慢悠悠地说："把他给我烙熟了。"小吏接过烙铁，狠狠地烙在梁惟简的胸膛上。梁惟简厉声惨叫，大骂道："蔡京，你不得好死！"蔡京捋着胡子，眯起眼笑道："多好听的声音。嗯，这肉味儿也不错。再烙，再烙。"小吏又取出另一块火红的烙铁，烙在梁惟简大腿上。梁惟简又一声惨叫，豆大的汗珠如雨般滚落，登时昏死过去。

一桶凉水泼到头上，梁惟简清醒过来。蔡京得意地说："来到这御史台，割舌的割舌，扒皮的扒皮。你就不怕吗？"梁惟简喘息着，忍着剧痛，断断续续地笑道："蔡京，你真可怜，世人若是都怕死，岂不让你这等狗官太称心如意了吗？"

蔡京见他如此"冥顽不灵"，瞪大了眼，恐吓道："你若不说，我诛灭你九族！"梁惟简轻蔑地笑道："九族可诛，天理不灭！你再毒再狠，也不能夺我匹夫之志！"蔡京气得脸都扭曲了，暴跳如雷，尖着嗓子吼道："再烙，再打……"

梁惟简被折磨得全无人形，奄奄一息，但就是不屈不挠。章惇等人也是无法，撤太皇太后灵位、将司马光和吕公著掘墓鞭尸的险心未能得逞。章惇又在政事堂召集曾布、蔡氏兄弟议事，要剥夺司马光、吕公著一切爵号，收回一切追封，削除二人子孙后代的所有官职。

曾布听了，不由得倒吸了一口凉气，忧心忡忡地说："我以为不应惩处司马光他们的后人，只要削除死者官爵荣衔就可以了。我等也有子孙，不能开此先河。"章惇却摆手悍然道："子孙自有子孙福，无须考虑那么多。即便将他们削爵降级，他们都已死去，又有何用？甚至开棺鞭尸对他们又有什么害处？最实用的就是惩处他们的后代子孙，只有如此方可警戒天下奸邪。"

曾布劝道："相公，不要忘了，恐怕此情形有一日也会落在你我的子孙身上。"章惇不以为然："就这么定了，无须再议。"曾布只得作罢。

没过几日，司马光、吕公著的子女家眷被扫地出门。蔡京指挥一伙兵卒，推倒了司马光、吕公著墓前的神道碑，用重锤将石碑及祭台、祭案砸烂，又丧心病狂地命令兵卒朝祭桌、巨冢撒尿。蔡京看着自己的"丰功伟绩"，狂笑不止。静立在一旁的苍松翠柏，风过如泣。

章惇因曾布多次劝他适可而止，反倒觉得此人妇人之仁，不足以成大事，建议哲宗擢升他为知枢密院，其实是有意不让他插手政务，让蔡京接替他翰林学士院之职。蔡氏兄弟本是害人的高手，一时间纠集同党，助纣为虐，为所欲为。大宋朝廷只见群魔乱舞，阴霾障天，从此再无宁日。

此时的苏轼乘船至长江仪真码头，接到了第三道贬书——贬为建昌司马，惠州安置，不得签署公务。如此一来，苏轼一家不得不分开。苏轼为免举家南迁之苦，已让苏迨领着家人到宜兴与苏迈相聚，料理家中那块田地，只留下朝云和苏过陪他前往惠州。

苏轼笑着对朝云说："我已成为被贬至大庾岭以南的第一人。这个章子厚，一捋到底算了，何苦婆婆妈妈的，我又不是承受不起。"他对此并不十分介意，只担心朝云和苏过跟着他受苦，叹气道："这次被流放惠州瘴疠之地，再加上没有俸禄，日子必定过得艰难。"朝云只淡淡地说："先生，您不是告诉过我，只要随遇而安，任什么粗茶淡饭，步行千里，睡在旷野，都不必视为苦事。"

苏轼点了点头，笑道："子由已被贬汝州，我们此去路经汝州，只好找他借些钱了。如今子由不仅被贬职，又要破财了。"说罢，放声大笑。见苏轼还有心情说笑，朝云和苏过也被感染得笑起来，只是不知这笑中有多少苦涩。

这时，岸上两个老兵边跑边喊："苏大人！"一问才知，二人是兄弟，名唤武进、武原，是靖州太守张耒派来的。张耒自知不久也要遭贬，但也不是头一回被贬，早已习以为常，只是十分挂念苏轼的安危，故派此二人护送苏轼到惠州，已给足了沿途费用，不用苏轼负担。如此高情厚谊，苏轼感叹不已。但这里用不着人手，便让二人回去。二人跪在地上，执意不肯，说仰慕大人已久，有缘伺候大人是前世修来的福分。苏轼只得答应了。

苏轼带着朝云、苏过和武氏兄弟，到了汝州苏辙家中。苏辙也接到贬书，不日就要往袁州去了。兄弟俩暮年相见，又兼前途未卜，可谓悲喜交集。二人深知章惇之狠、蔡京之恶，还会有进一步的打击紧随其后，但早已习惯于一贬再贬，能以平和之心泰然处之了。

住了两日，苏轼又要起程。不想兄弟俩同病相怜，苏辙也是囊中羞涩，几天来到处七拼八凑，也只拿得出七百缗给哥哥，十分过意不去。苏轼却付之一笑，以为这已经足够了。

苏辙依依不舍地将苏轼送至郊外长亭。苏轼叹道："唐朝杜甫说，'文章憎命达'。自古文人，就没有一个过舒服日子的。看来，这是文人的宿命，改也改不了。话又说回来，若是改了，就不是文人了。一生都过着舒服日子，就写不出好文章来。正所谓'诗人例穷苦，天意遣奔逃'。"

苏辙接口道："兄长说得极是。只是，皇帝冤罪其师，史乘鲜矣。"苏轼坦然笑道："能教出如此开天辟地的人物，其师亦非寻常嘛！"二人会心而笑，笑中不乏讥讽之意。

苏辙想到哥哥已是五十九岁的老人，虽生性达观，但怎禁得远赴岭南之苦。自古贬官怕过大庾岭，何况是老来投荒，不免忧心如焚。苏轼反劝慰道："子由勿忧，哪里黄土不埋人呢。六合八荒，有忧者，亦必有其乐。择其乐者，为仙为神；择其忧者，为鬼为尘。我等应该感谢圣上，他把我等从蜗角虚名、蝇头微利的苦海中解救出来。"

说到这里，苏轼缓缓踱步，吟出一首词来："蜗角虚名，蝇头微利，算来著甚干忙。事皆前定，谁弱又谁强。且趁闲身未老，尽放我、些子疏狂。百年里，浑教是醉，三万六千场。　　思量，能几许？忧愁风雨，一半相妨。又何须，抵死说短论长。幸对清风皓月，苔茵展、云幕高张。江南好，千钟美酒，一曲《满庭芳》。"

别过苏辙，苏轼一行又踏上了漫漫谪迁之路。这日傍晚，他们乘坐的官船行至鄱阳湖分风浦。鄱阳湖的外湖又叫范蠡口。当年范蠡、文种二位大夫辅佐越王勾践，灭了吴国。范蠡劝文种："越王为人长颈鸟喙，可与之共患难，不可与之共乐，子何不去？"文种不听，贪图富贵，果然被勾践所杀。而范蠡带着西施，驾着一叶轻舟，消失于茫茫烟波之中。据说这里就是下湖之处，因此又称作范蠡口。范蠡后来到了曹州东部，改名陶朱，成了大富翁，那地方后来就叫定陶。

苏轼坐在船头，放眼望去，只见波光粼粼，湖面一望无际，撒满余晖，泊着几叶小舟，好一派景致。几个渔人隔着不远，说说笑笑，不时将网撒出。不知何处的渔人唱道："春在五湖作钓垂，浪花常青不枯萎。从来宦海盼官大哟，到头空空鬓如雪，不胜悲。莫笑渔翁穷快活哟，斜风细雨不须归，哟嗬嗬……"

这渔歌绵远悠长，余意不尽，一字一字都打到苏轼的心坎上。这位白发苍苍的老人闭目侧耳倾听，手在膝上打着拍子，跟着轻声哼唱，连声叹道："好歌，好歌呀！"又唤朝云来看这夕阳下的湖面，赞道："你看，多美呀！"朝云凑过来，顺着他所指的方向望去，也不由得心驰神醉。二人看着这湖光夕照，久久不语。

半晌，朝云笑道："看你，孩子似的！"苏轼叹息道："老小孩，老小孩。你说我像孩子，那我真的是老了。"朝云道："朝云不管先生老还是不老。"苏轼心中甚为快慰，一高兴就要开玩笑，拿贬官的"贬"字做起了文章："这'贬'字写得相当有意思。"朝云略一沉思，道："贝者，宝贝也，宝贝乃是受宠者；乏，是没有或失去之意。失宠了，就是遭贬了。物失宠则遭弃，臣失宠则遭贬。古今一理，概莫能外。"

苏轼半真半假地笑着赞道："哎哟，不得了，朝云会解字了。你的解法可比当年王荆公写的《字说》高明多了。"朝云笑道："先生就取笑吧，反正朝云宠辱不惊。先生在《留侯论》中曾说：'卒然临之而不惊，无故加之而不怒。此其所挟持者甚大，而其志甚远也。'朝云虽无什么志向，倒也懂得其中的道理。"

苏轼握着朝云的手，感慨道："朝云，真是对不起你了。你自从主了这个家，就没过过一天的安稳日子。"朝云只是淡淡地说："王巩大人的侍妾都会说'此心安处即吾乡'，朝云难道还及不上人家吗？"

苏轼动情地说："比起白居易，老夫知足多了。"朝云叹息道："白居易哪吃过先生这些苦？"苏轼摇头道："不然。他到了晚年，侍妾樊素素离他而去；而你忠贞不渝，守着老夫。"朝云回身进舱取过一条毯子，盖在苏轼双膝上，道："先生是先生，不是白居易；朝云是朝云，不是樊素素。"

苏轼指着她笑道:"你说话都如禅家机锋,锐不可撄。老夫有你相伴,夫复何憾?"朝云道:"朝云无非是心境诚明,并无什么机锋。"苏轼拈须道:"万事之中,诚最可贵,也最难得!有了这个'诚'字,万事自明,万事自得。"

苏轼跟朝云说起范蠡的故事,感叹道:"范蠡不简单,功成身退,晚归温柔富贵之乡,一生何憾!"朝云却说:"范蠡之事,不可尽信。范蠡助越灭吴是真,而晚年之事信史不载。"

苏轼一脸诧异,忙笑着追问道:"那为什么人们都相信呢?"朝云平静地说:"那是人们都想让好人有个好报,也顺便给仕途不顺的人找个出路。"苏轼抓住她的手,激动地说:"哎呀,朝云,你可真是吾之子房也。"朝云笑笑不语。

夜幕降临,星光灿烂,四远悄然。几点渔火,若近若远,缥缈如豆。湖波荡漾,船身轻摇。苏轼躺在船头中的椅子上,悠然吟诗:"八月渡长湖,萧条万象疏。秋风片帆急,暮雨一山孤。许国心忧在,康时术已虚。岷峨家万里,投老得归无。"不知情的人见了这番怡然自得之态,只怕还以为苏大人要回京拜相去了。

朝云过来催道:"快回篷中睡觉吧。外面凉了,蚊子也多。"苏轼起身道:"天有些燥闷,弄不好今夜有雨。"朝云便知他腿疼的毛病犯了,忙唤苏过,一起架着他回到舱中,把他轻轻扶到床上躺下。

苏轼叹道:"老百姓说得好,人老先从腿上老。你们也都去睡吧。"又笑道:"我这呼噜声,只怕会把龙王这位老朋友给惊醒了。"话音才落,已打起了呼噜。武进笑道:"大人在梦中有吃有喝。"众人都笑了起来。

忽然,响起一阵喧噪。只见一艘船靠过来,几个士兵打着火把跳到船上,众人都吓了一跳。苏轼也被惊醒,坐起来问道:"怎么,龙王来了?"领头的小吏走来,道:"苏大人,我等是发运司的。按上司通令,大人又降了一级,依朝廷规定,您已不能乘官府的这等船了,奉命将船收回。"原来,蔡京跟章惇说,苏轼在杭州能制服肆虐的瘟神,岭南的小小瘟疫未必奈何得了他,还须再下一道贬书,不让他坐官船,让这花甲老人在旱路上练练脚力,以死得快些。蔡京想出这好主意,很是得意。

苏轼苦笑道:"又是一道贬书,一路连下四书,可谓开大宋之先河呀!"苏过央求那小吏:"这位大人,能否行个方便?从这里到南昌码头还有二十里,如果连夜行船,明日中午即可到达,而后我等走旱路。不然,这行李也没地方搁。求你了。"说罢,深鞠一躬。

小吏慌忙将他扶起,为难地说:"哎呀,使不得。下官若是违令,上司会责罚的;大人是个好官,又有这诸多不便。这如何是好呢?"苏过连连作揖:"仅此一夜,请大人高抬贵手。"

见小吏还是犹豫不决,苏过这七尺男儿几乎落下泪来。武氏兄弟也过来施礼相求,又拉着小吏和一干士兵上岸去喝酒。小吏只得说:"好吧。那就连夜开船。"苏过道谢不迭。

苏轼闭上眼,仰天长叹。良久,拖着病腿,走到船头,对着茫茫夜空,喊道:"龙王,给我点风吧。若不然,老夫可就赶不到南昌了。"话音刚落,一道闪电划破半个天空,一声巨雷炸响,天摇地动,顷刻间狂风大作,暴雨如注,汹涌的波涛将船身打得摇晃不止。

苏轼喊道:"龙君,多谢啦!多给我些风吧,为我壮行!"这吼声不知是喜是悲是怒,那样苍凉而昂扬,在天际久久回荡,久久回荡……朝云和苏过忙拉他回舱,但苏轼岿然不动,昂首挺胸,雕塑般屹立在船头,灰白的胡须不断往下滴着雨水,刚毅的面庞被一道道闪电照亮。

次日,电闪雷鸣,狂风暴雨不止。苏轼一行上了岸,身披蓑衣,头戴斗笠,艰难地行走在泥泞的山路中。一辆牛车装着行李,武进在前面牵着牛绳,苏过和武原在后面吃力地推着。

天终于放晴了。黄昏时,苏轼等人投宿到一家村野客店中。夜里,苏轼又来了兴致,与朝云在房中饮茶赏月。他望着那一轮似皎洁又似朦胧的月亮,看到王弗、王闰之、小莲纷纷从月中翩翩走下来,来到他跟前,又幻影般地在眼前消逝……

## 六十七　　垂老投荒

跋山涉水，万险千难，苏轼一行满面黧黑憔悴，终于来到大庾岭。"贬官怕过大庾岭"，行至此处，没有不潸然涕下的。到了岭南，生死未卜，多半有去无回。在贬官眼里，大庾岭就是生死之界，甚至就是鬼门关。当年韩愈被贬潮州，侄孙韩湘赶来为他送行。他凄然写道："知汝远来应有意，好收吾骨瘴江边。"此时，苏轼的心情可想而知。

朝云和苏过搀着苏轼，武氏兄弟拖拉着牛车，走走停停，来到山顶。苏轼接过藤杖，立在山顶的巨石前，望着"大庾岭"三个遒劲的大字，又来了兴致，细细欣赏起来，赞许地点点头。又向南望去，只见一片郁郁葱葱，已是一片春色。苏轼不由得心胸大开，高兴地唤道："快来看，好景致！"众人顺着苏轼指的方向望去，都兴奋不已。

苏轼叹道："下了山，再走不远，就到惠州了。山北已近冬天，没想到山南却一片春色。这山南是热海气候，大庾岭把北边的冷风挡住了，而热海之风也被挡在南部，于是形成了这冬春分明的两种景致。乍来此处，真如梦游一般。"

苏过发现隘壁上刻着许多题诗，忙叫苏轼、朝云来看。兔死狐悲，物伤其类。苏轼心知是历代贬官所题，叹道："自汉唐以来，多少贬官，从这里一去无回。"见一首写道："贬来南国三千里，但过梅岭为鬼雄。"苏轼点了点头，颇为赞许"鬼雄"二字。

另一首写道："岭上判阴阳，慰魂无米浆。回头故国远，唯有泪千行。"朝云读罢，已是泪流满面，道："这个人一定回不来了。"苏轼走过来，也喟然而叹："像这样的诗，没有同样经历的人，是很难体会其中滋味的。"

苏过问道："'慰魂无米浆'是何意思？"苏轼解释道："按俗话说，人死了过奈何桥时，必被灌一碗迷魂汤，投胎时就不记前生的事了。题诗之人把大庾岭比作分割阴阳的奈何桥，深恐死在岭南，做了孤魂野鬼，仍不能忘记生前的苦难。"

朝云生怕苏轼伤怀不已，忙递过笔，强笑道："先生何不也题一首？"苏轼略一沉吟，在石壁上笔走龙蛇，一挥而就："一念失垢污，身心洞清净。浩然天地间，唯我独也正。今日岭上行，身世永相忘。仙人抚我顶，结发授长生。"

朝云笑赞道："先生的诗，既有仙风道骨，更有浩然正气，还有灵珠在握的自信，大有得道超生之慨！"苏轼大笑道："哎呀，什么得道超生，我就是要压压朝中小人的邪气！"众人大笑起来，愁闷一扫而空。

几日来，苏轼领头一路说笑，不知不觉到了惠州城外。几位官员站在那里，见他们到来，领头的那位快步迎上来问道："来的可是苏公？鄙人惠州太守詹范，特来迎接！"

一介罪官受到如此礼遇，苏轼心中自是感激，但生怕章惇等人知晓此事，反倒带累詹太守，忙上前施礼道："苏某现在是戴罪之人，怎敢劳诸位迎接。朝廷要是知道了，恐有不利。苏某不敢受迎，诸位请便！"说罢，示意苏过等人快走。

詹范在身后喊道："苏公，苏公……"见苏轼等人头也不回地快步走进城去，叹息道："苏公是一片好意，我看就不要难为苏公了。"回去命众衙役把合江楼收拾出来，让苏公住进去安顿下来。

次日，詹范亲自来请苏轼入住驿馆合江楼，还带了几个衙役来帮他收拾。苏轼谢了又谢，又怕给他招来麻烦，忙请他回去。詹范却道："此乃岭南万里之地，天高皇帝远，不用顾忌。苏公名满天下，詹某敬重已久，岂能不尽接待之谊？"苏轼见他如此恳切、坚持，只得领了他的好意。

武氏兄弟又住了几日，直到帮着苏轼一切收拾停当，才放心地告辞离去。苏轼千恩万谢，想送些钱物略表谢意，二人却道："这就是瞧不起我兄弟二人了。能伺候大人，大人没把我们当下人看，是我们前世修来的福分。"苏轼只得作罢，命苏过送他们离去。

合江楼是一座二层小楼，院子一角立着一株梅花树，另一边篱笆围着一大片竹子，又有榕树、枇杷、荔枝等掩映其间。一眼望去，苍翠欲滴，半个大院都被绿荫遮住了。

苏轼站在门前，只觉吸进去的气都是绿的，神清气爽，好不惬意。一时来了兴致，便让朝云唱他那首《蝶恋花》。朝云一边弹琴，一边婉转唱道："花褪残红青杏小，燕子飞时，绿水人家绕。枝上柳绵吹又少，天涯何处无芳草。　墙里秋千墙外道，墙外行人，墙里佳人笑。笑渐不闻声渐悄，多情却被无情恼。"

苏轼站在窗前静静地听着，凝望窗外的大江，回想起数十年宦海浮沉，心中感慨万端。朝云见他有些心不在焉，放下琴，走到他身边，陪着他一起凝眸远眺。苏轼转过头来，见吹进来的江风撩起她的鬓发，爱怜地替她捋好，道："明日陪我去野外散散心吧！"

次日，天朗气清，惠风和畅，苏轼和朝云来到城外，但见芳草如茵，遍野青葱。苏轼道："没想到，惠州的风景不错，各种果实也应有尽有。单说这荔枝，唐玄宗为博贵妃一笑，累死了多少骏马，而今我们在此举手可得，岂有不乐之理？真是每贬一处，别有洞天，真该感谢皇帝陛下和章子厚他们。"说罢，摇头晃脑地吟起诗来："罗浮山下四时春，卢橘杨梅次第新。日啖荔枝三百颗，不辞长作岭南人。"

朝云笑道："好诗。要是传到章惇、蔡京的耳朵里，说不定又要贬你了。"

苏轼曾感叹"人生识字忧患始，姓名粗记可以休"，但就是改不了作诗的"毛病"，当年出了御史台监狱就"试拈诗笔已如神"，何况此时已视被贬如家常便饭，不怕多吃一顿。他倔强而洒脱地笑道："贬吧贬吧，我生来就是被贬的，越贬文章越好，越贬道行越深。"

朝云看看苏轼，佯嗔道："真是江山易改，本性难移！"苏轼扬眉道："那是自然。一座山可以把它挖掉，只要有愚公之志即可，至少挖一锹少一锹，而本性却是越挖越多，越挖越牢。"

朝云接口道："其实山也是挖不掉的，只是挪了地方换了个形状而已。"苏轼连连点头："对，对！凡物都有其性，不可强改，强改必伤天性，伤天性者亦必自伤。就说程颐那套所谓的理学，说得冠冕堂皇，实是杀伐本性，伤损天理。"朝云若有所思地说："飞禽走兽，本来相安无事，自由自在生活于自然之中，非要弄个笼子把它们关起来不可，最终结果可想而知了。"苏轼颔首叹气。

朝云问道："那为什么要这样呢？为什么又有许多人相信呢？"苏轼不无沉痛地说："因为皇帝、朝廷需要这样一个笼子，需要把天下人都关进这样一个笼子里。若是海阔鱼跃，天高鸟飞，皇帝、朝廷还吃什么呢？"

朝云听了这话，大有拨云见日之感，又问道："程颐之学，先生固不赞同，但先生之学，程颐亦常攻讦。世上万物纷繁，以先生看来，世上何物为本？"苏轼不假思索地说："水！"

朝云一脸惊异："水？为什么？"苏轼道："水无常形，随物赋形；水无常法，以万物之法为法；水无常理，以万物之理为理；水无常性，以万物之性为性。水者，自然之本也，万物之本也。"

朝云心中当下了然，又问道："先生为文，并无定法，是否也自然如水？"苏轼激动起来，瞪大眼看着朝云，高兴地拍手道："太对了！吾文如万斛泉源，不择地而出，在平地滔滔汩汩，虽一日千里无难。及其与山石曲折，随物赋形，而不可知也。所可知者，常行于所当行，常止于不可不止，如是而已矣。其他虽吾亦不能知也。"

朝云笑道："这就是先生的为文之道了！"一语未了，一脚踩在什么东西上，不由"哎哟"一声，低头一看，见所踩的竟是人头骨，再看四周到处是累累白骨，吓得一头扑入苏轼怀中。

此处便是投放外乡人尸体之地。惠州是瘴雾之地，贬官至此，一来水土不服，二来心绪欠佳，两者交攻，焉有不客死异乡之理？苏轼叹道："我刚才说了，'行于所当行，止于不可不止'，不要再往前走了。"朝云不忍这些人暴尸野外，道："改日我们把他们安葬了。"

苏轼与朝云回到合江楼，正要进门，却见詹范从门内往外走。原来，詹范来探望他，坐等多时，正欲离去。苏轼笑着赔罪，又将他往屋里请。詹范面有难色，支支吾吾地说："苏公，不必了。其实……本官来此原是为了……"

苏轼见他斟词酌句，欲言又止，一副难以启齿的样子，忙问他有什么事。詹范憋了半天，十分为难地说："本官来此，确实有事，但此事又实难开口……我也是没有办法……"

苏轼苦笑道："莫不是老夫又被贬官了？只是再贬就要将老夫贬到海里去了。詹太守只管说来，以老夫如今的心境，早已无事不可消受了。"詹范摆手道："不是，贬官倒不至于。"顿了一顿，只得以实相告："广州有一位高官来惠州巡察，一定要入住合江楼。"

苏轼一愣，勉强笑道："这有何难？苏某一生都在搬家，再搬一次也不嫌多。不必为难，苏某即刻搬家就是。"詹范十分过意不去，一脸愧疚，连连道歉，又道："只需入住几日而已。几日后，苏公一家再搬回来就是。"说罢，起身告辞，回去唤几个衙役来帮苏轼搬家。

如今苏轼等人已是无家可归，只好搬到嘉祐寺去住。苏过叹了口气，自我解嘲地说："才住几日，又要搬家。搬到嘉祐寺去住也好，我等可以安心修行了。"苏轼拍了他一下，笑道："你最好别成和尚，为父还要多抱几个孙子。"朝云听了，咯咯直笑。

苏过有些不好意思地挠挠头，苦笑道："在寺院读经书是很方便，只是吃不到肉了。"朝云道："你要馋了，可以到街上的小酒家吃上几顿。"苏过摆手道："使不得，那很贵。今日已非肉食者了。"苏轼听了这话，大笑起来。原来，苏过此语一是说吃不起肉，二是用了"肉食者鄙"的典故，暗藏机锋，故而苏轼大悦。

嘉祐寺就在合江楼的对岸，依山而立。山上万松苍翠，各处都有橘树林、香蕉园，又有荔枝树、槟榔树穿插散落其中，置身其间，一片阴凉。到了嘉祐寺，安顿停当，苏过去读经书，朝云跪在佛前念经拜佛，苏轼一人往山顶松风阁走去。

松风阁地势极高，山径陡峭，年轻人上去尚感吃力，何况苏轼花甲之人。苏轼一时足力疲乏，就坐在路边休息片刻，抬头遥望山顶，只觉路途高远，不知何时才能走到。

苏轼望着山顶，一动不动，许久，心中顿悟：此间有甚歇不得处？与山顶不都一样？苏轼悟得此理，心如挂钩之鱼，忽得解脱。人若悟此，当什么时、什么地，都不妨歇脚。

回到嘉祐寺，苏轼与法空方丈闲谈，把所悟之理说与他听。法空合十道："善哉！佛经有云，'千年暗室，一灯能破'。"苏轼笑道："所以，住合江楼是住，住嘉祐寺是住，住旷野是住，住海上仍是住，原本没有分别。若为搬家之劳所累，岂不是庸人自扰？"这时，寺里的钟声响起，在山中久久回荡。

过了几日，巡察的官员走了，詹范兴冲冲地跑到寺中来，带着一伙衙役帮苏轼一家搬回了合江楼。

这天，苏轼倚着荔枝树看书，朝云在晾衣服，苏过提着一挂羊骨头从外边回来。惠州卖肉的少，一天只杀一只羊，肉都被达官贵人买走了。苏轼放下书，笑道："骨头就骨头，老夫乃是老骨头，吃骨头补骨头，油水都在骨头里。来，我教你如何烤羊脊。"

朝云咯咯直笑。苏轼猛一起身，却觉得不对劲，心知是痔疮犯了，自嘲道："前些日子我对法空大师说'一定，一定'，其实当时心里也没有真想再去嘉祐寺。看来我不能说假话，一说假话，就招来了痔疮。"

原来，从嘉祐寺临走，苏轼向法空道了叨扰。法空合十道："翰林大人乃当今名士，入住本寺，是本寺的光荣。能借机与苏内翰谈佛论法，贫僧实在求之不得。何谈叨扰，还望他日多来做客。"苏轼随口应道："一定，一定。"

苏过不以为然地说："按父亲这么说，朝中那些说假话的人岂不是早就舌头烂光了！"父子俩大笑。朝云心疼不已，嗔道："还说，还笑。快，我帮你洗澡去。"苏过忙去烧热水。

哪知烧水时发现没柴了，手头又很不宽裕，只得急忙忙往不远处的白鹤峰去砍。正砍了两小捆，听见有人问道："贵公子何方人士？"苏过一抬头，见问话人五十多岁，手中握着一卷书。苏过直起身，施礼道："这位先生，晚生姓苏，来到惠州已有半年多了。请问先生贵姓？"

此人姓翟，是个秀才，问得是苏轼之子，高兴地说："那你就放心地打柴吧！"苏过便知这山林是有主人的，一问才知山主就是翟秀才，忙向他赔罪。翟秀才摆手道："没什么，没什么。公子乃苏内翰之子，能亲自打柴，就已经使翟某大为感动了。"

苏过苦笑道："生计所迫，实属无奈。"翟秀才大吃一惊："苏大人为官多年，且是朝中大臣，连买柴火的钱也没有？"苏过一边捆着柴，一边摇头道："家父纵有一点俸禄，也都撒在路上了。再说，他接济朋友和老百姓多，也就所剩无几。这次被贬，还是靠叔父送的钱。"

翟秀才听了大为感动，左手拿书轻击着右手掌，一边踱步一边点头："这就对了。他是个廉官，君子富于道而贫于生！"忙放下书，夺过苏过手中的砍刀，卖力地帮他砍起来。

好不容易砍了柴回来烧了热水，苏轼这才洗上热水澡。他躺在大澡盆中，举着医书，口中嘀咕："十人九痔，这算不得什么。可这最简单的病如何没有良药妙方呢？"在一旁洗衣的朝云接口笑道："尽信书，不如无书。若有良方，天下得痔疮的人还会那么多吗？"

苏轼若有所悟地说："毒虫在身，必有所得。主人枯槁，客自弃去。我有一妙法，即日起暂不食盐，只吃麦饼和玉蜀黍饼，痔疮许能治好。"朝云心疼地看着他："千万别亏了身子。明日我想到尼姑庵一趟，为你求佛。"

次日，苏轼与朝云来到无相庵，走进佛堂，见供着一尊栩栩如生的千手观音。二人在观音像前双手合十，默默祈祷片刻。

苏轼问尼姑静慧："何以给观音塑千手？"

静慧答道："大千世界，须应付事太多。"

"恒河之沙可谓众矣，千手如何应付？"

"捻一粒即可。"

"一粒之中，法眼何在？"

"问自己。"

静慧反问道："内翰信佛吗？"

苏轼答道："信大千世界。"

"佛在何处？"

"南无。"

静慧会心一笑，颔首不语。

见朝云笑着念了一声"阿弥陀佛"，苏轼问她："你说，为何塑千手？"

朝云答道："塑者本意，是要告诫人们观音法力无边。朝云看来，却是两个字——无奈。"

苏轼与静慧都笑了起来。

静慧问道："怎见得？"

朝云答道："俗事无限，法力有限，安得不用千手！"

静慧双手合十道："阿弥陀佛，女施主有大慈悲！"

这天清晨，苏轼被从隔江嘉祐寺传来的晨钟声唤醒，忽然生了诗意，半躺在藤床上吟道："白头萧散满霜风，小阁藤床寄病容。报道先生春睡美，道人轻打五更钟。"

朝云已起来了，正在看佛经，听了这话，生怕传到章惇的耳朵里，提醒道："小心，以后不要再作这样的诗了。"苏轼点了点头，暗笑自己好了伤疤忘了疼，穿衣起床，下床走了几步，发现痔疮似乎好了，来回大步走动，惊喜地告诉朝云："我的痔疮竟然好了，不疼了，似乎病灶也没了。"

朝云放下经书，双手合十道："阿弥陀佛，终于治好了。我还正为你祈祷呢。"苏轼感动地笑道："客自弃去，主已无忧。经不一定管用，管用的是你那片心。"

这段日子，苏轼光吃麦饼，也不吃盐，朝云担心他身体吃不消，就让苏过买些羊排骨回来。过了一会儿，朝云进房来，跟苏轼说，想做无相庵义冲大师的俗家弟子。

苏轼纳罕地问道："怎么想起这事来了？"朝云道："一来朝云喜欢佛典，二来入了佛门，心里也会更安静些。"苏轼笑道："只要你喜欢，就是真的出家，我也高兴。"朝云看了他一眼，佯嗔道："看你！"

吃了早饭，朝云便去无相庵找义冲大师，恳切地说："大师，我为佛门俗家弟子，带发修行，您能收我为徒吗？"义冲正襟危坐，道："学士内眷，天下闻名。"朝云道："色空空色，名又如何？"

义冲大师赞许地点了点头，问道："为何要入我佛门？"朝云道："朝云虽无慧根，尚有灵性。一求佛法，二求先生平安。"

"求先生平安"才是她最大的动因，跟苏轼说"心里也会更安静些"，是不想让他心里负疚而已。

义冲双手合十道："善哉善哉。老尼知你慧根不浅，愿收你为徒。既为佛门弟子，须有法号，就叫善慧吧。"朝云忙跪下来，向师父虔诚地磕了三个头。

苏轼向来是个闲不住的，也不喜欢关在家里，痔疮一好，就要四处走动走动。想起苏过说的那位翟秀才，就打听了他的住处，登门道谢。二人一见如故，谈得十分投机。苏轼酒量不大，却喜欢喝酒，就问他近处可有谁会酿酒。翟秀才告诉他当地有位被戏称为"酒神"的林行婆，苏轼大喜，忙请他带路去登门拜师。

二人边走边大谈饮酒之乐，来到林行婆家。偌大的一座院落，大门朝东，西面是柴房，北屋五间，南屋是作坊。林行婆五十开外，正在院中封大缸。翟秀才喊了一声："林行婆！"就领着苏轼破门而入。

苏轼这样一位大人物来到这等僻远之地，早已成了当地的大名人。林行婆抬头望去，一眼便猜出是他，见翟秀才把大贵人苏内翰请来，如天上掉下活龙一般，乐不可支，连夸"秀才，你可真行"，说着就要向苏轼下跪。苏轼急忙伸手拦着不许跪，连声喊道："使不得，使不得！"

林行婆道:"苏大人,如何使不得!"苏轼摆手笑道:"现在不是大人,是罪人。再说了,你是酒神,我是酒鬼,我应该向你施礼。"说得林行婆和翟秀才开怀大笑。林行婆从来没见过这么平易近人的大官,叹道:"没想到这么大的人物,这么爱说笑。"

翟秀才说明来意,林行婆"嗨"了一声,爽快地说:"要喝酒尽管来取,找那麻烦做什么?"苏轼道:"不瞒你说,我没那么多钱买酒。"林行婆忙摆手道:"不要钱,不要钱!"

苏轼道:"这个人情我可欠不起,你做酒也不容易。三百六十行,行行各有难。"翟秀才凑趣道:"林行婆,你是不是怕秘方传出去?这你放心,苏大人你该相信。"林行婆白了他一眼:"看你说的,我是那种人吗?别人我不教,苏内翰要跟我学造酒,那是我的福分。"

苏轼一听有戏,赶忙深施一礼:"学生这厢有礼了。"林行婆登时六神无主,不知如何应对,只得忙不迭地说:"哎哟,折煞我也!"见她这副手足无措的样子,苏轼和翟秀才都大笑起来。

林行婆可谓把造酒之法倾囊相授,还给了苏轼好多酒曲等物,执意不收钱,让苏轼十分过意不去。回到家中,苏轼便照着学到的办法酿了一坛子,天天琢磨酒是不是好了。

等了好几天,终于到了林行婆说的开坛子的日子。苏轼起了个大早,打开坛子舀了一勺,尝了一口,又连喝几大口,啧啧称赞:"好酒!"说罢,美滋滋地盖上坛子,一步三回头地来至院中读书,又让苏过去请詹太守来尝好酒。

不多时,詹太守约了许参军和朱通判来了。他们知道苏轼手头紧,还带着厨子和肉食。苏轼最喜欢热闹,满面春风地迎出来,高兴地说:"我得良方,酿了几坛真酒,正好大家一同品尝。"许参军眼睛瞪得溜圆:"酒是大人酿的?大人会酿酒?"朱通判跷起大拇指:"大学问家造酒,必定出手不凡。"詹范拈须笑道:"喝了这酒,定有诗兴。"

苏轼把三人请进屋,笑道:"诸位前来,交杯论盏,幸甚,幸甚!不过,你们与罪人饮酒,岂不气杀宰相?虽说宰相肚里能撑船,若知我等在此开怀畅饮,也会腹中起浪。"詹范摆手豪爽地说:"莫说有浪,这里起台风都不怕。"苏轼连呼"痛快",众人都大笑起来。

一时酒菜摆上桌,众人大快朵颐。詹太守等人都夸这酒酿得好,可把苏轼得意坏了。许参军突然感到腹内不适,急忙告罪离座,众人也不以为意。

詹范一直为上次苏轼搬到嘉祐寺住的事耿耿于怀,席间又诚恳地道歉。苏轼坦然笑道:"看你,何必如此客气?你我朋友一场,岂能不解区区小事?照大宋律法,被贬之人,不是自己盖房,就得住僧舍面佛反省。若不是你法外施恩,网开一面,我这脱钩之鱼能住到如此好的地方吗?"说得詹范和吴通判哈哈大笑。

苏轼道:"说起房子,我就想起了黄州的雪堂,不知怎么样了。时下张耒已被贬为黄州通判,他定会常到雪堂坐一坐。"詹范正要答言,却捂着肚子,说了声"对不起,腹内偶有不适,需要方便一下",慌忙离座而去。

谁知苏轼也忽感腹内不适,一看朱通判也难受得捂起了肚子,二人面面相觑,心中纳罕是否酒菜有问题。正巧翟秀才急急忙忙地跑进来,气喘吁吁地说:"苏内翰,林行婆让我来说,这酒封好之后,早一个时辰也不能喝!"苏轼和朱通判不约而同地"啊"了一声,捂着肚子,急忙向外边跑去。

次日,苏过再去请酒,三人不得空,却说:"请转告苏公,就说我等腹疾未愈,卧病在床,去不得,也不敢去了。"苏过回来把话一学,苏轼和朝云都大笑。从此,这事便成了苏轼的一个"污点",常被詹范等人拿来取笑,说的都是朱通判那句话——"大学问家造酒,必定出手不凡"。

这回请酒,因都坏了肚子,剩了半桌子菜没动,苏轼一家倒美美地吃了几天。等好菜吃完,苏过烧羊骨的手艺也学成了。

这日,苏轼和朝云在荔枝树下摆好桌凳、碗筷,准备开饭。苏过腰系围裙,将烧羊骨端了上来,喊道:"来了——小的不才,请尝尝味道如何?"苏轼夹起一小块尝了尝,笑着赞道:"不错,吾儿堪为一流厨子。"朝云也尝了一块,点头赞道:"真不错。论做饭,有乃父之风。"

苏过听朝云这么夸他,有些自嘲地说:"只可惜,读书没能继承下来。"朝云笑道:"你若是读书再像父亲,那文运还能跑到他人之家?你的画倒学得蛮像。"苏轼呵呵一笑,道:"过儿继承了为父两样东西,烧饭和孝顺。"朝云笑着对苏过说:"这比什么都好。这是第一次听到你父亲夸你。"苏过笑道:"听到父亲夸奖,今晚我肯定睡不好觉。"

苏轼将那块啃过的骨头扔到地上,冷不丁地见一条花狗从身后窜出来叼走,倒被它吓了一跳。苏轼又拿起一块大点的骨头啃了起来,只见另一条黑狗正蹲坐在不远处,左瞧右看,舌头还不时地伸出来舔嘴。

苏过喝了一声,将黑狗撵走。不等他坐下,黑狗又凑了过来,后头还跟来好几条狗,都围拢过来。苏过又去撵,苏轼摆手制止:"挥之不去,还要再来。骨头是狗的天食,这镇上并无多少羊骨,被我们买来,岂不是从狗嘴里夺食?它不咬我等就算很大的面子了。"朝云和苏过都笑了起来。

苏轼童心未泯,调皮地蹲到地上,对着那几条狗啃骨头,还对它们喊话:"伙计,内翰也是人,也喜欢荤。没办法,狗嘴里夺食,得罪了。"说完,将骨头扔给狗群。群狗立刻争抢起来。苏轼感慨道:"为一块无肉之骨尚且如此争抢,朝中之人,为了大富大贵,焉能不争?!"

苏轼所言不差,此时朝中无一日太平,一干人明争暗斗,钩心斗角,尔虞我诈,无所不用其极,拼得你死我活。

这日,哲宗在福英殿召见曾布,问他对当下朝政的看法。曾布道:"元祐进言者,以熙宁、元丰之政为非而当时为是;今日进言者,以元祐之政为非而熙宁、元丰为是。以上皆偏论也。愿陛下公正而听、公正而观,无问新旧,唯归于当。凡当者皆取,凡不当者皆去。"哲宗颔首大悦。

曾布这话大有玄机,"无问新旧,唯归于当",虚晃一枪,看似持论公正,无所阿附;要害却在"凡当者皆取,凡不当者皆去",意思是新党中也有不该起用的,所指实是熙丰党人的元老吕惠卿。近日,吕惠卿外任期满,有人提议让他回京任职。曾布料到哲宗会问及此事,便先埋下了一个伏笔。章惇等人私下早就计议已定:吕惠卿最善结党,用心狠毒,断不可让此人入朝。

果然,哲宗问道:"近日,朕听从辅臣之议,把江宁太守吕惠卿改知大名府。惠卿乃先帝重用之人，路过京师，必乞求见朕，朕当以何对呢？"曾布道："吕惠卿赋性深险，王安石援引为执政，吕惠卿得志，遂攻击安石，其凉薄可知。吕惠卿若见陛下，必言先帝而泣以感动陛下，希望得留朝廷。陛下可只听其言观其行，不开金口，吕惠卿便无计可施。"

哲宗也是少年心性，听了这话不由得乐了，一心要看看吕惠卿是否真会"言先帝而泣"，笑道："有意思。"

曾布果然神机妙算。次日吕惠卿在福宁殿觐见，跪在地上，泪人一般，泣不成声："臣处江湖之远，每每想起先帝的厚恩，总是食不甘味，夜不能眠。自知陛下亲政以来，臣无时不在翘首以盼。闻陛下恢复熙丰之政，欢欣鼓舞，额首称赞，此乃我大宋之福也。臣虽无能，但尚知尽忠尽义，若能伴君进策，当万死不辞。"然而，戏做得过头，竟将眼泪溅到龙袍上，惹得哲宗大为不悦。

吕惠卿哭了半日功夫，觉得戏做得够足了。他见哲宗未出一言，心中纳罕，只得拭泪问道："臣就要知守大名府了，不知有何圣谕？"哪知哲宗就按曾布所教，不冷不热地说了一句"去吧"，便不再发话。吕惠卿只好知趣地告退。

等吕惠卿退去，哲宗唤内侍来更衣，一脸厌恶地问内侍："你说，这女人哭起来好看，男人哭起来却越看越别扭，是何道理？"内侍笑道："男儿有泪不轻弹。"哲宗点了点头。

章惇等人得知此事，分外得意，又好气又好笑，都大笑不止。从此，吕惠卿被哲宗列入了黑名单，东山再起无望，白演了一场"泪溅龙袍"的苦情戏，却不知是曾布轻而易举地断了他的锦绣前程。

岂止是吕惠卿，元祐党的刘挚也大不知趣。他早已被贬黄州，却称病在家，不去赴任，指望哲宗回心转意。这日下朝后，章惇昂首阔步而行，众臣见了他纷纷让路施礼。章惇脚也不停，头也不转，只点头示意，可谓旁若无人。蔡卞赶上来说了刘挚之事，章惇当即拉下脸来："竟有此事？这老杂毛敢抗旨不遵！"蔡卞耳语道："其中自有蹊跷。下官听说，近来刘挚多处联络，觊觎达致圣听，有所图谋……"章惇大怒："呸！妄图在本相眼皮底下浑水摸鱼，休想！"

次日，章惇便到福宁殿向哲宗进了一言："刘挚元祐期间附会司马光，毁讪先帝，同恶相济，贬谪黄州，实乃罪大罚轻。他却不思悔改，以称病为由，违抗圣命，图谋再举，实乃奸邪行径。"哲宗皱眉道："传朕的旨意，将他贬出京城，他就是病死也不要死在京城！"

哲宗又问吕惠卿是否还在京城。章惇不屑地说："他也在等候陛下垂恩留朝呢，又一个赖着不走的。"哲宗想吕惠卿与刘挚倒有分别，就问章惇是何主意。章惇决然地说："上无留意，自当远退，岂有赖着不走之理。"哲宗点头道："就依卿意，让他快走！"

吕惠卿和刘挚都是做戏的好手，接到"即日出京"的圣谕，其光景可谓穷形尽相，叫闻者齿冷。刘挚装出一脸病容，颤颤巍巍，几乎要咳出五脏来。吕惠卿则是一把眼泪一把鼻涕："圣上，圣上，臣舍不得圣上，离不开圣上。臣不如去死啊！"然而，就算真病得上气不接下气，哭出一缸的眼泪来，也只得灰溜溜地接旨谢恩，还没少挨宣旨官的白眼。

刘挚这回是真病了，无精打采地骑着马行走在汴京城外，垂头丧气，一步一回头，大有肝肠寸断之态，身后跟着一辆牛篷车。来到长亭中，爬下马来，望着漫天飘飞的柳絮，叹了口气，坐下来闭目养神。

哪知冤家路窄，却听见一句："这不是刘大人吗？在朝中广结党羽，怎么也落得和老夫一样！"刘挚睁眼一看，原来是吕惠卿，忙反唇相讥："原来是吕大人。彼此彼此，吕大人是始作俑者，我只是效法而已。"

这时，一个老人蹒跚着走上亭子，把一张条幅贴在柱子上。吕惠卿纳罕地问道："老人家，你这是？"老人指指自己的耳朵，示意自己是个聋子，指着远处向这里张望的一群人，道："几个举子给了我一些钱，让我把这个贴在这里。"刘挚还在那里自作多情地说："莫不是举子们在挽留我们？"吕惠卿此时倒清醒了，一脸鄙夷地说："做梦吧！"

二人一看，贴的是一副对联。上联是"惠卿哭殿未得圣意"，下联是"刘挚出京大快人心"，横批是"苍天有眼"。刘挚脑袋里"嗡"了一声，好像挨了一榔头，险些晕倒。吕惠卿略一错愕，转而凄然笑道："'笑骂由人笑骂，做官我自做官'，邓绾说得好！"

话说刘挚走三步退两步，来到黄州。苏轼当年九死一生，被贬为黄州团练副使，可谓一撸到底，到了这里，却能苦中作乐，甚至可以说过得颇为惬意顺心。但世间豁达如苏轼能有几人？刘挚这一路走来，已是满头白发，老态龙钟，露出下世的光景。

苏轼走后，陈慥、潘丙、善济等人细心看护他留下的一草一木，保存得完好无损。那块东坡也替他种着，前些年的收成都给了救儿会。那帮孩子都已长大，被其家人领走，溺死女婴的恶俗也从此根除。这几年打下的粮食拿去卖了钱，积攒起来为苏轼留着。听说他被贬到岭南，陈慥等三人在雪堂哭了三天三夜，黄州的百姓也哀叹涕下。张耒这次被贬到黄州任通判，得知这些，感慨万端，激动不已。

这日刘挚拄着拐杖来到雪堂。苏轼所种的那几棵小柳树已长到碗口粗细，浓浓的绿荫遮映在堂前。刘挚长叹一声，问道："有人吗？"正巧，张耒与陈慥、潘丙、善济在堂内饮茶。陈慥走出来，不无讥讽地说："啊，是新任太守大人。这里可不是你来的地方。"潘丙也过来打趣："宰相大人，来此不知有何感受？"

刘挚大为不悦，问道："汝等是何人？"潘丙"嘿"了一声，道："我们是这里的主人！"刘挚恍然，问道："苏轼把这地方卖给汝等了？"潘丙冷冷地说："这不关你的事。"刘挚有些恼火地说："怎么不关老夫的事？我可是这里的太守！"陈慥一句话将他顶得死死的："你管黄州衙门去吧。"

刘挚自觉没趣，长叹一声道："我还以为这里荒芜不堪了。"善济双手合十道："阿弥陀佛，只有荒了的人心，哪有荒了的土地！"潘丙对他更是嗤之以鼻，冷眼道："放心吧，只要黄州子孙不死，这东坡上永远是绿的。"刘挚自讨没趣，步履蹒跚地离去，只见东坡地上桑树成林，金黄的麦子在风中摇动。

## 六十八　　王朝云

　　与在黄州时的处境相比，苏轼此时日子的艰苦有过之而无不及。詹范虽多方周济，终有照料不周之处。苏轼本来就怕会给詹范惹来麻烦，故而即使陷入饮食不继的困境，也不好意思开口求助。黄州时还有雪堂可以落脚栖身，住在这合江楼却总不得安生。这日，广南路安抚使来，也要下榻在合江楼，詹范心中暗恨不已，却只得再把苏轼"撵"出去。

　　詹范特地带了一小坛岭南桂酒，来到合江楼与苏轼对饮。詹范主动给苏轼斟上一杯，请他品尝。苏轼饮了一口，觉得美味异常，又饮了一大口，笑着对詹范赞道："老夫自来惠州，最爱这桂酒，此酒微甜而不上头，益气补神，飘飘欲仙，实在是人间仙露。"詹范给他满上，笑道："苏公喜欢就好，喜欢就好。"

　　苏轼又饮了一口，细细回味半晌，放下酒杯，微笑着点点头，忽然对詹范说："詹太守，说吧。"詹范一愣，心知没逃过苏轼的法眼，十分过意不去地咳了几声，忐忑不安地将来意说了，又连连打恭赔罪。

　　苏轼摆手坦然笑道："你我已是朋友，不说这话。无所谓，再搬一次就是。"詹范这才放下心来："我怕苏公心有不快，如此我就安心了。等他们一走，苏公再搬回来。"苏轼举起杯，慨然道："不说这个了。来，饮酒。"

　　詹范走后，苏轼把朝云、苏过叫来，再次搬到嘉祐寺去住，路上与他们商议盖房子的事。苏轼觉得此生北徙无望，只怕要在惠州终老，须作长期打算；寄居在合江楼终非长久之计，搬来搬去麻烦不说，还让詹范为难；不如像在黄州时那样，自己盖房子，住得心里踏实，也好安心撰著诗文。朝云、苏过自无异议。

在嘉祐寺中安顿好，苏轼便去找翟秀才，问他哪里有能盖房的地可买。翟秀才建议他把房子盖在白鹤峰上。山下有片绝地，主人一家无一幸存，官府把地收了回去，但价钱再低也没人敢买。苏轼向来不信邪，便想买过来种成橘子园。

苏轼又去找詹范。詹范陪安抚使一行在合江楼饮酒，席间听说他们明日就离开惠州，嘴上假意挽留，心里十分高兴。宴罢，正要跑到寺中告诉苏轼，见苏轼过来说盖房子的事，长叹一声，心想这样也好，就说以极低的价钱卖给他，问他敢不敢要那块绝地。苏轼岂有不敢要的，二人当即说妥。

苏轼回来一说，朝云怕那块绝地对家里有妨碍，又说地里有太岁。苏轼不以为然地摆手道："我历来不怕什么鬼邪。有，他们也得让路。小小太岁，何足挂齿。照迷信说法，他才九品官，奈何不得我。"苏过、朝云都笑了起来。

一家人筹划已定，苏过就去雇人在白鹤峰上挖地基。翟秀才来帮忙，苏轼与他一起一边和泥巴，一边说笑。翟秀才揩揩汗，笑道："苏大人，房子一盖好，我们就成了邻居。子曰：'德不孤，必有邻。'大人在此，不会孤独。"

苏轼颔首道："俗话说得好，'远亲不如近邻'。定居有好邻，持家有贤内，出外有好友，此乃人生之幸也。"翟秀才感慨地说："这都是缘。人这一生，该办什么事，该走多少路，该识哪些人，似乎差一点都不行。大人到此，我这穷酸秀才一生无憾矣。"

苏轼笑道："我也无憾。老兄弟，以后须改口了，不要再大人大人的，那样太见外，叫老兄即可。"翟秀才到底不敢和他称兄道弟，想了想说："大人是咱大宋的文坛宗主，永远是我们读书人的先生，就叫先生，如何？"苏轼笑了笑，摆了摆手。

这时，朝云来送饭，对苏轼耳语几句。原来，自从那日在东南郊外见了被贬之人的遗骨，朝云心中不忍，一直记挂着让他们入土为安。苏轼听了连连点头，便把此事跟翟秀才说了，道："我还有点钱，你能否替我雇几个人，挖一个坟，把这累累白骨合葬了？尸骨不全，也只好如此了。"翟秀才一口应下:"先生仁及亡魂,实属积阴德之举。学生乃当地之人,更是责无旁贷。放心,三日内即可办好。"

果然,两日后墓已修好。苏轼刚搬回合江楼,就和翟秀才去祭拜。苏轼亲自上好水果供品,点了三炷香,执香三拜,将香插在坟土上。望着袅袅升起的轻烟,苏轼从袖中取出祭文,缓缓念道:"有宋绍圣二年,官葬曝骨于是。是岂无主?仁人君子,斯其主矣。东坡居士铭其藏曰:人耶天耶,随念而徂,有未能然,宅此枯颅。后有君子,无废此心。陵谷变坏,复棺衾之。"念完,深鞠一躬。

翟秀才燃起冥币,叹道:"原来这地方,每到夜晚,磷火不断,没人敢来。时下好了,这些孤魂野鬼可以安息了。先生做了一件积阴德的大好事。"苏轼心想自己就算终老此地,还有苏过为他殡葬,而这些人落得个曝尸野外,实在可怜,故而满怀同情地长叹道:"谁无父母,谁无妻儿老小!但愿这里不再有曝尸枯骨。"

这日,苏轼在白鹤峰上忙碌,朝云过来说詹太守有事找他。苏轼便猜只怕又是搬家的事,也不以为意。赶到家中,见詹范一脸难色地坐在那里,心知猜得八九不离十。苏轼爽快地请他有事直说,詹范只得说:"新任广东路提点刑狱要来惠州巡视,又要住合江楼。"苏轼不以为意地笑笑:"不就是再搬次家嘛,你别为难。"

詹范一脸苦笑地说:"这搬来搬去,都三次了。也奇了怪了,自从苏公来后,这一贯养尊处优的各路要员们接二连三地来此。这次来的提刑我也没见过,听说姓程,叫程之才。"

苏轼听了大吃一惊:"是谁?"詹范见苏轼脸色不对,忙道:"是程之才。你们认识?"苏轼长叹一声,将四十年前的旧怨告诉了詹范。詹范"啊"了一声,惊得有些结巴起来:"那章惇把程大人派来可就……可就大有文章了。"

苏轼心知,这是章惇等人的借刀杀人之计。树欲静而风不止,苏轼一心想终老此地,求个安宁,但章惇深知这位老朋友的影响深入人心、牢不可动,因此一直念念不忘。章惇此时位居宰相,一年前却是待罪的贬官,深知朝中人事瞬息即变，生怕苏轼哪天死灰复燃，于是想出这一妙计，用这致命一击使他一蹶不振，彻底打消重返朝廷的念头。

听了苏轼这番分析，詹范急得站起来，连连拍着额头："这如何是好呢？"想了半天，试探着问道："大人是否……"苏轼知道他的意思，摆手道："若在当势之时，先去登门和好，未尝不可。如今失意之人，焉能行此苟且之事。况且，当年错不在苏家。我若苟合，先父焉能安息九泉？"詹范默然无语，忧心忡忡。苏轼反劝道："听天由命。俗话说得好，死猪不怕开水烫。"

第二天，程之才住到合江楼，他早听说苏轼住在这里，便问詹范为何不见人。詹范惊慌地说："大人，苏子瞻已经搬走，您就不要……不要为难……"程之才痛苦地闭上眼，叹了口气："你误会了，我的意思是请他搬回来住。"詹范吃惊地望着他，只得说："我这就去告诉苏大人。"

苏轼听说此事，虽不知吉凶，却十分坦然，于是当下主动去合江楼见程之才。程之才的确并无恶意，而是真心悔过。他沉痛地说："过去，愚兄年轻气傲，不懂道理，以致酿成惨祸，至今追悔莫及。几次想主动找到你和子由，求得你二人原谅。若能尽释前嫌，两家幸莫大焉。"苏轼喟然而叹："尘封往事，还提它干什么！不管谁对谁错，都过去这么多年了。有结必有解，再计较这些还有什么意义？难得兄台有长者胸怀，我与子由还能说什么呢！"

程之才很是高兴："子瞻有如此胸怀，我就放心了。"他早知章惇推荐他来此提点刑狱，是想利用苏程两家不和来迫害苏轼。但"姑表亲，姑表亲，打断骨头连着筋"，他与苏轼本是同根生，怎能做此亲痛仇快之事？本想拒绝来广东任职，但又一想，他来还能给苏轼遮风挡雨，不然章惇还会派别人来加害，这才走马上任。

苏轼深谢他的一番好意。程之才摇头叹道："千万不要这样说，愚兄是在补过。在这里需要些什么，尽管说。愚兄只想求你一件事。"苏轼忙道："兄台下令即是，何来'求'字一说？"程之才颔首道："能否给你的外曾祖写篇碑文呢？"苏轼道："谨遵兄命，分内之事。"

二人缓缓走在江边，一路说说笑笑。江畔青草依依，蓝天绿树倒映在悠悠碧水之中，一群白鹭飞过。

过了几日，詹范陪着程之才、苏轼游览白水山。白水山上长满了形态各异的巨大榕树和许多热带树种，整座山上都是苍翠欲滴。知名的不知名的、看得见的看不见的、远处的近处的山鸟，争着鸣唱，宛若天籁。

望着那飞流直下的瀑布，苏轼欣喜不已，便问程之才对此有何感想。程之才道："心胸荡然。不知贤弟有何高见？"苏轼凝望着瀑布，缓缓地说："水落故能跌宕，人挫愈能奋强。水静则如处子，荡则如狂夫，入湖则为荡子，入江则为壮士。而瀑布者，乃天下唯一剪不断之布，亦是大寂寞之人的万丈白发。"程之才笑赞道："寻常之景，入贤弟之耳目则为大道，出贤弟之口则为妙诗奇文。与弟相处，得道不远。"

苏轼俯瞰合江，见江上没有桥，心想百姓来往甚是不便，便问詹范为何无桥。詹范道："苏公有所不知，建桥需很多钱，而州府税钱皆缴上衙。上不拨款，则桥自难建成。"苏轼若有所思地点了点头。

次日，苏轼便和詹范商议募钱修桥之事，并执意带头把原本就所剩不多的家底捐了出来，詹范只得收下。程之才听说了此事，回广州任所前捐了一千缗。但修桥要很多钱，这些还远远不够，苏轼整天为此犯愁。

因盖新房花费甚巨，修桥又几乎把家底掏空，这天剩下的一点钱用完，又没米了，晚饭只好糊弄过去，一家子饿着肚子。苏轼自我解嘲地说："人说一觉解千愁，依我看，一觉也可忘百饿。这没有东西吃，睡觉是最好的办法。"

朝云服侍他睡下，端灯走向桌边，拿起佛经轻声诵读起来。苏轼知她以此法忘饥，忍不住坐起来，满怀歉疚地说："自从你来我家，就没过一天好日子。黄州的苦日子过完了，这惠州的苦，又不知何时是个尽头。让我说什么好！"朝云过来扶住苏轼，看着他静静地笑道："先生，夫妻一体，何来此语？"

苏轼轻轻握住她的手，动情地看着她，忽而抖擞起精神："好！起来写我的《易传》，陪着你。"说罢，起身走到桌前，摊开纸，奋笔疾书起来。写了一会儿，抬起头来揉揉眼，自言自语道："《论语传》已完成，著写《易传》用时最多,如今六十四卦也已过半,就差《书传》了。"

朝云看着他笑笑不语,坐到对面读经。苏轼边写边问朝云:"天女维摩,自入佛门,有何感受?"朝云道:"只要心中存佛,入不入佛门,都是一样。哎,方才先生叫我什么?"苏轼眯着眼,剔掉笔尖的脱毛,笑道:"天女维摩。你就是我苏家的天女维摩。"朝云忙问是何意思。苏轼解释道:"维摩又称维摩诘,是佛之化身。唐代译成无垢,即一尘不染之意。唐代诗佛王维字摩诘,即从维摩诘而来。"

朝云放下佛经,凝视着苏轼:"得先生这般爱称,朝云纵是死也知足了。"苏轼听了不由得一惊,心知不祥,忙正色道:"不许胡说。"随即笑道:"苏东坡被贬南荒,上天却赐了一个天女朝云。天不灭我,奈何奈何?!人们动辄哭天,不无道理!"朝云佯嗔道:"看你!"

让他们高兴的是,没过多久,新居终于落成。新居坐落在白鹤峰上,十多间新房错落有致,竹牖青青,槿篱疏疏,柴门北向,与合江楼相映成趣。新栽的柑橘林和山上原有的荔枝树郁郁葱葱,掩映得新居幽雅超然。苏轼带着朝云、苏过兴致勃勃地来到新居,把房前屋后、屋里室外都细细看了一遍,满意地说:"咱们又有自己的家了。此家筑成,我们就算是惠州人了。"

书斋里竹书架、床柜等都安排停当,苏轼给书斋起名为"思无邪斋",取"《诗》三百,一言以蔽之,曰思无邪"之意。正堂起名为"德有邻堂",取"德不孤,必有邻"之意。苏过笑道:"他人起堂名皆是三字,唯独父亲要取四个字的。"苏轼道:"名投志趣,不在乎字多字少。北归无日,为父权当自己是一个屡举不第的惠州秀才,又有何不可?随遇而安,则为大安。"

苏轼又命朝云把他那些字画收拾一下,明日要到街上去卖。他在黄州时即使家无隔宿之米,也坚守不为衣食卖字画的信条,但这回合江桥因为没有钱一直未曾动工,也只得破此例。

次日,听说苏轼要到府衙前的大街上卖画,早有人等在那里。人们纷纷议论:"苏大人的字大宋第一,我父亲盼了许久,无论如何也要得到一幅。""苏大人的画也独具风格。""苏大人从不为衣食卖字画,这可都是为了修桥。""真是个大好官,偏被贬到这地方来。"

詹范和几位官员陪着苏轼走过来。苏轼摆出字画,片刻之间就被抢着买完。苏轼将交子和铜钱交给詹范,詹范数了数,共三千缗。苏轼沉思片刻,道:"还有欠缺,再想办法。"

苏辙夫妇也听说了苏轼捐钱修桥的事。苏辙已被再贬为少府监分南京,在雷州居住。雷州离惠州不远,苏辙着实希望与哥哥离得更近些,以实现当年"同归林下,风雨对床"之愿。此时,苏辙一家正在往新租的家中搬运东西。史云提议,把皇家赐给她的首饰、金币都捐到惠州,帮苏轼建桥。

苏辙赞道:"夫人有此义举,善莫大焉。子曰:'道不远人。'子思曰:'唯天下至诚,为能尽其性;能尽其性,则能尽人之性;能尽人之性,则能尽物之性;能尽物之性,则可以赞天地之化育;可以赞天地之化育,则可以与天地参矣。'"史云笑道:"我可没想那么多道理。我只是想,宝器不宜多,应该像哥哥那样多为百姓做善事,以求苍天保佑夫君,保佑兄长和孩子们。"苏辙笑道:"我与哥哥都贬到这南部海州来,离观音菩萨越来越近,但愿我等化个菩萨身。"

钱终于凑够,苏轼心中的一块石头总算落地。晚上,苏轼凭窗远眺,只见滔滔江水泛着月光,听着流水之声,一时陷入沉思。朝云进门问道:"先生在想什么?是为建桥一事担忧吗?"

苏轼叹息道:"晚年得一朝云,足矣。建桥一事,钱款筹措完成,已不用过忧。我被贬南荒,连累四学士流落天涯,已经许久没有他们的音讯,时时辗转思念。"朝云心中也充满忧愁,劝道:"先生不必自疚,即使不为先生所累,当世的贤人学士又有谁不在四海飘零?"

苏轼摇摇头,叹了口气,道:"朝云,再为我唱一曲《蝶恋花》吧。"朝云站起身来,清了清嗓子,却一个字也唱不出来,转而低头哭泣,泪如雨下。苏轼忙问怎么了,朝云泣道:"我一想到'枝上柳绵吹又少,天涯何处无芳草'这两句,心中感念,就不能自已。"

苏轼强笑道:"你啊,刚夸你两句,却忽然感伤起来,这可不是平日的你。"朝云拭泪笑道："先生可以悲秋，我就不能伤春吗？"苏轼柔声道："'笑渐不闻声渐悄，多情却被无情恼'，都是我的错，当日涂抹这首婉词，如今惹得朝云落泪，此词该废。"

朝云忙道："不可。先生诸词之中，我最爱这一首。"苏轼凝视着朝云，眼中含泪："原来的你生性开朗，万事无忧，如今却多愁善感起来。除了他们四个，你也是为我所累！"朝云伸手替他拭去泪水，望着远方："此时不知四学士怎样了，也在想着先生吧。"

四学士的性情，苏轼最为了解。黄庭坚老成，晁补之心宽，张耒能耐寂寞，身处逆境，都能自遣；唯独秦观最是性情中人，苏轼最担心的就是他，生怕他经不起如此打击。

黄庭坚被贬在西南的戎州，住在一处破棚子里。这天夜里，电闪雷鸣，暴雨如注，棚子四处漏水，躲也无处躲。他索性坐在竹椅上，望着忽明忽暗的夜空，闭目诵读当年写给苏轼的一首诗："青松出涧壑，十里闻风声。上有百尺丝，下有千岁苓。自性得久要，为人制颓龄。小草有远志，相依在平生。医和不并世，深根且固蒂。人言可医国，何用太早计。大小材则殊，气味固相似。"

晁补之和张耒被贬去监盐酒税，晁补之在处州，张耒在筠州。当地乡亲们知道他们是苏内翰的学生、无辜被贬的好官，都对他们格外尊敬，很为他们不平，主动来帮他们的忙，让他们备感温暖。一有空，他们或是教当地的孩子们识字读书，或是学苏轼想尽办法做好事，以回报这些淳朴的老百姓。如此，日子倒也过得去，只是心中着实记挂远在岭南的苏轼，担心这位六十一岁的老人受不了那里的苦。

此时秦观被贬往郴州，他最是多愁易感之人，一腔愁闷无以排遣，只得日日在酒楼买醉。不多时日，已是面容憔悴。这天夜里，又来酒楼喝酒，一直喝到酒客散尽。他摇摇晃晃地端起酒杯，来到窗前，只见郴江泛着粼粼月光，显得那样冷清，想起远隔千里的家人、恩师与诸友，不由得潸然涕下。他望着江月，自言自语："先生啊先生，您时下还好吗？"

店家过来劝道："秦学士，您喝多了，要保重贵体。自您贬到这郴州来，几乎日日大醉，这样下去，如何得了？"秦观苦笑道："店家，多谢关照。你去忙吧。但求常醉，不省人间事。"店家无奈地下楼，口中嘟哝着："多好的一个人儿，怎的被贬到这鬼地方？人人都道当官好，不如林中一小鸟……"

此时江雾已起，直向酒楼扑来，秦观恍然一惊，愁绪使他诗兴大发。他悠悠念道："雾失楼台，月迷津渡，桃源望断无寻处。可堪孤馆闭春寒，杜鹃声里斜阳暮。　驿寄梅花，鱼传尺素，砌成此恨无重数。郴江幸自绕郴山，为谁流下潇湘去？"念罢，凄然一笑，醉倒在窗边。

然而，几位友人不知道的是，苏轼遭遇了晚年最大的打击。这天，苏轼又去建桥的工地，和翟秀才检查石料。翟秀才赞苏轼一心为民，德化一方。苏轼淡淡地说："这算不得什么。民乐吾乐，民忧吾忧。民便吾便，民累吾累。一人生命苟活于世者，小生命也；一人生命与天下百姓生命融为一体，才是大……"一语未了，一个小和尚飞跑过来，惊慌地说："苏大人，不好啦！你家夫人中了瘴气，昏死在路边，现正在嘉祐寺中救治。您快去吧！"苏轼登时慌了神，手中的石料也忘了丢下，不顾一切地拔脚就往嘉祐寺跑。

苏轼踉跄着冲进禅房，扑过去抱着朝云。朝云已是奄奄一息，见他进来，无力地一笑，喊了声"先生"，含泪道："朝云无福再陪您了，来世我还伺候您。"又看着苏过说："你多保重，不要喝这里的生水。先生的书稿在箱子里，保管好。"

说完这句，朝云已是气若游丝。苏轼早已如心被剜去一般，哭得气噎肠断。朝云艰难地抬起手，想替他拭去眼泪。苏轼紧紧抓住她的手，贴在自己脸上，生怕手一松开她就会飞走。

苏轼痛哭道："云儿，你有什么话就说吧，我一定办到！"朝云忽然红光满面："先生，你叫我什么？再叫一遍！"苏轼附耳连声轻唤："云儿，云儿……"泪水一滴滴落在朝云脸上，朝云笑着断断续续地说："我死后，埋在丰湖边的小丘上。"苏轼痛苦地闭上眼，点头说不出话来。

朝云微笑着轻轻念道："色即是空。非色灭空，色性自空。是身为空，离我之所……"念罢，微笑渐凝，阖眼而逝。苏轼抱着朝云，悲恸欲绝，恸倒在地:"云儿……云儿……你明知我已无所依伴,何以忍心离我而去?你一生辛勤,随我颠沛流离,无福安享,都是我害了你……"

苏过也是痛哭流涕,法空大师等人在一旁合十叹息,赶过来的翟秀才等人也伤心不已。法空劝道:"苏内翰,朝云夫人已皈依我佛,躬修法会,该以佛家葬礼厚葬,接引亡魂,早升西方净土。"苏轼痛哭着点头。

法空念道:"一切有为法,如梦幻泡影,如露亦如电,应作如是观……"众僧齐诵此偈。苏轼仿佛看见天空中佛光普照,片片莲花飘落,朝云在佛光中渐行渐远,终于消失在遥远的西天……

苏轼照朝云的遗嘱,把她葬到城西丰湖边的小丘上,那里离佛塔和寺庵不远,也是朝云生前常和苏轼去放生的地方。山上一片松林古木,旁边有瀑布倾泻而下。下葬那天,詹范、翟秀才等官员百姓都来参加葬礼。法空带着和尚,义冲带着尼姑,一起念经超度亡灵。

苏轼望着棺椁被缓缓下到墓穴,泪眼模糊,看到朝云的身影在人群中时隐时现。下葬完毕,苏轼亲手焚化自己写的挽联:"不合时宜,唯有朝云能识我;独弹古调,每逢暮雨便思卿。"片片纸灰漫天飞舞,如墨色的蝴蝶一般。

苏轼失神地回到白鹤居中,朝云的笑声还在耳旁,她的温情还在心中,一草一木都有她的影子。苏轼焚香净手,绘制了朝云的画像,悬挂在中庭。连日来,他都茶饭不思。苏过心知劝也没用,只得静静地在一旁陪父亲坐着。

这天,天气阴晴不定,不多时下起了雨。苏轼默默地注视着朝云的画像,捻笔在像下题了一首《西江月》:"玉骨那愁瘴雾,冰姿自有仙风。海仙时遣探芳丛,倒挂绿毛幺凤。　素面翻嫌粉涴,洗妆不褪唇红。高情已逐晓云空,不与梨花同梦。"

从此,苏轼的饮食起居都只由苏过一人照料。苏轼每日把自己沉浸在著书与修桥中,用忙碌来让自己忘却悲伤。这日,苏轼又跑到工地,一个童子跑来喊道:"苏先生,你的一家人都来啦!"苏轼忙问道:"在哪里呢?"童子一指:"已到你的白鹤居。"这是几个月来唯一能让老人心里高兴的事。苏轼仰天而笑,孩子般地载歌载舞奔而去。民工们停下手中的活计,望着他的背影，笑声不已。

苏轼一路小跑着回到白鹤居。苏迈、苏过正带着一大家子向屋内搬东西。苏迈的夫人范氏笑着拭泪，对苏过说："三弟你辛苦了。三妹不知为你和公公流了多少泪。这下好了，一家子团圆了。"苏过笑道："都团圆了，不知父亲该有多高兴。"说着，忙里偷闲，从妻子陈氏手里抱过四岁的儿子亲了一口："儿子是块宝，为父舍不了。记得前年夏天分手时，吾儿尚在怀中。"

苏轼满头大汗，还没进门就喊道："我的好孙孙们在哪儿呢？"苏迈等人都抢上来，喊道："父亲！""公公！""爷爷！"苏轼答应不暇，乐得合不拢嘴。苏迈等人跪在地上见礼，苏轼乐不可支地伸手扶起："都起来，都起来！"

苏迈的长子苏坚已二十岁，次子苏符十八岁，三子苏然十五岁。苏轼拍拍苏坚、苏符的肩膀，摸摸苏然的脑袋，又抱起顶小的孙子大亲了一口，眼中闪着泪光："爷爷做梦都想着你们！"

苏轼转过去对两位儿媳妇笑着说："孩子们，我谢谢你们，颠沛流离，无怨无悔，继承了苏家门风，还给我生养了这么多好孙子。"范氏、陈氏笑笑，陈氏从苏轼手中抱过儿子："来，让爷爷歇会儿。"

苏坚拉过妻子王碧来向爷爷行礼。王碧是苏辙的外孙女，其父王适已不幸早逝，临终还教导女儿恪守孝道。苏轼见了她，不由得悲喜交集："你父亲走得太早了。孩子，不要难过，有爷爷在，你受不了委屈。"

苏轼见苏迈等人的表情有些异常，忙问道："今天乃大喜之日，如何哭丧着脸呢？"苏迈含泪道："未料想朝云姨娘已不在人世。"众人低头黯然不语。苏轼神色也黯淡下来，摆手道："先不说了。过两天，你们再到坟上祭奠。"

苏轼好不容易一大家子团聚，正享受天伦之乐，稍从失去朝云的伤痛中摆脱出来，然而，章惇等人又将魔爪伸向这位老人，可谓"福无双至，祸不单行"。说起来，又是以诗论罪，用的还是当年李定等人的伎俩。只不过现在章惇大权在握，审都不用审就"结案"了。

这日，蔡京把抄录来的苏轼在惠州写的几首诗交给章惇，并告诉他苏轼还盖了房子。章惇接过来，见有"报道先生春睡美，道人轻打五更钟"和"日啖荔枝三百颗，不辞长作岭南人"等句，阴着脸冷笑道："苏轼过得蛮舒服的嘛。"

蔡京谄笑道："倒是越贬越舒服。看来，他是越往南方越快乐，索性就遂了他的心愿，再让他往南一些。他的字叫子瞻，就贬他到海南岛儋州好了。"这回章惇倒有些犹豫："海南是域外蛮荒未化之地，还未听说有谁被贬到那里。"

蔡京一脸奸猾地说："宰相不是说'百足之虫，死而不僵'，生恐他留有退路吗？这茫茫大海，正好无路可走，无论如何都不能生还中土。去那蛮荒海岛，与死又有何异？听说他还能求雨，最好在海上就被龙王这位老朋友请去。"章惇意味深长地冷笑道："也罢，也罢。海岛宁静，就让他好好颐养天年吧！"

蔡京最是个以害人为乐的，见此还不称心，道："惠州太守詹范经常为苏轼提拱酒食，对他倍加照顾，二人引为同道。广州太守王古与苏轼写诗酬答，苏轼还鼓励他建立什么治病的安济坊。程之才不但没有挟制苏轼，二人反而和好了，还替他办了不少事。"章惇怒道："大胆，无视朝廷，全都罢官！"

蔡京脑子最灵活，眼珠子一转就有了主意："对，一个都不赦。可给王古定个妄赈饥民的罪过。"章惇点头道："你可授意御史黄庆基弹劾他们，而后我再奏明圣上。顺便将'苏门四学士'，还有其他元祐党人，一并再贬！"

不多时日，宣旨官由詹范陪同着来到白鹤居，宣道："责授苏轼为琼州别驾，昌化军安置，即日起程。"苏轼平静地接旨。他的儿媳等人忍不住低声哭泣，苏迈愤怒地说："什么……这……那可是有来无回之地！"苏轼忙喝住他。

宣旨官走后，苏过恨恨地说："章惇他们实在是欺人太甚！这新屋刚刚建好，花了我们多少心血，还没住几日，却又要将我们赶走！那海南地属海中，罪再大也没有被贬到那里去的，他们这是成心置我们于死地！我还年轻，不碍事，父亲已这么大年纪了，可怎么办……"说到这里，难过得流下泪来。

苏轼淡淡地说："这本是意料中事。"转头对詹范说："詹太守，只怕于你也有不利！"詹范黯然地说："我已不是这里的太守了……"苏轼十分歉疚。詹范叹息道："无辜被遣，我心坦然。能结识苏公，不枉此生了。"

晚上，苏轼一家子忙着打点行装，苏过与苏迈兄弟俩争着要陪父亲去海南。苏过道："大哥，你不能去。你是县丞，这一大家人吃饭还靠你！"苏迈道："有兄长在此，怎能叫你去投荒海南？"苏过道："小弟习惯了，做饭、服侍父亲，都得心应手。你还是安心留在这里，一家子都拜托你了。"

苏轼走过来说："不要争了。迈儿留下，这里的一切就交给你了，过儿陪我到海南。"苏迈哭着跪到父亲面前，一家子跟着哭跪在地。苏轼平心静气地笑道："孩子们，都起来。把眼泪留着，等我死了再哭也不迟。记住，我苏家在此，要做惠州良民。"

绍圣四年（公元1097年），苏轼被贬海南儋州。苏轼打算从雷州码头出海，正好去看苏辙一家。苏迈等人一直送到雷州。苏辙告诉他们：吕大防责授舒州团练副使，循州安置，死于途中；刘挚责授鼎州团练副使，循州安置；梁焘责授雷州别驾，化州安置；范纯仁责授武安军节度副使，永州安置；贺州安置范祖禹，移送宾州；英州安置刘安世，移送高州。秦观由郴州编管移送横州，晁补之由处州酒税移为信州酒税。朝廷设立了诉理局，专行迫害之事。

苏轼兄弟二人相见，有说不完的话，不知不觉，走到码头。落日熔金，水天茫茫波浪滚滚，涛声震耳，几只白鸟飞过。苏辙看着哥哥被海风吹乱的霜鬓，哀叹道："全国坐党籍者达八百三十人，数哥哥被贬得最远。"苏轼望着夕阳，心平气和地说："此乃愚兄的荣耀。他们有必要把我这个秤砣看得这么重吗？贬吧，能怎样？世有万劫不复之物，即有万劫不灭之人。"

次日，苏轼起程。苏轼与苏过伫立在岸边，不远处两个艄公正在装船。苏轼凝望着汹涌的海面，喃喃自语："公莫渡河，公莫渡河。公若渡河，堕河而死，当奈公何？"

苏过一惊："父亲何以竟出此语？"苏轼微笑道："为父垂老投荒，无复生还之望。今到海南，死即葬于海外，生不契棺，死不扶柩。记住，这是我东坡的家风。"苏过含泪应下。

苏轼与苏过乘船扬帆而去。苏辙、苏迈等人久久地摇手挥泪相送。渐渐地，苏轼的船已成了沧海中的一个黑点。波涛翻滚的海面，一如苏辙此时的心情。他对着那个黑点大喊："哥哥！"苏轼立在船头，似乎听见了，激动地挥挥手。史云泣道："哥哥此去，不知何时能再回来？"苏辙已是老泪纵横："恐怕已不能回来了。哥哥，这就是你我的诀别吗？"众人潸然泪下。

茫茫大海，翻滚着怒涛，一叶孤舟漂摇其上。苏轼、苏过站在船头，凝视着前方，默默无言。苏轼向来能做到范文正公所说的"不以物喜，不以己悲"，饶是如此，以六十二岁的高龄被贬谪到海南蛮荒之地，心中也不免凄然。环望大海，只见海天无垠，人是何等微不足道，不过太仓一粟。既如此，人世的悲欢便如庄子所说的蜗角触蛮，又有什么值得放在心上的？想到这儿里，苏轼心中豁然开朗，只觉此身化入天风海浪之中，"乘天地之正，而御六气之辨，以游无穷"。

一阵大浪打来，浪花打上了船头的书箱，父子俩赶紧用雨布把书箱遮好。苏过劝父亲到舱中去，苏轼点点头。苏轼回到舱中，拿出纸笔来撰写《易传》，对苏过说："过儿，时不我待！但愿天假以年，能让我得毕此书！"船体忽然一阵剧烈摇动，苏轼勉强撑住不倒。

苏过含泪问道："父亲，船摇得厉害，能坐得住吗？"苏轼静静地说："不是水动，不是船动，乃是心动。心若不动，万物皆静。你尚年轻，心性好动，到船头上看看大海吧！"苏过道："我们一生都在这海岛上了，还愁看不到大海吗？"苏轼淡淡一笑，赞许地点点头，继续著书。

苏过走出船舱，只见浊浪滔天。一个大浪打来，水漫到船上，几乎将船掀翻。两个艄公手忙脚乱，惊叫起来。苏过跟跟跄跄地跑进船舱，惊慌地说："父亲，起浪了，起浪了！"苏轼平静地说："我岂不知！"

苏过道："公若渡河，堕河而死！我们已身在险境！"苏轼稳坐如磐："过儿，遇事，要从最坏处想；遇坏事，却要从最好处想。这《易传》未成，《书传》尚未开工，为父岂会堕海而死！哈哈，放心吧。坐下。"

苏过"啊"了一声。苏轼平静却不容置疑地说："坐下。"苏过只得勉强坐下。苏轼道："慌也是这样，不慌也是这样。与其慌，不如不慌。"苏过擦擦头上的汗水，结结巴巴地说："父亲果然能做……做到'卒然临之而……不惊，无故……加之而……不怒！'"

苏轼一边随船俯仰，一边念，一边写："言为心声，有言必发；言出必践，践之必诚。此为君子。"写罢，将字递给苏过："送给你了。"苏过见字迹不乱，叹道："父亲真乃神人也。"苏轼笑道："什么神人，这点小风小浪算什么，宦海沉浮，才是真正的惊涛骇浪！"

苏过忽然觉得浪小了，高兴地说："父亲，浪小了，浪小了。"苏轼道："是吗？不觉得！"苏过奇怪地问道："怎么不觉得？"苏轼意味深长地说："不觉其大，故不觉其小。"苏过脸一红："是，谨记父亲教诲。"苏过走出船舱，苏轼看着他的背影笑了笑。

苏过走上船头，见两个艄公满头大汗。艄公问道："公子，大人怎么样？"苏过道："正在写字。"两艄公不约而同地叫出了声，向船舱探头一看，见苏轼果然正在写字，十分惊异，赞道："我们见惯了这海上的风浪，尚且惊恐不已，苏大人真乃仙人！这海峡历来浪大，不知打翻了多少船只。这次不死，实在是托苏大人的福。"

## 六十九　　天涯行医

小舟出没于滚滚波涛，险象环生，苏轼磐石般稳稳地"镇"于其上，终于平安登岸。这里就是真正的海角天涯。

苏轼放眼一看，只见蓝天、绿树、黄沙、碧浪，恍如身处仙境。他对苏过笑赞道："并不如传说中那么凶险。不知南海观音仙居何处？也许是天意为之，要让为父在此颐养天年也。"苏过看到的却是一派荒凉败落，不由得犯愁："不管什么事，父亲都能一笑了之。这等蛮荒之地，岂能颐养天年?！"

艄公过来告诉苏轼，前面那几间草棚是上岛的人临时住宿之处，从这里到儋州衙门还有一段路程，又说："怎么也不见儋州衙门的人来接您？真不像话。大人要自己想办法了。"苏轼谢过艄公，与苏过背上沉重的行李和装书的柳条箱，艰难地向草棚走去。

路上，他们见一个牛贩子赶着几头牛从一艘大船上来，牛不肯前行，"哞哞"直叫。苏轼心生疑惑，紧走几步，过去问道："这位老弟，请问这些牛是你的吗？"牛贩子爱理不理地说："我是专往儋州贩牛的。这位先生，我急着赚钱，没工夫与你啰唆。"话音一落，"叭"地抽了牛一鞭子，驱牛而去。苏轼一惊。

忽然又见一群人狂奔而过，边跑边喊："不好了，阿勇被黎寨的人捉了，快去救人呀！"又有好些人从四处聚过来跟着一起跑："走！救人去！我们汉人不能被欺负！""走，去做个帮手！"苏过看看苏轼："看来此地还不只是蛮荒。"苏轼若有所思地捻须道："走，咱父子二人也去看看。"

苏轼父子随着人群来到深山中黎寨外的广场。汉黎双方剑拔弩张，一场刀光剑影的厮杀一触即发。黎寨大门两侧的竹楼上，站满了赤膊的黎族汉子，几十人都引箭待发。他们的土司葛贡是一位五十开外的威猛大汉，带领上百名壮丁威风凛凛地立在寨门内。阿勇是李老汉的二儿子，他的哥哥阿福是儋州府衙的差役。阿福陪着老父，带着百余名汉人，正要攻入寨内救阿勇出来。

苏轼父子在远处观望着，心都揪了起来。儋州太守张中率一众官员匆忙赶到，大喝一声："住手！"又喝命阿福领着人撤到一边，见他一脸不情愿，怒道："连本官的话都不作数了！"阿福只得挥手示意众人退下，撤到一边的山坡上。

李老汉告诉张中，阿勇素来老实，并没招惹这些黎人，上山打猎时平白无故被捉去，关在山寨中，生死未卜。李老汉哭着央求太守为民做主，众汉人也纷纷跪下，求太守为民做主。张中道："本官自会公事公断。你等只需听令，不得违犯。"

张中上前一步，向黎寨喊话："土司葛贡，你为何无故抓人？"葛贡悍然道："当官的，这阿勇要拐走我的女儿，族规不容，我抓他有何不对？"李老汉颤声反驳道："大人，这土司胡说！是他女儿阿珠诱拐我儿子，他却恶人先告状！"

张中瞪了一眼李老汉，沉吟片刻，继续喊话："这儿女相爱之事，岂能说是诱拐。依本官看，你还是先将人放了，由本官做主，你们两家再做商议如何？"不料葛贡不领情，反而蛮横地说："汉人最是言而无信，还联手官府来欺负我族！我绝不放人！"

听了这话，阿福等人一阵鼓噪。张中回身制止众人，转向葛贡劝道："本官劝你少安毋躁，兹念大体，相安相得。你好好想想本官的话。本官开恩，宽限你五日，五日后放人与否你自做决断！"葛贡留下话："当官的听着，五日后不仅不放人，还是阿勇处死之期。"说完拂袖而去。黎族壮丁齐声呼喊。

阿福等人再也按捺不住："岂有此理！大人，他竟要取阿勇性命！让他现在就放人，不然就攻进去！"张中大怒："不得无理！忘了本官方才说的话了吗？先这样，五日后再做定夺。听本官口令，都散了。"众人见张中发怒，只得噤声不语。

李老汉哭道："大人，五日后阿勇就没命了，你救救他吧！"张中不堪烦闷地挥手道："罢了，罢了，本官自会替你做主。"李老汉等人满脸不甘地散去。张中抬头凝望着黎寨，一时无计可施，只得带着众官员和衙役回去。

苏轼赶忙上前与张中等人见礼。张中一惊，瞪大眼打量着苏轼："你，你是苏东坡，苏公？"众官一时轰动了，争相上前观看苏轼。张中高兴地施礼道："儋州太守张中迎接苏公。若非生此变故，我等早该亲迎苏公，还望苏公海涵。"

苏轼连连谦谢，又命苏过来见礼。张中赞道："苏公子青年才俊，颇有乃父之风。苏公名满天下，文冠大宋，莅临我海南蛮荒，实乃我等之幸。闻知苏公要来，我在城里已备好房间。"苏轼忙道："老夫在惠州已连累了詹大人，在儋州就不能连累各位了。按官家规定，我不能住官舍，在城外赁屋而居就可以。"

张中迟疑片刻，转身对属官说："要不就让苏大人住在城外的驿馆中，那里方便些。"苏轼道了谢，把公文交给张中，又道："那老夫也照样交租钱。我这就算见过太守了，改日再到州衙拜见，你看可不可以？"

张中指着地上的肩舆，请他乘坐着随他一同进城。所谓肩舆，就是用两根竹竿做成的简易轿子，类似滑竿。苏轼忙道谢并婉拒。张中等人劝道："苏公多虑也。大人尽管坐，不会有事。""这儋州海岛，蛮荒穷僻，百无一好，就有一好——人好！""天高皇帝远，没人知道，不要紧。"苏轼只得恭敬不如从命："老夫受之有愧，却之不恭。但老夫毕竟是贬官，不能与张大人同行，张大人须答应。"张中喜道："好，本官答应。"众官都欢呼起来。

青山连绵，云遮雾绕。阿福和另一名衙役老三抬着苏轼，走上窄窄的山路，苏过跟在一旁。阿福心里惦记着阿勇的事，一路气鼓鼓的。肩舆晃晃悠悠的，苏轼不知不觉睡着了，却被一阵轻雨淋醒。老三告诉他："大人莫惊。这不是大雨，是阵雨，其实就是雾雨。"

苏轼怕他们累着，要下来走走。老三忙道："不累，不累。苏大人，小的在这衙门里供职，听说您是文曲星下凡，您就作首诗吧。"苏轼笑道："好。我只有下来，一边走着，才能吟出诗来。"

苏轼小心翼翼地走着，苏过上来搀扶。苏轼道："刚才梦到坐船过海的情形，正使我有了首好诗。"说罢，缓缓念道："四州环一岛，百洞蟠其中。我行西北隅，如度月半弓。登高望中原，但见积水空。此生当安归，四顾真途穷。眇观大瀛海，坐咏谈天翁。茫茫太仓中，一米谁雌雄？幽怀忽破散，咏啸来天风。千山动鳞甲，万谷酣笙钟。安知非群仙，钧天宴未终。喜我归有期，举酒属青童。急雨岂无意？催诗走群龙。梦云忽变色，笑电亦改容。应怪东坡老，颜衰语徒工。久矣此妙声，不闻蓬莱宫。"

苏过喝彩道："好诗！"老三憨笑道："我虽不全懂，但也知大人写的就是好诗。"苏轼摆手笑笑，又留神看着阿福，只见他一脸凝重，一声不吭，心不在焉的样子。

苏轼父子住到驿馆中。儋州地方穷僻，说是驿馆，其实就是草房。谁知天公不作美，当夜雷电交加，大雨倾盆。父子俩百般搬弄床铺，苦于屋子到处漏雨，只得作罢，蹲缩在床头一角，堪比黄庭坚在戎州破棚子中的处境。铜面盆被滴水敲打得"当当"直响，苏轼闭上眼细听，一脸陶醉："此乃自然之乐，百听不厌。"

苏过见父亲如此超然物外，敬若神明，问道："父亲，你有恨吗？"苏轼道："天下只有可笑之事，没有可恨之事。"说罢，嘿嘿一笑。

苏过大为好奇，问父亲为何发笑。苏轼道："盖自笑矣。上岛时喜水不沾鞋，故路上挨雨淋，又图屋不漏雨，然终不脱雨淋之苦。由是可见，挥之不去者，非独蚊蝇。若在凤翔密州，常有此雨，百姓何苦之有哉？"

苏过叹道："足见天有不公，若将南国之雨多洒于北国，焉有'天旱'一说。"苏轼道："天且如此，何恨人间富贫不均乎？何恨人间不公乎？"

暴雨仍是猛浇，一点儿停的意思都没有。半夜了，苏过冻得连打喷嚏。苏轼道："过儿，你可千万莫病，明日还要与为父去村中探访。"

次日，苏轼父子记挂着阿勇之事，一早便去打听李老汉家住何处。谁知自从李老汉等人从黎寨回来，村里家家户户都有下痢不止的，水都不敢喝，好些都病倒了。李老汉病恹恹地躺在床上，记挂着阿勇的安危，流泪道："我这条老命死了不可惜，能换得他平安无事，我也就够了。"阿福无奈地叹气。

本地风俗，生了病，不吃药，而是杀牛祭神。而所杀的牛都是牛贩子从中原运来的，当地人用本处的特产陈水香来换，陈水香则是中原供佛的上等品。此时牛贩子已来到村中，但李老汉家中用度过多，已没了陈水香。阿福急得坐卧不宁，只得盘算着去谁家借。

苏轼父子找到他家，敲了敲门。阿福的儿子阿仔去开门。见了苏轼父子，阿福一脸吃惊。苏轼坐到床头替李老汉把脉，李老汉一脸莫名其妙，不知这位不速之客葫芦里卖的什么药。七八岁的阿仔在一旁好奇地打量着苏轼。

苏轼让李老汉张开嘴。李老汉瞧了一眼阿福，见阿福点头，不情愿地张开嘴。苏轼看了看舌苔，又问了阿福几句话，心中有了数，道："老兄，你是湿热蕴积，气血两伤，流连肠胃，啖冷水而至赤白痢杂下，又急火攻心，益发沉重，当须用药医治。"

李老汉一脸惊诧："用药？老汉我活了这大把年纪，没见过药也没吃过药。只要杀牛祭神，我这病自然就会好的。"这回轮到苏轼一脸诧异了："杀牛？祭神？"苏轼这才想起刚到岛上时见到的那个牛贩子。

不多时，牛贩子赶着十几头牛来到村中，村里人纷纷挑着陈水香来换牛。苏轼父子也跟去看，见村民好多面黄肌瘦，捂着肚子，口中呻吟不止，萎靡不振。苏轼便知痢疾已在村中横行多日了。

这牛贩子果然就是苏轼上岛时所见。不多时，他身边就只剩下一头牛。见他正清点着陈水香的担数，苏轼愤然道："杀牛祭神岂能治病？怎能赚此昧良心之钱。原来人们在佛前烧的不是香，烧的都是牛肉，这样能祈到什么福？"

村民换到牛，忙去请巫师来作法。巫师登上祭坛，村民们都虔诚地跪下，伏拜在地。李老汉颤巍巍地跪着，身上不断冒着虚汗，阿仔也学着大人的样子跪在他身旁。巫师装神弄鬼地舞了一通剑，煞有介事地念起咒语："天无忌，地无忌，年无忌，月无忌，日无忌，时无忌，道士百无禁忌，吾奉太上老君急急如律令！"阿福和几个青壮年脱去上衣，在一旁磨刀。十几头牛跪在地上，眼中流下泪来。

巫师大喝一声："杀牛，祭神！"苏轼忽然冲上去拦住巫师，怒喝道："慢着！你难道不知，杀牛敬神，愚昧之至，既害了牛，又误了病人；况且这些大牲畜可以耕地，就这样白白杀了，更是有伤造化！"巫师斜乜了他一眼："你是何人？敢在这里说这等大不敬神明的话！若触怒神明，降罪下来，你如何承担得起，还不快走开？！"

苏轼转身劝道："众乡亲，你们不可受此人蒙蔽，你们患的是瘴疾，须用药医治，若再耽误，则有性命之虞！"村民们起身怒道："走开！走开！"阿福劝道："苏大人，您还是暂避一下。"

一个持刀的村民凶神恶煞般地走到苏轼跟前："走开，你若坏了我儿性命，我就与你拼了！"苏过拦在苏轼身前，毫无惧色。阿福急忙上前打圆场："众乡亲，这位是刚来的苏大人。苏大人是好人，大家不要误会。"

巫师生怕苏轼搅了他的生意，忙道："冒犯神明，兴妖作孽，他怎么算是好人？"众村民们大喊："阿福，让他走开！让他走！"

苏轼站在那里稳如泰山，劝道："众乡亲，你们只有听从老夫的，才可逃过此劫！若寄望此人，只会两手空空，到头来还赔了性命！"谁知村民们乱嚷着："不许胡说！走开！再不走开神灵该发怒降罪了！"

阿福劝道："苏大人，您就别让小的难做了，还是回避一下吧。我们世世代代都以杀牛来祭神治病，你说这话，大伙岂能容你？"李老汉已虚弱得一句话也说不出来，挣扎着向苏轼磕头。阿仔也学着爷爷跪下磕头。苏轼无奈地暂避一旁，闭上眼不忍看下去。

阿福等人大喊一声，挥刀砍向牛头。鲜血喷洒，牛停止了叫唤，十几颗牛头滚落在地。众人磕头，砰砰作响。李老汉闭眼念念有词，忽然感到一阵晕眩，昏倒在地。阿福和阿仔忙抱住他，村民们都围上前去。

苏轼心知他不会接受医治，只得叹气走开。见牛贩子身边还有一头牛，便让苏过买下，以免它也惨遭屠戮。苏过从衣内掏出钱来递给牛贩子，愤慨地说："这昧良心钱，你也肯赚！"牛贩子一脸不以为然，接过钱悠然而去。

苏轼父子牵着牛，走过田垄，见农人正在耕种，有的用镢头挖地，有的死命地拉着犁往前走，汗流浃背。苏过气愤地说："放着耕牛不用，偏要驱驰人力，吃力不讨好。什么杀牛敬神，驱鬼治病，花那么多钱，病也治不好，最后落个人财两空。"苏轼摇头叹气，坚定地说："此一陋俗，抱愚守迷，害人害牛，一定要改！"身后的老牛似乎听懂了他的话，"哞"了一声。

苏轼父子回到驿馆，把牛系在屋外。夜间，苏轼在油灯下著书，苏过在一侧作画。忽然，大风骤起，油灯几乎被吹灭，苏过忙双手护住。呼啸的海风越吹越烈，整个大地似乎在颤抖，房屋四处簌簌落土。苏过想出去看看，刚一推门，门就"咣当"一声被大风吹回，灯也被吹灭。苏过惊道："好大的风！"苏轼道："台风来了！"

又一阵大风涌来，只听得"忽"的一声，他们住的草房一下子被掀翻刮走。父子俩身在狂风中，站立不稳。苏轼慌忙大喊："过儿，书稿——"一边喊一边已趴在地上，往怀中划拉着书稿。苏过猫着腰，东奔西跑，抢救书稿。

然而，老天似乎成心跟他们作对，一时间雷鸣挟着闪电、暴雨、飙风一齐袭来。苏过见一只柳条箱被吹走，立即扑上去以身体压住。哪知一根碗口粗的木头被刮倒，向他砸来。苏轼一声"快趴下"还来不及喊出，木头已砸在苏过身上。苏轼起身扑了过去，见苏过已昏迷不醒，忙撕下衣服替他包扎受伤的头部，紧紧地把他抱在怀里。

不多时，雨过天晴，月出星朗。草房已被吹得无影无踪，地上散乱着许多木石家什，牛也不见了。苏轼坐于柳条箱上，担忧地看着苏过，含泪念道："过儿，你可要支撑住。"就这样过了后半夜。

次日一早，张中就带着阿福等衙役匆匆跑来。见苏轼无恙，苏过受伤不醒，张中焦急地说："苏公，我等来晚了。贵公子不会有大碍吧？"苏轼叹道："只好听天由命。"

张中见苏轼住所被毁，请他暂且住到州衙附近，也好及时照应。苏轼忙道:"老夫身为罪官,确实不能寄宿官舍,以免大人落人口实。"张中着急地说:"这等时候,哪还顾得上这些规矩!"苏轼倔强地摇头道:"张大人,老夫言出必践,不做更改。"

张中踌躇半晌,吩咐道:"阿福,你先接苏公去你家中暂住几日,本官补给你粮米,好生接待苏公。其余人等,马上为苏公重盖房屋,快马加鞭,立即完工!"苏轼心想如此也好,便向张中道谢。张中摆摆手,一脸焦急地看着苏过。这时老牛"哞哞"地叫着,不知从哪里摇着尾巴走了过来,盯着苏轼看。苏轼笑了笑,拍拍它的背。

众衙役将苏过抬到阿福家,安放在床上。苏轼把牛牵过来,系到门外。阿福试图给昏迷在床的李老汉喂水,见他皲裂的嘴唇一动不动,只得放下碗叹气。苏轼匆匆背上筐子出去采药,阿仔好奇地跟着他。

苏轼来到山林,发现山上竟有很多好药。阿仔看着他,问道:"苏爷爷,你这是在做什么?"苏轼告诉他:"为你苏过叔叔采药治病。"阿仔小脸上满是诧异:"要治病就该买牛来杀,为什么要在这里拔草?"苏轼笑道:"你总有一日会明白,牛不该杀,而该用草来喂活,人不该死,可用药草来救活。"

阿仔摇摇头,一脸茫然,忍不住问道:"苏爷爷,你又不是本地人,你来这里做什么?"苏轼故作神秘地说:"我是天上的文曲星,前日晚上落到你们这岛上,玉皇大帝派我来替你阿公治病。"阿仔笑道:"我不信,玉皇大帝派的人连打猎都不会,只会拔草。拔草我也会,不算本事。"

苏轼笑道:"既是这样,那你就帮爷爷拔草,如何?"阿仔道:"这有何难,我帮你拔就是。"苏轼发现了草丛中的鸦胆子和白头翁,边弯腰俯身采摘,边高兴地告诉阿仔:"你瞧,这是鸦胆子,这是白头翁,可用来治你阿公和全村人的痢病。"阿仔专心地弯身采药,却没听见。苏轼看着他,颔首微笑。

不料此时阿福为了给父亲治病,趁苏轼不在,盘算着偷他的牛。阿福左顾右盼,小心地解下拴牛绳,要将牛牵走,但老牛只顾低头吃草。阿福连恐带吓,使劲儿拽牛绳,牛仍是纹丝不动。阿福怒上心头,要抬脚踢牛,正巧见背着药草筐的苏轼与阿仔回来。苏轼佯咳了一声,阿福急忙装作若无其事的样子，尴尬地对苏轼一笑，牵着阿仔的手，悻悻地走进屋去。苏轼走到老牛身旁，拍拍牛背，老牛"哞"地叫了一声。

此时天色已晚，苏过仍是昏迷不醒。苏轼熬了药，端着碗进屋来，将苏过的嘴轻轻掰开，用勺子把药慢慢地喂进去，喂完药，为他诊脉。阿福瞪大眼看着，阿仔好奇地张大了嘴，眨巴着眼。二人都觉得很新鲜，又有些害怕。

第二天早上，李老汉和苏过仍然昏睡。苏轼端着一碗药进屋，阿仔端着一碗药跟着。苏轼将药给苏过喂下，阿仔则将药碗放在李老汉床前。阿福瞪大眼看着那碗药。

苏轼苦口婆心地劝阿福："你父亲缠绵病榻，昏迷不醒，乃是瘴疾发病急剧，高热神昏，又逢你弟弟阿勇之事，急火攻心而成。这是老夫煎下的药，所谓治本清源，对症下药，专治你父亲的热毒瘴疾，你让他喝下。"阿福为难地说："不是小的不遵命行事，我等长这么大，从来没喝过什么药，只是杀牛祭神治病，只怕喝了这药就是冒犯神明，小的岂敢让我阿爹喝它。"

苏轼摆手笑道："人都说我是天上文曲星下凡，我亲自煎的药，怎会是冒犯神明呢？"阿福支支吾吾地说："大人，不敢，不敢。小的在衙门里任职，对大人早有耳闻，知道你原是朝廷大官。可是大人若真想救我爹，就将门外那头牛借给我。小的家中已经耗空殆尽，实在无钱换牛。"

苏轼问道："你们前日已将牛杀掉，你父亲病不见好，反而加重，可见杀牛无用，你为何还不明白？"谁知阿福答道："只杀了一头牛，神仙没有理会。"苏轼耐着性子劝道："即使你宰杀百牛，于你父亲的瘴疾又有何益？服下这碗药，病自然就会转好。"阿福壮着胆子说："别的小事都听您的，但这一件实在难以从命。阿仔，将这碗药端出去。"阿仔看看阿福，又看看苏轼，不知如何是好。

这时，床上的苏过苏醒过来，慢慢睁开眼："水……水……"苏轼惊喜地过去为他搭脉，高兴地说："脉象渐趋和缓，不浮不沉，你已康复了。"苏过挣扎着坐起，环视四周，觉得还有些晕眩，问这是在哪里。苏轼告诉他在阿福家中，苏过转向阿福道谢。阿福惊异地看着他，又看看药碗，愣在那里。

第二天,苏轼和阿仔又各端着一碗汤药进了屋内。苏过已大好了,接过药碗,当着阿福,有意痛快地一口气喝下。苏轼为他诊了诊脉,捻须微笑点头。苏轼将另一碗药放在李老汉床前,阿福看看药碗,又瞟一眼苏轼,欲言又止。

苏轼见机道:"你瞧,犬子苏过喝下你说的冒犯神明之物,并无异状,病却好了。你还不信老夫?"见阿福已有所触动,但仍不吭声,苏轼趁热打铁:"再耽误下去,你父亲就有性命之虞。若真如此,你便成了不孝之子!"阿福抱头蹲到地上:"你别说了,这药我们不敢吃。"

苏过嘟哝了一句:"真是冥顽不灵!"苏轼眼珠一转,计上心来:"要不这样,你说说看,你想要门外那头牛吗?"阿福登时来了精神,倏尔起身,盯着苏轼道:"您开开恩,这头牛就算借给小的。等小的手头有钱,加倍还给您。"

苏轼道:"老夫可以将牛借给你,但是你须答应老夫一件事。"阿福忙不迭地一口应下。苏轼见他如此不开窍,无奈地摇头苦笑:"你只要答应老夫,将这碗药喂你爹喝下,他的病若不好,老夫就将这牛交你处置。"

阿福仍在迟疑,苏过焦急地说:"阿福哥,你还迟疑什么?这又不是毒药,我父亲怎会存心害你们?"阿福踌躇一阵儿,终于鼓足勇气说:"好,为了这牛,我喂!"说罢,哆哆嗦嗦地捧起药碗,与阿仔掰开李老汉的嘴,艰难地喂他服下。苏轼在一旁看着捻须微笑。

谁知几个老汉、老妇听说苏轼要用一种"又黑又臭""一看就不吉利"的唤作"汤药"的东西给李老汉治病,都吓得议论纷纷。他们生怕阿福因不敢得罪那位做过大官的苏大人而做出冒犯神灵的事,神灵一怒之下让村中更多的人生病,就约齐了来到李老汉家求苏轼不要胡来。到门口时,正好看见阿福在喂药,都吓得倒吸一大口凉气,惊叫起来。见苏过已能下床走动,又一片惊呼声。

次日一早,苏过已能精神抖擞地走到门外。阿仔正在拔草喂牛,口中小声念道:"牛儿啊,牛儿,你就要归我阿爹了,阿爹他要杀你。唉,你就多吃些草吧。"苏过站在一旁,哭笑不得地听着。阿仔见了他,问道:"叔叔,怎么不见苏爷爷呢？这么早，他到哪里去了？"苏过微笑不答。

这时，躺在床上的李老汉缓缓地睁开双眼，嘴巴嗫嚅着，虚弱却清楚地说："阿福，给我碗水喝！"阿福惊喜万分，忙起身去倒水。阿仔听见了，忙跑进屋来高兴地说："阿公，你喝了苏爷爷用草熬的汤，病就好了。"李老汉惶惑地看着阿福，阿福低头不语。

此时苏轼一个人拄着拐杖来到黎寨门外，远远地望着。黎寨已乱成一团，到处弥漫着呻吟声。只见众多黎族壮丁神色焦急，提着裤子向山中树林处疾跑，还有一些瘫坐在地上，力困筋乏，面色苍白，捂着肚子不时呕吐。

苏轼又见牛贩子赶着数十头牛往这边走来。原来，寨中又病倒了十几个，连日来已殃及百十号人。葛贡心急如焚，他一旦杀了阿勇，汉人必来攻打寨子；寨中人病马乏，根本抵挡不住。于是他下令把牛贩子找来，把牛全买下，杀牛祭天敬神，消灾免祸。

苏轼扬手招呼牛贩子："前面的，停下来，老夫有话同你说！"苏轼表明身份，与他商议，要扮作他的同伴一同入内，悄声说："等一会儿老夫如何说话行事，你只需听从静观就是。"牛贩子诚惶诚恐地说："是。小的原来有眼不识泰山，早知道是大人您，怎敢造次！"苏轼道："你对老夫造次倒无妨，今后若能不造孽于这些牛，就阿弥陀佛了。"

二人赶着牛，由黎人阿黑带路，走入寨内。走到一座竹楼前，苏轼隐约听见有女子喊着"放我出去，阿爹，放我出去"，心知楼里关的就是葛贡的女儿阿珠。阿珠先时使劲儿砸门、踢门，将屋内东西都摔了，喊着不放她出去就寻死，此时已被葛贡下令绑了起来，动弹不了。阿黑见苏轼停下脚步细听，催道："你这人，快些走，愣在这里做什么？"苏轼忙正了正草笠，驱牛上前。

一时苏轼和牛贩子赶着牛来到祭坛。祭坛周围浓烟弥漫，黎人们举着火把、敲着锣鼓，有几个人大跳祭舞，十几个赤膊的在磨刀。葛贡举杯向天，将酒洒在地上，口中念念有词。那些患病的壮丁虽萎靡不振，但仍强撑着下跪向天祷告。苏轼在一旁暗暗观察，杀牛时不忍地扭过脸去。

祭天完毕，葛贡回到竹楼，喘着气，坐在椅上擦汗休息。阿黑领着牛贩子和苏轼进屋，禀道："首领，这两个牛贩子前来索要买牛钱，他们非要来见首领。"葛贡问道："你二人见本首领何事？"

牛贩子擦着汗，不敢作声，退到一边。苏轼迈步而前，掀开草笠，道："葛贡首领，朝廷罪人苏轼这厢有礼了。"葛贡诧异地问道："你不是牛贩子？"牛贩子战战兢兢地说："首领，他的确不是牛贩子，他是大名鼎鼎的苏东坡大人。"

葛贡听了"大人"二字，威严地扫了牛贩子一眼，颇有敌意地问道："大人？原来你是个当官儿的。为何这身打扮？你来此有事吗？"苏轼道："老夫是朝廷罪人，贬谪于儋州，故首领未曾见过我。老夫登门拜访，有一要事相告。"

葛贡不耐烦地挥手道："你不必说了，任什么说客前来，阿勇坏我族规，五日内必杀无疑，你们准备收尸吧。若你们汉人来攻寨我也不怕，本首领等着你们。"牛贩子听了这恶狠狠的话，吓得瑟瑟发抖。

苏轼微笑道："你误会了老夫。老夫来此，另有原因。连日来汉人村中痢疾横行，老夫料想黎寨也难逃此劫，故前来探查，果不出老夫所料。"葛贡起身怒道："原来这灾祸又是你们汉人带来的！自今日起，本黎寨就与汉人断绝往来，停止互市，看你们还怎么害人！"

苏轼仍好声好气地说："汉黎两族往来互市虽有此一害，却有百利。况且此病并非无法医治，老夫正是来授医治之法。寨中族人服下汤药，此痢疾即可遏止痊愈。"说罢，从衣内掏出两个药包呈给葛贡。葛贡将药包掷于地上，喝道："谁要你的什么药包，这是亵渎山寨神灵之物！我已杀了这么多牛，神灵在上，自会降福。你二人领了卖牛钱，马上给我出寨！"

苏轼忙道："这痢疾凶猛，若耽误医治，恐出人命。"牛贩子惶恐地说："首领，这位苏轼苏东坡大人，中原百姓都说他是天上文曲星下凡，是天下最有学问的人。苏大人若说能医治，想来不会错。"

葛贡把眼一瞪："什么苏东坡、苏西坡，我没听过！惹恼了我，将你二人擒下，与那阿勇一同喂刀！"牛贩子吓得欲夺门而逃。苏轼苦笑着摇摇头，只得出了黎寨。

苏轼无奈地回到村中。令他高兴的是，李老汉已经醒了。苏轼忙过去诊脉，李老汉将信将疑地看着他。苏轼道："热毒渐去，再服几帖药，就当好了。"阿仔端来一碗汤药，放在李老汉面前。李老汉大惊失色："孙儿，这是什么东西？这，这……给我端出去！"

苏轼呵呵一笑，说道："老兄，正是这药解了你的热毒神昏，你继续服它，自当痊愈。"李老汉忙不迭地摆手道："不可，不可，触犯神灵，我不喝。"苏过道："老伯，不喝此药，你怎会醒来？"

李老汉见阿福低头默认，气得骂道："不孝子，你趁我熟睡，喂这不敬神明的东西给我，你，你是要我的老命！你说，你为何肯让阿爹喝这污秽东西？你不知道阿爹宁死也不喝这东西？"苏轼道："你岂能责怪阿福。不用此药，你只怕早已一命归西。"

李老汉一口咬定是因为前日杀了牛，神灵才饶他一命。苏轼解释道："你且问问阿福，村人之中有多半染了痢疾，却为何只有你一人开始转好？不是药效又是什么？"李老汉两眼直盯着阿福。阿福怯生生地点头道："若能救了阿爹的命，孩儿愿意试一试。苏大人还说若服药治不好阿爹的病，愿以门外那头牛做押。孩儿想苏大人一定不会害我们，就答应了。"

李老汉两眼一亮，大声道："以牛做押？苏大人，你的话不假？"苏轼趁机说："君子言出必行。老夫再与你打个赌，今夜服下此药，明日你肠胃可不下痢！若非如此，老夫将牛给你就是！"李老汉忙惊喜地问道："此话当真？"苏轼胸有成竹地点点头。

李老汉命阿福拿药来，哆嗦着接过药碗，攒了半天劲儿，终于闭上眼喝了一小口，觉得苦不堪言，皱着脸艰难地咽下。阿福劝道："阿爹，痛快些，横竖一口喝下就是。"李老汉苦着脸说："莫催，你可知这比毒药都难喝。"说罢，痛苦地闭眼仰头一饮而尽，忍住满嘴的苦味，欣慰地说："为了牛，倒也值得！"阿福长舒了一口气。苏轼微笑不语。

次日，李老汉气色渐佳，却心神不宁地坐在床头，似有什么话难以启齿。苏轼替他把完脉，点点头，有意揶揄他："老兄，你自己说说看，今日你的病比昨日好些了吗?"

李老汉结结巴巴地说:"我觉得,没好,又似好了些,但终究是没全好。苏大人,你说呢?"苏轼反问道:"你可下痢了?"李老汉从来没有答过这么难答的话,摇摇头,叹口气,擦着汗无奈地说:"苏大人,老汉也不知该怎么说。"

苏轼笑笑,从屋内走出来,走到牛跟前拍拍牛背,又命苏过把新煎的药给李老汉端去,道:"再服三四帖,他老人家就可痊愈了。"阿福惊喜地问道:"您是说,我爹的病要好了?"苏轼一脸自得地笑道:"当官医天下,为民臣百姓,老夫出手,自然药到病除。"

阿福却一头雾水,只觉得不可思议:"大人的话小的听不懂。小的想不明白,真的不用杀牛祭神,阿爹的病就能好?"苏过反问道:"你是说,以前只要杀牛,人的病就会好?"阿福琢磨了半天,越发觉得不可思议,只得纳罕地说:"这倒也不是。但不杀牛,病怎么会好?"

苏轼笑道:"此事你不必问老夫,须问你自己的所见所闻。你爹的病既已好转,此牛仍归老夫。你答应老夫说服村民之事,当要践约照办。"阿福困惑地摸摸后脑勺,又重重地点点头。

李老汉病好了的消息很快就成了特大新闻,村里早已传得无人不知。大伙儿议论道:"听说了吗?李老汉的病居然转好了。""因为喝了那汤药?""反正阿福说他家没再杀牛。""那又黑又臭的汤药真能治病?""听说这苏大人是天上的文曲星下凡,名望很大,无所不能,中原百姓无不敬重。""这么说,他也是神明?""你不是还要打苏大人吗?""莫非我们错怪苏大人了?"

村民阿成的孩子得了热病,又下痢,奄奄一息,一家人坐在床边干哭。苏轼让阿福领他去,进门见了孩子的脸色,二话不说就诊脉。阿成起身要拦,阿福劝道:"阿哥,苏大人没杀一头牛,却救了我爹的命,你们为何不信他一回?"阿成一脸疑惑地说:"可他连神明都不敬。"阿福道:"中原来的人都说苏大人是文曲星下凡,敬他就是敬神明!"阿成一愣,心想孩子已这样,杀了两头牛都没顶事,不如让他试试。孩子服了苏轼配的药,次日竟有好转。此事也很快传开。

终于，村民们信了喝药就能治病的说法，蜂拥而来，给苏轼跪下："苏神仙，我儿子也病了，快救救他吧！""是啊，快救救我们吧！"来到海南，苏轼第一次这么高兴："快，快起来！乡亲们，你们能来找老夫治病，老夫求之不得！"

李老汉家门前，男女老少几十号人排着队，等待苏轼诊病。阿福又四处游说，不断领着患病的人前来。屋里桌上药包堆积成小山，苏轼给病人望、闻、问、切，苏过分发药包。阿仔在一旁帮忙，煞有介事地高喊："下一个进来，拿药！"村里患病的着实不少，一时间药包所剩无几。苏轼忙拿过一些草药，对苏过和阿福说："快，就照着这些草药，到山里去采，越多越好。"二人领命而去。

这时，阿成抱着孩子过来，满脸喜悦地说："苏大人真乃神明，托苏大人的福，喝了药，孩子退热了，也不下痢了。"村民们都啧啧称赞。苏轼看了孩子的舌苔，点头道："还须服药，不可怠慢。"阿成毕恭毕敬地说："大人说什么，就是什么，小人一百个听从。"

## 七十　　天下一家

喝了汤药，村里人的病很快就有了好转，大伙儿当真以为苏轼是神仙下凡，从此也信了"吃药治病"的说法。此时黎寨中却是乱得天翻地覆，患痢疾的人生命垂危，小姐阿珠又闹着要寻死。

葛贡来到阿珠的竹楼，气冲冲地推门而入，只见屋内一片狼藉，东西被摔得稀巴烂，阿珠蓬头散发，绝望地坐在地上。葛贡怒目瞪着阿珠，扬起手中的竹条要抽过去。阿珠目光呆滞，视若无睹，闪也不闪。葛贡哪里下得去手，竹条停在半空中只得颓然落下。

葛贡气得大吼："你再闹下去，不要怪阿爹不认你这个女儿！"阿珠面无表情，低声说："阿爹，我要跟阿勇好。你要不答应，我也不闹了，我死。"说罢，凄然一笑。

葛贡强压着怒火，耐着性子好言相劝："你怎么还不明白，那阿勇是来诱拐你的。他是汉人，你是黎人，你怎能相信他？"阿珠两眼直逼着父亲，倔强地说："我只知道跟他好，别的都不管，他要拐我，我也认了。阿爹，他要诱拐我，你却要杀我。"

葛贡见女儿如此冥顽不灵，肺都快气炸了："你这蠢女子，比椰子脑壳还要蠢三分！你就不能让阿爹省省心，现在寨子里十个人有六个人生病，说是什么痢疾！这是谁带进来的？是他们汉人！"阿珠不为所动："这跟阿勇又有什么干系？我只是要跟他好，不求别的，你放了我们吧！"

葛贡见阿珠如此死心眼儿，暴跳如雷，大吼道："你是被什么邪鬼迷了心窍？你中了邪呀？我只告诉你，阿勇当日敢坏我族规，拐我女儿，他今日就必有一死！"阿珠沉静而坚决地说："那阿爹就等着替我们俩收尸吧！"说罢，闭上眼，扭头不顾。

葛贡正欲咆哮，有人慌忙来报："首领，阿西、阿水还有阿猛，他们……他们……病死了！"葛贡大惊失色，三步并作两步地走出去。阿珠却无动于衷，一脸漠然。

葛贡垂头丧气地看着阿黑、阿六掩埋尸体。阿黑边挖坑边问道："首领，是不是牛杀得不够数？"葛贡叹气道："牛贩子的牛都被我们买来了，哪儿还有牛？"阿六停下来小心翼翼地说："听说有个姓苏的老头在汉人村中给人看病，发什么……什么……药包，那些患病的汉人都好了起来。"葛贡一脸惊异："当真？"

阿六道："当真！汉人没再杀牛，那姓苏的老头不让杀牛，只给药包，小的亲眼看见汉人喝下浓黑浓黑的汤药，病就见好了，实在是出鬼了！"葛贡惊问道："姓苏的老头？就是前日来的那自称什么苏东坡的朝廷罪人？此人前日倒也给了本首领两个药包，只是被我扔了。"

阿黑看着葛贡，鼓起勇气说："首领，我们与其坐在这寨中等死，不如将那姓苏的老头绑来，试试他的药包如何？"葛贡听了有些心动，但还是拿不定主意。这时有人来报："寨门外有一个叫苏东坡的求见。"葛贡忙大步走回竹楼。

苏轼将一堆药包呈给葛贡，道："这些药只管煎了让族人服下。村中汉人因服老夫之药，已有人康复。"葛贡不置可否，也不看他，也不接药。苏轼劝道："黎寨众人性命事大，其余眼下皆是琐细小事。"

葛贡挥手道："本首领不知你这么做究竟为何。不过有言在先，你这些药包就是治好了我的人，阿勇我也不会放，仍要处死他。"苏轼见他有些松动，起身笑道："葛贡首领的意思是，同意我给你的族人治病了？"见葛贡转过脸来疑惑地看着他，苏轼一笑，飘然而去。葛贡愣在椅子上，半晌没回过神来。

汤药煎好了，黎寨患痢疾的那些人起先都战战兢兢不敢喝，但最终下定决心拼一把，觉得就算喝死了也总比坐着等死强。于是一个个从地上爬起来，佝偻着身子，端起药来喝掉。

苏轼回到村中，见李老汉正毫不犹豫地端起药一饮而尽。苏轼坐到一旁给他把脉，高兴地说："老兄，你又好了几分，看来你的身子底子甚厚，有一副铜筋铁骨。"阿福也喜笑颜开："阿爹，你气色已好了很多，说话也有气力了。"

李老汉一脸疑惑地看看苏轼，又看看阿福，惊异地问道："孩儿，牛确实没杀？"阿仔拍手笑道："阿公，牛正在屋外吃草呢。"李老汉仔细打量着苏轼，犹豫了半晌，小心问道："苏大人，老汉有一句话想问你，你果真是文曲星下凡？"

苏轼捻着银须，故作神秘地说："老夫若不是文曲星下凡，岂能一头牛都不杀，就治好了你的病？"阿仔也在一旁不容置疑地说："苏爷爷说他是玉皇大帝派来的人。他在山上胡乱拔了些草，就治好了阿公的病。"

李老汉激动地起身下跪："老汉有眼不识真神，还请苏大人恕罪。"苏轼忙将他扶起："老兄，同你开个玩笑。我哪里是什么真神，只是懂些医术药理，配以这海南岛上的灵草妙药，医治你的病又有何难？"

李老汉跪地不起："苏大人此时就是我眼中的真神。苏大人好事做到底，老夫尚有一事相求，请苏大人施恩！"苏轼已猜到要说救阿勇的事，故意卖了个关子："我救了老兄你一命，你不体谅我，怎么还变本加厉？"阿福心实，信以为真，忙道："爹，咱们不能再劳烦苏大人了。"

李老汉老泪纵横地央求道："老汉如今相信，只有苏大人能救我儿阿勇。苏大人，老汉求求你了！"

苏轼扶起李老汉，似有几分把握地说："老夫当然要救。可此事非你一家之事，你明白吗？"李老汉不明所以地看着他，但听说"当然要救"，心里一下子有了希望，狠狠地点了点头。

此时，阿勇正被捆绑得严严实实，关在黎寨囚室里。葛贡带着阿黑、阿六开门进来。葛贡坐下来直瞪着他，阿勇抬头面无表情地看着他。阿六喝道:"见了首领,你敢不下跪?"阿勇不答话,也不动身。

阿六要上前踹他。葛贡摆手制止,冷冷地说:"阿勇,明日就是与你们汉人约定的五日期限,也是本首领砍你脑壳之日。就是千军万马来攻寨,本首领也要你死。你晓得本首领为何要杀你吗?"阿勇仍是一言不发。

葛贡疾言厉色地斥道:"你!一个汉人后生,胆敢诱拐本首领的女儿!"阿勇忽然开口了:"葛贡首领,你要杀就杀,阿勇早已说过了。但我不是诱拐阿珠,我们两个是真心相好。难道因为我是汉人,阿珠是黎人,就不算相好,而是诱拐了吗?"

阿黑骂道:"你瞌睡鸟子等飞虫,野鸡求孔雀。妄想!不是你诱拐阿珠姑娘,她会迷了本心,违犯族规,要跟你逃出山寨?"阿勇静静地说:"我与阿珠没有逃,我们没有错。就是我们犯了族规,我们也没错。"

葛贡冷笑道:"你可真会说话。你们汉人最爱花言巧语,哄骗我们黎人老实可欺。如今你这个白脸后生哄骗到我女儿头上。可怜我家阿珠实心眼儿,被你言语迷走了魂魄,不吃不喝,成日喊着寻死。本首领不杀你不解心头之恨!"阿勇听说阿珠要寻死,登时急得跪下来:"阿勇求葛贡首领一事,我可以死,但千万莫让阿珠死!如今惹下这么大的事,全是我一个人的错!首领给阿勇开个恩,让我再见阿珠一面,我要劝阿珠好好活着,来世我再来找她!"

阿六、阿黑怒道:"快要死的人了,还要在这里说乖巧的骗人话!真是蜜罐子嘴,秤钩子心。首领,这汉人实在阴险!""首领,他就是用这样的话才将阿珠小姐迷惑的!"阿勇绝望地说:"我没有骗你们,你们为何就不信我?"

葛贡转身欲走,在门口停住,回头道:"阿勇,你的话实在太多,好在明日你想说也不能说了!"阿勇一愣,瘫坐在地,心如死灰:"我既没有错,你要杀就杀吧。我不再说话了。"

第二天,烈日高照,一丝风都没有,黎寨外的广场上静得出奇。阿福带着一百来号汉人持刀拿棍守在寨外,不时地瞭望寨内的动向,片刻不得安心。黎寨大门内站满了搭箭举刀的赤膊壮丁,严阵以待。苏轼与苏过站在人群之中,紧张地看着。

虽然患病的黎人服了苏轼的药都有好转，但这丝毫没有动摇葛贡杀阿勇的决心。寨内刑场上，众壮丁围出一大片空地，葛贡高坐正北，刽子手扛大刀立在西侧，场内一派肃杀之气，黎族百姓在外圈围观。阿黑、阿六气势汹汹地押着被五花大绑的阿勇进入刑场，按着他跪在葛贡面前。壮丁们一齐发出一声长吼，其声震天。阿珠听见这杀人的信号，以身撞门，哭喊着："放我出去，放我出去！"

阿福等人听见这吼声，也神色大变，纷纷握紧刀枪。阿福向寨内大喊："葛贡，你若再不放人！我等就要攻寨了！"众人举起刀枪齐声高呼："攻寨！攻寨！"但寨内毫无回应。阿福愤怒地回头对众人鼓噪："我们已等了半个时辰，那葛贡偏不理我们。依我看，若再延迟，阿勇就要被他们砍头了！"一时群情激愤："攻寨！现在就攻寨！"苏轼皱着眉，捻须思忖。

寨内刑场上，刽子手横眉怒目，杀气腾腾，双手紧握着刀柄。阿勇跪坐在地，绝望地闭上双眼。两个鼓手一阵击鼓，黎管长鸣。葛贡威严地起身，示意众人息声，大声宣布："这个汉人胆敢坏我族规，诱拐黎族女子，该当死罪，立即处死！"竹楼内阿珠绝望地瘫坐在地，哭得声嘶力竭，以头抢地，磕出血来。

阿福高喊道："走，随我攻进寨中！"众人挥刀响应。这时苏轼突然挺身站到人群之外，大喝一声："都站住！阿福，领众人撤到一边，谁也不可妄动。老夫要只身进这黎寨中去。"阿福等人愣在那里，疑惑地看着他。苏过忙要劝阻，苏轼微笑道："你们放心，老夫又不是没去过。"

刑场上，阿勇一脸听之任之的表情，绝望地闭上双眼。刽子手高高地扬起屠刀，众人屏息凝气。屠刀挥起，在空中划过一个半弧，正要落下。突然传来一声高喊："慢！"苏轼牵着身上挂满药包的牛出现了。

刽子手惊得手一抖，大刀定在半空。葛贡站起来直瞪着苏轼。两旁的壮汉持刀而立，但苏轼信步而来，如入无人之境。黎族百姓好奇而敬畏地注视着他。阿勇睁开双眼，眼神中满是诧异。

苏轼向葛贡深施一礼。葛贡不冷不热地问道："苏大人此时来山寨，有何用意？"苏轼不卑不亢地答道："老夫登门拜访，自然有事相求，老夫想以此牛来换一个人。"

葛贡问道："换谁？"苏轼静静地说："阿勇。"众黎民登时哗然。葛贡脸含愠色："苏大人真会说笑，用牛换人，这桩生意划不来，本首领不做。本首领知道山寨外正围着一群汉人，喊叫着要攻寨。你去告诉他们，待本首领砍了阿勇的脑壳，自会去照应他们。"

苏轼呵呵一笑："这头牛价值千金，首领若不换日后是要后悔的。"葛贡冷冷地说："苏大人，你曾送来汤药，救我族人性命不假，本首领不会忘恩。但一是一，二是二；坏我族规者当死。"苏轼道："葛贡首领，你不能杀阿勇！"葛贡怒道："苏东坡，你还不能对本首领指手画脚！"一干黎人怒道："你好大胆子！别忘了你身在何处，区区一个汉人贬官竟敢差遣堂堂首领！"

苏轼笑道："莫怒。看，这牛身上背的药包，足够寨中族人医治痢疾之用。如今他们只是初见药效，还须继续服药以固本归原。一头牛加上这些救命药包，难道还不能换来阿勇一条性命？"众黎人面面相觑，心中不由得有些动摇。葛贡却仰头看天，决然道："就算寨中族人都病死，也不能因此坏了族规。本首领不换。苏大人，请便。"听了这话，众黎人一惊。

苏轼劝道："以此牛换阿勇性命，可谓以四两拨千斤，儋州汉黎两族或可以此为机冰释前嫌，否则旧仇未了，又添新恨，纷争不止，两族永不安宁。"葛贡瞠目道："不安又如何？黎汉两族本就水火不容，本寨中多少族人死在你们手中，现在以一个阿勇抵命又有什么要紧！"说罢，喝命刽子手："砍！"

刽子手将刀架在阿勇的脖子上，又欲扬刀。苏轼忙道："且慢！汉族、黎族本是兄弟，皆是华夏子孙，怎可说是水火不容！同室操戈，于心何忍！"葛贡一阵狂笑，示意刽子手停手："兄弟？好个兄弟！那苏大人说来听听，你我兄弟如今成了仇家，又是如何反目的？"

苏轼道："兄弟间不免也有吵闹，但毕竟是一家人。一家人能有什么解不开的仇恨？汉黎不和，错在官府。过去官府政令更张，造成混乱，加之确有一些官员歧视他族,以致纠葛愈演愈烈。"葛贡心中颇以为然,却仍冷冷地说:"苏大人的话,是官样文章。本首领听汉人当官的讲得多了,并没什么新鲜!"

苏轼慷慨道:"不管是何族,都是这海南岛上的主人。各族和睦相处,才能安居乐业、生养不息。首领若高瞻远瞩,将阿勇放归,兴许就能放出个海阔天空来!以此为机,两族修好,则海南岛必成为名副其实的洞天福地!"众黎人又一阵喧哗,有不少点头赞许的。葛贡心有所动,但嘴上仍执拗地说:"可笑!你这话该说给你们汉人自己听!"

苏轼笑笑道:"首领非要如此,老夫也不强求。不过以此牛换阿勇,首领不仅不吃亏,还赚了个大便宜。要知其中详细,请给一个薄面,与老夫同到寨中田地去,老夫自会证明。"众黎人面面相觑。葛贡冷笑道:"倒要看看你玩儿什么花样。"

葛贡与苏轼来到黎寨田地,刑场上的人都尾随而去,阿勇也被捆着押在一边。苏轼挽起裤腿,扎起衣摆,从牛身上卸下犁头,给牛套上犁。众人簇拥着葛贡,一脸疑惑地观望。苏轼一拍牛背,老牛"哞"了一声,卖力地走起来。黎人都看傻了眼,他们从没想到牛能犁地,更没想到是如此快而省力,不禁惊叹地叫出声来。葛贡也不觉流露出惊异的神色。

苏轼如农人一般喜悦地耕着地,回头对葛贡说:"你可看见,这牛在中原本就会耕地,用牛耕地快而省力,能抵得上几个族人的气力。现在你换是不换?"葛贡倔强地说"不换",但底气已明显不足。

苏轼笑道:"药可治病救命,牛可耕田做活,皆有大用。葛贡首领杀了阿勇,却无实用。若老夫是葛贡首领,就挑这实实在在的。"葛贡不答。众黎民恳求道:"首领,就跟苏大人换了吧!苏大人的药灵验得很,要是没了他的药,我们都活不成了!""首领,苏大人的牛会耕地,跟他换了吧!""首领,苏大人是个好人,他跟别的汉人不一样!"

葛贡大怒:"大胆!你们难道都忘了族规吗?"众黎人吓得噤若寒蝉。苏轼劝道:"族规是死的,人却是活的。人要吃饭耕田,吃药救命;族规却不食烟火，终落得个不近人情，不得人心。阿勇与阿珠之事，老夫也了解了一二。阿珠是你的亲生女儿，她与阿勇心心相印，依老夫看，首领何不成全他二人？"

葛贡冷笑道："笑话！自古以来，汉黎不通婚，岂可违背？"一句话听得阿勇垂头黯伤。苏轼朗声说："汉代昭君出塞远嫁匈奴，唐代文成公主吐蕃和亲，都是千古美谈，为何汉黎就不能通婚？首领若视天下如一家，以阿珠、阿勇为始，开黎汉婚禁，可使两族从此诚意修好，消灾延福，功莫大焉！"

众黎民听了这话，都觉有理，齐刷刷地跪下为苏轼说话，求葛贡以人换牛，成全二人。葛贡心知苏轼所说是理，但碍于族规，犹豫不决，心中反复掂量，踱来踱去。

此时寨外广场上阿福等人早就急坏了，如热锅上的蚂蚁。阿福焦急地说："苏公子，怎么里面一点动静都没有？依我看，现在就攻进去吧，怕来不及了。"苏过心中也是焦急万分，来回踱步，不断望向悄无动静的黎寨，强作镇定，摇头道："等一会儿，再等一会儿。"

阿福却再也按捺不住："不能再等了，我们这就冲进去！兄弟们，来，随我攻寨！"众人持刀拿棍，正要冲进去，却见太守张中率一众官员疾行而至。张中喝道："你们这是要做甚？敢擅自鲁莽行事，本官就将你们全都囚入牢中！"

阿福焦躁地说："张大人，苏大人方才只身进寨，到现在还没出来。我们怕他会遇到什么不测！"张中大惊失色："什么？怎么能让苏大人只身进寨，你们……糊涂！苏公子，万一苏大人出了事，本官如何担待得起？"苏过无奈地说："张大人，家父非要进去，我们都劝止不了。"张中急得连连跺脚，不知该如何是好。

突然，阿福见两个人一前一后地从寨门走出，兴奋地大叫起来："张大人，苏公子，你们快看！"众人循声望去，见正是苏轼和阿勇。众人起先还不相信自己的眼睛，使劲地揉揉眼，等看清楚，立时欢呼雀跃起来，飞跑着向二人迎去。

消息很快传到村里，村里人都跑出来，兴高采烈地夹道欢迎。李老汉万分激动地从人群中冲出,跪到苏轼跟前:"苏大人,你果真是文曲星下凡。你对老汉一家、对全村,实在是恩重如山,我们粉身碎骨都难报答呀!"阿勇也忙跪下:"苏大人救命之恩,小的无以为报!"众村民都跟着跪下谢恩。苏轼忙将李老汉拉起,笑道:"大家都起来,不必客气。老夫还要教你们用牛耕地呢!"

全村庆贺了一晚,欢声沸腾。苏轼酒量本不行,一时高兴,喝得酩酊大醉。次日,苏轼让苏过教村民用牛耕地。全村的人都跑来围观,老人们也拄着拐来看。苏过驱使耕牛在田中犁地,众村民见了,觉得不可思议,赞不绝口。

这日,苏轼、李老汉和阿仔坐在田埂上悠闲地休憩。李老汉高兴地说:"如今村人都知道苏大人是文曲星下凡。听说是您的意思,都来学习耕田,杀牛的也少多了。"苏轼仰天而笑:"老兄,你真以为老夫是文曲星吗?"李老汉对此深信不疑,一本正经地说:"那还有假?大人下到凡间,能挑中我们儋州,是我等三生有幸了。"

苏轼笑道:"老夫如今是骑虎难下,只有将错就错了。不过老夫倒有一桩正事拜托你,老兄回头给我找几个读书人来,跟我学着看病用药。免得老夫仙去之后,你们这里又无人看病,牛儿们又要任人宰割了。"李老汉忙道:"苏大人好不容易到我们儋州,什么仙去不仙去的。不过找读书人可就难了,我们这里方圆几十里也找不到一个识字的人。"苏轼一惊:"哦?"随即捋须笑道:"也就是说,老夫又要受累在此地开学堂了。"

李老汉惊问:"开学堂?"苏轼点点头,摸着阿仔的脑袋问他:"你来不来学堂?"阿仔噘着嘴道:"我问的事情苏爷爷要能回答了我,我就去你的学堂。"李老汉见阿仔如此冒犯"神灵",忙揉了他一把,瞪眼骂他不懂事。苏轼忙阻止道:"童言无忌,容易问出大学问。"又问阿仔:"此话当真?"阿仔有模有样地仰头答道:"大丈夫岂能戏言。"苏轼颔首笑道:"好,你问吧。"

阿仔问道:"海有多深?"苏轼开怀大笑。阿仔纳罕地问:"苏爷爷为何发笑?"苏轼道:"问得好,千条江河归大海,万涓细流不复回,每一滴水汇集成海。若知大海有多深，这很简单：自从盘古开天地，知道天上下了多少雨加上所有不息的江河之水，自然就知道海有多深了。"

阿仔歪着脑袋，作难地说："那怎么算呢？"苏轼一脸得意地看着他："你算不出这些，我又怎么知道海有多深呢？"阿仔不好意思地搔着头皮，调皮地笑了笑。李老汉在他屁股上拍了一巴掌："还不跪下！"阿仔忙跪在地上磕头："先生在上，请受阿仔一拜。"

苏轼把阿仔扶起来，意味深长地说："你只要多读书，学问就会像这无穷的雨水和江河水一样，汇成一片大海。"阿仔心想苏爷爷说的准没错，似懂非懂地点点头。

第二天，阿福、阿勇"当当当"地敲着锣，沿村叫喊："各家各户听好了，苏神仙要开办学堂，各家的子女都可送来念书，日后考秀才、中进士了！"不多时，全村都知道了。有的村民指望孩子考个功名，有的觉得识几个字也好，有的认为让苏神仙教准没错，都愿意把孩子送来。

学堂设在村里的破庙中，学堂里头一天就来了二三十个学生。张中听说此事，大为欣喜，派阿福送来一书箱的书。苏轼见底下的学生有的已是大小伙子，有的还是髫龀之年；阿仔坐在他叔叔阿勇的旁边，实在有些滑稽。

苏轼念道："学而时习之，不亦说乎？有朋自远方来，不亦乐乎？人不知而不愠，不亦君子乎？"学生们摇头晃脑的，一句一句地跟读，书声琅琅。众乡亲趴在窗边，好奇地伸头朝里看，看着学生们的样子都悄悄地笑了，又怕影响学生们，一时都回去干活了。

这时葛贡带着十几个黎族孩子，向村中走来。好些村民正在御牛耕田，见到他们，惊得目瞪口呆。葛贡却旁若无人地一径走过。众村民张着大嘴，眼看着他们走到寺庙里去。

葛贡带着黎族孩子出现在学堂，众学生惊得停止了读书。苏轼起身施礼，葛贡还礼道："苏大人，我是不请自来，不知我这些孩子可否来你的学堂？"苏轼高兴地说："善哉，善哉。首领虚怀若谷，让老夫感佩。"

苏轼忙让孩子们入座。孩子们各自就座，与汉族孩子离得远远的。苏轼道:"师道尊严,你们既来学堂,当听为师教导。来,各位黎族学生,都挨着汉族学生坐下。一个汉族学生,一个黎族学生,穿插而坐。"黎族学生以询问的目光看着葛贡。葛贡道:"苏大人已是你们的老师,学生当然要听老师的。"

见孩子们落座,葛贡向苏轼告辞。苏轼问道:"为何不见贵千金阿珠?"阿勇偷偷地瞟了葛贡一眼。葛贡故意对他视而不见,向苏轼告辞而去。苏轼目送葛贡,笑了笑,继续念道:"学而时习之,不亦说乎?有朋自远方来,不亦乐乎?人不知而不愠,不亦君子乎?"汉黎两族的学生齐声跟读。

次日,苏轼起了个大早,经过海滩时,便在一块礁石上坐下,望着被朝霞映红的大海,听着阵阵潮声,自言自语地说:"日出日落,生生不息。沧海横流,人似一粟。洋洋大观,何烦何忧?"

一群赶海的女子腰挎竹篓说笑而来,见了苏轼,忙上前打招呼:"苏先生,起得这么早?""您天天早晨观海,想家了吧?"苏轼笑道:"这里就是我的家。"一女子道:"这里可是天涯海角呀。"苏轼看看远方:"能在天边生活的人,才最应该知足。"又一女子问道:"苏先生,你那么大学问,教教我们行吗?"苏轼开玩笑地说:"我倒想教,可你们的男人肯吗?"众女子笑了起来。

苏轼起早是要往黎寨去,想收阿珠为女学生。说明来意后,葛贡为难地说:"如今在我心中,苏大人视天下如一家,是天下最有学问的人。苏大人有意收小女做学生,我何乐而不为?只是一个黎族女子怎可以在汉人学堂之中抛头露面,实在不合规矩。"

苏轼苦笑道:"这世上哪里来这许多规矩?"葛贡道:"你们汉人不也常说,'没有规矩,就不成方圆'吗。"苏轼见一时劝不动他,笑道:"首领近来常读汉人之书,现在也颇有几分视天下如一家了。"葛贡又以一句汉人成语作答:"近朱者赤,近墨者黑。"苏轼大笑,只得说:"好,好。此事再议、再议。"

回到学堂里,苏轼带着学生们念道:"君子食无求饱,居无求安,敏于事而慎于言,就有道而正焉,可谓好学也已。"谁知阿珠忽然出现在屋外,学生们都大吃一惊,书也忘了念,都看着她。

阿勇更是瞪大眼看着她。二人四目相对，登时似火如电，情意缠绵。苏轼佯咳了一声。二人脸一红，稍微有些收敛，俄而故态复萌。苏轼心知她是偷跑出来的，微笑着说："原来是阿珠小姐，请就座吧。"阿珠大大方方地坐在阿勇身后，学生们掩嘴而笑，窃窃私语。

不多时，阿黑、阿六满头大汗地飞跑过来，见到阿珠，就要往里闯。苏轼拦住他们："且慢，二位是来听老夫讲学的吗？"阿黑道："苏大人，在下是奉葛贡首领之命，来捉……不是，请阿珠小姐回寨的。"苏轼道："阿珠小姐已是老夫的学生。去回禀你家首领，她在此学习听讲，一切由老夫教训，尽管放心。"

阿六张口结舌地说："可是，苏大人……"苏轼道："子曰，'既来之，则安之'。二位若无事可做，也落座听讲吧。"二人面面相觑，只好灰头土脸地坐下，为的是监视阿珠，免得她做出什么出格的事来。

苏轼继续教学生们念书。阿珠漫不经心地跟着念，不时瞟瞟阿勇，一个人偷笑。苏轼看在眼里，笑笑不语。阿黑、阿六眼巴巴地瞧着，却无可奈何，如坐针毡一般。

苏轼在海南被敬若神明，但章惇等人仍视他为眼中钉。章惇本想让他到海南这蛮荒之地"颐养天年"，谁知他真的颐养起天年来，不由得又气又恨。于是召来蔡氏兄弟计议：苏轼在海南儋州，苏辙马上又要从雷州贬往循州，秦观也要贬到雷州，派吕惠卿的弟弟吕升卿到广西南路督察，就近整治苏轼等人。

曾布天良未泯，向哲宗进言："苏轼兄弟本是吕氏兄弟的仇家。若吕升卿担当此路督察，苏氏兄弟焉有生存之理？若把苏轼迫害致死，陛下就会失信于民。再者，他可是陛下的老师。"哲宗一惊，改派董必前去。

蔡京得知此事，气急败坏地去见章惇。章惇正背着手，悠闲地布置房屋，指挥家丁裱画、插花、搬箱倒柜。蔡京掏出一封信，递给他："董必与苏轼兄弟并无嫌隙，去广西南路有什么用？请大人将此信交给董必，他明日就要起程去岭南了。"章惇瞥了一眼，应了一声，一面仍威严地命令家丁："这画再向右挪几分。"

这封信就是让董必"好好照顾"苏轼、苏辙、秦观三人的。董必果然不辱使命，十分上心，一到任就先派手下的董福和马勇去找苏辙的麻烦。一到苏辙租住的房子，两个狗腿子凶神恶煞地往门口一站，把门敲得山响。

一进门，马勇便嚣张地责问道："我二人奉董必大人之命，前来问罪于你。你身为朝廷罪人，流放到此，不思悔改，还为害地方，却是为何？"苏辙惊讶地问道："此话怎讲？"董福一副小人得志的嘴脸，冷眼看着他道："你说说看，你为何要强占民房？"苏辙反问道："谁说老夫强占民房了？你们说话有何凭证？"马勇粗声横气地说："要什么凭证？此事都传到京城之中了。"

苏辙懒得与这种人理论，叫史云将房子租约拿来，递到二人手中，扭过脸去，一言不发。二人无言以对，只得喝道："苏辙！我等奉董必大人之命，告知于你，你已被贬往循州，立即收拾妥当，即刻起程前往。"说罢，趾高气扬地离去。

苏辙和史云怒目而视。突然又是一阵敲门声。苏辙气冲冲地去开门："大胆！你们也不要逼人太甚！"见竟是秦观，登时大喜。此时秦观也已是知天命之年，两位老人暮年相见，老泪纵横地抱在一起。

秦观被贬到雷州，苏辙却从雷州贬到循州，即使数遭贬谪，也不能贬到一处。两位老人相聚只有短短几日，分外伤感，对苏轼更是日夜牵肠挂肚，生怕董必加害于他，却不知计将安出，只有相对垂泪。

雷州与儋州只一海之隔，却不能过海探望。在来雷州的路上，秦观怆然叹道："人身无自由，强似牢中囚。隔海空相望，望中一海愁。"一旁的差人劝道："您也不必太悲伤。还是您的词说得好，'两情若是长久时，又岂在朝朝暮暮'。眼下您正走'背'字，他日定有时来运转的时候。"

得知秦观先后已被贬五次，两位公差叹道："也不知怎么了，有学问的人都被贬得这么惨。可见这当官也是无常鬼，不是件好事。""一朝天子一朝臣，都成了党。这么折腾下来，可就动了根本、伤了元气。"

秦观问道："两位对熙丰党人和元祐党人有何看法？"一名公差想了一会儿，道："王安石变法是好的，但没变好，用的尽是小人；司马光也是个君子，把新法都废了却也不对。比起来，还是苏东坡大人最务实。"秦观停住脚，慢慢转过身来，深深地向二位差人鞠了一躬。

董必因亲信彭子民的劝阻，没有亲自到海南"督察"苏轼，而是又把这一重任交给董福和马勇。二人手持腰刀，气势汹汹地往苏轼住的驿馆赶来。此时驿馆已被重新修好，苏轼父子搬回来住。李老汉等人十分不舍，百般挽留他们住在村里。苏轼不想麻烦他们，坚持搬了回来。幸好如此，不然董福、马勇二人又要借此小题大做。

这天，苏轼在著书，苏过在作画。苏过道："父亲，在竹、兰、石中，我以为当属石头最为难画，总不得要领。"苏轼放下笔，走过来看了看他的画，道："石头乃死物，要把石头画活，分硬、柔两种格调。硬要顽强挺拔，柔要曲畅有灵，笔笔显示造化之工，明暗相映，能看出一日之内是何时辰所画。这样，它就不单单是一块石头了。"苏过恍然大悟地点点头。

董福、马勇二人破门而入。董福半眯着眼，斜视苏轼，装腔作势地问道："你就是苏轼吗？"苏轼站起身来打量着二人，平静地说："本人正是。二位官差有何见教？"董福鼻子里"哧"了一声："我二人受董必董大人指派，前来督察你。"苏轼坦荡地双臂一摊："好哇，查吧。"

董福四下看了看，蛮横地说："这是官府的房子，你父子二人没资格住在这里，立即搬走。"苏轼问道："那我们搬到哪里去呢？"董福冷笑道："这我就管不着啦！"苏过没好气地说："那你管什么呢？"马勇瞪了他一眼："就管不让你住在这里。"

苏过怒道："狗党狐朋，倚仗人势！"马勇拔出刀来，吼道："你再说一遍！"苏轼过来挡在苏过身前："他不懂事，请官差高抬贵手吧。"董福喝道："马上搬走！"苏轼无奈地说："好好好，搬走搬走。但老夫还要问一句，搬到哪里呢？"董福横声道："自己找地方去！"

这时，几十号村民听到消息，一个个的拿着鱼叉、锄头、镰刀，冲进屋来，围得水泄不通，对董、马二人怒目而视，恨不得把他们活吃了。二人见了这架势，吓得一连倒退几步，面如土色。董福色厉内荏地喝道："大胆刁民，你你你……你们要做什么？"

阿勇、阿成等人怒道："做什么？告诉你二人，在这岛上，没人能欺负苏大人和苏公子！""凭什么不许苏大人住！敢欺负苏神仙，把你们扔到海里喂鲨鱼！"李老汉上前高声道："小子，苏大人可是神明下凡，他如今还是我们学堂的先生。你们要害他，先问这里的人答不答应！"

董福、马勇二人躲到苏轼身后，指着村民们斥道："反了，简直反了！"苏轼见势不妙，忙向众人作揖道："诸位父老乡亲，不可为老夫以身试法。我父子二人搬走就是了，多谢多谢。"

李老汉扬手号召："先住我家去。乡亲们，咱们就在桄榔林给苏神仙盖新房子！"众人齐声响应："对，给苏大人盖新房，看他们还撵不撵！""走！帮苏大人搬东西！"说罢，一齐拥上，七手八脚地帮苏轼收拾东西。董福、马勇二人惊得目瞪口呆。

桄榔林的南边，是一块平坦的绿地。由此向南望去，远处是湛蓝如洗的大海。苏轼的新房就盖在这里。远近乡亲们云集而来主动帮忙，缺什么都从自己家拿，连老汉、老妇也来出力，以报答苏轼的恩德。有的扛木头，有的用背篓背瓦，有的和泥，工地上一片欢腾。乡亲们都不让苏轼操一点心，请他只管去学堂里教书。葛贡也派了不少壮丁来帮忙，只是不和汉人说话，各干各的。

董福、马勇二人见形势不对，只得夹着尾巴灰溜溜地回去。二人乘着肩舆，经过桄榔林时，不料两边忽然飞来无数个大椰子，躲闪不及，被砸得头晕眼花、七荤八素，狼狈地跌下肩舆，摔得鼻青脸肿。

董福惊呼："是谁？住手！大胆蛮民，竟敢袭击朝廷命官！"见林中几个人影一闪而去，喝道："别跑，给本官站住！"马勇害怕地说："算了。这里偏僻蛮荒，人又彪悍凶狠，还是尽早离开为好。"董福看看四周，也害怕起来。二人慌乱地爬上肩舆，不断催促脚夫快走，窜逃而去。

## 七十一　　域外渊明

苏轼的新家——桄榔庵，花了几日功夫就建成了。清晨，桄榔树叶子滴下晶莹的露珠，鸟儿在枝头欢快地鸣唱。阿勇背着弓骑着马，来到桄榔庵的柴门前，将一大块鹿肘肉挂在柴门上，打了一声响亮的呼哨，策马而去。岛上无墨，苏轼的墨已用完，父子俩起了个早，要到山林中采松油，回来试着制墨。苏轼正在穿衣，听到呼哨声，跑到门外一看，拈须笑道："是阿勇送的。"

父子俩采了不少松油回来，研习几次，渐知门道。苏过说："这松油制墨很有讲究，加多了发涩，加少了发散。"苏轼颔首道："这就叫度，任何事情都有个度。过犹不及，就叫失度。事不宜迟，今夜就烧松油，制黑烟灰。若成墨，就管此墨叫'苏墨'。"

谁知，当晚却险些因此酿成火灾。夜中父子俩呼呼大睡时，厨房灶内的火慢慢引燃出灶，引着了灶旁的一堆干柴，不多时火便烧了起来。苏轼被腾腾的浓烟熏醒，忙坐起身，惊喊道："过儿！过儿！"苏过也已惊醒，跑过来拉着父亲，披起衣服，逃到门外，这才发现是厨房起火。

苏过即刻转身冲进厨房，抓起水瓢，从水缸中舀水灭火。好在干柴不多，火势不大，一会儿就被扑灭了。苏轼蹲下检查火灶，才知是墨灶余火引出所致，从灶中焦黑的残物中拨得几块黑烟灰，无奈地摇摇头，苦笑道："墨没制成，今夜差点制成一道绝世名菜。"苏过忙问什么菜，苏轼道："东坡里脊肉。"父子俩相视大笑。

苏轼在此地甚是快活，不论走到何处都大受欢迎。他爱串门儿，喜欢交朋友，一来二去，和村子里家家户户都混得很熟。乡亲们从不把这位好心、有本事、没架子的"苏神仙"当作外乡人，和他处得如亲人一般。苏轼自己也说"我本海南民，寄生西蜀州"，自诩为"海南秀才""域外陶渊明"。

苏轼喜欢在田间瓜地漫步，腰里别着一个酒葫芦，嘴里愉快地哼着自己的诗词，这回哼的是《哨遍·为米折腰》："……策杖看孤云暮鸿飞。云出无心，鸟倦知还，本非有意。噫！归去来兮，我今忘我兼忘世。亲戚无浪语，琴书中有真味，步翠麓崎岖，泛溪窈窕，涓涓暗谷流春水……"

一位老妪正在瓜田里拔草，朝他喊道："苏大人，上哪儿去？"苏轼指了指前方，道："到黎子明家喝酒去。"一旁的老汉顺手摘下一个顶大个的西瓜，让他带去解酒。苏轼接过西瓜拍了拍，忙谢道："好东西，多谢了。这季节，北方是吃不到西瓜的。"说罢，把西瓜举着放在头顶，双手扶着，接着走路。

老妪笑道："苏大人，过去在朝当大官儿，现在想来，真是一场春梦！"苏轼摇头笑道："说得好，说得好。以后我就喊你'春梦婆'吧。"说完，用手扶稳险些掉下来的西瓜，又哼着向前走："观草木欣荣，幽人自感，吾生行且休矣……"望着他渐行渐远的身影，村民们笑个不停。

喝完酒，已是暮色苍茫，苏轼带着几分醉意，拄着拐杖，摇摇晃晃地往回走。乡亲们太热情，苏轼喝得着实有些多，连家在哪里都记不得了，口中还念道："但寻牛屎觅归路，家在牛栏西复西。"

不想转眼间浓云滚滚，电闪雷鸣，豆大的雨点子落下来。一个村妇在家门口见了他，忙喊他快来避雨。苏轼来至门内，问她稻子长势如何，村妇答道："托大人的福，长得大好，今年准丰收！"苏轼乐得连连道好，又问能不能借她家的斗笠和木屐。村妇忙回身取过来递给他，还嗔他说话太客气。

苏轼道了谢，戴上斗笠，脱下单鞋，穿上木屐，转身走向雨中。穿着木屐走路不便，样子显得有些别扭，他自己却浑然未觉。一路走过，村民们大笑不已，孩子们调皮地吹着葱叶跟在他身后看热闹，一只花狗也摇着尾巴跟着他走。

苏轼回到家中，丢下拐杖，自笑不停。苏过正准备做完饭去接他，见他回来，忙走过去问父亲为何发笑。苏轼道："盖自笑也；然亦笑韩退之钓鱼无得，更欲远去，不知走海者未必得大鱼也。所行处无非风雨，避之何为？前番在惠州，为父自称'惠州秀才'；此番投荒海南，便是'海南秀才'。悟得此理，何处不是故乡，何处不是乐土？！"

过了几日，苏轼同几个年轻人出去夜游，四更时才踏着月光回来。苏过忙迎上来，告诉他苏辙来信了。苏轼接过信，惺忪着醉眼，在灯下读了起来。读了几行，酒意全消，一脸凝重地放下信，半晌无语，落下泪来。信上说，哲宗驾崩，章惇被贬越州。

海南与中原消息不通，张中又因故久未来访，因此苏轼迟至此时才知道这等大事。哲宗对苏轼一贬再贬，只因少年心性，听信谗言，意气用事。苏轼对他并无怨言，想起数年师生情分，又念他英年早逝，较神宗之死更为可伤，久久不能释怀。章惇被贬，苏轼也全无幸灾乐祸之心，反倒大有同病相怜之感。更不知朝政又将发生怎样的变化，或许又将再起风波。

元符三年正月（公元1100年），哲宗嬉乐时喷血气绝而亡，年仅二十四岁。上年九月，刘妃为哲宗生了一个皇子，哲宗龙颜大悦，废孟皇后，立刘妃为后。谁知未到年底，小皇子夭亡。向太后在福宁殿召见众大臣，泣道："国家不幸，大行皇帝无嗣，事须早定。老身无子，诸王皆神宗庶子。"

章惇第一个站出来："以长，则申王当立。"大臣们都知申王是个盲人，不知宰相哪根筋搭错了，禁不住偷笑起来。向太后道："申王病，不可立。先帝尝言，'端王有福寿，且仁孝，当立'。"

章惇道："端王轻佻，不可以君天下。"言未毕，曾布叱道："章惇听太后懿旨！"向太后下令接端王赵佶入宫继帝位。曾布道："国家危难之日，臣请太皇太后权同处理军国事。"大臣们纷纷伏地："太后英明。""请太后垂帘听政。"

见大臣们众口一词，章惇声泪俱下："不可！端王性好游乐，偏嗜书画小道，宠信邪癖小人，若立为君，大宋危矣！"曾布斥道："章惇大胆，立嗣乃皇家之事,安得妄言?"见风使舵的蔡卞忙反戈一击:"章惇以势挟持太后,私立皇嗣,其心可诛。"向太后脸色一寒,命章惇为山陵使,办理先帝丧事。章惇悲怒交加,痛哭流涕而出:"曾布竖子,蔡卞小儿,大宋断送在你们的手里了!"

果如章惇所说,年轻的新君赵佶在皇家仪仗的簇拥下入宫,掀开轿帘饶有兴致地观望着宫殿,拍拍轿旁的宦官,头一句话就是:"朕要看南唐周文矩的真迹《重屏会棋图》,宫中可有?"一听说没有,急忙下令派人去找。

章惇合该倒霉,哲宗下葬那天,几百人牵运灵柩前往永泰陵,突然电闪雷鸣,风雨大作,民夫们四散而逃,灵柩被丢弃在野地。徽宗得知此事,龙颜大怒:"你好大胆!竟然弃先帝灵柩于野外,听任风吹雨打,你忠在哪里?!你的宰相不要做了,到越州去吧!"章惇跪在地上,冷汗直流,面色苍白。

这时,蔡京千辛万苦找到徽宗要的《重屏会棋图》,兴冲冲地拿进来。徽宗正在气头上,怒道:"国丧期间,朕看什么画?!你平日就和章惇裹缠在一起,章惇出京,你也不要留了,到杭州提举洞霄宫去吧!"蔡京如遭五雷轰顶,错愕片刻,忙跪下谢恩。

章惇失魂落魄,摇摇晃晃地走出殿来,突然仰天流泪大笑起来。见他这副形态,蔡京一脸鄙夷,暗道:"瞧你那样子,鹿死谁手还不一定呢!"

回到家中,章惇无神地坐在椅子上,如泥塑木雕一般。家丁们正在收拾东西,屋内一片狼藉。忽听见屋外传来一阵痛哭声,章惇不耐烦地叫道:"管家,管家!是谁在哭?"管家回道:"是公子、小姐为老爷鸣冤而哭。"章惇怒道:"他们哪里是哭我,他们是哭他们自己!以前我如何对别人家的儿女,而今也会加在他们身上,岂有不哭之理!"说罢,痛苦地闭上眼睛。

章惇一家从汴河码头坐船前往越州。章惇在船头站了半日,竟不见一人相送,心中感到万分凄凉,转而怒视岸上,举杖仰天怒吼:"一群竖子!小人!匹夫!本相离任,你们竟一个都不来送别!苍天,本相从此与尔等不共戴天!"此时,他仍自称"本相",不改宰相的脾气。汴河中,这一叶孤独的小舟渐行渐远,从此离开了汴京。

黄昏时，章惇呆立在船头，一手牵着幼小的孙儿，拄杖望着落日，愁眉不展。半晌，强笑道："孙儿，继续背诵《论语》。"孙儿迎着余晖，大声背诵："君子食无求饱，居无求安，敏于事而慎于言，就有道而正焉，可谓好学也已。"

章惇见旁边一渔翁正在撒网，问道："这位渔翁，可有鱼吗？"谁知渔翁笑道："没了，天下的好鱼都被章惇打尽了，只剩下些乌龟王八。"孙儿一愣，盯着章惇看。章惇举杖欲打渔翁，怒道："你再敢胡说，吃老夫一顿打！"渔翁急忙收网而去，悻悻地说："疯人！"

到了越州，章惇要出去散散心，牵着孙儿，与管家一同买米。三人来到粮店前，店老板见是章惇，低下头不搭理，只顾拨弄算盘珠子。管家连喊三声："店家，我买三石米。"店老板装作没听见。

章惇怒道："你这人耳聋了吗？"店老板抬头看看他，阴阳怪气地说："章大人，对不住，本店没米了。"章惇指着满屋的米袋，问道："你倒还认得老夫！这是何物？难道老夫老眼昏花看错了吗？"

店老板冷冷地说："章大人，这米不卖。"章惇质问道："为何不卖？"店老板头也不抬："不卖就是不卖，没有缘由。"章惇大怒："你是何意，要故意为难老夫？今日你卖也要卖，不卖也要卖！"

店老板起身拿木板封住店门："对不住，章大人，本店今日歇业了。"章惇怒不可遏，拿手杖猛砸店门："大胆刁民，狗眼看人低！给老夫脸色看，还轮不到你这业鬼畜生！"

路人都上前围观起哄。孙儿吓得号啕大哭，管家急忙拉住章惇，说道："老爷，算了，跟这种狗骨头计较什么，换家店就是！"章惇不住地咆哮："气杀老夫也！"

店老板从门内对着章惇的背影，轻蔑地说："要是苏东坡大人来买米，不给钱也卖他！"谁知章惇偏听见了，飞起手杖砸在店门上。

次日，章惇到茶肆看两个老者下棋，见一人落子不对，着急地说："不行，不行！你会不会下棋？此时黑棋当冲，白棋拐。黑棋此处破眼，白棋打，黑棋打劫杀子。"老者不耐烦地说："是我下还是你下？啰唆了这半天，也不嫌烦。"

章惇嘲讽地说道:"下棋讲的是'气势'二字。瞧你这棋下得这般瑟瑟缩缩,以棋观人,做人也定是小家子气。"老者不悦地说:"你看棋就看棋,为何说到我身上来?真是不可理喻。干脆我二人不下了,你一人来下就是,也落个清静。"

章惇不屑地说:"老夫何等身份,纡尊降贵指教棋道,你二人却不虚心听教,可谓不识好歹。"老者反唇相讥:"章大人,别忘了这里不是汴京,不是朝堂,更不是宰相府。这是越州的穷街陋巷,章大人何等身份,怎么到了这里呢?"章惇自知理亏,阴着脸不语。另一名老者凑趣道:"若在海南,苏东坡大人来教授棋道,我二人自当洗耳恭听,虚己而问。听说正是章大人当初执意要将苏东坡大人贬到那里,失敬,失敬。"

章惇大怒:"岂有此理,你二人敢编派老夫!"气得以手杖挑翻棋盘,棋子落得满地都是。两位老者离席而去,愤愤地说:"疯人,真是疯人!"章惇指着二人背影,怒狮一般地吼道:"滚!竖子小人,你们就不怕老夫有朝一日官复原职,来取你们的项上首级!"

回到贬所,章惇一脸颓然地坐在院内,孙儿在一旁的石案上抄写唐诗。一阵风吹过,将纸吹到屋檐上。章惇忽然大发雄心:"孙儿,你等着,爷爷给你取下来。"说罢,丢掉手杖,搬来扶梯架好,吃力地攀梯而上。孙儿见他手脚颤抖,吓得忙说:"爷爷,不要上去。我不要了,重写一张就是。"

章惇全然不顾,笑道:"孙儿,你是担心爷爷。告诉你,爷爷年轻时徒手攀越万丈悬崖,苏轼都不敢,爷爷却不惧。区区攀梯小事,不在话下。"正说着,不料两手一滑,摔落在地,惨叫一声,疼得几乎晕过去,忙喊孙儿快去叫人来。

章惇无奈地躺在地上,抬起头,见太阳渐渐落下,风吹着树叶微微摆动,一只鸟儿从上空飘然飞过。他觉得自己从未像此时这样衰老,不由得长长地哀叹了一声。米店老板、下棋老者的话,让他想起远在海南的苏轼——这位与他有着四十年恩怨的故人。

此时,苏轼正倚着一棵桄榔树而坐,在夕阳下看书。阿仔抱着一只小花狗走来:"我家的狗生了三只小狗。这只最好,请先生收下,养大后好给先生看家护院。"苏轼放下书,起身抱过小狗:"好,多谢阿仔。我也没什么可看可护的，难得你给我找了一个新朋友。"

阿仔惊奇地问道："先生，你也把狗当朋友？"苏轼摸着他的脑袋笑道："有何不可？它比人好多了。阿仔，你帮老夫增添了李斯未乐之乐！"阿仔听得一头雾水："什么是'李斯'？什么是'未乐之乐'？"

苏轼让他坐到身旁，告诉他：秦朝有个宰相叫李斯，他也喜欢狗，希望自己老来退休在家，牵着自己的黄犬游乐于东门之下。但他有私心，始皇帝驾崩以后，他听信赵高的谗言，合谋杀害了太子，拥戴胡亥登上了帝位。可好景不长，李斯也被赵高所害。临刑前，他哭着对儿子说，再也不能领黄犬以尽东门之乐了。

阿仔歪着脑袋道："他活该有这下场！先生，您有私心吗？"苏轼道："有，希望自己多活两年。"阿仔想了想说："这不叫私心。"苏轼笑问道："那叫什么？"阿仔想了半天，一脸难色："我说不出来。"

落日掉进林中，染红西边的天空。苏轼悠悠地说："人者，恶死而乐生者也。但在老夫今日看来，一切都该听命自然。若一味向天要寿，岂不也是贪吗？何处黄土不埋人？老夫若在此处天涯终了，有这云天碧海、绿树桄影常伴，也是求不来的好福气。"阿仔听了一愣，似懂非懂，两只大眼眨巴着。

夜间，苏轼仍在油灯下著书不辍。灯光越来越暗，苏轼扫兴地站起来叹道："又没油了。"苏过忙端着一个盛油的黑瓷碗过来，小心翼翼地将油倒入，告诉他太守张中又送了一碗豆油。

油灯又亮了起来，苏轼大喜："好极了。为父自来海南，《易传》《论语传》已完，《尚书传》已过大半。完成了这部书，就心无挂碍了。"苏过不解地问父亲为何要著《易传》。

苏轼搁下笔，起身道："这是你祖父的遗愿。再说，《易经》乃众经之首，是我华夏文化大本大源之结晶。过去注释甚多，莫衷一是。为父要根据自己所解，以为世人破读《易经》之用。真该感谢章惇，给了我这样一个安心著书的机会。作为读书人，还有比这更福贵的吗？"

苏过道："这倒也是。"又问："那夫子说的'学而优则仕'又当何讲呢？"苏轼一笑："学而优未必仕，未必能仕，若世间皆能按圣人的教诲去做，早就步入大同了。夫子当年也没能做到，周游列国，如丧家之犬；困于蔡，而著《春秋》。足见真学问往往不在于仕，而在于不仕；不在于达，而在于困。"

苏过点头道："孩儿明白了。依您的意思，章大人如今也可以做做真学问了。"苏轼摇头道："子厚此后若似为父一般，能为无事饮，可作不夜归，当能息心静气，闭户著书了。"

苏轼能为无事饮，可作不夜归，却不能点无油灯，更不能为无米炊。在惠州曾因家财几乎捐尽而没钱买米，在这里却是因过海运粮不便而绝粮。这日，苏辙带着儿子立在雷州海边，看着大风大浪，不见一只船，叹道："这大风刮了近一月，你伯父恐怕要断粮了，这可怎么办？"

苏轼家中存粮已不多，运粮船却还未到来。苏轼心知村民家中粮食也所剩无几，不便开口去借，叹气道："只有先省着点吃了。"这时阿珠急匆匆地跑来，告诉他黎寨又有不少人病倒，只怕又是痢疾。苏轼一听，忙与苏过忍着饥饿去山中采药。

苏轼将种种草药的叶或根采来，放在嘴里尝尝，突然失足掉进一个草木遮掩的深洞里。苏过大惊，忙跑过来。苏轼忍痛道："不……不要紧！下面都是枯叶，没……没有摔伤！"苏过把绳子放下去，苏轼攥在手里，试了几下，苏过拉不动，苏轼也爬不上来。苏过只好赶紧去村里找人来帮忙。

苏轼无奈地等在洞里，却见脚边有一只金龟，头向阳光，张开嘴，正静静地吞咽洞顶射来的阳光。苏轼心头一震，若有所思地点头。这时，苏过带着阿勇等一群人跑来，将绳子放到洞底，让苏轼绑在腰里。苏轼被拉上来，回头向金龟作揖："多谢了，金龟先生！"

次日，苏轼一大早起来，坐在院子里，迎着阳光，有节律地吐纳着。苏过在一旁静静地看着，等父亲睁开眼睛，忙问这是做什么。苏轼道："昔闻古人有'龟息之法'，练之可以辟谷，可以长寿，我尚不相信。前日掉到洞中，见有金龟，在洞底吞吐晨阳，方始有悟。此乃天缘！为父的早饭，不用吃了！呵呵，这粮食再迟些时日，也没关系！"苏过心疼地看着父亲，眼中满是泪花，说不出话来。

由于用药及时，黎寨中患痢疾的人很快就被治愈。儋州多热病痢疾，苏轼这日与葛贡到山间察看水源，想查出病因来。阿珠和几个黎人跟着葛贡，阿勇跟在苏轼身后。葛贡视阿勇如无物，众黎人也对他冷眼相待。

苏轼问葛贡："族人平日都喝什么水？"葛贡指着水沟，说喝的就是这样的水，又清又甜，说罢捧起就喝。苏轼惊问道："首领常喝生水？"葛贡答道："是啊。族人都喝这个。"苏轼若有所思，带着众人沿着小溪上溯，见前方草木将小溪遮蔽，忙叫阿勇透过草木取一罐水来。

苏轼接过阿勇递来的水罐，闻了闻，当下心中了然，回头对众人说："找到病因了。此地水质虽好，但溪水被草木遮蔽，水流不见阳光，易受腐败草木的污染。人若饮之，易生肠胃之疾；若是生饮，那就更易生病。"众人恍然大悟："是啊！是啊！"葛贡忙问该如何应对。

苏轼不假思索地答道："打井！"众人都惊讶地看着他。阿勇问道："什么是井？"葛贡瞪了他一眼，阿勇急忙低头噤声。阿珠趁葛贡不注意，偷偷挪到阿勇身边，拽了一下他的衣角，二人相视吐舌而笑。

苏轼解释道："就是从地表往地下挖一个又深又大的洞，一直挖出水来，我们就吃那里边的水。中原地区，都是如此。"见众人面面相觑，又捋须笑道："此乃小事一桩。待老夫打一口井出来，你们就明白了。"

回到桄榔庵，苏轼便召集村民来帮忙挖井，葛贡也派人回去叫了更多的人来帮忙。众人热火朝天地挖了半日，终于见到水了。阿勇提上一桶水来，众人都请苏轼喝第一口。苏轼喝了一口，赞道："好水！"众人欢呼："井成了，井成了！"

葛贡笑道："我提议此井叫作'苏公井'，如何？"众人欢呼道："好，好，就叫'苏公井'！"苏轼摇头道："非也，非也。"又看看葛贡、李老汉二人，捋须道："我看应该叫作'亲家井'。"众人先是一愣，随即明白，哈哈大笑。葛贡、李老汉二人也尴尬地笑了笑。阿珠和阿勇遥遥相望，柔情脉脉，抿嘴而笑。

第二天一早，苏轼便带着阿勇去黎寨挖井。阿勇领着几位黎族壮丁在打井，苏轼与葛贡在一旁观看。阿珠远远地站在一边，两眼盯着阿勇，又不时忌惮地瞟瞟葛贡，不敢上前来。

苏轼看在眼里,悠悠地说:"阿珠小姐在学堂中聪慧敏求,日后可知书达礼。"葛贡苦笑道:"要不是苏大人执意留她,我怎会让她出寨上学?我这女儿性如烈火,最是管束不住,此前那件事也还没了结……"

苏轼趁机道:"老夫向首领再进一言,阿勇与阿珠的确是真心相好,首领该成全他二人。"葛贡忙正色道:"阿珠虽在汉人的学堂上学,将来还是要同黎人成婚的。说实话,若不是看在苏大人的面子上,阿珠是连学堂都不能去的。"

苏轼微笑道:"也罢,也罢。阿勇这孩子天资甚高,读书也很用心。老夫打算让他过几日赴广州赶考,不知他能否考中。"葛贡瞟了一眼正在卖力挖井的阿勇,又正视前方,不置可否。

阿勇提上来一桶水,走过来说:"大人、首领,出水了。"苏轼和葛贡忙上前,众人围拢过来。苏轼道:"葛贡首领,你喝一口吧!"阿勇热情地将水桶递过去,葛贡迟疑了一下,接过水桶,喝了一口,赞道:"好!"众人齐声欢呼起来。

苏轼高举水桶,高声道:"大家听好,以后要饮井水,喝煮开的水,便能杜绝热毒痢疾之患。"众黎人欢呼着:"苏大人说什么,就是什么!"

阿勇高兴地笑了,拿袖子揩揩脸上的汗,向远处的阿珠瞟去。阿珠也正向这边瞟来,二人目光一接,做了一个只有他们知道含义的手势。

几日后,阿勇坐船到广州赶考。苏轼父子与李老汉一家一同到海边送行。阿勇站在船上,向众人挥手告别。苏轼挥手道:"此去平安。记住,海南岛上还没有一个秀才呢!"

船渐行渐远,阿勇遥望海岸,不见阿珠身影,心头不禁怅然若失。忽然耳边传来一阵用竹叶吹出的呼哨声,阿勇举头一望,见阿珠站在岸边的椰林内向自己挥手告别。阿勇向她扬手作别,满脸喜悦。

阿珠脸上挂满泪珠,用竹叶吹出黎族小调,不断挥着手。苏轼微笑着对苏过说:"记起旧作《水龙吟》一阕,'萦损柔肠,困酣娇眼,欲开还闭。梦随风万里,寻郎去处,又还被莺呼起'。"

远在几千里外的京师,朝政正悄然发生着变化。徽宗起先还励精图治,过了几个月,酷爱玩乐的本性渐渐显露出来。这天,徽宗在临摹作画,不时抬头看着身边一群宦官、宫女踢蹴鞠,见宦官、宫女总接不住球,反倒狼狈不堪,登时兴致盎然,搁下笔来,沉思片刻,微笑道:"对了,去传高俅来!"

高俅匆匆过来,徽宗笑道:"偌大宫中竟无人有你的蹴鞠技艺,朕都想念你的鸳鸯拐了。"高俅诚惶诚恐地说:"承蒙陛下恩典,微臣献丑了。"徽宗对众宦官下令:"将朕的画台前挪三尺,朕要看个真切。"

众宦官依命将画台前挪三尺,铺好画纸。徽宗欣然就座,提笔运神。高俅施展出浑身解数,球就像黏在脚上一般,让人着实赏心悦目,直看得人眼花缭乱,博得一片叫好声。

徽宗见此,淡笔轻勾,一幅《蹴鞠图》一挥而就,登时满纸生辉。众宦官、宫女啧啧赞道:"陛下丹青妙笔,举世无双。"徽宗更觉得意,起身笑着对高俅说:"朕也要与你踢几个回合。"

君臣二人各施神技,一时喝彩声迭起。踢了许久,徽宗累了,摆手叫停,气喘吁吁地说:"够了,够了,朕踢不动了。问天下蹴鞠者,朕谁与同?唯高俅尔。"高俅谄媚地施礼道:"陛下百艺皆精,英才盖世,非真龙天子不能也。"

徽宗入座,拿起丝绸汗巾擦汗,悠悠地啜饮香茗,环视一周,沉醉在繁华美好的宫苑景致中。杯盖轻轻地磕着杯口的瞬间,他的心中闪过一丝阴影,脸色微沉,低声细问道:"章惇现在越州过得如何?"高俅眼珠一转,说:"微臣听说他不肯放下宰相架子,脾气仍是很大,还说来日等他官复原职以后当如何如何。"

徽宗眉头一皱,转瞬又微笑道:"原来章大人身处江湖之远,还心系庙堂之高呀!"高俅恨恨地道:"章惇历来妄自尊大,目无圣上,且毫无悔改之意。微臣以为此等倚老卖老之人该再贬之。"

徽宗似未听见一般,只是微笑,拿起刚才所画的《蹴鞠图》端详半日,问高俅:"你以为朕这幅画如何?"高俅躬身细看一番,谄笑道:"惜墨如金,意在笔先。"徽宗满意地点头:"你比他们都懂画。那依你之见,章惇该贬往何地?"高俅道:"越远越好,岭南蛮荒可矣。"徽宗仍在看画,似心不在焉地说:"那好,就让他到雷州去吧。"

高俅见徽宗优哉游哉地品茶，轻声道："微臣以为，凡是章惇贬过的老臣，都该让他们回京，可杀章惇嚣浮之气，更显陛下龙威！"宋徽宗缓缓地放下茶盏，思量道："朕记得一干老臣中，唯苏轼被贬得最远。他书画俱佳，让他回京如何？"

高俅忙道："微臣以为不可，苏轼有朋党之嫌。"宋徽宗颔首道："那就先让苏轼安置廉州吧。苏辙、秦观等人也作如此安置。传朕的旨意下去。"说罢，又拿起画细看起来。

不日，章惇接到诏书，心中愤恨，只得带着一家子再起程赶往雷州。一路颠簸，再加上心烦意乱，颇显潦倒，人瘦了许多。到雷州下车后，章惇去找房子租住，牵着孙儿慢慢走在前面，管家跟随其后。

章惇走到一家门前敲门，开门的男子问他找谁。章惇仍是一脸傲气："有房子出租吗？"男子问道："请问从哪里来，贵姓大名？"章惇傲然道："从汴京来，老夫名唤章惇。"男子没好气地丢下一句"没房"，"咣当"一声把门关上。章惇一愣，抢上前一步。管家见状，忙上来劝止。

章惇只得忍气吞声，继续前行，来到另一户前敲门。户主老头一见章惇，忙将门关上。章惇正欲发作，管家忙又摆手劝止。

又来到一户门前，章惇正欲敲门，转念一想，叹了口气，抬抬手杖示意管家敲门，自己尴尬地避到一旁。管家敲开门，问道："这位大嫂，有房出租吗？"开门的妇人道："有哇。你们是哪里人士，贵姓大名？"管家赔着笑说："我们是京城人，我家老爷是前朝宰相章大人。"

妇人冷冷地说："哟，原来是宰相大人！他也有今日？三年前苏辙大人被贬到这里，他不让人家住官舍，苏大人无奈租了民房。嘿，他派那董必来，硬说人家强占民房，再贬循州。我们太守是多好的一个人，被定了个'厚待罪臣'的名。今日我若把这房子租给他，再落个'厚待罪臣'之名，谁来保我这小民呢？再说，我就是租给他，雷州人也不答应。我还得在这里祖祖辈辈地住下去呢！雷州人都齐了心，他休想租到房子！"言毕，"咣当"一声关上门。

管家啐道："狗眼看人低！"章惇闪出身来，怒吼一声，欲举杖砸门，被管家一把拉住。他的家眷纷纷从车上下来劝阻，孙儿又吓得号啕大哭。章惇举杖对天长啸："你们不租房给老夫，老夫不求你们，老夫自己盖房住！孙儿不许哭，我章家人都是顶天立地的汉子！"一时气不顺，晕倒在地。众家眷和管家急忙上前扶起。举街家家闭户，一片寂静。

次日起，章惇一家自己动手，搭建住所。孙儿也试着搬运木料，倒是乐在其中，并不懂得大人们的辛酸苦恼。章惇拄杖立在一旁观看，仍是一脸不服输的乖戾之气。过往的路人驻足观看，议论纷纷。

章惇像是自言自语，又像是说给路人听："云里千条路，云外路千条。有人不租屋给老夫住，以为老夫就要露宿街头，成了老叫花子。但老夫是何等人物，自己盖屋自己住，求人不如求己，倒要让你们好瞧！"

众路人见他沦落至此还这么嚣张跋扈，纷纷摇头苦笑，一下子全走开了。章惇顿觉索然无味，显出憔悴的神色，又剧烈地咳嗽一阵，难受得直弯下腰去。管家忙上前扶他进车歇着。章惇逞强地摆手，又是一阵咳嗽。

新房终于盖成，门上贴着通红崭新的对联，上面写着"祥云浮紫阁，喜气溢朱门"，顶上横批是"乔迁之喜"。一家子站在门外，准备入住。见家里人面色凝重，并无丝毫喜色，章惇怒道："你们为何个个都拉着脸？新居好不容易建成，大喜的日子，就不能高兴一些吗？"

管家小声劝道："老爷，高兴是高兴，只是这时候不比寻常，却也不宜声张。"章惇两眼死死地瞪着他："为何不能声张？本相偏要大张旗鼓，叫他们看看，本相不用租他们的房屋也能安土重居！"

管家忙劝道："老爷，轻声一些，隔墙有耳，窗前有人，莫让人听见。"章惇怒道："听见就听见，怕什么？难道本相还怕这些刁民竖子不成？"管家为难地说："若让人听见报了官，只怕又让朝廷那帮小人抓了把柄。"

章惇怒道："老夫何惧之有？去，去将爆竹拿来，老夫要庆贺！"管家见章惇瞪着他，只好取来一串爆竹。章惇接过爆竹，亲手点燃。"噼里啪啦"一阵爆响，路人都驻足观看，或面无表情，或脸露不屑，无一人叫好。章惇对此似浑然不觉。爆竹燃尽，化作一阵灰烟。章惇一脸孤傲地带领家人走进屋内，关上大门。

## 七十二　　巨星陨落

章惇盖新房，没有一个老百姓来帮忙。第二天出门时，看到门口、屋顶上被铺天盖地的烂菜、臭鸡蛋和烂荔枝等弄得乌七八糟、惨不忍睹，登时险些背过气去。这和苏轼造桄榔庵的情景比起来，可谓天壤之别。

苏轼住在儋州，最爱做的就是和陶渊明的诗，每一首都和遍了，有的诗还一和再和，乐此不疲。他早年也爱陶诗，但越到老年，被贬得越远，才越有深刻体会，越能悟得其中滋味。

这日，苏轼又写了一首："新浴觉身轻，新沐感发稀。风乎悬瀑下，却行咏而归。仰观江摇山，俯见月在衣。步从父老语，有约吾敢违。"苏过拿起来念罢，品味许久，赞不绝口："父亲有的诗写得比陶渊明的原诗都要好。这些诗正可谓'外枯中膏，似淡实腴''绚烂至极，归于平淡'。"

苏轼正看着窗外，笑道："好，过儿也会评诗了。为父残生就蜗居在这海南桃源仙岛上，做个域外陶渊明。如今正是'回首向来萧瑟处，归去，也无风雨也无晴'。"苏过也向窗外远处望去，不禁一脸神往。

忽然听见一阵喧哗，苏轼转头望去，只见阿勇与李老汉、阿福、阿仔还有好多村民带着酒食，一路欢呼着奔跑而来。阿勇脚还没进门，就欢天喜地喊着："先生，我回来了！"苏轼心中早已猜到几分，忙满脸微笑地起身迎出去。

李老汉热泪盈眶，激动地说："苏大人，阿勇在广州中了秀才！托苏大人的福，他可是我们儋州的第一个秀才！您不仅救了阿勇的命，还让他考上了秀才，这可让我怎么谢先生啊？"阿勇也文绉绉地说："若不是得益于先生言传身教，阿勇怎能有今日？"苏轼笑道："谢什么，利人莫大于教，老夫也高兴。老夫早已料到阿勇会有今日。"

阿福拍拍手中的大酒坛子："苏大人，村人都邀你一同去饮酒庆贺！"村民们齐声附和。苏轼越发高兴，豪气干云地说："是该庆祝。这里太拥挤了，咱们到学堂去，一醉方休！"众人簇拥着苏轼，欢呼着往学堂去了。

村里出了儋州第一个秀才，全村人都万分高兴。学堂里早已满座，有的干脆就随意地坐在地上。阿黑、阿六奉葛贡之命给苏轼送来两坛黎家米酒，也被拉着不许走。众人喜笑颜开，载歌载舞，飞觥献斝，月上枝头时还兴致不减，都有了几分醉意。

村民们争着向苏轼敬酒，每人都有一套劝酒词，感谢他治病救命之恩，感谢他教会他们用药治病、用牛耕田、挖井取水、认字读书，感谢他让这里改掉种种陋习、成为文明开化之地。苏过见父亲已醉眼蒙眬，附耳劝他少喝些，小心醉了。但苏轼酒兴正浓，来者不拒，端起碗来潇洒地仰脖一干而尽。

李老汉一家更是敬了又敬。阿勇敬酒时说："先生来这儿之前，各族不睦，纷争不断。先生一来，则气象承平，化干戈为玉帛，各族受益获利。阿勇对先生万分敬仰，感恩不尽！"众人哄笑道："阿勇中了秀才就是不一样，说的话都让人听不懂了！"阿勇又请苏轼给学堂起个名字。苏轼道："今日是学堂出第一个秀才的日子，大家饮酒庆贺，载歌载舞，就叫它'载酒堂'如何？"众人齐声喝彩。

阿仔也调皮地捧着一小碗酒来到苏轼面前："苏爷爷，我也敬你一碗酒。你是上天派给我们的神仙，阿仔跟先生读书识字，就是神仙的学生了！"众人都大笑起来。苏轼笑逐颜开，摸着他的脑袋说："好，你我师徒二人饮尽这碗神仙快活酒！"阿仔抿了一小口，辣得直叫唤，众人笑得更欢。

李老汉第三次端着酒过来，恳切地说："苏大人，你能答应我们，以后就在我们儋州住下，再也不走了吗？"苏轼高兴地说："小舟从此逝，江海寄余生。老夫也正是这么想的！"众人大声欢呼起来，学堂里一片沸腾。

正在此时，张中跨进门来，见学堂里这么热闹，笑道："苏大人，你好雅兴！难怪四处寻你不着，竟躲在这里畅饮。待本官也来凑个热闹！"苏轼拊掌大笑道："原来张大人也跟老夫一样,贪恋这壶中日月、醉里乾坤。来,快来,你我二人共饮一杯!"

张中喜形于色,高兴地说:"且慢饮酒。本官特来告知苏大人,大人遇赦于朝廷。朝廷已下书将大人调往廉州,大人即日就可渡海往廉州去也。此乃可喜可贺之事,本官特向大人道喜来了!本官想来,天下人此时都在为苏大人高兴呢。"听了这贺喜之词,众人登时酒意全消,停止了说笑,怅然地各自坐下,学堂内霎时变为一片死一般的寂静。

张中奇怪地瞧瞧众人,又见苏轼苦着脸,惊异地问道:"奇怪,难道苏大人听了这消息不高兴?"苏轼摇头叹气,哭笑不得地说:"张大人,你可知道,老夫好不容易找到一处桃源仙岛落脚,如今却又要漂泊无定了。"

回家的路上,苏轼心中百感交集,带着醉意来到海边,行走在沙滩巨石之间。苏过在一旁默默地搀着他。月光如水,照亮了岸边,海潮汹涌,波光粼粼,涛声阵阵,海浪拍打着巨石。巨石边系着一只独木舟,随着潮水的起落漂荡不已。

苏轼醉态可掬,抬头望望明月,仿佛回到孩童时一般,躺倒在巨石旁,唤苏过一同躺下。苏过劝道:"父亲,我们回家吧,岂能睡在这里?"苏轼享受地闭上眼:"幕天席地,有什么不能躺的?!"

父子俩并排躺着,望着天上那轮皎洁的明月。潮涨而来,海水漫过他们的鞋与袍。苏过坐起来劝道:"不行,父亲,你的鞋都被海水浸湿了,小心染上风寒,我们还是回家吧。"苏轼摇头笑道:"既来之,则安之。为父以此地为家,有何不可?"苏过无奈地苦笑着躺下。

又一阵潮水涌来,漫过了苏轼的衣襟。苏轼只顾仰望明月,又看着岸边那摇摆不定的独木舟:"树欲静而风不止。为父原已心如止水,愿在此岛终老葬身。但命者,天之命也,非人为也。如今又要离开了。你看,为父像不像那边的独木小舟,随潮涨潮落,漂泊无定?"苏过也盯着那独木舟,若有所悟,长长地叹了口气。

苏轼回想起自己大半生的漂泊遭际,闭上眼,近乎贪婪地呼吸着这天涯海角的咸涩微风,悠悠念道:"心似已灰之木,身如不系之舟。问汝平生功业,黄州惠州儋州。"苏过疑惑地看着他:"这三处可都是您的贬谪之地,为何说是'功业'？"苏轼笑道："'诗人例穷苦，天意遣奔逃。'穷苦之日，贬谪之地，才是诗人真正建功立业之时、之处！"

苏轼摇摇晃晃地站起身，走到独木舟前，解开绳绊。独木舟趁着落潮漂走，在海水中起起伏伏。苏轼望着越去越远、渐渐消逝的小舟，喃喃道："心似已灰之木，身如不系之舟……"苏过也望着海面，不觉泪流满面。苏轼叹道："要说没有牵挂，也不尽然。世人有'苏门四学士''六君子'之称，我给他们带来的可都是灾祸！少游他们，不知怎样了。"

近日秦观已遇赦放还，行至滕州。这天，带着书童秦香出游散心。苍翠的山间，一座古寺卧在云中，寺前的竹林间有一座华光亭。秦观有些累了，坐在亭中摇扇纳凉，失神地望着南方："先生不知何时才能归来？"

许久，他长长地叹了口气，对秦香说："昨夜，我偶得一梦，梦见乘云游天，见一仙人，仙人吟出一首好词，此时我还记忆犹新：'西城杨柳弄春柔。动离忧，泪难收。犹记多情曾为系归舟。碧野朱桥当日事，人不见，水空流。　韶华不为少年留。恨悠悠。几时休？飞絮落花时候一登楼。便作春江都是泪，流不尽，许多愁。'"秦香赞道："真是好词！"

秦观有些口渴，命秦香到寺中取碗水来，自己来到亭外竹林，看看竹石风景，颇为满意，找了一处奇石，细心地拂去尘土，依石而坐。秦香很快取来一碗清水，却不见秦观，忙四处喊道："先生——"秦观应了一声："在这里。"

秦香忙把水端过来。秦观笑了笑，伸手去接碗，却停在半空，定格似的再也不能动。一代词人，就此神态安然地与世长辞。

秦香惊得连手中的碗都跌碎在地，抓住他的手臂使劲儿摇晃，不断喊着："先生！先生——"见再也摇不醒他，即刻抱着他的尸身号啕大哭："先生啊，你怎么连碗水都没喝上！先生……"

此时，天地间似乎响起一阵缥缈的歌声，轻轻托起秦观，送往愁海情天："飘零疏酒盏，离别宽衣带……携手处，今谁在？日边清梦断，镜里朱颜改。春去也，飞红万点愁如海。呀，飞红万点愁如海……"

不久，苏轼得到噩耗，几天吃不下饭，恸哭道："少游不幸逝于道路，世岂复有斯人乎?!"双手颤抖着在扇子上写下秦观的"郴江幸自绕郴山,为谁流下潇湘去"两句词,并缀以悼词:"少游已矣,虽千万人何赎!高山流水之悲,千载而下,令人腹痛。"

那晚得知苏轼要离开海南,阿勇连夜去找阿珠,在寨外学了一声特异的鸟叫。听到暗号,阿珠忙溜出来,到寨外树林中与他相会。月色溶溶,树影如水,二人背靠背坐在树下,有说不完的话。阿勇见月亮又移到西边一棵树的梢头,劝道:"你该回去了,你阿爹若知道,又要发火骂人了。"

阿珠故意怄他:"也许不干我阿爹的事,是你去广州见了世面,就不想再见到我了。"阿勇急了,转过身去赌咒:"你说哪里话?我对你的心,要是会变,就让我出海以后掉进海里喂鱼!"阿珠一听也急了:"我随便说一说,你就认真了,你说这不吉利的话做什么?"

阿勇黯然道:"先生这一走,只怕再难见到他了!"阿珠坐起身来着急地说:"趁先生还没走,你去求先生找我阿爹,让我阿爹应了我二人的婚事。这岛内,只有先生的话我阿爹才肯听的!"阿勇固然知道这月老只有苏轼能做得,心里一万个想去求他,但实在不忍给老人再添麻烦,无奈地说:"先生已经救过我的命,还教导我们读书识礼,我不想再劳烦他了。况且他那么大年纪,离岛还有很多事要忙。"

不等他说完,阿珠盯着他问道:"那你我二人之事呢?"阿勇咬着嘴唇,低头哀叹道:"只有交由天定了。"阿珠登时生起气来:"我俩的事交给天定,你就好撒手不管了!你出去一趟,就认不得我阿珠是谁了?"说罢,负气起身跑回去。阿勇忙起身追了过去,又不敢高声喊她停下。

次日,阿勇终于鼓足勇气来到桄榔庵,但支吾了半天也没好意思开口。苏轼早已心知肚明,笑道:"你不说我也知道,此事不办成,老夫就不走。你去拿一只腊猪腿,跟我去黎寨。"阿勇大喜,又担心地问道:"先生,这样恐怕不行吧?"苏轼自信满满地说:"老夫说行就行,你只需言听计从。"

苏轼和阿勇来到黎寨。黎人们瞭着阿勇肩上的腊猪腿,看得他心里很是发慌。苏轼见他的那头老牛在温顺而安详地犁田,跟阿勇说:"与老伙计打个招呼去。"说罢，扎起衣袍，下到田中，拍拍老牛的牛背，摘下一把草喂它。老牛"哞"了一声，甩着尾巴。苏轼不舍地说："老伙计，老夫就要走了，你可要好好帮人家耕田。来世若投胎做人，千万不要做官，做个小百姓就好。"牛抬头看着他，又"哞"了一声，尾巴甩得更欢。众人都笑了起来。

苏轼来到葛贡的竹楼。葛贡叹道："苏大人这一走，我们的日子过得就像那饭菜里不添盐——没滋没味。苏大人的大恩大德，本寨族人永世不忘！"苏轼道："首领言重了，这些区区小事都是老夫分内该管之事。只是还有一桩分内之事，老夫却一直没管好。"说罢，苏轼向一旁的阿勇使了个眼色。

阿勇看看苏轼，横下心来，将腊猪腿奉上，向葛贡跪倒："恳请首领将女儿阿珠许配给阿勇。阿勇会不分族群，不分门户，一生一世只待阿珠好！请首领答应了我们两个！"葛贡一惊，却不言语。苏轼劝道："老夫临走之前，只有这块心病未去。阿勇在此地后生中超群出众，人品好，如今又中了秀才。他与阿珠的确是真心相好，首领若成全他二人好事，则汉黎两族和睦有望，可累世通好。这可是功在子孙的大事！"

葛贡迟疑地说："可是汉黎不通婚，是自古以来的规矩。"苏轼故作神秘地笑道："不错，不过规矩也不是不可以变通的。在老夫看来，此事可做到既不违犯族规，又能成全阿勇、阿珠二人。"

原来葛贡对阿勇也很有好感，只是族规难违，听了这话，眼前一亮，满怀期待地看着苏轼。苏轼道："若老夫与首领结为兄弟，咱们同是一家人，由老夫出面证婚，则阿勇与阿珠结为夫妻，有何不可？"葛贡心中大为动摇，但仍有些拿不定主意，起身不住地徘徊。

阿珠忽然冲了进来，跪在葛贡面前哭道："阿爹，你就成全了我们吧。阿勇虽是汉人，但他待我好！他和我，从不分黎人或是汉人，两个好作一个人。阿爹，你就成全了我们吧！"

见葛贡已被阿珠的言语打动，苏轼趁机戏谑地说："天下之大，愿与老夫结为兄弟者何止万千，恐怕也只有你一人会作迟疑吧。呵呵！"葛贡终于下定决心，痛快地说："好！苏大人，本首领答应你，咱们歃血为盟！"

苏轼带着李老汉一家，又召集几十名汉人，来到黎寨外的广场上。广场上早已布置好祭坛，旁边站着黎汉两族百姓。两族的百姓喜气洋洋，乌压压地跪了一地。苏轼、葛贡各站在祭坛的一侧。阿黑把鸡血先滴在碗中，再滴入酒坛中。阿六抱起酒坛，将酒倒入两个黑瓷碗中。

苏轼与葛贡用鸡血抹红嘴唇，端起酒碗，单腿跪地，对天发誓："苍天在上，苏轼愿与黎族土司葛贡结为兄弟，同生死、共患难，若有违誓，天诛地灭！""苍天在上，葛贡愿与内翰大人苏轼结为兄弟，愿与汉族兄弟永世修好，同生死、共患难，若有违誓，天诛地灭！"

广场上两族百姓齐呼："若有违誓，天诛地灭！"几声锣响后，喇叭齐鸣，铜鼓"咚咚咚"响起。苏轼与葛贡将酒一饮而尽，然后将碗摔碎在地。全场站起，一片欢腾。

夜里，广场上燃起熊熊篝火，两族百姓围着篝火载歌载舞。苏轼与葛贡、李老汉等人开怀畅饮。阿勇、阿珠端酒过来，一齐跪敬苏轼、葛贡、李老汉，三位老人碰碗畅饮。苏轼向葛贡敬酒："葛贡兄弟，这一恭贺你喜得贤婿，其二恭贺汉黎通好，葛贡兄弟为子孙后代造福积德！"

葛贡豪爽地笑道："苏兄告诉我，要视天下如一家。若不是苏兄这句话，我又怎么能做到？"苏轼高兴地大笑："视天下如一家！来，葛贡兄弟，为天下如一家，干！"苏轼等人有意不提离别之事，把不尽的伤感深藏在心底，只是纵情饮酒。广场上充满欢声笑语，彻夜不休。

苏轼临行前，最后一次把学生们召集到学堂。学生们端坐听教，村民们在学堂外静静旁听。苏轼伫立在讲堂中央，肃然道："诸位学生，为师即日就要起程渡海离开儋州，这是为师为你们讲授的最后一堂课。"众人都黯然垂首，有的伤心落泪……

苏轼正色道："为师可走，但学问不能止。你等非为为师而学，而是为学而学，因此为师走与不走，你等仍须静心向学。为何要学？玉不琢，不成器；人不学，不知道。虽是为师引你等入门，但应师其意而不师其辞，也不能拘泥于为师所讲，当融会贯通。学者为何？学在于行之。所谓不闻不若闻之，闻之不若见之，见之不若知之，知之不若行之。老夫的老师叫欧阳修，他说：'君子之学也，岂可一旦而息乎？'这话也是讲给你们听的。"学生们纷纷点头。

苏轼问阿仔："你年龄最小，听懂为师的话了吗？"阿仔起身答道："先生，学生听懂了。"苏轼捻须微笑，让他背一段《礼记·学记》。阿仔流利地背道："玉不琢，不成器；人不学，不知道。是故古之王者，建国君民，教学为先……"苏轼频频点头赞许。

苏轼北归后，他在海南的学生姜唐左举乡贡，而另一名学生符确则成为海南历史上的第一个进士。从此，儋州文教大兴，后又有多人中进士。

苏轼走的那天，太守张中和众官员，汉黎两族百姓都来送行。张中贺喜道："章惇已贬，此次内迁，朝廷必有深意，元祐党人可东山再起了。"苏轼故意说："苏某有党吗？"张中忙道："张某失言了。"苏轼摇头道："不是大人失言，是人们都这么看。但以老夫看，如今的朝廷，万事俱不可为了！"张中"啊"了一声，苏轼叹了口气，不再言及此事。

李老汉泣道："先生，我们怕是再也见不着您了。"苏轼紧紧握着他的手，殷殷嘱咐道："老兄，吃井水，喝开水，有病吃药，用牛耕地，这些事仍有儋人不习惯为之，还得靠你们！千万，千万！"李老汉跪倒在地："苏大人放心，我们一定照大人的意思办。"苏轼忙将他扶起。

葛贡上前恳切地说："苏大人，要不是你，我们黎汉两族还不知要仇杀到哪天。"苏轼谦道："我们是兄弟，兄弟之间不用说这个。"

苏轼看着众人，强笑道："诸位，回去吧。我苏某是真舍不得走，可是不得不走啊！"阿福与老三抬来肩舆，含泪道："苏大人，上来吧。"苏轼父子向众人依依道别，坐上肩舆，不断回身向众人挥手。众人望着苏轼远去的身影，一齐跪拜，忍不住哭出声来。

苏轼父子来到儋州码头，天上突然下起了雨。夜里，雨过天晴，风平浪静，星朗月明，海天一色。似乎老天有意用雨丝留苏轼在此颐养天年，但终于明白留他不住，只好放晴，让他一路走好。

苏轼站在海边，望望夜空，向陆地方向深情眺望，吟道："参横斗转欲三更，苦雨终风也解晴。云散月明谁点缀，天容海色本澄清。空余鲁叟乘桴意，粗识轩辕奏乐声。九死南荒吾不恨，兹游奇绝冠平生。"

苏轼父子漫步在沙滩巨石之间，这是他们最后一次在这里漫步。苏轼来到一块巨石旁，从苏过手中接过巨笔，饱蘸自制的浓墨，在巨石上写下了"天涯"两个遒劲有力的大字。

父子俩坐在"天涯"二字前，望着茫茫海面。

苏轼问苏过："人生之大道是什么？"

苏过道："孩儿不知，请父亲明示。"

"忠君爱民！"

苏过沉吟片刻，问道："那是先君后民呢，还是先民后君呢？"

苏轼深情地看着他："问得好哇！我问你，民有错吗？"

苏过道："民无错。"

"君有错吗？"

"君有错。"

"既然民无错而君有错，那你说是该君在先呢，还是民在先呢？"

"孩儿不敢说。"

"说吧。"

"既然如此，忠君实是忠民、忠道。对一家一姓一人之君，不可愚忠，更不可死忠。故民在先！"

"对了。这就是忠君爱民的真义！记住了吗？"

苏辙听说哥哥北归，欢喜万分，忙去信邀他举家来颍昌一同居住终老。但苏轼回信说：苏辙家里人本来就多，也不富裕，自己一家三十余口再去，怕加重他的负担；再者政局不稳，不知几时又有变故，不愿住在京畿附近，苏迈等人俱在常州，都盼着他回去。兄弟二人不能相见，是天命使然，又能如何？苏辙读罢此信，泪水潸然。

苏轼垂老投荒，前后七年，得以生还的喜讯一时传为奇迹，轰动天下。他早就以政绩和文章扬名四海，成为天下士绅、百姓心目中独一无二的神一般的人物，所到之处，人们争相一睹他的风采。

没几日，苏轼父子乘船过海行至雷州码头，落帆靠岸。雷州城可谓万人空巷，码头上早就人头攒动，等待着苏轼的到来。见苏轼信步走上岸来，纷纷喜道："苏大人来了，苏大人来了。"一时后面的人都呼啦啦地往前拥，前头的人险些被挤倒。

雷州太守魏知几早在码头等候多时，忙迎上来请苏轼到城中准备好的馆驿中安歇。苏轼怕自己是戴罪之身连累他步了詹范的后尘，忙道谢婉拒，又请他帮忙租一条船。魏知几一口应下："好，好。哪里用租，马上去办。"

此时章惇正百无聊赖地坐在家门外，闭着眼晒太阳，孙儿在一旁玩耍。一只大绿头苍蝇嗡嗡地在面前盘旋，挥之不去，章惇很是烦闷。突然，他听见两个路人谈话："听说苏东坡大人已北归内迁了。""那可好。真想见识见识这位神仙的真颜。"

章惇一惊，睁开眼，凝神仔细听二人谈话：

"苏大人如今名满天下，声誉日盛，想去欢迎招待的人何止你我。"

"是啊，是啊。听说苏大人在海南又写了无数诗文，文采卓然，举世无双，真想拜读。"

"我前日刚听到苏东坡大人的一则笑话。"

"快讲来听听。"

"苏大人在海南之时，中原都传他已死。他这次回来，有人设宴款待他，问及此事。你猜苏大人如何说？"

"苏大人如何说？"

"苏大人说，不错，我是死了，并且还到了阴曹地府，但在阴间路上遇见了章惇，于是又决心还阳了。"

二人相视大笑。章惇气得满脸紫胀，呼呼直喘，用尽全身的力气，将手杖扔出老远。孙儿一脸惊异地看着他。一条野狗跑过来，嗅嗅手杖，又无趣地跑开。回到院中，章惇徘徊于树下，口中呓语，好似疯了一般。

这时，管家走来呈上公子章援的家书，告诉他里面附有苏轼的一封信。章惇接过信，满腹狐疑。此前，章援给苏轼写信，大意说：身为您的门生，不敢来拜访，家父的缘故使我再三踌躇。先生今后若有辅佐君王之时，一言之微足以决定别人的命运。苏轼心知章援是怕自己一旦得势后以同样的方式报复章惇，当即回信陈明心迹。

"我与丞相定交四十余年，虽中间出处稍异，交情固无所增损也。闻其高年寄迹海隅，此怀可知。但以往者更说何益？唯论其未然者而已。"章惇读罢，心中五味杂陈，激动得浑身颤抖，失神地嗫嚅着："'但以往者更说何益？唯论其未然者而已。'"忽然将信扔下，仰天长吼一声，双腿一软，跪倒在地，号啕大哭："子瞻，子瞻啊……"

快到常州时，苏轼又犯了热毒。此病在惠州时就已染上，时好时坏，此时的苏轼下痢不止，浑身流冷汗，身体十分虚弱，一脸病容。几天来，服了从海南带回来的治痢疾的药，也没见好，但他仍挣扎着伏案疾书。写得有些累了，苏轼走上船头，却见两岸有上千名士绅、百姓，一路随着他的船走。岸边的人见他出来，登时激动地招手喊着："苏大人，苏内翰——"

苏轼也激动地向岸上摆手，又问船夫："老弟，他们怎么知道我走这里？"船夫道："大人，您从海南归来，消息如风，不到一月，就传遍了江南。至于走这条水路，他们早就算好了。要是上了岸，定被苦苦留住，那就别想走了。"苏轼恍然道："可惜，老夫不能停留啊！"他深感百姓的深情厚谊，忙向岸上连连挥手："多谢诸位了，多谢诸位了。"

苏轼已病了十多天，总不见好，仍著书不辍。苏过忧心如焚，劝他上岸找郎中医治。苏轼摆手叹道："你哥哥还等着我们回去呢。再说，该用的方子都用了，就是到岸上，又能怎样？为父在儋州治的热毒痢疾，正是下此红白之痢，有腥臭气味，时常复发，可延续数年，使人消瘦。儋人得了此病，我用止痢之药，外加鸦胆子、白头翁等，便即见好。为父犯了此病，也是如此治法，但此番总不见效，人说医不自医，想是为父年纪也大了。再有半月，就到常州了，到了常州，总有办法。"

此时，苏迈、苏迨带着儿子坐着船，前来迎接苏轼。苏轼的三个孙子迫不及待地要见到爷爷，一起奋力地帮着船夫划船。两日后，两艘船终于到了一起。苏轼躺在船舱里，苍白的脸上露出微笑。儿孙们见到阔别七载的老人，又见他身体已十分虚弱，不由得悲喜交集。

几天后，苏轼写完《书传》的最后一行字，搁笔长叹道："'三传'终于著完。平生万事足，所欠唯一死。"身旁《易传》《书传》《论语传》堆稿如山，儿孙们围坐着帮他拾掇文稿，听他说出这句话，不觉流下泪来。

苏轼拿起高太后所赐的笔洗，端详良久，叹道："太皇太后，您要是再长寿些该有多好！"苏过却接口道："就是太皇太后再长寿，终不能代替哲宗皇帝。再说，废除新政，贬谪熙丰党人，也未必能长久。"苏轼一怔，又点头叹道："你们真是长大了。你说的这些，为父也说不清楚了。有些事，越是到老，就越是不敢乱说了。"

苏轼陷入沉思，许久说道："扶我出去看看吧！"苏轼由儿子们扶着，挣扎着出来。士绅、百姓知是苏轼的船只，早已站满了河岸，见他出来，齐声欢呼："苏大人——""苏内翰——"好些读书人跪在岸边，有的老太太跪着双手合十，虔诚地念道："菩萨保佑，菩萨保佑好人、保佑好人！"

苏轼不断地向两岸的人挥手，叹道："如此盛情，折煞老夫！"这时，吴复古和苏轼另一位老朋友维琳长老出现在人群中，向苏轼喊道："子瞻，子瞻！"苏轼见到他们，脸上露出微笑，吃力地抬了抬手。突然，苏轼身子一软，险些倒下。两岸的百姓见了，齐声喊道："苏大人，保重——"

苏轼疲倦地躺在舱内，吴复古为他诊脉。此时，这方外之人也不由得面露忧色，歉然道："子瞻，贫道来晚了。"苏轼吃力地笑道："道长，我有时独自一人总在想，若此生我是道长，像道长一般乘兴而行，兴尽而返，也许会快乐许多。"

吴复古安慰道："子瞻或有不快乐事，但世间百姓得一子瞻，则快乐终日。"苏轼摇头道："道长谬夸子瞻也。子瞻与道长此生有一同者，也有不同者。同者，我与道长此生足迹都踏遍中国，纵横东西。不同者，我乃受人之命被迫驱使，而道长则完全听由己意，不受命于他人。"吴复古难过地叹了口气。

苏轼叹道："我也许可以如道长一般度过此生，却于仁宗嘉祐二年学优而仕。此生我也许是个好人，却偏偏不是个好官。王安石变法，我本可适时求进，使徐行徐立之策得以施行，却自命清高，有意疏远他，被小人窃取了高位；元祐更化，我更可化解党争，领袖朝政，却数次请求外放，以示孤芳自赏；我所到之处，往往政绩斐然，但只救一州一府之民，置一国之民于何处？如今，我仿佛受万人敬仰，难道就无欺世盗誉之嫌？"

吴复古劝道："此时你该忘记这些事，人不忘其所忘而忘其所不忘，才是真正的忘。"苏轼摇摇头，用微弱的声音答道："你听，百姓就在船外岸边，我又怎能忘？"

苏轼闭上双眼，气息越来越微弱，已进入弥留之际。苏迈等人在一旁低声哭泣，吴复古低头叹息。维琳凑近苏轼耳边，大声道："子瞻，勿忘西天，要想来生。"

苏轼已是气若游丝："西天或有，然勉力存想，又有何用？"

维琳颔首问道："眼前是何景象？"

苏轼明白，维琳这是想指引超度他。苏轼的脸上飘过了一丝不易觉察的笑容，安详地说道："深林明月，水流花开……"

说罢，溘然长逝——

岸上的百姓仍在齐声呼喊："苏大人——""苏内翰——"呼声响彻天穹，天地就是道场！

建中靖国元年（公元1101年）七月二十八日，苏东坡病逝于前往常州的船上，享年六十六岁。

苏轼死后，"吴越之民相与哭于市，其君子相吊于家。讣闻四方，无贤愚皆咨嗟出涕。太学之士数百人，相率饭僧慧林佛舍"。

二十六年后，北宋灭亡。

南宋孝宗谥苏轼"文忠"。

# 后　记

关于这个后记，要写的很多，还是择要而言吧。

第一，写作原则。多年来研究苏轼，一朝介入《苏东坡》电视剧本的写作，还是想将"东坡精神"写出来。那么，什么是"东坡精神"呢？2006年11月在苏东坡的家乡四川省眉山市文化系统举办的专题讲座上就被问及这一问题。我以为，从社会文化层面上讲，"东坡精神"就是不唯上、不唯权、不唯书、不唯古，只唯民、唯实、唯善、唯美的"文、士、道"精神。从哲学文化层面讲，"东坡精神"主要表现在以情为本，融汇三教，用自己的生命实践展示了传统士大夫人格的最高境界——天地境界，并以此构建了与"天理本体论"相对的"情本论"文化。

我们知道，在当下"娱乐至死"的潮流中，文学作品是最忌表现"理念"的；然而，苏东坡不是唐伯虎，不是一般意义上的风流才子，他不仅是伟大的文学家、文化伟人，还是惠民无数的政治实践家。综合起来说，他应该是中国优秀传统文化的最重要代表人物之一。对这样的人物，是"至死"也不能"娱乐"的，这是我们不可改变的信条。

第二，三条线索的设计。要想传达"理念"，就必须先让观众爱看，否则一切都是空谈。写作剧本《苏东坡》的特殊性不在于找不到资料，而是资料太多，对于苏东坡的研究者来说，困难在于如何取舍资料，将其戏剧化。于是我们为该剧设计了三条线索：

一、政治——功业线。剧本开篇就将苏轼置于"文风—政治"改革的风口浪尖上。通过在进士考试中以刘几为代表的"太学体"和以苏轼为代表的"欧阳体"之间的斗争,展示了苏轼所代表的文风改革与政治改革进步的一面,苏轼的一生就是在这一重大历史背景上展开的。

二、爱情——家庭线。主要是二妻一妾一知己的定位。

淑女王弗:苏轼的结发之妻,在苏轼晋京考试前即已与之结婚。王弗秀外慧中,性情温婉,是中国传统社会中典型的淑女形象。

"俗女"王闰之:苏轼的继室,王弗的堂妹,对苏轼及王弗之子苏迈恪尽职守。前期的王闰之有猜忌之心,在苏轼和小莲之间十分难处,又兼经历了"乌台诗案"和黄州的困难时期,亦有抱怨之词,曾多次与苏轼发生争吵,表现出的境界不是很高。但后期的王闰之日渐被苏轼豁达的"文、士、道"精神所感染,加之本身即对苏轼情深意重,因此,"俗女"王闰之也成长为"惜福之女",其倏然而逝不禁令人同情。

红颜知己小莲:"犯官"杨云青之女。小莲十分聪慧、干练,因出身边将之家,又遭遇变故,故而深谙世事。在凤翔时,小莲母女被苏轼救出牢狱,因无家可归,暂寓苏轼家中,故小莲与苏轼渐生知己之爱。但终未能与苏轼结婚,最后病死在密州。

仙佛之女王朝云:杭州灾荒时从街上领回的丫头,聪慧貌美,在苏轼家为女仆,曾督教苏轼之子苏过读书。王朝云任劳任怨,在黄州最艰难的时候也从未动摇过。朝云好佛,性高洁,如出水芙蓉,是苏轼后半生的精神伴侣。

三、僧道——文化线。巢谷是苏轼的亲密伙伴,一生游走于道士与武士之间。参寥人格高尚,一生勤勉,是一位悲苦高僧。佛印与苏轼交好,好与苏轼比言语机智,斗佛禅机锋。吴复古是得道的世外高人,洞察世事,文武全才,百岁犹健。吴复古一直极为欣赏苏轼,经常在关键时刻帮助、指点苏轼,希望苏轼能担起中兴大宋的重担。吴复古是隐逸文化的象征,与苏轼形成了鲜明的对照和互补,象征着隐性文化和显性文化的关系。他与苏轼的关系,隐含着中国文化的基本特点和规律。

第三,透露一点本剧制作的艰辛。剧本写好后,首先遇到的问题是找不到合适的导演。有的导演很忙，很难有时间研读剧本；有的认为苏轼是个文学家，只写文学就够了；有的认为凡是天才都有怪癖，只有将苏轼写成怪癖之才才有卖点。由于剧本的特殊性，从剧本完成后就与制片人一起找导演，为此还专门飞到大连等地寻找合适的导演。找了多少导演，已经无法计数，最后赖王文杰导演慧眼，拨冗拍摄。

至于遴选演员，也非常困难，其中细节，不便透露。要特别提到的是，在拍摄后期，由于预期的资金未能及时到位，差点前功尽弃，还是有赖导演王文杰，垫资具保，终使拍摄完成。至于为该剧播出所遭受的磨难，实不足为外人道也。

第四，关于剧本的"虚实"与改编。剧本以及由此改编的小说不是传记，至于其中的"虚实"成分，大致可以定为"七实三虚"。有的人物虚构，有的事件"错置"，主要是出于艺术创作的需要，希望观众、读者谅解。关于小说，由于是在剧本的基础上改编的，"去剧本化"的工作做得还不够，阅读起来可能和一般的小说不太一样，也希望读者谅解。

第五，其他要说明的情况和要感谢的人。这本小说是本人在取得了有关合法授权后根据同名剧本改编的。原剧本的作者是冷成金、高东峰、冷鑫。高东峰先生为剧本的写作提供了基础，冷鑫在剧本人物设计上出力很多，特此说明。改编过程中，董宇宇、宋鸽、程磊、包树望、林喆、王子墨等同学在文字的增删校对等方面出力很多，特此说明并表示感谢。

我的硕士研究生导师、苏学专家朱靖华教授给予了很多的关心和指导。朱老师已追坡仙而去，学生的怀念之情不敢随日月之逝而有稍减。

国家广电总局电视剧管理司司长李京盛先生对该剧给予了长期的关怀，提出了不少建设性的意见，在这里应予以说明和致谢！

2004年，因中国人民大学副校长杨慧林教授的推荐，我介入"苏"剧中，在此对杨慧林教授表示深切的谢意！

王文杰导演对剧本做了一些改进，特此说明并表示真诚的谢意！

2008年3月，在广电总局组织的审片会上，宋史专家罗炳良教授在审片后提出了许多问题,并列表说明,使我受益良多,在此说明并感谢!

作为一个苏轼研究者,还要感谢制片人孙跃宏先生。在孙先生的推动下,将"东坡精神"用大众传媒的方式表现出来,这无疑是一件有着非凡意义的事。

还应特别感谢人民文学出版社古典室主任周绚隆编审,他的热情支持与鼓励是改编小说的重要动力。

最后,我要说的是,如果剧本及小说受到批评和指责,本人一概受之;如果还有些许的赞扬,真的要归功于上面提及的诸位师友!

冷成金

于中国人民大学

2013年1月